Kohlhammer

Geschichte in Wissenschaft und Forschung

Eine Übersicht aller lieferbaren und im Buchhandel angekündigten Bände der Reihe finden Sie unter:

https://shop.kohlhammer.de/gwf

Rainer Bernhardt

Der rastlose Sisyphos

Mentalität, Lebensideale und Politik bei den Griechen der Antike

Verlag W. Kohlhammer

Umschlagabbildung: Andreas Kuhnlein, Sisyphos, 2015, Eiche.

1. Auflage 2024

Gesamtherstellung: W. Kohlhammer GmbH, Stuttgart

Print:
ISBN 978-3-17-043456-1

E-Book-Format:
pdf: ISBN 978-3-17-043457-8

Inhaltsverzeichnis

Vorwort

Dieses Buch wendet sich über die Fachwelt hinaus an einen größeren Kreis von Interessierten: denn es behandelt ein Thema, mit dem viele, sei es in der Schule oder später, schon einmal in Berührung gekommen sind und das, weil es auch um Demokratie und Freiheit geht, noch immer im Rahmen der Weltgeschichte eine besondere Aktualität besitzt.

Es soll – aus einer anderen als der allgemein üblichen Perspektive – einen Eindruck von der kulturellen Lebenswelt und dem politischen Denken und Handeln der antiken Griechen vermitteln und, wie der Verfasser hofft, dazu beitragen, dass vielleicht manches noch besser als bisher verständlich wird.

Mein Dank gilt Dr. Peter Kritzinger und dem Verlag Kohlhammer für die vorzügliche Zusammenarbeit.

Norderstedt, den 5. Juli 2023 Rainer Bernhardt

Einleitung

Beginnen wir, wie die Griechen es gern taten, mit einem Mythos. Sisyphos, der König von Korinth, der versucht hatte, die Götter der Unterwelt zu überlisten, wurde dazu verurteilt, im Tartaros, dem tiefsten schauerlichen Teil des Hades, einen schweren Stein einen Berg hinauf zu wälzen. Aber kurz bevor er die schweißtreibende Arbeit geschafft hatte und sein Ziel erreicht zu haben glaubte, rollte auf göttliches Geheiß der Stein wieder hinab, so dass Sisyphos wieder von vorn beginnen musste. Und wieder und wieder. Es war eine Strafe ohne Ende. Dass die Griechen einen solchen Mythos wie auch andere Mythen über die Vergeblichkeit menschlichen Handelns erfanden, ist sicher kein Zufall. Es entsprach offensichtlich ihrer Erfahrung und war in ihrem Bewusstsein tief verwurzelt. Keinem Römer wäre ein solcher Mythos in den Sinn gekommen. Der Mythos von Sisyphos ist geradezu ein Sinnbild für das ganze Auf und Ab der griechischen Geschichte, dem erst die Römer ein Ende setzten.

Nun vom Mythos zur Historie. Meine Absicht ist keine allgemeine Darstellung der griechischen Geschichte, sondern ein Versuch, nicht nur aus heutiger Perspektive, sondern möglichst nahe an der griechischen Vorstellungswelt und Terminologie der Frage nachzugehen, warum die politische Geschichte der Griechen, die die genialsten Denker und Künstler des Altertums hervorgebracht haben, letztendlich erfolglos war, warum die Griechen, die die Demokratie und den Begriff der politischen Freiheit erfunden und zu einem wesentlichen Teil ihrer Identität gemacht haben, ihre Freiheit verloren – obwohl sie zweifellos in der Lage gewesen wären, sie zu verteidigen. Gekämpft haben die Griechen für Freiheit und Demokratie immer wieder. Deshalb ist der Leitfaden die Frage, welche Motive ihr politisches Handeln bestimmten, auf welche Weise sie versuchten, einen Zustand relativer politischer Stabilität herzustellen, und woran sie scheiterten, obwohl sie ein ausgeprägtes Bewusstsein kultureller Gemeinsamkeit hatten und sich anderen Völkern überlegen fühlten. Es ist eine Geschichte der Mentalität, der verschiedenen geistig-emotionalen Strömungen, die teils aufeinander folgten, teils parallel und im Widerspruch zueinander verliefen, und ihres Verhältnisses zur praktischen Politik, eine Geschichte der ethischen Werte, der Moral, des Lebensgefühls und der Lebensformen, soweit die Griechen ihnen Einfluss auf politisches Handeln zuschrieben. Die übliche Einteilung der griechisch-makedonischen Geschichte in Epochen wie Archaik, Klassik und Hellenismus, die aus moderner Perspektive in vielfältiger Weise sinnvoll, aber auch nicht unumstritten ist, bleibt hier im Hintergrund. Hervorgehoben wird die Perspektive der Griechen, die ihre Geschichte im Wesentlichen als ein Kontinuum empfanden, auch wenn die Historiographen die griechische Geschichte seit dem vierten Jahrhundert v. Chr. zunehmend mit der Weltgeschichte und seit dem zweiten Jahrhundert v. Chr. insbesondere mit der römischen Geschichte verbanden. Der

Schwerpunkt liegt deshalb auf der Kontinuität über alle Epochen hinweg, der Kontinuität des Ringens der verschiedenen politisch-ethischen Strömungen miteinander und der Kontinuität der Verhaltensmuster – trotz aller Veränderungen. Welche Bedeutung hatten z. B. Begriffe wie Ruhm, Tugend, Freiheit, Gleichheit und Gerechtigkeit, wie veränderten sie sich, wie wurden Reichtum und Armut definiert und welchen Einfluss schrieben ihnen die Griechen auf den Einzelnen und auf den Staat zu? In welchem Verhältnis standen sie zu dem Begriff Demokratie? Welche Vorstellung verband sich mit dem Gegensatz Europa-Asien? Und es geht um den Anteil, den die Besiegten schließlich am Untergang der römischen Republik hatten. Geographische, soziale, wirtschaftliche und andere Determinanten, die den Handlungsspielraum der Akteure mitbestimmten, kommen nur am Rand in das Blickfeld. Sie waren zweifellos wichtig, ließen aber den Akteuren immer noch hinreichend viele Entscheidungsmöglichkeiten offen, so dass die antike Geschichte durchaus hätte ganz anders verlaufen können als es geschah. Sie war durch die äußeren Umstände nicht vorbestimmt. Die Griechen und Makedonen sind nicht aus sozialen oder wirtschaftlichen Gründen unter römische Herrschaft geraten.

> Die Überzeugungen der Menschen sind die Kräfte, welche die Geschichte bestimmen, und der berühmte Pluralismus der griechischen Geschichte ist viel eher der Ausdruck solcher Grundeinstellungen als das Ergebnis geopolitischer Voraussetzungen, wie uns die meisten Historiker immer glauben machen wollen.[1]

Manches wird auch hinsichtlich des Wirkens auf die Nachwelt nicht uninteressant sein bzw. hinsichtlich dessen, wie die Nachwelt damit umgegangen ist oder wie sie heute damit umgeht. Vieles wird für den heutigen Leser, der an unsere Wertmaßstäbe gewöhnt ist, nicht leicht nachzuvollziehen sein, eher befremdlich wirken; anderes wird er vielleicht trotz aller Unterschiede erstaunlich aktuell finden, denn das Problem der Verwirklichung von Werten in der praktischen Politik beschäftigt uns mehr als je zuvor. Und seit kurzem auch die Erkenntnis, dass Freiheit nichts Selbstverständliches ist, dass man sie nicht verspielen darf.

1 Die Epen Homers als Traum der Edlen von Ehre, Ruhm und paradiesischem Reichtum

Das berühmteste Epos der Menschheit, die Ilias, beginnt mit einem heftigen Streit, einem Streit zwischen zwei Königen, der in handfeste Gewalt zu eskalieren droht. Es handelt sich um den Streit zwischen Agamemnon, dem Führer des achaiischen Heeres vor Troja, und dem stärksten Krieger, Achill. Der Gegenstand der Auseinandersetzung erscheint uns ziemlich nichtig: eine erbeutete Sklavin. Aber es geht um die Ehre. Und deshalb hat das gesamte achaiische Heer darunter zu leiden, und der ganze zehnjährige Feldzug droht am Ende zu scheitern. Der Streit zwischen den beiden ist geradezu die Leitlinie der Ilias, und das drohende Scheitern infolge dieses Streits schlägt darüber hinaus ein Grundthema an, das sich wie ein roter Faden durch die über tausendjährige griechische Geschichte ziehen wird.

Man hat die Epen, die unter dem Namen Homers überliefert sind und zweifellos von altorientalischen Vorbildern inspiriert waren, die Bibel der Griechen genannt. In der Tat blieben die ethischen Werte der Helden der Ilias und der Odyssee für viele Griechen, vor allem für Aristokraten, immer vorbildlich – wenn auch unerreichbar. Die hervorstechenden Eigenschaften dieser Helden sind unerschütterlicher Mut und überragende Körperkraft:

> Mut verliehen mir wahrlich und männerdurchbrechende Stärke
> Ares und Pallas (Od. XIV 216/217)[2],

sagt Odysseus von sich. Und nicht nur Achill, sondern auch sein Sohn Neoptolemos

> Blieb […] nie im Haufen der Männer und nie in der Menge,
> Sondern lief weit voran, an Kühnheit niemandem weichend (Od. XI 514/515).

Das Gleiche wird von dem Trojaner Hektor gesagt. Die Trojaner sind gleichrangig. Sie sind keine „Barbaren". Mit den homerischen Recken konnte sich in der Realität keiner der später Geborenen messen, und darauf beruhte nicht zuletzt ihre Attraktivität. Aineias (lateinisch: Aeneas), den der Dichter Vergil später als Ahnherrn der Römer und Vorfahren des Kaisers Augustus glorifizierte, kann einen Feldstein schleudern,

> Ein gewaltiges Stück, wie nicht zwei Männer es trügen,
> Wie die Sterblichen heute sind, er schwang ihn alleine (Il. XX 286/287).

Und Achill vermag den Riegel am Tor seines Lagers vor Troja, den nur drei seiner Gefolgsleute gemeinsam bewegen können, allein zu schieben. Erkennbar sind Aristokraten schon an ihrer stattlichen Erscheinung. Sie sind „schön" *(kaloí)*. Die Achaier bestaunen noch an der Leiche Hektors „den Wuchs und das prächtige

Aussehen“ (Il. XXII 370/371). Und Menelaos, der König von Sparta, erkennt an dem Odysseus-Sohn Telemachos und Peisistratos, einem Sohn Nestors, noch bevor er nach ihrer Herkunft gefragt hat:

> von zeusgenährten Königen stammt ihr,
> Zepterträgern; denn Niedrige *(kakoí)* könnten nicht solche erzeugen (Od. IV 63/64).

Vor seinem ersten Auftritt in der Volksversammlung von Ithaka erscheint der junge Telemachos, das Schwert umgehängt, die eherne Lanze in der Hand, an den „glänzenden Füßen die schönen Sandalen“, begleitet von zwei Hunden „einem Gotte vergleichbar“. Seine Gönnerin, die Göttin Athene, hilft noch ein wenig nach und verleiht ihm „staunenerregenden Liebreiz“ *(cháris)*, so dass ihn alle bewundern (Od. II 3 ff.). Als Gegenbild zeichnet der Dichter der Ilias die Gestalt des Thersites, eines aufmüpfigen Mannes aus der Menge der einfachen Krieger, der des Öfteren die Könige beschimpft und damit beim achaiischen Heer Lacherfolge erzielt:

> Als der häßlichste Mann war er nach Troja gekommen:
> Krumm die Beine, auf einem Fuß hinkend, die Schultern, die beiden,
> Bucklig, zur Brust hin zusammengebogen, aber darüber
> Lief ihm der Kopf spitz zu, drauf sproßte spärliche Wolle (Il. II 216 ff.).

Er ist der einzige einfache Krieger, der in der Ilias namentlich erwähnt wird. Odysseus bringt ihn zum Schweigen, indem er ihm mit Agamemnons Zepter ein paar kräftige Hiebe verpasst und so das Großmaul dem Gespött seiner Kameraden preisgibt. Die Fantasie mancher moderner Interpreten hat aus Thersites teils einen proletarischen Klassenkämpfer gemacht, der die Herrschaft der Könige ernsthaft in Frage stellt oder gar gegen die Sinnlosigkeit von Kriegen rebelliert, teils einen verkannten Krieger höheren Ranges, der seinen Streit mit den Königen fast als Gleichberechtigter ausficht. Letztere berufen sich auf eine nachhomerische Überlieferung, in der dem Thersites eine adlige Verwandtschaft angedichtet wird. Homer hätte sich darüber sicher sehr gewundert. Vielmehr lässt die Thersites-Szene, wie spätere Beispiele aus historischer Zeit zeigen, erkennen, dass es griechische Soldaten in bestimmten Situationen durchaus gewohnt waren, gegenüber ihren Kommandeuren Unzufriedenheit und Kritik zu äußern – mit Ausnahme der Spartaner.

Die homerischen Helden streben nach Ruhm und Ehre. Diese werden hauptsächlich durch herausragende Leistungen im Kampf und im sportlichen Wettkampf erworben:

> Ist doch größer kein Ruhm für den Mann, solang er am Leben,
> Als das, was er vollbringt mit seinen Füßen und Händen (Od. VIII 147/148).

Wer Ruhmreiches vollbracht hat, dem ist auch Nachruhm gewiss, und er wird von späteren Generationen in Liedern besungen. Schon Achill besingt die Taten vorhomerischer Helden, deren Namen uns der Dichter freilich vorenthält. In dramatischen Kampfszenen wird geschildert, wie die herausragenden Krieger in ihren schweren Rüstungen sich zunächst mit dem Streitwagen auf das Schlachtfeld fahren lassen, dort jedoch meistens absteigen und unter prahlerischen Reden Lanzen schleudernd, Pfeile schießend und schwere Steinbrocken werfend, manchmal auch zum Schwert greifend kampfwütig, aber gelegentlich auch mit ritterlichem Respekt aufeinander losgehen. Der Stolz auf ihre reichverzierten Waffen, die regelrechte Kunstwerke sind, kommt in liebevollen Detailschilderungen zum Ausdruck. Ein Beispiel ist die Beschreibung der Rüstung des Agamemnon, das Geschenk eines zyprischen Königs:

> Auf ihm (dem Panzer) waren fürwahr zehn Streifen aus schwarzblauem Glasfluß
> Und zwölf Streifen von Gold und zwanzig Streifen von Zinne.
> Und drei Schlangen aus Glasfluß erhoben sich gegen den Hals hin
> Jederseits, gleich den Regenbogen, welche Kronion
> In der Wolke befestigt den sterblichen Menschen zum Zeichen.
> Um die Schultern warf er das Schwert, an welchem die Buckel,
> Goldene, hell erglänzten, und ringsum war eine Scheide
> Ganz aus Silber, am goldenen Wehrgehenke befestigt.
> Drauf ergriff er den mannbedeckenden, prächtig verzierten,
> Wuchtigen Schild, um welchen herum zehn erzene Reifen
> Liefen; und auf ihm waren zwanzig zinnerne, weiße
> Buckel, aber der mittelste war aus schwarzblauem Glasfluß.
> Darauf rundete sich das schreckliche Antlitz der Gorgo[3],
> Furchtbar blickend, und war umringt von Deimos und Phobos[4].
> Und aus Silber bestand das Tragband, aber auf diesem
> Ringelte sich eine Schlange aus Glasfluß, aber dem einen
> Nacken entwuchsen drei Köpfe, die wandten sich um nach den Seiten.
> Auf das Haupt aber setzt' er den Helm mit vierfachen Reifen
> Und dem Roßschweif; furchtbar nickte der Helmbusch herunter (Il. XI 24 ff.).

Als Wunderwerk bestaunt wird auch der Streitwagen des Thrakerkönigs Rhesos, eines Bundesgenossen der Trojaner. Seine Pferde sind die schönsten und schnellsten:

> Weißer sind sie als der Schnee, im Laufen den Winden vergleichbar.
> Und sein Wagen ist gut aus Gold und Silber gefertigt;
> Ungeheure Waffen aus Gold, ein Wunder zu schauen,
> Bringt er mit sich daher, wie solche den sterblichen Männern
> Sonst zu tragen nicht ziemt, nein, nur den unsterblichen Göttern (Il. X 437 ff.).

Die Kampfschilderungen konzentrieren sich auf die Zweikämpfe der Helden. Das bedeutet jedoch nicht, dass nur diese den Krieg führen. Die Recken in ihren kostbaren Rüstungen sind lediglich Vorkämpfer der Menge der namenlosen einfachen Krieger auf dem Schlachtfeld, in deren Haufen sie im Falle größter Gefahr durchaus Schutz finden können.

Der Krieg, der eine Quelle des Ruhmes ist, wird aber zugleich als bitter und leidvoll, als Übel empfunden. Immer wieder wird der Tod auf dem Schlachtfeld in allen Einzelheiten so drastisch geschildert wie sonst kaum in der antiken Literatur. Häufig fleht der im Zweikampf Unterlegene vergeblich um sein Leben,

Abb. 1: Homerische Krieger mit Eberzahnhelm und Turmschild, einer Bewaffnung, die es in der Zeit Homers längst nicht mehr gab.

bevor das „grausame Erz“ seinen Leib zerfetzt, seine Knochen bersten lässt, seine Sehnen zerschlitzt und seine Glieder „löst“, und ihn in einer Blutlache „die schwarze Wolke des Todes“ umfängt. Der Vorschlag Hektors, den Konflikt zwischen den Achaiern und Trojanern durch einen Zweikampf zwischen Paris, der die schöne Helena raubte, und Menelaos, ihrem Gatten, entscheiden zu lassen, wird von beiden Heeren in Erwartung des schnellen Kriegsendes begrüßt. Aber göttliches Eingreifen in Gestalt der Aphrodite verhindert die drohende Tötung des Paris, indem die Göttin ihn in Nebel hüllt und vom Kampfplatz entführt. Und so sind die Menschen dazu verurteilt, den Krieg zu führen. Da die Ilias nur 51 Tage aus der Endphase des Trojanischen Krieges beinhaltet, ist diese Szene eine Rückblende auf den Anfang des Krieges. Das heißt: Wäre der Streit um Helena durch einen Zweikampf zwischen Menelaos und Paris entschieden worden, hätten die Heere nicht zu kämpfen brauchen und der zehnjährige Krieg wäre vermieden worden. Wir erkennen: Die Ilias sollte nicht zum Krieg anregen. Es ging nicht um Landgewinn noch wurde der Krieg aus Ruhmsucht oder um der Kriegsbeute willen begonnen, sondern um ein Unrecht rückgängig zu machen, wie es die Ehre erforderte. Wohl aber konnte jeder, der daran teilnahm, Ruhm und Kriegsbeute gewinnen. Die ungebrochene Freude an der Gefahr, die Grenzerfahrung des Kampfes als höchste Erregung menschlicher Leidenschaft, wie sie etwa Ernst Jünger in seinen heute umstrittenen „Stahlgewittern" des Ersten Weltkriegs als Merkmal echten Kriegertums schildert, sucht man bei den Helden Homers vergeblich.

Letztendlich haben die Helden den Trojanischen Krieg überhaupt nicht gewollt. Schuld sind die Götter. Diese Sage ist zu Homers Zeiten schon so bekannt, dass der Dichter nur beiläufig darauf anspielt. Einst gab es eine strahlend schöne Meeresnymphe namens Thetis, die sich Hoffnungen machte, einen der Götter zu heiraten. Aber ihr war prophezeit worden, dass der Sohn, den sie gebären würde, stärker sein werde als sein Vater. Und diese Aussicht schreckte jeden Gott ab. (Ein erster Hinweis auf die häufigen Vater-Sohn-Konflikte bei den Griechen). Doch der thessalische König Peleus, ein mutiger Mann, ließ sich darauf ein und gewann die Nymphe, obwohl sie heftig widerstrebte, nach langem Kampf. Zur Hochzeit lud er alle Götter ein, bis auf eine, Eris, die Göttin der Zwietracht. Diese nahm die Kränkung nicht hin, sondern sann auf Rache. Von der Tür aus warf sie einen goldenen Apfel unter die Gäste mit der Aufschrift „Der Schönsten". Und schon begann ein Streit zwischen Hera, Athene und Aphrodite. Eigentlich sollte Zeus die Entscheidung treffen. Doch selbst ihm war die Entscheidung zu heikel, und so gab er den Apfel an einen Menschen weiter, den trojanischen Prinzen Paris. Die drei Göttinnen präsentierten nicht nur ihre Schönheit (später ein beliebtes Thema der Malerei von der frühen Neuzeit an), sondern machten verlockende Angebote: Hera versprach ihm die Weltherrschaft, Athene Weisheit, aber Aphrodite gewann den unerfahrenen Jüngling mit dem Versprechen der Liebe der schönsten Frau auf der Welt, Helena. Leider war diese aber schon mit Menelaos, dem König von Sparta, verheiratet. Und so nahm das Unheil seinen Anfang. Der Sohn der Thetis wurde Achill.

Nächst den Kämpfen auf dem Schlachtfeld sind für die homerischen Helden die sportlichen Wettkämpfe eine Gelegenheit, adlige Qualität unter Beweis zu stellen. Dementsprechend ausführlich und spannend werden die Spiele geschildert, die Achill zu Ehren des gefallenen Patroklos abhält, bei denen sich die Helden u. a. im Wagenrennen, Faustkampf, Wettlauf und Speerwurf messen.

Zwischen den Gleichrangigen herrscht ständige Rivalität. Denn die eigene Ehre muss gegen Übergriffe (*hýbris*) verteidigt werden. Ein angemessener Anteil an der Kriegsbeute und an Speise und Trank bei einem Gastmahl ist eine Sache der Ehre. Nicht selten kommt es zu Wutausbrüchen, die sich nicht nur in Schmähungen, sondern auch in Gewalttaten entladen. Achill hätte sogar sein Schwert gegen Agamemnon erhoben, hätte ihn nicht die Göttin Athene daran gehindert. Odysseus hätte beinahe einen seiner Gefährten, der ihm widersprach, spontan mit dem Schwert enthauptet, hätte ihn sein Gefolge nicht mit schmeichelnden

Worten zurückgehalten. Und Patroklos, der Freund und Gefährte Achills, musste seine Heimat verlassen, weil er schon als Kind beim Astragalspiel einen Mitspieler im Affekt erschlagen hatte. „Voll Jähzorn sind wir Menschengeschlechter auf Erden“, sagt Odysseus (Od. VII 307). „Gewaltbereit“ würden wir die homerischen Helden heute nennen.

Die Tötung eines Verwandten oder Freundes verpflichtet zu blutiger Rache. Es ist bezeichnend, dass Achill durch nichts anderes zur Rückkehr in das Kampfgeschehen motiviert wird als durch die Tötung seines Gefährten Patroklos durch Hektor. Er rächt dessen Tod und tut dem Leichnam Hektors besondere Schmach an, indem er ihn mit dem Kopf nach unten hinter seinem Streitwagen durch den Staub zum Lager der Achaier schleift. Und Odysseus muss, nachdem er bei seiner Rückkehr die Freier umgebracht hat, die während seiner Abwesenheit seine Gattin bedrängten und sein Vermögen verzehrten, die Rache ihrer Verwandten abwehren. Nur durch das Eingreifen des Zeus kommt Frieden zustande. Manchmal gab es jedoch auch die Möglichkeit, die Blutrache zu vermeiden und den Verwandten des Getöteten, wenn sie einverstanden waren, eine Entschädigung zu zahlen.

Doch nicht nur auf Mut und Stärke kommt es an, sondern Ansehen verleiht auch die Befähigung, bei Beratungen die Lage richtig einzuschätzen und nützliche Ratschläge zu erteilen. Sprichwörtlich geworden ist der Greis Nestor, der sich trotz seines hohen Alters am Krieg beteiligt und wegen seiner langen Erfahrung große Achtung genießt, auch wenn er sich als Kämpfer mit den Recken nicht mehr messen kann. Gerühmt wird auch Schläue und List, wurde doch Troja nicht im Sturm erobert, sondern bekanntlich mit Hilfe des Trojanischen Pferdes. Nicht die Kraft Achills führt zum Erfolg, sondern die Schläue des Odysseus. Dieser besteht vor allem auf seiner Rückfahrt mit einer Kombination von Mut, Kraft und „allzeit in seiner Brust einen schlauen Gedanken bewegend“ (Od. XIII 255) alle Gefahren und überwindet schließlich alle Hindernisse, die ihm Götter in den Weg legen.

> Schlau und verschlagen müßte der sein, der dich überholen
> Wollte in sämtlichen Listen, und träte ein Gott dir entgegen (Od. XIII 291/292),

sagt die Göttin Athene zu ihm. Weder Rückschläge noch Verlockungen, die ihm auf seiner Heimfahrt begegnen, können ihn von seinem Ziel abbringen. Die Nymphe Kalypso hält ihn zwar gegen seinen Willen sieben Jahre auf ihrer Insel fest und zwingt ihn zum Beischlaf, doch sogar mit dem Versprechen, ihn unsterblich zu machen, kann sie ihn nicht von seiner Rückkehr abhalten. Er ist der „göttliche Dulder“. Das hindert ihn aber nicht an gelegentlichem „Jammern und Klagen“. Das heftige Weinen homerischer Helden, die sich an Tränen geradezu „sättigen“, war für spätere Generationen nicht mehr akzeptabel.

Besonders die Trauer um die gefallenen Helden erschien späteren Griechen maßlos. Auf die Kunde vom Tod des Patroklos „umhüllt“ Achill „die schwarze Wolke des Schmerzes,

> Und mit beiden Händen ergriff er den Staub, den geschwärzten,
> Streute ihn auf sein Haupt und entstellte sein liebliches Antlitz,
> Und am nektarischen Kleid hing ringsum die schwärzliche Asche.
> Aber er selbst lag groß, groß hingestreckt in dem Staube,
> Raufte sein Haar und entstellte es selbst mit den eigenen Händen.
> Mägde, welche Achilleus und welche Patroklos erbeutet,
> Jammerten laut, im Herzen bekümmert, und aus der Türe
> Liefen sie um Achilleus, den kampferprobten, und schlugen
> Sich mit den Händen die Brüste, und jeder wankten die Kniee.
> Und Antilochos drüben, jammernd und Tränen vergießend,
> Hielt des Achilleus Hände – der stöhnte im ruhmvollen Herzen -,
> Fürchtend, er könnte die Kehle sich mit dem Eisen durchschneiden.
> Schrecklich klagte er da (Il. XVIII 23 ff.)

Sogar die Pferde am Streitwagen Achills, den Patroklos benutzt hatte, als er sich in den todbringenden Kampf stürzte,

> Weinten, seit sie zuerst erfuhren, ihr Halter der Zügel
> Liege im Staub, gefällt vom männertötenden Hektor (Il. XVII 426 ff.).

Sie waren ein Geschenk der Götter und daher alterslos und unsterblich wie diese. Nachdem Achill Hektor erschlagen hat, herrscht „Heulen und Jammern" im Palast des Königs Priamos:

> Rings um den Vater saßen die Söhne im Innern des Hofes,
> Netzten mit Tränen die Kleider, und er, der Greis, in der Mitte,
> In den umhüllenden Mantel fest eingeschlagen, und vieler
> Staub und Kot lag da auf dem Kopf und dem Nacken des Alten,
> Den er, sich wälzend, aufgehäuft mit den eigenen Händen.
> Töchter und Schwiegertöchter jammerten da durch die Häuser,
> In dem Gedenken derer, die da schon, viele und edle,
> Lagen, die von der Argeier Händen das Leben verloren (Il. XXIV 160 ff.).

„Wahrlich", sagt Zeus (Il. XVII 446/447), „es ist kein anderes Wesen mehr zu bejammern / Als der Mensch, von allem, was atmet und kriecht auf der Erde". Diese negative Auffassung vom menschlichen Dasein wird für die griechische Mentalität grundlegend bleiben.

In seiner Wut verweigert Achill die Bitte des sterbenden Hektors, seinen Leichnam an König Priamos zu übergeben, damit er in Troja ehrenvoll bestattet werden könne. Doch Zeus duldet diese Schandtat nicht und lässt an Priamos und Achill eine Botschaft übermitteln, die die Herausgabe des Leichnams in die Wege leitet. Priamos erscheint im Zelt des Achill und erhält gegen Zahlung wertvoller „Lösung" seinen toten Sohn, den Achill zuvor noch waschen und salben lässt. Bei diesem Zusammentreffen entwickeln beide so etwas wie Hochachtung voreinander. Priamos bestaunt die göttergleiche Erscheinung Achills, Achill ist von der Güte und Weisheit des Priamos beeindruckt. Dennoch glaubt er sich für die Übergabe des Leichnams Hektors an Priamos bei dem toten Patroklos entschuldigen zu müssen. Laertes, der Vater des Odysseus, trauert auf Ithaka jahrelang um seinen verschollenen Sohn, indem er auf seinem Landgut ein karges Leben führt, das noch in römischer Zeit sprichwörtlich war, und

> Jammernd, die Feldarbeit überwachte, aber zu Hause
> Trank und aß mit den Knechten, sooft das Verlangen ihn ankam (Od. XVI 140/141).

Als er auch seinen Enkel Telemachos verschollen glaubt, reduziert er seine Nahrung auf ein Minimum und vernachlässigt sogar seine Arbeit,

> sondern mit Seufzen und Klagen
> Sitzt er jammernd da, und der Leib schrumpft ihm um die Knochen (Od. XVI 144/145).

Im Alten Testament ist es üblich, dass ein Trauernder oder Verzweifelter seine Kleider zerreißt, 1. Mose 37,29 u. 34. Die Bestattungen sind aufwendig. Die Leiche des Patroklos wird zunächst mit heißem Wasser gereinigt und mit Salböl eingerieben. Die Wunden werden mit neun Jahre altem Balsam gefüllt. Dann wird der Leichnam in weiches Leinen gekleidet und mit einem weißen Tuch bedeckt. Später werden Bäume gefällt und ein großer Scheiterhaufen aufgeschichtet, denn der Tote muss verbrannt werden, damit er in den Hades eingehen kann.

Beim Trauerzug schneiden sich die Krieger ihre langen Haare ab und bedecken damit den Leichnam. An der Trauerfeier am Scheiterhaufen nehmen nur die Adligen teil, während das übrige Heer weggeschickt wird, um im Lager das Abendessen zu bereiten. Der Tote wird mit Fett von Rindern und Schafen eingerieben. Auch Amphoren mit Honig und Salböl werden beigegeben. Neben den Rindern und Schafen werden vier Pferde und zwei Hunde geopfert und dazu zwölf trojanische Gefangene abgeschlachtet, die Achill eigens zu diesem Zweck gefangengenommen hat. Am nächsten Morgen wird der Scheiterhaufen mit Wein gelöscht; die Gebeine des Toten werden in einer goldenen Urne geborgen und in einem Grabhügel bestattet.

Nicht ganz so pompös verläuft die Bestattung Hektors durch die Trojaner. Nach einer ausführlichen Totenklage der Frauen an der Bahre wird der Leichnam verbrannt, die Gebeine werden in eine goldene Truhe gelegt und diese in Purpurtücher eingehüllt und unter einem Grabhügel beigesetzt. Pompöse Bestattungen werden in der gesamten griechischen Geschichte eine wichtige politische Bedeutung haben.

Trotz ihrer ausgeprägten Disposition zu Klage und Trauer nehmen die Helden ihr persönliches Schicksal tapfer an. Denn es ist ihnen schon von Geburt an vorbestimmt. Hektor weiß, dass er im Kampf fallen und Troja zerstört werden wird. Aber das hält ihn nicht davon ab, sich zum Kampf vor der Stadt zu stellen. Sonst müsste er sich vor den Trojanern schämen. Denn er hat gelernt,

> Ein Edler
> Immer zu sein und unter den vordersten Troern zu kämpfen,
> Wahrend des Vaters großen Ruhm und zugleich meinen eignen.
> Denn gut weiß ich dies in meinem Sinn und Gemüte,
> Einst wird kommen der Tag, wo das heilige Ilion hinsinkt,
> Priamos selbst und das Volk des lanzenkundigen Königs (Il. VI 444 ff.).

Die beiden letzten Zeilen sind von späteren Generationen bis in die Neuzeit immer wieder zitiert worden, weil ihre Weisheit nie an Aktualität verliert: Keine Großmacht, keine Kultur besteht endlos, sondern für alle kommt einmal der letzte Tag.

Die homerischen Helden wissen, was sie zu tun haben. Für Zweifel ist kein Platz. Es ist eine Sache der Ehre. Wer ehrlos wird, verfällt in Schande und Scham *(aidṓs).* Auch Achill weiß, dass er im Kampf um Troja sterben wird. Er akzeptiert diesen Preis für ein ruhmvolles Leben. Aber er ist unter den achaiischen Kriegern insofern eine Ausnahme, weil ihn der ganze Krieg um Troja überhaupt nicht interessiert. Er hat nicht danach gestrebt, teilzunehmen, sondern er wurde von den Achaiern dazu genötigt, weil sie seine Unterstützung brauchten. Folglich verweigert er den Kampf, als er seine Ehre im Streit mit Agamemnon verletzt sieht. Blindwütig kämpft er nur als Rächer des Patroklos. Gleichwohl hat er Mitleid mit Priamos, als dieser ihn um die Herausgabe des Leichnams Hektors bittet, und gewährt dem König elf Tage Waffenstillstand für die Trauerfeierlichkeiten. Als besonders grausam erscheint er bei Homer nicht, sondern erst in der römischen Literatur.

Unbeschadet der Ohnmacht gegenüber dem Schicksal ist das Lebensgefühl ganz und gar diesseitig. Das Schattenreich der Toten im Hades hat nichts Verlockendes:

> Lieber wollt ich als Tagelöhner den Acker bestellen
> Bei einem armen Mann, der nicht viel hat an Besitztum,
> Als über alle die Toten, die hingeschwundenen, herrschen, (Od. XI 489 ff.)

sagt Achill, als Odysseus später seinem Schatten im Hades begegnet. Deshalb suchen die Helden nicht den Tod im Kampf, sondern trachten danach, ihren vom Schicksal vorbestimmten Untergang so lange wie möglich hinauszuzögern, soweit die Ehre es gestattet.

Die Beziehungen der Helden zu den Göttern sind zwiespältig. Zwar besteht zwischen den Aristokraten und den Göttern ein besonderes Nahverhältnis, manchmal sogar Verwandtschaft; aber da die Götter ein Abbild der Menschen und mit vielen menschlichen Schwächen behaftet sind, oft gegensätzliche Interessen verfolgen und heimlich gegeneinander arbeiten, kann sich der Mensch nie auf sie verlassen, kann ihnen nicht einmal trauen. Denn Hinterlist und Täuschung gehören durchaus zum göttlichen Wesen. Das muss auch Hektor erfahren, der zunächst vor dem übermächtigen Achilleus flüchtet, dann aber von Athene mit schönen Worten überredet wird, sich dem Zweikampf zu stellen, und im entscheidenden Moment erkennt, dass er von der Göttin getäuscht und hinterlistig dem Tod preisgegeben wird.

Sogar Ehebruch kommt unter Göttern vor: Die Liebesgöttin, die „goldene" Aphrodite, betrügt ihren unansehnlichen hinkenden Gatten, den göttlichen Schmied Hephaistos, mit dem Kriegsgott Ares. Als Hephaistos davon erfährt, schmiedet er eine Falle aus ehernen Fesseln, welche die beiden in seinem Ehebett auf frischer Tat gefangen hält, und ruft die übrigen Götter als Zeugen herbei. Die Göttinnen folgen aus Scham seinem Ruf nicht, aber die Götter lassen sich den Anblick des gefangenen Liebespaares nicht entgehen und quittieren die List des Hephaistos mit „unauslöschlichem Gelächter". Der Götterbote Hermes gibt sogar zu, dass er selbst gern anstelle des Ares bei Aphrodite liegen würde und nichts dagegen hätte, wenn alle Götter und Göttinnen zuschauen. Solche Götterburleske wurde nicht als Blasphemie empfunden, auch später, bei Aristophanes, nicht. Die Götter können den Menschen Gutes erweisen, aber ebenso auch Böses antun:

> Zugesprochen haben die Götter den elenden Menschen,
> Immer in Sorge zu leben, sie selber aber sind sorglos.
> Auf der Schwelle des Zeus, da stehn zwei Vorratsgefäße
> Voller Gaben: das eine voll guter, das andre voll schlechter.
> Wem sie zusammengemischt der donnerfreudige Zeus gibt,
> Der trifft bald mit Bösem zusammen und bald auch mit Gutem.
> Wem er aber vom Schlechten gibt, den macht er zuschanden,
> Und die bittere Not treibt ihn auf der göttlichen Erde
> Hin und her, geachtet weder bei Göttern noch Menschen (Il. XXIV 525 ff.).

Aber es herrscht nicht nur göttliche Willkür. Zeus weist den Menschen zumindest eine Mitschuld an ihren Leiden zu:

> Ach, wie sehr nur schieben die Menschen den Göttern die Schuld zu,
> Sagen, von uns her kämen die Übel, aber sie selber
> Schaffen sich – über das Los – noch Leiden durch eigene Frevel (Od. I 32 ff.).

Ein solcher Frevel ist die Versklavung der Tochter eines Apollon-Priesters durch Agamemnon. Zur Strafe erregt der Gott mit seinen Pfeilschüssen eine Seuche im Lager der Achaier, bis Agamemnon das Mädchen freilässt und seinem Vater zurückgibt. Als Kompensation fordert Agamemnon die Sklavin Briseis von Achill, was den Streit zwischen ihnen auslöst. Und die Gefährten des Odysseus gehen auf der Rückfahrt von Troja zugrunde, weil sie – vom Hunger geplagt – die Rinder des Sonnengottes Helios schlachteten.

Gelegentlich schreibt man den Göttern auch die Bestrafung von Unrecht zu, das Menschen einander zufügen. Von Zeus erwartet man, dass er Rache an Eidbrechern nimmt. Und er vergilt „schiefe Rechtsprüche" mit Regengüssen und Überschwemmungen im Herbst. Aber die Götter sind keine moralischen Vorbilder. Und sie stellen auch für die Menschen keinen Kodex moralischen Verhaltens auf wie die zehn Gebote des Jahwe im Alten Testament. Daran waren die griechischen Aristokraten offensichtlich nicht interessiert. Im Gegenteil: Ihr Bild von den Göttern bot ihnen die Möglichkeit, manches Fehlverhalten mit Verblendung durch Götter zu erklären bzw. zu entschuldigen.

Die Götter erwarten von den Menschen Opfer. Als Menelaos auf seiner Rückfahrt von Troja die nötigen Opfer versäumt, verschlagen ihn die Götter nach Ägypten. Poseidon genießt sogar bei den Äthiopiern an Rande der Welt ein Opfer von 100 Stieren und Widdern. Die Phaiaken opfern ihm zwölf Stiere, um seinen

Zorn abzuwenden. Geopfert werden außer Stieren und Widdern ungezähmte Rinder, manchmal mit goldüberzogenen Hörnern, und Schafe, bei wichtigen Anlässen ganze Festhekatomben, seltener Pferde, ferner Weihrauch, den die Götter ebenso wie den Bratenduft fetten Fleisches gern riechen, Goldwaren und aus goldenem Becher honigsüßer Wein, den man nur mit gewaschenen Händen darbringen darf, denn

> zum schwarzumwölkten Kronion
> Ziemt es sich nicht, mit Blut und Schmutz besudelt zu beten (Il. VI 264 ff.).

Frauen opfern den Göttern auch kostbare Gewänder. Der Rang eines Edlen beruht natürlich nicht nur auf edler Abstammung und den entsprechenden Tugenden, sondern auch auf Reichtum. Reichtum und das Streben nach ihm sind etwas Selbstverständliches. Reich zu sein und Söhne zu haben ist für einen Mann der Inbegriff des Glücks und ein Zeichen für das Wohlwollen der Götter. Der Wert einer jungen Frau wird nicht zuletzt an der Höhe des Kaufpreises – meistens in Vieh – bemessen, den ein Bewerber ihren Eltern entrichten muss. Dagegen ist es die Pflicht des Brautvaters, die Braut mit einer möglichst prächtigen Brautgabe auszustatten. Die Freier, die Penelope während der Abwesenheit des Odysseus heiraten wollen, umwerben sie mit Brautgeschenken. Einer von ihnen, Eurymachos, übertrifft alle anderen mit seinen Gaben und Werbegeschenken. Falls Penelope sich zur Heirat entschließt, wird sie denjenigen nehmen, der ihr das meiste bietet. Eine Frau, die zum zweiten Mal heiratet, kümmert sich nicht mehr um die Kinder aus der früheren Ehe, sondern ist darauf bedacht, das Haus ihres neuen Gatten zu bereichern. Selbst Götter entrichten Brautgeschenke für eine Frau. Der von Aphrodite betrogene Hephaistos will sie von ihrem Vater zurückfordern.

Der Reichtum besteht aus Landbesitz, „weizentragenden Feldern“ und „Gärten mit Bäumen“, in Vieh – Rindern, Schafen, Ziegen, Schweinen, Pferden und Maultieren – und Sklaven. Und in den Schatzkammern werden Geräte aus Gold, Bronze, geschmiedetem Eisen, wertvolle Kleidungsstücke und Tuche, Wein und wohlriechendes Öl verwahrt. Der geschilderte Reichtum entsprach zweifellos nicht der sehr viel bescheideneren zeitgenössischen Realität, sondern war eine ebenso unerreichbare Wunschvorstellung wie die übermenschliche Körperkraft der Helden.

Eine wichtige Erwerbsquelle ist neben Erbschaft Kriegsbeute und Raub auf Kaperfahrten. Piraterie steht in höherem Ansehen als Handel. Der Händler wird verachtet, weil sich seine Tätigkeit auf nichts Anderes als auf materiellen Gewinn erstreckt. Ihm fehlt in den Augen der Adligen jegliche höhere Lebensart. Reichtum darf kein Selbstzweck sein, sondern muss einem höheren Ziel dienen, nämlich der Entfaltung aristokratischer Tugenden. Dagegen erfordern Krieg und Raub aristokratische Eigenschaften. Deshalb kann man Fremde ganz unbefangen fragen, ob sie Seeräuber seien, ohne Gefahr zu laufen, sie mit einer solchen Frage zu beleidigen. Erbeutet werden auch Menschen, die als Sklaven verkauft oder gegen Lösegeld freigelassen werden können. Besonders viele Gefangene hat Achill verkauft, u. a. den Priamos-Sohn Lykaon auf der Insel Lemnos für 100 Rinder. Meistens werden Männer jedoch getötet und nur Frauen und Kinder gefangengenommen, die als Arbeits- oder Luxussklaven den eigenen Besitz vermehren. Odysseus überfällt auf der Rückkehr von Troja die Stadt der thrakischen Kikonen, zerstört sie und tötet die Männer. Frauen und Schätze nimmt er an Bord. Er ist der „göttliche Städtezerstörer". Auch phönizische Kaufleute verschmähen es nicht, ihre Einkünfte bei günstigen Gelegenheiten durch Menschenraub zu steigern. Der Reichtum ermöglicht die Vergabe von üppigen Geschenken, die dem Rang des Gebers und des Empfängers angemessen sein müssen. Der Austausch solcher Geschenke signalisiert gegenseitige Anerkennung und ist ein wichtiges Mittel, persönliche und politische Beziehungen zu pflegen. Selbst auf dem Schlachtfeld bezeugen der Trojaner Hektor und der Achaier Aias am Ende eines unentschiedenen Zweikampfes ihre gegenseitige Hochachtung durch Geschenke. Hektor macht den Anfang:

> Aias, da dir ein Gott die Größe gab und die Stärke
> Und den Verstand, mit dem Speer du allen Achäern voraus bist,
> Laß uns nun ein Ende machen mit Kampf und mit Feindschaft,
> Heute; und später kämpfen wir weiter, bis uns ein Dämon
> Scheiden mag und einer von beiden Seiten den Sieg gibt.
> Aber es naht schon die Nacht, und gut ist, der Nacht zu gehorchen;
> Dass du alle Achäer erfreuen kannst bei den Schiffen,
> Doch vor allem deine Gefährten und Stammesgenossen.
> Ich aber will in des Herrschers Priamos mächtiger Feste
> Trojas Männer erfreun und die Frauen mit schleppendem Peplos,
> Die mit Gebeten für mich an göttlichem Platze sich sammeln.
> Auf denn! Laß uns einander mit herrlichen Gaben beschenken,
> Daß dann mancher so sagt der Troer und der Achäer:
> „Seht, sie haben gekämpft in mutverzehrendem Streite
> Und in Freundschaft sich wieder getrennt, sich gütlich vergleichend."
> Sprach's und gab das Schwert, das mit silbernen Buckeln beschlagen,
> Trug mit der Scheide es her und dem gutgeschnittenen Riemen;
> Aias dagegen gab einen purpurschimmernden Leibgurt (Il. VII 288 ff.).

Agamemnon versucht sich mit Achill, der sich wegen des Streits um die Sklavin Briseis vom Kampf zurückgezogen hat, zu versöhnen und ihn mit Geschenken zur Wiederaufnahme des Kampfes zu bewegen. Er bietet sieben noch unbenutzte Dreifußkessel, zehn Talente Gold – d. h. wohl: den Wert von zehn Ochsen – und 20 funkelnde Becher, zwölf Pferde, die bei Rennen Preise gewonnen haben und ihrem Besitzer weiterhin kostbare Preise einbringen werden, und sieben bei der Einnahme von Lesbos erbeutete Sklavinnen, „die treffliche Werke verstehen" und besonders schön sind. Unter ihnen befindet sich das Streitobjekt, die Sklavin Briseis, wobei er schwört, sie nicht angerührt zu haben. Weiter verspricht er ihm nach der Einnahme von Troja reichliche Mengen an Gold und Bronze aus der Kriegsbeute, dazu 20 trojanische Frauen seiner Wahl sowie nach der Rückkehr nach Griechenland die Hand einer seiner drei Töchter, ohne Brautpreis, und dazu als Mitgift sieben „Städte“. Alles vergeblich. Achill greift erst wieder in das Kampfgeschehen ein, nachdem Patroklos von Hektor getötet worden ist.

Achill hebt seine besondere Rolle unter den Kriegern bei den Leichenspielen für Patroklos hervor, indem er für die Sieger in den einzelnen Disziplinen wertvolle Preise aussetzt: einen Panzer und ein Schwert, die er von getöteten Feinden erbeutet hat, eine Lanze, Gold, zwei Dreifüße, zwei Kessel, einen Mischkrug, einen Becher, eine massiv eiserne Scheibe, die den Eisenbedarf ihres Besitzers fünf Jahre lang decken wird, zehn Äxte und zehn Halbäxte, zwei Sklavinnen, eine Stute, ein Maultier und ein Rind.

Am wichtigsten sind Gastgeschenke von orientalischer Üppigkeit. Der Herrscher von Ägypten schenkt Menelaos, dem König von Sparta, zwei Badewannen aus Silber, zwei Dreifußkessel und zehn Talente Gold. Seine Gattin schenkt der Helena eine Spindel aus Gold mit einem silbergeflochtenen Korb mit Goldrand und Rädern darunter. Der König von Sidon gibt ihm einen von Hephaistos angefertigten Mischkrug mit goldenem Rand, den er später an Telemachos weiterverschenkt. Der König der Phaiaken zieht für die Gastgeschenke an Odysseus sogar alle seine Untertanen heran. Sie alle müssen spenden, und so kommen Kleidungsstücke, Gold, Dreifüße und Becken zusammen. Ein Adliger, der Odysseus zuvor gekränkt hat, bietet als Versöhnungsgeschenk ein Schwert mit silbernem Knauf und elfenbeinerner Scheide, und der König fügt noch einen besonders schönen Goldbecher hinzu.

Die Bewirtung von Gästen mit einem reichlichen Angebot an Speise und Trank gehört für die homerischen Helden zur aristokratischen Lebensart. Die Höflichkeit gebietet es sogar, erst nach dem Essen nach dem Anliegen eines Gastes zu fragen. Die Mahlzeiten bestehen aus fettem Rind-, Schaf-, Ziegen- und Schweinefleisch. Fisch – später ein sehr geschätztes Nahrungsmittel der Griechen – wird nicht erwähnt. Zu den Fleischmahlzeiten gibt es Brot, gelegentlich andere Zukost, wie zum Beispiel Zwiebeln, und honigsüßen Wein, der mit Wasser gemischt wird. Eine solche Kost ist Kriegern angemessen, und so wird von den lykischen Königen gesagt:

> Unsere Könige, die von fetten Schafen sich nähren
> Und vom süßen erlesenen Wein, doch auch ihre Kraft ist
> Herrlich, da unter den ersten sie bei den Lykiern kämpfen (Il. XII 319 ff.).

Vor Beginn der Mahlzeit wird den Göttern geopfert. Danach darf man zugreifen, was stets mit der berühmt gewordenen stereotypen Formel beschrieben wird:

> Und sie erhoben die Hände zum Mahl, das ihnen bereitstand.

Während des Essens lässt man sich gern von einem Sänger unterhalten. Und nach der Mahlzeit pflegen die Männer Reigentanz beim Klang von Flöten und Saiteninstrumenten zu Ehren des Apollon. Gelegentlich wird in der Ilias auch die fachmännische Zubereitung des Fleisches beschrieben, an der sich sogar Achill beteiligt. Aber der Genuss, den ein solches Gastmahl bietet, kommt erst in der Odyssee, wenn auch nur ansatzweise, zum Ausdruck. Der Phaiakenkönig Alkinoos bekennt gegenüber Odysseus:

> Immer ist uns das Gastmahl lieb und Tanz und Kithara,
> Häufiger Wechsel der Kleider und warme Bäder und Betten (Od. VIII 248/249).

Und Odysseus stimmt mit ihm überein:

> Denn es ist, wie ich meine, lieblicher keine Erfüllung,
> Als wenn heitere Freude herrscht in der ganzen Gemeinde
> Und durch die Häuser hin die Schmausenden lauschen dem Sänger,
> Sitzend in Reihen, von Brot und Fleisch die Tische daneben
> Überquellen, und Wein, aus dem Mischgefäße ihn schöpfend,
> Dann der Mundschenk bringt und in die Becher ihn einfüllt.
> Das scheint mir das Schönste zu sein, wenn ich es bedenke (Od. IX 5 ff.).

Unter den Schönheitsattributen nimmt das Haar einen besonderen Rang ein. Immer wieder wird die Langhaarigkeit der Achaier betont. Haarflechten werden mit goldenen und silbernen Schnüren geschmückt. Ebenso werden die schönen Haare von Frauen, z. B. der Helena, hervorgehoben, und sogar die üppigen Mähnen der Pferde.

Die Helden und ihre Frauen tragen kostbare Gewänder aus weichem und feinem Gewebe sowie die immer wieder erwähnten „schönen Sandalen". Prachtgewänder bestehen aus Purpur, manchmal mit eingewebten Schlachtszenen bei Männern und Blumenmustern bei Frauen. In der Odyssee werden auch veilchenfarbige und weißglänzende Gewänder erwähnt. In den Schatzkammern liegen reich verzierte Frauengewänder *(péploi)*, die auch als Gastgeschenke geeignet sind, und der Dichter rühmt schöngegürtete Frauen. In der Öffentlichkeit treten Frauen kaum in Erscheinung. „Das Wort ist Sache der Männer." Der vornehmste Platz der Frau ist am Webstuhl, doch hat sie als Verwalterin des Hauses und der dort aufbewahrten Güter eine respektable Stellung. Wenn Frauen das Haus verlassen oder sich vor fremden Männern zeigen, hüllen sie sich in einen weißen Schleier, der Haar und Wangen bedeckt. Die Beliebtheit von Kosmetik und Schmuck lässt uns der Dichter der Ilias nur am Beispiel von Göttern erkennen. Hephaistos fertigt für die Göttinnen Eurynome und Thetis Schnallen, gewundene Spangen, Ketten und Ohrgehänge an. Und die Schilderung der Toilette der Hera kann man mit Sicherheit auf sterbliche Frauen übertragen – mit Ausnahme der den Göttern vorbehaltenen Ambrosia:

> Mit Ambrosia wusch sie zuerst von der reizenden Haut sich
> Alle Befleckung ab und salbte sie dann mit dem Salböl,
> Dem ambrosischen, lieblichen, welches als Duftöl sie hatte;
> Ward es geschüttelt im Hause des Zeus mit der ehernen Schwelle,
> Drang sein köstlicher Duft sogleich zu Erde und Himmel.
> Als sie damit die schöne Haut gesalbt und die Haare
> Hatte gekämmt, da flocht mit den Händen sie schimmernde Zöpfe,
> Schöne, ambrosische, sich herab vom unsterblichen Haupte,

Zog ein ambrosisches Kleid sich an, das ihr Athene
Hatte gemacht und geglättet und reich geschmückt mit Verzierung.
Das befestigte sie an der Brust mit goldenen Nadeln,
Gürtet' den Gürtel sich um, den hundert Quasten umgaben,
Steckte Gehänge ans Ohr in die gutdurchlöcherten Läppchen,
Dreifach mit Perlen und maulbeerförmig, voll strahlender Anmut,
In einen Schleier hüllte sich dann die erhabene Göttin,
Schön und neugefertigt, er war so hell wie die Sonne;
Unter die glänzenden Füße band sie sich schöne Sandalen (Il. XIV 170 ff.).

Dass das Bedürfnis nach Schmuck einen weiträumigen Handel hervorbrachte, belegt eine Szene in der Odyssee, in der phönizische Händler eine Königin und ihr Gefolge mit einer Bernsteinkette in Erstaunen versetzen.

Salböl benutzen auch Männer, und es gehört zur Gastfreundschaft, einen Gast in warmem Wasser, das mit duftenden Kräutern versetzt ist, baden und anschließend mit Salböl einreiben zu lassen, wie die jüngste Tochter Nestors es mit Telemachos macht. (Im Orient beschränkte man sich bei einem Gast auf die Fußwaschung [AT 1. Mose 18,4; 19,2], die später in der katholischen Kirche zu einem religiösen Ritual geworden ist.) Nausikaa, die Tochter des Phaiakenkönigs Alkinoos, führt ihr Salböl in einem goldenen Fläschchen mit zum Wasch- und Badeplatz.

Bei der Beschreibung der Behausung und des Hausrats tritt der Unterschied zwischen der Ilias und der Odyssee besonders deutlich hervor. Das reiche Troja hätte dem Dichter der Ilias Gelegenheit gegeben, den Luxus in der Stadt, den Palast und seine innere Ausstattung märchenhaft auszumalen. Stattdessen begnügt er sich mit wenigen Einzelheiten wie den glatt polierten Wänden und Säulen und den von Weihrauch duftenden Gemächern. In ähnlicher Weise spricht er beiläufig vom vielgoldenen Mykene. Zwar haben sich die Führer der Achaier in ihrem Lager vor Troja recht komfortabel eingerichtet, wie man nebenbei erfährt: Teppiche, purpurne Kissen, Löwen- und Pantherfelle und wertvoller Hausrat gehören zur Ausstattung. Nestor besitzt einen vierhenkligen Pokal, der mit goldenen Buckeln beschlagen und mit zwei Tauben verziert ist. Aber solche Detailbeschreibungen sind Ausnahmen. Und im Wesentlichen bleibt goldenes und silbernes Gerät den Göttern vorbehalten. Dagegen schwelgt der Dichter der Odyssee in der Beschreibung königlicher Paläste, wobei sich Wirklichkeit und Utopie zu einem fantastischen Bild vermischen. Im Haus des Alkinoos, des Königs der Phaiaken,

war ein Glanz wie von Sonnenlicht oder von Mondschein [...]
Erzverkleidete Wände erstreckten sich hierhin und dorthin,
Von der Schwelle bis drinnen; ringsum ein Gesimse aus Glasfluß.
Goldene Türen verschlossen das Innre des festen Gebäudes.
Silbern waren die Pfosten und standen auf ehernem Sockel,
Silbern der Türsturz oben darüber und golden der Türring.
Goldne und silberne Hunde waren zur Rechten und Linken,
Welche Hephaistos gefertigt mit kundigem Sinne,

Um des großgesinnten Alkinoos Haus zu bewachen.
Alterslos und unsterblich waren sie alle die Tage.
Von der Schwelle bis drinnen standen zur Rechten und Linken
Sessel gelehnt an die Wand, durchgehend, darauf waren Tücher,
Feine und gut gewebte, gebreitet, die Werke der Frauen.
Die phäakischen Fürsten pflegten dort niederzusitzen,
Wenn sie tranken und aßen – sie hatten das ganze Jahr reichlich.
Goldene Knaben ferner auf schön gefertigten Sockeln
Standen dort und hielten brennende Fackeln in Händen,
Um den Schmausenden Nächte hindurch das Haus zu erleuchten.
Fünfzig dienende Frauen verteilen sich über das Haus hin,
Ein Teil mahlt mit der Mühle die apfelfarbige Feldfrucht,
Andere weben am Stuhl und drehen den Faden der Spindel (Od. VII 84 ff.).

Die Phaiaken leben in einem Paradies, einer utopischen Welt, in dem das ganze Jahr über geerntet werden kann. Der König besitzt einen großen Garten.

Große Bäume stehen darin in üppigem Wachstum,
Apfelbäume mit glänzenden Früchten, Granaten und Birnen
Und auch süße Feigen und frische, grüne Oliven.
Denen verdirbt nie Frucht, noch fehlt sie winters und sommers
Während des ganzen Jahres, sondern der stetige Westhauch
Treibt die einen hervor und läßt die anderen reifen.
Birne auf Birne reift da heran und Apfel auf Apfel,
Aber auch Traube auf Traube und ebenso Feige auf Feige.
Dort ist ihm gepflanzt ein üppiges Rebengelände;
Hier auf ebenem Platz zum Trocknen werden die Trauben
In der Sonne gedörrt; dort ist man gerade beim Ernten;
Dort beim Treten der Trauben; doch vorne sind sie noch unreif,
Stoßen die Blüten ab, und andere färben sich eben.
Dort sind auch Gemüsebeete am Rande des Weinbergs
Mannigfach in Reihen gepflanzt, das ganze Jahr prangend (Od. VII 114 ff.).

Die Disposition der Griechen zur Utopie wird sich später auch in der politischen Philosophie wiederfinden.

Die Ausstattung der Paläste der sterblichen Könige steht der prachtvollen Behausung des Alkinoos wenig nach. So hat das Haus des Menelaos in Sparta ebenfalls einen „Glanz wie von Sonnenlicht oder von Mondschein" (Od. IV 45). Und auch dort und ebenso im Haus des Odysseus auf Ithaka weiß man eine kostbare Einrichtung zu schätzen. Man speist von „geglätteten" Tischen, sitzt auf gedrechselten, mit Elfenbein und Silber beschlagenen Stühlen, die mit purpurnen Tüchern oder Fellen bedeckt sind, und trinkt aus goldenen Bechern. Das Handwaschwasser wird in goldenen Kannen gereicht und fließt in silberne Becken. Und man schläft in Betten mit Zierrat aus Gold, Elfenbein und Silber.

Zum Haushalt eines Adligen gehören auch Sklaven. Sie sind entweder Kriegsbeute oder von phönizischen Händlern gekauft. Da besiegte erwachsene Männer meistens nicht versklavt, sondern getötet werden, geraten von den Erwachsenen fast nur Frauen in die Sklaverei. Männliche Sklaven sind meistens schon als Unfreie geboren oder im Kindesalter in die Sklaverei geraten, wo sie lustlos ihren Dienst tun,

> Denn die Knechte, sobald ihnen nicht die Herren befehlen,
> Wollen sogleich nicht mehr die gebührende Arbeit verrichten.
> Nimmt doch der weitum blickende Zeus die Hälfte des Wertes
> Jedem Mann, sobald ihn ergreift die Stunde der Knechtschaft (Od. XVII 320 ff.).

Mit Beaufsichtigung und Bestrafung allein lässt sich dieser Nachteil offensichtlich nicht beheben. Deshalb belohnen manche Herren jahrelange treue Dienste von Sklaven, wie es sich auch Eumaios, der Schweinehirt des Odysseus erhofft, und geben ihnen „ein Haus und Land und eine umworbene Gattin" (Od. XIV 63). Bei denjenigen Sklaven, die in der unmittelbaren Umgebung ihres Herrn Dienst tun, legen die Herren Wert auf Schönheit und Gepflegtheit, und das ist auch bei den Griechen späterer Zeiten so geblieben. So werden z. B. die Diener der Freier im Haus des abwesenden Odysseus beschrieben als

> jung und gut gekleidet mit Mantel und Leibrock,
> Immer die Häupter gesalbt und ihre schönen Gesichter (Od. XV 331/332).

Dass attraktive Sklavinnen auch zu sexuellen Dienstleistungen herangezogen werden, ist allgemein üblich. Doch gelegentlich verhindert eine energische Ehefrau solche Beziehungen: Laertes, der Vater des Odysseus, kann die Sklavin Eurykleia, die er als Kind für 20 Rinder erworben hat, nicht zu seiner Geliebten machen „aus Scheu vor dem Zorne der Gattin". Der Besitzer ist Herr über Leben und Tod seiner Sklaven. Odysseus bestraft nach seiner Rückkehr diejenigen Sklavinnen, die sich während seiner Abwesenheit mit den Freiern eingelassen haben, indem er sie eigenhändig erhängt.

Liebe findet meistens im Rahmen ehelicher Verbundenheit – z. B. zwischen Odysseus und Penelope – statt, und Sexualität wird eher dezent thematisiert. Sie gilt als „Sitte" *(thémis)* zwischen Männern und Frauen.

Für die Griechen war Homer der Dichter der Ilias und der Odyssee und der Trojanische Krieg ein historisches Faktum. Troja wurde mit der späteren Stadt Ilion identifiziert. Letzteres glaubte der geniale Dilettant Heinrich Schliemann mit seinen damals sensationellen Ausgrabungen am Hügel Hisarlık nachgewiesen zu haben. Doch die moderne Wissenschaft tut sich damit schwerer. Noch immer ist heiß umstritten, was für eine Stadt die Siedlung von Hisarlık gewesen sein konnte, dessen archäologische Spuren sich bis in die erste Hälfte des dritten Jahrtausends v. Chr. zurückverfolgen lassen und das mehrmals zerstört und wieder aufgebaut wurde: orientalische Residenzstadt oder ein bedeutendes Handelszentrum oder Sitz eines relativ unbedeutenden Fürsten? War die von Schliemann und seinen Nachfolgern ausgegrabene Siedlung unter dem Hügel von Hisarlık überhaupt Troja? Nicht einmal das ist sicher. Ein weiteres Rätsel ist der Dichter selbst. Die Griechen pflegten die Vorstellung vom blinden Sänger, vielleicht deshalb, weil in der Odyssee ein blinder Sänger namens Demodokos bei

Abb. 2: Der blinde Sänger Homer, so wie die Griechen sich ihn in klassischer Zeit vorstellten. Epimenesporträt; römische Kopie nach einem griechischen Weihgeschenk für das Heiligtum von Olympia, ca. 460 v. Chr.

Abb. 3: Romantisierende Darstellung aus dem 19. Jahrhundert: Homer als blinder Rhapsode, die Lyra auf dem Rücken, immer auf der Wanderschaft von Auftritt zu Auftritt. William-Adolphe Bouguereau, Homère et son guide, 1874.

den Phaiaken große Hochachtung genießt. Homer könnte mit dieser Gestalt einen versteckten Hinweis auf sich selbst gegeben haben.

Aber hat Homer überhaupt existiert und wenn ja, stammen beide Epen von ihm oder nur die Ilias? Oder handelt es sich um eine Kompilation von Epen verschiedener Dichter, die später lediglich unter dem Namen Homer im Umlauf war? Man nimmt an, dass die Epen nicht vor dem 8./7. vorchristlichen Jahrhundert entstanden sind – die Odyssee etwa eine Generation später als die Ilias. Rezitiert oder gesungen wurde diese Dichtung ursprünglich von Wandersängern, sogenannten Rhapsoden, an den Höfen adliger Herrscher. Im späten sechsten Jahrhundert sollen diese Gesänge – oder wenigstens Teile daraus – auf Anweisung des Hipparchos, des Bruders des Tyrannen Hippias von Athen, in eine bestimmte Reihenfolge gebracht und an den Panathenäen der Allgemeinheit vorgetragen worden sein. Ihre endgültige Form erhielten sie erst in der ersten Hälfte des zweiten Jahrhunderts v. Chr. von dem Philologen Aristarchos von Samothrake im ägyptischen Alexandreia. Auf Grund sprachlicher Merkmale kann ihre Herkunft der ionischen und äolischen Region, d. h. der nordwestlichen Küstenlandschaft Kleinasiens zugewiesen werden, die zwischen dem elften und dem neunten Jahrhundert von Griechen besiedelt wurde.

Der Dichter will eine glanzvolle Frühzeit schildern, deren Leistungen und deren Reichtum die viel bescheideneren Verhältnisse seiner eigenen Gegenwart weit übertrafen. Vieles gehört ins Reich der bloßen Fantasie, die mit der Realität in eigentümlicher Weise verwoben ist. So zeigt z. B. eine genaue Analyse der Texte, dass in Wirklichkeit die Gefechte von der Masse der Heere ausgetragen wurden, nicht nur von den Einzelkämpfen der Führer, wie uns Homer glauben machen will. Andererseits stammen etliche Einzelheiten tatsächlich aus einer früheren Epoche, etwa die Ausrüstung mit Eberzahnhelm und Turmschild sowie Streitwagen, die es in Homers Zeit schon nicht mehr gab, und die Waffen aus Bronze, die längst durch eiserne ersetzt worden waren. Eisen wird zwar erwähnt, diente aber anscheinend nicht zur Herstellung von Waffen. Hat sich in den Epen also eine vage Erinnerung an die mykenischen Palastkultur erhalten, die um 1200 v. Chr. auf für uns rätselhafte Weise unterging? Oder sind sie eher ein Abbild der darauf folgenden schriftlosen „Dunklen Jahrhunderte“, die, wie in jüngerer Zeit die Entdeckung reich ausgestatteter Gräber gezeigt hat, nicht so dunkel waren, wie man bis dahin glaubte? Sicher ist, dass viel Stoff aus altorientalischen Epen und deren Mythologie sowie aus der zeitgenössischen Kultur des Orients in die homerischen Epen eingeflossen ist. Ferner muss man in den Gesängen mit einzelnen Textzusätzen aus späterer Zeit rechnen, so dass Elemente aus verschiedenen Epochen und eine reiche Fantasie miteinander verwoben sind. Jedenfalls muss die aristokratische Mentalität, die sie uns vermitteln, schon auf die Zeit vor dem achten Jahrhundert zurückgehen. Für die Griechen war Homer, wie gesagt, eine historische Person und der Trojanische Krieg keine Legende, sondern ein historisches Ereignis.

Nähere Einblicke in die Herrschaftsverhältnisse und die Sozialstruktur, in denen die homerischen Epen entstanden sind, gewährt uns die Odyssee. Die Könige, die Homer schildert, sind Herren kleinräumiger Herrschaftsgebilde. Ihre „Städte" sind befestigte Siedlungen auf Anhöhen, die aus größeren und kleineren Bauernhöfen bestehen. Der Besitzer des größten Anwesens ist in der Regel der König *(basileús)*, aber auch die Besitzer anderer großer „Häuser" *(oîkoi)* dürfen sich Könige nennen. Zu solchen „Häusern" gehören oft mehrere Bauernhöfe, freies Gesinde und Sklaven. Aber der Hausherr arbeitet in der Landwirtschaft selbst mit und hat sogar, wie der Gott Hephaistos, Freude an der Herstellung handwerklicher Arbeiten. Eine ständische Gliederung der Gesellschaft gibt es nicht. Der oberste König wird gewählt und kann, wenn er seine Aufgaben – z. B. aus Altersgründen – nicht mehr erfüllen kann, durch einen anderen ersetzt werden. Seine Nachkommen oder – falls diese bei seinem Tod nicht mehr vorhanden oder noch zu jung sind – der neue Gatte seiner Witwe haben einen gewissen moralischen Anspruch auf das Königtum. Denn die Eigenschaften eines Edlen gelten als erblich, müssen jedoch von jedem Nachkommen unter Beweis gestellt werden. Auf den Söhnen aus den führenden Familien lastet also von Jugend an ein beträchtlicher Leistungsdruck, um die herausragende Stellung ihrer Vorfahren gegenüber ihren Rivalen zu erringen und zu behaupten. Die tatsächliche Macht eines Königs beruht weniger auf seiner Stellung, sondern hängt weitgehend von seiner Persönlichkeit ab, ist jedoch anscheinend einträglich.

> König zu sein ist gar nicht übel; da füllt sich das Haus dir
> Rasch mit Reichtum an, und du selbst bist höher geachtet, (Od. I 392/393)

meint der Odysseus-Sohn Telemachos. Gelegentlich treten die Könige unter dem Vorsitz des obersten *basileús* zur Beratung zusammen. Auch das Volk wird dann und wann zur Versammlung gerufen. Seine Meinung über die Edlen ist keineswegs bedeutungslos, und vor allem adlige Frauen müssen auf ihren guten Ruf beim Volk achten. Am Beispiel der Phaiaken wird bereits das beginnende echte Städtewesen vorgeführt. Und in den Abenteuern der Seefahrer der Odyssee klingen schon die Erfahrungen der im späten achten Jahrhundert beginnenden griechischen Kolonisation an.

Auch die Geisteshaltung und das Lebensgefühl, das in der Odyssee zum Ausdruck kommt, lässt gegenüber der Ilias Akzentverschiebungen erkennen. Die Götter bekommen stärkere ethische Züge. Sie schätzen das Recht und bestrafen Frevler. Raub- und Beutezüge in fremden Ländern können göttliche Strafe nach sich ziehen. Gäste, Schutzflehende und Bettler stehen unter der Obhut des Zeus. Manchmal schlüpfen die Götter sogar in die Gestalt von Bettlern, um das Verhalten der Menschen auf die Probe zu stellen. Eine ähnliche Idealvorstellung entwickelt man von den Königen: Odysseus wird als gerechter und milder Herrscher auf Ithaka dargestellt.

Vielleicht ist in der ausführlichen Schilderung des Genusses, den Reichtum ermöglicht, in der Odyssee schon ein erstes Anzeichen für jene hedonistische

Lebenseinstellung zu erkennen, die sich im sechsten Jahrhundert voll entfaltete. Andererseits äußert sich die *hýbris* der Freier auf Ithaka, die Penelope bedrängen, in ständigem maßlosen Zechen und in der Verschwendung des Vermögens des Odysseus. Diese kritische Einstellung gegenüber Luxus und Verschwendung wird vom frühen fünften Jahrhundert an in der griechischen Literatur ein wichtiges Thema sein. Die Einschätzung der positiven und negativen Auswirkungen des Reichtums auf den Einzelnen sowie auf ganze Völker und Staaten wird Theorie und praktische Politik während der gesamten Antike beschäftigen.

Die Epen Homers haben nicht nur Bewunderung erfahren, sondern auch Kritik und Ablehnung – aus politischen, religiösen und ethischen Gründen. Zum Beispiel passte dem Tyrannen Kleisthenes von Sikyon die bedeutende Rolle, die die Stadt Argos in den Epen einnimmt, nicht in sein politisches Konzept, und so verbot er während seines Krieges gegen Argos um 600 v. Chr. kurzerhand den Rhapsoden, in Sikyon Homer zu rezitieren. Im weiteren Verlauf des sechsten Jahrhunderts erhob sich Kritik an den homerischen Göttervorstellungen, und seit der Wende vom fünften zum vierten Jahrhundert machte man den Epen insbesondere den Vorwurf mangelnder Moral und brachte sie unter Rechtfertigungsdruck. Andere Moralisten versuchten Homer zu verteidigen, indem sie seine allzumenschlichen Götter allegorisch interpretierten oder seinen Schilderungen menschlicher Sitten sogar die Absicht einer unterschwelligen moralischen Belehrung unterstellten. Für die Römer verkörperte Achill eher undisziplinierte (griechische) Gewalttätigkeit, der sie die Tugenden ihres Gründungshelden Aeneas gegenüberstellten. Eine solche Debatte fand natürlich vor dem Hintergrund statt, dass man die homerischen Epen nicht, wie wir heute, historisch verstand, sondern ihre Wertvorstellungen als etwas unmittelbar Gegenwärtiges und Exemplarisches begriff und die Frage stellte, wieweit sie als Richtschnur für die eigene Zeit und das eigene Leben geeignet wären. Alexander der Große blieb von der Homer-Kritik unberührt. Für ihn war die Ilias geradezu Lebenswirklichkeit und die Gestalt Achills eine Identifikationsfigur ersten Ranges, weil Achill von Homer als der stärkste Krieger geschildert wird. Aber sein Achill hatte mit dem homerischen eigentlich wenig zu tun.

Im Großen und Ganzen hat die einzigartige Monumentalität des homerischen Epos viel dazu beigetragen, die aristokratischen Wertvorstellungen aus der Zeit vor der Entstehung der Polis mit allen Vorzügen und Nachteilen bei den Griechen zu erhalten, was sich kulturell positiv, aber politisch allzu häufig negativ ausgewirkt hat, weil ihr heroischer Individualismus nicht mehr in das politische System späterer Epochen passte.

Dass Voltaire Homer ablehnte, weil er bei ihm keine Werte im Sinn der Aufklärung des 18. Jahrhunderts fand, ist aus der Sicht der damaligen Zeit, die noch keine historische Perspektive kannte, verständlich. Er mochte auch Shakespeare nicht. Aber seit dem 19. Jahrhundert hat uns die Geschichtswissenschaft gelehrt, dass man Wertmaßstäbe der eigenen Zeit nur sehr bedingt auf die Vergangenheit rückübertragen darf, wenn man sich das Verständnis früherer Epochen nicht verbauen will. Wenn wir die Epen Homers weiterhin bewundern, dann wirklich nicht, weil alle ihre ethischen Maßstäbe noch heute für uns gültig wären, sondern weil sie etwas zeitlos Menschliches zum Ausdruck bringen, weil sie ein sprachliches Kunstwerk ersten Ranges sind, dessen geistige Nachwirkung kaum zu überschätzen ist, und weil sie uns außerdem wertvolle Aufschlüsse über die griechische Mentalität und das politische und soziale Umfeld ihrer Epoche geben. Sie sind ein Schlüssel zum Verständnis der griechischen Kultur.

Dennoch blieb Homer auch im 20. Jahrhundert nicht von Angriffen moralistischer Eiferer verschont. Zum Beispiel fügte die DDR-Schriftstellerin Christa Wolf[5] der Achill-Kritik eine im Ton besonders aggressive feministische Variante hinzu und fabrizierte ein Zerrbild, das der komplexen Persönlichkeit dieser Figur nicht im Mindesten gerecht wird. In ihrem Pamphlet wird er zum zeitlosen männlichen Unhold schlechthin, zum „geilen Vieh“, zum „Monstrum“, zum „Wüstesten unter den Wüstlingen“. Ihre Hasstiraden legt sie der Priamostochter Kassandra in den Mund, die bei Homer nur eine unbedeutende Nebenfigur ist, jedoch in der nachhomerischen Überlieferung als Prophetin geschildert wird. Ihr soll Apollon, dessen sexuellen Gelüsten sie sich verweigert habe, aus Rache das Schicksal auferlegt haben, mit ihren Voraussagen niemals Glauben zu finden. Nach der Eroberung Trojas macht Agamemnon sie zu seiner Sklavin und Konkubine, und mit ihm wird sie später von Agamemnons Gattin Klytemnestra ermordet. Bei Wolf wird Kassandra zum zeitlosen weiblichen Opfer männlicher Gewalttätigkeit. Ihr gequälter Aufschrei soll „neben dem Strom der Heldenlieder“ wenigstens als „winziges Rinnsal [...] jene fernen, vielleicht glücklicheren Menschen, die einst leben, auch erreichen“. Aus dieser ideologischen Sicht wird die Ilias unversehens zum Sündenfall, zum Ursprung männlich-kriegerischer Gewaltverherrlichung, die im 20. Jahrhundert noch immer virulent sei und bis zum Atomkrieg führen könne. Aber so einfach ist es nicht. Mit ihrer Kassandra wollte Wolf angeblich in versteckter Form vor der zunehmenden Aufrüstung und Militarisierung der DDR seit den 1980er Jahren warnen. Aber Homer steht nicht für Aufrüstung und militärischen Expansionismus. Indem Wolf die Ilias in eine feministische Schablone presste, hat sie auch ein schiefes Homerbild in die Welt gesetzt. Das Epos handelt gerade nicht von einigen finsteren Wüstlingen, die gern Krieg machen. Eigentlich wollte nur Menelaos den Krieg, weil er als betrogener Gatte seine Ehre wiederherstellen musste. Da er es aber allein nicht konnte, hat er die anderen Fürsten mit einem Appell an ihre Solidarität eher zum Krieg genötigt als Begeisterung ausgelöst. Sie nahmen das Opfer eines weit entfernten Krieges auf sich, um ihm zu helfen. Und sie litten unter diesem gefühlt endlosen Krieg. Wolf blendet bewusst aus, dass Achill, der von allen die größte Abneigung gegen die Beteiligung am Trojanischen Krieg hatte, eine tragische Figur ist, in der die für die griechische Psyche typische Einheit von Widersprüchen besonders potenziert zum Ausdruck kommt (nicht von ungefähr sah Platon in den homerischen Epen die Vorläufer der griechischen Tragödie); sie übersieht, dass seine maßlose Trauer und Wut über den Tod des Patroklos und die damit verbundenen Grausamkeiten ein Bestandteil der ungehemmten Emotionalität der Griechen seiner Epoche sind, die andere Vorstellungen von Humanität hatte als wir; sie lässt außer acht, dass der Krieg in der Ilias nicht einseitig verherrlicht, sondern der Tod von Männern auf dem Schlachtfeld als unheilvolles Schicksal geschildert wird; dass nicht von Kriegsbegeisterung, sondern von tapferer Bewährung im unabwendbaren Krieg die Rede ist; dass nicht nur Frauen, sondern auch Männer in die Sklaverei gerieten, wenn sie nicht sofort getötet wurden; und schließlich, dass kriegerische Tugenden in dieser Welt überlebenswichtig waren und nicht zuletzt von den Frauen bei ihren Männern erwartet wurden. Auch die Frauen waren keine Pazifistinnen, auch Kassandra sicher nicht: Sie wollte doch mit ihrer Warnung vor dem Trojanischen Pferd lediglich den Untergang ihrer Stadt verhindern. Dass Frauen, wenn sie Gelegenheit dazu hatten, eine ebenso brutale Machtpolitik wie Männer betrieben, – dafür werden wir bei der weiteren Verfolgung der griechischen Geschichte noch zahlreiche Beispiele finden.

Aktuell an den Epen Homers ist noch immer das urmenschliche Problem der destruktiven individuellen Emotionalität, mit dem nicht nur Männer zu kämpfen haben, sondern alle Menschen; die Versuchung, aus Empörung und Wut gewalttätig, ja grausam zu werden. Vom siebenten Jahrhundert an bis heute versuchte und versucht die menschliche Gemeinschaft immer wieder, ihre einzelnen Mitglieder zu disziplinieren, und zwar aus durchaus verschiedenen Gründen: z. B. um den inneren Frieden aufrechtzuerhalten, um bei der Kriegführung durch militärische Disziplin eine größere Effektivität zu erzielen oder ganz einfach um der Humanität willen.

Homer steht für die aristokratische Seite des griechischen Wesens, für die Unabhängigkeit der einzelnen Fürsten, für Tapferkeit im kriegerischen Streit, für Ehre und Rache, für sportlichen Wettkampf, für das Selbstwertgefühl, das der Einzelne aus seiner individuellen Stärke bezieht, und für politische Volatilität. Wir werden diese Wesenszüge in der gesamten griechischen Geschichte immer wiedererkennen.

2 Hoffnung auf Gerechtigkeit und friedlichen Wettstreit im Eisernen Zeitalter

Sind die Epen Homers eine fantastische Überhöhung der einfachen und im Vergleich zum Orient ärmlichen Lebensverhältnisse am Rande der östlichen Hochkulturen, so vermittelt uns das Werk Hesiods die nüchterne Wirklichkeit aus der Sicht eines Bauern – eine in der Antike seltene Perspektive. Im Gegensatz zu Homer ist Hesiod eine historisch fassbare Person. Er war Bauer in Askra, einem öden Flecken in Boiotien mit eiskalten Wintern und drückend heißen Sommern. Der Ackerbau war vor allem wegen seiner technischen Primitivität mühsam: Während Waffen längst aus Eisen geschmiedet wurden, verwendete man in der Landwirtschaft noch den Holzpflug, und zusätzlich begrenzte die Zweifelderwirtschaft die Erträge. Dennoch hatte es Hesiod mit Fleiß und harter Arbeit zu einem gewissen Maß an Wohlstand gebracht, sodass er in der Lage war, sich einige wenige freie Arbeitskräfte und Sklaven zu leisten und zusätzlich saisonweise freie Arbeitskräfte einzustellen. Er gehörte nicht zum *oîkos* eines Adligen, sondern zu jenen selbstständigen Bauern, die sich mittels eines Systems von Nachbarschaftshilfe gegenseitig unterstützten. Sie bildeten eine soziale Mittelschicht zwischen den Adligen und den Kleinbauern und Tagelöhnern, die wirtschaftlich von den besser gestellten Landbesitzern abhängig waren.

Hesiod berichtet uns, dass sein Vater ein seefahrender Händler aus der kleinasiatischen Stadt Kyme gewesen sei, der mit seinem Gewerbe keinen Erfolg gehabt und sich daraufhin in Askra als Bauer niedergelassen, dort geheiratet und zwei Söhne aufgezogen habe, Hesiod und Perses. Möglicherweise ist diese Geschichte jedoch nur eine literarische Fiktion. Aber das ist nicht von Belang, denn Lebensgeschichten dieser Art dürfte es in der turbulenten griechischen Welt häufig gegeben haben. Hesiod entwickelte für einen Bauern erstaunliche dichterische Ambitionen, gewann sogar einen Sängerwettbewerb, der anlässlich der Totenfeier einer adligen Familie in Chalkis auf der Boiotien vorgelagerten Insel Euboia stattfand, und erhielt als Preis einen Dreifuß, den er den Musen vom Berg Helikon weihte. Die meisten Forscher datieren seine Lebenszeit vage auf ca. 700 v. Chr. Seine wichtigsten Werke sind die Theogonie und die Erga. In der Theogonie (*Theogonía,* d. h. Lehre von der Entstehung der Götter) versuchte er die komplexen und regional unterschiedlichen griechischen Göttervorstellungen und damit zugleich die Entstehung der Welt und der Menschen (Kosmogenie) in ein System von Entwicklungsstufen zu fassen, das von den Urwesen bis auf seine Zeit reichte. Mit diesem Werk schuf er Vorstellungen von der griechischen Götterwelt, die dominierend, jedoch nicht für alle Griechen verbindlich wurden. Wie er seine reichen mythologischen Kenntnisse erworben hat, wissen wir nicht. Manche Forscher halten ihn für einen heruntergekommenen Aristokraten. Seine *Erga kaì hemérai* (Werke und Tage) sind ein landwirtschaftliches Lehrgedicht und der Beginn der antiken Agrar- und Hauswirtschaftsschriftstellerei, eingebettet in eine moralisierende Kritik an der als schlecht und verdorben empfundenen eigenen Zeit. Beide Werke sind, wie die Epen Homers, in Hexametern verfasst, obwohl dieses heroische Versmaß zumindest für den Stoff der Erga nicht recht passt.

Wie Homer, so begreift auch Hesiod die Entwicklung der Menschheit als Niedergang. Allerdings klingt bei Homer diese Anschauung nur hintergründig an: Mit zunehmendem zeitlichem Abstand von den Göttern vermindert sich die körperliche Stärke der Heldengeschlechter. Die Kämpfer vor Troja sind die letzten Heroen. Aber schon ihre Stärke ist weit entfernt von jener, über die einst Herakles verfügte. Dagegen ist die Degeneration der Menschheit bei Hesiod viel umfassender und wird hauptsächlich an moralischen Kriterien gemessen. Sie vollzieht sich, orientalischen Vorbildern folgend, in fünf Stufen:

Die Menschen des goldenen Zeitalters des Zeusvaters Kronos lebten noch ohne Elend und Mühsal, ohne Krankheit und Schmerzen, die Nahrung fiel ihnen ohne Arbeit zu und sie genossen mit Freude ihre Gelage. Zwar waren sie nicht unsterblich, wie die Phaiaken der Odyssee, aber sie alterten nicht und starben deshalb ohne die Beschwerden des Alters. Aus ihnen wurden Dämonen, die als Nebel umherstreifen und den Menschen Gutes tun.

Die Menschen des silbernen Zeitalters sind physisch und moralisch ihren Vorgängern unterlegen, weil sie nie richtig erwachsen werden. Ihre Kindheit dauert hundert Jahre und selbst dann bleiben sie unreif. Sie gehen unter, weil sie glauben, die Verehrung der Götter nicht nötig zu haben. Dennoch werden auch sie nach ihrem Ende von den Menschen unterirdische selige Wesen genannt, wenn auch nur solche zweiten Ranges.

Die Menschen des bronzenen Zeitalters sind zwar körperlich robust, finden jedoch in Krieg und Frevel ein ruhmloses Ende.

Es folgt das Zeitalter der Heroen, der sieben Helden, die um die Macht in Theben kämpften – Aischylos schuf später aus diesem Stoff das Drama „Sieben gegen Theben" – und der Helden des Trojanischen Krieges. Diese Epoche scheint den Prozess der Degeneration aufzuhalten, ja sogar eine Wende zum Besseren einzuleiten. Die Helden dieser Epoche sind gerechter und besser als ihre Vorgänger, doch gehen sie letztendlich am Krieg zugrunde. Sie werden belohnt, indem sie ihr jenseitiges Dasein auf den Inseln der Seligen verbringen dürfen, wo sie dreimal im Jahr süße Früchte ernten können.

Hesiods eigene Zeit ist das eiserne Zeitalter. In diesem gibt es Gutes und Schlechtes, aber das Schlechte überwiegt bei weitem. Es regieren Gewalt und Faustrecht, Falschheit und Betrug, Egoismus, Missgunst, Schamlosigkeit und Streit. Zeus wird auch dieses Geschlecht vernichten.

Die Götter sind bei Hesiod einerseits menschenähnliche Wesen, die mit sterblichen Menschen Nachkommen erzeugen können, andererseits Naturgewalten und abstrakte sittliche Mächte, die nicht über, sondern innerhalb der menschlichen Welt agieren. Anders als bei Homer treten sie den Menschen nie als Personen gegenüber, und ihnen fehlt jegliche Frivolität. Ihre Wirkung auf die Menschen ist zwiespältig, d. h., sie können Gutes und Schlechtes bewirken. Selbst die Musen können ebenso täuschen und lügen wie Wahres verkünden. Von Zeus heißt es:

> Ungenannt wie genannt sind durch ihn die sterblichen Männer,
> nach dem Willen des Zeus, des großen, berühmt oder ruhmlos.
> Leicht ja stärkt er den Schwachen, leicht drückt er den Starken zu Boden,
> leicht wie er Ragende stutzt, so hebt er empor die Verborgnen,
> leicht macht den Krummen er grad und läßt den Geschwollenen schrumpfen,
> Wolkendonnerer Zeus, der Bewohner der obersten Häuser. (Erga 3 ff.)[6]

Deshalb ist es für den Menschen der sicherste Weg, nicht auf seine vermeintliche Stärke, sondern auf die Gerechtigkeit des Zeus zu vertrauen und sich an das Recht zu halten. Besonders markant spitzt er die Ambivalenz des Göttlichen in der Gestalt der Eris, der Göttin der Zwietracht zu:

> Aber Eris, die Streitsucht, gebar die qualvolle Plage,
> Hunger sodann und Vergessen und tränentreibende Schmerzen,
> Kämpfe und Schlachten und Morde und männertötende Kriege,
> Streitigkeiten und Lügen und haßvoll erwidernde Reden,
> ferner die schlimmen Geschwister Verblendung und Rechtsübertretung,
> schließlich Horkos, den Eid, den Stifter des furchtbarsten Unheils,
> weil er zum dreisten Meineid verführt die irdischen Menschen. (Theogonie 226 ff.)[7]

Jedoch:

> Nicht ist nur eine Eris geboren, sondern auf Erden
> sind es zwei. Die eine kann jeder Verständige loben,
> Abscheu verdient die andre. Verschieden sind sie geartet.
> Nährt doch die eine nur böse Feindschaft und häßlichen Hader
> ungestüm, kein Sterblicher liebt sie, sondern gezwungen
> nach der Unsterblichen Willen ehrt man die drückende Eris.
> Älter die andre, da Nacht sie gebar, die finstere Göttin,
> und sie setzte der hohe, im Luftraum behauste Kronide
> in die Wurzeln der Erde, den Männern zu größerem Segen.
> Selbst noch den Trägen erweckt sie in gleicher Weise zur Arbeit.
> Jeden ergreift ja die Lust zur Arbeit, wenn er des andern
> Reichtum sieht, schon eilt er zu pflügen, zu pflanzen
> und das Haus zu bestellen. Der Nachbar läuft mit dem Nachbarn
> um die Wette nach Wohlstand; so nützt diese Eris den Menschen.
> Töpfer eifert mit Töpfer, und Maurer eifert mit Maurer,
> und der Bettler beneidet den Bettler, der Sänger den Sänger. (Erga 11 ff.)[8]

Hier irrt Hesiod. Es gab nicht zwei verschiedene Eris-Göttinnen, eine gute und eine böse, die man hätte voneinander trennen können; vielmehr handelte es sich

– sehr griechisch – um die beiden Seiten derselben Eris, die untrennbar miteinander verbunden waren. Es ist diese ambivalente Eris, die den Verlauf der gesamten griechischen Geschichte maßgeblich bestimmen und die griechische Geschichte zu einer Geschichte des Wettstreits, aber auch der Zerrissenheit machen wird.

Hesiod empfiehlt also den friedlichen Wettstreit anstelle von Krieg und Gewalt. „Gute" *(agathoí)* und „Schlechte" *(kakoí)* bezeichnen bei ihm nicht Adlige und Gemeine, wie bei Homer, sondern beziehen sich auf Eigenschaften, die für das Zusammenleben im Frieden nützlich sind. Sogar „Edle" *(esthloí)* können bei ihm nicht nur sozial Hochstehende, sondern auch gute Nachbarn sein. Im Übrigen lässt auch er sich die Dramatik einer Kampfschilderung nicht entgehen, verlegt sie aber in den Kampf zwischen den Göttern und den 50-köpfigen und 100-armigen Titanen. 50 Köpfe hat übrigens auch Kerberos, der Hund des Hades. 50 ist schon bei Homer eine beliebte rhetorische Zahl: 50 Gemächer hat der Palast des Priamos und der König hat 50 Söhne, auf 50 Schiffen fahren die Gefolgsleute Achills nach Troja und 50 Dienerinnen gibt es sowohl im Palast des Phaiakenkönigs Alkinoos als auch im Haus des Odysseus auf Ithaka. Die Zahl 50 wird uns noch öfter begegnen.

Letztendlich ist sein Bild von den Göttern überwiegend positiv – trotz ihrer Unberechenbarkeit. Sie sind „Spender des Guten". Zeus ist gerecht. Dike, die Göttin der Gerechtigkeit, ist seine Tochter. Sie und viele andere Götter wachen im Auftrag des Zeus über das Recht. Hekate steht den Menschen im Krieg, vor Gericht, bei sportlichen Wettkämpfen und Beratungen hilfreich zur Seite, fördert den Reichtum an Vieh und gewährt unter Umständen sogar Beute. Dionysos ist, wie bei Homer, ein „Spender der Freude", und Plutos verleiht jedem, der ihm begegnet, Reichtum und Segen, womit zweifellos der landwirtschaftliche Erfolg gemeint ist. Die Attribute „golden" und „silbern" gebraucht Hesiod, teils konkret, teils metaphorisch fast ausschließlich als Gütemerkmale der Götter und Musen. Den Göttern schuldet man Verehrung und Respekt. Man darf ihnen – wie bei Homer – nicht mit ungewaschenen Händen opfern. Sogar vor dem Überqueren eines Flusses muss man beten und sich die Hände waschen; noch soll man die Götter beleidigen, indem man in der freien Natur – statt schamvoll im Sitzen – im Stehen sein Wasser lässt und ihnen die Genitalien zuwendet. Denn die ganze Natur ist von göttlichen Wesen beseelt. Auch darf man im Haus nicht seine von Samen befleckten Genitalien dem Herd zuwenden, denn der Herd ist etwas Heiliges.

Gegen die politische Ordnung seiner Zeit hat Hesiod im Prinzip nichts einzuwenden. Die Könige stammen von Zeus ab. Die Musen helfen ihnen, gerechte Urteile zu fällen. Was er anprangert, ist, dass die Herrscher seines, des eisernen Zeitalters eine schlechte Moral haben, wie die meisten anderen Menschen auch. In der Fabel vom Habicht und der Nachtigall beklagt er seine Ohnmacht gegenüber der Willkür der Herrschenden, wenn es kein Recht gibt:

So zur Nachtigall sprach, dem bunten Kehlchen, der Habicht,
wie er sie hoch in den Wolken dahintrug mit klammernden Krallen,
sie aber, rings durchbohrt von gekrümmten Krallen, erbärmlich
jammerte. Da nun sprach er zu ihr in herrischer Rede:
„Was denn, Verblendete, schreist du? Ein Stärkerer hält dich gefangen.
Dorthin mußt du, wohin ich dich bringe, und bist du auch Sänger.
Fressen tu ich dich, ganz wie ich Lust hab, oder ich laß dich.
Nur einen Narren verlockt es, mit stärkeren Gegnern zu kämpfen.
Sieg ist ihm versagt, und zur Schande leidet er Qualen." (Erga 202 ff.)[9]

Vordergründig ist das Thema der Erga ein Erbstreit mit Hesiods Bruder – bzw. fiktiven Bruder – Perses, der ihn, den rechtschaffenen Bauern, zu übervorteilen versuchte, indem er die Richter bestach. Offensichtlich war Perses auf seinem Erbteil als Bauer weniger erfolgreich als Hesiod. Vermutlich ging der Streit um die Grenzziehung zwischen den Erbteilen der beiden Brüder. Ob literarische Fiktion oder nicht – das Motiv des Streits zwischen Brüdern wird sowohl in der griechischen Literatur als auch in der Realität immer wiederkehren. Neben den Ermahnungen an Perses, ein anständiges Leben zu führen und Arbeitseifer zu zeigen, richtet er einen moralischen Appell an die „geschenkefressenden" Richter und droht ihnen mit der Vergeltung der Götter. Diese Episode nimmt er zum Anlass für einen allgemeinen Ruf nach Gerechtigkeit, die für ihn ein göttliches Wesen ist. Wenn die Göttin des Rechts (Dike) verletzt wird, bringt sie den Menschen Verderben. Die Rache der Götter trifft nicht nur den Einzelnen, sondern individuelle Verfehlungen können schweres Unglück für die gesamte Gemeinde nach sich ziehen. Dann verhängt Zeus Seuchen und Hungersnot, die Frauen gebären keine Kinder mehr und die Häuser verfallen, oder das Heer wird geschlagen, die Stadtmauern halten feindlichen Angriffen nicht mehr stand, oder die Schiffe versinken im Meer. Hesiods Vorstellung vom menschlichen Zusammenleben kulminiert in folgenden Versen:

Denn ein solches Gesetz erteilt den Menschen Kronion:
Fische zwar sollten und wildes Getier und gefiederte Vögel
fressen einer den andern, weil unter ihnen kein Recht ist.
Aber den Menschen gab er das Recht bei weitem als bestes
Gut. Wenn nämlich ein Mann gewillt ist, das Rechte zu sagen,
das er erkennt, so verleiht ihm gedeihlichen Segen Kronion. (Erga 275 ff.)[10]

Das Bedürfnis nach Gerechtigkeit war offensichtlich weit verbreitet und fand in der seit dem ausgehenden siebenten Jahrhundert einsetzenden Gesetzgebung seinen Niederschlag. Das gute und redliche Leben *(areté)* ist das des Bauern, der mit unermüdlichem Fleiß und Sparsamkeit zu Wohlstand gelangen kann. Das ist ehrlich erworbener Reichtum. Mit *areté* bedient sich Hesiod auch hier wieder eines Begriffs, der eigentlich aristokratische Tugenden bezeichnet. Ein gutes Verhältnis zu seinen Nachbarn sichert den Bauern gegen unverhoffte Notfälle ab. Um Vermögenseinbuße infolge von Erbteilung zu vermeiden, ist es das Beste, nur einen Sohn zu haben, was in der Praxis wohl nicht ganz einfach gewesen sein dürfte. Und er prangert die oft schlechte Behandlung bejahrter Eltern an, die für ihre Versorgung vom Hoferben abhängig sind. Von der Missachtung von alten Menschen durch ihre Verwandten hören wir auch in späteren Zeiten. Es folgen Ratschläge für sachgerechten Ackerbau und Schifffahrt und allerlei Verhaltensregeln, die in einem handfesten Aberglauben wurzeln. Das ausgeprägte Arbeitsethos Hesiods ist in der griechischen Literatur einzigartig. Denn das Lebensideal blieb aristokratisch und sah gerade in der Befreiung von der Erwerbsarbeit die Voraussetzung für die Verwirklichung des Menschen. Für Hesiod ist Arbeit das probate Mittel gegen das Abstürzen in Armut und Kriminalität. Aber der Zwang zu ständiger Arbeit ist auch ein Fluch, mit dem Zeus die Menschen für den ersten Versuch des Prometheus büßen lässt, ihm das Feuer zu stehlen und zu den Menschen zu bringen. Ähnlich dürften die meisten Bauern in allen Jahrhunderten der Antike empfunden haben, weit entfernt davon, Arbeit als einen wichtigen Teil menschlicher Selbstverwirklichung zu begreifen. Hesiod fand für seine Person einen fruchtbaren Ausweg, indem er den Frust über die Arbeit mit Hilfe der Musen als Dichter und Sänger kompensierte.

Als Prometheus das Feuer zum zweiten Mal stiehlt – diesmal mit Erfolg –, denkt sich Zeus eine besonders gemeine Strafe aus, nämlich ein hinterlistiges Wesen, das der törichte Mann sogar lächelnd umarmt: eine Frau namens Pandora. Er beauftragt den göttlichen Schmied Hephaistos, ein attraktives Weib zu schaffen. Dieses öffnet die bis heute sprichwörtliche „Büchse der Pandora", einen Krug, aus dem alle Geißeln der Menschheit hinausfliegen und sich über die Welt verbreiten. Einzig und allein die Hoffnung bleibt in dem Gefäß zurück. (Die nie versiegende Hoffnung sollte später ein fester Bestandteil der griechischen Mentalität werden.) Von der Pandora stammen alle Frauen ab und sind eine ständige Gefahr, vor der sich die Männer in Acht nehmen müssen. Die Frau ist nichts als ein notwendiges Übel. Denn sie nimmt an der schweren Feldarbeit nicht teil, macht es sich im Haus bequem und gefährdet noch den mühsam erworbenen Wohlstand des Mannes. Sie beutet den Mann aus. Daher sein Rat:

> Nicht soll ein Weib, das den Steiß sich schmückt, den Sinn dir berücken,
> wenn sie mit schmeichelndem Wortschwall in deiner Hütte dich aufspürt;
> denn wer dem Weibe vertraut, vertraut auch Betrügern und Dieben. (Erga 372 ff.)[11]

Euripides wird darauf in der „Medeia" eine Antwort aus der Sicht der Frauen geben. Davon an späterer Stelle. Die Möglichkeit einer reichen Heirat zieht Hesiod nicht in Betracht. Die Herkunft der Pandora, dieses Archetyps eines Weibes, ist ungewiss. Entstammt diese Gestalt altorientalischen Wurzeln? Denn auch im Alten Testament ist es Eva, die Adam den Apfel vom Baum der Erkenntnis reicht und damit die Vertreibung aus dem Paradies auslöst. Und auch hier werden die Menschen von Gott mit dem ständigen Zwang zur Arbeit bestraft. Das negative Frauenbild Hesiods hat großen Nachhall gefunden und zieht sich beinahe durch die gesamte antike Literatur. Aber zum Glück gibt es auch gute Frauen, mit denen der Mann eine erträgliche Ehe führen kann. Doch da diese nach Hesiods

Meinung selten sind, darf ein Bauer bei der Wahl seiner Ehefrau nicht leichtfertig sein.

Hesiod ist der einzige Autor, der die Härte der Arbeit auf dem Land aus der Sicht eines Bauern beschreibt. In der Literatur nach ihm wird das Leben auf dem Land entweder ein Thema utilitaristischen Kalküls aristokratischer Unternehmer oder romantischer Verklärung von Dichtern und Moralisten. Aber Hesiod steht für weit mehr: für die andere, die antihomerische Seite des griechischen Wesens, für Ordnung, Stabilität und friedlichen Wettstreit in fleißiger Arbeit bei Ackerbau und Handwerk (wozu bei den Griechen auch Malerei und bildende Kunst zählten) und für den musischen Wettstreit. Ein Jahrhundert später kam der Wettstreit in Philosophie und Wissenschaft hinzu. Und er steht für die nie versiegende Hoffnung, die den Griechen auch später immer wieder zur Verfügung stand, wenn wieder einmal alles schiefging.

3 Erōs, Eris und Tyrannis im wilden sechsten Jahrhundert

Vom achten Jahrhundert an entstanden die griechischen Poleis. In vielen Regionen legten die lokalen Könige ihre Wohnsitze an einem Ort zusammen – man bezeichnet diesen Vorgang mit einem griechischen Wort als „Synoikismos" („Zusammenlegung der Häuser") – und wählten einen obersten König. Dieser Zusammenschluss brachte schließlich die griechische Polis hervor: ein politisches, militärisches, kultisches, administratives und wirtschaftliches Zentrum. Den Prozess dieser lokalen Synoikismen hat die Wissenschaft „Binnenkolonisation" genannt. Über die Gründe dieser Entwicklung können wir nur spekulieren: War der jeweilige Kern ein Heiligtum von besonderer Bedeutung, an das sich das politische Zentrum ankristallisierte? Spielten wirtschaftliche Vorteile eine Rolle? Auf jeden Fall wurde durch diese Konzentration der Kräfte die Fähigkeit zur militärischen Selbstbehauptung entscheidend gestärkt. Das mag das entscheidende Motiv gewesen sein, obwohl keineswegs alle Poleis Stadtmauern hatten.

Die verstreuten Fürstensitze wurden von Machtzentren abgelöst. Der Anstoß ging vielleicht vom Orient aus. Schon im 10. Jahrhundert gab es an der Stelle des späteren Smyrna wenigstens eine protourbane eisenzeitliche Siedlung der griechischen Aioler, die von einer Mauer umgeben war (das sog. Alt-Smyrna). Etliche Poleis, allen voran Athen, dessen Synoikismos von der Geographie Attikas eigentlich nicht vorgegeben war, entwickelten sich mit der Zeit zu respektablen Städten mit einer Zitadelle (Akropolis), die die wichtigsten Heiligtümer umschloss. Ursprünglich war diese Zitadelle der Kern der frühesten Siedlung gewesen. Das Zentrum einer Polis bildeten ein Versammlungs- und Marktplatz (Agora) und öffentliche Bauwerke. Neben der Agrarwirtschaft entstanden mit der Zeit ein reger Handel und ein weitgefächertes Handwerk. Andere Poleis blieben extrem klein und waren kaum mehr als größere Dörfer mit ein paar hundert Einwohnern, in denen die wohlhabenden Bauern gegenüber den ärmeren Bauern, Fischern und Tagelöhnern die Oberschicht bildeten. Nicht jede Polis kann also als Stadt bezeichnet werden, aber jede Polis, ob groß und hochentwickelt oder klein und primitiv, war gleichsam eine „Nation" für sich mit äußerst wehrhaften Patrioten. Eine griechische Nation hat es nie gegeben, sondern nur ein Gefühl kultureller Zusammengehörigkeit der „*Héllenes*". Die Ursache dafür lag nicht allein an der zerklüfteten Natur des Mutterlandes und der beinahe grenzenlosen, aber zersplitterten Ausdehnung des griechischen Siedlungsraumes an den Küsten des Mittelmeeres, sondern zu einem erheblichen Teil an der Mentalität. Zum Beispiel sind Athen und Sparta unter Überwindung geographischer Hindernisse entstanden, während die Trennung von Korinth und Sikyon geographisch nicht vorgegeben war, im Gegenteil. Nicht die Vereinigung aller Griechen in einem Staat, aber zweifellos viel größere Zusammenschlüsse von Poleis wären öfter möglich gewesen als sie in Wirklichkeit stattgefunden haben. Wenigstens regionale Ansätze dazu hat es in späterer Zeit durchaus gegeben.

Das von jeher schwache Königtum wurde fast überall von Adelsrepubliken abgelöst, sofern das Territorium einer Polis überhaupt groß genug für die Herausbildung einer Aristokratie war. Es entstand die republikanische Staatsform, in der damaligen Welt eine Ausnahmeerscheinung. Sie hat spezifisch republikanische Wertvorstellungen hervorgebracht, die als geistiges Erbe in der westlichen Kultur der Neuzeit noch heute weiterwirken. Doch anders als die mittelalterliche Stadt, in der sich bürgerliche Händler und Handwerker von der umliegenden adligen Grundherrschaft befreiten und eine eigene bürgerliche Wertordnung schufen, war die antike Stadt in erster Linie ein Zusammenschluss von Agrariern und somit in ihrem Wesen aristokratisch geprägt. Da die meisten Bürger ihr politisches Mitspracherecht nur durch die Teilnahme an einer Volksversammlung ausüben konnten, sollte das Territorium einer Polis so begrenzt sein, dass für alle das politische Zentrum in angemessener Zeit zu Fuß zu erreichen war.

Diese Kleinräumigkeit, die ja auch für die größeren Poleis kennzeichnend war, brachte jedoch keine provinzielle Engstirnigkeit hervor, sondern die republikanische Staatsform erzeugte eine völlig neue Intensität des politischen Lebens und das Seefahrertum eine weltoffene Grundeinstellung. Im Vergleich mit den Staaten des Alten Orients war die Organisation dieser Republiken erstaunlich rational: Kein Gott- oder Priesterkönig leitete seine Herrschaft von überirdischen Mächten ab. Die Götter forderten von den Menschen Verehrung und die Befolgung bestimmter Gebote, aber es gab keine gottgewollte politische Ordnung, was nicht mit einer Trennung zwischen Staat und Religion verwechselt werden darf. Denn diese gab es ebenso wenig wie im Orient. Die sakralen Kompetenzen des einstigen Königs konnten auf republikanische Amtsträger übergehen, ohne dass die Polisbewohner den Zorn der Götter fürchten mussten. Das Gemeinwesen und die Politik waren Sache der Menschen.

Die politischen Institutionen bestanden aus einem Ratsgremium, einer Volksversammlung und einigen zivilen und militärischen Ämtern mit einjähriger Amtsdauer. Vielleicht hatte in der frühesten Phase sogar ein einziger Amtsträger als Exekutive genügt, der die wichtigsten politischen, administrativen, sakralen und militärischen Aufgaben zugleich wahrnahm, wie das Archontat in Athen nahelegt, dessen allumfassende Kompetenz erst nach und nach auf neun Archontenämter aufgeteilt wurde. Die Priester und Priesterinnen waren Amtsträger wie alle anderen auch; einen speziellen Priesterstand wie im Orient hat es nie gegeben, auch wenn manche Familien gelegentlich ein erbliches Anrecht auf die Bekleidung einer bestimmten Priesterstelle hatten. Es war der Beginn des späteren republikanischen Verfassungsstaates. Innerhalb der Bürgerschaft blieben administrative und kultische Verbände aus der Zeit vor der Entstehung der

Polis bestehen, die Phylen (Stämme), Phratrien (Bruderschaften) und Géne (Familien), deren Mitglieder ein besonderes Nahverhältnis zueinander hatten und sich auf einen gemeinsamen mythischen Urahn zurückführten.

Mit der Polis verbunden war, wie sich später herausstellen sollte, ein jahrhundertelanger Streit um die Verteilung der Macht: um die richtige Verfassung, die politischen Rechte und Pflichten verschiedener sozialer Schichten innerhalb der Bürgerschaft und um die Kompetenzen der Polis gegenüber der Eigenmacht der Familien. Welche politischen Rechte jemand für sich in Anspruch nehmen konnte, richtete sich theoretisch nach dem Maß der *areté*, das man ihm zubilligte, in der Praxis nach seinem militärischen Wert, seinem Reichtum und dem Ansehen seiner Familie. Bestimmte Familien bildeten eine informelle Führungsschicht, die jedoch nicht nach außen geschlossen war. Zwischen den herausragenden Einzelnen spielten sich permanente Kämpfe um Macht und Prestige ab, die nicht selten zu gewaltsamen Auseinandersetzungen führten. Die Amtsträger hatten oft nicht die ausreichenden Machtmittel, um für Ruhe und Ordnung zu sorgen, denn so etwas wie eine Polizei gab es nicht. Die Mitglieder der Führungsschicht blieben vom individualistischen Streben nach Ehre und Ruhm geprägt, wie es in der Ilias zum Ausdruck kommt und schon vor Homer so gewesen sein muss. Es stand oft im Widerspruch zu den Interessen der Gemeinschaft. Den Griechen ist es trotz verschiedener Lösungsversuche nie ganz gelungen, das Verhältnis zwischen den herausragenden Einzelnen und der Polisgemeinschaft dauerhaft zu lösen. Aber die Zerstrittenheit innerhalb der Poleis hatte noch tiefere Wurzeln und begann, wie wir noch sehen werden, teilweise schon in den Familien.

Der Götterkult war in den Staat von vornherein völlig integriert, aber er beherrschte das politische Leben nicht. Die Pflege religiöser Kulte wurde für die Polis als lebenswichtig erachtet. Aber es gab kein Glaubensbekenntnis, kein heiliges Buch, kein Dogma, sondern die Verbindung zu den Göttern wurde mittels bestimmter althergebrachter Riten hergestellt. Die Priester waren gleichsam Handwerker dieser Riten, keine Verkünder von Götter- oder gar Jenseitsvorstellungen. Diese gewannen die Griechen in ziemlich verschwommener Form aus der allgemeinen mündlichen Überlieferung, die von Dichtern und Philosophen ausgemalt, durchdacht und variiert wurde. Die Religion verordnete kein in sich geschlossenes Weltbild, sondern die Vorstellung von den Göttern blieb immer relativ vage und beliebig. Jeder durfte so viele Götter verehren, wie er wollte, was oft als religiöse Toleranz missverstanden worden ist; aber jeder Bürger hatte die Pflicht, an den Kulten der Polis teilzunehmen, da der Zorn eines Gottes selbst auf nur einen einzelnen Bürger die ganze Polis in Mitleidenschaft ziehen konnte. Die Befolgung der traditionellen Riten war in den Beziehungen zu den Göttern die einzige sichere Basis. Bei den Staatskulten fungierten nicht nur Priester, sondern auch viele Priesterinnen. Der Götterkult ist immer auch eine Domäne der Frauen gewesen. Von manchen Kulten waren Männer sogar ausgeschlossen. Neben den Kulten der gesamten Polis gab es eine Fülle von kleineren Kulten für

Gottheiten und halbgöttliche mythische Helden (Heroen), die auf einzelne Familien oder bestimmte Lokalitäten innerhalb der Polis beschränkt waren, so dass ein Grieche oft entweder – z. B. als Familienvater – selbst kultische Handlungen vollzog oder in größerem Rahmen an ihnen teilnahm.

Die Vorstellung von den Göttern, die von den Dichtern verbreitet wurde, sagt mehr über die Mentalität der Menschen jener Epoche aus als über die griechische Religion. Deshalb ist es aufschlussreich, wenn wir uns zunächst die Götterwelt der Griechen, ihre Mythen und Sagen in einem kurzen Überblick vergegenwärtigen, ehe wir uns den historischen Ereignissen zuwenden. Ursprünglich waren die Götter Naturgottheiten, manche namenlos, sowohl konstruktive wie destruktive Gewalten einschließlich der physischen Kräfte und psychischen Regungen des Menschen. Daher war ihr Wesen weder gut noch böse, sondern blieb stets ambivalent. Auch die verschiedenen Lebensbereiche und Tätigkeiten des Menschen hatten ihre Gottheiten. Manchmal waren sie für die Menschen hilfreich, ein andermal richteten sie großen Schaden an. Sie waren unberechenbar. In der Dichtung gewannen sie immer ausgeprägtere menschliche Eigenschaften und entwickelten sich in ihren Charakterzügen beinahe zu Abbildern der griechischen Aristokraten des siebenten und sechsten Jahrhunderts, immer bereit, ihre unterschiedlichen Interessen gegeneinander zu verfolgen, jede Kränkung ihrer Ehre und jede Missachtung ihrer Rechte grausam zu rächen. Es entstand eine eigentümliche Mischung aus uralten Göttervorstellungen und immer neuen dichterischen Deutungen. Die fragmentarische Überlieferung der griechischen Mythologie und die Mytheninterpretation ist ein beinahe unübersehbares Forschungsgebiet, so dass wir uns im Rahmen dieser Arbeit mit einer vereinfachten Darstellung begnügen müssen.

Die griechische Religion teilte die Welt in drei Bereiche ein: Zeus war der Gott des Himmels, sein Bruder Poseidon herrschte über das Meer, und Hades, auch er ein Bruder des Zeus, war der Gott der Unterwelt. Dominierend waren die Himmelsgottheiten, die die indogermanischen Einwanderer um 2000 v. Chr. mitgebracht hatten, doch verdrängten sie die chthonischen Gottheiten der frühen Mittelmeerkulturen nicht völlig, sondern integrierten sie weitgehend. An der Spitze der fast unübersehbaren Götterwelt standen die zwölf Olympischen Götter: Zeus, Poseidon, Hera, Demeter, Apollon, Artemis, Athene, Ares, Aphrodite, Hermes, Hephaistos und Hestia. (Die heilige Zahl zwölf stammte aus dem Orient.) Zu diesen Olympiern kamen als weitere „Übergötter" noch Persephone, Dionysos, Herakles und Hades hinzu. Kennzeichnend war, dass ein und derselbe Gott verschiedene, auch widersprüchliche Eigenschaften haben und dementsprechend verschiedene Funktionen wahrnehmen konnte.

Der dichterischen Überlieferung nach begann die Götterwelt mit mehreren Verbrechen: Zeus hatte die Macht als oberster Gott an sich gerissen, indem er seinen Vater Kronos entmachtet hatte. Dieser hatte sein Schicksal geahnt, weil auch er seinen Vater Uranos vom Thron gestoßen und mit einer Sichel entmannt hatte. Deshalb hatte er versucht, die Geburt seines Sohnes zu verhindern – vergeblich. Dieser Mythos hatte zwar einen hethitischen Ursprung, aber diese Anregung von außen wäre nicht nötig gewesen. Das Motiv der Misshandlung des Vaters durch den Sohn gehört nämlich nicht nur ins Reich der Fantasie, sondern hatte durchaus einen realen Bezug zur griechischen Wirklichkeit. Schon Hesiod prangerte, wie schon erwähnt, die schlechte Behandlung alter Väter durch ihre Söhne an, Solon stellte die Misshandlung von Eltern gesetzlich unter Strafe, Aristophanes brachte eine Szene auf die Bühne, in der ein Vater von seinem verzogenen Sohn Prügel bezieht, und auch bei Platon beklagen sich die Alten über die schlechte Behandlung durch ihre Angehörigen. Das Vater-Sohn-Verhältnis war also von vornherein ambivalent: Söhne waren als Stammhalter erwünscht, aber auch gefürchtet. (Angenehmer waren, wie Euripides bezeugt, für einen Vater Töchter, weil sie nie zu Rivalen heranwachsen konnten). Im Grunde könnte man die griechische Kultur als eine Kultur der Söhne bezeichnen. Als Himmelsgott war Zeus natürlich auch der Gott des Wetters, den man beispielsweise um Regen bitten konnte, und der sich auch im Donner und Blitz sowie in Meteoren zu erkennen gab. Darüber hinaus taugte er für diverse Lebensbereiche: Als Zeus *Herkeîos* war er der Schutzgott des Hauses, als Zeus *Ktésios* beschützte er den Vorrat und bescherte Reichtum, als Zeus *Hikésios* schützte er Fremde und Schutzflehende, bei Zeus *Hórkios* schwor man einen Eid, und Zeus *Sotḗr* war der Retter in höchster Not. Gelegentlich schickte er auch Vorzeichen durch Träume.

Der Zorn des cholerischen Poseidon, der in einem goldenen Palast auf dem Grund des Meeres hauste und sich von Pferden mit goldenen Mähnen und bronzenen Hufen in einem Triumphwagen ziehen ließ, entlud sich häufig in schrecklichen Stürmen auf dem Meer, und wenn er seinen Dreizack in den Boden stieß, konnte er als „Erderschütterer" auch an Land Schrecken verbreiten.

Hera, die Schwester des Zeus und, nachdem dieser sie vergewaltigt hatte, seine zweite Gemahlin war die Gottheit für hilfesuchende Frauen.

Die Erdgöttin Demeter förderte die Fruchtbarkeit sowohl der Frauen als auch der Felder.

Phoîbos (der „Strahlende", der „Reine") Apollon, der ewige Junggeselle, war der Gott für alles Musische, hatte heilende Kräfte – einer seiner unehelichen Söhne war Asklepios -, konnte mit seinen Pfeilschüssen aber auch Seuchen schicken.

Seine Zwillingsschwester Artemis, die ewige Jungfrau, zugleich aber Schutzgöttin der Geburt und der Kinder, war vor allem als Göttin der Jagd bekannt, doch ebenso als Beschützerin der Tiere. Sie reiste bewaffnet mit silbernem Pfeil und Bogen in einem Gespann mit gehörnten Hirschen. Wie ihr Bruder konnte auch sie Seuchen verbreiten.

Eine weitere ewige Jungfrau war die wehrhafte Athene, die nicht nur in Athen verehrt wurde. Sie unterstützte den gerechtfertigten Krieg, während der blutrünstige Ares die grausige Seite des Krieges, die Gewalt um der Gewalt willen, verkörperte. Da Athene in voller Rüstung aus dem Haupt des Zeus entsprungen war, galt sie auch als Göttin der Weisheit. Ihr Symboltier war die Eule.

Von anderer Natur war die Liebesgöttin Aphrodite, eine Ehebrecherin mit vielen Amouren und vielen unehelichen Kindern, was ihrer Verehrung durch Liebende keinen Abbruch tat. Angeblich war sie aus dem Schaum der Genitalien des Uranos hervorgegangen, die nach seiner Entmannung durch Kronos ins Meer gefallen waren.

Hermes, der Götterbote mit Flügelhelm und Flügelsandalen, machte sich schon kurz nach seiner Geburt als schlauer Viehdieb einen Namen, indem er 50 weiße Rinder des Apollon stahl und seine Spuren verwischte. Gleichwohl war er der Gott der Hirten, als durch die Lüfte Fliegender auch Gott der reisenden Händler und der Beschützer von Verträgen, der Erfinder von Maßen und Gewichten, der Astronomie und des Sports, zugleich jedoch auch der Schutzgott der Diebe. Und er geleitete die Seelen der Verstorbenen zum Styx, wo sie von dem Fährmann Charon übernommen und in einem Kahn in den Hades hinübergerudert wurden.

Der einzige Handwerker unter den Göttern war der Feuergott Hephaistos, der als Schmied wahre Wunderwerke an Waffen und Schmuck anfertigen konnte. Dass er als hässlich und hinkend dargestellt wurde, mag an der aristokratischen Verachtung für Handwerker liegen.

Eine andere Feuergottheit war die jungfräuliche Hestia, die Erfinderin des Hausbaus und Beschützerin des häuslichen Herdes und des Staatsherdes. Der Herd war der Mittelpunkt des Hauses und der Ort, an dem Schutzsuchende um Asyl bitten konnten.

Hades, der Gott der Unterwelt, war zugleich der Gott der Bodenschätze und wurde deshalb auch Pluto (der „Reiche“) genannt. Er entführte Persephone, die Tochter der Demeter und zwang sie, in der Unterwelt seine Gemahlin zu werden. Aber Demeter wehrte sich dagegen, und es kam zu einem Kompromiss: Persephone musste nur den Winter in der Unterwelt verbringen, dagegen konnte sie während der Zeit des Wachstums bei Demeter wohnen.

Dionysos und Herakles waren die einzigen Götter, die aus der Verbindung eines Gottes, des Zeus, mit sterblichen Geliebten hervorgegangen sind. Dionysos war der Gott des Weines, der Freude, der rauschhaften Verzückung, der hemmungslosen Sexualität und der Fruchtbarkeit, ein Gott, der von Sorgen befreite und in dem Ruf stand, Mauern einstürzen zu lassen, alle Schranken bürgerlichen Lebens niederzureißen. Seine Tiergestalt war der Stier. In Gestalt eines Stiers hatte Zeus ihn mit der Königstochter Semele gezeugt. Die eifersüchtige Hera hatte ihn von Titanen zerreißen und auffressen lassen. Doch Zeus hatte die Titanen mit Blitzen verbrannt und den Gott aus der Asche wieder zum Leben erweckt. Seine Vielfalt kam in zahlreichen verschiedenen Beinamen und lokalen Facetten zum Ausdruck. In Athen wurde er während der Tyrannis der Peisistratiden in der zweiten Hälfte des sechsten Jahrhunderts auch der Gott des Theaters,

d. h. der Komödie und der Tragödie. Eigentümlich war seine Verbindung mit Hades, mit dem er mancherorts, obwohl er sein Antipode war, eine regelrechte Symbiose in einem Mysterienkult einging, den Zusammenhang zwischen Leben und Tod, zwischen dem Sterben der Natur im Winter und ihrer Auferstehung im Frühling versinnbildlichend. Deshalb galt Persephone, die Göttin beider Welten, als seine zweite Mutter. Mit Aphrodite zeugte er den Priapos, der sich durch sein überdimensionales Geschlechtsteil auszeichnete, aber trotzdem vergeblich versuchte, Hestia zu vergewaltigen. Die Begleiter des Dionysos waren Satyrn, nackte glatzköpfige Mischwesen zwischen Mensch und Pferd oder Esel, in ständiger sexueller Erregung, und Mainaden, in orgiastischen Riten „rasende" weibliche Wesen in Reh- oder Pantherfellen. Zusammen symbolisierten sie die animalische Seite menschlicher Sexualität, auch sexuelle Gewalt. Seine üppige Sinnlichkeit ließ ihn in der frühen Neuzeit in der Form des römischen Bacchus zu einem beliebten Motiv der Barockmalerei werden, während man zu dem echten griechischen Dionysos erst im 19. Jahrhundert einen unverstellten Zugang fand.

Eine Sonderrolle nimmt die Figur des Herakles ein. Ursprünglich war er kein Gott, sondern verkörperte mit seinen charakteristischen Wesenszügen aus übermenschlicher physischer Kraft, emotionaler Unbeherrschtheit und listiger Schläue eine Eskalation der homerischen Helden ins Gigantische, auch die Neugier des griechischen Seefahrervolkes auf entfernte Regionen, in denen er seine Abenteuer bestand. Als unehelicher Spross des Zeus von der eifersüchtigen Hera verfolgt, wusste er sich schon als Kleinkind zu wehren und erwürgte zwei riesige Schlangen, die sie ihm auf den Hals geschickt hatte. Später bewies er seine sexuelle Leistungsfähigkeit, indem er in 50 Nachten mit den 50 Töchtern des boiotischen Königs Thespios 50 Söhne zeugte. (Die stereotype Zahl 50 haben wir schon kennengelernt.) Typisch ist auch die Kombination von Untat, Reue und Buße. Im Jähzorn erschlug er seinen Musiklehrer, von dem er sich zu Unrecht kritisiert fühlte, und musste daraufhin im Grenzgebirge zwischen Attika und Boiotien, dem Kithairon, abseits bewohnter Gegenden, jahrelang Rinder hüten. Später erschlug er seine Gemahlin und seine Kinder und wurde dafür zwölf Jahre lang im Dienst des Eurystheus, des Königs von Mykene und Tiryns, zu zwölf unmöglich erscheinenden Arbeiten verpflichtet.

Einige davon sind so bildhaft und im übertragenen Sinn lebensnah, dass sie noch heute als Redewendungen gebräuchlich sind. Dazu gehört sein Sieg über die neunköpfige Hydra, eine Schlange, der immer zwei Köpfe nachwuchsen, wenn Herakles einen mit seiner Keule zerschmettert hatte. Sie ist noch heute ein Sinnbild für den Kampf mit einem unbesiegbaren Gegner. Aber der Heros verhinderte das Nachwachsen neuer Köpfe, indem er die Halsstümpfe mit Feuer versengte. Vor die Aufgabe gestellt, den Augiasstall auszumisten, wusste er diese unangenehme Arbeit zu vermeiden, indem er einen nahegelegenen Fluss durch den Stall leitete. Und er überlistete den Titanen Atlas (eine Personifikation des Atlasgebirges), der das Himmelsgewölbe trug. Weil er ihm diese Last abnahm, konnte er ihn dafür gewinnen, für ihn die goldenen Äpfel der Hesperiden, der

Töchter des Atlas, zu stehlen, die von dem 100-köpfigen Drachen Ladon bewacht wurden. Aber nachdem Atlas ihm diese Gefälligkeit getan hatte, weigerte er sich, erneut die Last des Himmelsgewölbes auf sich zu nehmen. Herakles erklärte sich zum Schein einverstanden, bat Atlas jedoch, das Himmelsgewölbe nur für einen Moment noch einmal zu übernehmen, damit er ein Polster über seine Schultern legen könne. Atlas ließ sich täuschen und ging darauf ein, und Herakles ließ ihn stehen und zog davon. Sein Ende war schrecklich. Als er seine zweite Gattin Deianeira mit einer jüngeren Geliebten betrog, schickte sie ihm das sogenannte Nessoshemd, einen vermeintlichen Liebeszauber, um seine Gunst zurückzugewinnen. Es entpuppte sich jedoch als Gift, das sich in sein Fleisch einfraß und ihm so unerträgliche Schmerzen verursachte, dass er sich bei lebendigem Leib verbrennen ließ. Aus dem Feuer heraus wurde er in den Olymp aufgenommen und als 16. „Übergott" der Stifter der Olympischen Spiele und Schutzgott der Sportstätten. Später wurde er zum Ahnherrn königlicher Dynastien, zum idealen König und zum Kulturbringer für die östlichen Barbaren verklärt. Die Selbstverbrennung als letztes Mittel, um der Hinrichtung oder Schande nach einer Niederlage zu entgehen, ist im Altertum öfter bezeugt.

Alle diese Eigenschaften der Götter, die unser heutiges Bild von den griechischen Göttern prägen, sind Vereinheitlichungen und fantasiereiche Ausschmückungen verschiedener unterschiedlicher regionaler und lokaler Mythen und Kulte.

Neben diesen „Übergöttern" gab es eine unübersehbare Menge von kleineren Gottheiten für Naturerscheinungen aller Art und für verschiedene Lokalitäten, beispielsweise für Berge, Wälder, Quellen, Flüsse, Winde und Gestirne. Ein ganz besonderer göttlicher Fluss war die Lethe, aus der die Verstorbenen vor dem Eingang in den Hades das Wasser des Vergessens tranken und so die Erinnerung an ihr vorheriges Leben auslöschten. Hinzu kamen göttliche Ansprechpartner für alle Lebensbereiche, Lebenslagen, psychische Regungen und menschlichen Werte, z. B. *Zē̂los*, der Eifer, oder *Hýpnos*, der Schlaf, und *Mórpheus*, der Traum, oder *Alḗtheia*, die Wahrheit in personifizierter Form, die den Griechen halfen, das Leben zu bewältigen. Alles, was den Menschen wichtig war, konnte eine religiöse Überhöhung erfahren. Es war eine Welt, die von zahllosen göttlichen und halbgöttlichen Wesen behaust war. Trotz dieser allumfassenden Religiosität und trotz der Theogonie Hesiods entwickelte die Religion nie ein geschlossenes System, sondern erfuhr ständig Veränderungen. Sie hatte ein hohes Maß an Beliebigkeit, ließ viel Interpretationsfreiheit, lässt aber auch die Unsicherheit erkennen, die das Verhältnis der Griechen zu den höheren Mächten prägte. Unentbehrlich war die Hilfe der Götter bei der Abwehr von Gefahren, im Krieg als Retter und Schlachtenhelfer, bei Missernten und Hungersnöten und bei Epidemien. Man bat die Götter um Fruchtbarkeit der Felder, Menschen und Tiere, um Wohlstand und sichere Seefahrt. Andererseits waren sie missgünstig, neidisch und frivol und sorgten dafür, dass es den Menschen nicht allzu gut ging.

Glaubte man den Dichtern, so stand der Mensch sogar von vornherein in einem Konflikt mit Zeus. Denn Prometheus, der die Menschen aus Ton geformt und ihnen die Kultur und das Feuer, mit Hilfe Athenas auch den Verstand gebracht hatte, hatte den höchsten Gott betrogen, weil er ihm bei den Tieropfern durch eine List nur Knochen und Unverzehrbares, den Menschen jedoch das wohlschmeckende Fleisch zugeteilt hatte. Daraufhin hatte Zeus den Menschen das Feuer wieder entzogen. Prometheus stahl es, wie erwähnt, jedoch erneut und gab es den Menschen zurück. Zur Strafe ließ Zeus ihn an einen Felsen im Kaukasus schmieden und durch einen Adler foltern, der ihm täglich in seine Leber hackte, die dem unsterblichen Heros über Nacht aber wieder nachwuchs, bis Herakles ihn befreite. Und die Menschen bestrafte Zeus, wie von Hesiod geschildert, mit der Büchse der Pandora, aus der alle Übel und Leiden der Welt entströmten. Letztlich war bei diesen verwickelten Beziehungen zwischen Göttern und Menschen doch das Bedürfnis nach einer obersten Instanz groß, die die Griechen im Fatalismus fanden. Denn noch über den Göttern standen die Schicksalsgöttinnen, die drei Moiren, die dem einzelnen Menschen schon von Geburt an sein Schicksal zuteilten: Klotho spann den Lebensfaden, Lachesis zog das Los und Atropos bestimmte die letzte Stunde. Dagegen waren selbst die Götter machtlos. Wieviel von den dichterischen Göttergeschichten in die realen Vorstellungen der griechischen Menschen Eingang fanden, ist schwer zu sagen und dürfte individuell recht unterschiedlich gewesen sein.

Die Beziehungen der Götter zueinander und das Verhältnis zwischen Menschen und Göttern sind zweifellos ein Spiegelbild der Beziehungen der Griechen untereinander. Sie zeigen uns eine fragmentierte Gesellschaft, deren Führungsschicht kein Bedürfnis nach einem strikten moralischen Verhaltenskodex hatte, sondern dem Einzelnen einen großen moralischen Freiraum ließ, um sich in ziemlich ungehemmter Weise auszuleben. Es muss eine wilde Aristokratie gewesen sein, die sich solche Götter schuf, getrieben von der Gier nach Ruhm, Macht, Reichtum und Lust. Zwar versuchte die Polis durch Gesetze Verbrechen zu bestrafen bzw. von Verbrechen abzuschrecken, aber die religiöse Rückendeckung blieb vage. Wenn selbst Diebe einen Schutzgott hatten, konnte Diebstahl nicht völlig verpönt sein. Es kam nur darauf an, sich nicht erwischen zu lassen. Wie Platon bezeugt, war die Furcht vor einer Bestrafung für begangenes Unrecht durch die Götter im Jenseits meistens auf die Alten beschränkt, die an der Schwelle des Todes standen. Denn eigentlich glaubten die Griechen nicht recht an ein Weiterleben nach dem Tod. Eine Kultur, in der man für eigene Untaten sogar die Götter verantwortlich machen konnte, in der listige Schläue als eine bewundernswerte Tugend galt, in der rüdes Rivalitätsgerangel als Mittel zur Selbstbehauptung und blutige Rache für jegliche Ehrverletzung akzeptiert waren, in der ein ausgeprägter Neid herrschte, musste bei den zwischenmenschlichen Beziehungen notwendigerweise viel Misstrauen und Unsicherheit hervorbringen. Die Fähigkeit, andere zu überlisten, galt als Zeichen überlegener Intelligenz, als Sieg in einem geistigen Wettstreit. Der Mangel an Ethik in diesem Bild von den Göttern hatte jedoch mit der religiösen Praxis nichts zu tun. Insbesondere die Staatsgötter wurden mit Freude, Stolz und großem Pomp gefeiert, sie gehörten zur Identität der jeweiligen Polis, und die Bürger hofften auf ihren Schutz. Der Gegensatz zwischen der Vorstellung von der angsteinflößenden Göttermacht und der Götterburleske ist ein besonderes Merkmal des Verhältnisses der Griechen zu ihren Göttern.

Das Heiligtum mit dem größten überregionalen politischen Einfluss war nicht etwa ein Zeustempel, wie man erwarten könnte, sondern der Tempel des Apollon in Delphi (griechisch Delphoi). Dort schufen sich die bedeutendsten griechischen Staaten eine ständige Repräsentation mit ihren Schatzhäusern, in denen sie ihre Weihgaben ausstellten und ihre Siegesmonumente errichteten. Sie sollten aller Welt ihren ewigen Ruhm verkünden. Die ältesten und besten Standorte lagen an der Heiligen Straße, die sich bergan in einer Serpentine zum Apollontempel emporwand. Dem Mythos zufolge hatte Apollon einst die geflügelte Schlange Python, ein Geschöpf der Erdgöttin Gaia, ausgestattet mit prophetischen Gaben, an diesem Ort getötet, was einen Sieg des Rationalen über das Irrationale und Unterbewusste, des Hellen über das Dunkle symbolisieren könnte. Aber Apollon wohnte nur im Sommer in Delphi. Im Winter überließ er das Heiligtum seinem irrationalen Götterkollegen Dionysos, der dann aus der Unterwelt aufstieg und im Frühling den Beginn des Wachstums einleitete, das alle zwei Jahre mit orgiastischen Riten gefeiert wurde. In der Frühzeit sollen dabei „rasende" Frauen in der Bergwelt des Parnass junge Ziegen mit bloßen Händen zerrissen und das Fleisch roh verschlungen haben. In Wirklichkeit handelte es sich wohl um ein Opfer für Dionysos, der dem Mythos zufolge nach seiner Geburt auf Befehl der eifersüchtigen Hera von den Titanen in sieben Stücke gerissen, dann aber auf Befehl des Zeus von Apollon in Delphi bestattet worden sei und so die Möglichkeit erhalten habe, in jedem Winter aus der Unterwelt emporzusteigen. Die beiden Götter traten keineswegs als Konkurrenten auf, sondern verschmolzen in mystischer Weise zu einer einzigen, wenn auch namenlosen Gottheit, ein weiteres Beispiel für die Einheit der Gegensätze im griechischen Weltverständnis. Die prophetische Kraft, die aus dem Unterbewussten entspringt, erlosch mit dem Tod des Python nicht, sondern wirkte aus dem Grab der Schlange – angeblich in Form von betäubenden Dämpfen – weiter. Sie verschaffte Delphi eine einzigartige Bedeutung, sogar über die griechische Welt hinaus.

Es gab kaum ein wichtiges Vorhaben, kaum ein gravierendes Problem, bei dem man nicht einen delphischen Orakelspruch einholte. Dann empfing eine Priesterin, die Pythia, in einem abgeschirmten Raum des Tempels, dem *ádyton*, die Prophezeiung, auf einem Dreifuß über dem heiligen Stein, dem Omphalos, sitzend, der als Grabmal der Pythonschlange und Nabel der Welt galt. Angeblich versetzten betäubende Dämpfe, die aus einer Erdspalte emporquollen, sie in Trance. Die unartikulierten Worte, die sie dabei ausstieß, wurden von Priestern (*prophḗtai*, „die für einen anderen sprechen") gedeutet und in Versform den Fragestellern übermittelt. Allerdings blieb auch dann die Botschaft nicht selten vage, gab den Fragestellern Rätsel auf oder verleitete sie oft zu Fehldeutungen. Das passierte z. B. dem lydischen König Kroisos, obwohl er das Heiligtum viele Jahre lang mit kostbaren Weihgaben geradezu überschüttet hatte. Auf seine Anfrage über den Ausgang seines Krieges gegen die Perser erhielt er die Antwort, er würde ein großes Reich zerstören. Doch wurde er vernichtend geschlagen, und das Reich, das er zerstörte, war sein eigenes. Aber das menschliche Verlangen, etwas im Voraus zu erfahren, war zu groß, als dass solche Enttäuschungen dem Ansehen der Orakel geschadet hätten. Gewiss, Misstrauen gab es schon. Deshalb hatte Kroisos, bevor er sein Anliegen vorbrachte, die Zuverlässigkeit der Orakel mehrerer griechischer Städte und des Ammonorakels in Libyen mit einer Fangfrage getestet und sich anschließend für Delphi und das Orakel des Amphiaraos im Grenzgebiet zwischen Boiotien und Athen entschieden – und angeblich von beiden Orakeln die gleiche trügerische Antwort erhalten.

Dennoch, die Anfragen an das delphische Orakel blieben so zahlreich, dass die Promantie, der Vortritt bei der Befragung, ein begehrtes Privileg war. Die vielen Fragesteller standen gleichsam Schlange und versorgten das Heiligtum mit einem nicht abreißenden Strom von Einkünften. Und wenn das Heiligtum einen größeren Schaden, etwa durch einen Brand oder ein Erdbeben, erlitten hatte, schickte es Gesandte in die gesamte griechische Welt, um Spenden für den Wiederaufbau einzuwerben. Eine solche herausragende Stellung weckte natürlich auch Begehrlichkeiten. Es konnte nicht ausbleiben, dass einzelne Staaten gelegentlich versuchten, das Heiligtum mit Bestechungsgeldern zu manipulieren oder seinen politischen Einfluss und seine Schätze völlig in ihre Gewalt zu bringen. Denn wo es Macht und Reichtum zu raffen gibt, hört die Scheu vor dem Heiligen oft auf. Zum Schutz vor solchen Gefahren bildete sich ein Bund von zwölf Staaten, nach dem mythischen athenischen König Amphiktyon Amphiktyonie genannt, weil er als erster eine Versammlung verschiedener Stämme einberufen haben soll. Die heilige Zahl zwölf war mit Bedacht gewählt. Jedes Mitglied des Bundes wurde von zwei Gesandten vertreten. Die Satzungen dieser Amphiktyonie lesen sich wie erste Ansätze zu einem antiken Kriegsrecht: Keiner Stadt des Bundes durfte das Wasser abgeschnitten, keine Stadt total zerstört werden. Auch sollte keine Stadt von den gemeinsamen Opfern und vom Heiligtum ausgeschlossen werden. Zur Durchsetzung dieser Ordnung war der Bund auch zum Heiligen Krieg bereit, so ca. 600–592 v. Chr. gegen die Stadt Krissa, die versucht hatte, von den Pilgern Durchgangszölle zu erheben. Im Verlauf des fünften und des vierten Jahrhunderts sollten noch drei weitere Heilige Kriege folgen.

Älter als Delphi, sogar das älteste in Griechenland war das Zeusorakel in Dodona, in Epeiros gelegen, weit im Nordwesten. Dort deuteten barfüßige Priester, die ihre Füße nicht waschen durften, den Willen des Zeus aus dem Rauschen einer heiligen Eiche. Erst später fügte man dem Zeus eine weibliche Gottheit bei, jedoch nicht Hera, sondern seine erste Gemahlin Dione, und Priesterinnen, die ihre Prophezeiungen aus dem Flug heiliger Tauben gewannen. Seit dem fünften und vierten Jahrhundert gingen sie dazu über, ihre Weissagungen durch Ziehung von Bleitäfelchen aus einem Lostopf zu ermitteln.

Ebenso berühmt war die Kultstätte im Heiligen Hain des Zeus in Olympia am Westrand der Peloponnes, auch sie für ein zentrales Heiligtum seltsam abgelegen. Wie in Delphi war hier ebenfalls ein Kult der Erdgöttin Gē an einer Erdspalte mit einem Orakel dem Kult eines „himmlischen" Gottes vorausgegangen. Und wie Apollon in Delphi, so hat Zeus in Olympia mit der Übernahme des Heiligtums auch gleich die prophetische Kraft des Ortes usurpiert und die Göttin Gē auf einen Nebenplatz in seinem Kultbezirk verwiesen. Der geographischen Lage entsprechend bauten in Olympia besonders viele griechische Städte aus Unteritalien und Sizilien ihre Schatzhäuser und Siegesdenkmäler. Seit dem fünften Jahrhundert strahlte Olympia im Glanz zweier außergewöhnlicher Monumente: Zwischen 472 und 456 v. Chr. wurde der große Zeustempel im dorischen Stil errichtet, und 430 v. Chr. stellte Pheidias die Kolossalstatue des Zeus mit Gold- und Elfenbeinverkleidung fertig, die später zu den sieben Weltwundern gezählt wurde.

Gleichsam das östliche Pendant zu Olympia war das Heiligtum der Artemis und des Apollon auf der Insel Delos. Dorthin schickten hauptsächlich die Griechenstädte der Ägäis und der Küste Kleinasiens ihre Weihgaben. Es hieß, dass einst Leto, eine der zahlreichen Geliebten des Zeus, von der eifersüchtigen Hera verfolgt, unter größten Schwierigkeiten auf Delos das göttliche Zwillingspaar zur Welt gebracht habe. (In Wirklichkeit ging die lokale Tradition eines Götterpaares auf vorgriechische Zeiten zurück.) Die Bürger der Insel Naxos, die zunächst die Vorherrschaft über die Inselamphiktyonie innehatten, stifteten eine Kolossalstatue des Apollon, während der große Apollontempel im dorischen Stil erst im vierten Jahrhundert errichtet wurde. Das Heiligtum geriet nacheinander unter den Einfluss der Tyrannen Peisistratos von Athen und des Polykrates von Samos, bis Athen sich durchsetzte und die Insel 454 v. Chr. zum Zentrum des Ersten Attischen Seebundes machte. Selbstverständlich wurden auch auf Delos regelmäßig sportliche und musische Spiele veranstaltet, zu denen auch eine Theateraufführung mit der Darstellung des Mythos der Leto und ihrer abenteuerlichen Flucht gehörte. Und wie in Delphi und Olympia gab es auch auf Delos ein Orakel. Als einziges eindrucksvolles Zeugnis ist heute noch die Löwenterrasse erhalten, vor der sich einst der Heilige See mit den heiligen Schwänen des Apoll und den heiligen Gänsen der Leto ausdehnte.

Neben diesen bekanntesten Stätten hielt das Bedürfnis nach göttlichen Prophezeiungen noch etliche andere Orakel am Leben, die ihre Weissagungen auf unterschiedliche Art, etwa aus dem Verhalten von heiligen Schlangen oder Fischen, gewannen.

Die Mythen gingen über den religiösen Bereich im eigentlichen Sinn weit hinaus und hatten vielfältige Funktionen. Trotz aller Mythenkritik, die schon im

Abb. 4: Löwenterrasse. Die Löwen aus Marmor von der Insel Naxos stammen aus dem 7. Jh. v. Chr. Einer von ihnen wurde im 17. Jh. geraubt und steht heute in Venedig beim Eingang des Arsenals.

sechsten Jahrhundert einsetzte, verlor die mythische Überlieferung ihren Einfluss auf das Denken und Empfinden der Antike nie ganz. Sie ersetzte zu einem beträchtlichen Teil historisches Wissen, vor allem über die Frühzeit, und verlieh sowohl den Griechen insgesamt als auch den einzelnen Stämmen und Poleis sowie einzelnen Adelsfamilien eine eigene Identität, die aus der chronologisch nicht fassbaren grauen Vergangenheit hergeleitet werden konnte und die sie mit Stolz erfüllte. So führten sich die Griechen, die sich ja selbst *Héllēnes* nannten, auf einen Stammvater *Héllēn* zurück und schufen damit trotz allem, was sie politisch trennte, eine gefühlte gleichsam familiäre Gemeinsamkeit, indem sie eine biologische Abgrenzung gegenüber anderen Völkern vornahmen. Einzelne Stämme, wie die Aioler, Dorer und Ionier, nahmen dann für sich in Anspruch, von drei Söhnen des *Héllēn* namens Aiolos, Doros und Xuthos abzustammen.

Und so ging es weiter. Beispielsweise betrachteten die dorischen Spartaner Herakles als ihren Urahn. Gegen ihn setzten die ionischen Athener ihren volkstümlichen König Theseus, der Athen zum Zentrum Attikas gemacht und die erste Verfassung erlassen, nach späterer Interpretation sogar die Demokratie eingeführt haben sollte. Er galt auch als Gründer der Panathenäischen und Isthmischen Spiele. 476/475 v. Chr. holten die Athener seine vermeintlichen Gebeine von der Insel Skyros, wo er angeblich ermordet worden war, in ihre Stadt. Nicht alle Mythen gehören ins Reich bloßer Fiktionen, sondern einige von ihnen lassen einen realen historischen Kern durchschimmern, der modernen Historikern wichtige Hinweise vermitteln kann. Sogar in der praktischen Politik konnte die mythische Überlieferung Verwendung finden. Noch in der römischen Kaiserzeit wurden Grenzstreitigkeiten zwischen verschiedenen griechischen Städten gelegentlich unter Berufung auf die mythische Kunde entschieden, ebenso Streitfragen um Privilegien wie Steuerbefreiung und Asylrechte städtischer Heiligtümer. Mythen dienten auch zur Erklärung verschiedener lokaler Bräuche (sogenannte aitiologische Mythen) oder Erscheinungsformen in der Natur, was der griechischen Vorstellung entgegenkam, die Phänomene der realen Welt nicht auf einen komplexen Entwicklungsprozess zurückzuführen, sondern einem bestimmten „Erfinder" zuzuschreiben.

Aus dem reichen Schatz an Liedern und Erzählungen, die Wissenschaft, Dichtung und Kunst bis heute beschäftigen und zu immer neuen Deutungen anregen, seien hier nur einige herausgehoben, deren Wesenszüge in der politischen Geschichte der Griechen wiederzuerkennen oder die wegen ihrer farbigen Expressivität bis heute sprichwörtlich geworden sind.

Im Laufe seiner Irrfahrten gelangt Odysseus auch einmal in den Hades und bekommt dort u. a. einige Übeltäter zu Gesicht, die für ihre Untaten büßen, indem sie auf ewig ziemlich sadistisch gequält werden. Es sind alptraumhafte Bilder:

> Und den Títyos sah ich, den Sohn der gepriesenen Gaia,
> Auf den Boden gestreckt, neun Furchen deckte sein Körper.
> Ihm zu seiten saßen zwei Geier und fraßen die Leber,
> Tief in die Haut eintauchend; er wehrte sich nicht mit den Händen;
> Denn er verschleppte die Leto, des Zeus erlauchte Gemahlin,
> Als sie nach Pytho ging durchs reigenplatzschöne Panopeus.
> Und den Tantalos sah ich, der, schwere Qualen ertragend,
> In einem Teiche stand, der ihm mit dem Wasser ans Kinn schlug.
> Dürstend schien er und konnte zum Trinken es doch nicht erreichen;
> Denn sooft er sich bückte, der Greis, im Wunsche zu trinken,
> So oft schwand es hinweg, verschluckt, und die Erde, die schwarze,
> Kam um die Füße hervor; ein Dämon machte sie trocken.
> Hochbelaubte Bäume gossen ihm Frucht übers Haupt hin,
> Und süß schmeckende Feigen und prangende grüne Oliven;
> Aber sooft er sich reckte, der Greis, sie mit den Händen zu greifen,
> Schnellte sie immer der Wind empor zu den schattigen Wolken.
> Auch den Sisyphos sah ich, der, starke Qualen ertragend,
> Einen gewaltigen Stein mit beiden Händen daherschob.
> Ja, fürwahr, mit Händen und Füßen dagegen sich stemmend,
> Stieß er den Stein den Hügel hinan; doch wenn er ihn grade
> Über den Gipfel zu wälzen gedachte, dann trieb seine Wucht ihn
> Immer zurück, und der tückische Stein rollt' wieder zu Tale:
> Aber er stieß ihn von neuem und strengte sich an, und der Schweiß rann
> Ihm von den Gliedern herab, und Staub stieg über sein Haupt auf. (Od. XI 575–600)

Tantalos, ein schwerreicher lydischer (oder phrygischer) König, wurde von den Göttern wegen seiner außergewöhnlichen Intelligenz geschätzt. Dadurch arrogant geworden, hatte er sie in frevelhafter Weise herausgefordert, um ihre Allwissenheit zu testen. Nachdem er sie zunächst bestohlen hatte, trieb er seine Herausforderung schließlich aufs Äußerste und ließ ihnen bei einem Gastmahl das Fleisch seines jüngsten Sohnes Pelops servieren, den er eigens zu diesem Zweck geschlachtet hatte. Die Götter bestraften nicht nur ihn, sondern verhängten einen Fluch über alle seine Nachkommen, die Atriden, denen sie das Schicksal auferlegten, nolens volens in jeder Generation ein Familienmitglied zu töten. Der Letzte von ihnen war Orest, der seine Mutter Klytemnestra umbringen musste, um ihren Mord an seinem Vater Agamemnon zu rächen. Aischylos hat diesen Stoff zu einer Trilogie über das Schicksal der Atriden gestaltet, die Orestie.

Und nun zu den vergeblichen Mühen des Sisyphos, die wir uns zu einem Sinnbild für den Verlauf der griechischen Geschichte gewählt haben. Er war einst König von Korinth gewesen, ein schlauer Fuchs, der einen Viehdieb, der ihm Rinder gestohlen hatte, durch einen intelligenten Trick überführte und als Rache dessen Tochter vergewaltigte; der zeitweilig sogar den Tod überlistete, indem er den Todesgott Thanatos fesselte und gefangen hielt, und der, als er dann doch sterben musste, es schaffte, aus der Unterwelt noch für ein Weilchen zurückzukehren. Er hatte nämlich vorsorglich seiner Gattin die unentbehrlichen Todesopfer verboten und konnte dadurch Hades und Persephone überreden, ihn an die Oberwelt zu beurlauben, um dieses Versäumnis nachzuholen. Einmal wieder am Tageslicht, weigerte er sich, zurückzukehren. Doch am Ende nützte alles nichts. Hermes holte ihn und führte ihn in die Unterwelt zurück, wo im Tartaros, dem noch viel tiefer unter der Erde liegenden Gefängnis des Hades, die besagte Strafe auf ihn wartete. Er hatte ein gewagtes Spiel getrieben und sich gehörig überschätzt.

Eine solche Erzählung ist nun nicht zufällig entstanden, sondern gab offensichtlich eine weit verbreitete Erfahrung wieder, die sich zu einem Grundgefühl verdichtet hatte. Die Buße des Sisyphos erscheint im Lichte des späteren Verlaufs der griechischen Geschichte wie eine böse Vorahnung. Sie kann als ein Gleichnis für das Jahrhunderte lange vergebliche Bemühen um innere und äußere Stabilität dienen, des immer wiederkehrenden Scheiterns und Neubeginns, immer in der Hoffnung, dass man den Stein das nächste Mal über die Spitze des Bergs würde zwingen können. Was für die Philosophie, die Wissenschaft, die Dichtung und die Künste, kurz, für die Welt des Geistes und der Kultur notwendig und fruchtbar war und bis heute ist, wenn sie nicht erstarren sollen, war für die politische Geschichte katastrophal. Fast alles, was die griechischen Staaten politisch aufbauten, brach nach einiger Zeit wieder zusammen. Und man versuchte den Aufbau von neuem und wieder von neuem. Nur die Polis als solche überlebte bis in das dritte/vierte Jahrhundert n. Chr. Ein großer Teil der politischen Theorie der Griechen wird um die Frage kreisen, wie man dem Schicksal des Sisyphos entkommen könnte.

Abb. 5: Die Unterweltgöttin Persephone überwacht Sisyphos bei seiner Strafarbeit. Attische Amphore, ca. 530 v. Chr.

Nicht zufällig hat der Mythos des Sisyphos eine reiche Nachwirkung in der Neuzeit gefunden und Philosophen, Dichter und Maler zu immer neuen Interpretationen angeregt. Besonders im 20. Jahrhundert musste er mit dem Nachlassen christlicher Überzeugungen und des Fortschrittsglaubens notwendigerweise eine Wiederauferstehung erfahren. So haben z. B. Sozialisten die Berserkerarbeit des Heros mit den immer neuen Anstrengungen zur Verwirklichung des Kommunismus verglichen. Am mutigsten ist die fundamentale Deutung von Albert Camus, der die Sisyphosarbeit als Sinnbild für die Selbstverwirklichung des Menschen angesichts der Absurdität des sinnlosen menschlichen Daseins auffasste, die dem Menschen nur die Möglichkeit ließe, entweder Selbstmord zu begehen oder die Absurdität zu akzeptieren – aber gleichzeitig dagegen zu revoltieren, indem er das unaufhörliche Wälzen des Steins zu seiner eigenen Sache mache und auf diese Weise Freiheit und vielleicht sogar Glück finden könne. Der griechische steinwälzende Sisyphos war jedenfalls nicht glücklich, und die Griechen sind mit ihrer politischen Sisyphosarbeit ebenfalls nicht glücklich geworden, auch wenn sie ihnen gelegentlich das Glück des Ruhmes zuteilwerden ließ.

Sisyphos war kein Einzelfall. Das Motiv der nie endenden ziel- und sinnlosen mühevollen Arbeit als göttliche Strafe hatte in der Vorstellungswelt der Griechen einen festen Platz. Es findet sich wohl nicht zufällig auch in zwei anderen Mythen. So mussten 49 der 50 Töchter des libyschen Prinzen Danaos im Tartaros für immer Wasser in ihre Krüge schöpfen und anschließend in ein bodenloses Fass gießen. Sie hatten auf Befehl ihres Vaters ihre Ehemänner, die zugleich ihre Vettern waren, in der Hochzeitsnacht mit ihren Haarnadeln (oder Dolchen) erstochen und so die Zwangsheirat mit ihnen schlagartig beendet, zu der ihr Onkel, der Zwillingsbruder des Danaos, sie genötigt hatte. Nur eine der Töchter hatte ihren Ehemann verschont und blieb straflos. (Danaos hat sich vor seinem Bruder nach Argos geflüchtet). Im Tartaros fand sich auch ein gewisser Oknos wieder, dessen Strafe darin bestand, ein Seil aus Binsen zu flechten, das jedoch nie fertig wurde, weil kurz vor dem Abschluss stets eine Eselin das Ende fraß. Der arme Kerl hatte nichts weiter verbrochen als zugelassen, dass seine verschwenderische Frau sein Vermögen aufzehrte.

Besondere Aufmerksamkeit verdient auch der Mythos von Orpheus, der seit dem siebenten bzw. sechsten Jahrhundert belegt ist. Wie Dionysos stammte Orpheus aus Thrakien, doch war er ein Schüler Apollons. Mit seiner Kithara und seinem Gesang zog er nicht nur Menschen, sondern auch Tiere, sogar Pflanzen und Steine, ja selbst Götter in seinen Bann. Bei seinen Klängen wurden wilde Tiere zahm, Bäume neigten sich zu ihm herunter, Felsen weinten vor Rührung, Ströme unterbrachen ihren Fluss, Stürme und das aufgewühlte Meer kamen zur Ruhe und auf den Bergen schmolz der Schnee. Der Mythos vermittelt eine Vorstellung davon, welche geradezu magische Macht über die menschliche Seele die Griechen der Musik zuschrieben. (Die griechische Musik ist für uns fast vollständig verlorengegangen.) Der Tod seiner geliebten Gattin, der Nymphe Eurydike, durch einen Schlangenbiss brachte Orpheus dazu, in den Hades hinabzusteigen, wo er mit seiner zauberhaften Musik den Gott bewog, ihre Rückkehr zu gestatten. Doch stellten Hades und Persephone die Bedingung, dass er sich auf dem Rückweg in die Oberwelt nach ihr, die ihm folgte, nicht umsehen dürfe. Da er jedoch ihre Schritte nicht hinter sich hörte, wurde er gegenüber dem Versprechen der beiden Götter misstrauisch und blickte rückwärts, worauf Eurydike unwiderruflich in die Unterwelt entschwand.

Als Anhänger Apollons zog sich Orpheus den Zorn des Dionysos zu und geriet in seine Gewalt: Auf Befehl des Gottes wurde er von rasenden thrakischen Mainaden zerrissen, wie vor ihm Dionysos von den Titanen. Später entstand die Version, dass er von den Mainaden deshalb massakriert worden sei, weil er sich aus Trauer um Eurydike allen Frauen, ja selbst Knaben, sexuell verweigert habe.

Die „rasenden" Frauen sind ein weiteres Beispiel für die ungehemmte Emotionalität, wie sie bei Männern in den Epen Homers zu Tage tritt. Nun war Orpheus selber im Hades, erlitt jedoch nicht das gleiche schattenhafte Schicksal wie andere Verstorbene, sondern starb, wie der stets wiederkehrende Dionysos, nicht völlig. Vielmehr wurde sein Aufenthalt in der Unterwelt zum Ursprung der mystischen Vorstellung vom Totengericht, der Unsterblichkeit der Seele und der Seelenwanderung, die besonders in der orphischen Geheimlehre ihren Niederschlag gefunden hat. Somit war, wie bei Dionysos, eine immer wiederkehrende Auferstehung möglich, wenn auch in einer anderen Form. Manche Forscher wollen hinter dieser mythischen Gestalt den Stifter einer religiösen Bewegung erkennen, der im siebenten bzw. sechsten Jahrhundert gelebt habe, mit seinen Lehren zum Dionysoskult in Konkurrenz und Konflikt geraten und von dessen Anhängern umgebracht worden sei.

Der Glaube an Magie und Zauberei erstreckte sich auf alle Bereiche des Daseins, auch der Politik, und schien eine Fülle von Möglichkeiten zu bieten, Dinge im gewünschten Sinn zu beeinflussen. Man versuchte z. B. Feinde mittels Verwünschungen zu bekämpfen, Eidesleistungen durch Selbstverfluchung für den Fall des Eidbruchs zu bekräftigen oder Krankheiten mit magischen Praktiken zu heilen. Der Glaube an die Kraft von Magie war in allen sozialen Schichten verbreitet und selbst bei Philosophen, die sich um ein rationales Verständnis von der Natur bemühten, ein Bestandteil ihres Weltbildes.

Die überschäumende Fantasie der Griechen schuf darüber hinaus – von orientalischen Vorbildern angeregt – einen bunten Strauß von Sagen aus die Welt der Aristokraten und Seefahrer. Auch sie sind ein Abbild fundamentaler griechischer Wesenszüge. Hauptsächlich geht es um den Sieg übermenschlicher Helden, die jedoch keine Götter sind, über schreckenerregende Wesen und Übeltäter. Manche Einzelheiten lassen deutlich grundlegende Wesenszüge der archaischen Epoche erkennen, wie Abenteuerlust und Wagemut sowie die Freude an der Lösung schwieriger Probleme durch geistige Beweglichkeit, wozu auch Schläue, List und Hinterlist gehören. Sie lassen menschliche Wunschträume und menschliche Hybris erkennen wie die Sage von Daidalos und Ikaros. Und in fernen Ländern tummeln sich allerlei wunderbare Fabeltiere, wie der aus Ägypten stammende, sprichwörtlich gewordene Vogel Phoinix, der sich selbst verbrennt und aus seiner Asche immer wieder aufersteht, ferner Mischwesen zwischen Mensch und Tier, wie die Unheil bringende undurchschaubare Sphinx, ein geflügelter Löwe mit Frauenkopf, und die Kentauren, wilde Menschen mit dem Unterleib von Pferden.

Noch wundersamer waren die Tritonen, eine Mischung zwischen Mensch, Pferd und Delphin. Schließlich die Schreckgespenster der Seefahrer: die Sirenen, Vogelfrauen, die die Matrosen mit ihrem Gesang in die Irre locken. Odysseus wehrte ihren verführerischen Zauber ab, indem er die Ohren seiner Gefährten mit Wachs verschloss und sich selbst an den Mast seines Schiffes binden ließ.

Orpheus übertönte sie mit seinem Gesang. Und die beiden Gefahren der Meerenge von Messina, auf der einen Seite die menschenfressende Skylla mit dem Oberkörper einer Frau und dem Unterleib von sechs Hunden, auf der anderen Seite der tödliche Strudel der Charybdis, durch die die Seefahrer sich hindurchzwängen mussten. Sie alle haben in der Kunst der Antike und der Neuzeit eine vielfältige Unsterblichkeit erfahren.

Theseus besiegte u. a. den Riesen Prokrustes, einen Unhold, der ahnungslose Reisende mit einem Angebot von „bed and breakfast" zur Übernachtung in seine Behausung lockte. Wenn sie aber für sein Bett zu groß oder zu klein waren, passte er nicht das Bett, sondern die Gäste an, indem er entweder ihre herausragenden Gliedmaßen abhackte oder ihre Glieder mit Hammer und Amboss auf die passende Größe streckte. (Noch heute spricht man von einem Prokrustesbett, wenn etwas gewaltsam in ein unpassendes vorgegebenes Schema gepresst wurde.) Die spektakulärste Tat des Theseus war die Befreiung Athens von der Tributpflicht gegenüber dem kretischen König Minos, indem er den Minotaurus tötete, ein kretisches Ungeheuer, halb Mensch, halb Stier, dem die Athener alle neun Jahre sieben Jünglinge und sieben Jungfrauen zum Fraß schicken mussten (was eine dunkle Erinnerung an eine einstmalige Untertänigkeit Athens unter einen kretischen König beinhalten mag).

Die 50 (!) Argonauten raubten unter ihrem Führer Jason das Goldene Vlies des „goldwolligen" Widders Chrysomallos, dessen Fell seinem Besitzer Glück bringen und Unglück abwehren sollte, aus dem Hain des Ares in Kolchis im Kaukasus. Auf ihrer abenteuerlichen Fahrt hatten sie etliche Ungeheuer zu bekämpfen, wie die Harpyen, räuberische Vögel mit Frauenköpfen, und die stymphalischen Vögel, die ihre ehernen Federn wie Pfeile verschossen. Der Erfolg Jasons war jedoch nur mit Hilfe der Königstochter und Hekate-Priesterin Medeia möglich, die über Zauberkräfte verfügte. Sie verliebte sich in Jason, flüchtete mit ihm, ermöglichte sogar erst seine Flucht, indem sie ihren Bruder tötete, heiratete ihn später und hatte zwei Söhne mit ihm. Euripides hat Medeia zur Hauptfigur einer seiner Tragödien gemacht, über die noch zu sprechen sein wird, und damit dieser Figur zu einem Nachleben in Literatur, Kunst und Musik bis in die Neuzeit verholfen.

Bellerophon brachte auf seinem geflügelten Pferd Pegasos die gefürchtete Chimaira zur Strecke, ein feuerspeiendes Ungeheuer aus Löwe, Schlange und Ziege im kleinasiatischen Lykien (in Wirklichkeit ein felsiger Berghang, aus dem noch heutzutage Gase austreten und sich zu Flammen entzünden), indem er ihr einen Bleiklumpen in den Rachen warf, der dort schmolz und sie erstickte. Als er jedoch auf seinem Flügelpferd zur Spitze des Olymps fliegen wollte, bestrafte Zeus seine Hybris. Er ließ das Pferd von einer Viehfliege stechen, so dass es seinen Reiter abwarf, der in einen Dornenbusch stürzte und schwer verletzt fortan als blinder Krüppel sein Leben fristen musste (eine Transponierung von Reitunfällen, wie sie öfter vorgekommen sein werden, in Mythische).

Die Perseussage beginnt mit einem Motiv, das aus dem Orient stammt: Eigentlich sollte der Held gar nicht gezeugt werden. Denn Akrisios, dem König von Argos, war Unglück prophezeit worden, wenn seine Tochter Danae einen Sohn gebären würde (wieder das Motiv der Angst vor einem Sohn). Also ließ er sie in einem Keller seines Palastes wegschließen – vergeblich, denn dem Schicksal kann man nicht entkommen. Zeus befruchtet Danae im Schlaf als Goldregen. Darauf lässt der König seine Tochter mit ihrem Sohn in einer Kiste auf dem Meer aussetzen, wie König Sargon von Akkad auf dem Euphrat und Moses auf dem Nil ausgesetzt worden waren, doch Zeus und Poseidon halten Mutter und Sohn am Leben, und sie werden auf der Kykladeninsel Seriphos von einem Fischer aufgenommen. Als Jüngling gelingt es dem Helden, mit Hilfe einer besonderen Ausrüstung die schreckliche Medusa, eine der drei geflügelten schlangenhaarigen Gorgonen, zu enthaupten, die jeden, der sie anschaute, in Stein verwandelte. Nymphen hatten ihm eine Tarnkappe, Flugsandalen und einen Mantelsack, Hermes eine Sichel und Athene einen glänzenden Schild geschenkt, den er als Spiegel benutzte, als er sich rückwärts schreitend dem schlafenden Ungeheuer näherte. In der Realität blieb der Glaube an die abschreckende Wirkung von Gorgonen erhalten, wie Abbildungen von Gorgonenhäuptern als apotropäische Zeichen auf Schilden, Amuletten und Grabsteinen zeigen.

Ein weiteres Motiv ist die Entführung von Frauen, die sich, wie Helena, in einen Fremden verlieben, ihn aktiv unterstützen und ihm freiwillig in die Ferne folgen. Die Königstochter Medeia unterstützte Jason beim Raub des Goldenen Vlieses, um ihn zu heiraten. Als die Argonauten auf der Rückfahrt bei den Phaiaken Halt machen, holt eine Gesandtschaft aus Kolchis sie ein und fordert Medeia zurück. Der König Alkinoos will sie ausliefern, aber seine Gattin Arete weiß es zu verhindern. Ein anderes Beispiel: Theseus erhält von Ariadne, der Tochter des Minos und Halbschwester des Minotauros, ein geweihtes Schwert und findet, nachdem er das Untier mit einer Keule erlegt hat, nur mit Hilfe ihres Wollfadens wieder aus dem Labyrinth hinaus. Er verspricht ihr die Ehe, verlässt sie aber – angeblich auf göttliches Geheiß – auf der Insel Naxos, und sie wird die Gemahlin des Gottes Dionysos. Theseus soll sich in die Amazone Antiope verliebt, sie nach Athen mitgenommen und sie dort geheiratet haben. Daraufhin hätten die Amazonen Athen belagert und Antiope zurückgefordert, wenn auch vergeblich. Die Frage der gewaltsamen oder freiwilligen Entführung von Frauen als Kriegsgrund wird später noch bei den Anfängen der Geschichtsschreibung eine wichtige Rolle spielen.

Zwischen dem achten und dem sechsten Jahrhundert v. Chr. verbreitete sich die griechische Kultur über weite Gebiete des Mittelmeerraums. Denn gleichzeitig mit der Binnenkolonisation fand eine rege Auswanderung aus Griechenland statt. Zunächst siedelten sich griechische Händler in orientalischen Siedlungen im Osten oder in phönizischen Stützpunkten im Westen an. Ihnen folgten Abenteurer und Heimatvertriebene, die in indigenen Siedlungen Aufnahme fanden, alles in allem noch eine kleine Zahl. Seit dem späten siebenten Jahrhundert folgte eine viel größere Welle von Kolonisten, die auf der Suche nach fruchtbarem Ackerland waren und die die jeweiligen örtlichen Indigenen unterwarfen oder vertrieben. Schwerpunktmäßig in der nördlichen Ägäis, im Schwarzmeergebiet, in Unteritalien und Sizilien wurden zahlreiche Poleis gegründet. Über die Gründe wissen wir nichts Sicheres. Eine Überbevölkerung, wie man früher angenommen hat, gab es in Griechenland nicht, wohl aber befand sich ein großer Teil des Bodens im Besitz von Aristokraten. Vor allem nahmen mit der Gründung von Poleis die inneren Konflikte zu, so dass es häufiger Ausgestoßene und Vertriebene gab, die eine neue Existenzmöglichkeit suchten. Manche wurden von ihrem Land nach einer Niederlage in einem Krieg verjagt, Andere waren zwar nicht vertrieben, hofften jedoch anderswo ihren Status verbessern zu können, z. B. jüngere Aristokraten, die sich ein eigenes Herrschaftsgebiet erobern wollten, Bauernsöhne, denen ihr Erbteil zu klein war, oder völlig Landlose. Sie lockte die Kunde von fruchtbaren Landstrichen, die vermutlich Händler mitbrachten, in die Ferne. Manche Kolonisationsunternehmen erfolgten durch einen regelrechten Volksbeschluss ihrer Stadt. Bevor die Auswanderer sich auf die gefährliche Fahrt begaben, bemühten sie sich um einen günstigen Orakelspruch aus dem Apollonheiligtum in Delphi. Etliche dieser Kolonien sind heute bedeutende Städte, allen voran Byzanz, später Konstantinopel und heute Istanbul, und Massalia, das heutige Marseille.

Der Beginn war hart. Wenn die Auswanderer die gefährliche Seefahrt überstanden hatten, mussten sie sich zunächst in der fremden Umgebung gegenüber den Einheimischen behaupten. Vom Mutterland konnten sie dabei keine Unterstützung erwarten. Jede dieser Koloniegründungen war gewissermaßen ein soziales Experiment. Aus dem Nichts heraus wurde eine Siedlung planmäßig angelegt, ein gemeinsamer Kult geschaffen und das Land wahrscheinlich zu gleichen Teilen unter alle Siedler aufgeteilt. Lediglich der Führer der Kolonisten, in der Regel ein Adliger, dürfte eine größere Parzelle erhalten haben. Da für Frauen auf den Auswandererschiffen kein Platz war, mussten sich die Kolonisten zwangsläufig Ehefrauen von einheimischen Nachbarn durch Vereinbarungen oder Raub besorgen. Vermutlich deshalb ist der Frauenraub in der griechischen Mythologie ein immer wiederkehrendes Motiv. Im Laufe der Zeit ging die ursprüngliche soziale Gleichheit der Polisbürger verloren, und es formierte sich eine natürliche Ungleichheit einschließlich einer Aristokratie. Denn Gleichheit lässt sich nur unter Zwang erhalten. Außerdem bekamen spätere Ankömmlinge nicht die gleichen Rechte wie die Nachkommen der ersten Kolonisten und durften wahrscheinlich nicht einmal Land erwerben. So bildete sich auch hier, wie im Mutterland, eine soziale und politische Hierarchie heraus. Die Kolonisationsbewegung wäre wahrscheinlich noch lange weitergegangen, wenn ihr nicht um 540 die gemeinsame Abwehr der Etrusker und Karthager ein Ende bereitet hätte (Seeschlacht bei Alalia vor Korsika).

Im sechsten Jahrhundert v. Chr. schufen die Griechen die ersten steinernen Tempel und Großplastiken anstelle der früheren Holzkonstruktionen und Lehmziegelbauten. Sie sind für die spätere griechische Baukunst und Plastik richtungweisend geworden. Da es – anders als in den kretischen und mykenischen Palastkulturen des zweiten Jahrtausends v. Chr. – in den meisten Poleis keine mächtigen Alleinherrscher gab, wurde nicht der Palast, sondern der Tempel *das* griechische Bauwerk schlechthin und hat auch den Maßstab für die profane Architektur späterer Epochen gesetzt. Da einige Tempel noch vor der Entstehung der Poleis errichtet worden waren, ist es durchaus möglich, dass einige Poleis um ein Heiligtum herum entstanden sind, d. h., dass das politische Zentrum sich an das sakrale anschloss. Der eigentliche religiöse Kern war jedoch nicht der Tempel, sondern der freistehende Altar, der meistens ohnehin schon früher als der Tempel errichtet worden war. Es mag uns heute merkwürdig erscheinen: Erst kam der Altar, dann der Tempel, nicht umgekehrt.

Abb. 6: Leobis und Biton, frühes 6. Jh. v. Chr.; wahrscheinlich Votivgabe der Stadt Argos im Apollonheiligtum in Delphi. Die Inschrift am Sockel lautet: „Kleobis und Biton zogen im Joch ihre Mutter 45 Stadien. Der Argiver (Poly)medes hat (sie) gemacht". Die dazugehörige Geschichte erzählt Herodot (s. u., S. 202)

Innerhalb der Polis hatten Heiligtümer auch durch ihr Asylrecht eine Sonderstellung. Die Statuen stellen – noch etwas steif und fast ägyptisch anmutend – langhaarige nackte junge Männer *(kúroi)* und mit einem langen Gewand bekleidete junge Frauen *(kórai)* dar. Sie wurden an Grabstätten, Stätten des sportlichen Wettkampfs oder als Weihgeschenke in Heiligtümern aufgestellt, oft versehen mit dem Namen des Dargestellten, dem Namen seines Vaters, dem Namen seiner Polis und einem Hinweis auf den Grund für diese Ehrung, aber nie mit einer Datierung. Sie sollten dem Nachruhm des Verstorbenen dienen, der zeitlos war. Somit gehören die ersten Großbauten und Großplastiken der sakralen Sphäre

Abb. 7: Kuros von Volomandra (Mitte 6. Jh. v. Chr.). Das Lächeln ist kein Ausdruck der individuellen Stimmung des Dargestellten, sondern ein Merkmal des archaischen Stils, dessen Deutung in der Forschung umstritten ist.

an. Nichts kann die überragende Bedeutung der Religion in der griechischen Kultur besser verdeutlichen. Sie war mit dem politischen Bereich aufs Engste verknüpft, ohne jedoch die Politik zu bestimmen. Die Statuen stellen ein Idealbild des betreffenden Menschen in der Blüte seiner Jugend dar, obwohl wir in einigen Fällen Anlass zu der Vermutung haben, dass die so geehrte Person schon

Abb. 8: Kore, um 520 v. Chr.; die (abgebrochenen) Arme trugen vermutlich eine Votivgabe an eine Gottheit.

in reiferem Alter gewesen ist. Sie zeigen bereits jene Besessenheit für jugendliche männliche Schönheit, die immer ein Charakteristikum der griechischen Kultur geblieben ist. Es ist die Schönheit von Aristokraten, deren Körper nicht durch den Zwang zu einer einseitigen Erwerbstätigkeit deformiert sind, eine Schönheit, die sich nur jene leisten konnten, die „Muße" *(scholḗ)* hatten. Sie war auch ein Teil der griechischen Ethik. Denn die Beschaffenheit des bloßen Körpers, nicht seine Verkleidung mit prächtigen Gewändern, Schminke, Schmuck und dergleichen legte Zeugnis vom wahren Wert des Menschen ab. Eine prächtige Einkleidung des Körpers war eine Sache der Frauen und der „Barbaren".

Nicht nur der Tempel, sondern die griechische Architektur insgesamt war in erster Linie eine Architektur öffentlicher Bauwerke. Anscheinend wohnten Adlige bis zum Ende des fünften Jahrhunderts in relativ unscheinbaren Häusern ohne aufwendiges Mobiliar. Die Malerei ist ausschließlich in der Form der – bis zum Ende des sechsten Jahrhunderts schwarzfigurigen – Vasenmalerei überliefert. An der Wende vom achten zum siebenten Jahrhundert beginnt der „orientalisierende Stil", d. h. die Maler übernahmen orientalische Tier- (Löwen, Panther, Greifen, Sirenen, Sphingen) und Pflanzenmotive (Lotos, Palmette), beschränkten sich jedoch nie auf bloßes Kopieren, sondern verwandelten sie in ihre eigene – regional durchaus unterschiedliche – Formensprache. Sogar einzelne Künstler treten mit ihrer eigenen Signatur und ihrem eigenen Stil persönlich in Erscheinung. Tierdarstellungen finden sich auch in der Plastik. Beliebte Motive in der Vasenmalerei waren schon seit dem neunten Jahrhundert Heldenkampf und Totenklage. Die politische Bedeutung der Totenklage und der Grabmaler wird an späterer Stelle noch ein Thema sein. An der Dramatik von Kämpfen und kriegerischer Grausamkeit aus der Mythen- und Sagenwelt und dem Trojanischen Krieg fand man schon in der Kunst des siebenten Jahrhunderts Gefallen. Beliebte Motive waren auch Reiter und edle Pferde, berittene Jäger auf der Hirsch- und Wildschweinjagd, Wagenlenker auf zweirädrigen Gespannen, Krieger zu Fuß, Kampfszenen, gelegentlich auch Tierkämpfe, festliche Hochzeitsfahrten und Trauerzüge mit Klagefrauen sowie fantastische Flügelpferde und geflügelte Löwen.

Aus dem Orient, den viele griechische Händler und Söldner aus eigener Erfahrung kannten, kam auch die Anregung zur Erfindung einer eigenen Schrift und schließlich zur Prägung von Münzen. In genialer Weise wurde das Konsonantenalphabet, das die Griechen in der nördlichen Levante kennen gelernt hatten, mittels Hinzufügung von Vokalen in ein für europäische Sprachen vollständiges Alphabet umgewandelt, das die Grundlage sowohl für das lateinische als auch das kyrillische Alphabet geworden ist. Diese Schrift ist vielleicht das markanteste Beispiel dafür, wie die Griechen sich des reichen Schatzes der altorientalischen Kulturen bedienten und daraus etwas bahnbrechend Neues schufen. Den Gebrauch von Münzen lernten die kleinasiatischen Griechen im siebenten bzw. sechsten Jahrhundert von den benachbarten Lydern, den Erfindern der (Elektron-)Münzprägung. Die Gründe für die Einführung der Münzprägung, die sich nur langsam nach Westen ausbreitete, hat die Forschung bislang nicht mit Sicherheit klären können, zumal die einzelnen Stadtwährungen zunächst wohl nur Binnenwährungen waren. Im Alten Orient hatte der Handel damals schon Jahrtausende ohne Münzen floriert. Lediglich ungestempelte Kupfer- und Silberstücke mit einem bestimmten Normalgewicht, das allerdings jedes Mal mit der Waage überprüft werden musste, hatte man teilweise als Zahlungsmittel verwendet. Die babylonischen Gewichtsmaße Mine und Talent wurden von den Griechen als Währungseinheiten übernommen. Aus dem Orient stammte auch die Astronomie und das Kalenderwesen einschließlich des Zwölfstundentages, der noch immer unsere Tageseinteilung bestimmt. (Der Versuch der Französischen Revolution, das Dezimalsystem auf die Tageseinteilung zu übertragen, konnte sich bekanntlich nicht durchsetzen).

Die Mitglieder der führenden Familien, wie wir sie oben schon beschrieben haben, nennen wir Aristokraten. Das ist ein griechisches Wort und bezeichnet ihr Selbstverständnis, *áristoi*, d. h. die Besten zu sein. Sie hatten in den größeren Poleis eine dominierende Stellung. Sie bekleideten die wichtigsten Ämter und Priesterstellen, sie gestalteten die Politik, über sie liefen die außenpolitischen Kontakte zu anderen Staaten, sie repräsentierten ihre Familien und ihre Poleis bei den pangriechischen Spielen, sie waren die Anführer im Krieg, in ihren Händen lag die Rechtsprechung. Aber sie bildeten keinen festgefügten Stand, sondern standen dem Volk, dem Demos, eher als Einzelne gegenüber. Ihre Gruppe war im Prinzip für Neuzugänge offen. Adelstitel gab es nicht, aber die einzelnen aristokratischen Familien führten ihren Ursprung auf Götter oder Heroen zurück. Sie bezeichneten sich als „Edelgeborene“ *(eupatrídai)*, „Pferdezüchter“ *(hippobótai)*, „Ritter“ *(hippeîs)* oder „Landbesitzer“ *(geomóroi)*. Auf die unteren sozialen Schichten blickten sie als „Nackte“ *(gymnoí)* oder „Staubfüßler“ *(konípodes)* herab. Der städtische Rat war eine Versammlung von aristokratischen Individualisten, keine Standesorganisation. Jeder Aristokrat hatte eine Gefolgschaft aus Abhängigen und Freiwilligen.

Zwischen den einzelnen aristokratischen Familien herrschte oft eine heftige Rivalität, die nicht selten in bürgerkriegsartigen Kämpfen ausgetragen wurde. Schon deshalb war das Entstehen einer Standesorganisation unmöglich. Das Selbstverständnis des einzelnen Adligen war geprägt vom Vorbild der Helden Homers, und da war es schon viel, dass sie überhaupt gemeinsam in einer Polis lebten. Homers Könige zusammen in einer Polis – undenkbar! Es hätte Mord und Totschlag gegeben. Erfolg erzeugte Neid, der in der griechischen Kultur besonders ausgeprägt war, Misserfolg Hohn und Spott. Gelegentlich ließ sich ein Aristokrat auch von Freunden oder Verwandten aus dem Ausland unterstützen, zu denen er oft ein engeres Verhältnis hatte als zur eigenen Polis. Manchmal gelang es einem einzelnen Adligen, seine Konkurrenten völlig aus dem Feld zu schlagen und die ganze Macht an sich zu reißen. Eine solche Alleinherrschaft nannten die Griechen mit einem Fremdwort „Tyrannis“.

Bezeichnend für die Tyrannis war, dass sie sich jahrhundertelang nie zu einer Institution entwickelt hat, obwohl die Tyrannen mit mehr oder weniger Erfolg versuchten, ihre Herrschaft an ihre Nachkommen zu vererben. Ein Tyrann hatte keinen Amtstitel, denn die Tyrannis war kein Amt, sondern rein faktische Machtausübung. Nur schmeichelnde Dichter, die sich von Tyrannen gern bezahlen ließen, reden sie als Könige an. In Wirklichkeit hat vor der hellenistischen Epoche nie ein Tyrann es gewollt oder gewagt, sich den Königstitel zuzulegen. Die Polisverfassung, d. h. die Republik mit ihrer Verteilung der Macht auf mehrere Institutionen, blieb während einer Tyrannis weiterhin bestehen, wenn auch nur zum Schein. Der Tyrann stützte sich auf eine Anhängerschaft aus meistens jüngeren Adligen (eine Hetairie) und Leuten aus dem Demos, jedoch vor allem auf eine Söldnertruppe. Deshalb war eine wesentliche Voraussetzung für die Entstehung einer Tyrannis die Akkumulation von Reichtum in einer Stadt, der die Anwerbung von Söldnern ermöglichte. Nicht zufällig hat sich die früheste Tyrannis in Korinth etabliert, der reichsten und bedeutendsten Handelsmetropole des Archaikums in Griechenland. Allerdings gab es auch Ausnahmen, wie die Tyrannis in Sikyon, der weitgehend agrarisch geprägten Nachbarstadt Korinths. Ein Vorkämpfer des Demos gegen den Adel oder gar ein Sozialrevolutionär, wie man seit dem 19. Jahrhundert oft gemeint hat, war ein Tyrann nicht. Nur wenige soziale Maßnahmen sind von Tyrannen überliefert. Ein Tyrann fühlte sich als Alleinherrscher, sowohl den Adligen als auch dem Demos überlegen. Er verschaffte sich in seiner Polis Respekt, indem er Furcht *(phóbos)* verbreitete. Im Ausland genoss er oft durch militärische und sportliche Siege großes Prestige und pflegte weiträumige politische Beziehungen. Von den Adligen, die nicht an seiner Tyrannis beteiligt waren, wurde er bewundert, beneidet und gehasst. Je länger eine Tyrannis bestand, desto stärker wurde der Widerstand. Mehr als zwei oder höchstens drei Generationen hat sich eine Tyrannis nie gehalten.

In den größeren Poleis bildeten sich unter der Bevölkerung verschiedene rechtliche und soziale Unterschiede heraus. Innerhalb der freien Bevölkerung waren die Polisbürger scharf von den ansässigen Ausländern (Metoiken) geschieden, die keine politischen Rechte hatten und in der Regel weder den Bürgerstatus noch Landbesitz erwerben konnten; innerhalb der Bürgerschaft verlief eine soziale Barriere zwischen den Grundbesitzern und den Leuten ohne Landbesitz (Handwerkern, Kleinhändlern und Lohnarbeitern), die als minderwertig galten; in der Gruppe der Grundbesitzer hoben sich die Aristokraten von den Bauern ab. Neben der freien Bevölkerung gab es verschiedene Gruppen von Unfreien, die sowohl Hörige (Schuldner oder unterworfene Urbevölkerung) als auch Kaufsklaven umfassten. Letztere sind als Gruppe mit wirtschaftlicher Funktion zum ersten Mal um 600 v. Chr. auf Chios belegt, spielten aber im Großen und Ganzen wirtschaftlich noch keine große Rolle.

Die Zentren der griechischen Kultur waren die Städte an der kleinasiatischen Küste, wo der Einfluss des Orients am stärksten war. Sie brachten die meisten Dichter und Denker dieser Epoche hervor. Charakteristisch ist die ausgeprägte Freude am Lebensgenuss, die Nachahmung des lydischen Wohllebens, die mit dem gestiegenen Wohlstand in Mode kam. Es wurde sogar ein neues Wort geprägt, das weder Homer noch Hesiod kannten: *habrosýnē*. Es bezeichnet ein neues Lebensgefühl, ein umfassendes Wohlbehagen und hat dementsprechend einen weiten Bedeutungsrahmen: Üppigkeit, Weichheit, Schönheit, Anmut, Eleganz, Großartigkeit, kurz Annehmlichkeiten verschiedener Art; es kann sich auf beispielsweise prächtige Kleider und weiche Teppiche ebenso beziehen wie auf die Heiterkeit bei einem Gelage und den Genuss des Weins, phrygische Musik, die Lust an Liebe und Sexualität und die Euphorie des Ruhmes. In der Vasenmalerei treten seit dem sechsten Jahrhundert zu den kriegerischen Motiven Bankett- und Tanzszenen, Darstellungen orgiastischer Ausschweifungen und sportlicher Wettkämpfe hinzu. Die veränderten Lebensbedingungen finden in einer neuen Literatur ihren Niederschlag.

Es erfolgt der Übergang von der Epik zur Lyrik und es entsteht die erste Prosa. Die Lyrik entwickelt nicht nur differenziertere Versmaße, sondern ist vor allem Ausdruck eines neuen, individuellen Empfindens, einer subjektiven Gefühls- und Gedankenwelt. Tradierte Wertvorstellungen sind nicht mehr selbstverständlich, sondern werden von verschiedenen Autoren auf ihre Tauglichkeit überprüft, mit durchaus unterschiedlichen Ergebnissen. Es entsteht eine Vielfalt von Wahrnehmungen und Meinungen. Gleichwohl bilden sich thematische Schwerpunkte heraus, die das geistige und kulturelle Klima dieser Epoche prägen. Es ist ein großer Verlust, dass von dieser Literatur nur ein Bruchteil erhalten ist, zum Teil als kurze und nicht selten missverstandene und verfälschte Zitate bei späteren Autoren, zum Teil als schwer lesbare Papyrosfragmente aus dem hellenistischen oder römischen Ägypten, denen Forscher in mühsamer Kleinarbeit ihren Text abgerungen haben.

Liebe und Sexualität avancierten im sechsten Jahrhundert zu einem geradezu sinnstiftenden Element aristokratischen Lebens und erfuhren durch das aufkommende Hetärenwesen und die Knabenliebe eine neue Dimension. Erōs und Aphrodite wurden jetzt übermächtig, denn, wie der Dichter Alkaios (7./6. Jh.) sagt, weder Männer noch Frauen können der Lust entkommen. Für den Dichter Anakreon (Mitte 6. Jh.) ist der *Érōs habrós*, den er sich mit blumengeschmücktem Stirnband vorstellt, der Beherrscher der Götter und der Bezwinger der Menschen. Aber wie andere Götter, so haben auch die Liebesgötter einerseits gute, andererseits gefährliche Eigenschaften. Erōs traktiert den Liebenden wie ein Schmied, der das glühende Eisen hämmert und anschließend ins kalte Wasser taucht, er bringt heute den Genuss der Jugend und morgen Todessehnsucht, er stiftet Wahnsinn und Verwirrung. Erōs ist, so Alkaios, ein hell und strahlend lächelnder Liebesgott, aber auch von allen Göttern der Schrecklichste. Die Dichterin Sappho (7./6. Jh.) zeigt Verständnis für Helena, die sich von Paris entführen ließ und damit den Trojanischen Krieg auslöste. Mimnermos (7. Jh.) fasst die Lebenseinstellung dieser Zeit in folgende Verse:

> Was ist noch Leben und Lust, wenn uns fern Aphrodite, die goldne?
> Sterben möchte ich gleich, füllte mir das nicht den Sinn:
> Heimliches Küssen und Lager und zärtliche Gaben der Liebe,
> Wie in der Jugend sie blühn Männern und Weibern zur Freud.[12]

Im Mittelpunkt steht nicht die eheliche Liebe, wie bei Homer; im Gegenteil, Hesiods Klage über die Last des Ehejochs findet bei Semonides (7./6. Jh.) eine besonders ausfällige Fortsetzung. Für ihn sind Frauen naturhafte Kreaturen ohne Verstand, die aus verschiedenen Tieren oder aus der Erde oder dem Meer hervorgegangen sind und daher deren wesensmäßige Eigenschaften haben: das dreckige Schwein, die verschlagene Füchsin, die läufige Hündin, die faule Erdfrau, die launische Meerfrau, die störrische Eselin, das geile und diebische Wiesel, das eitle und putzsüchtige Ross und die listige Äffin. Einzig und allein die fleißige Bienenfrau lässt er gelten.

> [...] Wer die kriegt, ist ein Glückspilz.
> Bei ihr allein findet Tadel keinen Platz.
> Unter ihrer Hand sproßt und mehrt sich der Wohlstand.
> Geliebt altert sie mit dem liebenden Gatten,
> Dem sie eine schöne und hochgelobte Nachkommenschaft gebar.
> Ansehnlich steht sie da unter den Frauen
> Allen, himmlische Anmut umfängt sie.
> Es freut sie nicht, bei Frauen zu sitzen,
> Wo sie Liebesgeschichten erzählen.
> Derartige Frauen vergönnt den Männern
> Zeus als die besten und berufensten:

Doch solche Frauen sind selten.

> Diese anderen Sorten aber sind durch Tücke des Zeus
> Allesamt vorhanden und dauern bei den Männern. [...]
> Denn Zeus hat dieses Übel als das größte geschaffen
> Und ein unzerreißbares Band von Fesseln um uns gelegt,
> Seitdem Hades jene Männer aufnahm,
> Die um einer Frau willen in Krieg geraten waren.[13]

Und Hipponax (6. Jh.) gibt vielleicht eine „Stammtischweisheit" wieder, die unter Männern kursierte:

> Zwei gute Tage kann ein Mann vom Weibe haben:
> wann sie genommen wird und wann sie begraben.[14]

Möglicherweise hat manche Frau über ihren Ehemann bzw. die Männer in ähnlicher Weise gesprochen. Einen Hinweis darauf finden wir bei Platon. Der schrieb zwar zwei Jahrhunderte später, aber der „Krieg der Geschlechter" ist zeitlos, und deshalb können wir sein Zeugnis hier heranziehen. Der Philosoph schildert eine Mutter, die gegenüber ihrem Sohn ihren Ehemann als unmännlich und schlaff hinstellt und ihren Sohn auffordert, mehr Ehrgeiz und Energie zu entwickeln – ganz südländische Mama, die ihren Sohn vergöttert. Dass manche Männer sich gelegentlich von ihren Ehefrauen sexuell überfordert fühlten, belegt nicht nur Semonides, sondern lassen auch Hesiod und Alkaios durchblicken. Darauf deutet auch die in der Antike weit verbreitete Vorstellung hin, dass Frauen ein stärkeres sexuelles Verlangen hätten als Männer.

In dieser Meinung sah man sich durch ein Experiment des Sehers und Zeuspriesters Teiresias bestätigt. Als dieser, dem Mythos zufolge, zufällig ein Schlangenpaar während der Kopulation entdeckte, tötete er die weibliche Schlange und wurde daraufhin in eine Frau verwandelt. Fortan diente er der Göttin Hera als Priesterin, heiratete und gebar Kinder. Sieben Jahre später fand er wieder ein kopulierendes Schlangenpaar. Diesmal tötete er die männliche Schlange und wurde prompt wieder in einen Mann verwandelt. Darauf fragten ihn Zeus und Hera, welches Geschlecht stärkere sexuelle Bedürfnisse hätte. Zeus behauptete: die Frauen, Hera: die Männer. Teiresias ließ das Götterpaar auf Grund seiner Erfahrungen wissen, dass Frauen neunmal mehr Lust empfänden als Männer. Hera war erzürnt, weil er den Männern ein wohlgehütetes Geheimnis der Frauen verraten hatte, und ließ ihn zur Strafe erblinden. Die Kommentare der Frauen dazu sind nicht überliefert. Aufschlussreich ist auch eine nüchterne Bemerkung Plutarchs, der noch im ersten bzw. zweiten Jahrhundert n. Chr. ein Gesetz Solons lobt, das den Gatten einer Erbtochter verpflichtete, sie mindestens dreimal in jedem Monat zwecks Kinderzeugung zu beschlafen.

> Denn auch wenn keine Kinder geboren werden sollten, so kann doch eine solche Aufmerksamkeit und Liebkosung des Mannes gegen eine sittsame Frau manchen so leicht sich entspinnenden Händeln abhelfen und eine gänzliche Trennung verhindern (Solon 20).[15]

Häufiger Streit herrschte offensichtlich nicht nur unter Männern, sondern auch zwischen Ehepartnern. Kein Vergleich mit der Schilderung der innigen ehelichen Vereinigung zwischen Penelope und Odysseus nach dessen Rückkehr bei Homer. Die Vorstellung von der Geilheit der Frauen hielt sich bis in die frühe Neuzeit, wurde z. B. während der Französischen Revolution in besonders obszöner Weise auf Marie Antoinette projiziert und fand im 19./20. Jahrhundert eine Fortsetzung im Bild der verführerischen sexuellen Macht der Femme fatale.

Dass jedoch Väter bei der Auswahl ihrer Schwiegersöhne durchaus auch das Glück ihrer Töchter im Auge hatten, zeigen uns drei herausragende Beispiele, von denen das erste in der späteren Überlieferung märchenhaft ausgeschmückt wurde. Der Tyrann Kleisthenes von Sikyon ließ nach einem Sieg seines Viergespanns bei den Olympischen Spielen seine Absicht verkünden, dass er seine Tochter verheiraten wolle, und forderte alle Bewerber auf, sich in Sikyon einzufinden. Da Kleisthenes einer der angesehensten Politiker des frühen sechsten Jahrhunderts war, folgten zahlreiche Adlige aus der ganzen griechischen Welt seinem Aufruf. Bei dieser Gelegenheit erfahren wir, welche Eigenschaften bei einem griechischen Aristokraten erwünscht waren.

Als sie zur bestimmten Zeit eingetroffen waren, erkundigte sich Kleisthenes zuerst bei ihnen, woher sie seien und nach ihrer Familie. Dann aber behielt er sie ein Jahr bei sich und prüfte sie auf ihren Mut *(andragathía)*, ihre Neigungen *(orgé)*, ihre Bildung *(paídeusis)* und ihren Charakter *(trópos)*, indem er sich mit jedem einzeln oder auch mit allen zusammen unterhielt, die jüngeren auch Leibesübungen *(gymnásia)* anstellen ließ; besonders aber beobachtete er sie bei den gemeinschaftlichen Mahlzeiten, zu denen er sie die ganze Zeit, während sie bei ihm waren, einlud und dabei königlich bewirtete. Am besten aber gefielen ihm die Freier aus Athen, namentlich Hippokleides, Teisandros' Sohn, den er sowohl seines Mutes wegen als auch deshalb schätzte, weil er von seinen Ahnen her mit den Kypseliden in Korinth verwandt war. Als der Tag herangekommen war, an dem die Hochzeit sein sollte, und Kleisthenes erklären wollte, wen er unter ihnen gewählt habe, schlachtete er hundert Rinder [rhetorische Zahl!] und gab den Freiern und allen Sikyoniern ein Festmahl. Dabei entstand nach Tisch unter den Freiern ein Wettstreit im Vortragen von Liedern und Wortspielen. Es wurde jedoch weitergetrunken, und Hippokleides, der es dabei allen zuvortat, befahl dem Flötenspieler, ihm zum Tanz aufzuspielen, und als der Flötenspieler gehorchte, fing er an zu tanzen. Er selbst hielt sich auch auf sein Tanzen viel zugute. Kleisthenes aber, der die ganze Sache mit ansah, war darüber sehr ungehalten. Hippokleides aber ließ, nachdem er sich eine Zeitlang ausgeruht hatte, einen Tisch hereinbringen, und als der hereingebracht war, tanzte er darauf, erst lakonische und dann auch attische Tänze, endlich stellte er sich sogar mit dem Kopfe auf den Tisch und machte mit den Beinen allerlei Gebärden. Kleisthenes war schon bei den ersten Tänzen, die ihm ungehörig und schamlos vorkamen, fest entschlossen, Hippokleides keinesfalls zu seinem Eidam zu wählen, hielt aber noch an sich, weil er ihn nicht beleidigen wollte. Als er ihn aber so mit den Beinen zappeln sah, konnte er sich nicht länger halten und sagte: „Teisandros' Sohn, du hast dich um die Hochzeit getanzt." Hippokleides aber erwiderte: „Was schert das Hippokleides?" Daher stammt die Redensart. Kleisthenes aber bat um Ruhe und redete die Versammelten so an: „Freier meiner Tochter, ihr gefallt mir alle, und wenn es möglich wäre, würde ich euch allen gern gefällig sein und nicht nur einen von euch wählen und die anderen abweisen. Leider ist es mir nicht möglich, alle Wünsche zu erfüllen, da ich nur eine Tochter zu vergeben habe. Jedem aber, den ich abweisen muß, schenke ich ein Talent Silber, weil er mir die Ehre erwiesen hat, sich um meine Tochter zu bewerben, und deshalb so lange von zu Hause wegbleiben mußte. Megakles aber, dem Sohne Alkmeons, verlobe ich meine Tochter Agariste nach athenischem Recht." Als dann auch Megakles erklärte, daß er sie zur Frau nehmen wolle, bestätigte Kleisthenes die Ehe (Herodot 6, 126–130).[16]

Von dem Athener Kallias, der wenige Jahrzehnte später lebte, berichtet Herodot, dass er jede seiner drei Töchter anlässlich ihrer Hochzeit reich ausstattete und ihnen sogar die freie Wahl ihrer Ehepartner überließ. Und eine geradezu bombastische Hochzeitsfeier richtete ein reicher Aristokrat aus Akragas auf Sizilien namens Antisthenes für seine Tochter aus: Er bewirtete sämtliche Mitbürger

und mehr als achthundert Wagen folgten der Braut beim Festzug. Außer ihnen waren nicht nur die Berittenen aus der Stadt selbst, sondern auch viele aus den Nachbarstädten zur Hochzeit eingeladen und gaben der Braut das Geleite. Ganz einzigartig aber war [...] für Beleuchtung gesorgt: die Altäre in sämtlichen Heiligtümern und Gassen über die ganze Stadt hin hatte Antisthenes reichlich mit Holz versehen, und auch den Ladenbesitzern gab er Brennholz und Zweige mit dem Auftrag, daß alle, wenn auf der Akropolis ein Feuer angezündet werde, desgleichen tun sollten. Und als sie der Weisung nachkamen, da war in dem Augenblick, als unter Vorantritt vieler Fackelträger die Braut heimgeleitet wurde, die Stadt voll von Licht, und die Hauptstraßen, durch die sich der Festzug bewegte, konnten die Masse der Begleiter nicht fassen; denn alle Einwohner wollten es ehrgeizig der Großzügigkeit des Mannes gleichtun (Diodor 13, 84).[17]

Kennzeichnend für diese Epoche war jedoch, wie gesagt, nicht die Ehefrau, sondern die Hetäre. Das Hetärenwesen ist unmittelbar mit einer neuen Form aristokratischer Geselligkeit verbunden, dem Trinkgelage (Symposion). Beim Symposion bestand das eigentliche Vergnügen nicht mehr hauptsächlich im üppigen Speisen, wie bei den Gastmählern der Helden Homers, sondern im Genuss des Weins und der Unterhaltung. Der Wein bescherte frohe Stimmung und wurde als das „beste Heilmittel" (Alkaios) gegen die Widrigkeiten des Lebens geschätzt, gegen Mühsal und Frust und gegen Sorgen über eine bedrohliche politische Lage; kühler Wein half gegen die Hitze des Sommers, heißer Wein gegen die Kälte des Winters. Und er konnte süße Träume von Macht und fantastischem Reichtum herbeizaubern. Eingeleitet wurde das Symposion mit einer religiösen Zeremonie. Die Teilnehmer setzten sich Lorbeerkränze zu Ehren Apollons oder, seit dem späten sechsten Jahrhundert, auch Efeukränze zu Ehren des Dionysos auf und sangen zur Begleitung einer Flötenspielerin einen Götterhymnos. Nach orientalischer Sitte lag man, mit duftendem Parfümöl gesalbt, auf Klinen mit dem Kopfende zum Zentrum des Raumes hin, was das Gespräch erleichterte. Einer der Teilnehmer wurde zum Vorsitzenden (Symposiarchen) gewählt, der den Ablauf des Symposions bestimmte, indem er z. B. das Mischungsverhältnis zwischen Wein und Wasser, die Größe der Gefäße sowie die Art der Unterhaltung anordnete. Der Wein konnte mit Honig gesüßt oder parfümiert werden. Von den Teilnehmern wurde nicht nur die Befähigung zu anspruchsvollen Gesprächen, Esprit und Witz, sondern auch der Vortrag von Poesie und Trinkliedern (Skolien) erwartet, deren Inhalt sich meistens um Götter- und Heroenmythen, um Krieg und politische Kämpfe, Liebe und andere Bereiche der aristokratischen Lebenswelt drehte. Daraus entstand mit der Zeit eine regelrechte literarische Gelagepoesie. Gelegentlich konnten Spott und Sticheleien unter dem Einfluss des Weins auch zu handgreiflichen Auseinandersetzungen führen. Doch unterhielt man sich nicht nur, sondern ließ sich auch unterhalten.

Hier kamen die Hetären ins Spiel. Denn für Ehefrauen und Töchter war das Symposion tabu. Die Tätigkeit der Hetären erforderte neben einer attraktiven Erscheinung auch schlagfertige Keckheit und eine wenigstens oberflächliche Vertrautheit mit der aristokratischen Bildung. Sie waren für den letzten Teil des Symposions zuständig, in welchem sie mit Musik auf Flöten und Saiteninstrumenten, mit Gesang, Tanz und Akrobatik auftraten und zu allerlei Spielen animierten. Dabei war der Übergang zu erotischen bzw. sexuellen Spielen bis hin zur Prostitution fließend; im späten sechsten Jahrhundert nahmen die Gastmähler geradezu orgiastische Züge an. Um Schwangerschaften zu vermeiden, betrieb man häufig Analverkehr. Mit der Steigerung in den trunkenen Sinnenrausch, der in der frühen rotfigurigen athenischen Vasenmalerei drastisch demonstriert wird, huldigte man dem Dionysos, dem wilden ekstatischen Gott aus dem boiotischen Theben, dessen Kult in Athen in dieser Zeit zur vollen Entfaltung gelangte. Er brachte den *kômos* hervor, den wilden Abschluss des Symposions, einen lärmenden Umzug berauschter und enthemmter Symposiasten durch die Straßen, wo sie allerlei Schabernack trieben.

Mancher ließ die vergnüglichen Stunden des Sinnenrausches sogar noch auf seinem Grabrelief verewigen: als Ausweis seines glücklichen Lebens, die ihm sein gesellschaftlicher Rang und sein Reichtum ermöglichten. Einige wenige Hetären brachten es zu Reichtum und Berühmtheit, wie Rhodopis, die mit ihrem Besitzer und Zuhälter nach Ägypten kam. Charaxos, ein Bruder Sapphos, verliebte sich dort in sie und kaufte sie für einen hohen Betrag frei, weshalb seine Schwester ihn nach seiner Rückkehr nach Samos mit einem leider verlorengegangenen Gedicht verspottete. Rhodopis verdiente in Ägypten viel Geld und stiftete schließlich – um sich in Griechenland ein Denkmal zu setzen – ein Zehntel ihres Vermögens in eisernen Bratspießen dem Apollonheiligtum in Delphi.

Abb. 9: Szene aus der Darstellung eines Symposions mit Hetären um 490/480 v. Chr.

Abb. 10: Orgiastische Szenen beim Symposion um 470/460 v. Chr.

Menschlich wertvoller als die Liebe zwischen Mann und Frau war für griechische Aristokraten die bei Homer noch unbekannte Knabenliebe. Dabei spielte auch eine Rolle, dass körperliche Schönheit von Knaben und Männern offensichtlich als attraktiver empfunden wurde als weibliche Schönheit. Eine solche Beziehung bestand aus einem erwachsenen Liebhaber *(erastḗs)* und einem minderjährigen Geliebten *(erṓmenos)* zwischen zwölf und 18 Jahren. Der Liebhaber war zugleich Erzieher und Vorbild des Geliebten und vermittelte ihm die Kenntnisse und Fertigkeiten, die ein angehender Aristokrat beherrschen sollte. Der *erastḗs* musste den *erṓmenos* durch seine Persönlichkeit überzeugen. Es gab für ihn keine größere Schande als vor dem *erṓmenos* Schwäche zu zeigen und einen Ehrverlust zu erleiden. Darin lag der ethische Gehalt eines solchen Verhältnisses. Der Geliebte durfte auch an Symposien teilnehmen.

Die Überlieferung über die zweifellos vorhandene sexuelle Seite dieser Art von Zuneigung ist einigermaßen verschwommen. Auf jeden Fall war beim *erastés* das sexuelle Interesse ein Teil der Beziehung. Er suchte sich – meistens in den Ringschulen (Palästren) – den Geliebten aus und umwarb ihn mit Geschenken, wohl nicht selten in Konkurrenz mit anderen Bewerbern. Die Kosten für immer neue Geschenke konnten beträchtlich sein, und so war die Knabenliebe ein teures Vergnügen. Sie setzte hohe Maßstäbe: Der *erṓmenos* musste so hinreißend sein, dass man ihn mit Geschenken umwarb, der *erastḗs* musste reich und darüber hinaus jemand sein, der die Qualitäten eines Aristokraten mannhaft verkörperte und dem man mit Respekt begegnete. Wer viele *erṓmenoi* gehabt und ihre Persönlichkeit geformt hatte, genoss großes Ansehen und hatte Einfluss auf die Prägung der aristokratischen Kultur seiner Polis. Nahm der Auserwählte die

Geschenke des Bewerbers an, zeigte er damit sein Einverständnis zu einer sexuellen Beziehung an, bei der aber nur der *erastḗs* seine Erregung zeigen durfte, der *erṓmenos* nicht. Er durfte zwar die Liebkosung und die Berührung seiner Genitalien durch den *erastḗs* dulden, jedoch nicht die Penetration durch Analverkehr, so dass der Geschlechtsakt auf den Schenkelverkehr beschränkt zu bleiben hatte. Wenn der *erṓmenos* sich penetrieren ließe, würde er sich in den Augen der Bürgerschaft zu einer Frau erniedrigen, seine männliche Ehre und den Anspruch auf das Bürgerrecht verlieren. Im Übrigen konnte ein *erṓmenos* zwischen 16 und 18 Jahren zugleich schon der *erastḗs* eines jüngeren *erṓmenos* sein.

Abb. 11: Bewerber um die Gunst eines Knaben, ca. 540 v. Chr.

Abb. 12: Aristogeiton und Harmodios, den blutigen Dolch in der Hand. Gipsabguss einer römischen Marmorkopie des griechischen Bronzeoriginals von 477/476 v. Chr. Vielleicht die expressivste Darstellung griechisch-aristokratischer Wertvorstellungen. Sog. strenger Stil, wie die Übergangsperiode zwischen der Archaik und der Klassik genannt wird. An die Stelle der frontalen Darstellung ist eine bewegliche Körperhaltung getreten und das Lächeln ist einem ernsten Gesichtsausdruck gewichen. Auch dieses Denkmal müssen wir uns farbig vorstellen.

Hatte der Geliebte das 18. Lebensjahr vollendet, sollte der Liebhaber die sexuelle Seite der Beziehung beenden und die Liebe in eine lebenslange Freundschaft *(philía)* verwandeln, denn – anders als man heutzutage im allgemeinen glaubt – Homosexualität unter Erwachsenen war verpönt. Wie die Realität aussah, ist nicht bekannt. Doch wissen wir, dass diese Umwandlung wenigstens in einigen

Fällen nicht immer gelang. Im Übrigen bedeutet *philía* eigentlich Zuneigung und kann sowohl Freundschaft als auch Liebe beinhalten, so dass auch bei der gleichgeschlechtlichen Freundschaft zumindest eine subtile erotische Anziehung, wenn auch ohne sexuelle Praktiken, nicht auszuschließen ist. Letztendlich bleibt diese Art menschlicher Beziehung für die Nachwelt ein Geheimnis, obwohl sie sich in der Antike geradezu als ein kultureller Exportschlager erwies, der mit der Verbreitung der griechischen Kultur nahezu überall Eingang fand. Diese „Freundschaften" waren die wertvollste Art zwischenmenschlicher Beziehungen, die die Griechen kannten.

Das berühmteste gleichgeschlechtliche Liebespaar wurden die Athener Harmodios und Aristogeiton, weil sie, wie es später in der offiziellen politischen Version hieß, aus freiheitlicher Gesinnung einen Tyrannenmord begangen hätten. Aber in Wirklichkeit handelte es sich, wie schon Thukydides wusste, um ein Eifersuchtsdrama, das unversehens in eine politische Verschwörung ausuferte. Denn der Bruder des Tyrannen Hippias, Hipparchos, hatte ein Auge auf Harmodios geworfen, was dessen Liebhaber Aristogeiton in eine solche Raserei versetzte, dass er ein Komplott zum Sturz der Tyrannis schmiedete. Das Attentat auf Hipparch gelang, doch der politische Umsturzversuch schlug fehl. Harmodios wurde auf der Stelle getötet, Aristogeiton später gefoltert und hingerichtet. Doch nachdem die Tyrannis vier Jahre darauf (510 v. Chr.) mit Unterstützung Spartas gestürzt worden war, wurden die beiden als Heroen (Halbgötter) kultisch verehrt und erhielten ein Denkmal mit einem Epigramm des Dichters Simonides; es geriet fast in Vergessenheit, dass ihr Motiv kein politisches gewesen und ihr geplantes Attentat auf den Tyrannen Hippias misslungen war. Zu dieser Legendenbildung trug natürlich auch bei, dass die Athener sich später ungern daran erinnerten, dass sie ihre Tyrannen nicht aus eigener Kraft, sondern nur mit Hilfe Spartas losgeworden waren. Auch bei Symposien wurden Skolien über das Attentäterpaar und andere Widerstandskämpfer gegen die Peisistratiden gesungen. Hier feierte man den aristokratischen Erōs, die Liebe zwischen einem Mann und einem schönen Jüngling, die den nötigen Todesmut hervorbringt, um den gefährlichen Aufstand gegen die Unterdrücker zu wagen.

Neben der Päderastie gab es natürlich, wie überall, die einfache Prostitution von Frauen und Knaben. Lustknaben waren gelegentlich sogar bei Symposien zugelassen.

Männliche Schönheit (*kállos*) war für die Griechen eines ihrer höchsten Ideale. Sie konnte unter Umständen sogar politische Bedeutung erlangen, wie im Fall des Philippos, eines Adligen aus Kroton in Unteritalien im ausgehenden sechsten Jahrhundert. Er galt als der schönste Mann seiner Zeit und war obendrein Olympionike. Da er mit einer Tochter des Tyrannen Telys von Sybaris verlobt war, stand er im Verdacht, in Kroton nach der Tyrannis zu streben. Er scheiterte politisch und fand später bei Kämpfen auf Sizilien den Tod. Aber die Stadt Segesta soll ihn, wie Herodot berichtet, wegen seiner Schönheit als Heros verehrt und auf seinem Grab einen Tempel errichtet haben, wo man ihm Opfer darbrachte.

Abb. 13: Narkissos. Pompejanisches Wandgemälde.

Eine Generation später galt der Spartaner Kallikrates als der schönste aller Griechen. Er starb 479 v. Chr. in den Kämpfen zwischen Griechen und Persern kurz vor der Schlacht bei Plataiai durch einen persischen Pfeilschuss, bedauerte aber nicht, dass er sterben musste, sondern dass er nicht mehr an der bevorstehenden Schlacht teilnehmen und eine ruhmvolle Tat vollbringen konnte. Sogar der Schönheit von Feinden zollten die Griechen Respekt. Als bei den gleichen Kämpfen der persische Kavallerieführer Masistios gefallen war, ließen es sich die Griechen nicht nehmen, die Größe und Schönheit seines Leichnams in Augenschein zu nehmen, wie in der Ilias die Achaier den heroischen Körper des von Achill getöteten Hektor mit einer Mischung aus Bewunderung und Hass bestaunten. Und von einem persischen Heerführer in Kleinasien namens Tigranes sagt Herodot, er habe alle anderen Perser an Größe und Schönheit übertroffen. Die größtmögliche Steigerung männlicher Selbstbewunderung findet sich im Mythos von Narziss (Narkissos), einem Jüngling von besonderer Attraktivität, der alle Jungen und Mädchen, die sich in ihn verliebt hatten, abwies und dafür zur Strafe von der Rachegöttin Nemesis dazu verurteilt wurde, sich mit ewig ungestillter Sehnsucht in sein Spiegelbild im Wasser zu verlieben – eine im Vergleich mit dem Schicksal des angeblichen Sexverweigerers Orpheus noch relativ milde Strafe. Dieser Mythos hat eine äußerst reiche Nachwirkung in Literatur, Malerei und Musik hervorgebracht und gelangte durch Freud in die Psychoanalyse.

Ein anderer noch heute sprichwörtlicher Schönling ist der aus dem Orient stammende Adonis. Um ihn buhlten zugleich zwei Göttinnen, Aphrodite und Persephone. Schließlich wurde er auf der Jagd von einem wilden Eber getötet. Die Griechen verehrten ihn als Vegetationsgott.

Gleichgeschlechtliche *philía* gab es auch zwischen Frauen und hat in der Dichtung Sapphos ihren schönsten Ausdruck gefunden.

> Aphrodite, Göttin auf buntem Throne,
> dich, des Zeus listsinnende Tochter, ruf ich:
> zwing in Gram und Qualen nicht ganz darnieder,
> Herrin, das Herz mir,
>
> sondern komm hierher, wenn du sonst schon einstmals
> meiner Stimme Rufen von ferne hörtest
> und, des Vaters goldenes Haus verlassend,
> zu mir herabkamst
>
> hoch zu Wagen, den dein Gespann, die muntren
> Vögel, trugen über die schwarze Erde,
> flink die Flügel regend, aus Himmelshöhen
> und durch die Lüfte
>
> rasch ans Ziel der Fahrt, und du fragtest, Sel'ge,
> lächelnd mit unsterblichem Götterantlitz,
> was denn wieder dulden ich mußte, warum
> wieder ich riefe
>
> und was nun ich Rasende wohl mir wünsche,
> daß es sich erfülle? „Wer ist's, den Peitho"
> „wieder schenken soll deiner Liebe, wer denn,"
> „Sappho, tut weh dir?"
>
> „Flieht sie jetzt, so wird sie dich bald verfolgen,"
> „nimmt sie kein Geschenk, wird sie selbst bald schenken,"
> „liebt sie jetzt auch nicht, wird sie bald doch lieben,"
> „ohn' es zu wollen!"
>
> Komm zu mir auch jetzt und erlös aus schwerer
> Sorge mich, und was meines Herzens Sehnsucht
> wünscht und hofft, erfülle es du, sei du mir
> Bundesgenossin![18]

Sie war – wohlgemerkt – eine verheiratete Frau aus der Oberschicht von Mytilene auf Lesbos und Mutter einer Tochter, klein von Gestalt, mit einem relativ dunklen Teint. Mit den Mädchen, die sie – wahrscheinlich nach dem Tod ihres Mannes – in ihrem Haus in den musischen Künsten ausbildete, verband sie offensichtlich eine so innige *philía,* dass man später den Ausdruck „lesbische Liebe" prägte. Aber ob sie im heutigen Sinn lesbisch war, sei dahingestellt. Ihre Lieder trug sie, vielleicht zusammen mit ihren Schülerinnen, bei kultischen Festen, Hochzeiten, Abschiedsfeiern und anderen Gelegenheiten vor. Diese Dichtung fand auch in der Männerwelt Anklang. Ihr Dichterkollege Alkaios, der an demselben Ort wirkte, begegnete ihr offensichtlich mit Hochachtung, wie das Fragment eines Gedichts belegt, das er an sie richtete. Dass er ein Liebesverhältnis mit ihr gehabt haben soll, ist eine spätere Erfindung. Zu ihren späteren Verehrern zählten keine Geringeren als Platon und Horaz. Dass Sapphos homoerotische Empfindungen keine Ausnahme waren, zeigen die von Alkman (siebtes Jahrhundert) – einem Mann! – verfassten Lieder der spartanischen Mädchenchöre (Parthenien), die bei städtischen Festen gesungen wurden und in denen die Schönheit einzelner Mädchen gepriesen wird. Homoerotische Gefühle zwischen Frauen galten auch in Sparta als wertvoll und wurden sogar vom Staat gefördert.

Der Vergötterung von Jugend, körperlicher Schönheit, Liebe und Sexualität entspricht die Furcht vor dem Alter, das – anders als in den Epen Homers – keinen eigenen Wert hat und als erbärmlicher Zustand beklagt wird. Zwar ist die Begierde noch immer ungestillt, und es gibt noch immer Gelegenheiten, aber das Vergnügen ist nicht mehr das gleiche. Der aus Schillers Ballade besonders bekannte Ibykos schildert diese Befindlichkeit unübertrefflich:

> Mit verschwimmenden Augen sieht wieder der Gott,
> Unter schwarzblauen Lidern, sieht Erōs mich an
> Und wirft mich verwirrenden Gaukelspiels in die
> Tödlichen Netze der Liebe.
> Wahrhaftig, ich bange vor dem, was naht,
> Gleich einem Pferd, das im Alter nur zaudernd,
> Wiewohl es den Sieg kennt,
> Und sich schüttelnd zum Wettkampf der sausenden Rennwagen trabt.[19]

Sappho bekennt, dass sie auch mit schlaffer Haut und ergrautem Haar noch immer die *habrosýnē* liebe, aber nicht mehr mit ihren Mädchen tanzen könne, und verweist auf das Schicksal des Tithonos. Diesen hatte, dem Mythos zufolge, einst Eōs, die Göttin der Morgenröte, wegen seiner Schönheit zu ihrem Ehemann erkoren und bei Zeus seine Unsterblichkeit erwirkt. Leider hatte sie vergessen, ihn auch mit immerwährender Jugend ausstatten zu lassen. Dem immer weiteren körperlichen Verfall ausgeliefert und schließlich auch impotent wurde er für die Göttin zur Qual. Schließlich verwandelte sie ihn in eine Zikade und gab ihm so Gelegenheit, sich wenigsten von Zeit zu Zeit zu häuten. Besser hatte es ein anderer schöner Knabe, der Trojaner Ganymed, den Zeus entführte und zu seinem unsterblichen Mundschenk oder Geliebten machte. Am meisten bejammert Mimnermos die Kürze der Jugend und die Last des Alters, das den Mann bei Knaben verhasst und bei Frauen verächtlich mache. Er wünscht sich, mit 60 Jahren ohne Krankheit und Schmerzen zu sterben. Ähnliche Töne schlägt Anakreon an, der ebenfalls die kurze Spanne der Jugend beklagt und bei dem Gedanken an den schrecklichen Weg in den Hades, von dem niemand zurückkehrt, erschauert.

Die Lust an jugendlicher Körperkultur und ehrgeizigem Wettstreit brachte den Enthusiasmus für sportliche Wettkämpfe hervor. Sie wurden institutionalisiert und erhielten in der folgenden Zeit eine noch größere Bedeutung als bei Homer. Athletische Siege galten weit über den Sport hinaus als Beweis für persönliche Überlegenheit. Ein Sieger wurde auch in seiner Heimatstadt geehrt und mit Privilegien bedacht. Der Prestigegewinn war beinahe mit kriegerischem Ruhm vergleichbar und konnte auch in politischen Machtgewinn umgesetzt werden. Aber auf den Gedanken, Rekorde aufzustellen, wären die antiken Griechen nie gekommen. Sie sind ein typisches Merkmal des modernen Industriezeitalters. Was zählte, war allein der jeweilige Sieg.

Seit dem achten Jahrhundert fanden in regelmäßigen Abständen Wettkämpfe statt, an denen Adlige aus der ganzen griechischen Welt teilnahmen. Sie boten zugleich die Möglichkeit, einander kennen zu lernen und persönliche und politische Beziehungen zu knüpfen. Auf diese Weise wurde auch das Bewusstsein der kulturellen Zusammengehörigkeit trotz aller politischen Zersplitterung gestärkt. Die ältesten Wettkämpfe waren die dem Zeus geweihten Olympischen Spiele, die angeblich 776 v. Chr., aber, wie der archäologische Befund gezeigt hat, schon etwas früher begannen. Seit der ersten Hälfte des sechsten Jahrhunderts folgten die Pythien zu Ehren des Apollon in Delphi, bei denen auch jedes Mal der Mythos von der Tötung der Pythonschlange durch den Gott als Schauspiel aufgeführt wurde, wenig später die Isthmien in Korinth zu Ehren des Poseidon und später die Nemeen zu Ehren des Zeus, die auf der Peloponnes zunächst in Kleonai, dann in Argos abgehalten wurden. Daneben entstanden zahlreiche lokale Wettkämpfe, unter ihnen die Panathenäen in Athen.

Das Programm der Disziplinen wurde nach und nach erweitert. Neben verschiedenen Arten des Wettlaufs war vor allem der Ringkampf beliebt, ferner Wagen- und Pferderennen. Brutale Züge hatten der Faustkampf und das Pankration, bei dem Hiebe aller Art, Tritte, Würgen und Gelenkverdrehen erlaubt waren. Wer in einem solchen Kampf unter Lebensgefahr gesiegt hatte, dem schrieb man göttliche Kräfte zu, weil man nicht glaubte, dass ein Mensch allein aus sich selbst heraus solche Leistungen vollbringen könnte. Darin lag die tiefere Bedeutung des sportlichen Wettkampfs, der immer unter dem Schutz eines Gottes stand: Er bot dem Menschen die Gelegenheit, in die Nähe der Götter zu gelangen. Nur der Sieger zählte. Wer verlor – vielleicht übel zugerichtet, schwer verletzt oder gar lebenslänglich behindert – musste sich vor Spott und Häme der Öffentlichkeit verkriechen. Das war das Risiko, das man mit der Teilnahme einging. Psychologisch verständlich, dass mancher Kämpfer versuchte, die Kraft seines

Gegners von vornherein durch einen Fluch zu bannen, den er heimlich auf ein Täfelchen schrieb, das er diskret vergrub. Das Pentathlon (Fünfkampf) bestand aus Speerwerfen, Weitsprung, Lauf, Ringen und Diskuswerfen. Letzteres gilt heute als etwas typisch Griechisches, stammte aber in Wirklichkeit aus dem vorderasiatischen Mittelmeerraum.

Bei den Pythien lag, dem Wesen Apollons gemäß, ein Schwerpunkt auf den musischen Wettbewerben (Gesang zur Kitharabegleitung, Chorgesang zur Flötenbegleitung u. a.). Seit ungefähr 500 v. Chr. wurden die meisten Wettkämpfe – abgesehen von Wagen- und Pferderennen und musischen Agonen – nackt betrieben. Bei den Pferde- und Wagenrennen traten die Teilnehmer meistens nicht persönlich an, sondern ließen sie von einem Jockey ausführen. (Eine Ausnahme machte später Kaiser Nero, was aber nicht gut ausging; s. u.) Neben den sportlichen Aktivitäten waren die Spiele auch ein Jahrmarkt der Eitelkeiten. Jeder, der es sich leisten konnte, stellte mit einem möglichst kostbaren Festzelt seinen Reichtum zu Schau, in das er seine Standesgenossen einlud und üppig bewirtete. Auch Dichter, Rhapsoden, Philosophen und geistige Scharlatane nutzten die Gelegenheit, sich einer pangriechischen Öffentlichkeit bekannt zu machen.

Noch viel mehr als das Kräftemessen beim Sport galt das Verhalten im Krieg als Kriterium für die Tugenden bzw. Untugenden des Mannes. Diese Perspektive ist ein wesentlicher Grund dafür, dass die zeitgenössischen Aussagen über den Krieg, die überliefert sind, merkwürdig abstrakt bleiben, d. h. der Bezug auf eine bestimmte militärische Lage entweder überhaupt nicht oder nur sehr vage hergestellt wird – mit Ausnahme der Gedichte des Tyrtaios und des Simonides, die sich auf ungewöhnlich große Kriege beziehen. Davon an anderer Stelle. Der Krieg bot dem Mann die Gelegenheit zu höchster Bewährung, d. h. die ultimative Überlegenheit seiner physischen und psychischen Stärke sowie seiner Geschicklichkeit unter Beweis zu stellen, Ruhm und Ehre zu erwerben – und darüber hinaus Kriegsbeute. Das war es, worauf es ankam, nicht die Schilderung eines bestimmten Kriegsverlaufs. Jeder Sieg im Kampf hatte etwas zeitlos Exemplarisches. Darüber hinaus genoss der Krieger, der für seine Stadt kämpfte, bei seinen Mitbürgern hohes Ansehen, und wenn er im Kampf gefallen war, ehrte ihn die gesamte Bürgerschaft an seinem Scheiterhaufen mit einer exzessiven Totenklage, wie es Anakreon in einem Epigramm darstellt:

> Alle Bürger der Stadt Abdera, für die er gefallen,
> Klagten um Agathons Tod, als ihn die Flamme ergriff.
> Keinen kühneren Heldenjüngling vernichtete Ares
> Voller Begierde nach Blut in der unseligen Schlacht.[20]

Auch innerhalb der Polis bestimmten kriegerische Tugenden den Wert eines Mannes als Beschützer von Frauen und *erṓmenoi*, zumal es noch kein staatliches Gewaltmonopol gab. Bemerkenswerterweise findet sich in der Kriegsdichtung keine Spur von Hass gegen einen äußeren Feind, sondern allenfalls Verachtung für den Besiegten. In den bildlichen Darstellungen werden die jeweiligen Feinde nicht in verkleinerter Form vorgeführt, wie in Siegesmonumenten orientalischer Herrscher, sondern als Gegner auf gleicher Augenhöhe. Kein göttlicher oder gottähnlicher Herrscher zerschmettert mit überlegener Kraft seine kümmerlichen Feinde, sondern der Krieg ist ein Zweikampf zwischen annähernd gleich starken Gegnern oder sogar mit Gegnern, die zunächst überlegen erscheinen. Andernfalls wäre der Sieg keine rühmenswerte Leistung. Im Vordergrund stehen die Tugenden, die man hat, anderen nachrühmt oder von ihnen fordert. Man könnte geradezu von einem sportlichen Verhältnis zum Krieg sprechen. Man schätzt den Kampf, nicht den Krieg. Den Nachruhm eines Helden feiert in geradezu homerischer Weise Mimnermos, der sonst Liebe und Lust gepriesen hat:

> Er war anders: den stürmischen Mut seines männlichen Wesens
> Schilderten Ältere mir, die ihn noch selber gesehn
> Wie er der lydischen Reiter geballte Scharen bedrängte
> Auf dem Gefilde am Strom Hermos, ein Schwinger des Speers.
> Seines Herzens herbe Gewalt hat Pallas Athene
> Nie zu rügen gebraucht, wenn er ins vorderste Feld
> Stürmte im blutigen Ringen des wilden Krieges, und der Feinde
> Bittern Geschossen nicht wich, sondern sie trotzig bestand.
> Denn es war keiner noch besser als er in der sämtlichen Mannschaft,
> Im Getümmel der Schlacht siegreiche Arbeit zu tun,
> Damals als er sich noch regte im Licht der eilenden Sonne[21].

Andere kämpften nicht für ihre Polis, sondern um als Berufskrieger ihren Lebensunterhalt zu erwerben.

Selbst Sappho interessierte sich für kriegerische Stoffe, auch wenn sie nicht das Thema ihrer Dichtung waren. Schilderungen von Kämpfen waren zweifellos beliebte Gesprächsthemen bei Symposien, erzeugten jedoch bei manchen, wie bei Stesichoros (7./6. Jh.) und Anakreon (6. Jh.), auch Überdruss.

> Der nicht sei mein Genoss', der mir zum Weine beim vollen
> Becher von Fehden erzählt und von dem leidigen Krieg;
> Vielmehr der in geselligem Frohsinn gerne der Musen
> Und Aphrodites holdseliger Gaben gedenkt (Anakreon)[22]

Auch Stesichoros fordert die Musen auf, den Krieg beiseitezulassen und mit ihm die Vermählung von Göttern, die Festschmäuse der Menschen und die Gelage der Glücklichen zu rühmen.

Die Art der Kriegführung eines Volkes galt später als vorrangiger Maßstab für die Beurteilung seines Wesens; man könnte sagen: seines „Volkscharakters". Darüber hinaus hatten dem Krieg entnommene Denkmuster eine grundsätzliche Bedeutung für die antike Mentalität und reichten inhaltlich und terminologisch weit in andere Bereiche hinein, sogar in die Philosophie und in die Liebesdichtung. Dennoch galt der Krieg bei Griechen und Römern nicht, wie in der Forschung seit dem 19. Jahrhundert oft angenommen worden ist, als das ursprüngliche und natürliche Verhältnis zwischen Staaten, das nur durch besondere Verträge in einen Friedenszustand hätte umgewandelt werden können; sondern der Krieg bedurfte einer besonderen Begründung. Er musste gerechtfertigt werden, was natürlich nicht bedeutet, dass die jeweilige Rechtfertigung immer der Wahrheit entsprach.

Trotz der Fixierung auf den kriegerischen Kampf war das Verhältnis zum Krieg und zum Kriegertum, wie schon bei Homer, durchaus zwiespältig. Archilochos (7. Jh.), der als Sohn eines Aristokraten und einer Sklavin gesellschaftlich gleichsam zwischen allen Stühlen saß, seinen Lebensunterhalt als Söldner bestreiten musste und schließlich im Kampf gefallen ist, wusste das nur allzu gut. Als dichtender Krieger sagt er, dass er sein Brot und seinen Wein mit der Lanze verdiene, und bezeichnet sich als Gefolgsmann des Gottes Enyalos, d. h. des Kriegsgottes Ares, doch zugleich der Musen. Zwar erwähnt er nicht ohne Stolz, wie er zusammen mit seinen Mitstreitern sieben Feinde tötete, doch er kennt auch das mühsame Dasein des Kriegers und das wechselhafte Kriegsglück. Was er von sich verlangt, ist Standhaftigkeit im Angesicht des Feindes, Mäßigung nach dem Sieg und Gleichmut bei Niederlagen. Die Hoffnung auf Nachruhm hält er für eine Illusion. Die Bürger neigten gerade gegenüber Verstorbenen eher zu übler Nachrede. Der erfahrene Kriegsmann zieht das Konkrete dem Ideellen vor: Man solle lieber Anerkennung zu gewinnen versuchen, solange man lebe. Und nicht der aristokratische schöne Schein ist es, was zählt, sondern Effizienz:

> Mir gefällt kein langer Feldherr, der den Schritt ins Weite streckt,
> Der sich gar mit Locken brüstet, eitel sich das Kinn rasiert –
> Mir gefällt vielmehr ein Kleiner, selbst wenn ihm die Beine krumm,
> Aber stämmig auf den Füßen soll er stehen, voller Herz.[23]

Trotz aller Tapferkeit gehört manchmal auch die rechtzeitige Flucht zum Leben eines Kriegers:

> Mit dem Schild, den ich ungern bei einem Busche zurückließ,
> Einem trefflichen Stück, prahlt nun ein saischer Mann;
> Aber mein Leben trug ich davon. Was liegt mir an diesem
> Schild? Fahr er hin! Demnächst kauf ich den gleichen mir nach.[24]

Dass es sich hier nicht um einen provokanten Bruch mit aristokratischen Wertvorstellungen handelt, wie oft behauptet worden ist, belegen die ähnlichen Äußerungen des Alkaios und des Anakreon. Alkaios war Aristokrat durch und durch und hielt sich viel auf seinen kriegerischen Mut zugute. Für ihn machen in geradezu spartanischem Sinn nicht die Befestigungen das Wesentliche einer Stadt aus, sondern ihre wehrhaften Männer. Und ein furchterregendes Wappen auf dem Schild habe für sich allein keine Wirkung, sondern nur sein Träger, wenn er ein beherzter Mann ist. Mit Stolz präsentiert er in homerischer Art sein Waffenarsenal:

> Erzen funkelt das große Haus
> In der Halle glänzt Helm an Helm zum Ruhme des

Kriegsgotts. Roßschweife nicken weiß
Von den Bügen herab, ein ehrenvoller Schmuck
Für das Haupt eines jeden Manns.
Viele Beinschienen ründen ihr erhelltes Erz
Um die Pflöcke, an denen sie
Hangen rings, die Erwehrer eines starken Wurfs.
Neue Panzer aus Linnen sind
Und daneben gehöhlte Schilde aufgehäuft.
Schwerter liegen aus Chalkis da,
Gürtel ferner und Waffenröcke sonder Zahl.
Ihrer dürfen wir aber nicht
In der Stunde vergessen, da das Werk beginnt.[25]

Dennoch scheute auch er sich nicht zu verkünden, dass er einmal auf der Flucht vor den Athenern seine Waffen weggeworfen habe, um heil davonzukommen. Ebenso dichtete Anakreon fast scherzhaft:

Aber ich floh wiederum gleich dem Kuckuck,
Warf an des schön flutenden Stroms Ufern das Schildchen von mir.[26]

Bei diesen noch locker gefügten Kriegerhaufen konnte man unter bestimmten Umständen über die gelungene Flucht sprechen wie über einen gefährlichen Unfall, bei dem man unversehrt davongekommen ist. Das galt nicht als Feigheit. Auch die homerischen Helden ergriffen gelegentlich die Flucht, aber sie konnten in ihren schweren Rüstungen nicht weglaufen, sondern bestiegen ihre Streitwagen und fuhren davon. Der Krieger sollte dem Feind mutig entgegentreten und den Zweikampf nicht scheuen. Aber wenn er sah, dass er in eine aussichtslose Lage geriet, in der er nichts mehr erreichen, sondern nur noch Opfer werden konnte, war der Entschluss zur Flucht nicht mit einem Ehrverlust verbunden. Erst später, als man in der Phalanx in Reih' und Glied Schild an Schild kämpfte und das Ausbrechen eines einzelnen Kriegers die gesamte Schlachtordnung in Gefahr bringen konnte, wurde der Verlust des Schildes unverzeihlich, und es entstand ein neuer Ehrbegriff, der den Schildverlust in jedem Fall als Schande brandmarkte. Aus dieser Zeit stammt die bekannte Ermahnung einer Spartanerin, die ihrem in den Krieg ziehenden Sohn seinen Schild überreicht mit den Worten „mit ihm oder auf ihm“. Entweder solle er unversehrt mit seinem Schild zurückkehren oder als Gefallener, den man auf seinem Schild nach Hause trägt. Pindar (ca. 520–446 v. Chr.) warnt vor Kriegsbegeisterung:

Nur dem Menschen ohne Erfahrung
Scheint der Krieg ein süßes Geschäft.
Doch naht er heran, so zittert das Herz
Dem erfahrenen Manne über die Maßen.[27]

Und er ruft auch seine Mitbürger in seiner Heimatstadt Theben zur Eintracht auf. Bürgerkrieg *(stásis)* führe ins Elend und dezimiere die Jungmannschaft – vergeblich: *Stásis* wird eines der gravierendsten Probleme der gesamten griechischen Polisgeschichte sein.

Der Tragödiendichter Aischylos (525/524–456 v. Chr.) bringt ganz unheroisch die alltäglichen trivialen Beschwernisse eines Feldzuges auf die Bühne (Agamemnon 555–566): schlechte Unterkünfte, qualvolle Enge auf den Schiffen, durchnässte Kleidung, Ungeziefer, Hitze, Kälte und dergleichen.

Sein Zeitgenosse, der Chorlyriker Bakchylides, lobt die Segnungen der Friedensgöttin Eirene:

Die große Göttin Irene gebiert
Den Sterblichen Reichtum und Blumen süßen Gesangs.
Auf künstlich schönen Altären flammt
Den Göttern die gelbe Flamme voll Opferduft
Von Stieresschenkeln und Wollenherden empor.
Die Jünglinge denken auf Spiel und Flötengesang
Und Lustbarkeiten; indes den eisenbeschlagenen Schild
Der schwarzen Spinne Geweb umhüllt
Und den spitzigen Speer und das zweischneidige Schwert
Der Rost benagt. Es tönt nicht mehr
Der ehernen Tuba Klang; er scheucht nicht mehr
Uns von der Augenwimper den süßen Schlaf,
Der unser Herz erquickt.
Flecken und Dörfer sind voll fröhlicher Gasterein
Und Gesänge der Liebe glänzen auf ihnen umher.[28]

Aber an anderer Stelle fügt er hinzu, dass es den Sterblichen nicht freistehe, sich Wohlstand oder unerbittlichen Krieg oder zerstörerischen Bürgerkrieg auszusuchen, weil das Schicksal eine dunkle Wolke mal über dieses, mal über jenes Land treibe. So war es. Die Griechen mussten sich gegen Invasoren verteidigen. Im siebenten Jahrhundert griff das aus Südrussland stammende Reitervolk der Kimmerer das Lyderreich in Kleinasien an und plünderte auch griechische Städte an der kleinasiatischen Küste. In diese Zeit gehört vermutlich der Aufruf des Dichters Kallinos (7. Jh.), in dem sich beinahe schon alle Argumente finden, mit denen Krieger in der Antike zum Kampf ermutigt wurden.

Bis wie lange nur lieget ihr träg? Wann weckt ihr den Mut auf,
Jünglinge? Schämet ihr euch nicht vor den Nachbarn umher,
Daß ihr erschlafft und wähnet, in ruhigem Frieden zu sitzen
Während des Krieges Geschrei durch alle Länder ertönt? [...]
Sterbend noch werfe der Mann gegen die Feinde den Speer!
Glorreich ist es und bringet ihm Ruhm, für den Boden der Väter
Kinder und liebendes Weib rüstigen Kampf zu bestehn
Gegen den Feind. Es erreichet deshalb nicht früher der Tod ihn
Bis es die Moira beschließt. Schreite denn jeder voran,
Hochaufrichtend den Speer, bei der Feldschlacht erstem Beginnen,
Unter dem schirmenden Schild drängend das mutige Herz.
Denn noch keinem beschied das Geschick, sich dem Tod zu entziehen,
Wenn sein Ahnherr auch stammte von Göttergeschlecht.
Oftmals flieht er den feindlichen Kampf und der Lanzen Getöse,
Aber im sichern Gemach wird er dem Tode zum Raub.
Dafür folget auch diesem beim Volke nicht Liebe noch Sehnsucht,

Jenen betrauert der Greis, wie ihn der Knabe beweint.
Sehnsucht wecket der Mann, der mutigen Herzens im Kampf fällt,
Jeglichem; als ein Gott wird er im Leben geehrt.
Denn er erscheint der übrigen Augen ein schützendes Bollwerk,
Weil allein er im Kampf Taten von vielen vollbringt.[29]

Wenig später drangen die Lyder, die die Kimmerer abgewehrt hatten, gegen die griechischen Städte vor und unterwarfen einige von ihnen. Anschließend gerieten die Städte unter die Herrschaft der Perser, die das lydische Reich zerstört und seine Nachfolge in Kleinasien angetreten hatten. Schließlich versuchten die Perser, auch die Griechen des Mutterlandes in ihre Gewalt zu bringen. Und an den Nordküsten der Ägäis und des Schwarzen Meeres hatten sich die Griechen immer wieder gegen die umliegenden Völkerschaften zur Wehr zu setzen.

Die Elegie des Kallinos richtet sich an junge Männer, wahrscheinlich seiner Heimatstadt Ephesos. Es handelt sich um eine Jungmannschaft, der das Selbstvertrauen im Angesicht des Feindes, das erfahrene Krieger auszeichnet, noch fehlt. Sie fürchten den Kampf, und solange ihre Stadt noch nicht angegriffen worden ist, zeigen sie wenig Neigung, den Nachbarstädten zu Hilfe zu kommen, wie denn die Griechen sich während ihrer ganzen Geschichte immer schwer taten, gegenüber einem äußeren Feind zusammenzustehen. In einem solchen Aufruf zum Kampf wäre ein Hinweis, dass man in einer aussichtslosen Lage den Schild auch einmal wegwerfen kann, natürlich deplatziert.

Der typisch griechische Krieg war jedoch nicht der Abwehrkampf gegen gemeinsame äußere Feinde, sondern der Krieg gegeneinander. Am bekanntesten geworden ist der Jahrzehnte lange Krieg zwischen Chalkis und Eretria auf Euböa im achten und siebten Jahrhundert um die fruchtbare Ebene am Fluss Lelas. Beide Städte holten sich auswärtige Unterstützung, Eretria aus Milet, Chalkis aus Samos und Thessalien, was auf lange Freundschaftsbeziehungen zwischen Adelsfamilien aus den jeweiligen Städten hinweist. Am Ende waren beide Städte erschöpft und verloren ihre vorherige Bedeutung. Bei diesen Kämpfen hat es anscheinend nur wenige Zerstörungen größerer Städte gegeben. Der bekannteste Fall war Sybaris in Unteritalien, von dem in anderem Zusammenhang zu sprechen sein wird. Die meisten Zerstörungen bedeutender griechischer Städte erfolgten durch nicht-griechische Mächte: Smyrna um 600 v. Chr. durch den Lyderkönig Alyattes, Milet 494 v. Chr. und Athen 480/479 v. Chr. durch die Perser, Akragas auf Sizilien 406/405 v. Chr. durch die Karthager, Theben 335 v. Chr. durch Alexander den Großen und Korinth 146 v. Chr. durch die Römer. Territoriale Streitfragen wurden gelegentlich auch durch diplomatische Vermittlungen besonders angesehener Drittstaaten oder Politiker beigelegt. Doch waren oft weder diplomatische noch militärische Ergebnisse von Dauer, sondern nicht selten brachen dieselben Konflikte jahrhundertelang immer wieder auf. Manche territoriale Streitigkeiten setzten sich bis in die römische Kaiserzeit fort. Auf Kreta herrschte wenigsten seit dem dritten und zweiten vorchristlichen Jahrhundert ein Dauerkrieg zwischen den beiden mächtigsten Städten, Knossos und Gortyn, und ihren Verbündeten, der nur von zeitweiligen Erschöpfungspausen unterbrochen wurde, aber ohne entscheidende Ergebnisse blieb. Bei solchen Konflikten ging es nicht nur um die Lösung bestimmter Streitfragen, sondern auch um die Ehre *(timḗ)*. Jede Polis wollte besser, d. h. bedeutender und stärker sein als die benachbarte Polis. Der Schweizer Kulturhistoriker Jacob Burckhardt (1818–1897) hat die archaische Epoche das agonale Zeitalter genannt und vom Griechen als dem agonalen Menschen gesprochen, d. h. von einem Menschen, der seine Lebenserfüllung im erfolgreichen Wettstreit suchte. Dieses aristokratische Ideal beschränkte sich nicht auf Einzelne, sondern bestimmte schließlich die Politik ganzer Städte und steigerte ihre Rivalität; noch beschränkte es sich auf das Archaikum, sondern es blieb ein Wesensmerkmal der Polis, solange sie bestand.

Andere Kriege hatten mit Ehre und Rivalität nichts zu tun, sondern waren nichts weiter als kleine Raubzüge von wenigen Tagen oder Wochen, in denen man der Nachbarstadt die Ernte oder das Vieh stahl oder sich sogar die Schätze eines Tempels anzueignen versuchte. Ferner gab es, wie schon erwähnt, „Heilige Kriege", um die Verletzung eines Heiligtums zu rächen. Ein Grund für einen Krieg fand sich eigentlich immer. Jeder, der in den Krieg zog, hoffte nicht nur mit heiler Haut davonzukommen, sondern auch reicher zu sein als vorher. Das war das Attraktive am Krieg.

Der antike Krieg war in der Regel ein Sommerkrieg. Gegen Ende des Sommers war die Kriegssaison eines Jahres vorbei, die Krieger kehrten heim und überließen im Winter das Feld den Diplomaten. Kam während des Winters keine politische Lösung zustande, ging der Krieg im darauffolgenden Sommer weiter.

Doch nicht der Krieg bedrohte die Position vieler Adliger, sondern innere Konflikte und gesellschaftliche Veränderungen. Manche – keineswegs alle – Adlige wurden ärmer und Neureiche gewannen Einfluss. Diese entwickelten jedoch keine eigene Identität, sondern versuchten sich in die Adelswelt zu integrieren und auch verwandtschaftliche Verbindungen mit Adligen herzustellen. Das war ein normaler Vorgang, zumal der zunehmende Handel neue Erwerbsmöglichkeiten eröffnete. Aber die heftigen Rivalitätskämpfe, die gelegentlich in die Tyrannis eines einzelnen Adligen mündeten, verstärkten diese Entwicklung und trieben viele Adlige ins politische Abseits oder gar ins Exil. Verschärft wurde die Lage noch durch verbreitete Unzufriedenheit von Bauern und Landarbeitern, die politische und soziale Reformen forderten. Die Gewinnung und Erhaltung von Reichtum, bei Homer für einen Adligen selbstverständlich, wurde für manche jetzt zu einem Problem. Ackerbau, Kriegsbeute und Piraterie genügten zum Vermögenserwerb nicht mehr. Etliche Adlige waren gezwungen, als Händler ihren Lebensunterhalt zu suchen, andere als Söldner. Manchen, die ihr Vermögen verloren hatten, gelang ein finanzieller Wiederaufstieg nie. Diese Umstände erschütterten ihr elitäres Selbstverständnis und stachelten ihre ohnehin vorhandene Disposition zu Hass und Rachsucht noch weiter an. Selbst der kritische Außenseiter Archilochos brüstet sich damit, dass er groß darin sei, jedem, der ihm

Übles angetan habe, es mit schrecklichen Übeln heimzuzahlen. Diejenigen Adligen, die zu den Verlierern gehören, begreifen die politischen Wirren als einen Kampf zwischen den „Edlen“ *(esthloí)* und „Guten“ *(agathoí)* auf der einen Seite und den „Schlechten“ *(kakoí)* auf der anderen. *Kakoí* sind alle, die nicht zur alteingesessenen Führungsschicht gehören, Neureiche ebenso wie vermögende Bauern, ärmere Kleinbauern, Landarbeiter, Fischer, Handwerker und Kleinhändler. Etliche Adlige sehen die „Ordnung“ *(kósmos)* bedroht, das Gemeinwesen wird mit einem Schiff in Seenot ohne erfahrenen Steuermann verglichen, ein Bild, das dann jahrhundertelang, bis in die römische Zeit, immer wieder verwendet worden ist.

Ein Beispiel eines Kämpfers gegen die Tyrannis ist Alkaios. Dass er selbst ein fröhlicher Zecher war, hinderte ihn nicht daran, einen Tyrannen auf Lesbos – welchen, wissen wir nicht – als Säufer zu karikieren, der sich den Ruhm anmaße, der nur freien edelgeborenen Männern gebühre. (Die Charakterisierung des Tyrannen als eines Trunkenen wird später bei Platon wiederkehren.) Die Wechselfälle der instabilen politischen Verhältnisse auf seiner Heimatinsel hat er in allen Varianten erfahren, einmal als grimmiger Aufrufer zur kühnen Tat, einmal als resignierter Verbannter an einem einsamen Ort, einmal in Euphorie nach dem Tod eines Tyrannen:

> Jetzt heißt es zechen, mehr als man kann und mag
> Und sich betrinken: Myrsilos ist ja tot.[30]

Die politischen Spannungen auf Lesbos, über deren Gründe uns jede nähere Kenntnis fehlt, brachten nach dem Tode des Myrsilos einen gewissen Pittakos, einen Aristokraten von außergewöhnlichem Format, an die Macht, der sich als Schiedsmann zwischen den verfeindeten Parteiungen verstand. Er zwang etliche Aristokraten, Lesbos zu verlassen, unter ihnen Alkaios und Sappho. Alkaios begab sich anscheinend nach Thrakien (als Söldner, wie einst Archilochos?) und nach Ägypten, Sappho nach Sizilien. Ein Bruder des Alkaios verdingte sich als Söldner im babylonischen Heer, ein Bruder Sapphos verdiente seinen Lebensunterhalt als Weinhändler in Ägypten. Pittakos hatte sich im Krieg gegen Athen um die kleine Stadt Sigeion in der Troas auf geradezu homerische Art als mutiger und geschickter Kämpfer gezeigt. Er hatte sich angeboten, den Krieg durch einen Zweikampf mit dem Anführer der Athener, Phrynon, einem Olympioniken, zu entscheiden. Phrynon ging darauf ein, und Pittakos besiegte ihn, indem er, wie später Gladiatoren, ein Netz über ihn warf und ihn abstach. Dieser Krieg war es, in dem Alkaios auf der Flucht seine Waffen weggeworfen hatte. Obwohl Alkaios Pittakos maßlos beschimpfte – u. a. als Mann von schlechter Herkunft *(kakopatrídas)*, Prahler, Fresser und Dickwanst – durfte er später in seine Heimatstadt zurückkehren, vermutlich infolge einer Amnestie. Nach zehnjähriger Regierungszeit (590/589–580/579) trat Pittakos freiwillig zurück. Nicht zuletzt dieser ungewöhnliche Schritt ist es gewesen, der ihm einen langfristigen Nachruhm verschaffte, so dass er Jahrhunderte später, in hellenistischer Zeit, zu den Sieben Weisen gezählt wurde und man ihm allerlei Weisheitssprüche zuschrieb.

Etwa drei Generationen später führen uns die Gedichte, die unter dem Namen des Theognis überliefert sind, ebenfalls die „unheilschwangere" Lage in einer Stadt vor Augen, in Megara, der Nachbarstadt Athens. Theognis fürchtet, dass ein gewalttätiger Führer nach der Macht greifen und einen Bürgerkrieg entfachen könnte. Doch scheint es nicht zur Errichtung einer Tyrannis gekommen zu sein. Aber etliche „Gute" *(agathoí)*, so auch Theognis, haben nicht mehr genügend Vermögen, um einflussreiche Ämter erlangen zu können. Möglicherweise war der Dichter, aus welchen Gründen immer, in hohe Schulden geraten. Auf jeden Fall hatte er seinen Landbesitz verloren. Die „Schlechten" *(kakoí)* sind ihnen überlegen und nutzen ihre Macht rücksichtslos aus, um noch mehr Vermögen an sich zu reißen. Die „Ordnung" *(kósmos)* ist verlorengegangen, das Staatsschiff treibt ziellos in schweren Wassern dahin. Nicht die unsterblichen Götter sind schuld, sondern Gewalttätigkeit, schimpfliche Intrigen und Hybris der Bürger. Im weiteren Verlauf dieser Entwicklung wurde Theognis aus Megara vertrieben und fristete das traurige Dasein eines verbitterten Exilanten in ärmlichen Verhältnissen, der sich einmal zum Gleichmut gegenüber dem von den Göttern verhängten Schicksal ermahnt, ein andermal Zeus um Gelegenheit bittet, sich an seinen Feinden zu rächen und ihr „schwarzes Blut" zu trinken, und am Ende seinen Kummer über die „herzzerfressende Armut" und den Hass auf seine Feinde mit Wein hinunterspült.

Die politischen Umwälzungen und gesellschaftlichen Veränderungen bewirkten, dass die Beziehung zwischen Reichtum und *areté* seit dem siebenten und sechsten Jahrhundert zu einem wichtigen Thema wurde, welches das Selbstverständnis der Aristokraten im Kern berührte. Besonders häufig wird in modernen Darstellungen der Ausspruch des Alkaios zitiert:

> Geld macht den Mann. Vergebens
> Sucht man nach einem armen Ehrenmann[31]

Und man deutet ihn als ein Abrücken von aristokratischen Werten infolge der aufkommenden Geldwirtschaft. Aber die richtige Deutung muss lauten:

> Vermögen macht den Mann. Es gibt nicht einen einzigen Armen, der edel (eslós) genannt wird und Ansehen (timḗ) genießt.

Eine Aufgabe aristokratischer Maßstäbe und das Lob Neureicher ist bei Alkaios nicht zu erwarten, zumal er diesen Ausspruch ausgerechnet einem Spartaner zuschreibt. Vielmehr muss er so verstanden werden, dass ein Edler seine Tugenden nicht mehr zur Geltung bringen kann, wenn er sein Vermögen verloren hat. Auch für Mimnermos zählt der Verlust des Vermögens zu den Beschwernissen des Lebens. Theognis (bzw. die Dichtung, die unter seinem Namen überliefert ist) wird noch deutlicher: Für einen *agathós* sei Armut schlimmer als Alter und Krankheit, da sie ihn an Wort und Tat hindere und seine Zunge lähme. Er könne sich dann nur noch von einer hohen Klippe ins Meer stürzen oder er müsse versuchen, sich in fernen Ländern und auf Seefahrten von seiner Armut zu befreien. Sterben sei besser, als in quälender Armut zu leben. Viele Ungebildete seien reich, aber diejenigen, die nach dem Schönen strebten, würden von drückender Armut gequält. Und so fehle den einen das Vermögen, den Anderen die *areté*. Ein drastisches Beispiel ist der aus seiner Heimatstadt Ephesos von einem Tyrannen vertriebene aristokratische Bettelpoet Hipponax, der sich im Milieu von Proletariern und Prostituierten durchs Leben schlägt. Plutos, der Gott des Reichtums, sei blind. Noch nie sei er zu ihm ins Haus gekommen und habe ihm 30 Pfund Silber oder mehr geschenkt. Hermes schenkt ihm nicht einmal warme Winterkleidung, um die er flehentlich gebeten hatte. Sein Frust macht sich in einer vulgären aggressiven Sprache Luft, und die einzige Rache, die ihm bleibt, ist, Prominente, die er hasst, so gezielt mit Dreck zu bewerfen, dass ihr Name für immer mit Spott und Peinlichkeit behaftet bleiben sollte. Eine verkehrte Welt: Diejenigen, die früher bettelarm waren, seien jetzt die „Guten" *(agathoí)*, während die Edlen *(esthloí)* jetzt die „Schlechten" *(deiloí)* seien, meint Theognis. Die Folge sei ein krasser moralischer Verfall. Jeder lüge und betrüge nach Kräften. Mit solchen Leuten dürfe man sich nicht ernsthaft einlassen, sondern müsse lediglich Freundschaft heucheln. Aber alles Pochen auf angeborenes aristokratisches Wesen und alle Häme über die sozialen Aufsteiger sind vergeblich. Denn nicht einmal die Edlen halten zusammen. Während man Widder, Esel und Pferde nach ihren edlen Eigenschaften aussuche, klagt Theognis, habe der Edle *(esthlós)* keine Bedenken, die Tochter eines *kakós* zu heiraten, wenn sie nur ein großes Vermögen in die Ehe mitbringe, und ebenso wenig scheue sich eine Frau aus edlem Geschlecht, die Ehe mit einem reichen „Schlechten" einzugehen und den Reichtum den Tugenden vorzuziehen.

Die Tyrannen hatten solche Probleme nicht. Sie konnten aristokratische Ideale in einer Form zelebrieren, die Durchschnittsaristokraten vor Neid erblassen ließ. Der ideale Tyrann war jung, körperlich robust, schön, kriegerisch, sportlich, reich und mächtig. Er bewies seine Überlegenheit über andere mit ruhmreichen Taten, die ihn unsterblich machen sollten. Er lebte seine Begierden, seine Lust und seinen Schmerz ungehemmt und rücksichtslos aus. Er stellte seine persönlichen Interessen über die der Polisgemeinschaft, denn er fühlte sich ja besser als andere. Jede Unterordnung würde er als Zumutung empfinden. Nicht das Leben ist für ihn das höchste Gut, sondern nur das ruhmreiche Leben, wozu auch ein ruhmreicher Tod gehören kann. Er wird mit einem pompösen Begräbnis bestattet werden und Nachkommen mit der gleichen Gesinnung hinterlassen. Ein solcher aristokratischer Tyrann wollte sicher Polykrates auf Samos (ca. 538–522 v. Chr.) sein. Zusammen mit seinen zwei Brüdern, einer Gruppe von Anhängern aus der Aristokratie und der Unterstützung des Tyrannen Lygdamis von Naxos putschte er sich an die Macht. Anschließend zerstritt er sich mit seinen Brüdern, brachte den einen um und trieb den anderen ins Exil im Perserreich. Seine Alleinherrschaft stützte er auf ausländische Söldner und einheimische Bogenschützen. Unter seiner Herrschaft wurde Samos zu größten Seemacht in der Ägäis und zugleich zur größten Seeräubermacht. Andere Staaten taten gut daran, sich der Freundschaft dieses gefährlichen Potentaten zu versichern. Sogar der Ägypterkönig Amasis bemühte sich um seine Freundschaft und stiftete Weihgeschenke an das Hera-Heiligtum auf Samos. Nach dem Tod des Amasis wechselte Polykrates die Fronten und unterstützte den Perserkönig Kambyses zur See bei seinem Eroberungsfeldzug gegen Ägypten. Der Machtentfaltung nach außen entsprachen die Prachtentfaltung nach lydischem Vorbild im Inneren und ein ehrgeiziges Bauprogramm, das neben einem gewaltigen Palast und einem riesigen Heratempel sowie einer Hafenmole eine Wasserleitung umfasste, für die sein Architekt Eupalinos einen Tunnel von über einem Kilometer Länge durch einen Berg treiben ließ, eine technische Meisterleistung. Der Selbstdarstellung des Tyrannen diente auch die Münzprägung mit dem Bild des samischen Schiffstyps, der sogenannten Semaina. An seinen Hof zog es sowohl den berühmten Arzt Demokedes, der später Leibarzt des persischen Großkönigs Dareios wurde, als auch die päderastischen Dichter Anakreon und Ibykos. Als einzige soziale Maßnahme ist bekannt, dass Polykrates die Versorgung der Mütter von Kriegsgefallenen den Reichen aufbürdete.

Doch hinter der glänzenden Fassade formierte sich Widerstand von Aristokraten. Bezeichnend war, dass Polykrates die Palästren schließen ließ, weil er sie als Brutstätten adliger Verschwörungen verdächtigte. Die Gegner des Tyrannen sahen sich nach auswärtiger Hilfe um und fanden sie bei Aristokraten in Sparta, mit denen sie eine althergebrachte Freundschaft verband. Sparta, dem sich auch Korinth anschloss, ließ sich zu einem Feldzug gegen Polykrates überreden, der jedoch nach einer 40-tägigen Belagerung von Samos mit einem völligen Misserfolg endete. Die von den Spartanern im Stich gelassenen samischen Aristokraten mussten nun sehen, wie sie in der Fremde zurechtkamen. Zunächst erpressten sie von der Bürgerschaft der Insel Siphnos, die wegen ihrer Gold- und Silberbergwerke als reich bekannt war, eine hohe Summe Geld, nachdem sie ihre Felder verwüstet und sie in einem Gefecht besiegt hatten. Dann gründeten sie die Stadt Kydonia auf Kreta, wo sie eine neue Heimat gefunden zu haben glaubten, wurden jedoch nach fünf Jahren von den Aigineten und Kretern besiegt und als Sklaven verkauft. Ein Schicksal von Vertriebenen.

Polykrates fand trotz seines Sieges ein gewaltsames Ende. Spätestens im fünften Jahrhundert brachte man seinen Untergang mit der Vorstellung vom Neid der Götter in Verbindung, die einen interessanten Einblick in die griechische Vorstellungswelt vermittelt. Herodot hat diese Legende folgendermaßen aufgezeichnet:

> Auch Amasis hatte vom Glück des Polykrates gehört, aber es machte ihn besorgt. Als es mit dem Glück überhaupt kein Ende nahm, schrieb er ihm folgenden Brief und schickte ihn an Samos: „Amasis an Polykrates: Es freut mich zu hören, lieber Freund, daß es dir so wohl geht; aber dein übermäßiges Glück ist mir bedenklich, weil ich weiß, daß die Gottheit

> neidisch ist. Darum wünsche ich, daß mir und meinen Freunden hin und wieder auch einmal etwas fehlschlägt, und würde es lieber sehen, daß mir in meinem Leben einmal ein Unglück zustieße, als daß mir immer alles nach Wunsch ginge. Denn ich habe noch von niemandem gehört, dem nicht, nachdem ihm alles geglückt, schließlich doch ein schlechtes Ende beschieden gewesen wäre. Folge also meinem Rat und wehre dich gegen das Glück. Überlege dir, was dir unter allem, was du hast, das Liebste ist und dessen Verlust dir am schmerzlichsten sein würde, und wirf es weg, so daß es nie wieder in Menschenhand gerät. Und wenn von nun an nicht bald Glück, bald Unglück zu dir kommt, so hilf dir auf die Art, wie ich dir geraten habe." (Herodot 3, 40)[32]

Die Griechen glaubten nicht an die Dauer des Erfolges. Zu viel Erfolg machte ihnen geradezu Angst! Deshalb war die Hoffnung so wichtig, wenn der Stein des Sisyphos wieder einmal nach unten gerollt war. Polykrates entschloss sich also, seinen Siegelring, einen in Gold gefassten Smaragd, von einem Schiff aus ins Meer zu werfen. Doch fünf oder sechs Tage später schenkte ein Fischer dem Tyrannen einen außergewöhnlich großen Fisch, auf dessen Fang er stolz war. Als die Diener den Fisch aufschnitten, fanden sie in seinem Bauch – den Siegelring. Polykrates teilte dieses Wunder dem König Amasis mit.

> Als Amasis den Brief erhalten und gelesen hatte, sah er ein, daß es keinem Menschen möglich sei, einen anderen davor zu bewahren, was ihm vom Schicksal beschieden ist, und daß Polykrates kein gutes Ende nehmen werde, da er in allem Glück habe und jetzt sogar wiederfinde, was er wegwerfe. Er schickte einen Herold nach Samos und ließ ihm sagen, er könne sein Freund nicht länger sein. Das tat er aber, damit ihm, wenn Polykrates ein großes Mißgeschick träfe, das Unglück eines Freundes nicht zu sehr zu Herzen ginge (Herodot 3, 41–43).[33]

In Wirklichkeit hat Amasis das Freundschaftsverhältnis wahrscheinlich wegen der fortgesetzten Seeräuberei des Polykrates aufgekündigt. Der von den Göttern angekündigte Untergang des Tyrannen war, so deutete man es, eine Folge seiner Habgier: Dem persischen Satrapen Oroites gelang es, Polykrates mit dem Versprechen von Gold in seinen Machtbereich in Kleinasien zu locken, aus welchen Motiven, bleibt unklar. Polykrates schluckte den Köder und beschloss, wie Herodot in märchenhafter Ausschmückung erzählt,

> nun selbst hinzureisen, obwohl die Seher und seine Freunde und infolge eines Traumgesichts auch seine Tochter dringend davon abrieten. Sie hatte nämlich geträumt, ihr Vater schwebe in der Luft und werde von Zeus gebadet und von der Sonne gesalbt. Weil sie das im Traum gesehen hatte, bot sie alles auf, ihren Vater nicht zu Oroites reisen zu lassen, ja als er schon an Bord des Fünfzigruderers war, beschwor sie ihn ahnungsvoll, die Fahrt aufzugeben. Da drohte er ihr, wenn er gesund wiederkäme, solle sie zeitlebens unvermählt bleiben. Sie aber wünschte, daß die Drohung in Erfüllung ginge; denn sie wolle lieber lange unvermählt bleiben als ihren Vater verlieren. [...] Polykrates aber fand [...] ein elendes Ende, wie er es nicht verdient hatte. Denn außer den Tyrannen von Syrakus war unter den griechischen Tyrannen keiner, der Polykrates an Großmut und Herrlichkeit gleichkam. Oroites aber ließ ihn auf unsagbar nichtswürdige Weise umbringen und dann ans Kreuz schlagen. Seine Begleiter, soweit sie Samier waren, schickte er wieder nach Hause und sagte, sie könnten sich bei ihm bedanken, daß sie so davonkämen, die Fremden und die Unfreien unter ihnen aber behielt er als Sklaven bei sich. Als Polykrates so am

> Kreuz hing, ging der Traum seiner Tochter in Erfüllung, denn wenn es regnete, wurde er von Zeus gebadet, und weil er Feuchtigkeit aus seinem Körper ausschwitzte, von der Sonne gesalbt. Ein solches Ende nahm es mit allem Glück des Polykrates (Herodot 3, 122–125).[34]

Schiller hat sich von diesem Stoff zu einer Ballade anregen lassen. Bei nüchterner Betrachtung handelte es sich um das Scheitern eines Gewaltmenschen, der lange Jahre hindurch die Ägäis mit seinen Raubzügen unsicher gemacht hatte.

Die Tyrannen von Syrakus, die Herodot erwähnt, waren Gelon und sein jüngerer Bruder und Nachfolger Hieron, die erfolgreichsten Tyrannen ihrer Epoche. Sie entstammten der angesehenen Adelsfamilie der Deinomeniden, die in der sizilianischen Stadt Gela die erbliche Würde der Weihepriester (Hierophanten) der Demeter und ihrer Tochter Persephone innehatte. Gelon begann seine Karriere als Reiterführer im Dienst des dortigen Tyrannen Hippokrates, der eine expansive Politik betrieb und mehrere Städte unter seine Herrschaft brachte. Nach dessen Tod auf dem Schlachtfeld usurpierte Gelon die Macht und führte die ehrgeizige Außenpolitik seines Vorgängers fort. Einen schweren inneren Konflikt in Syrakus, bei dem die „Partei" der Gamoren (Grundbesitzer) vom „Volk" und der unfreien Landbevölkerung, Killyrier genannt, vertrieben worden war, nutzte er geschickt aus, indem er die Gamoren zurückführte und sich in den Besitz der Stadt brachte. Wer das „Volk" war und wer die Anführer des „Volkes", wissen wir nicht. Üblicherweise stammten solche Volksführer in griechischen Städten ebenso aus der Führungsschicht wie die vertriebenen Gamoren. Sofort machte Gelon Syrakus zu seinem Regierungssitz und überließ das kleinere Gela seinem Bruder Hieron. Um seine Herrschaft in Syrakus zu konsolidieren, setzte er eine bis dahin beispiellose Umsiedlungsaktion ins Werk und verpflanzte große Teile der Bevölkerung anderer Städte seines Herrschaftsgebiets in seine neue Hauptstadt. Zusätzlich verlieh er seinen Söldnern das syrakusanische Bürgerrecht. Somit schuf er sich beinahe ein neues Volk, das größtenteils ihm persönlich verpflichtet war. Auch zögerte er nicht, sich missliebige Bevölkerungsgruppen vom Hals zu schaffen, indem er sie in die Sklaverei verkaufte.

Infolge dieser Machtkonzentration stieg Syrakus zur größten Land- und Seemacht Siziliens auf. Mit dem Tyrannen Theron von Akragas schloss Gelon ein Bündnis, das mit der Herstellung eines Verwandtschaftsverhältnisses besiegelt wurde: Er heiratete dessen Tochter Damarete, und Theron heiratete eine Nichte Gelons. Eine Gegenposition nahmen die miteinander verbündeten Tyrannen Anaxilaos von Rhegion und Messana und Terillos von Himera ein. Als Theron den Tyrannen Terillos aus Himera vertrieb, löste er unbeabsichtigt einen gewaltigen Krieg aus, denn Terillos und Anaxilaos riefen die Karthager zu Hilfe. Da Himera in unmittelbarer Nähe des karthagischen Herrschaftsbereichs lag (der ca. ein Drittel Siziliens umfasste), waren die Karthager alarmiert und nahmen den Ruf an. Theron war völlig auf die Unterstützung Gelons angewiesen. Zusammen errangen sie 480 v. Chr. bei Himera einen glänzenden Sieg, angeblich am selben Tag, an dem die Athener die Perser in der Seeschlacht bei Salamis besiegten. Dieser Sieg verschaffte den Griechen auf Sizilien rund zwei Generationen Sicherheit vor der afrikanischen Großmacht. Gelon hätte zweifellos noch mehr erreichen und die Karthager völlig von der Insel vertreiben können. Aber vermutlich hinderte ihn ein unterschwelliges Misstrauen gegen Theron daran, an dessen Territorium der karthagische Herrschaftsbereich grenzte. Die karthagische Nachbarschaft würde dazu beitragen, ihn in Schach zu halten. Und so konnten die Karthager gegen Zahlung einer großen Kriegsentschädigung ihren vorherigen Besitzstand auf der Insel behalten. Auch Anaxilaos blieb weiterhin im Besitz seiner beiden Städte. Vermutlich verhinderte also die Rivalität, die selbst zwischen den beiden verbündeten Tyrannen bestand, die einmalige Gelegenheit, einen militärischen Erfolg in ein konsequentes politisches Ergebnis umzusetzen. Aber – so merkwürdig es uns heute vorkommen mag – vielleicht wollten die beiden Tyrannen die Karthager gar nicht vertreiben. Vielleicht genügte ihnen schon der Kriegsruhm und die Kriegsbeute. Wenn man die griechische Geschichte weiter verfolgt, wird man erkennen, dass diese Vorstellung nicht so abwegig ist, wie sie im ersten Moment erscheinen mag. Die Karthager aus Sizilien zu vertreiben blieb 240 Jahre später den Römern vorbehalten, die sich nicht mit halben Erfolgen begnügten. Innenpolitisch nutzte Gelon den Sieg, um seine Stellung im Innern auf seine Art neu zu legitimieren: Vor einer Volksversammlung erklärte er sich zum Schein bereit, zurückzutreten, da seine Aufgabe erfüllt sei. Verabredungsgemäß baten ihn seine Anhänger, auf seinem Posten zu bleiben und feierten ihn als Retter, Wohltäter und König. Doch war er klug genug, offiziell keinen Königstitel anzunehmen, sondern er legte für sein Begräbnis ausdrücklich fest, dass die gesetzlichen Beschränkungen des Bestattungspomps, die die syrakusanische Führungsschicht vor seiner Tyrannis erlassen hatte, auch für ihn gelten sollten. Eine solche Geste der Gleichheit hatte trotz seiner diktatorischen Stellung politisch einen großen Stellenwert, wie wir im nächsten Kapitel sehen werden.

Der Sieg ermöglichte beiden Tyrannen ein großzügiges Bauprogramm, denn Geld und karthagische Gefangene als Arbeitskräfte standen jetzt reichlich zur Verfügung. Gelon ließ Tempel der Athena, Demeter und Persephone und Docks für seine Flotte errichten. Theron begann mit dem Bau eines monumentalen Zeustempels und ließ eine unterirdische Wasserleitung sowie künstliche Fischteiche anlegen. Unter seiner Herrschaft stieg Akragas zu einer der bedeutendsten Städte der griechischen Welt auf, die für ihren Reichtum und Luxus weithin bekannt war. Den kriegerischen und politischen Erfolgen mussten die sportlichen folgen, sonst wäre sein Ruhm unvollständig gewesen: 476 v. Chr. errang Therons Gespann den Sieg im Wagenrennen in Olympia. Sein Regime galt im allgemeinen als volksfreundlich, doch wenn seine Herrschaft gefährdet war, wie bei einem Aufstand der Bürger von Himera gegen seinen Sohn Thrasydaios, griff er zu ausgesprochen brutalen Strafmaßnahmen und dezimierte die Bürgerschaft derart, dass er neue Siedler anwerben musste, um die Stadt wieder zu bevölkern.

Dass ihm Letzteres auch nach einem solchen Massaker offenbar mühelos gelang, lässt die Notlage vieler Griechen erkennen, die in kümmerlichen Verhältnissen lebten oder gar aus ihrer Heimat vertrieben waren.

Der Dichter Pindar (520–446 v. Chr.), dessen hochgestochener Stil, gespickt mit weitschweifigen Ausflügen in die Mythologie und dunklen Andeutungen, schon in der Antike hohe Anforderungen an das Verständnis der Hörer stellte, rühmt Therons Herkunft und Lebensführung. Das Geschlecht der Emmeniden, dem er entstammt, verbinde echte Tugenden mit Reichtum und Charme *(cháris)*. Therons Wesen sei geprägt von Großzügigkeit, Gastfreundlichkeit und Gerechtigkeit. Er sei ein Wohltäter *(euergétēs)*, freigebig mit offener Hand. Der Ruhm seiner Tugenden, der bis zu den Säulen des Herakles, d. h. bis zum Ende des westlichen Mittelmeers reiche, habe ihn nicht hochmütig gemacht, und als Orphiker, der an die Seelenwanderungslehre glaubt, könne er darauf vertrauen, nach dreimaliger Wiedergeburt in das Reich der Seligen bei den Göttern einzugehen, weil seine Seele frei von Unrecht geblieben sei. Nach seinem Tod (473/472 v. Chr.) wurde Theron in einem prächtigen Grabmal vor der Stadt bestattet und als Heros kultisch verehrt. Aufwendige Grabmäler galten überhaupt als ein Merkmal der Akragantiner. Einige von ihnen sollen sogar mit Skulpturen der Rennpferde oder Hausvögel der Verstorbenen geschmückt gewesen sein.

Der Nachfolger des schon 478 verstorbenen Gelon, sein ältester Bruder Hieron, dehnte die syrakusanische Außenpolitik auf Unteritalien aus und besiegte 474/473 in einer entscheidenden Seeschlacht bei Kyme die Etrusker, die die griechischen Städte im Süden der Halbinsel bedrängten. Mit diesem Sieg, der den langsamen Zusammenbruch der etruskischen Herrschaft in Italien einleitete, vollendete Hieron die Befreiung der Westgriechen von Fremdherrschaft, die Gelon und Theron begonnen hatten. Auf Sizilien war sein größter Stolz die Gründung der Stadt Aitna, die er durch erneute Zwangsumsiedlungen und mit angeworbenen Siedlern aus der Peloponnes bevölkerte. Dort – und nur dort – konnte er einen Schritt weiter als Gelon gehen und seinen Sohn Deinomenos als regelrechten König inthronisieren. Ihren überragenden militärischen Triumphen stellten auch die Deinomeniden ihre Siege bei Pferde- und Wagenrennen in Delphi und Olympia an die Seite und dankten den Göttern mit prunkvollen Weihgeschenken: Gelon stiftete in Delphi einen goldenen Dreifuß und eine goldene Statue der Siegesgöttin Nike, ebenso Hieron. In Olympia stiftete Gelon drei linnene Panzer und zusammen mit der Stadt Syrakus eine Kolossalstatue des Zeus, Hieron nach dem Sieg über die Etrusker u. a. einen bronzenen Helm. Hinzu kamen Weihgeschenke der jüngeren Brüder.

Darüber hinaus schuf Hieron ein Zentrum dichterischen Glanzes, indem er die bedeutendsten Chorlyriker seiner Zeit, Pindar, Simonides und Bakchylides, sowie den Dramatiker Aischylos und sogar den Komödiendichter und Luxusverächter Epicharm und den Tyrannisgegner Xenophanes mit fürstlichen Belohnungen an seinen Hof lockte. Bezeichnend ist ein Ausspruch, den man Simonides zuschrieb: Reichtum gehe über Weisheit, da die Weisen zu den Türen der Reichen kämen und nicht umgekehrt. Diese Dichter verkündeten den Ruhm der Deinomeniden und setzten dem aristokratischen Lebensideal, das die Tyrannen verkörpern wollten, ein großartiges Denkmal.

Als Beispiel soll hier Pindars erster Pythischer Gesang dienen. Der Anlass war der Sieg von Hierons Viergespann beim Wagenrennen in Delphi 470 v. Chr., der Ort des Vortrages Aitna, das Hieron kurz zuvor gegründet hatte. Der Chor der Jünglinge besingt Hieron nicht als Kriegsherrn, sondern als Friedensfürst. Eingeleitet wird die Aufführung mit einem Reigentanz, der von der Phorminx begleitet wird, einem Saiteninstrument, das später zur Kithara weiterentwickelt

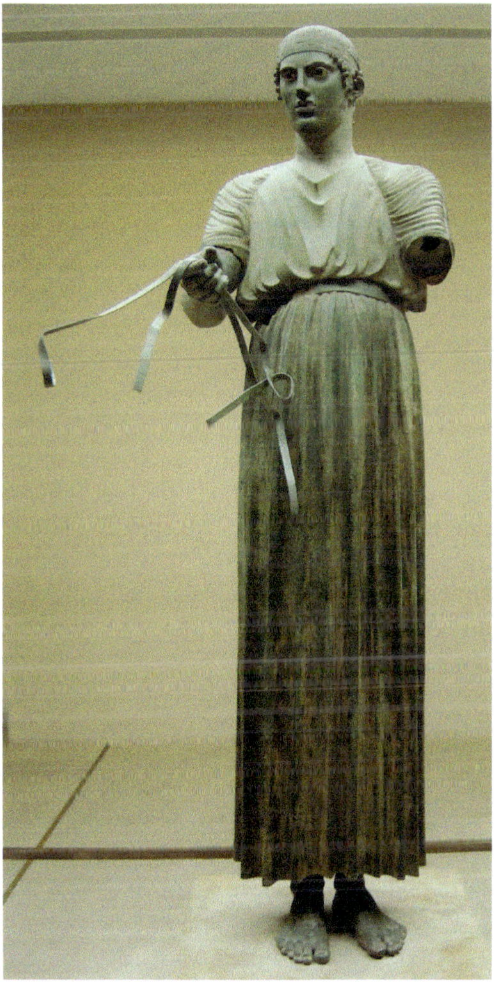

Abb. 14: Der berühmte Wagenlenker von Delphi. Weihgeschenk des Polyzalos, eines Bruders Hierons, anlässlich seines Sieges im Wagenrennen 474 v. Chr. Strenger Stil. Eine von sieben erhaltenen Bronzestatuen.

wurde. Die Phorminx ist das Instrument Apollons und der dunkellockigen Musen, die den Krieg zum Schweigen bringen. Der gewalttätige Kriegsgott Ares, heißt es, ist besänftigt und Typhos, das 100-armige Schlachtenungeheuer, liegt im Tartaros gefesselt, auch wenn es sich dann und wann in der Tiefe ohnmächtig wundreibt und Feuer aus dem Schlund des Ätnas ausbrechen lässt. Zeus möge die gleichnamige Stadt, Hierons Lieblingsprojekt, das Pindar in den Mittelpunkt seiner Komposition stellt, vor dem Vulkan schützen. Hierons Ruhm als Stadtgründer sei der ganzen griechischen Welt verkündet worden, als nach dem Wagenrennen der Herold in Delphi Hieron aus Syrakus und Aitna zum Sieger ausrief. Diesen Augenblick empfand der Tyrann offensichtlich als den Höhepunkt in seinem Leben, vielleicht auch deshalb, weil er damit aus dem Schatten seines übermächtigen Bruders Gelon heraustrat. Für den schon von Krankheit geplagten Hieron, der zum Schluss sogar auf Feldzügen in einer Sänfte getragen werden musste, hält Pindar den tröstlichen Vergleich mit Philoktet bereit, jenem berühmten achaiischen Bogenschützen, den die Griechen auf ihrer Fahrt gegen Troja der Sage nach als unheilbar Kranken auf der Insel Lemnos aussetzten, schließlich jedoch zurückholen mussten, weil ohne ihn Troja nicht besiegt werden konnte. Hieron habe Aitna nicht Syrakus unterstellt, sondern sie als freie Stadt mit einer Verfassung nach dem Vorbild Spartas gegründet. Sein Sohn, der in den Lobgesang auf Hieron mit einbezogen wird, soll die Stadt nicht als Tyrann, sondern als regelrechter König regieren, der Bürgerschaft ihre Verfassungsrechte belassen und so den inneren Frieden bewahren. Den äußeren Frieden, den Gelon und Hieron durch ihre Siege bei Himera und Kyme gewonnen haben, möge Zeus erhalten. Diese Siege seien gleichrangig mit denen der Athener bei Salamis und der Spartaner bei Plataiai über die Perser. Der Gesang schließt mit einer Aufforderung an Hieron, auch in Zukunft Gerechtigkeit walten zu lassen und nach dem Schönen zu streben. Zum Exempel des guten Herrschers wählt Pindar den lydischen König Kroisos, also einen orientalischen Monarchen, der in der griechischen Welt als unermesslich reich und freigebig galt, als abschreckendes Beispiel den sagenumwobenen Tyrannen von Akragas, Phalaris, der seine Feinde angeblich in einen erhitzten eisernen Stier stecken ließ und sich an ihren Todesschreien, die wie das Brüllen des Stiers nach außen drangen, ergötzt haben soll. Damit bringt der Dichter unmissverständlich das Streben Hierons zum Ausdruck, die Tyrannis in Aitna in eine konstitutionelle Monarchie umzuwandeln.

Mit der Lobpreisung der Alleinherrscher feiert Pindar die herausragenden aristokratischen Einzelpersönlichkeiten, deren Eigenschaften von den Göttern verliehen sind und deshalb von anderen nicht erworben werden können. Sie gleichen den mythischen Helden der Frühzeit. Zugleich wollte Pindar, der selbst einer Adelsfamilie entstammte, mit seinen Oden natürlich auch ein Künder seines eigenen Ruhms sein, und so ist es nicht verwunderlich, dass sich zwischen ihm und Bakchylides eine heftige Rivalität entwickelte. Auf die Legende von Kroisos, mit dem Hieron sich offensichtlich identifizierte, greift auch Bakchylides (ca. 505–450 v. Chr.) zurück und malt sie mythologisch aus. Zwar wurde der Lyderkönig letztendlich nach dem Ratschlag des Zeus durch den Perserkönig Kyros besiegt; um der Gefangennahme zu entgehen, wollte er sich, wie es im Orient üblich war, mitsamt seiner Familie auf einem Scheiterhaufen verbrennen lassen, aber weil er in Delphi reiche Weihgeschenke gestiftet hatte, löschte Zeus die Flammen mit einem Regenguss, und Apollon versetzte ihn ins sagenumwobene Land der Hyperboreer, wo es weder Leid noch Tod gibt und wo der Gott stets den Winter verbringt. Bakchylides vergleicht Hierons üppige Weihgeschenke in Delphi mit denen des Kroisos. Seiner *aretḗ* könne auch das Alter nichts anhaben, sondern sie werde von den Musen genährt.

Diese Herrscher traf zwar der Neid der Menschen, wie Pindar andeutet, aber nicht der Neid der Götter. Oder schließlich doch? Erste Anzeichen der Destabilisierung der Tyrannis zeigten sich schon, nachdem Hieron die Macht übernommen hatte. Um die Bande zwischen Syrakus und Akragas zu festigen, hatte Theron seine Tochter Damarete mit Gelon verheiratet. Nach dessen Tod wurde sie an Polyzalos, den jüngeren Bruder Hierons, weiterverheiratet, während Theron eine Tochter des Polyzalos zur Frau nahm. Doch der Zweck dieser dynastischen Verbindungen verkehrte sich ins Gegenteil, als Hieron sich mit Polyzalos zerstritt und Theron in diesen Konflikt hineingezogen wurde. Beide Tyrannen waren mit ihren Heeren schon gegeneinander aufmarschiert, als es in letzter Minute noch zu einer Einigung kam, die durch die Heirat Hierons mit einer Nichte Therons besiegelt wurde. Aber der Krieg zwischen Syrakus und Akragas war nur aufgeschoben. Nach dem Tod Therons versuchte sein Sohn und Nachfolger Thrasydaios sein Herrschaftsgebiet auf Kosten von Syrakus auszudehnen. Hieron besiegte ihn zwar in einer gewaltigen Feldschlacht, aber dieser Sieg hatte den Zusammenbruch der Tyrannis in Akragas zur Folge. Auch in Syrakus konnte Hieron die Tyrannis nur noch mit immer strengeren Zwangsmaßnahmen aufrechterhalten. Schon elf Monate nach seinem Tod und seiner Bestattung samt heroischen Ehren in Aitna 466 v. Chr. schlug auch die letzte Stunde für die Tyrannis in Syrakus. Die Syrakusaner, die jetzt u. a. von Akragas unterstützt wurden, zwangen seinen Sohn und Nachfolger ins Exil. Das Erbe, das die Tyrannen mit ihrer Umsiedlungspolitik hinterlassen hatten, verwandelte sich in ein Chaos. Etliche von den Tyrannen Zwangsumgesiedelte kehrten in ihre Heimatstädte zurück, andere, wie die in Aitna angesiedelten Peloponnesier, wurden vertrieben und mussten sich neue Wohnsitze auf Sizilien suchen. In Syrakus schloss man die ehemaligen Söldner Gelons wieder aus der Bürgerschaft aus. Der Versuch der Tyrannen, sich ein anderes, ein ihnen treu ergebenes Volk zu schaffen, war gescheitert. Es kam zu schweren Unruhen. Ähnliche Wirren gab es in Akragas und anderen Städten. Mit diesen Umwälzungen waren auch langwierige Streitigkeiten um Besitzverhältnisse verbunden, vor allem um Grundbesitz, der nicht selten konfisziert und neu verteilt worden war und jetzt von den ursprünglichen Eigentümern zurückgefordert wurde. Angeblich sollen die zahlreichen Prozesse, die deswegen stattfanden, zur Entwicklung der Gerichtsrhetorik und der Herausgabe der ersten Rhetorikhandbücher geführt haben. Den Rest besorgten die Karthager, als sie sich nach einigen Jahrzehnten von ihrer Niederlage erholt hatten. 406/405 v. Chr. eroberten und zerstörten sie Akragas, 396 rissen sie das Grabmal Gelons nieder.

Die politischen Wirren und gesellschaftlichen Umbrüche in der griechischen Welt verstärkten das Gefühl der Unsicherheit, das der griechischen Gefühlswelt ohnehin von Grund auf innewohnte. Viele fühlten sich der Willkür der Götter bzw. einem blinden Schicksal hilflos ausgeliefert, wie Schiffer in stürmischer See, oder gar hoffnungslos im Abseits gestrandet.

> Immer leben wir
> Nur einen Tag, und wissen nicht, wie Gott
> Mit einem Sterblichen es enden werde.
> Indessen nährt die süße Trügerin,
> Die Hoffnung uns, auch wenn zum Nichtigen
> Wir streben,[35]

lehrt Semonides seinen Sohn. Und Mimnermos kommt als Bilanz des menschlichen Lebens zum Ergebnis:

> Keiner der Menschen
> Lebet, auf den nicht Zeus viel des Bösen gehäuft.[36]

Selbst das Leben der erfolgreichen Tyrannen Siziliens, die zu Macht, Ruhm und Reichtum gelangt sind, ist von einer Mischung aus Glück und Leiden gekennzeichnet. Pindar zitiert, auf Hierons Krankheit anspielend, eine alte griechische Weisheit:

> Auf ein Gutes, das die Unsterblichen
> Einem Menschen gewähren,
> Geben der Übel sie zwei,

und gibt folgenden Rat:

> Toren vermögen das nicht bescheiden
> Hinzunehmen; der rechte Mann
> Tut es: er kehrt das Gute nach außen.[37]

Ähnlich Simonides und Bakchylides. Theognis hadert mit Zeus. Er versteht nicht, wie der Gott es erträgt, Gerechten und Frevlern das gleiche Schicksal zuteil werden zu lassen, und warum die Gottheit den Sterblichen keinen Weg zeigt, wie sie es ihr recht machen können. Ein anderes Mal glaubt er wieder an die Gerechtigkeit der Götter, die die widerrechtliche Aneignung von Gütern bestrafen, auch wenn die göttliche Strafe oft sehr spät oder gar erst an den Nachkommen des Frevlers erfolge. Wie immer – man muss zu den Göttern beten, denn sie haben Macht über Gutes und Böses, vor allem aber zur Göttin Hoffnung, denn die Göttinnen Redlichkeit, Selbstbeherrschung und die Grazien hätten die Menschheit verlassen und das Geschlecht frommer und rechtschaffener Menschen sei ausgestorben. Der Weisheit letzter Schluss ist die Verneinung des Lebens:

Nicht geboren zu sein ist Erdenbewohnern das Beste,
Nimmer mit Augen des Tags strahlende Leuchte zu sehn,
oder geboren, sogleich zu des Hades Toren zu wandeln,
Hoch von Erde bedeckt, liegend im hüllenden Staub.[38]

Im gleichen Sinn äußert sich Bakchylides. Diese zutiefst pessimistische Grundeinstellung, die schon damals nicht neu war, überdauerte die archaische Epoche und wurde ein fester Bestandteil des griechischen Lebensgefühls.

Es stellte sich also die Frage: Was kann der Mensch angesichts dieser existenziellen Bedrohung, unter der er zu leben verdammt ist, entgegensetzen? Bei Archilochos ist es Resignation. Große Erwartungen liegen ihm fern, und er akzeptiert, was die Götter ihm geben, ohne Zorn. Den liebenswürdigsten Vorschlag macht Bakchylides:

Es ist nur ein Ziel und nur ein Weg zur Glückseligkeit:
Harmlosen Sinnes heiter seine Zeit durchleben.
Wenn aber um den Geist ein Heer von Sorgen flattert,
Wer Tag und Nacht um der Zukunft willen
Das Herz zermartert – eitel ist und fruchtlos all sein Streben.[39]

4 *Eunomía* und *homoiótēs:* Gute gesetzliche Ordnung und Gleichartigkeit

Die instabile Lage in vielen griechischen Städten rief eine Gegenbewegung auf den Plan, die die Konflikte mittels schriftlich fixierter Regeln und einer höheren Moral einzudämmen versuchte. Die Frage, wie man den Streit, die notorische Streitsucht in den Poleis, eindämmen könnte, wird ein Dauerthema der griechischen Geschichte bleiben. Es entstand die griechische Gesetzgebung. Als Initiatoren werden verschiedene sogenannte Gesetzgeber (Nomotheten) genannt. Über die meisten wissen wir wenig. Ihre Tätigkeit ist von späteren Legenden überwuchert und entstellt worden, und etliche ihrer angeblichen Gesetze sind völlig unhistorisch, d. h. frei erfunden. Aber ein Teil der aus späterer Zeit literarisch und inschriftlich überlieferten Gesetze stammt mit einiger Sicherheit tatsächlich aus der archaischen Epoche. Die Unterscheidung zwischen den echten und den erfundenen oder später falsch verstandenen Gesetzen ist ein diffiziles Forschungsfeld.

Gesetzbücher erscheinen uns heute so selbstverständlich wie die Schrift und das Geld. In Wirklichkeit sind sie überhaupt nicht selbstverständlich. Viele Hochkulturen sind ohne ein schriftlich fixiertes Recht ausgekommen, beispielsweise Ägypten. Das Bestreben, Rechtssammlungen anzulegen und zu veröffentlichen, stammt aus dem mesopotamischen Raum und seinen kulturellen Ausläufern von Ostanatolien (Hethiterreich) bis Palästina (Israeliten). Die Anfänge reichen in Mesopotamien bis ins späte dritte Jahrtausend v. Chr. zurück. Am bekanntesten und umfangreichsten ist die Stele mit dem sogenannten Codex des Königs Hammurapi von Babylon (1792–1750 v. Chr.), die sich heute im Louvre in Paris und in einer Kopie im Pergamonmuseum in Berlin befindet. Die altorientalischen Gesetzestexte wurden stets auf göttliches Geheiß zurückgeführt und durch einen auserwählten Vermittler, einen König oder Volksführer wie Moses, verkündet. Die Gesetze des Moses galten geradezu als göttliche Gebote, als Gottesrecht, das den Bund zwischen Jahwe und seinem Volk begründete und die Israeliten zum auserwählten Volk dieses Gottes erheben sollte. Allerdings mussten dieser Bund und diese Gesetze vom Volk bestätigt werden, während die Könige ihren Gesetzen ganz einfach durch Proklamation Gültigkeit verschafften. Eine Verbindung zwischen der orientalischen und der griechischen Gesetzgebung gibt es – trotz ähnlicher Grundvorstellungen in manchen Einzelheiten – nicht. Das griechische Recht hatte keinen göttlichen Ursprung, sondern war auf Vorschlag einzelner Gesetzgeber durch Volksbeschlüsse entstanden. Die Gesetze waren für alle Bürger gleichermaßen gültig. Ein Sonderrecht für die Oberschicht hat es nie gegeben. Ein wichtiges Anliegen war offensichtlich die Erhaltung der Familienverbände. Die Rechtspublikationen umfassten also, wie im Orient auch, nur einen kleinen Teil der Rechtswirklichkeit. Der Rest wurde nach ungeschriebenem Rechtsempfinden entschieden. Viele kleinere Poleis brauchten vermutlich überhaupt keine schriftlichen Gesetze. Eine rechtslogische Systematik des Stoffes, wie sie für das moderne Recht grundlegend ist, gab es nicht. Der Schwerpunkt lag vielmehr auf der präzisen und umfassenden Formulierung einzelner Fälle (Kasuistik) und auf Sanktionsandrohungen gegen Amtsträger für den Fall, dass sie das Gesetz nicht anwendeten – ein untrügliches Zeichen dafür, dass es nicht einfach war, die Anwendung in der Praxis durchzusetzen. Obwohl jede Polis ihre eigenen Gesetze hatte, waren diese doch von Grundanschauungen geprägt, die allen Griechen gemeinsam waren.

Zwischen 650 und 600 v. Chr. wurde in der kretischen Stadt Dreros per Volksbeschluss festgelegt, dass eine abermalige Bekleidung des obersten Amtes, des Kosmos, erst nach zehn Jahren erlaubt war. Damit sollte einer dauerhaften Ämterbekleidung herausragender Einzelner ein Riegel vorgeschoben werden.

Der bedeutendste griechische Nomothet war Solon. Viele seiner Gesetze waren noch gültig, als Athen im fünften Jahrhundert zum größten Macht- und Wirtschaftszentrum der griechischen Welt aufstieg, und wurden in hellenistischer Zeit sogar teilweise im ptolemaiischen Ägypten übernommen. Aber Solon war nicht der erste athenische Gesetzgeber. Vor ihm, im ausgehenden siebten Jahrhundert, hatte schon ein gewisser Drakon, über den wenig bekannt ist, wenigstens das athenische Blutrecht geregelt, d. h. nicht einmal das gesamte Blutrecht, sondern nur jene Teile, die umstritten waren und einer Klärung bedurften. Dieses Blutrecht hatte noch frühzeitliche Züge. War ein Mitglied einer Familie getötet worden, hatten die Verwandten bis zu den Schwägern, Schwiegersöhnen und Vetterskindern nicht nur das Recht, sondern sogar die Pflicht, Blutrache zu üben. Den Staat und alle Bürger außerhalb des betroffenen Kreises ging das nichts an. Die Blutfehde wurde feierlich vor der Volksversammlung ausgerufen. Oft entzog sich der Mörder der Rache durch die Flucht ins Ausland, worauf die Bluträcher vermutlich sein Vermögen plünderten und zerstörten. So war es Brauch.

Drakon ließ diese traditionelle Selbsthilfe bestehen, machte allerdings in jedem einzelnen Fall die Erlaubnis einer staatlichen Behörde zur Voraussetzung. Ein solcher Eingriff in die Rechte der Familien bedeutete damals schon viel. Bei Fällen von unvorsätzlicher und berechtigter Tötung konnte er die Verfahrensweise stärker reglementieren. Das Verfahren lief dann folgendermaßen ab: War jemand getötet worden, entschied zunächst ein Gericht, ob vorsätzliche, unvorsätzliche oder berechtigte Tötung vorlag. Ursprünglich hatte man keinen Unterschied gemacht, da nach allgemeiner Auffassung der Geist des Getöteten in jedem Fall nach Rache schrie. Auch jetzt hielt sich der Staat noch weitgehend zurück. Selbst im Fall von vorsätzlicher Tötung vollzog er keine Bestrafung des Täters, sondern lieferte ihn, falls er seiner habhaft geworden war, lediglich an die Verwandten des Getöteten aus, die mit ihm nach Belieben verfahren konnten. War der Täter ins Ausland geflüchtet, gab der Staat vermutlich seinen Besitz den Verwandten des Getöteten zur Plünderung frei. Wehrhaftigkeit war also weiterhin eine Voraussetzung, wenn man zu seinem Recht kommen wollte. Selbst bei unvorsätzlicher Tötung musste der Täter zunächst ins Ausland gehen und bekam dahin freies Geleit. Sein Eigentum blieb geschützt. Später konnte er versuchen, sich mit den Verwandten des Getöteten auf Schadenersatz zu einigen. Nur wenn alle Verwandten zustimmten, durfte er zurückkehren. Berechtigte Tötung lag z. B. bei auf frischer Tat ertappten Dieben und Ehebrechern vor und natürlich im Fall von Selbstverteidigung. In diesen Fällen war Blutrache der Verwandten des Getöteten verboten. Auch Tiere und tote Gegenstände, die den Tod eines Menschen verursacht hatten, wurden gerichtlich verurteilt und der Kadaver bzw. der tote Gegenstand über die Grenze geworfen. Dass die in den Gesetzen Drakons festgelegten Strafen als übermäßig hart empfunden worden seien, ist eine spätere antike Legende, die aber noch heute in unserem Ausdruck „drakonisch“ fortlebt.

Solons Tätigkeitsfeld war erheblich breiter. Außerdem war er nicht nur Politiker, sondern auch Dichter von einigem Rang. Seine Gedichte wurden von späteren Generationen immer wieder abgeschrieben, gelesen und interpretiert und blieben so zu einem großen Teil erhalten. Sie geben uns einen Einblick nicht nur in seine politischen Maßnahmen, sondern auch in seine Mentalität – auch wenn wir über das politische, gesellschaftliche und wirtschaftliche Umfeld gern mehr wüssten. So viel ist sicher: Athen befand sich im späten siebenten Jahrhundert in einer so schweren politischen und sozialen Krise, dass eine Tyrannis drohte. Schon in den dreißiger Jahren des siebenten Jahrhunderts hatte ein gewisser Kylon, ein Olympioniko, mit Unterstützung seines Schwiegervaters, des Tyrannen der Nachbarstadt Megara, versucht, die Macht an sich zu reißen, war aber am Widerstand mächtiger Adelsfamilien gescheitert. Mit knapper Not konnte er zusammen mit seinem Bruder ins Ausland entkommen. Die meisten seiner Gefolgsleute aber kamen um bzw. wurden massakriert. Ihre Familien schworen Rache, die Rivalität zwischen den Adelsfamilien steigerte sich zum Hass. Die politische Atmosphäre war außerdem durch soziale Missstände angespannt. Zahlreiche Bauern waren in Schuldknechtschaft geraten, ein Teil von ihnen sogar als Sklaven ins Ausland verkauft worden. In dieser Lage wurde Solon für das Jahr 594/593 v. Chr. zum obersten Archon gewählt, mit dem Auftrag, als „Friedensstifter“ *(diallaktés)* die Probleme Athens zu lösen.

Solon hatte sich zuvor im Krieg Athens gegen Megara um den Besitz der Insel Salamis einen Namen gemacht. Dieser Krieg war für Athen zunächst ohne Erfolg verlaufen. Solon gelang es, die demoralisierte Bürgerschaft zur Wiederaufnahme des Krieges zu bewegen. Vielleicht hat er sich auch militärische Meriten erworben. Jedenfalls vertrat er außenpolitisch einen harten Kurs. Der Kampf um Salamis zog sich allerdings noch einige Jahrzehnte hin.

Die erste Reform während seines Archontats war eine Schuldenstreichung *(seisáchtheia)*. Darin hat Solon anscheinend seine vordringliche Aufgabe gesehen. Der Ruf nach Schuldenstreichung wird in der ganzen griechischen Geschichte immer wieder ertönen. Solon hat allerdings die Schuldknechtschaft ein für allemal verboten und sogar athenische Schuldsklaven aus dem Ausland zurückgekauft. Die näheren Umstände bleiben weitgehend im Dunkeln und sind ein nie endender Stoff für wissenschaftliche Diskussionen.

Die nächste fundamentale Maßnahme war eine partielle Reform der Rangordnung in der Bürgerschaft. Bis dahin war die Bürgerschaft in drei Rangklassen gegliedert gewesen, die der Gliederung des militärischen Aufgebots entsprachen: „Ritter" *(hippeîs)*, „Zeugiten" und „Theten". „Ritter" waren alle, die sich ein Pferd leisten konnten. Sie kämpften jedoch im Krieg wahrscheinlich nicht zu Pferd, sondern benutzten es nur, um zum Schlachtfeld zu reiten (oder bei einer Niederlage zu flüchten). „Zeugiten" waren jene Bauern, die genügend Einkünfte aus ihrem Landbesitz hatten, um sich auf eigene Kosten als schwerbewaffnete Infanteristen ausrüsten zu können. Die „Theten" konnten wegen ihrer Armut, wenn überhaupt, nur als Leichtbewaffnete zum Kriegsdienst herangezogen werden.

Die Einheit von Bürgerschaft und Bürgerheer war für die Antike grundlegend. Sie ist nicht als Militarisierung der Bürgerschaft zu verstehen, sondern als Bürgerschaft in Waffen. Das Bürgerheer war ein Abbild der zivilen Bürgerschaft, nicht umgekehrt. Die Angehörigen jeder Rangklasse hatten bestimmte politische Rechte und Pflichten. Die Bekleidung der wichtigsten Ämter waren der Rangklasse der Ritter vorbehalten, das wichtigste Recht der Zeugiten und Theten war die Teilnahme an der Volksversammlung und damit auch das Wahlrecht, wobei die Stimmen der Zeugiten in der Praxis ausschlaggebend gewesen sein dürften. Die Pflichten bestanden neben dem Kriegsdienst aus finanziellen Leistungen, die, ebenso wie der Kriegsdienst, nicht regelmäßig, sondern nur bei Bedarf eingefordert wurden, z. B. zum Bau von Schiffen oder zur Ausstattung kultischer Feste. Reguläre Steuern erhob die Polis nicht. Sie galten als ein Zeichen der Unfreiheit, d. h. der Untertänigkeit unter eine auswärtige Macht oder einen Tyrannen. Einnahmen des Staates aus Zöllen, Verpachtung von Staatsbesitz und dergleichen wurden unter den Bürgern verteilt oder in einer Tempelkasse deponiert. Die mit der Führung eines Amtes verbundenen Kosten zahlten die Amtsträger aus eigener Tasche. Offensichtlich hatten sich schon im siebenten Jahrhundert innerhalb der Rangklasse der „Ritter" beträchtliche Vermögensunterschiede herausgebildet. Solon trug dieser Entwicklung Rechnung und verhalf dem Staat zu höheren Einkünften, indem er eine neue Vermögensklasse der reichsten „Ritter" etablierte. Dass diese Rangklasse keine „edle" Benennung, sondern nur die nüchterne Bezeichnung „Fünfhundertscheffler" erhielt, beweist den rein fiskalischen Zweck dieser Reform. Die ärmeren „Ritter" wurden der Vermögensklasse der „Dreihundertscheffler", die „Zeugiten" der Vermögensklasse der „Zweihundertscheffler" zugewiesen. „Ritter", die selbst das Einkommensminimum von 300 Scheffeln Getreide oder den entsprechenden Gegenwert in anderen landwirtschaftlichen Produkten im Jahr nicht mehr erreichten, sanken in die Vermögensklasse der „Zweihundertscheffler" ab, während „Zeugiten", die ein Jahreseinkommen von 300 Scheffeln und mehr erreichten, in eine höhere Vermögensklasse aufstiegen. (Diese Einteilung nach Scheffeln kennen wir allerdings erst aus der Beschreibung der Verfassung Athens des Aristoteles, nicht aus den Gedichten Solons.) Gesellschaftlich empfand sich die Rangklasse der „Ritter", gleichgültig, ob sie nun „Fünfhundertscheffler" und „Dreihundertscheffler" waren, anscheinend weiterhin als eine Einheit, die sich noch in klassischer Zeit schon rein äußerlich durch die archaische lange Haartracht von den übrigen Bürgern abzuheben versuchte, nachdem gegen Ende des sechsten Jahrhunderts die Kurzhaarigkeit aufgekommen war.

Der gesellschaftliche Wandel, der mit der Einführung der Vermögensklassen verbunden war, wird sich nicht abrupt, sondern nur langsam eingestellt haben. Lediglich die höheren finanziellen Verpflichtungen der „Fünfhundertscheffler" kamen sofort zum Tragen. Als Kompensation wurde ihnen das alleinige passive Wahlrecht für die höchsten Ämter, die neun Archontate, zugesprochen und anschließend ein lebenslänglicher Sitz im Ratsgremium, dem Areopag. Auch diese Maßnahme bewirkte wahrscheinlich keine radikale Veränderung. Denn schon vor der Reform Solons werden in der Regel die reichsten und nicht die ärmeren „Ritter" in die höchsten Ämter gewählt worden sein. Zu diesen reichsten Adligen kamen jetzt vermutlich einige Neureiche hinzu. Dass adlige Herkunft weiterhin Prestige verlieh, beweist die Bezeichnung „Eupatriden" („Die Wohlgeborenen"), die Adlige für sich in Anspruch nahmen. Neureiche, an deren Reichtum und Einfluss man nicht vorbeikam, konnte man dann wenigstens als „Kakopatriden" („Schlechtgeborene") abqualifizieren. Die Angehörigen der zweiten und dritten Vermögensklasse hatten immerhin das passive Wahlrecht für Ämter unterhalb des Archontats.

Der Vermögenserwerb durch Handel wird im damaligen Athen eine geringere Rolle gespielt haben als in den kulturell und wirtschaftlich fortgeschritteneren Städten an der kleinasiatischen Küste, auch wenn der Export athenischer Vasen an Bedeutung gewann. Die Kompetenzen der Volksversammlung waren wahrscheinlich durch die Befugnisse des Areopags eingeschränkt. Näheres wissen wir nicht. Noch weniger wissen wir über die Stellung des Rates der Vierhundert, des sogenannten Volksrates, den Solon angeblich geschaffen haben soll. Falls es ihn überhaupt gegeben hat, werden seine Mitglieder Angehörige der zweiten und dritten Vermögensklasse gewesen sein. Im Gegensatz zu den Areopagiten war ihre Mitgliedschaft nicht lebenslänglich, sondern dauerte jeweils nur ein Jahr, wie es ja bei den Amtsträgern auch der Fall war. Jedenfalls auf Chios ist ein solcher „Volksrat" *(boulḕ demosíē)* inschriftlich belegt. Vielleicht nahm Solon auch eine Vereinheitlichung von Maßen und Gewichten vor. Ob er auch schon die ersten athenischen Münzen prägen ließ, ist umstritten.

Die Zahl der Familien sollte möglichst konstant und ihr Vermögen erhalten bleiben, waren doch die Wehrfähigkeit und die finanzielle Leistungsfähigkeit Athens von der Zahl vermögender Schwerbewaffneter abhängig. Deshalb war die Ruinierung des eigenen Vermögens durch Verschwendung oder bewusste Misswirtschaft keine Privatsache, sondern unter Strafe gestellt. Und der Gefahr des Aussterbens von Familien versuchte Solon mit einer Erweiterung der Adoptionsmöglichkeit und dem Erbtochtergesetz zu begegnen. Hatte jemand keine Kinder, konnte er sich nach Belieben einen Adoptivsohn auswählen, ohne sich an die Erbfolge innerhalb seiner Verwandtschaft halten zu müssen. Allerdings musste er im vollen Besitz seines Verstandes und seiner Willensfreiheit sein, d. h., seine Entscheidung sollte nicht, wie es heißt, durch Wahnsinn, Altersschwäche, Zaubertränke, Krankheit oder infolge der Überredung durch eine Frau beeinflusst werden. Hatte er nur Töchter, erhielt die älteste von ihnen den Status einer Erbtochter. Dann hatte entweder der nächste männliche Verwandte oder der Adoptivsohn Anspruch auf ihre Hand, verbunden mit der Verpflichtung, ihr zwecks Zeugung eines Sohnes mindestens dreimal im Monat beizuwohnen und ihr Vermögen bis zur Geschäftsfähigkeit der erhofften männlichen Nachkommen zu verwalten. Erwies sich dieser Zeugungshelfer als nicht zeugungsfähig, hatte die Erbtochter das Recht, die Verbindung zu lösen und sich einen anderen Verwandten zu wählen. Die Erbteilung, die das Vermögen unter mehrere männliche Nachkommen aufteilte und oft ein Grund für den sozialen Abstieg einer Familie war, blieb allerdings erhalten. Töchter erhielten bei ihrer Heirat eine Mitgift. Von der Sitte des Brautkaufs, wie sie in den homerischen Epen in Erscheinung tritt, war man offensichtlich abgekommen. Unverheiratet gebliebene Frauen und Witwen wurden von ihrer Familie versorgt. Ein aufschlussreiches Streiflicht auf manche Missstände wirft das Verbot, Schwestern, Töchter oder Mündel in die Prostitution zu vermieten. Ausgenommen von diesem Verbot waren solche Frauen, die sich unehelich mit einem Mann eingelassen hatten. Sie galten als Huren. Ehebruch wurde als ein Verbrechen gegen die gesamte Bürgerschaft aufgefasst, weil diese sich dadurch im religiösen Sinn befleckt fühlte und die Rache der Götter fürchten musste (obwohl diese nach herkömmlicher Auffassung auch selbst öfter Ehebruch betrieben).

Ein großer Fortschritt war die von der Wissenschaft so genannte Popularklage (öffentliche Klage), die es jedem beliebigen Bürger freistellte, in bestimmten Fällen auch dann Anklage zu erheben, wenn er persönlich nicht betroffen war. Dieses Recht war jedoch auf Fälle von Unrechtstaten gegen den Staat oder auf solche Fälle beschränkt, in denen der Geschädigte – etwa wegen Minderjährigkeit – zu einer Gegenwehr nicht in der Lage war. Ansonsten blieb die Ahndung von Verbrechen Sache des Geschädigten, die Dritte nichts anging. Bestrafungen wurden in Form von finanziellen Bußen, körperlicher Züchtigung, Verkauf in die Sklaverei oder Hinrichtung vollzogen. Eine Strafverschärfung, die zusätzlich zu einer Strafe verhängt werden konnte, war die fünftägige Zurschaustellung des Delinquenten am Pranger. War ein Täter ins Ausland geflüchtet, konnte ein Amtsträger eine Verfluchung aussprechen und ihn so wenigstens der Rache der Götter ausliefern.

Solon wird auch ein Kultgesetz über die Speisung der „Parasiten" (Tischgenossen) zugeschrieben. Dazu muss man wissen, dass seit uralten Zeiten der Herd, auf dem das Herdfeuer brannte, der Mittelpunkt eines Hauses war, ein heiliger Ort und der Herdgöttin Hestia geweiht. Verfolgte, die um Schutz baten, begaben sich stets an den Herd. Ein solcher Herdkult wurde auch vom Staat gepflegt, zweifellos eine Reminiszenz an die fundamentale Bedeutung des Feuers für die Menschen. Der Staatsherd hatte seinen Platz im Rathaus (Prytaneion). Dort fand bei den täglichen Opfern für die Göttin eine heilige Speisung statt, und es war für jeden eine große Ehre, daran teilnehmen zu dürfen. Solon soll nun verfügt haben, dass bei diesen Speisungen nicht mehr als ein Gerstenkuchen gereicht werden durfte, lediglich an Feiertagen zusätzlich Weizenbrot. Die Genügsamkeit, die darin zum Ausdruck kam, sollte vorbildlich für die allgemeine Lebenseinstellung der Bürger sein. Sie wurde später ein Markenzeichen für die Lebensweise in Philosophenschulen.

Die gleiche Zielsetzung wird in seinem angeblichen Bestattungsgesetz deutlich. Es sollte den Pomp bei Leichenfeiern einschränken. Der Trauerzug musste in aller Stille, vor Sonnenaufgang, stattfinden. Das bis dahin übliche laute Klagegeschrei, das Heulen gemieteter Trauersänger und das bei Frauen übliche Zerkratzen der Gesichter wurden nicht mehr gestattet, der Kleideraufwand für die Leiche auf drei Leichentücher beschränkt, die Speise- und Trankopfer reduziert und insbesondere die Schlachtung eines Ochsens am Grab verboten. Außerdem untersagte Solon die Teilnahme an fremden Totengedenkfeiern. Dieses Gesetz hatte zweifellos einen politischen Zweck. Denn Totenfeiern waren für Aristokraten eine Gelegenheit, Macht und Reichtum ihrer Familie in der Öffentlichkeit zu demonstrieren. Für Abhängige war die Teilnahme geradezu Pflicht, ein Zeichen ihrer Untertänigkeit. Bei solchen Gelegenheiten rivalisierten die aristokratischen Familien natürlich um den prachtigsten Aufwand. Von den Tyrannen der kleinasiatischen Stadt Erythrai ist überliefert, dass sie sogar beim Tod eines Mitglieds ihrer politischen Anhängerschaft, ihrer Hetairie, die gesamte Bürgerschaft einschließlich der Frauen und Kinder zwangen, laute Totenklage zu erheben. Aufseher der Tyrannen überwachten den Trauerzug mit Peitschen in der Hand. Das Bestattungsgesetz Solons sollte – wenn es echt ist – nicht nur solche Bräuche abstellen, sondern wies weit über den eigentlichen Anlass hinaus, indem es auch auf die Repression der ungezügelten Emotionalität und Maßlosigkeit abzielte, wie sie für die archaische Epoche kennzeichnend war. Indem der Gesetzgeber ein Maß für das Verhalten bei bestimmten Anlässen festsetzte, d. h. eine bestimmte Form von Gleichheit verordnete, wollte er zweifellos die politische Homogenität der Führungsschicht fördern.

Die Gesetze wurden in Holzbalken eingraviert und die Buchstaben farbig ausgemalt. Die Schrift verlief nach dem Boustrophedon-Prinzip, d. h. von Zeile zu Zeile abwechselnd rechts- und linksläufig, wie es bis etwa 530 v. Chr. üblich war. Das Gestell mit den Holzbalken wurde im Prytaneion aufbewahrt und geschützt. Im fünften Jahrhundert war eine Kopie auf Bronzetafeln für jedermann auf der Agora einsehbar. Dennoch wurden Solon später etliche Gesetze zugeschrieben, die nicht von ihm stammten, darunter bewusste Fälschungen.

Solon ist nicht der Vater der athenischen Demokratie. Dazu hat ihn erst spätere demokratische Propaganda gemacht. Er glaubte durchaus an die Überlegenheit der *areté* der echten, wahren „Edlen" *(esthloí)*. Mit Stolz führte er die Herkunft seiner Familie auf den sagenhaften König Kodros zurück, der sein Leben für die Verteidigung Athens geopfert haben soll. Aber sein Begriff von *areté* ist ein etwas anderer als der vieler seiner adligen Zeitgenossen. Seine *areté* bezieht sich nicht nur auf den herausragenden Wert des Einzelnen, sondern schließt Verantwortungsgefühl für die gesamte Polis mit ein, das der Selbstentfaltung des Einzelnen Grenzen setzt. Dabei war Solon kein Asket. Er weiß den aristokratischen Lebensstil zu schätzen. Reichtum ist wichtig, denn Armut drückt zu Boden. Aber es muss ein Reichtum sein, den die Götter gewähren, der nicht mit Übeltaten zusammengerafft wurde. Wichtig ist ihm sein guter Ruf, von Freunden verehrt, doch auch von persönlichen Feinden gefürchtet zu werden. Zum Lebensglück gehören Nachkommen, Freunde und Gastfreundschaften in anderen Städten. Er schätzt den Genuss eines guten Males, schöne Gewänder und Sandalen, Pferde, Hunde, die Jagd und in der Jugend die Liebe zu Knaben und Frauen gleichermaßen. Doch er ist kein Freund wilder Orgien. Hinzu kommen bei ihm eine angemessene Bildung und das permanente Streben nach Erweiterung des eigenen Wissens, das ihn auch im Alter nicht verließ. Und obwohl auch er das Alter als ein Übel ansah, so bat er doch seinen Dichterfreund Mimnermos, der mit dem Alter gar nichts anzufangen wusste und mit 60 zu sterben wünschte, seinen Vers zu korrigieren und sich für das 80. Lebensjahr zu entscheiden. Im Übrigen teilt er die allgemein verbreitete Vorstellung der ständigen Bedrohung durch die unberechenbaren Schicksalsgöttinnen, die Moiren, was die Menschen nur deshalb ertragen können, indem sie sich an die Hoffnung klammern.

Auf der Basis dieser Wertvorstellungen propagierte Solon sein Modell der „Wohlordnung" *(eunomía)*, die zugleich auch als Göttin Eunomia personifiziert werden konnte. Damit meinte er nicht nur, was man heute „good governance" nennt, sondern eine Ordnung, die bei der Lebensform des Einzelnen anfängt und das gesamte Gemeinwesen durchzieht. Es ist das Prinzip der Ausgewogenheit und des Kompromisses, der Mäßigung beim Streben nach Macht und Erwerb, der Vermeidung der Extreme. Jahrhunderte später hat man Solon, wie Pittakos von Mytilene auf Lesbos auch, zu einem der legendären Sieben Weisen gemacht. Im politischen Bereich bedeutete dieses Prinzip für Solon: Weder sollten die Herrschenden das „Volk" unterdrücken noch sollten alle Bürger die gleichen politischen Rechte haben. Vielmehr sollte die Sonderstellung der „Edlen" *(esthloí)* gegenüber den „Schlechten" *(kakoí)* gewahrt bleiben. Dass Solon dies in einem seiner Gedichte eigens betonen musste, scheint darauf hinzudeuten, dass es damals Stimmen gegeben haben könnte, die die politischen Privilegien der „Edlen" in Frage stellten. Ob man darin schon den Keim des späteren demokratischen Bewusstseins erkennen kann, sei dahingestellt. Die „Edlen" sind die „Mächtigen und Vermögenden", sofern sie die richtige *aretḗ* im solonischen Sinn besitzen. Andernfalls gehören auch sie zu den „Schlechten". „Schlechtigkeit" ist also bei „Mächtigen und Vermögenden" ein moralisches Versagen, während das „Volk" schon auf Grund seiner geringen sozialen Stellung „schlecht" ist, weil es keine *areté* hat und auch keine erwerben kann. Deshalb muss das „Volk" von den „Edlen" geführt werden. Solon versteht sich als Vermittler, der jeder Gruppe das ihr Gebührende zukommen lässt und die radikalen Elemente zügelt.

Den wesentlichen Grund für die prekäre Lage in Athen sieht er im skrupellosen und unersättlichen Streben nach Macht, Reichtum und Genuss durch Teile der athenischen Oberschicht. Nicht die Götter sind schuld, denn Athene beschützt ihre Stadt; sondern schlechte Bürger richten die Stadt zugrunde, sie berauben sogar Heiligtümer und vergreifen sich an öffentlichem Gut. Sie schmieden Komplotte, sie erregen Streit und Unruhen, denen schon zahlreiche junge Männer zum Opfer fielen, sie überziehen die Stadt mit Knechtschaft oder treiben Bürger in die Fremde. Manche hielten Solon für reichlich dumm, weil er seine Sonderstellung nicht ausnutzte, um sich zum Tyrannen aufzuschwingen, fassten seine Reformpläne als reines Täuschungsmanöver auf und hofften sogar, sich dabei bereichern zu können. Solon klagt ihre *hybris* an. Ähnlich wie Hesiod versucht er die Übeltäter mit der Androhung göttlicher Strafe einzuschüchtern. Zu seiner Vorstellung von einer geordneten Welt gehört die Annahme, dass Zeus gerecht ist und über allem wacht. Zeus ist nicht jähzornig wie die Menschen, die wegen jeder Kleinigkeit in Wut geraten. Der Gott straft Übeltäter in jedem Fall, wenn auch nicht immer sofort, sondern manchmal erst später, oder er lässt ihre Kinder und Enkel büßen – eine etwas mühsame Konstruktion, um den Glauben an die göttliche Gerechtigkeit aufrecht zu erhalten. Gelegentlich züchtigt Zeus, wie in der Odyssee, die Menschen auch, indem er Naturkatastrophen schickt. Gleichzeitig kündigt Solon seinen Gegnern entschlossenen Widerstand an:

> Stellet den Sinn auf Mäßiges ein: wir dulden's nicht länger,
> Auch wird fürder nicht mehr alles nach Wunsche euch gehen.[40]

„Wir" – das sind seine Anhänger und Mitstreiter. Zu ihnen gehörten zweifellos nicht wenige aus der Oberschicht, denn andernfalls wären die Reformen Solons nicht möglich gewesen. Solon war kein Volksführer, der gegen die gesamte Oberschicht Athens rebelliert hätte. Ein wesentliches Motiv der Aristokraten um Solon dürfte in der Furcht vor einer Tyrannis zu suchen sein. Solon bezeichnet diejenigen, die seine Maßstäbe teilen, als die „Guten" *(agathoí)*. Während viele „Schlechte" reich seien, seien viele „Gute" arm. Die „Armut" dieser „Guten" ist sicher nicht die gleiche Mittellosigkeit, die der depossedierte Adlige Theognis bejammerte, sondern lediglich eine relative Armut. Solon selbst gehörte zweifellos der obersten Vermögensklasse an, zählte sich aber dennoch nicht zu den Reichen. Im Gegenteil, er distanziert sich und seine Anhänger bewusst von ihnen:

Doch wir geben im Tausch nimmer für ihren Besitz
Unsere vornehme Art: ihr Wert bleibt ja ewig erhalten,
Aber das irdische Gut wechselt ständig den Herrn.[41]

Solon ist mit seinem Vermögen, das ihm einen angemessenen aristokratischen Lebensstil ermöglicht, zufrieden. Alles, was darüber hinausgeht, ist für ihn sinnlos. Denn keiner könne sich für Lösegeld von Tod, Krankheit, und dem „schlechten" Alter freikaufen, keiner könne seinen Reichtum in den Hades mitnehmen. Reichtum, der dem Luxus, der Ausschweifung und dem Streben nach unbegrenzter Macht dient, ist für ihn geradezu schädlich. Angeblich soll er sogar ein Gesetz erlassen haben, das den Besitz an Land begrenzte. Mit dieser Meinung stand er nicht allein. Die Überzeugung, dass die Voraussetzung für die innere Stabilität eines Gemeinwesens die Selbstdisziplin des einzelnen Bürgers sei, dass er sein individuelles Streben nach Macht, Reichtum, Ruhm und Lust zugunsten des Gemeinwohls einzuschränken habe, wurde offensichtlich von etlichen Aristokraten geteilt, konnte doch die verworrene politische Lage und die drohende Tyrannis Verbannung, Enteignung oder gar Tod bringen. Das Verhältnis von „Reichtum" und „Tugend" (*aretḗ*, lateinisch *virtus*) sollte zu einem Grundproblem der gesamten Antike werden.

Dennoch – eine dauerhafte politische Stabilität in Athen hat Solon mit seiner Reform nicht erreicht. Die heftigen Machtkämpfe zwischen den Adelsfamilien gingen weiter, bis es Peisistratos, einem weitläufigen Verwandten Solons, im dritten Anlauf 546/545 v. Chr. gelang – mit Hilfe von Söldnern, die er mit den Einkünften aus seinen thrakischen Gold- und Silberminen angeworben hatte, und mit der Unterstützung von befreundeten Aristokraten aus anderen Staaten – seine athenischen Gegner in einem Gefecht zu besiegen. Wie ein fremder Eroberer zog er in Athen ein. Was hatte man von ihm zu erwarten? Grausame Rache? Wenn es solche Befürchtungen gegeben haben sollte, so bewahrheiteten sie sich nicht. Einige seiner Gegner gingen ins Exil, andere blieben und stellten dem Tyrannen Geiseln. Alles deutet darauf hin, dass er seine Tyrannis recht maßvoll ausgeübt hat. Anders als viele andere Tyrannen war er in seinem Auftreten anscheinend recht unprätentiös, ließ die solonische Verfassung bestehen, unterstützte in Not geratene Kleinbauern und versuchte mehrfach, sich mit seinen vertriebenen adligen Gegnern zu versöhnen und ihnen die Rückkehr zu gestatten. Gleichzeitig hat er Prestigeprojekte angestoßen, wie den Bau des Olympieions, eines riesigen Zeustempels, der erst über 600 Jahre später von Kaiser Hadrian fertiggestellt wurde. Und die Eleusinischen Mysterien (s. u.) hat er zu einem pangriechischen Fest gemacht und so die Geltung Athens beträchtlich erhöht. Als Heerführer hatte er schon vor seiner Tyrannis im Krieg gegen die Nachbarstadt Megara erfolgreich gekämpft. Während seiner Tyrannis war er außenpolitisch aktiv, eroberte Sigeion in der Troas und machte es zu einem athenischem Außenposten, half dem befreundeten Lygdamis zur Etablierung einer Tyrannis auf der reichen Insel Naxos, pflegte weitreichende politische Beziehungen zu umliegenden Staaten, von Argos auf der Peloponnes bis nach Makedonien im Norden, und brachte seinen Einfluss auch auf der heiligen Insel Delos zur Geltung. Obwohl die Tyrannis später in Athen verpönt war, hat sich dennoch daneben immer eine vage Vorstellung erhalten, in der die Herrschaft des Peisistratos als die goldene Zeit des Kronos verklärt wurde. Vielleicht deshalb, weil sie für Athen inneren Frieden brachte, einen Frieden, den man nicht mit guten Worten, sondern nur mit Gewalt herstellen konnte. Wahrscheinlich stand Peisistratos, was seine innere Einstellung betraf, von dem Tyrannisgegner Solon gar nicht so weit entfernt – nur seine Mittel waren andere. Es gab also auch Tyrannen, die nicht nur das eigene Streben nach Macht und Reichtum im Auge hatten, sondern auch das Wohl ihrer Mitbürger.

Eine geradezu sprichwörtliche Erziehung zu Disziplin, Genügsamkeit und Harte gegen sich selbst ist mit dem Namen Spartas verbunden. Sparta war der erste Staat, der diese Erziehung mit einem extremen militärischen Dauertraining verband und ganz darauf ausrichtete. Das spartanische Modell der umfassenden Erziehung der Bürger durch den Staat hat sich jedoch erst in einem längeren Entwicklungsprozess vom sechsten bis zum frühen fünften Jahrhundert herausgebildet. Unsere Kenntnisse darüber sind ziemlich spärlich, auch deshalb, weil die Überlieferung über das archaische Sparta vom vierten Jahrhundert an von einer fantastischen Legendenbildung, der Spartalegende, überwuchert wurde und in abgewandelter Form ein Vorbild für Staatsutopien war.

Sparta bestand aus fünf Dörfern, deren ländlichen Charakter die Spartaner bewusst aufrechterhielten, womit sie auf eine architektonische Großmachtdemonstration verzichteten. Sparta war also eine Polis, aber keine Stadt, und hatte auch keine Stadtmauer. An der Spitze des Staates standen zwei Könige, die aus zwei Familien, den Agiaden und den Eurypontiden, stammten, denen die Eheschließung miteinander verboten war. Sie lagen Jahrhunderte lang in einem Dauerkonflikt miteinander um Macht und Prestige. Gelegentlich waren sogar die Prinzen aus einer und derselben Familie miteinander verfeindet. Die Herkunft dieses in der griechischen Welt einmaligen Doppelkönigtums ist unbekannt und war schon in der Antike Gegenstand von Spekulationen. Jedenfalls verhinderte dieses Doppelkönigtum die absolute Herrschaft eines Einzelnen, d. h. eines Königs oder eines Tyrannen. Die beiden Könige reklamierten eine göttliche Abstammung für sich, waren aber in die städtische Ratsversammlung *(gerusía)* eingebunden, wo sie zusammen mit 28 erfahrenen Politikern von über 60 Jahren (Geronten) Sitz und Stimmrecht hatten. So wurde eine politische Spaltung der Gesellschaft in zwei Parteiungen verhindert.

Die Geronten wurden von der Volksversammlung meistens aus dem Kreis der besonders angesehenen Familien auf Grund persönlicher Meriten auf Lebenszeit gewählt. Dieses Gremium garantierte die innere Stabilität des spartanischen Staates. Die Amtszeit der meisten von ihnen dürfte bei der damaligen Lebenserwartung nicht allzu lange gedauert haben. Auch dadurch wurde eine dauerhafte politische Sonderstellung einzelner Ratsmitglieder in Grenzen gehalten. Eine längere personelle Kontinuität konnte es in der Regel nur bei den Königen geben. Die fünf Ephoren, die später die eigentliche Regierung Spartas bildeten, spielten im sechsten Jahrhundert noch keine politische Rolle. Die Kompetenzen der Volksversammlung *(apélla)* waren beschränkt. „Schiefe Beschlüsse" konnten – wir wissen nicht, von wem – kassiert werden. Das Ergebnis einer Abstimmung wurde nicht durch Stimmenzählung, sondern durch Akklamation, im Zweifelsfall durch Auseinandertreten ermittelt. Diese Verfassung, die dem legendären Gesetzgeber Lykurg zugeschrieben wurde, ließ man sich vom Apollonheiligtum in Delphi sanktionieren, ein in der griechischen Welt einmaliger Vorgang bei der Konstituierung einer Verfassung. Sie ist unter der Bezeichnung Rhetra in die griechische Literatur eingegangen und stammt vermutlich aus dem achten oder siebenten Jahrhundert v. Chr. Eine schriftliche Rechtssammlung gab es ebenso wenig wie eine eigene Münzprägung (die Vorstellung vom Eisengeld, die noch immer weit verbreitet ist, stammt aus der Spartalegende). Die Staatsordnung (der *kósmos)* Spartas war zusätzlich zur Rhetra durch einige schriftlich fixierte Volksbeschlüsse und viele ungeschriebene Regeln und Bräuche festgelegt.

Zur spartanischen Polis gehörten nicht nur die Vollbürger, die Spartiaten, die alle das aktive und passive Wahlrecht hatten, sondern auch abhängige Freie (im Sinne von Nicht-Sklaven), Perioiken (Umwohner) genannt, deren Dörfer in den Berg- und Küstengebieten wie ein Schutzwall um Sparta herumlagen. Diese Perioiken mussten Kriegsdienst leisten, hatten aber keinerlei politische Mitspracherechte, sondern lediglich weitgehende Selbstverwaltung. Ethnisch waren sie im Norden des Eurotastales ebenso Dorer wie die Spartiaten, im Süden gehörte ein Teil von ihnen der achaiischen Urbevölkerung an, die die Dorer in langen Kämpfen unterworfen hatten, als sie nach dem Zusammenbruch der mykenischen Kultur ab ca. 1100 v. Chr. in Griechenland Zug um Zug eingedrungen waren. Spartiaten und Perioiken galten gleichermaßen als Lakedaimonier. Die meisten Perioiken waren zweifellos Bauern, eine Minderheit Handwerker und Händler.

Zwischen dem späten achten und dem frühen sechsten Jahrhundert dehnte Sparta in ständigen Kämpfen sein Staatsgebiet weiter aus. Im Süden eroberte es die zu Argos gehörigen Gebiete im südlichen Eurotastal und gewann dadurch einen Zugang zum Meer. Argos blieb trotzdem eine mächtige Stadt. Es ist Sparta nicht gelungen, diese Stadt zu erobern oder auch nur der spartanischen Hegemonie zu unterwerfen. Gegenüber gut befestigten Städten ist die spartanische Militärmaschinerie immer ziemlich machtlos gewesen. Spartas Sache war der Kampf im offenen Feld, nicht die Belagerung. Dagegen überwanden spartanische Krieger sogar die Trennwand des Taygetosgebirges im Westen und unterjochten in jahrzehntelangen Kämpfen Messenien. Das Land wurde aufgeteilt und an Spartiaten vergeben, die es jedoch nicht selbst beackerten, sondern von den besiegten Messeniern bebauen ließen. Ob alle Spartiaten ein gleich großes Stück Land zugewiesen bekamen, wie die vage antike Überlieferung berichtet, oder ob die Größe des Landstücks nach dem zu erwarteten Ernteertrag berechnet wurde, ob einzelne Truppenführer Anspruch auf ein größeres Stück hatten, wissen wir nicht. Die Unterworfenen wurden an die Scholle gebundene Unfreie, sogenannte Heloten, und verpflichtet, ihren neuen Besitzern die Hälfte ihres Ernteertrages abzuliefern. Deshalb hatte Sparta wenig Bedarf an Kaufsklaven. Das Triumphgefühl der Spartaner nach der letzten zwanzigjährigen Phase dieser Kämpfe fasste der Dichter Tyrtaios in folgende Verse:

> Unserem König vordem, Theopompos, dem Liebling der Götter,
> Unter dem unser Volk siegreich Messenien sich nahm,
> Das Messenien, das gut zu pflügen und gut zu bepflanzen.
> Neunzehnjährigen Krieg führten um dieses Gebiet
> Lanzenkrieger, die Väter von unseren Vätern, und niemals
> Ließen sie nach im Streit, zäh mit verbissenem Mut.
> Doch im zwanzigsten Jahr gab der Feind seine üppigen Äcker
> Preis, als Ithomes hoch ragende Burg er verließ. [...]
> Wie ein Esel, der schleppt eine gewaltige Last,
> Ebenso sind sie bedrückt: von jeglichem, was auch der Boden
> Trägt, die Hälfte der Frucht liefern den Herren sie ab. [...]
> Ihre Herren beklagend mit ihren Frauen sie selber
> Jedesmal, wenn der Tod einen Besitzer ereilt.[42]

Die Pflicht zur Totenklage für den verstorbenen Herrn war also ebenso ein Element der Untertänigkeit wie die Tributpflicht. In dieser Zeit hatte noch jeder Spartiate ein Anrecht auf eine pompöse Bestattungszeremonie archaischen Stils, später nur noch die Könige (s. u.).

Dass die den Spartiaten zugewiesenen Landgüter im spartanischen Staatsbesitz geblieben und nach dem Tod eines Nutzers von der spartanischen Regierung jedes Mal neu vergeben worden seien, gehört zu den Legenden, die vom vierten Jahrhundert an entstanden sind. Sie hat als Vorstellung vom „sozialistischen" Sparta noch heute einen Platz, sogar in der wissenschaftlichen Diskussion, und erst recht im allgemeinen Bewusstsein. In Wirklichkeit gehörten die messenischen Güter ihren spartanischen Herren als Privatbesitz und unterlagen, wie überall in der griechischen Welt, auch der Erbteilung. Dementsprechend waren die Heloten keine Staatssklaven, sondern gehörten zum Privatbesitz ihrer Herren, doch durften diese sie weder ins Ausland verkaufen noch freilassen. Eine Freilassung von Heloten konnte nur von der Volksversammlung beschlossen werden. Sie erfolgte in der Regel, wenn Sparta ausnahmsweise geeignete Heloten zum Kriegsdienst herangezogen hatte. Nach Kriegsende erhielten solche Heloten die Freiheit, jedoch nicht das Bürgerrecht. Der Helotenstatus war keine neue Erfindung. Schon vor der Eroberung Messeniens hatte es in Lakonien Heloten gegeben, und auch in manchen anderen Regionen Griechenlands gab es eine unterworfene nicht-griechische Bevölkerung, die einen ähnlichen Status hatte. Das Helotentum befreite die spartanischen Vollbürger vom Zwang zur Arbeit. Der durchschnittliche Spartiate war sicher nicht reich, aber hinreichend vermögend, um sich eine Ausrüstung als Schwerbewaffneter (Hoplit) leisten zu können. Der Typ des Polisbürgers, der zwar ein relativ bescheidenes Leben führt, aber für seinen Lebensunterhalt nicht zu arbeiten braucht, wurde weit über

Sparta hinaus ein wirkungsmächtiges Ideal vollwertigen menschlichen Daseins. Infolge der Erbteilung liefen Spartiaten allerdings stets Gefahr, dass ihr Landbesitz zu klein wurde, um den Status eines Vollbürgers weiter aufrechterhalten zu können. Die staatlich verordnete gleiche Lebensform hat selbst in der modernen Forschung lange Zeit den Blick dafür verstellt, dass es auch in Sparta eine reiche Führungsschicht gab, die untereinander heiratete und hinter den Kulissen einen besonderen Einfluss auf die Politik ausübte. Aber als Oligarchie wird man Sparta trotzdem nicht bezeichnen dürfen.

Nach der Unterwerfung Messeniens beherrschte Sparta etwa zwei Fünftel der Peloponnes und hatte keine Kapazitäten für neue große Eroberungen mehr zur Verfügung. Es galt nur noch, das Erreichte zu bewahren und nach außen abzusichern. Zu diesem Zweck schloss es seit der Mitte des sechsten Jahrhunderts Allianzen mit einzelnen peloponnesischen Staaten. Daraus entstand schließlich ein System von Bündnissen, dem auch das reiche und mächtige Korinth beitrat und in dem es eine gewichtige Position einnahm. Dieser Bund war ein lockeres Gefüge. Die einzelnen Mitgliedsstaaten hatten sogar das Recht, gegeneinander Krieg zu führen, sofern nicht ein gemeinsamer Krieg des Bundes Vorrang hatte. Einen Krieg des Bundes konnte Sparta nicht einseitig ausrufen, sondern er konnte nur von einer Bundesversammlung beschlossen werden, die in Sparta zusammentrat. Eine Erhebung von Steuern durch Sparta wäre von den Bundesgenossen nie akzeptiert worden. Spartas Erzrivale Argos weigerte sich, dem Bund beizutreten und konnte auch nie dazu gezwungen werden. Es mag merkwürdig klingen, ist aber wahr: Der Kriegerstaat Sparta hatte keine weiteren Eroberungen mehr vor. Sein Ziel war nicht Krieg, sondern Abschreckung, um das Erreichte zu bewahren.

Bis ca. 550 v Chr. waren Kunst und Dichtung in Sparta ebenso zu Hause wie in anderen großen Poleis. Künstler reisten von weither nach Sparta, um an den kultischen Festivitäten zu Ehren Apollons teilzunehmen, und machten die Stadt zu einem Zentrum von Dichtung und Musik. Das wichtigste Fest waren die neuntägigen Karneia im August, an denen sportliche und musische Wettkämpfe stattfanden. Hier und in anderen peloponnesischen Staaten ist die Chorlyrik entstanden, die im fünften Jahrhundert, wie erwähnt, mit Pindar und Bakchylides an den Tyrannenhöfen Siziliens Triumphe feierte. Terpandros, einer der bekanntesten Musiker seiner Zeit, gründete in Sparta die erste Musikschule. Er stammte aus Lesbos und war ein Meister auf der Kithara. Die Chorgesänge, die er schuf, wurden von sieben bis 50 Sängern und Sängerinnen vorgetragen und von einer Kithara oder einer Flöte begleitet. 676 v. Chr. soll er der Sieger beim ersten musischen Wettkampf gewesen sein. Ein anderer Chorlyriker, der in Sparta wirkte, war Polymnestos aus dem kleinasiatischen Kolophon. Den Höhepunkt erreichte die Chorlyrik mit Alkman, der wahrscheinlich aus Sardeis in Kleinasien nach Sparta gekommen war. Die Männerchöre umfassten drei Altersklassen. Zuerst trat der Chor der Alten auf, dann der Chor der jungen Männer und zum Schluss der Chor der Knaben.

Das zweitwichtigste Fest waren die dreitägigen Hyakinthia im Frühsommer in Amyklai südlich von Sparta. Dem Mythos zufolge soll Hyakinthos ein spartanischer Prinz gewesen sein, dessen Schönheit ihn zu einem Geliebten des Apollon gemacht habe. Leider habe jedoch der Gott den Geliebten versehentlich durch einen Diskuswurf gegen die Stirn getötet. Zum Zeichen seiner Trauer habe er aus dem Blut eine Blume wachsen lassen (angeblich eine Hyazinthe, wahrscheinlich aber eine Schwertlilie). Folglich begannen die Hyakinthia mit einem Tag der Trauer, an dem das Tragen von Kränzen und der Verzehr von Weizenbrot und Gebäck verboten waren. Aber vom zweiten Tag an feierten die Spartaner die Auferstehung des Hyakinthos umso aufwendiger. Knaben ritten auf geschmückten Pferden und Mädchen fuhren in geschmückten Wagen zum Apollontempel nach Amyklai, wo das Fest mit der Opferung zahlreicher Tiere und der Bewirtung von Teilnehmern, darunter auch Sklaven, fröhlich begangen wurde. Die beiden Feste waren für die Spartaner so wichtig, dass sie selbst im Krieg einen vorübergehenden Waffenstillstand zu vereinbaren versuchten, um teilnehmen zu können. Noch im frühen fünften Jahrhundert wirkten der Aulosspieler Sakadas aus Argos und der Chorlyriker Stesichoros aus dem griechischen Westen in Sparta. Der archäologische Befund weist in die gleiche Richtung. Es gab in Sparta ein reichhaltiges Kunstgewerbe mit Plastiken aus Stein und Elfenbein, Tonreliefs, Tonmasken, Bronzekesseln, Bleifigürchen (Kriegerstatuetten) und Keramik im geometrischen und orientalisierenden Stil, die u. a. als Weihgaben an die Göttin Artemis Orthia dienten. Artemis, im Allgemeinen als Göttin der Jagd bekannt, wurde in Sparta vor allem als Natur- und Fruchtbarkeitsgöttin verehrt, die zahlreiche Geburten und reiche Ernten garantieren sollte. Die Stadtgöttin Spartas war jedoch nicht Artemis, sondern, wie in Athen, die wehrhafte Athene. Ihr Tempel und ihr Standbild war eine Schöpfung des Gitiades, eines Multitalents. Die bemalten Keramiken zeigen häufig Jagdszenen, üppige Bankette und nackte Hetären, also Merkmale der archaischen Adelskultur. Dazu gehörte auch die Begeisterung für sportliche Wettkämpfe außerhalb Spartas. Schon seit dem ausgehenden achten Jahrhundert taten sich spartanische Adlige durch zahlreiche Siege bei den Olympiaden hervor und nahmen auch Einfluss auf die Gestaltung der Spiele. Unter den mythologischen Darstellungen waren die Taten des Herakles besonders beliebt, den die Spartaner als ihren Ahnherrn verehrten. Ein häufiges Motiv bei Tierdarstellungen waren Affen, die man durch den Handel mit Kyrene (Libyen) kennen gelernt hatte.

Die Dichtung Alkmans war anscheinend vorwiegend Gelagepoesie und Liebesdichtung. Für ihn war das „süße Tönen der Kithara“ der „wahre Rivale des kriegerischen Eisens“. Seine Chorlyrik schloss auch homoerotische Gefühle unter Mädchen – wohl aus der Oberschicht – mit ein, zu deren Festausstaffierung purpurne Kleider, goldene Armreifen und lydische Kopftücher gehörten. Aber er schlägt auch andere Saiten an, die erste Anzeichen der spezifisch spartanischen Einstellung anklingen lassen, z. B. die Warnung vor Hybris: Keiner der

Menschen solle zum Himmel fliegen, keiner solle versuchen, Aphrodite zu heiraten oder eine schöne Meernymphe. Auch ist die Furcht vor göttlicher Strafe allgegenwärtig. Der Kreter Thaletas erfand eine Verbindung zwischen Kultur und Wehrertüchtigung. Ein Jahr nach einer schweren Niederlage der Spartaner gegen Argos – angeblich 668 v. Chr. – gründete er die Gymnopädien, ein kultisches Fest für Leichtbewaffnete, das die Götter besänftigen und zugleich die Kampfmoral wieder heben sollte. Während mehrerer Tage tanzten und sangen die Spartaner in der Sommerhitze des Juli, wenn in Sparta Windstille herrschte, zu kriegerischer Musik, die Knaben am Vormittag, die Männer am Nachmittag, und stellten damit ihre physische Leistungsfähigkeit unter Beweis.

Etwa zwei Generationen später dichtete Tyrtaios seine Kriegslieder. Er feiert keine einzelnen herausragenden Helden, wie Homer, sondern seine Kriegsgesänge gelten immer der Mannschaft. Und der Kampf geht nicht um Vergeltung für verletzte Ehre, wie in der Ilias, sondern um die eigene Existenz. Wie Kallinos versucht er den jungen und noch kampfunerfahrenen Kriegern Mut zu machen. Die Spartaner seien das unbesiegbare Geschlecht des Herakles und brauchten sich nicht vor der Menge der Feinde zu fürchten. Also, durch den Schild gedeckt, mit Lanze und Schwert zu den vordersten Kämpfern vorrücken! Wer nicht in der Lage sei, Heimat, Familie und eigenen Besitz zu verteidigen, gerate in Elend und Schande. Er werde als verachteter Bettler von Ort zu Ort irren und schließlich alle wertvollen Eigenschaften verlieren. Die größte Schande sei es, wenn die Jüngeren einen älteren erfahrenen Krieger, der in vorderster Front kämpft, im Stich lassen und flüchten, während der Feind ihn überwältigt und dem blutenden Leichnam die Rüstung raubt. Doch neben der schändlichen Flucht aus Feigheit gibt es auch die vernünftige Flucht, die im Wechselspiel der Kämpfe ebenso erforderlich sein kann wie die Verfolgung des flüchtenden Feindes. In diesem Punkt stimmt Tyrtaios mit Archilochos, Alkaios und Anakreon überein. Aber dort, wo es die Lage gebietet, ist Todesverachtung gefordert. Der Tapfere werde im Leben geliebt; im Heldentod sei er „schön" *(kalós)*, d. h., er verbindet das Ideal von äußerer Wohlgestalt und charakterlichen Vorzügen.

> Schön ist der Tod, wenn der edle *(agathós)* Krieger im vordersten Treffen
> Für das Vaterland ficht und für das Vaterland stirbt.[43]

Ein vielzitierter Vers, den man im Verlauf der kriegerischen Menschheitsgeschichte immer wieder gebrauchen konnte. Die Kämpfer, die Tyrtaios schildert, sind mit Lanze und Schwert bewaffnet und einem wuchtigen Schild, hinter dem nicht nur sie selbst, sondern auch Leichtbewaffnete Deckung finden können. Letztere haben die Aufgabe, die Schwerbewaffneten zu unterstützen, indem sie blitzschnell aus der Schilddeckung hervortreten, Speere oder Steine auf den Gegner schleudern und dann sofort wieder hinter dem Schild verschwinden. Die erfahrenen Krieger sind „Vorkämpfer" *(prómachoi)*, die als Erste den Feind angreifen und aus nächster Nähe, Schild gegen Schild gestemmt, mit der Lanze auf ihn einstechen. Dahinter stehen die jüngeren, die den „Vorkämpfern" zu Hilfe kommen. In der zweiten Hälfte des sechsten Jahrhunderts wurde diese Taktik von der Phalanx abgelöst, einer geschlossenen Formation, in der die Krieger in Reih' und Glied und acht Mann tief gestaffelt Schild an Schild vorrückten, um durch Massendruck die Front des Gegners aufzubrechen. Diese Kriegsmaschine erforderte mehr Disziplin und Training, aber weniger persönlichen Mut, denn in der dichtgedrängten Masse konnte der einzelne Krieger weder ausweichen noch flüchten.

Mit der Eroberung Messeniens hatte sich Sparta übernommen. Das Gebiet war eigentlich zu groß. Um es dauerhaft beherrschen zu können, musste Sparta sich gewissermaßen neu erfinden und sich in jenen einzigartigen Kriegerstaat verwandeln, der bis heute mit seinem Namen verbunden wird. Der Staat wurde jetzt übermächtig und schränkte den Einfluss der Familien und die Freiheit des Einzelnen radikal ein. Alle hatten sich den Interessen des Ganzen unterzuordnen. Gleichzeitig nahm die Teilnahme Spartas an der griechischen Kultur ab, da die Spartiaten sich ganz auf die kriegerische Ausbildung konzentrierten und auch die permanente Anwesenheit von Ausländern nicht mehr duldeten. Doch schottete sich Sparta keineswegs völlig von der Außenwelt ab. Spartanische Adlige pflegten weiterhin ihre Freundschaften mit Adligen anderer Staaten, und auf außenpolitischem Gebiet unterhielt Sparta weitreichende Beziehungen zum Lyderreich und zu Ägypten. Auch das künstlerische Schaffen kam keineswegs völlig zum Erliegen. Im Innern entstand ein Erziehungswesen, das die Vollbürger von Kindesbeinen an einer harten Reglementierung unterwarf und dem Einfluss ihrer Familie entzog. Während sonst in der Antike der Familienvater bestimmen konnte, ob ein neugeborenes Kind aufgezogen oder ausgesetzt werden sollte, fällte in Sparta eine staatliche Kommission diese Entscheidung. Damit konnte der Staat Kindesaussetzungen verhindern, die von den Familien oft nur deshalb vorgenommen wurden, um die Erbteilung gering zu halten. Die Aufzucht möglichst vieler Kinder sollte die Aufrechterhaltung der spartanischen Herrschaft über die Heloten in Messenien garantieren. Wurde ein Kind akzeptiert, begann nach dem vollendeten siebenten Lebensjahr die staatliche Erziehung *(agogé)* in einer Art Internat. Lediglich die „Kronprinzen" waren davon befreit, ein Zugeständnis an die Sonderstellung der Könige.

Die Erziehungsziele waren ganz auf die spätere Leistungsfähigkeit als Berufssoldat ausgerichtet. Körperliches Training, Abhärtung, Gehorsam und kriegerischer bzw. sportlicher Ehrgeiz standen an erster Stelle. Vom siebenten Lebensjahr an wurden die Jungen kahlgeschoren, durften nur einen Mantel ohne Unterkleid tragen und mussten barfuß gehen. Angeblich war Körperpflege und das Baden in warmem Wasser als Verweichlichung verpönt. Ihre Betten durften sie nur mit Schilf polstern, das sie am Eurotasufer ohne Messer mit bloßen Händen brechen mussten. Die Verpflegung war dürftig, doch wurde es anheimgestellt, sich zusätzliche Nahrung durch Diebstahl zu beschaffen, bei dem man sich aber nicht erwischen lassen durfte – ein Geschicklichkeitstraining. So wird es jedenfalls in der antiken Überlieferung geschildert. Grundkenntnisse in Lesen und Schreiben gehörten zum musischen Unterricht, auch die Kenntnis von Dichtern wie Homer und Tyrtaios. Vom zwölften bis zum zwanzigsten Lebensjahr kam eine militärische Ausbildung hinzu. Zur Stärkung des Kampfgeistes gehörten auch grobe Wettkämpfe: In jedem Jahr fand auf einer künstlichen Insel, die von einem Wassergraben umgeben war, ein Wettkampf zwischen zwei ausgesuchten Gruppen statt. Jede der beiden Gruppen musste versuchen, die andere mit allen Mitteln, auch mit Hilfe von Schlagen, Kratzen und Beißen, in den Wassergraben zu drängen. Noch in der römischen Kaiserzeit wurde dieses Spiel aufgeführt – als Attraktion für Touristen, die einmal etwas echt Spartanisches sehen wollten. Das Gleiche galt für das frühzeitliche Ritual der alljährlichen Auspeitschung von Knaben am Altar der Artemis Orthia.

Die Päderastie war ebenso geachtet wie überall in der griechischen Welt. Vielleicht übernahm der Liebhaber auch die pädagogische Aufsicht über den jüngeren Geliebten und war für sein Verhalten verantwortlich. Die Jugendlichen standen nicht nur unter der ständigen Kontrolle ihrer Vorgesetzten, sondern auch außerhalb des Internats hatte jeder der Alten die Befugnis, einen Jugendlichen, der sich nicht spartanisch benahm, zurechtzuweisen, sicher auch mittels Schlägen. Anders als in anderen griechischen Staaten genossen die Alten in Sparta ein hohes Ansehen, weil die Erziehung der jungen Spartiaten von Anfang an streng auf Gehorsam gegenüber Älteren ausgerichtet war. Nach dem Ende der Internatszeit, vom zwanzigsten Lebensjahr an, blieb der Spartiate zehn Jahre lang kaserniert (in anderen griechischen Staaten war die Kasernierung Wehrpflichtiger nicht üblich). Anschließend bekamen die Syssitien eine zentrale Bedeutung, Essensgemeinschaften von jeweils fünfzehn Mitgliedern unter der Leitung eines Ältesten, die sich täglich wie ein Klub in einem eigenen Haus trafen. Diese Institution hatte eine so große Bedeutung, dass der Status des Vollbürgers von der Mitgliedschaft in einer Syssitie abhing. Die Aufnahme in eine solche Syssitie war keineswegs eine bloße Formalität, sondern ein Spartaner, der Vollbürger werden wollte, musste nach dem Ende der Kasernierung im dreißigsten Lebensjahr bei einer Syssitie um Aufnahme nachsuchen. Dann stimmten die Mitglieder über seinen Antrag ab. Nur bei einstimmiger Befürwortung wurde der Antragsteller aufgenommen und erhielt damit das Vollbürgerrecht. Erst von da an durfte er an der Volksversammlung teilnehmen. Diesen Status behielt er jedoch nur so lange, wie er aus seinen Einkünften in Naturalien den Beitrag zur Gemeinschaftsküche seiner Syssitie leisten konnte. War er dazu eines Tages aus irgendeinem Grund nicht mehr in der Lage, verlor er Mitgliedschaft und Vollbürgerrecht. Dennoch blieb er wehrpflichtig. Das Vollbürgerrecht war also an militärische Leistungsfähigkeit und ein ausreichendes Vermögen geknüpft, das ein Leben ohne Erwerbsarbeit ermöglichte. Der Lebensmittelbeitrag bestand aus einer bestimmten Menge Mehl, Gerstengraupen, Käse, Feigen, Datteln, Fleisch und Wein. Hinzu kamen gelegentliche Sonderbeiträge, wenn jemand ein Erstlingsopfer dargebracht oder eine reichliche Jagdbeute gemacht hatte und dann zumindest moralisch verpflichtet war, sie mit seinen Tischgenossen zu teilen.

Die Speisen, die Heloten daraus zubereiteten, waren bewusst einfach. Dazu gab es jeden Tag eine Blutsuppe, die etwas Schweinefleisch enthielt und mit Salz und Essig gewürzt wurde. Die Syssitien sind wahrscheinlich aus den Symposien des Adels entstanden. Ob es zwischen den einzelnen Syssitien soziale Unterschiede gab, entzieht sich unserer Kenntnis. Jedenfalls herrschte zwischen den Mitgliedern einer Syssitie ein besonderes Vertrauensverhältnis und sie mussten sich u. a. verpflichten, Gespräche, die in diesem Kreis geführt wurden, nicht nach außen zu tragen. Feigheit im Krieg wurde mit dem Entzug des Bürgerrechts und gesellschaftlicher Ächtung bestraft.

Die Spartanerin hatte im Vergleich mit Frauen in anderen griechischen Staaten eine etwas größere Bewegungsfreiheit. Wahrscheinlich gehörte es zu ihren Aufgaben, den Landbesitz ihrer Ehemänner zu verwalten. Die Erziehung der Mädchen war nicht nur musisch, sondern umfasste auch Sport. Genannt werden Wettlauf, Ringen, Diskus- und Speerwerfen. Die sportlichen Übungen erforderten ein kurzes Gewand. Junge Frauen traten bei bestimmten sportlichen Übungen und religiösen Festen gelegentlich sogar nackt in der Öffentlichkeit auf, was sie bei den Griechen außerhalb Spartas in Verruf brachte, wobei man gern darauf hinwies, dass die untreue Helena, die den Trojanischen Krieg auslöste, Spartanerin gewesen war. Zwei reiche Spartanerinnen gewannen in Olympia Siegerehrungen, als ihre Gespanne im Wagenrennen gewonnen hatten. Im Prinzip herrschte Monogamie, doch wurde sie nicht immer strikt eingehalten. Wichtiger war die Erzeugung von Kindern, so dass es nicht als anstößig galt, wenn ein zeugungsunfähiger Mann seiner Frau einen Verwandten oder Freund zuführte. Andererseits war es möglich, dass mehrere ärmere Brüder, die sich ein Landstück teilen mussten, sich zusammen auch eine Frau teilten, um allzu reiche Nachkommenschaft und weiteren wirtschaftlichen Abstieg zu vermeiden. Wie überall, hingen Eheschließung, das Problem der Nachkommenschaft und Vermögensfragen eng miteinander zusammen, und so versuchte man auch in Sparta seinen Grundbesitz durch möglichst reiche Heiraten zu vermehren. Begehrt waren, wie in anderen Poleis, reiche Erbtöchter. Anscheinend hat das Erbrecht in Sparta Frauen mehr begünstigt als anderswo. Söhne, die aus Verbindungen zwischen Spartiaten und Helotinnen hervorgegangen waren, durchliefen zunächst als Unfreie auf Kosten ihres Vaters das staatliche Internat, wurden dann jedoch freigelassen und waren wehrpflichtig. Die Aufnahme in eine Syssitie erlangten sie aber nur dann, wenn ihr Vater sie mit einem ausreichend großen Landbesitz ausstattete bzw. ausstatten konnte. Andernfalls blieben sie Halbbürger.

Dieser Staat war natürlich nicht die Konstruktion eines genialen Politikers namens Lykurg, sondern das Ergebnis eines ca. hundertjährigen Entwicklungsprozesses, dessen einzelne Stufen wir nicht kennen. Wie sich die individualistischen Adligen, die ursprünglich noch ihre privaten Raubzüge in benachbarte Gebiete unternommen hatten, Schritt für Schritt zugunsten des Ganzen disziplinierten und sich dieser Art von Gleichheit unterwarfen, wissen wir nicht. Der innere Kern Spartas wird für uns immer rätselhaft bleiben. Und das haben die Spartaner auch so gewollt.

Die Einführung der Phalanx, die alle schwerbewaffneten Krieger gleich machte, hätte vielleicht die Stellung der Volkversammlung aufwerten können. Doch wurde eine solche Entwicklung durch die scharfe Disziplinierung der Spartiaten verhindert. Sie förderte vielmehr den stetigen Machtzuwachs der fünf Ephoren, die von der Volksversammlung jedes Jahr gewählt wurden. Sie galten als Volksvertreter und wurden in römischer Zeit mit den Volkstribunen der römischen Republik verglichen. Allmählich avancierten sie zur eigentlichen Regierung Spartas, die das gesamte Staatswesen überwachte und eine strenge Aufsicht über die Lebensform und das Verhalten jedes einzelnen Spartiaten führte. Da sie jedoch nur gemeinsam Entscheidungen treffen konnten, ihre Amtszeit auf ein Jahr begrenzt und eine Wiederwahl ausgeschlossen war, wurde auch hier die Macht des Einzelnen in Schranken gehalten. Sie fungierten auch als oberste Richter und überwachten den Strafvollzug. Für Blutrache, wie in Athen, blieb in Sparta kein Raum. Auch achteten sie darauf, dass die homerische Haar- und Barttracht – Langhaarigkeit und gescherter Schnauzbart statt Vollbart – erhalten blieb. Das Kämmen und Hochstecken des langen Haares vor einem Kampfeinsatz wurde dann zu einer zeremoniellen Vorbereitung auf den Tod. Die Ephoren konnten jederzeit jeden Spartaner zur Rechenschaft ziehen, auch die Könige. Diese sanken allmählich zu bloßen Heerführern herab, blieben aber formal weiterhin Staatsoberhäupter. Folglich galt allein die Bestattung gestorbener Könige als Staatstrauer:

> Im ganzen Land verkünden Reiter den Todesfall, in der Stadt aber ziehen Weiber umher, welche Becken schlagen. Sobald das geschieht, müssen aus jedem Hause zwei Freie Trauer anlegen, ein Mann und ein Weib, und es steht große Strafe darauf, wenn sie das nicht tun. Die Lakedaimonier aber haben beim Tode ihrer Könige dieselbe Sitte wie die Barbaren in Asien; denn die meisten Barbaren machen es beim Tode ihrer Könige genauso wie in Sparta. Wenn nämlich ein lakedaimonischer König stirbt, so muß sich aus ganz Lakedaimon auch eine gewisse Anzahl Perioiken zur Leichenfeier einfinden; und nachdem diese und auch die Heloten und die Spartiaten selbst zu Tausenden zusammengekommen sind, schlagen sich Männer und Weiber ins Angesicht, wobei sie unter entsetzlichem Geheul jedesmal beteuern, daß dieser zuletzt verstorbene König doch der beste gewesen sei. Ist aber einer ihrer Könige im Kriege ums Leben gekommen, so lassen sie ein Bild von ihm anfertigen und stellen es auf einem Prunkbette aus. Wenn ein König begraben wird, finden auch zehn Tage lang kein Markt und keine Wahlversammlungen statt, sondern solange ist Landestrauer (Herodot 6, 58).[44]

Dagegen war nach dem Tod von allen anderen Spartiaten öffentliches Wehklagen verboten. Und nur Kriegsgefallenen, Frauen, die im Kindbett gestorben waren und bestimmten Priestern und Priesterinnen konzedierte man einen mit Namen versehenen Grabstein.

Selbstbewusst betrachteten sich die Spartaner um 500 v. Chr. als die „Gleichartigen“ *(hómoioi)*. Damit war keine soziale Gleichheit gemeint. Es gab durchaus beträchtliche soziale Unterschiede. Sparta ist das prominenteste Beispiel für die weitverbreitete Überzeugung, dass die Gleichheit des Habitus und der Lebensführung politisch wichtiger war als soziale Gleichheit. In Bezug auf die politischen Rechte waren zwar formal alle Spartiaten gleich, aber in der Praxis bestimmten die führenden Familien die Politik. Der Adel vergnügte sich, wie überall, auf der Jagd und bei Symposien. Lediglich Exzesse waren verboten. So soll es bei Symposien keinen Trinkzwang und keine ausgelassenen Umzüge *(kômoi)* gegeben haben. Die Gleichheit bezog sich auf die Gleichheit der Erziehung und des Habitus, die ein Ausdruck gleicher Gesinnung sein sollten. In ihrem öffentlichen Erscheinungsbild schienen alle Spartiaten gleich. Der Adel fühlte sich nicht vom übrigen Volk, dem Demos abgehoben, sondern als ein Teil des Demos. Und weil alle Spartiaten nicht für ihren Lebensunterhalt zu arbeiten brauchten, konnten sie sich gewissermaßen alle als Aristokraten fühlen und somit auch als frei, zumal ihre Gleichheit ihnen nicht von einem Potentaten oktroyiert worden war, sondern ihrem eigenen Entschluss entsprang. Zum Kennzeichen des Spartiaten gehörte auch die sprichwörtliche „lakonische Kurzsprechweise" (Brachylogie), d. h. die mit schlagfertigem Witz gepaarte Wortkargheit, die später in zahlreichen Anekdoten ihren Niederschlag gefunden hat. Ein Spartaner durfte nicht schwatzhaft sein. Das Ergebnis war eine für griechische Verhältnisse ungewöhnliche innenpolitische Stabilität und das schlagkräftigste Militär seit den Assyrern. In Sparta gab es keine bürgerkriegsähnlichen Wirren und erst recht keine Tyrannis. Die spartanische Kriegsmaschine wurde ebenso bewundert wie gefürchtet. Spartanische Heere standen in dem Ruf, auch zahlenmäßig überlegene Gegner besiegen zu können. Ihr Nimbus war so groß, dass gegnerischen Truppen gelegentlich schon der Mut sank, wenn sie die Reihen der roten Kriegsmäntel auf sich zukommen sahen. Die Verbreitung von Furcht *(phóbos)* schrieben die Spartaner nicht zuletzt ihrem Gott gleichen Namens zu, den sie in einem eigenen Tempel verehrten, der nur in Kriegszeiten geöffnet wurde, so dass der Gott mit dem Heer gegen die Feinde ausziehen konnte.

Die spartanische Regierung ließ sich davon aber nicht zu einer expansiven Politik verleiten. Sie war sich der begrenzten militärischen Ressourcen Spartas nur allzu bewusst. Jeder der ca. 8000 Elitekrieger, den der Staat von Kindesbeinen an wie einen Leistungssportler trainiert hatte, war kostbar. Man hätte es sich nicht leisten können, größere Verluste zu riskieren. Deshalb war Sparta bei größeren Kriegen stets auf darauf angewiesen, seine Bundesgenossen hinzuzuziehen, und beschränkte seinen militärischen Aktionsradius möglichst auf die Peloponnes. Hilferufe der Griechen Kleinasiens beim Widerstand gegen die Perser (547 und 499 v. Chr.) lehnte es ab. Gelegentliche kleinere Feldzüge über die Peloponnes hinaus, wie der vergebliche Feldzug gegen den Tyrannen Polykrates von Samos und der Versuch, Athen nach der Vertreibung des Tyrannen Hippias zu einem spartanischen Vasallenstaat zu machen (510–506 v. Chr.), schlugen fehl. Im Übrigen gab es auch in Sparta selbst einen Unterschied zwischen Schein und Wirklichkeit. Die strenge Erziehung trug nicht bei allen Spartiaten die gleichen Früchte. Das hat bis heute noch kein Erziehungssystem geschafft. Nicht alle

Spartiaten waren Helden und anscheinend entwickelten nicht wenige genügend Schläue, um auf Schleichwegen die strenge Reglementierung zu mildern. Und als Besatzer im Ausland – wenn die Disziplin, wie immer im Krieg, gelockert werden musste – erwiesen sich Spartiaten häufig als habgierig und korrupt. Aber den anderen Griechen überlegen fühlten sich die Spartaner allemal und wussten dieses Prestige auch politisch für sich zu nutzen, zumal spartanische Gesandte als geschickte Diplomaten galten. Sparta ist vielleicht das prominenteste Beispiel der Weltgeschichte dafür, wie ein Staat trotz seiner begrenzten Anzahl von Kriegern durch eiserne Disziplin zu einer Großmacht aufsteigen konnte. Trotzdem sollte man Sparta nicht als Aunahmestaat begreifen, bei dem von Grund auf alles anders gewesen sei als in anderen griechischen Staaten. Seine Entwicklung folgte durchaus der allgemeinen Tendenz seit dem siebenten Jahrhundert, die Rechte der Familien und des Einzelnen zugunsten des Gemeinwesens einzuschränken. Doch nahm in Sparta infolge der Unterwerfung Messeniens diese Entwicklung einen viel radikaleren Verlauf.

Den größten Widerhall in der Nachwelt hat jedoch nicht einmal der eigentliche Sieg über die Perser bei Plataiai (479 v. Chr.) gefunden, sondern die missglückte Abwehr der Perser am Thermopylenpass, wo sich der spartanische König Leonidas mit 300 Spartiaten und 1100 Bundesgenossen aus dem mittelgriechischen Boiotien umzingeln ließ und im Kampf den Untergang fand. Die spartanischen Ideale Gehorsam und Gleichheit fanden ihren Niederschlag in dem berühmt gewordenen Grabepigramm an den Thermopylen zu Ehren der Gefallenen:

> Wanderer, meld es daheim Lakedaimons Bürgern: erschlagen
> Liegen wir hier, noch im Tod ihrem Gebote getreu (Herodot 7–228).[45]

Kein Wort über Leonidas. Nur die gesamte Mannschaft zählt. Lediglich in Sparta wurde er in einem Gedicht des Simonides auch persönlich geehrt:

> Der bei Thermopylai Gefallenen Schicksal
> ist ruhmvoll, untadelig ihr Todeslos,
> ihr Grab ein Altar, statt Trauerklage ewiges Gedenken, ihr Geschick
> ein Lobgesang.
> Solch ein Leichentuch wird weder der Moder
> noch die allbezwingende Zeit vergehen lassen.
> Diese heilige Stätte wackerer Männer hat Griechenlands Ruhm
> zum Wohngefährten erwählt. Und Zeugnis legt ab dafür Leonidas,
> Spartas König, der die Krone seiner Tugend
> Und ewigen Ruhm hinterlassen hat (Diodor 11, 11,6).[46]

Weitaus stärker hebt erst die eine Generation später entstandene Erzählung Herodots die Person des Königs hervor, weil der Historiograph sich nicht mit dem Faktum begnügt, sondern nach dem Grund für seine Entscheidung fragt. Herodot hält es für möglich, dass Leonidas sich von einem Orakelspruch aus Delphi zur Selbstaufopferung verpflichtet gefühlt habe. Auf die Nachricht von der Umgehung des Thermopylenpasses durch die Perser

> hielten die Griechen Kriegsrat, und die Ansichten waren geteilt; einige waren dafür, nicht von der Stelle zu weichen, andere waren dagegen. Darauf trennten sie sich, die einen zogen ab und gingen nach Hause, jeder in seine Stadt, die anderen waren entschlossen, mit Leonidas dazubleiben (Herodot 7, 219).[47]

Offensichtlich gab es heftige Meinungsverschiedenheiten bezüglich der Beurteilung der Lage, und der größte Teil des Kontingents ließ Leonidas im Stich. Herodot hat aber auch eine andere Version parat, die er vermutlich in Sparta oder anderswo gehört und sich zu eigen gemacht hat:

> Man sagt aber auch, Leonidas habe sie weggeschickt, damit sie nicht ums Leben kämen, es aber mit der Ehre der Spartaner für unvereinbar gehalten, den Platz zu verlassen, den sie gerade verteidigen sollten. Meiner Meinung nach hat Leonidas die Bundesgenossen weggeschickt, weil er sah, daß sie keinen rechten Mut hatten und nicht mit ihm ihr Leben wagen wollten, es aber für schimpflich gehalten, selbst abzuziehen. Und daß er blieb, gereichte ihm zu hohem Ruhm und Sparta zum Segen. Die Spartaner hatten nämlich gleich bei Beginn des Krieges das Orakel befragt und von der Pythia die Antwort erhalten, entweder würde Lakedaimon von den Barbaren verwüstet werden oder ihr König fallen [...] Wahrscheinlich hat Leonidas daran gedacht, und weil er den Ruhm allein den Spartanern zuwenden wollte, hat er die Bundesgenossen weggeschickt, und diese sind somit nicht, weil sie anderer Ansicht waren, aus eigenem Entschluss abgezogen (Herodot 7, 220).[48]

Das klingt allzu sehr nach Heldenlegende. Die moderne Forschung hat versucht, strategische Erklärungen zu finden, die mangels anderer Quellen notwendigerweise alle hypothetisch sind. Denkbar wäre Folgendes: Leonidas hatte den Auftrag, durch die Sperrung des Thermopylenpasses dem persischen Heer den Landweg nach Südgriechenland zu verlegen. Wäre das gelungen, hätte der größte Teil der persischen Streitmacht nach wenigen Wochen unverrichteter Dinge wieder abziehen müssen, denn es wäre ihnen aus versorgungstechnischen Gründen nicht möglich gewesen, ihre gesamte Streitmacht in Griechenland mit seinen begrenzten Ressourcen überwintern zu lassen. Gleichzeitig sperrte die griechische Flotte den engen Sund zwischen dem Festland und der Insel Euboia. Ziel der Operation war es, eine große Schlacht gegen das zahlenmäßig überlegene orientalische Heer zu vermeiden. Doch dann zeigte ein griechischer Verräter den Persern einen Umgehungspfad, der von den Phokern schlecht bewacht wurde, und die Verteidigungsstrategie der Griechen brach zusammen. In gewisser Weise hatte Leonidas versagt, weil er die Bewachung des Umgehungspfades allein den Phokern überlassen hatte. Auf die Nachricht vom Anrücken der Perser brach vermutlich Panik bei den Truppen aus, die unter seinem Kommando standen. Er verlor die Kontrolle, und der größte Teil seines Heeres lief einfach auseinander. Wäre Leonidas jetzt mit dem Rest seiner Truppen auch fluchtartig abgezogen, wäre er in Sparta höchstwahrscheinlich wegen Feigheit verurteilt worden. Wenn er aber blieb, konnte er wenigsten noch den Rückzug der Flüchtenden und vor allem der Flotte decken. Wahrscheinlich hatte Leonidas also keine andere Wahl als auf seiner aussichtslosen Position auszuharren.

Angeblich wurden erst um 440 v. Chr. seine Gebeine nach Sparta überführt. Seit der Legendenbildung im vierten Jahrhundert konzentrierte sich das Gedenken an den Thermopylenkampf noch mehr als bei Herodot auf den Ruhm des Leonidas, der zu einem stereotypen Beispiel für den angeblich spartanischen Grundsatz „Sieg oder Tod“ avancierte. Und man erfand einige markige Aussprüche, die man ihm zuschrieb, zum Beispiel: Auf die Ankündigung der Perser, ihr Pfeilhagel werde die Sonne verdunkeln, soll er geantwortet haben, dann könnten die Griechen im Schatten kämpfen.[49] (Bezeichnenderweise hatte im fünften Jahrhundert Herodot[50] diesen Ausspruch nicht von Leonidas, sondern von einem sonst unbekannten Spartaner namens Dienekes berichtet.) Ein anderes Beispiel ist seine Antwort auf die schriftliche Aufforderung des Xerxes, die Waffen niederzulegen: „Komm und hol sie dir“.[51] Aus dieser Zeit könnte auch das Löwendenkmal für ihn an den Thermopylen stammen. In späterer Zeit beging man in Sparta sogar alljährliche Feiern zu Ehren des Leonidas. Dennoch blieb er in der antiken Überlieferung als Mensch eine erstaunlich blasse Figur ohne persönliche Charakterzüge, wohl nicht zuletzt deshalb, weil die antike Biographie erst knapp hundert Jahre später entstand. Auf den Gedanken, eine Leonidas-Biographie zu schreiben, kam erst Plutarch (1./2. Jh. n. Chr.), doch ist sie nie zustande gekommen oder nicht erhalten. Wahrscheinlich konnte er bei seinen Quellenautoren nicht genügend Material finden.

Es war vor allem die Neuzeit seit ca. 1700, die Leonidas nach den Bedürfnissen und im Stil der jeweiligen Epoche als individuellen Helden herausstellte, dessen Ruhm den seiner Mitkämpfer in völlig unspartanischer Weise in den Schatten stellt. Den Anfang machte der französische Erzbischof und Prinzenerzieher François Fénelon mit seinem Traktat *Dialogues des morts* (anonym erschienen 1712), der indirekte Kritik an der Monarchie des Sonnenkönigs übte, indem er Xerxes als Beispiel eines fehlgeleiteten Tyrannen mit einem mustergültigen Leonidas kontrastierte, dessen „republikanische“ Stellung und bürgerliche Tugenden die eigentliche Ursache für die überlegene Kampfkraft der Spartaner gewesen seien. Am bekanntesten geworden ist das Gemälde des Jakobiners Jacques-Louis David, das zwischen 1799 und 1814 entstand und Leonidas als Freiheitshelden und Patrioten nach dem Verständnis der Französischen Revolution verherrlicht.

David wollte mit seiner Darstellung keine historische Begebenheit nachempfinden, sondern den ethischen Gehalt im Sinne des antiken Ideals der Einheit von Tugend und Schönheit zum Ausdruck bringen. Deshalb komprimierte er die überlieferten zeitlich verschiedenen Abläufe zu einer einzigen imaginären Szene. So graviert ein Krieger (links oben) das Epigramm auf die Gefallenen bereits unmittelbar vor der Schlacht mit dem Schwertgriff in den Felsen (mit einer Mischung aus griechischen und lateinischen Buchstaben, weil der Meister offensichtlich kein Griechisch konnte) und nimmt auf diese Weise den Ruhm gleichsam vorweg. Vier junge Spartiaten halten dem Epigramm Blütenkränze entgegen und schwören, den dort angekündigten Heldentod zu sterben. Ein Trompeter ruft die Spartiaten zu den Waffen, während Leonidas sich im Zentrum des

Abb. 15: Jacques-Louis David, „Léonidas aux Thermopyles“.

Bildes in heroischer Nacktheit, unberührt von dem Getümmel um ihn herum, ruhig und gefasst auf den Tod vorbereitet. In Deutschland ist besonders Schillers ungenaue Übersetzung des Thermopylenepigramms rezipiert worden:

> Wanderer, kommst du nach Sparta, verkündige dorten, du habest
> Uns hier liegen gesehen, wie das Gesetz es befahl.[52]

Aber ein solches Gesetz gab es nicht, sondern nur einen entsprechenden Ehrenkodex. Herder erblickte im Thermopylenepigramm den „Grundsatz der höchsten politischen Tugend“.[53] Und auch etliche Vordenker der Französischen Revolution haben sich für das spartanische Erziehungssystem interessiert und im Ehrenkodex Spartas ein Vorbild für republikanische Werte gesehen.

Die Folgezeit ist von schiefen Aktualisierungen und Geschichtsklitterungen gekennzeichnet. So wurde nach der Schlacht bei Waterloo der Brigadegeneral Cambronne für viele Franzosen zum neuen Leonidas, weil er, obwohl die Schlacht für Napoleon schon verloren war und das französische Heer sich in Auflösung befand, die Aufforderung der Briten zur Kapitulation ablehnte und für sich und seine Eliteeinheit der kaiserlichen Garde den Tod auf dem Schlachtfeld proklamierte. (Übrigens starb er nicht den Soldatentod, sondern fiel nach einer Kopfverletzung in Ohnmacht und geriet doch noch in britische Gefangenschaft). In den 1820er Jahren, während ihres Freiheitskampfes gegen die Türken, entdeckten die philhellenischen europäischen Sympathisanten Leonidas neu. (Die Anführer der Griechen, Alexandros Ypsilantis und Georgios Kantakouzinos, zo-

Abb. 16: Denkmal des Leonidas, 1955: „Molon labe" – „Komm und hol sie dir".

gen nach ihrer Niederlage gegen die Türken 1822 dann doch die Flucht auf österreichisches Gebiet dem Heldentod vor.) Ende Januar 1943 bemühte Göring in seiner Rede zum zehnten Jahrestag der Ernennung Hitlers zum Reichskanzler angesichts des nahen Untergangs der Sechsten Armee in Stalingrad u. a. den Thermopylenvergleich. (Doch nahm der Oberbefehlshaber Paulus die Rolle des Leonidas, die Hitler ihm mit der Beförderung zum Generalfeldmarschall in letzter Minute zugedacht hatte, nicht an und begab sich in sowjetische Gefangenschaft.) Dass die Nationalsozialisten die Spartaner als nordisches Herrenvolk verstanden und damit gemäß ihrer Ideologie einen aktuellen Bezug zu ihren eigenen politischen Zielvorstellungen herstellten, lag nahe und ist hinlänglich bekannt. Nach dem Zweiten Weltkrieg wurde schließlich 1955 ein von Gräkoamerikanern gestiftetes monumentales Leonidas-Denkmal an den Thermopylen errichtet, das den Widerstand gegen die deutsch-italienische Besetzung Griechenlands feiern sollte – obendrein mit dem bei Plutarch überlieferten fingierten Leonidasausspruch „Komm und hol sie dir" versehen. Es beherrscht heute visuell die Stätte. Indessen hat das untergeschobene Zitat sogar ein Eigenleben entfaltet und dient amerikanischen Aktivisten als pathetisches Motto für die Freiheit des Waffenbesitzes.

In die Zeit des „Kalten Krieges" zwischen den Westmächten und der Sowjetunion gehört die eigenwillige expressionistische Interpretation Oskar Kokoschkas in seinem Triptychon „Thermopylae oder der Kampf um die Errettung des Abendlandes", das er 1963 der Universität Hamburg schenkte und das dort im Hörsaal D des „Philosophenturms" als eine Mahnung an die studentische Jugend hängt.

Abb. 17: Das linke Bild zeigt den Abschied des Leonidas von seiner Frau, das mittlere den Kampf und das rechte die Vertreibung der Athener aus ihrer Stadt durch die „Barbaren". Die Darstellung, in der zeitlich verschiedene Ereignisse zusammengefasst werden, ist nicht nur vage gehalten, sondern entfernt sich im Zentrum des mittleren Teils mit der Phantasiefigur des „Zauderers" völlig von der historischen Überlieferung.

Nach dem Desaster am Thermopylenpass versuchten die Spartaner am Isthmus von Korinth mit dem hastigen Bau einer Mauer eine neue Barriere zu errichten. Die Athener wurden evakuiert und die Stadt den Persern preisgegeben. Der Seesieg der Athener bei Salamis – den Oberbefehl hatte der Spartaner Eurybiades – befreite Sparta von der Gefahr einer persischen Invasion vom Meer her, und sie hätten nun hinter dem Schutzwall bei Korinth am liebsten in aller Ruhe den Abzug der Perser aus Griechenland abgewartet. Die Spartaner fürchteten sich offensichtlich vor einer Landschlacht mit den Persern. So herrisch und auftrumpfend sich Sparta gegenüber den Athenern verhalten hatte, so vorsichtig, beinahe ängstlich verhielt es sich gegenüber dem Massenheer aus dem Orient. Erst als 479 die Perser erneut Athen besetzten und den Athenern ein Bündnis anboten, entschlossen sich die Spartaner auf massiven athenischen Druck hin notgedrungen zu einer Offensive unter der Führung des Pausanias, des Vormunds des minderjährigen Sohnes des Leonidas.

Bei Plataiai in Boiotien errang die spartanische Phalanx, die sich eigentlich auf dem Rückzug in eine günstigere Verteidigungsstellung befand und von den Persern verfolgt wurde, dank ihrer Disziplin einen überraschenden, aber entscheidenden Sieg über das persische Landheer und befreite damit Griechenland. Doch eignete sich dieses spontane unübersichtliche Gefecht, das an zwei verschiedenen Schauplätzen gleichzeitig stattfand und eigentlich gar nicht geplant war, weniger zur späteren Heroisierung als die Selbstopferung des Leonidas. Und unmittelbar darauf zeigte sich, dass der Orient noch ganz andere Gefahren als die militärischen für Sparta bereithielt. Pausanias erhielt nach der Plünderung des persischen Lagers ein Zehntel der Kriegsbeute, darunter Sklaven, Frauen, Pferde, Kamele, eine gewaltige Menge an kostbarer Ausstattung aus dem Prunkzelt des gefallenen persischen Heerführers Mardonios, und massenhaft Goldmünzen und Schmuck, den man den Gefallenen abnahm. Zum ersten Mal bekam er Einblick in eine glänzende Welt, die jenseits seiner Vorstellungen gelegen hatte. Die Beute würde ihm einen Lebensstil ermöglichen, der denjenigen auch der reichsten Spartiaten weit übertraf. Diese Aussicht erweckte in ihm bald weitere unspartanische Ambitionen, wie sich bald herausstellen sollte. Zum Reichtum sollte auch unbeschränkte Macht kommen. In Zukunft wollte er wie ein unabhängiger Fürst herrschen, befreit vom Zwang des spartanischen *kósmos*. Selbstherrlich ließ er in ein Weihgeschenk für Delphi nichts als seinen eigenen Namen eingravieren. (Die Ephoren ordneten später an, seinen Namen zu tilgen und ihn durch die der siegreichen griechischen Staaten zu ersetzen.)

Auf seinem Marsch durch Thrakien begann er persische Würdenträger nachzuahmen, kleidete sich in medische Tracht, entdeckte seinen Geschmack für persische Tafelfreuden und ließ sich von einer Leibwache aus Persern und Ägyptern begleiten. Man munkelte, er wolle Hochverrat begehen und sich dem persischen Großkönig als Vasall unterstellen. Gerüchte wollten sogar von einem geheimen Briefwechsel mit dem Großkönig wissen. Gegenüber den griechischen

Bundesgenossen trat er so hart und herrisch auf, dass er schließlich eine Meuterei provozierte. Daraufhin enthoben ihn die Ephoren seines Kommandos und riefen ihn nach Sparta zurück. Dort wurde ihm der Prozess gemacht. Er wurde jedoch nur wegen privater Vergehen verurteilt, aber von der Anklage wegen Hochverrats freigesprochen. Anschließend verließ er Sparta als Privatmann und versuchte sich in Byzanz am Bosporos als eigenständiger Herrscher zu etablieren. Als die Athener ihn aus dieser Stadt vertrieben, begab er sich nach Kleinasien, in die Troas. Es hieß, er stehe mit den Persern in Verhandlungen. Er wäre nicht der erste spartanische Vasall von persischen Gnaden gewesen. Vor ihm hatte sich schon der 491 v. Chr. aus Sparta vertriebene König Damaratos vom Großkönig Dareios einen kleinen Herrschaftsbereich in Kleinasien übertragen lassen und 480 Xerxes auf dessen Griechenlandfeldzug begleitet. (Seine Nachkommen regierten dort noch Jahrhunderte später und überstanden sogar den Untergang des Perserreiches.) Wieder beorderten die Ephoren Pausanias zurück und stellten ihn vor Gericht. Als man einen Brief von ihm an einen hochrangigen Perser fand, flüchtete er in ein Heiligtum. Dort genoss er Asyl, aber die Ephoren unterbanden die Nahrungszufuhr und ließen ihn verhungern. Kurz vor seinem Tod trug man ihn aus dem Tempel, weil sein Versterben im heiligen Bezirk ein Sakrileg gewesen wäre. Ein solches Ende fand der Sieger von Plataiai, der Griechenland von den Persern befreit hatte!

Bezeichnend für das Unbehagen in Sparta ist auch, dass der König Leotychidas nach einem erfolglosen Feldzug im Jahre 478/477 v. Chr. gegen einige perserfreundliche adlige Herren in Thessalien wegen Bestechlichkeit verurteilt wurde und ins Exil gehen musste, obwohl ihm im Jahr zuvor an der kleinasiatischen Küste in der Nähe von Samos am Vorgebirge Mykale ein sehr erfolgreicher Angriff auf ein persisches Schiffslager gelungen war. Sparta stellte den Krieg gegen die Perser ein, der es militärisch überfordert hätte und der zugleich seine innere Ordnung zu untergraben drohte. Für die Griechen an der kleinasiatischen Küste, die sich von Sparta die Befreiung von der persischen Herrschaft und permanenten Schutz erhofft hatten, hatte Sparta nichts weiter als den Rat übrig, nach Griechenland zurückzukehren. Aber das geschah erst 1922, als die Türken die kleinasiatischen Griechen vertrieben.

Ähnliche Bedingungen wie in Sparta herrschten in den Städten auf Kreta. Auch dort hatten dorische Invasoren die Vorbevölkerung unterworfen und in eine helotenartige Stellung hinabgedrückt. Die Unterworfenen mussten das Land für ihre Herren bebauen, so dass die Bürger ohne Erwerbsarbeit leben und ihre Städte sich zu Kriegerstaaten entwickeln konnten. Daneben gab es auch Freie ohne Bürgerrecht, ähnlich wie die lakedaimonischen Perioiken. Wie in Sparta war die Kaufsklaverei auch auf Kreta unbedeutend. Während es also in Griechenland nur *ein* Sparta gab, war Kreta gleichsam mit zahlreichen Spartas von unterschiedlicher Größe übersät. Um dieses System aufrechtzuerhalten, wurden die Rechte der Familien zugunsten des Staates stark eingeschränkt und

Verfassungen beschlossen, die eine Machtkonzentration bei Einzelnen verhindern sollten. Dennoch gelang es gelegentlich einzelnen „Mächtigen“ *(dynatoí)*, ihre Interessen gegen Amtsträger durchzusetzen.

Um Streitfälle in rechtliche Bahnen zu lenken, schuf sich die Stadt Gortyn schon früh eine detaillierte Rechtssammlung (Familienrecht, Erbrecht, Sachenrecht, Strafrecht, Prozessrecht), die gegen Mitte des fünften Jahrhunderts novelliert wurde und inschriftlich erhalten ist. Vermögensrechtlich waren Frauen besser gestellt als in anderen griechischen Staaten. Eine staatliche Kinder- und Jugenderziehung vermittelte kriegerische Werte und das entsprechende körperliche Training sowie Kenntnisse in Lesen, Schreiben und Musik. Und analog zur kultischen Auspeitschung Jugendlicher am Altar der Artemis Orthia in Sparta gab es auf Kreta die Selbstgeißelung, mit der Jugendliche im Ertragen von Schmerzen wetteiferten. Ein angehender Elitekrieger musste hart im Nehmen sein. Die Bürgerschaft war in einzelne Kameradschaften *(hetaírai)* gegliedert, die Mahlgemeinschaften der Männer *(andreíai)* bildeten, wie die Syssitien in Sparta. Doch anders als dort musste das einzelne Mitglied seinen Beitrag nicht komplett aus eigenen Einkünften bestreiten, sondern nur ein Zehntel seiner Einkünfte beitragen. Den Rest teilte ihm der Staat aus öffentlichen Einkünften und aus einem besonderen Beitrag zu, den die Unfreien zusätzlich zu ihren Abgaben zu leisten hatten. So wurde verhindert, dass, anders als in Sparta, Bürger aus Verarmung ihre Rechte verloren. Die Päderastie, die durch starke emotionale Bindungen den Zusammenhalt der Kriegergemeinschaft stärkte, vollzog sich in einem archaischen Ritual, bei dem der Liebhaber den Geliebten zum Schein entführte, anschließend seiner Mahlgemeinschaft vorstellte und ihn nach einem zweimonatigen Zusammensein entließ. Bei dieser Entlassung schenkte er ihm ein Kriegsgewand, ein Rind als Opfertier und einen Becher. Die Liebschaft ging in eine lebenslange Freundschaft in Form einer Kriegskameradschaft über. Den Stolz dieser kriegerischen Herrenschicht gibt der Text eines Liedes wieder, das bei Waffentänzen gesungen wurde:

> Mein großer Reichtum sind Speer und Schwert und der schöne Schild, der Schutz des Leibes. Damit nämlich pflüge ich, damit ernte ich, damit keltere ich den süßen Wein von der Rebe, damit heiße ich Herr der Sklavenherrschaft. Die aber Speer und Schwert nicht zu halten wagen und den schönen Schild, den Schutz des Leibes, die fallen alle zu meinen Füßen nieder und küssen mein Knie, indem sie mich ihren Herrn und großen König nennen.[54]

Dieses System erwies sich als so stabil, dass die kretischen Städte sich Kämpfe zwischen führenden Familien und – wenigstens im dritten und zweiten Jahrhundert v. Chr. – eine Fülle von zerstörerischen Kriegen gegeneinander leisten konnten, ohne es zu gefährden.

Auch die Dichter und Philosophen entwickelten erste Vorstellungen darüber, wie die harmonische Ordnung in einer Polis aussehen sollte und welches Verhalten der Bürger dafür nötig sei.

Dazu müssen wir etwas weiter ausholen. Aufbauend auf dem empirischen Wissen und religiösen Vorstellungen des Alten Orients formulierten die „Naturphilosophen" Thales, Anaximandros und Anaximenes um 600 v. Chr. die ersten Theorien auf halbwegs rationaler Basis über das Wesen des Kosmos und schufen damit die methodischen Grundlagen unserer heutigen Wissenschaft. Dass sich viele ihrer Thesen als irrig erwiesen, ist unwichtig. Bekanntlich stellen sich auch viele heutige Thesen von Wissenschaftlern später als unrichtig heraus. Richtig war die Methode. Und auf sie kommt es an. Eigentlich wäre es vorstellbar, dass sich die Griechen mit der mythischen Kosmogonie Hesiods zur Erklärung ihrer Welt begnügt hätten. In der Tat behielt sie weiterhin einen prägenden Einfluss auf die Vorstellung der meisten Griechen von den Göttern und der Welt. Aber einige Denker waren damit nicht zufrieden. So entstand die bis heute andauernde Parallelität von Religion und Philosophie bzw. Wissenschaft. Es war gewissermaßen der Urknall des europäischen Denkens. Die heutige Wissenschaft spricht von der „ionischen Aufklärung".

Alle drei Philosophen stammten aus Milet an der kleinasiatischen Küste (südöstlich von Samos), einer mächtigen Stadt mit einer starken kulturellen Ausstrahlung bis in die nördlichen Randzonen der antiken Welt. Sie gründete zahlreiche Kolonien im Schwarzmeergebiet und eine (Naukratis) in Ägypten. Wie die ersten Philosophen den geistigen Durchbruch von der Empirie zur Theorie erzielt haben, woher ihr Streben kam, mit Hilfe der Logik hinter die äußeren Erscheinungsformen der Natur zu blicken, ist noch immer ein Rätsel. Eine Voraussetzung war sicher, dass ihre Religion ihnen kein geschlossenes Weltbild aufzwang und weder die Herrschaft eines Monarchen oder eine andere Staatsform legitimierte, nicht einmal die Sonderstellung der Griechen. Wenn sich die Griechen anderen Völkern, den „Barbaren", überlegen fühlten, so geschah das nicht aus religiösen Gründen, wie bei den Israeliten. Daher gab es kein Denk- oder Redeverbot.

Anstelle des theozentrischen Weltbildes schufen die griechischen Philosophen ein Weltverständnis, das vom Menschen ausging, um es mit einem griechischen Begriff zu sagen: das erste anthropozentrische Weltbild. Selbst in ihrer Religion gab es ja einen fließenden Übergang zwischen dem Menschlichen und dem Göttlichen bzw. Halbgöttlichen (Heroischen). Ihre Tyrannen mochten sich, wie viele Aristokraten, auf göttliche Abstammung berufen und daraus einen persönlichen Herrschaftsanspruch wegen ihrer angeblichen höheren Befähigung herleiten, aber sie waren weder Götter noch Stellvertreter eines Gottes – und die Tyrannis als solche ließ sich nicht mit religiösen Geboten begründen. Das lockere innere Gefüge der frühen griechischen Staaten bot genügend Freiraum für individuelles Denken. Das aus Beobachtung und Erfahrung gesammelte Wissen wurde nicht von Priestern zu einem religiösen Weltbild gestaltet, von keinen Propheten oder dominanten Lehrmeistern verkündet und für alle verbindlich gemacht, sondern in den griechischen Städten konnte sich jeder frei äußern und an einer Diskussion beteiligen. In der Praxis waren es natürlich in erster Linie diejenigen, die auf Grund eines großen Vermögens die nötige Zeit und „Muße" *(scholé)* dazu hatten. Und die verschiedenen Mythen, die über die Entstehung der Welt kursierten, boten Anreiz zur Kritik. Die Vorstufe zu den ersten wissenschaftlichen Traktaten war sicher diese mündliche Kommunikation auf öffentlichen Plätzen und die Redefreiheit, die den Austausch verschiedener Meinungen ermöglichte. Wahrscheinlich hat es zahlreiche interessante Theorien gegeben, die nie schriftlich fixiert wurden und von denen wir deshalb nichts wissen. Die öffentlichen Plätze und der freie Handel, der auf ihnen stattfand, waren ein Merkmal der Polis, das im fundamentalen Gegensatz zur Zentralwirtschaft der orientalischen „Despotien" stand. Und es war gerade der griechische Widerspruchsgeist, der diese Diskussionen lebendig und fruchtbar gemacht haben dürfte. Auf Spruch folgte Widerspruch, auf eine These eine Gegenthese. Zwei Jahrhunderte später hat Platon, angeregt durch Sokrates, in seinen Dialogen solchen öffentlichen Debatten eine literarische Form gegeben – wenn auch in einseitiger Weise, indem er den Gesprächspartnern des Sokrates keine gleichberechtigte Rolle zuweist. Da der Seehandel nicht nur die üblichen Waren, sondern auch Bücher verbreitete, entstand bald eine schriftliche Kommunikation über große Entfernungen hinweg. Zwar bestand gelegentlich die Gefahr, dass die Bürgerschaft die eine oder andere Theorie als Frevel gegen die Götter (Asebie) einstufen und den Verfasser zur Rechenschaft ziehen oder zur Flucht nötigen könnte. Aber solche Fälle sind erst aus dem fünften und vierten Jahrhundert bekannt und waren selten. Der Betroffene konnte zudem in eine andere Stadt flüchten und dort weiter tätig sein, wurde also nicht mundtot gemacht. Dass auch die griechische Geistesgeschichte von individualistischer Rivalität und dem Streben der einzelnen Dichter und Denker nach persönlichem Ruhm geprägt war, richtete keinen politischen Schaden an. Im Gegenteil: Die Philosophen traten, sofern sie sich politisch äußerten, für geordnete Verhältnisse auf der Basis von Gleichheit ein, denn ihnen war die Redefreiheit wichtig. Ihr Wettstreit war fruchtbar und hat die besondere Vielfältigkeit und Tiefgründigkeit der griechischen Kultur hervorgebracht. Hier herrschte jene positive Eris, in der schon Hesiod die Antriebskraft für den Fleiß der Bauern, Handwerker und Sänger erblickt hatte.

Das Kernproblem der drei Milesier war die Frage nach dem Urstoff der Natur. Thales meinte ihn im Wasser gefunden zu haben. Er glaubte nicht nur in Lebewesen, sondern auch in toten Gegenständen eine spezifische Seele zu erkennen, die für die Eigenschaften des jeweiligen Gegenstandes bestimmend sei (die moderne Forschung hat dafür den Ausdruck Hylozoismus – Beseeltheit der Natur – geprägt). Vorstellungen dieser Art waren weit verbreitet. Man nahm an, dass über diese Beseeltheit auch menschliche Regungen wie Liebe und Hass, Freundschaft und Feindschaft und dergleichen als Kräfte in der Natur wirksam wären, weshalb man, wie schon gesagt, in Strafprozessen nicht nur Menschen, sondern auch Tiere und tote Gegenstände, beispielsweise Steine verurteilte, wenn sie einen Schaden angerichtet hatten. Etwas von solchen Vorstellungen hat die antike Philosophie immer bewahrt. Erst die moderne Wissenschaft ist zu der Erkenntnis gelangt, dass die Natur keine Seele hat und von keinem ethischen Prinzip gelenkt wird. Im Einzelnen hat Thales sich mit Geometrie und Astronomie beschäftigt und sagte zutreffend die Sonnenfinsternis des 28. Mai 585 v. Chr. voraus. Dass diese Vorhersage Einfluss auf eine Schlacht zwischen Lydern und Medern gehabt haben soll, die angeblich zufällig an diesem Tag stattfand, dürfte eine der vielen Philosophenlegenden aus späterer Zeit sein; ebenso die Anekdote, dass er, weil man ihn wegen seiner Armut verachtet habe, mitten in einem Winter für einen geringen Preis alle Olivenpressen auf Chios und in Milet mietete, weil er auf Grund seiner astronomischen Kenntnisse für den folgenden Sommer eine gute Ernte vorausgesehen habe. So habe er angeblich viel Geld verdient und nachgewiesen, dass der Erwerb von Reichtum für einen Philosophen jederzeit möglich sei, er jedoch freiwillig darauf verzichte, um sich ganz der Erkenntnis zu widmen.

Anaximandros soll der Erste gewesen sein, der den Begriff *kósmos*, d. h. menschliche Ordnung, auf das Weltall übertrug, dessen Urstoff er sich jedoch nur in einem zeitlich und räumlich grenzenlosen Etwas vorstellen konnte, das er abstrakt als das „Unbegrenzte" *(ápeiron)* bezeichnete. Er entwarf als Erster eine Erdkarte und unter dem Einfluss von altiranischen Überlieferungen einen Himmelsglobus. Er soll seine geographischen Kenntnisse auch als Leiter der milesischen Kolonie Apollonia am Schwarzen Meer verwendet haben. Übrigens ist ein von ihm erhaltenes wörtliches Fragment der erste uns bekannte griechische Prosatext. Indem er die Abstammung der Menschen von Fischen annahm, erscheint er geradezu als ein entfernter Vorläufer Darwins. Anaximenes hielt die Luft für den Urstoff, aus dem alle anderen Stoffe entstehen, z. B. durch Verdünnung Feuer, durch Verdichtung Wasser. Ein anderer Milesier, Hekataios (ca. 560–480 v. Chr.), hat die Erdkarte des Anaximandros nach eigenen Kenntnissen überarbeitet, wurde der Begründer der griechischen Reiseschriftstellerei in Prosa und mit seinen Genialogíai, einer Geschlechterkunde aristokratischer Familien, ein Vorläufer der Geschichtsschreibung. Er war sich seiner Rolle als geistiger Neuerer voll bewusst:

> So spricht Hekateios von Milet: das folgende schreibe ich, wie es mir wahr zu sein scheint. Denn die Geschichten der Hellenen sind, wie sich mir zeigt, widerspruchsvoll und lächerlich.[55]

Seine Geschichtsforschung basierte allerdings zwangsläufig noch auf den überlieferten Mythen, deren historischen Kern er mit Hilfe verstandesmäßiger Interpretation herausarbeiten zu können glaubte. (Mit dieser Methode hat er unter etlichen Altertumswissenschaftlern des 19. und 20. Jahrhunderts durchaus Nachahmer gefunden.)

Eine der originellsten Geistesgrößen der antiken Welt war Xenophanes (ca. 540–470 v. Chr.) aus der kleinasiatischen Stadt Kolophon (nordöstlich von Samos). Er war Wissenschaftler, Dichter und Rhapsode in einer Person und be diente sich deshalb auch für seine wissenschaftlichen Texte einer gebundenen Sprache. Er kann als Begründer der Geologie gelten. Aus Meeresfossilien, die er an Land entdeckte, zog er den Schluss, dass der Wasserstand in früheren Zeiten höher gewesen sein musste. Diese Entdeckung war ihrer Zeit zweieinhalb Jahrtausende voraus. Größere Beachtung in der Antike fand er mit seiner Religions- und ethischen Wertekritik. Er wandte sich gegen die Göttermythen Homers und Hesiods und forderte, dass besonders die unmoralischen Götterschilderungen Homers kein Thema mehr bei Symposien sein sollten. Damit wurde er ein maßgeblicher Gründer der rationalistischen Ethik, ein Vorläufer von Euripides und Platon. Sowohl den Polytheismus als auch die Menschengestalt von Göttern lehnte er kategorisch ab und spottete, wenn die Tiere sich Götterbilder erschaffen könnten, nähmen ihre Götter die entsprechende Tiergestalt an. Gott war für ihn eine geistige Kraft, die nicht über der Welt steht, sondern in der Welt immanent ist und wirkt. Sie ist jedoch nicht ethisch indifferent, sondern der Mensch kann sich mit Liedern und Gebeten an sie wenden und um moralische Kraft bitten. Später wollten christliche Kirchenväter in ihm einen Vorläufer des Monotheismus erkennen. Einen überragenden Wert maß er der menschlichen Erkenntnis zu, durch die der Mensch die Welt Schritt für Schritt verbessern könne, und widersprach damit den pessimistischen Dekadenzvorstellungen Homers und vor allem Hesiods. Auch kritisierte er die übermäßige Wertschätzung der Athletik. Wissen und Erkenntnis sei wertvoller als physische Stärke. Politisch war er ein Gegner der Tyrannis und verließ seine Heimat, als die Perser nach der Eroberung Kleinasiens griechische Tyrannen als Vasallen unterstützten. Sein Wohnsitz wurde Elea in Unteritalien (das spätere Velia). Als Gegner der Tyrannis teilte er die Auffassung Solons und anderer, dass das Streben nach übermäßigem Reichtum und die rivalisierende öffentliche Zurschaustellung von Luxus politisch schädlich seien und letztendlich die Entstehung einer Tyrannis begünstigten. In diesem Sinn ist seine Kritik an den Sitten in Kolophon zu verstehen, die er in folgende Verse fasste:

> Weichlichen Prunk, nutzlosen, lernten die Kolophonier von den Lydern,
> und solange sie noch frei waren von der verhaßten Tyrannis,
> gingen sie auf die Agora in ganz purpurnen Gewändern, nicht weniger als tausend,
> vornehm tuend, prahlend mit ihren wohlgezierten Locken,
> triefend vom Duft köstlich bereiteter Salben.[56]

Dennoch ist er, wie wir schon gesehen haben, noch im Alter am Hof Hierons von Syrakus aufgetreten und sah darin offenbar keinen Widerspruch zu seinen Überzeugungen. Sogar Pindar, der die Tyrannen von Akragas und Syrakus verherrlichte, wollte, wie er an anderer Stelle[57] bekannte, als Gegner der Tyrannis und politischer Anhänger des „Mittleren" gelten – ein schwieriger Balanceakt.

Elea war auch die Wirkungsstätte des Parmenides (ca. 540/535–483/475 v. Chr.), dessen Philosophie auf der strengen Unterscheidung zwischen den veränderlichen Erscheinungsformen, die man mit den Sinnen wahrnimmt, und dem wirklichen unveränderlichen ewigen Sein basierte, das sich nur mit dem Verstand erkennen lässt. Über seine Haltung zu Politik und Ethik ist nichts überliefert.

Sein philosophischer Antipode war Heraklit aus Ephesos (ca. 520–460 v. Chr.), der das wahre Sein in der ständigen Veränderung erkennen wollte, die sich nach festen Regeln vollzieht. Die höchste Stufe der Erkenntnis sei die der Einheit von menschlicher Vernunft und der vernünftigen Weltordnung, für die er als Metapher Feuer wählte, das sich vorübergehend auch in Luft, Wasser und Erde verwandeln könne, bevor es zu sich selbst zurückkehre. Dieses Feuer umfasst alle Gegensätze der Welt, auch die moralischen. Seiner festen Überzeugung nach waren nur sehr wenige Menschen in der Lage, zu vernünftiger Erkenntnis zu gelangen, und so wurde er nicht nur zu einem Verächter der Durchschnittsmenschen, sondern übte auch ätzende Kritik an Dichtern wie Homer und Hesiod sowie den meisten Philosophen. Von Geburt her Aristokrat, entwickelte er sich zu einem noch viel ausgeprägteren Aristokraten des Geistes. Von dieser Position her waren auch seine politischen Ansichten notwendigerweise elitär. Anscheinend war er Verfechter einer Staatsordnung, die er *nómos* (Gesetz) nannte und die er vermutlich als Teil der Weltordnung auffasste, doch sind aus der bruchstückhaften Überlieferung konkrete Vorstellungen – falls er überhaupt solche hatte – nicht erkennbar. Letzteres gilt zu einem großen Teil für seine Philosophie insgesamt, die schon für die antike Nachwelt schwer verständlich war und erst recht in der modernen Forschung zu sehr verschiedenen Deutungen geführt hat. Man könnte sagen: Jeder Forscher hat seinen eigenen Heraklit. Die Nachwirkung der Lehren des Parmenides und Heraklit werden wir später in Platons Ideenlehre wiederfinden.

Noch grundsätzlicher als Xenophanes grenzte der zeitgenössische Dichter Phokylides aus Milet die griechische Kultur von der orientalischen ab. Er sprach vom „törichten Ninive“ und stellte der assyrischen Großstadt die kleine wohlgeordnete griechische Polis gegenüber. Ninive am Tigris war in der letzten Phase des assyrischen Reiches durch den kriegerischen König Sanherib 704 v. Chr. anstelle von Assur zur Hauptstadt erhoben worden. Mit ihrer doppelten turmbewehrten Stadtmauer, ihren 15 Toren, ihrem großen Wasserkanal, ihren prächtigen Palästen und zahlreichen Reliefs mit Kriegs-, Jagd- und Kultdarstellungen war diese Stadt die glänzendste Metropole des siebenten Jahrhunderts gewesen, eine machtvolle Demonstration orientalischer Despotie. Mit der Gründung der umfangreichsten Bibliothek ihrer Zeit aus Keilschrifttafeln hatte König Assurbanipal (König 668–626 v. Chr.) die Stadt auch zu einem geistigen Zentrum gemacht. Doch dauerte ihre Blüte nicht einmal einhundert Jahre. Die Meder und Babylonier zerstörten das assyrische Reich und legten Ninive 612 v. Chr. in Schutt und Asche. Dieser plötzliche Zusammenbruch hat in der antiken Welt einen tiefen Eindruck hinterlassen. Ninive wurde in der jüdischen und griechischen Literatur ein Symbol für die Zerbrechlichkeit einer scheinbar unüberwindlichen Weltmacht. Für die wohlgeordnete Polis empfiehlt Phokylides das

Abb. 18: Kroisos auf dem Scheiterhaufen. Amphora des Myrson, ca. 490 v. Chr.

„mittlere Maß“. Das öffentliche Umherstolzieren in kostbarer Kleidung hält er für schwachköpfig. Die höchste Tugend ist für ihn die Gerechtigkeit. Vornehme Herkunft ohne edle Gesinnung sei nichts wert. Und die beste Art, Reichtum zu erwerben, sei die Bestellung des Ackers. So spricht ein Aristokrat, der nach eigener Aussage Symposien zu schätzen weiß. Phokylides war kein Bauer wie Hesiod, aber in wesentlichen Dingen stimmen beide in bemerkenswerter Weise überein.

Ein Stück Kritik am reichen Orient steckt auch in der Sage von Midas, einem legendären König von Phrygien (in Zentralanatolien). In seiner grenzenlosen Goldgier dachte er sich eine List aus. Er machte den Lehrer des Dionysos, den alten Silen, betrunken, indem er in seine Waldquelle Wein schüttete und daraufhin den Berauschten entführte. Dann erpresste er von Dionysos für die Freilassung des Silen die Erfüllung eines Wunsches: Alles, was er berühre, solle zu Gold werden. Dionysos gewährte ihm den Wunsch. Aber Midas, von da an der reichste Mann der Welt, musste zu seinem Schreck erkennen, dass er einen Fehler gemacht hatte und an seinen goldenen Nahrungsmitteln zu verhungern drohte. Demütig musste er den Gott um ein Mittel zur Erlösung bitten. Es bestand darin, im Fluss Paktolos zu baden, so dass der Zauber auf diesen überging. Der Paktolos verwandelte sich daraufhin zu dem Fluss, in dem das meiste Gold zu finden war.

In diesen Zusammenhang gehört auch die Darstellung von der Selbstverbrennung des Kroisos, der als der reichste König des Orients galt, auf einem Scheiterhaufen (Abb. 18). Näheres bei Herodot an späterer Stelle.

Den größten Einfluss auf die praktische Politik hatte von allen Intellektuellen Pythagoras (ca. 570 – nach 510). Wie Xenophanes war auch er ein Flüchtling aus dem Osten. Er verließ wahrscheinlich seine Heimat Samos, als die Tyrannis des Polykrates begann, und wählte irgendwann zwischen 532 und 529 Kroton in Unteritalien an der Ostküste Kalabriens zu seinem Wohnsitz. Im heutigen Bewusstsein ist sein Name untrennbar mit der geometrischen Formel $a^2 + b^2 = c^2$ verbunden. Aber es ist keineswegs sicher, ob sie wirklich von ihm stammt oder von einem späteren Pythagoreer. Es ist sogar umstritten, ob Pythagoras überhaupt wissenschaftliche Studien betrieben hat oder vielleicht eher magische Spekulation. Jedenfalls glaubte er an die Unsterblichkeit der Seele und sogar an Seelenwanderung, nicht nur bei Menschen, sondern auch bei Tieren, und war deshalb Vegetarier. Daraus folgte, dass er die Aufzucht von Tieren zur Ernährung und für Tieropfer ablehnte. Ob er diese Überzeugung aus den weitverbreiteten obskuren orphischen Vorstellungen erworben hat, wie später behauptet wurde, ist ungewiss. Ferner beschäftigte er sich intensiv mit musiktheoretischen Spekulationen und Zahlenmystik. Er nahm an, dass die Planeten bei ihren kreisförmigen Bewegungen Töne hervorbrächten, die einen kosmischen Klang, eine Sphärenharmonie erzeugten, die jedoch für das menschliche Ohr nicht hörbar sei. Später ging das Gerücht um, dass er als einziger Mensch in der Lage gewesen sei, diese Klänge wahrzunehmen. Der Musik schrieb er eine außerordentliche Wirkung auf die menschliche Seele zu und wurde zum Begründer der Überzeugung, dass die Verordnung der richtigen Musik ein Mittel zur Hebung der Sittlichkeit und zur Harmonisierung der Bürgerschaft sei. In Kroton machte er sich als eindrucksvoller Sittenprediger einen Namen und scharte eine Schülerschaft um sich. Einer der führenden Aristokraten und mehrfacher Olympiasieger, Milon, stellte ihm und seinen Schülern sein Haus als Versammlungsstätte zur Verfügung. Pythagoras muss eine charismatische Persönlichkeit gewesen sein. Später schrieb man ihm allerlei Wundergeschichten zu. So soll er eine goldene Hüfte gehabt haben, an zwei Orten gleichzeitig gesehen worden sein und dergleichen. Möglicherweise war es gerade diese Mischung aus verstandesmäßiger Erkenntnis und Okkultismus, mit der er den Eindruck erwecken konnte, geheimnisvolle Kräfte entdeckt zu haben und wirksam einsetzen zu können. Die damalige Stimmung in Kroton kam dem Anliegen des Pythagoras entgegen. Die Bürgerschaft war nach einer militärischen Niederlage, die sie in einem Krieg gegen das kleinere Lokroi erlitten hatte, demoralisiert, die Stadt wurde von innenpolitischen Spannungen gequält, und die Gefahr einer Tyrannis lag in der Luft. Deshalb waren gerade viele Aristokraten empfänglich für eine moralische Erneuerung.

Aus seiner Auffassung von der Ordnung der Natur leitete Pythagoras seine Ethik ab. Oberstes Ziel war die Reinheit der Seele, die durch die Reinheit der Lebensführung *(kátharsis)* gewonnen werden sollte. Zu letzterer gehörte allgemein das Maßhalten beim Essen und Trinken, insbesondere eine einfache vegetarische Kost (doch aus uns unbekannten Gründen die Vermeidung des Verzehrs von Bohnen) und der Verzicht auf jegliche Schlemmerei. Diese Speisevorschriften wurden auch mit medizinischen Argumenten begründet. Denn Pythagoras hat sich mit Medizin beschäftigt und für die Entstehung der medizinischen Schule in Kroton gleichsam den Grundstein gelegt. Ihre bekanntesten Vertreter wurden seine Schüler Demokedes und Alkmaion. Demokedes hatte allerdings keine Skrupel, mächtigen Herrschern zu dienen. Er stieg zum Leibarzt des Tyrannen Polykrates von Samos und schließlich des persischen Großkönigs Dareios auf. Alkmaion erforschte den Körper als erster anhand von Tiersektionen. Das strenge Prinzip des Maßhaltens führte bei Pythagoras selbstverständlich auch zur Ablehnung aufwendiger Kleidung, kostbaren Schmucks und luxuriöser Ausstattung des Hauses. Die Sexualität sollte auf die Ehe beschränkt werden. Den höchsten Rang nahm das Verbot des Unrechttuns ein. In seinem Streben nach Harmonie, die er im Weltall verwirklicht glaubte, legte Pythagoras besonderen Wert auf die Pflege der Freundschaft im weitesten Sinn: Freundschaft zwischen Göttern und frommen Menschen, Freundschaft zwischen Mitbürgern, Freundschaft zwischen Vertretern verschiedener philosophischer Richtungen, Freundschaft aller Menschen und Völker untereinander, aber auch Freundschaft der Seele mit dem Körper. Diese „puritanische" und menschenfreundliche Lebensanschauung, die viele Gebote des Christentums vorwegnahm, sollte durch Einübung *(áskesis)*, d. h. durch eine strenge Erziehung der Knaben und Mädchen und darüber hinaus durch eine Sittenaufsicht über die Erwachsenen erreicht werden. Dabei diente die Musik als wichtiges Erziehungsmittel. Einer Legende zufolge soll er einmal allein durch sein Flötenspiel einen *kȏmos* junger Männer, die nach einem Symposion grölend durch die Straßen zogen, schlagartig in nüchternes Betragen verwandelt haben. Pythagoras war überzeugt, dass nur eine solche Moral die Eintracht der Bürgerschaft im Innern und die Verteidigungsfähigkeit nach außen garantieren könne. Mit seiner rhetorischen Befähigung erreichte er u. a., dass die vornehmen Damen Krotons auf ihre kostbaren Gewänder, die sie bei religiösen Feierlichkeiten anzulegen pflegten, verzichteten und sie der Hera weihten.

Auch bei einer schwerwiegenden außenpolitischen Entscheidung hat Pythagoras erfolgreich das Gewicht seiner Persönlichkeit in die Waagschale geworfen. Es handelte sich um einen Konflikt mit der Nachbarstadt Sybaris, die Kroton an Reichtum und Macht überragte. Sie beherrschte zahlreiche Städte, die sie als Kolonien gegründet hatte, sowie umliegende Stämme, nicht nur an der Adriaküste, sondern auch an der Westküste Italiens, u. a. Poseidonia, das spätere Paestum. Sie war der bedeutendste Handelspartner Milets im westlichen Mittelmeer. Und sie war darüber hinaus der Knotenpunkt für den Zwischenhandel nach Etrurien. Waren aus Milet, vor allem die begehrte milesische Wolle, wurden in Sybaris von den Schiffen auf Tragtiere umgeladen und quer durch Italien an die Westküste transportiert, von wo sie wiederum per Schiff zu den etruskischen Städten in der

Toskana gelangten. Trotz des Wohlstandes gab es auch in Sybaris heftige Auseinandersetzungen, die dazu führten, dass ein gewisser Telys die Macht an sich riss und eine Tyrannis etablierte. Darauf ergriffen seine Gegner unter den Aristokraten die Flucht und baten in Kroton um Aufnahme. Telys sah in dem Aufenthalt seiner Gegner in Kroton natürlich eine Gefahr und forderte von Kroton die Ausweisung der Flüchtlinge. In Kroton waren die Meinungen geteilt. Konnte und wollte man eine Auseinandersetzung mit der mächtigen Nachbarstadt wagen? Sollte man ein solches Risiko um der Flüchtlinge willen auf sich nehmen? Die Entscheidung fiel nicht leicht. Pythagoras hat als Gegner jeder Tyrannis dazu beigetragen, dass Kroton die Forderung des Telys zurückwies und den geflüchteten Aristokraten Schutz gewährte. Das war zweifellos ein ebenso nobler wie mutiger Entschluss. Denn der Krieg war letzten Endes unvermeidlich. Die Krotoniaten stellten sich der Übermacht des sybaritischen Heeres tapfer entgegen – und errangen 510 v. Chr. einen glänzenden Sieg. Der Pythagoreerfreund Milon, angetan mit den Kränzen seiner olympischen Siege sowie den kraftbringenden Attributen des Herakles, Löwenfell und Keule, soll die Schlachtreihe der Sybariten als erster durchbrochen haben. Es war ein totaler Triumph: Den Krotoniaten gelang es, Sybaris einzunehmen. Sie haben die Stadt so gründlich zerstört, dass die modernen Archäologen ihre Spuren erst nach über hundertjähriger Suche in den 1960er Jahren ausfindig machen konnten. Die Bürger von Milet sollen sich auf die Kunde vom Untergang ihrer Partnerstadt aus Trauer das Haar geschoren haben. Die Katastrophe von Sybaris hatte einen jahrhundertelangen Nachhall bis in die Spätantike. „Sybarit" wurde ein Synonym für einen vom Wohlleben verweichlichten und geschwächten dekadenten Snob. Pythagoras hat es offensichtlich verstanden, den phänomenalen Sieg Krotons über das reiche und angeblich vom Luxus zerrüttete Sybaris als Bestätigung der kargen Lebensform hinzustellen, die er die Krotoniaten gelehrt hatte. Überlebt hat vom untergegangenen Glanz der Stadt lange Zeit das überdimensionale Purpurgewand für eine Götterstatue, mit dem sein Besitzer, der Sybarit Alkisthenes, anlässlich eines lakinischen Herafestes die Griechen Unteritaliens in Staunen versetzte. Es war wahrscheinlich in Milet hergestellt worden und zeigte u. a. eingewobene Bilder von Susa und Persepolis. Später gelangte das Gewand in den Besitz des Tyrannen Dionysios I. von Syrakus, der es für eine immense Summe an Karthago verkaufte. Noch über 300 Jahre später hat ein griechischer Autor das Gewand als Wunderwerk beschrieben.

Nach 510 v. Chr. erfreuten sich die Pythagoreer so großer Popularität, dass sie ihre Lehre auch in zahlreichen Städten Unteritaliens und Teilen Siziliens verbreiten konnten. Aber für Pythagoras selbst verwandelte sich sein größter Erfolg bald ins Gegenteil. Anscheinend fanden viele Aristokraten seine Selbstherrlichkeit unerträglich. Seine Stellung in Kroton wurde schließlich unhaltbar, und er musste seinen Wohnsitz nach Metapont verlegen. Dort genoss er eine so große Verehrung, dass man nach seinem Tod sein Haus zu einem Demeterheiligtum weihte. In den folgenden Jahrzehnten blieben die Pythagoreer die einflussreichsten Philosophen. Erst um die Mitte des fünften Jahrhunderts, als in Unteritalien und Sizilien zum ersten Mal Demokratien entstanden, fand ihre dominierende Rolle ein schreckliches Ende. Wie demokratisch diese „Demokratien" waren, wissen wir nicht. Jedenfalls waren den Demokraten die elitären Zirkel dieser Geheimwissenschaftler, in denen sie die intellektuellen Stützen einer reinen Adelsherrschaft sahen, ein Dorn im Auge. Es kam zu Krawallen, der Pöbel stürmte ihre Versammlungshäuser, brannte sie nieder und jagte die Pythagoreer aus dem Land. Lediglich Tarent blieb ihr letztes Bollwerk. Die meisten flüchteten nach Griechenland, gewannen aber dort kein besonderes Ansehen mehr. Sybaris blieb im allgemeinen Bewusstsein das Musterbeispiel einer dekadenten Stadt, aber erst seit dem ausgehenden fünften Jahrhundert trieb die Sybarislegende ihre skurrilsten Blüten, und noch in der Neuzeit war Sybaritismus ein Synonym für ausschweifenden Lebensgenuss.

Wie Pythagoras war auch der eine Generation jüngere Empedokles (ca. 495–435 v. Chr.) ein Gegner der Tyrannis. Er gehörte zur Oberschicht von Akragas. Schon sein Vater hatte am Sturz der Tyrannis der Emmeniden, zu denen Theron gehört hatte, mitgewirkt. In die anschließenden politischen Wirren soll er sich eingemischt und eine Verschwörung der „Tausend" unterdrückt haben. Auch wenn man hinter dieser rhetorischen Bezeichnung eine oligarchische Gruppe vermuten könnte, berechtigt die Positionierung des Empedokles nicht, wie oft geschehen, zu dem Schluss, in ihm einen Demokraten zu sehen. Eine Demokratie dürfte sich in Akragas erst in der zweiten Hälfte des fünften Jahrhunderts nach athenischem Vorbild herausgebildet haben. Gerade in dieser Zeit wurde Empedokles aus der Stadt vertrieben. Es ist bezeichnend, dass er als Exil nicht das demokratische Athen wählte, sondern die Peloponnes. Von Haus aus reich, setzte er sich bei pangriechischen Festen in prunkvoller Ausstaffierung mächtig in Szene und wetteiferte mit anderen Aristokraten mit üppigen Banketten um Prestige. Bei solchen Gelegenheiten wird er als begabter Redner auch seine philosophischen Lehren verkündet haben, mit denen er auf der Basis von Mythologie und theoretischer Spekulation die Entstehung und das Wesen des Weltalls und des Lebens zu analysieren versuchte. Schriftlich hat er sie als Lehrgedichte in Hexametern verfasst, die er einmal von einem Rhapsoden öffentlich rezitieren ließ. Seine Vorstellung von der Reinkarnation, über die wir nichts Genaues wissen, führte ihn, wie die Pythagoreer, zum Vegetarismus und zur Ablehnung von Unrecht und Gewalt, selbst gegenüber Tieren. Im Glauben an seine Allwissenheit nahm er sogar Göttlichkeit für sich in Anspruch und betätigte sich auch als Heiler von Krankheiten und Weissager. Die Philosophen waren eben oft nicht weniger eitel als die Krieger und sportlichen Wettkämpfer. Ob er dem Schamanismus zugerechnet werden kann, ist, wie bei Pythagoras, in der Forschung umstritten.

510, als die Tyrannis in Sybaris zusammen mit der Stadt unterging, wurde auch die Tyrannis in Athen gestürzt, ebenfalls von außen, nämlich mit Hilfe der

Spartaner. Anstifter war die Adelsfamilie der Alkmaioniden, die von den Tyrannen aus Athen vertrieben worden war. Mit der Zusage einer großzügigen Spende für den Wiederaufbau des abgebrannten Tempels in Delphi gewannen sie die dortige Priesterschaft für ihre politischen Ziele und zogen hinter den Kulissen die Strippen. Diskret vermittelte das Heiligtum bei günstigen Gelegenheiten spartanischen Gesandten einen angeblichen Orakelspruch, der Sparta zum Eingreifen in Athen aufforderte, was nach mehrmaligem Drängen auch geschah. Nach dem Sturz des Tyrannen Hippias, des Sohnes des Peisistratos, dem man mitsamt seiner beweglichen Habe und seinen Anhängern freien Abzug in den athenischen Außenposten Sigeion in der Troas gewährte, kam es zu einem Machtkampf zwischen dem Adligen Isagoras, der von dem Spartanerkönig Kleomenes I. unterstützt wurde, und dem Alkmaioniden Kleisthenes. Kleisthenes setzte sich schließlich gegen Isagoras und die Spartaner durch, indem er außer seiner Hetairie anscheinend auch zahlreiche Athener der dritten Vermögensklasse, der Dreihundertscheffler, auf seine Seite zog und zwischen 507 und 504 eine umfassende Staatsreform vornahm, die diesen eine größere politische Mitwirkung zugestand. Attika wurde in zehn Bezirke, sogenannte Phylen, gegliedert, die zugleich administrative und militärische Einheiten waren. (Daneben blieben die alten Phylen, Phratrien und Géne erhalten.) Jede dieser neuen Phylen umfasste einen Teil der drei attischen Regionen, der Stadt-, Land- und Küstenregion, so dass der Regionalismus, der Gegensätze, Rivalität und Streit gefördert hatte, durch eine zentrale Organisation ersetzt und der Staat als Ganzes gestärkt wurde. Unterhalb der Phylen wurden zahlreiche Gemeinden *(dêmoi)* mit einem gewissen Maß an Selbstverwaltung und einer Bagatellgerichtsbarkeit geschaffen.

Es handelte sich, bei Licht besehen, um etwas ganz Außergewöhnliches: Historisch gewachsene Identitäten wurden zerschnitten und durch künstliche ersetzt. Das heißt: Die politische Ordnung wurde in weitaus höherem Maße als zuvor nicht mehr nur als etwas schicksalhaft seit alters her Überkommenes empfunden, sondern war rational planbar. Erst mit dieser Reform, bei der anscheinend auch zahlreiche Mitglieder der beiden oberen Vermögensklassen mitwirkten, wurde Attika zu einer politischen Einheit – eine Voraussetzung für die spätere Demokratie. Gleichzeitig wurde die Wehrpflicht und die Phalanx eingeführt, die Sparta schon einige Jahrzehnte früher zur vollen Ausbildung gebracht hatte. Diese Phalanx sollte knapp zwanzig Jahre später, 490 v. Chr., bei Marathon das persische Invasionsheer besiegen. Bei der Phalanx kam es nicht mehr auf den Einzelkämpfer an, sondern die Mannschaft rückte als geschlossene Einheit ca. acht Mann tief gestaffelt im Gleichschritt zu Flötenmusik gegen den Feind vor. Dabei durfte keine Lücke zwischen den einzelnen Phalangiten entstehen, durch die der Feind hätte eindringen und die Formation aufrollen können. Jeder Kämpfer deckte mit seinem Schild nicht nur seine linke Seite, sondern gleichzeitig die rechte Seite seines linken Nebenmannes, der in seiner rechten Hand die Lanze hielt. Die Adligen kämpften in dieser Formation wie jeder andere auch, ebenso der Feldherr, der während der Schlacht keine taktische Funktion hatte, sondern den rechten Flügel, den Angriffsflügel, anführte.

Aus dem beweglichen Kampf Einzelner wurde ein Block der waffenfähigen Bürgerschaft, eine Kriegsmaschine, die die Gleichheit aller Schwerbewaffneten – unabhängig von ihrer Vermögensklasse – förderte. Neben dem Areopag wurde ein zweites Ratsgremium, der Rat der Fünfhundert, geschaffen. Er bestand jedoch nicht aus ehemaligen Amtsträgern mit lebenslänglicher Mitgliedschaft, wie der Areopag, sondern jede Phyle wählte 50 Vertreter, die nur ein Jahr amtierten. Dieser Rat ist gelegentlich als das erste Repräsentativorgan der Geschichte angesehen worden. Aber die Athener haben ihn wahrscheinlich nie so aufgefasst, denn mit einer Volksvertretung durch Abgeordnete, wie sie für die heutige repräsentative Demokratie typisch ist, hatten die Griechen damals noch nichts im Sinn. Die Ratsmitglieder waren in ihren Augen wohl eher Amtsträger als Abgeordnete. Die meisten von ihnen werden Grundbesitzer gewesen sein, die in den einzelnen Gemeinden das größte Vermögen und den größten Einfluss besaßen, aber keine politische Karriere bis zum Archontat machten, die sie nach ihrer Amtszeit in den Areopag geführt hätte. Dieser Rat der Fünfhundert ersetzte den von Solon geschaffenen Rat der Vierhundert (falls es ihn je gegeben hat). Die wichtigsten zivilen und militärischen Ämter blieben weiterhin der obersten Vermögensklasse, den Fünfhundertschefflern, vorbehalten. Gegen die Gefahr einer erneuten Tyrannis traf man eine drastische Vorkehrung: Angeblich ab 501 v. Chr. wurden die Fünfhundert am Beginn ihrer Amtszeit eidlich verpflichtet, jeden Bürger und seine Anhänger zu töten, wenn diese eine Tyrannis anstrebten. Der Mord an einem Tyrannen sollte nicht nur straflos bleiben, sondern dem Mörder sollte sogar die Hälfte von dessen konfisziertem Vermögen zustehen. Das Problem des Tyrannenmordes wurde später zu einem Thema der Philosophie und auf diese Weise ein Teil des ethischen Erbes der Antike. Es wurde in bestimmten politischen Situationen bis in die Neuzeit auch immer wieder politisch aktuell, z. B. bei römischen Aristokraten unter Caesars Diktatur und im Zweiten Weltkrieg bei der Vorbereitung von Attentaten auf Hitler. Bei den Griechen ging die Billigung des gerechtfertigten Mordes jedoch weit über den Tyrannenmord hinaus. Mord wurde immer wieder ein Mittel des politischen Kampfes.

Die Grundüberzeugung der Gleichheit und des „Maßhaltens" brachte einen erkennbaren Wandel im öffentlichen Habitus der Oberschicht hervor und fand auch in einigen Gesetzen verschiedener Poleis ihren Niederschlag, aber nicht nur in Gesetzen. Fast überall in der griechischen Welt wurden nach 500 v. Chr. keine Monumentalgräber, Denkmäler des Nachruhms für den Einzelnen, mehr errichtet, und zwar aus freien Stücken, ohne ein gesetzliches Verbot. In Athen wurde irgendwann nach 480 v. Chr. ein Gesetz beschlossen, dass Lobreden am Grab eines Verstorbenen nur noch bei Staatsbegräbnissen von einem Amtsträger gehalten werden durften. Damit wurden alle privaten Leichenreden, bei denen Aristokraten den Ruhm ihrer Familie öffentlich herauszustellen pflegten, untersagt. Gesetzlich beschränkt wurde weiterhin der Pomp bei Begräbnissen. Sogar der Tyrann Gelon von Syrakus hat sich bei seinen Anordnungen für sein eigenes Begräbnis an die einschlägigen Gesetze in seiner Stadt gehalten. Andere Gesetze verboten bei kultischen Veranstaltungen bunte Gewänder und enthielten auch Speisebeschränkungen, wobei religiöse Reinheitsgebote und Luxusbeschränkungen oft eine Symbiose eingingen. In Athen war der freiwillige Übergang von der „üppigen" zur „gleichen" Lebensweise nach spartanischem Vorbild (Thukydides), d. h. vom langen farbenfrohen Gewand der archaischen Zeit zum schlichten kürzeren Bürgerkleid im täglichen Leben am deutlichsten sichtbar. Das Signal war eindeutig: Die Gemeinschaft sollte Vorrang vor dem Individuum haben. Und in der Plastik löst, wie schon erwähnt, der von den Archäologen so benannte „Strenge Stil" (ca. 490/480–460/450 v. Chr.), erkennbar an dem ernsten Gesichtsausdruck der Dargestellten, das archaische Lächeln ab. Angeblich sollen die Bürger in den einzelnen Gemeinden Athens gegenseitig ihr moralisches Verhalten überwacht haben. Sogar der Areopag, der aus Mitgliedern der obersten Vermögensklasse bestand, propagierte das Leitbild des „Maßhaltens" und gewann ein hohes moralisches Ansehen, obwohl er nie eine sittenrichterliche Funktion gehabt hat. Eine regelrechte sittenrichterliche Komponente hatte jedoch das Scherbengericht *(ostrakismós)*, das 488/487 v. Chr. in Athen zum ersten Mal praktiziert wurde. In jedem Jahr stimmte die Volkversammlung darüber ab, ob ein Ostrakismos stattfinden solle. Fiel die Abstimmung positiv aus, schrieb jeder Teilnehmer auf eine Tonscherbe *(óstrakon)* den Namen desjenigen, der seiner Meinung nach „Unrecht tut". Damit konnte sowohl politisches als auch moralisches Versagen gemeint sein. Die Abstimmung erfolgte nach Phylen und war geheim. Dieses Verfahren verkehrte das Wahlsystem also ins Gegenteil. Derjenige Politiker, der die meisten Stimmen erhielt, war kein Wahlsieger, sondern musste aus Athen verschwinden, behielt aber sein Bürgerrecht und sein Eigentum und durfte nach zehn Jahren zurückkehren. Die Archäologen haben 11 000 solcher Abstimmungsscherben gefunden. Auf ihnen finden sich nicht nur die Namen, sondern oft auch die Begründungen, warum der jeweils Abstimmende gegen einen bestimmten Politiker votierte. Zum Beispiel richtete sich der Vorwurf „Hass auf das Volk" offenbar gegen arrogantes Betragen: Dem Alkmaioniden Megakles wurden seine Vorliebe für teure Pferde und der luxuriöse Lebenswandel seiner Mutter zum Vorwurf gemacht, dem prominenten Politiker Kimon ein sexuelles Verhältnis zu seiner Stiefschwester angehängt. Die Institution des Scherbengerichts gab es etwas später auch in etlichen anderen Städten, unter ihnen in Argos, Milet und Syrakus. Sie war ein relativ humanes Instrument zur Disziplinierung mächtiger Einzelner, die mit der Demonstration von Reichtum und prätentiöser Selbstdarstellung ihren persönlichen Herrschaftsanspruch zur Geltung bringen wollten. Ging es Solon noch in erster Linie um die Homogenität der politischen Führungsschicht, so sollte die neue Einfachheit, wie in Sparta, die Gleichheit und Geschlossenheit des ganzen Bürgerverbandes zur Schau stellen.

Mit Demokratie hatte das nichts zu tun. Sie sollte, wie sich noch zeigen wird, eine andere Lebensform hervorbringen. Im Übrigen war kollektiver Pomp bei bestimmten kultischen Festen durchaus erwünscht, ja sogar aus religiösen Gründen vorgeschrieben, wie bei den Hyakinthia in Sparta.

In den Jahren vor 480 v. Chr. baute Athen seine Seemacht zur stärksten Flotte der griechischen Welt aus. Der Initiator war Themistokles, der den Athenern den Vorschlag machte, auf die Einkünfte aus den staatlichen Silberbergwerken zu verzichten und sie stattdessen in den Bau von Kriegsschiffen zu investieren. Das kam nicht bei allen gut an. Ihr Wortführer war Aristeides, der dafür plädierte, sich im Falle eines erneuten persischen Angriffs wieder, wie bei Marathon, auf das Landheer zu verlassen. Bei der Abstimmung in der Volksversammlung setzte sich Themistokles durch. Aristeides wurde 482 v. Chr. per Ostrakismos gezwungen, Athen zu verlassen. Es wirft ein bezeichnendes Licht auf die Härte, mit der politische Auseinandersetzungen geführt wurden, dass man es für unmöglich hielt, dass ein Politiker, der eine Abstimmung über eine entscheidende Frage verloren hatte, seine Niederlage akzeptieren und weiterhin in der Stadt bleiben konnte. Es war eben nicht nur ein Streit um die Sache, sondern auch um Ehre und Macht. Als Athen 480 durch die heranrückenden Perser in äußerste Bedrängnis geriet, gestattete die Bürgerschaft dem Aristeides die vorzeitige Rückkehr. Im selben Jahr errang die Flotte den entscheidenden Sieg über die persische Seestreitmacht bei Salamis.

Auch in den Tragödien des Aristokraten Aischylos, in denen sich die griechische Furcht vor dem unberechenbaren Schicksal zu erschütternden ausweglosen Situationen verdichtet, ist die ethische Leitlinie des „Maßhaltens" deutlich zu erkennen. Die Form der Tragödie war schon in der zweiten Hälfte des sechsten Jahrhunderts im Rahmen der Großen Dionysien entstanden, einem alljährlichen mehrtägigen Fest zu Ehren des Dionysos, dessen Kult der Tyrann Peisistratos zum athenischen Staatskult erhoben hatte. Die Aufführungen, die immer unter freiem Himmel stattfanden, waren das völlige Gegenteil von dem, was wir heute „action" nennen, nämlich absolut statisch, mehr Hörspiel als Schauspiel. Anstelle einer sichtbaren Handlung stand das Wort in Form der gebundenen Rede, umrahmt von Musik und Tänzen. Die Handlung wurde also nicht vorgeführt, sondern geschildert. Da die Schauspieler Masken trugen, konnten sie eigentlich gar nicht spielen, sondern im Wesentlichen nur deklamieren, d. h. lange Monologe und Dialoge führen, unterbrochen von Liedern des Chores, der Menschenmengen, z. B. die Dienerschaft oder das „Volk" verkörperte. Den Stoff nahm Aischylos – mit Ausnahme der „Perser" – aus den Mythen mit ihrer Fülle von Gewalt, Frevel und Mord; düstere Themen, die auf die Griechen eine eigentümliche Faszination ausübten und in denen sich vielleicht die brutalen Machtkämpfe des siebenten und sechsten Jahrhunderts in dramatisierter Form widerspiegeln. In den Tragödien treten Probleme von schwerer religiöser Befleckung, Blutschuld und Sühne in den Vordergrund. Ein Beispiel in der historischen Wirklichkeit ist die Blutschuld der Alkmaioniden. Sie waren maßgeblich an der Niederschlagung des schon erwähnten Putsches Kylons in Athen im ausgehenden siebenten Jahrhundert v. Chr. beteiligt gewesen und im Rausch des Hasses über das Ziel hinausgeschossen. Plutarch erzählt dieses Ereignis am ausführlichsten:

> Schon seit geraumer Zeit verursachte die an der kylonischen Partei begangene Versündigung in der Stadt große Verwirrung und Unruhe. Megakles nämlich hatte als Archon die Mitverschworenen des Kylon, die in dem Tempel der Athena Schutz suchten, überredet, die Burg zu verlassen und sich vor Gericht zu stellen. Diese banden nun einen Faden an die Bildsäule der Göttin und hielten ihn beim Herabsteigen in der Hand. Als sie aber an den Tempel der ehrwürdigen Göttinnen [der Eumeniden, d. h. der Rachegöttinnen] kamen, zerriß der Faden von selbst, und nun ließen Megakles und die übrigen Archonten sie ergreifen unter dem Vorwande, daß die Göttin ihnen den Schutz versagt hätte. Einige von ihnen, die außerhalb des Tempels sich befanden, wurden sogleich gesteinigt, andere an den Altären, zu denen sie geflohen waren, umgebracht, und nur diejenigen kamen mit dem Leben davon, die bei den Weibern der Archonten Schutz und Zuflucht gesucht hatten. Diese wurden nun deswegen Verfluchte genannt und von jedermann verabscheut. Die Überlebenden der Partei Kylons kamen bald wieder zu Macht und Ansehen und lebten in ständigem Streite mit den Anhängern des Megakles. Da um diese Zeit die Verwirrung aufs höchste gestiegen und das ganze Volk in zwei Parteien geteilt war, schaltete sich Solon, der jetzt schon in großem Ansehen stand, mit den vornehmsten Athenern als Mittler ein und brachte die sogenannten Verfluchten durch Bitten und Vorstellungen dahin, daß sie die Untersuchung und Entscheidung ihrer Sache einem Gericht von dreihundert der vornehmsten Bürger überließen. Myron von Phlya führte dabei die Anklage, und die Verfluchten wurden verurteilt. Die Lebenden mußten das Land verlassen, die Leichname der Verstorbenen aber wurden ausgegraben und über die Grenze geworfen (Plutarch, Solon 12).[58]

Doch konnten die Alkmaioniden (vielleicht schon ein Jahrzehnt?) später nach Athen zurückkehren. Wenn es politisch opportun erschien, wurde ihnen ihre „Blutschuld" allerdings immer wieder von den Spartanern zum Vorwurf gemacht, so dem Reformer Kleisthenes kurz nach 510 v. Chr. und Perikles, der mütterlicherseits von den Alkmaioniden abstammte, kurz vor Ausbruch des Peloponnesischen Krieges, also ca. 200 Jahre (!) später. Weniger schwer wog die alltägliche religiöse Befleckung, die nichts mit Schuld und Moral zu tun hatte, sondern lediglich eine rituelle Unreinheit war, von der man sich durch Reinigungsriten leicht befreien konnte, ehe man ein Heiligtum betrat. Unrein war man z. B. nach dem Geschlechtsverkehr, nach der Anwesenheit bei einer Geburt oder der Teilnahme an einer Bestattung, aber auch infolge der absichtlichen oder unab sichtlichen Tötung eines Menschen – mit Ausnahme im Krieg.

Aber der Mensch fällt nicht nur durch eigene Frevel ins Unglück, sondern er ist auch ein Opfer von Göttern und Dämonen. Dahinter steckt der Glaube, dass an allen Handlungen der Menschen, den guten wie den schlechten, Gottheiten mehr oder weniger Anteil haben. Der Mensch ist nie völlig von sich aus schuldig. Manchmal ist er sogar unschuldig, aber die Götter lassen ihn schuldig werden. Daher gibt Aischylos in den „Persern" (aufgeführt 472 v. Chr.) Xerxes nur einen Teil der Schuld an der persischen Niederlage, obwohl der Dichter an der Schlacht bei Salamis selbst teilgenommen hat und die grauenhaften Verluste der Perser eindringlich schildert. Der junge König ist ehrgeizig, er will, angestachelt von seiner Umgebung, es seinen großen Vorgängern gleichtun und verliert dabei das rechte Maß. Denn die Götter haben den Persern nur die Macht zu Lande verliehen, nicht aber zur See, die nach göttlichem Ratschluss den Griechen vorbehalten ist. Deshalb straft Zeus die Hybris des Königs, der diese gottgesetzten Grenzen überschreiten will, und stürzt die Perser ins Verderben. Aber zugleich wurde der König von einem bösen Dämon verblendet, der die Perser zu Grunde richten wollte, und ist insofern auch ein Opfer. Herodot wird diesen Ansatz später in seinem Geschichtswerk übernehmen und breiter ausmalen. (Wenn moderne Theaterregisseure die Schilderung der furchtbaren Niederlage der Perser bei Aischylos als Analogie zu Hitlers Zweiten Weltkrieg benutzen, verfälschen sie die Absicht des Dichters oder sie müssten den Diktator von der Verantwortung für seine Untaten zumindest teilweise entlasten und ihm zugutehalten, dass er wider Willen von einem bösen Dämon getrieben worden sei. Das Ende des Dritten Reiches hätte Aischylos vielleicht als *katastrophé* – Untergang – bezeichnet, aber nicht als Tragödie.)

Inhaltlich charakteristischer für die griechischen Tragödien ist die aus den Einzelstücken „Agamemnon“, „Choephoren“ (Weihgussträgerinnen) und „Eumeniden“ bestehende Trilogie der „Orestie“ (458 v. Chr.). Sie handelt von einem Fluch, der seit Tantalos auf dem Herrscherhaus der Atriden lastet. Dem Mythos zufolge hatte Atreus, der Herrscher von Argos, seinen Bruder Thyestes verbannt, der seine Gattin verführt und obendrein versucht hatte, ihn aus seiner Herrschaft zu verdrängen. Mit dem Sieg über seinen Bruder nicht zufrieden, sinnt Atreus auf weitere Rache und fasst einen teuflischen Plan: Viele Jahre später täuscht er Versöhnung vor und lädt Tyestes mit seinen 13 Söhnen an seinen Hof ein. Bei diesem Versöhnungsfest ermordet er heimlich zwölf von diesen, zerstückelt sie und lässt die gebratenen Teile seinem Bruder als Mahl servieren. Als Thyestes erfährt, was er verspeist hat, verflucht er sein eigenes Geschlecht, die Atriden, und flüchtet mit seinem letzten Sohn, Aigisthos, wieder in die Verbannung. Der Fluch setzt sich im Atridenhaus von Generation zu Generation fort.

Der erste Teil der „Orestie“ setzt mit der nächsten Generation ein, die das Schicksal des Agamemnon behandelt. Er gerät gleich zu Beginn des Feldzuges gegen Troja in eine ausweglose Lage. Die Göttin Artemis verhindert mit widrigen Winden die Ausfahrt der griechischen Flotte in Aulis. Der Seher Kalchas verkündet, dass Agamemnon seine Tochter Iphigenie opfern müsse, wenn die Ausfahrt gelingen solle. Agamemnon gerät dadurch in den Konflikt, entweder seinen Eid, den Feldzug anzuführen, zu brechen oder seine Tochter zu töten. Er entscheidet sich für Letzteres und weckt damit den unauslöschlichen Hass seiner Gattin Klytemnestra. Sie tut sich während seiner Abwesenheit mit dem Thyestes-Sohn Aigisthos zusammen und erschlägt später den siegreich heimgekehrten König im Bad.

Dieser Mord ruft Orest, den Sohn Agamemnons und der Klytemnestra, auf den Plan („Choephoren"), den Klytemnestra bei befreundeten Herrschern in der Nähe von Delphi hatte aufziehen lassen. Apollon befiehlt ihm unter Androhung schwerer Strafen, den Mord an seinem Vater zu rächen und seine Mutter umzubringen. Zur Durchführung seines ihm auferlegten Rachevorhabens ruft Orest die Hilfe des Götterboten Hermes an.

Die grausige Tat gelingt, doch jetzt zieht Orest als Muttermörder die Verfolgung durch die Erinnyen („Eumeniden") auf sich und wäre eigentlich ebenso verloren, als wenn er den Befehl Apollons missachtet hätte. In der Gestalt des Orest entfaltet die Tragik den Kern ihres Wesens. Denn seine ausweglose Lage besteht darin, dass er, wie immer er sich entscheidet, zwangsläufig schuldig wird, obwohl er eigentlich unschuldig ist. Die Tragik ist die dramatischste Verdichtung der griechischen Grundvorstellung von der Einheit der Polarität. Doch löst Aischylos, ganz athenischer Patriot, in diesem Einzelfall die tragische Situation zugunsten seiner Vaterstadt auf: Apollon gelingt es, wenn auch mit Mühe, die Erinnyen zur Anerkennung eines Gerichtsverfahrens vor dem Areopag in Athen zu überreden, das die Stadtgöttin Athene einberuft. Dort tritt Apollon als Entlastungszeuge auf, und Orest wird mit dem knappen Votum der Hälfte der Richterstimmen freigesprochen, wobei die Stimme Athenes den Ausschlag gibt. Den Zorn der schrecklichen Erinnyen besänftigt Athene mit dem Angebot, ihnen Sitze am staatlichen Herdaltar zu verschaffen, und so verwandeln sie sich wenigstens in Athen in die Eumeniden (die Wohlgesonnenen), die auf Rache verzichten und stattdessen die kultische Verehrung der Bürger genießen. Die Blutrache wird somit durch ein ordentliches Gerichtsverfahren ersetzt, wie es im fünften Jahrhundert praktiziert wurde.

Das Leid ist in den Tragödien des Aischylos ein so unvermeidlicher Bestandteil des Lebens, dass der Mensch nicht einmal die Götter um ein Leben ohne Leid zu bitten wagt, sondern schon zufrieden ist, wenn das Unheil nicht überwiegt. Diese pessimistische Grundeinstellung steigert sich gelegentlich so weit, dass man den Tod als Arzt für unerträgliche Leiden begrüßt. Noch besser als ein Leben voller Mühsal sei es, nicht geboren zu werden. Aber trotz der ausgedehnten Klageszenen mit vielen Ach- und Wehrufen vergießen die Helden der Tragödie – anders als die Helden Homers – keine Tränen. Was den Menschen aufrechterhält, ist, wie schon bei Solon, die nie versiegende Hoffnung auf eine Wendung zum Besseren. Und wie Solon sieht Aischylos im Alter nicht nur Verfall: Ein Greis bleibe jung, wenn er weiterhin bereit sei, zu lernen. Aber es ist eine Welt, in der Hass, Rachegelüste und Neid allgegenwärtig sind, selbst unter Verwandten. Auch in der Mythologie ist Neid ein hervorstechendes Motiv für Untaten.

Das bekannteste Beispiel ist der sagenhafte Architekt und Bildhauer Daidalos – berühmt geworden durch den späteren Absturz seines Sohnes Ikaros ins Meer –, der aus Athen flüchten musste, weil er seinen begabten Neffen, der bei ihm in die Lehre ging, aus Neid ermordet hatte. Nicht einmal die Götter sind schließlich frei von Neid. Vor diesem bedrohlichen Hintergrund propagiert

Aischylos die Einhaltung des „mittleren Maßes“ als den sichersten Weg. Die Unberechenbarkeit der Götter wird dadurch gemildert, dass Zeus letztendlich doch als Rächer von Unrecht angesehen wird – was in der Odyssee schon anklingt und bei Solon explizit ist –, und zusammen mit Dike, der Göttin der Gerechtigkeit (auch der gerechten Rache) über die Einhaltung moralischer Regeln wacht. Dike lasse sich nicht vom Reichtum blenden, sondern komme auch in eine bescheidene verräucherte Behausung. Göttlichen Schutz für die eigene Polis sichert man sich durch die Verehrung einer speziellen Stadtgottheit, andere Götter versucht man zu besänftigen, indem man die ihnen gebührenden Opfer darbringt und sich vor Frevel und Hybris hütet, die zu Befleckung *(míasma)* und Generationen langer Verfluchung führen können. Zu den Freveln gehört auch, bedrohten Flüchtlingen, die um Aufnahme bitten, den Schutz zu verweigern.

Aischylos hielt dieses Thema für so wichtig, dass er ihm eine ganze Tragödie, gewidmet hat, die „Schutzflehenden“ *(Hiketídes)*, in der der sagenhafte König von Argos, Pelasgos, vor die schwere Entscheidung gestellt ist, die 50 Töchter des Danaos, die aus Ägypten vor einer Zwangsehe mit ihren Vettern geflohen sind, zurückzuweisen und damit einen Frevel zu begehen oder einen gefährlichen Krieg zu riskieren. Pelasgos entscheidet sich in Übereinstimmung mit der Volksversammlung seiner Stadt für die Asylgewährung, wie in der historischen Wirklichkeit Kroton gegenüber den Flüchtlingen aus Sybaris. Von manchen Freveln kann sich sowohl der Einzelne als auch die Polis durch Reinigungsriten befreien und so die Normalität wiederherstellen. Das „mittlere Maß“ ist der sicherste Weg, um Hybris zu vermeiden. Niemand soll nach zu viel Macht, zu viel Ruhm und zu viel Reichtum streben, die den Neid von Göttern und Menschen auf sich ziehen. Allzu glänzender Erfolg kann sich schnell ins Gegenteil verkehren. Die Vorstellung von der Verkehrung des Schicksals wird später geradezu ein Gemeinplatz in der griechischen Literatur sein. Wer aus kriegerischer Ruhmsucht viel Blut vergossen hat, dem droht Gefahr von den Erinnyen. Dem Kriegshelden Agamemnon lässt Aischylos durch den Chor entgegenhalten:

> Ich zieh neidloses Glück vor,
> Möcht nicht Städtezerstörer
> Noch auch, selber gefangen, als
> Knecht verfallen dem Feind sein (Agamemnon 471–474).[59]

Beutegier führt leicht zur Plünderung von Heiligtümern und zieht ebenfalls göttliche Bestrafung nach sich, wie es auch die Perser erfahren mussten (obwohl sie wenigstens Delphi unbehelligt ließen). Wir wissen nicht, ob dem Dichter der missglückte Raubzug des Miltiades, des Siegers in der Schlacht bei Marathon, vor Augen stand. Dieser ließ sich im Jahr nach der Schlacht (489 v. Chr.) von den Athenern eine Blankovollmacht für einen Kriegszug erteilen, durch den er sie reich zu machen versprach. Wie sich herausstellte, wollte er von der Insel Paros Geld erpressen und sich zugleich an einem parischen Aristokraten rächen, der ihn bei den Persern verleumdet hatte. Doch belagerte er Paros vergeblich und zog sich in dem vor der Stadt gelegenen Demeterheiligtum, das er wahrscheinlich plündern wollte, eine Verletzung zu, die einen Wundbrand auslöste. Sein Misserfolg rief sofort seine politischen Gegner auf den Plan, die den Ruhm des Marathonsiegers nicht ertragen konnten. Einer von ihnen, Xanthippos, der Vater des Perikles, erhob Anklage und scheute sich nicht, wegen angeblicher Täuschung des Volkes die Todesstrafe zu fordern. Mit Mühe gelang es Miltiades' Freunden, das Äußerste abzuwenden. Das Gericht verurteilte ihn zu einer hohen Geldstrafe. Miltiades aber starb bald darauf an seiner Verletzung.

Reichtum ist nichtig, wenn er nicht mit männlichen Tugenden verbunden ist, aber – das weiß Aischylos sehr wohl – ohne Reichtum kommen auch Tugenden nicht zur Geltung:

> Nicht kommt Reichtums, dem der Mann fehlt, Menge je zu Ehr und Wert,
> Noch strahlt, denen Reichtum mangelt, Ruhm, wie's ihrer Kraft gebührt (Perser 166/167).[60]

Doch übermäßiges Streben nach Reichtum zieht Verderben an, das arme Leute nicht kennen. Als Hybris, die aus Reichtum erwächst, gilt auch die Entfaltung von Pomp nach orientalischem Vorbild. Aischylos hat den trügerischen Glanz königlichen Prunks eindrucksvoll bei der Schilderung der Rückkehr Agamemnons dargestellt. Klytemnestra bereitet ihrem Gatten, den sie kurz darauf ermorden wird, einen pompösen Empfang und lässt auf seinem Weg in den Palast Purpurkleider ausbreiten. Agamemnon scheut davor zurück und versucht abzuwehren:

> Auch sonst sollst nicht, wie einem Weib man tut, du mich
> Verzärteln und nicht nach Barbarenfürsten-Art
> Zur Erd gebeugt, voll Schreins den Mund auftun vor mir,
> Noch mache, Decken breitend, mir neidvolle Bahn
> Zurecht! Nur Göttern ja ziemt solcher Ehre Zoll;
> Auf buntgewirkter Schönheit, wenn man sterblich ist,
> Zu schreiten – mir wär's niemals möglich ohne Furcht.
> Man soll als Menschen, nicht als Gott mir Ehr antun.
> Auch ohne Fußabtreter und solch bunten Prunk
> Tönt Ruhm mir weithin und von Hoffart frei zu sein,
> Ist Gottes höchste Gabe. Selig heiße, wer
> Sein Leben enden konnt in Glück und Wohlergehn! (Agamemnon 918–929)[61]

Aber Klytemnestra setzt sich durch, und das Verhängnis nimmt seinen Lauf. Dieser Einstellung entspricht die scharfe Ablehnung der Tyrannis. Es sei besser zu sterben als unter einer Tyrannis zu leben. Doch nicht nur die Vermögenden, sondern auch die ärmeren Bevölkerungsschichten sollen mit dem zufrieden sein, was sie haben. Niemand, der seinen Lebensunterhalt mit Lohnarbeit bestreitet, solle mit einer reichen Heirat nach einem üppigen Leben streben. Die Äußerungen des Dramatikers über Frauen, über die er sich mit einem Stoßseufzer an Zeus beklagt, sind ebenso abfällig wie die Hesiods.[62]

Kehren wir zur Politik zurück. Infolge des Verzichts Spartas auf die Weiterführung des Krieges gegen die Perser nach deren Vertreibung aus Europa war das Oberkommando Athen zugefallen, weil es die größte Flotte hatte. Die meisten griechischen Städte an der kleinasiatischen Westküste hatten sich vom Perserreich losgesagt und strebten zu ihrem Schutz ein Bündnis auf der Basis der Gleichberechtigung mit Athen an. Dieses Bündnis wurde auf ewige Zeiten geschlossen und eidlich beschworen, Bündnisverrat mit sakralen Flüchen belegt, wobei man glühendes Eisen ins Meer warf, um den Verwünschungen so lange Kraft zu verleihen, bis das Eisen wieder auftauche. Als Organisator fungierte der Athener Aristeides, der die neuen Bundesgenossen fair zu behandeln versuchte und später zum Musterbeispiel von Rechtschaffenheit und Unbestechlichkeit idealisiert wurde. Zum Sitz der Bundesversammlung, in der jede Stadt eine Stimme hatte, wählte man die Insel Delos. Die Gleichheit der Bündnispartner wurde jedoch von vornherein durch die maritime Überlegenheit Athens beeinträchtigt. Viele Bundesangehörige waren nicht in der Lage oder nicht gewillt, Schiffe zu stellen, und wurden zur Zahlung von Geldbeiträgen verpflichtet. Andere Städte, die die Perserherrschaft vorgezogen hätten – solche gab es auch – wurden zum Beitritt zum Bund gezwungen. Der innere Zusammenhalt des Bundes begann schon bald zu bröckeln: Bereits seit den 470er Jahren gab es erste Aufstände. Dennoch baute Athen seine Seemachtstellung unter der Führung des Strategen Kimon, des Sohnes des Marathonsiegers Miltiades, bis zur Mitte des fünften Jahrhunderts immer weiter aus, sowohl in der nördlichen Ägäis einschließlich der Zugänge zum Schwarzen Meer als auch im südöstlichen Mittelmeer, wobei man – wenn auch ohne nachhaltigen Erfolg – sogar den Versuch unternahm, sich auf Zypern festzusetzen. Zugleich waren diese militärischen Aktionen einträgliche Plünderungszüge an den Rändern des Perserreiches.

Die Flotte bekam jetzt auch eine innenpolitische Bedeutung. Denn ihre Rudermannschaften waren keine Sklaven, sondern Bürger der untersten Vermögensklasse, d. h. Theten. (Im Bedarfsfall warb man zusätzlich freie Ruderer aus dem Ausland an.) Der Dienst als Ruderer war hart. Die Mannschaften der Trieren (Dreiruderer), mussten – auf engstem Raum in drei Ebenen übereinander zusammengepfercht – versuchen, das gegnerische Schiff durch geschicktes Manövrieren mit einem Rammstoß zum Kentern zu bringen. Nur harter Drill und eiserne Disziplin ermöglichten den Sieg bzw. das Überleben. Damit wurde der militärische Beitrag der ärmsten Bürger, der zuvor minimal gewesen war, ausschlaggebend. Sie avancierten zu Trägern der athenischen Großmacht. Dementsprechend stieg auch ihr politisches Gewicht. Die Folge war eine zunehmende Konzentration der Macht bei der Volksversammlung.

Ein weiteres Ereignis wirft ein bezeichnendes Licht auf die innenpolitische Atmosphäre in Athen in dieser Zeit: Gegen Ende der 470er Jahre fiel Themistokles, der Sieger von Salamis, dessen Rivale Kimon geworden war, dem Scherbengericht zum Opfer und musste Athen verlassen. Seine großen Verdienste schützten den genialen, vorausschauenden, wenn auch listigen und korrupten Politiker nicht. Ihm hatte Athen den rechtzeitigen Aufbau der Flotte zu verdanken, die bei der persischen Invasion die Rettung der Stadt und anschließend ihre

Großmachtstellung möglich gemacht hatte. Er war es gewesen, der gegen den Widerstand der Spartaner und anderer Griechen, die sich auf die Peloponnes zurückziehen wollten, das Verbleiben der Flotte bei Salamis durchgesetzt und die Perser dort in die Falle gelockt hatte. Dass er nach dem Sieg von einigen griechischen Inselstaaten unter dem Vorwand, sie hätten zu den Persern gehalten, Geld erpresste, hat ihm politisch nicht geschadet, wohl aber der Neid vieler Athener und ehemaliger Bundesgenossen auf seinen Ruhm. Als die Verbündeten nach dem Sieg einen Preis für den tapfersten Griechen verleihen wollten, bekam er zwar die meisten Stimmen, aber seine Gegner verhinderten, dass er den Preis bekam. Es waren die Spartaner, die ihn mit besonderen Ehren bedachten, weshalb er in Athen auch prompt angegriffen wurde. Zu seinem Sturz hat anscheinend beigetragen, dass er von seinen Mitbürgern als Dank für seine Leistungen die Anerkennung einer permanenten Sonderstellung verlangte, gern auf großem Fuß lebte und mit großem Aufwand Eindruck zu schinden versuchte. U. a. soll man ihm verübelt haben, dass er sich mit einem Tempel der Artemis Aristobule, der „besten Ratgeberin", in unmittelbarer Umgebung seines Wohnsitzes gleichsam ein persönliches Denkmal als der beste Ratgeber seiner Vaterstadt setzte. Die Regierung Spartas, die kurz zuvor Pausanias, den anderen Sieger der Perserkriege, zu Fall gebracht hatte, legte nach und beschuldigte nun auch ihn, den sie einst ausgezeichnet hatte, verräterische Beziehungen zum persischen Großkönig zu unterhalten. In einer abenteuerlichen Flucht entkam er mit Mühe ins Perserreich, wo er, wie zahlreiche griechische Exilanten, wohlwollende Aufnahme fand. In Athen wurde er in Abwesenheit zum Tode verurteilt. Der Vorwurf des Hochverrats dürfte unbegründet sein. Der eigentliche Grund im Fall des Pausanias wie des Themistokles war vielmehr, dass sich die herausgehobene Stellung, die beide durch ihre Erfolge erlangt hatten und auch für sich einforderten, mit dem Grundsatz der neuen Gleichheit nicht vertrug. Selbstherrliches Auftreten und Zurschaustellung von Extravaganz konnte von politischen Gegnern leicht als hochverräterische Perserfreundlichkeit diffamiert werden. Kimon scheint eine solche provokante Selbstdarstellung vermieden zu haben, obwohl er aus Erbschaft und Kriegsbeute über ein sehr großes Vermögen verfügte. Vielmehr nutzte er seinen Reichtum, um sich als Wohltäter der Stadt und der Armen hervorzutun und auf diese Weise Jahr um Jahr seine Wiederwahl zum Strategen zu sichern. Er finanzierte u. a. städtische Bauprojekte, achtete jedoch darauf, sie nicht als sein persönliches Denkmal erscheinen zu lassen. In seinem Haus bot er täglich jedem beliebigen Bürger eine kostenlose Mahlzeit an, auf seinen Landgütern durfte sich jeder Früchte pflücken, und in der Stadt schenkten seine Agenten bedürftigen Leuten neue Kleider oder steckten ihnen Geld zu. Trotzdem machte er sich damit nicht nur Freunde. Andere Adlige, die nicht mithalten konnten, verglichen ihn mit dem populistischen Tyrannen Peisistratos, und noch Aristoteles nennt später sein Vermögen ein tyrannisches.

Diese stadtbürgerliche Gleichheit, die im gleichartigen Habitus zum Ausdruck kam, beinhaltete noch keine völlige Gleichheit der politischen Rechte, war noch keine demokratische Gleichheit, sondern ein Merkmal der Polis, das im bewussten Gegensatz zum Orient als griechisch und republikanisch empfunden wurde und auf diese Weise sehr wohl ein Politikum war. Längerfristig konnte sie, musste jedoch keineswegs zur Demokratie führen, wie die unterschiedliche Entwicklung in Sparta und Athen zeigt. Als Reaktion auf die Invasion der Perser in Griechenland verkündet Aischylos den fundamentalen Unterschied zwischen Griechenland und Asien. Dabei erkennt er die Legitimität der Herrschaft des persischen Großkönigs über Asien durchaus an und begegnet den Persern und ihrer Lebensform mit Respekt: Asien trage mit Stolz das Joch der königlichen Herrschaft. Obwohl er bei Salamis selbst gegen die Perser gekämpft hat, empfindet er keinen Hass. Zwar seien die Perser *bárbaroi* (Fremdsprachige), aber dennoch bezeichnet er Griechenland und Asien als Schwestern, die eine im (prunkvollen) Perserpeplos, die andere im (schlichten) dorischen Bürgerkleid. Beide können nebeneinander existieren. Aber für Griechenland wäre die Herrschaft des persischen Großkönigs „Knechtschaft“. Hier artikuliert sich zum ersten Mal ein europäisch-griechisches Bewusstsein. Doch ist „Freiheit“ für Aischylos noch ganz gegenständlich: Befreiung Attikas von der persischen Okkupation. Einen abstrakten politischen Freiheitsbegriff als wesensmäßiges Gegenstück zum orientalischen Despotismus kennt Aischylos nicht. Die Abwehr von „Knechtschaft“ geschieht nicht unter Berufung von „Freiheit“ als ethischem Wert, sondern ganz konkret als Verteidigung der Heimat und der Gräber der Vorfahren. Dazu gehört auch die eigene Staatsordnung. Erst eine Generation später wird Herodot „Freiheit“ zum Thema seines Geschichtswerkes machen.

5 *Eleuthería* (Freiheit)

5.1 *Die demokratische Freiheit Athens als ethisches Gegenmodell zu Sparta: „Leben, wie man will“*

Das Jahr 462/461 v. Chr. gilt als der Beginn der athenischen Demokratie – aber erst aus späterer Perspektive! Die Zeitgenossen kannten nicht einmal das Wort, das anscheinend erst nach 440 v. Chr. aufgekommen ist. Vordergründig handelte es sich wieder einmal um einen heftigen Streit zwischen zwei aristokratischen Politikern, Kimon und einem für uns unbekannten Mann namens Ephialtes. Der Streit entzündete sich an außenpolitischen Verwicklungen, und es ist an dieser Stelle nötig, etwas ins Detail zu gehen.

Athen hatte versucht, auf dem thrakischen Festland gegenüber der Insel Thasos eine große Kolonie anzulegen, die angeblich 10 000 Siedler aus den ärmeren Schichten Athens und der Bundesgenossen mit Land versorgt und zugleich die militärische Präsenz Athens im nordägäischen Raum verstärkt hätte. Dieser geplante Ausbau der athenischen Machtstellung provozierte regionalen Widerstand. Der Inselstaat Thasos sah seine Selbständigkeit beeinträchtigt und fiel vom Seebund ab. Er wurde dabei heimlich vom benachbarten Makedonenkönig unterstützt, der sich ebenfalls bedroht fühlte. In Athen wurde Kimon mit der Niederwerfung des Aufstandes beauftragt. Daraufhin wandte sich Thasos hilfesuchend an Sparta, das die athenische Expansion schon längere Zeit argwöhnisch beobachtete. Es kursierten sogar Gerüchte, dass die Spartaner einen Einfall in Attika in Erwägung zögen, um Thasos indirekt zu entlasten. Da Kimon politisch wie privat als spartafreundlich galt und darauf achtete, Spartas empfindliches Prestigebedürfnis nicht zu verletzen, wurde er jetzt für Ephialtes und seine Anhänger angreifbar. Dass die athenischen Kolonisten von Thrakern besiegt wurden, war ein herber Rückschlag und steigerte den Unmut in Athen beträchtlich.

Kimon wurde angeklagt, anlässlich der Belagerung von Thasos nicht zugleich gegen den Makedonenkönig Front gemacht zu haben, wurde jedoch freigesprochen. Und die Spartaner konnten Thasos nicht helfen, sondern hatten nach einem Erdbeben einen Helotenaufstand im eigenen Land zu bekämpfen. Sie richteten vielmehr ein Hilfegesuch an Athen. Ephialtes wollte es ablehnen, aber Kimon setzte sich ein zweites Mal durch und zog mit einem Heer von 4000 Hopliten nach Sparta. Vielleicht hatte er diese Unterstützung insgeheim sogar angeboten. Als Kimon eintraf, stand Spartas Existenz schon nicht mehr auf dem Spiel. Es ging nur noch darum, von der athenischen Belagerungstechnik gegen die bereits unterlegenen Heloten zu profitieren, die sich in Messenien auf dem

Berg Ithome verschanzt hatten. Aber während Kimons Abwesenheit brachte Ephialtes in Athen einen Volksbeschluss ein, der dem Areopag die Aufsicht über die Amtsträger entzog und sie auf den Rat der Fünfhundert, den Kleisthenes geschaffen hatte, die Volksversammlung und vielleicht einige neu geschaffene Gerichtshöfe (über die wir nichts Näheres wissen) übertrug. Eine Revolution war das nicht, sondern eher die Fortsetzung einer politischen Linie, wie sie sich schon in den Jahrzehnten zuvor angebahnt hatte.

Erinnern wir uns: Der Areopag, das Ratsgremium ehemaliger Archonten mit lebenslänglicher Mitgliedschaft, war ursprünglich ein Adelsrat gewesen, weil nur Adlige das passive Wahlrecht zum Archontat gehabt hatten. Seit Solons Einteilung der Bürgerschaft in vier Vermögensklassen hatten, wie erwähnt, auch Neureiche Zugang zum Archontat und nach ihrer einjährigen Amtszeit die Mitgliedschaft im Areopag erhalten. Eine straffe Organisation ist dieses Gremium nie gewesen, sondern eher eine lockere Versammlung von Einzelnen. 487/486 v. Chr., also über 100 Jahre nach der Reform Solons, war das Archontat entwertet worden, indem es nicht mehr durch Wahlen, sondern durch ein Losverfahren aus einer Überzahl von Vorgewählten besetzt und zugleich auch für Mitglieder der zweiten Vermögensklasse zugänglich gemacht worden war, die nach dem Ende ihres Archontats nun auch in den Areopag gelangten. Fortan war der Areopag nicht einmal eine Versammlung der Reichsten mehr, und gleichzeitig gelangten durch das Losverfahren weniger profilierte Persönlichkeiten als eher blasse Zufallskandidaten zum Archontat und anschließend in den Areopag. Das lag ganz in der Absicht der Bürgerschaft. Man wollte das politische Gewicht Einzelner und damit auch des Rates der Einzelnen beschränken. Ganz bewusst hatte man also schon damals eine Machtverlagerung von den traditionell höchsten und angesehensten Institutionen, dem Archontat und dem Areopag, auf die Strategen, den Rat der Fünfhundert und die Volksversammlung vollzogen. Diese Beschlüsse waren zweifellos von der Hoplitenklasse gefasst worden, noch vor dem Bau der Flotte, die den politischen Einfluss der Theten nach und nach vergrößerte. Ephialtes tat also nur den letzten Schritt, als er dem Areopag einige wichtige Kompetenzen entzog. Wahrscheinlich handelte es sich in erster Linie um die Gerichtsbarkeit bei politischen Prozessen, die Ephialtes und seine Anhänger nicht länger einem Rat mit lebenslänglicher Mitgliedschaft überlassen wollten.

Auf diese Nachricht hin brach Kimon seinen Hilfsfeldzug für Sparta ab und kehrte eilig nach Athen zurück. Offiziell hieß es, die Spartaner hätten ihn zurückgeschickt, weil sie sein athenisches Heer nicht mehr benötigten. Aber es ist wahrscheinlicher, dass Kimon selbst um seine Rückkehr gebeten hatte, um in Athen eingreifen zu können. Zu spät. Es gelang ihm nicht mehr, den Volksbeschluss rückgängig zu machen. Die Stimmung hatte sich während seiner kurzen Abwesenheit so gewandelt, dass die Athener ihn per Scherbengericht aus der Stadt verbannten. Wieder ein erfolgreicher Feldherr und dazu noch ein öffentlicher Wohltäter, der von seinen Gegnern politisch zu Fall gebracht und vom Volk schnöde abserviert wurde, so wie man Themistokles gestürzt hatte. Offensichtlich fand Ephialtes nicht nur bei den Theten, sondern auch bei den Mitgliedern der dritten Vermögensklasse, den Hopliten, breite Zustimmung. Denn hätten die Hopliten zu Kimon gehalten, hätten sie sich als Schwerbewaffnete leicht gegen die Theten durchsetzen können, und die Reform des Ephialtes wäre gescheitert. Angeblich trug zu Kimons Sturz bei, dass man sich in Athen wegen der Rücksendung des athenischen Heeres von Sparta brüskiert fühlte. Entscheidend war jedoch, dass die Machtverschiebung auf die Volksversammlung, die von einer Gruppe Adliger vorangetrieben worden war, von den meisten Bürgern für richtig gehalten wurde. (Der Rat der Fünfhundert hatte bei wichtigen politischen Prozessen wahrscheinlich nur die Aufgabe der Voruntersuchung, während die eigentlichen Prozesse vor der Volksversammlung stattfanden.) Auf diesem grundlegenden Konsens der Majorität der athenischen Bürger über alle Schranken der einzelnen Vermögensklassen hinweg beruhte später die Stabilität der vollentwickelten athenischen Demokratie. Aber es gab auch fanatische Gegner: Ephialtes wurde kurz nach seinem Erfolg ermordet. Der Mord wurde nie aufgeklärt. Die Demokratie begann also mit der Verbannung eines bedeutenden Strategen und dem Mord an dem Politiker, der seine Verbannung veranlasst hatte.

War der Anstoß zur Reform des Ephialtes von einer außenpolitischen Kontroverse ausgegangen, so wird die neue politische Grundhaltung, die mit der Reform des Ephialtes zum Durchbruch gekommen war, auch zuerst in der Außenpolitik erkennbar. Die athenische Expansion wurde noch selbstbewusster, rücksichtsloser und riskanter. Die Politik Kimons erschien allzu vorsichtig, ja kleinmütig. Man traute sich viel mehr zu. Nach der außenpolitischen Initialzündung, die der Sieg bei Salamis über die Perser (480 v. Chr.) erzeugt hatte, folgte nun der zweite dynamische Schub.

Ein Aufstand gegen die persische Herrschaft in Ägypten und wahrscheinlich auch an der phoinikischen Küste Syriens schien eine günstige Gelegenheit zu bieten, den politischen Einflussbereich Athens auf den ganzen östlichen Mittelmeerraum zu erweitern. Die militärische Intervention wurde mit beträchtlichem Aufwand geführt und zog sich über sechs Jahre hin (460–454 v. Chr.). Aber schließlich siegten die Perser, und für Athen endete das Abenteuer mit dem Tod von schätzungsweise 15 Prozent der männlichen Bürger zuzüglich zahlreicher Soldaten der Bundesgenossen und dem Verlust eines großen Teils der Kriegsflotte. Der Schock nach dieser Niederlage war so groß, dass man einen persischen Gegenschlag zur See in der Ägäis befürchtete und die Bundeskasse von Delos nach Athen in Sicherheit bringen zu müssen glaubte. Die Konsequenzen für den Seebund waren gravierend: Die Bundesversammlung hörte auf zu bestehen und somit jegliches Mitspracherecht der Bündner. An die Stelle der Bundesversammlung trat die athenische Volksversammlung. Da der befürchtete persische Gegenschlag nicht erfolgte, stärkte die Niederlage paradoxerweise Athens Dominanz. Aus dem Seebund wurde 454 v. Chr. nun so etwas wie ein athenisches Seereich. Ab 454 v. Chr. sind Tributlisten inschriftlich überliefert und 443/442

v. Chr. wurden die Bundesstädte zu regionalen Tributbezirken zusammengefasst. Höhe und Verwendung der Tribute legte die athenische Volksversammlung fest. Gleichzeitig schuf Athen zusätzliche Instrumente zur Sicherung seiner Herrschaft.

Die Bundesstädte wurden gezwungen, ihre Befestigungen zur Seeseite niederzureißen und sich dem Zugriff der Flotte auszuliefern. Städte, die sich gegen Athen erhoben hatten und wieder in den Seebund zurückgezwungen worden waren, mussten die Ansiedlung athenischer Kolonien auf ihrem Gebiet dulden, mit denen Athen sie unter Kontrolle hielt, aber zugleich auch gegen umliegende feindliche Völkerschaften schützte. In einzelne Städte legte Athen militärische Besatzungen. Das gesamte Bundesgebiet wurde von zahlreichen athenischen Amtsträgern überwacht, und die ständig in der Ägäis kreuzenden athenischen Kriegsschiffe demonstrierten Athens Macht. Zusätzlich oktroyierte Athen eine religiöse Bindung, indem es verfügte, dass die Bundesgenossen ein Sechzigstel ihres Tributs an die Stadtgöttin Athena abführen mussten. Diese Sonderabgabe – jedoch nicht die regulären Tribute, wie oft behauptet wird – deckte einen Teil der Kosten für die Bauten auf der Akropolis. Ferner griff Athen in das Justiz- und Wirtschaftsleben der Bundesstädte ein. Die Bestrafung schwerer politischer und krimineller Vergehen behielt sich Athen vor. Der Außenhandel der Bundesstädte wurde auf Athens Interessen ausgerichtet und die athenische Münze zur einzigen Silberwährung im gesamten Bundesgebiet gemacht. Zwar profitierten die Bundesgenossen wirtschaftlich vom aufstrebenden ungestörten Handel, den diese Sicherheitszone ermöglichte und der durch das Wirtschaftszentrum Athen kräftige Impulse erhielt. Andererseits empfanden es viele Städte als Unterdrückung, dass sie ihre Konflikte nicht mehr auf kriegerische Weise untereinander austragen durften, sondern sich einem athenischen Schiedsgericht unterwerfen mussten.

451 v. Chr. kehrte Kimon nach dem Ende seiner zehnjährigen Verbannung nach Athen zurück und übernahm noch einmal die Führung im Krieg gegen das Perserreich. Dieses Mal ging es um den Besitz von Zypern. Als er dort plötzlich starb, hielt das athenische Heer seinen Nimbus als Stratege für so wichtig, dass es seinen Tod zunächst geheim hielt. Sein Tod markiert das Ende der Perserkriege. Athen stellte 449 v. Chr. den Krieg gegen die östliche Großmacht unter Verzicht auf den Besitz von Zypern ein, während der Großkönig seinen Herrschaftsanspruch über die Griechenstädte an der kleinasiatischen Küste vorübergehend aufgab. Ob dieses Ergebnis in einem regelrechten Vertrag fixiert wurde, ist ungewiss. Jedenfalls wird dieser Friedensschluss bis heute nach dem Athener Kallias benannt, der ihn vermittelt hat.

Gleichzeitig mit dem ägyptischen Abenteuer hatte Athen eine zweite Front in Griechenland eröffnet. Es führte zwar noch keinen regelrechten Krieg gegen Sparta, dehnte jedoch seinen Machtbereich so massiv in die Einflusszone Spartas auf der Peloponnes aus, dass es mit dem Ausbruch eines offenen Krieges jederzeit rechnen musste. Es nahm die Heloten von der Bergfestung Ithome, denen die Spartaner schließlich freien Abzug gewährt hatten, unter seinen Schutz und siedelte sie an der nördlichen Gegenküste der Peloponnes an, in Naupaktos, an der schmalsten Stelle des Korinthischen Golfs. Damit verschaffte sich Athen die Möglichkeit, nach Belieben die westliche Seeverbindung der mächtigen Handelsstadt Korinth zu blockieren. Athenische Freiwillige unterstützten Spartas Erzfeind Argos und errangen bei Oinoe zusammen mit den Argivern 460 v. Chr. einen Sieg über ein spartanisches Heer. Einmal Spartaner besiegt zu haben, versetzte die Athener in solche Euphorie, dass sie dieses Ereignis auf einem Gemälde in der Stoa Poikile auf der Agora verherrlichten. Ein Bündnis mit der kleinen Nachbarstadt Megara ermöglichte es den Athenern, den Peloponnesiern den Landweg nach Mittelgriechenland zu versperren. Weitere athenische Vorstöße in Richtung Peloponnes führten zu einem offenen Krieg mit Korinth. Durch verschiedene Bündnisse im Westen und Norden der Peloponnes betrieb Athen eine systematische Einkreisungspolitik.

Sparta hielt sich trotz allem in erstaunlicher Weise zurück und ließ sich nicht einmal zu einem Bündnis mit dem persischen Großkönig überreden, obwohl dessen Gesandte reichlich Gold ausschütteten. Erst als Athen durch ein Bündnis mit Thessalien auch in Mittelgriechenland Fuß fassen wollte, griff Sparta militärisch ein und versuchte in Boiotien, der Nachbarlandschaft Attikas, durch die Reorganisierung des Boiotischen Bundes ein Gegengewicht zu schaffen. Dabei kam es zum ersten Mal zu einer offenen Schlacht mit einem regulären athenischen Heer (Schlacht bei Tanagra 457 v. Chr.). Die Spartaner siegten zwar, blieben aber trotzdem zunächst ohne politischen Erfolg. Nur zwei Monate später siegten die Athener über die Boioter bei Oinophyta, konnten aber nur einen Teil Boiotiens unter ihre Kontrolle bringen. Erst langsam zeigte sich, dass die Zurückhaltung Spartas Früchte trug. Denn allmählich bildete sich überall so viel Gegenwehr gegen die athenische Vorherrschaft, dass Athen schließlich gezwungen war, sich aus der Peloponnes und nach einer Niederlage gegen die Boioter bei Koroneia 446 v. Chr. auch aus Mittelgriechenland zurückzuziehen. So fand die rauschhafte Expansionspolitik Athens nach über einem Jahrzehnt ein ernüchterndes Ende. Die Athener hatten ihre militärische Kapazität überschritten. Sie stellten nicht nur den Krieg gegen das Perserreich unter Verzicht auf Zypern ein, sondern schlossen 446/445 v. Chr. auch mit Sparta Frieden, der 30 Jahre gelten sollte.

Bei der Weiterentwicklung zur demokratischen Verfassung sind folgende Grundzüge erkennbar: eine strenge Begrenzung des Bürgerrechts auf genuine Athener; die Möglichkeit der Bekleidung fast aller Ämter für alle Bürger; die Vergabe der meisten dieser Ämter durch Verlosung aus einer Überzahl von Vorgewählten statt durch die direkte Wahl; gleichzeitig die weitgehende Entmachtung der meisten Amtsträger und ihre Reduzierung zu kleinen Funktionären einer riesigen Behörde; das aufgeblähte Gerichtswesen; und über allem die scharfe und stets misstrauische Aufsicht durch die allmächtige Volksversammlung. Eine solche direkte Volksherrschaft war nur auf dem eng begrenzten Raum einer Polis möglich. Wahrscheinlich hätten die griechischen Demokraten unser heutiges demokratisches Repräsentativsystem nicht als Demokratie, sondern eher als eine Art gemäßigter Oligarchie eingestuft. Es gab keine politischen Parteiorganisationen und kein längerfristiges politisches Programm.

458/457 v. Chr. wurde auch die dritte Vermögensklasse zur Bekleidung des Archontats zugelassen. Somit gelangten auch Zweihundertscheffler nach ihrer Amtszeit zur lebenslänglichen Mitgliedschaft im entmachteten Areopag. Da man aber zur Ausübung einer Amtstätigkeit Zeit haben musste, was vielen Bauern – besonders den weiter entfernt vom Stadtgebiet wohnenden – sicher schwerfiel, wird das Archontat in den Realität vorerst weiterhin eine Domäne der beiden obersten Vermögensklassen geblieben sein.

Trotz der Verluste, die die athenische Bürgerschaft in den Kriegen nach 460 v. Chr. erlitten hatte, brachte Perikles wahrscheinlich 445/444 v. Chr. ein Gesetz ein, das das Bürgerrecht auf diejenigen beschränkte, deren Väter und Mütter athenische Bürger waren (die Mütter indirekt über das Bürgerrecht ihres Vaters). Das Gesetz hatte rückwirkende Geltung. Daran wird erkennbar, dass man eigentlich nicht etwas Neues einführen, sondern einen vermeintlich früheren und als richtig empfundenen Zustand wiederherstellen wollte. Denn, wie gesagt, die Polis verstand sich als Verwandtschaftsverband. Aber in Wirklichkeit hatten die Phratrien und Demen vielfach auch die Nachkommen von Athenern und ausländischen Frauen in ihre Bürgerverzeichnisse aufgenommen. Mit dem neuen Gesetz stellte die Volksversammlung diese großzügigere Handhabung ab und die Vergabe des Bürgerrechts unter ihre strikte Kontrolle. Damit verloren angeblich auf einen Schlag nicht weniger als 4760 Söhne von Ausländerinnen ihren Bürgerstatus. Die meisten von ihnen müssen Theten gewesen sein, deren Väter die Töchter von ansässigen Ausländern oder freigelassene Sklavinnen geheiratet hatten. Das Macht-, Wirtschafts- und Kulturzentrum Athen war vor allem für Fremde, die ihre Heimat freiwillig oder zwangsweise verlassen hatten, als Wohnsitz attraktiv. Ihre Zahl hatte nach 480 v. Chr. anscheinend erheblich zugenommen. Doch die Athener pflegten als Herrscher über den Seebund und als maritime Weltmacht gegenüber anderen Griechen ein ausgeprägtes elitäres Selbstverständnis.

Das traf auf alle sozialen Schichten zu. Man wollte nicht, dass die Nachkommen von ausländischen Müttern sich in die Bürgerschaft einschlichen und in der Volksversammlung mitstimmten. Und erst recht wollte der athenische „kleine Mann“ nicht die mit dem Bürgerrecht verbundenen finanziellen Privilegien mit Nachkommen von Nicht-Athenerinnen teilen. Schließlich zahlte er keine regulären Steuern, sondern erhielt hin und wieder sogar Geld aus staatlichen Einkünften. Die Exklusivität des Bürgerrechts war durchaus demokratisch, gerade weil in einer Demokratie das Bürgerrecht einen größeren Wert hatte als in Staaten mit anderen Verfassungen. Ähnliche „Säuberungen“ der Bürgerschaft hatte es, wie schon erwähnt, nach dem Ende der Tyrannis in Syrakus gegeben und nach der Vertreibung des Tyrannen Hippias auch in Athen; d. h. immer dann, wenn die einfachen Bürger größere politische Rechte erlangten, wurden diejenigen, die auf Grund ihrer ausländischen Abstammung oder als ehemalige Anhänger eines Tyrannen kompromittiert waren, aus der Bürgerschaft ausgestoßen. Sofern sie nicht vertrieben wurden, erhielten sie den Status von Metoiken.

Die Metoiken waren freie Ausländer und freigelassene Sklaven, gehörten jedoch administrativ zum athenischen Gemeinwesen, das ihnen die Stellung von Minderberechtigten zuwies. Jeder Metoike stand in einem Abhängigkeitsverhältnis von einem Bürger, der als sein Vormund fungierte und seine Interessen, auch vor Gericht, wahrnahm. Metoiken durften kein Land erwerben, höchstens pachten, und hatten – anders als die Bürger – eine direkte (Kopf-)Steuer zu entrichten (das Metoikion), was unmissverständlich auf ihren Untertanenstatus hinwies. Das wird auch daran deutlich, dass diese Steuer nicht einmal besonders hoch war – der finanzielle Aspekt spielte offensichtlich eine untergeordnete Rolle –, aber dennoch Nichtzahlung unerbittlich mit dem Verkauf in die Sklaverei bestraft wurde. Mord an einem Metoiken wurde vor Gericht von vornherein lediglich als unbeabsichtigte Tötung verhandelt, wie bei Sklaven. Über die Steuerpflicht hinaus hatten die Metoiken, wie die Bürger auch, von Fall zu Fall außersteuerliche Leistungen für die militärische Rüstung und aufwendige kultische Veranstaltungen der Stadt zu erbringen sowie Militärdienst – auch zur See – zu leisten. An den meisten öffentlichen Kultveranstaltungen Athens konnten sie teilnehmen, aber auch dort hatten sie zumindest bei den Panathenäen eine dienende Funktion, die darin zum Ausdruck kam, dass die männlichen Metoiken für die Bürger die Schalen und Opfergaben zu tragen hatten, während ihre Frauen und Töchter für die Bürgerinnen Sonnenschirme bereithalten mussten. Da die Metoiken keine sozial oder beruflich homogene Gruppe waren, entwickelten sie gegenüber den Bürgern keine eigene Identität. Etliche von ihnen waren anscheinend maritime Händler und durchaus vermögend. Und nicht zuletzt verdankte Athen seinen Ruf als kulturelles Zentrum führenden Intellektuellen aus dem Ausland, die als Metoiken in Athen wirkten. Da die ständigen Kämpfe zwischen griechischen Städten und die gewaltsamen Auseinandersetzungen innerhalb der Städte, soweit sie nicht Mitglieder des Seebundes waren, nie aufhörten, riss der Zustrom von Migranten nach Athen nicht ab. Für sie wie auch für solche Ausländer, die sich wegen besserer Verdienstmöglichkeiten freiwillig in Athen ansiedelten, war der Metoikenstatus trotz der Benachteiligung gegenüber den athenischen Bürgern akzeptabel.

Die folgenden Schritte bis hin zur voll entwickelten Demokratie kennen wir im Einzelnen nicht, und sie tun hier auch nichts zur Sache. Jedenfalls tritt der Begriff „Demokratie“ erst zwischen 440 und 430 v. Chr. in Erscheinung. Wann er in Gebrauch kam, ist nicht bekannt, sicher nicht vor der Mitte des fünften Jahrhunderts. Wir können daraus schließen, dass die Demokratie in Athen sich erst dann ihrer selbst voll bewusst wurde, als sie schon längere Zeit bestand. Bis dahin hatte niemand aus ideologischen Gründen eine Demokratie angestrebt, sondern man hatte sich pragmatisch Stück für Stück an einen politischen Zustand herangetastet, den man im Nachhinein als Demokratie verstand.

Das Wesen der athenischen Demokratie bestand, wie gesagt, in der absoluten Herrschaft der Volksversammlung, in der jeder Bürger nach dem Ende seines Wehrdienstes (ab 20/21 Jahren) das gleiche Stimmrecht und Rederecht hatte. Sie musste mindestens zehnmal im Jahr einberufen werden. Zwar liefen alle Anträge an die Volksversammlung über die Vorberatung des Rates der Fünfhundert, doch konnte die Versammlung sie nicht nur annehmen oder ablehnen, sondern – darin lag der Kern der demokratischen Willensbildung – sie auch beliebig ändern. Daneben sollte es weder einzelne Ämter noch Gremien mit einer eigenständigen Machtbasis geben noch wurden die Befugnisse der Volksversammlung durch irgendwelche Grundrechte zum Schutz des Einzelnen oder bestimmter Gruppen eingeschränkt. Die Demokratie war mit keiner humanitären Ideologie moralisch überhöht. Wohl aber fühlte sich das Volk in der Praxis an traditionelle religiöse und sittliche Normen gebunden und hatte großen Respekt vor altehrwürdigen Gesetzen, vor allem, wenn sie – zu Recht oder Unrecht – mit dem Namen Solons verbunden waren. Dieses Staatsmodell war in einer Welt, in der die meisten Völker von Potentaten mit unbegrenzter Macht oder von Adelsoligarchien beherrscht wurden, etwas sensationell Anderes – und ist ein bis heute einzigartiges basisdemokratisches Experiment geblieben. Die athenische Demokratie des fünften Jahrhunderts führte die Politisierung des einzelnen Bürgers, die schon immer ein besonderes Charakteristikum der Polis gewesen war, auf ihren Höhepunkt.

Obwohl also die Kompetenzen der meisten Ämter sehr beschränkt waren, erlangte der athenische Bürger das passive Wahlrecht erst nach dem vollendeten 30. Lebensjahr. Außerdem bezog sich dieses Wahlrecht bei den meisten Ämtern nur auf die Vorwahl. Die wirkliche Vergabe des betreffenden Amtes fand, wie schon gesagt, durch Verlosung unter den Vorgewählten statt. Das Merkmal der demokratischen Ämterbesetzung war eben nicht die Wahl, sondern das Losverfahren. Die Vorwahl diente lediglich dazu, völlig ungeeignete Kandidaten auszuschließen. Das Losverfahren sollte sicherstellen, dass die meisten Ämter mit unbedeutenden Zufallskandidaten besetzt wurden, die weder Fachkenntnisse noch politische Ambitionen mitbrachten. Um Manipulationen bei der Verlosung auszuschließen, konstruierte man eigens Losmaschinen. Zweimalige Bekleidung eines Amtes war in der Regel verboten oder erst nach einem großen zeitlichen Abstand gestattet, Ämterkumulierung völlig untersagt. Die Amtsträger konnten jederzeit angeklagt werden und hatten sich nach dem Ende ihrer Amtszeit einem Überprüfungsverfahren bezüglich ihrer Amtsführung zu stellen. Die tägliche Geschäftsführung, welche die Volksversammlung natürlich nicht wahrnehmen konnte, lag bei einem Ausschuss von 50 Prytanen aus dem Kreis des Rates der Fünfhundert. Um zu verhindern, dass dieses Gremium mit der Zeit zu einer Art Regierung neben der Volksversammlung erstarken könnte, unterwarf man es einer extremen Rotation: Die Amtszeit wurde auf einen der zehn Monate des athenischen Amtsjahres (das Kalenderjahr hatte zwölf Monate) beschränkt, so dass innerhalb eines Jahres alle 500 Ratsherren einmal als Prytanen fungierten. Der Vorsitzende (Epistates), der bei Bedarf auch zugleich Vorsitzender der Volksversammlung war, durfte keiner dieser Prytanen sein, sondern wurde aus den übrigen 450 Ratsherren durch das Los bestimmt. Seine Amtszeit betrug nur einen einzigen Tag, so dass täglich ein neuer Vorsitzender benötigt wurde. Kein Amt war typischer für die Demokratie als dieser Eintages-Epistates. Man hatte jeden Tag einen neuen Geschäftsführer.

Der überorganisierte Verwaltungsapparat erforderte jedes Jahr die Neubesetzung von 700 Ämtern und 500 Ratsherrenstellen. Hinzu kamen noch die Ämter zur Verwaltung des Seebundes und die Zahl der Geschworenen in den Gerichtshöfen. Das bedeutete, dass die gesamte Bürgerschaft als Reservoir herangezogen werden musste. Fast jeder Bürger war in seinem Leben mehrfach Amtsträger. Damit auch die ärmeren Bürger teilnehmen konnten, zahlte der Staat eine Aufwandsentschädigung, aber kein Gehalt. Denn nach wie vor hatte die aristokratische Auffassung Geltung, dass Politik nicht zum Gelderwerb dienen sollte. Mit diesem Schritt wurde die völlige formale politische Gleichstellung aller Bürger erreicht. Der Preis dafür war, dass der einzelne Bürger so stark für das Ganze in Anspruch genommen wurde wie nie zuvor und wie nie nachher bis heute. Die Demokratie war anstrengend. Sie bewirkte jedoch zugleich ein hohes Maß an politischer Identifizierung des einzelnen Bürgers mit seinem Gemeinwesen und eine außerordentliche Intensität des politischen Lebens. Sie vermittelte dem einzelnen Bürger das Gefühl, nicht einer obrigkeitlichen Herrschaft unterworfen, sondern ein gleichberechtigter Teil der Gemeinschaft zu sein. Noch nie und vielleicht nie wieder war der Bürger so wenig Untertan wie in der athenischen Demokratie. Der ausgebaute Kontrollapparat, in dem im Idealfall jeder jeden überwachte, sollte Amtsmissbrauch und Korruption verhindern. Andererseits hatte die Identifizierung des einzelnen Demokraten mit dem Gemeinwesen durchaus Grenzen. Gemäß der immer noch wirksamen individualistischen aristokratischen Tradition war die Bindung des Einzelnen an seine Familie stärker als an das Ganze, und im Zweifelsfall stellte er seine eigenen Interessen auch über die seiner Familie. Eine offizielle Bezeichnung für den athenischen Staat, etwa „Republik Athen“, gab es nicht. Man sprach stattdessen ganz konkret von „den Athenern“. Die Anrede an die Volksversammlung lautete „Männer von Athen“. *Polis* bedeutete lediglich Stadt, *politeía* die Verfassung der Stadt.

Der Logik des demokratischen Systems entsprach die Rechtsprechung. Die demokratischen Gerichtshöfe (Dikasterien) oberhalb der Bagatellgerichtsbarkeit von Gemeinderichtern und Amtsträgern und außerhalb der Blutgerichtsbarkeit, die dem Areopag in bestimmten Fällen noch geblieben war, waren ein Abbild der Volksversammlung im Kleinen: Gremien von mehreren hundert, manchmal sogar über 1000 Bürgern als Laienrichtern. Sogar diese Massengerichtshöfe verdankten ihre Existenz lediglich dem Umstand, dass es der Volksversammlung in der Praxis unmöglich war, alle anfallenden Prozesse selbst zu entscheiden. Denn das demokratische System, der florierende Handel und die Herrschaft über den Seebund ließen die Zahl der Prozesse sprunghaft ansteigen. Die Athener waren für ihre Prozesswut berüchtigt, und fast jeden Tag mussten mehrere hundert Laienrichter aus der Bürgerschaft ausgelost werden. Eigentlich sollte nur das Volk in seiner Gesamtheit Richter sein, und zwar nach Gesetzen, die es sich selbst gegeben oder aus früherer Zeit übernommen hatte. Das Volk war Gesetzgeber und Richter zugleich. Wenn es schon aus praktischen Gründen den größten Teil der Rechtsprechung delegieren musste, dann wenigstens an Gerichte, die der Volksversammlung wegen ihrer Massenhaftigkeit nahekamen. Allerdings musste man in Kauf nehmen, dass die meisten Laienrichter in der Praxis Theten waren, und zwar solche, die im Stadtgebiet wohnten und die für den Militärdienst und teilweise sogar für berufliche Tätigkeiten zu alt waren. Denn Bauern konnten ihren Hof nicht oft verlassen und hatten einen weiteren Anmarschweg. Das Volk wurde also häufig von älteren Bürgern aus den unteren sozialen Schichten repräsentiert – eine unumgängliche Verzerrung des Gleichheitsprinzips der direkten Demokratie.

Wie in archaischer Zeit trat der Staat nie als Ankläger auf. Es gab keinen Staatsanwalt, was übrigens für die gesamte Antike gilt. Ankläger konnten nur einzelne Bürger sein, bei den von Solon eingeführten wenigen Popularklagen (öffentlichen Klagen) jeder beliebige Bürger, bei allen anderen Klagen nur der Geschädigte oder seine Verwandten. Wenn sie keine Anklage erhoben, wurde die betreffende Straftat nicht geahndet. Um Popularkläger zu ermutigen, was ja im öffentlichen Interesse lag, schuf der Staat einen finanziellen Anreiz: Ein erfolgreicher Ankläger erhielt zwei Drittel bis drei Viertel der Buße, zu der der unterlegene Beklagte verurteilt worden war. Die Aussicht auf Gewinn verleitete jedoch auch zu willkürlichen und missbräuchlichen Anklagen. Es gab Bürger, die das Anklagen als regelrechten Gelderwerb betrieben und überall nach Klagemöglichkeiten herumschnüffelten. Solche Leute waren zwar als Sykophanten verschrien, ließen sich davon aber nicht abschrecken. Um sich vor leichtfertigen Anklagen zu schützen, verhängte die Stadt über erfolglose Ankläger Strafen, wenn mehr als 80 Prozent der Laienrichter den Angeklagten freigesprochen hatten. Das Sykophantentum blieb dennoch ein permanentes Übel. Da die Massengerichte natürlich in besonderem Maße vom persönlichen Auftreten der Kontrahenten und ihrer Zeugen beeinflusst wurden, gewann, wie in der Volksversammlung auch, die Rhetorik eine übermäßige Bedeutung. Wer einen Prozess gegen einen populären und gewandten Redner führen wollte, nahm ein beträchtliches Risiko auf sich, von persönlichen Anfeindungen außerhalb des Gerichts ganz zu schweigen. Denn ein durchschnittlicher Kläger oder Angeklagter stand dem Massengericht völlig allein gegenüber. Es gab keine Rechtsanwälte, die ihn hätten beraten und unterstützen können. Allenfalls konnte er sich gegen Bezahlung von einem professionellen Redenschreiber sein Plädoyer anfertigen lassen, das er dann vor Gericht aber selbst vortragen musste. Um Beweismittel und Zeugen hatte er sich selbst zu kümmern. Mancher Verunsicherte trank sich Mut an oder nahm Zuflucht zur Magie, indem er seinen Prozessgegner mit einem geheimen Fluch belegte, wie die erhaltenen Fluchtafeln zeigen. Manche Angeklagte versuchten das Mitleid der Geschworenen zu erregen, indem sie ihre minderjährigen weinenden Kinder vorführten. Da in manchen Gesetzen kein festes Strafmaß vorgeschrieben war, überließ man es dem Ankläger und dem Angeklagten, Vorschläge zu machen, zwischen denen anschließend die Geschworenen die Entscheidung fällten.

Dieses Urteil war endgültig. Ein Berufungsverfahren gab es nicht. Und selbst nach einem gewonnenen Prozess musste der Privatkläger die Eintreibung seiner Forderung zunächst einmal selbst versuchen. Ein Amtsträger half ihm nur im Notfall. Wirkliche Unterstützung konnte er, wie in archaischer Zeit, nur von seinen Verwandten, Freunden und Nachbarn erwarten. Die größte Aussicht auf Erfolg vor Gericht hatte also, wer rhetorisch begabt war und ein Netzwerk aus einflussreichen Verwandten und Freunden aufbieten konnte. Im Grunde war der Prozess ein rhetorischer Wettstreit vor den Zuhörern. Insofern hatte die demokratische Justiz noch immer archaische Züge. Politisch brisante Prozesse behielt sich selbstverständlich die Volksversammlung vor. Die Qualität dieser Rechtsprechung, insbesondere, inwieweit man von einigen speziellen Fällen von Justizwillkür auf die Rechtsprechung insgesamt schließen kann, ist in der Forschung umstritten. Jedenfalls wurde dieses System der Rechtsprechung nicht in Frage gestellt. Die Forderung nach einer von der Politik unabhängigen Justiz hätte ein griechischer Demokrat überhaupt nicht verstanden, sie wäre ihm undemokratisch erschienen. Nicht nur die Athener, sondern die Griechen allgemein haben weder eine Systematik des Rechts noch eine Rechtsliteratur noch einen Juristenstand hervorgebracht, sondern blieben auf diesem Sektor bewusst laienhaft und unter dem Niveau, das sie in Philosophie und Wissenschaft erreichten. Denn auch das Recht sollte gegenüber der Volksversammlung kein Eigenleben entfalten.

Die demokratische Administration mit ihrer Menge von unprofessionellen Amtsträgern und ihren engen Kompetenzbereichen prägte auch die Finanzverwaltung. Das demokratische System ließ eine zentrale Finanzbehörde nicht zu. Sie wäre gegenüber der Volksversammlung zu mächtig gewesen. Stattdessen splitterte man die Finanzverwaltung auf. Verschiedene Amtsträger, die nur ihren begrenzten Bereich überblickten, waren für verschiedene Einnahmen zuständig und andere für die Ausgaben. Die Einnahmen flossen in zwei Hauptkassen zusammen, einer Kasse für die Einnahmen der Stadt und einer für die Tribute des Seebundes. Die Aufsicht führte der Rat der Fünfhundert bzw. die jeweiligen Prytanen. Eine Haushaltsplanung war unbekannt. Die Volksversammlung beschloss die Ausgaben von Fall zu Fall und erteilte den zuständigen Kassenwarten die entsprechenden Anweisungen. Im Notfall konnte sie außerplanmäßige Abgaben von den Bürgern erheben oder Kredite bei Tempelkassen aufnehmen.

Eine permanente direkte Besteuerung der Bürger gab es, wie gesagt, nicht. Sie war schon deshalb verpönt, weil die Tyrannen eine solche eingeführt hatten. Die Demokratie erhob eine direkte Steuer nur in Fällen außerordentlichen Geldbedarfs, d. h. meistens für Kriegszwecke. Da es sich um eine Vermögenssteuer handelte, waren die Ärmsten, die Theten, auch von diesen Erhebungen nicht betroffen. Regelmäßige Einkünfte bezog die Stadt im Wesentlichen aus der Verpachtung von Staatsbesitz, z. B. von Bergwerken, von Hafenzöllen und Verkaufssteuern auf Märkten und aus der Verpachtung der Metoikensteuer. Hinzu kamen außersteuerliche Forderungen von den reichsten Bürgern für militärische Zwecke (Leiturgien) – meistens den Bau von Kriegsschiffen – und für die prächtige Ausstattung kultischer Feste (Choregien). Sie bedeuteten für die Vermögenden eine beträchtliche Belastung, hatten aber in den griechischen Städten eine alte Tradition, die bis in die archaische Zeit zurückreichte. Nicht zuletzt deshalb gab es von alters her ein Gesetz gegen Vermögensverschwendung infolge von zu hohen privaten Ausgaben oder Vernachlässigung des Besitzes. Der Vermögende hatte bis zu einem gewissen Grad sein Vermögen auch für Bedürfnisse der Gemeinschaft bereitzuhalten. Die mit Abstand größten Einnahmen bezog Athen jedoch aus den Zahlungen der Mitglieder des Seebundes: Bei den Ausgaben stand die militärische Rüstung (ca. 300 Kriegsschiffe, 13 000 Schwerbewaffnete und 1000 Reiter) an erster Stelle. Denn trotz der Leiturgien der Reichen und obwohl sich die Schwerbewaffneten auf eigene Kosten ausrüsteten, musste die Streitmacht überwiegend aus staatlichen Mitteln finanziert werden. Der nächsthöchste Ausgabenposten waren die Diäten, vor allem diejenigen für die Laienrichter der Dikasterien.

Weitere Kosten verursachten die großartigen Bauten, mit denen die Demokratie ihre Weltmachtstellung zum Ausdruck brachte. Die Tradition, dass einzelne reiche Bürger auf eigene Rechnung öffentliche Bauwerke stifteten, wurde nicht weitergeführt. Die Volksversammlung gestattete nicht einmal Perikles den Bau eines Brunnenhauses unter eigenem Namen. Das Volk duldete nicht, dass Einzelne sich auf eigene Kosten ein öffentliches Denkmal setzten. Ehrungen für Einzelne sollten ausschließlich vom Volk verliehen werden. Die Anfänge dieser Auffassung reichten, wie gesagt, bis in die erste Hälfte des fünften Jahrhunderts zurück, als man Lobreden bei Leichenbegängnissen auf Staatsbegräbnisse beschränkt und einem vom Staat bestellten Redner vorbehalten hatte. Auch der Aufwand für die üppigen kultischen Feste, die das Volk erwartete, wurde von den Choregien der Reichen keineswegs allein gedeckt, sondern belastete die öffentliche Hand beträchtlich. Weniger ins Gewicht fiel sicher, dass Kinder von Kriegsgefallenen auf öffentliche Kosten erzogen wurden. Die Demokratie war teuer, obwohl sie mit den Diäten, die kein Gehalt, sondern nur Aufwandsentschädigungen waren, einen raffinierten Weg gefunden hatte, die Kosten für den Staat möglichst niedrig zu halten. Denn ein so großer permanent zu besoldender professioneller Militär- und Verwaltungsapparat wäre nicht nur als undemokratisch empfunden worden, sondern auch unbezahlbar gewesen.

Die demokratische Vorstellung, alle Bürger in gleicher Weise an der Politik zu beteiligen, ließ sich in der Praxis jedoch nur mit einigen wesentlichen Einschränkungen verwirklichen. Denn die meisten Volksversammlungen wurden nur von einer Minderheit besucht. Von ungefähr 40 000 Teilnahmeberechtigten fand sich in der Regel nicht einmal ein Zehntel ein. Viele in den äußeren Regionen Attikas Lebende scheuten oft den weiten Anmarschweg, Andere waren durch ihre Arbeit oder durch Kriegsdienst verhindert. Eine Teilnehmerzahl von 6000, die für ein Ostrakismos-Verfahren nötig war, galt schon als eine ungewöhnlich große Versammlung. Eigentlich war das ein Zeichen, dass Athen für eine derartige Demokratie zu groß war. Sie wäre eher für kleine Poleis mit einer Bürgerschaft von nicht mehr als einigen hundert oder höchstens 1000 bis 2000 Bürgern geeignet gewesen, von denen es viele in der griechischen Welt gab. Aber Kritik daran ist von den Demokraten nicht bekannt. Offenbar brauchte die Demokratie zu ihrer Legitimation nicht unbedingt eine Mehrheit der Bürger, sondern sah, wie bei den Dikasterien, die demokratische Entscheidungsfindung bereits durch die Massenhaftigkeit einer Versammlung hinreichend garantiert. Wohl aber bemängelten Kritiker, dass in den meisten Volksversammlungen der ärmere Teil der Bürgerschaft überwog. Ein Repräsentativsystem hätten die Demokraten abgelehnt, weil es zu viel Macht in die Hände der Abgeordneten gelegt hätte. In den Versammlungen machten nur Wenige von ihrem Rederecht Gebrauch. Das Wort führte meistens der kleine Kreis derer, die privat eine rhetorische Ausbildung genossen hatten, d. h. die Adligen und Reichen. Die Masse begnügte sich damit, lautstark und gelegentlich in krakeelender Weise Zustimmung oder Ablehnung zu äußern. Der Einfluss der Wortführer wurde dadurch noch verstärkt, dass aus sachlichen Gründen selbst die Demokratie nicht alle Ämter mittels Verlosung besetzen konnte, sondern für einige wichtige Funktionen die Ämterwahl zulassen musste, die eigentlich als undemokratisch galt. Es handelte sich um solche Ämter, für deren Bekleidung besondere Befähigungen oder Fachkenntnisse erforderlich waren.

Die wichtigsten Wahlämter waren die der zehn Strategen. Kein Wunder: Wer wollte sich im Krieg, wenn es für alle um Sieg oder Niederlage und für den Einzelnen um Leben oder Tod ging, einem Feldherrn anvertrauen, der sein Amt dem Zufall des Loses verdankte? Hier stieß die Demokratie an ihre Grenzen. Die Strategen wurden nicht nur von der Volksversammlung gewählt, sondern bei ihnen war sogar eine unbegrenzte Wiederwahl erlaubt. Perikles bekleidete dieses Amt nicht weniger als 15-mal hintereinander und war damit sicher der meistgewählte Stratege seiner Zeit. Dabei war ein demokratischer Stratege ebenso wenig ein Schlachtenlenker wie seine Vorgänger zur Zeit der Schlacht bei Marathon. Es gab keinen Feldherrnhügel, von dem aus er die Schlacht hätte überblicken und lenken können. Seine Aufgabe war die Organisation des Feldzuges und die Aufrechterhaltung der Disziplin, er bestimmte die Lokalität und, wenn die Opfer günstig ausfielen, den Zeitpunkt der Schlacht und er entschied die Aufstellung des Heeres, ob tiefer oder breiter gestaffelt. Mehr ließ die starre

Ordnung der Phalanx kaum zu. Unmittelbar vor der Schlacht stärkte er mit einer Ansprache den Mut seiner Krieger. Weitere Zuversicht konnte man gewinnen, wenn man sich einen Gott oder Halbgott zum Schlachtenhelfer wählte oder einen Wahrsager zu Hilfe zog.

Da jede Unebenheit des Geländes die Geschlossenheit der Schlachtreihe gefährden konnte, standen sich beide feindlichen Heere möglichst auf ebenem Grund gegenüber. Das bedeutete, dass keines der beiden Heere für sich Vorteile aus der Beschaffenheit des Geländes ziehen konnte. Um das gleichmäßige Vorrücken der schwerfälligen Hopliten, die durch den tiefsitzenden Helm nur ein enges Gesichtsfeld hatten, zu gewährleisten, setzte man oft Flötenspieler ein, die man unter die Kämpfer mischte und die mit ihrem Takt den Marschtritt vorgaben. Gelegentlich wurden hinter den Schlachtreihen Reserven gebildet, die Einheiten, die sich in einer kritischen Lage befanden, unterstützen sollten. In der Regel konnte keine Seite die andere zum Kampf zwingen. Die Schlacht konnte nur dann stattfinden, wenn beide Seiten dazu bereit waren. In dieser Hinsicht war es ein fairer Kampf, wie beim Sport, gleichsam die Übertragung des Zweikampfes auf zwei Heere. Es sei denn, dass es gelang, dem Feind einen Hinterhalt zu legen oder seine Versorgung zu behindern. Die Reiter waren gegen eine geschlossene Phalanx machtlos, schützten aber die Heeresflügel an den Seiten, attackierten einzelne Hopliten, wenn sie die Ordnung verlassen hatten, verfolgten flüchtende Feinde oder deckten im Fall der Niederlage den Rückzug.

Eine Schlacht fing mit einem Geplänkel der Schleuderer und Bogenschützen an. Dann eröffneten die Hopliten auf ein Trompetensignal hin den Nahkampf und stimmten den Paian an, den Kriegsgesang. Der rechte Flügel begann den Angriff. Die Schlachtreihen drängten gegeneinander an. In der Enge des Getümmels war die Lanze nützlicher als das Schwert. Man versuchte gleichsam Lücken in die gegnerische Phalanx zu stechen, in die man eindringen und dann die Schlachtreihe aufrollen konnte. Die Schlacht war entschieden, wenn der linke Flügel des Gegners nachgab und das gegnerische Heer in Panik fluchtartig das Schlachtfeld verließ. In dieser Phase, wenn sich die schützende Ordnung auflöste, erlitten die Flüchtenden durch die verfolgenden Reiter und Leichtbewaffneten die meisten Verluste. Daraufhin schickte der Feldherr des unterlegenen Heeres, falls er überlebt hatte, einen Boten zu den Siegern und bat um die Herausgabe seiner Gefallenen, die aus religiösen Gründen unbedingt bestattet werden mussten. Diese Bitte war zugleich das Eingeständnis der Niederlage und wurde von den Siegern stets gewährt, nachdem sie von den Gefallenen die wertvollen Rüstungen erbeutet hatten. Daraufhin errichtete das siegreiche Heer am Schlachtort ein schlichtes steinernes Siegeszeichen.

Die Entscheidungsfreiheit der Strategen wurde manchmal durch bestimmte Auflagen der Volksversammlung eingeschränkt. Nach Ende des Feldzuges hatte ein Stratege vor der Volksversammlung Rechenschaft abzulegen. Da er wusste, dass ihm bei Misserfolg durch den aufgebrachten Demos eine Verurteilung zu Verbannung oder gar die Todesstrafe drohte, dürfte sein militärisches Vorgehen eher von Vorsicht als von Risikobereitschaft bestimmt gewesen sein. Mancher Stratege kehrte nach einer verlorenen Schlacht gar nicht erst nach Athen zurück, sondern setzte sich gleich ins Ausland ab – immer vorausgesetzt, dass er die Schlacht überlebte, denn in der Phalanx standen Feldherren oft in vorderster Front und starben relativ häufig den Soldatentod, sogar dann, wenn ihr Heer siegte. Schon bei Marathon hatte der athenische Oberkommandierende, Kallimachos, den Sieg nicht überlebt. Durch seine herausgehobene Stellung erhielt das Strategenamt zwangsläufig auch eine große politische Bedeutung. Das bedeutete jedoch keine Herrschaft der Generäle, sondern der politische und der militärische Bereich waren überhaupt nicht getrennt. Es gab keine Kriegsakademie und keine spezielle militärische Laufbahn. Von einem Politiker wurde erwartet, dass er jederzeit auch eine militärische Aufgabe übernehmen konnte. Oft schlug ein Stratege der Volksversammlung denjenigen Feldzug vor, mit dessen Ausführung er anschließend betraut wurde. Er konnte also nicht nur Beauftragter, sondern auch Initiator sein, wobei seine Initiative vielleicht nicht selten von seinen persönlichen Interessen oder denen seiner Familie geleitet wurde. Und selbstverständlich hatte sein Wort auch in nicht-militärischen Angelegenheiten Gewicht. Ein demokratischer Stratege war mehr Politiker als Militär, und seine Redekunst übertraf, wie bei Perikles, nicht selten seine militärischen Leistungen. Bei militärischen Misserfolgen konnte er nicht mit Nachsicht rechnen. Das Volk hasste Verlierer – aber es hasste längerfristig ebenso allzu erfolgreiche Sieger!

Die zweitwichtigsten Wahlämter waren die der zehn Schatzmeister des Seebundes *(Hellenotamíai)*, denn sie verwalteten die Tribute, die Athen aus seinem Seereich zuflossen und die den größten Teil der athenischen Staatseinnahmen ausmachten. Zu *Hellenotamíai* wurden nur Angehörige der obersten Vermögensklasse (Fünfhundertscheffler) gewählt. Sie waren somit die exklusivsten Amtsträger der Demokratie, aber lediglich deshalb, weil sie für ihre Amtstätigkeit mit ihrem Vermögen haften mussten. Wie die Strategen wurden auch die Reiterführer (Hipparchen) gewählt, nicht ausgelost. Und wenn ein reicher Mann verpflichtet wurde, als Leiturgie auf eigene Kosten ein Kriegsschiff zu bauen, dann wurde er auch dessen Kommandeur (Trierarch).

Das wirtschaftliche Interesse des Staates beschränkte sich auf die Erhebung der benötigten Gelder, die Sicherstellung der Ernährung und die Beschaffung von wichtigen, vor allem von kriegswichtigen Gütern aus dem Ausland. Eine gravierende Schwäche Athens war die Abhängigkeit von Getreideimporten, die man zum größten Teil nicht aus dem Gebiet des Seebundes beziehen konnte, sondern von weither, aus der Schwarzmeerregion und aus Ägypten, beschaffen musste. Das zweite große Problem war der Mangel an Holz für den Schiffbau, der Athen von Importen aus den Regionen der nördlichen Ägäis und Westkleinasiens und sogar von Zypern und dem Libanon existenziell abhängig machte. Dagegen waren das größte Geschenk der Natur die Silberbergwerke von Laureion, die Athen, wie manchen Staaten heute das Erdöl, ständige Einnahmen bescherten und die Prägung besonders wertvoller Münzen ermöglichten. Die sozialen Maßnahmen beschränkten sich auf die Zahlung der Diäten, was jedoch nicht sozial, sondern politisch motiviert war, und auf die staatliche Erziehung von Kriegswaisen. Nicht einmal Kriegsgefangene kaufte der Staat frei, sondern überließ es den Verwandten oder reichen Wohltätern, es sei denn, dass sich im Rahmen eines Friedensvertrages die Möglichkeit eines Gefangenenaustausches ergab. Gesellschaft, Wirtschaft und Technik blieben im Wesentlichen sich selbst überlassen. Sie waren kein Thema der öffentlichen Diskussion. Eine Wirtschaftswissenschaft haben die Griechen nie entwickelt, eine Sozialwissenschaft schon gar nicht.

Obwohl Athen eine Handelsmetropole war, blieb Attika wirtschaftlich und ideologisch ländlich geprägt. Zwei Drittel der Bürger waren Bauern, die auf ihrer Scholle mit ihrem Ahnenkult verwurzelt waren und ihren Lebensmittelpunkt in ihrer jeweiligen Gemeinde (ihrem Demos) hatten, nicht im Zentrum Athens. Wie von alters her hatten sie als Landbesitzer auch in der Demokratie das höchste Ansehen. Da sich keine Konzentration des Landbesitzes in den Händen der Oberschicht herausgebildet hatte, gab es eine breite Schicht von Landeigentümern, und die soziale Lage war relativ stabil. Allerdings reichte der Landbesitz vieler Athener nur für eine Subsistenzwirtschaft. Erbteilung und Heiraten führten häufig zu Streubesitz. Viele Kleinbauern hatten Mühe, ihren Status als Zweihundertscheffler und Hopliten aufrecht zu erhalten. Ihre Armut brachte sie wahrscheinlich häufig in wirtschaftliche Abhängigkeit von reicheren Landbesitzern, die ihnen Unterstützung und zusätzliche Lohnarbeit gewährten. In diesen Demen gaben die ansässigen Fünfhundertscheffler und Ritter den Ton an, organisierten das Gemeindeleben, wozu auch lokale Feste gehörten, und brachten ihren Rang durch aufwendige Familiengräber zum Ausdruck. Sie und die besser gestellten Bauern werden es gewesen sein, die sich am meisten zu den Vorwahlen für die Ämterverlosung meldeten und Zeit hatten, diese Ämter im Stadtgebiet zu bekleiden. Nur sie konnten sich eine größere Zahl von Sklaven leisten, doch werden sie daneben zumindest saisonweise auch freie Lohnarbeiter beschäftigt haben, wenn es kostengünstiger war.

Der größte Teil der Händler, Handwerker und Lohnarbeiter wohnte im Stadtgebiet von Athen und im Piräus. Er bestand aus Bürgern – überwiegend Angehörigen der Thetenklasse –, Metoiken und Sklaven. Athen benötigte schon wegen des Schiffbaus und der Instandhaltung der Flotte zahlreiche Handwerker, auch aus dem Ausland. Daneben nahm die Vasenproduktion einen besonderen Rang ein, die einen Absatzmarkt im gesamten Mittelmeerraum fand. Ein anderer wichtiger Sektor war die Errichtung von Bauten und die Herstellung von Kunstwerken. Das meiste wurde in kleinen Werkstätten hergestellt. So wie es in der Landwirtschaft keine Latifundien gab, gab es im Handwerk auch keine Fabriken. Und ebenso wenig wie in der Landwirtschaft bemühte man sich um technischen oder organisatorischen Fortschritt, sondern um handwerkliche Präzision, die jedoch der künstlerischen Ausgestaltung freien Lauf ließ und bekanntlich viele Kunstwerke von zeitloser Bedeutung hervorgebracht hat. Die Lebensverhältnisse im Stadtgebiet waren nicht besonders angenehm. Die meisten Straßen waren schmal und gewunden, von ungleicher Breite, weil man keine einheitlichen Häuserfronten kannte, ungepflastert und ohne nächtliche Straßenbeleuchtung, außerdem voll Unrat, den man aus den Häusern einfach nach draußen kippte. Der Durchschnittsathener wohnte in engen und äußerst einfachen Behausungen, spärlich möbliert, manchmal ohne Fenster, und mit einer Kochstelle im Freien. Selbst die Reichen hatten keine Stadtpaläste, sondern nur etwas mehr Wohnraum zur Verfügung. Eine Privatsphäre gab es kaum; sie wurde auch nicht vermisst. In manchen Stadtteilen war die Wasserversorgung unzureichend, obwohl schon die Peisistratiden Wasserleitungen nach Athen hatten bauen lassen. Das öffentliche Leben spielte sich auf der Agora ab, die von allen Einwohnern in einer Viertelstunde bequem zu erreichen war. Sie war zugleich politisches Zentrum, Markt und Diskussionsforum, ein Ort, an dem man der verworrenen Enge der Stadt zeitweise entkommen konnte.

Der bedeutendste Teil des Handels war der Seehandel, der Export und Import von Waren in alle und aus allen Regionen des Schwarzen und des Mittelmeeres. Der Genuss des vielfältigen Warenangebots aus aller Welt galt geradezu als Ausweis demokratischer Lebensqualität. Ein Teil der importierten Waren wurde an Händler aus anderen Städten weiterverkauft, für die der Markt in Athen die günstigste Möglichkeit zum Einkauf ausländischer Erzeugnisse bot. Dennoch wurde dieser Seehandel nicht von großen Reedereien, sondern nur von einzelnen Schiffseigentümern getragen und hatte mit einer Fülle von Risiken zu kämpfen. Während der Winterstürme lag er brach, und selbst im Sommer hatten es die kleinen Segelschiffe oft schwer, sich gegen die Unbilden des Wetters zu behaupten. Zusätzlich machten Seeräuber und Kriege das Meer und die fremden Länder unsicher. Weitere Risiken waren die Unberechenbarkeit von Angebot und Nachfrage im Ausland, die Minderwertigkeit ausländischer Münzen und gelegentlich die Willkür von Behörden fremder Städte.

Ähnlich organisiert war das Kreditwesen, das nicht von Banken, sondern lediglich von einzelnen Geldverleihern hauptsächlich für den Seehandel betrieben wurde, die ihr hohes Risiko mittels eines horrenden Zinssatzes (zwischen zwölf und 36 Prozent) zu kompensieren versuchten.

Handwerk und Handel hatten kein Sozialprestige und kaum Einfluss auf die Politik. Man überließ diese Erwerbszweige nur allzu gern Metoiken. Wenn Athener sie betrieben, bezogen sie ihr Selbstwertgefühl nicht aus ihrer beruflichen Tätigkeit, sondern aus ihrem Status als Bürger einer Weltmacht, deren militärische Schlagkraft durch ihre wirtschaftliche Unterentwicklung nicht beeinträchtigt wurde. Diese weitgehende Unabhängigkeit der Politik von der Wirtschaft war geradezu eine Voraussetzung für die athenische Demokratie und ist noch heute der Traum mancher Politiker, die Athen in dieser Hinsicht als Vorbild ansehen. Aber anders als die heutigen Demokratien brauchte Athen keine Kredite von internationalen Kapitalmärkten, es brauchte keine Investitionen ausländischer Unternehmer. Athen war kein Sozialstaat, wie wir ihn heute kennen, der

Bedürftige hätte unterstützen und Altersrenten hätte zahlen müssen. Heutzutage, wo die Wirtschaft den Handlungsspielraum der Politik notwendigerweise einschränkt, wäre eine solche Demokratie unmöglich.

Es ist eine weitverbreite Meinung, dass die athenische Demokratie nur durch Sklavenarbeit möglich gewesen sei. Sie gründet sich auf die Vorstellung, dass lediglich die Verfügbarkeit von Sklaven dem durchschnittlichen Athener genügend Freizeit und Muße für Politik und Kultur gelassen habe. Der größte Teil der Forschung teilt diese Ansicht nicht. Doch ist die diesbezügliche antike Überlieferung zu vage, um in dieser Frage zu einem gesicherten Urteil zu gelangen. Jedenfalls war die Anschaffung und Versorgung von Sklaven teuer. Von den ca. 40 000 männlichen Bürgern und den ca. 10 000 männlichen Metoiken konnte sich nur eine Minderheit, vielleicht 10 000–12 000 Bürger und 2000 Metoiken den Besitz einer größeren Anzahl von Sklaven leisten. In der Landwirtschaft war oft die saisonweise Einstellung freier Arbeitskräfte kostengünstiger. Die Kaufsklaverei war schon seit dem sechsten Jahrhundert in Schwung gekommen, hauptsächlich bei den Griechenstädten an der kleinasiatischen Küste. In Athen erreichte sie erst seit der Mitte des fünften Jahrhunderts mit ca. mindestens 100 000 Sklaven einen Höhepunkt. Die meisten von ihnen waren Nicht-Griechen. Von ihnen arbeiteten vielleicht 25 000–30 000 in den Bergwerken, die von privaten Pächtern betrieben wurden.

Ob sich ein durchschnittlicher Bauer Sklaven leisten konnte, ist in der Forschung umstritten. Die meisten Sklaven arbeiteten im Stadtgebiet von Athen und im Piräus als Handwerker, Arbeiter, Händler und Hauspersonal, einige wenige auch als Mitarbeiter im Bankwesen. Dementsprechend unterschiedlich war ihre soziale Stellung. Zwar stand ein Sklave in juristischer Hinsicht tief unter einem Freien, da er nicht als vollwertiger Mensch, sondern als menschliche Sache galt; Sache, weil er Eigentum seines Herrn war, Mensch, weil er z. B. an den meisten kultischen Veranstaltungen teilnehmen durfte. Aber dennoch konnte er, wenn er eine gehobene Tätigkeit ausübte, sozial über der Unterschicht sogar der Bürger stehen. Denn der Sklavenstatus definierte ja nur seine juristische Stellung, legte aber nicht seine soziale Position fest. Besondere Sektoren von Arbeit, die nur von Sklaven verrichtet werden konnten, gab es nicht. Die Sklaverei war kein Kastensystem. Vielmehr arbeiteten oft Bürger, Metoiken und Sklaven Schulter an Schulter nebeneinander. Auch gab es keine Kennzeichnung der Sklaven, etwa in Form einer besonderen Kleidung. Der Nachteil der Sklavenhaltung war, dass die Sklaven im Allgemeinen wenig Motivation aufbrachten. Der Vorteil lag in der vielseitigen Verwendbarkeit. Es gab reiche Athener, die hunderte von Sklaven besaßen und sie für verschiedene Arbeiten vermieteten: denn Sklaven zeitweise zu mieten war für Unternehmer oft billiger, als welche zu kaufen. Man darf annehmen, dass ein großer Teil der Sklaven sich im Besitz der 1200 reichsten Athener befand. Von den Theten, die meistens die Mehrheit in den Volksversammlungen ausmachten, werden die wenigsten Sklaven besessen haben.

Neben den Privatsklaven gab es auch Staatssklaven, die als Polizisten (300 skythische Bogenschützen), Gefängniswärter und dergleichen Dienst taten. Immerhin standen den ca. 120 000 Bürgern einschließlich ihrer Familien und ca. 30 000 Metoiken einschließlich ihrer Familien – wie gesagt – schätzungsweise mindestens 100 000 Sklaven gegenüber. Gelegentlich wird heute die Ansicht geäußert, dass sich Demokratie und Sklaverei eigentlich hätten ausschließen müssen. Aber wer so denkt, hat die athenische Demokratie nicht verstanden, sondern projiziert ethische Werte, die man heute mit Demokratie verbindet, auf die antike Demokratie zurück.

Wie in allen Poleis von jeher war auch im demokratischen Athen das Leben eng mit der Verehrung der Götter und dem Vollzug religiöser Riten verbunden. Eine Trennung zwischen der sakralen und der profanen Sphäre gab es unter der demokratischen Verfassung ebenso wenig wie vorher. Eine solche Abgrenzung war griechischem Empfinden völlig fremd, hatte der Staat Athen doch nach allgemeiner Überzeugung einen göttlichen Ursprung. Zudem gehörten Götter und Menschen nicht völlig verschiedenen Welten an. Auch Menschen konnten wenigstens nach ihrem Tod kultische Verehrung genießen, angefangen vom Ahnenkult bis zu den halbgöttlichen Heroen. Nicht nur der Einzelne und verschiedene Gemeinschaften, sondern auch die ganze Stadt bedurfte des göttlichen Schutzes. Die Stadtgöttin und Namensgeberin war Athene, eine wehrhafte „himmlische" Gottheit, einst dem Haupt des Zeus in voller Rüstung entsprungen, aber – wie etliche andere „himmlische" Götter in anderen Heiligtümern auch – in Wirklichkeit die Nachfolgerin einer frühzeitlichen chthonischen Schlangengöttin. Die gesamte Bürgerschaft bestand aus Kultgemeinschaften auf verschiedenen Ebenen: den Familien, den Phratrien, den Gemeinden (Demen), den Phylen. Jeder Beruf hatte seine speziellen Götter. Die größte Kultgemeinschaft war die gesamte Bürgerschaft. Demokratie und Religion gehörten zusammen. Doch im Gegensatz zur Politik war die Teilnahme an den meisten kultischen Veranstaltungen nicht auf die männliche Bürgerschaft beschränkt, sondern stand auch Frauen, Nicht-Bürgern und sogar Sklaven offen.

Die enge Verzahnung zwischen Religion und Polis fand ihren spektakulärsten Ausdruck in der kostspieligen religiösen Festkultur, die das ganze Jahr umspannte. Jeder der zwölf Monate war nach dem größten religiösen Fest benannt, das in diesem Monat angesagt war. Ein solches Fest dauerte meistens mehrere Tage, denn einen allwöchentlichen religiösen Feiertag, wie den jüdischen Schabbat, gab es nicht. Diese Feste waren natürlich nicht von der Demokratie eingeführt worden, sondern hatten eine alte Tradition, wurden aber von der Demokratie besonders üppig ausgestaltet. Man kann ihre Bedeutung für die Demokratie kaum überschätzen. Die Festkultur gehörte zur Identität der Polisgemeinschaft und war zugleich für jeden einzelnen Bürger ein wesentliches Stück Lebensqualität. Deshalb soll sie hier etwas ausführlicher betrachtet werden.

Den Anfang machten die Panathenäen (das „Fest aller Athener") zu Ehren der Schutzgöttin der Stadt, das im Juli, d. h. gegen Ende des ersten Monats des athenischen Jahres, begangen wurde. Bei diesem wichtigsten aller Feste fanden sich nicht nur die athenischen Bürger mit ihren Familien ein, sondern auch Metoiken und Freigelassene. Der Höhepunkt war die Prozession vom größten Stadttor, dem Dipylon, hinauf zur Akropolis. Schon seit 566/565 v. Chr. waren diese Panathenäen in jedem vierten Jahr zu den Großen Panathenäen erweitert worden, die vier Tage dauerten und mit sportlichen und musischen Wettkämpfen, einem Schönheitswettbewerb für Männer, Pferde- und Wagenrennen sowie einem Fackellauf endeten. Bei diesen Großen Panathenäen wurde die Göttin mit einem neuen prächtigen Gewand (Peplos) versehen, das Athenerinnen aus den führenden Familien in neunmonatiger Arbeit gewebt hatten. Außerdem wurden der Göttin zusätzliche Opfergaben von Abordnungen der Städte des Seebundes dargebracht. Weniger bedeutend waren in Athen die Aphrodisia im selben Monat, denn das Zentrum des Aphroditekults lag in Paphos auf Zypern.

In jedem vierten Jahr standen September/Oktober im Zeichen der neuntägigen Großen Eleusinischen Mysterien zum Gedenken an die Trauer der Demeter über den Verlust ihrer Tochter Kore (Persephone), die Hades in die Unterwelt entführt hatte. Dem Mythos zufolge hatte Demeter aus Kummer ihre Pflicht, das Wachstum der Vegetation zu bewirken, vergessen und somit den ersten Winter verursacht. Der Winter war gleichbedeutend mit Tod, d. h. Gefangenschaft im Hades. Von daher ergab sich ein besonderer Bezug der Feiern zur Unterwelt und auch zu Dionysos. Das Heiligtum der Demeter befand sich nicht in Athen, sondern in Eleusis nahe der Grenze zur Nachbarstadt Megara. Dieser Ort war erst im siebenten Jahrhundert von Athen annektiert worden und behielt immer eine Sonderstellung, wozu auch das Heiligtum beitrug. Im heiligen Bezirk befand sich u. a. das Plutonion, eine Grotte, die als Eingang zur Unterwelt galt, durch den Pluton (Hades) Persephone entführt haben sollte. Um eine kultische Verbindung mit Athen herzustellen, hatte man am Abhang der Akropolis gleichsam als Zweigstelle das Eleusinion errichtet. Von dort begann die große Prozession auf der „Heiligen Straße" nach Eleusis. Man trug auch ein Bild des Iakchos (= Dionysos) mit und rief den Gott unterwegs mehrfach an. An einer bestimmten Stelle stießen die Teilnehmer laut Obszönitäten aus, die sich auf die weiblichen Genitalien bezogen, um die trauernde Göttin heiter zu stimmen. Man bezog sich damit auf einen Mythos, dem zufolge die trauernde Demeter in der Gestalt einer alten Frau in Eleusis Aufnahme gefunden habe und von einer Magd des Königs Keleos namens Iambe oder einer Einwohnerin namens Baubo (es gibt beide Versionen) erheitert worden sei, indem diese schlüpfrige Scherze machte und dabei ihre Vulva entblößte. In Wirklichkeit dürfte es sich um einen frühzeitlichen Fruchtbarkeitszauber oder, wie manche Forscher meinen, um eine apotropäische Geste zur Abwehr von bösen Dämonen gehandelt haben. Nach der Ankunft in Eleusis folgte ein Tag des Fastens, weil sich die Göttin nach ihrer Aufnahme in Eleusis aus Trauer zunächst geweigert haben soll, Speise und Trank anzunehmen.

Das Wesen des Demeterkults unterschied sich von dem anderer Kulte dadurch, dass es sich um einen Mysterienkult handelte, d. h. um einen Kult, der Geheimnisse vermittelte, die nur Eingeweihte erfuhren. Die Teilnehmer an der Prozession waren also Eingeweihte und solche, die es werden wollten, und zwar nicht nur Athener einschließlich der Frauen, Metoiken, Freigelassenen und Sklaven: Die Teilnahme stand allen Griechen offen, sofern sie keine Blutschuld auf sich geladen hatten oder von unreinen Dämonen besessen waren. Dem Tyrannen Peisistratos, der den Dionysien ihren besonderen Rang verschafft hatte, war es schon im sechsten Jahrhundert gelungen, die Eleusinischen Mysterien weit über Athen hinaus attraktiv zu machen, und so strömten viele Griechen aus anderen Städten nach Athen, um Mysten zu werden. Bei der ersten Einweihung im Telesterion, einer großen Tempelhalle, erlangte man jedoch lediglich eine Vorstufe; erst bei einer zweiten Teilnahme konnte man zur heiligen „Schau" (Epoptie) aufsteigen. Die einzelnen Riten sind bis heute nicht genau bekannt, da es den Eingeweihten unter Androhung der Todesstrafe verboten war, darüber zu sprechen. Jedenfalls verbanden die Mysterien mit diesen Riten moralische Lehren und verhießen im Diesseits ein glückliches Leben sowie nach dem Tod ein besseres Los als das traurige Schattendasein im Hades. Schon Hesiod hatte von einer Insel der Seligen gesprochen. Hüter der Mysterien waren die Erbpriester aus den Familien der Eumolpiden und Keryken. Moderne Forscher haben den Mysterien, die sich aus urtümlichen Initiationsriten auf ein ethisches Niveau erhoben hatten, eine besondere Wertschätzung entgegengebracht. Dagegen hat man aus politischer Sicht darauf hingewiesen, dass gerade die Besonderheit der Mysterien mit ihrem geheimen Spezialwissen in einem gewissen Gegensatz zu den Kulten der Polis mit ihren kultischen „Ritualhandwerkern" und überhaupt zur Offenheit der Demokratie stand. Außer den eleusinischen gab es noch andere weniger bekannte Mysterienkulte in Attika und in anderen Poleis.

Im Oktober fanden die dreitägigen Thesmophorien statt, ein Fest der verheirateten athenischen Frauen zu Ehren von Demeter Thesmophoros (d. h. der Göttin, die die Menschen die Regeln des Ackerbaus gelehrt hatte) und Persephone, an dem Männern die Teilnahme strikt verboten war. Es handelte sich im Wesentlichen um rituelle Fruchtbarkeitsbeschwörungen. Nach einer Vorbereitung durch sexuelle Enthaltsamkeit zogen die Frauen zum Thesmophorion, wo sie Opfer darbrachten. Dann errichteten sie ein Lager aus Laubhütten, in denen sie während des Festes wohnten. Am zweiten Tag fasteten sie und verspotteten einander mit rituellen Obszönitäten. Zum Abschluss am dritten Tag fand ein Opfer für Kalligeneia statt, die Göttin der „schönen Geburt", und anschließend ein Festmahl.

Der Oktober/November war der Monat der Apaturien, die nicht nur in Athen, sondern in den meisten ionischen Städten gefeiert wurden. Es war eine Veranstaltung der Phratrien und wurde von den einzelnen Phratrien an verschiedenen Tagen angesetzt. Der wichtigste Zweck war ursprünglich die Einschreibung der seit dem Vorjahr männlichen Neugeborenen in das Register ihrer Phratrie und damit die Anerkennung ihres Status als Athener.

Im Februar/März fanden die Kleinen Eleusinischen Mysterien im Demeterheiligtum in Athen statt, bei denen die Teilnehmer durch Reinigungsriten die Anwartschaft auf die Teilnahme an den nächsten Großen Mysterien erwerben konnten.

Einen beachtlichen Rang behauptete Dionysos, ein Gott, der keineswegs demokratisch war, sondern aus der aristokratischen Welt der archaischen Epoche stammte. Von Dezember bis März feierte man nicht weniger als vier verschiedene dionysische Feste, was der Vielfalt des Gottes entsprach. Sie begannen mit den ländlichen Dionysien. Es folgten die Lenäen *(Lenaia)*, die im Januar/Februar stattfanden. Ein Bestandteil dieser Feiern war die Aufführung von fünf Komödien und zwei Tragödien in der Form eines musischen Wettbewerbs. Bei diesen Veranstaltungen waren nur Bürger zugelassen. Im weiteren Verlauf des Februars folgte drei Tage lang das dritte Dionysosfest, die Anthesterien („Blütenfest"), die auf graue Vorzeiten zurückgingen. Anlass war die Prüfung des Weins des Vorjahres. Es war ein heiteres Fest im Schmuck von Frühlingsblumen, an dem auch Sklaven teilnehmen konnten. Und auch hier durfte ein Wettstreit nicht fehlen, diesmal in Form eines Wetttrinkens. Frauen war die Teilnahme verboten. Aber es fehlte auch nicht die dionysische Verbindung zur Unterwelt, denn auch die Geister der Verstorbenen nahmen teil und wurden besänftigt, jedoch anschließend wieder aus der Stadt vertrieben. Mitte März feierte man die städtischen Dionysien, das große Dionysosfest, das, wie die Mysterien von Eleusis, seine besondere Geltung in der zweiten Hälfte des sechsten Jahrhunderts von dem Tyrannen Peisistratos erhalten hatte. Hier waren alle willkommen und fanden sich zusammen: Bürger, Metoiken, Ausländer und Sklaven. Die erste Zeremonie fand schon am Vorabend der Veranstaltungen statt, als ein Kultbild des Gottes aus der Stadt heraus- und dann wieder zu seinem Tempel zurückgetragen wurde. Darauf begann der erste Tag mit einer kultischen Veranstaltung, bei der nach einer feierlichen Prozession zum Dionysostempel Opfer dargebracht wurden. Zu dieser Prozession gehörte auch die Demonstration von Phalloi als Symbol der Fruchtbarkeit. Es ist jedoch bemerkenswert, dass schon im sechsten Jahrhundert Vertreter der „Mäßigung" wie Heraklit solche frühzeitlichen sexuellen Darstellungen nur aus kultischen Gründen akzeptierten und sie eigentlich als schamlos empfanden, womit sie ansatzweise bereits die spätere Kritik christlicher Autoren vorwegnahmen. Auf die Prozession folgte im damals noch hölzernen Theater der politische Teil, bei dem einzelne Bürger für ihre Verdienste um die Stadt bekränzt wurden und Söhne von Kriegsgefallenen ihre militärische Ausrüstung geschenkt bekamen. Der musische Teil begann am Nachmittag mit dem Auftritt zweier Dithyrambenchöre, eines Knaben- und eines Männerchors von je 500 Sängern, deren Massenhaftigkeit typisch demokratisch war und die dem Gott mit schwärmerischen Liedern huldigten. Dieser Tag endete mit einem burlesken Umzug *(kômos)*. Am zweiten Tag folgte ein Wettbewerb von fünf Komödien, vom dritten bis zum fünften Tag der Tragödien. Wie groß die Bedeutung war, die man dem Fest zumaß, wird daran erkennbar, dass nach Abschluss der Feiern am sechsten Tag in der Volksversammlung eine Überprüfung des Ablaufs in Form einer öffentlichen Debatte stattfand.

Im Mai/Juni, also gegen Jahresende, waren die Thargelia an der Reihe, ein zweitägiges Sühne- und Erntedankfest für Apollon und seine Schwester Artemis. Am ersten Tag versuchte man mit einem archaischen Sühneritual, bei dem symbolisch zwei Athener als Sündenböcke aus der Stadt getrieben wurden, Apollon zu besänftigen, um Epidemien abzuwenden. Ob dieses Ritual auf frühzeitliche Menschenopfer schließen lässt, ist umstritten. Am zweiten Tag bat man Apollon um Schutz der Ernte vor dem Verdorren durch übermäßige Sommerhitze, indem man Erstlingsfrüchte opferte. Auch bei diesem Fest gab es einen sportlichen und einen musischen Wettstreit in Form eines Wettlaufs und eines Wettsingens für Männer und für Knaben.

In denselben Monat fielen die Plyntherien bzw. Kallyntherien, bei denen das hölzerne Standbild der Göttin Athena Polias feierlich gewaschen und neu geschmückt wurde. Und im Piräus gab es seit 429 v. Chr., also dem zweiten Jahr des Peloponnesischen Krieges, die Bendideia zu Ehren der thrakischen Göttin Bendis. Die Einführung dieses Kultes sollte der Festigung der militärischen Allianz mit dem König der thrakischen Odrysen dienen, dessen Sohn sogar mit dem athenischen Bürgerrecht ausgezeichnet wurde. Es war aber darüber hinaus ein weiteres Beispiel für den beträchtlichen religiösen Einfluss des rauen Thrakiens auf die griechische Kultur, der sich schon früh im Dionysos- und Orpheusmythos manifestiert hatte. Zur Vermeidung von Alkoholexzessen überwachte allgemein bei öffentlichen Festen ein Dreierkollegium den Ausschank des Weins. Neben diesen städtischen Festen gab es eine Fülle von örtlich begrenzten Festivitäten kleinerer Kultgemeinschaften für lokale Gottheiten. Ob alle diese Feste ein Ausdruck tief empfundener Religiosität oder in vielen Fällen eher Brauchtum und Vergnügen waren, ist schwer zu sagen. Auf jeden Fall empfanden die Athener sie als einen wichtigen Teil ihrer Identität und Lebensqualität.

Die Demokratie war die Herrschaft der Masse. Im Idealfall hätte die Volksversammlung aus allen abstimmungsberechtigten Bürgern bestanden. Aber notwendig war das nicht. Die Hauptsache war, dass die Entscheidungen von einer hinreichend großen Menge getroffen wurden, gleichgültig, wie sich diese bei der jeweiligen Tagung zusammensetzte. Politische Vereine oder gar Parteien, die Sonderinteressen oder ein langfristiges politisches Programm verfolgt hätten, sind nie entstanden, Sie wären geradezu als eine Verschwörung gegen die Demokratie empfunden worden. Darin unterscheidet sich das antike Demokratieverständnis grundsätzlich vom heutigen demokratischen Parteien- und Lobbysystem. Selbst die Hetairien der Adligen, die ihre Mitglieder manchmal bei Prozessen unterstützten, waren den Demokraten stets verdächtig, auch die Philosophenschulen. Die Fokussierung auf die Volksversammlung machte die athenische Demokratie viel transparenter als die heutigen Staatsformen gleichen Namens. Die meisten Beratungen der Volksversammlung betrafen die Außen- und Kriegspolitik. Und auch hier verfolgte man offensichtlich keine langfristige Perspektive, sondern fällte Entscheidungen von Fall zu Fall oder, wie bei den Wahlen, von Jahr zu Jahr. Die Forderung, dass die politische Gleichheit durch eine soziale ergänzt werden müsse, lag der Demokratie fern. Sie ist zwar von Theoretikern gelegentlich geäußert worden, war also antikem Denken nicht völlig unbekannt, gewann jedoch nie eine praktische Bedeutung.

Die athenische Demokratie hat in der Nachwelt wenig Wertschätzung erfahren. Voltaire und viele andere verachteten sie als chaotische Pöbelherrschaft. Die Französische Revolution und ihre Vordenker wählten sich als Vorbilder für republikanische Tugenden Sparta und Rom. Im neunzehnten und frühen zwanzigsten Jahrhundert missverstand man die athenische Demokratie oft als Klassenherrschaft des Proletariats und meinte, Perikles habe nur mit Mühe den Umschlag in den Kommunismus verhindert, der in ihrem Wesen angelegt gewesen sei. (Eine Ausnahme machte der herausragende englische Althistoriker George Grote.) In Wirklichkeit ist die athenische Demokratie immer auf den politischen Rahmen beschränkt geblieben. Begriffe für eine Differenzierung innerhalb der Bürgerschaft unter sozialen Aspekten sind nie gebildet worden, abgesehen von den rudimentären Bezeichnungen „die Reichen" und „das Volk" oder „die Reichen", „die Mittleren" und „die Armen". Ihre Bedeutung wird in anderem Zusammenhang zu erörtern sein.

Als griechische Kommunisten im Verlauf der Eurokrise von 2010 mit ihren roten Fahnen auf die Akropolis kletterten und von dort aus die Völker Europas (in englischer Sprache) aufriefen, sich von der kapitalistischen Knechtschaft zu befreien, so war das nichts weiter als ein Missbrauch der antiken Ruine. Die heutigen Demokraten kritisieren, dass es in Athen kein Frauenwahlrecht, keine Gewaltenteilung, keine unabhängige Justiz, keine Menschenrechte und keine Sozialpolitik gegeben hat. Das bürgerliche heutige Griechenland lässt sich gern als Mutterland der Demokratie feiern. In Wirklichkeit gibt es nicht die geringste Kontinuität zwischen der antiken und der modernen griechischen Demokratie. Das heutige Griechenland steht vielmehr in der Tradition des tausendjährigen byzantinischen Reiches – und das war ganz und gar nicht demokratisch. Die heutige Demokratie in Griechenland ist nicht älter als andere Demokratien Westeuropas.

Das idealisierte Selbstverständnis des demokratischen Athens kommt in der Grabrede (dem *epitáphios*) auf die Gefallenen des Jahres 431 v. Chr., des ersten Jahres des Peloponnesischen Krieges, zum Ausdruck, die der Geschichtsschreiber Thukydides dem Perikles in den Mund legt. Perikles preist die Demokratie als genuine Schöpfung der Athener und Vorbild für viele andere griechische Städte. Ihre Wesenszüge seien (politische) Gleichheit und Freiheit, wobei der

Schwerpunkt auf der Freiheit liegt. Dabei handelt es sich nicht um abstrakte Ideale, sondern Perikles sieht darin die Gründe für die Größe und Macht Athens. Zwar hätten die Vorfahren die Voraussetzungen geschaffen, indem sie durch ihre *areté* die Freiheit (im Sinne von äußerer Unabhängigkeit) bewahrten und ihren Nachkommen hinterließen, und die Generation der Väter hätte die Herrschaft über den Seebund hinzugefügt; aber das Wichtigste hätten die jetzigen Athener errungen: die *autarkía* in Krieg und Frieden. Das will heißen, Athen fühlte sich hinter seinen gewaltigen Festungsanlagen, die es zwischen 479/478 und 445 v. Chr. geschaffen hatte, unverwundbar. Zugleich konnte es mit seiner Flotte überall zuschlagen und sich alles verschaffen, was es benötigte. Was hier zum Ausdruck kommt, ist das Hochgefühl eines Volkes auf dem Zenit seiner Macht. Der Kern der Rede ist die Darstellung der konkreten Vorzüge, die aus Gleichheit und Freiheit entstehen. Demokratie ist die Herrschaft der Mehrheit. Die demokratische Verfassung garantiert die Gleichheit des Rechts für alle und gibt auch den Armen die Chance, sich durch besondere Leistungen Ansehen zu erwerben. Denn nicht die Herkunft ist entscheidend, sondern die Leistung für die Gemeinschaft. Jeder Bürger ist aufgefordert, sich neben seiner privaten Tätigkeit an der Politik zu beteiligen und mitzureden. Denn ausführliche Beratungen schwächen nicht die Tatkraft, sondern erhöhen die Erfolgsaussichten. D. h., die Demokratie fordert auch die Armen zur Aktivität auf. Sie ist aber kein Wohlfahrtsstaat.

Aus dieser politischen Gleichheit entspringt die Freiheit des Ganzen *(koinón)*, aus der wiederum die geistige Freiheit hervorgeht, die die Mentalität jedes einzelnen Bürgers prägt. Damit kommt Thukydides bzw. sein Perikles zu seinem eigentlichen Thema, der freiheitlichen demokratischen Lebensform mit ihren individualistischen und hedonistischen Zügen und ihrem Optimismus. Sie ist der Gegenentwurf zum spartanischen *kósmos*. Während sich die Spartaner mit ständiger Anspannung das Leben schwer machen, um sich permanent auf einen eventuellen Krieg vorzubereiten, sind die Athener gelassen, weil sie wissen, dass sie jedem Krieg gewachsen sein werden. Sind die Spartaner aus Furcht vor Spionage fremdenfeindlich, so laden die Athener die Ausländer in ihre Stadt geradezu ein, sich von ihrer militärischen Stärke einen Eindruck zu verschaffen.

Der Athener ist entspannt und genießt das Leben. Er weiß aber auch, dass im Leben nicht alles gelingt, was man anstrebt, sondern dass Erfolg und Misserfolg abwechselnd eintreten. Die Athener sind, was die Lebensgestaltung der einzelnen Bürger betrifft, tolerant. Die Bürger wissen von selbst, dass sie ihre Lebensführung im Rahmen der Gesetze und allgemeinen sittlichen Normen zu halten haben. Ansonsten kann man „leben, wie man will". Diese Formel, ihrem Wesen nach eigentlich aristokratisch, ist geradezu das Markenzeichen der Demokratie geworden.

Weiter bei Thukydides/Perikles: Nach Reichtum zu streben, ist nicht nur legitim, sondern durchaus erwünscht, auch nach Reichtum aus Kriegsbeute. Das Grundgefühl des Atheners ist die Lebensfreude. Man genießt die Erzeugnisse aus aller Welt, die der Handel nach Athen bringt. Man entwickelt auch im privaten Bereich ästhetischen Geschmack. Und die gesamte Bürgerschaft feiert mit Stolz und Freude die prächtigen kultischen Feste. Diese Freiheit ermöglicht es jedem Athener, einen individuellen urbanen Habitus zu entwickeln. Aber der Hedonismus macht die Athener nicht weich, schlaff und feige. Wenn es darauf ankommt, vor allem im Krieg, zeigt der Athener Energie und erweist sich den Spartanern als ebenbürtig an Tapferkeit. Denn jeder weiß, dass er nicht für Andere, sondern für sich selbst kämpft, wenn er sein Leben für die Gemeinschaft aufs Spiel setzt. Seine Motive sind Rache an den Feinden und Ruhm für sich selbst. Ganz allgemein erhöht das Bewusstsein der Freiheit seine Kampfbereitschaft. Deshalb sind in der Demokratie die stärksten Seelen zu finden, die sowohl die Annehmlichkeiten als auch die Schrecken des Lebens kennen und akzeptieren. Athen genießt bei seinen Feinden Respekt. Und selbst die Unterworfenen müssen zugeben, dass sie nicht von Unwürdigen beherrscht werden, was die Herrschaft der Athener über den Seebund bis zu einem gewissen Grad ethisch legitimiert.

Die enge Verknüpfung von Demokratie und Freiheit mit dem deutlichen Akzent auf der Lebensform wird hier zur polemischen Spitze gegen Sparta. Da die Spartaner die Gleichheit zu ihrem Kennzeichen gemacht hatten, wurden die Athener in ihrer propagandistischen Auseinandersetzung mit ihnen fast zwangsläufig dazu gedrängt, ihre Freiheit zu betonen. Die Formel „Demokratie und Freiheit" sollte – mit verändertem Inhalt – die perikleische Demokratie überleben und viele Jahrhunderte überdauern. Man hat in neuerer Zeit in diesem freien Demokraten den „mündigen" Bürger im Sinn der Aufklärung des achtzehnten Jahrhunderts erkennen wollen. Aber dieser Begriff war den Athenern fremd. Die athenische Demokratie ist weder von einer derartigen philosophischen Bewegung vorbereitet noch von ihr getragen worden. Noch hätte „Mündigkeit" allein den Demokraten genügt. Für sie lag der Wert der Demokratie vor allem darin, dass sie allen Bürgern die Möglichkeit zu bieten schien, *areté* für sich in Anspruch zu nehmen und zugleich relativ zwanglos zu leben. Darin bestand die Attraktivität des demokratischen Modells, auch nach außen als Vorbild für andere Poleis. Denn kein Grieche, auch kein Spartaner, unterwarf sich gern einem erzieherischen Zwang, wenn er nicht davon überzeugt war, dass dieser um eines höheren Zieles willen notwendig war. Die athenische Demokratie schien den Beweis dafür zu bringen, dass man auf einen solchen Zwang verzichten konnte, ohne die militärische Schlagkraft einzubüßen. Athen war sogar militärisch viel expansiver als Sparta. Typisch für dieses Freiheitsbewusstsein war auch die metaphorische Ausdehnung des Begriffs Tyrannis auf alles, was nicht demokratisch war. Nicht nur die absolute Herrschaft eines Einzelnen (obwohl die Tyrannis des Peisistratos bei vielen in positiver Erinnerung geblieben war), sondern auch eine Oligarchie galt jetzt als Tyrannis, sogar jeder unerwünschte Zwang im Privatleben konnte als tyrannisch bezeichnet werden. War früher die Forderung nach Gleichheit der Lebensform, wie die Griechen sie verstanden, eine Forderung von wohlmeinenden Adligen gewesen, um die Machtkämpfe untereinander einzudämmen, so hatte diese Gleichheit ihren Zweck weitgehend verloren, seit die Macht bei der Volksversammlung konzentriert war, vor deren Augen sich diese Machtkämpfe abspielten und die sie ihrer Kontrolle unterwarf.

Die Athener wussten jedoch sehr wohl, dass die Wirklichkeit etwas anders aussah als im Epitaphios des Perikles. Denn ganz so ungebunden, wie man nach der Rede des Perikles vermuten könnte, war der einzelne Athener in seiner Lebensführung dann doch nicht. Auch wenn er nicht mit Gesetzen in Konflikt geriet, musste er damit rechnen, dass sein privater Lebenswandel bei bestimmten Anlässen öffentlich einer moralischen Bewertung unterzogen wurde. Das war z. B. vor Gericht durchaus üblich, und auch bei der Überprüfung der Amtsbewerber (Dokimasie). Zwar kannte in Athen nicht jeder jeden, aber jeder athenische Bürger war in seiner Gemeinde (Demos) registriert und persönlich bekannt, so dass es nicht schwerfiel, Zeugen für seinen Leumund zu beschaffen. Es fand also durchaus ein bestimmtes Maß an indirekter Sittenaufsicht statt. Der Lebenswandel des einzelnen Atheners wurde vom Staat nicht reglementiert, aber unerwünschte Eigenschaften konnten bei bestimmten Anlässen durchaus seinen Ruf beschädigen und zu Benachteiligungen führen. Und auf die Spartiaten blickten die Athener keineswegs mit Herablassung. Viele beneideten sie, weil sie ohne den Zwang zur Arbeit auf Kosten der Heloten lebten. Denn in weiterem Sinn galt auch in Athen jeder als arm und nicht vollwertig, der für seinen Lebensunterhalt arbeiten musste. Erst recht erlangten die Theten nie die völlige öffentliche Anerkennung. Sogar bei der Bewerbung um ein Amt verlangte man von ihnen, dass sie pro forma angaben, Zeugiten zu sein. Und die athenischen Hopliten hatten gegenüber den spartanischen Elitekriegern einen gehörigen Minderwertigkeitskomplex.

Athen verstand sich als die freieste von allen Städten. Aber weder Gleichheit noch Freiheit waren von ihrem Ursprung her spezifisch demokratisch, sondern stammten aus der Epoche der Adelsherrschaft. Das Prinzip des gleichen Rechts – nicht der politischen Rechte – für alle hatte in der Polis schon immer gegolten. Es hatte nie ein differenziertes Standesrecht gegeben. Dagegen bezog sich der Begriff der gleichen politischen Rechte *(isonomía)* wahrscheinlich ursprünglich auf die Gleichheit unter Adligen und richtete sich gegen die Herrschaft eines Autokraten. Diese Gleichheit ist geradezu die Voraussetzung für eine aristokratische Verfassung oder besser: Verfasstheit eines Gemeinwesens. Die Verfassung des Kleisthenes hatte diese Isonomie weitgehend auf die dritte solonische Vermögensklasse, die Zeugiten, ausgedehnt, die fortan als Hopliten zum Militärdienst herangezogen und für Kämpfe in der Phalanx trainiert wurden. Die Demokratie hat die *isonomía* schließlich auf alle Bürger erweitert. Die Gleichheit ist also von „oben“ nach „unten“ gekommen, und zwar immer unter der Führung eines Teils der Aristokraten, nie als eine Rebellion gegen den Adel insgesamt. Zusammen mit der *isegoría*, der gleichen Redefreiheit für alle, war sie die Basis der demokratischen Verfassung. Die Demokratie hat es jedoch nicht geschafft, den Begriff *isonomía* exklusiv für sich zu vereinnahmen und auf die demokratische Verfassung festzulegen. Schon seit dem Ende des fünften Jahrhunderts beriefen sich auch Oligarchien auf *isonomía*. Nur die *isegoría* kann als exklusiv demokratisch gelten.

Im Gegensatz zu Isonomie entstand der Begriff „Freiheit" *(eleuthería)* im persönlichen Bereich, jenseits der Politik. Allerdings war die Freiheit für einen Freien so selbstverständlich, dass sie in der archaischen Epoche selten thematisiert wurde. Viel häufiger erwähnt wurde der Sklavenstatus, die „Knechtschaft" *(douleía)*, denn sie war etwas nicht von vornherein Gegebenes. Das ist durchaus verständlich, denn nicht der „Normalzustand" erregt Aufmerksamkeit, sondern seine Beeinträchtigung, wie man auch öfter über Krankheiten spricht als über die Gesundheit. Man stellte die Versklavung Anderer nicht in Frage, fürchtete aber, selbst in die Sklaverei zu geraten. Auch deshalb war „Knechtschaft" ein Thema, und es ist nicht überraschend, dass dieser Begriff schon im sechsten Jahrhundert auch metaphorisch und in der politischen Auseinandersetzung im Sinn von Unterdrückung durch einen Tyrannen gebraucht wurde. „Knechtschaft" ist als politischer Begriff also älter als „Freiheit". Größere Bedeutung erhielt Freiheit erst durch das Freiheitsgefühl von Aristokraten, aber auch bei diesen mehr gefühlsmäßig als in artikulierter Form. Für den Edlen war seine Freiheit ein selbstverständliches Ergebnis seiner *aretḗ*. Sie stellte ihn nicht nur höher als Unfreie und Halbfreie, sondern auch über andere Freie, wie reiche Händler, und erst recht über Bauern, Handwerker und Tagelöhner. Sie berechtigte ihn zur Teilnahme an der Herrschaft und richtete sich, ebenso wie Gleichheit, gegen die Unterordnung unter einen Tyrannen. Wie die ursprünglich aristokratische *isonomía*, so konnte auch die *eleuthería* auf alle Bürger übertragen werden, wenn die Voraussetzungen dafür gegeben waren.

Das war zunächst bei den Spartiaten, d. h. bei den Vollbürgern Spartas der Fall. Sie wurden von keinem Potentaten beherrscht, hatten alle formal die gleichen politischen Rechte, herrschten ihrerseits nicht nur über Unfreie, sondern auch über verschiedene Gruppen von minderberechtigten Freien, die nicht zur Vollbürgerschaft gehörten, und sie brauchten für ihren Lebensunterhalt nicht zu arbeiten. Außerdem unterschieden sich Adlige und einfache Vollbürger im äußeren Erscheinungsbild kaum, denn der Adel war in die Gemeinschaft der Bürger eingebunden wie in keiner anderen Stadt. In diesem Sinn konnten sich alle Vollbürger als Aristokraten und trotz der straffen Reglementierung durch den *kósmos* frei fühlen. Der Schritt von der individuellen zur kollektiven Freiheit war damit vollzogen.

Es mag seltsam erscheinen – aber *eleuthería* wurde in der gesamten archaischen Epoche nie auf den außenpolitischen Sektor übertragen. Die Griechen kämpften um Herrschaft, Landgewinn, Ehre, Rache oder Kriegsbeute, sie verteidigten ihre Vaterstadt, Familie, Haus und Hof gegen drohende „Knechtschaft", aber der Begriff „Freiheit" spielte in diesem Zusammenhang noch keine Rolle. Doch als die große Invasion der Perser unter Xerxes Griechenland zu überrollen drohte, fühlten die Spartaner zum ersten Mal die Freiheit ihrer Vollbürger und ihr ganzes Herrschaftssystem ernsthaft von außen bedroht. Andere griechische Städte konnten sich den Persern unterwerfen, ohne ihre Identität zu verlieren, und viele taten es auch – für Sparta gab es diesen Weg nicht. Seine Vormachtstellung wäre zusammengebrochen. So wird es verständlich, dass Pausanias, der Sieger in der Schlacht von Plataiai, durch die er das persische Landheer zum Rückzug aus Griechenland zwang, 479 v. Chr. den Kult des *Zeùs Sotḗr* (des Erretters), den es in Plataiai schon gab, in einen Kult des *Zeùs Eleuthérios* (des Befreiers) umwandelte und die Unabhängigkeit von Plataiai für alle Zeiten unter den Schutz der griechischen Bundesgenossen stellte. Damit gab Sparta den entscheidenden Anstoß zum außenpolitischen Freiheitsbegriff. Die innenpolitische Ergänzung schufen nicht die Athener – sie hatten die Vertreibung ihres Tyrannen Hippias 510 v. Chr. noch nicht mit *eleutheria* in Verbindung gebracht –, sondern erst 466 v. Chr. die Syrakusaner, die nach dem Sturz ihrer Tyrannis einen Kult des *Zeùs Eleuthérios* gründeten und diese neue Freiheit alljährlich mit Freiheitsspielen (Eleutherien) feierten. Damit war der politische Freiheitsbegriff der Griechen vollständig: Unabhängigkeit von äußeren Mächten, was jedoch die eigene Herrschaft über Andere nicht ausschloss, und im Innern eine Verfassung, die die Herrschaft eines einzelnen Machthabers verhinderte.

Dennoch dauerte es noch eine Weile, bis sich „Freiheit" als politische Wertvorstellung bei den meisten Griechen durchsetzte. Die noch heute weit verbreitete Vorstellung, dass alle Griechen, die sich zur Abwehr der persischen Invasion zusammengetan hatten, diesen Kampf unter der Parole „Freiheit" geführt hätten, ist eine Legende, der allerdings schon Herodot (s. u.) anhing. Statt von „Freiheit" sprach man in den folgenden Jahrzehnten immer noch häufig von „Abwehr der Knechtschaft" oder einfach vom Sieg über die Perser (bzw. Meder). Der 30-jährige Krieg Athens gegen das Perserreich (478–449 v. Chr.) und die Befreiung der griechischen Städte Kleinasiens von der persischen Herrschaft wurden nicht als Freiheitskrieg, sondern als Rachekrieg geführt. Erst als Athen 449 v. Chr. den Krieg gegen das Perserreich einstellte, interpretierte es rückwirkend die Abwehr der Perser und den Aufbau des Seebundes als Freiheitskrieg und versuchte sich als Schutzmacht der Freiheit der Bundesgenossen zu stilisieren. Wahrscheinlich stammt der Kult des *Zeus Eleuthérios* auf der Agora aus dieser Zeit. Natürlich nahmen die Athener für sich eine höhere Freiheit als die ihrer Schützlinge in Anspruch, eine Freiheit, die sie zur Herrschaft über den Seebund berechtigte. Denn als Befreier hatten sie mehr *aretḗ* unter Beweis gestellt als die von ihnen Befreiten.

In diesem Sinn konnte sich jeder athenische Bürger als Mitglied einer herrschenden Schicht und folglich auch ein wenig als Aristokrat fühlen, wie der Spartaner auf seine Weise auch. Hatte Hesiod aristokratische Begriffe auf bäuerliche und nachbarschaftliche Tugenden übertragen, so reklamierte jetzt der demokratische Durchschnittsathener aristokratische Attribute wie *agathós* (gut im

Sinne von edel), *chrestós* (tauglich, leistungsfähig) und *kósmios* (ehrenhaft, gesittet) für sich, weil er an der Herrschaft Athens über andere Poleis Anteil hatte. Gleichzeitig führte der immer stärker werdende politische Gegensatz zu Sparta dazu, dass die athenischen Demokraten den Spartanern die innere Freiheit absprachen, wie es im Epitaphios des Perikles zum Ausdruck kommt. Der politische Freiheitsbegriff markiert ein neues Bewusstsein. „Abwehr von Knechtschaft" bzw. „Errettung" *(sotēría)* konnte sich immer nur auf eine bestimmte Situation beziehen und war auch nichts typisch Griechisches. Denn Knechtschaft – in der Bedeutung von Fremdherrschaft – abzuwehren bzw. vor ihr errettet zu werden ist den meisten Völkern eigen. Erst der abstrakte Begriff „Freiheit" konnte zu einem permanenten Wesenszug und zu einem Teil der griechischen Identität werden. Während in den streng hierarchisch strukturierten Kulturen des Alten Orients beispielsweise „Sklave des Königs" der Ehrentitel eines hochrangigen Funktionärs sein konnte und das Wort „Freiheit" in allen nicht-westlichen Sprachen bis ins 19. und 20. Jahrhundert nicht existierte, wurde „Freiheit" – unter mannigfachen inhaltlichen Veränderungen im Lauf von 2400 Jahren – zu einem wesentlichen Bestandteil westlichen Staats- und Gesellschaftsverständnisses und ist heute das Aushängeschild westlicher Demokratien.

Mit der 454 v. Chr. vollzogenen Umwandlung des Attischen Seebundes wuchs die Göttin Athene von einer Beschützerin der Stadt zu einer Garantin der

Abb. 19: Blick auf die Rückseite des Parthenon, die der Besucher zuerst zu Gesicht bekommt, weil er den heiligen Bezirk der Akropolis auf dem „Heiligen Weg" durch das Eingangstor, die Propyläen, von Westen her betritt. Der Eingang zum Parthenon befindet sich auf der Ostseite.

athenischen Herrschaft. In dieser Funktion fand sie ihren Ausdruck in einer neun Meter hohen freistehenden Bronzestatue des Bildhauers Pheidias auf der Akropolis, bewaffnet mit einem Schild und einer Lanze, deren vergoldete Spitze schon vom Meer aus zu erkennen war. Damit nicht genug. Es folgte eine noch viel imposantere Selbstdarstellung der Stadt, der Parthenontempel (Tempel der „Jungfrau“ Athena Parthenos) im dorischen Stil, erbaut nach den Entwürfen der Architekten Iktinos und Kallikrates unter Aufsicht des Pheidias in der Rekordzeit von 15 Jahren (447–432 v. Chr.).

Ein ungeheurer Kraftakt der jungen Demokratie. Der zum Teil farbig bemalte Tempel, dessen Proportionen einer ausgeklügelten mathematischen Berechnung folgen, ist der erste vollständige Marmorbau. Seine technische Raffinesse versetzt heutige Archäologen immer wieder in Erstaunen. Er ist ein Musterbeispiel griechischer Rationalität und zugleich der ins Gigantische gesteigerte Ausdruck athenischen Machtbewusstseins, das Nonplusultra griechischer Baukunst und deshalb von der Nachwelt zu Recht als „klassisch“ gefeiert.

Weil Perikles der Initiator oder zumindest Hauptinitiator war, spricht man auch vom „Perikleischen Zeitalter“ im kulturellen Sinn. Aber dabei ist zu beachten, dass die Planung bis ins kleinste Detail in der Volksversammlung diskutiert und beschlossen wurde und somit Perikles’ Einfluss auf die Gestaltung durchaus begrenzt war. Alle Bauwerke sollten ganz bewusst Bauwerke des Volkes, des Demos sein. Allzu großer Einfluss eines Einzelnen hätte den Argwohn, den Neid der Menge erregt.

Der neue Tempel galt als die Wohnung der Athena, die darin neben ihrer alten hölzernen Statue ein neues, zwölf Meter hohes, abermals von Pheidias geschaffenes Standbild mit einer Oberfläche aus Gold und Elfenbein erhielt, das 438 v. Chr. in Gegenwart des Perikles geweiht wurde. Gleichzeitig diente der Tempel als Schatzhaus, in dem auch die Tribute der Bundesgenossen deponiert wurden. Es ist fraglich, ob er überhaupt für kultische Zwecke benutzt wurde. Denn die Prozession an den Panathenäen endete nicht innerhalb des Tempels, sondern vor dessen Eingang an einem freistehenden Altar. Die Stellung der Athena als Hüterin der Demokratie drückte sich indirekt in dem Beinamen „Tyrannenhasserin“ aus. Aber eine explizit „demokratische“ Athena oder eine Freiheitsgöttin Athena hat es nie gegeben. Auf den Metopenreliefs finden sich Darstellungen aus der Mythologie und dem Trojanischen Krieg. Der Westgiebel zeigt die Geburt Athenas, der Ostgiebel ihren Wettstreit mit Poseidon um Attika, den der mythische König Kekrops veranstaltet haben soll: Attika sollte derjenigen der beiden Gottheiten gehören, die dem Land das beste Geschenk machte. Poseidon habe mit seinem Dreizack eine Quelle aus dem Felsen geschlagen (oder, nach anderer Version, ein Pferd geschenkt). Aber Athene ließ einen Olivenbaum wachsen und wurde von Kekrops zur Siegerin erklärt. Es ist schon merkwürdig, dass die Seemacht Athen dem mächtigen Meeresgott keine gleichwertigen Ehren wie der Hoplitin Athena erwies, zumal Poseidon bei den Griechen den Beinamen „der Retter“ *(sotḗr)* führte, nachdem die Flotte des Xerxes 480 v. Chr. an der Spitze der Halbinsel Magnesia durch einen heftigen Sturm schweren Schaden genommen hatte. Auch hätte man Poseidon als Beschützer der Flotte viel leichter mit der Demokratie in Verbindung bringen können. Aber sein großer Tempel stand außerhalb des Stadtgebiets, in Kap Sunion, an der windumtosten Südspitze Attikas, hoch über dem Meer, wo die Seefahrer vor Anbruch ihrer Fahrt ihm Opfer darbrachten.

5.2 *Das freie Europa als ethisches Gegenmodell zum despotischen Asien*

Aus der Perspektive eines unbefangenen zeitweiligen Wahl-Atheners, des Historiographen Herodot (ca. 490/480–430/420 v. Chr.), stellten sich Freiheit und Demokratie wesentlich anders dar, obwohl er ein Sympathisant des perikleischen Athens war und dort sein Werk – oder wenigstens Teile davon – öffentlich vorgetragen hat. Für ihn war Athen zweifellos die erste aller griechischen Städte seiner Epoche. (Letzteres legt er zwar nur dem Sieger in der Schlacht von Marathon, Miltiades, als Prophezeiung in den Mund, aber es dürfte auch seine eigene Meinung gewesen sein.) Aber Freiheit und Demokratie sind für ihn keine athenische Erfindungen, sondern waren schon viel früher vorhanden.

Bevor er nach Athen kam, hatte Herodot schon einen bewegten Lebenslauf hinter sich, wie er in seiner Zeit nicht selten war. Als Gegner des Dynasten Lygdamis aus seiner Heimatstadt Halikarnassos (dem heutigen Bodrum) vertrieben, teilte dieser Aristokrat das Schicksal vieler griechischer Exilanten. Zunächst fand er in Samos Aufnahme, konnte aber später noch unter der Herrschaft des Lygdamis nach Halikarnassos zurückkehren, beteiligte sich trotzdem an dessen Sturz und verließ dennoch – vermutlich infolge neuer Streitigkeiten – seine Heimat für immer. Weite Reisen führten ihn in verschiedene Gebiete des östlichen Mittelmeeres, u. a. nach Ägypten. Genaueres ist nicht bekannt. Dann hielt er sich eine Zeitlang in Athen auf. Seinen endgültigen Wohnsitz fand er schließlich in Unteritalien, in der 443 v Chr. von Athen gegründeten pangriechischen Kolonie Neu-Sybaris. Perikles wollte mit dieser Gründung, an der sich Siedler aus verschiedenen Regionen Griechenlands beteiligten, den Führungsanspruch Athens in der griechischen Welt zur Geltung bringen. Diese Stadt war etwas Neuartiges, ein rational geplantes Experiment mit einer rechtwinkligen Straßenführung nach dem hippodamischen Prinzip und einer von dem Sophisten Protagoras entworfenen demokratischen Verfassung. Aber die Menschen blieben die gleichen, und wie so oft ließ sich die planerische Vernunft nicht auf das politische Verhalten übertragen: Mit den Nachkommen der Bürger aus dem 510 v. Chr. von Kroton zerstörten Sybaris, die in der Stadt Aufnahme gefunden hatten, kam es bald zum Streit, sie wurden wieder vertrieben, und die Stadt wurde in Thurioi umbenannt. Außenpolitisch wurde die Existenz der Stadt von Athen nach schwierigen Verhandlungen durch Friedensverträge mit Kroton und Tarent abgesichert, was sie ihrer Mutterstadt jedoch nicht dankte; stattdessen ging sie mehr und mehr auf Distanz zu Athen. Wie jede griechische Polis strebte auch Thurioi nach Unabhängigkeit und empfand die Unterordnung unter Athen als Bedrückung.

Herodot schrieb nicht nur das erste griechische Geschichtswerk, sondern die erste historische Darstellung überhaupt, die mehr war als ein lapidares Aufzeichnen von einzelnen Ereignissen in propagandistischer Absicht oder als Rechenschaftsbericht an einen Gott, wie es die Könige des Alten Orients taten. Sein Werk steht auch nicht unter einer religiösen Konzeption, wie die geschichtliche Überlieferung der Israeliten, die das Verhältnis eines Gottes zu seinem auserwählten Volk in den Kategorien von Schuld und Sühne behandelt. Es ist vielmehr eine breite, ins Einzelne gehende Erzählung von menschlichem Handeln, menschlichen Idealen und menschlichen Sitten, dabei stets um Objektivität bemüht. Entscheidend ist jedoch, dass Herodot weit über das Erzählen hinausgeht, indem er die Fülle der Einzelheiten in einen großen Zusammenhang einordnet und das Gesamtwerk unter einer Fragestellung behandelt. Als Thema wählte er sich die Kämpfe zwischen Griechen und „Barbaren“ zwischen ca. 560 und 478 v. Chr. Und seine Frage lautete: Warum haben Griechen und „Barbaren“ so lange gegeneinander gekämpft? Somit gilt für die Geschichtsschreibung das Gleiche wie für die Naturphilosophie: Die Frage nach dem Anfang und dem Warum, verbunden mit dem Versuch einer rationalen Erklärung – auch wenn diese keineswegs immer vollständig gelang –, ist eine Errungenschaft der Griechen. Dabei hatte Herodot allerdings keine Bedenken, auch zahlreiche Legenden einzuflechten, die er gehört hatte und deren Wahrheitsgehalt er nicht überprüfen konnte. Auch stand für ihn die Mitwirkung überirdischer Mächte in einzelnen entscheidenden Situationen außer Frage, doch wurde der gesamte Ablauf des Geschehens nicht von ihnen, sondern von den Menschen gelenkt. Ein weiteres Anliegen, das ihn wiederum mit dem Epos verband, war, den Ruhm derer nicht in Vergessenheit geraten zu lassen, die sich in diesen Kämpfen ausgezeichnet hatten, und zwar auf Seiten der Griechen *und* der „Barbaren“. Allerdings hat er über die einen wie die anderen auch viel Unrühmliches zu berichten.

Unser Thema sind jedoch nicht die Perserkriege als solche und es geht hier nicht darum, ob die Darstellung Herodots im Einzelnen von der heutigen Forschung akzeptiert wird oder nicht. Darüber gibt es zahlreiche Publikationen. Wir beschäftigen uns stattdessen deshalb etwas ausführlicher mit diesem Werk, weil es so reichhaltige Aufschlüsse über den geistigen Horizont und die Mentalität Herodots und seiner Zeitgenossen bietet wie kein anderes.

War für Aischylos die Abwehr des persischen Angriffs unter Xerxes ein Krieg zwischen Asien und Griechenland gewesen, die zwar Schwestern, aber wesensverschieden waren, so hat Herodot einen viel weiteren Horizont. Er versteht die Perserkriege als Teil einer langen Auseinandersetzung zwischen Asien und ganz Europa. Selbst die Perser, wie er sie schildert, empfinden Europa nicht als einen Teil Asiens, sondern als einen Kontinent für sich. Und die Götter und Heroen wollen nicht, dass *ein* Mann beide Kontinente zusammen beherrscht.

Europa ist also etwas Besonderes, wenn auch alles andere als eine Einheit. Dieses Selbstverständnis prägt die Europäer bis heute. Der Name Europa hatte nicht einmal einen geographischen, erst recht keinen politischen Ursprung, sondern ist aus dem Nebel kultischer und mythologischer Fantasien entstanden. Am Anfang steht ein göttlicher Frauenraub. Die romantische Erzählung, wie sie heute bekannt ist, stammt erst aus hellenistischer und römischer Zeit von dem griechischen Dichter Moschos aus Syrakus (2. Jh. v. Chr.) und von Ovid, geht aber in ihrem Kern zweifellos auf die archaische Epoche zurück. Nach dieser Erzählung war Europa der Name einer phönizischen Prinzessin. Zeus, unermüdlich auf der Suche nach Liebesabenteuern, hatte auch auf sie ein Auge geworfen. Als sie eines Tages am Strand mit ihren Gefährtinnen Blumen pflückte, näherte er sich ihr in der Gestalt eines zahmen weißen Stieres und ließ sich von ihr streicheln. Leichtsinnig stieg sie auf seinen Rücken. Darauf hatte Zeus nur gewartet. Sofort entführte er sie aufs Meer und schwamm mit ihr nach Kreta, wo er sich in einen schönen Jüngling verwandelte und sie schwängerte. Die Verbindung des Stieres mit Kreta lässt erkennen, dass diese Sage, wie jene vom Minotauros, aus dem kretischen Stierkult herausgesponnen worden ist und ursprünglich aus der phönizischen Levante, also aus Asien stammt. Die Übertragung des Namens auf den Kontinent Europa schrieb man Aphrodite zu. Aber davon weiß Herodot nichts, sondern wundert sich, warum der Kontinent nach einer Prinzessin benannt wurde, die Europa nie betreten hat.

Wie kam es nun zu den Kriegen zwischen Europa und Asien? Herodot versucht dieser Frage so gründlich wie möglich nachzugehen und bezieht alle ihm zugänglichen Informationen mit ein. Dabei gewinnen wir eine Vorstellung vom Geschichtsbild seiner Zeit. Wie die Perser ihm erzählten, begann alles wieder einmal mit Frauenraub, irgendwann in der fernen Vergangenheit. Gemäß ihrer Darstellung hätten zuerst phönizische Händler die Königstochter Io aus Argos, als sie ahnungslos Waren von ihrem Schiff kaufen wollte, überfallen und nach Ägypten verschleppt. Später hätten Griechen, wahrscheinlich Kreter, die phönizische Königstochter Europa geraubt. Demnach gab es schon vor Herodot eine rationalisierte Version des Mythos vom Schicksal der Prinzessin Europa. Nicht Zeus hat sie nach Kreta entführt, sondern kretische Piraten haben sie geraubt. Und weiter: Andere Griechen raubten die Königstochter Medeia aus Kolchis (wir haben die Geschichte von den Argonauten und dem Goldenen Vlies schon kennengelernt). Zwei Menschenalter darauf habe Alexandros, der Sohn des Priamos, Helena aus Sparta entführt.

> Bis dahin habe es sich nur um gegenseitige Räubereien gehandelt; nun aber hätten die Griechen große Schuld auf sich geladen; denn sie seien eher mit einem Heere nach Asien gezogen als die Perser nach Europa. Weiber zu entführen sei ihrer Meinung nach zwar unrecht, töricht aber, deswegen auf Rache zu sinnen, jedenfalls sei es das klügste, sich um

> solche entführte Weiber nicht zu kümmern, denn sicherlich wären sie nicht entführt worden, wenn sie es nicht gewollt hätten. Sie in Asien, sagen die Perser, hätten sich auch nie etwas daraus gemacht, wenn Weiber entführt worden wären, die Griechen aber hätten eines lakedaimonischen Weibes wegen gleich ein großes Heer aufgeboten und in Asien das Reich des Priamos zerstört. Seit der Zeit hätten sie die Griechen immer als Feinde angesehen. Asien und die barbarischen Völker sehen die Perser nämlich als ihnen gehörig an, Europa und Griechenland aber ist in ihren Augen eine Welt für sich (Herodot 1, 4).[63]

Bemerkenswert, wie der Trojanische Krieg, der doch wegen der Verletzung des Gastrechts durch Paris (Alexandros) als ein ehrenhafter Krieg galt, in dieser kollektiven Schuldzuweisung zwischen asiatischen und europäischen Völkern als Unrecht in Erscheinung tritt. Da sich der Wahrheitsgehalt dieser Erzählungen nicht mehr überprüfen ließ, lässt Herodot sie beiseite und beginnt mit der Eroberung griechischer Städte in Kleinasien durch den Lyderkönig Kroisos (ca. 560–541 v. Chr.), der nach seiner Kenntnis als erster den Griechen Unrecht getan habe. In Wirklichkeit hatte schon sein Vorgänger, Alyattes II. im frühen sechsten Jahrhundert das bedeutende Smyrna zerstört und andere griechische Städte in Abhängigkeit gebracht. Kroisos führte diese Expansion systematisch fort, unterwarf die meisten griechischen Städte an den nördlichen und mittleren Küstenabschnitten der Ägäis und zog von ihnen reguläre Steuern ein. Lediglich Milet konnte einen privilegierten Status für sich aushandeln. Den guten Beziehungen des Lyderkönigs zu Delphi und anderen griechischen Heiligtümern hat das keinen Abbruch getan.

Als der Perserkönig Kyros II. 541 v. Chr. das Lyderreich unterwarf, „erbten“ die Perser gleichsam die lydische Herrschaft über die Griechenstädte und dehnten sie auf die Städte des südlichen Küstenstreifens aus. Die meisten Griechen, die ehemals unter lydischer Herrschaft gestanden und Kroisos militärischen Zuzug geleistet hatten, erklärten sich hastig bereit, sich Kyros unter den gleichen Bedingungen zu unterwerfen. Erst als Kyros ihre Abgesandten ungnädig empfing, bekamen sie Angst, bauten eilig Mauern um ihre Städte und beschlossen auf einer Versammlung im Poseidontempel des Panionions, des zentralen Heiligtums des ionischen Zwölfstädtebundes auf der Halbinsel Mykale (östlich von Samos), Sparta um Hilfe zu bitten. Aber Sparta beließ es bei einer bloßen Drohung, die Kyros nicht ernst nahm. So fielen die Städte eine nach der anderen nach kurzer Gegenwehr unter persische Herrschaft. Der Vorschlag des Bias von Priene, der sich als Streitschlichter bei Konflikten zwischen einzelnen Städten und großer Redner einen Namen gemacht hatte, alle kleinasiatischen Ionier sollten nach Sardinien auswandern und dort eine gemeinsame Stadt gründen, fand kein Gehör. Die Unterwerfung unter die Perser erschien ihnen immer noch akzeptabler als der Zusammenschluss zu einem gemeinsamen Staat. Eine Generation später erweisen sich die von Dareios eingesetzten griechischen Tyrannen, von denen einige mit Perserinnen verheiratet sind, geradezu als Garanten der persischen Herrschaft. Sie und griechische Exilanten, die im Perserreich Zuflucht gesucht haben, ermuntern die Perser sogar, ihr Herrschaftsgebiet nach

Westen zu erweitern. Nach Darstellung Herodots (die in der Forschung allerdings umstritten ist) soll selbst Athen während der Reform des Kleisthenes 508/507 v. Chr. ein Bündnis mit dem Perserreich angestrebt haben, um gegen den Angriff des Spartanerkönigs Kleomenes Schutz zu finden. Die Perser zeigten sich nicht besonders interessiert, forderten als Gegenleistung die völlige Unterwerfung, stellten aber den Athenern die Entscheidung frei. Nach dem Abzug der Spartaner hatte sich für die Athener das Hilfegesuch erledigt.

Die Abwehrkämpfe der Europäer gegen asiatische Despoten sind für Herodot ein Ringen um Freiheit, also mit einem hohen ethischen Gehalt aufgeladen. Dabei projiziert er unbekümmert den politischen Freiheitsbegriff, den es damals, wie wir gesehen haben, noch gar nicht gab, auf das sechste und frühe fünfte Jahrhundert zurück und macht ihn zur Leitlinie seines gesamten Werkes. Auf diese Freiheit hat jedoch nicht jeder Anspruch, sondern sie ist etwas Kostbares, das man nur durch besondere *aretḗ* erwerben kann und dessen man sich würdig erweisen muss. So weit stimmt Herodot mit der Sicht der athenischen Demokraten überein. Aber: Nicht alle Griechen erweisen sich immer in diesem Sinn als würdig, nicht einmal alle Athener, wohl aber manche „Barbaren". Die lykischen Xanthier und die Kaunier kämpfen nach Darstellung Herodots gegen die Perser bis zum Untergang, verbrennen ihre Habe samt ihren Frauen, Kindern und Gesinde und suchen den Tod auf dem Schlachtfeld. Ob diese Geschichte wahr ist oder nicht – Herodot will damit verdeutlichen, dass zum Anspruch auf Freiheit im äußersten Fall auch Todesbereitschaft gehört. Dagegen werden die unterwürfigen Griechen Kleinasiens von den freien Griechen verachtet, und sogar bei den halbwilden, aber eben deshalb umso freiheitsliebenderen Skythen nördlich der Donau und des Schwarzen Meeres, die sich der Eroberung durch Dareios (513/512 v. Chr.) geschickt entziehen, gelten sie als Sklavennaturen. (Der großangelegte Feldzug des Dareios diente offenbar dem Schutz der persischen Nordgrenze zwischen dem Kaspischen Meer und dem Jaxartes, dem heutigen Syrdarja, und scheiterte nicht an den Skythen, sondern an der geographischen Unkenntnis der Perser. Trotz des Misserfolgs hatte er zum Ergebnis, dass die Perser Teile Thrakiens, des heutigen Bulgariens, in ihr Reich eingliederten, sich also in Europa festsetzten).

Dennoch beginnt die Vorstufe des großen Freiheitskampfes der griechischen Europäer mit einem Aufstand der unterwürfigen Ionier an der kleinasiatischen Küste (499–494 v. Chr.). Er war der erste gemeinsame Kampf der kleinasiatischen Griechen und richtete sich sowohl gegen die persische Herrschaft als auch gegen die eigenen Tyrannen. Aber was auf den ersten Blick ein griechischer Freiheitskampf par excellence zu sein scheint (auch wenn es diesen Begriff noch nicht gab), verliert sofort an Eindeutigkeit, sobald Herodot auf die Einzelheiten eingeht. Denn der Aufstand wurde von einem Tyrannen entfacht, Aristagoras von Milet, der eigentlich das Gegenteil vorhatte. Ins Rollen kam der Stein durch einen inneren Konflikt auf der Insel Naxos, die als besonders wohlhabend galt. Einige Aristokraten wurden vertrieben und flüchteten ins persisch beherrschte

Milet, wo sie Aristagoras um militärische Hilfe für die Rückkehr baten. Aristagoras sah darin eine verlockende Gelegenheit, die Tyrannis auf Naxos an sich zu reißen. Dieser hinterlistige Plan ließ sich natürlich nur mit persischer Unterstützung realisieren. Also machte er dem zuständigen persischen Satrapen das Unternehmen schmackhaft, indem er die Ausdehnung der persischen Herrschaft auf alle Kykladeninseln vorschlug. Der Satrap holte die Genehmigung des Großkönigs ein, und der Feldzug begann.

Doch die Naxier wussten sich erfolgreich zu verteidigen, sodass Aristagoras nach vier Monaten vergeblicher Belagerung mit leeren Händen zurückkehren musste, weil ihm das Geld ausgegangen war. Da er fürchtete, von den Persern zur Rechenschaft gezogen zu werden, sah er keinen anderen Ausweg, als einen Aufstand anzuzetteln, wobei er mit der Unzufriedenheit vieler griechischer Aristokraten mit der Tyrannis rechnen konnte. (Die heutige Forschung hält diese Version für plausibel.) Er legte demonstrativ seine Herrschaft in Milet nieder, und tatsächlich setzte eine Kettenreaktion ein und die Tyrannis brach in den meisten Städten fast schlagartig zusammen. Auf der Suche nach starken Verbündeten reiste Aristagoras nach Sparta, das sich jedoch, wie schon zuvor, in kluger Einsicht in seinen begrenzten Aktionsradius auf kein militärisches Abenteuer in der Ferne einließ. Weder die Aussicht auf Ruhm noch auf Kriegsbeute konnte die Spartaner verlocken. Mehr Erfolg hatte er in Athen und Eretria auf Euboia. Die Athener, die sich vielleicht fette Kriegsbeute erhofften, schickten 20 Schiffe, Eretria fünf.

Herodot bezeichnet den Entschluss, sich in Kleinasien einzumischen, als den Beginn von großem Unglück für Griechen und Barbaren. Die Rebellion geht schief. In einem Überraschungsangriff können die Aufständischen zwar die Unterstadt von Sardeis, dem Sitz des persischen Satrapen, niederbrennen, erleiden aber wenig später eine entscheidende Niederlage in einer Landschlacht. Daraufhin ziehen die Athener ihre Unterstützung sofort zurück, obwohl man ihre Schiffe gerade in der zu erwartenden Seeschlacht gegen die Perser dringend benötigt hätte. Und die Ionier halten während der Vorbereitung auf die Kämpfe zur See nicht einmal das mühsame Training aus und werden dann, als es zur Schlacht kommt, schnell besiegt. Das alles ist wenig rühmlich, auch wenn Herodot einzelne Schiffskommandeure lobt, die sich trotz des Debakels ausgezeichnet haben. Die Perser zerstören Milet und siedeln die Überlebenden im südlichen Mesopotamien an, auf den Inseln veranstalten sie gründliche Menschenjagden und

> wenn sie eine Stadt unterworfen hatten, suchten sie die schönsten Knaben aus und verschnitten sie, um sie aus Männern zu Eunuchen zu machen, und die hübschesten Mädchen schleppten sie weg für den König, und dann verbrannten sie die Städte samt den Tempeln (Herodot 6, 32).[64]

Aber nach dem Krieg zeigen die Perser, dass sie dazugelernt haben. Sie setzen keine neuen Tyrannen ein und

> Artaphrenes, der Statthalter von Sardeis, ließ [...] Abgeordnete der Städte zu sich kommen und nötigte sie zu einer Übereinkunft, wonach sie künftig Streitigkeiten friedlich beilegen und sich untereinander nicht mehr befehden und ausplündern sollten. [...] So lebten sie nun untereinander in Frieden (Herodot 6,42).[65]

Die tiefere Ursache für den Konflikt zwischen Asien und Europa liegt nach Herodot also in einer langen stufenweisen Eskalation, die mit gegenseitigem Frauenraub begann und sich mit dem Trojanischen Krieg und der Unterwerfung der Griechen Kleinasiens durch Kroisos und Kyros zu einer permanenten Feindschaft steigerte. Trotzdem hätten die Perser Griechenland nicht angegriffen, hätten Athen und Eretria nicht den Ionischen Aufstand unterstützt. Ohne diese leichtsinnige Provokation hätte es die „Perserkriege" wahrscheinlich nicht gegeben. Darin wird man Herodot auch aus heutiger Sicht Recht geben. Die Perser zogen aus der Einmischung Athens und Eretrias in Kleinasien den Schluss, dass es notwendig sei, ihr westliches Vorfeld besser abzusichern. Aber Herodot denkt nicht in solchen Kategorien, sondern begreift die persischen Aktionen lediglich als Strafmaßnahmen.

492 v. Chr. schickte Dareios eine Flotte von Thrakien aus weiter nach Süden, die jedoch an den Klippen des Athosgebirges Schiffbruch erlitt. Deshalb kamen die Perser beim nächsten Mal, 490, von Süden quer über die Ägäis. Dieser Angriff richtete sich gegen Eretria und Athen. Mit der Schilderung dieses Feldzuges ist Herodot im Kern seines Werkes angelangt. Aber zunächst gibt es auch diesmal wenig Rühmliches zu berichten. Die Bürgerschaft von Eretria war sich völlig uneinig. Eine Gruppe wollte die Stadt verlassen und in die Berge flüchten, eine andere spielte mit dem Gedanken an Verrat, um mit persischer Hilfe an die Macht zu kommen. Immerhin erging ein Hilferuf an Athen, der auch befolgt wurde, doch schickte man wenig später die athenische Truppe wieder nach Hause. Schließlich entschloss man sich zur Verteidigung der Stadt und hielt sechs Tage lang den persischen Angriffen stand, bis die Stadt am siebenten Tag durch Verrat in die Hände der Perser fiel. Die Eretrier wurden nach Asien, in die Landschaft Susiana, östlich von Mesopotamien, verschleppt und dort angesiedelt. Das nächste Ziel der Perser war Athen, wo sie den Extyrannen Hippias wieder einsetzen wollten.

Nach Herodot war man sich auch hier nicht einig, wie man reagieren sollte: sich hinter den Mauern verteidigen und das Eingreifen der Spartaner abwarten, die man um Hilfe gebeten hatte, oder die offene Feldschlacht wagen. Es war Miltiades, einer der zehn Strategen, der schließlich die Entscheidung für den tollkühnen Angriff auf das persische Heer durchsetzte, angeblich mit dem Argument, dass im Fall einer Belagerung durch die Perser tyrannenfreundliche Athener Verrat üben könnten. Bei Herodot erscheint also die Schlacht bei Marathon, auf die die Athener bis zum Ende der Antike stolz waren, eher als eine Flucht nach vorn. Es ist beachtenswert, dass er es für nötig hält, die Alkmaioniden, eine Adelsfamilie, von der Perikles mütterlicherseits abstammte, ausgiebig gegen den

Vorwurf des versuchten Verrats an die Perser zu verteidigen, der ihnen anscheinend noch in seiner Zeit anhing. Dieser ungeschminkte Bericht sagt viel Grundsätzliches über griechische Verhaltensmuster aus.

Den großen Feldzug des Xerxes gegen Griechenland, der den Höhepunkt und Abschluss des Werkes bildet, gestaltet Herodot im Anschluss an Aischylos als Tragödie. Der Perserkönig ist also für die schwere Niederlage nur bedingt verantwortlich. Eigentlich möchte Xerxes den Feldzug gar nicht unternehmen und teilt das seinen Beratern auch mit. Aber er hat den Plan, die Niederlage bei Marathon zu rächen, von seinem Vater gewissermaßen geerbt. Und er steht unter dem Druck, es seinen Vorgängern, die alle das persische Reich vergrößert haben, gleichtun zu müssen, um ihrer würdig zu sein. Einige Berater plädieren aus Eigennutz für den Krieg: Sein Neffe Mardonios rechnet sich die Statthalterschaft über Griechenland aus, die Nachkommen des Tyrannen Hippias versprechen sich mit persischer Hilfe ihre Rückkehr nach Athen und lassen den Orakelspezialisten Onomakritos den persischen Sieg voraussagen, und das Adelsgeschlecht der Aleuaden in Thessalien erhofft sich vom Einmarsch der Perser den Triumph über seine regionalen Rivalen. Doch Artabanos, der Onkel des Xerxes, rät ab.

Er spielt hier die Rolle des vergeblichen Warners vor dem Unglück, gewissermaßen der Kassandra, und entspricht damit einer Figur, die in Herodots Werk an verschiedenen Stellen immer wiederkehrt und ein fester Bestandteil seiner Komposition ist. Herodot legt ihm das echt griechische Argument in den Mund, dass es dem Gott gefalle, alles zu verhindern, was überheblich wird. Xerxes ist zunächst empört, gerät aber dann doch ins Schwanken und macht seinen Entschluss rückgängig. Den Ausschlag für den Krieg geben schließlich Träume, die dem König unter Drohungen den Feldzug befehlen und ihm die Weltherrschaft versprechen. So nimmt das Verhängnis seinen Lauf. Es stellt sich die Frage: Warum hat sich Herodot nicht von der Darstellung des Aischylos gelöst und in seiner Eigenschaft als Historiograph einen Kontrapunkt gesetzt und eine rein rationale Position bezogen? Warum hat er Xerxes nicht einfach als größenwahnsinnigen Eroberer dargestellt, der an seinem Unglück selbst schuld ist? Offensichtlich deshalb, weil er das Weltbild des Aischylos – und, wie sich zeigen wird, auch des Sophokles – grundsätzlich teilte. Der Mensch ist immer der Einmischung übermenschlicher Kräfte ausgesetzt. Erst recht war für ihn eine solche Katastrophe, wie Xerxes sie erleben musste, ohne die Einwirkung von Göttern und dämonischen Mächten nicht vorstellbar. Und damit stimmte er sicher mit den meisten Athenern überein.

Die meisten griechischen Städte ergaben sich den Persern kampflos. Einige, wie das mächtige Theben in Boiotien, der Nachbarlandschaft Attikas, engagierten sich sogar militärisch auf persischer Seite. Nur Sparta mit seinem Peloponnesischen Bund, Athen und einige wenige andere Staaten waren zum Widerstand bereit, darunter die Phoker in Mittelgriechenland, aber nur deshalb, weil sie mit den perserfreundlichen Aleuaden in Thessalien verfeindet waren. Diese

Staaten schlossen ein eidlich bekräftigtes Bündnis, demgemäß alle Streitigkeiten und Kriege untereinander für die Dauer des Krieges ruhen sollten. Das Oberkommando über die Land- und Seestreitkräfte wurde, wie schon erwähnt, Sparta zugesprochen.

Bei der Suche nach weiteren Verbündeten richtete man das Augenmerk natürlich zunächst auf Delphi. Um sich die Gunst des Orakels zu sichern, fällte man einen Beschluss, dem zufolge alle Staaten, die sich freiwillig den Persern anschlössen, zur Strafe nach dem Krieg ein Zehntel ihres Landbesitzes dem Heiligtum zu stiften hätten. Ferner richtete man Anfragen an Argos, Kreta, Korkyra (Korfu) und Syrakus. Alle vergeblich. Als die Athener das delphische Orakel befragten, erhielten sie eine niederschmetternde Antwort: Der Spruch der Pythia malte in blumigen Worten die Schrecken aus, die die Athener zu erwarten hätten, und riet zur Auswanderung. Erst als die athenischen Gesandten demütig mit Ölzweigen in der Hand um eine günstigere Prophezeiung bettelten, erhielten sie die verschwommene Botschaft von der Rettung hinter den hölzernen Mauern. Diese Nachricht stiftete in Athen einige Verwirrung. Es war Themistokles, der die Athener davon überzeugte, dass die Verteidigung auf ihren Schiffen gemeint sei, und der die Evakuierung der Einwohner durchsetzte.

Argos, dem Delphi zur Neutralität geraten hatte, forderte von Sparta als Bedingung für den Beitritt zur Koalition die Hälfte des Oberbefehls, was nichts anderes war als eine verkappte Ablehnung; die Kreter lehnten jede Unterstützung ab und rechtfertigten sich später mit entsprechenden Orakelsprüchen aus Delphi, die Korkyraier sagten zu, schickten auch sechzig Schiffe auf den Weg, die jedoch – angeblich wegen widriger Winde – nicht über die Südküste der Peloponnes hinauskamen und so die Schlacht bei Salamis in sicherer Entfernung abwarteten. Während Athen von mutigen und weitsichtigen einzelnen Politikern zu seiner festen Haltung gedrängt wurde, wie Miltiades bei Marathon und Themistokles, der rechtzeitig den Bau der Flotte durchgesetzt hatte, erscheint Sparta als gleichsam monolithischer Block: Weder Leonidas noch Pausanias, der Sieger von Plataiai, haben die spartanische Politik gelenkt, sondern führten nur die Befehle der Regierung aus, d. h. der Ephoren. Denn Spartas Entschlossenheit zur Verteidigung gegen die persische Invasion stand von vornherein fest. Für Sparta gab es in der Tat keine Alternative. Eine Unterwerfung unter die Perser hätte das Ende seiner Dominanz über die Peloponnes bedeutet. Das gesamte System, auf dem der Kriegerstaat beruhte, wäre zusammengebrochen. Herodot macht daraus eine ethische Grundhaltung, die die Spartaner von Anfang an zu Vorkämpfern eines Freiheitsideals werden lässt, das es in Wirklichkeit in dieser Ausprägung, wie wir gesehen haben, erst Jahrzehnte später gab. Es handelt sich also hier wieder um eine Rückprojektion aus der zweiten Hälfte des fünften Jahrhunderts. Dieses Freiheitsideal kontrastiert Herodot mit der orientalischen Despotie in Form zweier fiktiver Gespräche zwischen Spartiaten und Persern.

Das erste Gespräch lässt er zwischen Xerxes und dem spartanischen Exilkönig Damaratos während des persischen Vormarsches in Griechenland stattfinden. (Damaratos war mit seinem Mitkönig Kleomenes verfeindet gewesen, von diesem mittels übler Intrigen abgesetzt worden und war anschließend ins persische Reich geflüchtet.) Xerxes bezweifelt, dass sich die Griechen gegen die Übermacht der Perser behaupten werden, gerade weil sie frei sind und keinen Herrn über sich haben, von dem sie aus Furcht und notfalls mit Peitschenhieben in den Kampf getrieben werden. Damaratos entgegnet, dass die Griechen durch Klugheit *(sophía)* und eine strenge gesetzliche Ordnung *arete̅́* erworben hätten, so dass sie die heimische Armut kompensieren und sich vor Knechtschaft schützen könnten. Doch träfe das nicht auf alle dorischen Griechen zu, sondern nur auf die Spartaner. Denn diese seien nicht völlig frei, sondern hätten sehr wohl einen Herrn: das Gesetz, das ihnen befehle, im Kampf vor keiner feindlichen Übermacht zu flüchten, sondern in der Schlachtreihe entweder zu siegen oder zu sterben. Herodot verkündet an dieser Stelle eine griechische Grundüberzeugung: dass Armut ein Ansporn zu größerer Disziplin und höherer Leistungsfähigkeit sei und den Griechen Überlegenheit gegenüber dem reichen Orient verschaffe. Wie man aus Armut eine Tugend mache, wird auch in den folgenden Jahrhunderten ein häufig traktiertes Thema bleiben.

Das zweite fiktive Gespräch findet an der kleinasiatischen Küste zwischen einem persischen Militärbefehlshaber und zwei reichen spartanischen Adligen statt, die sich auf der Durchreise zum Königshof in Susa befinden. Der Perser stellt den Spartanern vor Augen, dass der König verdiente Männer reich belohne und dass sie als Freunde des Königs zu mächtigen Herren in Griechenland aufsteigen könnten. Die markante Antwort, die Herodot den beiden Spartanern in den Mund legt, bringt das Thema seines gesamten Werkes auf den Punkt:

> Du kennst nur die Knechtschaft, die Freiheit aber hast du noch nicht geschmeckt und weißt nicht, ob sie süß ist oder nicht. Denn wenn du sie kenntest, würdest du uns raten, nicht nur mit dem Speer, sondern auch mit der Axt für sie zu kämpfen (Herodot 7, 135).[66]

In Susa verweigern die beiden Gesandten vor dem Großkönig die Proskynese, weil es bei ihnen nicht üblich sei, einem Menschen göttliche Ehren zu erweisen. (In Wirklichkeit handelt es sich um ein Missverständnis: Der persische Großkönig wurde nicht als Gott verehrt, aber in der griechischen Welt vollzog man eine Proskynese nur vor Göttern.) Die Spartaner sind also auf Grund ihres spezifischen Ethos der Fels in der Brandung. Sie sind die Protagonisten der griechischen Freiheit, gerade weil ihre innere Freiheit durch das staatliche Erziehungssystem eingeschränkt ist, oder, wie Herodot es formuliert, weil sie nicht ganz frei sind. Damit bezieht er geradezu eine Gegenposition zum Lob der demokratischen Freiheit. Dennoch sind für ihn auch die Spartaner nicht die Erfinder des politischen Freiheitsbegriffs. Denn, wie gesagt, für ihn war das Streben nach Freiheit schon lange vor den Perserkriegen ein Wesensmerkmal der Griechen, das in Sparta lediglich eine besondere Ausprägung erhalten hatte.

Trotz ihrer Tapferkeit hätten die Spartaner nach Ansicht Herodots Griechenland und letztendlich nicht einmal sich selbst vor der persischen Eroberung bewahren können. Denn ihr Plan, sich nach der Niederlage am Thermopylenpass hinter einer Mauer am Isthmos von Korinth zu verschanzen, hätte die Peloponnes nicht vor einem erfolgreichen Angriff der Perser von See her geschützt. Es sei Themistokles gewesen, der die Peloponnesier gegen ihre eigentliche Absicht davon überzeugt hätte, sich der persischen Flotte in dem engen Sund von Salamis zum Kampf zu stellen, in dem die phoinikischen Hochseeschiffe nur schwer manövrieren konnten. Nach dem Sieg bei Salamis hätten die Athener ein verlockendes Friedensangebot des Großkönigs ausgeschlagen und in ihrem Eifer einen der Ratsherren, der vorgeschlagen habe, das persische Angebot wenigstens zu prüfen, spontan gesteinigt, woraufhin die athenischen Frauen in ihrer Wut seiner Frau und seinen Kindern das Gleiche angetan hätten. Und es seien die Athener gewesen, die nach ihrem Sieg zur See die immer noch zögernden Spartaner gedrängt hätten, den Resten des persischen Landheeres, die über den Winter in Griechenland geblieben waren, entgegenzutreten. Der entscheidende Sieg der Spartaner bei Plataiai erfolgte, wie schon gesagt, eher auf Druck Athens.

Herodot bezieht in dem Meinungsstreit, der sich nach dem Krieg darüber entspann, ob der athenische Seesieg bei Salamis oder der spartanische Sieg über das persische Heer bei Plataiai Griechenland befreit habe, Stellung für Athen. Übrigens beschränkte sich der Streit um Ruhm und Ehre nicht auf Athen und Sparta. Schon vor der Schlacht bei Plataiai kam es zu einem verbalen Schlagabtausch zwischen den Athenern und den peloponnesischen Tegeaten, als sie bei der Aufstellung des Heeres beide den nach den Spartanern zweiten Ehrenplatz beanspruchten. Und gleich nach dem Sieg ging es nicht mehr um den gemeinsamen Kampf gegen die Perser, sondern in erster Linie darum, welche Stadt wenigstens die zweitgrößten Verdienste für sich beanspruchen konnte. Selbst diejenigen Staaten, die nicht teilgenommen hatten, fühlten sich in ihrem Ehrgefühl verletzt. Die Mantineer gaben ihren Feldherren die Schuld, dass sie zu spät eingetroffen waren, und bestraften sie mit Verbannung. Über andere will Herodot gehört haben, dass sie später neben den Gräbern für die Gefallenen Kenotaphe für ihre Städte errichteten, um für die Nachwelt ihre Teilnahme an der Schlacht vorzutäuschen.

Für seine nüchterne Einschätzung der Griechen während der Perserkriege ist Herodot noch 500 Jahre später von Plutarch gescholten worden, der eigens eine Schrift über die „Bosheit Herodots“ verfasste und behauptete, Herodot habe die Griechen absichtlich schlecht gemacht. Plutarch stand in einer Tradition, die im vierten Jahrhundert begann und in der eine unkritische Glorifizierung der Vergangenheit zum Selbstbild des Griechentums gehörte.

Die neuzeitliche europäische und in der Folge die amerikanische Geschichtsschreibung hat in den Siegen der Griechen über die Perser die Rettung der griechischen Kultur und der westlichen Werte gesehen und die Schlachten bei Marathon, Salamis und Plataiai oft zu den wichtigsten der Weltgeschichte erklärt.

Während des „Kalten Krieges" zog man eine Parallele zur Verteidigung der „freien Welt" gegen die sowjetische Diktatur, wie sie im 1954 entstandenen Triptychon „Thermopylae" Oskar Kokoschkas im „Philosophenturm" der Universität Hamburg zum Ausdruck kommt. Bei nüchternerer Betrachtung sollte aber auch festgestellt werden, dass eine Eroberung Griechenlands durch die Perser das griechische Geistesleben und die griechische Kunst nicht erstickt hätte: Sie haben ja auch in Kleinasien unter persischer Herrschaft weiter geblüht. Aber es hätte keine athenische Demokratie und keine Akropolis gegeben, Athen wäre nie das Zentrum der griechischen Kultur geworden. Andererseits: Wenn sich die Perser mit der Niederwerfung des Ionischen Aufstandes in Kleinasien begnügt hätten und nie nach Griechenland übergesetzt wären, hätte es wohl auch keine athenische Seemacht, keine athenische Demokratie und keine Akropolis gegeben. Auch keinen Peloponnesischen Krieg. Die dominierende Macht in Griechenland wäre Sparta geblieben. Erst die aus Furcht vor den Persern unternommenen gewaltigen Anstrengungen zum Aufbau einer großen Flotte und die anschließende athenische Expansion haben Athen zum Zentrum der griechischen Welt werden lassen. Die Perser hatten also daran einen, wenn auch unfreiwilligen Anteil.

Noch unter dem Schock der persischen Invasion gab es bei den Griechen Bestrebungen, künftig keine Kriege mehr gegeneinander zu führen, sondern alle Streitigkeiten von einem Schiedsgericht in Olympia entscheiden zu lassen. Dieser Vorsatz hat nicht lange gehalten, begründete aber immerhin die Tradition der Schiedssprüche durch auswärtige Schiedsrichter, die in der griechischen Geschichte eine große Rolle spielen sollte.

Herodots Demokratiebegriff ist weiter gefasst als der athenische. „Demokratie" besteht für ihn überall dort, wo es eine Volksversammlung gibt, deren Entscheidungen für die Politik der Stadt richtungsweisend sind. Ob alle Bürger die gleichen politischen Rechte haben, ist nicht entscheidend. Deshalb kann er den Begriff „Demokratie" ebenso unbefangen ins sechste Jahrhundert zurückprojizieren, wie er es auch mit dem politischen Freiheitsbegriff macht. Demokratie und Freiheit sind für Herodot also keine Erfindungen der Athener. Noch bringt er sie mit einer besonderen Lebensform in Verbindung, wie Perikles bzw. Thukydides im Epitaphios. Und er scheut sich nicht, auch die Argumente der Gegner der Demokratie vorzutragen: Unverstand, Zügellosigkeit und Hybris der Volksmasse. Die „Oligarchie" kommt in seinem Werk seltsamerweise in der Praxis nur ein einziges Mal vor: in der Form der Herrschaft einer ca. 200-köpfigen adligen Familiendynastie, der Bakchiaden, im Korinth des achten und siebenten Jahrhunderts. Das Modell einer wirklichen griechischen Oligarchie, in der es sehr wohl eine Volksversammlung gab, aber die wichtigsten Kompetenzen beim städtischen Rat lagen, erwähnt er nicht. Selbst unter einer griechischen Tyrannis blieb die Volksversammlung ja bestehen, auch wenn sie der Machthaber nur dazu benutzte, um seine Beschlüsse abnicken zu lassen.

Da die „Barbaren" in der der Regel unter der Herrschaft von Autokraten stehen, kennen sie Freiheit nur in der Form der äußeren Unabhängigkeit. Aber Herodots besondere Hochachtung vor den Persern kommt darin zum Ausdruck, dass sie unter der Führung Kyros' II. nicht nur ihre Untertänigkeit unter die Meder abschüttelten und damit ihre äußere Freiheit gewannen, sondern dass er ihnen zutraut, nach dem Tod des Gewaltherrschers Kambyses ernsthaft darüber beraten zu haben, ob sie nicht eine Demokratie einführen sollten. Erst nach einer ausführlichen Erörterung der Vor- und Nachteile der drei Verfassungsformen Monarchie, Oligarchie und Demokratie hätten sie sich für die Fortsetzung der Monarchie entschieden. Unter Oligarchie wäre in diesem Zusammenhang nur eine reine Adelsherrschaft zu verstehen, unter der es keine Volksversammlung gibt, was der griechischen Form von Oligarchie nicht entsprach. So absurd dieser Bericht auch ist – Herodot versichert, dass eine solche Diskussion unter persischen Adligen tatsächlich stattgefunden habe.

Für die heutigen Wissenschaftler ist diese „Verfassungsdebatte" der erste Beleg für die griechische Verfassungstheorie, die seit Platon und Aristoteles das politische Denken der Antike bestimmen wird. Die Perser haben also nach Meinung Herodots wenigstens potentiell ein höheres Freiheitsbewusstsein als die übrigen „Barbaren". Wenn man diesen Gedanken weiterführt, kommt man zu dem Schluss, dass sie nach Herodots Auffassung gleichsam ein moralisches Recht hatten, die anderen asiatischen „Barbaren" zu beherrschen. Eine regelrechte Zumutung für die demokratischen Athener muss seine ambivalente Bewertung der Tyrannis, der gleichsam antifreiheitlichen Regierungsform gewesen sein, die in Athen ein todeswürdiges Verbrechen war. Wohl stimmt er mit den Athenern darin überein, dass die Tyrannis unausweichlich mit Grausamkeit und Blutvergießen verbunden sei; er hebt auch hervor, dass die Athener nach der Vertreibung ihres letzten Tyrannen Hippias als freie Menschen viel mutiger kämpften als zuvor – aber dennoch zeigt er sich von den Leistungen und der glanzvollen Hofhaltung einzelner Tyrannen, sogar des Piraten-Tyrannen Polykrates, beeindruckt und zollt insbesondere der klugen Regierungsweise des athenischen Tyrannen Peisistratos im sechsten Jahrhundert Anerkennung. Und schließlich waren es zwei Tyrannen, Gelon von Syrakus und Theron von Akragas, die die Griechen Siziliens vor der Unterwerfung unter die Karthager bewahrten. Herodot zeigt sich auch hier als Realist, der auch bei der Beurteilung von Tyrannen Fairness übt.

Der Gang der Erzählung wird von zahlreichen historischen, ethnographischen und geographischen Exkursen unterbrochen, in denen Herodot Rückblenden auf die griechische Geschichte vornimmt, mit besonderem Interesse aber – in der Nachfolge des Hekataios – fremde Länder und Kulturen schildert. Damit setzt er auf höherem Niveau eine griechische Tradition fort, die schon in vielen archaischen Mythen und Fabeln angelegt war. War bei Hekataios der Versuch der Transponierung der mythologischen in eine historische Überlieferung lediglich ein Bestandteil der Ethnographie, so kehrt Herodot die Gewichtung um:

Seine ethnographischen Exkurse sind in die Darstellung des historischen Geschehens eingebunden, reichen aber auch darüber hinaus. Sie sind außerdem ein Stilmittel, um die Spannung bis zur Wiederaufnahme der Haupterzählung zu erhöhen. Dabei kommt er immer wieder auf den Unterschied zwischen Griechen und Orientalen zu sprechen, doch traktiert er dieses Thema nie systematisch, sondern von Fall zu Fall bei bestimmten Ereignissen und meistens in anekdotischer Form. Gelegentlich webt er bewusst auch Legenden in den historischen Stoff ein, um griechische Grundvorstellungen beispielhaft zu verdeutlichen, wie die Erzählung von der wundersamen Errettung des Kitharöden Arion. Er wurde angeblich während der Überfahrt von Taras nach Korinth von verbrecherischen Matrosen, die es auf seine Wertgegenstände abgesehen hatten, gezwungen, über Bord zu springen. Er bat sich aus, vor seinem Selbstmord noch einmal singen zu dürfen, und als er sich ins Wasser fallen ließ, wurde er von einem Delphin gerettet, den sein Gesang herbeigelockt hatte. So gelangte er nach Korinth und konnte dort die Seeleute vor dem Tyrannen Periandros überführen. Dass Herodot diese Legende, die aus dem Orpheusmythos stammen könnte, in sein Werk aufnahm, ist sicher dem beinahe mystischen Verhältnis der Griechen zur Musik zu verdanken.

Die Unterwerfung der griechischen Städte Kleinasiens durch Kroisos nimmt Herodot zum Anlass, Geschichte und Eigenschaften der Lyder und ihres Königshauses, der Mermnaden, zu erzählen, deren Herrschaft um die Wende von achten zum siebenten Jahrhundert begann. Die Dynastie der Mermnaden habe mit einem Mord angefangen, allerdings nicht mit einem Mord aus Machtgier, sondern der Mörder, Gyges, sei zu seiner Tat gezwungen worden, um sein Leben zu retten. Gyges habe zur Leibwache des Königs Kandaules gehört, der nach griechischer Kunde sein Geschlecht auf einen Sohn des Herakles zurückführte. Kandaules habe seine Gattin abgöttisch geliebt und sei von ihrer Schönheit so begeistert gewesen, dass er sie gegenüber Gyges immer wieder als die schönste aller Frauen geschildert habe. Um Gyges von ihrer Schönheit zu überzeugen, bot er ihm an, ihm Gelegenheit zu geben, sie heimlich einmal nackt zu sehen. Gyges erschrak und sträubte sich anfangs, aber Kandaules beruhigte ihn und wies ihm einen Platz hinter der Tür seines Schlafgemaches an, von wo aus er die Königin ungesehen beim Auskleiden beobachten könne. Doch die Königin bemerkte ihn, als er sich davonschleichen wollte, ließ sich zunächst aber nichts anmerken, sondern sann auf tödliche Rache für diese Entehrung.

> Denn bei den Lydern und bei fast allen Barbaren ist es selbst für einen Mann eine große Schande, nackt gesehen zu werden (Herodot 1, 10).[67]

Am Tag darauf ließ die resolute Königin Gyges rufen und stellte ihn vor die Wahl, entweder auf ihren Befehl getötet oder Kandaules umzubringen und an seiner Stelle König zu werden. Gyges erdolchte den König in seinem Schlafgemach, wurde König und gründete so die Mermnadendynastie. Angeblich ließ er seine Herrschaft vom Heiligtum in Delphi bestätigen. Selten wurde der Putsch eines

Usurpators so märchenhaft verbrämt, ein Stoff für Dichter, den Herodot, wie er selbst sagt, in einem dreifüßigen Jambus des Archilochos gefunden hat. Dahinter lässt sich eine echt griechische Vorstellung erkennen: Wer glaubt, das größte Glück zu besitzen und damit prahlt, begeht Hybris und wird von den Göttern bestraft, wie es Kandaules erfahren musste.

Auch das Ende der Mermnadendynastie und zugleich des Lyderreiches wird nach Auffassung Herodots durch eine ähnliche Überheblichkeit herbeigeführt. Er demonstriert diese Überzeugung anhand eines Dialogs zwischen Kroisos und Solon, den es in der Realität natürlich nie gegeben hat. Kroisos, dessen Name noch heute für unermesslichen Reichtum steht, ließ Solon seine Schatzkammer zeigen und fragte ihn dann, wen er wohl von allen Menschen für den glücklichsten halte.

> Danach fragte er ihn, weil er hoffte, er würde ihn für den Glücklichsten erklären. Solon aber, weit entfernt, ihm nach dem Mund zu reden, blieb bei der Wahrheit und sagte: „Tellos von Athen." Als Kroisos sich darüber wunderte und erwartungsvoll fragte, warum gerade den, erwiderte er: „Erstens, weil Tellos einer blühenden Stadt angehörte und gute *[kaloí]* und wohlgeratene *[agathoí]* Kinder hatte und weil er sah, wie diesen allen wieder Kinder geboren wurden, die am Leben blieben. Sodann aber, weil ihm nach einem für unsere Begriffe glücklichen Leben auch ein rühmliches Ende beschieden war. Denn als er im Kriege der Athener gegen ihre Nachbarn in Eleusis mit ausgezogen war, starb er eines schönen Todes, nachdem er die Feinde in die Flucht geschlagen hatte; die Athener aber bestatteten ihn an der Stelle, wo er gefallen war, und erwiesen ihm die höchste Ehre." (Herodot 1, 30)[68]

Das höchste Glück erlangte also ein Aristokrat, der einer bedeutenden Stadt angehörte, nämlich Athen, dessen Söhne zu vollendeten Aristokraten erzogen wurden, und der im Kampf für seine Vaterstadt einen ruhmvollen Tod starb.

> Nachdem Solon das Glück des Tellos so lebhaft gepriesen hatte, fragte Kroisos, wen er dann nach ihm für den Glücklichsten hielte, in der Meinung, er würde wenigstens der zweite sein. Er aber sagte: „Kleobis und Biton", nämlich zwei Argeier, die genug zu leben und als besonders kräftige Männer auch in Wettkämpfen beide schon Preise gewonnen hatten. Dann aber erzählt man sich von ihnen auch folgendes: Als ihre Mutter am Feste der Hera durchaus nach dem Tempel in Argos fahren mußte, kamen die Ochsen nicht zur rechten Zeit vom Felde. Da es die höchste Zeit war, spannten sich die Jünglinge selbst vor den Wagen, auf dem ihre Mutter fahren mußte, und zogen sie fünfundvierzig Stadien weit nach dem Tempel. Als sie das getan und die ganze Festversammlung es mit angesehen hatte, wurde ihnen der schönste Tod zuteil, und die Gottheit gab damit zu verstehen, daß es dem Menschen besser sei zu sterben als zu leben. Denn die umstehenden Argeier bewunderten ihre Kraft, und die Frauen priesen die Mutter glücklich, die solche Söhne hat. Die Mutter aber, hocherfreut über die Tat ihrer Söhne und den Jubel der Menge, trat vor das Bild der Göttin und betete, sie möge ihren Söhnen, die ihr solche Ehre erwiesen, das höchste Menschenglück bescheren. Und als man nach dem Gebete das Opfer gebracht und das Mahl eingenommen hatte, schliefen die Jünglinge im Tempel ein, standen aber nicht wieder auf, sondern beschlossen dort ihr Leben. Die Argeier aber ließen Bilder von ihnen anfertigen und stellten sie in Delphi als Weihgeschenke auf, weil sie so treffliche *[áristoi]* Menschen gewesen waren (Herodot 1, 31).[69]

Wieder zwei Aristokraten, die bei Wettkämpfen schon Siege errungen hatten und nach einer spektakulären Demonstration der Ehrerbietung für ihre Mutter, die wahrscheinlich als Priesterin fungierte, an Erschöpfung starben. Zwei Beispiele für einen „schönen Tod", aber der Tod auf dem Schlachtfeld ist der ehrenvollste.

> Als Solon diese für die Zweitglücklichsten erklärt hatte, fragte Kroisos ärgerlich: „Werter Freund aus Athen, achtest du mein Glück so gering, daß du mich nicht einmal diesen schlichten Leuten an die Seite stellst?" Solon aber erwiderte: „O Kroisos, ich weiß, wie neidisch und unberechenbar die Götter sind und du fragst mich nach dem Schicksal der Menschen! Wieviel sieht und erlebt man nicht im Laufe der Jahre, was man nicht will. Nehmen wir an, das Leben währt siebzig Jahre. [... Davon] verläuft kein Tag wie der andere. Deshalb, o Kroisos, ist der Mensch ganz ein Spiel des Zufalls. Ich sehe wohl, daß du sehr reich und ein großer König bist. Deine Frage aber kann ich nicht beantworten, bevor ich nicht weiß, ob dein Leben bis zum Ende glücklich gewesen ist. Der Reichste ist nicht glücklicher als der Arme, der nichts hat als sein tägliches Brot, wenn es ihm nicht vergönnt ist, seinen Reichtum bis an sein Lebensende zu genießen. Denn viele Reiche sind trotz ihres Reichtums unglücklich, und viele, die nur eben ihr Auskommen haben [wörtlich: nur mäßigen Besitz haben] sind dennoch wohl daran. Der reiche, aber unglückliche Mann hat nur zweierlei voraus vor dem, der nur eben sein Auskommen hat, dieser aber ist in vieler Hinsicht besser daran als er. Jener braucht sich nichts zu versagen, wonach sein Sinn steht, kann auch ein Unglück, das ihn trifft, eher ertragen; dieser muß sich zwar vieles versagen und vermag auch ein Unglück nicht so leicht zu ertragen, hat aber vor ihm voraus, daß er davon in seinen Verhältnissen nicht so leicht betroffen wird. Er ist gesund an Leib und Gliedern, zufrieden und mit Kindern gesegnet. Ist ihm dazu dann auch noch ein gutes Ende beschieden, so kann man ihn in der Tat in deinem Sinne glücklich nennen. Vor seinem Ende aber dürfte man nie sagen, daß einer glücklich wäre, sondern höchstens, daß es ihm gut ginge. Alles kann kein Mensch zugleich haben, wie ja auch kein Land alles zugleich hervorbringt, das eine nur dies, das andere nur das, jenes aber, welches das meiste hat, am besten daran ist. So ist auch dem Menschen nicht alles zugleich beschieden; hat er das eine, so fehlt ihm das andere. Wer aber das meiste davon sein Leben lang hat und dann auch ein glückliches Ende nimmt, den, o König, kann man nach meiner Ansicht mit Recht glücklich nennen. Immer aber muß man abwarten, wie es zu Ende geht; denn gar manchen, den die Gottheit mit Glücksgütern gesegnet, hat sie dann doch zugrunde gerichtet." (Herodot 1, 32)[70]

Was Herodot hier als Weisheit hinstellt, ist im Grunde die extreme griechische Schicksalsangst, die so weit gehen kann, dass man sogar den plötzlichen frühen Tod nach einer ruhmreichen Tat, bevor ein Unglück geschehen kann, für eine Gunst der Götter hält. Auf dem Höhepunkt des Ruhms zu sterben wird zu einem Ideal. Denn Missgunst kommt nicht allein von den Göttern. Die Griechen „beneiden den Glücklichen, und den Mächtigen hassen sie", lässt Herodot in anderem Zusammenhang einen Perser sagen. Eine Wurzel dieses Zweifels am Wert des Lebens ist sicher in der Instabilität der politischen Verhältnisse zu sehen, die die straff organisierten Monarchien des Orients in dieser Form nicht kannten.

Kroisos war ein exemplarischer Fall, weil sein Sohn bei einem Jagdunfall ums Leben kam. Herodot sah darin eine Strafe der Götter, weil der König sich für den glücklichsten Menschen gehalten hatte. Schließlich wurde er von den Persern besiegt und sein Reich vernichtet. Angeblich soll das Heiligtum in Delphi, das Kroisos mit einer falschen Prophezeiung zum Krieg gegen die Perser ermutigt hatte, seinen Untergang hinterher als Buße für die Ermordung des Kandaules durch Gyges im Sinne des Erbfrevels gedeutet haben: eine für griechische Vorstellungen einleuchtende Erklärung. Wer eine schwere Untat begangen hatte und straflos davongekommen war, dessen Nachkommen mussten jederzeit damit rechnen, dass das Verbrechen des Vorfahren sie eines Tages einholte.

Solons Belehrung des Kroisos darf nicht als Verachtung des Reichtums missverstanden werden. Herodot rühmt die Tapferkeit, vor allem die Schlagkraft der Reiterei der Lyder, die durch den sprichwörtlichen schwelgerischen Lebensstil, den man ihnen nachsagte, offensichtlich nicht beeinträchtigt wurde. Erst nachdem die Lyder unter persische Herrschaft gefallen waren, sorgt Kyros dafür, dass sie ihre kriegerischen Eigenschaften verlieren, indem er ihnen – auf Anraten des gefangenen Kroisos – nach einer gescheiterten Rebellion verbietet, Waffen zu besitzen, und ihnen befiehlt, Leibröcke unter dem Kleid und hohe Schuhe zu tragen sowie ihre Kinder statt des Kriegshandwerks Kitharaspiel, Gesang und Handeltreiben zu lehren. (In Wirklichkeit beschränkte sich die Maßnahme des Kyros wahrscheinlich auf das Waffenverbot.)

Eine anders geartete Darstellung gibt Herodot von den Ursprüngen des Perserreiches. Hier übernimmt er eine der im Orient und bei den Griechen kursierenden Kyroslegenden. Danach ist Kyros der Sohn der Tochter des Mederkönigs Astyages. Der König, durch Träume erschreckt, dass dieser Enkel ihn eines Tages vom Thron stoßen könnte, befiehlt dem Adligen Harpagos die Tötung des Kindes. (Die Furcht griechischer Väter vor einem gewalttätigen Sohn oder Enkel reicht, wie wir schon gesehen haben, bis in die höchste Götterwelt). Doch wird Kyros durch glückliche Zufälle gerettet. (Eine ähnliche Geschichte erzählt Herodot von dem Tyrannen Kypselos von Korinth, den die dort herrschende Dynastie der Bakchiaden auf Grund eines warnenden Orakels aus Delphi töten lassen wollte. Er wird ebenfalls durch glückliche Fügung gerettet und wächst als Schutzbefohlener in Delphi auf, bis er nach Korinth zurückkehrt und die Herrschaft der Bakchiaden beseitigt). Kyros wird von einer Hirtenfamilie adoptiert. Aber schon als Knabe zeigt sich seine Herrschernatur, weshalb ihn die Hirtenjungen in einem ihrer Kinderspiele zum König wählen. Die Befähigung zum Herrschen ist ihm also angeboren und wird durch die Härte des einfachen Hirtenlebens gleichsam gestählt. Deshalb lehnt er später, als er den Mederkönig besiegt hat und das Perserreich schon eine Weltmacht ist, den Rat seiner Umgebung ab, das karge Stammland der Perser zu verlassen und in eine angenehmere Gegend umzusiedeln. Denn nie würde ein Land zugleich herrliche Früchte und kriegstüchtige Männer hervorbringen. Offenbar eine Transponierung spartanischer Überzeugungen auf die Perser, die der demokratischen Auffassung, wie sie im Epitaphios des Perikles zum Ausdruck kommt, zuwiderläuft.

Auch in einer anderen Episode lässt Herodot urtümliche Lebensverhältnisse als ethisch höherwertig erscheinen: Ein Äthiopierkönig lehnt die kostbaren Geschenke des Perserkönigs Kambyses – es handelt sich um ein Purpurgewand, eine goldene Halskette, goldene Armbänder und Salbenfläschchen aus Alabaster – ab, weil er Purpur wegen der künstlichen Färbung und Parfümsalbe wegen des künstlichen Geruchs als Ausdruck einer betrügerischen Gesinnung wertet. Lediglich einen Krug phoinikischen Weins nimmt er an. Aber solche moralisierenden Passagen sind für Herodot nicht typisch und entsprechen nicht der Intention seines Werkes.

Bezeichnend ist vielmehr, dass er zwar die Tugenden der Spartaner, die sie durch ihre strengen Gesetze erworben haben, lobend hervorhebt, aber – obwohl er viel über die Geschichte Spartas berichtet – die staatliche Erziehung, die das Wesen Spartas ausmacht, mit keinem Wort beschreibt, geschweige denn als Vorbild hinstellt. Die Propagierung bestimmter Lebensformen gehört nicht zu seinem Anliegen. Im Gegenteil: Er tritt prinzipiell dafür ein, die Sitten aller Völker zu respektieren, und seien sie noch so extrem.

> Denn wenn man den Menschen unter allen Sitten und Bräuchen die Wahl ließe, würden sie schließlich alle ihre eigenen wählen. Jeder hält eben seine für die besten. Darum wird auch kein vernünftiger Mensch damit seinen Spott treiben. Daß alle Völker so über ihre Sitten denken, kann man aus vielem schließen; vornehmlich aber aus folgendem: Als König Dareios die Griechen an seinem Hofe fragte, um welchen Preis sie sich bereit fänden, ihre toten Väter zu essen, sagten sie, dazu würden sie sich für kein Geld verstehen. Darauf ließ er Inder kommen, Kallatier, wie sie heißen, welche ihre toten Eltern essen, und fragte sie in Gegenwart jener Griechen mit Hilfe eines Dolmetschers, um welchen Preis sie ihre toten Väter mit Feuer verbrennen würden; die aber schrien vor Entsetzen und baten ihn, um Gottes willen nur solche Worte nicht in den Mund zu nehmen. Gegen die Sitte ist eben nicht anzukommen, und ich glaube, Pindar hat recht, wenn er die Sitte König über alle nennt (Herodot 3, 38).[71]

Aus dieser toleranten Grundeinstellung heraus lässt er auch die Sitte der Issedonen, eines Volkes in Zentralasien, gelten, von denen es hieß, dass sie ihre verstorbenen Väter verspeisten.

> Wenn der Vater eines Mannes gestorben ist, kommen alle Verwandten bei ihm zusammen, bringen Schlachtvieh mit, und wenn sie das geschlachtet und das Fleisch zerlegt haben, schneiden sie auch den verstorbenen Vater des Hausherrn in Stücke. Darauf vermengen sie alles Fleisch und verzehren es. Den Kopf des Toten aber ziehen sie ab, reinigen und vergolden ihn und bewahren ihn dann auf wie ein Götzenbild und bringen ihm alljährlich große Opfer. Das tut der Sohn dem Vater zu Ehren, ähnlich wie die Griechen den Todestag feiern. Übrigens aber sollen es gute Menschen sein, und die Weiber sollen bei ihnen gleiche Rechte haben wie die Männer (Herodot 4,26).[72]

Ähnliches berichtet er von den Massageten (zwischen dem Kaspischen Meer und dem Aralsee), bei denen im Übrigen Weibergemeinschaft herrsche. Sie schlachten und verzehren allerdings auch Lebende, wenn sie zu alt werden und gesund sind.

Dagegen ist die gebrochene Grundeinstellung der Griechen zum menschlichen Dasein so sehr ein Teil seines Weltbildes, dass er sie auch auf andere Völker überträgt. Bevor Kyros im Kampf gegen die Massageten den Tod findet, wird er ausgerechnet von Kroisos, der sich als Gefangener und Ratgeber in seinem Gefolge befindet, belehrt, dass alle menschlichen Angelegenheiten sich im Kreis drehten und deshalb ein beständiges Glück unmöglich sei.

Ein anderes Beispiel: Beim Übergang der gewaltigen persischen Streitmacht von Asien nach Europa hält Xerxes eine Heerschau ab. Beeindruckt von seiner Macht preist er sich glücklich. Doch dann bricht er plötzlich in Tränen aus. Auf die erstaunte Frage des Artabanos bekennt sich der mächtigste Mann der Welt zur Nichtigkeit seiner Macht:

> Ich dachte daran, wie kurz das Menschenleben ist, und Mitleid erfaßte mich; von all diesen Leuten wird ja nach hundert Jahren keiner mehr am Leben sein.

Darauf Artabanos:

> Wir ertragen in unserem Leben noch Beklagenswerteres als dieses. In diesem kurzen Menschenleben ist keinem, weder diesen noch anderen, ein so ungetrübtes Glück beschieden, daß er nicht manchmal wünschen sollte, lieber tot zu sein als noch länger zu leben. Denn Unglücksfälle, von denen wir betroffen werden, und Krankheiten, welche uns heimsuchen, bewirken, daß uns dies Leben, so kurz es ist, dennoch zu lange deucht. So ist der Tod dem Menschen die erwünschte Erlösung aus den Nöten dieses Lebens, und der Gott, der uns das süße Leben kosten läßt, hat sich insofern neidisch erwiesen (Herodot 7, 46).[73]

Noch pointierter hat Herodot, wie wir schon gesehen haben, die griechische Skepsis gegenüber dem Glück dem Ägypterkönig Amasis in den Mund gelegt, als dieser den Tyrannen Polykrates habe wissen lassen, dass dessen ungetrübter Erfolg ein sicheres Vorzeichen für ein schreckliches Ende sei. Die radikalste Lebensverneinung schreibt er dem thrakischen Stamm der Trauser zu, bei dem es Sitte sei, ein Kind schon bei seiner Geburt wegen der Leiden, die ihm bevorstehen, zu bejammern, den Tod eines Menschen aber mit einer fröhlichen Feier zu begehen.

Der psychische Gegenpol zu dieser depressiven Grundstimmung war die heitere Leichtlebigkeit, die *habrosýnē*, für die besonders die Griechen Kleinasiens bis in die römische Zeit bekannt und bei Moralisten verschrien waren, und der Sinn für Humor, der in den Gestalten Herodots ebenfalls häufig zum Ausdruck kommt.

Den Persern lässt er im Großen und Ganzen viel Anerkennung zuteilwerden und setzt damit die Tradition der Gleichrangigkeit des Gegners fort, die schon in der Ilias beginnt. Ja, er relativiert geradezu die Eigenliebe der Griechen, indem er sein Publikum wissen lässt, dass die Perser sich für die besten Menschen der Welt hielten und nach ihnen diejenigen am meisten schätzten, die ihre Wohnsitze in ihrer Nähe hätten. Mit zunehmender Entfernung der Völker nehme auch die Achtung ab, die die Perser ihnen entgegenbringen. Als besonders positive Eigenschaften der Perser hebt er ihre Ächtung der Lüge – für Griechen etwas sehr Ungewöhnliches –, ihre physische Stärke und ihre Tapferkeit hervor. Sie wertschätzen die Tapferkeit so sehr, dass sie sogar einzelne besonders tapfere Griechen, die in ihre Hand gefallen sind, respektvoll behandeln.

Die persische Reiterei ist erstklassig. Doch sind die Griechen wenigstens im Nahkampf des Fußvolks taktisch beweglicher und den Persern vor allem durch ihre schweren Rüstungen überlegen. Auch erweist sich das Massenaufgebot des Großkönigs von zweifelhaftem Wert, weil die Versorgung so zahlreicher Truppen erhebliche Schwierigkeiten bereitet und die militärische Einsatzbereitschaft der schlecht motivierten und oft mit Peitschenhieben angetriebenen Krieger der Vasallenstaaten, die zur Heerfolge gezwungen sind, gering ist. (Peitschenhiebe bekamen Griechen gelegentlich auch zu spüren. Sie waren ein Mittel zur Disziplinierung von lautstarken Störern in Volksversammlungen und bei den Olympischen Spielen von Läufern, die zu früh starteten.) Andererseits erkennen die Perser auch die Schwächen der starren griechischen Phalanx, die Geländevorteile nicht ausnutzen kann, weil sie stets ein ebenes Terrain benötigt.

Dass die Perser nicht mehr das ärmliche Bauern- und Hirtenvolk sind, sondern wenigstens die Oberschicht angenehm zu leben weiß, tut ihrem kriegerischen Mut keinen Abbruch. Und Herodot würdigt ausdrücklich die Nachsicht und Großherzigkeit, die die Perser oft gegenüber Verfehlungen Anderer an den Tag legen – neben den im Orient üblichen grausamen Strafen, wie z. B. der Verstümmelung, die sie natürlich auch praktizieren. Am Anfang des Xerxeskrieges hätten sie sogar vor einem Menschenopfer nicht zurückgeschreckt, als sie das erste griechische Schiff gekapert hatten und den schönsten Mann der Besatzung töteten,

> da sie es als ein günstiges Zeichen ansahen, daß der erste Grieche, der ihnen in die Hände gefallen war, ein so schöner Mann war (Herodot 7, 180).[74]

Aber vielleicht entsprach diese Verknüpfung von Schönheit und Tod doch eher griechischen Vorstellungen. Kyros wird auch bei griechischen Autoren nach Herodot der strahlende Held bleiben, obwohl er die griechischen Städte Kleinasiens unterworfen hat. Auch der Usurpator Dareios wird respektiert, und Xerxes erscheint bei Herodot zwar als ambivalenter Charakter, aber immerhin recht menschlich. Einzig und allein den Kambyses, der die Griechen nie bekriegt hat, schildert er als wahnsinnigen Wüterich und prägt damit das Bild dieses Herrschers bis zum Ende der Antike. Ansonsten bemüht er sich im Rahmen seiner Völker- und Länderbeschreibung um eine möglichst genaue Darstellung persischer Sitten und Gebräuche sowie der Organisation des Perserreiches, die noch den heutigen Historikern viele aufschlussreiche Informationen liefert.

Von Ägypten ist Herodot regelrecht fasziniert. Immer wieder zitiert wird bis heute sein Ausspruch, dass Ägypten ein Geschenk des Nils sei. Es ist für ihn ein exotisches Land, in dem fast alles anders ist als in der übrigen Welt, eine in sich geschlossene Kultur mit einem für Griechen unvorstellbar hohen Alter, deren

Einfluss auf die Griechen, vor allem im religiösen Bereich, er gewaltig überschätzt. Auch an dieser Stelle lässt Herodot sein Publikum wissen, dass nicht nur die Griechen sich als einzigartig empfinden, sondern auch die Ägypter sich für klüger halten als andere Völker und alle, die nicht ihre Sprache sprechen, als „Barbaren" bezeichnen.

Mit Babylon beschäftigt sich Herodot – anlässlich der Eroberung der Stadt durch Kyros – viel kürzer. Die mesopotamische Metropole sei zwar die prächtigste Stadt, die er kenne, und sie ist ihm eine ausführliche Beschreibung wert. Auch haben die Griechen den Stundenzeiger, die Sonnenuhr und den Zwölfstundentag von den Babyloniern übernommen. Aber die Kultur des Zweistromlandes steht ihnen doch schon rein verkehrsgeographisch ferner als diejenige am Nil, obwohl Ägypten keine Städte hatte, sondern eine dörfliche Hochkultur mit einer überdimensionalen Tempel- und Grabarchitektur war. Etliches an seinem Bericht mutet recht fragwürdig an. Angeblich habe es in Babylon keine Ärzte gegeben, sondern Kranke habe man auf den Marktplatz getragen, wo jeder Vorübergehende verpflichtet gewesen sein, sich nach ihrem Leiden zu erkundigen und ihnen, wenn möglich, Ratschläge für ihre Therapie zu erteilen. Dass arme Leute ihre Töchter als Prostituierte vermieteten, gab es in griechischen Städten auch, wie schon das einschlägige Gesetz zeigt, das Solon dagegen erließ. Doch sei in Babylon jede Frau verpflichtet gewesen, sich vor ihrer Heirat einmal im Tempel der Göttin Mylitta zu prostituieren (was von der heutigen Forschung in Frage gestellt wird).

Über den beachtlichen Einfluss der Thraker auf die griechische, und zwar gerade die athenische Religion sagt Herodot nichts. Bei ihm erscheinen sie als ein recht fremdes Volk, obwohl manche Züge an griechische Verhältnisse, insbesondere an die griechische Frühzeit erinnern. Er hält sie für das größte Volk nach den Indern. Wenn die verschiedenen Stämme einen einzigen Herrscher hätten, was jedoch nie geschehen wird, wären sie unbesiegbar. So aber bleiben sie politisch schwach. Einen Teil ihrer Kinder verkaufen sie in die Sklaverei (weshalb viele athenische Sklaven von daher stammten). Ehefrauen werden, wie bei Homer, durch Kauf erworben und, wie bei den Griechen auch, im Haus verschlossen gehalten, während die unverheirateten Mädchen angeblich sexuelle Freiheit genießen. Die Adligen erkennt man an ihrer Tätowierung.

> Müßiggehen gilt für das Schönste, das Feld zu bebauen für das Entehrendste, von Krieg und Raub zu leben für die größte Ehre (Herodot 5, 6).[75]

Bei einigen nördlichen Stämmen herrscht Polygamie.

> Wenn ein Mann stirbt, streiten und ereifern sich die Frauen und seine Freunde darüber, welche von ihnen er am liebsten gehabt. Die Frau aber, welche die Ehre hat, als solche anerkannt zu werden, wird von Männern und Weibern gepriesen und von ihrem nächsten Verwandten auf dem Grabe geopfert und darauf mit dem Manne begraben. Seinen anderen Frauen aber bereitet das großen Schmerz, denn für sie ist es die größte Schande (Herodot 5, 5).[76]

Aber Herodot schildert auch Frauen, die nicht unterwürfig, furchtsam und feige oder gar Opfer männlicher Gewalt, sondern dominant und sogar kriegerisch sind. Es wäre dennoch völlig falsch, in ihm einen Befürworter der Emanzipation griechischer Frauen zu sehen.

Besondere Bewunderung hegt er für seine Landsfrau Artemisia, die Herrscherin von Halikarnassos, obwohl er gegen ihren Enkel Lygdamis revoltiert hat. Als persische Vasallin zur Heeresfolge im Krieg des Xerxes gegen Griechenland verpflichtet, tritt sie zunächst, wie Kroisos und Artabanos, als kluge Warnerin vor dem Unheil in Erscheinung, kämpft aber als Kommandantin von fünf Schiffen in der Schlacht bei Salamis tapferer als die meisten Männer und weiß sich, als die Schlacht verlorengeht, schlau dem Untergang zu entziehen.

Eine andere entschlossene Herrscherin ist Tomyris, die Königin der Massageten, deren Heer die Perser besiegt und Kyros den Tod bereitet. Und von dem lybischen Stamm der Zaueker will er gehört haben, dass dort die Frauen im Krieg die Streitwagen lenken. Bei den Frauen der Sauromaten zwischen dem Schwarzen und dem Kaspischen Meer geht das Kriegertum so weit, dass Mädchen erst dann heiraten dürften, wenn sie einen Feind erschlagen hätten. Herodot führt diese Sitte auf die sagenhaften Amazonen zurück, die einst skythische Männer geheiratet hätten.

In Ägypten kehrt sich das Verhältnis der Geschlechter zueinander geradezu um: Die Frauen betreiben den Markthandel, während die Männer im Hause an den Webstühlen sitzen, eine bei den Griechen weitverbreitete Vorstellung, die auch Sophokles teilte (Oidipus auf Kolonos). Bei den Lykiern richtet sich die Genealogie nicht nach den Vätern, sondern nach den Müttern.

Wilde Gerüchte kursierten, wie zu erwarten, über die Sexualität fremder Völker: In Lydien hätten sich alle Mädchen freiwillig prostituiert, um sich ihre Mitgift zu verdienen, bevor sie sich einen Mann zur Ehe aussuchten. Manche Völker im Kaukasus sollen, hieß es, den Koitus in der Öffentlichkeit vollziehen, bei den Massageten herrscht auch für verheiratete Männer freie Sexualität, in Libyen sei es bei den Nasamonen Brauch, allen Hochzeitsgästen die Braut zum Beischlaf zur Verfügung zu stellen, bei den Adyrmachidern hat wenigstens der König das Recht, eine Braut in der ersten Nacht zu beschlafen, bei den Auschisern kann jeder mit jeder Frau koitieren, bei den Gindanern genießen jene Frauen das höchste Ansehen, welche die meisten Liebhaber gehabt hatten, deren Anzahl sie mittels lederner Bänder an den Knöcheln zur Schau tragen, und die Auseer betreiben allgemein Weibergemeinschaft ohne Eheschließungen. Herodots Publikum in Athen wird herzlich gelacht haben, bekam aber auch die Relativität griechischer Werte drastisch vor Augen geführt.

Die barbarischen Bräuche der berittenen Nomadenvölker in den Steppen nördlich des Schwarzen Meeres, die bei den Griechen unter dem Sammelnamen „Skythen" und als maßlose Trinker bekannt waren, lehnt Herodot eindeutig ab. Hier liegt die Grenze seiner Toleranz gegenüber fremden Sitten, doch hatten seine gruseligen Berichte für den antiken Geschmack durchaus einen beträchtlichen Unterhaltungswert. Nicht nur, dass die Skythen beim Tode eines Königs eine seiner Konkubinen, einige Diener und Pferde töten und dem Leichnam mit ins Grab geben; dass sie ihren Göttern neben Tieren auch einige gefangene Feinde opfern; sondern

> alle Jahre einmal läßt jeder Häuptling in seinem Gau einen Mischkrug mit Wein bereiten, aus dem alle Skythen trinken, die schon einen Feind erschlagen haben. Die aber noch keinen Feind erschlagen haben, dürfen nicht mit davon trinken, sondern müssen ungeehrt dabeisitzen, und das ist für sie die größte Schande. Hat aber einer schon sehr viele Feinde erschlagen, so bekommt er sogar zwei Becher und trinkt aus beiden zugleich (Herodot 4, 66).[77]

Ihre Kriegsbräuche stellen alles in den Schatten, was man bei den Griechen an Grausamkeiten kannte.

> Wenn ein Skythe zum erstenmal einen Feind erschlägt, so trinkt er von dessen Blute. Hat jemand in der Schlacht einen Gegner erschlagen, so bringt er dessen Kopf dem König. Denn wenn er dem König einen Kopf gebracht hat, hat er Anteil an der Beute, sonst nicht. Die Kopfhaut zieht er auf folgende Weise ab: Nachdem er einen Schnitt rings um die Ohren gemacht hat, nimmt er den Kopf in die Hand und schüttelt ihn heraus; dann schabt er die Haut mit einer Ochsenrippe und gerbt sie mit den Händen, und wenn sie weich ist, dient sie ihm als Handtuch, das er zum Schmucke an den Zügel seines Reitpferdes bindet. Denn wer die meisten Handtücher (von Menschenhaut) besitzt, gilt als der Tapferste. Manche machen sich sogar Kleider aus den abgezogenen Häuten, die sie wie Pelzwerk zusammennähen. Manche ziehen auch ihren erschlagenen Feinden von der rechten Hand die Haut samt den Nägeln ab und machen sich daraus Deckel für ihre Köcher. Menschenhaut aber ist dick und glänzend, sie glänzt weißer als fast alle anderen Häute. Manche ziehen ihnen auch die Haut vom ganzen Leibe ab und spannen sie auf ein Brett, das sie zu Pferde mit sich führen. So ist es dort Landesbrauch. Mit den Köpfen selbst aber machen sie es so, allerdings nicht mit allen, sondern nur mit denen ihrer ärgsten Feinde: Erst sägen sie unterhalb der Augenbrauen alles ab, und dann reinigen sie den Schädel. Wer arm ist, überzieht ihn nur außen mit ungegerbter Rindshaut und nimmt ihn so in Gebrauch. Wer aber reich ist, überzieht ihn nicht nur außen mit Rindshaut, sondern vergoldet ihn auch inwendig und gebraucht ihn so als Becher. Ebenso aber machen sie es auch mit den Schädeln von Verwandten, mit denen sie in Streit geraten sind, wenn sie die vor dem Gericht des Königs besiegt haben. Und wenn angesehene Gäste zu ihm kommen, zeigt ihnen der Sieger diese Schädel und sagt, das seien seine Verwandten gewesen, die ihm Fehde angesagt und die er besiegt habe, und das nennen sie Tapferkeit (Herodot 4, 64 f.).[78]

Ein Leben gemäß den Gesetzen der Natur, nach denen bekanntlich nichts verlorengeht, sondern alles – in welcher Form auch immer – wiederverwertet wird. Dass Athen eine Polizeitruppe von 300 skythischen Bogenschützen unterhielt, lässt Herodot unerwähnt, weil es seinem Publikum bekannt war. Einwände dagegen sind nicht bekannt. Neben dem barbarischen Skythenbild kennt Herodot die Überlieferung des Skythen Anacharsis, der mit dem unverbildeten Verstand eines naturhaften Menschen Griechenland bereist und die dortige Kultur unter ethischen Gesichtspunkten kritisch gesichtet habe. Dabei habe er einige griechische Bräuche angenommen, sei jedoch deswegen nach seiner Rückkehr von seinen Landsleuten umgebracht worden.

Hiervon zu unterscheiden sind Freveltaten, die auch bei zivilisierten Völkern aus Rache geschehen können und die Herodot offensichtlich aus dem Stoff genommen hat, aus dem Tragödien gemacht wurden. Zum Beispiel bestraft der Mederkönig Astyages den Aristokraten Harpagos, weil er den Knaben Kyros nicht, wie befohlen, getötet hat, indem er seinen Sohn an seinen Hof lockt, ihn heimlich schlachten und dem ahnungslosen Vater bei einem Bankett als gekochtes Fleischgericht servieren lässt. Aus Rache verbündet sich Harpagos später mit Kyros und trägt so entscheidend zum Sturz des Mederkönigs bei.

Ein noch größeres Verbrechen als die Tötung und Abschlachtung von Menschen scheint für Herodot die Kastration von schönen Knaben zu sein, um sie im Orient für hohe Preise als Sklaven zu verkaufen, wo Eunuchen wegen ihrer besonderen Treue begehrt waren. Jedenfalls schildert er mit Genugtuung die Bestrafung eines griechischen Eunuchenhändlers, der eines Tages einem seiner Opfer in die Hände fiel und von ihm gezwungen wurde, eigenhändig seine vier Söhne zu entmannen, worauf diese dann an ihm das Gleiche vollziehen mussten. Der Grund mag darin zu sehen sein, dass nach griechischen Wertvorstellungen eines der wichtigsten Lebensziele die Zeugung von Nachkommen war, um die Reihe der Ahnen, die kultisch verehrt wurden, nicht abreißen zu lassen.

Obwohl das Hauptthema seines Werkes ein großer Krieg ist und die Überlieferung von kriegerischen Ruhmestaten, schätzt Herodot grundsätzlich den Krieg nicht. Kroisos lässt er nach seiner Niederlage zu Kyros sagen:

> Wer wäre wohl so unvernünftig, den Krieg statt des Friedens zu wählen? Im Frieden begraben die Kinder ihre Eltern, im Krieg die Eltern ihre Kinder (Herodot 1, 87).[79]

Zu späte Erkenntnis. Kroisos versucht sich mit dem Orakelspruch aus Delphi zu rechtfertigen, durch den er getäuscht worden sei. Noch schlimmer als Krieg ist für Herodot Bürgerkrieg *(stásis)*. Grundsätzlich ist Frieden für ihn allemal besser als Krieg. Besonders die Griechen, die doch dieselbe Sprache sprechen, sollten ihre Konflikte mittels Verhandlungen lösen. Aber ein Pazifist ist er ebenso wenig wie andere griechische Autoren, die dem Krieg skeptisch gegenüberstehen. Er kann nicht einmal, wie es gelegentlich von modernen Autoren versucht wird, als Kronzeuge gegen jeglichen Expansionismus dienen. Auch teilt er die Dekadenz vorstellungen Homers und erst recht Hesiods nicht. Die Menschheit befindet sich bei ihm nicht in einem physischen oder moralischen Niedergang, sondern ist immer so gewesen, wie sie ist. Nur das Schicksal dreht sich unaufhörlich im Kreis und lässt einmal diese, einmal jene Staaten groß werden oder untergehen. Was geschieht, geschieht zu allen Zeiten so oder ähnlich. In diesem Sinn ist alles seinem Wesen nach weitgehend unabhängig von der Zeit, in der es stattfindet. Es gibt zwar verschiedene Menschen und Ereignisse in der Vergangenheit, aber es gibt keine verschiedenen Epochen. Was in der Vergangenheit geschehen ist, könnte ebenso jederzeit wieder geschehen. Herodots Weltbild ist extrem statisch. Deshalb tun selbst Anachronismen, die ihm öfter unterlaufen, seinem eigentlichen Anliegen kaum Abbruch.

Das heißt nicht, dass Herodot für die Chronologie überhaupt keinen Sinn hätte. Sie war schon für Hekataios wichtig, um mythische Kunde in historisch greifbares Geschehen zu transponieren. Hekataios, der als Aristokrat stolz darauf gewesen war, väterlicherseits in der 16. Generation von einem Gott abzustammen, hatte sich von ägyptischen Priestern belehren lassen müssen, dass der Übergang von den Göttern zu den Menschen sehr viel weiter zurückliegen müsse. Aber da es keine universale Zeitrechnung gab, war auch für Herodot die Erstellung eines durchgehenden chronologischen Gerüsts von vornherein unmöglich. Gelegentlich versuchte er sich mit einer Berechnung nach Generationen oder Regierungszeiten von Herrschern, beim Feldzug der Perser in Griechenland nach Tagesmärschen (einschließlich der Ruhepausen) zu helfen, und seine Datierung Homers und Hesiods auf 400 Jahre vor seiner Zeit ist einigermaßen zutreffend. Die einzige Jahreszahl in seinem Werk ist das Archontat des Kalliades (480 v. Chr.), als die Perser Attika besetzten. Für die athenische Geschichte des sechsten Jahrhunderts gibt er keine chronologischen Anhaltspunkte. Sie verschwimmt in einem chronologischen Nebel, den zu lichten auch der modernen Forschung nicht zufriedenstellend gelungen ist. Vor allem ergeben sich aus seinen Zeitangaben keine Kausalzusammenhänge für die dargestellten Ereignisse. Die Zusammenstellung der Siegerlisten bei den Olympischen Spielen, mittels derer sein jüngerer Zeitgenosse, der Sophist Hippias von Elis, eine Basis für eine allgemeingriechische Chronologie zu schaffen versuchte, kam für Herodot zu spät.

Daraus können wir einen Eindruck über das Verhältnis der Athener und anderen Griechen zur Zeit gewinnen. Für die Datierung von Ereignissen, auch der eigenen Lebenszeit, stand ihnen nur die Liste der jährlichen eponymen Archonten zur Verfügung, die 683/682 v. Chr. begann und öffentlich zugänglich war. Offensichtlich enthielt diese Liste keine Eintragungen über wichtige historische Ereignisse. Ein durchschnittlicher athenischer Bürger kannte das Amtsjahr, in dem sein Vater ihn in die Liste seiner Phratrie hatte einschreiben lassen. Wenn er nun wissen wollte, wie alt er war, musste er die Reihe der Archontennamen bis auf den gerade amtierenden Archon durchzählen. Dass ein solches umständliches Verfahren nicht durch ein praktikableres ersetzt wurde, zeigt schon, dass kein großes Bedürfnis nach einer genauen Zeitrechnung bestand. Von der Vergangenheit hatte man ein ziemlich verschwommenes Bild aus mündlichen und einigen lückenhaften schriftlichen Überlieferungen, die für Missverständnisse und Manipulationen der Geschichte und damit indirekt auch der eigenen Zeit viel Raum ließen. Die Jahre der Zukunft konnte man überhaupt nicht benennen, weil die zukünftigen Archonten noch nicht bekannt sein konnten. Man konnte beispielsweise bei der Planung eines Bauwerks allenfalls beschließen, dass es in drei Jahren fertiggestellt sein sollte, aber man wusste noch nicht, wie dieses Jahr heißen würde, weil man keine Zahl für geplante zukünftige Ereignisse hatte. Man machte sich über die Zukunft offensichtlich noch weniger Gedanken als über die Vergangenheit, man plante wenig nach vorn, sondern fuhr im Wesentlichen von Amtsjahr zu Amtsjahr „auf Sicht". Auf diese Weise war Athen auch zur Demokratie gekommen. Niemand hatte sie vorausschauend geplant. Für die Griechen war der Zeitfaktor ihres Daseins nicht besonders bedeutend, was auch darin zum Ausdruck kam, dass sie auf Grabsteine keine Geburts- und Todesdaten setzten.

Die Motive, die bei Herodot das Handeln einzelner Städte, Potentaten, Politiker und selbst ganzer Völker und Staaten bestimmen, sind im Wesentlichen die gleichen wie bei Privatpersonen: Streben nach Macht, Reichtum bzw. Beute und Ruhm, Bitte um Hilfe zur Abwendung einer drohenden Gefahr, Hilfeleistung auf Grund langer freundschaftlicher Beziehungen zwischen führenden Familien verschiedener Staaten, Gegnerschaft aus alter tiefverwurzelter Rivalität und Feindschaft, Rache und Bestrafung für erlittenes Unrecht oder verletzte Ehre. Beweggründe dieser Art waren in einer von Aristokraten gelenkten Politik sicher nicht zu unterschätzen. An eigentlich politischen Zielsetzungen kennt Herodot nur einen unbegrenzten Expansionsdrang oder gar das Streben nach Weltherrschaft, das er den Persern unterstellt, d. h. Gemeinplätze ohne historischen Erkenntniswert. Einzig das grundsätzliche Streben nach Freiheit und Unabhängigkeit als Ausgangspunkt für konkretes Handeln hat einen genuin politischen Charakter. Außenpolitische, strategische oder handelspolitische Konzeptionen, die es gegeben haben muss, liegen außerhalb seines Gesichtsfeldes. Nichts geschieht aus einer spezifischen politischen Lage heraus. Außenpolitik ist bei Herodot im Wesentlichen unpolitisch, eher von Emotionen als von nüchternem Kalkül bestimmt. Und so ist das Geschichtsbild des ersten Historiographen der Welt aus unserer heutigen Perspektive in seinem Kern unhistorisch.

Ein fester Bestandteil von Herodots Weltbild ist, wie gesagt, der Einfluss übernatürlicher Mächte auf das menschliche Handeln. Im Einzelnen bleiben seine Vorstellungen jedoch recht vage. Die Götter treten fast nie direkt in Erscheinung, nicht einmal in Träumen, sondern ihr Walten kann nur aus dem Geschehen in der menschlichen Sphäre vermutet werden. Nur ein einziges Mal berichtet er davon, dass ein Gott sich direkt an einen Menschen gewandt hat: der Hirtengott Pan, der den athenischen Kurier, der vor der Schlacht bei Marathon den Hilferuf an Sparta überbrachte, in der Nähe von Tegea mit Namen angerufen und sich beklagt habe, dass es in Athen kein Heiligtum für ihn gäbe. Die Athener errichteten ihm später einen Tempel und widmeten ihm ein alljährliches Fest mit einem Fackellauf.

Als Xerxes zweimal im Traum ein schöner großer Mann erscheint, der ihm den Feldzug gegen die Griechen befiehlt, weiß er nicht, ob es sich um einen Gott handelt. Sein Onkel Artabanos glaubt nicht daran, dass solche Träume von den Göttern kommen, sondern hält sie für völlig natürliche Reaktionen der Psyche auf die Ereignisse des vergangenen Tages. Erst als er sich auf Geheiß des Xerxes als König verkleidet und derselbe Traum auch ihm erscheint, ist er überzeugt, dass ein Gott ihn geschickt hat. Als die persische Flotte an der Südostspitze der Halbinsel Magnesia von einem Sturm schwer mitgenommen worden war, glaubten die Griechen an ein Eingreifen des Boreas, des göttlichen Nordwindes. Aber Herodot ist sich nicht sicher. Auf die Nachricht vom diesem Unglück der Perser hin beteten die Griechen zu Poseidon, brachten ihm Trankopfer dar, und der Gott erhielt, wie schon erwähnt, den Beinamen „Retter" *(sotḗr)*. Etwas naiver kommentiert Herodot die abermaligen Verluste der persischen Flotte vor Euboia: Der Gott (oder die Gottheit) habe damit die persische Flotte vor der Entscheidungsschlacht zahlenmäßig der kleineren griechischen Flotte angleichen wollen, wie vor einem fairen sportlichen Wettkampf. Meistens greifen die Götter als Strafende ein, wenn Menschen sich an ihren Heiligtümern vergriffen hatten. Zum Beispiel führte man die Siege über die Perser bei Plataiai in Griechenland und Mykale in Kleinasien, die angeblich am selben Tag in der Nähe eines Demeterheiligtums errungen wurden, auf die Unterstützung dieser Göttin zurück, die sich dafür gerächt habe, dass die Perser ihr Heiligtum in Eleusis zerstört hatten – wenn man über göttliches Walten Vermutungen anstellen dürfe, wie Herodot vorsichtig formuliert. Und Aphrodite strafte einige Kimmerier, die ihr Heiligtum in Askalon geplündert hatten, mit einer immerwährenden Geschlechtskrankheit, die auch auf ihre Nachkommen übertragen wurde. Dagegen rächen die Götter keineswegs die Massaker, Zwangsumsiedlungen und Versklavungen, die Unterworfene von Eroberern erfahren. Eher müssen diese die Schuld dafür, dass ihre Götter sie im Stich gelassen haben, bei sich selbst suchen. Eroberer werden nur dann bestraft, wenn sie das Maß, das die Götter den Menschen gesetzt haben, überschreiten, die Götter provozieren oder ihren Neid erregen. Aber keiner weiß im Einzelfall, wo die Grenze liegt. Erst durch den Misserfolg wird der Mensch belehrt.

Umso mehr waren die Menschen bemüht, die Erfolgsaussichten ihres Vorhabens oder drohendes Unheil im Voraus zu erfahren: kein Eroberungsfeldzug, kein Kolonisationsunternehmen ohne die Rückendeckung eines positiven Orakels. Auf eine Schlacht ließ man sich erst dann ein, wenn die Opfer günstig ausgefallen waren. Zur Deutung der Opfer bediente man sich auch sogenannter „Seher". Besonders bekannt geworden ist der Wahrsager Megistias, der aus den Opfern den Untergang der Griechen an den Thermopylen voraussah, seinen Sohn rechtzeitig nach Hause schickte, aber selbst blieb und mit der Truppe unter Leonidas gleichsam sehenden Auges in den Tod ging. Den Wahrsager Teisamenos aus Elis hielten die Spartaner für geradezu unentbehrlich und verliehen auf seine Forderung hin ihm und seinem Bruder, wenn auch widerstrebend, das spartanische Bürgerrecht. Herodot bekennt, dass er fest an die Prophezeiungen glaubt, die der boiotische Hellseher Bakis, der im siebenten und sechsten Jahrhundert lebte, bezüglich der Invasion des Xerxes gemacht haben soll. Künftiges Unheil kündigt sich auch durch Träume an. Herodot glaubt sogar, dass unerklärliche Naturerscheinungen und Naturkatastrophen, die er keinem Gott zuordnet,

Vorzeichen für politisches Unglück sind. An solche Vorzeichen glaubte sogar noch Machiavelli im 15./16. Jahrhundert.

So sah also das Bild von der Welt aus, das die Athener von Herodot in öffentlichen Vorträgen vermittelt bekamen und das weit über den Horizont der meisten Athener hinausging. Dass er dafür aus der Staatskasse bezahlt wurde, zeigt das große Bedürfnis der weltoffenen Stadt nach einer solchen Mischung aus Informationen und Unterhaltung, die in ihrem Charakter noch stark von der archaischen Tradition mündlicher Überlieferung geprägt war. Dabei ist nicht einmal sicher, welche Länder Herodot wirklich bereist hat. Vielleicht hat er die meisten der Regionen, die er so farbig beschreibt, nie gesehen und gestaltete sein Werk lediglich aus dem, was er gehört und vielleicht gelesen hatte.

Die tolerante Grundhaltung Herodots gegenüber den verschiedenen Staatsformen und Verfassungen, gegenüber sehr unterschiedlichen Politikern und sogar Tyrannen, gegenüber Eigenart und Sitten fremder Völker lässt erkennen, dass er vom Geist der Sophisten geprägt war.

Als Sophisten bezeichnete man Theoretiker, die sich der Analyse der Ordnung menschlichen Zusammenlebens verschrieben hatten. In der modernen Forschung hat man sie in Abgrenzung zu den Naturphilosophen des sechsten Jahrhunderts Kulturphilosophen genannt, obwohl, wie wir schon gesehen haben, manche dieser „Naturphilosophen" auch zu kulturellen und politischen Fragen Stellung bezogen hatten. Die Sophisten bildeten keine philosophische Schule, sondern propagierten ihre Lehren als einzelne wandernde Lehrer. Aber allen gemeinsam war die radikale Herangehensweise auf rein verstandesmäßiger Basis, die es erlaubte, alles und jedes in Frage zu stellen. Man kann von einem regelrechten Rationalitätsschub sprechen, der neue geistige Horizonte eröffnete. Ausgangspunkt war nicht die Gemeinschaft, sondern der einzelne Mensch. War die politische Entwicklung bis dahin im Wesentlichen von traditionellen Überzeugungen und Pragmatik bestimmt worden, so wurde das Verhältnis von Individuum und staatlicher Gemeinschaft, das in der Praxis schon immer ein Problem der Griechen gewesen war, jetzt Gegenstand einer systematischen theoretischen Reflexion. Der Maßstab ist jedoch gerade die Natur, und die Kultur wird daran gemessen, wieweit sie der freien Entfaltung des einzelnen Menschen nützt oder schadet. Denn die Kultur durfte nach Auffassung der Sophisten nicht zum Korsett werden, das den Menschen einengt. Hier beginnt die antike Kulturkritik, die bis in die römische Kaiserzeit ein beliebtes Thema sein wird, und in diesem Zusammenhang entstehen auch die ersten rationalen, also nicht-mythischen Kulturentstehungstheorien. Dabei wird die Entwicklung der Menschheit nicht etwa als Niedergang von einem frühen natürlichen Idealzustand begriffen, wie bei Homer und vor allem Hesiod, sondern, wie schon bei Xenophanes, durchaus positiv bewertet, weil das Wissen und die Fähigkeiten des Menschen im Laufe der Zeit zugenommen haben. Der subjektiv-individualistische Ansatz besagt: Da die Natur nicht alle Menschen gleich geschaffen hat, ist jeder Mensch auf seine subjektive Erkenntnis und sein subjektives Empfinden angewiesen und hat folglich auch seine individuellen moralischen und ästhetischen Werturteile. Diese können sich auch ändern. Daher haben kulturelle Phänomene bis zu einem gewissen Grad nur eine relative Gültigkeit, die auch orts- und zeitgebunden ist. Das gilt ebenso für ganze Völker.

Es kann also nicht den für alle Völker und Zeiten besten Staat geben, und sogar die jeweils bestehende staatliche Ordnung mit ihren Gesetzen ist nicht für alle Individuen gleich passend. Auch die Religion wird als kulturelles Phänomen angesehen und einer nüchternen Kritik unterzogen. Die einschlägigen Positionen einzelner Sophisten reichten vom Agnostizismus bis zum Atheismus. Da von Natur aus nicht alle Menschen physisch, geistig und psychisch gleich ausgestattet sind, erschien es logisch, in den Stärksten die geborenen Herrscher zu sehen. Bezog man sich auf den Rahmen der Bürgerschaft, dann konnte daraus ein Bekenntnis zur Oligarchie, wenn nicht zur Tyrannis folgen. Bezog man sich unterschiedslos auf alle Menschen, dann musste man die Aufhebung aller gesetzlichen und konventionellen Schranken fordern, die die Starken an ihrer Entfaltung behinderten, und alle Unterschiede, die historisch gewachsen und für die Polis konstitutiv waren, ablehnen. Edle und Gemeine, Bürger und Nichtbürger, Freie und Sklaven, Griechen und Barbaren, alle sind gleich, weil es unter ihnen allen starke und schwache Naturen gibt und man allen starken Naturen den ihnen gebührenden Freiraum einräumen muss. Inhaltlich gelangten die Sophisten jedoch zu höchst unterschiedlichen, teilweise sogar gegensätzlichen Zielvorstellungen, die vom absoluten Recht des Stärkeren bis zum höheren Recht dessen reichten, der zusätzlich zu seiner natürlichen Stärke durch strenge Selbstdisziplin einen moralischen Anspruch auf Herrschaft erworben hat.

In der Praxis lag das Hauptinteresse der meisten Sophisten jedoch nicht in einem politischen Umsturz, sondern in der Steigerung der geistigen Befähigung des Einzelnen mittels eines möglichst umfassenden Wissens und einer geschliffenen Rhetorik. Auch sie nahmen für sich in Anspruch, *arete̅́* zu vermitteln, doch eine *arete̅́*, die auf nüchternem Verstand beruhte. Wer über beinahe jedes Thema aus dem Stehgreif diskutieren, sich treffsicher artikulieren und wendig argumentieren konnte, dem eröffneten sich ganz neue Möglichkeiten, um in der Volksversammlung, vor den Gerichtshöfen oder auch bei privaten Auseinandersetzungen seine Ziele zu erreichen. Das heißt: Die Sophisten versprachen ihren Schülern persönlichen Nutzen im Sinne von Erfolg. Darin bestand die Anziehungskraft, die sie in der Öffentlichkeit ausübten. Der Zulauf, den sie hatten, ermöglichte es ihnen, Einzel- und Gruppenunterricht anzubieten, Einzelunterricht für Zahlungskräftige, Kurse für weniger Bemittelte. In Nachahmung des Sports veranstalteten sie öffentliche rhetorische Schaukämpfe, die zeitweise ein größeres Interesse als die Ringkämpfe fanden. Dass dabei auch viel Schaumschlägerei geboten wurde, kann nicht verwundern. Aber während sie von der Redefreiheit in der Demokratie profitierten, verschafften viele von ihnen nolens volens gleichzeitig der jungen Generation der Aristokraten und Reichen das inhaltliche und formale Rüstzeug, um moralische Skrupel abzubauen und rücksichtsloser ihre eigenen Interessen zu verfolgen, die sich bei einigen von ihnen auch gegen die Demokratie richteten.

Der bedeutendste Sophist war Protagoras (ca. 485–415 v. Chr.) aus Abdera an der thrakischen Nordküste der Ägäis, der sich während mehrfacher Besuche einige Jahre in Athen aufgehalten und auch, wie schon erwähnt, die Verfassung der athenischen Kolonie Thurioi in Unteritalien konzipiert hat. Von ihm stammt der bekannte Satz: „Der Mensch ist das Maß aller Dinge". Der Sinn dieser Maxime ist umstritten: Vermutlich ist sowohl der Mensch als Gattung als auch jeder einzelne Mensch gemeint. Aber wie man anhand anderer Zitate aus seinen verlorengegangenen Schriften entnehmen kann, hat Protagoras den absoluten Erkenntnis- und Wertrelativismus, den man darin vermuten könnte, dahingehend wiederum relativiert, dass er das Spektrum der subjektiven Empfindungen von der Materie des betrachteten Objekts und außerdem vom Zustand, in dem sich der Betrachter befindet, abhängig gemacht hat. Beispielsweise seien die Empfindungen eines Gesunden „wahrer" als die eines Kranken. Platon, der den Relativismus der Sophisten von seiner metaphysischen Grundeinstellung her bekämpfte, hat Protagoras immerhin einen eigenen Dialog gewidmet, in dem er Sokrates die sophistischen Lehren als Irrweg widerlegen lässt.

Ein besonderes Interesse hatte Protagoras an der Erziehung der Jugend. Wenn es stimmt, dass er in Thurioi eine staatliche Jugenderziehung mit besoldeten Lehrern eingeführt hat, so weist diese Maßnahme schon voraus in die Zeit vom vierten Jahrhundert an und entsprach nicht dem Selbstverständnis der athenischen Demokratie. Die demokratischen Athener hätte eine staatliche Erziehung allzu sehr an Sparta erinnert. In Athen sorgte der Familienvater für die Erziehung seiner Söhne. Die häusliche Erziehung war streng und häufig mit Prügeln verbunden. Der Sohn sollte den Vater fürchten. Wer es sich leisten konnte, schickte seine Söhne zu verschiedenen Privatlehrern, wo sie traditionsgemäß im Lesen und Schreiben, im Kitharaspiel und in sportlichen Übungen unterwiesen wurden. Ethische Werte wurden vor allem durch die Lektüre Homers vermittelt, was viel dazu beitrug, die Allgemeingültigkeit aristokratischer Wertvorstellungen zu erhalten. Auch das mit Gesang verbundene Spiel auf der Kithara hatte ein aristokratisches Fluidum, denn schon Achill hatte auf diese Weise frühere Helden besungen. Mancher Vater zog es jedoch vor, seinen Sohn einem Sophisten zur Erziehung zu übergeben, denn die Sophisten boten nicht nur eine bessere intellektuelle Schulung, sondern auch ein größeres Wissen, indem sie den herkömmlichen Stoff um Grammatik (Literaturkenntnis), Rhetorik, Dialektik (Schulung in der Argumentation, in der Auflösung von Widersprüchen), Geometrie, Astronomie und Harmonielehre erweiterten. Sie beschränkten sich jedoch nicht auf bloßen Unterricht, sondern bestanden darauf, den Schüler in seiner ganzen Persönlichkeit nach ihren Vorstellungen zu prägen und ihn damit teilweise von den überkommenen Wertmaßstäben seines Elternhauses zu entfernen. Die sophistische Erziehung dürfte den in der griechischen Kultur angelegten Vater-

Sohn-Konflikt noch verstärkt sowie die Kluft zwischen den gebildeten und den ungebildeten Demokraten vergrößert haben.

Auch Perikles, der bedeutendste demokratische Staatsmann des fünften Jahrhunderts, ließ die beiden Söhne aus seiner Ehe mit einer Verwandten von Protagoras erziehen. Dass er diesem Sophisten sogar die Ausarbeitung der demokratischen Verfassung von Thurioi in Unteritalien übertrug, beweist ebenfalls seine besondere Wertschätzung von dessen Lehre. Nicht bei allen Demokraten dürfte er damit Anklang gefunden haben. Und in seiner herausgehobenen Stellung als führender Politiker musste er natürlich besondere Rücksicht auf die öffentliche Meinung nehmen. Seine Lebensform und Selbstdarstellung war eine ständige Gratwanderung zwischen seiner aristokratischen Herkunft, seiner geistigen Orientierung und seinen politischen Überzeugungen als Demokrat. Am Beginn seiner politischen Laufbahn war seine Abstammung von zwei der vornehmsten Familien Athens zweifellos ein großer Vorteil. Die Athener bewunderten ihre Adligen, auch wenn sie immer wieder heftige Kritik an einzelnen unter ihnen übten. Allerdings hatte Perikles einen Makel: Die längliche Form seines Kopfes entsprach nicht dem griechischen Schönheitsideal und forderte den Spott der Komödiendichter heraus, denn wie schon zur Zeit Homers erwartete man, dass ein Adliger „schön“ war. Deshalb trug er bei seinen öffentlichen Auftritten einen Helm. Auch war ihm stets bewusst, dass sein Vater Xanthippos, der den Marathonsieger Miltiades durch einen Prozess zu Fall gebracht hatte, wenige Jahre später (484 v. Chr.) selbst in Ungnade gefallen und durch ein Scherbengericht aus Athen verbannt worden war. Zum Glück für Xanthippos und seine Familie hatte man ihn, wie andere Verbannte auch, schon drei Jahre später zurückgerufen, als der Angriff des Xerxes bevorstand, und so hatte er Gelegenheit bekommen, sich – vor allem durch den Sieg über die Perser bei Mykale in Kleinasien – militärisch auszuzeichnen.

Bei der Entmachtung des Areopags und dem Sturz Kimons gehörte Perikles zu den politischen Mitarbeitern des Ephialtes, ohne sich jedoch allzu sehr zu exponieren. Erst nach dessen Ermordung trat er im Verlauf der 450er Jahre ins politische Rampenlicht. Von nicht zu unterschätzender Bedeutung war dabei auch, dass er während der verlustreichen Niederlage der Athener gegen die Spartaner bei Tanagra (457 v. Chr.) nicht geflüchtet war, sondern sich als tapferer Kämpfer geschlagen hatte. Aber sein herausragendes Talent, das ihn politisch an die Spitze Athens trug, war sein scharfer Verstand, der ihn befähigte, blitzschnell Zusammenhänge zu erfassen und schlagfertig zu argumentieren, seine rhetorische Überzeugungskraft sowie seine starke Persönlichkeit. Im Zorn war er in der Lage, die ganze Volksversammlung einzuschüchtern, was ihm die Ehrenbezeichnung „Olympios“ einbrachte, weil er wie Zeus blitzen und donnern konnte. Ferner hatte er die Befähigung, sich aus einer ungünstigen Lage erfolgreich herauszureden. Einer Anekdote zufolge soll einer seiner politischen Gegner, Thukydides, Sohn des Milesios (nicht identisch mit den gleichnamigen Historiographen), der im Ringen besonders geübt war, von ihm gesagt haben:

> Wenn ich ihn zu Boden werfe, streitet er ab, gefallen zu sein, und kommt damit durch, weil er sogar diejenigen überredet, die es selbst gesehen haben (Plutarch, Perikles 8).[80]

Bei seinem Auftreten in der Öffentlichkeit demonstrierte er souveräne Gelassenheit, eine bei den Griechen geschätzte, weil wohl nicht allzu häufig vorhandene Tugend, die er auch durch seinen gleichmäßigen Gang und den geordneten Umwurf des Obergewandes zum Ausdruck brachte. Seine Gesichtszüge blieben meistens unbewegt, wie man ihn denn auch selten lachen sah. Beim Reden verfiel er nie in aufgeregtes Gestikulieren, seine Stimme blieb stets ruhig, und er hatte die Gabe, persönliche Angriffe und Beschimpfungen mit erstaunlichem Gleichmut zu ertragen. Einladungen zu Symposien lehnte er wohlweislich ab, weil sie beim Durchschnittsathener in Verdacht standen, Brutstätten antidemokratischer Gesinnung zu sein. Stadtbürgerliche Gleichheit stellte er zur Schau, indem er auf jede Art von prätentiöser Selbstdarstellung verzichtete, was auch seinem Naturell entsprach, denn er galt auch in seiner privaten Haushaltung als sehr sparsam. Andererseits gab er sich keineswegs volkstümlich, sondern hielt sehr wohl Abstand zur Volksmenge, ließ seine Anträge in der Volksversammlung oft von politischen Mitstreitern stellen und erschien nur vor besonders wichtigen Entscheidungen persönlich. Er war kein populistischer Volkstribun.

Abb. 20: Perikles. Eine von zahlreichen römischen Kopien einer Bronzestatue auf der Akropolis, die wahrscheinlich nach seinem Tod von dem Bildhauer Kresilas geschaffen wurde. Offensichtlich idealisierte Darstellung.

Die herausgehobene Stellung des Perikles wird äußerlich daran erkennbar, dass er von 443 v. Chr. an 15-mal nacheinander zum Strategen gewählt wurde, während seine neun jährlichen Kollegen ständig wechselten. Militärisch hat er nie besondere Leistungen unter Beweis gestellt, sondern erwies sich als vorsichtiger Stratege, der Risiken aus dem Weg ging.

In seinem Haus sammelte er einen Kreis führender Intellektueller um sich und machte es zu einem geistigen Mittelpunkt. Eine besonders enge Freundschaft verband ihn mit dem sophistischen Musiktheoretiker Damon und dem atheistischen Philosophen Anaxagoras. Damon soll ihm schon in seiner Jugend Musikunterricht erteilt haben. Er gilt als Vertreter der ethischen Musiktheorie, d. h. einer Lehre, der zufolge Musik imstande sei, die menschliche Seele in bestimmte Richtungen zu lenken. Folglich käme es darauf an, mittels nützlicher Harmonien die Menschen zum Guten zu erziehen, dagegen schädliche Harmonien von ihnen fernzuhalten. Somit konnte die Musik auch eine wichtige politische Funktion bekommen. Ob bzw. wieweit er auf pythagoreisches Gedankengut zurückgriff, weiß man nicht. Anscheinend war Perikles der Vorstellung einer wenigstens indirekten politischen Erziehung nicht abgeneigt und stand damit im Gegensatz zu den Überzeugungen der demokratischen Mehrheit. Anaxagoras (499–428 v. Chr.), ein Ausländer aus dem kleinasiatischen Klazomenai, war als später Naturphilosoph unter den Kulturphilosophen eine Ausnahme. Er sah im *nûs*, einer geistigen Kraft, das ordnende Prinzip des Weltalls, weshalb „Nûs" auch sein Spitzname wurde. Außergewöhnlich war in diesem Kreis eine intellektuelle Frau, Aspasia, die aus Milet stammte. Perikles hatte sie nach der Scheidung von seiner Ehefrau zu seiner Lebensgefährtin gemacht. Dem gemeinsamen Sohn gab er seinen Namen und konnte nach dem Tod seiner beiden ehelichen Söhne erreichen, dass die Volksversammlung ihm das athenische Bürgerrecht verlieh. Auch Demokrit (ca. 460–370 v. Chr.) aus Abdera, der Hauptvertreter der Lehre von den Atomen, hat nach langen Reisen im Orient Athen aufgesucht. Seine Schriften über Ethik sind nicht erhalten, aber wir wissen, dass er aus seinen naturwissenschaftlichen Erkenntnissen für sich selbst einen Zustand der *euthymía* gewann, des furchtlosen Frohsinns. Er war nicht der Erste, bei dem die Naturphilosophie auch ein Stück weit die Funktion der Bewältigung von Lebensangst durch „Aufklärung" hatte.

Dieser nach außen abgeschirmte intellektuelle Zirkel erregte Misstrauen bei vielen Demokraten und bot den politischen Gegnern des Perikles eine Angriffsfläche. Als er bei einem Konflikt zwischen Milet und Samos – wohl zu Recht – Partei für Milet ergriff und damit 441 v. Chr. die Samier zu einem Aufstand gegen die athenische Herrschaft reizte, vermuteten viele Athener hinter seiner Entscheidung die Fürsprache der Aspasia für ihre Heimatstadt. Dass Ehefrauen oder Konkubinen sich in die Politik einmischten, wurde als skandalös und völlig undemokratisch empfunden. So etwas schrieb man den Konkubinen von Tyrannen oder allenfalls Frauen von Oligarchen zu. Beweise hatte man freilich nicht, aber die Antipathie gegen die Ausländerin gärte weiter. 433/432 v. Chr. wurde sie wegen Asebie (Frevel gegen die Götter) angeklagt. Nur mit Mühe und unter Einsatz von Tränen konnte Perikles einen Freispruch erwirken. Als 430 v. Chr. Anaxagoras die gleiche Anklage traf, musste er Athen fluchtartig verlassen. Sein Todesurteil fällte man dennoch, in Abwesenheit des Angeklagten. Damon wurde durch ein Scherbengericht aus Athen vertrieben. Und selbst Pheidias, der große Bildhauer und Architekt, dessen Genialität die Athener so viel verdankten, wurde angeklagt, einen Teil des Goldes gestohlen zu haben, das er zum Schmuck der Athenastatue im Parthenon verwendet hatte. Obwohl er seine Unschuld nachweisen konnte, wurde er nicht rehabilitiert und starb wohl im Exil. Offensichtlich war er den Athenern zu groß geworden und hatte das Gleichheitsempfinden der Politen verletzt. Diese Prozesse waren zweifellos indirekte Angriffe auf Perikles. Ärgerlich für ihn war auch der Prozess, den er gegen seinen Sohn Xanthippos führen musste. Weil er von seinem Vater finanziell kurzgehalten wurde, lieh dieser sich heimlich unter dessen Namen Geld, angeblich, um die Luxusbedürfnisse seiner Frau zu erfüllen. Perikles weigerte sich zu zahlen und brachte seinen Sohn vor Gericht. Im Verlauf der Gerichtsverhandlung versuchte Xanthippos die Sympathie der Geschworenen für sich zu gewinnen, indem er über die philosophischen Gespräche seines Vaters mit Protagoras seinen Spott ausgoss.

5.3 *Freiheit von der Tyrannei Athens*

Außenpolitisch verfolgte Perikles nach dem Scheitern der aggressiven Expansionspolitik in den 450er Jahren die Konsolidierung der athenischen Herrschaft über den Seebund. Zugleich bemühte er sich, das Prestige Athens zu steigern sowie Sparta vom ersten Platz zu verdrängen und in den Schatten zu stellen. Angeblich soll er einen panhellenischen Kongress geplant haben, der allerdings mangels Teilnahme vieler griechischer Staaten scheiterte. Nicht zufällig – der Ruf Athens als Schutzmacht der Freiheit war lädiert. Die griechischen Städte wussten nur zu gut, dass Sparta die einzige Gegenmacht war, die ein weiteres Ausgreifen Athens verhindern konnte. Sparta beobachtete die Konsolidierung der Herrschaft Athens mit Sorge und war deshalb geneigt, solchen athenischen Bundesgenossen, die gegen Athen rebellierten, Unterstützung zuzusagen. Doch waren seine Möglichkeiten angesichts der athenischen Seemacht begrenzt.

Die Beziehungen zwischen Sparta-Korinth und Athen waren allmählich so gespannt, dass der Anlass für den Peloponnesischen Krieg, der sich schließlich zum ersten griechischen Weltkrieg ausweitete, nicht ein schwerwiegender Konflikt, sondern eher eine Prestigefrage war. Zwar ließen sich die Athener – wenn auch halbherzig – in einen Krieg zwischen Korinth und seiner Kolonie Korkyra

(Korfu) hineinziehen, vermieden jedoch eine Kriegserklärung an Korinth. Zu einer weiteren Eskalation kam es, als die korinthische Kolonie Poteidaia auf der Chalkidike in der nördlichen Ägäis Anstalten machte, sich vom Attischen Seebund zu lösen, dem sie in den Perserkriegen beigetreten war. Daraufhin befahl Athen der Stadt, einen Teil ihrer Befestigungen niederzureißen sowie Geiseln zu stellen und verbot die zwischen der Mutterstadt (Metropolis) Korinth und Poteidaia üblichen alljährlichen Festgesandtschaften. Als Poteidaia sich weigerte, ging Athen gegen die Stadt militärisch vor. Korinth unterstützte zwar seine Kolonie mit Söldnern, vermied aber seinerseits eine Kriegserklärung an Athen, weil es sich der Rückendeckung durch Sparta nicht sicher war, wo sich die Friedens- und die Kriegs-„Partei" noch die Waage hielten. Das heißt: Die wirklichen Konflikte, die bereits kriegerisch ausgetragen wurden, lösten den offiziellen Krieg noch nicht aus.

Ausschlaggebend für den Ausbruch des Krieges war schließlich ein Handelsboykott, den Athen über die kleine Nachbarstadt Megara verhängt hatte, die zwar 461 v. Chr. ein Bündnis mit Athen eingegangen war, aber seit 446 v. Chr. zum Peloponnesischen Bund gehörte. Die Begründung dieses Boykotts war ziemlich dürftig: Grenzverletzungen im Gebiet von Eleusis und Aufnahme entlaufener Sklaven. Sparta forderte ultimativ seine Aufhebung, was für Athen eigentlich kein Problem gewesen wäre. Es war Perikles, der in der schwankenden Volksversammlung den Boykott zu einer Frage von grundsätzlicher Bedeutung hochspielte und damit, ohne es zu ahnen, einen zehnjährigen Krieg auslöste. Es begann die erste Phase des Peloponnesischen Krieges (431–421 v. Chr.), die man auch den perikleischen Krieg nennen könnte, die aber bis heute nach dem damals schon bejahrten spartanischen König Archidamos der Archidamische Krieg genannt wird, obwohl Archidamos sich bis zuletzt gegen die auf Krieg ausgerichtete Politik der Ephoren gewehrt hatte. Die Folgen des Peloponnesischen Krieges sollten bis weit ins vierte Jahrhundert hineinreichen und die griechische Welt verändern.

Nachdem sich der Kriegerstaat Sparta – nicht zuletzt unter dem Druck Korinths – nur zögernd zum Krieg entschlossen hatte, begann er seine Offensive mit einem propagandistischen Paukenschlag, indem er die Befreiung aller athenischen Bundesgenossen, d. h. die Auflösung des Seebundes forderte. Das ist bemerkenswert: Der erste Krieg, der von vornherein als Freiheitskrieg proklamiert wurde, war der Peloponnesische Krieg, also ein Krieg zwischen Griechen, wohingegen die Perserkriege, wie erwähnt, erst im Nachhinein zu Freiheitskriegen erklärt worden waren. Sparta sicherte sich mit dieser Freiheitsproklamation die Sympathie der meisten griechischen Staaten.

Perikles hielt Athen wegen der hohen Mauern, die die Stadt mit dem Piräus verbanden, sowie der athenischen Dominanz zur See für unbesiegbar und glaubte, dass die Spartaner und ihre Verbündeten die Aussichtslosigkeit ihres Angriffs schnell erkennen und binnen kurzer Zeit den Krieg beenden würden. Die Spartaner hatten zunächst keine andere Möglichkeit, als das offene Land in

Attika zu verwüsten, in der Hoffnung, die Athener zu einer Landschlacht provozieren zu können. Und wirklich gab es in Athen Stimmen von Leuten, die sich darauf einlassen wollten. Denn den athenischen Bauern fiel es schwer, ihre Äcker preiszugeben und in Notunterkünften zwischen der Stadt und dem Piräus zu kampieren. Außerdem galt es nach dem aristokratischen Ehrenkodex als unwürdig, dem Feind nicht Auge in Auge entgegenzutreten. Perikles gelang es jedoch, die Unzufriedenen und die Hitzköpfe in Schranken zu halten und sie auf seine Strategie der Defensive zu Land und der offensiven Nadelstiche zur See einzuschwören. Immerhin ließ man die Reiterei ausschwärmen, die das Zerstörungswerk der Peloponnesier behindern sollte, aber gegen die mit den Spartanern verbündete boiotische Reiterei eine Niederlage erlitt. Tatsächlich zogen die Spartaner schon nach einem Monat wegen eigener Versorgungsschwierigkeiten wieder ab. Der Krieg schien für Athen so gut wie gewonnen.

Aber bereits im zweiten Kriegsjahr wurde klar, dass Perikles die Beharrlichkeit der Spartaner unterschätzt hatte, dass er vergessen hatte, wie ihre Vorfahren 20 Jahre lang Kämpfe für die Unterwerfung Messeniens auf sich genommen hatten. Gleichzeitig brach über Athen ein völlig unerwartetes Elend herein, das wie eine Strafe der Götter in einer Tragödie anmutete: eine aus dem Orient in die Hafenstadt eingeschleppte Epidemie, die die zusammengedrängte Bevölkerung zwischen 430 und 426 v. Chr. um ein Drittel dezimierte. Die Neuartigkeit der Krankheit, die ihre Opfer mit plötzlicher Vehemenz überfiel und schrecklichen Qualen am ganzen Körper aussetzte, irritierte Ärzte und Laien gleichermaßen und erschütterte auch schnell religiöse und sittliche Normen. Angesichts dieser Katastrophe entschloss man sich eilig zu Friedensverhandlungen, die Sparta, das von der Epidemie nicht betroffen war, in der Hoffnung auf eine innere Zermürbung Athens ablehnte. In Athen wurde Perikles zum Sündenbock, seines Strategenamtes enthoben und zu einer hohen Geldbuße verurteilt. Sein Unglück vergrößerte sich durch den Tod zahlreicher Verwandter und Freunde und schließlich seiner beiden ehelichen Söhne. Bei der Bestattung seines Sohnes Paralos brach er öffentlich in Tränen aus. Aber Perikles wäre nicht Perikles gewesen, wenn ihm nicht binnen kurzer Zeit ein Comeback gelungen wäre. Schon 429 v. Chr. wurde er erneut zum Strategen gewählt, doch im selben Jahr von der Epidemie hinweggerafft. Thukydides hat in ihm den eigentlichen Herrscher Athens sehen wollen, dessen Einfluss so groß gewesen sei, dass er die Demokratie zu seinem Instrument gemacht habe. Aber beherrscht hat Perikles die athenische Demokratie nicht. Er hatte schwer um seinen Einfluss zu ringen, auch wenn es ihm öfter als anderen Politikern gelang, seine Anträge durchzusetzen.

Der Krieg, der von Anfang an von allen Beteiligten äußerst brutal geführt wurde, war in den ersten sechs Jahren von strategischer Fantasielosigkeit gekennzeichnet und schleppte sich mit einzelnen Gefechten und Plünderungsaktionen dahin. Beim Werben um Verbündete scheuten sich beide Seiten nicht, auch die Perser und andere „Barbaren" für eine Teilnahme zu gewinnen. Die Perser, die noch bis 449 v. Chr. als die gefährlichsten Feinde der griechischen

Freiheit empfunden worden waren, wurden jetzt regelrecht gebeten, sich in die Politik Griechenlands einzumischen. Gegenüber griechischen Städten machten die beiden Großmächte sich das Spannungsverhältnis zwischen verschiedenen rivalisierenden Gruppen, auch zwischen Demokraten und Oligarchen, zunutze. Athen unterstützte die Demokraten, Sparta die Oligarchen. So führte z. B. auf Korkyra (Korfu) das Tauziehen zwischen Athen und Sparta zu einem grimmigen Bürgerkrieg. Und im Attischen Seebund lauerten gerade die wichtigsten Zwangsverbündeten Athens auf Gelegenheiten zum Aufstand. Das Freiheitsversprechen Spartas zeigte Wirkung. Die Hinrichtung von Gefangenen aller Art war an der Tagesordnung. Verschont wurden nur diejenigen, die noch politisch nützlich sein konnten.

Sparta schreckte nicht davor zurück, Plataiai, das wegen der Bedrohung durch Theben Schutz bei Athen gesucht hatte, zu vernichten, weil die Stadt an ihrem Bündnis mit Athen festhielt. Ausgerechnet Plataiai, wo 479 v. Chr. Pausanias nach dem entscheidenden Sieg über das persische Landheer den Kult des Zeus Eleuthérios ins Leben gerufen und die Stadt unter den Schutz aller Bundesgenossen gestellt hatte! Alle Männer, die sich nicht nach Athen hatten flüchten können, wurden hingerichtet, die Frauen in die Sklaverei verkauft. In militärischer Hinsicht gewannen die Kriegsparteien erst nach und nach mehr Scharfblick. 425 v. Chr. erkundete der athenische Stratege Demosthenes in Pylos einen gefährlichen Schwachpunkt der spartanischen Landesverteidigung an der Westküste der Peloponnes, von wo aus er einen Helotenaufstand entfachen wollte. Der Plan misslang, weil die Spartaner Truppen auf der gegenüber liegenden Insel Sphakteria absetzten. Die Athener wagten schließlich nach einigem Zögern unter Führung des populistischen Politikers Kleon eine Landung und konnten mit erdrückender Übermacht die Spartaner zur Kapitulation zwingen – wobei anzumerken ist, dass die Spartaner erst aufgaben, nachdem bereits die meisten von ihnen einschließlich des Kommandeurs gefallen waren und die spartanische Regierung die ausdrückliche Erlaubnis für die Kapitulation erteilt hatte.

Zwei Friedensangebote Spartas lehnten die Athener unter dem Einfluss Kleons im Rausch ihres Erfolges ab. Im Großen und Ganzen bestand der Krieg aus kleineren militärischen Operationen. Nur ein einziges Mal, bei Delion (424 v. Chr.) kam es zu einer großen Feldschlacht, jedoch nicht zwischen Athenern und Spartanern – eine solche Kraftprobe haben die Athener stets vermieden – sondern ein athenisches Heer erlitt eine schwere Niederlage gegen ein Aufgebot des Boiotischen Bundes, den Sparta reorganisiert hatte. 424/423 v. Chr. gelang es dem Spartaner Brasidas, sich mit einer kleinen Truppe nach Norden bis zur Chalkidike durchzuschlagen und die athenische Herrschaft im Norden von Land her zu erschüttern – was bis dahin für unmöglich gehalten worden war. Bei Amphipolis vernichtete er eine athenische Abteilung, die von Kleon befehligt wurde. Kleon, der Sieger von Sphakteria, wurde auf der Flucht niedergemacht, aber auch Brasidas verlor an der Spitze seiner Streitmacht das Leben. Fortan wurde er in Amphipolis als Heros verehrt. Trotz dieser Erfolge war Sparta, das einen

Konflikt auf der Peloponnes mit Argos befürchtete, zu einem Friedensschluss bereit. In Athen war man unschlüssig, bis sich die von Nikias angeführte Friedens-„Partei“ durchsetzen konnte. So endete 421 v. Chr. der zehnjährige Krieg, der eigentlich unnötig gewesen war, mit einem Friedensvertrag von 50-jähriger Laufzeit. Der Friedensschluss wird zu Recht Nikiasfrieden genannt.

6 *Pleonexía* und *metabolḕ tê̂s týchēs*: Die „Gier nach immer mehr“ und der „Umschlag des Schicksals“

Im Verlauf seines Berichts über die Beziehungen zwischen den Griechen und dem Lyderkönig Kroisos schildert Herodot die Goldgier des Alkmaioniden Alkmaion in burlesker Form, ohne den geringsten moralischen Tadel. Alkmaion war der Sohn jenes Megakles, der die Anhänger des Putschisten Kylon in Athen hatte massakrieren lassen, und lebte deshalb im Exil im mittelgriechischen Phokis in der Nähe von Delphi. Als Dank dafür, dass er lydische Gesandte auf ihrer Reise nach Delphi unterstützt habe, so Herodot, habe Kroisos ihn nach Sardeis eingeladen und ihm erlaubt, so viel Gold mitzunehmen, wie er tragen könne.

> Alkmeon aber wusste es so schlau einzurichten, daß dies an sich schon sehr bedeutende Geschenk noch größer wurde. Er zog einen weiten Rock an, in dem er einen tiefen Bausch entstehen ließ, und die weitesten Stiefel, die er auftreiben konnte, und ging damit in die Schatzkammer, in die man ihn führte. Hier machte er sich an einen Haufen Goldsand und packte sich davon zuerst soviel an die Schienenbeine, wie in die Stiefel ging; dann füllte er sich den ganzen Bausch voll Goldsand, bestreute sich damit das Haar auf dem Kopfe und nahm auch noch Gold in den Mund, so daß er, als er wieder aus der Schatzkammer kam, die Stiefel kaum noch schleppen konnte und gar nicht wie ein Mensch aussah, weil er sich so ausgepolstert und den Mund vollgestopft hatte. Kroisos aber konnte das Lachen nicht zurückhalten, als er ihn sah, und schenkte ihm nicht nur all das, sondern noch mehr als diese Schätze dazu. So wurde dies Haus sehr reich, und Alkmeon hielt sich ein Viergespann und gewann in Olympia einen Preis (Herodot 6, 125).[81]

Diese Anekdote sagt so viel über das Verhältnis des griechischen Adels zum Reichtum aus, dass Herodots Publikum im demokratischen Athen sie offensichtlich glaubte, aber ohne Anstoß daran zu nehmen. Doch ist sie frei erfunden, denn Kroisos lebte einige Jahrzehnte später als dieser Alkmaion. Man kann sie auch als eine Persiflage auf die Bestechungsgelder orientalischer, vor allem persischer Potentaten an griechische Politiker interpretieren. Nicht zufällig war *pleonexía* (die „Gier nach immer mehr“) ein fester Begriff im griechischen Sprachgebrauch: die Gier nach immer mehr Reichtum, immer mehr Macht, immer mehr Expansion. Sie führte besonders bei vier Staaten zu einer offensiven Politik, die über ihr Potential hinausging und deshalb scheiterte.

Athen begnügte sich nicht mehr mit der Herrschaft über seinen Seebund, sondern strebte nach der Hegemonie über ganz Griechenland und nach der Herrschaft über Sizilien noch dazu. Sparta vergaß nach seinem Sieg über Athen seine begrenzten Möglichkeiten sowie seine innere Zerbrechlichkeit und glaubte, ganz Griechenland mit einem Minimum an militärischem Einsatz beherrschen zu können, Theben wollte nach seinem Sieg über Sparta seine Stelle als Hegemonialmacht einnehmen, und der Tyrann Dionysios von Syrakus wollte nicht nur ganz Sizilien und Unteritalien beherrschen, sondern auch in Griechenland ein wichtiger politischer Machtfaktor werden.

Im späten fünften Jahrhundert entwickelten die Athener höhere Ansprüche an Lebensfreude und Lebensgenuss. Unter den Demokraten entstand ein stillschweigender Konsens, sich von dem strengen Grundsatz der habituellen Gleichheit zu lösen, wie er sich in der ersten Hälfte des Jahrhunderts herausgebildet und dem sich Perikles noch verpflichtet gefühlt hatte, und Freiheit exzessiver zu verstehen – trotz des Peloponnesischen Krieges, aufgrund dessen man eigentlich eine stärkere Dominanz von Disziplin und Abstinenz erwarten würde. Doch solange Athen die See beherrschte, wurde das alltägliche Leben innerhalb der Stadtmauern durch den Krieg kaum beeinträchtigt. Und Krieg an sich war man in Athen gewohnt, kriegerische Aktivitäten verschiedenster Art waren beinahe der Normalzustand. Nur die Landbevölkerung litt unter den wiederholten Invasionen der Spartaner, die aber immer nur wenige Wochen dauerten. Die Besitzenden befreiten sich von der Konformität der Lebensform (dem *isodíaiton*) ihrer Vorfahren. Sparta war kein Vorbild mehr, wie in den Jahrzehnten nach 479 v. Chr. Erkennbar ist dieser Wechsel schon an dem neuen aufwendigeren Grabstelentypus, der gegen 430 v. Chr. aufkam.

Abb. 21: Grabmal des Dexileos, gefallen im Korinthischen Krieg 393 v. Chr. Auf dem Grabmal wird er aber als Sieger dargestellt. So gehörte es sich.

Abb. 22: Athenisches Grabrelief eines Ehepaares namens Thraseas und Euandria (Mitte 4. Jh. v. Chr.).

Abb. 23: Marmorlekythos (4. Jh. v. Chr.).

Hatte um 500 v. Chr. das Verschwinden der Monumentalgräber das Ende der reinen Adelsherrschaft angezeigt, so signalisierten die aufwendigen Privatgrabmäler, die jetzt in Mode kamen, ein wieder erwachtes Bedürfnis nach individueller Selbstdarstellung, das aber jetzt über den Kreis der Aristokraten hinausging und wenigstens die Vermögensklasse der Ritter mit einschloss.

Darüber hinaus finden sich zum ersten Mal Grabinschriften, in denen die Verstorbenen ihr glückliches Leben preisen, das sie mit Speise, Trank und Sex genossen hatten, und den Passanten auffordern, es ihnen gleich zu tun. Solche Botschaften an die Nachwelt werden sich bis in die römische Kaiserzeit fortsetzen. Im sinnenfreudigen sechsten Jahrhundert hatte es solche Inschriften noch nicht gegeben, dafür aber, wie erwähnt, drastische einschlägige Darstellungen in Vasenmalerei und Grabreliefs. Aus dem ersten Drittel des vierten Jahrhunderts stammt die Grabinschrift eines hellenisierten lykischen Dynasten (im südlichen Kleinasien), der sein „süßes Leben" *(hedȳs bíos)* voller kulinarischer und erotischer Freuden mit seiner gerechten Herrschaft verbindet. Seiner Meinung nach schließen sich Genuss und *aretḗ* nicht aus. Viele Griechen dachten ebenso. Ein Anzeichen für den neuen Geschmack an Üppigkeit ist vielleicht auch der von der Archäologie so genannte „Reiche Stil", der zwischen ca. 430 und 370 v. Chr. dekorative Elemente in die geradlinige Klassik einfügte.

Athenische und ausländische Händler brachten mehr Luxusgüter in die Stadt als je zuvor. Es entstand auch ein Bedürfnis nach Exotischem. Vermögende Frauen entwickelten eine Vorliebe für buntbestickte ornamentverzierte orientalische Kleider sowie persische Schuhe und ließen sich nach orientalischer Art demonstrativ von Sklavinnen mit Sonnenschirmen, Fächern und Fliegenwedeln bedienen. Als exotisch wurden offenbar auch schwarze Luxussklaven empfunden.

Die immer prächtigeren öffentlichen Festivitäten, die mit einem Festmahl und der Verteilung kostbarer Fleischnahrung an alle verbunden waren, und andere Spenden der Reichen steigerten die Lebensqualität der Minderbemittelten. Angeblich hatte Athen doppelt so viele Feste wie andere Städte. Nie wieder in der Antike war der Lebensstandard des einfachen Bürgers so hoch wie zur Zeit der Demokratie des fünften Jahrhunderts. Die Musik bevorzugte sinnliche Klänge, die auf Massenwirksamkeit ausgerichtet waren. Den Vermögenden gab diese neue Bewegungsfreiheit Gelegenheit, mit finanzieller Großzügigkeit im Wettstreit um die Gunst von Wählern zu werben und damit die eigenen Interessen zu fördern. Reichtum war mehr denn je eine Voraussetzung für eine politische Karriere als Stratege. Und so wurden neben den Aristokraten auch reiche Gewerbetreibende zu Strategen gewählt. Auch sie nahmen aristokratische Tugenden für sich in Anspruch und bezeichneten sich beispielweise als *agathoí* oder *chrē̂stoí* (wörtlich die „Brauchbaren").

Beschleunigt wurde diese Entwicklung durch das Aussterben etlicher alter aristokratischer Familien. Doch auch die einfachen Athener ließen sich von Rednern in der Volksversammlung gern als Männer mit aristokratischen Eigenschaf-

Abb. 24: Spielerische Darstellung der Siegesgöttin Nike als Mädchen beim Befestigen einer ihrer Sandalen (Niketempel auf der Akropolis, zwischen 420 und 410 v. Chr.). Reicher Stil.

ten schmeicheln: denn sie waren ja nicht irgendwelche Griechen, sondern Herrscher über den Seebund. Andererseits spricht man von der Führungsschicht auch lediglich als den „Reichen", den „Mächtigen" und den „Wenigen Glücklichen", ohne aristokratische Wertattribute zu verwenden. Und Aristoteles definiert später Adel nur noch als „Reichtum und Trefflichkeit der Vorfahren". Galt in der Ethik der archaischen Epoche Reichtum lediglich als ein Mittel, um angeborene aristokratische Tugenden voll zur Geltung zu bringen, so wurde jetzt Reichtum wichtiger als Herkunft, zumal die nach wie vor gültigen aristokratischen Wertmaßstäbe gleichsam eine Demokratisierung erfahren hatten, beinahe so wie schon seit dem sechsten Jahrhundert in Sparta, wo sich jeder Vollbürger als Edler fühlen konnte. Aber ein gewisses Prestige verlieh eine adlige Herkunft noch immer.

Dieser Trend änderte den Stil der politischen Auseinandersetzung. Der rabiate Populist Kleon, ein vermögender Gerbereibesitzer, schürte in der Volksversammlung durch lautes Brüllen und heftiges Gestikulieren die Emotionen – ein krasser Gegensatz zu dem gemessenen Auftreten, das für Perikles typisch gewesen war –, verdankte seinen großen politischen Einfluss aber sicher auch dem Umstand, dass er in eine angesehene adlige Familie eingeheiratet hatte.

Sein Gegenspieler, der neureiche Nikias, der sein Vermögen aus den Silberbergwerken von Laureion mit angeblich 1000 Bergwerkssklaven bezog, verhielt sich seiner Natur entsprechend zurückhaltend, ja reserviert und erkaufte sich seine Stellung als Spitzenpolitiker mit öffentlicher und privater Freigebigkeit, stellte aber auch seinen privaten Luxus zur Schau. Seinen Schild soll er mit einem Gewebe aus Gold- und Silberfäden geschmückt haben. Wenn er als Chorege oder Gymnasiarch fungierte, legte er Wert darauf, sich von niemandem an prächtiger und geschmackvoller Ausstattung übertreffen zu lassen und gewann immer den ersten Preis.

Als bei der Aufführung seines Chores ein junger Sklave, der Dionysos darstellte, wegen seiner ungewöhnlichen Schönheit die Begeisterung der Zuschauer gewann, ließ Nikias ihn demonstrativ frei. Und als er einmal die Aufgabe übernommen hatte, den jährlichen Festzug zu Ehren Apollons nach Delos zu führen, inszenierte er ein noch nie dagewesenes prunkvolles Schauspiel. Auf der Akropolis und in verschiedenen anderen Tempeln stiftete er zahlreiche Weihgeschenke. Zeigte er sich in der Öffentlichkeit, war er stets von Bittstellern umringt. Mit solchen Gesten spektakulärer Großzügigkeit erntete er Bewunderung bei der Masse der Bürger, aber Neid bei seinen Konkurrenten aus der Führungsschicht.

Die Provokation von Neid war durchaus beabsichtigt, ja beinahe notwendig. Wer nicht beneidet wurde, galt nichts. Gegen die Neider schützte man sich mit Hilfe eines Netzwerkes von Freunden und Abhängigen, die man durch Freigebigkeit an sich band. Gleichzeitig legte Nikias bei allen seinen Amtshandlungen eine extreme Vorsicht an den Tag, um keine Angriffsflächen zu bieten, und versuchte nicht nur die Götter durch Frömmigkeit für sich zu gewinnen, sondern nahm auch Zuflucht zu Aberglauben und Wahrsagerei. Seine Vorsicht brachte ihm allerdings auch einmal eine Blamage ein, als er einen Frontalangriff gegen die auf der Insel Sphakteria eingeschlossenen Spartaner als zu riskant ablehnte und sich bereiterklärte, sein Strategenamt an Kleon abzutreten, der sich für dieses kühne Unternehmen stark machte. Als es Kleon wider Erwarten gelang, die Spartaner zur Kapitulation zu zwingen, wurde Nikias als ängstlicher Bedenkenträger verspottet. Aber nachdem Kleon bei Amphipolis gefallen war, ging die Führung der athenischen Politik eine Zeitlang auf ihn über, und er nutzte sie, um den nach ihm benannten Frieden in die Wege zu leiten. Er strebte nicht nach mehr Reichtum durch Krieg.

Anders Alkibiades, der Neffe des Perikles. Er war der exzentrischste Exponent der neuen Lebensart und verkörperte von allen Politikern die *pleonexía* Athens am unverschämtesten. Dieser langhaarige Schönling, durch und durch Aristokrat, Salonlöwe, Playboy, skrupelloser Politiker und talentierter Seestratege, war jahrelang Abgott der Massen und ergötzte sie mit seinen Extravaganzen. Sein Vater war 447 v. Chr. in der Schlacht mit den Boiotern bei Koroneia gefallen. Alkibiades nahm zu Beginn des Peloponnesischen Krieges an den Kämpfen um Poteidaia (432 v. Chr.) teil, entging angeblich dem Schicksal seines Vaters nur knapp und erwarb sich eine Auszeichnung.

Aufgrund seiner vornehmen Herkunft von Jugend an umworben, lebte er ganz nach seinen Launen, stellte nach ausgiebigen Symposien zusammen mit anderen jungen Aristokraten in den Straßen Athens allerlei Schabernack an und nahm sich auch gegenüber hochgestellten Personen Frechheiten heraus. Ein großer Redner war er nicht. Bei seinen Ansprachen in der Volksversammlung geriet er oft ins Stocken, weil ihm der treffende Ausdruck nicht auf Anhieb einfiel. Doch die Volksmenge war so sehr von seiner äußeren Erscheinung eingenommen, dass sie noch in seinem Lispeln, das Aristophanes in einer Komödie persiflieren ließ, einen besonderen Charme (*cháris*) zu erkennen meinte. Auf seinem goldgeschmückten Schild prunkte als Wappen ein Erōs mit Donnerkeil. In der Öffentlichkeit zeigte er sich gelegentlich in einem langen Purpurgewand und er kreierte einen neuen Schuh, der nach ihm benannt wurde.

Mit den Choregien, die er veranstaltete, übertraf er die meisten Konkurrenten. Seine Pferdezucht verschlang Unsummen. Bei den Olympischen Spielen schickte er sieben Gespanne ins Rennen, angeblich, um zu demonstrieren, dass Athen trotz des Krieges noch immer über genügend Reserven verfüge. Nach einem olympischen Sieg stiftete er Athen zwei kostbare Gemälde. Und bei der Rückkehr aus einer siegreichen Seeschlacht gegen die Spartaner fuhr er auf einer Trireme mit Purpursegeln in den Piräus ein. Zur Finanzierung seines Luxus ließ er sich auch gern bestechen.

Als seine Gattin Hipparete, die ihm eine große Mitgift eingebracht hatte, sich wegen seiner ständigen Liebesabenteuer scheiden lassen wollte, führte er sie mit Gewalt in sein Haus zurück, ohne dass ihn jemand daran hinderte. Wer wollte schon mit Aussicht auf Erfolg einen Prozess gegen ihn anstrengen? Seine übermütige Missachtung von Sitte und Gesetz hatte etwas Tyrannisches. Man könnte von einer Rückkehr zur aristokratischen „Spaßkultur" des sechsten Jahrhunderts sprechen, sogar auf viel breiterer Basis. Denn in der Demokratie sollten alle Bürger Spaß haben. Begünstigt wurde diese Entwicklung von dem großen politischen Gewicht, das die ärmeren Athener in den Volksversammlungen hatten. Sie waren es, die von der luxuriöseren Ausstattung der öffentlichen Feste am meisten profitierten.

Bezeichnend für diese Phase der athenischen Demokratie war auch das faktische Ende des Scherbengerichts *(ostrakismós)*, das in der ersten Hälfte des fünften Jahrhunderts dazu gedient hatte, Politiker aus der Stadt zu entfernen, die die Eintracht der Bürgerschaft gefährdeten. Als Hyperbolos, ein neureicher Lampenfabrikant und als Spitzenpolitiker Nachfolger des Kleon, in der Volksversammlung einen Ostrakismos beschließen ließ, um sich eines seiner beiden Widersacher, Nikias oder Alkibiades, zu entledigen, vereinigten beide, obwohl sie politische Gegner waren, in einer geheimen Absprache ihre Anhänger zu einem Block. Der Coup gelang. Zu seiner Überraschung sah sich Hyperbolos selbst ostrakisiert und musste (417 oder 416 v. Chr.) unter dem Spott der Komödie Athen verlassen. In der Folgezeit wurde das Scherbengericht zwar nicht abgeschafft, verlor jedoch jegliche Bedeutung. (Hyperbolos ging ins Exil nach Samos und wurde dort 411 v. Chr. bei dem vorübergehenden oligarchischen Umsturz ermordet.)

Die schleichende Tendenz zur moralischen Indifferenz, zur Abkehr von den Werten der familiären Erziehung bei vielen Gebildeten, die den Erfolg der Sophisten möglich gemacht hatte, war auch der Nährboden für die Bewunderung, die der Rhetor Gorgias (ca. 480–380 v. Chr.) aus dem sizilianischen Leontinoi erntete. Seine Vaterstadt schickte ihn 427 v. Chr. mit der Bitte um militärische Unterstützung gegen Syrakus in diplomatischer Mission nach Athen. Er brachte die Rhetorik, die auf Sizilien nach dem Ende der großen Tyrannen als Gerichtsrhetorik entstanden war, nach Athen. Diese Rhetorik war keinem ethischen Ziel, keiner *aretḗ* mehr verpflichtet, sondern nur noch der Ästhetik. Es ging nicht mehr darum, mit Argumenten zu überzeugen, sondern, wie er es formulierte, die Seelen der Zuhörer mit der Kraft der raffiniert konstruierten Rede zu lenken. Dementsprechend verstand sich Gorgias, was seine Lehrtätigkeit betraf, nicht, wie die Sophisten, als Erzieher, sondern als reiner Rhetoriklehrer, der Spitzenhonorare verlangen konnte. Mit dieser Rhetorik erreichte die psychologische Kraft des bloßen Wortes, wie sie bis dahin vor allem im griechischen Epos und in der Tragödie entwickelt worden war, ihren Höhepunkt. Zur Steigerung seines äußeren Eindrucks trat er in Athen wie in Olympia gern im Purpurgewand auf. Doch er war kein Zyniker. Als echter Panhellene sprach der sich gegen Kriege von Griechen gegen Griechen aus, also auch gegen den Peloponnesischen Krieg – freilich vergeblich. In dieser Hinsicht kam selbst die beste Rhetorik an ihre Grenzen.

Ständige Provokateure waren in dieser Atmosphäre die Lakonisten, die sich in der Öffentlichkeit mit betonter Ungepflegtheit, langen Haaren und Knotenstöcken in den Händen in Szene setzten, fasteten und sich selten wuschen. Sie wurden teils verspottet, teils als Sympathisanten Spartas beargwöhnt, aber geduldet.

Aber es gab auch noch wortmächtige Gegenstimmen, die die Werte der „guten Ordnung und Gleichartigkeit" weiterhin hochhielten. Ein besonders konservativer Vertreter war Sophokles (497/496–406/405 v. Chr.). Er, der zusammen mit Aischylos und Euripides zum Dreigestirn der bedeutendsten griechischen Tragiker gehört, konnte auf keine edlen Vorfahren zurückblicken, sondern war Sohn eines reichen Waffenfabrikanten. Dennoch bemühte er sich, wie viele Neureiche, aristokratischen Maßstäben gerecht zu werden – und zwar mit großem Erfolg. Schon von Jugend an war er ein Liebling der Götter, die ihn zeitlebens mit ihrem Neid verschonten. Als Jugendlicher gewann er Preise bei gymnischen und musischen Agonen, wurde zum Vorsänger beim Siegespaian nach der Schlacht bei Salamis ausgewählt und entzückte das Publikum mit seiner ungewöhnlichen Schönheit. Als Dichter gewann er 468 v. Chr. sogar den Wettstreit mit Aischylos. Anders als Aischylos und Euripides hat er Athen nie verlassen, sondern politische Aufgaben und Ämter übernommen, war 443/442 v. Chr. einer der Schatzmeister des Seebundes (Hellenotamias), was seine Zugehörigkeit zur obersten Vermögensklasse beweist, und 441/439 v. Chr. als Stratege und Kollege des Perikles an der Niederwerfung der erwähnten Rebellion von Samos beteiligt. Mit besonderer Sorgfalt widmete er sich kultischen Angelegenheiten und glaubte auch an die wahrsagerische Kraft von Träumen. Die Athener liebten ihn. Dennoch blieb ihm am Ende seines langen Lebens ein echt griechischer Vater-Sohn-Konflikt nicht erspart, als er sich vor Gericht gegen den Versuch seines Sohnes Iophon wehren musste, ihn aus Altersgründen zu entmündigen.

Was dieser Günstling der Götter und Menschen seine Athener zu lehren hatte, war jedoch alles andere als gefällig, sondern vielmehr eine sehr bittere Lektion, die zu seinem eigenen Leben in einem markanten Gegensatz stand. In geradezu extremer Weise stellte er die urgriechische Frage nach dem Schicksal wieder in den Vordergrund, auf die die Sophisten keine Antwort hatten, und forderte die bedingungslose Unterwerfung unter den Willen der Götter, wobei die Götter teils von außen auf den Menschen einwirken, teils im Menschen selbst als göttliche Kräfte ihre Wirkung entfalten. Oberster Grundsatz: Der Mensch hat das von den Göttern verhängte Schicksal zu akzeptieren, weil er seinen Sinn nicht zu durchschauen vermag. Das Leid und das Sterben sind ebenso wie die Freude Teil des Göttlichen. Freude und Leid drehen sich im Kreis wie die Gestirne. Deshalb braucht der Mensch nicht zu verzweifeln und soll nicht die Götter wegen ihrer Mitleidlosigkeit anklagen, sondern er hat das Leid mit Würde zu ertragen. Die Götter sind immer gerecht, gleichgültig, ob sie Freude oder Leid schicken. Trotzdem ist der Mensch von seinem Wesen her alles andere als hilflos. Die rastlose Aktivität, mit der er sich die Erde untertan macht, alles zu beherrschen und seinen Bedürfnissen zu unterwerfen versucht und dabei stets seine Kenntnisse erweitert, hat etwas Großartiges, aber zugleich auch Schreckliches. Nur gegenüber den Göttern versagt seine Macht. Gegenüber dem Schicksal ist er ohnmächtig. Jeden Tag kann ihn ein solches Unglück treffen, dass er den Tod als willkommene Erlösung empfindet. Das einzige Mittel, das ihm bleibt, ist, niemals die Gebote der Götter zu übertreten. Aber auch das ist keine Garantie. Sophokles ist in dieser Hinsicht radikaler als Aischylos. Selbst die besten Absichten können sich ins Gegenteil verkehren und zum Verhängnis werden. So oder so muss man den

Göttern gehorchen. Letztendlich ist der einzige Schutz gegen das Leiden ein nicht zu langes Leben.

> Wer ein längeres Leben wünscht
> Über mäßiges Maß hinaus,
> Torheit heget nur dessen Herz.
> Sicher ist dieses und überdeutlich.
> Es bringt vieles die lange Zeit,
> Was dem Leide doch näher ist.
> Lust, die findest du nimmermehr,
> Wenn einer mehr als billig lebt.
> Einziger Helfer er, der allem gleiches Ende
> Gibt, der Hades. Ohne Brautlied,
> Sanglos, klanglos tut er auf sich.
> Tod, das ist das Ende.
> Nicht geboren zu sein, das geht
> Über alles; doch lebst du schon –
> Dorthin wieder, woher du kamst,
> Schleunigst zu eilen, das nächste Beste.
> Denn schwand Jugend erst einmal hin
> Mit der Torheiten leichter Last,
> Wer bleibt denn fürder von Leiden frei,
> Wohnt nicht ständig in Mühen drin?
> Und Neid und Unruh, Zwist und Kampf,
> Mord und Tod, das böse Alter schließlich noch,
> Kraftlos, ungesellig, freudlos,
> Hausen doch mit ihm zusammen,
> Aller Übel Übel (Oidipus auf Kolonos 1211–1239).[82]

Im „Aias" (ca. 455–450 v. Chr.) macht er die Überheblichkeit eines Adligen zum Thema. Aias, den wir als Gegner Hektors im Kampf vor Troja schon kennengelernt haben, fühlt sich so stark und mächtig, dass er die Hilfe der Götter nicht nötig zu haben meint. Als nach dem Tod Achills dessen Waffen, auf die er Anspruch zu haben glaubt, nicht ihm, sondern Odysseus zugesprochen werden, ist er in seiner Ehre so gekränkt, dass er regelrecht ausrastet und die griechischen Heerführer ermorden will. Doch die Göttin Athene schlägt ihn mit Wahnsinn, so dass er statt der Heerführer eine Rinderherde abschlachtet. Als er aus seiner blinden Wut wieder zu sich kommt und seine Schande erkennt, begeht er Selbstmord, indem er sich in sein Schwert stürzt. Odysseus bekennt, dass er weniger Hass auf Aias fühlt als vielmehr Mitleid mit ihm hat, weil er weiß, dass es ihm jederzeit ebenso ergehen kann, was die Göttin Athene bekräftigt:

> Erkennst du dies, so rede nie ein Wort
> Des Übermutes gegen Göttermacht
> Und blase dich nicht auf, wenn andre du
> An Reichtum übertriffst und Armes Kraft.
> Es hebt der Tag, es stürzt der Tag zu Boden
> All Menschenwerk. Und nur dem Mann von Maß
> Sind hold die Götter, Schlechte hassen sie (Aias 127–133).[83]

In anderem Zusammenhang tadelt er die den Göttern verhasste Prahlsucht, eine wohlbekannte Schwäche griechischer Helden. Gleichzeitig richtet er eine Ermahnung an die Menge der Durchschnittsbürger, die sich nur allzu gern über Männer aus der Führungsschicht aufregen und üblen Gerüchten Glauben schenken:

> Denn wer die Großen zum Ziele sich nimmt,
> Der wirft nicht fehl. [...]
> Denn nur den Gewaltigen naht sich der Neid,
> Und die Kleinen sind doch, von den Großen getrennt,
> Ein gebrechlicher Schutz für die Mauer der Stadt.
> Mit den Großen vereint, ist der Kleine was wert,
> Und der Große wird auch von den Kleinen gestützt.
> Doch unmöglich ist's, das verblendete Volk
> Die Erkenntnis dessen zu lehren (Aias 154–171).[84]

Und er schreibt ihnen ins Stammbuch:

> Der ist ein schlechter Mann, der als Gemeiner
> Nicht nötig hat, den Führern zu gehorchen.
> Denn der Gesetze Zwang wird nicht ertragen,
> Wo nicht die Scheu als strenger Wächter steht;
> Noch ist ein Kriegsheer je in Zucht zu halten,
> Wofern der Damm der Furcht und Scham nicht hält (Aias 1071–1076).[85]

Das heißt: Auch in der Demokratie sollte der gemeine Mann den Politikern und Befehlshabern aus der führenden Schicht Respekt entgegenbringen. Doch gab es hier mehr als nur einen Thersites. Von Perikles ist überliefert, dass er sich einmal von einem unverschämten Mann einen ganzen Tag lang in der Öffentlichkeit aufs Gemeinste beschimpfen ließ und dabei in aller Ruhe seine Aufgaben erledigte. Selbst als der Mann ihn am Abend bis zu seinem Haus verfolgt hatte, wies er einen Diener an, ihn mit einer Laterne nach Hause zu bringen. Aber: Das „Volk" mochte einzelne Politiker beschimpfen, ins Exil schicken oder gar zum Tode verurteilen – es erhob sich jedoch nie gegen die Führungsschicht insgesamt und stellte nie ihre aristokratischen Werte in Frage. Doch im gleichen Atemzug, in dem er militärische Disziplin anmahnt, verdammt Sophokles grundsätzlich den Krieg:

> Wär er verweht hoch in der Luft
> Oder versenkt tief in den Schlund des Hades,
> Jener Mann, der Hellas gelehrt des allgemeinen
> Waffenkriegs grausamen Sturm!
> O Mühn, ihr Väter nur neuer Mühn!
> O Krieg, der zerstört die Menschenwelt! (Aias 1192–1198)[86]

Diese Worte dürften der gedrückten Stimmung der Athener gegen Ende der ersten militärischen Expansionsphase der Demokratie entsprochen haben, als sie nach schweren Verlusten einsehen mussten, dass ihre ehrgeizigen Feldzüge gegen das Perserreich (460–454 v. Chr.) ein Fehlschlag gewesen waren.

In der Tragödie „Antigone“ (ca. 442 v. Chr.) geht es um den Zwiespalt zwischen staatlichem und göttlichem Recht. Ausgangspunkt ist der Machtkampf in Theben zwischen den Söhnen des Oidipus, Eteokles und Polyneikes. Unfähig, die Herrschaft, wie eigentlich vorgesehen, gemeinsam auszuüben, zerstreiten sie sich. Eteokles jagt seinen Bruder davon. Der verbündet sich mit auswärtigen Mächten und zieht gegen seine Vaterstadt zu Felde. Im Kampf vor der Stadt töten sich die Brüder gegenseitig.

Das Thema ist durchaus der politischen Realität entnommen, man denke beispielsweise an den Tyrannen Polykrates von Samos, der einen seiner Brüder umbrachte, den anderen zur Flucht ins Perserreich trieb, und schließlich – vielleicht auf Anstiften seines Bruders – von den Persern beseitigt wurde. Kein Einzelfall in der griechischen Geschichte!

Die Herrschaft über die Stadt fällt nun an Kreon, den Onkel der beiden. Er ehrt Eteokles mit einem Staatsbegräbnis. Gleichzeitig verbietet er, den Verräter Polyneikes bestatten zu lassen. Vom politischen Standpunkt aus hat er Recht. Aber es gibt noch das göttliche Gebot, das die Bestattung eines jeden Toten fordert, damit er in den Hades eingehen kann. Dieses Gebot vertritt Antigone, eine der beiden Schwestern der Getöteten, und stellt sich damit gegen den Befehl Kreons, während ihre Schwester Ismene dem Befehl Kreons gehorcht und die Götter dafür um Verzeihung bitten will. Somit kommt Antigone, einem jungen Mädchen, eine Schlüsselrolle zu, was kein Zufall ist. Denn die Frau, die von der Teilnahme am politischen Leben ausgeschlossen ist, ist umso mehr Hüterin der Familie. Antigone widersetzt sich dem Befehl Kreons, der sie daraufhin in eine Grabkammer einsperren lässt und dem Hungertod überantwortet.[87] Kreon wird wenig später aber auch von dem blinden Seher Teiresias aufgefordert, Polyneikes bestatten zu lassen. Er weigert sich zunächst und verdächtigt Teiresias, bestochen worden zu sein, während dieser ihm Machtgier vorwirft. Als jedoch die allgemeine Stimmung in Theben sich gegen Kreon wendet, gibt er nach. Doch zu spät. Er entgeht der Strafe der Götter nicht: Antigone hat sich in ihrem Gefängnis schon erhängt, sein Sohn Haimon, der mit Antigone verlobt war und sie wirklich liebte, begeht Selbstmord, und daraufhin auch Kreons Gattin Eurydike.

Am Ende preist Sophokles die Einsicht, die darin besteht, nie den Götterwillen zu missachten, eine Weisheit, die manchem, der sich mit großen Sprüchen brüstete, erst nach schweren Schicksalsschlägen im Alter zuteilwerde. Die demokratische Kritik am Autokratentum Kreons ist ein zusätzliches Argument. Aber letztendlich hat alles so kommen müssen, da über der Familie des Oidipus ein Fluch liegt, über den gleich zu sprechen sein wird.

Jean Anouilh hat mit seinem Gespür für den Zynismus der Realität aus der „Antigone“ des Sophokles einen säkularen Konflikt zwischen Staatsräson und individuellem Gewissen gemacht, wobei die Staatsräson die Oberhand behält, weil sie eine unvermeidliche Folge des Älterwerdens sei. Mit zunehmendem Alter müsse sich jeder der „Vernunft“ der Sachzwänge beugen. Sogar Anouilhs Antigone weiß das und will gerade deshalb jung sterben. Anders als der Kreon des

Sophokles hat Anouilhs Kreon Recht. Da das Stück 1942 geschrieben wurde, kam der Verdacht auf, dass sich hinter dem Kreon Anouilhs General Pétain und hinter Antigone die beginnende Résistance verberge, deren Erfolgsaussichten Anouilh gering eingeschätzt habe. Doch in den 1950er Jahren, nach den Erfahrungen des Dritten Reiches, verstanden viele junge Leute in Deutschland Anouilhs Stück durchaus moralistisch, nämlich als Frage, ob individueller Widerstand gegen ein Unrechtsregime auch dann sinnvoll ist, wenn keine Aussicht auf Erfolg besteht. Anouilh hat sich dazu nie geäußert.

Die Ohnmacht des Menschen gegenüber dem Schicksal hat Sophokles besonders erschütternd am Beispiel des Oidipus dargestellt (429–425 v. Chr.) Es ist das Schicksal eines intelligenten und tapferen Mannes, der umsichtig versucht, den Fallstricken eines bösen Orakelspruchs zu entkommen. Er befreite Theben von der Bedrohung durch eine Sphinx, wurde daraufhin von der dankbaren Bürgerschaft zum König gemacht, heiratete die verwitwete Königin, deren Gatte, der König Laios, einem Mordanschlag zum Opfer gefallen war, und zeugte mit ihr zwei Söhne und zwei Töchter.

Doch eines Tages schickt Apollon eine Plage über die Stadt. Die Felder werden unfruchtbar, Menschen und Tiere von Krankheiten dahingerafft. Wie in solchen Fällen üblich, lässt der König das Orakel in Delphi befragen und erhält die Auskunft, dass er den ungesühnten Mord an seinem Vorgänger Laios aufklären und den Mörder bestrafen müsse. Oidipus leitet eifrig eine Untersuchung ein und wird zu seinem Schrecken mit seiner ihm unbewussten dunklen Vergangenheit konfrontiert. Er erfährt, dass dem König Laios prophezeit worden war, dass sein Sohn ihn töten werde (der griechische Vater-Sohn-Konflikt klingt hier wieder an). Folglich ließ er ihn aussetzen, um ihn sterben zu lassen. Doch wurde der Säugling nicht, wie befohlen, getötet, sondern an das kinderlose Königspaar in Korinth, Polybos und Merope, vermittelt (wie wir indessen wissen: ein häufiges Motiv in der griechischen Literatur). Im Erwachsenenalter von einem Orakel aufgeschreckt, dass er eines Tages seinen Vater umbringen und seine Mutter heiraten werde, verließ er seine Adoptiveltern in Korinth, die er für seine wirklichen Eltern hielt, und begab sich nach Theben. Doch unterwegs geriet er – wie viele griechische Helden von jähzornigen Kurzschlusshandlungen nicht frei – mit einem alten Mann in Streit und erschlug ihn. Angeblich handelte er in Notwehr. Jetzt, nach vielen erfolgreichen Jahren als König von Theben, erfährt er, dass der von ihm Getötete sein wirklicher Vater, König Laios gewesen war und dass er folglich in Theben seine Mutter geheiratet hatte. Der Orakelspruch hatte sich also erfüllt. Diese Nachricht ist unerträglich. Seine Ehefrau und Mutter, Iokaste, erhängt sich, Oidipus nimmt sich im Affekt mit ihren goldenen Kleiderspangen das Augenlicht und büßt als umherirrender blinder Bettler eine Schuld, von der er nichts gewusst hatte. Denn auch wenn der Mensch in seinem Wissen notwendigerweise beschränkt ist – sein Nichtwissen schützt nicht vor Strafe. Subjektiv zu Recht klagt Oidipus Apollon, den Herrn des delphischen Orakels, an.

Aber der Götterwille steht höher als menschliche Vorstellungen von Recht und Unrecht.

In seiner letzten Tragödie, „Oidipus auf Kolonos“, bringt Sophokles Oidipus mit Athen in Verbindung. Durch einen Orakelspruch Apollons hat Oidipus schon früher erfahren, dass er auf dem Kolonos-Hügel in Attika sterben wird. Dort gab es u. a. in einem Hain ein Heiligtum der Rachegöttinnen, der Erinnyen, die sich jedoch längst in die Göttinnen der Versöhnung, die Eumeniden, verwandelt hatten, wie es Aischylos in seiner gleichnamigen Tragödie schildert. Der Kolonos war einer der Demen (Gemeinden) Athens und der Geburtsort des Sophokles. Eigentlich hieß er *Híppeios Kolonós* (Pferdehügel) und war Stätte eines Tempels des Poseidon in seiner Eigenschaft als Rossezähmer *(Poseídon Híppeios)*, wie denn Poseidon seinen Triumphwagen auf dem Meeresgrund von Rossen mit goldenen Mähnen und bronzenen Hufen ziehen lässt. Sophokles nimmt den Bezug auf Poseidon zum Anlass, die – militärisch wenig bedeutende – Reiterei Athens gleichrangig neben die athenische Seemacht zu stellen, d. h. das aristokratische Element in der athenischen Demokratie hervorzuheben. Doch die eigentliche Schutzgottheit der Reiterei ist, wie er an anderer Stelle sagt, Athene, die Gegenspielerin des Meeresgottes und Erderschütterers.

Oidipus wird von seiner Tochter Antigone, die ihn auf seinem Bettlerleben stets begleitet hat, geführt, und Zeus gibt sich mit Erdbeben, Blitz und Donner als Wegweiser zu erkennen. Die Situation in Theben nach seinem Sturz als König wird hier etwas anders geschildert. Oidipus wurde in Wirklichkeit von Polyneikes, der als sein ältester Sohn das Königtum übernommen hatte, aus Theben vertrieben und seinem Schicksal überlassen. Viele Jahre später wurde aber ein neuer Orakelspruch aus Delphi bekannt, der Oidipus aus seiner Schuld, die er abgebüßt hatte, entließ und ihn sogar zum Segensspender für diejenigen machte, die ihn aufnehmen. Daraufhin versucht Kreon Oidipus zur Rückkehr nach Theben zu bewegen – wenn auch nur bis an die Stadtgrenze. Oidipus lehnt empört ab und verflucht auch Polyneikes, der – indessen von seinem Bruder Eteokles vertrieben – mit einem Heer aus Argos gegen seine Vaterstadt zieht. Das zukünftige Schicksal der beiden Brüder, die sich vor Theben gegenseitig töten werden, ist bekannt. Das Finale nimmt Sophokles zum Anlass, Theseus und Athen zu rühmen. Athen verehrt die Götter mehr als jede andere Stadt, ein Hort von Anstand und Ehrlichkeit. Deshalb gewährt sie auch Fremden in Not bereitwilliger Asyl als andere Städte. Die Beziehungen zwischen Menschen und ganzen Staaten sind stets wechselhaft und können sich aus kleinen Anlässen heraus jederzeit ins Gegenteil verkehren, einmal in Feindschaft, ein andermal wieder in Freundschaft. Aber Athen hat einen permanenten Schutz: Wenn Theseus sich an das Gebot der Götter hält und die genaue Stätte des Grabes des Oidipus nur seinem Nachfolger verrät, sonst aber vor der Öffentlichkeit geheim hält, dann wird daraus für Athen eine immerwährende Sicherheit vor allen Schilden und Speeren der Feinde erwachsen. Wie in den „Eumeniden“ des Aischylos wird die Tragik ins Positive verwandelt, wenn sie Athen betrifft. Andere mögen an der Tragik menschlichen Daseins zerbrechen – allein Athen steht auf festem Grund. So wünschte es das athenische Publikum. Vielleicht wollte Sophokles mit dieser Verkündung seiner Vaterstadt in ihrer bedrohlichen Lage während der Endphase des Peloponnesischen Krieges Zuversicht geben. Aber als das Stück postum 401 v. Chr. zur Aufführung kam, waren die totale Niederlage und der mörderische Bürgerkrieg über Athen schon hereingebrochen.

In der Komödie, der ebenfalls aus dem Dionysoskult geborenen Schwester der Tragödie, geht es nicht um das grundsätzliche Verhältnis zwischen Göttern und Menschen und seine Auswirkung auf die Politik, sondern ganz konkret um die Tagespolitik, auch um Kritik an bestimmten Schwächen des demokratischen Systems und um die Auseinandersetzung mit den neuen geistigen Strömungen. Ist das Thema der Tragödie das ausweglose grauenhafte Schicksal, das zu unsäglichem Schmerz und zum Tod führt, so erscheint Dionysos in der Komödie als Lebensspender, aber ebenso extrem: animalisch, voller überschäumender Vitalität und schamlos die Grenzen stadtbürgerlicher Gesittung überschreitend. Uralte Fruchtbarkeitsriten werden im Phalloskult beschworen und auch visuell dargestellt. Die sexuelle Lust bietet einen geradezu unerschöpflichen Stoff zur Erheiterung, dazu alle anderen Funktionen des Unterleibes in einem Fäkal- und Gossenjargon, der Aischrologie („schmutzigen Rede“). Denn auch darin steckt der Gott Dionysos. Die archaische Götterburleske mit ihren schlüpfrigen Liebesgeschichten wird ins Vulgäre gezogen. Lustig fand das Publikum auch die ständigen Drohungen der Akteure mit Faustschlägen, Peitschenhieben und Steinigung nicht nur gegenüber Sklaven, sondern auch unter Freien. Das vulgäre Vokabular spiegelt in komödiantischer Übertreibung den alltäglichen Umgangston wider, wie er in den Familien, auf der Straße, beim Feilschen auf dem Markt usw. sicher nicht selten war. Und wahrscheinlich haben auch Perikles, Sophokles und Thukydides auf ihren Kriegszügen ihre Mannen in ähnlich rüder Form angebrüllt. Aber auf die Bühne bringen konnte man das nur unter der Schutzherrschaft des Dionysos. Dabei gab es keinen Unterschied zwischen Männern und Frauen. In ihrer Auseinandersetzung mit einem Amtsträger und seinen skythischen Sklavenpolizisten stachelt die Lysistrata des Aristophanes ihre Mitstreiterinnen nicht sehr damenhaft an:

> Rauft, schlaget, stoßet, kratzt […]
> Schreit, schimpfet, flucht, schweinigelt, spuckt sie an (Lysistrata 459 f.)[88]

Kurz: Die Akteure konnten einmal richtig die Sau rauslassen. Dabei wurden auch die Götter nicht geschont. Sind die Götter bei Sophokles eine Quelle der Furcht, so werden sie in der Komödie nicht selten der Peinlichkeit und Lächerlichkeit preisgegeben. Offenbar glaubte man nicht, dass die Götter sich dadurch beleidigt fühlten. Die Götterburleske war kein Zeichen von Atheismus. Im Gegenteil – die fäkalischen Götter wurden noch menschlicher als sie ohnehin waren, und für das demokratische Publikum vielleicht sogar sympathischer. Man durfte über die Götter so viele Witze machen, wie man wollte, wenn nur der Vollzug der kultischen Riten und die Unversehrtheit der Kultstätten unberührt blieben. Sonst drohte schnell die Todesstrafe.

Aristophanes (ca. 445–380 v. Chr.) gilt für die Nachwelt als Hauptvertreter der sogenannten Alten Komödie (Archaia). Seinen Ruhm verdankte er seinem Einfallsreichtum, seiner meisterhaften Beherrschung sprachlicher Ausdrucksmittel in allen Tonlagen sowie seiner sprachschöpferischen Kraft. Er war ein überzeugter Demokrat, und seine Komödien geben die mentale Atmosphäre unter der Demokratie im Alltag wieder. Sie sind seit dem 19. Jahrhundert geradezu als genuiner Ausdruck demokratischer Redefreiheit und demokratischen Kraftgefühls aufgefasst worden. Aber man kann sie auch als Ausdruck demokratischen Übermuts und demokratischer Willkür ansehen, wie sie eben auch in Volksversammlungen immer wieder zutage traten. Sie fanden in der fäkalischen und sexuellen Derbheit ihren Niederschlag, die ein fester Bestandteil der Komödien waren. Man schrie hemmungslos alles heraus. Dennoch zieht sich durch seine Stücke ein deutliches Unbehagen am Zustand der Demokratie im ausgehenden fünften Jahrhundert, und so werden sie auch zu einem Gradmesser für den Wechsel demokratischer Befindlichkeiten. Nostalgisch beschwört Aristophanes die Geisteshaltung der Vorfahren zur Zeit der Perserkriege, ohne sich bewusst zu sein, dass er damit eine noch vordemokratische Epoche lobt. Hier beginnt bereits die verklärte Rückschau auf Marathon, Salamis und Plataiai, die sich im weiteren Verlauf der griechischen Geschichte immer mehr verfestigen sollte. Dass für ihn diese Zeit schon zur Demokratie gehört, zeigt auch seine Bevorzugung des Aischylos gegenüber Euripides.

Aischylos habe seine Zuschauer nicht erziehen wollen wie letzterer, sondern nur durch die Demonstration von Vorbildern sittlich auf sie eingewirkt. Aus dieser Sicht ist Aischylos ein demokratischer Dichter, Euripides dagegen nicht, denn die Demokratie lehnte, wie gesagt, öffentliche Erziehung ab. Dieser verschwommene Demokratiebegriff, den wir schon bei Herodot beobachtet haben, wird für die meisten griechischen Autoren typisch bleiben. Die klare Definition der athenischen Demokratie im Epitaphios des Perikles bei Thukydides ist eine Ausnahme. Die hauptsächlichen politischen Themen des Aristophanes sind die Trägheit und Habgier des athenischen Demos, wie sie in den Volksversammlungen zutage treten, die Verweichlichung der Athener, die sich lieber in öffentlichen Bädern vergnügen als sich in den Ringschulen (Palästren) zu ertüchtigen, die Defekte des Gerichtswesens, der Generationenkonflikt, für den er die Sophistik verantwortlich macht, die schlechte Behandlung der Städte des Seebundes durch Athen und der Peloponnesische Krieg, für dessen Beendigung er leidenschaftlich eintrat. Der Begriff „Freiheit" kommt bei ihm erstaunlicherweise kaum vor, auch wenn er einmal vom freien Volk der Athener spricht. Seine Lieblingsfiguren sind vermögende Bauern, die sich mindestens zwei Sklaven leisten können und gewissermaßen das Rückgrat jeder griechischen Polis bilden. Ärmere Bauern oder gar Handwerker kommen als Hauptdarsteller nicht in Frage.

Die Sklaverei ist etwas völlig Selbstverständliches und wird auch von den Sklaven akzeptiert, auch wenn sie großmäulig daherkommen, wie es sich in einer Komödie gehört.

In den „Babyloniern" (426 v. Chr.), die nicht erhalten sind, deren Inhalt wir jedoch aus anderen Quellen kennen, kritisiert er die harte Herrschaft Athens über den Seebund, indem er die Bündner als Sklaven auf die Bühne bringt, die für ihren Herrn, den Demos Athen, Handmühlen drehen müssen. Er spielt damit auf die von Athen immer weiter vorangetriebene administrative Vereinheitlichung des Seebundes an, die die Eigenstaatlichkeit der Bundesstädte unterminierte, auch wenn sie ihr eigenes Bürgerrecht behielten. Die Sondersteuer, die Athen für den Krieg erhob, dürfte diejenigen, die heimlich den Sieg Spartas herbeisehnten, besonders erbost haben. Deshalb, behauptet er an anderer Stelle, hätten die Bundesgenossen die Spartaner mit viel Gold bestochen, um sie für einen Krieg gegen Athen zu gewinnen.

Seine Argumentation gegen den Peloponnesischen Krieg entspringt keinem humanitären Ethos, sondern ist rein hedonistisch: Der Krieg beeinträchtigt den Lebensgenuss. Während die Mehrheit der Athener sich vom Krieg mehr Macht, mehr Ruhm und noch mehr Reichtum verspricht und bereit ist, dafür die Last des Krieges zu tragen, hält Aristophanes den vor dem Krieg vorhandenen Reichtum für völlig ausreichend, um ein glückliches Leben zu führen. Sein Sprachrohr in den 425 v. Chr. aufgeführten „Acharnern" (den Bewohnern des Dorfes Acharnai) ist der Bauer Dikaiopolis, ein Vertreter, wie der Name schon sagt, der gerechten Stadt. Er entschließt sich, weil der Krieg nicht aufhören will, seinen privaten Frieden mit Sparta zu schließen, weshalb er von den acharnischen Köhlern, deren Dorf von den Spartanern verwüstet worden war und die deshalb auf Rache an Sparta brennen, beinahe gesteinigt wird. Den Kriegsanlass, den von Perikles herbeigeführten Volksbeschluss gegen das kleine Megara, persifliert Aristophanes unter Verwendung des wohlbekannten Frauenraubmotivs: Einige junge Athener hätten in Megara eine Hure geraubt, woraufhin die Megarer sich durch den Raub von zwei Huren der Aspasia, der Lebensgefährtin des Perikles, gerächt hätten. Soll man wegen dieser läppischen Affäre weiter Krieg führen? Nein, man muss das Friedensangebot, das Sparta gemacht hat, annehmen.

Sein Erzfeind war Kleon, der Führer der Kriegs-„Partei". Schon in den „Babyloniern" hatte er ihn so heftig angegriffen, dass dieser ihn vor dem Rat der Fünfhundert anklagte, das athenische Volk beleidigt zu haben. Vergeblich: Die freie Rede war für die Demokratie ein so hohes Gut, dass sie selbst Verunglimpfungen durchgehen ließ. Und Aristophanes setzte seine Angriffe auf Kleon und zum Teil auch auf den Demos in den „Acharnern" und den „Rittern" (423 v. Chr.) ungerührt fort. Zur Feier seines privaten Friedens veranstaltet Dikaiopolis eine kleine Familienprozession zu Ehren des Dionysos: Seine Tochter geht mit einem Körbchen auf dem Kopf voran, ihr folgt der Haussklave, der einen aufgerichteten Phallos trägt, und hinterdrein marschiert Dikaiopolis, das Phalloslied singend:

> O Phales [sexuelle Gottheit, deren Symbol der Phallos war], Bakchos' Spießgesell,
> Lustschwärmer du, Nachtschwärmer du.
> Du Weiber- und Knabenjäger,
> Im sechsten Jahr [des Krieges] nun grüß ich dich,
> In Freuden heim aufs Land gekehrt,
> In Frieden, den ich mir selbst beschert,
> Von Schlachten frei und Ungemach,
> Von Händelmachern und Lamachern! [Anspielung auf den Strategen und Kriegsbefürworter Lamachos] (Acharner 265–270)[89]

Die „Acharner" enden mit einer kontrastreichen Darstellung der Freuden des Friedens und des Elends des Krieges. Während Dikaiopolis eine Einladung zum Festmahl des Dionysospriesters erhält, wo er auf Polsterkissen und Teppichen lagernd, bekränzt und parfümiert in der Gesellschaft von Freudenmädchen und schönen Tänzerinnen zahlreiche Leckerbissen genießen kann, wird Lamachos zu den Waffen gerufen, um in Winterskälte einen Angriff der Boioter abzuwehren, und kehrt trotz erfolgreicher Verteidigung als jammernder Schwerverwundeter mit zerbeulter Rüstung unter dem Spott des Dikaiopolis zurück. (Später, während der großen athenischen Invasion auf Sizilien, wird Lamachos auf dem Schlachtfeld sterben.)

Aristophanes errang für die „Acharner" zwar den ersten Preis an den Lenäen, aber politischen Erfolg hatte er nicht. Die Mehrheit der Bürger in der Volksversammlung folgte Kleon und stimmte weiterhin für die Fortsetzung des Krieges. Aristophanes ließ sich davon nicht entmutigen, sondern richtete in seiner folgenden Komödie, den „Rittern" (424 v. Chr.), die Angriffe direkt gegen diese Mehrheit, die er wieder als Herrn Demos personifiziert. Dieser Herr Demos ist schon reichlich in die Jahre gekommen, ein alter Trottel, ein bisschen taub, aber immer noch leicht erregbar und vor allem habgierig. Seine Altersschwäche nutzt sein kürzlich erworbener Sklave aus Paphlagonien (Landschaft im nördlichen Kleinasien) aus, indem er sich bei ihm einschmeichelt und ihn mit immer neuen leckeren Speisen ködert, während er gleichzeitig seine beiden Mitsklaven, die diese Speisen zubereitet haben, bestiehlt und sie mit Prügel unter seiner Fuchtel hält. Das Publikum weiß Bescheid: Der Paphlagonier ist Kleon, seine bedauernswerten Mitsklaven sind Demosthenes, der im Jahr zuvor als Stratege mit seiner Landung in Pylos die Spartaner in Schrecken versetzt hatte, und Nikias. Kleon – so will es Aristophanes seinem Publikum einreden – habe den militärischen Sieg über die spartanische Truppe auf der Insel Sphakteria, für den er in Athen mit höchsten Ehren ausgezeichnet wurde, in Wirklichkeit seinem Mit-Strategen Demosthenes gestohlen. Aber die Athener wissen sehr wohl, dass diese Version nicht ganz stimmt. Denn der Sieg über die auf der Insel eingeschlossenen Spartaner war doch letztendlich der Initiative Kleons zu verdanken, auch wenn Demosthenes bei der Durchführung an Ort und Stelle das Heft in der Hand hatte.

Gegen diesen Herrn Demos und seinen tückischen Lieblingssklaven, den Paphlagonier, holt Aristophanes sich als starke Verbündete die Ritter ins Boot, denn die Bauern vom Schlag eines Dikaiopolis reichen nicht aus. Eigentlich sind die Ritter, die den beiden obersten Vermögensklassen angehören, den Kriegsdienst zu Pferd ableisten und sich mit ihrer langen Haartracht bewusst vom kurzhaarigen restlichen Demos abheben, nicht unbedingt seine Favoriten. Aber da auch ihre Landgüter von den Spartanern verwüstet werden und hohe Sonderabgaben für den Krieg auf ihnen lasten, plädierten viele – sicher nicht alle – von ihnen für den Frieden. Und vor allem: Etliche von ihnen hatten genügend Selbstbewusstsein, um in der Volksversammlung als Redner aufzutreten, was für Bauern wie Dikaiopolis kaum in Frage kam. Nicht zuletzt deshalb geriert sich Kleon als Wortführer der zwar nicht schweigenden, aber auch nicht redenden „kleinen Leute", die sich lediglich mit zustimmendem oder ablehnendem Geschrei äußern. Glanzvoll erschienen die Ritter eigentlich nur bei ihrer Parade an den Panathenäen, wie auf dem Parthenonfries dargestellt. Dagegen war ihre militärische Bedeutung neben der Flotte und den Hopliten marginal. Und selbst im Reiterkampf waren sie der thebanischen und thessalischen Reiterei unterlegen. Aber ihr Sozialprestige wurde davon nicht beeinträchtigt. Kleon sah in ihnen seine Gegner. Also umschmeichelt Aristophanes sie und streicht ihre militärische Rolle bei den häufigen Überfällen der Athener von See her mächtig heraus, bei denen sie seit 430 v. Chr. – auf speziellen Transportschiffen herangeführt – mitwirkten. Poseidon wird auch in dieser Hinsicht als König der Ritter, nicht nur als Rossezähmer dargestellt.

Aber selbst die Ritter können Kleon allein nicht zu Fall bringen. Übersinnliches muss her in der Form eines Orakels, das die beiden Mitsklaven dem schlafenden Paphlagonier entwenden. Daraus erkennen sie, dass sie einen Mann aus dem Pöbel, einen Blutwursthändler, finden werden, der ebenso lautstark und gerissen ist wie Kleon und den sie mit Unterstützung der Ritter als seinen Gegner aufbauen. Und damit kommt es zum Höhepunkt des Stückes: Die beiden Demagogen überbieten sich mit Orakelzitaten und Versprechungen an das Volk und überbrüllen einander mit Beschimpfungen, bis Kleon sich geschlagen geben muss. Bei diesem Anlass werden die Orakelsprüche natürlich gründlich durch den Kakao gezogen. Zum Schluss geschieht ein Wunder: Der Blutwursthändler entpuppt sich als Wohltäter. Er kocht den alten Demos jung und schön, bis er wieder derselbe wie zur Zeit der Perserkriege ist und auf keine Demagogen mehr hereinfällt. Die Wirklichkeit sah anders aus: Kleon blieb weiterhin der führende Politiker und der Krieg ging weiter.

Erst nachdem Kleon und Brasidas 422 v. Chr. gefallen waren und Sparta, wie erwähnt, ein Friedensangebot unterbreitete, eröffnete sich eine realistische Aussicht auf die Beendigung des Krieges. In diese Phase fällt die Komödie „Der Frieden", mit der Aristophanes die Friedens-„Partei" unter Führung des Nikias unterstützte und die 421 v. Chr., im Jahr des Nikiasfriedens, zur Aufführung kam. Als aischrologisches Vehikel wählt er sich einen Mistkäfer, was ihm die Möglichkeit bietet, das Stück mit einer dionysisch-fäkalischen Orgie von Tierkot, Jauche und Gestank zu beginnen.

Der Friedensprotagonist ist, wie in den „Acharnern", wieder ein Bauer, Trygaios mit Namen. Er fliegt auf dem Mistkäfer zur himmlischen Behausung der Götter auf den Olymp – eine Parodie auf den geflügelten Pegasos des Euripides –, um Zeus zu fragen, was er mit den Griechen vorhat. Notfalls will er ihn verklagen, weil er die Griechen an die Meder verraten habe. Aber zu seinem Erstaunen muss er feststellen, dass die Götter aus Gram über das Verhalten der kriegslüsternen Menschen, die die göttlichen Friedensangebote nicht annahmen, ihre Behausung verlassen und sie dem Dämon des Krieges überlassen haben. Dieser hat die Friedensgöttin in eine tiefe Schlucht gestürzt und sie dort unter Steingeröll verbarrikadiert. Da der Dämon durch den Tod seiner beiden Gehilfen – gemeint sind Kleon und Brasidas – gerade geschwächt ist, bietet sich für die Griechen, wenn sie schnell handeln, die Chance, mit vereinten Kräften die Friedensgöttin aus der Tiefe emporzuziehen. Mit Hilfe des Hermes packen unter dem Kommando des Trygaios die athenischen Bauern, die Spartaner und selbst die wegen des perikleischen Handelsboykotts halbverhungerten Megarer zusammen an und ziehen die Friedensgöttin in der Gestalt einer gewaltigen Statue auf die Bühne. Der Frieden macht Ackerbau und Handel wieder möglich und bringt Reichtum und Wohlleben für alle Griechen – ein Grund, auch die Bundesgenossen milde zu behandeln. Für die ausgelassenen Feste, die jetzt fällig sind, sorgen zwei Jungfrauen an der Seite der Friedensgöttin: Opora, die Weinlese, und Theoria, die Festfreude. Die Theoria wird zur Feier eines großen öffentlichen Festes den Prytanen übergeben, mit der Jungfrau Weinlese aber feiert der Weinbauer Trygaios Hochzeit. Anscheinend hat das Stück trotz des Friedensschlusses nicht alle Athener überzeugt: denn Aristophanes erhielt nur den zweiten Preis.

Der Frieden, der 50 Jahre dauern sollte, war, wie sich schnell herausstellte, nur unter Schwierigkeiten zu verwirklichen. Sparta erlitt einen erheblichen Verlust an Glaubwürdigkeit, weil es Städte an Athen zurückgeben musste, denen es die Freiheit versprochen hatte. Außerdem verletzte der Friedensschluss die Interessen anderer Städte so sehr, dass es statt zu einem allgemeinen Frieden zu einem blutigen Intermezzo kam. Korinth, Megara, Elis und Boiotien traten dem Abkommen nicht bei. Die Fronten schienen sich umzukehren: Korinth traf ein Abkommen mit Spartas Erzfeind Argos, dessen 30-jähriger Frieden mit Sparta auslief und das jetzt eine Gelegenheit sah, die Hegemonie über die Peloponnes anzustreben, und Sparta schloss ein Defensivbündnis mit Athen. Gerade dieses Bündnis löste bei vielen Städten der Peloponnes große Besorgnis aus. Wollten jetzt die beiden Großmächte gemeinsam über ganz Griechenland herrschen? Es kam zum offenen Krieg zwischen Argos und Sparta, wobei Argos von 1000 freiwilligen Athenern unter Führung des Alkibiades, des Führers der Kriegs-„Partei", unterstützt wurde. Die Schlacht bei Mantineia (418 v. Chr.) war gewaltiger als alle Gefechte des vorausgegangenen Peloponnesischen Krieges und ein glänzender Sieg Spartas, das daraufhin den Peloponnesischen Bund wiederherstellen konnte. Das besiegte Argos konnte immerhin seine neutrale Position behaupten, und Sparta kehrte zu seiner defensiven Außenpolitik zurück. Alles schien im Wesentlichen wieder so wie vor Ausbruch des Peloponnesischen Krieges – außer den Verlusten und Verwüstungen.

Anders jedoch in Athen. Dort plante man 415 v. Chr. unter der Führung des Alkibiades nicht weniger als die Unterwerfung des ganzen griechischen Teils Siziliens, vielleicht auch des karthagischen Machtbereichs dazu, vielleicht sogar, wenn möglich, die Unterwerfung Karthagos, d. h. die größte militärische Unternehmung seit dem Ägyptenfeldzug von 460 v. Chr., gleich nach dem Beginn der Demokratie. In der Volksversammlung argumentierte Alkibiades, dass Athen, nachdem es den Weg der Hegemonie über andere Staaten eingeschlagen hatte, notwendigerweise immer weiter expandieren müsse, um nicht in die Defensive zu geraten und schließlich alles zu verlieren. Die Friedens-„Partei" unter Nikias wurde überstimmt, denn die meisten Athener, auch Alkibiades persönlich, versprachen sich von der Beherrschung der Insel einen gewaltigen Zuwachs an Macht und Einkünften. Die „Gier nach mehr" überwog alle strategischen Bedenken, etwa die Gefahr eines Bündnisses zwischen Syrakus und Sparta oder dass man etliche griechische Städte Siziliens in die Arme Karthagos treiben könnte.

Anlass für den Feldzug war der Hilferuf der Stadt Segesta, die von Syrakus und Selinus bedrängt wurde. Segesta wünschte von Athen eine angemessene, aber begrenzte militärische Unterstützung, ohne zu ahnen, welche Begehrlichkeiten es damit bei den Athenern weckte. Da Syrakus zu dieser Zeit eine demokratische Verfassung hatte, war der Krieg mit Athen ein Krieg zwischen den beiden größten demokratischen Staaten der griechischen Welt. Keine Rede davon, dass eine Demokratie nicht gegen eine andere kämpfen sollte! Es ging ganz offen um die Macht, nicht um politische Überzeugungen. Die meisten Athener hatten von Sizilien nur vage Vorstellungen und waren völlig darauf angewiesen, was einzelne Politiker ihnen auf Grund ihrer persönlichen Beziehungen zu Freunden auf der Insel berichteten. Für den Durchschnittsathener war es ein Sprung ins Dunkle. Also erteilte die Volksversammlung keine Direktiven, sondern stattete die Heerführer mit außerordentlichen Vollmachten aus. Das Kommando über das athenische Heer teilte man unter drei Strategen auf und stellte dem Alkibiades den von Aristophanes öfter geschmähten Lamachos und – gegen seinen Willen – Nikias an die Seite. Die Folge war ein Streit zwischen Alkibiades und Lamachos über das militärische Vorgehen. Lamachos plädierte für den sofortigen Angriff auf Syrakus, während Alkibiades sich erst der Unterstützung sizilianischer Städte versichern wollte und sich damit durchsetzte – ein verhängnisvoller Fehler, wie sich bald herausstellte. Denn die meisten Städte auf Sizilien lehnten jede Unterstützung des athenischen Heeres ab und konnten auch nicht erobert werden, was bei den athenischen Feldherren zunächst Ratlosigkeit hervorrief. Kurze Zeit darauf wurde Alkibiades nach Athen zurückgerufen, wo er sich in einem Gerichtsverfahren wegen religiösen Frevels verantworten sollte. Unbekannte – vermutlich angetrunkene aristokratische Jugendliche auf dem Heimweg von einem Symposion – hatten unmittelbar vor Beginn des Feldzuges die Hermenstatuen verstümmelt. Die Volksversammlung nahm dieses Sakrileg sehr ernst. Die Öffentlichkeit war erschrocken: War die Tat ein böses Vorzeichen für den bevorstehenden Sizilienfeldzug oder gar ein Signal oligarchischer Verschwörer zum Sturz der Demokratie? Es begann die Suche nach den Schuldigen. Im Falle der Verurteilung drohte den Tätern die Todesstrafe. Als im Lauf der Ermittlungen auch Alkibiades in Verdacht geriet, zitierte man ohne Rücksicht auf die militärische Lage auch ihn vor Gericht. Religiöse Bedenken wogen schwerer als strategische – trotz aller Zweifel an den Göttern, trotz aller Kritik und allem Spott, die man freimütig über sie äußern durfte. Alkibiades flüchtete nach Sparta, wo er sich als militärischer Berater zur Verfügung stellte und sich über die athenische Demokratie lustig gemacht haben soll. In Athen wurde er in Abwesenheit zum Tode verurteilt.

In Syrakus hatte man unmittelbar vor der Landung der Athener auf Sizilien keine klaren Vorstellungen davon, was auf die Stadt zukam, sondern nur gerüchteweise vom Herannahen eines athenischen Heeres gehört. Die Meinungen waren geteilt, und der herausragende Politiker Hermokrates, der in einer scharfsinnigen Rede vor der Gefahr warnte, wurde verdächtigt, das Volk einschüchtern zu wollen, um einen oligarchischen Umsturz zu bewerkstelligen. Also auch hier: ständige Furcht der Demokraten vor Putschplänen eines Teiles der Oberschicht. Nur mit Mühe gelang es, die Volksversammlung zu militärischen Vorsorgemaßnahmen zu überreden.

Beim ersten Zusammenstoß mit dem athenischen Heer erlitten die Syrakusaner eine Niederlage. Jetzt war dringend auswärtige Hilfe gefragt. Und so forderten sie Sparta und Korinth zu einem Entlastungsangriff gegen Athen auf. Gleichzeitig gab es aber auch Verräter in der Stadt, die heimlich mit Nikias in Verbindung standen. Sparta rührte sich zunächst nicht, sondern griff erst ein, als Syrakus belagert wurde und bereits in äußerste Not geriet, schickte aber auch dann kein Heer, sondern lediglich einen Militärberater namens Gylippos. Ihm gelang das Kunststück, unterwegs Freiwillige anzuwerben, sich mit dieser Truppe durch die letzte noch offene Lücke im athenischen Belagerungsring zu schlagen und wenig später mittels einer Quermauer dessen Fertigstellung zu verhindern. Damit war Syrakus zunächst vor dem Untergang gerettet und ein schneller Siegeszug der Athener gescheitert. Auch die von Nikias angeforderte Verstärkung aus Athen konnte das Blatt nicht wenden, weil Sparta eine allmählich immer größer werdende Übermacht aus Städten der Peloponnes, Boiotiens und Siziliens organisierte, selbst aber nur Neodamoden und Heloten ins Feld schickte, um seine Elitekrieger nicht aufs Spiel zu setzen. In eine Katastrophe für Athen verwandelte sich dieses Scheitern aber erst dadurch, dass die athenischen Strategen den rechtzeitigen Abzug aus Sizilien verpassten: aus Furcht, in Athen zur Rechenschaft gezogen und möglicherweise zum Tod verurteilt zu werden. Als sie sich endlich zur Rückfahrt entschlossen hatten, verzögerte Nikias diese noch einmal unter Hinweis auf eine Mondfinsternis (27.8.413), die er für ein Unglückszeichen hielt, und gab so den Syrakusanern Gelegenheit, den Hafen zu blockieren. Ein Durchbruchsversuch der athenischen Flotte misslang.

Noch hätte den Athenern ein schneller Rückzug ins Binnenland offen gestanden; denn die Syrakusaner zogen es vor, sich in ihrem Siegesrausch erst einmal zu betrinken, anstatt die Landstraßen zu sperren. Mit solchen selbstgemachten Hindernissen mussten griechische Politiker immer rechnen. Es war Hermokrates, der die Situation rettete, indem er den Athenern eine falsche Nachricht zukommen ließ und so den rechtzeitigen Abmarsch des athenischen Heeres bei Nacht verhinderte. Erst dadurch gelang es den Syrakusanern, das athenische Heer auf dem verspäteten Rückzug durch ständige Attacken aufzureiben und schließlich zur Kapitulation zu zwingen. Nikias und seine Mitfeldherren wurden hingerichtet und die Heeresmannschaften, soweit sie nicht gefallen oder an Erschöpfung zu Grunde gegangen waren, in einem Steinbruch über zwei Monate lang auf engstem Raum unter schlimmen hygienischen Bedingungen zusammengepfercht. Wer auch das überlebt hatte, wurde versklavt. Athen stand unter Schock.

> Als die Kunde nach Athen drang, fand sie lange Zeit keinen Glauben, auch wenn es die angesehensten der Soldaten waren, die sich aus dem Unternehmen selber hatten retten können und klare Berichte gaben. Man fand es unglaubhaft, daß alles so ganz und gar verlorengegangen sein sollte. Nachdem man sich dann überzeugt hatte, richtete sich der Zorn gegen die Redner, die die Ausfahrt befürwortet hatten, als ob das Volk nicht selber den Beschluss gefasst hätte! Man grollte auch den Weissagern und den Zeichendeutern und wer ihnen sonst noch durch Prophezeiungen auf die Eroberung Siziliens Hoffnung gemacht hatte. Auf allen Seiten und bei allen Dingen gab es Kummer und Tränen, und sie wurden überwältigt von Schrecken über das Geschehene und höchster Bestürzung.

So beschreibt Thukydides, der Historiograph des Peloponnesischen Krieges, die Stimmung in Athen.[90] Thukydides (ca. 460 – kurz nach 400 v. Chr.) stammte aus der Führungsschicht Athens und strebte, wie es für ihn normal war, eine politische Laufbahn an. 424 v. Chr. wurde er zu einem der zehn Strategen gewählt. Gleichzeitig nahm er sich vor, die Ereignisse des Krieges, an dem er mitwirkte, in einem Geschichtswerk festzuhalten, und begann schon am Beginn mit einer Materialsammlung. Die große Epidemie, an der Perikles starb, hat er am eigenen Leib durchlitten, aber überlebt. Als Feldherr wurde er in die nördliche Ägäis geschickt, um dort dem Vordringen des Brasidas entgegenzuwirken und die bedeutende Stadt Amphipolis vor dem Zugriff der Spartaner zu retten. Doch gelang es Brasidas, die Amphipoliten mit großzügigen Versprechungen zur Übergabe zu überreden, bevor Thukydides von See her eingreifen konnte. Nur den in der Nähe befindlichen Hafen Eion konnte er noch retten. Nach diesem Misserfolg bekam er die Ungnade zu spüren, mit der die athenische Volksversammlung erfolglose Feldherren zu behandeln pflegte. Er musste die Stadt verlassen. Erst nach Kriegsende konnte er zurückkehren. In der Zwischenzeit lebte er als unabhängiger Privatier auf seinen geerbten Besitzungen in Thrakien von den Erträgen seiner Goldbergwerke und widmete sich seinem Geschichtswerk.

Bei dieser Gelegenheit sollte ein Hinweis auf den kuriosen Fall des Phormion nicht fehlen. Er war als Stratege in den Jahren vor dem Peloponnesischen Krieg und in den ersten Jahren des Krieges ein ungewöhnlich begabter Flottenführer. Aus Gründen, die wir nicht kennen, wurde er dennoch zu einer hohen Geldstrafe verurteilt. Da er sie nicht zahlen konnte, verlor er sein athenisches Bürgerrecht. Als die Athener ihn jedoch wieder benötigten, riefen sie ihn zurück und bezahlten seine Geldstrafe aus der Staatskasse.

In seiner Jugend hatte Thukydides sicher die öffentlichen Vorträge Herodots gehört. Vielleicht waren sie es, die ihn zu seinem Vorhaben angeregt haben. Und er wäre kein echter Grieche gewesen, wenn er nicht von vornherein den Ehrgeiz gehabt hätte, Herodot zu übertreffen. Diesen Vorsatz ließ er sich einiges kosten: In seiner Einleitung beginnt er nicht, wie zu erwarten, dort, wo Herodot aufgehört hat, sondern geht bis zum Trojanischen Krieg und zu dem sagenhaften kretischen König Minos zurück (die er beide – wie Theseus und die mythische Geschichte Athens auch – für historisch hielt), nur um nachzuweisen, dass der Peloponnesische Krieg der bis dahin größte Krieg sei, womit er natürlich nichts anderes sagen wollte, als dass sein Geschichtswerk bedeutender sei als das Herodots und folglich er selbst der größere Historiograph.

Wichtiger ist, dass er sich konzeptionell von Herodot unterscheidet, indem er sein Werk in einen geschichtsphilosophischen Rahmen stellt und ihm dadurch eine andere Zielrichtung gibt. Seine Darstellung solle weniger zur Unterhaltung dienen (wie die Herodots, den er aber mit keinem Wort erwähnt), sondern „ein Besitz von dauerndem Wert“[91] sein. Er will nicht schildern, sondern präzise berichten und analysieren, unter Verzicht auf buntes mythologisches und anekdotisches Beiwerk. Dem entspricht auch sein strenger kompakter Stil, der an manchen Stellen noch heutigen Übersetzern Schwierigkeiten bereitet. Forscht Herodot nach den Gründen für die Kriege zwischen Griechen und „Barbaren“ – und kann man ihn durchaus so verstehen, dass die Perserkriege vermeidbar gewesen wären, wenn Athen und Eretria nicht leichtfertig den Ionischen Aufstand in Kleinasien unterstützt hätten –, so ist eine solche Fragestellung für Thukydides nebensächlich. Denn nach seiner sophistisch geprägten Grundüberzeugung wird es immer Kriege geben, weil Kriegführung in der Natur des Menschen liegt und die Natur des Menschen unveränderlich ist. Denn der Krieg ist eine rein menschliche Angelegenheit. Götter und Dämonen haben darauf keinen Einfluss. Und so wird man auch in zukünftigen Kriegen manche Züge des Peloponnesischen Krieges wiedererkennen. Gewiss, der Peloponnesische Krieg entstand nicht aus dem Nichts heraus. Er hatte einen Anlass und eine Ursache, auf deren Unterscheidung Thukydides Wert legt. Der Anlass war die Verhängung des athenischen Handelsboykotts über Megara, die tiefere Ursache nach seiner Meinung die Sorge Spartas über den Machtzuwachs Athens (die provokative Politik Athens gegenüber Sparta seit dem Beginn der Demokratie blendet er aus). Deshalb wäre der Krieg so oder so ausgebrochen, wenn nicht aus diesem Anlass, dann aus einem anderen, und wenn nicht zu diesem Zeitpunkt, dann zu einem anderen.

Worin besteht der „immerwährende Besitz“? Lassen sich nach Ansicht des Thukydides Lehren aus dem Peloponnesischen Krieg ziehen? Einen ersten Hinweis können wir aus seiner exakten Beschreibung der „Pest“ in Athen gewinnen. Er will damit erreichen, dass, wie er sagt, später vielleicht andere, ob Ärzte oder Laien, nützliche Erkenntnisse über Herkunft und Ursachen der Krankheit gewinnen können. (Die medizinische Identifizierung ist allerdings trotz zahlreicher Bemühungen bis heute nicht gelungen.) Auf jeden Fall solle seine Beschreibung die Menschen in die Lage versetzen, der Epidemie, falls sie in Zukunft wieder auftreten sollte, nicht mit der gleichen Unwissenheit und Hilflosigkeit wie die Athener, sondern mit Vorkenntnis zu begegnen. Die Vorkenntnis bzw. die rechtzeitige Erkenntnis des Zukünftigen und die Vorsorge sind bei Thukydides zentrale Aspekte. Aber viel mehr, als dass die Krankheit ansteckend war, dass es kein Heilmittel gegen sie gab und dass nur jene, die sie überstanden hatten, gegen sie immun wurden, kann er nicht berichten. Allenfalls hätte man in Zukunft ihre Ausbreitung durch rechtzeitige Isolierung der Kranken eindämmen können.

In Bezug auf die Politik ist seine Forderung nach rationaler Voraussicht und Vorsorge vor dem Hintergrund zu verstehen, dass viele griechische Poleis ihre politischen Entscheidungen kurzfristig, spontan und unüberlegt aus irrationalen augenblicklichen Stimmungen heraus fällten, nicht selten auch durch die „Voraussicht“ von Orakeln und Sehern getäuscht. Missgunst zwischen einzelnen Städten, die ständigen Streitigkeiten innerhalb der Führungsschicht, das große Gewicht der Volksversammlungen mit ihrer Massenpsychologie, der Einfluss aristokratischer Ehrbegriffe auf das politische Handeln und dergleichen dürften dazu beigetragen haben. Thukydides behauptet, dass lediglich Sparta und die Sklavenhändlerinsel Chios im Wohlstand nicht übermütig wurden und sich in der Regel durch eine emotionslose politische Entscheidungsfindung auszeichneten.

Einerseits ist der Krieg nach Ansicht des Thukydides zweifellos ein Übel. Und mit dieser Ansicht steht er nicht allein da. In der Regel ist es das Beste und Sicherste, Frieden zu halten, wie er den Syrakusaner Hermokrates in einer fingierten Rede ausführen lässt. Im Frieden könne man nicht nur das Gute, das man hat, sicherer bewahren, sondern auch Defizite, unter denen man leidet, leichter beheben. Der Friede eröffne durchaus den Erwerb von herausragenden Ehren, und dazu noch ohne jede Gefahr. Dagegen berge die Anwendung von Gewalt, wenn man sich von vagen Hoffnungen leiten lasse, immer erhebliche Risiken in sich, gleichgültig, ob man Unrecht abwehren, vergelten oder sich Vorteile verschaffen will. Denn selbst berechtigte Rache gelingt nicht immer, und die Hoffnung, die man auf eigene militärische Stärke setzt, kann nur allzu trügerisch sein. Mancher hat dabei alles verloren und nicht einmal das eigene Leben gerettet. So hat denn die Furcht vor dem ungewissen Ausgang das eine Gute, dass sie viele Staaten vorsichtiger agieren lässt, als es ihrem Wesen entspricht.

Andererseits ist es verächtlich, nicht für seine Freiheit zu kämpfen, vorausgesetzt, dass man bei nüchterner Betrachtung eine reelle Aussicht auf Erfolg hat.

Und Kampf für die Bewahrung der Freiheit kann auch bedeuten, dass man sich weitsichtig der richtigen Koalition anschließt, anstatt neutral zu bleiben. Aber es geht nicht nur um den Defensivkrieg. Vielmehr ist es durchaus legitim und ein Zeichen von Größe, andere unterwerfen und beherrschen zu wollen. Einen besonderen Stolz empfinden die Spartaner, weil sie als Minorität über eine Majorität von Untertanen herrschen. Ebenso denken die Athener und andere große Städte, nicht zuletzt Syrakus, auch wenn Hermokrates angesichts der Bedrohung durch Athen zum zeitweiligen Frieden zwischen allen Städten Siziliens rät. Die Herrschaft über Andere vermehrt nicht nur die eigenen Einkünfte, sondern ist ein Ausweis von größerer *aretḗ*, d. h. von moralischer Überlegenheit. Eine moralische Argumentation gegen Gewalt und Krieg kennt Thukydides ebenso wenig wie Aristophanes. Die Entscheidung für Krieg oder Frieden ist eine reine Kosten-Nutzen-Rechnung. Wenn man sich sicher zu sein glaubt, dass ein Krieg mehr Nutzen als Schaden bringt, wird man immer wieder die Furcht vor dem Krieg überwinden und alle Gefahren auf sich nehmen. Denn der erfolgreiche Krieg verspricht höheren Gewinn als der Frieden. Die Entscheidung für Krieg erfolgt also entweder um des eigenen Vorteils willen oder angesichts einer Bedrohung unter Zwang. Das bedeutete jedoch nicht die allgemeine Akzeptanz völliger Skrupellosigkeit. Wenn die Kriegsentscheidung z. B. mit dem Bruch eines Bündnisses oder der Loyalitätsverpflichtung einer Kolonie gegenüber ihrer Mutterstadt verbunden war, bedurfte es schon einer moralischen Rechtfertigung, wollte man sein Ansehen in der hellenischen Öffentlichkeit nicht beschädigen. Aber das stärkste Argument war der eigene Nutzen.

Der heroische Untergang um der Ehre willen ist sinnlos, wenn man zu schwach ist, um sich mit Aussicht auf Erfolg zu verteidigen und durch die Unterwerfung wenigstens das eigene Leben retten kann. Letzteres demonstriert Thukydides im sogenannten Melierdialog. Aus historischer Sicht war das geschilderte Ereignis nur eine Fußnote im Peloponnesischen Krieg. 416 v. Chr. nutzten die Athener den Frieden mit Sparta, um die Insel Melos ihrem Seereich einzugliedern, die bis dahin als einzige Kykladeninsel unabhängig geblieben war. Dass Melos eine spartanische Kolonie war und somit diese militärische Aktion ein Affront gegen Sparta, darauf haben die Athener offensichtlich keine Rücksicht genommen.

Thukydides hat aus dieser Episode ein Lehrstück über das Verhältnis zwischen mächtigen und schwachen Staaten gemacht, und zwar in der Form eines Dialogs zwischen Athenern und Meliern, der so mit einiger Sicherheit nicht stattgefunden hat. Die Athener fordern die Melier auf, sich freiwillig zu unterwerfen. Aber die Melier bestehen darauf, frei zu bleiben, und bezeichnen die athenische Forderung als Unrecht. Um die Athener von ihrem Vorhaben abzubringen, lassen sie sich eine Reihe von Argumenten einfallen: Die Athener könnten durch ihr brutales Vorgehen Rache auf sich ziehen, wenn sie einmal ihre Macht verlieren sollten, oder andere bisher neutrale Staaten könnten aufgeschreckt werden und sich gegen Athen wenden. Nicht zuletzt könnte Sparta den

Krieg wiederaufnehmen. Sie berufen sich auf ihre Ehre: Es wäre eine Schande, ihre Freiheit nicht zu verteidigen, sie klammern sich an die Hoffnung, vertrauen auf die Götter und die *týchē*, die schon manchen Schwachen über den Starken hätten siegen lassen. Und sie bieten Neutralität an. Alles vergeblich. Die Athener machen ihnen klar, dass das Recht nur unter gleich Starken Gültigkeit haben kann, dass aber eine Großmacht gegenüber kleinen Staaten allein nach ihrem Nutzen entscheidet, und dass das immer so sein wird. Die Athener verzichten sogar ausdrücklich darauf, ihr Verhalten mit irgendwelchen Vorwänden zu bemänteln. Der einzige Nutzen für die Melier besteht darin, dass sie überleben, wenn sie kapitulieren. Denn für Athen ist die intakte Stadt wertvoller als eine zerstörte und entvölkerte.

In Wirklichkeit dürften die Verhandlungen etwas anders verlaufen sein. So könnten die Athener auf die Vorteile einer Mitgliedschaft im Seebund hingewiesen haben, etwa auf militärischen Schutz und merkantile Vergünstigungen. Und bei der Ablehnung der Melier dürften noch andere Gründe im Spiel gewesen sein. Denn Thukydides berichtet, dass die melische Regierung die athenischen Unterhändler nicht vor der Volksversammlung sprechen ließ, sondern nur vor den Amtsträgern und der Ratsversammlung der „Wenigen". Melos war also eine Oligarchie, was bei einer Kolonie Spartas ohnehin zu erwarten ist. Deshalb ist anzunehmen, dass die entschlossene Ablehnung der athenischen Forderung nicht zuletzt darin begründet war, dass die Oligarchen unter athenischer Herrschaft einen demokratischen Umsturz befürchteten, vielleicht sogar ihre Enteignung und Vertreibung. Es war also, wie so oft, die innere Lage, die eine flexible außenpolitische Reaktion verhinderte. Hätten die Melier nur gewusst, dass die Herrschaft Athens schon zwölf Jahre später zusammenbrechen würde! So aber war das Ende ihrer Stadt schrecklich. Die Athener zernierten die Stadt, die sich tapfer verteidigte, bis Hunger und Verrat, vermutlich von Demokraten, sie zur Kapitulation zwangen. Sparta hat nicht einmal auf diplomatischem Weg dagegen protestiert. Athen kannte keine Gnade: Auf Antrag des Alkibiades wurden auf Melos alle Männer getötet, Frauen und Kinder in die Sklaverei verkauft. Die Insel wurde mit 500 athenischen Kolonisten neu besiedelt.

Nur die rechtzeitige Voraussicht einer potenziellen zukünftigen Gefahr sichert angemessene militärische Vorsorgemaßnahmen. Ein solcher politischer Weitblick ist jedoch nur wenigen Politikern gegeben, schon gar nicht der Masse der Durchschnittsbürger, die ganz in der Gegenwart von Tag zu Tag lebt. Thukydides nennt nicht mehr als drei vorausschauende Politiker: erstens Themistokles, der gegen heftigen inneren Widerstand den Bau einer großen Flotte durchsetzte, in der richtigen Erkenntnis, dass die Perser nach ihrer Niederlage bei Marathon erneut und mit größerer Macht angreifen würden; der nach dem Sieg gegen den Widerstand Spartas in größter Eile die Befestigung Athens betrieb und damit auch den Anstoß für deren darauf folgenden Ausbau bis zum Piräus gab; zweitens Perikles, der diese Befestigung durch eine mittlere Mauer noch verstärken ließ und Athen insgesamt auf den kommenden Krieg mit Sparta weitblickend vorbereitete (was die heutige Forschung eher mit einem Fragezeichen versieht); und drittens den Syrakusaner Hermokrates.

Die grundsätzlichen Überlegungen, die man vor einer Kriegserklärung anstellen sollte, schildert Thukydides in seiner Rede des spartanischen Königs Archidamos kurz vor Ausbruch des Krieges. Wichtig sei, sich trotz eigener Stärke von vornherein der eigenen Schwächen bewusst zu sein, nie den Gegner zu unterschätzen oder zu hoffen, dass er Fehler macht, und zu wissen, dass es im Krieg nicht nur auf Motivation und Waffen ankommt, sondern auf Geld, weil erst ausreichende Geldmittel die Waffen zur Wirkung bringen. (Besonders der Geldmangel war ein grundlegendes Problem Spartas, weil seine Bundesgenossen keine Tribute zahlten und die Abgaben der Heloten lediglich zur Ernährung der Spartiaten reichten.) Anstelle einer überstürzten Kriegserklärung sei es vorteilhafter, zunächst nur mit Krieg zu drohen und alle diplomatischen Mittel auszuschöpfen. So lasse sich Zeit gewinnen für zusätzliche Rüstungen und die Werbung von Bundesgenossen unter Griechen und „Barbaren". Und so könne man auch den Gegner einschüchtern und möglicherweise den Krieg vermeiden. Aber selbst in Sparta, das für seine Besonnenheit bekannt war, unterlag Archidamos mit seinen Ratschlägen dem Ephoren Sthenelaidas, der dem Druck Korinths nachgab und die Kriegserklärung durchsetzte.

Ist ein Krieg erst einmal ausgebrochen, lässt er sich nur noch schwer lenken. Denn der Krieg ist unberechenbar *(parálogos)*, die Kriegführenden sind immer wieder Zufällen und Überraschungen verschiedenster Art ausgeliefert, es dominiert die *týchē*. Trotzdem werden sich Menschen immer wieder der unsicheren Hoffnung auf Glück anvertrauen. Thukydides legt diese Einschätzung der menschlichen Natur dem Athener Diodotos angesichts des Schicksals der Stadt Mytilene auf Lesbos in den Mund.

Die Mytilenaier hatten schon vor dem Peloponnesischen Krieg einen Abfall von Athen geplant, dann aber wegen der ablehnenden Haltung Spartas die Ausführung verschoben. Seit Beginn des Krieges schöpften sie wieder Hoffnung und trafen heimlich Vorbereitungen, obwohl oder gerade weil die Stadt reich war und das Privileg hatte, ihre inneren Angelegenheiten eigenständig zu regeln sowie eigene Kriegsschiffe zu besitzen. Doch der Plan wurde verraten, und die Mytilenaier waren gezwungen, vorzeitig loszuschlagen. Zwar wurden sie diesmal in den Peloponnesischen Bund aufgenommen, aber Sparta konnte ihnen dann doch keine wirksame Hilfe zukommen lassen, und die Athener bekamen die Stadt schließlich durch Aushungerung wieder in den Griff. Ein letzter verzweifelter Versuch der Eingeschlossenen, mittels Bewaffnung des „Volkes" einen Ausfall zu wagen, schlug fehl. Das „Volk", durch die Hoplitenrüstungen plötzlich stark geworden, zwang die oligarchische Regierung der „Wenigen" zur Kapitulation. Auf Antrag Kleons drohte Mytilene das gleiche Schicksal wie später Melos, denn auch das „Volk", so Kleon, sei anfänglich an dem Aufstand der „Wenigen" beteiligt gewesen.

Doch Diodotos gelang es, einen zweiten Volksbeschluss herbeizuführen, der die Hinrichtungen auf 1000 Männer begrenzte. Denn auch in Zukunft müssten die Athener mit Aufständen im Seebund rechnen. Deshalb sei es klüger, Aufständische nicht zur Gegenwehr bis zum letzten Blutstropfen zu treiben, sondern ihnen immer die Möglichkeit zur Kapitulation offen zu lassen, wenn sie die Aussichtslosigkeit ihrer Lage erkannt hätten. Eine solche Haltung gründe sich nicht auf Gerechtigkeit, schon gar nicht auf Mitleid, sondern bringe Athen den größten Nutzen. Keine noch so radikale Strafandrohung werde Aufstände verhindern. Denn:

> In den Gesetzen der Staaten ist die Todesstrafe auf viele Verbrechen gesetzt, auch auf weniger schwere, als dieses ist. Gleichwohl nimmt man, von der Hoffnung ermutigt, diese Gefahr auf sich; niemand wagt sich in eine Gefahr in dem kleinmütigen Glauben, es werde ihm mit seinem Plane mißglücken. Wo wäre je eine Stadt abgefallen, die ihre Macht, sei es, daß sie sich auf sich selber oder auf fremde Bundesgenossenschaft stützte, für unzureichend gehalten hätte? Es lebt nun einmal in allen Menschen eine Neigung, vom rechten Wege abzuweichen; das ist im Leben der Einzelnen ebenso wie im Gemeinschaftsleben, und es gibt kein Gesetz, das die Menschen davon zurückhalten könnte; denn man hat es doch schon mit allen Strafen versucht und sie immer mehr verschärft, in der Meinung, die Verbrechen würden seltener werden. Wahrscheinlich haben in alten Zeiten auf die schwersten Verbrechen mildere Strafen gestanden und erst allmählich ist man wegen der vielen Gesetzesübertretungen meist bis zur Todesstrafe vorgerückt. Und trotzdem dauern die Übertretungen fort. Darum muß man entweder ein noch wirksameres Abschreckungsmittel erfinden, oder die Dinge bleiben, wie sie sind: die Menschen werden nie aufhören, sich in der Erregung in Gefahren zu stürzen; den Armen treibt die Not zu gewagten Unternehmungen, den Reichen die Überhebung und Selbstgewißheit zu Übergriffen gegen den Nächsten, und ebenso gibt es in allen anderen Lebenslagen unwiderstehliche Antriebe zu Übertretungen. Immer sind Hoffnung und Begierde dabei im Spiel, diese führt, jene folgt nach; die Begierde sinnt die Tat aus, die Hoffnung spiegelt ihren glücklichen Ausgang vor; so richten sie viel Unheil an, und obwohl niemand sie sieht, sind sie gewaltiger als alle gefährlichen Mächte, die uns vor Augen liegen. Und zu ihnen gesellt sich als dritte, nicht minder gefährliche Verführerin die Tyche; unversehens ist sie zur Stelle und reizt den Menschen, aus seiner Not heraus sich in ein Wagnis zu stürzen, zumal auch die Staaten, weil es sich bei ihnen um die höchsten Güter, um Freiheit und Herrschaft, handelt, außerdem weil der Einzelne im Bunde mit der Gesamtheit seine Kräfte unberechtigterweise überschätzt. Überhaupt: es ist unmöglich – und wer es glaubt, ist sehr einfältig – den Menschen von den Handlungen, zu denen er sich nun einmal von Natur getrieben fühlt, durch den Druck der Gesetze oder durch andere Schreckmittel abzubringen (Thukydides 3, 45).[92]

Herrschaft über Andere ist für Thukydides notwendigerweise immer eine Tyrannis. Denn sie muss hart und unnachgiebig ausgeübt werden. Jedes Zugeständnis an die Unterworfenen, jede Diskussion über Gerechtigkeit wird von ihnen als Schwäche ausgelegt und reizt sie zum Widerstand, wenn nicht zum offenen Aufstand. Die Beherrschten, die nach Freiheit streben, hassen die Herrschenden. Deshalb kann die herrschende Macht ihre Herrschaft auch nie freiwillig aufgeben, denn sie müsste mit der blutigen Rache der ehemals Beherrschten rechnen. Aus der Tyrannis führt kein Weg wieder heraus.

Die Reden in Thukydides' Werk, Meisterstücke sophistischer Argumentation, sind teils unhistorisch, teils geben sie vage die Reden wieder, die tatsächlich gehalten worden sind. Sie sollen auf jeden Fall verdeutlichen, was in einer bestimmten Situation zu sagen angemessen gewesen wäre und so die Lage analysieren. Der eigentlich historische Teil, der drei Viertel des Werkes ausmacht, besteht aus einer äußerst sorgfältigen und weitgehend unparteiischen Berichterstattung der militärischen und diplomatischen Ereignisse, die er in ausgiebigen Recherchen zusammengetragen hat. Auch diese Darstellung ist nie trocken, sondern immer kunstvoll gestaltet und bringt die Dramatik mancher Situationen, in denen das Schicksal auf Messers Schneide stand, wirkungsvoll zur Geltung. Aber allgemeine strategische Lehren erteilt er nicht. Trotz seines Bemühens um Neutralität und Fairness lassen sich allerdings einige seiner gefühlsmäßigen Präferenzen und Abneigungen erkennen. Dazu gehört seine Überhöhung des Perikles als des beinahe absoluten Lenkers und Bändigers des unruhigen Athens. Gleichzeitig zieht er jedoch die dynamische Unternehmungslust der Demokratien Athen und Syrakus und damit zumindest indirekt deren Streben nach Expansion explizit dem phlegmatischen Beharrungsvermögen Spartas vor. Auf der anderen Seite lässt er bei seinem Bericht über ein Massaker, das thrakische Söldner auf dem Heimweg aus athenischen Diensten in der kleinen boiotischen Stadt Mykalessos völlig sinnlos an Schulkindern anrichteten, persönliche Betroffenheit erkennen.

Mit der Zählung nach Kriegsjahren, jeweils unterteilt in Sommer- und Winterhalbjahr, gewann Thukydides eine einfache und relativ genaue chronologische Fixierung der Ereignisse, die die offizielle Zählung nach Jahresbeamten nicht geboten hätte. (Die Einteilung in acht Bücher stammt aus späterer Zeit.) Für die Zeit davor verzichtet er allerdings auf jegliche Zeitangaben – zum Kummer der heutigen Historiker, die sich schon seit zweihundert Jahren mit zahlreichen Datierungsproblemen herumschlagen. Mit dem Jahr 411 v. Chr. bricht der Text mitten im Satz ab, was natürlich zu etlichen Spekulationen angeregt hat, die hier zu referieren nutzlos wäre. Fortgesetzt und bis weit ins vierte Jahrhundert, bis 362 v. Chr. weitergeführt wurde die Darstellung der Ereignisse von Xenophon, einem athenischen Sympathisanten Spartas, der eine Geschichtsschreibung begründete, die ohne Konzeption oder Fragestellung einfach den Fluss der Ereignisse wiedergeben will und die man *historia perpetua* genannt hat. Von ihm wird in anderem Zusammenhang zu sprechen sein.

Noch vor der endgültigen Niederlage des athenischen Heeres auf Sizilien ging die offensive Kriegführung an Sparta über. Die Initiatoren waren ein Athener, kein anderer als Alkibiades, der den Sizilienfeldzug Athens verschuldet hatte und jetzt, in seiner Vaterstadt zum Tode verurteilt, seine Energie und sein militärisches Talent den Spartanern andiente, und König Agis (II.), der von Sparta mit besonderen Vollmachten ausgestattet worden war. Auf Anraten des Alkibiades besetzten und befestigten die Spartaner im Frühjahr 413 v. Chr. Dekeleia, eine kleine Siedlung im Norden Attikas nahe der Grenze zu Boiotien, und gewannen damit eine permanente Präsenz in Attika, das sie zuvor immer nur wenige Wochen im Jahr heimgesucht hatten. Sie kontrollierten jetzt die Landwege und boten Sklaven aus den Silberbergwerken von Laureion Zuflucht. Die Pläne von König Agis gingen noch viel weiter. Er beabsichtigte nichts Geringeres als eine Seemacht unter spartanischer Führung aufzubauen, zunächst finanziert von Sparta und seinen Verbündeten.

Dabei erhielt Sparta kräftige Unterstützung aus dem Osten. Denn nach der Kapitulation des athenischen Heeres auf Sizilien brach unter den Gegnern Athens eine regelrechte Euphorie aus. Im Attischen Seebund griffen Aufstände um sich. Die Folge war, dass die Tribute nicht mehr vollständig eingingen, worauf die Spartaner seit langem hingezielt hatten. Hier lag die Achillesferse Athens. Denn Geld war wichtiger als je zuvor, nicht nur für den Bau von Schiffen, sondern auch, weil man für deren Einsatz auf die Anwerbung von ausländischen Ruderern angewiesen war und auch für den Landkrieg immer mehr Söldner benötigte. Die Athener halfen sich, indem sie ihre Einnahmen auf eine fünfprozentige Zollerhebung für alle im Seebundsgebiet ein- und ausgeführten Waren umstellten und zur besseren Koordinierung dieser und anderer notwendiger Maßnahmen zehn Probuloi („Vorberater") wählten. Entscheidend war aber, dass das Perserreich unter der Leitung des kleinasiatischen Satrapen Tissaphernes seine passive Westpolitik beendete und den Schulterschluss mit Sparta suchte. Auch Pharnabazos, der Satrap von Phrygien, knüpfte Kontakte mit Sparta an, sodass es zwischen den beiden Satrapen zu einer regelrechten Konkurrenz um die Gunst der Spartaner kam. Schuld daran waren die Athener selbst, denn sie hatten im Jahr zuvor im Gefühl ihrer Allmacht leichtfertig die Rebellion des Dynasten Amorges in Karien, im südlichen Kleinasien, gegen die Perser unterstützt, um ihren Machtbereich noch weiter auszudehnen, und damit den Friedensvertrag (Epilykosvertrag von 424/423 v. Chr.) mit dem Großkönig gebrochen. Erst das persische Geld war es, das Sparta zu einer wirklichen Seemacht verhalf. Diese Unterstützung gab es jedoch nicht ohne gehörige Gegenleistung. Der Preis war so hoch, dass die Spartaner wirklich über ihren Schatten springen und letztendlich die Rückkehr der kleinasiatischen Griechenstädte unter persische Herrschaft akzeptieren mussten. Statt der versprochenen Unabhängigkeit würden die Städte nur den Herrn vertauschen. Sparta brach sein Freiheitsversprechen. In dieser neuen Phase des Peloponnesischen Krieges, dem Dekeleisch-Ionischen Krieg, ging es nur noch um die Niederringung Athens.

Diese Umkehr der Machtverhältnisse verunsicherte die Athener schwer und erweckte bei oligarchischen Gruppierungen die Hoffnung auf einen antidemokratischen Umsturz, von dem sie schon immer im Geheimen geträumt hatten. Unterstützt wurde diese Bewegung von Alkibiades, der sich jetzt aus der Ferne zurückmeldete. Bei den Spartanern in den Verdacht geraten, ein undurchsichtiges Doppelspiel zu treiben, hatte er sich zu Tissaphernes geflüchtet und ihn überzeugt, dass es im persischen Interesse läge, die Unterstützung für die Spartaner zu reduzieren und stattdessen den Krieg möglichst lange hinzuziehen.

Gleichzeitig betrieb er verdeckt seine Heimkehr nach Athen. Er nahm Kontakt zu oligarchisch gesinnten Schiffskapitänen der athenischen Flotte auf, die in Samos vor Anker lag, und behauptete, Tissaphernes für ein Zusammengehen mit Athen gewinnen zu können. Bedingung sei jedoch, dass die Demokratie, durch deren niedrige Gesinnung er vertrieben worden sei, in eine Oligarchie umgewandelt würde. Die Schiffsmannschaften aus den unteren sozialen Schichten ließen sich mit der Aussicht auf höheren Sold aus den Schätzen des Großkönigs vorerst ruhigstellen.

In Athen nahm Peisandros, einst ein glühender Demokrat, aber jetzt ein führender Demokratiegegner, heimlich Kontakt zu demokratiefeindlichen Hetairien auf und agitierte in der Öffentlichkeit mit dem Argument, dass eine Verfassungsreform, deren Inhalt er unklar ließ, der einzige Weg zu einem Bündnis mit Tissaphernes und zur Rettung Athens sei. Wenig später musste er jedoch als Leiter der außenpolitischen Verhandlungen feststellen, dass er von Alkibiades getäuscht worden war und Tissaphernes weiter zu Sparta hielt. Da ein politischer Rückzug nun nicht mehr möglich war, versuchten die Oligarchen in den noch verbliebenen Seebundsstädten Oligarchien einzuführen, um sich auf diese zu stützen. Vergeblich, wie sich herausstellte. Denn die meisten Städte – gleichgültig, ob unter demokratischer oder oligarchischer Führung – strebten nach Freiheit im Sinne von Unabhängigkeit. Indessen terrorisierten die athenischen Oligarchen ihre Mitbürger mit geheimen Mordkommandos, denen etliche demokratische Politiker zum Opfer fielen. In der ganzen Stadt herrschte eine Atmosphäre der Angst, weil niemand wusste, wie klein die Zahl der Oligarchen in Wirklichkeit war. Um ihre wahren Absichten zu verschleiern, versprachen sie, die politischen Rechte der 5000 vermögendsten Schwerbewaffneten nicht anzutasten. In Wirklichkeit planten sie jedoch die Konzentrierung der Macht bei einem Rat der Vierhundert, dessen Ursprung sie wahrscheinlich propagandistisch auf Solon zurückführten. Eine schlecht besuchte Volksversammlung, die absichtlich außerhalb Athens zusammengerufen worden war, beschloss dann die Einsetzung dieses mit Oligarchen besetzten Rates der Vierhundert, der anschließend – formal völlig korrekt und in höflicher Form – den einst von Kleisthenes gegründeten Rat der Fünfhundert ablöste. Die Konstituierung der Fünftausend sollte, wie es hieß, später erfolgen.

So kraftlos war die Bürgerschaft geworden, die noch drei Jahre zuvor geglaubt hatte, die stärkste Macht der Welt zu sein. Die tonangebenden Oligarchen waren keineswegs Dilettanten, sondern Männer wie Antiphon, Phrynichos und Theramenes, die zu den profiliertesten Köpfen Athens zählten. Es ist schon erstaunlich, dass sie nicht abschätzen konnten, wie fest verankert die Demokratie im athenischen Volk in Wirklichkeit war, und sich auf ein derartiges Abenteuer einließen. Außenpolitisch versuchte die neue Regierung Friedensverhandlungen mit Sparta einzufädeln – aus einer Position der Schwäche!

Inzwischen hatten sich bei der Flotte schon wieder die demokratischen Kräfte durchgesetzt. Jetzt waren sie es, die Alkibiades zurückriefen und sich

Hoffnungen auf ein Bündnis mit Tissaphernes machten. Alkibiades erklärte sich bereit zu helfen, wenn er nach Athen zurückkehren dürfe. Daraufhin wählten ihn die Flottenmannschaften begeistert zum Feldherrn und fassten den Plan, sofort nach Athen zu fahren, um Rache an den Oligarchen zu nehmen. Es war Alkibiades, der sie davon abbrachte und so den Bürgerkrieg verhinderte. Er war, wie Thukydides anerkennend berichtet, der einzige, der die dazu nötige Überzeugungskraft besaß. Als die Verhandlungen der Oligarchen mit Sparta zu keinem Ergebnis führten und außerdem ein von Athen ausgesandtes Flottengeschwader von den Spartanern bei Eretria auf Euboia besiegt wurde, brach die Oligarchie der Vierhundert zusammen und wurde unter Führung des Theramenes durch eine echte Hoplitenherrschaft ersetzt, in der in einem Turnusverfahren jeweils ein Viertel der Fünftausend den regierenden Rat bildete. Nach dem Urteil des Thukydides war diese Mischung zwischen Demokratie und Oligarchie die beste Verfassung, die Athen zu seiner Zeit gehabt hat. Mit der Rückberufung des Alkibiades, der sich mit der Herrschaft der Fünftausend einverstanden erklärt hatte, und anderer Verbannter glaubte man einen tragfähigen Kompromiss gefunden zu haben. Doch als es Alkibiades gelang, die Flotte der Spartaner bei Kyzikos völlig zu vernichten (410 v. Chr.), war es auch mit der Herrschaft der Fünftausend vorbei, und Athen kehrte zur Demokratie zurück. Man glaubte wieder ganz oben zu sein.

Wie man in oligarchischen Kreisen dachte, zeigt eine anonyme Schrift aus dieser Zeit. Man betrachtete die Demokratie prinzipiell als unmoralisch, weil sie nicht den „Edlen" und „Rechtschaffenen", sondern den „Schlechten", d. h. den unteren sozialen Schichten diene. Aus der Sicht der „Schlechten" sei sie jedoch gerechtfertigt, weil es das „Volk" sei, das die Flotte, das hauptsächliche Machtinstrument Athens, betreibe und daher den Staat zu seinem Nutzen einrichten könne. Das ganze demokratische System mit seiner defekten Verwaltung, der Unterdrückung der Mitglieder des Seebundes und der finanziellen Belastung der Reichen sei zwar objektiv schlecht, aber durchaus natürlich, weil jeder – und hier zeigt sich die sophistische Schulung des Verfassers – von Natur aus dazu neige, die Dinge zu seinem Nutzen zu gestalten und dazu auch ein natürliches Recht habe. Wirklich schimpflich seien lediglich diejenigen Aristokraten, die ihren Vorteil darin sähen, der Demokratie zu dienen. Im entscheidenden Punkt erweist sich der Verfasser klüger als viele seiner oligarchischen Gesinnungsgenossen: Die Demokratie durch einen oligarchischen Umsturz beseitigen zu wollen, sei in Athen aussichtslos.

In die Zeit kurz vor dem oligarchischen Umsturz, ins Frühjahr 411 v. Chr., fällt die „Lysistrata" des Aristophanes. Sie ist das in der Öffentlichkeit bekannteste Stück des Dichters, weil sein Inhalt den heutigen pazifistischen und feministischen Strömungen entgegenkommt, diese sogar glücklich zu vereinen scheint, und weil es darin um viel Sex geht. Selbstverständlich ist es legitim, dass sich moderne Autoren dieses antiken Stoffes bedienen und ihn in ihrem Sinne umformen, solange sie nicht suggerieren, dass Aristophanes schon ebenso oder wenigstens so ähnlich gedacht habe wie sie. Das wird jedoch meistens suggeriert („schon Aristophanes hat ..." – nein, hat er nicht!). Vom heutigen Pazifismus und Feminismus war er weit entfernt. Und im Vergleich mit den „Acharnern" und dem „Frieden" ist die „Lysistrata" ein eher laues, ein unpolitisches Friedensplädoyer.

Feminist war Aristophanes schon gar nicht. Im Gegenteil: Die Frauen selbst gestehen in diesem Stück ihre grundsätzliche Minderwertigkeit gegenüber den gleichaltrigen Männern durchaus ein, auch wenn sie sich hier einmal für das Richtige, den Frieden, in die Öffentlichkeit wagen und einen gehörigen Krawall machen. Die Komik besteht darin, dass es gerade ihre vielkritisierten Laster, ihre Neigung, sich mit übermäßiger Kosmetik und Schmuck aufzuplustern, sind, die sie diesmal stark und den Männern überlegen machen. Denn die Steigerung ihrer erotischen Attraktivität bei gleichzeitiger Sexverweigerung ist ihre Strategie, mit der sie die Männer, wenn sie zwischendurch vom Schlachtfeld heimkehren, vom Krieg abbringen können. Sie verlangt von den Frauen allerdings eine harte Selbstdisziplin, denn ihre sexuellen Bedürfnisse waren ja nach antiker Auffassung, wie wir schon gesehen haben, stärker als die der Männer. Drei Motive sind es, die die Frauen Athens, Spartas, Korinths und Boiotiens zu Aktivistinnen für den Frieden werden lassen: Die Mütter bangen um ihre Söhne, die im Feld stehen, die Ehefrauen sind wegen der Abwesenheit ihrer Männer sexuell unbefriedigt, und die Heiratschancen der jungen Frauen sinken mit jedem Kriegsjahr, Sie verblühen unvermählt, während sich die Männer, sofern sie aus dem Krieg überhaupt zurückkehren, nach jüngeren Frauen umsehen. Auch wollen sich die Frauen mit ihrem Engagement gegenüber ihrer Stadt erkenntlich zeigen, der sie ein üppiges Leben mit all den prächtigen Festen verdanken. Das erste Etappenziel ist die Besetzung der Akropolis, um den Staatsschatz in ihre Gewalt zu bringen und so die Finanzierung des Krieges zu unterbinden. Denn Frauen verstehen sich darauf, mit Geld umzugehen, weil sie ja auch das Haushaltsgeld verwalten. Nach diesem Handstreich kommt es zu einem heftigen Kampf mit den schon wegen ihrer verminderten sexuellen Leistungsfähigkeit verachteten alten Männern, die während der Abwesenheit der jüngeren die Politik bestimmen und nun vergeblich versuchen, die von den Frauen besetzte Akropolis zu stürmen. Mit dieser Persiflage auf eine Belagerung verschafft sich der Dichter Gelegenheit, zur Freude seiner Zuschauer wieder in rüden Beschimpfungen und Drohungen zu schwelgen. Zugleich greift er ein Motiv aus den „Rittern" wieder auf: Die Greise symbolisieren den mental vergreisten athenischen Demos, der dringend einer Verjüngung bedarf. Die sexuelle Enthaltsamkeit macht den Frauen so schwer zu schaffen, dass Lysistrata sie nur mit Mühe zum Durchhalten überreden kann. Und endlich kommt der Erfolg. Die sexuell frustrierten Spartaner schicken Gesandte, die mit ihren überdimensionalen Priapos-Phalli kaum noch laufen können, und bieten den Athenern unter Führung der Versöhnungsgöttin, die von einer nackten Sklavin dargestellt wird, den Frieden an.

Doch die politische Wirklichkeit sah wieder einmal anders aus. Zwar war der Schock der Spartaner nach dem Verlust ihrer gesamten Flotte so groß, dass sie zum Frieden bereit waren, aber nur auf der Basis des Status quo. Das hätte bedeutet, dass Athen auf zahlreiche Städte des Seebundes hätte verzichten müssen, die sich auf die Seite Spartas geschlagen hatten, denn Sparta wäre überhaupt nicht in der Lage gewesen, diese an Athen zurückzugeben. Mit einem Kompromissfrieden war der Vorkriegszustand nicht mehr wiederherzustellen. Umso mehr Grund für die Athener, die unter der Führung des Demokraten Kleophon, eines Krawallpolitikers vom Schlage Kleons, schon den endgültigen Sieg vor Augen sahen, sich auf keine Verhandlungen einzulassen. Athen schien zu alter Größe auferstanden. 407 v. Chr. wurde Alkibiades von seinen Anhängern überschwänglich in der Stadt empfangen. Der verlorene Sohn war heimgekehrt, alle seine „Sünden" vergeben und vergessen. Man wählte ihn zum Strategen, sogar mit außergewöhnlichen Vollmachten *(strategòs autokrátōr).* Er schien der Retter. Aber der Hass seiner Gegner glomm im Hintergrund weiter.

Die letzte Phase des Peloponnesischen Krieges ist gekennzeichnet von einem ständigen Auf und Ab beider Kriegsgegner und einem Wettlauf um die Gunst des Perserkönigs. Spartas Zähigkeit gewann wieder die Oberhand. Mit Lysander (griech. Lysandros) schickte es einen außergewöhnlichen Feldherrn und Diplomaten auf den Kriegsschauplatz. Hinzu kam, dass sich der persische Großkönig indessen für die Unterstützung Spartas entschieden und seinen jüngeren Sohn Kyros in der Funktion eines Vizekönigs von Kleinasien mit der Ausführung dieser Politik beauftragt hatte. Als sich ein Unterführer des Alkibiades während dessen vorübergehender Abwesenheit, von Ruhmsucht getrieben, eigenmächtig auf eine Seeschlacht mit Lysander einließ und bei Notion eine Niederlage erlitt, machte man in Athen Alkibiades dafür verantwortlich und wählte ihn für das folgende Jahr nicht mehr zum Feldherrn. Der große Überflieger schien plötzlich entzaubert.

Damit hatten seine Gegner freie Bahn, die schon lange darauf lauerten, ihn mit Prozessen fertigzumachen. Alkibiades blieb keine andere Wahl als Athen zu verlassen – für immer. Es war das politische Ende eines hochbegabten Aristokraten, der wie kein anderer die Widersprüche des ausgehenden fünften Jahrhunderts verkörperte und dem der Krieg die Möglichkeit geboten hatte, sein individuelles Streben nach Macht, Ruhm und Reichtum über das Wohl seiner Stadt zu stellen. Er wurde vom „Volk" einmal gefeiert, ein andermal verdammt und schließlich in dem Moment vertrieben, in dem die Athener ihn am dringendsten benötigt hätten. Der Krieg ging ohne ihn weiter und, wie es zunächst schien, für Athen erfolgreich.

406 v. Chr. kam es zur gewaltigsten Seeschlacht des gesamten Krieges. Bei den Arginusen, einer kleinen Inselgruppe vor der kleinasiatischen Küste östlich von Lesbos, errangen die Athener einen glänzenden Sieg über die Flotte der Spartaner, deren Oberbefehlshaber, Kallikratidas, der Nachfolger Lysanders, mit seinem Schiff unterging. Angeblich hatte ein Seher seinen Tod vor der Schlacht

vorausgesagt. Doch der Sieg hatte ein bitteres Nachspiel. Weil die Schiffbrüchigen und Toten in der stürmischen See nicht hatten geborgen werden können, verurteilte die aufgebrachte Volksversammlung acht der zehn Strategen dieses Jahres zum Tode, unter ihnen den Sohn des Perikles. Der Protest des Sokrates, der damals Prytane war, und einiger anderer blieb ungehört. Zwei der Verurteilten gelang rechtzeitig die Flucht. Wenig später bereuten die Athener dieses Urteil und verurteilten einige Ankläger, weil sie angeblich das Volk getäuscht hätten. Sie konnten jedoch rechtzeitig flüchten.

Das Ende der athenischen Seemacht kam 405 v. Chr. völlig unerwartet, nicht durch eine spektakuläre Niederlage, sondern durch eine leichtsinnige Unachtsamkeit der athenischen Befehlshaber. Sie hatten bei der Verfolgung der spartanischen Flotte, die die nördlichen Meerengen sperrte, jedoch einer Schlacht auswich, die Schiffe bei Aigospotamoi in den Dardanellen vorübergehend an Land ziehen lassen und den Mannschaften erlaubt, sich auf der Suche nach Proviant zu zerstreuen. Die Warnung des Alkibiades, der, von seinen Besitzungen in Thrakien kommend, im Schiffslager erschien und sie zu warnen versuchte, wiesen sie empört ab. Einen Tag später erschien plötzlich die Flotte Lysanders, der die athenische Flotte aus der Ferne hatte beobachten lassen, und nahm die athenischen Schiffe, ohne eine Schlacht riskieren zu müssen, ganz einfach in Besitz und außerdem 3000 Gefangene. Es folgte ein Massaker, denn Lysander ließ die Athener unter ihnen hinrichten, weil die athenische Volksversammlung beschlossen hatte, allen Gefangenen, die in die Hände der Athener fallen würden, den Daumen der rechten Hand abzuhacken, damit sie nie wieder eine Waffe führen könnten. Nur einen der athenischen Strategen, der gegen diesen Beschluss gestimmt hatte, hat Lysander verschont. Athen, zu Lande und zur See von aller Zufuhr abgeschnitten, wurde ausgehungert. Die großen Verteidigungsanlagen nützten nichts mehr, auch nicht die Durchhalteparolen Kleophons, der drohte, jedem die Kehle durchzuschneiden, der von Kapitulation spräche. Später wurde er hingerichtet.

Das Ende war elend: Im Frieden von 404 v. Chr. verlor Athen seinen Seebund, musste seine nach der Abwehr der Perser errichteten Verteidigungsanlagen niederreißen, was unter fröhlicher Flötenbegleitung geschah, und seine Flotte auf zwölf Schiffe reduzieren. Die Stadt hatte infolge der „Pest" und des Krieges die Hälfte ihrer Bürger verloren, und die Kolonisten, die Athen im Bereich des Seebunds angesiedelt hatte, verloren ihr Land und mussten nach Athen zurückkehren. Es hätte noch Schlimmeres passieren können: Korinth und Theben verlangten die völlige Zerstörung der Stadt. Wir hätten heute keine Akropolis mehr. Es war Sparta, das den Untergang Athens verhindert hat. Vielmehr vergrößerte es seinen eigenen Machtbereich, in dem es Athen zum Eintritt in den Peloponnesischen Bund zwang. Das am Beginn des Krieges Unvorstellbare war eingetreten: Die Landmacht Sparta hatte die Seemacht Athen zur See besiegt und, wie die meisten glaubten, den Griechen zum zweiten Mal die Freiheit gebracht. Letztendlich hatte die Niederlage Athens ihre Wurzel in der Abkehr von der auf Ausgleich mit Sparta ausgerichteten Politik Kimons, die die Demokratie 460 v. Chr. vollzogen und in eine Politik des bewussten Gegensatzes zu Sparta verwandelt hatte.

Sparta hat Athen nicht nur vor der Zerstörung gerettet, sondern nahm offiziell nicht einmal Einfluss auf die innere Ordnung der Besiegten. Lediglich die ehemaligen Anhänger der Verfassung der Vierhundert und der Fünftausend ließ Lysander aus der Verbannung zurückkehren. Sie waren es, die in ihrer Stadt ein Unheil anrichteten, das alles, was man bis dahin in Athen erlebt hatte, übertraf. Die beiden führenden Politiker waren Kritias und Theramenes. Theramenes hatte 410 v. Chr. noch als Vertreter der Fünftausend an der Seite des Alkibiades an der siegreichen Schlacht bei Kyzikos teilgenommen, dann die Rückkehr zur Demokratie in Athen politisch überlebt und 404 v. Chr. im Auftrag seiner Stadt die Friedensverhandlungen mit Sparta geführt. Dabei hatte er während eines längeren Aufenthaltes bei Lysander Verbindungen zu den verbannten Anhängern der Vierhundert und der Fünftausend angeknüpft. Kritias, ein Onkel Platons, war als Verfasser mehrerer Schriften hervorgetreten, in denen er sich u. a. als Atheist radikalsophistischer Ausrichtung und Verfassungstheoretiker einen Namen gemacht hatte. Seine zur Schau getragene Bewunderung der spartanischen Lebensform war jedoch in Wahrheit nichts weiter als eine moralisch bemäntelte Abneigung gegen die Demokratie. In Wirklichkeit war er durch und durch Oligarch mit einer Vorliebe für aristokratische Lebensformen, die alles andere als spartanisch waren. Seit seiner Jugend ein Freund des Alkibiades, engagierte er sich nach dessen Flucht politisch für dessen Rückkehr, sobald es möglich war, und musste nach seinem endgültigen Sturz ebenfalls Athen verlassen. Er fand Aufnahme beim Reiteradel in Thessalien, dessen ungebändigte Lebensweise und exzessive Trinkgewohnheiten ganz seinem Naturell entsprachen. Sein Hass auf die Demokratie machte ihn, wie sich zeigen sollte, blind für jegliche politische Vernunft.

Noch vor dem Eintreffen der Verbannten hatte Theramenes in Übereinstimmung mit Lysander erste Schritte zur Abschaffung der Demokratie unternommen und war mit Unterstützung der Hetairien gegen Demokraten aus der Führungsschicht vorgegangen. Die athenische Verfassung blieb formal bestehen, wurde aber von Oligarchen manipuliert. Sie ließen von einer dubiosen Volksversammlung die Gründung eines 30-köpfigen Gremiums beschließen, angeblich, um eine neue Verfassung auszuarbeiten. Dieser Ausschuss, dessen Mitglieder durch Ernennung und eine Scheinwahl ausgesucht wurden, zog dann alle Macht an sich und bildete den Kern der Oligarchie. Er machte den Rat der Fünfhundert zu seinem Instrument und zu seinem Gerichtshof, mit dem er in willkürlichen Prozessen zunächst ehemalige Sykophanten, die früher Aristokraten angeklagt hatten, zum Tode verurteilen ließ. Die Volksversammlung wurde nicht mehr einberufen.

Trotzdem fühlten sich die Oligarchen nicht sicher. Sie erbaten von Sparta zu ihrem Schutz eine Garnison von 700 Mann auf der Akropolis, deren Kosten sie aus dem konfiszierten Vermögen reicher Demokratiesympathisanten und Metoiken bestritten. Im Zuge dieses Terrors verlor auch der Metoike Lysias sein Vermögen und konnte nur mit knapper Not durch die Flucht sein Leben retten. Angeblich sollen 1500 Athener und 1000 Metoiken dem Terror zum Opfer gefallen sein. Dennoch war die Oligarchie nicht gefestigt. Ohne die breitere Basis einer Volksversammlung, selbst wenn sie nur aus einer begrenzten Zahl von Bürgern bestehen und nur begrenzte Kompetenzen haben würde, kam auch die Oligarchie nicht aus. Eine reine Diktatur der Dreißig wäre in einer griechischen Polis nicht legitimationsfähig gewesen, hatten doch selbst Tyrannen nie die Volksversammlung abgeschafft. Die Frage war also: Wie viele Bürger sollte die zukünftige Volksversammlung umfassen? Theramenes wollte anscheinend lediglich die Theten ausschließen, aber Kritias erkannte ganz richtig, dass sich die Oligarchie mit einer so großen Volksversammlung nicht würde halten lassen, verdächtigte Theramenes auch, ein falsches Spiel zu treiben und sich bei breiten Volksschichten beliebt machen zu wollen. Schließlich hatte Theramenes schon einmal die Rückkehr vom Regime der Fünftausend zur Demokratie mitgemacht.

Der Streit eskalierte zwangsläufig zu einem Machtkampf. Kritias setzte sich durch, ließ die Bürgerschaft der Dreitausend konstituieren und anschließend den Theramenes in einem Überrumpelungsmanöver zum Tode verurteilen. Dieser versuchte vergeblich sich mit einer glänzenden Rede, die noch lange nach seinem Tod bewundert wurde, zu verteidigen und schließlich bei einem Altar Schutz zu finden. Mit lauter Stimme flehte er die Umstehenden um Hilfe an. Als alles nichts half, wollte er wenigstens nicht ganz ohne eine snobistische Geste für die Nachwelt sterben, wie Xenophon berichtet:

> Als er dann sterben mußte und den Schierlingsbecher trank, da soll er, wie man erzählt, die letzten Tropfen wie beim Kottabos-Spiel ausgeschüttet haben mit den Worten: „Dies für den schönen Kritias!“ (Hellenika 2, 3)[93]

Die Rückkehr zur Demokratie kam von außen. Die geflüchteten Demokraten sammelten sich im Ausland hinter Thrasybulos, der schon 411 v. Chr. als Flottenoffizier in Samos den Widerstand gegen das Regime der Vierhundert angeführt und 410 v. Chr. neben Alkibiades und Theramenes die Seeschlacht bei Kyzikos geschlagen hatte. Theben, Argos und sogar Megara unterstützten sie, wahrscheinlich in der Absicht, den Einfluss Spartas in Athen zu begrenzen. Hatte Theben nach der Kapitulation Athens noch die Zerstörung der Stadt gefordert, so merkte man dort wenig später, dass man Athen als Gegengewicht zu Sparta brauchte, dass durch die Niederlage Athens das Gleichgewicht der Mächte gestört war. Und in Sparta ging König Pausanias (II.) daran, der Selbstherrlichkeit Lysanders Zügel anzulegen, weil dessen faktische Sonderstellung die spartanische Gleichheit bedrohte.

Die Dreißig reagierten auf die heraufziehende Gefahr mit immer größerem Terror. Doch die Streitmacht der Demokraten rückte immer näher, besetzte den strategisch wichtigen Munichia-Hügel am Eingang des Piräus und errang dort den entscheidenden Sieg über die Anhänger der Dreißig. In diesem Kampf ist Kritias gefallen. Es folgte eine kurze Übergangsregierung gemäßigter Oligarchen, der Zehn, die glaubte, sich auf Lysander, der indessen den Piräus blockierte, stützen zu können, bis Pausanias mit einem Heer in Attika erschien und die Sonderrolle Lysanders und den athenischen Bürgerkrieg beendete. 403 v. Chr. wurde die Demokratie wieder hergestellt. 403/402 v. Chr. kam es zu einer Amnestie, von der nur die Dreißig, die Zehn und das elfköpfige Hinrichtungskommando ausgenommen waren. Diejenigen, die Vorbehalte gegen die neue Regierung hatten oder ihr nicht trauten, erhielten die Möglichkeit, nach Eleusis umzuziehen, das schon immer eine Sonderstellung gehabt hatte, und dort eine eigene Regierung zu wählen. Später, als sie sich sicher fühlen konnten, sind viele von ihnen nach Athen zurückgekehrt, und die Eigenständigkeit von Eleusis ging 401/400 v. Chr. zu Ende. Der Antrag Thrasybuls, denjenigen Metoiken, die unter den Dreißig verfolgt worden waren und sich der Truppe der Demokraten angeschlossen hatten, das Bürgerrecht zu verleihen, wurde abgelehnt, vielmehr das Gesetz des Perikles zur Begrenzung des Bürgerrechts ausdrücklich noch einmal eingeschärft – trotz der Verluste durch Krieg und Bürgerkrieg. Athen hat die Bürgerzahl, die es zu Beginn des Peloponnesischen Krieges gehabt hatte, nie wieder erreicht. Der Metoike Lysias erhielt für den Verlust seines Vermögens nicht einmal eine Entschädigung und musste als Redenschreiber (Logograph) für Prozessierende sein Geld verdienen, brachte es darin aber zu einer solchen Meisterschaft, dass seine Reden in die griechische Literatur eingegangen sind. Platon hat dem Andenken des Kritias, auch wenn er sein Regime ablehnte, durchaus Respekt entgegengebracht, wohl nicht nur, weil er sein Onkel war, sondern weil nach griechischer Auffassung jemand, der tapfer im Kampf gefallen war, trotz seiner Untaten Anspruch auf Respekt hatte. Das Regime der Dreißig wurde in Athen später als das der „Dreißig Tyrannen“ bezeichnet.

Es mag paradox erscheinen: Aber Athen war wohl trotz allem – abgesehen von Sparta und den vielen kleinen dörflichen Poleis (in denen es allerdings sicher auch viel Streit gab) – diejenige Stadt, in der man sich noch am sichersten fühlen konnte. Denn die Demokratie wurde von der großen Mehrheit der Athener getragen. In den Städten von mittlerer Größe gab es einen solchen Konsens nicht. Sie wurden auch nicht durch den Druck, ein größeres Gebiet und eine Überzahl von Untertanen beherrschen zu wollen, gleichsam von außen zusammengehalten wie Athen und Sparta. Gleichzeitig waren sie von der jeweiligen außenpolitischen Konstellation abhängig, die häufig wechseln konnte und die bis in ihr inneres Gefüge hineinwirkte. Blutige Bürgerkriege waren in diesen Städten ein immer wiederkehrendes Element in der politischen Auseinandersetzung und haben deshalb auch mit dem Begriff *stásis* (Plural *stáseis*) einen festen

Platz in der politischen Terminologie der Griechen gefunden. Die antiken Autoren sprechen von Kämpfen zwischen Oligarchen und Demokraten, zwischen den Reichen und dem Volk oder zwischen den Wenigen und den Vielen bzw. der Masse. Für den heutigen Leser klingt das nach sozialen Unruhen, wenn nicht nach Klassenkämpfen. Aber auch hier dürfen wir neuzeitliche Verhältnisse nicht auf die Antike übertragen.

Es ging zunächst einmal um die Beteiligung an der politischen Macht, insbesondere um folgende Frage: Sollten die politischen Rechte, vor allem das Stimmrecht in der Volksversammlung, nur den Hopliten zukommen oder allen Bürgern offenstehen? Viel mehr können wir aus den verschwommenen Begriffen Oligarchie und Demokratie nicht erschließen, denn nicht alle Demokratien folgten dem athenischen Vorbild. Da wir über die Verfassungen der meisten Städte wenig Genaues wissen und mit beträchtlichen lokalen Unterschieden rechnen müssen, ist es oft schwer zu erkennen, worum der Streit über das Grundsätzliche hinaus im Einzelnen ging: etwa um die Kompetenzverteilung zwischen der Volksversammlung, dem Rat und verschiedenen Ämtern; oder ob für die Bekleidung von Ratsherrenstellen und bestimmten Ämtern ein großes Vermögen zur Voraussetzung gemacht werden sollte oder nicht; ferner, ob einzelne Ämter durch Wahl oder nach einer Vorwahl durch Verlosung zu besetzen wären. Das alles hatte großen Einfluss auf die Machtverteilung. Aber dahinter stand viel mehr. Zuerst die geradezu endemische Streitsucht innerhalb der Führungsschicht, die zu erbitterten Feindschaften ausarten konnte. Es ist bezeichnend, dass es in diesen Kreisen zum Ehrenkodex gehörte, nicht nur seinen Freunden viele Vorteile zu verschaffen, sondern auch, seinen Feinden viel Schaden zuzufügen. Wer das in großem Stil vermochte, der genoss Respekt. Freundschaften dieser Art konnten ihre Verdichtung und Formalisierung in einer Hetairie finden, in der die Mitglieder sich eidlich zu gegenseitiger Unterstützung verpflichteten, auch bei Gerichtsprozessen. Geheim waren solche Hetairien nicht, wohl aber ging es Außenstehende nichts an, was bei ihren Zusammenkünften besprochen wurde. (So hielten es auch, wie schon gesagt, die Mitglieder der einzelnen Syssitien in Sparta). Deshalb ist es nicht verwunderlich, dass sie gelegentlich zu Brutstätten von Verschwörungen wurden. Auch die Sportstätten und Rhetorikschulen, obwohl sie öffentlich waren, gerieten manchmal in Verdacht, Stätten subversiver Kommunikation zu sein, die sich zu gewaltsamen politischen Aktionen verdichten konnte.

Ein beliebtes Mittel zur Ausschaltung von Gegnern waren Gerichtsprozesse. Die erhaltenen boshaften Anklagereden zielen – stilistisch glänzend – ganz bewusst nicht nur auf den Sieg, sondern auf die Vernichtung des Gegners hin. Charakteristisch für diese Feindschaften war, dass sie weniger auf politischen Überzeugungen beruhten, sondern in erster Linie auf persönlichen Abneigungen. Es ging um Macht, Ruhm, Prestige und Bereicherung. Eine größere Dimension bekamen diese persönlichen Rivalitäten dadurch, dass die Spitzenpolitiker durch finanzielle Großzügigkeit und Gefälligkeiten ein Netzwerk von Sympathisanten und Abhängigen aus allen sozialen Schichten unterhielten. Deshalb fanden sich besonders Reiche durchaus unter den Demokraten. Außerdem beschränkte sich das Netzwerk der Politiker nicht auf die eigene Stadt, sondern reichte oft weit darüber hinaus in andere Städte hinein, war häufig viele Generationen hindurch stabil und beeinflusste nicht selten auch die außenpolitische Orientierung einzelner Politiker.

Eine *stásis* begann für die meisten Bürger völlig unvermutet mit einem plötzlichen Überfall einiger Verschwörer. Ein kleiner Anstoß von innen oder außen genügte, um die Spannungen unter der alltäglichen Oberfläche zu entladen. Es war wie bei einem Vulkanausbruch. Dabei war kein Mittel zu gemein. Am wichtigsten war der Überraschungseffekt. Häufig wählten die Verschwörer ein religiöses Fest oder eine Zeremonie in einem Tempel, wenn die Gegner nichts Böses erwarteten und ihre Waffen abgelegt hatten. Entweder wurden die Gegner sofort niedergemacht oder verhaftet und dann in einem Schnellverfahren zum Tode verurteilt: denn der politische Mord, auch der Justizmord, war nicht generell geächtet, sondern weitgehend akzeptiert, wenn er einem guten Zweck diente. Schließlich galt der Mord an einem Tyrannen allgemein als lobenswerte Tat. Nach dem Überfall erfasste die Gewalt immer weitere Teile der Bürgerschaft und steigerte sich gelegentlich zu einem Gemetzel, zu einem blindwütigen Rasen, an dem manchmal sogar Frauen und Sklaven beteiligt waren. Es sind kurze kollektive Ausbrüche von hemmungsloser Wut, wie sie auch für viele Einzelne charakteristisch waren. Dabei zeigte sich immer wieder, dass Oligarchen und Demokraten annähernd die gleiche Kampfkraft hatten. Es kann sich also nicht um einen Kampf zwischen Wenigen und Vielen gehandelt haben, schon gar nicht um einen Aufstand der Massen. Nicht nur die Bezeichnungen „Oligarchen" und „Demokraten" sind ungenau, sondern auch die immer wiederkehrenden Begriffe „die Reichen" und „das Volk" bzw. „reich" und „arm" sind in der antiken Literatur ziemlich diffuse Schemata aus einem Mixtum von philosophischen, politischen, sozialen und moralischen Vorstellungen, denen wir wenig Konkretes entnehmen können.

In der Praxis war auf beiden Seiten immer ein kleiner Klüngel aus der Oberschicht führend, der hauptsächlich von seinen Parteigängern aus der Gruppe der Schwerbewaffneten, der Hopliten, unterstützt wurde. Denn die Streitfrage, ob Oligarchie oder Demokratie, spaltete nicht nur die Oberschicht, sondern reichte bis in die Hoplitenklasse hinein. Manchmal holte sich eine „Partei" auch Söldner zu Hilfe. Und gelegentlich verlieh man in äußerster Not Metoiken das Bürgerrecht und ließ sogar Sklaven frei und bewaffnete sie. Kein Tempelasyl wurde geachtet und jeder Meineid geschworen, um Gegner, deren man nicht sofort habhaft werden konnte, mit falschen Versprechungen in Sicherheit zu wiegen und in eine Falle zu locken. Der Hass war so groß, dass die Tötung der Gegner oft nicht einmal genügte, um den Blutrausch zu sättigen; sondern dass man gefangene Gegner noch misshandelte und sadistisch quälte, bevor man sie umbrachte, weshalb viele, die sich in aussichtsloser Lage befanden, den Selbstmord vorzogen. Ein besonderer Fall von Enthemmung ist aus Argos überliefert, wo 370 v. Chr. ein oligarchischer Putsch scheiterte. Der Gegenschlag der Demokraten war schrecklich: 1200 vermögende Bürger wurden hingerichtet, indem man ihnen mit speziellen Keulen die Schädel einschlug, und noch einigen führenden Demokraten dazu, die der Gewalt Einhalt gebieten wollten. Nach kurzer Zeit war alles vorbei. Es war ein Merkmal der *stásis*, dass sie plötzlich hereinbrach, aber nie lange dauerte. Erklärbar sind solche Exzesse nur psychologisch, und es zeigt sich, dass die grauenhaften Szenen, die sich in den Mythen finden und die die Tragödien ihrem Publikum vor Augen führten, nicht nur Theater waren.

Wirtschaftliche Motive waren nicht die Auslöser, hatten aber sehr wohl Anteil an der *stásis*. Antike Autoren sprechen von einem weitverbreiteten Bedürfnis nach Schuldenstreichung und Neuverteilung des Bodens. Das betraf Landbesitzer, die durch Erbteilung, Missernten, Kriege oder Misswirtschaft in Not geraten waren. Doch wurde der konfiszierte Besitz der getöteten oder vertriebenen „Partei" in der Regel nicht neu verteilt, sondern verkauft oder verpachtet. Und natürlich ist damit zu rechnen, dass nicht wenige den vorübergehenden Zusammenbruch der staatlichen Ordnung zu Plünderungen nutzten, wie überall auf der Welt.

Die Stasioten waren jederzeit bereit, sich von auswärts Unterstützung zu holen. Oder der Anstoß kam von außen und wurde von denen, die einen Umsturz planten, dankbar aufgenommen. Nicht weniger als drei Viertel der *stáseis* waren mit einer außenpolitischen Umorientierung verbunden, je nachdem, welche der größeren Mächte gerade die Oberhand hatte. Das ist auch in späteren Jahrhunderten so geblieben, als die Verfassungsfrage keine Rolle mehr spielte. Jede politische Streitfrage von größerer Bedeutung, besonders wenn sie von außen auf die jeweilige Polis zukam, hatte das Potential, die Bürgerschaft in zwei unversöhnliche Parteiungen zu spalten. Die von den *stáseis* verursachte Schwächung der Bürgerschaft war beträchtlich. Nicht selten kamen 500 bis 1500 Bürger ums Leben. Eine noch größere Zahl, manchmal bis zu einem Viertel der Bürgerschaft, wurde vertrieben. Sie fanden, wenn sie keine auswärtigen Besitzungen hatten, oft Asyl bei Gastfreunden in anderen Städten oder schlugen sich als Söldner, Händler oder Piraten durch. Wenn möglich, siedelten sie sich in einem Teil des Territoriums ihrer Polis an und führten von dort aus den Bürgerkrieg weiter. Rachedürstend arbeiteten sie auf ihre Rückkehr hin, was nach einer Änderung der politischen Großwetterlage auch nicht selten gelang. Aber mit Unterstützung auswärtiger Mächte wurde manchmal auch eine Versöhnung zustande gebracht, die in einer Amnestie ihre gesetzliche Regelung fand. Meistens hat eine solche Versöhnung jedoch nie lange gehalten.

Fast gleichzeitig mit den „Dreißig Tyrannen" in Athen" entstand auf Sizilien eine echte Tyrannis, d. h. die Tyrannis eines Einzelnen. Der Anlass war die fortgesetzte Aggressivität von Selinus, das nach der Niederlage Athens triumphierte und das Gebiet von Segesta verwüstete. Also sah sich das verzweifelte Segesta nach einem neuen Bündnispartner um und bat gleich 410 v. Chr., wie 480 v. Chr. der vertriebene Tyrann von Himera, Karthago um Unterstützung. Die Karthager, die sich noch an die schreckliche Niederlage Hamilkars bei Himera erinnerten, zögerten, aber der Enkel Hamilkars, Hannibal, setzte den Kriegsbeschluss durch. 409 v. Chr. zerstörte er Selinus und Himera. Selinus wurde als weitgehend phoinikische Stadt wieder aufgebaut. In Himera rächte Hannibal den Tod seines Großvaters, indem er an die 3000 Einwohner, Männer Frauen und Kinder, an dem Platz massakrieren ließ, an dem Hamilkar umgekommen war. Ende 406 v. Chr. gelang es dem karthagischen Feldherrn Himilkon sogar Akragas zu zerstören, das der Tyrann Theron zwei Generationen zuvor nach seinem Sieg über die Karthager zu einer Perle Siziliens gemacht hatte, deren Oberschicht für ihren Luxus und ihre großzügige Gastfreundschaft weithin berühmt gewesen war.

Jetzt kam es andersherum. Ein syrakusanisches Heer, das der Stadt zu Hilfe kommen sollte, konnte lediglich den größten Teil der Einwohner retten und nach Gela evakuieren, aber die Zerstörung der Stadt nicht verhindern. Der Untergang dieser Metropole hat die griechische Welt ebenso erschüttert wie die Zerstörung von Sybaris ein gutes Jahrhundert zuvor. In Syrakus wurde der Schock über diese Katastrophe zum Ausgangspunkt für die Tyrannis Dionysios' I., der längsten Tyrannis eines Einzelnen der griechischen Geschichte. Dionysios hatte zu den Anhängern des Aristokraten Hermokrates gehört, der im Dienste der Demokratie maßgeblich zum Untergang des athenischen Heeres auf Sizilien beigetragen hatte. Hermokrates hatte daraufhin mit syrakusanischen Schiffen die Spartaner in der Ägäis einige Zeit erfolgreich gegen die Athener unterstützt, war dann aber auch in die schwere Niederlage verwickelt worden, die Alkibiades den Spartanern in der Seeschlacht bei Kyzikos (410 v. Chr.) beigebracht hatte. Daraufhin war er seines Postens enthoben und aus Syrakus verbannt worden. Denn die Syrakusaner gingen mit erfolglosen Feldherren nicht glimpflicher um als die Athener. Ihre früheren Verdienste nützten ihnen nichts. Nun war Revanche angesagt. Mit persischem Geld ausgerüstet, hatte er 407 v. Chr. mit Hilfe von Söldnern seine Rückkehr zu erzwingen versucht, war jedoch bei den Kämpfen in der Stadt gefallen. Wäre sein Putsch geglückt, hätte er zweifellos mit den führenden Demokraten „abgerechnet" und eine Oligarchie oder gar eine Alleinherrschaft errichtet. Thukydides und Platon haben ihm für die Nachwelt ein würdiges Andenken bewahrt.

Angesichts des Untergangs von Akragas sei eine kleine echt griechische Anekdote erwähnt, die der Geschichtsschreiber Diodor (1. Jh. v. Chr.) überliefert hat. Der reichste Bürger von Akragas war ein gewisser Tellias gewesen. Er hatte aber das Pech, nicht „schön" zu sein, sondern war äußerlich unscheinbar. Doch wusste er diesen Nachteil durch geistige Schlagfertigkeit wettzumachen:

> Als man ihn z. B. einmal als Gesandten zu den Bewohnern von Kentoripa schickte und er in der Volksversammlung auftrat, da brach die Masse angesichts seiner Erscheinung, die

> hinter den Erwartungen zurückblieb, in ein unziemliches Gelächter aus. Tellias aber unterbrach sie und meinte nur: „Seid doch nicht verwundert! Es ist nämlich Sitte der Akragantiner, in die berühmten Orte ihre stattlichsten Männer zu entsenden, dagegen in die unbedeutenden und ganz minderen Städte Männer von deren Art!" (Diodor 13, 83)[94]

Tellias soll bei dem Untergang seiner Stadt mit umgekommen sein. Dionysios bewies gleich nach dem Tod seines Mentors Hermokrates zum ersten Mal seine findige Überlebensfähigkeit, die er in den folgenden Jahren immer wieder unter Beweis stellte. Obwohl er sich bei den Kämpfen an der Seite des Hermokrates exponiert hatte und verwundet worden war, entging er der Rache der Demokraten und blieb, wie zuvor, in der Verwaltung der syrakusanischen Strategen tätig. Als diese Feldherren dann wegen ihrer Erfolglosigkeit im Kampf gegen die Karthager heftig angegangen wurden, spielte er den demokratischen Demagogen und goss – sophistisch geschult – kräftig Öl ins Feuer. Doch während er gegen die „Reichen" und „Mächtigen" hetzte, wusste er sich gleichzeitig die Rückendeckung führender Aristokraten, u. a. des vermögenden und einflussreichen Geschichtsschreibers Philistos, zu sichern. Nachdem er die Absetzung der Feldherren betrieben hatte, ließ er sich in das neue Strategenkollegium wählen. Als die Karthager auch Gela bedrohten, das von einem Streit zwischen Oligarchen und Demokraten gelähmt war, verhalf er den Demokraten zum Durchbruch, ließ einige reiche Oligarchen zum Tode verurteilen und bezahlte mit deren Vermögen die dortige syrakusanische Garnison, die unter dem Befehl eines spartanischen Offiziers stand. In Syrakus überzeugte er die Volksversammlung, dass es angesichts der kritischen Lage nötig sei, das Kommando einem Einzigen zu übertragen und auch die verbannten Oligarchen zurückzurufen, damit sie nicht zu den Karthagern überliefen. 405 v. Chr. wurde er zum Feldherrn mit besonderen Vollmachten *(strategòs autokrátōr)* gewählt, wie wenige Jahre zuvor Alkibiades in Athen. Von dieser Position aus zog er immer mehr Macht an sich. Unter Vortäuschung eines Attentats auf sich ließ er sich in Leontinoi, das damals zu Syrakus gehörte, eine Leibgarde von 600 Mann genehmigen, die er eigenmächtig auf 1000 Mann aufstockte und zu einer Elitetruppe formte. Das syrakusanische Bürgeraufgebot durchsetzte und verstärkte er durch die Aufnahme von zahlreichen Flüchtlingen, die vor den Karthagern Schutz suchten und sich ihm zu Dank verpflichtet fühlten.

Gestützt auf diese Truppen trat er anschließend in Syrakus offen als Alleinherrscher auf, tastete jedoch die demokratische Verfassung nicht an, sondern machte sie sich zu Nutze. Rein juristisch blieb er permanenter *strategòs autokrátōr*, denn die Tyrannis war nur ein faktischer Zustand, aber kein Amt. Zwei prominente Gegner ließ er von der Volksversammlung zum Tode verurteilen, sehr ausgewogen einen Oligarchen und einen Demokraten. Mit der Heirat der Tochter des Hermokrates und der Verheiratung seiner Schwester an den Bruder von dessen Witwe verband er sich wiederum mit oligarchischen Kreisen. Doch wehe, wenn der militärische Erfolg ausblieb. Bei Gela wurde Dionysios von den

Karthagern geschlagen. Sofort meuterte die von den Oligarchen gestellte Reiterei. Die Meuterer trafen vor ihm in Syrakus ein und plünderten sein Haus, wobei seine Gattin vergewaltigt wurde. Sie beging Selbstmord. Wenig später vertrieb Dionysios, der sich mit Feuer und Schwert den Zugang in die Stadt verschafft hatte, die Oligarchen, ließ ihre Häuser verwüsten und verteilte später ihren Besitz an seine Anhänger sowie an Söldner und Freigelassene, denen er das Bürgerrecht verlieh.

Im Friedensvertrag musste er den Karthagern große Teile Siziliens überlassen und konnte noch von Glück reden, dass diese wegen einer Epidemie in ihrem Heer überhaupt zu einem Friedensschluss bereit waren. Im Inneren war Vorsicht geboten. Zur Sicherung seiner Herrschaft ließ Dionysios die Verbindung zwischen der Insel Ortygia, der Altstadt, und der Neustadt durch eine Mauer unterbrechen und machte so die ganze Altstadt zu seiner Festung. Als Herr über die Ortygia hatte er auch Zugang zur See, war also fast völlig autark. Aber selbst diese Maßnahmen wären beinahe vergeblich gewesen. Als 404 v. Chr. auf einem erneuten Feldzug ein Teil seiner Söldner meuterte, griff die Erhebung auf Syrakus über, wo die vertriebenen Oligarchen ihre Stunde gekommen sahen. Dionysios wurde in seiner Festung zusammen mit loyal gebliebenen Söldnern eingeschlossen und dort monatelang zu Lande und zu Wasser belagert. Er schien am Ende. Aber selbst aus dieser scheinbar aussichtslosen Lage heraus, als schon etliche seiner Söldner zu den Syrakusanern überliefen, gelang es ihm, das Blatt zu wenden. Er nahm ehemals karthagische Söldner, die nach Kriegsende arbeitslos waren, in seinen Dienst, denen es gelang, ihn zu befreien. Da seine Gegner inzwischen zerstritten waren, bekam er die Stadt wieder in die Hand. Wertvolle Hilfe leistete ihm dabei ein spartanischer Gesandter, den er von Lysander erbeten hatte, und der unter Vortäuschung einer neutralen Vermittlung zwischen dem Tyrannen und der Bürgerschaft die Syrakusaner hinter das Licht führte und in Sicherheit wiegte. Die entflohenen Oligarchen mit ihrem beträchtlichen Anhang versuchte Dionysios mittels einer Amnestie zurückzugewinnen, was ihm jedoch nur teilweise gelang. Schließlich sicherte er seine Herrschaft durch einen weiteren Handstreich: Während die Hopliten auf den Feldern die Ernte einbrachten, ließ er ihre Waffen einziehen, die sie in ihren Häusern zurückgelassen hatten.

Kaum dass Dionysios dem Untergang entronnen war und seine Herrschaft im Innern auf die Lanzen von Söldnern gestellt hatte, begann er schon 403 v. Chr. rastlos mit seinen großen Eroberungsfeldzügen. Um Widerstand zu brechen war ihm, wie allen Tyrannen Siziliens, jedes Mittel recht, brutaler Terror ebenso wie berechnende Milde. Bürger eroberter Städte verkaufte er in die Sklaverei und finanzierte von der Kriegsbeute seine Söldner. Andere, wie die Bürger von Leontinoi, die verschreckt widerstandslos kapitulierten, zwang er zur Umsiedlung nach Syrakus und siedelte in ihrer Stadt später Söldner an. Das alles war nur die Vorstufe. Sein eigentliches Ziel war der Krieg gegen die Karthager. Sein gewaltiges Rüstungsprogramm umfasste eine erhebliche Verstärkung der Befestigungen von Syrakus, die Aufstockung der Flotte auf 200 Schiffe, die Konstruktion einer neuartigen Belagerungsmaschine, des Katapults, und die Anwerbung von Söldnern aus dem Osten, die nach Ende des Peloponnesischen Krieges neue Dienstherren suchten. Gleichzeitig gab ihm der geplante Karthagerkrieg die Gelegenheit zu einer innenpolitischen Wende. 397 v. Chr. ließ er den Krieg von der Volksversammlung beschließen und die Bürger wieder bewaffnen. Denn dieser Krieg war populär, jedenfalls solange er siegreich verliefe.

Aber wieder einmal erwies sich ein Krieg als unberechenbar. Als die Karthager zum Gegenschlag ausholten, war ihre Übermacht so beeindruckend, dass Dionysios sich nicht zu einer Schlacht zu stellen wagte. Zudem erlitt die syrakusanische Flotte, deren Rudermannschaften aus freigelassenen Sklaven bestand, eine schwere Niederlage und verlor die Hälfte ihrer Schiffe. Wie im Karthagerkrieg zuvor musste sich Dionysios hinter die Mauern von Syrakus zurückziehen und wurde monatelang vom Feind belagert. Sein Schicksal hing wieder einmal an einem seidenen Faden. Schon keimte in der Stadt erneuter Widerstand gegen ihn auf. Doch wiederum gelang dem Tyrannen mit Hilfe neuer Söldner und der Unterstützung Spartas der Wiederaufstieg. In einem Überraschungsangriff besiegte er das von Seuchen geplagte karthagische Heer, und auch seine Flotte war diesmal siegreich. Dennoch ging der Krieg bis 392 v. Chr. weiter und endete mit einem Kompromiss, der die Karthager wieder auf ihren früheren Herrschaftsbereich in Westsizilien beschränkte, allerdings den größten Teil der Insel in die Hand des Dionysios gab. Weitere Kriege gegen die Karthager folgten, blieben jedoch ohne durchschlagenden Erfolg. Dabei waren die Karthager nicht die einzige Gefahr. Denn gelegentlich wurde Dionysios von seinen eigenen Söldnern bedroht, und es hätte nicht viel gefehlt, dass die Meuterer ihn gelyncht hätten. Seine Herrschaft war der nicht endende Drahtseilakt eines gewieften politischen Taktikers und tatkräftigen Organisators. In Syrakus versuchte er sich eine eigene Führungsschicht aus seinen Anhängern aufzubauen, die ihren Zusammenhalt auch mittels Verschwägerung festigten. Doch auch ihnen gegenüber blieb der Tyrann stets misstrauisch, und einige von ihnen fielen in Ungnade. Um seine Herrschaft über Nordwestsizilien abzusichern, begann er seine Expansion auf Unteritalien auszuweiten, wobei er seine Stellung durch die Gewinnung neuer Verbündeter, Söldner und finanzieller Mittel weiter stärkte. Nach langen Kämpfen gelang es ihm, den von Kroton angeführten und mit den Karthagern verbündeten griechischen Städtebund zu besiegen (ca. 388 v. Chr.), ein beachtlicher Erfolg. Er kontrollierte nun die Meerenge von Messina. Selbst damit nicht zufrieden, dehnte er seinen Herrschaftsbereich schließlich bis in die Adria aus und unternahm im westlichen Mittelmeer Plünderungszüge vor der Küste Italiens bis in etruskisches Gebiet hinein. Aber zu den bedeutenden Feldherren der Antike gehörte er dennoch nicht. Alle Anstrengungen brachten ihn seinem Hauptziel, die Karthager aus Sizilien zu vertreiben und Sizilien zu einigen, nicht näher. Seine Bilanz auf Sizilien war ernüchternd: Weite, durch die Kriege schwer mitgenommene Gegenden der Insel blieben verarmt, die Bevölkerung dezimiert.

Auch die politisch-kulturelle Repräsentation seiner Tyrannis war von einem eigentümlichen Zwiespalt geprägt. Dionysios ließ die demokratische Verfassung bewusst bestehen, gab aber seiner Alleinherrschaft eine monarchisch-prunkvolle Fassade, ohne sich jedoch den Königstitel zuzulegen bzw. zulegen zu können, denn er wäre mit der demokratischen Verfassung nicht vereinbar gewesen. Auch hütete er sich, auf syrakusanische Münzen sein Porträt prägen zu lassen. Wie die Tyrannen vor ihm wollte auch er seinem Syrakus den Ruhm kulturellen Glanzes verschaffen. Er zog einige Dichter und Philosophen an seinen Hof, schrieb auch selbst Tragödien, doch konnten seine Poeten und Denker nicht das überragende Format derer aufweisen, die einst Hieron und Theron um sich versammelt hatten. Der Lebensstil in seiner Umgebung war großzügig, aber nicht ausschweifend, so wie er persönlich nicht als Freund von übertriebenem Luxus galt. Ihm ging es mehr um die Gewinnung von möglichst großer außenpolitischer Macht weit über Sizilien hinaus. Dass er seinen drei Töchtern die Namen der griechischen Tugenden Aretḗ, Dikaiosýnē (Gerechtigkeit) und Sōphrosýnē (Selbstbeherrschung) gab, sollte vielmehr demonstrieren, dass er diese Tugenden auch für sich in Anspruch nahm. Der weltmännische Philosoph Aristippos von Kyrene, der sich in dieser Atmosphäre von maßvollem Genuss und geistreicher Unterhaltung wohl fühlte, hat daraus eine besondere Ethik entwickelt. Als Schüler des Sokrates hätte er eigentlich jeglichen Hedonismus ablehnen müssen. Aber er bekannte sich ausdrücklich zu den Annehmlichkeiten, die das Leben am Hof des Tyrannen bot, und verfasste eigens eine Schrift zur Verteidigung seiner Lebensform gegen seine Kritiker. Seiner Ansicht nach verriet er die Prinzipien des Sokrates nicht, weil er für sich in Anspruch nahm, vom Genuss nicht abhängig zu sein, sondern jederzeit auf alle Genüsse verzichten zu können. Diese Position hat auch in späterer Zeit noch eine Fortsetzung gefunden.

In Griechenland wurde Dionysios zwar politisch von Sparta und Athen umworben und gewann beträchtlichen Einfluss, stieß aber auf heftige Ablehnung der Demokraten, als er die Annäherung Spartas an den persischen Großkönig unterstützte (davon später). Als er 388 v. Chr. eine von seinem Bruder Thearidas angeführte, prächtig ausstaffierte Festgesandtschaft zu den Olympischen Spielen schickte, kam es zu einem Eklat. Lysias, der athenische Metoike, nach wie vor ein glühender Anhänger der Demokratie, appellierte an das Freiheitsbewusstsein der Griechen und hetzte die Festteilnehmer derart auf, dass sie alle Darbietungen, mit denen der Tyrann hatte glänzen wollen, zurückwiesen und sein Festzelt zerstörten. (Später haben sich seine Beziehungen zu Athen wieder verbessert). Umso mehr Ehre wurde ihm in Syrakus zuteil. Als er 367 v. Chr. – mitten in seinem letzten Krieg gegen die Karthager – starb, bereitete man ihm eine so pompöse Bestattung mit Purpurdecken, Gold- und Elfenbeinschmuck, dass deren – verlorengegangene – Schilderung durch die Geschichtsschreiber Philistos und Timaios eine vielgelesene Passage in der griechischen Literatur wurde. Wenn man weiß, wie wichtig für die Griechen eine Bestattungszeremonie war, so wird klar erkennbar, wie sich der Zeitgeist seit dem frühen fünften Jahrhundert verändert hatte, als der Tyrann Gelon – unter pythagoreischem Einfluss? – noch zu seinen Lebzeiten für sich eine schlichte bürgerliche Bestattung festgelegt hatte. Dionysios wurde wie ein König bestattet.

Ein Freund, Verbündeter und Seelenverwandter des Dionysios war Lysander (griechisch Lysandros), der Besieger Athens im Peloponnesischen Krieg. Über alle Maßen ehrgeizig, zugleich skrupellos, brutal und hinterlistig, im persönlichen Umgang je nach Bedarf schroff und hochfahrend oder liebenswürdig und schmeichlerisch, war er als Repräsentant seiner Epoche in seinem exzessiven Machtstreben der spartanische Antipode des Alkibiades. Die politische Lage – oder war es die Tychē? – fügte es so, dass gerade er es war, der auf Geheiß der spartanischen Regierung dessen Ermordung ins Werk setzte. Alkibiades hatte sich nach der Niederlage Athens in die Satrapie des Pharnabazos geflüchtet. Aber der zeigte sich dem Lysander gefällig und sorgte für seine Liquidierung. Das Mordkommando ließ sich auf keinen Nahkampf von Mann zu Mann ein, sondern steckte die Behausung des Alkibiades in Brand. Als er herausstürzte, wurde er von Pfeilschüssen und Speerwürfen durchbohrt (404 v. Chr.). Die Geliebte, die er bei sich hatte, soll später seinen Leichnam ehrenvoll bestattet haben.

Doch wie zu erwarten, verliert sich die antike Überlieferung an dieser Stelle in verschiedene Legenden. Anders als Alkibiades war Lysander – zum Erstaunen aller – absolut unbestechlich. Er machte die „Armut" zu einem Bestandteil seiner *aretḗ* und gehört in diesem Punkt zugleich schon einer anderen geistigen Strömung an, über die im nächsten Kapitel zu sprechen sein wird. Sein Haus in Sparta hielt er bewusst schlicht und einfach. Aber wirklich arm war er sicher nicht. Auch soll er, wie viele andere Spartaner in dieser Zeit, heimlich in Delphi Geld deponiert haben. Er gehörte zur spartanischen Aristokratie, die sich von den Herakliden, den Söhnen des Herakles, herleitete und den Anspruch erhob, in die höchsten Ämter gewählt zu werden. Einzig und allein das Königtum war für sie unerreichbar. Mit seiner schlichten Lebensform und seiner betonten Unbestechlichkeit setzte er sich ganz bewusst in einen Gegensatz zu der allgemeinen Korruption, die sich in Sparta nach dem Sieg im Peloponnesischen Krieg ausgebreitet hatte.

Innenpolitisch strebte er eine dauerhafte herausgehobene Stellung in Sparta an, außenpolitisch die Beherrschung der griechischen Poleis mittels Einsetzung von Oligarchien. Zu diesem Zweck schuf er sich ein Netz von politischen Gefolgsleuten, denen er zu lukrativen Machtpositionen verhalf. Besonders gute Beziehungen pflegte er zu ausländischen Potentaten, nicht nur zu Dionysios von Syrakus, dem er mehrmals aus der Klemme half. Während des Peloponnesischen Krieges wusste er den jungen persischen Prinzen Kyros für sich einzunehmen. Von ihm erhielt er die Geldmittel, mit denen er die ausländischen Ruderer der Athener abwerben und so einen Teil der athenischen Flotte lahmlegen konnte. Nach Kriegsende versuchte er statt der Freiheit, die Sparta den Griechen am Kriegsbeginn versprochen hatte, die Zwangsherrschaft Spartas zu etablieren.

Auf sein Geheiß wurden die oligarchisch verfassten Städte von Zehnmännergremien (Dekarchien) regiert und von spartanischen Besatzungstruppen kontrolliert. Deren Kommandanten, sogenannte Harmosten, führten nicht selten ein korruptes Willkürregiment und bereicherten sich schamlos, sicher auch am Vermögen ermordeter Demokraten.

Dass dieses System nicht von Dauer sein konnte und Gegenkräfte auf den Plan rufen würde, hätte eigentlich jedem klar sein müssen, der die Volatilität griechischer Politik kannte, zumal es die militärischen Möglichkeiten Spartas längerfristig völlig überforderte. Aber der Rausch des Sieges machte Lysander blind. In Delphi verewigte er seinen Sieg bei Aigospotamoi mit einem Denkmal, das ihn, von Poseidon bekränzt, im Mittelpunkt seiner Begleiter und bundesgenössischen Schiffskommandanten zeigte. Allmählich gingen in Sparta immer mehr Klagen ein. Sogar der persische Satrap Pharnabazos beschwerte sich schriftlich, weil Lysander einen Teil seiner Satrapie hatte plündern lassen. Dagegen wurde er von seinen Anhängern mit Ehrungen aller Art überhäuft wie kein Grieche vor ihm. Zahlreiche Dichter sangen sein Lob. Im vorher strikt demokratischen Samos stifteten die aus der Verbannung zurückgekehrten Oligarchen ihm einen regelrechten Kult und widmeten die Heraia, das Fest ihrer Stadtgöttin Hera, in Lysándreia um. Lysander war der erste Grieche, dem solche göttlichen Ehren zuteilwurden, gleichsam ein Vorläufer der hellenistischen Könige. Aber obwohl er alles – oder wenigstens das meiste – Geld, alle Geschenke und goldenen Kränze, die er erhielt, in Sparta pflichtgemäß an den Staat ablieferte, machte die spartanische Regierung seiner Sonderstellung ein Ende. Nur mit Mühe konnte er sich einem Prozess entziehen, indem er vorgab, zum Ammonorakel nach Libyen reisen zu müssen, weil der Gott ihm während der Belagerung einer thrakischen Stadt im Traum erschienen sei. Auch vom System der Dekarchien rückte Sparta ab. Gleichwohl behielt Lysander in den folgenden Jahren einen beträchtlichen innenpolitischen Einfluss und hat Agesilaos (II.), dessen Anspruch auf die Königswürde umstritten war, zur Herrschaft verholfen.

Macht und Reichtum waren natürlich nur wenigen zugänglich. Ruhm konnte dagegen jeder erwerben, wenn es ihm gelang, seinen Namen mit einer außergewöhnlichen Leistung zu verbinden. Aber letztendlich lag der Kern des griechischen Ruhmesbegriffs darin, dass der eigene Name für immer in Erinnerung blieb, „unsterblich" wurde. Das war für die Griechen die einzige erstrebenswerte Unsterblichkeit; und sie war notfalls auch mit einer bösen Tat zu erreichen. Also stand sie theoretisch jedem offen. Nicht zufällig kursierte die „Weisheit", dass der einfachste Weg zum Ruhm die Ermordung eines berühmten Mannes sei. Der bekannteste Ruhmbesessene dieser Art war ein gewisser Herostrat, dem es 356 v. Chr. gelang, den berühmten Artemistempel in Ephesos durch Brandstiftung in Schutt und Asche zu legen. Nachdem er unter der Folter sein Motiv gestanden hatte, fällte die Stadt den Beschluss, dass sein Name nie mehr genannt werden dürfe. Vergeblich. Er steht heute noch in jedem Lexikon, man hat sogar die Begriffe Herostratentum bzw. herostratisch geprägt. Ein Extremfall, zweifellos, aber selbst er offenbart einen allgemeinen Kern: dass der individualistische aristokratische Ruhmesbegriff auch eine zerstörerische Seite hatte.

In der zweiten Phase des Peloponnesischen Krieges hatte Sparta als Gegenleistung für die Unterstützung durch den Satrapen Tissaphernes die kleinasiatischen Griechenstädte den Persern überlassen. Nach dem Krieg drohte dieses in der Not gegebene Zugeständnis zu einem dauerhaften moralischen Makel zu werden. Einstweilen hatte man Glück, weil die Perser eine Weile mit ihren inneren Konflikten beschäftigt waren. Auch Prinz Kyros war von der „Gier nach mehr" gepackt und strebte nach Höherem. Zunächst versuchte er nach dem Tod seines Vaters, Dareios' (II)., das Herrschaftsgebiet in Kleinasien, das er ihm übertragen hatte, auf Kosten der Satrapie des Tissaphernes auszudehnen, was zu einem regelrechten Krieg zwischen den beiden Statthaltern führte und in den dortigen griechischen Städten sofort Parteiungen für den einen oder den anderen entstehen ließ. Sein eigentliches Ziel war es jedoch, seinen älteren Bruder, Artaxerxes (II.), vom Thron zu stoßen, wozu er sich berechtigt glaubte, weil nur er sich als echten Königssohn, als im Purpur geboren, empfand, während Artaxerxes schon vor dem Herrschaftsbeginn seines Vaters zur Welt gekommen war. Sparta unterstützte dieses hochverräterische Unternehmen, wohl in der Erwartung, nach dem Sieg des Kyros als Belohnung eine Garantie für die Unabhängigkeit der kleinasiatischen Griechenstädte zu bekommen. Allerdings versuchte man diesen Pakt geheim zu halten, solange der Ausgang ungewiss war. Kyros verstärkte sein Heer um 13 000 griechische Söldner und gab vor, aufständische Stämme in Kleinasien bekriegen zu wollen. Sparta schickte eine Hilfstruppe unter dem Befehl eines spartanischen Offiziers und ein Flottengeschwader. Doch das Unternehmen schlug fehl. Bei dem Ort Kunaxa in Mesopotamien, wo die Heere aufeinandertrafen, ging Kyros, der die Entscheidung durch einen direkten Angriff auf seinen Bruder im Zentrum des persischen Heeres zu erzwingen suchte, im wilden Gefecht unter (401 v. Chr.). Dass Sparta den Geheimpakt mit Kyros leugnete, nützte nichts. Tissaphernes ging jetzt daran, seinen Anspruch auf die Griechenstädte durchzusetzen. Diese riefen Sparta zu Hilfe. Und Sparta, das 478 v. Chr. in der richtigen Einsicht in seinen begrenzten Aktionsradius die Befreiung der Städte an der kleinasiatischen Küste abgelehnt hatte, nahm diesmal den Hilferuf an. Der Krieg bestätigte dann auch Spartas unzureichende militärische Kapazität, zog sich ohne Ergebnis sechs Jahre lang hin (400–394 v. Chr.) und degenerierte trotz mancher vorübergehender Erfolge immer mehr zu einem reinen Plünderungszug. Auch die propagandistische Opferzeremonie in Aulis, mit der Agesilaos (II.) 396, am Beginn seines Oberkommandos, Agamemnons Trojafeldzug beschwören wollte, änderte nichts daran. Zwar konnten die Spartaner, solange der Krieg dauerte, die Griechenstädte dem persischen Zugriff entziehen, errangen auch einen Sieg über ein Heer des Tissaphernes, aber nur um den Preis drückender finanzieller Belastung ihrer Schützlinge.

Die Wende kam schließlich mit persischem Geld zustande, wobei prominente Griechen sich bereitwillig in den Dienst der Perser stellten. Im Osten ernannte König Artaxerxes den 405 v. Chr. aus der Niederlage bei Aigospotamoi mit knapper Not entkommenen Athener Konon zum Oberbefehlshaber der persischen Flotte, in Griechenland schuf der von Pharnabazos entsandte Rhodier Timokrates mit persischen Subsidien die Voraussetzung für eine Koalition der mächtigsten Gegner der spartanischen Hegemonie. Den Anfang machte das boiotische Theben. Die Thebaner hatten schon Thrasybul und andere vor den „Dreißig Tyrannen" geflüchtete athenische Demokraten aufgenommen, obwohl sie noch kurz zuvor als Verbündete Spartas die totale Zerstörung Athens gefordert hatten. Später hatten sie die Missachtung Spartas so weit getrieben, dass sie die Opferzeremonie des Agesilaos in Aulis behinderten. Theben fühlte sich stark, denn es beherrschte als Hegemonialmacht eines Städtebundes die ganze Landschaft Boiotien bzw. das Stammesgebiet der Boioter. Dieser Bund war nicht einmal eine eigene Schöpfung, sondern 447 v. Chr. von den Spartanern als Gegengewicht gegen Athen organisiert worden. Jetzt wandte er sich gegen seine Schöpfer.

Und das begann nach gut griechischer Art mit einem kleinen Regionalkonflikt: Theben griff in einen schon lange bestehenden Streit zwischen den mittelgriechischen Lokrern und Phokern zugunsten der Lokrer ein und provozierte damit einen Hilferuf der Phoker an Sparta. Sparta schickte Lysander mit einem kleinen Vorauskommando nach Phokis, um dort zusätzliche Truppen zu rekrutieren und sich anschließend bei der boiotischen Stadt Haliartos mit dem spartanischen Hauptheer zu vereinigen, dass unter dem Kommando des Königs Pausanias (II.) folgen sollte.

Doch Lysander, selbstherrlich wie immer, hielt sich nicht an die Weisungen der Ephoren, sondern entfesselte stattdessen einen Konflikt mit dem Boiotischen Bund, indem er eine der Städte, Orchomenos, zum Austritt zwang. Offensichtlich sollte das der Anfang für eine Auflösung des Bundes sein. Die Folge war, dass Theben ein Defensivbündnis mit Athen schloss und zur Unterstützung ein athenisches Truppenkontingent erhielt. Indessen beging Lysander einen zweiten Fehler, der sein letzter werden sollte: Anstatt die Ankunft des spartanischen Heeres am vereinbarten Treffpunkt abzuwarten, eröffnete er, von der Gier nach neuem Ruhm getrieben, mit seinen unzureichenden Truppen allein die Offensive, geriet in einen Hinterhalt und fiel im Kampf. So kam der göttergleiche Heros Griechenlands in einem Scharmützel ums Leben. Nur einen Tag später traf König Pausanias mit der spartanischen Hauptstreitmacht ein. Aber das änderte nichts mehr. Pausanias sah keine Möglichkeit, die Gefallenen ohne Waffenstillstand zu bergen. Auch war er sich der schlechten Motivation seiner peloponnesischen Bundestruppen bewusst. Denn die Gefolgschaft für Sparta begann selbst dort aufzuweichen. So entschloss er sich nach reiflicher Überlegung und Beratung mit seinen Offizieren für Waffenstillstand und Rückzug.

Wenn wir Plutarch glauben können, gab es dennoch einige ältere Offiziere, die dem spartanischen Ehrenkodex den Vorzug vor dem strategischen Kalkül gegeben und um den Leichnam Lysanders lieber gekämpft und es als Ehre empfunden hätten, in seiner Nähe zu fallen. In Sparta, wo die Ephoren die wirkliche Lage noch nicht begriffen hatten, wurde Pausanias nach seiner Rückkehr zum Tode verurteilt. (Man versteht jetzt wohl besser, warum Leonidas an den Thermopylen den Heldentod gewählt hatte.) Er flüchtete ins Exil nach Tegea und hat dort eine – leider verlorengegangene – Verfassungsgeschichte Spartas geschrieben, in der er das ganze Ephorat als eine illegale, in der spartanischen Verfassung eigentlich nicht vorgesehene Institution abqualifizierte. Die Position Spartas verschlechterte sich noch einmal beträchtlich, als 395 v. Chr. Korinth und Argos dem Defensivbündnis zwischen Boiotien und Athen beitraten und zusammen den sogenannten „Korinthischen Bund" mit einem eigenen Bundesrat auf „ewige Zeiten" konstituierten. Die von Sparta beanspruchte Alleinherrschaft über Griechenland war für die meisten griechischen Staaten einfach nicht akzeptabel. Sie glaubten zu einer Mächtekonstellation des Gleichgewichts zurückkehren zu können, wie sie vor dem Peloponnesischen Krieg bestanden hatte. Aber hatte dieses Gleichgewicht nicht in den verheerenden Krieg geführt?

Sparta war jedenfalls nicht bereit, sich wieder auf die Peloponnes zurückzuziehen, sondern bemühte sich mit ganzer Kraft, die nach dem Sieg im Peloponnesischen Krieg gewonnene Stellung aufrecht zu erhalten. Die Lage spitzte sich jetzt dramatisch zu. 394 v. Chr. siegten die Spartaner und ihre verbliebenen peloponnesischen Bundesgenossen in einer großen Schlacht am Nemeabach bei Korinth über ein Heer des Korinthischen Bundes. Das athenische Kontingent unter Thrasybul wurde dabei fast völlig aufgerieben. Trotzdem kam die spartanische Regierung nicht umhin, Agesilaos aus Kleinasien zurückzurufen. Da nicht einmal eine Flotte für den Rücktransport zur Verfügung stand, war er gezwungen, sich auf dem langen Landweg durch feindliches Gebiet in Thrakien nach Griechenland durchzuschlagen. In Boiotien besiegte er am 14. August 394 v. Chr. bei Koroneia ein Heer der antispartanischen Koalition, das ihm den Weg verlegen wollte, und stellte die spartanische Machtposition wieder her, auch wenn er selbst schwer verwundet wurde. Aber kurz zuvor hatten Konon und Phanabazos mit einer kyprisch-rhodisch-phoinikischen Flotte bei der Insel Knidos die spartanische Seestreitmacht vernichtet. Agesilaos hielt diese Nachricht geheim, um sein Heer vor der Schlacht bei Koroneia nicht zu demoralisieren. Sparta verlor mit einem Schlag fast vollständig die Kontrolle über die Ägäis. Es konnte nicht einmal mehr die peloponnesischen Küsten vor Plünderungsaktionen der Sieger schützen. An den Bau einer neuen Flotte war, da man keine persischen Hilfsgelder mehr hatte, nicht zu denken. Auf der Peloponnes brachte der Widerstand gegen Sparta etwas völlig Neues und Unerwartetes hervor, als Korinth und Argos sich 392 v. Chr. zu einem Doppelstaat zusammenschlossen und so einen regelrechten Block gegen Sparta bildeten.

393 v. Chr. kehrte der siegreiche Konon unter dem Jubel der Athener in seine Vaterstadt zurück. Wäre er nach der Niederlage bei Aigospotamoi zurückgekehrt, wäre er zum Tode verurteilt worden. Jetzt war er der neue Hoffnungsträger, der der Stadt den Wiederaufstieg zu alter Größe ermöglichen sollte und wurde mit außerordentlichen Ehren gefeiert. Die Befestigungen wurden mit persischem Geld wieder aufgebaut und neue Bündnisse mit einigen ägäischen Inselstaaten geschlossen. Schon sahen sich die Athener wieder als Schutzmacht der kleinasiatischen Griechen, lehnten ein Friedensangebot Spartas (392 v. Chr.) ab und blockierten auch die von Sparta eingeleiteten Friedensverhandlungen zwischen den wichtigsten griechischen Staaten und dem persischen Großkönig. Nach diesen diplomatischen Fehlschlägen schwenkte Sparta wieder um und versuchte nun selbst wieder als Beschützer der kleinasiatischen Griechen aufzutreten und den Krieg gegen die Perser wieder aufzunehmen. Doch endete diese Kehrtwendung mit einem Fiasko, als der persische Satrap Sthruthas das spartanische Heer in einem günstigen Moment fast völlig vernichtete. Athen verfolgte, nachdem Konon gestorben war, seine hochfliegenden Restaurationspläne unter der Führung Thrasybuls noch weiter, ging sogar ein Bündnis mit Zypern und Ägypten ein, die sich beide gegen die persische Herrschaft erhoben hatten. Doch dauerte diese Phase der großen Hoffnungen nicht lange.

Sparta war jetzt bereit, für die Aufrechterhaltung seiner Vorherrschaft in Griechenland jeden Preis zu zahlen. Es überließ die kleinasiatischen Küstenstädte den Persern und gewann dafür die Unterstützung des Großkönigs für eine einzigartige Sonderstellung in Europa: Es wurde zur alleinigen Hegemonialmacht. Alle anderen Zusammenschlüsse griechischer Staaten sollten aufgelöst werden. Moralisch bemäntelt wurde diese Neuordnung mit der Parole *autonomía*, was nicht mit heutiger Autonomie verwechselt werden darf, sondern bedeutete, dass jede Polis selbstständig sein sollte, was ja im Prinzip dem Wesen jeder Polis entsprach. Der Widerstand Athens wurde gebrochen, indem eine persisch-syrakusanische Flotte die Seewege blockierte und Athen auszuhungern drohte (388 v. Chr.). Die guten Beziehungen Spartas zu Dionysios (I.) zahlten sich also jetzt aus. Somit scheiterte auch Thrasybul und fiel in Athen in Ungnade. Der Befreier Athens von den „Dreißig Tyrannen" und Retter der Demokratie ist wenig später bei einem Plünderungszug im südlichen Kleinasien von Einheimischen, die sich zur Wehr setzten, getötet worden.

387 v. Chr. wurde auf der Konferenz in Sardeis die Rückkehr der kleinasiatischen Griechen unter persische Herrschaft und die *autonomía* der meisten anderen griechischen Städte offiziell verkündet und ein Jahr später auf einem Friedenskongress in Sparta durch die Ausrufung eines „allgemeinen Friedens" *(koinè eirḗnē)*, der die immerwährende *autonomía* aller Poleis gewährleisten sollte, erweitert. Die Garantiemächte dieser Ordnung waren der persische Großkönig und Sparta. Dieser Friedensschluss ist in die Geschichte als Königs- oder Antalkidasfrieden eingegangen, benannt nach dem spartanischen Diplomaten, der ihn vermittelt hatte. Fortan wurde die Formel von der *koinè eirḗnē* ein Bestandteil der

meisten Friedensschlüsse, führte jedoch keinen längeren Friedenszustand herbei, sondern eher ein Taktieren der jeweiligen Hegemonialmächte, wie sie ihre Machtinteressen als Verwirklichung der *koinḕ eirḗnē* darstellen konnten. Sparta ging nun daran, alle größeren Machtzusammenballungen von der Peloponnes bis in den nordägäischen Raum zu zerlegen und die vereinzelten Poleis bis nach Thrakien hin in zehn Kreise einzuteilen, die zur Heeresfolge oder ersatzweise zu Geldzahlungen verpflichtet wurden. Als die demokratischen Kräfte in Theben Sparta die Heeresfolge verweigerten, besetzte eine spartanische Truppe, von thebanischen Oligarchen während der heißen Mittagszeit heimlich durch die schlafende Stadt geführt, 382 v. Chr. die thebanische Burg. Die Siesta, die sich die Demokraten während der Mittagshitze gegönnt zu haben scheinen, wurde für ihre Führer tödlich. Es folgte eine „Säuberung" von allen herausragenden Demokraten. Der führende Demokrat Ismenias, einer der reichsten Männer Griechenlands, wurde nach Sparta deportiert und dort hingerichtet. 379 v. Chr. stand Sparta auf dem Höhepunkt seiner Macht in Europa.

Doch schon im selben Jahr setzte eine gegenläufige Bewegung ein. In Theben kam es mit Unterstützung Athens zu einem gegen Sparta gerichteten demokratischen Putsch, den Sparta auch durch mehrmaliges militärisches Eingreifen nicht mehr rückgängig machen konnte. Die spartanische Besatzung wurde vertrieben. 377 v. Chr. gründete Athen den sogenannten Zweiten Attischen Seebund mit Städten, die nicht unter persischer Herrschaft standen. Der Bund wurde als freiwilliger Zusammenschluss „autonomer" Mitglieder konstituiert, die nicht unter athenische Herrschaft traten, sondern als eigenständige Organisation kollektiv ein Bündnis mit Athen schlossen. Das taten sie wohl nicht zuletzt deshalb, weil sie das nach der Auflösung des Ersten Attischen Seebundes sich wieder ausbreitende Piratenunwesen eindämmen wollten. So gewannen die Athener auch zur See wieder die Oberhand.

Und in Thessalien gelang es Iason von Pherai, das von jeher durch permanente Adelskämpfe zerrissene Land unter seiner Tyrannis zu vereinigen und zu einer Großmacht zu erheben (372 v. Chr.). 371 v. Chr. versuchte Sparta auf einer Konferenz, an der auch der persische Großkönig, Dionysios (I.) von Syrakus und der Makedonenkönig Amyntas (III.) durch ihre Vertreter mitwirkten, zu retten, was noch zu retten war und verweigerte die Anerkennung des faktisch schon wieder bestehenden Boiotischen Bundes. Sparta konnte sich darauf berufen, dass es von einigen boiotischen Städten gebeten worden war, sie von der thebanischen Herrschaft zu befreien. Daraufhin ließ Epameinondas, der Vertreter Thebens, das sich indessen von der spartanischen Besatzung befreit hatte, die Konferenz platzen. Es kam zum Krieg.

König Kleombrotos, der mit einem 10 000 Mann starken Heer, darunter 700 Spartiaten, in Phokis, der östlichen Nachbarlandschaft Boiotiens stand, erhielt den Befehl, gegen Theben vorzurücken. Da die Boioter nur 7000 Mann zur Verfügung hatten, sprachen sich drei der sieben Boiotarchen für eine Verteidigung hinter den Mauern Thebens aus. Es war Epameinondas, der mit seiner Stimme als Boiotarch die riskante Entscheidung für die Feldschlacht durchsetzte. Bei Leuktra, einer kleinen boiotischen Stadt, ca. zehn Kilometer entfernt von Theben, erlebten die Spartaner eine fürchterliche Überraschung. Sie bestand nicht darin, dass die thebanische Reiterei die spartanische gleich am Beginn der Schlacht in die Flucht schlug – die Überlegenheit der thebanischen (und thessalischen) Reiterei über die der südgriechischen Staaten war bekannt –, sondern darin, dass es Epameinondas gelang, mit einer originellen Aufstellung seines Heeres durch Massendruck und Geschwindigkeit die kriegerisch überlegenen spartanischen Elitesoldaten über den Haufen zu werfen. Als Kleombrotos, wie üblich, mit dem rechten Flügel, zwölf Mann tief gestaffelt, den Angriff führen wollte, begegnete ihm Epameinondas mit seinem linken Flügel, den er zu einem fast quadratischen Block von 60 Mann Breite und 50 Mann Tiefe formiert hatte. In vorderster Front stand die 300 Mann starke Elitetruppe der „Heiligen Schar". Dieser linke Flügel marschierte dem übrigen thebanischen Heer ein Stück voraus, während der größte Teil des thebanischen Heeres sich seitlich versetzt zurückhielt. Deshalb hat man später von der „schiefen Schlachtordnung" gesprochen.

Der thebanische Erfolg war durchschlagend: Der spartanische Angriffsflügel wurde fast vernichtet, 400 Spartiaten einschließlich ihres Königs fielen, und die Schlacht war entschieden, noch ehe der Rest beider Heere zum Einsatz gekommen war. Der geniale Einfall der „schiefen Schlachtordnung war natürlich kein Patentrezept, das man in Zukunft beliebig oft hätte anwenden können. Denn ihr Erfolg beruhte ja gerade auf dem Überraschungsmoment, das man nicht beliebig oft wiederholen konnte. Auch beweist die Gründung der „Heiligen Schar", dass die Thebaner großen Respekt vor den spartanischen Elitekriegern hatten und etwas Ebenbürtiges zu schaffen versuchten. Wie die Spartiaten bestand diese Truppe aus Bürgern, die Berufssoldaten waren. Eine zusätzliche Motivation versprach man sich davon, dass sie sich aus 150 Kriegerpaaren zusammensetzte, wobei jedes Paar durch ein persönliches *Philía*-Verhältnis miteinander verbunden war.

Ein weiteres Problem für die spartanische Phalanx war eine neue Art von Halbschwerbewaffneten, sog. Peltasten, die der Athener Iphikrates geschaffen hatte. Sie waren einerseits durch einen nicht allzu schweren Schild gegen Leichtbewaffnete, die meistens eine Schlacht eröffneten, geschützt, andererseits aber so beweglich, dass sie sich an die Phalanx der Schwerbewaffneten nahe heranwagen, ihre Speere werfen und sich anschließend durch ihre Schnelligkeit der Verfolgung durch die Hopliten entziehen konnten. Eine solche Truppe hatte schon 392 v. Chr. im Korinthischen Krieg eine spartanische Einheit fast aufgerieben.

Der grandiose Sieg bei Leuktra steigerte den Ehrgeiz der Thebaner so gewaltig, dass sie Sparta zerstören und als Großmacht an seine Stelle treten wollten. Die Gelegenheit schien auch deshalb günstig, weil die Niederlage Spartas eine Reihe von demokratischen antispartanischen Umwälzungen auf der Peloponnes auslöste und sich neue Zusammenschlüsse bildeten, die Sparta hatte verhindern wollen. Für die Thebaner war es deshalb nicht schwer, Bündnispartner zu finden. Da Sparta in dieser Lage seine Kräfte voll und ganz auf seine Verteidigung konzentrieren musste, gelang es Epameinondas 369 v. Chr., die Messenier zum Aufstand gegen Sparta zu ermutigen. Dieser Aufstand wurde epochemachend: Er beendete die ca. 250-jährige spartanische Herrschaft und entzog Sparta ein für allemal die Grundlage, auf der seine Großmachtstellung beruht hatte. Die Messenier gründeten einen eigenen Staat, der nach dem Zerfall des Peloponnesischen Bundes immer genügend Bündnispartner finden würde, um eine Rückeroberung durch Sparta zu verhindern. Theben wurde vom persischen Großkönig anstelle von Sparta als Großmacht anerkannt und unterstützt. Aber die Einnahme und Zerstörung Spartas gelang Epameinondas nicht, zumal die Spartaner Hilfe von Athen und 2000 Söldnern Dionysios' (I.) erhielten. In der Schlacht bei Mantineia (362 v. Chr.) versuchte Epameinondas noch einmal sein Glück mit der „schiefen Schlachtordnung", hatte auch anfänglich Erfolg, doch schließlich endete der Kampf doch noch unentschieden. Epameinondas, der sich an der Spitze seiner Truppen exponierte, wurde von einem Wurfspieß tödlich getroffen. Sparta schloss sich aus allen weiteren Friedensverträgen zwischen griechischen Staaten aus, weil diese immer wieder die Freiheit Messeniens bestätigten, hatte jedoch keine Möglichkeit mehr, an seiner Reduzierung auf eine peloponnesische Mittelmacht etwas zu ändern. Es konnte nur noch seinen ungebrochenen Stolz vor der griechischen Öffentlichkeit zur Schau stellen.

Auch im Innern hatte sich Sparta verändert. Modernen Berechnungen zufolge war die Zahl der Vollbürger, der Spartiaten, in dramatischer Weise gesunken, von ca. 8000 zur Zeit der Perserkriege auf etwa 1500 vor der Schlacht bei Leuktra. Und das, obwohl der Staat Kindesaussetzungen auf Missgebildete beschränkte, Vätern von mindestens drei Kindern den Wehrdienst erließ, kinderlosen Ehemännern gestattete, ihren Frauen Zeugungshelfer zuzuführen, und Unverheiratete öffentlich ächtete. Als Gründe hat man hohe Kriegsverluste, Verluste durch das Erdbeben von 464 v. Chr., Inzucht, die Päderastie oder gar Homosexualität vermutet. Andererseits ist Sparta von einer Epidemie, wie sie in Athen während des Peloponnesischen Krieges gewütet und Athens Bürgerzahl dauerhaft reduziert hat, verschont geblieben. Und Spartiaten wurden wenigstens außerhalb der Peloponnes nur als kleine Kontingente in Armeen verwendet, die man aus Spartanern ohne Bürgerrecht (Hypomeiones), Periöken, Neodamoden (freigelassenen lakonischen Sklaven) und Söldnern rekrutierte. Nach Ende des Peloponnesischen Krieges setzte man Neodamoden sogar häufig als Besatzungskommandanten in einzelnen Städten ein. Die Elitetruppen der Spartiaten wurden also keineswegs in Kriegen „verheizt", sondern eher geschont.

Ein wichtiger Grund für den Rückgang der Zahl der Vollbürger könnte das Erb- und Bodenrecht gewesen sein, das Landschenkungen unter Verwandten sowie den Frauen eigenen Landbesitz gestattete. Aristoteles behauptet, dass sich ein Drittel Lakoniens in Frauenhand befand. Sicher ist, dass nicht die Einwohnerzahl Lakoniens gesunken war, sondern nur die Zahl der Spartiaten, und dass eine Konzentration des Landbesitzes bei diesem immer kleiner werdenden Kreis der Spartiatenfamilien stattgefunden hatte. Einiges deutet darauf hin, dass viele Spartiaten ihr Bürgerrecht verloren hatten, weil sie – infolge der Erbteilung? – in Schulden geraten waren. Sie gerieten dann in Abhängigkeit von den reichen Familien und traten in die Schar von deren Gefolgsleuten und Bittstellern ein. Aber letztendlich bleibt der dramatische Rückgang der Zahl der spartanischen Vollbürger ein Rätsel. Die spartanische Oberschicht war so reich wie nie zuvor. Kriegsbeute, Gelegenheiten zu Korruption und Erpressung im Ausland sowie persische Subsidien und Bestechungsgelder hatten eine regelrechte Geldgier ausgelöst. Kommandeure, die jahrelang im Orient ein ungebundenes Herrenleben genossen hatten, fügten sich nach ihrer Rückkehr nur ungern wieder in die traditionelle spartanische Lebensform ein. Mit strengen Maßnahmen versuchten die Ephoren, die durch den Krieg verlorengegangene Disziplin wiederherzustellen. Die Verurteilung des Königs Pausanias war nur der spektakulärste Fall. Offiziere, die das Prinzip „Sieg oder Tod" nicht befolgt hatten, und korrupte Kommandanten wurden oft mit dem Tod bestraft, ebenso Spartiaten, die im Ausland erworbene Reichtümer nicht an den Staat ablieferten, obwohl ein Gesetz den Besitz von ausländischem Gold und von Silbermünzen verbot. Denn Sparta, das vor dem Peloponnesischen Krieg mit wenig Geld ausgekommen war, hatte jetzt wegen der militärischen Ausrüstung von Neodamoden und der Anwerbung von Söldnern einen so hohen Geldbedarf, dass es einzelne Spartiaten gegen hohe Gebühren ins Ausland als Militärberater vermietete, darunter selbst den König Agesilaos, der an einen persischen Satrapen in Kleinasien und noch am Ende seines Lebens an einen ägyptischen Usurpator ausgeliehen wurde, um sie bei ihrem Aufstand gegen den Großkönig zu unterstützen.

In den 360er Jahren griff Theben nach der Hegemonie in Griechenland. Die Voraussetzungen schienen günstig, weil nicht nur Spartas Vormacht gebrochen war, sondern auch die thessalische Tyrannis von einer familiären Selbstzerstörung erschüttert wurde, die Stoff für eine Tragödie geboten hätte. Iason von Pherai wurde ermordet (370 v. Chr.). Es folgte ein kurzes Kondominat seiner beiden Söhne, Polydoros und Polyphron, bis Polyphron seinen Bruder umbrachte und wenig später seinerseits von seinem Neffen Alexandros aus dem Weg geräumt wurde (369 v. Chr.). Diese Wirren schienen eine günstige Gelegenheit für eine Ausdehnung des boiotischen Einflusses nach Norden zu bieten. Führend war hier mit wechselndem Glück Pelopidas tätig, der jüngere Freund des Epameinondas. 368 v. Chr. geriet er allerdings vorübergehend in Gefangenschaft des Alexandros. Doch nach seiner auf Druck des Epameinondas erfolgten Freilassung erreichte er den Höhepunkt seiner politischen Laufbahn, als es ihm bei einer diplomatischen Mission in Susa gelang, Athen und Sparta auszustechen und die Anerkennung Thebens als erste Macht Griechenlands durch den Großkönig zu gewinnen. 364 v. Chr. griff er erneut in Thessalien ein und besiegte Alexandros bei Kynoskephlai, fand jedoch, wie zwei Jahre später Epameinondas, im Augenblick des Sieges den Tod.

Der Versuch des Epameinondas, eine thebanische Seeherrschaft aufzubauen, schlug nach anfänglichen Erfolgen ebenfalls fehl. Auch der Zweite Attische Seebund zerfiel, trotz aller Versuche Athens, ihn mit Gewalt zusammenzuhalten. Am Ende des Bundesgenossenkrieges (357–355 v. Chr.) war der Bund auf ein Drittel zusammengeschrumpft und Athen bankrott. Alle großen Hoffnungen hatten sich in Luft aufgelöst, der athenische, spartanische und thebanische Sisyphos stand wieder am Fuß des Berges. Die drei griechischen Großmächte waren an ihrem „maßlosen" außenpolitischen Ehrgeiz und ihrer ungezügelten Habsucht, die ihre Kapazität überfordert hatten, gescheitert. Sie sollten nicht die letzten sein. Griechenland war nicht das Opfer einer Invasion von außen geworden, sondern hatte sich in den 60 Jahren zwischen 415 und 355 v. Chr. selbst zerlegt. Immerhin war das politische Ergebnis nicht die Fragmentierung ganz Griechenlands in lauter „autonome" Poleis, sondern die Tendenz ging eher in die Richtung von freiwilligen Zusammenschlüssen mehrerer Poleis zu Bünden auf der Basis von gemeinsamer Stammeszugehörigkeit. Aber diese wuchsen über die Größe von Regionalmächten nicht hinaus, die in stets wechselnden Koalitionen eifersüchtig dafür sorgten, dass keine griechische Hegemonialmacht mehr entstand.

7 „Nichts im Übermaß". Leben, wie man sollte: Die „Armut" und Gleichheit der „Mittleren"

Besser stand es um die innenpolitische Entwicklung Athens. Athen hatte seine Demokratie über die totale Niederlage und die inneren Wirren nach dem Peloponnesischen Krieg hinweggerettet. In den folgenden Jahrzehnten ging die Stadt daran, sie weiter auszubauen und ihre Organisation differenzierter zu gestalten. Sie begann mit der Revision aller Gesetze unter dem Archontat des Eukleides (403/402 v. Chr.). Bei diesem Anlass wurde das ionische Alphabet zur Amtsschrift erhoben, das sich bis zur Mitte des vierten Jahrhunderts überall gegen die regionalen Schriftformen durchsetzte und über spätere Zwischenstufen die Grundlage sowohl für die lateinische als auch für die kyrillische Schrift geworden ist. Gekennzeichnet war die Verfassungsreform von einer Erweiterung der Kompetenzen der Geschworenengerichtshöfe, die auch die Revision der Gesetze vornahmen. Dagegen wurde die Stellung des Rates der Fünfhundert, der von dem oligarchischen Regime für seine Zwecke benutzt worden war, geschwächt. Oberstes Organ blieb selbstverständlich die Volksversammlung, für deren Teilnahme von einem uns unbekannten Zeitpunkt an sogar Diäten gezahlt wurden – ein Anreiz, um abnehmendem politischen Interesse entgegenzuwirken? Den riesigen Verwaltungsapparat aus vielen kleinen machtlosen Funktionsträgern leistete sich die Demokratie auch weiterhin, desgleichen die Massengerichtshöfe.

Finanziell kam Athen auch nach dem Verlust des ersten Seebundes zurecht, da es als Handelszentrum weiterhin einträgliche Zölle erheben konnte. Der Bestand der Demokratie hatte nie auf der Ausbeutung der Seebündner basiert. Anders als in Sparta blieb der Landbesitz so breit gestreut, dass zwei Drittel der Athener Landbesitzer waren. Eine gewisse Einschränkung erfuhr das Laienregiment, das für die Demokratie ja grundlegend war, durch die zunehmende Professionalisierung des Kriegs- und Finanzwesens. Neben dem Bürgeraufgebot wurden jetzt öfter Söldner eingesetzt, was schon im Peloponnesischen Krieg begonnen hatte. Mit der Zeit zogen es die Bürger immer häufiger vor, ihre Kriege von Söldnern führen zu lassen, anstatt selbst ins Feld zu ziehen. Begabte athenische Strategen wie Iphikrates, Chabrias – ein Schüler Platons –, Timotheos und Chares dienten nicht nur ihrer Vaterstadt, sondern verdingten sich außerhalb ihrer Amtszeit als Söldnerführer jedem, der sie gut bezahlte, und kämpften von Thrakien bis Ägypten einmal für die Perser, ein andermal für Aufständische gegen die Perser, was ihnen die Möglichkeit gab, die Kriegführung individuell und innovativ zu gestalten und mehr persönlichen Ruhm zu erwerben. Chabrias hat, als im Bundesgenossenkrieg sein Angriff auf Chios fehlschlug (357 v. Chr.) und er in eine aussichtslose Lage geriet, bewusst die Möglichkeit zur Flucht ausgeschlagen und den Soldatentod gewählt. Sein Nachruhm war ihm wichtiger als das Überleben. Was die Organisation der Finanzen betraf, so wurde das solonische Dreiklassensystem 378/377 v. Chr. abgeschafft und die Vermögenssteuer nur noch von den 1200 Reichsten und den Metoiken eingezogen – jedoch nach wie vor nicht regelmäßig, sondern nur bei Bedarf, etwa zur Finanzierung von Kriegszügen, und in der Höhe von Fall zu Fall unterschiedlich festgesetzt. Besondere finanzielle Notlagen, wie nach der Niederlage Athens im Bundesgenossenkrieg (354 v. Chr.) sowie nach der Niederlage bei Chaironeia gegen Philipp II. von Makedonien (338 v. Chr.) brachten zwei große Finanzreformer hervor, Eubulos und Lykurg, die zentrale Staatskassen schufen und durch die Verwaltung der Gelder einen politischen Einfluss gewannen, der weit über das Finanzwesen hinausging. Von Lykurg wird noch zu sprechen sein. Allgemein, d. h. über die Reformen hinaus, nahm die Zahl der inschriftlichen Urkunden im vierten Jahrhundert beträchtlich zu – ein Kennzeichen für eine höhere administrative Professionalität.

Trotzdem verlor die athenische Demokratie in der ersten Hälfte des vierten Jahrhunderts ihre Strahlkraft als Vorbild für andere Städte. Bereits seit der zweiten Hälfte des fünften Jahrhunderts hatte sich mit Euripides eine geistige Richtung angekündigt, die von dem Lebensgefühl der perikleischen Demokratie, „leben, wie man will", erst recht von der *pleonexía* des ausgehenden fünften Jahrhunderts wegführte und die im vierten Jahrhundert zum Durchbruch kommen sollte.

Euripides (ca. 485/484–406 v. Chr.) war Sohn eines Gutsbesitzers auf Salamis. Sein Geburtsort und seine Gleichrangigkeit als Tragödiendichter mit Aischylos und Sophokles haben später die Legende entstehen lassen, er sei am Tag der Schlacht bei Salamis geboren worden, als Aischylos als Soldat im Gefecht stand und der junge Sophokles am Ende des Tages den Siegespaian sang. Das wäre doch zu schön gewesen! Sein Verhältnis zu seiner Vaterstadt war anders als das der beiden anderen Großen. Obwohl er ein überzeugter Demokrat war, hat er nie am politischen Leben teilgenommen, sondern mied die Öffentlichkeit. Den Athenern blieben seine Stücke immer ein wenig fremd, vielleicht sogar verdächtig. 408 v. Chr. folgte er einem Ruf des Makedonenkönigs Archelaos an den Hof in Pella, wo er zwei Jahre später gestorben ist. Auch um seinen Tod hat sich später eine Legende gerankt: Er soll von Jagdhunden zerrissen worden sein, was natürlich zu dem grausigen Stoff von Tragödien gut passt und auch ein wenig die Entfremdung von seiner Vaterstadt andeutet. Wäre er in Athen gestorben, hätte eine solche Legende nie entstehen können. Immerhin soll Sophokles auf die Nachricht von seinem Tod hin im Trauergewand aufgetreten sein, und die Stadt ehrte ihren großen Sohn mit einem Kenotaph. Aristophanes bedauerte, dass er nicht mehr gegen seinen intellektuellen Lieblingsgegner polemisieren konnte. Sein größter Ruhm war jedoch der Nachruhm. Seit dem vierten Jahrhundert hat er seine beiden älteren Kollegen verdrängt und fand etliche Nachahmer, weil er den Geist des vierten Jahrhunderts vorweggenommen hatte.

Wird bei Aischylos das Leid der Menschen nur teilweise durch eigenes Fehlverhalten, sondern zum größeren Teil von den Göttern verursacht, die verschiedene Interessen verfolgen und gegeneinander arbeiten, jedoch nie direkt gegeneinander kämpfen, sondern ihre Konflikte auf dem Rücken der Menschen austragen; ist bei Sophokles der Mensch gegenüber den Göttern trotz seiner Vernunft völlig blind und machtlos; so steht bei Euripides die Verantwortung des Menschen im Vordergrund. Gewiss – vor allem der blutrünstige Ares und die schreckliche Eris lauern den Menschen beständig auf. Manchmal greifen die Götter auch als rettende Schutzengel direkt in das Geschehen ein. Aber im Wesentlichen wirkt die göttliche Kraft nicht von außen, sondern in der Psyche des Menschen und äußert sich in irrationalen Regungen, aus denen überwältigende Emotionen hervorbrechen können. Oder sind solche Vorstellungen nur Illusionen? Im „Wahnsinnigen Herakles“ (*Herakles mainómenos*, 416 v. Chr.) wird Euripides am deutlichsten. Herakles rettet im letzten Augenblick seinen irdischen Vater Amphitryon, seine Frau Megara und seine drei Söhne vor der Ermordung durch den Usurpator Lykos in Theben, indem er Lykos tötet. Aber kurz darauf verfällt er in Wahnsinn und bringt Frau und Söhne um, die er eben gerettet hat. Dahinter steht Hera, die böse Stiefmutter, die Herakles als unehelichen Sohn des Zeus schon immer gehasst hat und ihm ihre Dienerin Iris und Lyssa, die Göttin des Wahnsinns, auf den Hals hetzt. Nur die Ermordung des Vaters kann Athene verhindern, indem sie Herakles mit einem Steinwurf betäubt und in einen schweren Schlaf versetzt. Als er erwacht und von seiner Untat erfährt, ist er so erschüttert, dass er Selbstmord begehen will. Theseus, der aus Athen herbeigeeilt ist, versucht ihn mit dem Hinweis zu trösten, dass Hera die wirklich Schuldige sei und dass, wenn die Dichter nicht lügen, viele Götter Verbrechen begehen und trotzdem im Olymp ohne Skrupel weiterleben. Aber Herakles weist diese Vorstellung zurück und übernimmt die volle Verantwortung:

> Soll im Unglück ich rechten? Nie hab ich geglaubt,
> Noch glaub ich, ein Gott habe Ehen versehrt,
> Habe andre gefesselt, zu Knechten gemacht.
> Ein Gott, der ein Gott ist, braucht nichts auf der Welt.
> Von Menschen sind all diese Märchen erdacht.
> Nun hab ich – inmitten der Not – bedacht:
> Aus dem Leben flieht nur der mutlose Mann;
> Wer dem Feind trotzt, wankt auch im Unglück nicht.
> *Ich wage das Leben!* (Herakles mainómenos, 1340–1351)[95]

Er glaubt nicht mehr ein Sohn des Zeus zu sein, sondern bekennt sich als Sohn des Amphitryon. Mit seiner Untat, die er im Zustand einer vorübergehenden Geistestrübung beging, muss er selbst fertig werden. Aber am Schluss trägt er den Bürgern von Theben auf:

Schert die Locken [...]
Und trauert am Grab dieser Kinder, klagt laut
Um die Toten und mich, denn mit *einem* Streich
Hat Hera uns alle vernichtet! (Herakles mainómenos, 1391–1393)[96]

Ebenso glaubt Theseus, der ihm die Rettung aus dem Hades verdankt, weiterhin an die Schuld Heras und bietet ihm in Athen ein Exil an. Theseus steht für Athen und besonders für die athenische Demokratie, die also am überlieferten Götterglauben festhält.

Schon eineinhalb Jahrzehnte zuvor, in der „Medeia“ (431 v. Chr.), hatte Euripides Götter nur am Rande erwähnt. Sie nehmen auf das Geschehen keinen Einfluss. Das Thema ist der letzte, der tragische Teil der Argonautensage.

Eigentlich sollte das Goldene Vlies, das Jason in Kolchis geraubt hatte, ja Glück bringen und Unglück abwehren. Aber das Gegenteil trat ein. Die Tragik entfaltet sich hier ganz im menschlichen Bereich. Es handelt sich um einen Konflikt zwischen Ehepartnern, die beide aus königlichem Geschlecht stammen und aristokratischen Werten verhaftet sind. Nachdem Kreon, der König von Korinth, Jason und Medeia Asyl gewährt hat, ergibt sich für Jason die Gelegenheit, dessen Tochter Glauke zu heiraten. Es handelt sich offensichtlich um eine Vernunftehe. Jason hat mit seinem Argonauten-Abenteuer zwar weithin Ruhm erlangt. Doch er ist arm. Der Ruhm bietet ihm die Möglichkeit, Kreon als Schwiegervater zu gewinnen und reich zu werden. Nach herkömmlicher Auffassung wird erst dieser Reichtum seine aristokratischen Tugenden voll zur Geltung bringen. Denn ein materiell armer Aristokrat gilt wenig. Niemand möchte, wie er sagt, eines armen Mannes Freund sein.

Also versucht er Medeia die Scheidung schmackhaft zu machen, indem er auf die Vorteile hinweist, die auch sie und die beiden gemeinsamen Söhne von einer solchen Lösung hätten: Sie wären nicht mehr Fremde, sondern würden in die Bürgerschaft von Korinth aufgenommen. Doch Medeia lehnt brüsk ab und verflucht ihn, der ihr einst einen heiligen Treueid geschworen hat, und sie verflucht auch die Kinder. Sie ist in vieler Hinsicht eine außergewöhnliche Frau, nicht nur wegen ihres königlichen Geblüts, auch nicht allein wegen ihrer magischen Kräfte, sondern sie hat zudem – obwohl „Barbarin“ – mit ihrer intellektuellen Schulung, die sie in Griechenland erhalten hat, Ruhm erlangt. Allerdings mache man sich mit einer solchen Ausbildung auch bei vielen verhasst, so dass man gut daran tue, sie seinen Kindern nicht zukommen zu lassen – ein deutlicher Seitenhieb des Euripides gegen die Ablehnung der sophistischen Erziehung durch die Mehrheit der athenischen Demokraten. Sie sind mit ihren traditionellen sittlichen Normen, ihren Gesetzen und ihrer rituellen Pflichterfüllung gegenüber den Göttern zufrieden und fühlen sich verunsichert, wenn jemand diese Ordnung in Frage stellt. Trotz ihres scharfen Verstandes ist Medeia nicht in der Lage, ihre rasende Wut zu zügeln. Sie bekennt sich ausdrücklich zu dem aristokratischen Grundsatz, gegenüber Freunden loyal, aber Feinden gegenüber gefährlich zu sein, und plant die Verletzung ihrer Ehre grausam zu rächen, ohne

Rücksicht auf ihre Kinder. Die Amme, die Euripides zur Sprecherin der Vernunft macht, ahnt Schlimmes:

> O diese Großen der Welt!
> Die nie gehorchen,
> Die nur befehlen,
> Schwer fügt sich ihr Sinn.
> Besser die mittlere Straße traben!
> Führt sie nicht hoch,
> Führt sie zum sicheren Hafen des Alters.
> Mäßigung,
> O Name der Namen,
> Bringt den Menschen
> Segen um Segen!
> Doch Unmaß dauert
> Nimmer und nimmer,
> Stürzt die Häuser zum Tag des Unheils
> Tiefer und tiefer!
> Des Hauses vergeltendes Unglück (Medea 121–132).[97]

Eine deutliche Kritik an aristokratischen Verhaltensnormen, die nur allzu oft die Politik ganzer griechischer Staaten bestimmten. Macht und Reichtum erheben ihre Besitzer über andere Menschen, machen aber nicht glücklich, lässt Euripides sein Publikum an anderer Stelle wissen und kritisiert das hedonistische Lebensgefühl der archaischen Zeit, das eine reichhaltige Gelagepoesie hervorgebracht habe, aber keine Literatur, die im Unglück Trost spenden könne. König Kreon, der die Rache und die Zauberkünste Medeias fürchtet, will sie sofort aus Korinth ausweisen, gewährt ihr jedoch auf ihre Bitten hin einen Tag Aufschub. In dieser Zeit vollendet Medeia ihren teuflischen Plan.

Bei einem zufälligen Zusammentreffen mit dem athenischen König Aigeus lässt sie sich unter Eid ein sicheres Exil in Athen versprechen. Daraufhin heuchelt sie gegenüber Jason Versöhnung und bringt ihn dazu, in ihrem Namen seiner Braut ein prächtiges Gewand und einen goldenen Kranz zu überreichen. Die listige Rache gelingt. Denn die Geschenke sind vergiftet und entzünden sich am Körper von Glauke, die qualvoll verbrennt, ebenso ihr Vater, der ihr zu Hilfe kommen will und dabei den Schmuck berührt. Der nächste – unausweichliche – Schritt fällt ihr schwerer. Mühsam ringt sie sich dazu durch, ihre Kinder zu ermorden, um sie der Rache der Korinther zu entziehen und zugleich das Unglück Jasons vollständig zu machen. In einem letzten Dialog mit Jason kostet sie ihren Triumph aus und entkommt auf einem Zauberwagen ihres Großvaters, des Sonnengottes Helios. Alles, was Jason bleibt, ist sich zu verdammen, eine „Barbarin“ geheiratet zu haben. Denn keine griechische Frau, meint er, hätte es fertiggebracht, ihre Kinder umzubringen. Das Stück kam bei den Athenern nicht gut an. Es erhielt nur den dritten und letzten Preis.

Im „Bekränzten Hippolytos“ (428 v. Chr.) stellt Euripides den Konflikt zwischen zwei extrem veranlagten Menschen vordergründig als Racheakt der Aphrodite an dem Königssohn Hippolytos dar, der ihr nicht huldigt. Er ist der Sohn des Theseus und der Amazonenkönigin Hippolyte sowie ein Verehrer der keuschen Artemis, allen Frauen abgeneigt, unwillig, eine Ehe einzugehen. Nur mit Artemis, mit der er auf der Jagd durch die Wälder streift, hat er eine intime Beziehung. Sein Ehrgeiz richtet sich mehr auf Sport als auf Macht und Herrschaft. Vor einer Menschenmenge zu sprechen, liegt ihm nicht. Vielmehr verachtet er die Volksredner, die zwar die Menge für sich einzunehmen wissen, aber von den Gebildeten nicht ernst genommen werden, eine Anspielung auf die demokratischen Demagogen. Seinen Freunden gegenüber ist er loyal und kann es sein, weil sie keine bösen Pläne schmieden – eine Anspielung auf die Hetairien, in denen so manches Komplott ausgeheckt wurde. Als Orphiker lebt er vegetarisch, was allerdings zu seiner Lust am Jagen in einem eigenartigen Widerspruch steht, und fühlt sich mit seiner asketischen Lebensweise den Durchschnittsmenschen moralisch überlegen.

Nach den Kriterien der Grabrede des Perikles bei Thukydides wäre er ein „unnützer“ Bürger, ein schlechter Demokrat, weil er sich politisch nicht engagiert. Wenn Euripides ihn gleichsam zu einem „Heiligen“ macht, dann bringt er damit unüberhörbar seine Kritik am Zustand der nachperikleischen Demokratie zum Ausdruck. Alle gut gemeinten Ratschläge, Aphrodite die notwendigen Ehrungen zukommen zu lassen, schlägt Hippolytos in den Wind. Die Frage drängt sich auf: Hat er dadurch Schuld auf sich geladen? Erwartete die Polisgemeinschaft von einem Mann, dass er Kinder zeugte und Nachkommen hinterließ, wie es von Sparta bekannt ist? Wurde nicht Orpheus von den Mainaden in Stücke gerissen, als er nach dem Verlust von Eurydike keine Frau mehr anrührte? Jedenfalls will die erboste Göttin ihn nicht bekehren, sondern bestrafen, indem sie ihn in eine unheilvolle Affäre verwickelt. Sie erregt in seiner jungen Stiefmutter Phaidra während der Abwesenheit des Theseus ein unstillbares Liebesverlangen nach ihm. In ihrer Qual vertraut sich Phaidra unter dem Siegel der Verschwiegenheit ihrer alten Amme an.

Wie in der „Medeia“, so macht Euripides die Amme wenigstens an dieser Stelle zur Stimme der Vernunft und lässt sie verkünden, dass Freundschafts- und Liebesbeziehungen immer „maßvoll“ bleiben sollten, um keinen Schaden anzurichten. Kein amour fou! In diesem Zusammenhang lässt er sie die Weisheit *„Nichts im Übermaß“ (mēdèn ágan)* aussprechen, eine allgemeingültige Maxime, die für die Griechen eine so große Bedeutung hatte, dass sie – zusammen mit der rätselhaften Aufforderung „Erkenne dich selbst“ *(gnôthi seautón)* – auf einer Säule in der Vorhalle des Apollontempels in Delphi eingraviert die Besucher empfing. Sie sollte der ethische Leitgedanke für die politischen Reformbestrebungen des vierten Jahrhunderts werden. Als Phaidra einsehen muss, dass sie trotz aller Versuche ihre Gefühle nicht in den Griff bekommt, sieht sie den einzigen Ausweg im Selbstmord, weil sie weder Ehebruch begehen noch gegenüber

Theseus treue Gesinnung heucheln will, während sie sich in Wirklichkeit nach Hippolytos sehnt. Um das Leben ihrer Herrin zu retten, rät die Amme daraufhin zu einer pragmatischen Lösung: Phaidra solle sich auf eine heimliche Affäre mit ihrem Stiefsohn einlassen und die Schuld auf Aphrodite schieben. Schließlich begingen nicht nur Götter Ehebruch und lebten damit glücklich, sondern auch viele kluge Männer sähen über die Seitensprünge ihrer Frauen hinweg.[98]

Phaidra verwirft diesen Vorschlag: Eben diese schönfärberischen Reden seien es, die edle Familien und ganze Städte zu Grunde richteten. Somit leugnet sie indirekt die Überlieferung vom unsittlichen Lebenswandel der Götter. Ihr Fluch gegen Helena, die erste Ehebrecherin, und die Sittenlosigkeit der führenden Familien, die den übrigen Bürgern ein schlechtes Beispiel gäben, verschafft Euripides Gelegenheit, in verdeckter Form wieder die Gegenwart zu kritisieren, ohne konkret werden und Namen nennen zu müssen. Aber die Amme hält sich in guter Absicht nicht an ihr Versprechen, das sie Phaidra gegeben hat, und will Hippolytos für ihren Plan gewinnen. Er weist sie schroff zurecht, verpflichtet sich aber dennoch mit einem Eid, zu schweigen. Für Phaidra ist der Selbstmord jetzt unausweichlich. Doch bevor sie sich erhängt, heftet sie einen Brief an einen ihrer Arme, in dem sie Hippolytos beschuldigt, ihr nachgestellt zu haben. Das tut sie nicht etwa, um ihr Andenken unbeschädigt zu erhalten, sondern ganz bewusst aus Rache, wohl aus gekränkter Eitelkeit.

Theseus ist nach seiner Rückkehr, nachdem er den Brief gelesen hat, außer sich, bestraft Hippolytos mit Verbannung und bittet gleichzeitig seinen Vater Poseidon, bei dem er drei Wünsche frei hat, Hippolytos zu töten. Da Hippolytos den Eid, den er der Amme geleistet hat, nicht brechen will, steht er als Schuldiger da. Er ruft Zeus zum Zeugen seiner Unschuld an, will ruhmlos, namenlos und ohne ordnungsgemäße Bestattung bleiben, wenn er lügt – das Schlimmste, was einem Aristokraten passieren kann. Alles vergeblich. Theseus glaubt ihm nicht, und er muss sich ins Exil begeben. Niedergeschlagen fährt er in Begleitung seiner Gefährten am Meer entlang, als plötzlich aus dem Wasser, von Poseidon geschickt, ein mächtiger Stier auftaucht und die Pferde so erschreckt, dass sie durchgehen und Hippolytos fast zu Tode schleifen.

Um Theseus von der Unschuld seines Sohnes zu überzeugen, bedarf es zum zweiten Mal göttlichen Eingreifens: Es ist Artemis, die dem König die Wahrheit berichtet. Der schwer verwundete Hippolytos wird vor Theseus gebracht und spricht ihn kurz vor seinem Tod von der Blutschuld frei. Als Kompensation für sein Unglück stiftet Artemis in Troizen einen nach ihm benannten Hochzeitskult für junge Bräute. So bleibt er weiter in Erinnerung. Kann man Aphrodite, die böse Göttin, lediglich als Personifikation der unstillbaren Leidenschaft der Phaidra verstehen, so bringt Euripides mit Poseidon und Artemis konkrete Göttergestalten in die Handlung. Beide Götter sind eigentlich gut. Poseidon hat Hippolytos nur deshalb töten lassen, weil er bei Theseus im Wort stand. Schuld war Theseus, der Hippolytos übereilt verurteilte, wie Artemis bemerkt. Und Artemis konnte nicht zugunsten ihres Schützlings eingreifen, weil nach der Götterordnung des Zeus kein Gott einen anderen an seinem Vorhaben hindern darf. Artemis will sich dafür rächen, indem sie bei Gelegenheit einen Schützling der Aphrodite mit ihrem Pfeil erschießen wird. Mit dem „Hippolytos“ gewann Euripides an den Dionysien den ersten Preis.

In „bei den Taurern“ kommt er noch einmal auf die Natur der Götter zurück. Nicht die Götter sind grausam, sondern die Menschen sind es, die die Götter grausam machen, lässt er seine Heldin angesichts der Menschenopfer fordernden Artemis bei den barbarischen Taurern verkünden, wo sie auf Beschluss der Göttin als Priesterin dienen muss:

> Doch meiner Göttin Zunge preis ich nicht:
> Sie hält den Mörder vom Altare fern,
> Tut ihn in Acht wie schmutzbefleckte Tier,
> Und freut sich doch am Menschenmord! Nein, nie
> Hat Leto, Zeus' Gemahlin, solch Geschöpf
> Geboren! Daß den Göttern Tantalos
> Den eignen Sohn als Speise vorgesetzt
> Ist Fabel! Hierzulande liebt man den Mord
> Und schiebt der Göttin böse Bräuche zu,
> Wo kein Olympier je Böses tat (Iphigenie bei den Taurern, ca. 412 v. Chr., 380–391).[99]

Die weitverbreiteten misogynen Redensarten griechischer Männer scheint Euripides nicht zu teilen. Er legt sie dem Frauenfeind Hippolytos in den Mund, aber so, dass sie wie eine Persiflage klingen. Dabei entwickelt Hippolytos die Vorstellung von einer Welt ohne Frauen, in der die Männer ihre Nachkommen selbst aufziehen können:

> Warum hast du der Weiber falsch Geschlecht,
> O Zeus, in dieses Sonnenlicht gepflanzt?
> War es dein Plan, daß Menschenart sich mehrt,
> Ganz ohne Frauen sollte dies geschehn.
> In deinen Tempeln müßte man um Geld,
> Mit Gold, mit Eisen oder Erzgewicht,
> Der Kinder Samen kaufen, jeder, je nachdem
> Er eingeschätzt ist, und die Menschen sollten
> In freien Häusern leben ohne Frau (Hippolytos 616–624).[100]

Hippolytos fährt fort:

> Wie groß dies Übel, zeigt der Vater schon,
> Der Mädchen zeugt, sie aufzieht und dann doch
> Mit Mitgift losschlägt, ihrer sich befreit.
> Wer in sein Haus die Unglückspflanze setzt,
> Putzt selber noch das üble Bild heraus,
> Hängt Schmuck ihm, hängt ihm schöne Kleider um,
> Dem Ärmsten schmilzt sein Wohlstand schnell dahin.
> Glücklich, wem eine Null, ein unscheinbar
> Einfältig Weib ins Haus gezogen ist.
> Nur keine kluge, allzu schlaue Frau!

Den schlechten Sinn pflanzt Kypris eher in
Die klugen Seelen, und die ungeschickte Frau
Bleibt durch die Einfalt von den Lastern fern.
Und keine Magd umgebe je die Frau,
Nur Tiergezücht, das keine Sprache kennt,
So daß kein Wort sie jemals tauschen kann.
Jetzt spinnen üble Frauen üble Pläne nur
Im Haus, und Mägde tragen sie hinaus [...]
O seid verflucht! Und werd ich zum Gespött,
Nie wird mein Herz des Weiberhasses satt.
Sie sind und bleiben eine schlimme Brut.
So lang man sie zum Guten nicht bekehrt,
Sei meine Feindschaft ihr gewisses Teil (Hippolytos 627–668).[101]

Schon drei Jahre zuvor, in der „Medeia", hatte Euripides die Perspektive der Frauen zu Wort kommen lassen, und zwar sehr viel ernsthafter:

Ach wir Frauen sind ja von allem Geschöpf,
Das da atmet und fühlt, die unseligste Art:
Wir kaufen mit schwerem Gold den Gemahl,
Ja, schlimmer noch, kaufen den Herrn unsres Leibs
Und er bleibt unser Schicksal, ob gut oder schlecht;
Wir könnens nicht weigern,
Und Scheidung ist Schimpf.
Was wir nirgends erlernten: In fremden Gebrauch
Uns fügen, erraten die Wünsche des Mannes –
Wir müssen es üben. O glückliche Frau,
Die den Mann ohne Zwang zum Gefährten gewann!
Alles andre ist schlimmer als Tod: Was der Mann
Im Hause entbehrt, sucht er außer dem Haus –
Wir schauen auf *ihn* als den einzigen Trost.
Man preist unsern Frieden so fern von der Schlacht:
Lieber dreimal am Feind als einmal Geburt! (Medea 232–251)[102]

[...] Voller Angst ist das Weib
Vor Gewalt, vor dem Stahl – Wird die Ehre versehrt,
So lechzt sie nach Blut wie eine Löwin (Medea 263–267).[103]

Trotz allem Verständnis für die Lage der Frauen ist das kein Aufruf zur Frauenemanzipation, sondern nur eine Schilderung ihres Schicksals. Das ist nun einmal so. Immerhin spricht sich Euripides an anderer Stelle für eheliche Treue beider Geschlechter aus. Und was er bei der Klage der Medeia nicht sagt, weil es in diesen Zusammenhang nicht passt: Bei den häufigen kultischen Festen verließen die Frauen durchaus das Haus und hatten ein Vergnügen daran, sich mit ihrem kostbaren Schmuck, den sie (zusätzlich zur Mitgift) als Brautgabe oder als Geschenk ihrer Männer besaßen, öffentlich zu zeigen. Wie wir noch sehen werden, sah man sich im Verlauf des vierten Jahrhunderts zu einschlägigen gesetzlichen Beschränkungen genötigt.

Das Verhältnis der Sklaven, vor allem der Sklavinnen, zu ihren Herrinnen wird als harmonisch geschildert. Alkestis behandelt ihre Sklaven wie eine Mutter und schützt sie gelegentlich auch vor dem Zorn ihres Gatten. Besonders die Sklavinnen halten treu zu ihren Herrinnen, auch wenn sie sich im Unglück befinden. Altgediente Sklaven und Sklavinnen bieten sich in kritischen Situationen an, für ihre Besitzer lebensgefährliche Risiken auf sich zu nehmen, was ihnen nicht schwerfällt, weil ihr Leben, wie eine alte Sklavin einmal sagt, ohnehin nur einen geringen Wert hat. Gleichwohl treibt seine sophistische Bildung Euripides sogar zu der Behauptung, dass es Sklaven mit dem Wesen von Freien gebe, denn „Sklave“ sei ja schließlich nur ein Name. Auch diese Äußerung darf nicht als Plädoyer für die Abschaffung der Sklaverei verstanden werden. Auch wenn von radikalen Demokraten gelegentlich die Meinung geäußert wurde, dass eine echte Demokratie auch die Sklaven miteinschließen müsste – eine politische Bewegung ist daraus nicht entstanden. Die Versklavung Besiegter gehörte zum Kriegsrecht.

Im Folgenden sollen weitere zentrale Wertbegriffe hervorgehoben werden, die für das Selbstverständnis des vierten Jahrhunderts ausschlaggebend waren.

Freiheit. Frei sind Griechen bei Euripides von Natur aus. Das unterscheidet sie von den „Barbaren“. In deren Staaten ist nur ein einziger frei, der Herrscher. Diese Staatsform entspricht ihrer sklavischen Natur. Deshalb haben die Griechen das Recht, über die „Barbaren“ zu herrschen. Da die „Barbaren“ auch geistig schwerfälliger als die Griechen sind, gelingt es ihnen auch immer wieder, sie zu überlisten. Ein wesentliches Merkmal der griechischen Freiheit ist die freie Rede des Bürgers. Ansässigen Fremden ist sie nicht gestattet. Sie müssen, wie Sklaven, die Herrschaft anderer schweigend ertragen. Unter den Griechen sind die Athener etwas Besonderes. Sie sind nicht nur stolz auf ihre Freiheit, sondern auch auf ihre politische *Gleichheit*, die sie auf Theseus zurückführen:

> Wir (sind) frei und nicht nur Einem untertan.
> Das Volk herrscht mit und wechselt Jahr um Jahr,
> Auf Reich und Arm verteilt es gleiche Macht (Hiketiden 404–407).[104]
>
> Geschriebnes Recht verleiht denselben Rang
> An Arm und Reich, und der geringre Mann
> Besiegt den großen mit dem bessren Recht.
> Wie frei ist doch der Aufruf: „Wer will hier
> Mit gutem Rate dienen seiner Stadt?“
> Wer will, tut sich hervor, der andere schweigt.
> Wo gibt's in einem Staate gleichres Recht?
> Und wo das Volk im Land das Steuer führt,
> Da freut es sich des jungen Bürgertums (Hiketiden 433–443).[105]

Ein Wesensmerkmal dieser Freiheit ist die Furchtlosigkeit vor anderen Staaten, weshalb Athen auch Vertriebenen und Verfolgten bereitwillig Asyl gewährt. Aber trotz aller politischen Gleichheit – das weiß Euripides sehr wohl – umgibt Männer und Frauen aus vornehmen Familien noch immer eine besondere Aura, die schon bei ihrem bloßen Erscheinen in der Öffentlichkeit sichtbar wird. Zwar gibt es unter den Wohlgeborenen auch viele Schlechte, und mancher einfache Mann übertrifft manchen Aristokraten und Reichen an Verstand und Mut; aber letztendlich ist das ruhmvolle, wenn auch gefährlichere Leben der Führer faszinierender als das unscheinbare und sicherere Dasein der Durchschnittsbürger. Und dass in der Praxis nicht jeder Bürger, der in der Volksversammlung oder vor Gericht auftrat, gleiches Gewicht hatte, haben wir schon gesehen. Euripides überträgt das Prinzip der Gleichheit auch auf die Außenpolitik.

> Die *Gleichheit [isótes]* ehren, die ihr sanftes Band
> Um Freunde, Städte und um Bündner schlingt.
> Die Gleichheit ist der Menschen Ruhepunkt.
> Dem Überstarken ist der Schwache stets
> Der Feind, der ihm verhaßte Tage macht.
> Hat nicht die Gleichheit Maße und Gewicht
> Dem Menschen eingesetzt und fest bestimmt? (Phoinikerinnen 535–538)[106]

Eine deutliche Kritik an der athenischen Politik gegenüber den Städten des Seebundes. Aber dennoch stehen nach seiner Meinung die Athener allemal höher als andere Griechen. Selbst wenn einem Ausländer das athenische Bürgerrecht verliehen wurde, wird man ihm immer noch seine fremde Herkunft anmerken. Ihm fehlt das gewisse Etwas. Die Athener sind eben eine Klasse für sich. Sie sind Demokraten unter sich, glauben aber die Aristokraten unter den Griechen zu sein.

Sehr deutlich spricht Euripides sich gegen Kriege zwischen Griechen aus. Er ist damit, wie wir mehrfach gesehen haben, nicht der Erste. In diesem Zusammenhang spielt, wie schon bei Thukydides, die *Hoffnung*, die doch sonst den Griechen immer wieder Mut machte, eine durchaus negative Rolle:

> Die Hoffnung hat schon manche Stadt in Krieg
> Verwickelt, die Gemüter überspannt.
> Wird über Krieg und Frieden abgestimmt,
> Berechnet keiner seinen eignen Tod
> Und meint, solch Ende sei für andere;
> Stünd bei der Urne sichtbar schon der Tod,
> Nie würfe Kriegswut Hellas in den Staub.
> Von zwei Gedanken weiß ein jeder Mensch
> Den stärkern zu erkennen, Gut und Schlecht;
> Nur daß der Friede Kriege überstrahlt
> Als Freund der Musen, als der stete Feind
> Des Blutvergießens, als der Kinder Hort,
> Als Freund des Wohlstands: das vergißt man gern;
> Wir stiften Kriege und versklaven dann
> Besiegte, Mann den Mann und Stadt die Stadt (Hiketiden 479–494).[107]

Allerdings basiert auch diese Kritik am Krieg ebenso wenig auf humanitären Gründen wie diejenige des Aristophanes. Richtungsweisend für den heraufkommenden neuen Zeitgeist, der mit Euripides auf die Bühne kam, war die Absage an den Hedonismus der Demokratie. Vor allem die Oberschicht sollte mit ihrer Lebensführung der Bürgerschaft ein Vorbild an Selbstdisziplin und Genügsamkeit werden, wie der Aristokrat Kapaneus in den „Hiketiden“ (Schutzflehenden), 421 v. Chr.:

> [...] Er war an Gütern reich,
> Doch ohne jeden Dünkel, ja sein Stolz
> Hat keinen armen Menschen überragt.
> Er liebte schmalen Tisch, der nicht beschwert
> Und doch zum Leben reicht; den vollen Bauch
> Verdammte er und pries die Mäßigkeit.
> Er war den Freunden treu, den nahen und
> Den fernen. Solcher gibt es wenige.
> Ein Wesen ohne Falsch, ein froher Mund,
> Zu Dienern und zu Bürgern ohne Stolz (Hiketiden 361–371).[108]

Von einem anderen heißt es, dass er unbestechlich gewesen sei, und:

> Er haßte falsche Führer, nicht das Volk,
> Das keine Schuld hat, wenn sein guter Ruf
> Vom schlechten Steuermann verdorben wird (Hiketiden 378–380).[109]

Die eigentliche Stütze des Staates sieht er in den „Mittleren“:

> Drei Klassen Bürger bilden einen Staat:
> Die reichen Drohnen immer neuer Gier;
> Die nie Gestillten ohne Hab und Gut,
> Gefährlich, neidisch, immer haßerfüllt,
> Von Zungendreschern hinters Licht geführt;
> Das Volk der Mitte, jedes Staates Glück,
> Das feste Ordnung gibt und treu beschützt (Hiketiden 238–245).[110]

Es handelt sich primär nicht um eine soziale, sondern um eine ethische Klassifizierung. Zu den „Mittleren“ gehören alle Bürger, die mit ihrem Besitz zufrieden sind und ihr Vermögen nicht durch einen aufwendigen Lebenswandel verschwenden. Zu ihnen kann also jeder gehören. Aber unter den Reichen und unter den Armen finden sich die meisten, die „nach mehr“ streben. Das Ideal ist der Bauer, der für die Ernährung der Polis sorgt und im Krieg die Masse der Schwerbewaffneten stellt. Aber Athen war nun einmal eine Seemacht.

Aristophanes hat auf die Propagierung dieser Genügsamkeit in seiner letzten Komödie, dem „Plutos“ (408 v. Chr., erhalten in einer überarbeiteten Fassung von 388 v. Chr.) reagiert und sie als *Armut* auf die Bühne gebracht. Plutos ist der Gott des Reichtums, der Lieblingsgott der Menschen. Denn selbst wenn sie zu anderen Göttern beten, so tun sie es meistens mit der Bitte um Reichtum. Aber Plutos verstreut seine Gaben wahllos unter Guten wie Schlechten: Denn er ist blind. Aristophanes lässt ihn als hilflosen blinden Greis auftreten, der von niemandem erkannt wird. Doch der Bauer Chremylos hat vom delphischen Apoll einen Tipp bekommen, wie er Plutos erkennen kann. Chremylos wird als rechtschaffener, aber armer Bauer geschildert, der sich jedoch immerhin mehrere

Sklaven leisten kann. Er will Plutos ins Asklepiosheiligtum führen und ihn dort von seiner Blindheit heilen lassen, auf dass der Gott, sobald er sehen kann, alle Gerechten, Weisen und Gebildeten reich und alle Schurken arm mache. In diesem Moment tritt ihm eine alte Frau in den Weg, hässlich und abstoßend, um ihn an seinem Vorhaben zu hindern. Sie ist die personifizierte „Armut“ und behauptet, für die Menschen besser zu sein als Plutos.

Sie ist aber nicht die Armut derer, die von der Hand in den Mund leben oder gar betteln gehen; sondern sie verkörpert jene, die fleißig arbeiten und genug zum Leben haben, ohne ihr Vermögen vergrößern zu können. Sie sind geistig und körperlich in Form, rank und schlank, standhaft im Krieg – dagegen die Reichen fett und träge. Diese Armut ist verbunden mit anständigem Benehmen – Reichtum mit Arroganz und Übermut. Politiker betreiben die Angelegenheiten von Volk und Staat untadelig, solange sie arm sind. Sind sie jedoch von öffentlichen Geldern reich geworden, werden sie sofort unredlich, schmieden Komplotte gegen die Menge und fügen dem Volk Schaden zu. Die Armut hat also die Moral auf ihrer Seite. Dennoch wird sie von den rechtschaffenen Bauern verjagt. Chremylos lässt sich von seinem Plan, Plutos sehend zu machen, nicht abhalten und alle guten Menschen werden reich. Plutos bleibt gewissermaßen der oberste Gott der demokratischen Athener und Aristophanes ein Gegner des Euripides und der neuen Armut, obwohl er die Entscheidung für Plutos ethisch nur mit einer Utopie verteidigen kann, also in die Defensive gerät. Doch in einem Punkt trägt er dem sich anbahnenden Stimmungswandel schon Rechnung: Er fährt merklich die „schmutzige Rede“, die schamlosen Obszönitäten zurück. Fazit: Auf Plutos Glanz fällt ein Schatten, und der urwüchsig derbe Dionysos wird ein wenig blasser.

Mit Euripides kam auch fast beiläufig ein neuer Begriff in die griechische Öffentlichkeit, der wenig später große Verbreitung fand und aus der griechischen Literatur nicht mehr wegzudenken war: die *tryphḗ*. Sie wurde eine Bezeichnung für alles, was die Gegner des freien Lebens kritisierten: übertriebenen öffentlichen und privaten Aufwand, Luxus, das Schwelgen in sinnlichem Wohlbehagen und die dazu gehörigen mentalen Eigenschaften, wie sorglose Leichtfertigkeit, schlaffe Bequemlichkeit, weichliche Verwöhntheit, Hochmut und Übermut, aber auch das Streben nach grenzenlosem Reichtum und absoluter Macht, verbunden mit Raub, Diebstahl und Korruption. Nicht nur kritische Demokraten, sondern auch Anhänger einer oligarchischen Verfassung tadelten die *tryphḗ*, aber nicht ihre eigene, sondern das ihrer Meinung nach allzu üppige Wohlleben des „Volkes“, das sich Palästren und öffentliche Bäder baue und üppige Feste feiere.

Gleichzeitig wurde der Begriff *pónoi* (Anstrengungen, Mühen) aufgewertet. In seiner Lobrede auf die Demokratie hatte Perikles bzw. Thukydides dieses Wort zur Bezeichnung des harten militärischen Dauertrainings der Spartaner verwendet und als undemokratisch abgelehnt. Jetzt erhielten *pónoi* eine viel umfassendere Bedeutung als Mittel zur Stärkung von Körper und Seele. Der Sophist Prodikos von Keos hat in seiner Parabel von Herakles am Scheidewege den ungehobelten und kraftstrotzenden Berserker in einen Protagonisten von Selbstdisziplin und Altruismus verwandelt. In dieser Parabel begegnen dem noch jungen Herakles die Aretḗ (Tugend) und die Kakía (Schlechtigkeit) in der Gestalt zweier Frauen. Die erste tritt ihm schlicht, ohne Schmuck und kosmetische Schönheitsmittel, aber äußerlich makellos und mit mädchenhafter Zurückhaltung gegenüber, die Kakía geschminkt, füllig und dreist, angetan mit einem durchscheinenden Kleid. Sie verspricht Herakles den angenehmsten und leichtesten Lebensweg. Nie brauche er im Krieg zu kämpfen noch sich mit lästigen Geschäften zu befassen, sondern könne sich ausschließlich damit beschäftigen, sich möglichst mühelos alle erdenklichen Sinnenreize zu verschaffen, von der Feinschmeckerei bis zur Knabenliebe. Dagegen belehrt ihn die Aretḗ, dass die Götter den Menschen von dem wirklich Guten und Schönen nichts ohne Mühe und Anstrengungen gewähren, und rät ihm, sie zu verehren, sich politisch für Griechenland einzubringen, seinen Freunden Gutes zu tun, sich um Ackerbau und Viehzucht zu kümmern, sich in der Kriegskunst zu üben und sich Anstrengungen aufzuerlegen, um seinen Körper zu stählen. Dieses Leben ist es, für das Herakles sich entscheidet.

Dennoch warnt Euripides davor, Dionysos in seiner Funktion als Vergöttlicher der irrationalen Seite der menschlichen Psyche, der unterschwelligen Sehnsucht nach der Auflösung von Maß und Mitte im orgiastischen Rausch völlig zu unterdrücken. Nein, man muss auch ihr Raum geben, aber außerhalb der Polis. In seiner letzten Tragödie, den Bakchen (Mainaden, 406 v. Chr., posthum 405 aufgeführt und mit dem ersten Preis ausgezeichnet) taucht der Gott zunächst als Mensch, aus dem phrygisch-lydischen Orient kommend, in seiner Geburtsstadt, dem boiotischen Theben auf. Seine unmännliche Erscheinung lässt ihn fast als Zwitter erscheinen, und sein lautstarkes Gefolge aus tympanonschlagenden Gefährtinnen reißt die Stadt aus ihrer alltäglichen Geschäftigkeit. König Pentheus, ein strenger Bewahrer der stadtbürgerlichen Ordnung, ist entsetzt und angeekelt:

> Du bist nicht häßlich, doch ein halbes Weib –
> Auf Weiber gingst du nur in Theben aus –
> Die Locken lang und nicht nach Ringer Art,
> Auf Wangen hingegossen, sehnsuchtsvoll,
> Die weiße Haut seit langem wohlgepflegt
> Im Schatten, ohne jeden Sonnenstrahl,
> Auf Aphrodites Siege stets bedacht (Bakchen 453–454)[111]

Dieser junge Mann versetzt die thebanischen Frauen in Tollheit, lockt sie aus ihren Häusern und aus der Stadt in die Wildnis der Berge, wo sie in orgiastischer Verzückung archaische Riten zelebrieren. Sie fangen Schlangen und flechten sie sich ins Haar, hatte doch Zeus, als er Dionysos aus einem seiner Schenkel gebar, ihm einen Kranz von Schlangen aufs Haupt gedrückt. Auch Agaue, die Mutter des Königs, ihre Schwester, und Kadmos, sein Großvater, sowie der blinde Seher Teiresias sind mit von der Partie.

> Was uns von Alters überliefert ist,
> Macht kein Verstand zunichte, wenn er auch
> Den Gipfel aller Klugheit sich erklimmt (Bakchen 201–203)[112]

belehrt Teiresias den König. Dionysos wird gepriesen, weil er den Menschen den Wein geschenkt hat, der Leid, Schmerzen und Mühen lindert, den Kriegern Mut einflößt, aber auch den Frieden mit frohen Gelagen und nächtlichen Feiern verschönt. Doch Pentheus beschließt, gegen diesen vermeintlich verrückten jungen Mann und die Mainaden mit Gewalt vorzugehen. Er lässt sie einsperren. Aber auf wundersame Weise können sie sich wenig später selbst befreien. Kein Gefängnis kann sie aufhalten. Ein Hirte berichtet dem König, dass die Mainaden in den Bergen die kultischen Feiern friedlich in Gemeinschaft mit wilden Tieren begehen. Sie trinken auch Wein, den sie mit ihren Thyrsosstäben aus Felsen hervorzaubern, benehmen sich aber durchaus gesittet. Keine Rede von sexuellen Ausschweifungen, die Pentheus befürchtet hatte. Doch wenn sie von außen gestört werden, entwickeln sie eine rasende Wehrhaftigkeit.

Um von der Situation in den Bergen einen eigenen Eindruck zu gewinnen, auch aus einer gewissen Lüsternheit heraus lässt sich Pentheus von dem jungen Mann überreden, Frauenkleider anzulegen – die Anprobe der Gewänder trägt geradezu komödiantische Züge – und am Schauplatz des Geschehens hoch oben auf einem Baum einen versteckten Beobachtungssitz einzunehmen. Dann schlägt die Posse in nacktes Grauen um. Die Frauen bemerken den Spanner, doch in ihrem emotionalen Rausch erkennen sie ihn nicht, sondern halten ihn für einen Berglöwen. Er wird vom Baum geschüttelt und, wie einst Dionysos selbst, in Stücke gerissen. So büßt er für seinen Widerstand gegen den Gott mit seinem Leben, wie es in einem Mythos überliefert war. Nachdem die Mainaden nach Theben zurückgekehrt sind und Agaue mit Hilfe des Kadmos aus ihrer Trance erwacht, wird sie gewahr, dass der Löwenkopf, den sie in den Händen zu halten glaubt, in Wirklichkeit der ihres Sohnes ist. Nun gibt sich Dionysos, auf einer Wolke über dem Königspalast schwebend, zu erkennen und fällt sein göttliches Urteil über die ganze übrige Königsfamilie, die eigentlich unschuldig, aber in göttlichem Sinn schuldig ist. Sie muss Theben verlassen und ins Exil gehen.

Zu den Kritikern an manchen Institutionen und Wesenszügen der Demokratie gehörte auch Sokrates (469–399 v. Chr.). Äußerlich ähnelte er vielleicht ein wenig den Lakonisten, die die athenischen Demokraten und Hedonisten mit ihrer demonstrativen Spartabewunderung provozierten, mit ihrer zottigen Haartracht, ihren kurzen Mänteln, einfachen Schuhen und Knotenstöcken in den Händen bewusst die öffentliche Aufmerksamkeit auf sich lenkten, nur einfache Speisen zu sich nahmen, sich selten wuschen und mit dieser Lebensform moralische Überlegenheit für sich reklamierten. Platon hat sie als oberflächlich abgetan, weil sie den geistigen Kern des Spartanertums nicht begriffen hätten, der unter anderem in der prägnanten lakonischen Kurzsprechweise (Brachylogie) zum Ausdruck komme. Sokrates wurde jedoch nicht zum Lakonisten, sondern versuchte das sittliche Niveau der athenischen Demokraten durch die Vermittlung von grundsätzlichen ethischen Werten zu heben und damit auch mehr Eintracht unter den Bürgern zu erzeugen. Aristophanes verspottete ihn als Sophisten, dessen Wolkenkuckucksheim man am besten abfackeln sollte, und traf damit wohl das Urteil der meisten einfachen Athener. Aber gerade die Ablehnung des sophistischen Wertrelativismus war es, die Sokrates herausforderte.

In seiner Kritik an bestimmten Mängeln der Demokratie stimmte er einerseits mit Euripides und Anderen überein. Er kritisierte die Respektlosigkeit gegenüber Amtsträgern, die Prozesswut, die Unlust an körperlichem Training und die geringe Wertschätzung, die man den Alten entgegenbrachte. Seine Kritik ging gelegentlich darüber hinaus und trug fundamentale politische Züge. So lehnte er die Ämtervergabe durch das Losverfahren, die zum Wesenskern der Demokratie gehörte, ab und lobte, wie vor ihm Aischylos, den Areopag, dessen Kompetenzen ja gerade die Demokratie auf ein Minimum reduziert hatte. Die Diskussion über den Areopag sollte später wieder auf die Tagesordnung kommen.

Trotzdem fühlte sich Sokrates als loyaler Bürger seiner Stadt, bekleidete auch routinemäßig demokratische Ämter und hat seine geradezu extreme Loyalität schließlich dadurch bewiesen, dass er am Ende seine Verurteilung zum Tod akzeptierte, obwohl er sie als ungerecht empfand, und die Möglichkeit zur Flucht mittels Bestechung ausschlug. Er genoss den Ruf mustergültiger Selbstdisziplin. Im Peloponnesischen Krieg stellte er als Hoplit und Teilnehmer an der Belagerung von Potidaia (431–429 v. Chr.) sowie an den Niederlagen bei Delion (424 v. Chr.) und Amphipolis (422 v. Chr.) in herausragender Weise Ausdauer, Kaltblütigkeit und Mut unter Beweis. Er hat beim Rückzug nicht seinen Schild weggeworfen und wird als physisch und psychisch außergewöhnlich robust beschrieben. Aber „schön“ war er anscheinend nicht. In den Ruhepausen verharrte er oft in stundenlangem Nachdenken. Dass er deshalb nicht als Sonderling verspottet wurde, verdankte er wahrscheinlich seinem tadellosen Ruf als Krieger. Sein Status als Schwerbewaffneter zeigt, dass er nicht zu den materiell Armen gehörte, sondern dass seine „Armut“ eine freiwillige war.

Da er sich fast jeden Tag von morgens bis abends in der Öffentlichkeit aufhielt und dort Gesprächspartner suchte, war er stadtbekannt. Wie er seinen Lebensunterhalt bestritt – immerhin hatte er bei seinem Tod eine anscheinend um Jahrzehnte jüngere Frau und drei Söhne, von denen zwei noch nicht erwachsen waren – wissen wir nicht. Vielleicht besaß er mehrere Sklaven, die sein Einkommen erwirtschafteten. Denn im Gegensatz zu den Sophisten nahm er kein Geld von seinen Hörern. Auch dozierte er nicht wie diese und vertrat kein in sich geschlossenes Lehrgebäude, sondern suchte eher das ergebnisoffene Gespräch. Als Gesprächspartner akzeptierte er jeden, erregte aber wohl die meiste Aufmerksamkeit bei seinen Gesprächsduellen mit Sophisten. Gelegentlich wurde er auch zu Gastmählern von Mitgliedern der Führungsschicht eingeladen und gewann

Abb. 25: Sokrates. Da diese Büste ca. ein Vierteljahrhundert nach seinem Tod entstanden ist, dürfte sie seinem wirklichen Erscheinungsbild sehr nahe kommen. Sokrates war nicht „schön“.

dort Freunde und Anhänger. So verband ihn eine Freundschaft ausgerechnet mit Alkibiades, auch wenn dieser dann einen ganz anderen Weg eingeschlagen hat. Und auch der Spartabewunderer und später äußerst brutale Oligarch Kritias hat zeitweilig zum Kreis um Sokrates gehört.

Ein Gespräch begann Sokrates damit, dass er an sein Gegenüber Fragen stellte, so als suchte er eine Belehrung. Dann vertiefte er den Dialog mit immer neuen Fragen, bis der Andere keine Antwort mehr wusste und einsah, dass sich die herkömmlichen Anschauungen, die für den athenischen Durchschnittsbürger selbstverständlich waren, als Scheingewissheiten herausstellten. Nach Auffassung des Sokrates war das Wichtigste am Menschen seine Seele, die nur dann zu sich selbst gelangen könne, wenn der Mensch Gutes tue. Unrecht tun war also viel schlimmer als Unrecht erleiden. Daraus folgte der Auftrag, durch eigenes Nachdenken zur Erkenntnis des sittlich Guten und Gerechten zu gelangen, freilich ohne damit rechnen zu können, zu endgültigen Antworten zu kommen.

Diese neue Dimension des Denkens implizierte auch eine Absage an das Streben nach Ruhm, Macht, Reichtum, Schönheit sowie körperlicher Stärke als höchste Lebensziele und schloss ebenso die zur Verteidigung der Ehre vermeintlich notwendige Rachsucht aus. Das musste nicht nur Aristokraten, sondern auch der Masse der Demokraten Unbehagen bereiten.

Zur Tagespolitik hat Sokrates anscheinend kaum Stellung bezogen. Er hat sich nie gegen den Peloponnesischen Krieg oder einzelne Politiker ausgesprochen. Vielmehr hat er nur in konkreten Fällen seine Stimme erhoben, wo krasses Unrecht geschah, so, wie oben erwähnt, in seiner Funktion als Prytane im Arginusenprozess, als die aufgebrachte Volksversammlung acht der zehn Strategen zum Tode verurteilte, weil sie die Schiffbrüchigen nicht hatten retten können. Und unter der Oligarchie der Dreißig hat er den Befehl zur Teilnahme an der Verhaftung eines Regimegegners einfach missachtet. Das heißt: Sowohl unter der Demokratie als auch unter der Oligarchie brachte er sich gelegentlich in Lebensgefahr. Aber politisch verfolgt worden ist er selbst unter dem oligarchischen Terrorregiment nicht.

Auch die demokratischen Richter aus der Masse der Durchschnittsbürger, die ein Ressentiment gegen Intellektuelle hatten und ihm vorwarfen, die Jugend zu verderben, hätten ihn 399 v. Chr. wahrscheinlich nicht zum Tode verurteilt, sondern mit einer milderen Strafe davonkommen lassen, wenn er sie nicht regelrecht provoziert und herausgefordert hätte, indem er statt einer Strafe eine staatliche Auszeichnung für sich beantragte. Man könnte den Eindruck gewinnen, dass er es regelrecht auf ein Todesurteil anlegte. Selbst im Gefängnis, als er den Schierlingsbecher trank, hat er mit Freunden philosophiert, dagegen seine Frau, deren Klagen und Jammern ihn störten, weggeschickt. Literarisch und geistesgeschichtlich haben Platon und Xenophon ihm, der selbst nichts Schriftliches hinterlassen hat, eine kaum zu überbietende Nachwirkung verschafft, die bis heute anhält. Während Christen ihn oft mit Jesus verglichen haben, ist er für Atheisten interessanter als Platon, weil er die Frage nach der Unsterblichkeit der Seele offengelassen hat. Auf politischem Gebiet hat er nichts verändert.

Die Schüler des Sokrates haben seine Lehre in ziemlich verschiedene Richtungen gelenkt. Von Aristippos von Kyrene, der das Leben am Hof des Tyrannen Dionysios von Syrakus genoss, gerade weil er sich auf Grund seiner sokratischen Schulung gegen jede Abhängigkeit vom Hedonismus gefeit glaubte, ist schon die Rede gewesen. Das andere Extrem vertrat Antisthenes (ca. 445–365 v. Chr.). Obwohl er als Sohn eines Atheners und einer thrakischen Sklavin vom athenischen Bürgerrecht ausgeschlossen war, leistete er als junger Mann Kriegsdienst und kämpfte in der Schlacht bei Tanagra gegen die Boioter mit Auszeichnung (426 v. Chr.). In der letzten Stunde des Sokrates gehörte er zu den anwesenden Schülern und Freunden. Nach seinem Tod gründete er eine eigene philosophische Schule im Gymnasion Kynosarges, das allen späteren Philosophen dieser Richtung den Namen gab: Kyniker.

Die Abneigung gegen den Hedonismus steigerte er bis zur Askese, weil er in der sinnlichen Lust, besonders in der erotischen Sinnlichkeit die Wurzel allen Übels zu erkennen meinte. Die einzige Lust *(hedoné)*, die er gelten ließ, war diejenige, die aus Anstrengungen *(pónoi)* hervorging. Die Freiheit von sinnlicher Lust, für ihn die einzige wirkliche *areté*, sei lehrbar und eine Angelegenheit der Willenskraft und des Trainings. Anders als Sokrates hat er ein reiches schriftliches Œuvre hinterlassen, von dem jedoch nur noch Fragmente erhalten sind. Sein äußeres Kennzeichen waren ein alter abgetragener Mantel, Knotenstock und Rucksack. Den üblichen Polytheismus, erst recht die Menschengestalt der Götter lehnte er ab, wie schon vor ihm Xenophanes. Mit Platon, dessen Ideenlehre er verwarf, pflegte er nicht nur eine philosophische, sondern auch – wie zu erwarten – eine herzliche persönliche Abneigung. Wie zahlreiche andere sprach er sich gegen den Krieg aus, den er aus eigener Erfahrung kannte, ebenso gegen das Streben nach Ruhm, d. h. gegen die fundamentale Sinngebung der aristokratischen Wertordnung. Aus seiner Wertschätzung für Sparta und seiner Ablehnung der Demokratie, die für ihn das politische Herrschaftssystem der moralisch Minderwertigen war, machte er keinen Hehl. Das heißt: Bei ihm schlug die Kritik an manchen Zügen der Demokratie in eine grundsätzliche Ablehnung und Hinwendung zur spartanischen Lebensform um. Aber im Grunde war er so unpolitisch, wie Aristippos politisch beliebig war. Der Staat und seine Gesetze interessierten ihn nicht, wie er ausdrücklich gesagt hat. Seine Askese sollte nicht dazu dienen, die Gemeinschaft der Politen zu stärken, wie die von Euripides propagierte mittlere „Armut", sondern war rein individualistisch. Sie diente keinem höheren Zweck, sondern genügte sich selbst als nach seinem Verständnis höchste Form der Freiheit.

Noch radikaler war sein Schüler Diogenes von Sinope (ca. 410/400–323 v. Chr.), obwohl man über ihn kaum etwas Sicheres weiß. Seine Lebensgeschichte ist zum größten Teil von der Legende überwuchert worden, denn sie bot zu überspannten Ausschmückungen reichlich Stoff. Fest steht, dass er die asketische Haltung bis zur radikalen Kulturkritik und zur menschlichen Grenzerfahrung vorantrieb. Sein Ziel war es, auszuprobieren, mit wie wenig der Mensch auskommen kann, ja auskommen muss, um zur absoluten Selbständigkeit *(autárkeia)* zu gelangen. Angeblich hat er sich als Weltbürger (Kosmopolit) bezeichnet. Die zivilisatorischen Errungenschaften, die Gesetze, Riten, Bräuche und Annehmlichkeiten, die Wissenschaft und die Bildung hielt er für dekadente Abweichungen von der Natur. Er orientierte sich am Leben der Tiere, und hatte ein Vergnügen daran, das in provokanter Weise vorzuführen.

Dazu gehörte auch die „Schamlosigkeit" *(anaischyntía)*, denn die Natur schämt sich nicht. So betrieb er in aller Öffentlichkeit sexuelle Selbstbefriedigung, denn er habe, wie er sagte, Aphrodite immer bei sich. Als Schlafplatz soll er sich eine leere Weintonne gewählt haben. Seine Bedürfnislosigkeit hat die Nachwelt besonders farbig in zwei Anekdoten ausgemalt: Als Diogenes einmal Kinder sah, die aus der hohlen Hand tranken und ihren Linsenbrei aus einem ausgehöhlten Brot aßen, soll er seinen Becher und seine Schüssel weggeworfen haben. Und: Angeblich habe der damals erst 20-jährige König Alexander, der damals noch nicht der Große war, als er sich 336 v. Chr. kurze Zeit in Korinth aufhielt, den Diogenes, der sich zufällig ebenfalls dort befand, aufgesucht und ihm die Erfüllung eines Wunsches angeboten. Diogenes habe jedoch nur geantwortet: „Geh mir ein wenig aus der Sonne“. Alexander soll so beeindruckt gewesen sein, dass er gegenüber seinen Begleitern geäußert habe, wenn er nicht Alexander wäre, würde er gern Diogenes sein. Aber das ist natürlich eine Legende. Im Volksmund wurden die Kyniker mit dem griechischen Wort für Hund *(kýon)* in Verbindung gebracht, was aber keine Abwertung bedeutete, sondern die Kyniker genossen Respekt, weil sie, wie auf andere Art die Sportwettkämpfer, an ihre Leistungsgrenzen gingen. Doch auch manche dieser Bedürfnislosen waren nicht frei von Eitelkeit. Prahlten die kriegerischen Aristokraten mit ihrer körperlichen Stärke, ihrem Reichtum und ihrem Genussleben, so prahlten die Asketen mit ihrer Bedürfnislosigkeit.

Das staatstheoretische Werk des Sokratesschülers Platon ist der gigantische systematische Versuch, von der verschwommenen moralischen Ambivalenz, die sich in den griechischen Göttersagen und der Mythologie widerspiegelte, und dem Wertrelativismus der Sophisten loszukommen und stattdessen mit Hilfe der Philosophie ein Staatsmodell zu entwickeln, das von einem rein ethischen Prinzip ausgeht und in logischer Konsequenz die Vision einer gerechten, stabilen und unveränderlichen inneren Staatsordnung entstehen lässt. Platon (428/427–348/347 v. Chr.) stammte aus einer Familie der athenischen Oberschicht, deren Mitglieder teils der Demokratie, teils der Oligarchie zuneigten. Ursprünglich wollte auch er Politiker werden. Aber dann erfuhr er als 20-Jähriger das prägende Erlebnis seines Lebens durch seine Begegnung mit Sokrates. Den Kriegsdienst kannten sowohl er als auch seine beiden Brüder aus eigener Erfahrung. Die Beteiligung an dem kurzlebigen oligarchischen Terrorregime seines Onkels Kritias nach dem Ende des Peloponnesischen Krieges lehnte er ab. Aber auch mit der Demokratie vollzog er spätestens nach der Hinrichtung des Sokrates den Bruch und zog sich vorübergehend zu dem Sokratiker Euklid in die Nachbarstadt Megara zurück.

388/387 unternahm er eine Reise nach Tarent und wurde dort Gastfreund des Pythagoreers und führenden Staatsmannes Archytas, dessen mathematische Forschungen ihn besonders interessierten. Die um die Mitte des fünften Jahrhunderts aus Unteritalien und Sizilien vertriebenen Pythagoreer erlebten damals ein vorübergehendes Comeback, als Kroton und sein Städtebund ihre moralische Unterstützung gegen die Angriffe Dionysios’ I. zu benötigen glaubten. Archytas nahm jedoch am Krieg nicht teil, sondern pflegte anscheinend gute Beziehungen zu Dionysios. Tarent war eine Demokratie, und die herausragende Stellung des Archytas ist ein Beweis, dass der elitäre Pythagoreismus in dieser Zeit mit Demokratie nicht mehr unvereinbar war. Ein weiteres Beispiel werden wir in Theben sehen.

Archytas genoss bei den Demokraten ein solches Prestige, dass sie das Gesetz, das eine unmittelbare Wiederwahl von Strategen verbot, speziell für ihn außer Kraft setzten und ihn siebenmal nacheinander in dieses Amt wählten, was auch darauf schließen lässt, dass er bei den Feldzügen Tarents gegen feindliche italische Stämme besonders erfolgreich operierte. Er war ein Multitalent. Angeblich soll er die Arithmetik auch dazu verwendet haben, um bei der Verteilung öffentlicher Güter – worum es sich handelte, wissen wir nicht – gerechte Maßstäbe für die Ansprüche von Reichen und Armen zu entwickeln und so Habgier *(pleonexía)* und Zwietracht zu vermeiden, die offenbar auch in seiner Stadt verbreitet waren. Allgemein rühmte man seine Selbstbeherrschung, nicht zuletzt sein Bemühen, seine oft gereizte Impulsivität, zu der er offenbar neigte, unter Kontrolle zu halten. Selbst zu seinen Sklaven soll er milde und freundlich gewesen sein. Die Stellung dieses Mannes kam zweifellos Platons Vorstellung von einem Philosophen-Politiker sehr nahe.

Von Tarent reiste Platon – wahrscheinlich mit einem Empfehlungsschreiben des Archytas ausgestattet – weiter nach Sizilien an den Hof des Dionysios, den er als Vorkämpfer des Griechentums gegen die Karthager in einem positiven Licht sah. Dort machte er einen nachhaltigen Eindruck auf den jugendlichen Dion, den Schwager des Tyrannen, der ihm eine Audienz beim Herrscher vermittelte. Zu diesem jungen Mann entwickelte er auch bald ein erotisches – kein sexuelles – Verhältnis, das sein Leben lang andauerte und sein Urteil über diesen, wie es sich noch zeigen sollte, machtgierigen Aristokraten trübte. Angeblich war Dion die einzige Liebe in Platons Leben. Wenn Platon gehofft hatte, Dionysios für seine Reformpläne zu gewinnen, so erlebte er allerdings eine herbe Enttäuschung. Dionysios hat ihn hinausgeworfen. Aber der Versuch lässt erkennen, dass Platon schon damals mit dem Gedanken liebäugelte, mit Hilfe der Macht eines Alleinherrschers ein städtisches Erziehungsprogramm einzurichten. Nach seiner schwierigen Rückkehr nach Athen, bei der er Gefahr lief, in die Sklaverei verkauft zu werden, ging er zunächst einen anderen Weg. Er kaufte ein Grundstück vor der Stadt beim Hain des Heros Akademos und gründete dort eine philosophische Lehr-, Forschungs- und Diskussionsstätte, die zugleich auch eine Lebensgemeinschaft war (der Sage nach soll der Heros Akademos einst Athen vor der Zerstörung durch Kastor und Polydeukes, die Zwillingsbrüder der Helena, gerettet haben). Dort war Platon gewissermaßen der Herrscher, der sein philosophisches Reich recht autoritär regiert zu haben scheint und es bewusst als Gegensatz zu der Rhetorikschule begriff, die Isokrates, von dem noch zu sprechen sein wird, kurz zuvor in Athen gegründet hatte. Denn dieser, ein Schüler des Gorgias, richtete seine Rhetorik rein auf den praktischen Nutzen aus. Mit Philosophie konnte er nichts anfangen, obwohl auch er politisch engagiert und durchaus ein Moralist war.

Nach der Niederlage Krotons gegen Dionysios I. (379/378 v. Chr. blieb den Pythagoreern nur noch die Flucht nach Griechenland, wo es einigen von ihnen gelang, weiterhin Anerkennung zu finden, während die Mehrheit ein Leben als

Bettelphilosophen fristete und Verachtung und Spott ertragen musste. Aber Tarent stieg unter der Führung des Archytas zur führenden Macht des unteritalischen Städtebunds auf.

Platons erstes staatstheoretisches Werk, die Politeia, die er Sokrates in den Mund legt, ist eine radikale Ablehnung der wesentlichen traditionellen griechischen Wertvorstellungen und Lebensentwürfe, dazu des griechischen Verständnisses von Politik überhaupt, ja eines großen Teils der griechischen Kultur. Die herkömmliche Ansicht von einem glücklichen Leben – Reichtum, Gesundheit und Ruhm bis ins hohe Alter sowie den Eltern ein prächtiges Begräbnis ausrichten zu können und später selbst von den eigenen Nachkommen ebenso bestattet zu werden, wie es in einem seiner Dialoge heißt – lehnt er ebenso ab wie die überlieferten Auffassungen von den Göttern, die bestehenden Verfassungen und den Enthusiasmus für Kunst.

Wie Sokrates lenkt er die Aufmerksamkeit vom Äußeren auf das Innere, vom Körperlichen auf die Seele, vom Gegenständlichen auf das Abstrakte, vom Einzelnen auf das Allgemeine, von der Erscheinung auf das Wesen, vom Vergänglichen auf das Ewige. Aber im Unterschied zu seinem Lehrer stellt er sein Gedankengebäude auf eine metaphysische Basis. Platon glaubte – wahrscheinlich von orphisch-pythagoreischem Gedankengut beeinflusst – an die Unsterblichkeit der Seele und an eine Seelenwanderung. Das heißt: Die Seele war nach seiner Vorstellung schon vor der Geburt eines Menschen da, ging bei der Geburt in den Körper ein und verließ ihn bei seinem Tod, um später wieder in ein anderes Wesen überzugehen. Die Seele setzt sich nach seiner Beobachtung aus drei verschiedenen Bereichen zusammen: der Vernunftbegabung *(logistikón)*, dem Sitz der Courage (Mut, Entschlossenheit, Initiative, Widerstands- und Leidensfähigkeit und dergleichen – *thymoeidḗs*) und der Begehrlichkeit (Befriedigung der körperlichen Bedürfnisse, Gewinnsucht, Habgier und dergleichen – *epithymetikón*). Diese drei sind jedoch nicht bei allen Menschen in gleicher Weise entwickelt, sondern trennen die Bürgerschaft in drei Gruppen, je nachdem, welcher Seelenteil bei ihnen überwiegt. Daraus ergeben sich für die einzelnen Gruppen verschiedene Funktionen im Staat. Denn es ist sinnvoll, dass jeder diejenige Aufgabe wahrnimmt, zu der er geboren ist. Ein wohlgeordneter Staat muss also aus drei Gruppen bestehen, von denen jede diejenige Tätigkeit innehat, die ihrer Natur entspricht. Somit steht der wohlgeordnete Staat im Einklang mit den Seelen seiner Bürger. Die drei Gruppen sind aber nicht gleichwertig, sondern selbstverständlich muss die Vernunft an oberster und die Begehrlichkeit an letzter Stelle stehen, wenn der Staat richtig organisiert und sittlich gut sein soll. Daraus ergibt sich ein hierarchisch geordneter dreiteiliger Ständestaat. Das Prinzip dieser Ordnung ist es, das Platon Gerechtigkeit *(dikaiosýnē)* nennt.

Fangen wir von der Basis her an: Der dritte Stand ist der Nährstand. Er besteht aus Bauern, Handwerkern, Händlern und Lohnarbeitern, die die alltäglichen Bedürfnisse befriedigen. Unter ihnen sind die kräftigen und besonnenen Bauern das wertvollste Element, Handwerk und Handel betreiben die körperlich

Schwächlichen, die Lohnarbeiter sind zwar stark, aber dumm. Wie unter den beiden oberen Ständen, soll auch bei diesem dritten Stand vernunftgeleitete Selbstdisziplin *(sōphrosýnē)* herrschen, mit der sie ihren Hang zur Begehrlichkeit zügeln und ihre Stellung im Staat akzeptieren. Der zweite Stand ist der Wehrstand. Er besteht aus Kriegern – Platon nennt sie „Wächter" – die die innere und äußere Sicherheit garantieren. Die Anwartschaft auf die Regierung haben nur die Vernunftbegabten. Sie werden aus dem Kriegerstand ausgewählt, und zwar diejenigen, die neben der Tapferkeit *(andreía)* vor allem Scharfsinn *(sophía)* besitzen. Ein Abstieg des Einzelnen in den dritten Stand ist möglich, ja sogar notwendig, wenn einzelne Nachkommen nicht die gleiche seelische Qualität aufweisen, sondern schwächere Charaktere sind als ihre Eltern. Besonders wenn sie im Krieg versagen, müssen sie in den dritten Stand degradiert werden.

Doch Scharfsinn und Tapferkeit allein genügen noch nicht zum Regieren. Denn es fehlt noch die alles entscheidende Erkenntnis. Um sie zu erlangen, bedarf es einer besonderen philosophischen Begabung, die nicht auf das verstandesmäßige Erkennen beschränkt ist, sondern die gesamte Lebensform mit einbezieht, die ganz auf die Gewinnung von Erkenntnis ausgerichtet sein muss. Die Vernunftbegabten haben zunächst das Erziehungs- und Bildungsprogramm der „Wächter" zu absolvieren, das Gymnastik (nicht als Training für Wettkämpfe, sondern zur Stärkung des Körpers) sowie die geeignete geistige und musische Bildung umfasst. Die nächste Stufe beinhaltet Arithmetik, ebene und räumliche Geometrie, Astronomie und musikalische Harmonielehre, die das analytische Denken anregen. Anschließend müssen sie mit Hilfe der Philosophie einen langjährigen und sehr schwierigen geistigen Prozess durchlaufen, um zur Erkenntnis jenes ethischen Fixpunktes zu gelangen, der ihnen die Richtschnur für ihr gesamtes Handeln geben wird. Deshalb ist die Voraussetzung für eine harmonische Staatsordnung, dass, wie er sich ausdrückt, entweder die Philosophen Könige werden oder die Könige und Machthaber intensiv philosophieren – ein später oft zitierter Satz.

An dieser Stelle kommt Platons Ideenlehre ins Spiel. Das wahre Sein, das nach der Lehre des Parmenides unveränderlich ist und sich im Gegensatz zu den veränderlichen Dingen nicht mit den Sinnen, sondern nur mit dem Verstand erkennen lässt, schreibt Platon abstrakten ewigen Urbildern, den Ideen zu. Dagegen bezieht er Heraklits Gegenposition, dass das wahre Sein gerade in der ständigen Veränderung liege, auf die mit den Sinnen erfassbaren Gegenstände, die somit eine mindere Form von Sein haben. Daraus entstehen eine hierarchische Wertordnung und ein existenzielles Abhängigkeitsverhältnis des Niederen vom Höheren.

Nach Platons Überzeugung verdanken die gegenständlichen Dinge, die sinnlich erfassbar und vergänglich sind, ihr Dasein idealen Urbildern, den Ideen. Beispielsweise ist ein Tisch nur eines von vielen Abbildern der Idee des Tisches. Ohne die Idee des Tisches gäbe es keinen Tisch. Was wir heute, ausgehend von der gemeinsamen Funktion einzelner Gegenstände, in diesem Falle der einzelnen Tische, als allgemeine Definitionen begreifen, sieht Platon umgekehrt: Er fragt nicht, wozu ein Tisch dient, sondern als Philosoph nach dem Wesen des Tisches, nach dem Tisch an sich. Da jeder konkrete Gegenstand notwendigerweise in der einen oder anderen Weise unvollkommen ist, muss ihm nach Platons Vorstellung ein vollkommenes transzendentes Urbild zugrunde liegen. Denn das wahre Sein kommt allein den Ideen zu, und alle Gegenstände leiten sich von ihnen her. Das gilt auch für alle Handlungen und Empfindungen des Menschen. Selbst die Götter beziehen ihre Göttlichkeit von den Ideen. Die höchste Idee ist die Idee des Guten. Deshalb sind auch die Götter gut. Folglich muss die Idee des Guten der Ausgangspunkt des Handelns derer sein, die im Staat die Regierung innehaben.

Die Brücke zwischen der transzendenten und der gegenständlichen, sinnlich erfassbaren Welt ist die Seele. Wenn sie sich außerhalb des Körpers befindet, hat sie Zugang zu den Ideen. Kehrt sie in einen Körper ein, vergisst sie diese Erfahrung größtenteils. Sie kann sich aber daran erinnern, wenn sie einen Anstoß dazu bekommt. Z. B. wenn der Mensch etwas Schönes sieht, so erinnert sich seine Seele an die Idee des Schönen, die ihrerseits von der Idee des Guten abgeleitet ist. Somit kann der Anblick eines sinnlich schönen Objekts eine Verbindung zur übersinnlichen ethischen Schönheit herstellen. Damit erhebt Platon das aristokratische Ideal der Verbindung von körperlicher Schönheit und Tapferkeit, der Kalokagathia, ins Übersinnlich-Ethische. Der Erōs, der den Menschen zum Schönen treibt – in der archaischen Epoche der Gott der sinnlichen Erotik –, wird deshalb auch ein Führer zum Guten. Solche Augenblicke können dem Menschen eine ungefähre Ahnung von der transzendenten Welt des wahren Seins vermitteln.

Um aber zur vollen Erkenntnis des Guten zu gelangen, bedarf es langer Jahre der philosophischen Lebensweise, während der sich der philosophische Mensch um die Erkenntnis des Guten unter Anwendung der Dialektik bemüht, d. h. der Kraft des reinen Denkens, das nicht, wie die Wissenschaften, auf nicht weiter in Frage gestellten Voraussetzungen basiert, sondern auf den Wesenskern gerichtet ist. Der Weg zur Erkenntnis des Guten ist so schwer, dass Platon ihn nicht direkt, sondern in Form von drei Gleichnissen beschreibt: dem Sonnengleichnis, dem Liniengleichnis und dem Höhlengleichnis. So wie nur das Licht der Sonne dem Menschen klares Sehen ermöglicht, so versetzt erst das Gute die Seele in die Lage, von ihrer Vernunft Gebrauch zu machen. Nur das Gute verleiht, wie er im Liniengleichnis darlegt, voraussetzungslose Erkenntnis, wohingegen Erkenntnis in der Mathematik von vorausgesetzten Grundbegriffen abhängig ist, und der Anblick der sinnlich wahrnehmbaren Objekte günstigenfalls Meinungen, manchmal auch nur Vermutungen, aber keine Erkenntnis zulässt. Der um Erkenntnis bemühte Mensch muss notgedrungen mit den Vermutungen und Meinungen beginnen, bis er die oberste Stufe erreicht. Diesen Weg vergleicht Platon mit dem mühsamen Aufstieg aus einer Höhle ins Sonnenlicht. Das Bewusstsein der „normalen“ Menschen beschreibt er als das von Leuten, die in einer dunklen Höhle so gefesselt sind, dass sie nur den Blick auf eine vor ihnen liegende Wand haben. Die Höhle wird von einem Feuer spärlich erleuchtet, das auf einer höheren Stelle hinter den Gefesselten brennt. Zwischen dem Feuer und den Gefesselten liegt eine mannshohe Wand, hinter der Menschen hin und her laufen, manchmal dabei reden und Gegenstände tragen, die über die Mauer hinausragen. Wenn nun die Gefesselten die Schatten dieser Gegenstände an der vor ihnen liegenden Wand sehen und die Stimmen hören, halten sie sie notwendigerweise für belebte Wesen, unterliegen also einer Täuschung. Nur wenigen gelingt es, sich von den Fesseln loszumachen und durch einen langen Schacht den schwierigen Aufstieg ans Tageslicht zu bewältigen. Dort können sie im Licht der Idee des Guten zur wahren Erkenntnis gelangen, sie in ihre Seele aufnehmen und einen festen Maßstab für alle ihre Handlungen gewinnen. In dieser Lage würden sie, vom höchsten Glück erfüllt, am liebsten dort bleiben. Einzig und allein ihr Pflichtgefühl, das dem Guten entspringt, lässt sie in die Höhle zurückkehren und die dort Gebliebenen aufklären, obwohl sie von ihnen keinen Dank, sondern Unverständnis und sogar Angriffe zu erwarten haben.

In der Praxis soll die Heranbildung der zukünftigen Regierenden durch ein stufenweises Ausleseverfahren erfolgen. Die philosophisch Begabten erhalten vom 20. Lebensjahr an zehn Jahre lang philosophischen Unterricht. Nach einer weiteren Auslese müssen sich die Besten weitere fünf Jahre intensiv der Philosophie widmen. Denn nur wenige sind befähigt, zur Erkenntnis der Ideen vorzudringen. Dieser Prozess lässt sich nicht einmal genau beschreiben, weshalb Platon ihn absichtlich nicht schriftlich niedergelegt hat. Der Durchbruch ist wie ein plötzlich erscheinendes Licht und hat geradezu etwas Mystisches. Wer dieses Licht geschaut hat, wird die ethische Richtlinie in sich tragen, die ihn zu *aretḗ* führt. Denn die Erlangung wahrer *aretḗ* ist erst in Vereinigung mit der höchsten Idee möglich. Anschließend sollen die Erleuchteten 15 Jahre lang verschiedene staatliche Ämter übernehmen. Erst wenn sie diese Aufgaben gut erfüllt haben, werden sie vom 50. Lebensjahr an der Regierung angehören. Die „Mittleren“ werden sie politisch unterstützen.

Nicht nur Erziehung und Bildung, sondern die gesamte Lebensform der Bürger der beiden oberen Stände muss darauf ausgerichtet sein, den Individualismus absterben zu lassen und eine völlige Übereinstimmung zwischen den Interessen des Einzelnen und denen der Gemeinschaft herzustellen. Ihnen ist über das Lebensnotwendige hinaus kein Privatbesitz erlaubt, wobei das Lebensnotwendige so bemessen sein soll, dass sie zwar nicht üppig, aber auch nicht kärglich leben. Auch die Familie wird vergemeinschaftet, d. h. durch eine staatliche Nachwuchszüchtung ersetzt. Schon vor der Zeugung hat der Staat dafür Sorge zu tragen, dass sich möglichst gleichwertige Partner verbinden. Die Aufzucht übernehmen Ammen und Pflegerinnen. Die Kinder sollen ihre Eltern nicht kennen, denn alle Kinder gehören der Gemeinschaft. Behinderte Kinder werden ausgesetzt. Die Frauen sollen die gleiche Erziehung wie die Männer erhalten, auch was den Kriegsdienst betrifft, weil es bezüglich der Begabung und des Charakters keinen Unterschied zwischen den Geschlechtern gibt, wenngleich die Frauen körperlich schwächer sind. Nur beim dritten Stand bleibt die traditionelle Familie erhalten.

Das Bildungsprogramm, das Platon den Bürgern verordnen will, bedeutet eine völlige Absage an den größten Teil der griechischen Dichtung und Kunst: Die Epen, die Lyrik, die Tragödien und Komödien, sie alle haben falsche Vorstellungen und unmoralische Vorbilder von Göttern und Menschen geprägt und noch dazu Furcht vor dem Hades erregt. Seit Homer wäre also alles schiefgelaufen. Und die Malerei taugt ohnehin nicht viel, denn sie produziert nur Abbilder von sinnlich wahrnehmbaren Objekten, d. h. nur Nachahmungen von Abbildern. Platon proklamiert also den absoluten Machtanspruch der Philosophie gegenüber Dichtung und Kunst. Nur was nach Maßgabe der Philosophie der Erziehung zu Bürgern des idealen Staates dient, darf zugelassen werden. Wichtige Mittel der Erziehung sind Gymnastik und Musik. Weiche und schwülstige Klänge aus dem Orient sind zu verbieten, weil sie die Seelen verderben. Die Bürger sollen hauptsächlich Götterhymnen und Loblieder auf vorbildliche Persönlichkeiten singen. Und da der Mensch ohne die farbigen Fantasien von Mythen doch nicht ganz auskommt, muss man neue Mythen erfinden, die die Erziehungsziele fördern. Vor allem sollen die Mythen den Bürgern die Gewissheit vermitteln, dass die Gerechten im Jenseits von den Göttern belohnt werden.

Unter den Bürgern eines solchen Staates wird Freundschaft und Einmütigkeit herrschen, eine Forderung, mit der schon die Pythagoreer die allgegenwärtige Rivalität bekämpfen wollten. Anstelle von Neid und Schadenfreude wird jeder Bürger Freud und Leid des anderen teilen. Gegen die weitverbreitete Prahlsucht setzt Platon seine feinsinnige Ironie. Es wird kaum Verbrechen und Prozesse geben. Man wird also mit wenigen Gesetzen und wenigen Richtern auskommen; auch mit weniger Ärzten, denn durch den Verzicht auf Luxus und Üppigkeit werden die Bürger gesünder leben. Dagegen ist es für chronisch Kranke, die dauerhaft arbeitsunfähig sind, allemal besser, zu sterben.

In Kriegen gegen griechische Städte sollen die Wächter keine dauerhaften Verwüstungen anrichten, keine Griechen versklaven und außer der Ernte und Waffen von Gefallenen keine Kriegsbeute machen. Nur gegenüber „Barbaren“ ist eine solche Rücksichtnahme nicht nötig. Eroberungskriege wird der ideale Staat ohnehin kaum führen, da die Zahl der Bürger möglichst konstant bleiben soll und deshalb kein Grund für territoriale Expansion besteht. Was die Verteidigung der Stadt betrifft, so ist sie durch die kriegerischen Tugenden der Wächter hinreichend gewährleistet. Denn da schon Kinder auf Kriegszüge mitgenommen und – wenn auch in sicherer Entfernung – an den Anblick des Kriegs gewöhnt werden, hat der Kampf keine Schrecken. Deshalb spielen finanzielle Ressourcen keine Rolle mehr. Im Gegenteil: Da eine reiche Stadt ihre Krieger verweichlicht, werden die Krieger der idealen Stadt selbst eine Übermacht von Feinden besiegen. Für herausragende Tapferkeit sind besondere Ehrungen vor-

Abb. 26: Platon; römische Kopie nach einer griechischen Bronzestatue, die wahrscheinlich nach seinem Tod in der Akademie aufgestellt wurde.

gesehen, für Gefallene eine besonders ehrenhafte Bestattung. Sollte ein Krieger in Gefangenschaft geraten, wird die Stadt ihn nicht auslösen und zurückholen, sondern den Feinden überlassen. Lautes Jammern und Wehklagen sind verpönt.

Platons These, dass eine Staatsverfassung ein Abbild der Seelenverfassung ihrer Bürger sei, bietet ihm auch die Erklärung für die bestehenden Verfassungen und ihren häufigen Wechsel in den griechischen Poleis. Ausgehend von dem utopischen Modell der Aristokratie, der Herrschaft der Besten, ist für ihn die Timokratie, zu der er Sparta rechnet, die Herrschaft der Couragierten und Ruhmsüchtigen, die Oligarchie die Herrschaft der Reichen und Habgierigen und die Demokratie die chaotische Herrschaft der unwissenden und vernunftlosen Armen.

Den häufigen Wechsel der Verfassungen erklärt er mit einer Dekadenztheorie, der zufolge aus der gelegentlichen Zeugung minderwertigen Nachwuchses in der Aristokratie die *aretḗ* verlorengeht und jede folgende Verfassung durch ihre moralischen Schwächen und Fehler Streit zwischen ihren Bürgern *(stásis)* entfacht und schließlich untergeht, bis die übermäßige Freiheit der Demokratie in die Tyrannis eines Einzelnen umschlägt. Dieser beginnt als geschickter demokratischer Demagoge, legt sich später, weil seine Gegner angeblich sein Leben bedrohen, eine Leibwache aus Söldnern zu, führt zu seiner Rechtfertigung und Machterhaltung ständig Krieg und konfisziert den Besitz der Reichen teils für sich, teils verteilt er ihn an die Armen. Dabei werden er und seine Anhänger weniger von Machthunger getrieben, sondern sind in Wahrheit Vergnügungssüchtige, die durch die lockeren Sitten während der Demokratie moralisch verkommen sind. Der Tyrann ist ein cholerischer Säufer, ein Sexsüchtiger, der das Vermögen anderer mit Gewalt an sich reißt und mit Orgien, Pomp und Luxus aller Art verschwendet. Er muss andere beherrschen, weil er sich selbst nicht beherrschen kann. Mit der historischen Wirklichkeit haben diese Schemata allenfalls entfernt etwas zu tun.

In seinem zweiten staatstheoretischem Entwurf, den *Nomoi* (Gesetze), kehrt Platon am Ende seines Lebens zur traditionellen Verfassungs- und Gesellschaftswirklichkeit zurück und zu ähnlichen Vorstellungen, mit denen auch andere Moralisten seiner Zeit die Polis zu reformieren versuchten; nur dass er diese Ansätze erweitert, systematisiert und radikalisiert, indem er sie von der Basis seiner philosophischen Überzeugungen herleitet. Im Unterschied zu anderen geht es ihm nämlich in erster Linie um die Reinheit der Seele, aus der dann auch das politisch Gute entspringt. Statt von Sokrates lässt er seine Vorschläge diesmal von einem namenlosen Athener verkünden, der bei einer Wanderung auf Kreta ein Gespräch mit einem Kreter namens Kleinias und einem Spartaner namens Megillos führt. Die Wahl dieser beiden Gesprächspartner ist natürlich kein Zufall. Wirklicher oder nur fiktiver Anlass ist eine angeblich von Knossos geplante Kolonie namens Magnesia auf der Insel. Der Knossier Kleinias ist Mitglied einer Kommission, die die Verfassung dieser neuen Kolonie ausarbeiten soll. Eine solche Planung auf dem Reißbrett ist für Platon natürlich ein besonders reizvolles Thema.

Ausgangspunkt der Diskussion ist ein urgriechisches Phänomen, nämlich der ständige Streit im öffentlichen wie im privaten Bereich, dessen Genese Kleinias und der Athener auf den Konflikt in der Seele jedes Einzelnen zwischen dem Guten und dem Schlechten zurückführen. Anzustreben sei jedoch nicht der Sieg des Besseren und die Vernichtung oder Unterdrückung des Schlechteren, sondern eine dauerhafte Versöhnung zwischen beiden, die mittels einer richtungsweisenden Reglementierung erreicht werden könne. Auf die Politik bezogen bedeutet das: keine Vertreibung einer Stasis-„Partei" durch eine andere, sondern Verhinderung solcher Konflikte, indem die ganze Bürgerschaft mittels einer straffen gesetzlichen Ordnung domestiziert wird. Anders als in der Politeia sollen in diesem Staat alle Bürger politische Rechte haben, und auch die herkömmliche Familie bleibt für alle bestehen. Was die geplante Stadt von anderen unterscheidet, ist die Fülle von Gesetzen, die die Bürgerschaft in ein enges Korsett spannen und ihr Leben bis ins Einzelne bestimmen. Man könnte von einem großen Internat von der Wiege bis zur Bahre sprechen.

Nostalgisch blickt der Athener, wie andere auch, auf die Generation der Perserkriege zurück, deren Heldentum er auf die Gesetzestreue der damaligen Athener zurückführt. Um die Einsicht der Bürger zu gewinnen, wird jedes Gesetz mit einer Einleitung versehen, die seinen Sinn erklärt. Das Ziel ist nach wie vor die Erziehung der Bürger zu einer gemeinsamen *aretḗ*, die damit zu einer *aretḗ* des Staates wird und dauerhaften inneren Frieden stiftet. Dem gleichen Ziel dient die Abschottung nach außen. Die Kolonie soll ein wirtschaftlich weitgehend autarker Agrarstaat werden, ein gutes Stück entfernt vom Meer, um schädliche ausländische Einflüsse fernzuhalten. Denn infolge der Schwäche der menschlichen Natur ist ein solches Gemeinwesen stets in Gefahr, von den Lastern in der nahen und fernen Umgebung infiziert zu werden. Nicht nur maritime Handelsverbindungen sind gefährlich, sondern auch der Seekrieg ist moralisch minderwertig, weil die Kämpfer dem Feind nicht Auge in Auge gegenüberstehen. Oberstes Gebot ist eine weitgehende Gleichheit des Besitzes.

Die Fläche der Kolonie wird in 5040 Landlose parzelliert, weil sich diese Zahl leicht unterteilen lässt und eine Bürgerschaft ernähren kann, deren Größe überschaubar und kontrollierbar bleibt und gleichzeitig eine genügend große Zahl von Kriegern hervorbringt, um sich gegen äußere Feinde zu behaupten. Jeder Bürger erhält mittels Verlosung zwei Parzellen und Wohnsitze zugewiesen, einen im Stadtkern, den anderen an der Stadtgrenze. Die Parzellen sind nicht alle gleich groß, weil die Fruchtbarkeit des Bodens nicht überall gleich ist, sondern ihre unterschiedliche Größe ist so bemessen, dass sie alle den gleichen Ertrag einbringen. Da jedoch die einzelnen Kolonisten unterschiedlich viel an beweglichem Vermögen mitgebracht haben, sind sie von vornherein unterschiedlich reich. Doch sind diese Unterschiede so zu begrenzen, dass keiner an beweglichem Vermögen mehr als das Vierfache vom Wert seines Landloses behalten darf. Daraus entsteht eine Einteilung der Bürgerschaft in vier Vermögensklassen.

Der Landbesitz ist unverkäuflich und unterliegt nicht der Erbteilung, sondern wird immer nur an eine männliche Person, im Idealfall an einen Sohn, vererbt. Die anderen Söhne werden an Haushalte verteilt, denen ein Sohn fehlt, oder als Kolonisten ins Ausland abgeschoben. Verluste durch Krieg oder Epidemien werden mittels Anwerbung neuer Kolonisten von befreundeten Städten ausgeglichen. Auf diese Weise soll garantiert werden, dass die Zahl der Bürger und Äcker immer unverändert bleibt, eine griechische Vorstellung, die bis in die archaische Zeit zurückgeht. Eine Stadtmauer lehnt Platon ab. Allenfalls könnten die zusammenhängenden gleichförmigen Häuser, die die Stadt kreisförmig umgeben, die Funktion einer Mauer übernehmen; aber grundsätzlich soll sich das Bürgerheer nicht feige hinter Mauern verkriechen, sondern seine moralische Überlegenheit schon dadurch beweisen, dass es dem Feind offen entgegentritt – wieder ein Stück Sparta.

Der Besitz von Gold und Silber ist lediglich dem Staat erlaubt. Als Zahlungsmittel dient Geld, das im Ausland nichts wert ist. Der Handel mit dem Ausland ist auf das Notwendige zu beschränken, und die Stadt soll keinerlei Zölle erheben und davon profitieren. Selbst eine allzu große Fruchtbarkeit des Landes ist nicht erstrebenswert, weil der Export von Überschüssen die Ansammlung von Reichtum zur Folge hätte. Das Motiv für diese Beschränkung des Eigentums ist nicht irgendeine Vorstellung von sozialer Gerechtigkeit, sondern allein Platons Überzeugung, dass große Vermögensunterschiede Streit und Aufruhr hervorbrächten und das Streben nach Reichtum grundsätzlich mit dem Streben nach *aretḗ* unvereinbar sei. Kein Bürger, nicht einmal der Sklave eines Bürgers, darf sich nebenbei als Händler oder Handwerker betätigen, weil prinzipiell jeder nur eine einzige Berufstätigkeit ausüben und mit dem Ertrag, den sie ihm einbringt, zufrieden sein soll. Die wenig angesehene Tätigkeit als Krämer ist Nichtbürgern zu überlassen. Sklavenhaltung ist selbstverständlich. Um Aufstände zu vermeiden, soll man Sklaven aus möglichst verschiedenen Ländern erwerben, damit keine Gemeinsamkeit unter ihnen entsteht. Im Umgang mit ihnen sollte der Herr nicht zu lasch sein, doch auf keinen Fall ungerecht und willkürlich mit ihnen verfahren.

Die Verfassung soll Extreme wie die Alleinherrschaft eines Einzelnen (Tyrannis) oder die Konzentration der Macht bei der Volksversammlung (Demokratie) vermeiden, sondern die Macht auf verschiedene Institutionen verteilen, wie es in Sparta schon immer der Fall war. Zu Amtsträgern sollen nicht die Reichsten, sondern in einem komplizierten Ausleseverfahren die erfahrensten und charakterstärksten Persönlichkeiten gewählt werden: also eine starke Exekutive. Da aber die Teilnahme an den Volksversammlungen nur für die Angehörigen der beiden oberen Vermögensklassen Pflicht ist, für Angehörige der dritten und vierten Vermögensklasse dagegen nur in bestimmten Fällen, dürfen wir davon ausgehen, dass auch in diesem Idealstaat die Amtsträger in der Regel den beiden oberen Vermögensklassen entstammen sollten. Doch in der 360-köpfigen städtischen Ratsversammlung – 360, weil diese Zahl sich leicht durch zwölf teilen lässt – sollen alle vier Vermögensklassen gleichermaßen, d. h. mit je 90 Ratsherren vertreten sein. Die Geschäftsführung liegt bei einem monatlich wechselnden Ausschuss von 30. Das Mindestalter für die Ämterbekleidung liegt für Männer bei 30, für Frauen bei 40 Jahren. Die Einhaltung der Gesetze, die in den Poleis schon immer ein Problem war, wird von einer 37-köpfigen Aufsichtsbehörde, den Gesetzeswächtern, sichergestellt. Sie besteht aus Männern von mindestens 50 Jahren, die bis zum vollendeten 70. Jahr, also im günstigsten Fall ununterbrochen 20 Jahre amtieren.

Der Kern des Gesprächs dreht sich um die richtige Erziehung der Bürger, und zwar von frühester Kindheit an. Denn kein Mensch werde mit Maß und Einsicht geboren. Prinzipiell ist ja die staatliche Erziehung in der spartanischen Verfassung verwirklicht, doch hätten die Spartaner die falschen Prioritäten gesetzt. Hier spricht wieder der Philosoph: Die Tapferkeit dürfe nicht an oberster Stelle stehen, sondern nur den vierten Rang nach der Einsicht *(phrónesis)*, der Besonnenheit *(sōphrosýnē)* und der Gerechtigkeit *(dikaiosýnē)* einnehmen. Ein weiterer Kritikpunkt am spartanischen System: Die Spartiaten werden nur zum Ertragen von Schmerz trainiert, aber nicht zur Widerstandsfähigkeit gegen die Versuchungen der Lust.

Es folgt eine ausführliche Darlegung der einzelnen Erziehungsmethoden und Erziehungsinstitutionen nach Maßgabe der Grundsätze, die Platon schon in der Politeia entwickelt hat. Die Aufsicht über die gesamte Erziehung soll einem einzigen Amtsträger unterstehen, der mindestens 50 Jahre alt sein und fünf Jahre amtieren soll. Grundsätzlich soll die Erziehung für beide Geschlechter gleich sein, auch die Erziehung für den Krieg, wobei Platon natürlich nur den Verteidigungskrieg meint, denn Eroberungen anderer Städte würden den Idealstaat von innen zerstören. Der Idealstaat muss frei, d. h. unabhängig sein, aber im Gegensatz zum athenischen und spartanischen Verständnis von Freiheit impliziert dieser Freiheitsbegriff nicht die Herrschaft über andere Poleis.

Von Kreta und Sparta übernimmt Platon die täglichen gemeinsamen Mahlzeiten, die er auch für Frauen fordert. Ausländische Delikatessen sollen die Bürger nicht kosten, und der Genuss des Weins wird nach Altersgruppen reguliert. Die Sexualität soll auf die Ehe beschränkt, gleichgeschlechtliche Beziehungen jeglicher Art verboten werden. Für die Gelagedichtung, die im sechsten Jahrhundert blühte und den entspannten Genuss feierte, ist in diesem Staat kein Platz mehr. Jeder männliche Bürger ist verpflichtet, spätestens bis zum vollendeten 35. Lebensjahr eine Familie zu gründen, junge Frauen sollten zwischen 16 und 20 Jahren heiraten. Die Mitgift für Töchter wird abgeschafft und auch die Brautgabe – abgestuft nach den vier Vermögensklassen – begrenzt, ebenso der Aufwand für Hochzeitsfeiern. Das Gleiche gilt für Weihgeschenke an Götter und für den Aufwand bei Bestattungen. Die privaten Ein- und Ausgaben unterliegen staatlicher Kontrolle. Private Reisen ins Ausland sind nur Personen ab 40 Jahren und nur mit staatlicher Genehmigung erlaubt. Ein weiterer Aspekt ist die Einübung von Gehorsam, der vielen Griechen so schwerfiel, Gehorsam gegenüber den Gesetzen und den Amtsträgern und Respekt gegenüber den Alten. Dieser Gehorsam sei wichtiger als alle Siege bei den Olympischen Spielen.

Das gilt insbesondere für den militärischen Gehorsam. Scharf geächtet wird die Flucht unter Wegwerfen des Schildes. Die Zeiten sind lange vorbei, in denen die lockeren Einzelkämpfer Archilochos, Alkaios und Anakreon noch fröhlich in die Welt hinausposaunen konnten, wie sie in einer kritischen Lage ihren Schild wegwarfen, um ihr Leben zu retten. Es gilt das eiserne spartanische Gebot: „Mit ihm oder auf ihm“, das wir schon kennengelernt haben. Der Krieger soll auch in aussichtsloser Lage nie seine Waffen wegwerfen, sondern den schönen Tod einer schimpflichen Flucht vorziehen. Die Selbstbeherrschung der gut erzogenen Bürger wird auch darin zum Ausdruck kommen, dass sie extreme Emotionen unterdrücken können. Beispielsweise ist es verpönt, sich vor Lachen zu schütteln oder, wie die homerischen Helden, sich in Tränen zu ergießen. Wichtig ist die Hoffnung, die den Griechen immer wieder Mut machte. Auch in unglücklichen Lagen darf der Bürger nie die Hoffnung aufgeben, dass sich letztendlich alles zum Besseren wenden werde. Eine besondere Erwähnung findet der Vater-Sohn-Konflikt, den es anscheinend auch im Idealstaat gibt. In gravierenden Fällen kann sich der Vater, wenn die gesamte Verwandtschaft zustimmt, von seinem Sohn lossagen. Andererseits kann ein Sohn, wenn sein Vater nicht mehr zurechnungsfähig ist und sein Vermögen verschwendet, ihn mit Hilfe der ältesten Gesetzeswächter entmündigen lassen. Grundsätzlich gilt: Da der Bürger, der die staatliche Erziehung genossen hat, sittlich höher steht als ansässige Fremde oder Sklaven, ist er für die gleichen Vergehen auch härter zu bestrafen als diese.

Das Thema Götter ist für Platon so wichtig, dass er ihm einen ausführlichen Exkurs widmet, in dem er drei weitverbreitete Meinungen zu widerlegen sucht: 1.) dass es keine Götter gebe; 2.) dass es zwar Götter gebe, dass sie sich aber um die Menschen nicht kümmerten; 3.) dass die Götter sehr wohl das Verhalten der Menschen beobachteten und eigentlich auch menschliches Fehlverhalten bestrafen wollten, sich jedoch von Übeltätern mit üppigen Opfern bestechen ließen, so dass diese straffrei davonkommen. Platons „Beweis“ für die Existenz der Götter basiert auf seiner Überzeugung, dass der Antrieb für die Entstehung und das Bestehen des Kosmos nur von etwas ausgegangen sein kann, das die Fähigkeit hatte, sich von selbst zu bewegen und alles Materielle, das von sich aus tot ist, in Bewegung zu setzen und zu formen. Diese Kraft nennt er die Seele. Diese umfassende Seele beinhaltet alle Widersprüche in der Welt, alles Gute, aber auch alles Schlechte. Daraus entstehen zwei Arten von Seelen, diejenigen mit Vernunft *(nûs)*, die für das Gute und Geordnete sorgen, und die vernunftlosen, die Unordnung und Schaden anrichten. Die guten Seelen sind beispielsweise in den Gestirnen immanent und halten sie auf ihrer Bahn und im Körper bewirken sie das tugendhafte Leben. Solche Seelen sind als Götter anzusehen. Den Menschen bleibt es überlassen, sich diesen Göttern zuzuwenden oder den vernunftlosen Seelen. Die Götter kümmern sich um alle Menschen. Da sie sich jedoch vorrangig um den großen Zusammenhang, die Weltordnung, die der einzelne Mensch nicht durchschaut, kümmern müssen, kommt es vor, dass sie manchmal das individuell Böse in Kauf nehmen, um etwas größeres Gutes zu schaffen. Deshalb scheint es gelegentlich so, dass böse Menschen glimpflich davonkommen. Aber nach ihrem Tod werden die guten Seelen der Menschen an einen schönen Ort gelangen, die vernunftlosen in den Hades oder an einen noch schlimmeren Ort. Auf jeden Fall können Götter nicht anders als gut sein, und die Vorstellung, dass sie sich von schlechten Menschen durch Opfer bestechen lassen, ist geradezu lächerlich, lässt aber erkennen, wie groß die Bedeutung von Bestechung in der griechischen Politik war. Folglich werden Frevel in Wort und Tat gegen die Götter in Platons Staat unter Strafe gestellt. Um den richtigen Kult zu gewährleisten, werden private Heiligtümer verboten. Alle Heiligtümer müssen öffentlich sein. Gastfreunde und Schutzflehende stehen unter besonderem göttlichen Schutz.

Da eine solche komplizierte Staatsordnung stets anfällig für ein allmähliches Nachlassen der moralischen Energie sein könnte, soll ein eigenständiges Gremium, bestehend aus den ältesten zehn Gesetzeswächtern sowie anderen geeigneten Bürgern, speziell ihr Augenmerk darauf richten, dass sich keine Veränderungen einschleichen. Es ist die „Nächtliche Versammlung“, die in aller Stille vor Tagesanbruch tagt.

Auch die Nomoi, in denen Platon nach seinem eigenen Urteil nur die zweitbeste Staatsordnung beschreibt und bis ins letzte Detail ausführt, sind, wie er an einer Stelle durchblicken lässt, keine Gebrauchsanweisung für die praktische Politik. Ihm war bewusst, dass in der Praxis je nach der jeweiligen Ausgangslage zu entscheiden war, welche Elemente umgesetzt werden konnten und welche nicht, bzw. noch nicht. Letztendlich wichtig war nur, dass die ethischen Prinzipien den Wesenskern des betreffenden Staates bestimmten – in welchem verfassungsmäßigen Zusammenhang auch immer.

Was die Umsetzung seiner Vorstellungen in der politischen Wirklichkeit betraf, war Platon keineswegs doktrinär, sondern legte eine durchaus pragmatische Haltung an den Tag. Das zeigte sich bei seinem Versuch, die syrakusanische Tyrannis zu reformieren. Die Überzeugung, dass die Tyrannis in bestimmten, wenn auch wenigen Fällen die Basis für die Durchsetzung einer ethischen Staatsordnung sein könnte, hatte nicht nur Platon, sondern sie findet sich auch bei anderen Autoren wie dem Spartafreund Xenophon.

Dionysios I. hatte nach dem Selbstmord seiner Gattin, der Tochter des Hermokrates, seine Herrschaft durch eine Doppelehe und ein Netz von Verschwägerungen wieder zu stabilisieren versucht. Die Verwandtschaftsverhältnisse waren wirklich etwas kompliziert: Seine Ehe mit Aristomache, der Tochter des Hipparinos, eines alten Freundes und Mitkämpfers aus der Oberschicht von Syrakus, die die Schwester Dions war, sollte dazu beitragen, seine Stellung in Syrakus zu festigen; die Ehe mit Doris aus der unteritalischen Stadt Lokroi demonstrierte seine Bindung an seinen dortigen Herrschaftsbereich. Auf diese Weise war Dionysios gewissermaßen mit zwei Städten verheiratet. Beide Ehen wurden gleichzeitig (398 v. Chr.) geschlossen. Doris gebar als Erste einen Sohn, der den Namen seines Vaters erhielt und damit als Nachfolger galt, später noch einen zweiten Sohn und eine Tochter. Aristomache gebar später zwei Söhne, Nysaios und Hipparinos, und die schon erwähnten zwei Töchter, Sōphrosýnē und Aretḗ. Sōphrosýnē verheiratete Dionysios mit seinem gleichnamigen Sohn, Aretḗ mit Dion, der damit gleichzeitig Schwager und Schwiegersohn des Tyrannen wurde. Stabil blieb dieses Netzwerk jedoch nur so lange, wie es der eiserne Griff des Tyrannen zusammenhielt. Denn die Rivalität zwischen den beiden Ehefrauen und ihren Nachkommen barg von vornherein den Keim zum Konflikt in sich. Sobald der Tyrann tödlich erkrankte, versuchte Dion ihn zu überreden, Nysaios und Hipparinos, die Söhne seiner Schwester, an der Macht zu beteiligen. Doch Dionysios lehnte ab.

Nach dem Tod seines Vaters (367 v. Chr.) konnte sich der indessen 30-jährige Dionysios II. auf die Loyalität seiner Söldner stützen und vor der Volksversammlung von vornherein als Herrscher auftreten, ohne sich eigens dafür rechtfertigen zu müssen. Die Tyrannis schien sich faktisch in eine Monarchie verwandelt zu haben. Mit einem Erlass der Kriegssteuer für drei Jahre und der Freilassung von angeblich 3000 Steuerschuldnern gab er seiner Tyrannis den Anschein von Milde. Doch der zehn Jahre ältere Dion arbeitete weiter auf eine stärkere Beteiligung an der Macht hin. Er überredete Dionysios, Platon an seinen Hof einzuladen. Die Motive beider sind unklar.

Vermutlich wollte Dionysios, an dessen Hof ohnehin etliche Philosophen weilten, mit der Anwesenheit des indessen berühmten Platon den kulturellen Glanz seiner Residenz noch weiter steigern. Er selbst wollte auch als Intellektueller gelten und ließ sich als Sohn des Apollon schmeicheln. Dagegen beabsichtigte Dion, der Platons politische Überzeugungen schon bei dessen erstem Aufenthalt in Syrakus kennengelernt hatte, mit dessen Hilfe die Alleinherrschaft des Dionysios in eine gesetzlich geregelte Samtherrschaft umzuwandeln, in der ihm, als dem Ältesten, eine besondere Rolle zufallen sollte. Gleichzeitig würde dieses Herrschaftssystem durch die Ethik Platons eine höhere moralische Legitimation gewinnen, auch gegenüber den demokratischen Kräften, die sich im Untergrund wieder zu regen begannen. Diese Pläne wurden jedoch dadurch beeinträchtigt, dass Dionysios Philistos nach Syrakus zurückrief, den sein Vater wegen Meinungsverschiedenheiten auf einen militärischen Außenposten an der Adria abgeschoben hatte. Philistos war trotz allem ein entschiedener Verfechter der Tyrannis geblieben. Ob Dionysios damit von vornherein bewusst ein Gegengewicht zu Dion schaffen wollte, ist nicht sicher. Vielleicht gehörte es nur zu seiner Demonstration von Milde, wenn er den alten Mitstreiter seines Vaters wieder an seinem Hof aufnahm.

In dieser verzwickten Lage befand sich Platon von Anfang an, als er 366 v. Chr. in Syrakus ankam. Eigentlich hätte er die Einladung des Dionysios von vornherein ablehnen müssen, denn Syrakus bot als maritime hegemoniale Seemacht mit starken demokratischen Tendenzen ausgesprochen schlechte Voraussetzungen für seine Reformen. Auch dort lebte man gern „wie man will“, selbst unter der Tyrannis. Nach der Vertreibung der Pythagoreer aus dieser Region hatte die Oberschicht wieder zum Lebensgefühl archaischen Stils zurückgefunden. Diesen Eindruck hatte Platon schon bei seinem ersten Besuch in Syrakus gewonnen, wie er später in seinem siebenten Brief schilderte (dessen Echtheit ich voraussetze):

> Dort angekommen, vermochte ich mich wieder mit dem sprichwörtlich gewordenen glückseligen Leben wenig zu befreunden, jenen italischen und syrakusanischen Gelagen, da man zweimal des Tages isst, nachts niemals allein schläft und sich allen jenen Gewohnheiten hingibt, die aus solcher Lebensweise folgen. Wenn ein Mensch dieser Welt von klein auf in solchen Verhältnissen lebt, wird er bestimmt nicht klug davon und eine be-

> wundernswerte Natur ganz gewiss auch nicht; Selbstbeherrschung dürfte er ebenso wenig lernen wollen, und für alle sonstigen guten Eigenschaften möchte das gleiche gelten. Kein Staat wird sich auf die Dauer halten, gleichgültig wie seine Gesetze beschaffen sind, wenn seine Bürger meinen, daß es darauf ankäme, unbeschränkten Aufwand zu treiben, und man sich um nichts weiter zu kümmern brauche als um gutes Essen und Trinken und die Freuden der Liebe. Ganz notwendig befinden sich solche Staaten in dauernder Umwandlung von der Tyrannis zur Oligarchie und zur Demokratie, und ihre Machthaber wollen von einer auf Gerechtigkeit und Gleichheit gegründeten Ordnung nicht einmal den Namen hören (Siebenter Brief 3260–3262).[113]

Wenn er sich 366 v. Chr. dennoch darauf einließ, dann wohl deshalb, weil er gehört hatte, dass sich Dionysios ernsthaft mit Philosophie beschäftige, was sich aber nur als ein oberflächliches und eitles Spiel mit Philosophie herausstellte. Seine Ziele waren hochgesteckt. Aber zunächst war es ratsam, sorgfältig mit propädeutischen Übungen zu beginnen, die einen Gesinnungswandel der Hofgesellschaft einleiten sollten. Eine Zeitlang galt es als schick, sich mit Mathematik zu beschäftigen und geometrische Figuren in den Sand zu zeichnen. Mit der Absage an die hedonistischen Lebensgewohnheiten tat man sich schon schwerer, auch wenn die angeblichen Ausschweifungen des Tyrannen in den Berichten späterer Moralisten sicher aufgebauscht wurden. Aber in Syrakus ließ man es sich gut gehen.

Syrakusanische Delikatessen waren weit über die Stadt hinaus bekannt, auch das Choefest, ein Wetttrinken, bei dem der Sieger mit einem goldenen Kranz geehrt wurde. Erst wenn es gelänge, die Hofgesellschaft und die gesamte Oberschicht umzuerziehen, mit der laxen Moral auch Machtgier, Habgier und Korruption zu beseitigen, könnte man eine Verfassung ausarbeiten und die Tyrannis in eine konstitutionelle Monarchie mit einer Verteilung der Macht auf verschiedene Ämter und Gremien umwandeln. Dann würde es auch möglich sein, die gesamte Bürgerschaft durch entsprechende Gesetze zu disziplinieren. Noch mehr: Die von den Kriegen geschundenen griechischen Städte sollten durch Anwerbung neuer Kolonisten wieder gestärkt und mit neuen Verfassungen innenpolitisch stabilisiert werden – in Freiheit, d. h. ohne syrakusanische Kommandanten in ihren Mauern. Die endemische Rivalität zwischen den einzelnen Städten würde ein Ende finden. Und dann würde es auch gelingen, die Karthager aus ganz Sizilien zu vertreiben. Welch eine Aufgabe! Wie weit die gesetzliche Reglementierung der Bürgerschaft gehen sollte, ließ Platon sicher offen. Dass er in Syrakus sein staatstheoretisches Modell Punkt für Punkt verwirklichen wollte, ist nicht anzunehmen.

Doch die Realpolitik machte ihm schnell einen Strich durch die Rechnung. Nachdem Dionysios einen Waffenstillstand mit den Karthagern geschlossen hatte, maßte Dion es sich an, hinter dem Rücken des Tyrannen mit den Karthagern Kontakt aufzunehmen und sich ihnen als ihr Fürsprecher bei den bevorstehenden Friedensverhandlungen anzudienen. Der Brief wurde abgefangen und Dionysios vorgelegt, worauf Philistos die Verbannung Dions aus Sizilien durchsetzen konnte. Immerhin zeigte sich Dionysios noch so großzügig, dass er Dions

Vermögen nicht konfiszierte, was diesem die Möglichkeit gab, in Korinth, Sparta, Athen und bei den Olympischen Spielen den großen Herrn und Tyrannisgegner zu spielen und bei Mitgliedern von Platons Akademie erfolgreich um ideologische Unterstützung zu werben. Dementsprechend stellte er einen bewusst dorischen, d. h. „spartanischen“ Lebensstil zur Schau. Die Spartaner erwiesen ihm die seltene Ehre der Verleihung ihres Bürgerrechts, weil sie in ihm offensichtlich den zukünftigen „starken Mann“ in Syrakus sahen. Als Dionysios 365 v. Chr. wegen des wieder aufflammenden Karthagerkrieges Syrakus vorübergehend verlassen musste, ergab sich für Platon die Möglichkeit, nach Athen zurückzukehren, wobei er versprechen musste, zu gegebener Zeit wiederzukommen. Tatsächlich ließ er sich vier Jahre später von Dionysios nötigen, sich ein drittes Mal nach Syrakus zu begeben, wenn auch nur halbherzig. Begleitet wurde er von seinem Neffen und späteren Nachfolger als Schuloberhaupt der Akademie, Speusippos, und einigen anderen Akademikern. In Syrakus setzte er sich vergeblich für die Rückberufung Dions ein. Vielmehr vertiefte sich der Konflikt. Dion plante indessen unverhohlen den Sturz des Tyrannen, worauf dieser sein Vermögen einzog. Speusippos ging unterdessen so weit, heimlich zu erkunden, wie weit der Überdruss an der Tyrannis in der Bürgerschaft schon gewachsen war. Platon saß untätig in Syrakus fest und befand sich in einer peinlichen, immer gefährlicher werdenden Lage, weil auch etliche seiner Schüler in Athen Dions Putschpläne unterstützten. Nur mit Mühe und unter Vermittlung des Archytas von Tarent gelang es ihm, aus Syrakus wegzukommen.

Auch für Dionysos wurde die Lage unbehaglich. Die heute noch bekannte Anekdote von dem nur an einem Rosshaar befestigten Schwert, das er einmal heimlich über dem Kopf des Höflings Damokles aufhängen ließ, um diesem zu demonstrieren, in welcher Gefahr er selbst ständig schwebe („Damoklesschwert“), stammt selbstverständlich aus späterer Zeit, vermittelt aber ein treffendes Bild. Das Desaster nahm seinen Lauf. 357 v. Chr., als der Tyrann gezwungen war, Syrakus noch einmal vorübergehend zu verlassen, um sich dem unteritalischen Kriegsschauplatz zu widmen, landete Dion mit nur 800 Söldnern auf Sizilien, erhielt die Unterstützung eines karthagischen Kommandeurs und zog unter dem Jubel der Bevölkerung in Syrakus ein. Aber es waren hauptsächlich die Demokraten, die jubelten, was nicht in seinem Sinne sein konnte. Und die Festung Ortygia blieb weiter von den Söldnern des Dionysios besetzt. Dorthin kehrte auch der Tyrann zeitweilig zurück. Dion saß also gewissermaßen zwischen allen Stühlen, gefangen zwischen Tyrannis und Demokratie.

Ein Bürgerkrieg war jetzt unvermeidlich. Der Flottenkommandant Dions, Herakleides, besiegte die Flotte des Philistos, der Dionysios zu Hilfe kommen wollte. Philistos wurde gefangengenommen und vom syrakusanischen Pöbel gelyncht. So endete einer der reichsten Männer der Stadt, ein zu seiner Zeit bedeutender Politiker, Militär und Geschichtsschreiber. Dionysios entkam nach Unteritalien, aber seine Söldner hielten weiter die Festung. Wenig später fiel Herakleides seinem Dienstherrn Dion, dem man indessen des Strebens nach der

Tyrannis verdächtigte, in den Rücken und gab den Vorkämpfer der Demokratie. Die Volksversammlung beschloss die Neuverteilung des Grund und Bodens, d. h. die Ausbürgerung der von Dionysios I. angesiedelten Söldner, und strich alle Zahlungen an die Söldner Dions. Der zog sich nach Leontinoi zurück, wo er von den dort angesiedelten Söldnern unterstützt wurde.

Indessen kam es zu Straßenkämpfen in Syrakus zwischen den Söldnern des Dionysios aus der Festung und den Bürgern. In höchster Not riefen sie Dion zurück, der mit seinen Truppen das Blatt zugunsten der Bürger wendete. Die Söldner des Dionysios erhielten freien Abzug, Dion wurde wieder zum Feldherrn gewählt und machte die Neuverteilung des Bodens rückgängig. Dann berief er eine gesetzgebende Versammlung ein, um eine neue Verfassung ausarbeiten zu lassen. Dass er die Kriegsflotte auflösen wollte, was militärisch unsinnig gewesen wäre, zeigt deutlich seine Ablehnung der Demokratie. Als Herakleides Widerstand leistete, ließ er ihn kurzerhand umbringen. Seine Verfassung trug dann auch starke aristokratische Züge. Die Volksversammlung lehnte die weitere Besoldung seiner Söldner ab, und er sah sich gezwungen, die Güter seiner Gegner zu konfiszieren, konnte aber dennoch nicht genügend Geld zusammenbekommen und verlor die Unterstützung seiner Söldner. Schließlich war es ein Philosoph aus Platons Schule, Kallippos, ein Mitkämpfer, der ihn dann 354 v. Chr. von Söldnern ermorden ließ und sich zum führenden demokratischen Politiker aufschwang, bis er nach 13 Monaten ebenfalls ermordet wurde. Platon hat bis zuletzt an Dion geglaubt: Er habe Gerechtigkeit verwirklichen wollen.

Das Pendel schwang dann wieder in die Gegenrichtung aus, zugunsten der Tyrannenfamilie. Hipparinos eroberte, von Leontinoi heranrückend, Syrakus. Angeblich soll er sich während seiner Herrschaft bei Platon Rat geholt haben, um seine Tyrannis in eine konstitutionelle Monarchie zu überführen. Platons Rat: Anstelle eines Alleinherrschers sollten drei Könige an der Spitze des Staates stehen, unter ihnen Hipparinos und Dionysios, aber die eigentliche Macht bei einem Gremium von 35 Mitgliedern liegen. Daraus wurde nichts. Nach zwei Jahren wurde auch Hipparinos ermordet, wie es heißt, im Trunk. Ihm folgte sein Bruder Nysaios als Tyrann, von dem spätere Autoren behaupteten, dass er monarchischen Prunk und sexuelle Ausschweifungen geliebt habe. Sein Ende ist unbekannt. 346 v. Chr. kehrte Dionysos II., der inzwischen in Lokroi, der Heimatstadt seiner Mutter, seine Residenz aufgeschlagen hatte, nach Syrakus zurück. Kaum hatte er Lokroi verlassen, erhoben sich die dortigen Bürger gegen ihn und massakrierten seine Gemahlin und seine Kinder. Er hat sich dafür mit der Zerstörung der Stadt gerächt. Aber Syrakus konnte er nicht halten. Ein neuer Tyrann, Hiketas aus Leontinoi, besiegte ihn in offener Feldschlacht und bemächtigte sich mit Hilfe seiner Söldner und der Karthager der Stadt. Dionysos war gezwungen, sich wieder in der Festung Ortygia zu verschanzen. Sie wurde sein letztes Herrschaftsgebiet. Das Reich Dionysios' I. war indessen zerfallen. Überall befreiten sich die unterworfenen Städte von der syrakusanischen Herrschaft. Doch gleichzeitig nutzten verschiedene Stadtkommandanten und Söldnerführer die Gunst der Stunde, um ihre lokalen Tyrannenherrschaften zu etablieren. In ihrer Verzweiflung wandten sich führende Syrakusaner an ihre Metropolis, ihre „Mutterstadt", Korinth mit der Bitte um Hilfe.

In Korinth war die Regierung skeptisch und zeigte wenig Neigung, sich in die syrakusanischen Wirren hineinziehen zu lassen. Andererseits war sie als Metropolis moralisch zur Hilfeleistung verpflichtet. Nach längerer Beratung schlug jemand überraschend Timoleon für den Zug ins Ungewisse vor. Der stammte aus einer der reichsten Familien, verfügte über militärische Erfahrung, war jedoch politisch kaltgestellt, seit er 20 Jahre zuvor an einer Verschwörung gegen seinen Bruder Timophanes teilgenommen hatte, der in dem Verdacht stand, nach der Tyrannis zu streben. Timophanes war im Beisein des Timoleon ermordet worden. Danach war Timoleon, mit seiner Familie verfeindet, in Korinth zumindest eine umstrittene Figur und hatte sich ins Privatleben zurückgezogen.

Vielleicht froh, Korinth verlassen zu können, übernahm er den Auftrag und warb eine Truppe von 700 Söldnern an, die er auf zehn Schiffe verteilte – ein kleines Häuflein für eine solche Aufgabe. Alles würde davon abhängen, wie viel Unterstützung er auf Sizilien bekäme. In einer solchen Lage ist göttliche Hilfe unerlässlich. Als die Priesterinnen der Persephone von einem Traum berichteten, Demeter und Kore wollten mit Timoleon nach Sizilien segeln, gab man den Schiffen eigens eine heilige Galeere mit dem Namen der Göttinnen bei. Und Timoleon reiste nach Delphi, wo er mit einem Opfer Apollon um Beistand bat. Dann konnte es losgehen. Von Anfang an zeigte sich Timoleon als geschickter politischer und militärischer Taktiker. Zunächst landete er in Unteritalien, in Rhegion, das ihn unterstützte. Auf die Vorstellungen des Hiketas und der Karthager, seine Söldner wieder nach Korinth zurückzuschicken und sich Hiketas als Ratgeber zur Verfügung zu stellen, ging er zum Schein ein, ließ die karthagischen Gesandten von der Volksversammlung in Rhegion hinhalten, während er sich heimlich aus der Stadt schlich und nach Tauromenion auf Sizilien übersetzte, dessen Tyrann ihn wegen seiner Abneigung gegen die Karthager willkommen hieß. In einem nächtlichen Überraschungsangriff zerstreute er 344 v. Chr. das zahlenmäßig überlegene Heer des Hiketas bei der Stadt Adranon. Und es geschah ein Wunder. Die erschrockenen Bürger der Stadt, von denen eine Gruppe mit Hiketas, eine andere mit Timoleon sympathisierte, erzählten, gleich am Beginn des Kampfes seien die Tore ihres Tempels von selbst aufgesprungen, an der Statue ihres Gottes Adranos habe sich der Speer hin und her bewegt und auf ihrem Gesicht sei Schweiß ausgebrochen.

Timoleon nahm es als günstiges Vorzeichen. Nach dieser Schlacht ließ Dionysios Timoleon wissen, dass er im Tausch gegen freies Geleit nach Korinth bereit sei, ihm die Ortygia zu übergeben. Er sah keine Chance mehr für sich und gab auf. In Korinth hat der Extyrann einen friedlichen Lebensabend verbracht, ein seltener Fall, denn nicht zufällig hieß es allgemein, dass aus der Tyrannis kein Weg wieder herausführe (sondern nur der Tod). In schwierigen Kämpfen vertrieb Timoleon Hiketas aus Syrakus. Als die Karthager 339 v. Chr. mit einem starken Heer zu einer neuen Offensive ausholten, schlug Timoleon sie bei Selinus vernichtend, indem er sie beim Übergang über den Krimisosfluss blitzschnell angriff, ehe sie ihre Schlachtordnung herstellen konnten. Sein Aufruf zur plötzlichen Attacke war so durchdringend, dass viele glaubten, ein Gott spräche aus ihm. Die mit den Karthagern verbündeten lokalen griechischen Tyrannen brachte er reihenweise zu Fall, und viele von ihnen nahmen ein schlimmes Ende. Hiketas und sein Sohn wurden nach einer weiteren Niederlage gegen das Heer Timoleons von ihren eigenen Söldnern ausgeliefert und auf der Stelle hingerichtet, ihre Frauen etwas später in Syrakus von der Volksversammlung zum Tode verurteilt.

Dann ließ Timoleon in Syrakus wieder die Demokratie herstellen, aber es war nicht mehr die Demokratie des fünften Jahrhunderts, sondern eine oligarchisch gemäßigte, in der der oberste Amtsträger jedes Jahr aus einer der drei führenden Familien gewählt wurde und ein „Rat der Sechshundert“ wichtige Kompetenzen hatte. Dieser Mischform traute er wahrscheinlich mehr innenpolitische Stabilität zu. Um jeden Verdacht, dass er nach der Tyrannis strebe, zu entkräften, ließ er wieder eine Verbindung zwischen der Ortygia und der Neustadt herstellen und übernahm in Syrakus nie ein Amt. Er war einer der wenigen Griechen, die ihre Stellung als unumschränkte Feldherren nicht dazu benutzt haben, nach der lebenslänglichen Alleinherrschaft zu greifen. Nur durch seine Autorität hat er in Syrakus politischen Einfluss ausgeübt, selbst dann noch, als er erblindet war. Das zerfallene syrakusanische Reich wandelte er in ein Bündnissystem unabhängiger Städte um. Den beträchtlichen Bevölkerungsverlust versuchte er mit einer Werbekampagne um Kolonisten aus Griechenland wieder auszugleichen. Und es fanden sich in der Tat genügend arme Teufel, die sich in der neuen Heimat ein besseres Leben versprachen. Nach seinem Tod errichteten die Syrakusaner ihm ein Denkmal. Trotz allem hielt die von ihm geschaffene Ordnung nur ganze 20 Jahre. Dann rollte der Stein des Sisyphos wieder bergab.

Ein weiteres Merkmal der allgemeinen Reformbestrebungen war die Suche nach Musterbeispielen für eine vorbildliche Lebensführung. Sie brachte eine neue Literaturgattung hervor: die moralisierende Biographie. Ihre Gründer waren Isokrates und Xenophon. Als Vorbilder in diesem Sinn sind vor allem die Thebaner Epameinondas und Pelopidas in das griechische Bewusstsein eingegangen, die wir als thebanische Heerführer und Politiker schon kennengelernt haben. Epameinondas wurde von der Erziehung durch den Pythagoreer Lysis geprägt, der aus Unteritalien geflüchtet und von seinem Vater als Hauslehrer eingestellt worden war. Diese Erziehung trug Früchte.

Zeitlebens hat Epameinondas ein einfaches Leben geführt, war allem Luxus abhold, unbestechlich, nur seinem Ruhm und dem Dienst an seiner Stadt verpflichtet. Später hat ihn die hellenistische Philosophenlegende zum Asketen stilisiert, ihn mit Sokrates verglichen und auch seine militärischen Erfolge aus seiner kargen Lebensweise ableiten wollen. Nach dieser Erzählung habe er nur einen einzigen abgetragenen Mantel besessen, und sein Haushalt habe lediglich aus einer Matte und einem Bratspieß bestanden. Aber ganz so extrem wird es nicht gewesen sein. Immerhin soll er nie geheiratet haben.

Pelopidas war von Haus aus reich und gehörte zur politischen Führungsschicht Thebens, und zwar zur demokratischen Richtung. Wie viele Reiche band er durch seine Freigiebigkeit zahlreiche Bürger an sich. Darüber hinaus erwarb er sich Ansehen als ungestümer Draufgänger. Trotzdem soll auch er persönlich bedürfnislos gewesen sein. Die enge Beziehung zwischen den beiden Männern entstand in jener Zeit, als Theben noch unter der Vorherrschaft Spartas stand und die Spartaner 385 v. Chr. mit einem militärischen Kontingent im Krieg gegen Mantineia in Arkadien unterstützen musste. Pelopidas wurde schwer verwundet und wäre wahrscheinlich auf dem Schlachtfeld geblieben, wenn Epameinondas, obwohl selbst verwundet, ihm nicht das Leben gerettet hätte. Als die thebanischen Oligarchen, wie oben geschildert, 382 v. Chr. mit Hilfe einer spartanischen Truppe die Demokraten ausschalteten, den reichen Demokraten Ismenias verhafteten und zur Aburteilung nach Sparta überstellten, gelang Pelopidas zusammen mit anderen Demokraten die Flucht nach Athen, während Epameinondas unbehelligt in Theben blieb. Er gehörte nicht zu den führenden Demokraten.

Pelopidas sammelte in Athen eine Gruppe von gleichgesinnten Exilthebanern und wagte 379 v. Chr. den Gegenputsch. Mit nur elf Verschworenen schlich er sich unbemerkt in die Stadt, wo sie Unterschlupf im Haus eines Sympathisanten fanden, drang im Schutz der Nacht in die Häuser der führenden Oligarchen ein und ermordete sie, einen nach dem anderen. Am nächsten Tag gelang es den Attentätern, die Bürgerschaft für sich zu gewinnen und in eine solche antispartanische Wut zu versetzen, dass die spartanische Besatzung auf der Burg sich nicht in die Stadt traute und schließlich abziehen musste. Erst jetzt schloss sich Epameinondas den Demokraten an. Die demokratische Verfassung des Boiotischen Bundes hatte zwar eine Bundesversammlung, sicherte jedoch die Dominanz Thebens über die anderen boiotischen Städte, was nicht allen gefiel. Vier der sieben Boiotarchen, der wichtigsten Bundesbeamten, mussten Thebaner sein. Epameinondas rückte zu einem der führenden Vertreter dieses Bundes auf und repräsentierte als Boiotarch den Bund bei den Friedensverhandlungen in Sparta, die, wie erwähnt, mit Krieg endeten. Die Schlacht bei Leuktra lässt die neue Rollenverteilung zwischen Epameinondas und Pelopidas deutlich erkennen. Epameinondas war der führende Stratege, Pelopidas der Führer der Elitetruppe der „Heiligen Schar" an vorderster Front. Das Weitere ist bekannt. Außenpolitisch fehlte ihnen freilich das richtige Augenmaß, und so wurden beide in der Folgezeit zu glühenden Verfechtern eines überspannten thebanischen Expansionismus, der über die Kapazität des Bundes hinausging und nach dem Tod des Epameinondas, dessen strategischen Genius keiner ersetzen konnte, scheiterte. Trotz ihrer Erfolge war ihr Verhältnis zu ihrer Stadt nicht immer konfliktfrei gewesen. Einmal drohte ihnen sogar die Todesstrafe, weil sie ihre Amtszeit aus militärischen Gründen um einige Monate eigenmächtig überzogen hatten, ein andermal wurde Epameinondas zum einfachen Soldaten degradiert, weil man ihn verdächtigte, er habe sich bestechen und ein spartanisches Heer entkommen lassen, das er hätte vernichten können, Als er jedoch in dieser niedrigen Funktion ein thebanisches Heer in Thessalien durch seinen klugen Rat vor dem Untergang bewahrt hatte, war er rehabilitiert worden.

Dem Epameinondas gleichrangig an die Seite gestellt hat die moralistische antike Überlieferung auch seinen Gegenspieler, den spartanischen König Agesilaos II., einen herausragenden Kämpfer für die Hegemonialpolitik Spartas nach dem Ende des Peloponnesischen Krieges. Eigentlich sollte er gar nicht König werden. Denn er war nie „Kronprinz" gewesen, sondern nur der Stiefbruder eines Königs, Agis' II. Deshalb hatte er das staatliche Erziehungsprogramm, die Agogḗ durchlaufen müssen, von dem nur Thronfolger befreit waren. Zudem klein von Statur und durch einen lahmen Fuß körperlich eingeschränkt, entsprach er wenig dem Ideal eines griechischen Mannes. Aber hässlich soll er nicht gewesen sein. Jedenfalls wurde er der Geliebte Lysanders.

Dass er König wurde, verdankte er dem Zufall und den Intrigen seines Liebhabers. Der Zufall hatte sich schon beinahe eineinhalb Jahrzehnte zuvor ereignet. Als Alkibiades sich als Flüchtling in Sparta aufhielt, war es zu einem Zerwürfnis zwischen König Agis und seiner Gattin gekommen. Agis beschuldigte sie, ein heimliches Liebesverhältnis mit dem athenischen Frauenhelden und von ihm ihren Sohn Leotychidas empfangen zu haben. Doch später, nicht lange vor seinem Tod, hatte er Leotychidas doch noch als seinen Sohn anerkannt, und dieser wäre sein Nachfolger geworden. Aber Lysander machte sich die verbreiteten Zweifel an dessen Legitimität zu Nutze und unterstützte seinen Geliebten, sicher nicht uneigennützig. Die Freunde des Leotychidas bestellten ein Orakel in Delphi, das, ohne Agesilaos ausdrücklich zu nennen, vor einer lahmen Regierung warnte, doch Lysander deutete den Wortlaut auf die angebliche illegitime Geburt des Leotychidas um und konnte sich damit durchsetzen. Auf sein Betreiben bekam Agesilaos auch das Kommando in Kleinasien zugesprochen, wo sich Lysander aufgrund seiner alten Verbindungen als der eigentliche Herr fühlte und auch so auftrat. Doch Agesilaos drängte ihn nach und nach beiseite und schaltete ihn schließlich völlig aus. Gegenüber den Ephoren verhielt er sich stets sehr respektvoll, vergrößerte aber seinen Einfluss, indem er in seinem Kompetenzbereich eine ausgeprägte Günstlingswirtschaft betrieb und sogar persönliche Feinde, wenn sie sich in Schwierigkeiten befanden, durch Gunsterweise an sich zu ziehen suchte. Wahrscheinlich hatte er dadurch Mitschuld am Untergang der spartanischen Flotte in der Seeschlacht bei Knidos, weil er seinen Schwager zum Flottenkommandanten ernannt hatte, obwohl es dem an hinreichender militärischer Erfahrung fehlte. Nach außen setzte sich Agesilaos demonstrativ von Lysander und seinem exzessiven Personenkult ab, auch von seiner bekannten Perfidität. Er wollte nicht das degenerierte, sondern das alte, das echte Sparta repräsentieren. Er war ein Vorbild im Ertragen von Hitze und Kälte, kam mit wenig Schlaf aus, kleidete sich betont schlicht und nahm nur einfache Speisen und Getränke zu sich. Kuchen, Süßigkeiten und Parfüm, die man ihm und seinem Heer in Kleinasien nach orientalischer Sitte anbot, verbot er seinen Soldaten und ließ sie an die Heloten in seinem Tross verteilen. Aus seiner heftigen Liebe zu einem orientalischen Jüngling machte er keinen Hehl, bewahrte aber sexuelle Selbstbeherrschung. Aber alle seine Tugenden waren vergeblich. Trotz seines unbestrittenen militärischen Talents hat er den tiefen Sturz Spartas von einer Großmacht zu einer peloponnesischen Mittelmacht nicht verhindern können. Letztendlich war es sein größtes Verdienst, Sparta wenigstens vor der Zerstörung durch Epameinondas gerettet zu haben. Am Ende seines Lebens, als über 80-Jähriger, verdingte er sich als Söldnerführer in Ägypten, das damals vorübergehend von den Persern unabhängig war. Die Ägypter, die eine Heldengestalt erwartet hatten, lachten über den kleinwüchsigen mageren hinkenden Greis. Aber er hat sich dort noch einmal als geschickter militärischer Taktiker bewährt. Auf der Rückfahrt starb er in Libyen. Alles in allem trugen diese militärisch hochbegabten Heroen der Selbstdisziplin zwar eine vorbildliche stadtbürgerliche Gesinnung zur Schau, aber ihre Ehrsucht ließ sie in außenpolitischer Hinsicht das rechte Maß vermissen, von politischer Weitsicht ganz zu schweigen.

Es ging jedoch nicht nur um einzelne herausragende Politiker, die zu Vorbildern stilisiert wurden. Vielmehr entstand als geistige Reaktion auf den politischen Niedergang Griechenlands eine geradezu fantastische Idealisierung der Vergangenheit von der Frühzeit bis mindestens zu den Perserkriegen. An die Stelle einer möglichst wahrheitsgetreuen Beschreibung und Analyse der Realität, um die sich Herodot und Thukydides bemüht hatten, trat die Verklärung in der Form einer Mischung aus Utopie und moralisierender Geschichtslegende. Autoren wie die Historiographen Ephoros (ca. 400–330 v. Chr.) und Theopomp (ca. 378/377–?), die aus der Rhetorikschule des Isokrates hervorgegangen waren, und ihre Nachfolger trösteten die Griechen mit einer Glorifizierung ihrer Geschichte und prägten fortan ihr Selbstverständnis. Damit verbunden war natürlich die Hoffnung, sich wieder zu alter Größe erheben zu können, wenn man sich auf die verlorengegangenen Tugenden besänne.

Im Zuge dieser Tendenz entstand auch die Spartalegende. Lykurg, der legendäre Gründer der spartanischen Verfassung, wird zum sanftmütigen Schöpfer eines harmonischen Gemeinwesens. Er habe die extreme Ungleichheit des Landbesitzes, die er vorfand, beseitigt, indem er alles Land in Staatsbesitz überführte und zu gleichen Teilen an alle Bürger vergab. Jede dieser Parzellen sei unteilbar, unverkäuflich und nicht vererblich gewesen. Daraufhin sei ihm auf einer Reise durch das Land ganz Lakonien wie ein einziges Feld erschienen, das Brüder unter sich geteilt hätten – eine geradezu kommunistische Idylle. Die Syssitien hätten alle Spartaner an eine einheitliche frugale Kost gewöhnt, die eisernen Münzen die Einfuhr von Luxusgütern aus anderen Ländern unterbunden, so dass der Ehrgeiz der einzelnen Bürger einzig und allein darauf ausgerichtet worden sei, einander an tugendhaftem Verhalten zu übertreffen. Infolge dieser Erziehung hätte Sparta keine schriftlich fixierten Gesetze benötigt. Verbrechen seien kaum noch vorgekommen, weil es nichts Wertvolles mehr zu stehlen gab. Und nicht zuletzt habe diese Lebensweise die militärische Überlegenheit der Spartaner gegenüber allen anderen Staaten hervorgebracht. Gleichwohl sei es nie die Absicht Lykurgs gewesen, Sparta zu einer Großmacht werden zu lassen. Vielmehr habe er den Spartanern lediglich die Möglichkeit verschafft – isoliert vom Rest der Welt – ein mustergültiges Leben in Gleichheit und äußerer Unabhängigkeit (gleich Freiheit) zu führen. Am Schluss seines Wirkens habe Lykurg angekündigt, sich auf Reisen zu begeben und die Spartaner eidlich verpflichtet, seine Verfassung nicht zu ändern, solange er nicht zurückgekehrt sei. In Delphi habe er vom Orakel seine Verfassung begutachten und bestätigen lassen und diese Nachricht nach Sparta geschickt. Daraufhin habe er keine Nahrung mehr zu sich genommen und sei eines freiwilligen Todes gestorben, um nie zurückzukehren und die Spartaner auf diese Weise zu verpflichten, nie etwas an seiner Verfassung zu ändern.

So der Schriftsteller Plutarch (ca. 50–120 n. Chr.), der in seiner Lykurg-Biographie alles zusammentrug, was frühere Autoren fabuliert hatten. Auch Spartas auswärtige Interessenpolitik wurde moralistisch umgedeutet. Dass die Spartaner vor dem Peloponnesischen Krieg im richtigen Bewusstsein ihrer begrenzten militärischen Kapazität ihre Feldzüge meistens auf die Peloponnes beschränkten, wird jetzt als Bescheidenheit und Selbstgenügsamkeit verstanden. Und dass Sparta aus realpolitischen Gründen einige Tyrannen bekriegt hat, wird als moralischer Kampf für Freiheit gedeutet. Die standhafte Verteidigung des Thermopylenpasses durch Leonidas wurde von Ephoros zu einem heldenhaften Angriff auf das persische Lager umgeschrieben, bei dem Xerxes beinahe getötet worden wäre. Auch soll Leonidas von Anfang an vorgehabt haben, auf dem Schlachtfeld zu sterben. Aber nicht nur Sparta, sondern auch das Athen der Perserkriege erhielt einen legendären Glanz. Hierher gehört die Idealisierung des Aristeides, des Organisators des Attischen Seebundes, als eines armen, aber redlichen und unbestechlichen Antipoden zu dem korrupten Themistokles. Besonders utopisch mutet die Beschreibung der angeblichen Sittenaufsicht des Areopags in alter Zeit an, der unter der Demokratie nur noch ein Schattendasein führte. Isokrates (436–338 v. Chr.) behauptet, der Areopag habe ehemals die tägliche Lebensweise der Bürger so überwacht, dass niemand in die Kriminalität abgleiten konnte. Deshalb sei Athen mit nur wenigen Gesetzen ausgekommen. (Die Abneigung gegen viele Gesetze wird ein typisches Merkmal moralisierender Autoren bis in die römische Kaiserzeit bleiben.) Der Areopag habe Einzelnen sogar bestimmte Berufe und Tätigkeiten zugewiesen, den Bedürftigen Arbeit in Landwirtschaft und Handel, den Vermögenden Reiten, Sport, Jagd und Philosophie. Isokrates empfiehlt als Heilmittel gegen Defizite der Demokratie seiner Zeit, den

Areopag wieder mit sittenrichterlichen Kompetenzen auszustatten, die er in Wirklichkeit nie gehabt hat. Dennoch betont er, ein Demokrat zu sein, aber doch wohl ein Anhänger einer anderen Demokratie. Er war Sohn eines vermögenden Gewerbetreibenden, musste sich jedoch einige Jahre als Redenschreiber durchschlagen, bevor er einer der einflussreichsten Rhetoriklehrer seiner Zeit wurde. Seine Wirkung war immens. Zahlreiche Politiker sind durch seine Schule gegangen. Seine Autorität reichte weit über Athen hinaus. Mit etlichen ausländischen Machthabern stand er als politischer Ratgeber in brieflichem Kontakt. Aber er ist nie als Redner aufgetreten.

Den Grund für den Niedergang Griechenlands erblickte man zu Recht im Expansionismus Athens vor und während des Peloponnesischen Krieges und im Dominanzstreben Spartas nach dem Sieg, das zur Unterdrückung der Griechen geführt habe. In der Kritik stand vor allem Lysander, gelegentlich auch Agesilaos und manchmal schon Agis II., weil sich unter seiner Herrschaft (427/426–400 v. Chr.) durch das Einströmen persischen Goldes Habgier und Korruption breitgemacht hätten. Ein sonst unbekannter Ephor namens Epitadeus, der mit seinem Sohn zerstritten gewesen sei, habe den Bruch mit der Verfassung Lykurgs vollzogen und ein Gesetz eingebracht, das es erlaubt habe, den Landbesitz nach Belieben zu vererben oder zu verschenken, um seinen Sohn enterben zu können. Hellsichtiger war die Fundamentalkritik des Aristoteles, der an die verordnete Gleichheit des Besitzes unter Lykurg nicht glaubte, sondern die innere Fehlentwicklung Spartas bereits in der lykurgischen Verfassung angelegt sah, die auch zu einer beträchtlichen Verschiebung der Besitzverhältnisse geführt und so den spartanischen Staat ausgehöhlt habe. Da manche Töchter mit großen Mitgiften ausgestattet würden und es viele Erbtöchter gebe, befänden sich fast zwei Fünftel des Landes im Besitz von Frauen, was die spartanische Wehrkraft geschwächt habe. Und außerdem:

> Wir wissen [...] von den Spartanern, daß sie allen anderen überlegen waren, als sie im Tragen von Anstrengungen sich auszeichneten, daß sie aber jetzt in den gymnischen Wettkämpfen so gut wie im Kriege hinter andern zurückstehen. Denn ihre Überlegenheit kam nicht daher, daß sie die Jungen auf diese Weise trainierten, sondern nur daher, daß sie als Geübte gegen Ungeübte kämpften (Politika 8, 1338b24–29).[114]

Man muss

> die Spartaner nicht nach ihren früheren Leistungen beurteilen, sondern nach den gegenwärtigen: jetzt haben sie Konkurrenten in ihrer Art der Erziehung, früher hatten sie keine (Politika 8, 1338b31).[115]

Die Spezialisierung auf den Krieg sei in Wahrheit etwas Banausisches und führe nicht nur zur Versklavung Unschuldiger, sondern auch zu einem Versagen des Staates im Frieden. Ihr gegenwärtiges Unglück sei nicht darauf zurückzuführen, dass sie von der Verfassung Lykurgs abgewichen seien, sondern dass die Verfassung Lykurgs nichts getaugt habe. Oberstes Ziel einer Verfassung dürfe nicht die Tapferkeit, sondern müsse, wie bei Platon, die *aretḗ* sein.

Aristoteles (384–322 v. Chr.) war kein Athener, sondern stammte aus Stageira auf der Halbinsel Chalkidike, einer Stadt im Umkreis Makedoniens. Sein Vater war Leibarzt des makedonischen Königs Amyntas II. gewesen. 368/367 v. Chr., als kaum Erwachsener, ging er, wie viele Intellektuelle, nach Athen, wo er Mitglied in Platons Akademie wurde und 20 Jahre blieb, obwohl seine snobistischen Allüren zu der vom Meister propagierten Lebensform nicht recht passten. Dort traf er u. a. eine in diesen Kreisen ungewöhnliche Figur, einen gewissen Hermias, einen bithynischen Eunuchen, den ehemaligen Sklaven und Geliebten eines reichen Geldwechslers namens Eubulos. Mit diesem Hermias entstand eine Freundschaft, die sich für ihn auszahlen sollte: denn um 350 v. Chr. starb Eubulos und hinterließ Hermias nicht weniger als die Herrschaft über zwei kleinasiatische Städte, Atarneus und Assos (östlich von Lesbos).

Als Aristoteles nach dem Tod Platons mit Speusippos, dessen Neffen und Nachfolger in der Leitung der Akademie, in Unstimmigkeiten geriet und auch als Makedonenfreund in Athen Schwierigkeiten bekam, lud Hermias ihn in sein kleines Reich ein. Von dort siedelte er 345/344 v. Chr. nach Mytilene auf Lesbos um, der Geburtsstadt seines Schülers Theophrast. Dort erreichte ihn das Angebot König Philipps von Makedonien, seinen Sohn Alexander zu unterrichten, eine Tätigkeit, die er drei Jahre lang ausgeübt hat. 335/334 v. Chr., nach dem Tod des Speusippos, kehrte er nach Athen zurück und begann eine umfangreiche Lehr- und Forschungstätigkeit im Gymnasion Lykeion, aus dem unter seinem Nachfolger Theophrast die Philosophenschule der Peripatetiker (benannt nach dem Säulengang des Gebäudes, griechisch *perípatos*) hervorging. Als er 323/322 v. Chr., nach dem Tod Alexanders des Großen, in Athen wieder als Makedonenfreund angefeindet und mit einer Anklage vor Gericht bedroht wurde, wich er nach Chalkis auf Euboia aus, wo er ein Haus mit einem Landgut von seiner Mutter geerbt hatte. (Hermias, der zur Absicherung seiner Herrschaft mit König Philipp gegen die Perser konspiriert hatte, erging es schlechter. Er wurde 341 v. Chr. auf Befehl des Großkönigs von dem griechischen Söldnerführer Mentor von Rhodos mit dem Versprechen seiner persönlichen Sicherheit zur Kapitulation überredet, dann aber den Persern ausgeliefert, die ihn erst auf die Folter spannten und dann hinrichteten. Aristoteles, der die Nichte des Unglücklichen geheiratet hatte, stiftete ihm eine Statue in Delphi und dichtete eine Hymne auf ihn.)

Das gewaltige Werk des Aristoteles umfasste nahezu alle Wissensgebiete seiner Zeit. Im Gegensatz zu Platon war sein Ansatz empirisch, d. h., er versuchte von den real erfahrbaren Erscheinungsformen auf deren Wesen vorzudringen, schlug also methodisch den umgekehrten Weg ein. Zu diesem Zweck ließ er von seinen Schülern umfangreiche Materialsammlungen anlegen. Für seine Staatstheorie hatte er die Verfassungen von 158 Städten zusammentragen lassen. Dass davon 157 verlorengegangen sind, ist für die heutige Forschung ein unersetzlicher Verlust. Wären sie erhalten, hätten wir in die vielfältige griechische Poliswelt einen sehr viel umfassenderen und tieferen Einblick. Nur die Darstellung der athenischen Verfassung wurde gefunden, auf einem vom British Museum

Abb. 27: Aristoteles; römische Marmorkopie nach einer griechischen Bronze von Lysippos, um 330 v. Chr.

angekauften ägyptischen Papyrus, und 1891 veröffentlicht. Weiter ist zu beachten, dass Aristoteles seine Politiká („Abhandlungen“ oder „Vorträge über die Polisverfassungen“) nicht selbst geschrieben hat, sondern dass es sich um Nachschriften seiner mündlichen Vorträge von uns unbekannten Schülern handelt. Daraus erklären sich auch gelegentliche Wiederholungen und Widersprüche.

Ein Schwerpunkt seines Interesses lag in der Erforschung der Natur. Aus der Natur nahm er auch seinen ethischen Maßstab, weil er davon überzeugt war, dass die Natur nach einem allgemeinen festen Plan immer auf einen nützlichen Zweck hin verlaufe. Dahinter nahm er zwar als ursprünglichen Anstoß eine göttliche Kraft an, die aber weder auf den weiteren Ablauf der Natur noch auf das Geschehen der Menschen Einfluss nehme. In ethischer Hinsicht folgte aus dieser Grundüberzeugung: Was die Natur tut, ist gerecht. Wie bei anderen griechischen Dichtern und Denkern sind auch für Aristoteles die Begriffe Gerechtigkeit, Nutzen und Gleichheit fundamental, und er versucht, sie zueinander in eine ethische Beziehung zu setzen. Auch der Begriff der Freundschaft fehlt nicht. Aristoteles definiert sie sehr viel nüchterner als andere als Willen der Bürgerschaft, zusammen zu leben. Eine weitere Grundüberzeugung, die nicht alle griechischen

Denker teilten, war der seither immer wieder zitierte Satz: „Der Mensch ist ein staatenbildendes Wesen" *(zôon politikón)*. Das bedeutet, dass der Staat von vornherein in der Natur des Menschen angelegt gewesen sei, selbst als er in konkreter Form noch nicht bestanden habe. Zwar hätten die Menschen zunächst die Entwicklungsstufe des Hauses und des Dorfes durchlaufen, aber das immanente Ziel sei von vornherein der Staat gewesen, obwohl sie sich dessen noch nicht bewusst waren. In diesem Sinn formulierte Aristoteles das Paradox, dass der Staat früher als seine Einzelteile, das Haus und das Dorf und sogar der einzelne Mensch, bestanden habe.

Die Natur bringt nicht gleiche, sondern unterschiedliche Menschen hervor, solche, die kraft ihres Verstandes einen Zweck erkennen und ein Ziel bestimmen und solche, die nur mit ihrem Körper das Vorgegebene ausführen können. Sie hat somit eine Hierarchie geschaffen: Wer mit seinem Verstand vorausschauen kann, ist der natürliche Herr *(despótēs)*, der anordnet, was zu tun ist, der Ausführende ist der natürliche Diener. Diese Hierarchie ist gerecht und zum Nutzen beider. Eine weitere Schlussfolgerung: Da die „Barbaren" nur ihren Despoten gehorchen, haben die Griechen, wie schon Euripides sagte, das natürliche Recht, über sie zu herrschen. Die Griechen sind unter allen Völkern der Erde einzigartig. Die Völker der kalten Regionen sind zwar tapfer, aber weniger intelligent und haben keine städtische Organisation. Die Völker Asiens sind intelligent und künstlerisch begabt, aber ohne Courage und leben als Untertanen und Knechte. Nur die Griechen sind tapfer und intelligent. Sie haben die beste staatliche Organisation und könnten die ganze Welt beherrschen, wenn sie einen einzigen Staat bilden würden. Eine Ausnahme machen bis zu einem gewissen Grad die Karthager, deren Verfassung Aristoteles höher einschätzt als die spartanische und die kretische. Alle anderen „Barbaren" sind von Natur aus Sklaven. Damit rechtfertigt Aristoteles auch die Sklaverei allgemein, aber in differenzierter Form. Er wendet sich gegen die Theoretiker, die die Sklaverei generell für unnatürlich halten. Vielmehr müsse man unterscheiden: Jene, die von Natur aus zum Dienen geboren sind, seien zu Recht Sklaven. Dagegen sei die Versklavung von Verstandbegabten und zum Herrschen Geborenen Unrecht. Eine solche Differenzierung klang schon, wie wir gesehen haben, bei Euripides an. Die natürlichen Sklaven vergleicht Aristoteles mit zahmen Tieren oder Werkzeugen. An anderer Stelle empfiehlt er, sowohl Staatssklaven als auch privaten Sklaven als Lohn für gute Leistungen die Freiheit zu versprechen. Ebenso wie der Herr über die Sklaven herrscht das Männliche von Natur aus über das Weibliche. Der Mann regiert die Frau wie ein Politiker den Staat und die Kinder wie ein absoluter Herrscher. Die Natur bestimmt auch die Bedürfnisse der Menschen, d. h. was man zum Leben nötig hat. Dagegen führt das Verlangen nach Genuss zum Streben nach Überfülle und unbegrenztem Reichtum. Deshalb ist die Tätigkeit des Kaufmanns, die nur auf die unbegrenzte Anhäufung von Reichtum gerichtet ist, minderwertig. Denn das Streben nach übermäßigem Reichtum verträgt sich nicht mit dem Streben nach Tugend *(aretḗ)*.

Wie bei Platon ist das Ziel der Staatstheorie des Aristoteles die Suche nach dem besten Staat im ethischen Sinn, einem Staat, der seine Bürger zum höchsten inneren Glück *(eudaimonía)* und zur *aretḗ* führt, d. h. zu einem höheren Menschsein. Beide Philosophen streben also ein utopisches Ziel an, wenn auch auf einem verschiedenen Weg. Ging Platon von einem theoretischen Modell des idealen Staates aus, so wählt Aristoteles einen empirischen Ansatz und fragt, wie die bestehenden Staatsformen verändert werden müssten, damit ein idealer Staat entsteht. Er beginnt mit einer Analyse und Bewertung dieser bestehenden Staatsformen, die zugleich nach ethischen Gesichtspunkten eingestuft werden. Die guten Staatsformen sind das Königtum, die Aristokratie und die Politie, die schlechten die Tyrannis, die Oligarchie und die Demokratie. Das Königtum ist die Herrschaft eines Alleinherrschers, die auf das Wohl seiner Untertanen gerichtet ist; die Aristokratie ist die Herrschaft der Besten, die von allen Bürgern die meisten Tugenden aufweisen; die Politie ist eine Mischform zwischen Oligarchie und Demokratie, deren Vorzug darin besteht, dass sie einen Ausgleich zwischen den Reichen und den Armen herbeiführt. Sie steht aber der Demokratie näher als der Oligarchie. Die Tyrannis ist die naturwidrige Alleinherrschaft eines Despoten, der seine Untertanen mit aller Gewalt unterdrückt und nur seinen eigenen Vorteil im Auge hat. Wie bei Platon hat der Tyrann seinen Griff nach der Macht als Demagoge in einer Demokratie begonnen, wo er als Anwalt der Armen gegen die Reichen auftrat (was, wie wir gesehen haben, in dieser Form nicht richtig ist). Deshalb kümmert sich ein Tyrann um die Erziehung der Bürger ebenso wenig wie die Demokratie. Doch ist nicht völlig ausgeschlossen, dass auch ein Tyrann, der durch einen Putsch an die Macht gekommen ist, sich in einen guten Herrscher verwandeln kann. In diesem Fall wird er zu einem König.

Die Oligarchie ist die Herrschaft der Reichen, denen die Macht dazu dient, ein Genussleben zu führen; die Demokratie ist die Herrschaft der Armen, die gierig auf den Erwerb von immer mehr Reichtum sind und dazu neigen, ohne Rücksicht auf die Verfassung willkürliche Entscheidungen zu treffen. Da die meisten Staaten aus Reichen und Armen bestehen, sind Oligarchie und Demokratie die häufigsten Staatsformen. Die Reichen und die Armen sind bei Aristoteles weniger soziale Schichten, sondern in erster Linie politische Gruppen. Die Reichen sind diejenigen, die ein großes Vermögen haben und die die Oligarchie favorisieren (was bekanntlich nicht auf alle Bürger mit einem großen Vermögen zutraf). Die Armen waren nach aristokratischen Vorstellungen alle, die für ihren Lebensunterhalt arbeiten mussten, gleichgültig, ob mit geistiger oder körperlicher Arbeit, und die die Demokratie bevorzugen. In diesem Sinn bestanden nach Meinung des Aristoteles die meisten Staaten aus Reichen und Armen.

Seine Übersicht über die 158 Verfassungen mit ihrer Vielfalt war es vermutlich, die ihn dazu brachte, nicht von einer einzigen Form der Oligarchie oder Demokratie zu sprechen, sondern je vier verschiedene Arten beider Staatsformen zu unterscheiden, je nachdem, ob eine Verfassung nach seiner Einschätzung mehr oligarchische oder mehr demokratische Züge aufwies. Offen bleibt, ob sie alle in der Realität existierten oder ob er auch alle denkbaren Arten mit einbezogen hat. Lassen wir es beim Grundsätzlichen: Gleichheit ist seiner Meinung nach nur unter Gleichwertigen gerecht. Daher ist die Demokratie, in der alle die gleichen politischen Rechte haben, objektiv ungerecht. Gerecht ist sie nur im demokratischen Sinn, weil die Demokraten gleiche politische Rechte mit der Freiheit aller Bürger begründen. Dieser Begriff von Gerechtigkeit, den selbst ein Kritiker der perikleischen Demokratie wie Euripides noch in höchsten Tönen pries, ist für Aristoteles unvollkommen. Ebenso steht es mit dem Gerechtigkeitsbegriff der Oligarchie, weil die Oligarchen die Ungleichheit der politischen Rechte lediglich mit den unterschiedlichen Vermögen begründen. Die Demokratie hat den Vorteil, dass prinzipiell die Vielen für das Allgemeinwohl nützlichere Entscheidungen treffen als jeder Einzelne für sich.

Den Ausweg sieht Aristoteles darin, die Vielen an Entscheidungen teilhaben zu lassen, wohingegen die eigentliche Regierung in den Händen eines kleineren Kreises liegen sollte. Dieser sollte vor allem dafür sorgen, dass die Verfassung niemals von einer Volksversammlung geändert werden kann und dass überhaupt Gesetze niemals missachtet werden. Volksversammlungen sollen nur gelegentlich stattfinden und auf keinen Fall das Recht haben, Gesetzesanträge zu stellen, sondern nur darüber entscheiden dürfen, was die zuständigen Amtsträger ihnen zur Entscheidung vorlegen. Um die Stabilität einer Staatsform aufrecht zu erhalten, ist eine verfassungskonforme Erziehung der Bürger nötig. Bestimmte Gesetze sollen die Bürger zu besonderen Leistungen anregen. Wer zur Bürgerschaft gehört, ist in den einzelnen Poleis unterschiedlich geregelt. In einigen sind z. B. keine Nachkommen von ausländischen Frauen und keine Nachkommen von ehemaligen Sklaven oder Sklavinnen zugelassen, in anderen keine Händler, Handwerker und Tagelöhner oder nur reiche Handwerker.

Wie immer – soll eine Verfassung stabil bleiben, muss die Erziehung der Bürger selbst in Oligarchien nicht nur oligarchische Werte vermitteln, sondern auch ein Stück demokratischer Normen. Und in einer Demokratie muss es umgekehrt sein. Z. B. müssen die Oligarchen darauf achten, dass ihre Söhne nicht in Ausschweifungen und Luxus verkommen. Völlig destruktiv ist es, wenn in einigen Staaten die Oligarchen schwören, das Volk zu hassen und ihm nach Kräften Schaden zuzufügen.

Die Demokraten müssen wiederum ihren falschen Begriff von einer freiheitlichen Lebensform aufgeben. Denn mit der Freiheit, zu tun, was man will, kann man nicht das Schlechte in den Menschen unter Kontrolle halten. Deshalb muss es in allen Staaten ein Amt geben, das vor allem die Wohlhabenden beaufsichtigt, denn auch eine private Lebensweise, die nicht verfassungskonform ist, kann die Verfassung eines Staates gefährden. Bei der Verfassung der Politie kommt alles auf die richtige Mischung zwischen oligarchischen und demokratischen Elementen an. Diese wird in den verschiedenen Politien unterschiedlich sein. Die größte Stabilität hat die Politie, wenn sie von einer möglichst großen Zahl von

Mittleren getragen wird, die gleichwertig sind und deren Gleichheit somit gerecht ist. Da Aristoteles Solon und Lykurg zu diesen Mittleren zählt, ist es klar, dass es sich um solche Bürger handelt, die zwar nicht steinreich sind, aber doch so vermögend, dass sie für ihren Lebensunterhalt nicht zu arbeiten brauchen. Im Rahmen der grundsätzlichen Einteilung zwischen Reichen und Armen sind sie gewissermaßen der ärmere Teil der Reichen, und zwar solche, die nicht nach noch mehr Reichtum streben.

Die Forderung nach gemeinsamem Besitz in Platons Politeia lehnt Aristoteles ab. Der Staat dürfe nicht aus einer Einheit, sondern müsse aus einer Vielheit bestehen. Gemeineigentum erzeuge unter den Bürgern mehr Streit als Privateigentum, und was allen gehöre, werde nachlässiger gepflegt als das Eigene. Auch die Auflösung der Familie erzeuge nicht mehr Freundschaft, sondern mehr Zwietracht. Vielmehr gehe es darum, die Bürger so zu erziehen, dass sie nichts Übermäßiges begehren. Nicht soziale Gleichheit hält den Staat zusammen, sondern die gleiche staatsbürgerliche Gesinnung. Allerdings solle man selbst in Oligarchien durch entsprechende Gesetze darauf achten, dass nicht zu große Vermögen entstehen. Und in Demokratien solle man nicht die Reichen finanziell schröpfen. Vielmehr solle man sie sogar davon abhalten, ihr Vermögen mit kostspieligen Theateraufführungen und religiösen Prozessionen zu verschwenden, um sich beim Volk beliebt zu machen. Zur Verhinderung der Bereicherung von Amtsträgern an Staatsgeldern schlägt Aristoteles vor, dass die Kassenübergabe von Jahr zu Jahr in Anwesenheit aller Bürger erfolgen und zusätzlich Rechnungsabschriften bei verschiedenen Behörden hinterlegt werden sollen. Offenbar war die Korruption ein ernstes Problem und schon der Verdacht auf Selbstbereicherung ein häufiger Anlass zum Streit.

Der ideale Staat kann nur aus solchen Bürgern bestehen, die nicht für ihren Lebensunterhalt zu arbeiten brauchen. Denn nur sie haben die notwendige Muße, um sich in der Tugend zu vervollkommnen. Menschen, die einer Erwerbstätigkeit nachgehen, führen notgedrungen ein Leben, das sich mit *aretḗ* nicht verträgt; ebenso diejenigen, die, wie manche Sophisten, Nutzen rein utilitaristisch, d. h. im Sinne des äußeren Erfolgs verstehen. Doch gerade darauf sei die Erziehung in den meisten Städten ausgerichtet.

Im idealen Staat müssen nicht nur Händler und Handwerker (griechisch „Banausen“) vom Bürgerrecht ausgeschlossen sein, sondern auch die Bauern. Die Landwirtschaft soll man von umwohnenden abhängigen „Barbaren“ oder von Sklaven betreiben lassen. Anders als bei Platon soll die Polis von einer Stadtmauer umgeben sein. Jeder Bürger soll zwei Landstücke besitzen, eines an der Grenze und eines im Innern, damit die Bürgerschaft bei Angriffen von außen besser zusammenhält. Eine expansive Außenpolitik soll der Staat nicht betreiben, weil dadurch das Streben nach umfassender Tugend einseitig auf die Tapferkeit verlagert würde. Die meisten kriegerischen Staaten gerieten nämlich in Verfall, sobald sie ein großes Herrschaftsgebiet gewonnen hätten. Als negatives Beispiel führt Aristoteles Sparta an, und der Zusammenbruch der spartanischen

Großmachtstellung dient ihm als Beweis. Doch – anders als Platon – befürwortet er eine Anbindung an das Meer für den notwendigen Import von Gütern, auch eine begrenzte Kriegsflotte zur Verteidigung. Die Soldaten auf diesen Schiffen müssen natürlich Bürger sein, aber die Matrosen, die man aus unteren sozialen Schichten rekrutiert, sollten möglichst nicht zur Bürgerschaft gehören.

Damit die Bürger nicht mit Handelsgeschäften um des Gewinnes willen in Berührung kommen, sollen zwei voneinander getrennte Märkte eingerichtet werden: einer für die Muße, auf dem Bürger nichts verkaufen dürfen, und einer für merkantile Zwecke. Die Regierung und die kultischen Funktionen sollen von älteren Bürgern wahrgenommen werden. Alle Bürger sollen einer permanenten staatlichen Erziehung unterworfen sein. Dazu gehören die täglichen Essensgemeinschaften, die Syssitien, in denen die angemessene Nahrung gereicht wird. Staatliche Behörden setzen das passende Alter für Eheschließungen fest – bei Mädchen 18, bei jungen Männern 37 Jahre –, verbieten Ehebruch, entscheiden über die Aufzucht oder die Aussetzung von Neugeborenen und die Kindererziehung. Zum Unterrichtsstoff sollen Grammatik (Literaturkenntnis), Gymnastik (Leibesübungen), Zeichnen und die richtige Musik gehören.

Die Musik soll der Entspannung und der psychischen Stabilisierung dienen. Die herbe dorische Tonart ist zu bevorzugen, die etwas mildere lydische allenfalls für Alte passend, die schwülstige phrygische ist zu verbieten, ebenso musikalische Wettbewerbe, denn jegliches Virtuosentum mit seiner Einseitigkeit und Handwerklichkeit geht mit *aretḗ* nicht konform.

Diese Reglementierung ist notwendig. Denn die beste Verfassung muss auf der wünschbaren Lebensform für den Einzelnen basieren. Die Eudaimonie des Staates ist mit der Eudaimonie des Einzelnen identisch. Deshalb gehört der einzelne Bürger nicht sich selbst, sondern dem Staat, wie es in Sparta der Fall war. An diesem Lob für Sparta wird unmissverständlich klar, dass Aristoteles sich trotz aller Kritik am konkreten spartanischen Staatswesen vom Modell Sparta ebenso wenig lösen konnte wie Platon. Die Peripatetiker sind dann von der kritischen Haltung ihres Meisters abgerückt und haben die Spartalegende weiter gepflegt. Ihre Fernwirkung reichte bis zu den Vordenkern der Französischen Revolution, als das Thema Volkserziehung im Fokus der Aufklärer stand. Besonders Rousseau glaubte im Sparta Lykurgs die Verwirklichung eines echt republikanischen Geistes zu erkennen, einen Hort der Freiheit, Gleichheit und Brüderlichkeit, der „austerité républicaine", aber auch der republikanischen Volksfeste.

Die Forderung nach mehr Gleichheit im ethischen Sinn, nach mehr Gleichheit der Lebensform als einer Voraussetzung für staatsbürgerliche Tugend und innere Stabilität der Polis blieb weder bloße Theorie noch die persönliche Attitude einzelner herausragender Helden, sondern fand auch in der staatlichen Gesetzgebung der folgenden Jahrhunderte ihren Niederschlag. Es handelte sich weder um Gleichheit der politischen Rechte – die wurde zumindest zeitweise wieder reduziert – noch um eine Forderung nach Gleichheit des materiellen Besitzes, sondern es ging um Gleichheit der stadtbürgerlichen Gesinnung und der

Lebensweise. Wie schon im sechsten Jahrhundert eigneten sich für staatliche Maßnahmen besonders die Bereiche der Totenbestattung und der kultischen Veranstaltungen, bei denen der Gesetzgeber religiöse Vorschriften, z. B. Reinheitsgebote, mit einer sittenrichterlichen Zielsetzung vereinen konnte. Denn obwohl der Glaube an die herkömmlichen Götter verblasste, gehörten die religiösen Riten und Feste weiterhin zur Identität der jeweiligen Polis und hatten eine nicht zu unterschätzende politische Funktion. Das Ziel war die Unterdrückung von kostenträchtigem privaten Aufwand, von pompöser Selbstdarstellung und emotionaler Unbeherrschtheit in der Öffentlichkeit.

Die Vorschriften sind von einer geradezu kleinlichen Reglementierung gekennzeichnet, was die große Bedeutung erkennen lässt, die man ihnen zumaß. Bereits gegen Ende des fünften Jahrhunderts legte ein Bestattungsgesetz auf der Insel Keos fest, dass der Leichnam in nicht mehr als drei weiße Tücher zu hüllen sei, die nicht über 100 Drachmen kosten durften. Die Menge an Wein und Öl für die Trankopfer wurde beschränkt, während des Trauerzuges jede Totenklage verboten, ebenso die Zelebrierung der Totenriten am 30. Tag nach der Bestattung. Männer durften weder ein Trauergewand anlegen noch als Zeichen der Trauer sich das Haar scheren. Nur Müttern war nach dem Tod eines Sohnes ein Jahr Trauerzeit gestattet. Seit der Mitte des vierten Jahrhunderts gab es auf der Insel Thasos das Amt des Gynaikonomen, des Frauenaufsehers. Die Einführung dieses Amtes erfolgte im Rahmen einer Verfassungsreform, die den blutigen Streit zwischen Demokraten und Oligarchen beendete. Die Aufgabe des Gynaikonomen war die Überwachung der Einhaltung von Bestattungs- und Kultgesetzen und der darin enthaltenen Restriktionen. Diese gingen auf Thasos so weit, dass selbst bei Staatsbegräbnissen die Rituale auf fünf Tage begrenzt und öffentliches Wehklagen untersagt war. Trotz der frauenspezifischen Amtsbezeichnung waren die Gynaikonomen auch für Männer zuständig. Die Anforderungen an Männer waren deutlich höher. Wenn diese Amtsträger dennoch Gynaikonomen hießen, dann deshalb, weil die Totenklage der Frauen exzessiver und ihre Zurschaustellung von Kleider- und Schmuckluxus bei kultischen Feiern oft pompöser als bei Männern war. Den Bürgern und ihren Frauen und Töchtern wurde also eine spartanisch anmutende Disziplin abverlangt, die ganz im Gegensatz zu dem stand, was sie bei Homer lesen konnten. Auch wenn solche Gesetze auf den kultischen Bereich beschränkt blieben, sollten sie doch indirekt dazu beitragen, das gesamte Leben der Bürger auf ein höheres sittliches Niveau zu heben.

Die Vorstellung Xenophons, Platons und des Aristoteles, dass sich auch „gute“ Tyrannen für die moralische Erneuerung der Griechen einsetzen könnten, war keine bloße Fantasie, sondern fand gelegentlich durchaus in der Praxis statt, so in Methymna auf Lesbos. Dort führte in der zweiten Hälfte des vierten Jahrhunderts der Tyrann Kleomis, dessen Milde, Gerechtigkeit und sittenrichterlichen Eifer Isokrates und der Historiograph Theopomp lobten, die Gynaikonomie im Rahmen einer größeren Reform ein. Der Gynaikonom, der nicht jünger als 40 Jahre alt sein durfte, hatte u. a. die Aufgabe, ein nächtliches kultisches Fest von Frauen zu überwachen. Kleomis soll auch scharf gegen die Prostitution eingeschritten sein.

Die athenische Demokratie lehnte, wie schon gesagt, solche Reglementierungen ihrem Wesen nach eigentlich ab. Doch ihr Wesen änderte sich allmählich. Die Volksversammlungen wurden jetzt stärker von den Hopliten, den „Mittleren", als von den Theten dominiert, ebenso die Gerichtshöfe. Auch die Hausmacht der Reichen nahm zu. Und der Zug zur Professionalität setzte sich fort. Einzelne Politiker vertraten in den Volksversammlungen nicht mehr unbedingt selbst ihr Anliegen, sondern schickten professionelle Redner vor, die sie bezahlten. Gleichzeitig versuchte die Stadt, das politische Engagement ihrer Bürger, das anscheinend nach dem Verlust der Großmachtstellung abgeflaut war, wieder zu beleben. Nicht nur, wie schon seit dem frühen vierten Jahrhundert, wurden für die Teilnahme an den Volksversammlungen Diäten gezahlt, sondern seit ca. 350 v. Chr. auch für den Besuch von Theaterveranstaltungen, deren große politische Bedeutung schon dargestellt wurde. Die Zahl der Ehrenbeschlüsse und der Verleihung von Privilegien nahm zu, auch an Metoiken und Ausländer, die sich um Athen verdient gemacht hatten. Die besten Redner, der beste Amtsträger eines Jahres wurden statt mit dem früher üblichen Olivenkranz jetzt mit einem goldenen Kranz ausgezeichnet. Die Stadt setzte, um den Einzelnen für den Dienst am Gemeinwohl zu motivieren, mehr auf Anreiz als auf Zwang. Es begann eine Tradition, die sich bis in die römische Kaiserzeit fortsetzte.

Aber bis sich die athenische Demokratie zu einer stärkeren staatlichen Disziplinierung ihrer Bürger durchrang, bedurfte es noch eines gewaltigen Schocks von außen. Dieser Schock wurde von der schweren Niederlage in der Schlacht gegen den Makedonenkönig Philipp II. bei Chaironeia in Boiotien (338 v. Chr.) ausgelöst. Das Königreich Makedonien war erst seit knapp eineinhalb Jahrzehnten als Großmacht in Erscheinung getreten und hatte diesen Aufstieg nur diesem einen König zu verdanken. Davor war es stets von anderen bedroht oder gar abhängig gewesen. Im sechsten Jahrhundert hatte es sich langsam der griechischen Kultur geöffnet, war einige Jahrzehnte den Persern tributpflichtig gewesen und hatte sich nach der Erlangung der Unabhängigkeit politisch stets vorsichtig zwischen den Machtansprüchen Athens und Spartas hindurchlaviert. Noch in den ersten Jahrzehnten des vierten Jahrhunderts war der griechische Städtebund auf der Halbinsel Chalkidike vor den Toren Makedoniens militärisch stärker als das ganze makedonische Königreich gewesen. 359 v. Chr. vernichteten illyrische Invasoren ein makedonisches Heer mitsamt seinem König Perdikkas III. Es war Philipp II., der das Land aus höchster Gefahr rettete. Wäre er bei diesen harten Kämpfen, bei denen er immerhin eine dauerhafte Verletzung an einem Bein davontrug und ein Auge verlor, gefallen, wäre die Geschichte des östlichen Mittelmeerraums wahrscheinlich weiter in den seit der Entstehung des Perserreiches gewohnten Bahnen verlaufen. Ein lehrreiches Beispiel dafür, was manchmal eine einzige Person in der Geschichte zustande bringen kann!

Nach der Konsolidierung Makedoniens dehnte Philipp seinen Machtbereich in Richtung nördliche Ägäis aus und gefährdete damit die für Athen wichtige Getreidezufuhr aus dem Schwarzmeerbereich. Und mit seinem Eingreifen in die Wirren Thessaliens und Mittelgriechenlands drang er in den Einflussbereich Thebens ein. Als schlauer und skrupelloser politischer Taktiker erwies er sich mit seinen Täuschungsmanövern, seinen schnellen Entschlüssen und überraschenden Truppenbewegungen den mühsam um Entscheidungen ringenden und langsamer agierenden Stadtrepubliken überlegen. In Athen waren die Meinungen geteilt. Es gab eine einflussreiche promakedonische „Partei", die einen Ausgleich mit Philipp befürwortete. Zu ihr gehörten der mächtige Finanzexperte Eubulos, die großen Redner Demades (ein Autodidakt) und Aischines sowie der Politiker und Militärstratege Phokion; auch Isokrates, der so weit ging, in einem Schreiben an Philipp dessen autokratische Allmacht zu bewundern, durch die er den republikanischen Politikern überlegen sei, die an die Gesetze und die Aufträge ihrer Regierungen gebunden seien und deshalb weniger bewirken könnten. Gerade diese Machtstellung befähige Philipp, Führer der Griechen in einem großen Feldzug gegen das Perserreich zu werden, mit dem man ja seit der Preisgabe der kleinasiatischen Griechen an den Großkönig durch Sparta noch eine Rechnung offen hatte. Doch solle er – so Isokrates – über die Griechen nicht als König herrschen, sondern sie als Freund und Wohltäter behandeln. Hier deutet sich schon fast visionär das spätere Verhältnis hellenistischer Monarchen zu griechischen Städten an, wenn auch nur seine positive Seite. Somit gab ein führender Intellektueller bereits an diesem frühen Zeitpunkt den Anspruch der Griechen auf eine politisch dominierende Rolle auf. Das will schon etwas heißen!

Auch Speusippos, mit seiner Autorität als Schulhaupt der Akademie, engagierte sich, obwohl mit Isokrates verfeindet, für eine promakedonische Politik. Die Gegen-„Partei" fand in Demosthenes, dem größten aller griechischen Redner, ihren wortgewaltigsten und fanatischsten Vertreter, der seinerseits die Bildung einer Koalition griechischer Staaten und ein Bündnis mit den Persern gegen Philipp anstrebte. Trotz seines großen Einflusses ist er nie Stratege gewesen. Die Zeit der Allround-Politiker vom Schlage eines Perikles war vorüber.

Schließlich kam es zum Krieg. Die Niederlage muss einen niederschmetternden Eindruck gemacht haben. Denn weder war das athenisch-thebanische Heer den Makedonen zahlenmäßig unterlegen noch hatten sich die griechischen Heerführer einen Fehler vorzuwerfen. Im Gegenteil: Die Defensivstellung, in der sie ihr Heer aufgestellt hatten, war gut gewählt. Die Flanke des rechten Flügels, wo die Thebaner 50 Mann tief gestaffelt standen, war vom Kephisos-Fluss gedeckt, der linke, der Flügel, wo sich die Athener mit einer Tiefe von 16 Mann aufgestellt hatten, war seitlich von einem Gebirgszug geschützt. Gegen diese Riegelstellung würden, so war anzunehmen, die Makedonen vergeblich anrennen. Doch das kaum Vorstellbare geschah. Die militärische Schlagkraft des makedonischen Heeres und die geschickte Taktik Philipps erwiesen sich als überlegen.

Der Kern des makedonischen Heeres war, wie in Thessalien, der berittene Adel gewesen. Aber Philipp hatte während seiner Zeit als Geisel in Theben die Effizienz der thebanischen Hopliten beobachtet und später die schlecht geordneten Scharen der makedonischen Bauern zu einer disziplinierten Infanterie geschult und mit 5,5 Meter langen Lanzen (Sarissen) ausgerüstet. Bei Chaironeia lieferten beide Truppengattungen ihr Meisterstück. Philipp vollzog auf dem rechten makedonischen Flügel ein gewagtes Manöver. Er zog seine Hopliten in Schlachtordnung 600 Meter weit zurück, was nur mit einem gut gedrillten Heer möglich war, ohne dass sich die Formation auflöste. Damit lockte er die Athener, die schon den Sieg vor Augen zu haben glaubten, aus ihrer Deckung heraus, wobei sich ihre Schlachtreihen im Vormarsch etwas auflockerten. Plötzlich ließ er die geschlossenen Reihen seiner Makedonen angreifen und warf die völlig überraschten Athener zurück, wobei sich ihre Phalanx teilweise auflöste. Gleichzeitig war durch den Vormarsch der Athener eine Lücke in der Front der Verbündeten entstanden. In diese brach der junge Alexander mit der makedonischen Reiterei ein und rollte das thebanische Heer auf. An tapfererem Widerstand hat es nicht gefehlt. Von den 300 Kämpfern der „Heiligen Schar“ fielen 250. Ganz Griechenland war mit einem Schlag besiegt und geriet unter die Herrschaft der Makedonen.

Ob die Schlacht anders verlaufen wäre, wenn die Spartaner sich beteiligt hätten, ist schwer zu sagen. Aber diese waren nicht bereit, ein Bündnis mit Theben zu schließen, das ihnen Messenien weggenommen hatte, sondern verharrten gleichsam in der Schmollecke. Philipp sicherte seine Herrschaft, indem er permanente makedonische Besatzungen in Theben, Chalkis auf Euboia und Korinth stationierte, die man später die drei Fesseln Griechenlands nannte. In Korinth gründete er einen Bund mit einem Bundesrat aus Vertretern fast aller Staaten des griechischen Mutterlandes. Er selbst war nicht Mitglied, sondern formal Bundesfeldherr, also nur Exekutivbeamter, der jedoch auch Sitzungen des Bundes einberufen und Anträge stellen konnte. In Wirklichkeit war er selbstverständlich der Beherrscher dieses Bundes, konnte ihn aber nur im Kriegsfall zu militärischen und finanziellen Leistungen heranziehen. Die Verkündung des „allgemeinen Friedens“ *(koinē eirēnē)*, früher das Herrschaftsinstrument Spartas im Verein mit dem persischen Großkönig, diente von nun an den makedonischen Interessen. Damit verbunden war ein Verbot der Piraterie sowie ein Verbot jeder gewaltsamen Änderung der bestehenden Verfassungen in den griechischen Staaten. Die Spartaner, die am Krieg nicht teilgenommen hatten, verweigerten dem König die Gefolgschaft und nahmen dafür weitere territoriale Verluste in Kauf. Die Wahrung der Ehre war ihnen wichtiger.

Auf die Kunde von der Niederlage hatten die Athener hastig ihre Verteidigungsanlagen verstärkt. Doch trotz der Notlage wurde ein Antrag des Hypereides, den Metoiken das Bürgerrecht und Sklaven, die zum Kampf für die Stadt bereit waren, die Freiheit zu verleihen, abgelehnt. Athen verhielt sich in dieser Hinsicht auch diesmal so restriktiv wie bei früheren Krisen. Die Demokratie blieb exklusiv. Letztendlich kam die Stadt glimpflicher davon als Theben und Korinth, denn beide „Parteien“ erfüllten ihren Zweck. Die promakedonische erreichte, dass Athen frei von einer makedonischen Besatzung blieb, die andere hielt den Glauben Athens an sich selbst und die Hoffnung am Leben. Außenpolitisch sympathisierte man weiterhin mit Theben und hätte es beinahe auch militärisch unterstützt, als es sich nach dem Tod Philipps auf die falsche Kunde hin, Alexander sei bei Kämpfen in Thrakien gefallen, gegen die makedonische Herrschaft erhob. Die darauffolgende Zerstörung der Stadt ließ Alexander sich offiziell vom Korinthischen Bund genehmigen, wobei sich besonders die Feinde Thebens wie Plataiai hervortaten. Selbst dieses schlimme Ereignis schreckte manche Kreise in Athen immer noch nicht ganz von weiteren riskanten Gedankenspielen ab. So wurde heftig diskutiert, ob man sich dem Krieg Spartas gegen Makedonien anschließen sollte, der 330 v. Chr. ausbrach und mit der spartanischen Niederlage und dem Tod des Königs Agis III. endete.

Die prägende Gestalt in Athen war der Finanzexperte Lykurg (ca. 390–324 v. Chr.), so dass man die Jahre von 338 bis 324 v. Chr. als seine Ära bezeichnen kann. Denn obgleich seine Amtszeit als Finanzbeauftragter nach der Verfassung nur vier Jahre dauern durfte (336–332 v. Chr.), behielt er weiterhin über Strohmänner alle Fäden in der Hand. Typisch für diese Zeit war, dass auch er, wie Demosthenes und andere einflussreiche Politiker, nie Stratege gewesen ist. Auf seine Initiative hin begann eine Reihe fundamentaler Reformen.

Schon die Art, wie er in der Öffentlichkeit auftrat, gab die Zielrichtung vor. Obwohl Spross eines alten Adelsgeschlechts und von Haus aus reich, demonstrierte er die neue Art der „Armut“, indem er im Winter wie im Sommer die gleiche Kleidung trug und meistens barfuß ging. Ganz bewusst machte er sich zum Vorbild für die athenische Führungsschicht. Er brachte ein Gesetz ein, das den Reichen verbot, auf dem Weg zu den Eleusinischen Mysterien in Kutschen zu fahren. War es bis dahin üblich gewesen, dass sich Reiche bei dieser Gelegenheit in prachtvollen Equipagen sehen ließen, so mussten sie sich jetzt in den Zug der Fußgänger einreihen. Die Bürgerschaft sollte bei kultischen Großveranstaltungen als geschlossene Einheit in Erscheinung treten.

Seine wichtigste Maßnahme auf diesem Gebiet war die Gründung der Ephebie, einer Trainings- und Erziehungsanstalt für die jüngsten Wehrpflichtigen. Zum zweijährigen Wehrdienst wurden alle wehrtauglichen jungen Männer vom 19. Lebensjahr an herangezogen, auch die Theten, die dadurch nicht mehr nur als Ruderer oder Leichtbewaffnete, sondern auch als Schwerbewaffnete eingesetzt werden konnten, denn die Schilde und Lanzen wurden vom Staat gestellt. Diese Maßnahme bedeutete auch eine beträchtliche soziale Aufwertung der ärmsten Bürger. Die Epheben wurden kaserniert und nahmen ihre Mahlzeiten gemeinsam ein, was bis dahin nur in Sparta und auf Kreta üblich gewesen war. Neben dem militärischen Training erhielten sie auch eine Unterweisung in Religion, moralischen Werten und Sport, alles unter der strengen Aufsicht von Amtsträgern, die über 40 Jahre alt sein mussten. Im perikleischen Athen wäre eine solche Einrichtung undenkbar gewesen. Durch öffentliches Lob für vorbildliches

Verhalten wurde der Ehrgeiz der Epheben geweckt, wie in Stein gehauene Ehrenbeschlüsse zeigen.

Auf dem finanziellen Sektor, seiner eigentlichen Domäne, gelang es Lykurg, die Einkünfte Athens gehörig zu steigern, was den Ausbau von Befestigungsanlagen und die Verstärkung der Kriegsflotte ermöglichte. Aber es ging um weit mehr. Athen sollte gleichsam wiedererweckt werden. Lykurg rief die größte Bautätigkeit seit dem perikleischen Zeitalter ins Leben. Sie betraf die Tagungsstätten der Volksversammlung, die Gerichtshöfe und die Tempel. Er ließ die attischen Kulte und Feste in der Form des fünften Jahrhunderts wiederherstellen und sorgte für eine Wiederbelebung des Theaters. Auch eine amtliche Textedition der drei großen Tragiker Aischylos, Sophokles und Euripides hat er veranlasst. Wie ernst er es mit der Demokratie meinte, ist daran zu erkennen, dass er sie sogar religiös überhöhte, indem er einen Kult der *Demokratía* einführte. Athen sollte sich wieder auf die Epoche seiner Größe zurückbesinnen, doch auf einem höheren sittlichen Niveau. Die Lebensregel dieser Demokratie war nicht mehr „leben, wie man will“, sondern „leben, wie man sollte“. Sichtbar für alle wurde die Distanz zur vorherigen Demokratie auch durch die Rehabilitierung des Sokrates und seine Ehrung mit einer Statue.

Nicht alle prominenten Athener fanden an der neuen „Armut“ Geschmack. Der bekannteste von ihnen war der reiche Hypereides (ca. 390/389–322 v. Chr.), der sich vergeblich dafür stark gemacht hatte, die Metoiken in die athenische Bürgerschaft aufzunehmen. Er ist für die Nachwelt u. a. dadurch bekannt geworden, dass er die berühmte Hetäre Phryne, die wegen Asebie angeklagt war, vor dem Areopag verteidigte. Als er den Eindruck gewann, dass seine Rede nicht den gewünschten Erfolg brachte, soll er plötzlich ihren Busen entblößt und so viel Staunen und Mitleid erregt haben, dass die Areopagiten sie freisprachen Aber bei dieser Szene dürfte es sich um eine spätere Legende handeln, ebenso bei einer anderen Anekdote, der zufolge Phryne angeboten haben soll, die Stadtmauer des von Alexander zerstörten Thebens auf eigene Kosten wieder aufzubauen unter der Bedingung, dass man ihr dort folgende Inschrift widme: „Alexander hat sie zerstört, die Hetäre Phryne wieder aufgebaut.“ Daran ist jedenfalls so viel richtig, dass auch reiche Hetären Nachruhm anstrebten, wie schon im sechsten Jahrhundert die Hetäre Rhodopis mit ihrem Weihgeschenk von eisernen Bratspießen in Delphi. Phryne, aus armen Verhältnissen im boiotischen Thespiai stammend, hatte in Athen ihre ungewöhnliche Schönheit erfolgreich vermarktet und von ihren reichen Liebhabern ein großes Vermögen erworben. Die kursierenden Gerüchte um ihre körperlichen Reize wusste sie zu steigern, indem sie in der Öffentlichkeit stets dezent auftrat. Verewigt wurde sie vielleicht in anderer Form. Denn sie soll keinem Geringeren als Praxiteles als Modell für seine Darstellung der nackten Aphrodite gedient haben, der ersten Statue eines nackten weiblichen Körpers in der griechischen Kunst. Das war ein Tabubruch, denn in den griechischen Mythen wurden Männer, die eine Göttin nackt gesehen hatten, immer schwer bestraft. Die Inselstadt Knidos kaufte diese Statue, und als „Aphrodite von Knidos“ erlangte sie Weltruhm.

Abb. 28: Aphrodite von Knidos. (Nur der Torso und die Oberschenkel entstammen einer römischen Marmorkopie. Das Übrige wurde ergänzt.)

323 v. Chr. trug Hypereides maßgeblich dazu bei, dass Demosthenes wegen Bestechlichkeit verurteilt und gestürzt wurde, obwohl beide der antimakedonischen „Partei" angehörten. Aber auch die promakedonische „Partei" war zerstritten.

Die Jahre 331 bis 324 v. Chr., während Alexander der Große fernab das Perserreich eroberte, waren für ganz Griechenland und Makedonien wegen einer lang andauernden Getreideknappheit eine harte Zeit. Da die Getreidezufuhr aus dem Schwarzmeergebiet aus für uns unbekannten Gründen ausfiel, musste man sich um Bezugsquellen aus Nordafrika und Unteritalien bemühen.

Kaum war die Krise vorbei und die Nachricht vom überraschenden Tod Alexanders (323 v. Chr.) eingetroffen, da erwachte der Widerstand gegen die makedonische Herrschaft von Neuem. Der Zündfunke war ein Dekret Alexanders, das allen griechischen Staaten befahl, ihren Vertriebenen und Verbannten die Rückkehr und die Restitution ihres Eigentums zu ermöglichen. Der König, der für die unzähligen Streitfragen der griechischen Poliswelt von Asien aus immer weniger Verständnis aufbrachte und ein einheitliches orientalisch-griechisches Riesenreich anstrebte, glaubte, den Frieden in diesem Reich diktieren zu können. In Wirklichkeit traf dieser Befehl viele Poleis bis ins Mark. Sie mochten sich zähneknirschend eine Weile der makedonischen Herrschaft unterordnen. Aber sich mit den inneren Feinden versöhnen und deren ehemaligen Besitz, der teilweise längst mehrfach den Eigentümer gewechselt hatte, zurückgeben – damit waren sie schon rein psychisch überfordert.

Speziell für Athen hätte das Dekret den Verlust von Samos bedeutet, einer der letzten Außenbesitzungen, hatten doch die Athener die Samier 365 v. Chr. vertrieben und auf der Insel eigene Bürger angesiedelt. Die Empörung war so groß, dass Athen unter Führung des Hypereides die Initiative zum Aufstand ergriff und u. a. mit Thessalien, Argos, Messenien und den Aitolern starke Verbündete gewann. Auch Demosthenes wirkte aus dem Exil kräftig mit und kehrte dann hochwillkommen nach Athen zurück. Allerdings schloss die Teilnahme Messeniens die Spartas aus, und die boiotischen Städte, die sich durch die Zerstörung Thebens von der thebanischen Dominanz befreit fühlten und sein Territorium unter sich aufgeteilt hatten, hielten zu Makedonien.

Der Krieg, den man später nach den Kämpfen um die Festung Lamia in Thessalien den „Lamischen Krieg" nannte, begann zunächst mit einigen Siegen hoffnungsvoll, endete jedoch schließlich mit einer Niederlage zur See und zu Lande. Athen verlor seine Kriegsflotte. Antipatros, der Statthalter Alexanders in Makedonien, ließ nach dem Tod des Königs den Korinthischen Bund nicht mehr erneuern, sondern stützte die makedonische Herrschaft auf Marionettenregimes in der Form von Oligarchien oder Tyrannen. Athen musste eine makedonische Besatzung aufnehmen und eine halboligarchische Verfassung installieren, die die politischen Rechte auf 9000 von insgesamt 21 000 waffenfähigen Bürgern beschränkte. Vermutlich glaubte Antipatros, dass die Reduzierung der Bürgerschaft auf die Vermögenderen dazu beitragen würde, Athen fügsam zu halten, galten diese doch als weniger kriegslustig, weil sie im Kriegsfall die Kosten zu tragen hatten. Ferner hatte Athen eine Kriegsentschädigung zu zahlen und verlor Samos. Eine weitere Bedingung war ein Todesurteil für Demosthenes und Hypereides, das die athenische Volksversammlung beschließen musste, was sie unter der Leitung des Demades dann auch tat. Demosthenes floh und beging wenig später Selbstmord, Hypereides wurde auf der Flucht gefasst, und ausgeliefert. Vor seiner Hinrichtung soll man ihm die Zunge abgeschnitten haben.

Die Athener erlitten nun das, was sie und die Spartaner während des Peloponnesischen Krieges anderen griechischen Städten zugefügt hatten: Sie mussten ihre innere Ordnung der jeweiligen politisch-militärischen Großwetterlage anpassen. Zunächst hatten Demades und Phokion als Führer der promakedonischen „Partei“ die Zügel in der Hand. Doch wurden sie rasch in den tödlichen Strudel der Diadochenkämpfe nach dem Tod Alexanders des Großen hineingezogen. Das neue Regime in Athen blieb durchaus patriotisch und versuchte zunächst, gerade über die promakedonische „Partei“ den Abzug der makedonischen Besatzung zu erreichen. Man schickte Demades zu Kassandros, den Sohn des erkrankten Antipatros, der damals in Makedonien das Sagen hatte.

Doch Kassandros hatte indessen erfahren, dass Demades mit Perdikkas, dem zeitweiligen Beherrscher des Alexanderreiches, der inzwischen ermordet worden war, gegen Antipatros konspiriert hatte, und ließ ihn und seinen Sohn kurzerhand hinrichten. Der führende athenische Staatsmann war jetzt der über 80-jährige Phokion. Er stammte aus einer Familie von vermögenden Manufakturbesitzern, gehörte also von Haus aus zur athenischen Oberschicht. Geistig war er von der Philosophie der Akademie, der Schule Platons, geformt worden. Wie Lykurg machte auch er die „Armut“ zu seinem Kennzeichen und gewann damit ein solches Ansehen, dass er nicht weniger als 45-mal zum Strategen gewählt wurde, obwohl er in Volksversammlungen nicht selten seine Meinung gegen die Stimmung der Mehrheit behauptete. Zunächst schlug er eine militärische Laufbahn ein und wurde Schüler des Chabrias, errang auch einige militärische Erfolge, wurde jedoch kein bedeutender Heerführer.

Größere Bedeutung gewann er auf politischem Gebiet. Anders als bei Lykurg, der Athen wieder zur Großmachtstellung führen wollte, prägte die Zurückhaltung, die er äußerlich verkörperte, auch seine außenpolitische Grundhaltung. Kriegerische Konflikte versuchte er nach Möglichkeit zu vermeiden. Vielmehr trat er stets für eine Verständigung mit gegnerischen Mächten ein, lehnte ehrgeiziges Hegemonialstreben und riskante militärische Aktionen ab und hatte stets für eine faire Behandlung abhängiger Bundesgenossen plädiert. In nobler Weise hatte er auch politische Gegner verteidigt und erreicht, dass Alexander nach der Zerstörung Thebens auf die Auslieferung des Demosthenes, Lykurg und Hypereides verzichtete. Bei Antipatros konnte er bewirken, dass er die Zahl der athenischen Demokraten, die die Stadt verlassen mussten, herabsetzte, und dass den anderen wenigstens der Aufenthalt in der Peloponnes gestattet wurde. Die von Antipatros oktroyierte Verfassung kam den Vorstellungen Phokions entgegen, weil sie die außenpolitisch vorsichtigeren Teile der athenischen Bürgerschaft förderte. Doch dann verlor er die Rückendeckung von außen. Antipatros hatte nicht seinen Sohn Kassandros, sondern den General Polyperchon zu seinem Nachfolger bestimmt. Als Kassandros sich dagegen auflehnte, kam es zu einem Machtkampf zwischen den beiden. Die Einzelheiten aus der Sicht der makedonischen Machthaber werden an anderer Stelle zu betrachten sein. Um die Griechen für sich zu gewinnen, ging Polyperchon so weit, die makedonische Herrschaft über Griechenland wieder aufzuheben, und gab eine Freiheitserklärung für alle Griechen ab. Daraufhin beauftragte die athenische Volksversammlung Phokion, gegen die makedonische Besatzung vorzugehen. Aber Phokion, der die Wiederkehr der Demokratie fürchtete, verschleppte die Ausführung und verlegte sich auf geheime Verhandlungen mit dem Kommandanten des Kassandros und dem indessen eingetroffenen Sohn Polyperchons, Alexandros. Gleichzeitig kehrten viele der verbannten Demokraten zurück, die sofort die Macht übernahmen und Phokion und seine Anhänger anklagten. Phokion begab sich in die Obhut des Alexandros, der ihn an seinen Vater übergab. Dieser lieferte ihn, um sein Freiheitsversprechen zu unterstreichen, an Athen aus, wo der 83-Jährige und etliche seiner Anhänger um Tode verurteilt und hingerichtet wurden. Die Demokratie wurde wieder hergestellt (318 v. Chr.).

Jedoch nicht für lange. Die makedonische Besatzung des Kassandros blieb, so dass Athen kurze Zeit zwischen dem Machtbereich des Kassandros und dem Polyperchons geteilt war. Dann geriet Polyperchon bei den heftigen Kämpfen zwischen den Nachfolgern Alexanders in Asien und Europa ins Hintertreffen, und Athen sah sich gezwungen, mit Kassandros zu verhandeln. Bei diesen Verhandlungen spielte ein gewisser Demetrios von Phaleron eine wichtige Rolle, ein Anhänger Phokions, der durch die rechtzeitige Flucht dem Todesurteil entkommen war. Ergebnis: Athen schloss ein Bündnis mit Kassandros und behielt die makedonische Besatzung. Die Regierung der Stadt übertrug Kassandros dem Demetrios als Alleinherrscher. Aber dieser Marionettenregent legte Wert darauf, dass die Demokratie dem Namen nach erhalten blieb, sprach sogar später von einer „verbesserten Demokratie“ und blieb wahrscheinlich sein Leben lang davon überzeugt, dass seine Demokratie die bessere gewesen sei. Nur den allerärmsten 5000 Bürgern wurden die politischen Rechte wieder entzogen. In Wirklichkeit hatten natürlich alle Bürger die freie Ausübung ihrer politischen Rechte weitgehend verloren. Der führende Demokrat Hagnonides, der der Ankläger Phokions gewesen war, wurde seinerseits zum Tode verurteilt und hingerichtet, doch verzichtete Demetrios auf eine Bestrafung von Demokraten in größerem Umfang. Phokion wurde rehabilitiert und seine Gebeine unter staatlichen Ehren beigesetzt (317 v. Chr.).

Nach griechischer Terminologie war dieses Regime eine Tyrannis. Doch Demetrios von Phaleron (ca. 360–280 v. Chr.) gehörte, wie sich herausstellte, zu jenen guten Tyrannen, die Xenophon, Platon und Aristoteles für nützlich gehalten hatten. Er war ein Intellektueller, Schüler des Aristotelesschülers Theophrast, und hat selbst eine beträchtliche Anzahl von Schriften hinterlassen, die noch 250 Jahre später zur Lektüre Ciceros gehörten. Außenpolitisch ohne jeglichen Spielraum, verlegte er sich ganz auf innenpolitische Reformen und sah sich als zweiten Solon. Um einen genauen Überblick zu erhalten, führte er eine Zählung der Einwohner durch. Dabei kam heraus, dass Athen damals 21 000 Bürger und 10 000 Metoiken hatte, also erheblich weniger als zur Zeit des Perikles.

Demetrios schuf eine Behörde von „Gesetzeswächtern“, die ein Vetorecht gegenüber dem Rat der Fünfhundert und der Volksversammlung hatte. Anders als in der klassischen Demokratie wurden die Ämter nicht mehr mittels Losverfahren besetzt, sondern durch (gelenkte) Wahlen. Die gute Finanzverwaltung Lykurgs setzte er fort, änderte aber die staatlichen Ausgaben. Die Diäten für die Volksversammlung, die Gerichtshöfe und die Theaterbesuche wurden gestrichen. Den Reichen erließ er, ganz im Sinne des Aristoteles, die kostspieligen Beiträge für die Theateraufführungen und Spiele (Choregien) und übertrug sie dem neu geschaffenen Amt des Agonotheten („Wettkampfveranstalters“), der die Kosten hauptsächlich aus der Staatskasse bestritt, von dem man aber für die Ehre, dieses Amt bekleiden zu dürfen, auch einen Zuschuss aus eigener Tasche erwartete. Damit nahm er den Reichen zugleich die Möglichkeit, sich beim Volk durch großzügige Spiele beliebt zu machen. Auch die Bürde der Beiträge für die Ausrüstung der Flotte konnte er den Reichen erlassen – denn Athen verfügte seit den verlorenen Seeschlachten von 322 v. Chr. über keine nennenswerte Flotte mehr. Gleichzeitig bemühte Demetrios sich um eine ausreichende Versorgung mit preiswerten Lebensmitteln für die ärmere Bevölkerung, was aber nicht ungeteilten Beifall fand. Manche Moralisten hielten es für schädlich, das Volk zu „verwöhnen“. Das Modell „Brot und Spiele“ auf Staatskosten wurde also nicht erst von den römischen Kaisern erfunden. Nur hieß es im Athen des Demetrios von Phaleron: „Brot und (kultische) Feste“. Er war sicher nicht der einzige Tyrann, der sich auf diese Weise beliebt machen wollte.

Auch die weitere moralische Erziehung der Athener gehörte zu seinem Programm. Auf diesem Gebiet war Demetrios völlig unabhängig von Kassandros. Was die Stadt an Freiheit und Macht verloren hatte – nur vorübergehend, wie man hoffte –, das sollte sie an innerer Kraft gewinnen. Und so trieb er die Gleichheit, die die Einigkeit der Bürgerschaft fördern sollte, gehörig voran, wie es in anderen Poleis schon seit längerer Zeit geschehen war. Wie bei Lykurg handelte es sich nicht um soziale Gleichheit – die fand in der Antike kaum Fürsprecher –, sondern um eine Gleichheit des Habitus und der Lebensform, die bei den Moralisten einen hohen Stellenwert hatte. Demetrios führte die Gynaikonomie in Athen ein. Damit verbunden waren äußerst scharfe Gesetze gegen aufwendige Bestattungen und Grabmäler sowie ein restriktives Gesetz für Hochzeitsfeiern und Gastmähler. Das Bestattungsgesetz, demzufolge der Trauerzug und die Bestattung in aller Stille vor Tagesanbruch geschehen mussten, schärfte er wieder ein. Das bis heute erkennbarste Zeichen seiner Reform auf diesem Gebiet war das Verbot der aufwendigen Grabmonumente, die seit der zweiten Hälfte des fünften Jahrhunderts wieder in Mode gekommen waren. Dass dieses Verbot, wie der archäologische Befund gezeigt hat, weit über die Regierungszeit des Demetrios hinaus bis in das zweite Jahrhundert v. Chr. befolgt worden ist, macht deutlich, dass es völlig im Trend der Zeit lag. Dieses Gesetz betraf in der Praxis natürlich nur die wirtschaftlich besser gestellten Athener, die sich aufwendige Grabmäler leisten konnten. Und es betraf, wie der archäologische Befund nahelegt, nicht einmal vermögende Nichtbürger, die in Athen lebten, sondern nur Bürger.

Schon Platon hatte gefordert, dass Bürger strenger zu reglementieren seien als Nichtbürger. Bei Hochzeiten und Gastmählern, die alle mit kultischen Handlungen verbunden waren, wurde die Zahl der Gäste auf 30 beschränkt. Die Aufsicht über die Einhaltung dieser Gesetze oblag den Gynaikonomen, die ihrerseits der Aufsicht des Areopags unterstanden. Darüber hinaus wurde das alte Gesetz gegen Verschwendung des Vermögens und Vernachlässigung des Besitzes wieder zur Geltung gebracht. Auch darüber wachte der Areopag. Damit erhielt er neue Kompetenzen, aber keine allgemeine Sittenaufsicht, wie sie Isokrates vorgeschwebt hatte. Zweifellos hätte Demetrios von Phaleron mit seiner tyrannischen Machtfülle viel weitergehen und das gesamte Alltagsleben der Bürger reglementieren können. Aber das wäre mit dem Freiheitsgefühl selbst seiner „verbesserten Demokratie“ unvereinbar gewesen. Sicher sollte der Geist, von dem seine Restriktionen geprägt waren, auch die Gesinnung und das Verhalten der Athener im täglichen Leben beeinflussen. Doch die Entscheidung darüber blieb dem einzelnen Bürger überlassen. Die Balance zwischen bürgerlicher Gleichheit und bürgerlicher Freiheit im ethischen Sinn blieb gewahrt, sie blieb immer eine Mischung aus Sparta und Athen, aber natürlich immer noch mehr Athen als Sparta.

In den Umkreis des Demetrios von Phaleron gehört Menander (griech. Menandros, 342/341–291/290 v. Chr.), der für uns heute der Hauptvertreter der „Neuen Komödie“ ist. Auch er war ein Schüler Theophrasts. Wie Demetrios von Phaleron stammte er aus einer wohlhabenden Familie. Mit seinen über 100 Komödien war er jahrelang ein Star des athenischen Theaters, wenn auch nicht der einzige. Erst in den folgenden Jahrhunderten übertraf sein Nachruhm den aller seiner Kollegen, und man verglich sein Genie mit dem Homers. Trotzdem ging die Überlieferung seiner Werke bis auf einige dürftige Zitate bei späteren Autoren und römische Adaptionen in einigen Komödien bei Plautus und vor allem Terenz verloren. Erst im 20. Jahrhundert hat man auf ägyptischen Papyri und in frühmittelalterlichen Handschriften in verschiedenen Bibliotheken weitere Fragmente und zwei zusammenhängende Stücke entdeckt, das eine („Dyskolos“, dt. „Der Menschenfeind“) fast vollständig, das andere („Das Schiedsgericht“) zu zwei Dritteln erhalten. Der Vergleich mit Aristophanes lässt den veränderten Zeitgeschmack erkennen und spiegelt indirekt auch die veränderte politische Lage wider. Athen ist kein Machtzentrum mehr, wo man sich um politische und geistige Richtungsentscheidungen streitet. Menanders Komödien sind nicht aggressiv, ohne derbe Fäkalität und Sexualität, sondern gefällig. Ob es in Athen ein Gesetz gab, das obszöne Theaterstoffe verbot, wissen wir nicht. Wenigstens aus Massalia ist ein solches Gesetz bekannt. Auf jeden Fall gehörte die neue „Sauberkeit“ auch zum Geist der moralischen Erneuerung. Massalia wurde von einer Oligarchie reicher Kaufleute offenbar gut regiert. Denn es hat dort nie eine *stásis* gegeben.

Menander nimmt seine Stoffe aus dem Privatleben und schildert Charaktertypen, ist ganz auf die Psychologie der einzelnen Personen konzentriert. Die Anregung dazu bekam er offensichtlich von Theophrast, der in seinen *Charaktêres* 30 verschiedene Typen dargestellt hatte, von denen jeder durch eine besondere charakterliche Schwäche, wie z. B. Aberglauben oder Geiz, gekennzeichnet war. Darin lag natürlich komödiantisches Potential. Die Funktion des Chores besteht nur noch aus tänzerischen und musikalischen Einlagen zwischen den einzelnen Akten und hat keine Bedeutung für die Handlung mehr. Die Götter haben keinen Einfluss auf das alltägliche Leben des Einzelnen, bestimmen das Leben der Menschen jedoch von Anfang an grundsätzlich, indem sie jedem von vornherein eine charakterliche Prägung auf den Lebensweg mitgeben. In der Seele des Menschen wirkt kein Dämon mehr, der ihn zu bestimmten Handlungen reizt oder ihn warnt. Das nicht Vorhersehbare bleibt das, was von außen herankommt. Und hier findet die uralte griechische Furcht vor dem Schicksal eine kultische Überhöhung in der Göttin Tychē, heute noch allgemein in der römischen Form der Fortuna bekannt.

Das kam nicht von ungefähr, sondern hatte seine Ursache in der häufig wechselnden politischen Lage jener Epoche, die mit Alexander dem Großen begann und die sich jeder Berechenbarkeit entzog. Der „Umschlag der Tychē“ – eine alte griechische Formel – war jetzt bedrohlicher als je zuvor. Gesellschaftliche Stabilität bringt – Menander zufolge – die Einhaltung des richtigen Maßes und die Vermeidung von unrechtem Handeln. Wenn jeder mit dem „Mäßigen“ zufrieden wäre, belehrt der Dichter sein Publikum, gäbe es weder Verbrechen noch Kriege. Der Unterschied zwischen der Lebenswelt der Reichen und Armen, den er im „Dyskolos“ vorführt, hat nicht den geringsten Anflug von Sozialkritik. Im Gegenteil: Nur der Reiche, der für seinen Lebensunterhalt nicht zu arbeiten braucht, sondern „Muße“ hat, darf sich im engeren Sinn als „frei“ bezeichnen. Er hat das Glück, eine höhere Lebensform zu genießen. Aber er muss zeigen, dass er nicht verweichlicht ist, sondern auch bei einem eventuellen „Umschlag des Schicksals“ seinen Mann stehen wird. Im „Dyskolos“ stellt der junge Reiche Sostratos dies unter Beweis, indem er sich freiwillig der harten Landarbeit unterzieht, um dem griesgrämigen Bauern Knemon zu imponieren, dessen schöne und gut erzogene Tochter er heiraten möchte. Knemon, der jeden Kontakt zu anderen ablehnt, nur eine alte Dienerin in seinem Haus duldet und sich ganz bewusst allein auf seinem Acker abplagt, ist zwar ein verschrobener Typ, aber ehrlich. Die soziale Schicht, der er angehört, ist nach wie vor das Rückgrat der athenischen Bürgerschaft. Und so möchte der reiche Sostratos nicht nur seine Tochter heiraten, sondern auch seine Schwester mit ihrem Stiefbruder vermählen. Die Moral der Handlung ist deutlich: Die attische Bürgerschaft hält über alle sozialen Unterschiede hinweg zusammen, jedenfalls diejenigen Bürger, die eine tugendhafte Gesinnung haben.

Und wieder änderte sich die politische Großwetterlage. 307 v. Chr. besetzte Demetrios, der Sohn des Diadochen Antigonos, von der See her kommend im Auftrag seines Vaters in einem Überraschungsmanöver den Piräus. Da Antigonos, der Beherrscher Kleinasiens und Syriens, schon 315 v. Chr. von Tyros aus eine Freiheitsproklamation für alle Griechen erlassen hatte, um sie Kassandros abspenstig zu machen, liefen die Athener bereitwillig zu seinem Sohn über. Das Regime des Demetrios von Phaleron brach mit einem Schlag zusammen, doch wurden er und auch Menander von dem neuen Demetrios vor der Hinrichtung durch die Athener gerettet. Demetrios von Phaleron flüchtete in das von Kassandros – auch mit athenischer Unterstützung – wieder aufgebaute Theben. Zehn Jahre später ging er nach Ägypten und wurde dort ein Berater König Ptolemaios' I. Auf seine Anregung entstand in Alexandria das Museion, die größte Forschungsstätte der Antike. Athen kehrte unter dem neuen Demetrios wieder zu einer demokratischeren Verfassung zurück. Doch die gesetzlich festgeschriebene Gleichheit der „Mittleren“, die Demetrios von Phaleron geschaffen hatte, blieb bestehen. Umso erstaunlicher ist es, dass diese Demokratie die allgemeine Wehrpflicht und damit auch die zweijährige Ephebie abschaffte, die ja ein demokratisches Element war, und durch einen einjährigen militärischen Freiwilligendienst ersetzte. Kostengründe dürften dafür ausschlaggebend gewesen sein. Im Fall eines Krieges würde die Anwerbung von Söldnern billiger und effektiver sein.

Trotz des sofort wiedereinsetzenden regen politischen Lebens der Demokratie fanden in Athen drei neue philosophische Richtungen große Beachtung, die nicht nur mit der Demokratie nichts anfangen konnten, sondern eine Abkehr vom politischen Leben der Polis überhaupt vollzogen: die Lehren Epikurs, Zenons und Pyrrhons. Ihr Individualismus war jedoch nicht völlig neu. Wie wir schon gesehen haben, hatte schon etwa drei Generationen zuvor Antisthenes, der Begründer des Kynismus, mit seinem kulturkritischen Ansatz eine ähnlich individualistische Richtung eingeschlagen.

Epikur (ca. 341–270 v. Chr.), der Sohn eines athenischen Kolonisten auf Samos, gründete seine Philosophengemeinschaft 306 v. Chr. in Athen auf einem Gartengrundstück *(kēpos)*, das er erworben hatte und das seiner philosophischen Richtung den Namen gab: der Kepos. Als junger Mann war er gleichzeitig mit Menander Ephebe gewesen. Zenon (333/332–262 v. Chr.), der Sohn eines hellenisierten semitischen Kaufmanns aus Kition auf Zypern, begann nach einigen Jahren Philosophiestudium seit 300/301 seine eigene Lehre zu verkünden. Da er kein Schulgebäude besaß, trat er in der buntgeschmückten öffentlichen Säulenhalle, der *stoà poikílē*, an der Agora auf. Nach dieser Halle wurde später seine Philosophie genannt: die Stoa. Pyrrhon (ca. 360–270 v. Chr.) stammte aus der Führungsschicht in Elis (der Landschaft, in der Olympia lag), hatte den Feldzug Alexanders des Großen mitgemacht und später das athenische Bürgerrecht erworben.

Hatten sich die Moralisten des sechsten Jahrhunderts innenpolitische Stabilität von einer verantwortungsbewussten Aristokratie versprochen, die ihr Streben nach Macht und Reichtum in Grenzen halten und ihre Herrschaft zum Nutzen aller Bürger ausüben sollte, hatten die Staatstheoretiker des fünften und vierten Jahrhunderts komplizierte Entwürfe für eine gerechte Verfassung entwickelt, die allen Bürgern eine immerwährende Eudaimonie garantieren würde, so vertraten die neuen Schulgründer die Auffassung, dass der glückselige Zustand der Eudaimonie nur jenseits der Politik vom Einzelnen erreicht werden könne. In diesem Ziel waren sich alle drei einig, aber nicht darüber, unter welchen geistigen Voraussetzungen und auf welchem Weg es zu erreichen sei. Alle drei beriefen sich auf die Natur.

Epikur, der die Erkenntnis von der Sinneserfahrung herleitete, ging von der Beobachtung aus, dass der Mensch von klein auf nach dem Angenehmen, der Lust *(hedonḗ)* strebe und Unangenehmes zu vermeiden suche. Aber Lust allein ist noch kein Wegweiser. Erst wenn die Lust im Lauf des Erwachsenwerdens von Einsicht *(phrónēsis)* gesteuert und in vernünftigen Grenzen gehalten werde, verwandele sie sich in eine permanente Lebensfreude, die sich mit Wenigem begnügen, bei Gelegenheit aber auch das Üppige genießen könne. Die Einsicht vertreibe auch die Furcht vor den Göttern, die zwar existierten, aber (wie bei Menander) sich nicht um das Schicksal der Menschen kümmerten. Die Erkenntnis, dass man wahre Lust nicht durch unrechtes Handeln gewinnen könne, erhalte man nicht durch die Furcht vor göttlicher Bestrafung, sondern ebenfalls auf Grund von Einsicht. Die Konzentration auf gegenwärtige oder vergangene Lust könne auch körperlichen und psychischen Schmerz überlagern. Der Tod sei irrelevant, weil er sich ohnehin der menschlichen Wahrnehmung entziehe. So könne die Lust den Menschen zu einer Eudaimonie verhelfen, die nicht im Streben nach Reichtum und „ewigem Ruhm“, sondern in der Unerschütterlichkeit der Seele *(ataraxía)* bestehe.

Der „Garten“ Epikurs, in dem sich seine Gemeinde aus Männern, Frauen und sogar Sklaven in Freundschaft versammelte, wurde als Rückzugsraum aus der Öffentlichkeit, vor allem aus der Politik verstanden. Politik war nach Ansicht Epikurs mit der Ataraxia unvereinbar. „Lebe im Verborgenen“ war seine Devise. Gleichwohl ist einer seiner reichen Anhänger und Förderer, ein gewisser Mithres, durchaus an prominenter Stelle, nämlich als Schatzverwalter des Lysimachos, des Herrschers über Thrakien, in der großen Politik tätig gewesen. Epikur selbst verfügte in seinem Testament ausgiebige Gedenktagsfeiern für sich, seine Brüder und seine Freunde. Der Nachruhm war offensichtlich auch für ihn, wie für die meisten griechischen Intellektuellen, nicht so unwichtig, wie er vorgab. In seiner Beschreibung Athens erwähnt ein Reiseschriftsteller aus dem dritten vorchristlichen Jahrhundert u. a. die häufigen Versorgungsengpässe in Athen (seitdem die Stadt ihre dominierende Stellung als Großmacht verloren hatte). Aber es gebe so viele Feste und Vergnügungen der Muße, dass das Volk seinen Hunger darüber vergesse. Das ist echt epikureisch gedacht!

Auch die Stoa bewegte sich in Sphären, die weit entfernt von der irdischen Politik angesiedelt waren. Grundlegend war ihre Auffassung von der Vorbestimmung allen Geschehens. Die Stoiker nahmen an, dass der Ursprung der Welt von einem göttlichen Feuer *(aithḗr)* ausgegangen sei, das die Welt eines Tages wieder vernichten und dann wieder neu erschaffen werde. Dieser kosmische Verlauf sei jedoch nicht sinnlos, sondern von einem göttlichen rationalen Prinzip *(lógos)* durchdrungen. Nichts verlaufe zufällig, auch wenn die Menschen nicht immer den Sinn in jedem einzelnen Geschehen erkennen könnten. Grundsätzlich könne der Mensch jedoch mittels seiner besonderen Befähigung zur Vernunft seine Lage erkennen, sich als ein Teil des kosmischen Systems begreifen und sein persönliches Schicksal annehmen, aber nur dann, wenn er von seiner Vernunft Gebrauch mache. Denn die menschliche Vernunft sei ein Teil der Rationalität des Universums, welche die Materie durchdringe und leite.

Voraussetzung für den Gebrauch der Vernunft sei die Selbstbeherrschung gegenüber Empfindungen und Trieben, weil diese die nüchterne Erkenntnis behinderten, man könnte sagen: verunreinigten oder völlig verhinderten. Die Sinnesempfindung war also für die Stoiker kein Wegweiser, sondern würde auf einen Irrweg führen. Deshalb erlebten jene, die von der Sinnlichkeit gelenkt würden, ihr Schicksal als blinden Zufall und würden durch Unglück in Verzweiflung gestürzt. Das Streben nach Eudaimonia bedürfe keiner staatlichen Reglementierung, sondern lediglich der Orientierung an der Natur. Das bedeutete nach stoischer Auffassung Vorrang des Natürlichen vor dem Künstlichen und des Nützlichen vor dem Überflüssigen. Speise und Trank sollten nicht dem Genuss, sondern lediglich der Stärkung des Körpers dienen, die Sexualität der Fortpflanzung. Auch die Ästhetik, beispielsweise bei Kleidung, Wohnstätten und Hausrat, galt als überflüssig und somit die Kunst überhaupt. Aus dieser Perspektive war die *hedonḗ* unnatürlich, weil sie sich auch am Künstlichen und Überflüssigen erfreue.

Aus diesem Verständnis von Rationalität entstand eine anarchistische Utopie: Wenn die Menschen gemäß den Prinzipien der Stoa die Vollkommenheit von Weisen erreichten, würde eine menschliche Gemeinschaft *(koinoníā)* auf der Welt entstehen, die den Staat mit allen seinen Übeln nicht mehr benötige. Es gäbe keine Grenzen mehr und daher auch keine Kriege, keine staatlichen Institutionen, keine Gesetze und Gerichtshöfe, keine religiösen Riten, keine Bestattungsriten, keine Gymnasien, keinen Privatbesitz und kein Geld. Auch die Familie würde überflüssig. Es gäbe auch keinen Unterschied zwischen Griechen und „Barbaren“, Männern und Frauen, Freien und Sklaven. Doch wenigsten *ein* griechisches Spezifikum bliebe bestehen: die Erziehung *(paideíā)*, die mit einem päderastischen Verhältnis zwischen Lehrern und Schülern verbunden ist. Die Erziehungsziele sind die psychische Unempfindlichkeit *(apátheia)*, die auf Selbstgenügsamkeit basierende Unabhängigkeit des Einzelnen *(autárkeia)* und die unerschütterliche Seelenruhe *(ataraxía)*. Ein Stoiker nimmt alles gelassen, wie es kommt. Der Lohn ist ein Leben ohne Furcht. Wie der Spartiate durch beständiges Training die Furcht vor dem Krieg und vor dem Feind verlieren sollte, so sollte der Stoiker durch Einsicht und Selbstgenügsamkeit die Widrigkeiten des Lebens, die Gefahren und Schicksalsschläge furchtlos hinnehmen. Dazu gehörte auch, Belastungen durch mühsame Arbeit nicht zu scheuen. Ein Stoiker war nicht zur Passivität verurteilt, sondern strebte aktiv nach Selbstvervollkommnung. Hatte Aristoteles gelehrt, dass der Mensch von seiner Natur her ein auf die staatliche Gemeinschaft angelegtes Wesen *(zō̂on politikón)* sei, so lehrte Zenon das Gegenteil, eine extrem individualistische Ethik.

Der Skeptizismus Pyrrhons war theoretisch radikaler. Er stellte grundsätzlich die Befähigung des Menschen sowohl zur sinnlichen Wahrnehmung als auch zur verstandesmäßigen Erkenntnis in Frage. Daraus folgte, dass die Skeptiker die absolute Gültigkeit aller moralischen und ästhetischen Urteile verneinten und gerade aus der Gleichgültigkeit gegenüber ihrer Umgebung die Ataraxie im Sinne von Eudaimonie bezogen.

Daneben fanden auch Platons Akademie und der Peripatos, die Schule des Aristoteles, mit ihrer politischen Philosophie weiterhin ihre Anhänger. Letztere war den Demokraten besonders verdächtig, war doch Demetrios von Phaleron Peripatetiker gewesen. Demokratische Heißsporne brachten ein Gesetz ein, das demokratiekritische Lehren in den Philosophenschulen verbot. Doch hatte es nur kurzen Bestand; denn es war mit dem Wesenskern der Demokratie, der Redefreiheit, nicht vereinbar.

8 Die *tryphḗ* (das „barbarische“ Schwelgen im Übermaß) als Ursache für den Untergang orientalischer Reiche?

Die zunehmende Kritik am Hedonismus veränderte auch die Einschätzung, die die Griechen den orientalischen Völkern entgegenbrachten. Der Orient war für griechische Moralisten das negative Gegenbild zum Griechentum, der Hort von Ungleichheit, Unfreiheit und Dekadenz, während er für die Hedonisten eine immerwährende Verlockung blieb. Diesen Zwiespalt zwischen Ablehnung und Faszination hatte es schon seit der archaischen Epoche gegeben, jedenfalls was die Assyrer, Lyder und Phryger betraf. Die Haltung gegenüber den Persern war ursprünglich anders gewesen.

Erinnern wir uns: Bei Aischylos waren Asien und Griechenland Schwestern, wenn auch wesensverschieden, und Zeus hatte die Weltherrschaft zwischen beiden gleichsam gerecht aufgeteilt, indem er den Persern, einem entschlossenen und kriegstüchtigen Volk, die Landmacht, den Griechen die Seemacht zugewiesen hatte. Asien dient mit Stolz seinen absolut herrschenden Königen, und das wird auch von den Griechen nicht kritisiert, obwohl für sie selbst so etwas nicht in Frage kommt. Andererseits waren Vasenbilder beliebt, die die Überlegenheit griechischer Krieger über persische veranschaulichten und gelegentlich einen Perser in der Pose einer Frau darstellten, die von einem griechischen Krieger vergewaltigt wird. Bei Herodot erschienen die Perserkriege zwar moralisch aufgeladen als Kampf zwischen Asien und Europa und zwischen Knechtschaft und Freiheit, aber die Perser waren den Griechen immerhin so ähnlich, dass sie nach dem Tod des angeblichen Wüterichs Kambyses darüber berieten, ob sie die Demokratie einführen sollten. Auch die Anfänge des Perserreiches waren den Verhältnissen in Griechenland nicht unähnlich, denn der Schlüssel zum Erfolg des Reichsgründers Kyros waren Einfachheit und Armut gewesen. Herodot lobte nicht nur die physische Stärke und Tapferkeit der Perser, sondern auch ihre Ächtung der Lüge sowie ihre Nachsicht und Großherzigkeit. Über Griechen wie Orientalen weiß er Positives und Negatives zu berichten, denn Gute und Schlechte gibt es überall. Lediglich an Weisheit scheinen die Griechen den Orientalen überlegen, wie er am Zwiegespräch zwischen Solon und Kroisos schilderte. Wirkliche Barbarei fand er eher bei den Thrakern als im Orient, aber auch deren Sitten und Gebräuche ließ er gelten.

Die späteren Generationen machten andere Erfahrungen: Der Peloponnesische Krieg wurde letztendlich durch das persische Gold entschieden. Viele Griechen hatten den Goldstrom aus dem Osten nur allzu sehr schätzen gelernt, waren dabei politisch aber ins Hintertreffen geraten. Im Königsfrieden (bzw. Antalkidasfrieden) von 387/386 v. Chr. hatte der persische Großkönig an der Seite

Spartas nicht nur die Bestätigung seiner Herrschaft über die Griechenstädte Kleinasiens, sondern darüber hinaus ein Aufsichtsrecht über die politischen Verhältnisse in Griechenland erreicht.

Nach der Rückkehr der griechischen Söldner, die den gescheiterten Feldzug des Vizekönigs Kyros gegen seinen Bruder, den Großkönig Artaxerxes II., mitgemacht hatten, sprach es sich in Griechenland herum, dass das persische Riesenreich so unüberwindlich nicht war, wie die Griechen vermutet hatten. Xenophon (ca. 430 – nach 355 v. Chr.) hat dieses Abenteuer, an dem er beim „Hinaufmarsch" (Anabasis) als Beobachter, auf dem Rückmarsch als Offizier teilgenommen hatte, anhand sorgfältiger Notizen viele Jahre später Tag für Tag geschildert. Am Anfang musste Kyros seinen hochverräterischen Plan nicht nur vor dem Großkönig, sondern auch vor den griechischen Söldnern geheim halten und kleine militärische Aktionen in Kleinasien vortäuschen. Andernfalls hätten sie sich nicht anwerben lassen, denn einen Kriegszug ins Innere des Perserreiches hätten sie für geradezu selbstmörderisch gehalten. Als sie im Grenzgebiet zu Syrien merkten, woraus es hinauslief, meuterten sie und hätten ihren Kommandeur, einen verbannten Spartaner, beinahe gesteinigt, weil er sie hintergangen hatte. (Kein Einzelfall: Dass Anwerber von Söldnern für riskante Unternehmungen den Angeworbenen ein falsches Ziel vorgaukelten, kam, wie wir noch sehen werden, häufiger vor). Nur mit einer schlauen Hinhaltetaktik, einigen psychologischen Täuschungsmanövern und schließlich mit dem Versprechen des Kyros, ihren Sold zu erhöhen und sie nach dem Sieg fürstlich zu belohnen, konnten sie zum Weitermarschieren bewogen werden.

Das Bild, das Xenophon von den Persern zeichnet, ist positiv. Die Erziehung der persischen Knaben aus den Adelsfamilien am persischen Hof hat ein hohes sittliches Niveau. Sie lernen sowohl zu befehlen als auch zu gehorchen, Reiten, Bogenschießen und Speerwerfen sowie als junge Männer bei der Jagd auf wilde Tiere ihren Mut zu beweisen. Als Satrap in Kleinasien erwarb sich der junge Kyros großes Ansehen durch seine Loyalität gegenüber Freunden und seine Zuverlässigkeit gegenüber Vertragspartnern. Seine adligen Offiziere gehorchten ihm aufs Wort. Als er ihnen einmal befahl, bei der Bergung stecken gebliebener Wagen mit Hand anzulegen, warfen sie ihre purpurnen Oberkleider ab und stürzten sich mitsamt ihrem reichen Schmuck und ihren kostbaren Leibröcken ohne zu zögern in den Schlamm. An seinen Feinden wusste Kyros sich zu rächen. Und gegen Übeltäter ging er streng vor. Reisende fühlten sich in seinem Machtbereich sicher, weil sie an öffentlichen Straßen Bettler sahen, von denen einige an den Füßen oder Händen amputiert, andere blind waren. Es handelte sich um Verbrecher, die Kyros auf diese Weise bestraft und als lebende Warnung freigelassen hatte. So weit war das Perserreich also ein Reich, das nach den damaligen Maßstäben Respekt einflößte. Doch in der Schlacht bei Kunaxa, in der Kyros bei seinem tollkühnen Reiterangriff auf den Großkönig fiel, siegten die griechischen Söldner auf ihrem Flügel mühelos, weil der gesamte Orient keine Infanterie aufbieten konnte, die der griechischen Hoplitenphalanx gewachsen war – eine Erfahrung, die die Perser seit Marathon immer wieder gemacht hatten. Dadurch gelang den griechischen Söldnern auch der erfolgreiche Rückzug bis ans Schwarze Meer. Vor jeder ihrer Entscheidungen wurde der Wille der Götter durch Opfer, Seher oder Träume gedeutet. Aber es war in Wirklichkeit die geistige Flexibilität der Griechen, mit der sie alle Hindernisse überwanden, die ihnen Einheimische in den Weg legten, auch dort, wo diese durch die Topographie und Ortskenntnis den Vorteil auf ihrer Seite gehabt hätten. Diese Erfahrung der Überlegenheit über die „Barbaren" müssen die Griechen zwar schon häufig gemacht haben, war die Überwindung von Ungeheuern und Bewohnern ferner Länder doch schon lange ein beliebtes Thema in Mythen und Tragödien gewesen. Aber das Erlebnis, dass man sich durch den ganzen westlichen Teil des Perserreiches hindurchhauen konnte – das war schon etwas Besonderes und hat den Respekt der Griechen vor der persischen Macht um ein gutes Stück vermindert.

In seinem Erziehungsroman, der Kyropaidie, schlägt Xenophon einen anderen Ton an. Kyros tritt hier wie ein Spartaner in Erscheinung. Er habe orientalischen Pomp abgelehnt und stattdessen das einfache Leben im Feldlager vorgezogen, ein Bett aus Laubbüscheln und einfache Kost, und er sei stets ein Vorbild für seine Soldaten gewesen, weil er nicht bequemer gelebt habe als sie. Er habe ihnen aber prächtige Kleidung gewährt, um ihre Motivation zu erhöhen.

Den Kontrapunkt setzt Xenophon mit dem Mederkönig Astyages, der von Kyros besiegt wird. Ihn schildert er als geschminkten Orientalen mit Perücke, prächtig gekleidet, mit Halsketten und Armbändern behängt, als einen Schwelger und Prasser. Doch schon in späteren Regierungsjahren des Kyros habe auch der Verfall der persischen Sitten eingesetzt, als die Perser die prächtige medische Kleidung eingeführt hätten, um ihre Würdenträger vollkommener erscheinen zu lassen und körperliche Mängel zu verbergen – für die Griechen, die gern körperliche Vollkommenheit zur Schau stellten, lag eine solche Interpretation nahe. Gleichzeitig sei die Proskynese vor dem Großkönig eingeführt worden (die die Griechen als göttliche Verehrung missverstanden). Unter den Nachfolgern des Kyros habe der Luxus überhandgenommen, und mit dem allgemeinen Sittenverfall hätten die Perser auch ihre Kriegstüchtigkeit eingebüßt. Ihre Herrschaft über die anderen orientalischen Völker beruhe nur darauf, dass deren Verweichlichung noch viel schlimmer sei.

Auch Platon stellte einen Niedergang des Perserreiches fest. Während unter Kyros noch relative Gleichheit und Ungezwungenheit zwischen dem König und seinen Untergebenen und Soldaten geherrscht habe, sei unter seinen Nachfolgern, vor allem seit Xerxes, der Abstand zwischen König und Volk immer größer geworden. Den Grund dafür sieht er darin, dass die Kronprinzen nicht mehr von ihren Vätern trainiert, sondern in der Abgeschiedenheit der Frauengemächer nach medischer Art im Luxus verwöhnt worden seien. Die Herrschaft dieser verweichlichten Könige sei immer despotischer geworden. Sie hätten nicht mehr das Wohl des Ganzen, sondern nur noch die eigenen Interessen im Auge gehabt. Infolgedessen sei die militärische Motivation der Untertanen so geschwächt worden, dass die Könige gezwungen seien, ausländische Söldner anzuwerben. Ktesias, der einige Jahre als Leibarzt König Artaxerxes' II. im Perserreich verbracht und anschließend eine ziemlich fabulöse Persische Geschichte verfasst hatte, sah die Autorität der Großkönige durch intrigante Machenschaften mächtiger Frauen und Eunuchen am Hof unterminiert.

Nicht alle Griechen teilten diese Dekadenzvorstellung. Plutarch gibt eine griechische Verherrlichung Artaxerxes' II. aus dem vierten Jahrhundert wieder. Auch sie stammt aus dem Werk des Ktesias, widerspricht aber diametral den Überzeugungen griechischer Moralisten. Der König habe (auf seinem Feldzug gegen die Kadusier in Nordmedien) gezeigt,

> daß jegliche Feigheit und Weichlichkeit nicht die Frucht der Schwelgerei und Üppigkeit ist, wie die meisten glauben, sondern eines schlechten, unedlen und von falschen Grundsätzen geleiteten Charakters. Denn weder das Gold noch das Prachtgewand noch der Schmuck im Wert von zwölftausend Talenten, den der König am Leib trug, hinderten ihn, Mühen und Strapazen auf sich zu nehmen wie der gemeine Mann, sondern den Köcher umgehängt und den Schild am Arm, marschierte er selbst als erster, sein Pferd zurücklassend, auf steilen Gebirgswegen, so daß die anderen beflügelt und erleichtert wurden, wenn sie seinen Mut und seine Kraft vor Augen hatten. Denn er legte täglich eine Strecke von zweihundert Stadien und mehr zurück (Plutarch, Artaxerxes 24).[116]

Manche griechische Autoren priesen die orientalischen Herrscher in ihrem Luxus als die glücklichsten aller Menschen. Diese Autoren hielten daran fest, dass Genuss und großer Aufwand ein Merkmal großgesinnter und großzügiger Menschen sei, wie der Perser und Meder, der tapfersten aller „Barbaren", und wie es überhaupt einem freien Mann zukomme. Mühsal sei für Menschen von niedriger Herkunft und Sklaven da. Die aristokratische Mentalität des sechsten Jahrhunderts war bei manchen noch höchst lebendig. Und schließlich war das Perserreich noch mächtig.

Die Replik der Moralisten war die Schilderung eines Königs, von dem es hieß, dass er durch seinen Lebenswandel den Untergang seines Reiches verschuldet habe: des Assyrerkönigs Sardanapal. Schon im fünften Jahrhundert war er bei den Griechen als reicher orientalischer Schlemmer bekannt. Irgendwann gegen Ende dieses Jahrhunderts hat man ihn ursächlich mit dem Untergang des Assyrerreiches in Verbindung gebracht und ihm eine Grabinschrift nach dem Vorbild griechischer Genießer verpasst, die in dieser Zeit in Mode kamen. Diese erfundene Sardanapal-Inschrift stellte man sich selbstverständlich in Ninive vor, wo der König sein Grabmal zu Lebzeiten lange vor seinem Untergang hätte errichten lassen. Im frühen vierten Jahrhundert malte Ktesias die Kunde vom Untergang des Sardanapal fantastisch aus, vermutlich, um die literarische Attraktivität seines Werkes durch eine farbige und sensationelle Darstellung zu erhöhen. Der Geschichtsschreiber Diodor, der im ersten Jahrhundert v. Chr. eine

Weltgeschichte verfasst hat und an dieser Stelle auf Ktesias basiert, beschreibt Sardanapal so: Er übertraf

> an Genusssucht und Schwelgerei alle seine Vorgänger. Denn abgesehen davon, dass auch er [wie seine Vorgänger] von niemand sich sehen ließ, der nicht zum Palast gehörte, lebte er selbst wie ein Weib und brachte sein Leben unter Kebsweibern zu. Er trug Frauenkleider, und sein Gesicht wie der ganze Körper war mit Schminke und anderen Mitteln, wie sie Freudenmädchen verwenden, so zugerichtet, dass er an Weichlichkeit noch die wollüstigsten Weiber übertraf.

Eine Persiflage auf die Abgeschlossenheit und das Erscheinungsbild orientalischer Könige. Aber es geht noch weiter.

> Auch eine Frauenstimme hatte er sich angewöhnt. Bei Mahlzeiten aber genoss er von den Speisen und Getränken stets nur die, die besondere Reize auf den Gaumen ausübten, und seine Geilheit in erotischen Dingen war auf Weiber wie Männer in gleicher Weise gerichtet. Ohne Scheu hatte er mit beiden Geschlechtern Umgang, wobei er sich der Schändlichkeit seines Treibens keineswegs bewusst war [...] Von solchem Charakter fand er nicht nur selbst ein schändliches Ende, sondern zerstörte auch das Weltreich der Assyrer, das älteste von allen, die bekannt sind (Diodor 2, 23,1 f.).[117]

Der Unterhaltungsschriftsteller Athenaios[118] (frühes drittes Jahrhundert n. Chr.) fügt noch weitere Kuriositäten hinzu: die geschwärzten Augenbrauen und gefärbten Augenlider sowie sein weißgeschminktes bartloses Gesicht. Mit solchem Aussehen habe Sardanapal schmuckbehangen und Purpurwolle kämmend im Kreis seiner Konkubinen gesessen.

Das kann langfristig nicht gut gehen. Mit der Zeit verliert er seine Autorität. Unter der Führung eines Meders rebellieren seine Vasallenfürsten und besiegen ihn. Am Ende bringt er seine drei Söhne und zwei Töchter in Sicherheit. Doch er selbst lässt sich zusammen mit seiner Gattin, seinen Konkubinen und Eunuchen und mitsamt seinen Schätzen in seinem Palast auf einem riesigen Scheiterhaufen verbrennen. „Und so sei Sardanapal", urteilt ein späterer Autor, „nach einem ausschweifenden Leben so edel gestorben wie er konnte." Nach Diodor hat Sardanapal ein Gedicht für seinen Grabstein mit folgendem Text verfasst:

> Sterblich bist Du, das weißt Du, drum suche Dich
> Stets zu erheitern,
> Freue Dich am Gelag', den Toten fehlt jedes Vergnügen.
> Sieh, auch ich bin jetzt Asche, einst
> König im herrlichen Ninos,
> Und nur das, was ich aß, meine Späße
> Und was mir die Liebe
> Viel an Vergnügen bot, das bleibt allein
> Als ein Segen (Diodor 2, 23,4).[119]

Ob es aus Ktesias oder von einem anderen Autor stammt, muss offenbleiben. Ein Jahrhundert später berichteten Historiographen des Alexanderzuges von einem Relief in der Nähe der Stadt Anchiale im südöstlichen Kleinasien, in der Alexander sein Lager aufgeschlagen hatte. Darauf sei die Gestalt eines Königs erkennbar gewesen, der mit der Hand oder beiden Händen eine Geste gemacht habe, die bei den Griechen als ein Zeichen von Nichtigkeit oder Wertlosigkeit galt. Aber in der dazu gehörigen Inschrift habe sich der König gebrüstet, die Städte Tarsos und Anchiale an einem einzigen Tag erbaut zu haben. Anschließend habe er die Vorübergehenden aufgefordert, Essen, Trinken und Sex zu genießen, da alles andere nichts wert sei. Text und Geste des Königs werden bei verschiedenen Autoren unterschiedlich wiedergegeben. Indessen hat die moderne altorientalische Forschung längst erkannt, dass die beschriebene Geste des Königs in Wirklichkeit eine Segensgeste war, mit der er seine Städtegründungen unter den Schutz der Götter stellen wollte. Das bedeutet, dass der zweite Teil der Inschrift, in dem er zum Lebensgenuss auffordert und alles andere abwertet, nicht dazu passt, sondern wahrscheinlich von den griechischen Autoren hinzugefügt wurde. Vielleicht hat es sich so zugetragen: Einige Teilnehmer des Alexanderzuges sahen das Relief, dessen keilschriftlichen Text sie nicht lesen konnten. Also befragten sie Einheimische, die ihnen von einem assyrischen König erzählten, der die beiden genannten Städte an einem einzigen Tag erbaut habe und dessen Namen in griechischen Ohren wie Sardanapal klang. Den Rest fügten die Griechen aus der eigenen Überlieferung hinzu.

Wer war dieser Sardanapal? Sicher nicht Assurbanipal. Dieser hat auch in Schrift und Bild darstellen lassen, wie er gesehen werden wollte. Er rühmt seine von den Göttern verliehenen geistigen Gaben, seine Gelehrsamkeit, sein kriegerisches Training, seine Freude an der Rotwild- und Löwenjagd und seine Befähigung als Verwalter seines Reiches. Er war es, der die große Bibliothek in Ninive gegründet hat. Und er war vielleicht der einzige assyrische König, der die Kenntnis des Lesens und Schreibens nicht dem Schreiberstand überließ, sondern selbst erworben hat. Von Genussleben findet sich nichts. Die Auffassung, dass man angesichts der Kürze des Daseins und vieler unvermeidlicher Unannehmlichkeiten die schönen Seiten des Lebens genießen solle, findet sich zwar öfter in der altorientalischen Literatur, aber nicht auf Grabsteinen. Der Sardanapal der Griechen war eine Kunstfigur, in der die diffuse Kunde von mehreren assyrischen Königen zusammengewoben worden ist. Dass Fürsten und Monarchen, die eine totale Niederlage erlitten hatten, Selbstmord begingen und ihre Leiche mitsamt ihren Verwandten, Dienern und Schätzen verbrennen ließen, kam durchaus vor und war nicht auf den Orient beschränkt. Vielleicht hat es der letzte assyrische König auch so gemacht.

Hatte das fünfte Jahrhundert Xerxes als eher tragische Figur dargestellt und seinen Gegenspieler Leonidas als Spartaner ohne besondere persönliche Eigenschaften, so waren Sardanapal als Musterbeispiel des dekadenten Orientalen und Epameinondas, Pelopidas und Agesilaos als Vertreter griechischer Tugenden typische mentale Produkte des vierten Jahrhunderts.

Dieser griechische Sardanapal sollte ein langfristiges Nachleben haben. Selbst Autoren wie Aristoteles, Cicero und der Kirchenvater Augustin haben sich über ihn empört. Auch im Mittelalter und der Neuzeit blieb er präsent. In der frühen Neuzeit wurde er von der Barockoper entdeckt (Freschi 1679 in Venedig, Boxberg 1698 in Ansbach), im 19. Jahrhundert von der Romantik.

Der Anstoß ging von dem Lese-Theaterstück „Sardanapalus“ Lord Byrons aus, das er 1821 in Ravenna geschrieben und Goethe gewidmet hatte. Byron hatte neben den antiken Autoren die griechische Geschichte eines zeitgenössischen englischen Historikers und Politikers gelesen, der die antike Überlieferung vom perversen Sardanapal als gehässigen Klatsch abtat, der erst nach dem Tod des Königs aufgekommen sei. Umso mehr fühlte Byron sich frei, seinen eigenen Sardanapal zu entwerfen. Byrons Sardanapal ist kein dekadenter Sultan, sondern ein snobistischer Exzentriker, ein liberaler Lebemann, nicht weibisch, sondern männlich, „soft, but fearless“, als Herrscher kein Tyrann, sondern ein aufgeklärter Monarch, der das Beste für seine Untertanen will. Er schindet sein Volk nicht mit ehrgeizigen Eroberungskriegen und drückenden Steuern noch reglementiert er das Privatleben seiner Untertanen. Religion und Aberglauben bedeuten ihm nichts. Die Hofetikette lehnt er ab, ebenso gesellschaftliche Konventionen. Mit seiner griechischen Sklavin Myrrha verbindet ihn eine echte Zuneigung. Als seine Feinde ihn angreifen, verteidigt er sich zwar mutig, aber halbherzig und allzu lässig, weil ihm die Position des Herrschers, die er verteidigen soll, eigentlich gleichgültig ist. Er ist eine in sich zerrissene Persönlichkeit, die sich in keiner Rolle, die man von ihm erwartet, wiederfinden kann, wie Byron selbst. Als die Niederlage unausweichlich ist, bringt er seine Familie und Freunde in Sicherheit. Das Exil, das die Sieger ihm anbieten, lehnt er ab. Er will auf dem Scheiterhaufen sterben, worin Myrrha ihm freiwillig folgt, und sich damit ein edleres Denkmal setzen als die Pyramiden, ein Denkmal seiner furchtlosen Individualität.[120] Byrons Sardanapal fand bei Intellektuellen und Künstlern großen Anklang. Gleich nach der Lektüre der französischen Übersetzung fertigte Delacroix eine Skizze an, aus der 1827 das Kolossalgemalde „La mort de Sardanapale“ hervorging.

Was Delacroix an diesem Thema reizte, war zweifellos die Darstellung der Spannung zwischen der Dramatik des chaotischen Massakers um den Scheiterhaufen herum und der teilnahmslosen Gelassenheit des Königs im Hintergrund, was ihm die Gelegenheit gab, der damals noch vorherrschenden Klassik der Schule Jacques-Louis Davids, der die Übertragung antiker Tugenden auf die Französische Revolution gefeiert hatte, eine psychologische Studie im Stil orientalisierender Romantik entgegenzusetzen. Das Werk fand bei den meisten Kunstkritikern keinen Beifall, obwohl Victor Hugo es verteidigte. Erst 1921 gelangte es in den Louvre. Dennoch übte der Flammentod des Sardanapal weiterhin eine große Faszination aus. Zwischen 1830 und 1908 bestieg Sardanapal in Musik- und Theaterstücken immer wieder den Scheiterhaufen, besonders in Paris, aber auch in Mailand, London, Berlin, Wien und St. Petersburg. Das war kein Zufall: denn bis weit in das 20. Jahrhundert folgte man der griechischen Überzeugung, dass der Untergang von Staaten vor allem mit dem Verfall ihrer angestammten guten Sitten zu erklären sei. Es ist noch gar nicht so lange her, dass moderne Autoren zumindest einen wesentlichen Grund für den Untergang auch des persischen

Abb. 29: Eugène Delacroix, „La mort de Sardanapale". Im Zentrum des Bildes Myrrha, die in der Stunde seines Untergangs zu ihm hält und sein Schicksal mit ihm teilt. Links neben dem König ein Diener mit einem Gifttrunk in einer Karaffe, rechts unten die Tötung seiner Konkubinen, links die seines Pferdes.

Reiches im Verlust der Kriegstüchtigkeit seiner Oberschicht infolge von Völlerei, Trunksucht und sexuellen Ausschweifungen zu erkennen glaubten. Eine psychologisch tiefere Fortsetzung fand die Darstellung orientalischer „Dekadenz" im Drama „Salome" von Oscar Wilde (1891), das Richard Strauss als Inspiration für seine gleichnamige Oper mit ihrer neuartigen dissonanten Musik diente (1905). Die orientalische „Dekadenz" war ein Teil der *Décadence* des *fin de siècle* geworden.

Obwohl griechische Autoren viele zutreffende Einzelheiten über das Perserreich berichten, haben sie das Wesen der orientalischen Monarchien nie wirklich verstanden, sondern sie stets an ihren eigenen Maßstäben gemessen. Richtig an der Kyroslegende ist, dass die Perser in ihrem Stammland, den Gebirgstälern des Hochiran, ursprünglich ein einfaches Leben geführt hatten, wenig berührt von den Zentren der altorientalischen Hochkultur, bis Kyros aus dem Adelsgeschlecht der Teispiden, einer ihrer Stammesführer, in wenigen Jahren (ca. 550–539 v. Chr.) die Großmächte Medien, Lydien und Babylon unterwarf und sein Sohn Kambyses (525 v. Chr.) Ägypten hinzufügte. Die Ursachen für diese sensationelle Expansion sind trotz einiger Aufschlüsse, die die moderne Forschung aus babylonischen und ägyptischen Inschriften gewonnen hat, weitgehend unklar.

Zunächst blieb die Herrschaftsorganisation anscheinend ziemlich provisorisch, und bereits während des Feldzuges des Kambyses nach Ägypten schien sich alles, was diese kühnen Reiterscharen überrannt hatten, schon wieder aufzulösen. Sein eigener Bruder, Bardiya (oder ein Magier namens Gaumata, der sich als Bardiya ausgab), putschte gegen ihn, und als Kambyses auf dem Rückweg aus Ägypten an den Folgen eines Unfalls verstarb, entflammte gleich eine ganze Reihe von Unabhängigkeitsbewegungen in verschiedenen Regionen. Es war Dareios, ein Adliger aus dem Geschlecht der Achaimeniden, ein Gefolgsmann des Kambyses, der sich in vierjährigen Kämpfen schließlich durchsetzte und zum Gründer des achaimenidischen Großkönigtums wurde, obwohl er kein Verwandter des Kyros war. Er schuf die Herrschaftsideologie und das Herrschaftssystem des Achaimenidenreiches. Gemäß dieser Ideologie war der Großkönig der Schutzbefohlene des Ahura Mazda, des höchsten, wenn auch nicht einzigen Gottes der Perser. Die Herrschaft des Großkönigs ist „Wahrheit", und so bezeichnete Dareios seine aufständischen Widersacher als „Lügenkönige". Damit knüpfte er anscheinend an die traditionelle persische Erziehung und Alltagsmoral an, denn Herodot berichtet, dass bei den Persern das Verbot der Lüge besonders wichtig war. Verschlagenheit und List waren bei ihnen also keine Tugenden wie bei den Griechen. Ob und wieweit diese Moral aus der Lehre des Propheten Zarathustra hervorgegangen ist, dessen Lebenszeit irgendwann zwischen 1000 und 600 v. Chr. vermutet wird, ist ungewiss.

Der König hält die Verbindung zwischen dem Gott und den Menschen aufrecht. In einer großen Inschrift in Naqs-i Rustam in der Nähe von Persepolis, wo sich später die Felsengräber der meisten Achaimenidenkönige befanden, bittet Dareios Ahura Mazda um Schutz für das ganze Reich: Der Gott möge feindliche Invasionen, Aufstände und Hungersnöte vom Perserreich fernhalten. Zugleich verkündet er die ethischen Grundsätze seiner Herrschaft: Er ist gerecht. Er sorgt dafür, dass die Schwachen von den Starken kein Unrecht erleiden und umgekehrt. (Er griff damit eine altorientalische Tradition auf, denn Ähnliches hatte schon über 1200 Jahre früher der babylonische König Hammurabi in die Einleitung zu seinen Gesetzen schreiben lassen.) Er urteilt nicht im Jähzorn, sondern weiß Besonnenheit zu bewahren und glaubt nicht ungeprüften Beschuldigungen. Er belohnt jene, die gute Dienste leisten, und straft die Übeltäter. Er ist entschlossen im Kampf, ein guter Reiter, ein guter Bogenschütze zu Fuß und zu Pferd, ebenso befähigt im Gebrauch der Lanze, und er liebt und fördert eine gepflegte Gartenkultur. Diese Selbstdarstellung wurde inschriftlich und literarisch überall im Reich verbreitet. Zur weiteren Legitimierung seiner Herrschaft heiratete Dareios gleich zwei Töchter des Kyros und stellte darüber hinaus eine fiktive Verbindung zum Reichsgründer her, indem er dessen Residenz und Grabmal, die sich in einem riesigen Parkgelände in Pasargadai befanden, zum religiösen Ausgangspunkt des persischen Königtums erhob. Dort fand auch die feierliche rituelle Einführung aller Nachfolger des Dareios in ihr Königtum statt, wobei diese den einfachen Ursprung des Persertums gleichsam nachvollzogen, indem sie symbolisch die Kleidung des Kyros anlegten und betont frugale altpersische Speisen zu sich nahmen. In Wahrheit war der Herrschaftsanspruch des Dareios möglicherweise eine große Lüge, aber Ahura Mazda hatte ihm den Sieg verliehen.

Um Machtkämpfe innerhalb der königlichen Familie zu vermeiden, ernannten Dareios und seine Nachfolger rechtzeitig einen ihrer Söhne zum Kronprinzen, entweder den ältesten oder den erstgeborenen nach ihrer Thronbesteigung, der daraufhin mit bestimmten Privilegien ausgestattet wurde. Zur Absicherung der Herrschaft der königlichen Familie gegen eventuelle Ansprüche von mächtigen Adelsfamilien bevorzugte das Königshaus Heiraten innerhalb der königlichen Großfamilie. Man fürchtete offensichtlich innere Konflikte mehr als äußere Feinde. Gleichzeitig betrieben die Perserkönige Polygamie, auch um politische Verbindungen zu auswärtigen Herrschern zu festigen, und zeugten so eine große Zahl von Prinzen für administrative Funktionen und Prinzessinnen, die an besonders verdiente Günstlinge verheiratet werden konnten. Diese Nachkommen von Nebenfrauen und deren Nachkommen hatten selbstverständlich keinen Anspruch auf den Thron. Die Erziehung der Adligen war keineswegs weichlich, wie Platon meinte, und fand nur bis zum fünften Lebensjahr unter der Obhut von Frauen und Eunuchen statt. Dann übernahm der Vater die Erziehung. Vom siebenten Lebensjahr an erhielt der Nachwuchs einen in intellektueller Hinsicht relativ schlichten Unterricht bei den Magiern, die sie die altpersischen Heldengesänge auswendig lernen ließen und ihnen die Bräuche, die religiösen Vorstellungen, die moralischen Gebote und Kenntnisse in Heilkunde, Recht, Ackerbau und Gartenkultur beibrachten. Später kam ein langes und hartes körperliches Training nach altpersischen Stammestraditionen hinzu, darunter Dauerlauf, Reiten und Schwimmen, die militärische Ausbildung sowie die Vermittlung von Führungsqualitäten. Die Besten wurden vom König ausgezeichnet.

Zur Hauptstadt seines Reiches wählte sich Dareios zunächst Susa in Elam und bekannte sich damit als Erbe der Hochkultur der Elamer, die dem Stammland der Perser am nächsten lag. Dann nahm er Ekbatana dazu, die Hauptstadt der verwandten Meder. Erst dann begann er mit der Gründung einer wirklich persischen Hauptstadt, Persepolis, die von Xerxes vollendet wurde. In allen drei Hauptstädten ließen er und seine Nachfolger imposante Paläste errichten, wobei, wie sich der König rühmte, ganz bewusst (freie) Handwerker und Materialien aus dem gesamten Orient verwendet wurden.

Dementsprechend heterogen waren die künstlerischen Formen, die dort zusammenflossen: die von ägyptischen Tempeln inspirierten gewaltigen Säulenhallen, die farbigen glasierten oder bemalten Reliefs nach mesopotamischen und ägyptischen Vorbildern, die Plastik nach griechischem Muster. Das Ergebnis war trotzdem kein unstimmiges Stilgemisch, sondern es kam dabei sehr wohl ein persisches Charakteristikum heraus, das weniger grimmig war als das assyrische und weniger massig als das ägyptische, sondern eleganter. Diese Paläste waren in ihrer Ausdehnung gleichsam Städte für sich, in denen sich die Quartiere der verschiedenen Mitglieder des Hofstaates aneinanderreihten wie einzelne Stadtteile. Darin pflegte der jeweilige Monarch, geschützt von seiner Leibgarde der 1000 „Unsterblichen", deren Lanzenschäfte mit goldenen Äpfeln geziert waren, Distanz zur Außenwelt und führte ein Leben, das den Griechen wie im Schlaraffenland erschien. Audienzen gewährte er unter Vermittlung des Führers der Leibgarde oft erst nach langen Wartezeiten und nur dann, wenn die Vorgelassenen sich bereit erklärt hatten, die Proskynese vor ihm zu vollziehen, d. h. einen Kniefall mit zu Boden gesenktem Kopf, die Lippen mit den Fingern berührend, um dann mit der ausgestreckten Rechten dem Herrscher eine Kusshand zuzuwerfen. Er empfing sie auf seinem goldenen Thron sitzend unter einem von vier goldenen Säulen getragenen purpurnen Baldachin, auf dem Kopf die purpurne Tiara, prächtig gekleidet in den indo-iranischen Farben rot (für Krieger), weiß (für Priester) und blau (für Bauern), in der rechten Hand das lange Zepter, das den Boden berührte, die Füße in gelben Schuhen auf einer Fußbank. (In der Ikonographie hält der König zusätzlich in der linken Hand eine Lotosblume.)

Abb. 30: Der thronende Dareios I. und sein Nachfolger Xerxes I.; Relief vom Schatzhaus in Persepolis.

Abb. 31: Persische Krieger mit Lanze und Bogen.

Die künstliche Verschönerung des Königs und der Aristokraten mit Perücken, falschen Bärten, Schminke und Parfüm, mit Schmuck an Hals, Ohren, Armen und Händen diente, altorientalischer Tradition gemäß und ähnlich wie im Europa des Absolutismus im 17./18. Jahrhundert, der Erhöhung der Autorität der Führungsschicht. Wie schon die verschiedenen Hauptstädte zeigen, blieben die Könige nicht immer an einem Ort, sondern begaben sich mit dem gesamten Hofstaat auf Reisen, wobei das riesige königliche Zelt zur Zentrale des Reiches wurde. Dabei wurde streng darauf geachtet, dass das Protokoll ebenso ablief wie in den Palästen. Die Freude am Reisen und die besondere Wertschätzung von Zelten mag ein archaisches Relikt aus nomadischen Zeiten gewesen sein. Im Sommer bevorzugten die Könige das angenehm kühle Ekbatana, im Winter das wärmere Susa, das die Hauptresidenz blieb und wo sich der Staatsschatz befand. Auf solchen Reisen hatten Untertanen die Gelegenheit, Wünsche oder Beschwerden an den König über einen seiner Offiziere heranzutragen.

Es spricht für die Kraft dieser Monarchie, dass es ihr gelang, die Hierarchie der persischen Adelsgesellschaft mit einer monarchischen Rangordnung zu überlagern. Wichtiger als vornehme Herkunft wurde die Nähe zum Großkönig. Dessen Autorität kam selbst gegenüber Adligen bereits dadurch zum Ausdruck, dass sie stets um vorherige Erlaubnis bitten mussten, wenn sie in seiner Gegenwart ungefragt ihre Meinung äußern wollten. Ob das auch für die sechs privilegierten Adelsgeschlechter galt, die Dareios beim Kampf um die Herrschaft unterstützt hatten, wissen wir nicht. Die einzigartige Stellung des Königs wurde auch dadurch betont, dass er in einem besonderen Raum allein speiste, der von dem Speisesaal der Würdenträger durch einen Vorhang getrennt war. Angeblich war dieser Vorhang auf der Seite des Königs durchsichtig, so dass er die speisenden Würdenträger im Blick hatte, aber sie ihn nicht.

Der Hofstaat war nach einer strikten Rangordnung gegliedert, die auch auf Feldzügen jedem seinen Platz im Heer zuwies. Die dienende Stellung hochrangiger Amtsträger war schon daran zu erkennen, dass sie Titel führten, die einst Dienstpersonal bezeichnet hatten, wie königlicher Mundschenk, Wagenlenker und Lanzenträger (wie in Europa aus königlichen Pferdestallverwaltern, Marschällen, hochrangige Militärs wurden). Für weniger ehrenhafte Funktionen am Hof setzte der König häufig Eunuchen ein, die für ihre Treue bekannt waren. Eine unverzichtbare Rolle hatten die Magier, Spezialisten für religiöse Zeremonien, die auch als Ratgeber und Traumdeuter fungieren konnten. Die Ausübung der königlichen Herrschaft folgte einem ausgeprägten „Zuckerbrot-und-Peitsche"-Prinzip. Der König forderte absolute Loyalität, sah es aber auch als seine Pflicht an, besondere Verdienste mit wahrhaft königlicher Großzügigkeit zu belohnen. Nicht mit Orden von rein ideellem Wert speiste er verdiente Männer ab, sondern es mussten schon materiell reiche Geschenke und Privilegien sein. Hervorragende Leistungen für den König sollten sich wirklich lohnen. Dieses Belohnungssystem wurde zu einem wesentlichen Herrschaftsinstrument der Monarchie. Dabei bestimmten die Art und Größe der Geschenke den Rang des Beschenkten, nicht umgekehrt. Als Geste der Sympathie galt schon die Zusendung von Leckerbissen von der königlichen Tafel. Verdienste konnte der Großkönig mit üppigen Geldgeschenken belohnen, die gelegentlich den Wert eines Vermögens ausmachten. Eine große Rolle spielten selbstverständlich Luxusgeschenke aller Art: kostbare Trinkgefäße, goldene und mit Edelsteinen verzierte Armbänder und Halsketten, vergoldete Sonnenschirme, prächtige Dolche oder Schwerter, goldbestickte und mit Edelsteinen geschmückte Gewänder, Kleider, deren Aufschrift sie als Geschenk des Königs auswies, ein Gewand, das der König getragen oder ein Pferd mit vergoldeten Zügeln, das der König geritten hatte, ein prächtiges Zelt, Luxussklaven oder -sklavinnen, ein Landgut, gelegentlich sogar die Herrschaft über eine oder mehrere Städte, wie sie einige vornehme griechische Exilanten, z. B. Themistokles oder der spartanische Exilkönig Damaratos, erhielten, die Statthalterschaft über eine Satrapie oder lebenslängliche Steuerfreiheit für einen Satrapen. Die auf solche Weise ausgezeichneten Perser wurden in ein nach Rangklassen geordnetes Verzeichnis eingetragen und waren an der Farbe ihrer Kleidung erkennbar.

Der Austausch von Geschenken war auch ein Mittel der Diplomatie mit auswärtigen Herrschern. Ausländische Gesandte wurden ebenfalls nicht ohne Geschenke entlassen. Einem griechischen Gesandten schenkte ein Großkönig einmal ein orientalisches Bett mit Silberfüßen mitsamt einer Sklavin, die auf die

Bereitung von Betten spezialisiert war, weil er gehört hatte, dass die armen Griechen keine richtigen Betten hätten. Antalkidas, der den Königsfrieden von 387/386 v. Chr. vermittelt hatte, wurde u. a. mit einem parfümierten Rosenkranz geehrt. An oberster Stelle standen die „Verwandten" des Königs, d. h. diejenigen, die eine seiner Töchter hatten heiraten dürfen, dann die „Freunde" und schließlich die „Wohltäter" des Königs. Eine besondere Ehre war es, zu den sogenannten Tischgenossen des Königs zu gehören, die beim Gelage nach der Speisung in den Raum des Königs hereingerufen wurden. Ablehnen konnte solche Ehrungen und Geschenke niemand, ohne sich die Ungnade des Herrschers zuzuziehen.

Wer Auszeichnungen empfangen hatte, war dem König für immer in besonderer Weise verpflichtet. Von ihm erwartete der König, dass er seine besonderen Leistungen auch in Zukunft erbrachte oder sie noch steigerte, um in der Rangordnung noch höher aufzusteigen. Das hinderte den König jedoch nicht daran, sich der Loyalität mancher entfernter Würdenträger durch die Geiselnahme von einigen ihrer Verwandten zu versichern und sie am Hof zu halten. Der König erwartete von seinen Günstlingen gelegentlich auch Dienste, die durchaus teuer werden konnten, z. B. wenn er auf der Durchreise bei einem von ihnen Quartier nahm und mit seinem Gefolge bewirtet werden wollte. Für den König waren solche Dienste selbstverständlich und verpflichteten ihn seinerseits nicht. Der Untertan konnte seinen Herrn niemals moralisch verpflichten. Noch konnte er sich seiner Position sicher sein. Wenn er sich allzu sicher fühlte und Missfallen erregte, konnte ihn jederzeit ein plötzlicher tiefer Sturz überraschen. Dieses Schicksal ereilte Tissaphernes, den Satrapen von Lydien in Kleinasien. Im Peloponnesischen Krieg hatte er eine erfolgreiche Schaukelpolitik zwischen Athen und Sparta betrieben. Doch nach dem Tod Dareios' II. (404 v. Chr.) wurde sein Herrschaftsgebiet reduziert, weil König Artaxerxes seinen jüngeren Bruder Kyros zum Vizekönig Kleinasiens ernannte. Mit diesem verfeindet, warnte Tissaphernes rechtzeitig den König vor dessen Rebellion und nahm auch an der Schlacht bei Kunaxa auf Seiten des Königs teil. Daraufhin wurde er unter die „Verwandten" des Königs aufgenommen, d. h., er durfte eine von dessen Töchtern heiraten. Aber nur vier Jahre später, als er nach einer Niederlage gegen den Spartanerkönig Agesilaos den Zorn des Königs erregte, schickte dieser den Führer seiner Leibgarde, Tithraustes, nach Kleinasien und ließ ihn hinrichten. Die hierarchische Ordnung des Königshofes fand ihre Entsprechung in kleinerem Rahmen an den Höfen der Satrapen und in den Haushalten der Adligen. Auch die Proskynese war nicht auf die Begegnung mit dem König beschränkt, sondern markierte in einfacherer Form und in verschiedenen Abstufungen die Rangordnung in der gesamten persischen Gesellschaft.

Der König vergab nicht nur Geschenke, sondern erhielt auch solche an bestimmten Anlässen von Abgesandten der Völker des Reiches, die damit ihren Gehorsam und ihre Verehrung zum Ausdruck zu bringen hatten.

Die Griechen empfanden diese strenge Hierarchie einerseits als demütigend, vor allem die Proskynese. Solche Unterwürfigkeit vertrug sich nicht mit dem Freiheitsstolz republikanischer Bürger. Andererseits waren nicht wenige von dem unermesslichen Reichtum und dem Pomp stark beeindruckt, und ihre stadtbürgerliche „Gleichheit“ kam ihnen im Vergleich dazu reichlich kärglich vor. Vom Großkönig beschenkte Gesandte griechischer Staaten gerieten nach ihrer Rückkehr leicht in Verdacht, bestochen worden zu sein, und wurden von ihren Feinden und Neidern angeklagt. Der Luxus, für die orientalische Monarchie ein geradezu konstitutives Element ihrer Stabilität und ihrer Attraktivität über die Reichgrenzen hinaus, war für etliche Bürger der griechischen Stadtrepubliken eine ständige Verlockung und Versuchung, für andere etwas Destruktives und Tyrannisches. Gerade auf dem Höhepunkt der Demokratie hatten sich die Athener dem Einfluss der östlichen Zivilisation durchaus geöffnet. Der demokratische und der orientalische Hedonismus schienen sich miteinander zu vertragen. Als das Pendel jedoch wieder in die Richtung von mehr Gleichheit ausschwang, grenzten sich die Griechen wieder stärker von der orientalischen Lebensweise ab, die aus ihrer Sicht die Eintracht im Inneren und die Geschlossenheit der Bürgerschaft nach außen bedrohte. Daraus erklären sich die oft heftigen Gegenreaktionen und extremen theoretischen Gegenentwürfe griechischer Intellektueller und das Zerrbild, das sie vom angeblich verweichlichten und degenerierten Orient entwarfen.

War das „Zuckerbrot“ des Großkönigs süß, so konnte die „Peitsche“ sehr schmerzhaft werden. Zwar wog die königliche Gerichtsbarkeit bei Vergehen ansonsten loyaler Amtsträger ab, ob ihre Verdienste oder ihre Vergehen überwogen, und ließ relative Milde walten, wenn die Verdienste bedeutender waren. Denn das Wichtigste war die Loyalität gegenüber dem König. Aber gegenüber Rebellen, die seine Herrschaft in Frage stellten, kam die altorientalische Grausamkeit zur Anwendung. So bestrafte Dareios etliche seiner Gegner im Kampf um die Herrschaft, die er im Bisotunrelief (Abb. 32) als vor ihm stehende kleine „Lügenkönige“ in Fesseln abbilden ließ, mit dem Abschneiden von Nase, Ohren und Zunge und dem Ausstechen eines Auges, ließ sie in diesem erbärmlichen Zustand öffentlich zur Schau stellen und befahl anschließend, sie zu pfählen.

Verglichen mit assyrischen Königen, die mit noch viel extremeren Grausamkeiten gegenüber den Führern besiegter Völker geprahlt hatten, bewies Dareios trotzdem fast noch Mäßigung. Vom elenden Ende, das der persische Satrap Oroites dem Tyrannen Polykrates bereitete, und von der Folterung und Hinrichtung des Freundes des Aristoteles, Hermias, ist schon die Rede gewesen.

Für die Verwaltung des Reiches hatten die Perser genügend altorientalische Vorbilder. Dareios gliederte das Reich in großflächige Satrapien, deren Statthalter meistens aus dem Kreis der „Verwandten“ des Königs genommen wurden und die in ihrem Amtsbereich einen weiten Handlungsspielraum besaßen. Eine Ausnahme machte er nur mit dem Stammland Persis, das nicht nur Steuerfreiheit genoss, sondern wo der König, wenn er es aufsuchte, Geldgeschenke an die

Abb. 32: Dareios lässt sich die unterlegenen Gegner vorführen. Gaumata liegt auf dem Rücken am Boden und fleht mit erhobenen Händen um Gnade, während der König seinen Fuß auf ihn setzt. Die „Lügenkönige" stehen mit Schlingen um den Hals und auf den Rücken gefesselten Händen da. Über der Szene schwebt eine Gottheit in einem geflügelten Ring, eine Imitation assyrischer Vorbilder. Das Relief wurde mit einem dreisprachigen Text (elamisch, babylonisch, altpersisch) versehen und in verschiedenen Versionen im ganzen Reich verbreitet.

Bevölkerung verteilte. Bei den ehemaligen Großmächten Medien, Babylon und Ägypten ließ er das Königtum formal bestehen, indem er es in Personalunion selbst übernahm. Aber nicht deshalb legte er sich den Titel Großkönig zu, sondern er übernahm ihn aus der Tradition des längst untergegangenen Reiches von Urartu, dessen Gebiet am Vansee Kyros 547 v. Chr. besetzt hatte.

Im Übrigen folgte die Reichsverwaltung keineswegs rigide einem einheitlichen Muster, sondern berücksichtigte durchaus verschiedene historisch gewachsene regionale und lokale Besonderheiten, wie einzelne mächtige Stammesfürsten, Stadtkönige, griechische Republiken oder bedeutende Heiligtümer, und arbeitete mit einheimischen Institutionen zusammen. Andererseits griff man bei widerspenstigen Völkern, orientalischer Tradition gemäß, auch zur Zwangsumsiedlung, wie es 490 v. Chr. mit den Bürgern von Eretria geschah. (Das bekannteste Beispiel ist die Deportation der Juden nach Babylonien durch die Chaldäer, nachdem Nebukadnezar im Jahr 585 v. Chr. Jerusalem eingenommen hatte.) Militärisch gesichert wurde das Reichsinnere von Garnisonen, die nicht den Satrapen unterstanden. Dagegen wurden die Außengrenzen von den zuständigen Satrapen beschützt, die über eigene Truppen verfügten, Militärkolonisten mobilisieren und zusätzlich Söldner anwerben durften.

Ein Verwaltungsapparat von Schreibern verschiedener Herkunft übte eine penible Kontrolle über alle Einnahmen und Ausgaben aus. Diese wurden zunächst keilschriftlich in Elamitisch auf Tontafeln, später in Aramäisch, der Handels- und Verkehrssprache des vorderen Orients, auf Papyrus registriert und archiviert. Ein gut ausgebautes Straßennetz ermöglichte eine schnelle Nachrichtenübermittlung und hindernisfreie Heeresbewegungen im ganzen Reich. Kuriere und andere Berechtigte wurden unterwegs in Stationen verpflegt und ausgerüstet, die sich in regelmäßigen Abständen an den Straßen befanden. Auch dabei gab es eine strenge Rangordnung. Selbst Tiere hochstehender Personen, wie Pferde oder Ziervögel, hatten Anspruch auf eine üppigere Verpflegung als niederrangige Durchreisende. Zur Versorgung der Heere dienten große Vorratshäuser, die es überall im Reich gab. In den Satrapien verstreut lagen große Domänen des Königs und von Adligen, auch von Frauen, die gelegentlich von ihren Besitzern inspiziert wurden, weshalb auch hochrangige Frauen im Reich umherreisten. Einiges deutet darauf hin, dass persische Frauen allgemein mehr Rechte hatten als diejenigen in griechischen Staaten. Selbst am Hof des Großkönigs gab es keinen Harem. Ansiedlungen von Persern außerhalb der Persis gab es auch, doch waren sie nicht so zahlreich, dass sie die Provinzen geprägt hätten. Auf lokaler Ebene bestanden oft persönliche, auch eheliche Verbindungen zwischen Persern und der einheimischen Führungsschicht, die zur Stabilisierung der persischen Herrschaft beitrugen.

In wirtschaftlicher Hinsicht erbte das Perserreich die Handelsverbindungen von Babylon in den Osten, von Tyros nach Karthago und von den kleinasiatischen Griechenstädten nach Griechenland und zu den griechischen Städten im Schwarzmeergebiet und im Westen. Für den Westen seines Reiches führte Dareios eine persische Gold- und Silberwährung ein, während im Osten des Reiches die Naturalwirtschaft vorherrschte. Ein besonderes Anliegen der Reichsregierung war die Steigerung der landwirtschaftlichen Erträge mittels einer kunstvollen Wasserwirtschaft mit Staudämmen und unterirdischen Kanälen. In der Landwirtschaft, die das Fundament des Reiches war und blieb, kamen auch Pächter und Sklaven zum Einsatz, doch hatte die Sklaverei wirtschaftlich keine grundlegende Bedeutung.

Ein charakteristischer persischer Wesenszug war die Begeisterung für die Veredelung der Natur. Wo immer es möglich war, entstanden durch künstliche Bewässerung riesige Parks und Jagdreviere, in denen verschiedene Pflanzen und Tiere zusammengetragen und gehegt wurden. Die Griechen nannten diese Anlagen *parádeisoi*, weshalb wir noch heute vom Paradies sprechen. Dagegen kritisierten griechische Moralisten solche schattenspendenden Parks, die schon die Lyder gepflegt hatten, als Zeichen der Verweichlichung, weil die Orientalen das heiße Sonnenlicht nicht ertrügen. Xerxes soll während seines Feldzuges gegen

Griechenland von einer üppigen Platane in Kleinasien, an der der Heereszug vorbeiführte, so entzückt gewesen sein, dass er sie mit Goldschmuck behängen und bewachen ließ. In seinem Palast in Persepolis stand eine Platane aus Gold, das Geschenk eines reichen Lyders. Ebenso sammelten die Großkönige hübsche Mädchen und Knaben aus verschiedenen Ländern. Auch das gehörte zum Luxus.

Dieses System ermöglichte einer zahlenmäßig hauchdünnen persischen und zum Teil medischen Oberschicht die Beherrschung eines Gebiets, das in seiner größten Ausdehnung vom heutigen Nordgriechenland bis zum westlichen Pakistan und vom Kaukasus bis zum nördlichen Sudan und nach Libyen reichte. Im Lauf der Zeit kam es zur Ansammlung märchenhafter Reichtümer, weil die Könige von den Einnahmen, die ihnen zuflossen, möglichst viel in ihren Schatzkammern horteten, d. h., sie nicht investierten. Da die Basis dieser Oberschicht, das persische Volk, nicht allzu groß war, hat man trotz des immensen Reichtums zu Recht von einem Koloss auf tönernen Füßen gesprochen. Die Griechen waren viel zahlreicher.

Gab es Anzeichen für einen Niedergang des Perserreiches? Schließlich ist es der Monarchie trotz aller Vorkehrungen nie völlig gelungen, tödliche Machtkämpfe in der Spitze des Staates zu vermeiden, was eigentlich ihre zentrale Aufgabe gewesen wäre. Es gab nicht nur den gescheiterten Putschversuch des jüngeren Kyros; sondern von zwölf Großkönigen, die auf Dareios folgten, wurden nicht weniger als sechs von Familienmitgliedern ermordet, und dazu etliche Prinzen. Der bekannteste Gehilfe – oder sogar Initiator – bei solchen Machtkämpfen war gegen Ende des Perserreiches der Eunuch Bagoas, der schließlich von Dareios III. beseitigt wurde. Der extreme Reichtum der Oberschicht mag in vielen Fällen zu Arroganz, Übermut und einem trügerischen Sicherheitsgefühl geführt haben. Auf jeden Fall vergrößerte er den sozialen Abstand des Adels vom Volk. Auch ist mit Verschleißerscheinungen zu rechnen, die sich bei jedem Herrschaftssystem langfristig einstellen. Als solche könnte man die Satrapenaufstände verstehen, die in den 360er Jahren in Kleinasien die persische Zentralgewalt schwach erscheinen ließen. Längerfristige Schwierigkeiten machte den Persern nur Ägypten, das von seiner geographischen Lage gleichsam zur Unabhängigkeit bestimmt ist und zwischen 402 und 343 v. Chr. die persische Herrschaft abschütteln konnte, sowie die Griechen. Aber Artaxerxes III. (359–338 v. Chr.) stellte 343 v. Chr. die Einheit des Reiches wieder her.

Wichtiger, sogar die fundamentale Voraussetzung für den Bestand des Reiches war, dass die meisten orientalischen Völker die persische Herrschaft gleichmütig ertrugen. Schon seit unendlichen Zeiten an die Herrschaft von Despoten gewöhnt, hatten sie gelernt, sich mit ihren jeweiligen Herren zu arrangieren, die ihnen zwar Steuern abverlangten und sie gelegentlich zu Kriegszügen heranzogen, ihnen aber ihre Identität beließen und ihnen lange Friedenszeiten garantierten. Für die Griechen war eine solche Haltung unbegreiflich, und sie versuchten sie mit Verweichlichung infolge von Luxus oder mit dem heißen Klima zu erklären.

Das Perserreich ist nicht wegen wie immer gearteter Verfallerscheinungen von Alexander dem Großen hinweggefegt worden, sondern paradoxerweise deshalb, weil gerade seine starken Seiten sich als unzureichend erwiesen. Die despotische starre Ordnung war zwar die Ursache für seine Stabilität und lange Dauer, konnte aber von einem geschickten Taktiker ins Gegenteil verkehrt werden, und ihre Traditionsgebundenheit gab den Persern zwar innere Festigkeit, brachte aber auch Stagnation mit sich. Ihre Hilflosigkeit gegenüber der griechischen Phalanx hatten die Perser seit Marathon und Plataiai immer wieder erfahren. Die einzige Antwort, die sie darauf fanden, war die Anwerbung von griechischen Söldnern. Auch der Fortschritt der militärischen Taktik im Griechenland des vierten Jahrhunderts hatte sie unberührt gelassen. Ihre militärische Stärke beruhte nach wie vor auf ihrer Reiterei, der bis dahin besten der damaligen Welt. Aber Alexander hat die Perser gerade mit seiner Reiterei besiegt.

Das kurze Reitergefecht am Flüsschen Granikos ließ er mit einem Scheinangriff am rechten Flügel eröffnen. Als daraufhin die persischen Reiter nach links rückten, um den vermeintlichen Angriff abzufangen, entstand rechts von ihnen eine momentane Schwachstelle, in die Alexander mit der Hauptmacht sofort hineinstieß. Trotzdem stand anfangs das Gefecht für die Makedonen nicht gut. Aber nach und nach stellte sich heraus, dass die langen Lanzen der makedonischen Reiter aus Kornelkirschholz vorteilhafter waren als die kürzeren Speere der persischen Reiter. Dennoch: Nur ganz knapp entging Alexander dem tödlichen Schwerthieb des Spithridates, des Satrapen von Lydien. Hätte sein Jugendfreund Kleitos ihn nicht im letzten Augenblick gerettet, wäre der Alexanderzug eine Episode geblieben. Später ist dieses Gefecht, in dem es selbst auf persischer Seite anscheinend keine großen Verluste gab, in den antiken Quellen und zum Teil auch von modernen Autoren gehörig aufgebauscht worden.

Die entscheidenden Schlachten bei Issos und Gaugamela, deren Schilderung im Einzelnen hier nicht das Thema ist, offenbarten in unübersehbarer Weise, wie die mentale Fixierung auf den Großkönig zum Schwachpunkt des gesamten persischen Heeres wurde. Diese Erkenntnis war nicht neu. Schon der rebellische Prinz Kyros hatte offen verkündet, dass die bevorstehende Schlacht (bei Kunaxa) durch seinen direkten Angriff auf seinen Bruder Artaxerxes II. entschieden würde, hatte sich tollkühn auf den König gestürzt – und war an der königlichen Leibgarde gescheitert. Alexander setzte auf das gleiche Prinzip, nur dass er taktisch geschickter vorging. Denn wie in seinem Palast, so musste der persische Großkönig auch in der Schlachtordnung seines Heeres der absolute Mittelpunkt sein. Er hatte in seinem Streitwagen, der zu den Insignien der königlichen Macht gehörte, seinen festen Platz in der Mitte seines Heeres, aber nicht an vorderster Front, sondern hinter den Linien, behütet von seiner Leibgarde. Er bestimmte zwar den Ort der Schlacht, die Aufstellung des Heeres und den Beginn des Kampfes, aber während der Schlacht hatte er nicht die Führung, sondern war eher ein Beobachter, der registrieren wollte, wer sich auszeichnete und wer versagte, um später Belohnungen zu verteilen und Strafen zu verhängen. Seine sichtbare Anwesenheit sollte seinen Kämpfern Mut einflößen und ihren Ehrgeiz anstacheln, aber er sollte nicht selbst in den Kampf verwickelt werden: denn im Falle seines Todes befürchtete man eine Staatskrise. Also gehörte es zu den Aufgaben seiner Umgebung, ihn bei einer sich abzeichnenden Gefahr heil aus dem Gefecht zu bringen.

Das Problem war aber: Wenn der König fluchtartig das Schlachtfeld verließ, würde auch das Heer nicht weiterkämpfen. Und so geschah es. Alexander stieß in der Schlacht bei Issos (November 333 v. Chr.), wo übrigens beide Heere mit verkehrten Fronten kämpften, weil sie auf verschiedenen Seiten eines Gebirgszuges aneinander vorbeigezogen waren, ohne es zu bemerken, mit seiner Reiterei vom rechten makedonischen Flügel aus durch die Reihen des persischen Fußvolks, der Kardaker, hindurch und hielt direkt auf den König zu. Wie er durch die tapfer kämpfende persische Leibgarde, darunter Satrapen und ein Bruder des Königs, hindurchdrang, wird für immer ein Geheimnis bleiben. Die antiken Quellen geben darüber keine Auskunft, und die Erklärungsversuche moderner Autoren – Alexanders Mut und aggressiver Elan – führen auch nicht weiter. An Mut und Elan fehlte es auch den Persern nicht. Waren es wieder die langen Lanzen der Makedonen? Jedenfalls sah sich Dareios genötigt, die Flucht zu ergreifen. Dennoch hätten die Perser gute Aussichten gehabt, die Schlacht doch noch zu gewinnen. Die persische Reiterei in der Strandebene am rechten persischen Flügel zeigte sich ihren thessalischen und griechischen Gegnern durchaus gewachsen, wäre bei längerem Kampf wahrscheinlich sogar siegreich gewesen. Und die

Abb. 33: Schlacht bei Issos. Bodenmosaik im „Haus des Fauns“ in Pompeji (2. Jh. n. Chr.).

griechischen Söldner in persischen Diensten hatten sich einige Lücken, die in der makedonischen Phalanx beim Überschreiten des Flusses Pinaros entstanden waren, zunutze gemacht und waren drauf und dran, sie aufzurollen. Aber nach der Flucht des Königs gaben alle den Kampf auf. Nur einige versprengte persische Reiterverbände in Lykaonien, jenseits des Taurosgebirges, kämpften später noch weiter, wurden aber von Antigonos, den Alexander zum Satrapen von Phrygien eingesetzt hatte, in mehreren Gefechten besiegt, was wohl darauf schließen lässt, dass die makedonische Reiterei besser als die persische war.

Es wäre kaum zu glauben, wenn es nicht sicher bezeugt wäre: Fast zwei Jahre später (1. Oktober 331 v. Chr.) wiederholte sich bei Gaugamela im nördlichen Mesopotamien das Gleiche wie bei Issos in noch größerem Maßstab. Das weite Gelände, auf dem Dareios Alexander erwartete, war sorgsam ausgesucht und oberdrein noch künstlich planiert worden. Es bot für die Entfaltung der Reiterei geradezu optimale Möglichkeiten. Die zahlenmäßige Überlegenheit der persischen Reiterei über jene Alexanders dürfte beträchtlich gewesen sein. Zusätzlich hatte Dareios noch Streitwagen mit Sicheln an den Rädern und aus dem Osten Elefanten herbeischaffen lassen. Die Front des persischen Heeres war fast doppelt so lang wie die makedonische. Wie am Granikos simulierte Alexander einen Scheinangriff am äußersten rechten Rand, indem er die Formation seiner Reiterei ausdünnte und bis dorthin streckte. Dareios, der einen makedonischen Seitenangriff befürchtete, ließ den linken Flügel seiner Reiterei demensprechend weiter nach links rücken und einschwenken. Infolge dieser Bewegung entstand eine kurzzeitige Lücke in der persischen Frontlinie, nicht weit von Streitwagen des Großkönigs entfernt. Genau darauf hatte Alexander gehofft. Blitzartig führte er seinen Angriff auf diese Stelle und stürmte unaufhaltsam auf Dareios zu. Und wieder ergriff dieser die Flucht und gab die Schlacht verloren, während seine Reiter auf dem rechten Flügel dabei waren, zu siegen und bis in das makedonische Lager hinter dem Heer gelangten. Im aufgewühlten Staub lösten sich die Fronten auf, es entstand ein Chaos, jede Übersicht ging verloren, und die makedonischen Einheiten auf dem linken Flügel gerieten in große Gefahr. Hätte Dareios, wie einst Kyros und Kambyses, seine Reiterei selbst geführt, hätte er die Schlacht wahrscheinlich gewonnen. So aber gab das persische Heer den Kampf auf. Das Fußvolk auf persischer Seite war ohnehin im Wesentlichen nur als Bogenschützen brauchbar, und den Truppen, die aus untertänigen Völkern rekrutiert worden waren, fehlte die Motivation. Sobald die Lage kritisch wurde, ergriffen sie die Flucht, die meisten, ohne überhaupt zum Einsatz gekommen zu sein.

Für den heutigen Betrachter ist es nur schwer zu begreifen, warum es im Perserreich zwar Garnisonen, aber kaum starke Festungen gab. Wie schon die griechischen Söldner im Dienst des Prinzen Kyros erfahren hatten, war das Innere des Perserreiches ein militärisch fast leerer Raum. Nicht einmal natürliche Hindernisse haben sich die Perser zunutze gemacht. Weder bewachten sie die Gebirgspässe in Richtung Syrien ausreichend noch machten sie den Versuch, das makedonische Heer am Überschreiten des Euphrat und Tigris zu hindern. So traf Alexander – abgesehen von der kurzen Dauer der Schlachten – auf der gesamten langen Strecke von Kleinasien bis Ägypten, Babylonien und Elam auf erstaunlich wenig Widerstand. Vielmehr hatte der Großkönig darauf gesetzt, den Krieg nach Griechenland zu tragen. Schon beim vergeblichen Aufstand Thebens auf das Gerücht vom Tod Alexanders hin hatte persisches Gold eine Rolle gespielt. Mit Hilfe der Flotte, die er unter den Befehl des Rhodiers Memnon gestellt hatte, hatte der Großkönig gehofft, diese Politik fortsetzen und in Griechenland eine antimakedonische Koalition schmieden zu können. Tatsächlich zeigten sich Athen und Sparta interessiert und schickten Gesandte. Aber Memnon, der eine Karriere im Dienst des Großkönigs angestrebt hatte, starb nach den ersten erfolgreichen Operationen in der Ägäis unerwartet, und auf die Kunde vom Sieg Alexanders bei Issos kehrten die Schiffe in ihre Heimathäfen auf Zypern und in die phoinikischen Städte zurück. Die Burg von Sardeis, die immer für uneinnehmbar gehalten worden war, lieferte sich schon nach dem Gefecht am Granikos dem Sieger kampflos aus. Nur in Milet und Halikarnassos leisteten die Perser mit Unterstützung von griechischen Söldnern sowie athenischen und sogar makedonischen Exilanten Widerstand, so dass beide Städte erobert werden mussten. In Syrien machten nur das phoinikische Tyros und das von einem persischen Kommandanten mit nabataiischen Söldnern verteidigte Gaza dem makedonischen Eroberer Schwierigkeiten. In Tyros konnten sich die für ihre Unabhängigkeit kämpfenden Phoiniker sieben Monate lang halten, Gaza, wo Alexander verwundet wurde, widerstand der Belagerung immerhin zwei Monate. Doch die große Masse der orientalischen Völkerschaften nahm den neuen Herrn mit der gleichen Indolenz hin, wie sie die Perser ertragen hatte. Als Befreier wurde Alexander nur in Ägypten und Babylon gefeiert.

Erst im persischen Stammland stieß der Makedone auf entschlossenen Widerstand, indem der dortige Satrap den wichtigsten Gebirgspass, die sogenannten „Persischen Tore“ blockierte. Nur auf einem schwierigen Umgehungspfad konnte Alexander sich Zugang verschaffen. Im äußersten Osten, in Baktrien und Sogdien (Afghanistan, Usbekistan, Kasachstan), unternahm Bessos, der bei Gaugamela den linken Flügel des persischen Heeres geführt hatte, den letzten Versuch, das persische Großkönigtum zu retten. Er scheiterte militärisch, aber einer seiner Anhänger, der Satrap Spitamenes, der zum Schluss für die Unabhängigkeit Sogdiens kämpfte, schlug am Fluss Polytimetos einen Teil des makedonischen Heeres vernichtend. Auch nachdem er gefallen war, gab es noch einen letzten iranischen Widerstand. Diese Kämpfe zwischen 330 und 327 v. Chr. waren für Alexander und sein Heer die härtesten, hier waren die Iraner in ihrem Element, und es bedurfte seiner ganzen militärischen Genialität, auch Brutalität, um die zähe iranische Gegenwehr niederzuringen.

So können wir als politisches Resümee des Perserreiches feststellen: Die Perser waren ein Reitervolk, das um die Mitte des sechsten Jahrhunderts plötzlich und unerwartet aus dem abgelegenen geographischen Winkel des iranischen

Hochlandes hervorbrach, unter seinen Königen Kyros und Kambyses in 25 Jahren den gesamten Alten Orient eroberte, unter Dareios durch die Übernahme der orientalischen Despotie und Bürokratie diese Herrschaft sicherte und ca. 220 Jahre später wieder alles verlor, weil die persische Führungsschicht nicht befähigt war, mit den militärischen Neuerungen im griechisch-makedonischen Raum Schritt zu halten; wohl auch deshalb, weil das rigide altorientalische Herrschaftssystem, das Dareios oktroyiert hatte, dem Wesen der Perser eigentlich nicht entsprach und sie an der Entfaltung ihrer vollen militärischen Leistungsfähigkeit eher behinderte. Auch der politische Einsatz von Geld bzw. Gold konnte diesen Mangel letztendlich nicht ausgleichen. Es war also nicht nur das außerordentliche militärische Talent Alexanders, das den Persern zum Verhängnis wurde, auch nicht die angebliche moralische Dekadenz ihrer Führungsschicht.

9 Der *bíos tryphôn* (das Übermaß als Lebensform) der Könige des Ostens

Das Perserreich war, wie griechische Moralisten behaupteten, wegen der „barbarischen Maßlosigkeit" der Orientalen besiegt worden. Aber die „Maßlosigkeit" überlebte das Perserreich. Drehen wir die Zeit noch einmal an den Beginn des Alexanderzuges zurück.

Alexander, den man später – sehr viel später – den Großen nannte, hat den Krieg gegen das Perserreich von seinem Vater „geerbt". Dieser hatte sich das weitverbreitete Unbehagen über den Königsfrieden zwischen Sparta und den Persern, der die griechischen Städte Kleinasiens an den Großkönig ausgeliefert hatte, zunutze machen wollen. Der Wortführer der Unzufriedenen unter den Griechen war Isokrates, der ursprünglich einen gemeinsamen Krieg Athens und Spartas gegen das Perserreich gefordert hatte und jetzt Philipp aufrief, wenn möglich, ganz Kleinasien zu erobern und dort Griechen anzusiedeln. Dabei lässt er unverhohlen seinen Neid erkennen, dass die verächtlichen „Barbaren" so reich und viele Griechen so arm seien. Wie ungerecht! Zwar werde der Perserkönig von vielen Griechen für unbesiegbar gehalten, obwohl seine Untertanen kriegsunerfahren und infolge ihrer üppigen Lebensweise verweichlicht seien; aber wenn Philipp den Krieg im Namen der Freiheit führe, müsste es möglich sein, den Perserkönig zum Vasallen zu machen und die „Barbaren" Kleinasiens zu zwingen, den Griechen als Heloten zu dienen. So die Vision des Isokrates. In der Tat ließ sich Philipp 317 v. Chr. vom Korinthischen Bund mit dem Krieg gegen die Perser beauftragen, angeblich, um Rache für die Zerstörung der griechischen Heiligtümer durch das Heer des Xerxes 480/479 v. Chr., also 163/162 Jahre früher (!) zu nehmen. Wenn er geglaubt haben sollte, damit die Griechen mit seiner Herrschaft zu versöhnen, hatte er sich freilich geirrt. Aber sein wirkliches Ziel dürfte gewesen sein, durch die Vertreibung der Perser aus Kleinasien der antimakedonischen „Partei" in Griechenland einen wichtigen Bündnispartner zu entziehen. Im kleinasiatischen Hinterland Griechen anzusiedeln, wäre für diesen Zweck kaum ratsam gewesen, denn diese hätten sich nach allgemeiner Erfahrung bald wieder zerstritten, und eine von beiden „Parteien" hätte dann von Neuem die Perser ins Spiel gebracht. Eine makedonische Vorhut war schon in Kleinasien gelandet, aber von den Persern unter dem Befehl des Rhodiers Memnon zurückgedrängt worden. Dann wurde Philipp plötzlich ermordet.

Alexander hat den bevorstehenden Krieg vermutlich von vornherein ganz anders aufgefasst: als einen Zug ins Ungewisse, ohne klare politische Konzeption, als eine Gelegenheit zu Heldentaten, an mythischen Vorbildern orientiert. Seine Mutter Olympias, eine machthungrige und streitbare Prinzessin aus

Epeiros (Albanien), eine leidenschaftliche Anhängerin des orgiastischen Dionysos-Kultes, hatte ihm einen festen Glauben an das Übersinnliche und Okkulte beigebracht.

Von der Erziehung durch seine griechischen Lehrer her, unter denen Aristoteles später der berühmteste werden sollte, war er mental ganz Grieche, sprach auch mehr Griechisch als Makedonisch. Dieser Erziehung ist wohl auch seine rationale Seite, seine Wissbegierde, sein Drang, Neues zu erforschen, zuzuschreiben. Körperlich zwar nur mittelgroß, war er aber mit einer robusten Gesundheit ausgestattet, physisch so stark belastbar wie wenige, psychisch furchtlos und kühn. Schon seit früher Jugend mit dem Kriegswesen vertraut, gewann er bereits als 16-Jähriger seinen ersten Krieg in Thrakien und entschied als 18-Jähriger die Schlacht bei Chaironeia mit seinem Reiterangriff auf die thebanische „Heilige Schar". Schon damals zeigte sich sein außerordentliches militärisches Talent, seine „männerdurchbrechende Stärke" (um mit Homer zu sprechen) in vorderster Front ebenso wie auch seine Improvisationsgabe, die ihn befähigte, schwierige Herausforderungen verschiedenster Art zu bewältigen.

Erstaunlich war seine frühe Vollendung. Bis zu seinem Tod hat er sich nicht spürbar gewandelt. Er schien wie die Göttin Athene aus dem Haupte des Zeus in voller Rüstung entsprungen. Dennoch erfolgte seine Erhebung zum König nach dem überraschenden Tod Philipps nicht von selbst. Schließlich hatte er einen handfesten Vater-Sohn-Konflikt mit Philipp ausgefochten, als sein Anspruch auf die Thronfolge durch dessen neue Heirat mit einer makedonischen Adligen gefährdet schien, und war vorübergehend zu seiner Mutter nach Epeiros ausgewichen. Die anschließende Versöhnung mit seinem Vater war nur oberflächlich. Während seines Feldzuges wird er sich eine eigene göttliche Abkunft schaffen, um sich von ihm loszusagen, und ausgesprochen gereizt reagieren, wenn jemand in seiner Gegenwart Philipp lobt.

Kleopatra, Philipps neue Frau, gebar nur eine Tochter. Dennoch gab es am makedonischen Hof noch zwei andere Thronanwärter, die zwar nicht die gleichen Leistungen, wohl aber im Rahmen der Erbmonarchie die gleiche Legitimation hatten. Zu ihnen gehörte Amyntas IV., der Sohn des im Krieg gegen die Thraker gefallenen Königs Perdikkas III., der von seinem Onkel Philipp stillschweigend übergangen worden war, ferner Alexanders älterer Halbbruder Karanos. Aber Alexander hatte zwei wichtige Generäle Philipps auf seiner Seite, Antipatros und Parmenion. Antipatros ließ ihn von der Heeresversammlung zum König ausrufen, obwohl diese dazu rechtlich nicht befugt war. Die beiden Rivalen um den Thron und außerdem einige mächtige makedonische Adlige, die vielleicht hinter ihnen standen, ließ Alexander umbringen. Andere flüchteten sich ins Perserreich, nur sein Halbbruder Arrhidaios durfte überleben. Ihn rettete, dass er geistig behindert war. Ebenso hat Alexander im Verlauf seines Feldzuges alle beseitigt, die seinem unerbittlichen Machtwillen und seinem unstillbaren Durst nach Ruhm im Wege standen oder ihm verdächtig erschienen. Andererseits zeigte er sich gegenüber denen, die sich ihm unterwarfen, auf eine beinahe leichtfertige Weise großzügig. Er war ein absoluter Egomane, der darauf brannte, alle und alles zu beherrschen. Auf Widerstand reagierte er mit Wut und schreckte vor Grausamkeit nicht zurück. Eine tiefergehende menschliche Bindung hatte er nur an seine Mutter und an seinen Freund und Geliebten Hephaistion (was nicht heißt, dass er homosexuell gewesen wäre). Ihn trieb der leidenschaftliche Ehrgeiz, an Grenzen zu gelangen, die noch niemand erreicht hatte. Spätere Autoren sprechen von seiner „Sehnsucht" *(póthos)* nach dem Unbekannten. Die erwähnte Anekdote von seinem Zusammentreffen mit Diogenes in Korinth, ob historisch oder nicht, ist durchaus treffend: Dieser versuchte die inneren Grenzen des Menschen zu testen, Alexander die äußeren zu erreichen.

In diesem Sinn hat der Diogenesschüler Onesikritos, der den Eroberungszug mitgemacht und später eine fantastische Biographie des Königs geschrieben hat, Alexander einen Philosophen in Waffen genannt. Und wirklich hat er sich während seines Feldzuges an den Indus für die indischen Asketen interessiert und Onesikritos angewiesen, mit ihnen zu diskutieren. Ihn faszinierte das Extreme. Zu seinem Vorbild hatte er sich Achill gewählt, den Ahnherrn der molossischen Königsfamilie seiner Mutter. Während seines Feldzuges trug er eine Abschrift der Ilias immer bei sich. Aber während Achill am Trojanischen Krieg gar nicht

Abb. 34: Alexanderportrait von Lysipp (Marmorkopie aus Alexandreia, 3. Jh. n. Chr.).

hatte teilnehmen wollen, sondern dazu genötigt worden war, liebte Alexander den Krieg. Der Kampf war für ihn die höchste Lebensform. Er war weit kriegerischer als die mythischen Helden vor Troja, die das Kriegsende herbeisehnten, um wieder nach Hause fahren zu können. Ebenso identifizierte er sich mit Herakles, dem mythischen Ahnherrn seiner Familie vom Vater her. Ihm brachte er an entscheidenden Stationen seiner Feldzüge Opfer dar und ließ sein Bild auf Münzen anstelle eines eigenen Portraits prägen. In puncto sinnliche Genüsse war er eher zurückhaltend, fand allenfalls bei Trinkgelagen, wo er sich gern in prahlerischen Reden erging, nicht das rechte Maß.

Bezeichnend war, dass er den Rat seiner Umgebung, vor dem Beginn des Feldzuges erst einen Sohn zu zeugen und als Erben zu hinterlassen, ablehnte: ein gravierender Fehler, der später die gesamte makedonisch-griechische Welt in schier endlose Wirren stürzen sollte. Bei der Landung in Kleinasien über den Hellespont warf er noch vom Schiff aus seinen Speer in die asiatische Erde und sprang dann als Erster an Land, womit er an die frühzeitliche Tradition des Eigentums auf Grund des Siegerrechts anknüpfte. Die Botschaft war unmissverständlich: Alles, was er erobern würde, sollte ihm allein gehören. In Ilion, wo man das frühere Troja vermutete, bekränzte er das angebliche Grab Achills, stiftete im Athenatempel seine Rüstung als Weihgeschenk und nahm dafür Waffen mit, von denen es hieß, dass sie aus dem Trojanischen Krieg stammten. Den Sieg am Granikos nahm er noch zum Anlass, gegenüber dem Korinthischen Bund die gemeinsame Sache herauszustreichen, indem er 300 erbeutete persische Rüstungen nach Athen als Weihgabe für die Stadtgöttin schickte, verbunden mit der Inschrift: „Alexander, Sohn Philipps, und die Griechen, mit Ausnahme der Lakedaimonier, von den Barbaren, die in Asien wohnen." Die propagandistische Absicht war: Die Griechen können sich als Sieger fühlen, aber Sparta, das sich dem Korinthischen Bund verweigert hatte, steht nun ruhmlos da.

Dass Alexander in der Inschrift keinen Königstitel führt, entsprach griechischen Gepflogenheiten. Wirklich König war in griechischen Augen nur der persische Großkönig. Die griechischen Städte Kleinasiens schloss er nicht an den Korinthischen Bund an, sondern ließ ihren zukünftigen Status offen. Lediglich die perserfreundlichen Oligarchen tauschte er gegen die Demokraten aus, verbot diesen jedoch, sich an den Oligarchen zu rächen, weil er Ruhe in seiner Etappe brauchte. So viel war sicher: Über diese Städte würde er direkt, als König, nicht indirekt als Bundesfeldherr herrschen. Ihre Freiheit würde nur in bestimmten Privilegien bestehen, die er ihnen gewährte. Demonstrativ führte er in einem Schreiben an die kleinasiatische Stadt Priene den Königstitel. Wo es sich ergab, warb er um Sympathien bei den Einheimischen. So setzte er die frühere lydische Verfassung in Sardeis wieder in Kraft und der karischen Fürstin Ada, die von ihrem jüngeren Bruder aus ihrer Herrschaft vertrieben worden war, gab er ihr angestammtes Recht als Herrscherin zurück. Den persischen Kommandanten, der ihm die Burg von Sardeis kampflos übergeben hatte, nahm er in sein Gefolge auf und setzte damit ein Zeichen für alle Überläufer. Die Satrapien ließ er unverändert, setzte teilweise Makedonen als Satrapen ein, teilweise ließ er sogar persische Satrapen in ihrem Amt. Der Feldzug verlief also schon von Anfang an ganz anders, als Isokrates ihn sich vorgestellt hatte.

Die bekannte Geschichte vom Gordischen Knoten, an der sich schon viele Gelehrte versucht haben, ist pittoresk, gibt aber wenig her. In einem Tempel auf der Burg von Gordion, der Hauptstadt Phrygiens, stand ein Wagen, dessen Deichsel und Joch mit einem scheinbar unentwirrbaren Bastknoten verflochten waren. Dazu erzählte man sich ein naives Märchen von einem armen Bauern namens Gordios, dem dieser Wagen einst gehört habe und dem die Königsherrschaft geweissagt worden sei. Doch passierte viele Jahre nichts. Viel später, als bei den Phrygern ein Bürgerkrieg ausgebrochen war, weil sie sich auf keinen Kandidaten für die Herrschaft einigen konnten, habe ein Orakel ihnen verkündet, denjenigen zum König zu erheben, der in einem Wagen zu ihrer Versammlung gefahren käme. Dieser Mann war der indessen schon betagte Gordios, der zusammen mit seinem Sohn Midas in seinem Wagen zu dieser Versammlung gefahren sei, und so sei die Prophezeiung in Erfüllung gegangen. In Wirklichkeit handelte es sich wahrscheinlich um ein Weihgeschenk des ersten phrygischen Königs, der Gordios hieß. Ein Orakel besagte, dass derjenige, der den Knoten lösen könne, König von Asien werden würde. Alexander, der im Frühjahr 333 v. Chr. sein Heer im zentral gelegenen Gordion auf die Fortführung seines Perserkrieges vorbereitete, wurde mit diesem Orakel konfrontiert. Da viele Zuschauer erwartungsvoll um ihn herum standen, musste er schnell eine Lösung finden, um ein schlechtes Omen zu vermeiden. Wie er den Knoten gelöst hat, ob er den Deichselpflock entfernte oder mit einem Schwerthieb den Knoten durchschlug, darüber sind sich die antiken Autoren nicht einig. Und was mit „Asien" gemeint war, bleibt auch unklar, vermutlich Kleinasien. Jedenfalls lässt sich daraus kein Schluss auf die damaligen Kriegsziele Alexanders ziehen.

Der Sieg bei Issos veränderte alles. Vor den Augen Alexanders rückte ein ungeheures Ziel in den Bereich des Möglichen: selbst Großkönig zu werden. Den Großkönig zu besiegen, das war gut und brachte Ruhm. Aber selbst Großkönig zu werden, das war geradezu märchenhaft. Noch nie hatte ein Grieche davon auch nur zu träumen gewagt, und erst recht kein Makedone. Zu allem Überfluss fiel den Makedonen in Syrien auch noch das persische Lager mit der Familie (Mutter, Gattin und Kinder) des Großkönigs und der Kriegskasse in die Hände, die Dareios nach persischer Sitte mitgeführt hatte. Alexander, der den Feldzug mit einem verschuldeten Königreich begonnen hatte, konnte die Perser von da an mit ihrem eigenen Geld bekämpfen. Dareios sah sich gezwungen, mit Alexander Verhandlungen aufzunehmen. Er schickte zwei Gesandte, einen Perser und einen Griechen, mit der Bitte um einen makedonischen Unterhändler. Doch Alexander ließ sich auf keine Verhandlungen ein, sondern beauftragte seinen Boten, nur einen Brief zu übergeben. Darin erklärte er sich kurz und bündig zum König von Asien, weil die Götter ihm den Sieg verliehen hätten: also wieder die

Berufung auf das Siegerrecht. Dareios solle sich ihm als Vasallenkönig unterstellen oder mit ihm kämpfen. Zweifellos hätte er es am liebsten gesehen, wenn Dareios sich auf einen Zweikampf eingelassen hätte, wie einst Hektor mit Achill. Dareios, der fürchten musste, dass Alexander direkt gegen das schutzlos daliegende Mesopotamien vorstoßen würde, machte 332 v. Chr., als die Makedonen Tyros belagerten, mit einer zweiten Gesandtschaft ein verzweifeltes Zugeständnis, indem er ihm alle Gebiete bis zum Euphrat, dazu die Hand einer seiner Töchter und eine hohe Geldsumme anbot. Vergeblich.

Hätte Alexander nach der Schlacht bei Issos seinen Vormarsch so fortgesetzt, wie es Dareios befürchten musste, d. h., wäre er direkt in Mesopotamien einmarschiert, hätte er, wie sich später herausstellte, fast ohne auf Widerstand zu stoßen bis Susa vordringen können. Dareios wären dann nicht mehr als die dünn besiedelten östlichen Gebiete geblieben, in denen er nur noch Reiterheere hätte sammeln können. Darin lag die eigentliche Bedeutung der Schlacht bei Issos, dass sie dem Sieger diese riesige Chance eröffnete. Doch Alexander nahm sie nicht wahr, sondern wandte sich nach Syrien. Militärisch bestand dazu keine Notwendigkeit. Der Großkönig hatte fast alle Truppen aus diesem Raum, auch aus Ägypten, abgezogen, um sie bei Issos einzusetzen. Auch von der persischen Flotte drohte keine Gefahr mehr. Tyros, das dem Makedonen einen entschlossenen Widerstand entgegensetzte, und dessen Einnahme sieben Monate kostete, kämpfte nicht für die Perser, sondern für seine Eigenständigkeit. Alexander ließ alle waffenfähigen Männer, die ihm in die Hände fielen, massakrieren und die übrige Bevölkerung in die Sklaverei verkaufen.

Die Eroberung von Gaza, das von nabataiischen Söldnern verteidigt wurde, dauerte zwei Monate. Er ließ die Bevölkerung auch hier versklaven und den persischen Kommandeur an einem Wagen zu Tode schleifen. Alles das wäre völlig unnötig gewesen, denn nach einem endgültigen makedonischen Sieg hätte sich der Widerstand dieser Festungen von selbst erledigt. In Ägypten wurde Alexander als Befreier begrüßt, ließ sich zum Pharao krönen und warb um Sympathie, indem er demonstrativ seinen Respekt vor der ägyptischen Religion bekundete. Seine nachhaltigste Maßnahme war die Gründung von Alexandreia, das bis heute Ägyptens Tor zur westlichen Welt ist.

Nicht weniger wichtig für ihn, vielleicht sogar sein hauptsächliches Motiv für den langen Abstecher nach Süden war das Orakel des berühmten Ammonheiligtums in der Oase Siwah, das er auf beschwerlichem Weg durch die Wüste mit kleinem Gefolge erreichte. Über seine Fragen und die Antworten des Gottes Amun (wie er ägyptisch hieß) hat er immer Stillschweigen bewahrt. Sie berührten anscheinend seinen innersten Kern. Sie waren für ihn so lebenswichtig, dass er sich wünschte, nach seinem Tod nicht in Makedonien, sondern in der Oase Siwah bestattet zu werden. Sicher wird er nach dem Ausgang des Krieges gefragt haben. Doch es ging um mehr. Das Orakel hat ihm bestätigt, dass er der Sohn Ammons sei. Das war es, was er hören wollte. Er hatte seinen wirklichen Vater gefunden, der ihn von Philipp befreite. Und so ließ er den Persern genügend Zeit, ein großes Heer auf die Beine zu stellen, mit dem sie, wenn sie es etwas klüger angestellt und etwas Fortune gehabt hätten, ihm einen heldenhaften Untergang hätten bereiten können. Doch als er unmittelbar vor dem Beginn der Kampfhandlungen bei Gaugamela die Hilfe der Götter als Sohn des Zeus Ammon anrief, wusste er, dass er siegen würde.

Abb. 35: Silbermünze Alexanders mit Widderhorn, dem Zeichen Ammons, in Thrakien während der Herrschaft des Lysimachos geprägt (s. u.).

Ägypten mit seiner isolierten geographischen Lage, seinen reichen Ressourcen und seiner besonderen Identität konnte Alexander nicht mehr gleichsam im Vorbeigehen verwalten lassen. Er sicherte das Land mittels einer Aufteilung unter verschiedene Funktionsträger unterschiedlicher Herkunft: Die zwei Strategen des Landes, ferner der Flottenbefehlshaber und die Kommandanten der Garnisonen in Memphis und Pelusion, dem Riegel am Eingang zu Ägypten, waren Makedonen, die beiden Leiter der Zivilverwaltung für Ober- und Unterägypten Ägypter, die Vorsteher der beiden großen Fiskalbereiche in Unterägypten Griechen. Der Vorsteher des Syrien zugewandten sogenannten arabischen Fiskalbezirks, der in Naukratis in Ägypten geborene Kleomenes, erhielt eine Sonderstellung. Weil sein Fiskalbereich zugleich strategisch wichtig war, befehligte er dort eine eigene Truppe. Und ihm unterstand zugleich die Finanzverwaltung von ganz Ägypten sowie die Oberaufsicht über die Bauarbeiten in Alexandreia. Von dieser Stellung aus übernahm er später die Satrapie von ganz Ägypten, ob mit oder ohne Erlaubnis Alexanders, ist unklar.

Auf dem Rückweg von Ägypten hielt Alexander in Tyros prachtvolle sportliche und musische Spiele ab. Eine kleine Anekdote offenbart die innere Hinwendung zum Orient recht anschaulich. Einer seiner Lehrer hatte ihn einst angehalten, beim Opfern mit dem kostbaren Weihrauch sparsamer umzugehen. Jetzt ließ Alexander ihm eine ganze Schiffsladung mit Weihrauch schicken. Die Sparsamkeit, eine Grundtugend der europäischen Lebensform, war von gestern. Man konnte aus dem Vollen schöpfen.

Nach dem Sieg bei Gaugamela ließ Alexander sich vom Heer auf dem Schlachtfeld zum König von Asien ausrufen. In Babylon wurde er, wie in Ägypten, als Befreier empfangen und opferte dem Stadtgott Marduk. Die Verwaltung ordnete er nach dem gleichen Prinzip wie in Ägypten: Die militärische Besatzung und das Fiskalwesen blieben in makedonischer Hand, der persische Satrap wurde als Vorsteher der Zivilverwaltung bestätigt. Was „König von Asien" bedeutete, demonstrierte er in Susa, als er sich auf den Thron der persischen Großkönige setzte, d. h. für alle sichtbar nicht als makedonischer Eroberer auftrat, sondern an die Tradition des persischen Herrschertums anknüpfte. Angeblich soll er in Susa die Statuen der Tyrannenmörder Harmodios und Aristogeiton aus der Beute des Xerxes vorgefunden und nach Athen zurückgeschickt haben. In Persepolis vollzog er in seiner Funktion als Feldherr des Korinthischen Bundes die Rache für die Zerstörung griechischer Heiligtümer durch Xerxes, indem er denjenigen Teil des Palastes, den dieser hatte bauen lassen, in Brand stecken ließ – natürlich nach gründlicher Plünderung, denn die persischen Kostbarkeiten wollte man dann doch nicht in Flammen aufgehen lassen. Ein Gefühl des Triumphes scheint er dabei, wenn überhaupt, nur kurze Zeit empfunden zu haben. Es war vielmehr eine Pflichtübung gegenüber der griechischen Öffentlichkeit. Denn er war sich sehr wohl bewusst, dass dieser Akt seinen wahren Intentionen zuwiderlief. Angeblich hat er sogar kurz darauf die Löschung des Feuers befohlen.

Wenig später besuchte er das Grabmal des Kyros in Pasargadai und gab den Befehl, es zu verschönern. Als er es später, 324 v. Chr. bei seiner Rückkehr aus dem äußersten Osten beschädigt und geplündert vorfand, ließ er es wiederherstellen. Sein nächstes Ziel war die Verfolgung des Dareios, der ihm zweimal entkommen war und sich nach Ekbatana zurückgezogen hatte. Alexander traf ihn auch dort nicht mehr an, beendete aber dennoch den Krieg des Korinthischen Bundes und entließ dessen Truppenkontingente mit einer großzügigen Entlohnung. Der weitere Krieg war von da an allein sein Krieg. In größter Hast nahm er die Verfolgung des Dareios auf, bis er ihn schließlich in einem Wagen ermordet vorfand, angeblich in goldenen Fesseln (330 v. Chr.). Dieser Mord gab ihm die Möglichkeit, als sein Rächer aufzutreten. Schon als die weiblichen Familienmitglieder des Dareios nach der Schlacht bei Issos in seine Hand gefallen waren, hatte er diesen Glücksfall dazu benutzt, sich vorsichtig an die persische Königsfamilie anzunähern. Er behandelte die Gefangenen mit größter Zuvorkommenheit und ließ sie später nach Susa zurückführen. Jetzt trat auch Oxyathres, ein Bruder des Dareios, zu Alexander über und bekräftigte damit dessen Anspruch auf das persische Königtum. Die Leiche des Dareios ließ Alexander zu dessen Mutter nach Susa überführen und in Persepolis bestatten. Gegenüber den Orientalen begann er als Großkönig aufzutreten, in einem Mixtum aus griechischer und persischer Tracht und mit persischem Hofzeremoniell, und autorisierte seine schriftlichen Anweisungen an Orientalen mit dem Siegelring des Dareios. Aber unumstritten war sein Anspruch immer noch nicht. Denn Bessos, ein Verwandter des Dareios, der in der Schlacht bei Gaugamela den linken persischen Heeresflügel befehligt hatte und dann der Hauptverantwortliche für die Ermordung des Dareios geworden war, rief sich in Baktrien als Artaxerxes zum Großkönig aus. Als Alexander ihn nach langen und mühsamen Kämpfen in die Hand bekam, ließ er ihm wegen Hochverrats nach persischer Sitte Nase und Ohren abschneiden und nach Ekbatana zu Oxyathres schaffen, der ihn mit grausamen Martern zu Tode quälte. Noch 324 v. Chr. versuchte in Medien ein gewisser Baryaxes, sich zum Großkönig zu machen, wurde jedoch von dem von Alexander eingesetzten persischen Satrapen besiegt und an ihn ausgeliefert.

Mit der Übernahme des persischen Großkönigtums fühlte sich Alexander verpflichtet, dessen Herrschaftsanspruch auch in den östlichen Regionen durchzusetzen, was sich, wie schon gesagt, als äußerst schwierig erwies, weil er es dort mit der genuinen militärischen Schlagkraft der iranischen Völkerschaften zu tun bekam. Die Expansion bis zum Indus auszudehnen, wäre sicher nicht nötig gewesen. Aber das Land erregte seinen Drang, Neues zu erforschen, der noch von der Erwartung befeuert wurde, dort an das Ende der Welt zu gelangen, an den Okeanos, der nach griechischen Vorstellungen die Erde umschloss. Auch bei diesen Kämpfen ist er oft grausam gegen diejenigen vorgegangen, die ihm harten Widerstand entgegensetzten oder gar makedonische Besatzungstruppen niedergemetzelt hatten. Auf der anderen Seite bestätigte er indische Könige in ihrer Stellung, wenn sie sich ihm unterwarfen. Die Stationierung von makedonischen Besatzungen an strategisch wichtigen Punkten lässt darauf schließen, dass er glaubte, diese Gebiete dauerhaft halten zu können. Eine Ausnahme machte seine Behandlung des Königs Poros, den er 326 v. Chr. in einer großen Schlacht – seiner letzten – besiegte, und der verwundet in seine Hände fiel. Ihn hat er nicht nur in seinem Königtum bestätigt, sondern ihm zusätzlich noch weitere östlich gelegene Gebiete übertragen. Selbstverständlich sollte auch er nur sein Vasall sein.

Gleichzeitig war Alexander bestrebt, die Einzigartigkeit seiner Stellung auch nach innen durchzusetzen. Hatte er kurz nach seiner Inthronisierung in Makedonien seine Gegner aus dem makedonischen Adel und dazu alle, die ihm eventuell hätten gefährlich werden können, ermorden lassen, so ging er nach dem Sieg bei Issos daran, den Einfluss und die Ansprüche derjenigen, die ihn gefördert hatten, zurückzudrängen. Dabei nutzte er ihre Rivalität untereinander aus, versetzte Einzelne auf Posten, wo sie politisch kaltgestellt waren, ließ Verdächtige bespitzeln und den Inhalt ihrer Briefe in die Heimat, die über seine Kuriere liefen, heimlich ausspionieren.

Die Spannungen verstärkten sich im Verlauf des immer weiteren Vorrückens in den Osten. Alexanders Distanzierung von Philipp mit Hilfe der Ammonssohnschaft und seine Übernahme persischer Sitten verletzte die Identität und den Freiheitsstolz makedonischer Adliger, die sich unversehens mit denen gleichgestellt sahen, die sie besiegt hatten. In der Regel hüteten sie sich jedoch, sich zu offener Kritik hinreißen zu lassen. Denn es gab auch solche, die Alexanders Kurs unterstützten, und zahlreiche Schmeichler, die ihn ins Übermenschliche hochjubelten. Und noch hielt das Heer zu seinem König. Nur gelegentlich, bei bestimmten konkreten Anlässen und unter dem Einfluss des süßen Weins brach aus der schwülen Atmosphäre der Frust der Kritiker hervor.

Trotzdem hat es nur zwei Verschwörungen mit der Absicht gegeben, Alexander zu töten. Sie kamen nicht einmal von ranghohen Militärs, sondern von jungen Männern, deren hauptsächliches Motiv es war, sich durch einen „Tyrannenmord" Ruhm zu erwerben. Der erste Fall, der dann aber weite Kreise zog, war 330 v. Chr. das geplante Attentat eines gewissen Dimnos, das aber verraten und zunächst dem Führer der Hetairenreiterei, Philotas, dem Sohn Parmenions, angezeigt wurde. Da dieser – aus welchen Gründen immer – die Anzeige an Alexander nicht weitergab, wurde die Nachricht von anderen an Alexander direkt herangetragen. Dimnos beging Selbstmord, und so stand Philotas als Hauptverdächtiger da. Weil er sich schon lange zuvor durch sein großspuriges Auftreten beim König verdächtig und bei etlichen Adligen verhasst gemacht hatte, sprachen diese sich gern für seine Hinrichtung aus. Das Gerichtsverfahren, bei dem das Urteil von vornherein feststand, fand vor der Heeresversammlung statt, wo auch die Exekution durch Speerwürfe vollzogen wurde. Diese Hinrichtung zog unweigerlich die Ermordung seines Vaters Parmenion nach sich, der nach dem Tod Philipps neben Antipatros Alexanders Ausrufung zum König gefördert hatte. Da er in Ekbatana, ausgerüstet mit Truppen und riesigen Geldsummen, eine Schlüsselstellung für die Verbindungen nach Westen innehatte, wäre es einfach zu gefährlich gewesen, ihn am Leben zu lassen. Damit er nichts vom Schicksal seines Sohnes erfuhr, war höchste Eile geboten. An ihn schickte Alexander einen Boten mit zwei Begleitern auf Rennkamelen, der den drei Unterführern Parmenions den Mordbefehl überbrachte, woraufhin diese den Ahnungslosen bei einem Spaziergang niederstachen.

328 v. Chr. traf es Kleitos, den Jugendfreund, der Alexander in der Schlacht am Granikos das Leben gerettet hatte. Aus Verärgerung darüber, dass Alexander ihn als Satrapen von Baktrien zurücklassen wollte, machte er, bei einem Trinkgelage vom Wein enthemmt, Alexander schwere Vorwürfe und provozierte ihn dermaßen, dass dieser, ebenfalls stark angetrunken, sich schließlich bedroht fühlte, einem Leibgardisten die Lanze entriss und ihn niederstach. Kurz danach befiel ihn heftige Reue und Trauer und er schloss sich drei Tage lang ein.

Aber sein Ziel, die Umwandlung seiner Stellung in die eines Großkönigs, verfolgte er konsequent weiter. 328 v. Chr. inszenierte er den gewagten Versuch, die Proskynese auch für Makedonen verbindlich zu machen. Die Einzelheiten sind umstritten. Von einigen, zu denen auch der Philosoph Anaxarchos aus Abdera gehörte, wurde er unterstützt, während die meisten ihre Ablehnung zunächst nicht zu äußern wagten. Erst als der Philosoph und Historiograph Kallisthenes, ein Verwandter und Schüler des Aristoteles, die Aufforderung zur

Proskynese einfach missachtete, schlossen sich ihm die übrigen an, und der Versuch war gescheitert. Kallisthenes soll seine Ablehnung damit begründet haben, dass die Proskynese nur gegenüber einem Gott angemessen sei, hätte also nicht gewusst oder vorgegeben nicht zu wissen, dass sie nach persischer Sitte keine göttliche Verehrung bedeutete. Diese Haltung scheint in einem Widerspruch zu seiner Tätigkeit als Hofhistoriograph und Propagandist zu stehen, der den Auftrag angenommen hatte, den König und seine Taten in Anlehnung an Homer mythisch zu verklären. Das Motiv für seine Ablehnung dürfte daher nicht rein ethischer, sondern auch psychologischer Natur gewesen sein und wirft ein Licht auf das Spannungsverhältnis zwischen den Mächtigen und den Intellektuellen im Allgemeinen.

Die Machthaber umgaben sich gern mit Geistesgrößen und Künstlern, die ihrem Hof kulturellen Glanz und ihnen selbst Nachruhm bescheren sollten. Das war schon bei den mächtigen Tyrannen im sechsten und frühen fünften Jahrhundert so gewesen. Aber nicht nur die Mächtigen waren eitel, manchmal größenwahnsinnig, sondern auch jene, die ihren Ruhm verkündeten, standen ihnen darin oft nicht nach. So soll Kallisthenes gesagt haben, dass nicht er durch Alexander, sondern Alexander durch ihn Ruhm erlangen würde. Da in der höfischen Gesellschaft jeder versuchte, sich zu profilieren und andere an Geist und Witz zu übertrumpfen, entschlüpften ihnen gelegentlich unüberlegte Äußerungen, die sie leicht in Gefahr bringen konnten. So war es auch in der Umgebung Alexanders. Zwischen Anaxarchos und Kallisthenes entstand schnell eine Abneigung, die über bloße Animosität hinausging. Da Anaxarchos geschmeidig, wenn auch gelegentlich mit leicht scherzhaftem Unterton, dem König nach dem Mund redete, versteifte sich Kallisthenes umso mehr auf die Rolle des kritischen Moralisten. Angesichts des zunehmenden Luxus an Alexanders Tafel spielte er den bedürfnislosen Philosophen, und gegenüber den Makedonen kehrte er den kulturell überlegenen Griechen heraus. Alexander hat den Fehlschlag mit der Proskynese zunächst recht gelassen hingenommen, aber Kallisthenes sicher als Verräter betrachtet, den es bei Gelegenheit unschädlich zu machen galt.

Diese Gelegenheit bot sich 327 v. Chr., als er beinahe Opfer der sogenannten Pagenverschwörung geworden wäre. Die „Pagen“ waren Söhne makedonischer Adliger, die bei den Königen untergeordnete Dienste leisteten und wahrscheinlich auch die Funktion von Geiseln hatten, so auch im Hauptquartier Alexanders. Einer von ihnen, ein gewisser Hermolaos, war vom König mit Auspeitschung und Entzug des Pferdes bestraft worden, weil er auf einer Jagd voreilig ein Wildschwein geschossen hatte, das einen Augenblick später der König hätte erlegen wollen. Hermolaos, in seiner Ehre gekränkt, sann auf Rache und gewann für seinen geplanten Tyrannenmord seinen Geliebten und vier andere „Pagen“. In einer Nacht, in der sie gemeinsam als Wachen vor dem königlichen Zelt eingeteilt waren, wollten sie zuschlagen. Doch warteten sie vergeblich. Denn Alexander kehrte erst am nächsten Morgen von einem ausgiebigen Trinkgelage zurück, als ihr Wachdienst schon vorbei war. Seine Freude am Bechern hatte ihn diesmal gerettet.

Etwas später sickerte die abenteuerliche Geschichte durch. Ptolemaios, der spätere König von Ägypten, informierte Alexander. Hermolaos rechtfertigte sich vor der Heeresversammlung mit Alexanders unerträglicher Hybris, seiner Tötung makedonischer Adliger und seiner Übernahme orientalischer Sitten. Die Verschwörer wurden gesteinigt. Gleichzeitig benutzte Alexander die Gelegenheit, um mit Kallisthenes abzurechnen, in dem er wahrscheinlich indirekt den geistigen Urheber sah, weil es zu seiner Aufgabe gehörte, die „Pagen" zu unterrichten. Er wurde in Haft genommen, gefoltert und wahrscheinlich gehängt. Anaxarchos, der gegenüber Alexander den geistreichen Höfling gegeben hatte, erlitt später ein ähnliches Schicksal. Er hatte den zyprischen König Nikokreon bei einem Bankett beleidigt, als er während der Belagerung von Tyros Alexander militärisch unterstützte. Als Nikokreon ihn nach Alexanders Tod in die Hand bekam, ließ er ihn unter Foltern hinrichten. Die spätere Philosophenlegende hat daraus eine groteske Märtyrerverehrung gemacht, nach der Anaxarchos trotz aller körperlichen Qualen weiter gegen den Tyrannen gelästert habe. Als dieser ihm die freche Zunge habe abschneiden lassen wollen, habe er sie sich selbst abgebissen und ihm ins Gesicht gespuckt.

Am Weitermarschieren auf die vermeintliche Küste des Okeanos zu, der wie eine Fata Morgana in scheinbar erreichbarer Nähe schien, aber bei jedem Vorrücken in immer weitere Ferne entschwand, hinderte Alexander nicht seine Einsicht, sondern sein völlig erschöpftes Heer. Nicht die Kämpfe waren es gewesen, die den Soldaten das Äußerste abverlangt hatten, sondern die Gewaltmärsche, mit denen Alexander sie gezwungen hatte, riesige Strecken in äußerst kurzer Zeit zu bewältigen. Je weiter er sie nach Osten führte, desto mehr sank ihre Motivation.

Schon 330 v. Chr. hatte er sich veranlasst gesehen, für undisziplinierte Soldaten eine Strafkompanie einzurichten. In der letzten Phase des Feldzuges ab 329 v. Chr. waren die Anforderungen noch einmal gehörig gestiegen, beim Übergang über den Hindukusch auf steilen Gebirgswegen, beim Marsch durch baktrisches Wüstengebiet in der Gluthitze des Sommers, als sie fast verdursteten und sich das Heer aufzulösen drohte, und schließlich in „Indien" (Pakistan), wo sie sich ihren Weg durch dichte Wälder und reißende Ströme bahnen mussten, und sich unter den Güssen des Monsunregens alles aufzuweichen schien.

Mit der Zeit hatte sich die Zusammensetzung des Heeres gewandelt, was ganz im Sinne Alexanders lag, aber seine Makedonen befremdete. Hatte er anfangs noch frische Truppen aus Makedonien kommen lassen, so war er dazu übergegangen, griechische Söldner und Soldaten aus Kleinasien und Syrien einzustellen. Im ostiranischen Raum hatte er 30 000 junge Männer ausheben lassen, die in makedonischer Kampfesweise ausgebildet wurden. Das Heer auf seinem indischen Feldzug bestand zu einem großen Teil aus Persern, Baktrern, Sogdern und Saken. Besonders die iranische Reiterei kam in der Schlacht gegen Poros voll zum Einsatz. Aber das Sagen im Heer hatten immer noch die Makedonen. Sie waren es, die Alexander daran hinderten, weiter nach Osten in Richtung Ganges zu marschieren und sich irgendwo totzulaufen. Der alte Haudegen Koinos wagte es, vor Alexander die Weigerung des Heeres zu vertreten. Dieser versuchte zunächst, die Soldaten mit der Aussicht auf Beute und höheren Sold umzustimmen; ohne Erfolg. Er reagierte schwer beleidigt und schloss sich drei Tage lang in sein Zelt ein.

Erst als bei der Opferschau ein negatives Ergebnis herauskam, gab er nach und ordnete den Rückzug nach Südosten den Hyphasis (Beas) stromabwärts an, wo er ebenfalls den Okeanos erreichen zu können glaubte. Koinos starb kurze Zeit später, angeblich an einer Krankheit. Aber wer weiß? Auf dem Rückmarsch erhielt das Heer noch Verstärkung, u. a. von 5000 Reitern aus Thrakien. Auf dem Weg zum Indischen Ozean, der parallel zu Schiff und an Land zurückgelegt wurde, mussten noch zahlreiche einheimische Stämme bekriegt und besiegt werden. Bei der Erstürmung einer Burg der Maller hing Alexanders Leben noch einmal wie am seidenen Faden. Als er als Erster die Leiter an der Burgmauer hinaufstürmte, brach sie unter dem Gewicht der Nachfolgenden zusammen. Alexander sprang in den Innenhof, kämpfte, von Mallern umringt, allein wie ein Löwe, wurde jedoch von einem Pfeilschuss in der Brust getroffen und brach bewusstlos zusammen. Zu seinem Glück schafften einen Moment später auch zwei seiner Leibwächter, Peukestas und Leonnatos, den Sprung in den Burghof und retteten ihn, indem Peukestas den Schild über ihn hielt, den er aus dem Tempel von Ilion mitgenommen hatte.

In allen diesen umkämpften Gebieten richtete Alexander Stützpunkte ein und ernannte Satrapen. Der weitere Rückzug, die Flotte an der Küste entlang, das Landheer durch die Wüste Gedrosiens, wurde trotz umsichtiger Vorbereitungen beinahe zu einem Todesmarsch. Nachdem das überstanden war, traf Alexander administrative Neuordnungen und ließ etliche makedonische und persische Satrapen wegen Amtsmissbrauchs, den sie sich in der Erwartung seiner Nimmerwiederkehr hatten zuschulden kommen lassen, hinrichten, was er etwas später von Susa aus weiter betrieb. Harpalos, der in Ekbatana zum Verwalter des Königsschatzes und der Münzprägung eingesetzt worden war, sich dann aber nach Babylon und Tarsos abgesetzt und sich mit athenischen Hetären ein Leben in Saus und Braus gegönnt hatte, flüchtete nach Athen, wo er u. a. Demosthenes bestach, und wurde schließlich auf Kreta ermordet.

In der Persis trat Alexander ganz als Großkönig auf und setzte den Brauch der Perserkönige fort, den Frauen unterwegs Goldstücke zu schenken. Das Abschlussfest des Krieges 324 v. Chr. in Susa gestaltete er als makedonisch-orientalische Massenhochzeit. Er selbst hatte schon drei Jahre zuvor Roxane, die Tochter eines baktrischen Fürsten, geheiratet, sowohl aus persönlicher Neigung als auch, um seine Herrschaft den Ostiranern erträglicher zu machen. In Susa heiratete er zusätzlich gleich zweifach in die persische Königsfamilie ein und nahm die älteste Tochter Dareios' III. und die jüngste Artaxerxes' III. zu Ehefrauen. Sie hatten, seitdem er die Königsfamilie in Susa zurückgelassen hatte, Griechischunterricht erhalten. Seine Generäle zwang er zu ebensolchen Heiraten mit Töchtern des persischen Königshauses oder iranischer Aristokraten, so dass beinahe 80 Heiraten nach persischer Sitte auf einen Schlag zusammenkamen.

Für die Soldaten legalisierte er ihre Konkubinate und bezahlte ihre Schulden, führte ihnen aber auch sein Programm der persisch-makedonischen Einheit unmissverständlich vor, indem er vor ihren Augen ein Heer von 30 000 jungen Persern mit makedonischer Ausrüstung militärische Übungen vollziehen ließ. Auf dem Weg nach Babylon, in Opis, überraschte ihn schlagartig die Erbitterung, die sich bei seinen makedonischen Soldaten angestaut hatte. Als er die Entlassung der Ältesten und Dienstuntauglichen in die Heimat bekannt gab, brach kein Jubel aus, sondern blanke Wut schlug ihm entgegen. Andere Soldaten stimmten in den Tumult mit ein und forderten, ebenfalls entlassen zu werden. Als man ihm zurief, er solle doch mit seinem Vater, d. h. Ammon, weiter Krieg führen, fühlte er sein Innerstes getroffen und explodierte emotional. Er stürzte sich in die Menge und wurde handgreiflich, suchte sich 13, die am lautesten schrien, heraus, ließ sie von seiner Leibgarde festnehmen und als Meuterer sofort zur Hinrichtung abführen. Nachdem er sich wieder etwas beruhigt hatte, hielt er eine kurze Ansprache und stellte ihnen noch einmal vor Augen, was man gemeinsam geleistet hatte. Dann traf er eine geradezu ungeheuerliche Entscheidung: Er entließ alle Makedonen und verkündete, künftig nur noch ein Heer aus Orientalen anführen zu wollen. Daraufhin schloss er sich ein, wie schon öfter, wenn Trauer und Enttäuschung ihn übermannten. Am übernächsten Tag schien er mit seinem Entschluss Ernst zu machen und verteilte alle Posten in seinem Heer an Perser. Wenig später gaben die Makedonen nach und baten um Versöhnung. Sie wurde mit einem großen Fest besiegelt, auf dem Alexander ein Gebet für die Gemeinsamkeit zwischen Makedonen und Persern sprach.

Die nächste Station war Ekbatana, wo er weitere administrative Maßnahmen traf und eine Erkundung in Auftrag gab, ob vom Kaspischen Meer aus eine Verbindung nach Westen bestehe. Im Herbst 324 v. Chr. starb völlig unerwartet Hephaistion. Alexander stand unter Schock, wie vom Blitz getroffen. Lange verharrte er bei der Leiche, ließ sich das Haar schneiden und nahm keine Speise zu sich. In Hephaistion hatte er sein zweites Ich gesehen. Dementsprechend ließ er die Trauerzeremonien reichsweit so bombastisch gestalten, als ob er selbst gestorben wäre. In den iranischen Kultstätten wurden die Feuer gelöscht, die für den König brannten, alle Feierlichkeiten abgebrochen, die Mauerzinnen der Städte sollten eingerissen und selbst die Mähnen der Pferde und Maultiere geschoren werden, In Babylon, wohin der einbalsamierte Leichnam gebracht wurde, fand die Verbrennung auf einem riesigen Scheiterhaufen mit Beigaben aus Waffen, Gold- und Silbergerät und einem kostbaren Gewand statt, dazu mit äußerst aufwendigen Leichenspielen. Das Grabmal sollte die Form eines babylonischen Zikkurats erhalten. Im Ammonheiligtum ließ er wegen eines Kults für den Verstorbenen anfragen. Die Priesterschaft gewährte keine göttliche Verehrung, wohl aber einen Kult als Heros. Diese Kultstätte plante Alexander in Alexandreia in Ägypten zu errichten. Von der Trauer zur Wut und Raserei war es nur ein kleiner Schritt. Den Arzt, der Hephaistion nicht hatte heilen können, ließ er hinrichten. Und bei der Bekämpfung des Stammes der Kossaier im Zagrosgebirge veranstaltete er als Totenopfer für Hephaistion ein Massaker unter Gefangenen, wie Achill zwölf trojanische Gefangene für Patroklos geopfert hatte. Krasser konnte der Gegensatz zu den strengen Aufwandsbeschränkungen für Kult und Totenkult in den republikanischen Städten nicht sein. Noch Plutarch hat an der Wende vom ersten zum zweiten nachchristlichen Jahrhundert Alexanders Aufwand als *tryphḗ* getadelt.

Am Abschluss des Feldzuges sahen sich auch die Städte Griechenlands genötigt, Gesandtschaften zu Alexander nach Babylon zu schicken, die ihm mit geheuchelten Glückwünschen goldene Kränze überreichten. Einige von ihnen, die um besondere Vorteile baten, darunter Athen, scheinen ihm sogar eine göttliche Verehrung angetragen zu haben.

Die geographisch geeignetste Hauptstadt dieses Riesenreiches wäre Babylon gewesen. Aber Alexander hat sich anscheinend für Alexandreia entschieden, das den Vorteil einer Seeverbindung in den griechischen Raum hatte, und wohl auch wegen der Nähe zum Ammonheiligtum. Sollte der Orient von dieser Peripherie aus regiert werden, war wenigstens eine Schiffsverbindung zum Persischen Golf erforderlich, d. h. Stützpunkte an den Küsten Arabiens. Eben das war Alexanders nächstes Projekt. In der Nähe von Babylon wurde eine Flotte zusammengezogen und ein Landheer aufgestellt, das zum ersten Mal aus gemischten makedonisch-persischen Einheiten bestand. Wollte Alexander in Alexandreia residieren, wäre wohl auch die Einbeziehung großer Teile der nordafrikanischen Küste, d. h. die Unterwerfung Karthagos strategisch sinnvoll gewesen, wodurch er auch das Westgriechentum auf Sizilien und in Unteritalien dominiert hätte. In der Tat liefen Gerüchte um, dass er die Eroberung des gesamten Mittelmeerraums plane. Deshalb hatten etliche Staaten des Westens vorsorglich Gesandtschaften zu ihm nach Babylon geschickt, angeblich auch die Römer.

Aber dann kam alles anders. Kurz vor dem Beginn der arabischen Expedition wurde Alexander nach einem ausgiebigen Trinkgelage von einer rätselhaften Krankheit befallen, an der er nach wenigen Tagen starb, gerade einmal 33 Jahre alt. Andererseits grenzt es schon an ein Wunder, dass er überhaupt so alt geworden ist.

Bereits im Gefecht am Granikos wäre er, nicht einmal 22-jährig, gefallen, wenn Kleitos ihn nicht gerettet hätte. Ein Jahr später, kurz vor der Schlacht bei Issos, zog er sich nach einem Bad im eisigen Wasser des Kydnos eine so schwere Erkältung zu, dass sein Leben auf dem Spiel stand. Bei der Belagerung von Gaza wurde er an der Schulter verwundet, in Sogdien traf ihn ein gefährlicher Pfeilschuss am Bein, so dass er sich zeitweilig tragen lassen musste, in Baktrien wurde er am Hals verletzt, und in der Burg der Maller rettete ihn nur der Mut zweier Leibwächter. Weder extreme Hitze noch die Kälte seiner Winterfeldzüge und Gebirgsmärsche noch Krankheiten, denen nicht wenige seiner Soldaten zum Opfer fielen, haben ihm etwas anhaben können. Und er hat zwei geplante Attentate überstanden. Es war, als habe eine Gottheit ihren Schild über ihn gehalten.

Die Griechen des Mutterlandes, die ihn hassten, hatten allen Grund, damit zu rechnen, dass er nie wiederkehren würde. Auf die Nachricht von seinem Tod hat Athen im Bund mit anderen, wie erwähnt, versucht, die makedonische Herrschaft abzuschütteln, wenn auch ohne Erfolg. Dagegen blieb im Orient alles ruhig, bis auf die indischen Gebiete, wo die makedonische Herrschaft schon kurz nach dem Abzug Alexanders zusammenbrach. Das Schicksal der dort zurückgelassenen makedonischen Besatzungstruppen lässt sich unschwer erahnen. Ob Alexanders Plan einer gemeinsamen makedonisch-persischen Führungsschicht, die sein Reich regieren sollte, geglückt wäre, ist fraglich. Auf jeden Fall hätte die Durchführung einer langen Konsolidierung bedurft. Doch dazu fehlte ihm die Geduld. Er war nun einmal ein Krieger, wenn auch wohl der begabteste Krieger der Antike. Ohne Krieg konnte er nicht leben.

In der Antike sprach man von seiner „Sehnsucht", an die Grenzen der Welt zu gelangen. Man sollte eher von einer unheilbaren Sucht sprechen. Es ist unmöglich, sich ihn als ruhigen Administrator vorzustellen. Er hätte so lange Krieg geführt, bis er irgendwann irgendwo gefallen wäre. Und je mehr Länder er erobert hätte, desto schwieriger wäre es geworden, das Eroberte zusammenzuhalten. Alles war zu schnell gegangen und zu groß geworden, es war das „Übermaß" (die *tryphḗ*), an dem dann seine Nachfolger litten. Immerhin, dem Peukestas ist Alexanders Konzept sogar in der Persis, dem Stammland der Perser, gelungen, wo Alexander ihn als Satrapen eingesetzt hatte. Er hat sich dort so weit assimiliert, dass er Persisch lernte und persische Kleidung trug, und hat damit beim persischen Adel Anklang gefunden. 315 v. Chr. wurde er seines Postens enthoben, nicht von den Persern, sondern von Antigonos, der die Nachfolge Alexanders an sich reißen wollte (s. u.).

Für die meisten Makedonen und Griechen wäre eine solche Anpassung nicht akzeptabel gewesen. Für sie blieb es schon eine Zumutung, mit den Orientalen gleichgestellt zu werden. Was Alexander ihnen hatte vorführen wollen, dass die Perser, vom Korsett der altorientalischen Despotie befreit, nach makedonischer Art trainiert und gut geführt, militärisch ebenso leistungsfähig werden konnten wie sie, lehnten sie strikt ab. Sie blieben bei ihren Vorurteilen, die ein Teil ihrer Identität waren. Für sie war es auch undenkbar, dass die europäischen Regionen in Zukunft nur noch die westlichen Provinzen eines orientalischen Großreiches sein sollten. Aber was sollte man machen? Das kleine Makedonien mit seinen ca. 400 000 Einwohnern hatte das Maß dessen, was es dauerhaft beherrschen konnte, deutlich überschritten.

Wie Alexander Griechenland einschätzte, verrät sein Kommentar zum Krieg des Spartanerkönigs Agis III. 331 v. Chr. gegen Makedonien, den er als „Mäusekrieg“ verspottete. Für Makedonen und Griechen war Alexander ein Verräter, der den Verlockungen des Orients erlegen war. Das Ergebnis des Alexanderfeldzuges war für sie ein Paradox: Der Orient schien gerade infolge seiner militärischen Niederlage politisch gesiegt und Griechenland unterworfen zu haben, was Dareios und Xerxes nicht geschafft hatten.

In der griechischen Nachwelt blieb der Ruf Alexanders immer umstritten. Besonders die Zerstörung Thebens haben ihm die Griechen nie verziehen. Den Ehrennamen „der Große“ haben ihm erst die Römer gegeben. In der ausgehenden Republik versuchten Pompeius und Marcus Antonius ihren Nimbus als Feldherren zu steigern, indem sie sich das Image eines neuen Alexander zulegten. Sie scheiterten. Ebenso glaubten militärisch befähigte Kaiser wie Trajan und Julian bei ihren Orientfeldzügen auf seinen Spuren zu wandeln – vergeblich. Andere, wie Nero und Caracalla, meinten sich seines Geistes bemächtigen zu können, indem sie ihn auf kindische Weise nachäfften. Sie machten sich nur lächerlich.

Seit der Spätantike wucherte die Alexanderlegende, die durch die von Alexander selbst in Auftrag gegebene mythisch überhöhte Darstellung des Kallisthenes von vornherein angelegt war. Gegen Ende des dritten nachchristlichen Jahrhunderts stattete ein unbekannter Autor in Ägypten, den man Pseudo-Kallisthenes nennt, dem Geschmack seiner Zeit entsprechend das Alexanderbild mit märchenhaften Zügen aus und hatte damit eine unübertreffliche Nachwirkung, sowohl in ganz Europa als auch im Orient bis hin nach Fernost. Alexander wurde schließlich als Superheld an die entferntesten Orte versetzt, durchstreifte sogar die Lüfte und den Grund des Meeres, gelangte ins Paradies und in die Hölle.

Auch politisch muss er noch in jüngster Zeit für Einiges herhalten. Seit 1991 betrachtet sich die ehemalige jugoslawische Teilrepublik Mazedonien in ihrem Namensstreit mit Griechenland, dessen nördliche Provinz sich auch Mazedonien nennt, als Nachfolgestaat des antiken Makedonien und hat sich Alexanders als identitätsstiftende Figur bemächtigt. Unversehens entstanden Alexanderstraßen und Alexander-Denkmäler wuchsen aus dem Boden. Und nachdem man 2006 den Flughafen von Skopje nach Alexander benannt hat, wird er wenigstens wieder zum Ausgangspunkt für den Start in die Lüfte. Seit 2011 beschützt sein zwölf Meter hohes Reiterstandbild das Zentrum der Hauptstadt. 2018 haben sich diese „Makedonen“ mit Griechenland geeinigt und ihre Republik nennt sich jetzt Nordmazedonien. Doch der Alexander wird bleiben. Er ist unverwüstlich.

Der plötzliche Tod Alexanders hinterließ zunächst ein Gefühl von Leere und Ratlosigkeit. Einen Nachfolger gab es nicht. Es herrschte eine beklemmende Stille. Als man sich wieder gefasst hatte und mit den Beratungen begann, wäre es beinahe zu einem internen Krieg unter den Makedonen gekommen, einem Krieg zwischen der adligen Hetairenreiterei und der Infanterie. Perdikkas, den Alexander nach dem Tod Hephaistions zu seinem Stellvertreter befördert hatte und der sich im Besitz des königlichen Siegelrings befand, glaubte im Sinn Alexanders zu handeln, als er vorschlug, die Niederkunft der schwangeren Roxane abzuwarten. Würde sie einen Sohn gebären, sollte dieser König werden.

Sofort erhob sich heftiger Widerstand gegen die Orientalin. Nearchos, Alexanders Flottenkommandeur, schlug Herakles vor, den unehelichen Sohn Alexanders mit Barsine, der Witwe Memnons von Rhodos, der Alexander im Auftrag des Perserkönigs bekämpft hatte. Die Soldaten des Fußvolks, aufgehetzt von einem ihrer Kommandeure namens Meleagros, favorisierten Alexanders schwachsinnigen Halbbruder Arrhidaios und setzten sich durch. Arrhidaios wurde als Philipp (III.) zum König ausgerufen. Perdikkas musste aus dem Palast flüchten, um sein Leben zu retten. Draußen zog er die Hetairenreiterei zusammen und blockierte den Nachschub an Lebensmitteln in die Stadt.

Schließlich kam unter Vermittlung des Griechen Eumenes von Kardia (einer Stadt an den Dardanellen) eine fragwürdige Einigung zustande, der gemäß Arrhidaios und der eventuelle Sohn der Roxane gemeinsam als Könige regieren sollten. Herakles blieb unberücksichtigt, obwohl vielleicht er der geeignetste Kandidat gewesen wäre. Er war allerdings damals noch ein Kleinkind. Einstweilen sollte Perdikkas die Amtsgeschäfte führen. Er nutzte die anschließende Opferzeremonie vor der Stadt, mit der man die Beilegung des Streits besiegeln wollte, um seine Gegner zu überrumpeln und Meleagros sowie einige seiner Anhänger hinrichten zu lassen – ein Vorspiel darauf, was in weitaus größerem Maßstab noch kommen sollte.

Das politische Erbe Alexanders wird einer stattlichen Reihe von denen, die den Feldzug und die „Säuberungen" des Königs überlebt hatten, zum Verhängnis werden. Zunächst wurden Alexanders letzte große Vorhaben kassiert und die Satrapien an seine Generäle verteilt. Ptolemaios erhielt Ägypten, Antigonos Monophthalmos (der „Einäugige") Pamphylien, Lykien und Großphrygien, d. h. Gebiete im zentralen und südlichen Kleinasien, Leonnatos Gebiete im nordwestlichen Kleinasien am Hellespont, am strategisch wichtigen Übergang von Europa nach Asien, Lysimachos Thrakien. Die übrigen Satrapien wurden anderen zugewiesen. Die meisten persischen Satrapen verloren ihre Positionen. Auch Roxane beteiligte sich auf ihre Weise am Ringen um die Macht. Sie lockte mit Unterstützung des Perdikkas die persischen Königstöchter Stateira, eine der Witwen Alexanders, und ihre Schwester Drypetis, die Witwe Hephaistions, in eine Falle und ließ sie ermorden. Damit begann schon in dieser Phase die Beteiligung von Frauen am Kampf um die Macht, was für die folgenden Jahrhunderte kennzeichnend werden sollte. Die heute bekannteste dieser Frauen mit Machtinstinkt ist Kleopatra zur Zeit Caesars. Aber sie war keineswegs die einzige. Als Roxane dann einen Sohn gebar, nannte sie ihn natürlich Alexandros. Er wurde der zweite König (Alexandros IV.). Die offiziellen Nachfolger Alexanders des Großen waren also ein Schwachsinniger und ein Säugling. Krateros, einer der besten Generäle Alexanders, der an allen Kämpfen teilgenommen hatte, befand sich auf Alexanders Weisung hin mit den in Opis Entlassenen auf dem Marsch nach Makedonien, wo er Antipatros als makedonischen Reichsverweser ablösen sollte. Ihm wurde in Abwesenheit von den in Babylon Versammelten die Obhut über die Könige zugesprochen, die sich aber noch in Babylon befanden. Die kritische Lage wurde erst einmal nach außen von der königlichen *tryphḗ* überdeckt. 321 v. Chr. bewegte sich der Prozessionszug mit dem einbalsamierten Leichnam Alexanders voll ungeheurem Pomp langsam und gravitätisch von Babylon nach Syrien, überall von der Bevölkerung bestaunt.

Dann wurden schon recht drastisch die ersten Ansätze der politischen Realität sichtbar. Perdikkas hatte verfügt, den Leichnam Alexanders nach Makedonien zu überführen und ihn im Familiengrab der makedonischen Könige in Aigai beizusetzen. Doch Ptolemaios fing den Leichenzug frech in Syrien ab und leitete ihn nach Ägypten um, in seine vorläufige Hauptstadt Memphis. Zwei Jahre nach seinem Tod wurde Alexander also schon zur politischen Beute, zur Trophäe, zum ideologischen Herrschaftsinstrument eines seiner Generäle. (Ptolemaios II. überführte ihn später nach Alexandreia, wo er ihm und den weiteren Ptolemaiern weiterhin zur Legitimation ihrer Herrschaft diente. Schließlich war Alexander ja in Ägypten Pharao gewesen.) Dann beseitigte Ptolemaios I. den von Alexander eingesetzten Finanzverwalter Kleomenes, der zu Perdikkas hielt und sich durch eine erpresserische Fiskalpolitik verhasst gemacht hatte, und bemächtigte sich seiner Gelder. Und er vergrößerte eigenmächtig sein Herrschaftsgebiet, indem er die Kyrenaia (Libyen) von einem seiner Offiziere namens Ophellas erobern ließ, streckte außerdem wenige Jahre später seine Fühler nach Syrien aus. Ophellas besiegte den Abenteurer Thibron, der einen Teil der Königsschätze in Babylon an sich gebracht, Söldner angeworben und sich in der Kyrenaia ein eigenes kleines Herrschaftsgebiet angeeignet hatte, wo er glaubte, von der großen Politik ungestört zu sein. Er wurde gefangengenommen, gefoltert und hingerichtet. 312–309 v. Chr. machte sich jedoch Ophellas von Ptolemaios unabhängig, warb Kolonisten aus Athen an und heiratete Eurydike, eine vornehme Athenerin. Nach seinem Tod kehrte sie nach Athen zurück. Später wurde sie die Gemahlin des Demetrios Poliorketes, als dieser Athen beherrschte.

In Thrakien machte sich Lysimachos von vornherein von der Oberhoheit Makedoniens unabhängig und erweiterte sein Herrschaftsgebiet bis zur Donau.

Krateros löste Antipatros, den Verweser Makedoniens, nicht ab, wie Alexander es befohlen hatte, sondern wurde von ihm zusammen mit Leonnatos in den Lamischen Krieg gegen Athen und seine Verbündeten geschickt. In diesem Krieg fiel Leonnatos. Der weitere Machtkampf durchlief folgende Phasen:

Erste Phase: Auf oberster Ebene entstand die Rivalität zweier Reichsverweser: Perdikkas in Asien und Antipatros in Makedonien. Perdikkas strebte danach, seine Stellung als oberster Geschäftsführer in Asien durch eine Ehe mit Alexanders Schwester Kleopatra noch weiter auszubauen und gleichsam königliche Geltung zu erwerben. Die beiden Marionettenkönige hatte er nach wie vor in seiner Nähe. Zugleich stärkte er seine Hausmacht, indem er die Satrapie Kappadokien im östlichen Kleinasien an Eumenes vergab, der als Grieche zunächst kein politisches Eigengewicht besaß und deshalb von ihm abhängig war. Alexander hatte auf seinem Marsch nach Issos dieses Gebiet im wahrsten Sinne des Wortes links liegen und im Besitz des persischen Satrapen Ariarathes gelassen. Dieser wurde jetzt von Perdikkas und Eumenes besiegt und hingerichtet.

Antigonos, dem Lykien, Pamphylien und Großphrygien zugeteilt worden war, erhob seinerseits Anspruch auf Kappadokien und opponierte gegen die Bevorzugung des Eumenes. Er wurde von Perdikkas zur Flucht getrieben, fand aber in Makedonien bei Antipatros eine wohlwollende Aufnahme. Denn dieser sah durch die Ambitionen des Perdikkas auch seine eigene Stellung als Reichsverweser in Makedonien bedroht und schmiedete ein Bündnis mit Ptolemaios und Anderen. So kam es zum ersten Diadochenkrieg, dem in den nächsten 40 Jahren noch fünf weitere folgten. Die Kämpfe dieser rivalisierenden „Diadochen" (Nachfolger, Erbfolger) waren mental zweifellos auch von homerischen Wertvorstellungen geprägt, obwohl sich aus Homer, wie gesagt, nur kriegerische Bewährung, aber keine Eroberungspolitik ableiten ließ. Denn der legendäre Trojanische Krieg hatte stattgefunden, um ein Unrecht, nämlich den Raub der Helena, rückgängig zu machen und die Ehre des Menelaos wiederherzustellen. Hätten die Trojaner Helena ausgeliefert, wären die Achaier wieder abgezogen. Sie wollten das Territorium von Troja nicht annektieren. Die homerischen Helden hatten lediglich die Pflicht, sich im Kampf zu bewähren, d. h. dem guten Leumund als Krieger, den sie und ihre Vorfahren schon vorher gehabt hatten, gerecht zu werden und Ruhm und Beute hinzuzugewinnen.

Aber bei den Diadochen ging es, wie schon bei Alexander, um die Eroberung von Land nach Siegerrecht. Sie mussten ihre Stellung als Herrscher mittels kriegerischer Leistungen rechtfertigen und ihre Vorgänger bei ihren territorialen Ansprüchen möglichst noch übertreffen. Nachdem Perdikkas den Antigonos vertrieben hatte, marschierte er gegen Ptolemaios in Ägypten. Doch blieb seine Offensive stecken, weil es ihm nicht gelang, gegen den Widerstand des Ptolemaios den Nil zu überqueren. Der Frust seines unter Versorgungsschwierigkeiten leidenden Heeres entlud sich in einer Rebellion, bei der er von dreien seiner engsten Unterführer, darunter Seleukos, ermordet wurde. Diese boten ohne weiteres Ptolemaios, den sie eben noch bekämpft hatten, die Reichsgeschäftsführung an. Der wusste – als Einziger unter den Diadochen – Maß zu halten und lehnte ab. Das militärisch gut zu verteidigende Ägypten war sicherer. So endete die erste Phase in der Nachfolge Alexanders, in der noch versucht worden war, das Reich im Namen der zukünftigen Könige vom Orient aus zu regieren.

Eumenes, der Gefolgsmann des Perdikkas, kämpfte indessen im Norden wider Erwarten erfolgreich. Er war der Sekretär Alexanders und bei diesem so beliebt gewesen, dass er es sich hatte leisten können, mit Hephaistion um dessen Gunst zu rivalisieren, ein schlauer Odysseus, dem man zutraute, in jeder noch so schwierigen Lage immer einen Ausweg zu finden. Nicht zufällig war er es gewesen, der während des Streits um die Nachfolge unmittelbar nach Alexanders Tod den Kompromiss mit den zwei Königen vermittelt hatte. Das Angebot des Antipatros, sich ihm anzuschließen, lehnte er ab, denn das Scheitern des Perdikkas in Ägypten war noch nicht bekannt. Antipatros schickte ein Heer unter dem Befehl des Krateros gegen ihn. Gegen diesen erfahrenen General, der den gesamten Alexanderfeldzug mitgemacht und sich bei den Makedonen großes Ansehen erworben hatte, schien Eumenes als Zivilist keine Chance zu haben. Aber Überraschungen liegen im Wesen des Krieges. Eumenes wusste seinen Truppen zu verheimlichen, dass ihnen Krateros gegenüber stand, und führte sein Heer in der Schlacht am Hellespont (320 v. Chr.) durch eine blitzschnelle Attacke aus dem Anmarsch heraus zum Sieg. Krateros fiel im Kampf. Eumenes ließ ihm eine ehrenvolle Bestattung ausrichten.

Antipatros, der nach dem Tod des Perdikkas die größte Autorität hatte, griff selbst in Asien ein, drang bis Nordsyrien vor und vereinigte dort seine Truppen mit dem ehemaligen Reichsheer des Perdikkas. Eumenes blieb nur der Rückzug ins Binnenland. In der Konferenz von Triparadeisos diktierte Antipatros die Neuregelung: Er selbst blieb Stratege von Europa und nahm die beiden Könige in seine Obhut. Antigonos Monophthalmos überließ er die Kontrolle über Kleinasien und Syrien, verbunden mit dem Auftrag, die restlichen Anhänger des Perdikkas niederzuringen, insbesondere Alketas, dessen jüngsten Bruder, und Eumenes. Dazu musste er ihm die Hälfte des gesamten Heeres überlassen. Seleukos erhielt als Belohnung für seine Beteiligung an der Beseitigung des Perdikkas die Region um Babylon als Satrapie.

Es begann die *zweite, eine extrem kurze Phase* in der Nachfolge Alexanders (320–319 v. Chr.), in der das Zentrum des Reiches scheinbar ins Ursprungsland Makedonien zurückkehrte, aber in Wirklichkeit schon erkennbar wurde, dass sich das Reich nicht wirklich von Makedonien aus regieren ließ. Ein Großreich von Makedonien bis zum damaligen Indien unter einem einzigen Herrscher – das hatten die Perser geschafft, weil ihr Stammland mitten im damaligen Asien lag. Aber von der Peripherie, von Makedonien aus war es ein Ding der Unmöglichkeit. Es hätte der Zusammenarbeit zweier befähigter Könige bedurft, von denen der eine in Makedonien, der andere in Babylon hätte regieren müssen. Aber weder gab es solche Könige noch gehörte Eintracht zu den Tugenden der griechisch-makedonischen Kultur.

Einstweilen wurde dieses Problem durch die überragende Autorität des Antipatros, der auch im Namen der beiden königlichen Marionetten sprechen konnte, noch verschleiert. Doch selbst er hielt es für ratsam, seine Stellung mittels verwandtschaftlicher Bande zu festigen, wobei er seine Töchter wie Schachfiguren verschob. Eine von ihnen, die aus ihrer Ehe mit einem makedonischen Satrapen von Kilikien bereits drei Söhne hatte und anschließend mit dem ca. 50-jährigen Krateros verheiratet gewesen war, diente er dem erst 17-jährigen Demetrios, dem Sohn des Antigonos, an, eine andere verheiratete er mit Lysimachos, eine dritte mit Ptolemaios. Eumenes kämpfte weiter für die Sache Alexanders des Großen, wie er behauptete, wobei er sich auf die Legitimierung durch Kleopatra, die Schwester Alexanders berufen konnte. Dabei dürfte er auch eine eigenständige herausragende Machtposition angestrebt haben. Er musste aber erfahren, dass sowohl Alketas, der Bruder des Perdikkas, als auch andere Makedonen eine Zusammenarbeit mit ihm verweigerten. Die Makedonen waren nicht bereit, einen Griechen als gleichberechtigten Heerführer anzuerkennen. Lieber verlor Alketas seinen Kampf gegen Antigonos und beging Selbstmord. Die persönliche Würde war wichtiger als strategische Überlegungen

Die *dritte Phase* der Diadochenkämpfe führte zum Untergang der makedonischen Königsfamilie. 319 v. Chr. starb Antipatros. Zu seinem Nachfolger hatte er aus freien Stücken, ohne Einbeziehung des Heeres, Polyperchon, einen altgedienten General ernannt, der jedoch keine besonderen Meriten vorzuweisen hatte. Seinem ältesten Sohn, Kassandros, hatte er nur die Stellung des Stellvertreters Polyperchons zugewiesen. Die näheren Umstände sind nicht bekannt. Kassandros, dessen Homerverehrung übrigens ausdrücklich bezeugt ist, sah sich in seiner Ehre gekränkt, rebellierte sofort gegen die Regelung seines Vaters und löste damit den zweiten Diadochenkrieg aus.

Er gewann mit Antigonos Monophthalmos, Lysimachos und Ptolemaios mächtige Verbündete. Dagegen konnte Polyperchon bei seiner Suche nach Bündnispartnern nicht wählerisch sein. So verbündete er sich mit Eumenes und gewann Olympias, die Mutter Alexanders, eine alte Feindin des Antipatros, für seine Sache. Um die Griechen auf seine Seite zu ziehen, ging Polyperchon so weit, ihnen die Freiheit, also die Aufhebung der makedonischen Herrschaft zu versprechen. Mit einem solchen Versprechen hatte schon Perdikkas die Griechen für sich zu ködern versucht. Die Verwicklungen, in die Athen dadurch geriet, und den Sieg des Kassandros haben wir schon in anderem Zusammenhang kennengelernt. Es gelang Kassandros, Polyperchon in die Peloponnes abzudrängen. 314 v. Chr. trat sogar der Sohn Polyperchons – auch er hieß, wie der Sohn Roxanes, Alexandros –, von der Erfolglosigkeit seines Vaters enttäuscht, zu Kassandros über und lieferte diesem Sikyon und Korinth aus, dessen Burg (Akrokorinth) eine der wichtigsten Festungen Griechenlands war. Wieder ein Vater-Sohn-Konflikt! Bald darauf wurde er in Sikyon ermordet. Seine Witwe Kratesipolis rächte sich an der Stadt, zog sich dann aber aus der großen Politik zurück und residierte als unabhängige Herrscherin in Patrai (heute Patras) im Norden der Peloponnes. Aber Eumenes hatte trotz seiner Isolierung geradezu erstaunliche Erfolge. Mit großem Geschick und raffinierten Täuschungsmanövern dehnte er seinen Herrschaftsbereich bis weit in den Osten aus. Zu seiner Legitimation betrieb er eine künstliche Alexanderverehrung, indem er in seinem Feldherrnzelt einen Thronsessel mit den Insignien des Königs aufstellen ließ, um den Eindruck zu erwecken, in seinem Sinn und Auftrag zu handeln. Erst nach langwierigen Kämpfen wurde er schließlich von seinen eigenen Elitetruppen dem Antigonos ausgeliefert, weil der Tross mit den Familien und dem Hab und Gut der Soldaten in dessen Hände gefallen war. Dieser wollte angeblich sein Leben schonen, obwohl seine Soldaten dagegen opponierten. Einer von ihnen wird es gewesen sein, der Eumenes ermordete. Oder war es doch Antigonos selbst? Jedenfalls sorgte er für eine angemessene Bestattung.

In Europa verschlimmerte sich die Lage durch die Parteinahme der mächtigen Frauen für die eine oder die andere Seite. Olympias mit Roxane und ihrem Sohn Alexandros IV. erklärte sich, wie gesagt, für Polyperchon, Eurydike, die kriegerische Tochter Amyntas' IV., den Alexander nach seiner Erhebung zum König hatte umbringen lassen, hatte auf Betreiben ihrer Mutter Kynane, einer Tochter Philipps II. und Halbschwester Alexanders, den schwachsinnigen Philipp Arrhidaios geheiratet und unterstützte Kassandros. Beinahe wäre es zu einer Schlacht zwischen den Heeren der beiden Damen gekommen. Doch im letzten Augenblick liefen die Soldaten der Eurydike zu Olympias und Roxanes Sohn über, und Olympias konnte sich an ihrer Widersacherin samt ihrem Gemahl und einigen Verwandten des Kassandros tödlich rächen (317 v. Chr.). Im Gegenzug beseitigte Kassandros 316 v. Chr. Olympias, obwohl er ihr persönliche Sicherheit versprochen hatte, und sorgte für eine aufwendige Bestattung der Eurydike und ihres Gemahls Philipp Arrhidaios. Dies war keineswegs nur eine Geste der Pietät, sondern vor allem eine politische Demonstration.

Kynane war schon früher auf Befehl des Perdikkas ermordet worden. Mit diesem Mord hatte er versucht, die Heirat zwischen Eurydike und Philipp Arrhidaios zu verhindern, aber umsonst. 310/309 v. Chr. ließ Kassandros auch Roxane und ihren Sohn Alexandros IV. verschwinden, Polyperchon, der inzwischen Frieden mit Kassandros geschlossen hatte, beseitigte seinerseits Alexanders unehelichen Sohn Herakles, den er noch kurz zuvor unterstützt hatte, sowie dessen Mutter Barsine.

Kleopatra, die Schwester Alexanders, kam ein Jahr später nach einem Fluchtversuch aus dem Gewahrsam des Antigonos auf dem Weg zu Ptolemaios auf ungeklärte Weise zu Tode. Wahrscheinlich hatte sie Ptolemaios heiraten wollen. Es war das Ende eines traurigen Lebens, obwohl es so glänzend begonnen hatte. Einst hatte Philipp II. sie mit dem Molosserkönig Alexandros I., ihrem Onkel mütterlicherseits, verheiratet. Während der Hochzeitsfeier war Philipp ermordet worden. Ihr Gemahl Alexandros wurde während seines Krieges in Süditalien ermordet. Wir werden darauf an anderer Stelle noch kommen. Nach einiger Zeit der Regentschaft in Epeiros wurde sie von ihrer Mutter Olympias verdrängt und flüchtete nach Makedonien. Nach Alexanders Tod suchte sie Unterstützung bei einem der Diadochen und wollte zunächst Leonnatos heiraten. Doch der fiel, wie erwähnt, im Lamischen Krieg. Dann wollte ihre Mutter eine Ehe mit Perdikkas einfädeln. Aber auch der starb, ehe er und sie diesen Plan verwirklichen konnten. Nur ihre Halbschwester Thessalonike überlebte zunächst. Sie war von Kassandros zu seiner Gemahlin auserwählt worden, weil er auf diese Weise seine illegitime Herrschaft in die Nähe des makedonischen Königshauses rücken konnte. Nach ihr benannte er eine seiner neu gegründeten Städte, die noch immer ihren Namen trägt: Thessalonike bzw. Saloniki. Aber nachdem Kassandros gestorben war, ereilte auch sie das Schicksal der Anderen. Sie wurde von dem älteren ihrer zwei Söhne, die miteinander um die Herrschaft über Makedonien stritten, umgebracht (295 v. Chr.), weil sie den jüngeren favorisiert hatte. Diese schreckliche Mordserie an den Angehörigen des Königshauses gehörte ebenfalls zum Erbe Alexanders, hatte er doch als Erster diese Hemmschwelle überschritten. Mit Alexander war Realität geworden, was vorher das Publikum griechischer Tragödien hatte erschauern lassen.

Die *vierte Phase* war das Scheitern des Antigonos Monophthalmos, des letzten Vertreters der Einheit des Reiches, und seines Sohnes Demetrios Poliorketes. Anfangs wollte Antigonos Monophthalmos noch im Namen Alexandros' IV. regieren. Das musste Kassandros Sorge bereiten. Denn mit der Volljährigkeit des Prinzen hätte er seine Machtposition verloren. In diesen Zusammenhang gehört dessen Ermordung gemeinsam mit seiner Mutter Roxane. Antigonos war nach dem Sieg über Eumenes der mit Abstand mächtigste Diadoche und herrschte über ein Territorium, das von Westkleinasien bis fast zum Indus reichte. Seleukos brachte sich durch die Flucht nach Ägypten in Sicherheit. Sofort verlangten die anderen Diadochen von Antigonos Gebietsabtretungen und einen Anteil an den erbeuteten Geldern, um wieder ein annäherndes Gleichgewicht herzustellen. Seine Antwort war, dass er sich von seinem Heer im Frühjahr 314 v. Chr. zum obersten Reichverwalter ausrufen ließ und Griechenland für sich zu gewinnen versuchte, indem er den Griechen die Freiheit versprach. Wenig später erklärte auch Ptolemaios Griechenland in seinem Namen für frei. In den folgenden Kämpfen (dritter Diadochenkrieg) erlitt Antigonos empfindliche Rückschläge. Sein Sohn Demetrios wurde von Ptolemaios in der Seeschlacht bei Gaza besiegt (312 v. Chr.), wodurch es Seleukos gelang, sich mit geringen militärischen Kräften in den Osten durchzuschlagen und Babylon wieder in seinen Besitz zu bringen. Später hat er diesen Streich zum offiziellen Anfangsdatum seiner Herrschaft proklamiert und es auf Münzen prägen lassen. Auch seine Nachfolger ließen mit dem Jahr 312 v. Chr. die Ära des Seleukidenreiches beginnen. 311 v. Chr. kam eine Kriegspause zustande. 307 v. Chr. bekam, wie erwähnt, Demetrios Athen in die Hand, 306 v. Chr. besiegte er in einer Seeschlacht die Flotte des Ptolemaios bei Salamis auf Zypern. Dieser Sieg war es, der Antigonos dazu veranlasste, den Königstitel und zugleich seinen Sohn als Mitherrscher anzunehmen. Die Reaktion der anderen Diadochen ließ nicht lange auf sich warten. Auch Ptolemaios nahm den Königstitel an, weil er einen Angriff des Antigonos am Nil abgewehrt hatte, Lysimachos und Seleukos zogen nach, Kassandros schließlich auch.

Die *fünfte Phase* in der Nachfolge Alexanders (305–281 v. Chr.) war der Kampf dieser neuen Könige um dauerhafte Königreiche. Denn eigentlich – mit Ausnahme des Ptolemaios in Ägypten – waren sie nach rund 20 Jahren, die seit dem Tod Alexanders vergangen waren, immer noch nichts weiter als Führer gewaltiger Heere, die so viele Teilstücke des Alexanderreiches wie möglich an sich zu

Abb. 36: Ptolemaios I.; teilweise ergänzte römische Kopie aus der Sammlung des Bildhauers Augustin Pajou (1730–1809).

reißen versuchten. Sie regierten eher vom Feldherrnzelt als vom Palast aus. Alles blieb in der Schwebe. Die Schätze des Orients erlaubten ihnen die Anwerbung und Versorgung von Söldnern in einer Größenordnung, die man bis dahin in der griechischen Welt nicht gekannt hatte.

Diese Möglichkeiten lockten viele Tausende aus Griechenland, Makedonien und Thrakien in den Osten, um ihr Glück zu machen, mit reicher Beute heimzukehren oder mit Weib und Kind irgendwo im Osten eine neue Bleibe zu finden und dort ein Herrenleben zu führen. Es war, als würde sich die griechische Kolonisation der archaischen Epoche in anderer Form wiederholen. Die Schäden, die die Kriege im Orient anrichteten, dürften diejenigen des Alexanderzuges um ein Vielfaches übertroffen haben. Konnte einer der Könige spektakuläre Erfolge auf dem Schlachtfeld erringen, schien ihm die Aussicht, doch noch das ganze Alexanderreich in seine Gewalt zu bekommen, verführerisch nahe. Aber sofort taten sich die anderen zusammen und zerstörten seine Ambitionen. Antigonos Monophthalmos war der letzte Diadoche, der die Herrschaft über das ganze Alexanderreich auch nach 305 v. Chr. noch konzeptionell anstrebte und alleiniger König werden wollte. Er befehligte das zahlenmäßig größte Heer, und sein Sohn Demetrios hatte Griechenland – abgesehen von Sparta, Messenien und Thessalien – so weit in seine Gewalt gebracht, dass er den Korinthischen Bund im Sinne seiner Interessen neu gründen konnte. Von dort aus wollte er den entscheidenden Schritt unternehmen und Kassandros auch aus Makedonien verdrängen. Wäre es ihm gelungen, hätte es die zwei Könige gegeben, die das Alexanderreich gebraucht hätte. Der eine hätte Europa, der andere Kleinasien und Syrien regiert, ohne beide Bereiche voneinander zu trennen. Denn Vater und Sohn verband ein so gutes Verhältnis, dass Antigonos sich damit gern vor ausländischen Gesandten rühmte, weil es eben so ungewöhnlich war.

Doch Kassandros schlug Alarm und löste den vierten Diadochenkrieg aus, in dem Lysimachos, dessen Heer durch Truppen des Kassandros verstärkt worden war, und Seleukos den über 80-jährigen Antigonos 301 v. Chr. bei der Ortschaft Ipsos in Phrygien besiegten. Zahlenmäßig wäre das Heer des Antigonos den Truppen, die seine Gegner gemeinsam aufbieten konnten, durchaus gewachsen gewesen. Jedes der beiden Heere war größer als das Heer Alexanders am Beginn seines Feldzuges. Beide Heere hatten eine orientalische Komponente. Antigonos befehligte 70 000 Mann Fußvolk, 10 000 Reiter, geführt von seinem eilig aus Griechenland herbeizitierten Sohn Demetrios, und 75 Elefanten. Seine Gegner konnten 64 000 Infanteristen und 10 500 Reiter ins Feld führen, dazu 120 Streitwagen und ein paar hundert Elefanten, die Seleukos aus dem Osten mitgebracht hatte.

Es waren diese Elefanten, die Seleukos zum Sieg verhalfen. In der Folgezeit wurde der Elefant gleichsam das Symbol der Seleukidenmacht. Die Schlacht begann mit einem heftigen Gefecht zwischen beiden Reitereien. Demetrios gewann über die gegnerische Reiterei, die von Antiochos, dem Sohn des Seleukos angeführt wurde, die Oberhand und drängte sie immer weiter vom Schlachtfeld ab. Der Sieg schien schon zum Greifen nahe. Aber während er dabei alles Übrige aus den Augen verlor, postierte Seleukos die Masse seiner Elefanten um das Schlachtfeld der Infanterie wie eine Mauer, vor der der zurückeilende Demetrios mit seinen Reitern ratlos Halt machen musste. Hinter dieser Mauer fiel die Entscheidung. Seleukos schützte mit seinen Elefanten die durch die Flucht seiner Reiterei entblößte Flanke seines Heeres und bedrohte zugleich die ebenfalls offene Flanke der Infanterie des Antigonos, die Demetrios durch seine Verfolgung des Antiochos hinterlassen hatte. Der seitliche Vorstoß der Elefanten, unterstützt mit einem Pfeilhagel der Bogenschützen, brachte die Heeresordnung des Antigonos Schritt für Schritt zur Auflösung. Dann forderte Seleukos dessen Soldaten zum Überlaufen auf. Mit Erfolg. Die Niederlage vor Augen, ließen immer mehr Soldaten Antigonos im Stich. In dem folgenden chaotischen Gemetzel ist Antigonos, der bis zuletzt auf das Eingreifen seines Sohnes hoffte, von drei Pfeilen durchbohrt gefallen. Die Sieger bereiteten ihm eine königliche Bestattung. Hinterher wusste man es besser. Hatte es nicht schon kurz vor der Schlacht ein böses Omen gegeben? Als Antigonos aus seinem Zelt gekommen war – sein Heer stand schon in Schlachtordnung –, war er gestolpert, gestürzt und hatte sich das Gesicht blutig geschlagen. Daraufhin soll er die Hände gen Himmel gehoben und die Götter angefleht haben, ihm entweder den Sieg oder einen Tod zu gewähren, bevor er von der Niederlage erführe.

Abb. 37. Kopf des Demetrios Poliorketes; römische Kopie aus Herculaneum.

Demetrios kam heil davon. Sein Leben war ein typisches Diadochenschicksal, doch hatte er bestimmte individuelle Züge, die ihn besonders hervorhoben. Er war es, der am lebendigsten Geist und Lebensgefühl seiner Epoche verkörperte. Die Götter hatten ihn mit „Schönheit“ im griechischen Sinn ausgestattet. Er hatte eine stattliche Größe, auch wenn er etwas kleiner als sein Vater blieb, und wie sein Biograph Plutarch es ausdrückt,

> zeichnete [er] sich durch eine ungemein schöne Gesichtsbildung aus, so daß kein Maler, kein Bildhauer imstande war, ihn vollkommen zu treffen. Denn in seinem Gesicht lag zugleich Anmut und Ernst, etwas Zurückschreckendes und etwas Einnehmendes, und mit der jugendlichen Lebhaftigkeit war eine heroische Miene, eine königliche Majestät verbunden, die sich schwer darstellen ließ (Plutarch, Demetrios 2).[121]

Er verkörperte das griechische Ideal der *kalokagathia*, der Einheit von Schönheit und unerschütterlicher Tapferkeit. Das verschaffte ihm große Bewunderung. Außerdem war er ein geschickter politisch-militärischer Jongleur und obendrein ein origineller Erfinder. Das machte ihn interessant. Die Niederlage bei Ipsos war nicht seine erste. Schon vom Beginn seiner militärischen Laufbahn an hatte er das dramatische Auf und Ab auf den Schlachtfeldern, den „Umschlag der *týchē*“, wie die Griechen sagten, kennengelernt.

Seine erste Erfahrung als noch ganz junger selbstständiger Befehlshaber war das Fiasko in der Seeschlacht bei Gaza gegen Ptolemaios I. gewesen (312 v. Chr.). Doch ließ er sich davon nicht entmutigen, sondern rüstete mit Erlaubnis seines Vaters aufs Neue und errang noch im selben Jahr einen glänzenden Sieg über das ptolemaiische Landheer bei Myus in Syrien. Andererseits bemühten sich Vater und Sohn vergeblich, Babylon und den übrigen Osten von Seleukos zurückzugewinnen (310 und 309 v. Chr.).

Aber selbst von schweren Rückschlägen ließ sich Demetrios in seiner optimistischen Zuversicht nicht erschüttern. Wo es darauf ankam, bewies er eine ungebrochene Tatkraft und Selbstdisziplin und verlor auch nach schweren Verwundungen seine Tapferkeit nicht. Söldner ließen sich selbst nach verlustreichen Niederlagen immer wieder schnell anwerben, wenn man nur genügend Geld hatte, waren aber auch unzuverlässig. Meutereien und Desertionen hat auch Demetrios mehrfach erfahren. Umso liebenswürdiger gingen die jeweiligen Kriegsgegner miteinander um. Denn der Feind von heute konnte der Verbündete von morgen sein. Das war von alters her bei den Griechen so gewesen. Hass auf einen Gegner hatte man stets nur kurzfristig empfunden, oft eruptiv, sadistisch und tödlich, aber eigentlich nie längere Zeit. Hatten doch auch die achaiischen und trojanischen Helden gelegentlich ritterlichen Respekt voreinander bekundet. Und bei den „Rittern", die im siebenten Jahrhundert v. Chr. auf Euboia in der sogenannten Lelantinischen Fehde ihre Kämpfe ausgetragen hatten, wird es ebenso gewesen sein. Die Diadochen folgten auch in dieser Hinsicht der homerischen Tradition. Nach seinem Sieg in der Seeschlacht bei Gaza schickte Ptolemaios großzügig dem Demetrios sein Zelt und den gesamten Haushalt einschließlich der Dienerschaft, die in seine Hände gefallen waren, zurück. Und Demetrios revanchierte sich nach seinem Sieg bei Myus, als er an Ptolemaios dessen gefangen genommenen Feldherrn und den gesamten Haushalt zurückgehen ließ. Sein größter Triumph wurde der Sieg über Ptolemaios in der Seeschlacht bei Salamis auf Zypern (306 v. Chr.). Auch dieses Mal schickte er dem geflüchteten Ptolemaios dessen persönlichen Besitz hinterher, gewährte dessen Bruder Menelaos, der Kommandant des zyprischen Salamis gewesen war, freien Abzug und ließ die Gefallenen des Verlierers ebenso pietätvoll bestatten wie die eigenen. Anschließend eroberte er, wie erwähnt, große Teile Griechenlands, wurde 302 v. Chr. Hegemon des von ihm wieder gegründeten Korinthischen Bundes und machte Anstalten, Kassandros auch aus Makedonien hinauszuwerfen. Doch dann kam wieder der „Umschlag des Schicksals": die Katastrophe bei Ipsos.

Die Kriege der Diadochen spielten sich nicht nur auf den Schlachtfeldern ab, sondern waren auch ein zähes Ringen um den Besitz von Städten, Festungen und strategisch wichtigen Pässen, darüber hinaus um die Seeherrschaft. Bei der Innovation der Belagerungstechnik versetzte Demetrios alle Welt in Staunen und erwarb sich den Beinamen „Poliorketes" (der Städtebelagerer). Berühmt wurde sein Belagerungsturm, „Helepolis" (Stadteinnehmer) genannt, eine Weiterentwicklung älterer Modelle. Es handelte sich um ein mit Eisenplatten gepanzertes Ungetüm von 41 Metern Höhe mit neun Stockwerken, das sich mit Hilfe eines von der Mannschaft betriebenen großen Spills im untersten Stockwerk auf massiven Holzrollen selbständig bewegen konnte, ohne von außen gezogen oder geschoben zu werden. In den einzelnen Stockwerken befanden sich gewaltige Steinschleudern, auf der obersten Ebene wurden Bogenschützen und Speerwerfer postiert. Aber trotz dieses Aufwandes hatte Demetrios bei seiner immerhin einjährigen Belagerung von Rhodos 305/304 v. Chr., das mit Ptolemaios verbündet war, keinen Erfolg.

Die Rhodier waren hinterher so erleichtert, dass sie ihrem Schutzgott, dem Sonnengott Helios, ein riesige Bronzestatue weihten, die als Koloss von Rhodos in die Geschichte eingegangen ist und eins der sieben Weltwunder der Antike wurde. Auch in diesem Krieg bewies Demetrios Noblesse. Denn als ein besonders wertvolles Gemälde mit einer Darstellung aus der Gründungsmythologie von Rhodos in einer Vorstadt erbeutet worden war, gewährte er gern die Bitte der Rhodier, das Bild nicht zu zerstören. (Später schafften es die Römer in ihre Hauptstadt.) Bei der Belagerung anderer Städte hatte Demetrios mehr Erfolg, behandelte die Besiegten jedoch stets relativ milde. Weder massakrierte er die Bevölkerung noch verkaufte er sie in die Sklaverei, sondern er begnügte sich mit der Hinrichtung eines kleinen Kreises von „Schuldigen". Auch in der Seekriegführung machte sich Demetrios einen Namen. Um die Rüstung zu beschleunigen, ließ er in mehreren Städten gleichzeitig Schiffe bauen, wobei er die Werften reihum inspizierte, Anweisungen gab und gelegentlich selbst mit Hand anlegte. Bei dem maritimen Wettrüsten der Diadochen entstanden immer gewaltigere Großkampfschiffe mit Rudermannschaften zwischen 1000 und 3000 Mann, mit Katapulten und über 1000 Seesoldaten auf dem Oberdeck. In der Seeschlacht bei Salamis auf Zypern setzte Demetrios Vierruderer, Fünfruderer, Sechsruderer und Siebenruderer ein.

Nachdem er bei Ipsos davongekommen war, flüchtete er nach Ephesos, wo seine Flotte vor Anker lag, und von dort nach Athen, wo er mit einer bereitwilligen Aufnahme rechnete. Schließlich hatte er die Stadt 307 v. Chr. von der Herrschaft des Kassandros befreit und ihr, wie erwähnt, die uneingeschränkte demokratische Verfassung einschließlich der Besatzungsfreiheit zurückgegeben. Dieser Akt hatte als Fanal für die von Antigonos proklamierte Freiheit für ganz Griechenland dienen sollen. Darüber hinaus hatte er der Stadt eine großzügige Getreidespende und Schiffbauholz aus Kleinasien zukommen lassen. Um sich bei den Athenern zusätzlich beliebt zu machen, hatte er sogar eine Athenerin geheiratet, Eurydike, die Witwe des Ophellas. Nach seinem Seesieg bei Gaza hatte er die Stadt mit 1200 erbeuteten Rüstungen beschenkt und damit den großen Alexander mit seinen 300 Rüstungen nach dem Sieg am Granikos in den Schatten gestellt. Die Athener hatten es ihm mit überschwänglichen Ehrungen gedankt, sie hatten sich darin geradezu überschlagen. Der maßloseste Agitator war ein gewisser Stratokles, der die Volksversammlung zu immer neuen Ehrenbeschlüssen trieb und dabei zum einflussreichsten Politiker aufstieg. Es war diese Demokratie, die Demetrios und seinen Vater Antigonos zu „rettenden Göttern" erhob, noch bevor sich die Generäle zu Königen ausriefen! Was sie bei Alexander nur widerwillig getan hatten, das dienten sie diesen beiden Nachfolgern regelrecht an, schufen auch eine Priesterstelle zur Pflege des neuen Kultes und veranstalteten Wettkämpfe zu ihren Ehren.

Es ging noch weiter. Sie integrierten die neuen Götter in ihre Verfassung: Zu ihren zehn Phylen fügten sie zwei neue hinzu, die sie Antigonis und Demetrias nannten, wodurch aus dem Rat der 500 ein Rat der 600 wurde. Sie errichteten ihnen Statuen an mehreren Plätzen usw. Übrigens blieben sie mit ihrem Herrscherkult nicht lange allein. Schon drei Jahre später vergöttlichten die Rhodier den indessen zum König verwandelten Ptolemaios I., ihren Verbündeten, der maßgeblich dazu beigetragen hatte, die lange Belagerung durch Demetrios zu überstehen. Das „Gottmenschentum", das die Oligarchen auf Samos einst für Lysander gestiftet hatten, setzte sich also in größerem Maßstab fort. Es lag im Zuge der Zeit. Aber diese Vergötterung war keine neue Religion, sondern nur die Anerkennung von übermenschlichen Leistungen eines Einzelnen. Demetrios verteidigte Athen gegen alle weiteren Angriffe des Kassandros, zog die Athener aber bei Bedarf auch zu militärischen Hilfsleistungen heran. Sowohl in der Seeschlacht bei Salamis auf Zypern als auch bei Ipsos haben Athener mitgekämpft.

Trotz dieser unterwürfigen Vasallität lebte der demokratische Geist der Stadt sofort wieder auf und manifestierte sich in einer sprunghaft ansteigenden Zahl von Gesetzen und Verwaltungsbeschlüssen. In den Wintermonaten 304/303 und 303/302 v. Chr., als die Kriege vorübergehend ruhten, hatte Demetrios, der im Parthenon auf der Akropolis als Bruder der Athene residierte, Zeit, sich zu entspannen und seine Leidenschaft für schöne Frauen und Knaben unverfroren mit königlich-göttlichem Gestus auszuleben. Unter anderem soll er einen Knaben, der sich seiner hartnäckigen Verfolgung zu entziehen suchte, in den Selbstmord getrieben haben. Die Athener waren nicht nur gezwungen, alles zu dulden, was ihrem königlichen Herrn beliebte, sondern mussten sogar zwei seiner Hetären, Lamia und Leaina, mit einem Aphroditekult feiern und üppige Spenden für ihren Luxus aufbringen. Sie mussten sich noch groteskere Zugeständnisse abringen.

Als Demetrios Lust hatte, sich in die Eleusinischen Mysterien einweihen zu lassen, aber die vorgeschriebenen Fristen nicht abwarten wollte, verhalf Stratokles Abhilfe, indem er per Volksbeschluss die Monatsnamen umbenennen und dann das folgende Jahr einfach früher beginnen ließ, so dass der König in kürzester Zeit alle drei Einweihungsstufen durchlaufen konnte. Die Überhäufung mit Lob und Ehrungen forderte natürlich auch Schmähungen heraus. Ihnen widmete sich eifrig der Komödiendichter Philippides, der in sicherer Entfernung am Hof des Lysimachos weilte. Plutarch führt die offen zur Schau getragene Willkür des Demetrios auf die Annahme des Königstitels (306 v. Chr.) zurück, die die innere Einstellung und den Habitus aller Diadochen negativ verändert und sie zu Arroganz, Rücksichtslosigkeit und Pomp verführt habe. Dagegen hatte die neue Heirat des Demetrios, die in Argos stattfand, rein strategische Gründe. Seine dritte Gemahlin, Deidameia, war nämlich die Schwester des Diadochen Pyrrhos, der ebenfalls ein Gegner des Kassandros war. Auch sie hatte den Wechsel des Schicksals schon früh erfahren müssen. Bereits als Kind war sie von Olympias mit Alexandros IV. verkuppelt worden, hatte also gute Aussichten gehabt, später Königin von Makedonien zu werden. Doch dann geriet sie zusammen mit Alexandros in die Gefangenschaft des Kassandros, überlebte jedoch die Ermordung ihres Gatten und wurde nun an Demetrios weitergereicht, der somit gleichzeitig mit drei Frauen verheiratet war. So war die Lage vor Ipsos gewesen.

Auch nach Ipsos rechnete Demetrios auf Grund seiner vorherigen Wohltaten für die Stadt weiterhin mit der Loyalität der Athener. Doch sie, die ihn sechs Jahre zuvor unter die Götter erhoben hatten, verweigerten ihm die Aufnahme. Gleich auf die Nachricht vom Ausgang der Schlacht hin hatten die Demokraten einen Beschluss gefasst, dass kein König ihre Stadt betreten dürfe, und Deidameia nach Megara ausgewiesen. Eine Gesandtschaft reiste Demetrios entgegen und teilte ihm den Beschluss mit. Seine Schelte hielt sich in Grenzen. Vielmehr ging es ihm um die Rückgabe seiner in Athen verbliebenen Schiffe, die er auch erhielt.

Die Flotte wurde von da an die Grundlage seiner Herrschaft. An Land konnte er sich nur noch auf einige Städte in verschiedenen Regionen stützen, vor allem auf Korinth, auf die Inseln der Ägäis, in Kleinasien auf Ephesos und Milet, auf Zypern und an der phönizischen Küste auf Sidon und Tyros. Und wieder wandte sich das Glück. Seleukos und Ptolemaios gerieten in Streit, weil beide Ansprüche auf Südsyrien erhoben. Ptolemaios verbündete sich mit Lysimachos, was Seleukos bewog, sich Demetrios anzunähern. Der Friedenschluss wurde, auf einem Prunkschiff des Demetrios in der syrischen Stadt Rhosos, wieder einmal mit einer Heirat besiegelt (299/298 v. Chr.). Dieses Mal war es Seleukos, der eine Tochter des Demetrios und der Phila namens Stratonike heiratete. Einige Jahre später (293 v. Chr.) trat er sie an seinen Sohn Antiochos ab, obwohl sie schon einen Sohn mit ihm hatte, und überließ dem Paar die östlichen Gebiete. (Später entspann sich daraus eine romantische Legende: Seleukos habe mit dieser Maßnahme seinen Sohn retten wollen. Denn dieser sei eines Tages schwermütig und krank geworden, habe sich sogar zu Tode hungern wollen. Der herbeigerufene Arzt habe die richtige Diagnose gestellt und dem Seleukos enthüllt, was Antiochos um jeden Preis verschweigen wollte: dass er sich schrecklich in Stratonike, seine sieben Jahre jüngere Stiefmutter, verliebt habe. Gleichsam der umgekehrte Fall, den Euripides im „Bekränzten Hippolytos" auf die Bühne gebracht hatte, und für verschiedene Maler des 17. und 18. Jahrhunderts ein reizvolles Thema für ihre pathetischen Darstellungen.) Nach der Versöhnung mit Seleukos ging Demetrios in Palästina gegen Ptolemaios vor und zwang ihn zum Friedenschluss, der wieder mit einer Heirat besiegelt wurde. Ptolemais, eine Tochter des Ptolemaios, wurde die vierte Ehefrau des Demetrios.

Somit hatte Demetrios den Rücken frei und konnte seinen Krieg in Griechenland und Makedonien wieder aufnehmen. Denn sein zäher Gegner Kassandros starb 297 v. Chr., und dessen beide Söhne bekämpften sich gegenseitig. In Athen war indessen politisches Chaos ausgebrochen. Ein gewisser Lachares, der Kommandeur einer Söldnertruppe, hatte sich zum Tyrannen aufgeschwungen und vier seiner Gegner von der Volksversammlung kollektiv zum Tode verurteilen lassen. Formal blieb allerdings die demokratische Verfassung in Kraft. Auch zu Lysimachos hatte Athen Kontakt aufgenommen und von ihm eine Getreidespende empfangen. Die überlebenden Gegner des Lachares setzten sich im Piräus fest. Demetrios hungerte die Stadt aus, bis sie ihm 295 v. Chr. die Tore öffnen musste. Die Not der Einwohner veranschaulicht eine überlieferte Anekdote, nach der sich ein Vater und sein Sohn um eine tote Maus schlugen. Lachares, der zur Versorgung seiner Söldner alles Gold von den Statuen der Götter und von Weihgeschenken hatte einschmelzen lassen, entkam, als Bauer verkleidet. Die vom Hunger völlig entkräftete Bürgerschaft zitterte vor dem Strafgericht, das sie erwartete. Doch Demetrios begnügte sich mit milden Vorwürfen, ließ Getreide verteilen und sicherte Attika durch die Stationierung von Garnisonen. Auch in der Stadt selbst zog er die Zügel etwas stärker an und verpasste der Stadt eine halboligarchische Verfassung, die seinen Vertrauensleuten eine führende Stellung einräumte. Und die Athener beschlossen für ihn neue Ehrungen.

Das Vorgehen des Demetrios in Griechenland rief seinen Schwiegervater Ptolemaios auf den Plan, der bei einem Versuch, Athen zu retten, Gegenkräfte, darunter Sparta, mobilisierte. Außerdem besetzte er wieder Zypern. Die Familie des Demetrios, die dort in seine Hände fiel, benutzte er jedoch nicht als politisches Druckmittel, sondern schickte sie dem Demetrios zurück. Demetrios besiegte den spartanischen König Archidamos (IV.), nahm sich aber nicht die Zeit, Sparta zu erobern. Denn aus Makedonien rief ihn Alexandros, der jüngere Sohn des Kassandros, gegen seinen Bruder zu Hilfe. Später überlegte er es sich anders und wandte sich an Pyrrhos, den König von Epeiros. Demetrios ließ sich jedoch nicht mehr abweisen, sondern griff zu einer List. Bei einem Zusammentreffen heuchelte er Bereitschaft, wieder abzuziehen, ließ dann aber im Anschluss an ein gemeinsames Mahl den überraschten Alexandros mitsamt seinen Gefolgsleuten niederhauen. Anschließend gelang es ihm, die Zustimmung des makedonischen Heeres zu gewinnen, indem er an die Ermordung von Angehörigen der makedonischen Königsfamilie durch Kassandros erinnerte, und wurde zum König von Makedonien ausgerufen. Der ältere Sohn des Kassandros, der im Thronstreit mit seinem Bruder seine Mutter Thessalonike ermordet hatte, flüchtete zu Lysimachos nach Thrakien.

Nach weiteren Erfolgen in Griechenland, namentlich der Eroberung Thebens, gründete Demetrios 293 v. Chr. unter seinem Namen in Thessalien eine Stadt, Demetrias, die bald eine große Bedeutung gewann. Sein großes Ziel, König von Makedonien und Nachfolger Alexanders des Großen in dessen Stammland zu werden, war erfüllt. Dennoch sollte seine Hauptstadt wahrscheinlich Demetrias werden, das gleichsam in der Mitte zwischen Makedonien und Griechenland lag. Er wollte eben nicht an die makedonische Argeadendynastie anknüpfen und Griechenland von Makedonien aus regieren, sondern mit der Verlegung des Mittelpunkts nach Süden ein Herrschaftsgebiet auf dem Balkan schaffen, das von ihm ausging und seinen Vorstellungen entsprach. Wenig später schien das Schicksal noch viel mehr für ihn bereitzuhalten. Im Jahr 290 v. Chr. bot sich ihm Lanassa, die Tochter des mächtigen Agathokles von Syrakus, die auf Korkyra residierte, mit Zustimmung ihres Vaters als Gemahlin an. Sie war fünf Jahre zuvor von Agathokles mit Pyrrhos verheiratet worden, hatte sich dann aber von ihm getrennt. Mit diesem Angebot eröffnete sich für Demetrios am Horizont das Projekt eines zukünftigen Herrschaftsgebietes bis nach Sizilien. Er machte sich auf nach Korkyra. Auf der Rückfahrt besuchte er Athen. Dort ließ er sich wegen seines geplanten Angriffs auf die Aitoler, die das Heiligtum von Delphi beherrschten, mit einem hymnischen Gebet feiern, das ihn als leibhaftigen Gott pries, der die Macht habe, Frieden zu schaffen, während, wie es hieß, die herkömmlichen Götter weit entfernt seien, sich nicht um die Menschen kümmerten oder vielleicht gar nicht existierten. Damit gingen die Athener noch einen gehörigen Schritt weiter als der Komödiendichter Menander, der nur geleugnet hatte, dass sich die Götter um das tägliche Leben der Menschen kümmern.

289 v. Chr. begann Demetrios seinen Angriff auf seinen Schwager Pyrrhos in Aitolien und hatte Erfolg. Aber an diesem Höhepunkt erwischte ihn wieder der „Umschlag der *týchē*". Während er nach Epeiros vorstieß, besiegte Pyrrhos sein in Aitolien zurückgelassenes Besatzungsheer, tötete sogar eigenhändig dessen Kommandeur und machte viele Gefangene. Demetrios sah sich gezwungen, in Eilmärschen nach Makedonien zurückzukehren, um sein Königreich zu retten. Nicht einmal das gelang vollständig. Wenigstens den Westen Makedoniens musste er an Pyrrhos abtreten. Die großen sizilischen Pläne waren mit einem Schlag dahin. Sogar im restlichen Makedonien geriet er in die Defensive, zumal er einige Zeit von einer Krankheit zur Inaktivität verdammt war. Viele wandten sich Pyrrhos zu, während Demetrios schon seit längerer Zeit an Ansehen verloren hatte. Das orientalische Königsgebaren des „Neuen Dionysos", wie er sich nannte, der Pomp in seiner Residenz und die bewusst gepflegte Distanz zur Außenwelt, verbunden mit Gesten demonstrativer Allmacht und Arroganz kamen beim makedonischen Adel nicht gut an. Demetrios war der erste König in Europa, der sein Portrait auf Münzen prägen ließ.

Doch Demetrios blieb auch in dieser Lage unerschütterlich. Wenn er schon seine Pläne im Westen aufgeben musste, so wandte er sich eben nach Osten. Noch einmal nahm er das große Ziel seines Vaters ins Visier, zum „einzigen König", wie er sich gern nannte, aufzusteigen. 288 v. Chr. setzte er mit ungebrochener Energie ein gigantisches Rüstungsprogramm ins Werk, wie es Griechenland noch nie gesehen hatte. Rücksichtslos wurden die Ressourcen des Landes aufs Äußerste strapaziert. Er muss ein hervorragender Organisator gewesen sein. Dass Lysimachos, Seleukos und Ptolemaios alarmiert waren und sich zu einer Koalition zusammenschlossen, an der sich daraufhin auch Pyrrhos beteiligte, nahm er in Kauf. So begann der fünfte Diadochenkrieg.

Aber schon gleich am Anfang erlebte Demetrios eine entsetzliche Enttäuschung. Als er sich Pyrrhos zur Schlacht stellen wollte, konnte er nicht verhindern, dass ein großer Teil seiner Soldaten zu diesem überlief. Demetrios blieb nur noch die Flucht, diesmal im schlichten Gewand eines einfachen Bürgers. Seine erste Gemahlin, Phila, verzweifelte an jeder Rettung und beging Selbstmord. Lysimachos und Pyrrhos teilten Makedonien unter sich auf. Den älteren Sohn des Kassandros, der sich um seine Ansprüche auf Makedonien betrogen sah und dagegen Einspruch erhob, ließ Lysimachos aus dem Weg räumen. So endete der Streit der beiden Söhne des Kassandros. Hätten sie sich geeinigt, hätten sie sich vielleicht in Makedonien behaupten können. Doch sie hatten es vorgezogen, ausländische Machthaber zu Hilfe zu rufen, und wurden dann von ihnen beseitigt. In Griechenland rebellierten die Athener und vertrieben die Besatzungstruppen des Demetrios aus der Stadt. Demetrios hatte keine Zeit, die Stadt zu belagern. Er begnügte sich unter Vermittlung eines Abgesandten des Ptolemaios mit einem Friedenschluss, der die Stadt aus seiner Herrschaft entließ, während seine Besatzungstruppen weiterhin im Piräus und in den Festungen Attikas blieben. Auch mit Pyrrhos schloss er Frieden, selbstverständlich unter Anerkennung der neuen Gegebenheiten. Makedonien war verloren. In Griechenland behielt er im Wesentlichen nur Korinth und Theben, die er seinem Sohn Antigonos übergab. Seine Zukunft sah er jetzt in Asien.

Allen widrigen Umständen zum Trotz holte er noch einmal zu einem ganz großen Schlag aus. Es ging um alles. Doch verließ ihn das Glück. In Kleinasien behauptete er sich zwar mehrfach auf dem Schlachtfeld gegen das Heer des Agathokles, des Sohnes des Lysimachos, wurde aber von ihm, einem geschickten Taktiker, immer mehr vom Nachschub abgeschnitten, so dass er nach erheblichen Verlusten auf den Märschen in große Versorgungsschwierigkeiten geriet. Schließlich kam er in Kilikien in eine so schwierige Lage, dass er den einzigen Ausweg darin sah, Seleukos um Hilfe zu bitten. Dieser Schritt lag eigentlich nahe, weil Lysimachos mit Ptolemaios verbündet war. Aber Seleukos schloss kein Bündnis mit ihm, sondern forderte seine Unterwerfung. Demetrios lehnte ab und schaffte es noch, die Pässe nach Syrien in seine Hand zu bekommen. Aber gerade als neue Hoffnung aufkeimte, wurde er krank. Ein Teil seiner Truppen desertierte, den Rest konnte Seleukos zum Überlaufen bewegen. Am Ende befand sich Demetrios in einer Sackgasse und musste sich Seleukos ergeben. Dieser wies ihm ein ehrenhaftes Exil mit allem königlichen Komfort in Syrien an (286 v. Chr.). Und schlagartig zeigten sich fast alle Gegner mit Demetrios versöhnt. Pyrrhos und Ptolemaios setzten sich für seine Freilassung ein, ohne Erfolg. Sein Sohn Antigonos bot sich als Geisel an, ebenfalls ohne Erfolg. Aber auch auf das

Ansinnen des Lysimachos, Demetrios zu töten, ging Seleukos nicht ein. In seinem Exil verfiel Demetrios der Langeweile und dem Wein. Schon 283 v. Chr. starb er, 54-jährig. Seine goldene Urne wurde nach Griechenland geschickt, in Korinth mit Purpur und einem Diadem feierlich geschmückt und in Demetrias, der von ihm gegründeten Stadt, beigesetzt.

Der Sieg des Agathokles über Demetrios Poliorketes brachte seinem Vater Lysimachos die Herrschaft über fast ganz Kleinasien ein. Lysimachos selbst war auch nicht untätig. 285 v. Chr. besiegte er Pyrrhos, mit dem er sich noch drei Jahre zuvor Makedonien geteilt hatte, und wurde dort alleiniger König, beherrschte somit in Europa ein Territorium von Thrakien bis Mittelgriechenland. Vor allem der Landgewinn in Kleinasien musste auf den Widerstand des Seleukos stoßen. Und wenn Seleukos überhaupt eine moralische Rechtfertigung für den sechsten Diadochenkrieg (282–281 v. Chr.) benötigt hätte, so lieferte sie ihm die Familientragödie im Hause des Lysimachos. Dieser hatte im Zuge seines Bündnisses mit Ptolemaios 300/299 v. Chr. als über 60-Jähriger dessen ca. 17-jährige Tochter Arsinoe geheiratet. Sie gebar ihm drei Söhne, entpuppte sich aber bald als dominante Intrigantin, die ihren alternden Gemahl beherrschte. Ihr gelang es, dem Lysimachos so viel Misstrauen gegen seinen erfolgreichen Sohn Agathokles einzuflößen, dass er ihn durch ihren Sohn Ptolemaios ermorden ließ. Gerüchte kursierten, dass sie eigentlich in Agathokles, der mit ihrer Schwester Lysandra verheiratet war, verliebt gewesen sei und sich für seine Abweisung gerächt habe. Aber in Wirklichkeit wird es ihr um die Sicherung der Nachfolge für ihre Söhne gegangen sein, denen Agathokles im Weg stand. Lysandra und die Kinder des Lysimachos aus früheren Ehen flüchteten zu Seleukos, der daraufhin als Rächer der Enterbten den Krieg eröffnete. Bei Kurupedion im westlichen Kleinasien (östlich von Chios) verlor Lysimachos Schlacht und Leben. Auch er bekam eine seinem königlichen Rang angemessene Bestattung in der von ihm gegründeten Stadt Lysimacheia. So viel Respekt war man seinen Gegnern schon schuldig. Es gab keinen Hass über den Tod hinaus. Der Weg nach Europa war jetzt für Seleukos frei. Noch einmal schien die Möglichkeit, den größten Teil des Alexanderreiches doch noch unter der Herrschaft eines Einzigen zu einer Einheit zusammenzufassen, in greifbare Nähe gerückt. Der fast 80-Jährige konnte sich als der Sieger aus dem über 40 Jahre sich hinziehenden blutigen Ringen um die Nachfolge Alexanders fühlen. Er befand sich auf dem Höhepunkt seines politischen Lebens. Vielleicht hatte er sogar den kühnen Plan, das Zentrum seines Reiches nach Europa zu verlagern, so wie er es zuvor von Mesopotamien nach Nordsyrien verschoben hatte. Aber die *týchē*, die grausame Schicksalsgöttin, hatte ihn nur getäuscht. Kaum hatte er europäischen Boden betreten, fiel er, der einst einer der Mörder des Perdikkas gewesen war, dem Attentat eines Jüngeren zum Opfer.

Der Attentäter war der gleichnamige älteste Sohn Ptolemaios' I., der sich den Beinamen „Keraunos" zugelegt hatte, was soviel wie Blitz oder Donnerkeil bedeutet. Eigentlich hätte er König von Ägypten werden sollen. Doch nachdem sein Vater eine neue Ehe eingegangen war, hatte ihn die neue Gemahlin Berenike I. zugunsten ihres Sohnes gewissermaßen enterbt. Daraufhin hatte er Ägypten verlassen und bei Lysimachos in Thrakien Aufnahme gefunden. Nach der Ermordung des Agathokles war er zusammen mit Lysandra zu Seleukos geflüchtet. Das hinderte ihn aber nicht daran, seinen neuen Schutzherrn umzubringen. Trotz des heimtückischen Mordes brachte er seine Ausrufung zum König von Makedonien und Thrakien zustande. Mord aus politischen Motiven war bei den Griechen schon immer grundsätzlich akzeptabel gewesen, vorausgesetzt, dass er moralisch gerechtfertigt werden konnte, man denke nur an den Tyrannenmord, zu dem die Mitglieder des Rates der Fünfhundert in Athen sogar eidlich verpflichtet waren, und die zahlreichen politischen Morde an griechischen Politikern in den Städten. Schließlich war das Denkmal der Tyrannenmörder Harmodios und Aristogeiton in Athen ja auch eine Glorifizierung des politischen Mordes. Offensichtlich ist es Ptolemaios Keraunos gelungen, den Mord an Seleukos gegenüber dem Heer so überzeugend zu rechtfertigen, wie es vor ihm Demetrios Poliorketes mit seinem Mord an Alexandros gelungen war. Zur weiteren Absicherung seiner Stellung überredete er Arsinoe, seine Halbschwester, die nach dem Tod des Lysimachos auf dem Schlachtfeld nun Witwe war, zur Heirat, indem er ihr unter Eid versicherte, ihre und des Lysimachos Söhne zu seinen Nachfolgern zu machen, ließ jedoch kurz darauf zwei von ihnen umbringen; der dritte, Ptolemaios, der Mörder des Agathokles, konnte sich retten.

Nun musste er sich zugleich gegen drei Rivalen verteidigen, die auf Makedonien Anspruch erhoben: gegen Antigonos Gonatas, den Sohn des Demetrios Poliorketes, gegen Pyrrhos, den König von Epeiros, und gegen Antiochos I., den Sohn des ermordeten Seleukos. Es gelang ihm, Antigonos Gonatas, den Sohn des Demetrios Poliorketes, zur See und zu Land zu besiegen und sowohl Pyrrhos als auch Antiochos I. zum Verzicht auf Makedonien zu bewegen. Aber dann brach der Keltensturm los, der blankes Entsetzen auslöste. Die Kelten drangen auf der Suche nach neuen Wohnsitzen in Thrakien und Makedonien ein. Ihnen zeigte sich Ptolemaios, der „Donnerkeil", nicht gewachsen. Er geriet in ihre Gefangenschaft und wurde enthauptet (279 v. Chr.). Sein Bruder Meleagros, der ihm als König nachfolgte, versagte ebenso und wurde abgesetzt. Als Nächster versuchte ein Neffe des Kassandros namens Antipatros sein Glück, ohne Erfolg. Er wurde von einem makedonischen Adligen namens Sosthenes ermordet. Dieser verzichtete auf den Königstitel und ließ sich vom Heer nur zum Strategen ernennen, starb jedoch kurz darauf.

Die Kelten stießen bis Mittelgriechenland vor. Erst den vereinigten Aitolern, Phokern und Boiotern gelang es, sie aufzuhalten. Die Chancen für Antigonos Gonatas, der sich immer noch König von Makedonien nannte, waren gering, bestand doch die Basis seiner Macht im Wesentlichen lediglich aus Korinth mit seiner Festung und einigen Küstenstädten in Kleinasien. Nachdem sein Angriff auf Ptolemaios Keraunos gescheitert war, wandte er sich Kleinasien zu und fand in Nikomedes I., dem König von Bithynien, einen Verbündeten gegen Antiochos I.

Da dieser damals Schwierigkeiten hatte, seine Herrschaft in Syrien zu behaupten, konnte Antigonos mit ihm eine grundsätzliche Abmachung treffen: Antiochos erkannte Antigonos als König von Makedonien an, verzichtete also zum zweiten Mal auf Makedonien, erhielt jedoch seinen Anspruch auf die thrakischen Küstengebiete aufrecht. (Letzteres sollte drei Generationen später in der Auseinandersetzung des Seleukidenreiches mit Rom wichtig werden.) Im Gegenzug trat Antigonos ihm seine kleinasiatischen Städte ab; er verzichtete auf alle Ansprüche auf Gebiete östlich von Europa (und heiratete Phila, die Schwester des Antiochos).

Auf dem Rückweg nach Europa gelang ihm 277 v. Chr. bei Lysimacheia in der Nähe der Dardanellen ein entscheidender Sieg über keltische Scharen, was seine Anerkennung als König durch die Makedonen zur Folge hatte. Da Nikomedes Kelten als Söldner gegen Antiochos in Kleinasien gebrauchen konnte, zog er viele von ihnen dorthin, und der keltische Druck auf Makedonien ließ nach. Doch der größte Teil Thrakiens blieb dauerhaft unter ihrer Herrschaft und war für Makedonien verloren. In sicherem Besitz Makedoniens war Antigonos auch jetzt noch nicht. Denn Pyrrhos, der vor Lysimachos hatte weichen müssen und anschließend sein Kriegsglück in Italien und auf Sizilien gesucht hatte, erschien erneut auf dem makedonischen Kriegsschauplatz und besiegte Antigonos zweimal. Schon schien Makedonien für Antigonos wieder verloren. Da kam ihm das Glück zu Hilfe. Pyrrhos richtete seinen nächsten Angriff gegen die Peloponnes, von Antigonos vorsichtig verfolgt, und fiel bei dem Versuch, Argos zu erobern, im Straßenkampf (Näheres s. u.). Damit war die Zeit der Diadochenkämpfe zu Ende. Von den zahlreichen männlichen und weiblichen Prätendenten, die nach dem Tod Alexanders in irgendeiner Form Herrschaftsansprüche angemeldet hatten, waren die meisten ermordet worden, andere im Kampf gefallen. Eines natürlichen Todes gestorben waren nur Antipatros und sein Sohn Kassandros in Makedonien, Ptolemaios I. in Ägypten, Polyperchon in Griechenland und Demetrios Poliorketes (in Gefangenschaft in Syrien). Makedonien blieb unter der Herrschaft des Antigonos und seiner Nachkommen, der Antigoniden, der größte Teil des asiatischen Alexanderreiches unter der Herrschaft der Seleukiden und Ägypten unter der Herrschaft der Ptolemaier.

Trotz der Konsolidierung der drei Großmächte in ihren Kerngebieten hörten die Kämpfe der Könige gegeneinander nicht auf. Statt der Diadochen bekämpften einander die Epigonen. Das Verhaltensmuster blieb das gleiche wie vorher: ständige Bereitschaft zum Krieg, wenn die Lage aussichtsreich schien, und mit Heiraten besiegelte Friedensschlüsse von unsicherer Tragfähigkeit. Vor allem, wenn ein neuer junger König seine Herrschaft antrat, testeten die jeweils älteren Monarchen gern die Durchsetzungsfähigkeit des neuen „Kollegen“. Die kriegerischen Tyrannen des sechsten und dann wieder des vierten Jahrhunderts erlebten in größerem Maßstab gleichsam eine Wiedergeburt. Es ging jedoch nicht mehr um alles oder nichts, sondern in der Regel lediglich um die Behauptung oder Vergrößerung von Randzonen und Außenbesitzungen ihrer Reiche.

Und die Herrscher und ihre Familien waren keineswegs persönlich miteinander verfeindet, sondern brachten einander durchaus ein hohes Maß an Wertschätzung entgegen. Hätten sie eine permanente Einigung über ihre unterschiedlichen Interessenssphären zustande gebracht, hätten sie der griechischen Welt des Ostens eine Epoche relativen Friedens bescheren können. Doch das hätte nicht im Sinne ihrer Wertvorstellungen gelegen.

Eigentlich hätte die Dreiteilung des Alexanderreiches sogar die Möglichkeit einer effektiveren Beherrschung dieser riesigen Gebiete geboten, als es von einer einzigen Zentrale aus möglich gewesen wäre. Aber weil sich die meisten dieser Herrscher immer wieder von der Hoffnung verleiten ließen, ihr Territorium auf Kosten ihrer Rivalen dauerhaft erweitern zu können, hatten sie nicht nur größere Schwierigkeiten, sich gegen nichtgriechische Feinde zur Wehr setzen, sondern ließen auch den mittleren und kleineren griechischen Staaten einen beträchtlichen Spielraum, mit dem diese im Sinn ihrer eigenen Interessen die Großmächte gegeneinander ausspielen konnten. So blieb alles in Bewegung. Das ständige Hin und Her, die Rastlosigkeit der Akteure war das Merkmal der ganzen Epoche. Die am meisten umkämpften Gebiete waren Südsyrien, die Ägäis und Griechenland. Weitere Konfliktherde entstanden aus dem Streben illoyaler Statthalter nach Unabhängigkeit und aus Machtkämpfen innerhalb der Königsfamilien, an denen sich auch Frauen skrupellos und listenreich beteiligten. Dem heutigen Betrachter mag verwundern, wie wenig politische Fantasie und Vernunft diese Herrscher entwickelten, um Konflikte langfristig zu lösen, wie sie immer wieder mehr oder weniger das Gleiche versuchten, stets in der Illusion, den Stein des Sisyphos endgültig über die Spitze des Bergs wälzen zu können, obwohl die Erfahrung das Gegenteil lehrte. Aber es ging eben nicht nur um die Lösung politischer Probleme, sondern auch um den Erwerb von Ruhm: Ruhm durch kriegerische Leistungen. Das gebot schon die homerische Tradition. Deshalb mussten sich die Könige – anders als die persischen Großkönige – auch immer an vorderster Front exponieren. Der große Alexander und die über 40 Jahre dauernden Kämpfe um seine Nachfolge haben auch die Mentalität der Epigonen geprägt. Gleichsam gefangen in diesem Circulus vitiosus, in dem sich ihre Politik bewegte, verschwendeten sie ihre Ressourcen und schwächten die Grundlagen ihrer Herrschaft. Hatten die Perser den Untertanen in ihrem Reich im Großen und Ganzen Frieden beschert, so wurde ihr ehemaliges Territorium jetzt zu einer Zone fast permanenter Kriege.

Das eigentliche Nachfolgereich Alexanders war das Seleukidenreich. Seine Herrscher nannten sich „Könige von Asien“, wie Alexander nach seinem Sieg bei Issos. Und sie gingen wie Alexander Heiratsverbindungen mit orientalischen Herrscherhäusern ein. Doch eine Bezeichnung für das Reich gab es nicht; wir werden noch sehen, warum. Sein großes Territorium und seine heterogene Bevölkerung waren nur schwer zusammenzuhalten. Es hatte von Anfang an gleichsam natürliche Bruchstellen. Schon 308 v. Chr. war es Seleukos gelungen, sich von Antigonos Monophthalmos unabhängig zu machen und ein eigenes Ostreich zu gründen, das von Babylonien bis Baktrien reichte. Hier wurde schon ungefähr die Euphratgrenze sichtbar, die später nicht ohne tieferen Grund das Römische Reich vom Partherreich trennte.

Die östlichen Gebiete Arachosien (vom südlichen Afghanistan bis zum nördlichen Pakistan) und Gedrosien (Belutschistan) hatte Seleukos dem Gründer des Mauryareiches, Chandragupta, überlassen müssen, der schon gegen die von Alexander zurückgelassenen Besatzungstruppen gekämpft und 317 v. Chr. das ehemalige Reich des Poros am Indus erobert hatte. Ihm hatte Seleukos auch eine seiner Töchter zur Gemahlin gegeben und dafür mehrere hundert Elefanten erhalten, mit denen er bei Ipsos Antigonos Monophthalmos besiegen konnte. Die beiden Könige blieben weiter in diplomatischem Kontakt und tauschten gelegentlich Geschenke aus. Unter anderem habe Chandragupta, so geht die Kunde, dem Seleukos ein Aphrodisiakum zukommen lassen. Nordwestlich von Babylon hatte Seleukos 305 v. Chr. die Hauptstadt seines Reiches gegründet, Seleukeia am Tigris, von wo aus sowohl eine maritime Verbindung nach Arabien und Indien als auch über einen Kanal zum Euphrat die Fahrt nach Syrien möglich war. Kein Wunder, dass die Stadt noch Jahrhunderte nach dem Ende der Seleukidenherrschaft ihre große Bedeutung behielt. Nach dem Sieg über Antigonos Monophthalmos bei Ipsos hatte Seleukos den Schwerpunkt seines Reiches nach Nordsyrien verlegt und dort schon 300 v. Chr. vier neue Städte aus dem Boden gestampft: Antiocheia am Orontes, das unter der Herrschaft seines Sohnes die Residenzstadt wurde, mit der 30 Kilometer entfernten Hafenstadt Seleukeia Pieria, Laodikeia am Meer und Apameia. Schon in dieser Phase wurde erkennbar, dass trotz des großen wirtschaftlichen Gewichts Babyloniens die Anbindung an das Mittelmeer den Vorrang hatte. Bezeichnenderweise überließ Seleukos, wie erwähnt, 293 v. Chr. den Osten des Reiches seinem Sohn Antiochos, vollzog also zumindest eine Teilung der Reichsverwaltung – ein guter Entschluss. Antiochos stellte dort die schon wieder im Verfall begriffenen Stützpunkte Alexanders wieder her und baute die Infrastruktur aus. Hier zeigte sich, was zwei Könige leisten konnten, wenn sie in verschiedenen Reichsteilen gleichzeitig tätig waren. Aber das blieb eine Ausnahme, weil sich die Könige nur allzu oft nicht einmal auf die Loyalität ihrer engsten Verwandten verlassen konnten.

Das Ziel der Seleukidenkönige war und blieb ein Reich von Thrakien bis „Indien" (Pakistan) und vom Schwarzen Meer bis Südsyrien (Koilesyrien). Erreicht hat es keiner von ihnen. Für Antiochos brachen nach dem Beginn seiner Alleinherrschaft (281–261 v. Chr.) schwere Zeiten an. Und seinen Nachfolgern erging es nicht besser. Zwar konnten sie den Kern ihres Reiches, Nordsyrien und Mesopotamien, bis in die zweite Hälfte des zweiten Jahrhunderts v. Chr. halten, aber in Kleinasien nur Zentralanatolien dauerhaft behaupten. In den Regionen am Schwarzen Meer verteidigten die indigenen Königreiche Bithynien und Pontos erfolgreich ihre Unabhängigkeit, ebenso Kappadokien in Ostanatolien, wo der Sohn des von Antigonos Monophthalmos hingerichteten Satrapen Ariarathes zurückgekehrt war, und weiter im Osten Armenien und Atropatene, der nördliche Teil Mediens. Einen Teilerfolg über marodierende Kelten, die König Nikomedes von Bithynien als Söldner ins Land geholt hatte und die ganz Kleinasien unsicher machten, erreichte Antiochos 275 v. Chr. mit seinem Sieg in der sogenannten Elefantenschlacht. Die Kelten wurden in Phrygien sesshaft und wurden seitdem Galater genannt. Aber noch Antiochos II. musste ihnen regelmäßige Tribute entrichten, damit sie Frieden hielten.

267 v. Chr. sah Antiochos I. sich gezwungen, seinen Sohn und Mitherrscher Seleukos hinrichten zu lassen. Das schwierige Vater-Sohn-Verhältnis, das für die griechische Kultur typisch war, konnte in diesen Monarchien, die sich auf mehr oder weniger schwankendem Grund bewegten, jederzeit eine politische Krise auslösen. Und am Ende seines Lebens, 262/261 v. Chr., musste Antiochos eine Niederlage gegen Eumenes hinnehmen, den Herrscher des pergamenischen Reiches, das indessen im Westen Kleinasiens entstanden war. Wegen der jahrelangen Vernachlässigung des Ostens durch die Seleukiden machte sich 255 v. Chr. Diodotos, der Statthalter von Baktrien, von König Antiochos II. (261–246 v. Chr.), dem jüngeren Bruder des hingerichteten Seleukos, unabhängig und legte den Grundstein für das Gräko-Baktrische Reich, das sich später bis zum damaligen Indien ausbreitete.

Dieses Reich hat tiefe kulturelle Spuren hinterlassen. Unter seinem Einfluss ist in der Region zwischen Afghanistan und Pakistan der sogenannte Gandhara-Stil in der buddhistischen Kunst entstanden, der seit dem ersten nachchristlichen Jahrhundert auch die hellenistisch inspirierten Buddhastatuen prägte. Langfristig noch schlimmer als die Sezession Baktriens war für die Seleukiden das Eindringen iranischer Stämme in die zwischen Baktrien und Medien gelegene Satrapie Parthia (Chorassan), wo sie die Verbindungsroute zwischen dem Gräko-Baktrischen Reich und dem Westen unterbrachen und die Keimzelle des späteren Parthischen Reiches schufen.

Im Streit um Südsyrien mit den Ptolemaiern (Zweiter Syrischer Krieg, 260–253 v. Chr.) erreichte Antiochos II. ebenso wenig wie sein Vater, sondern beging obendrein einen verhängnisvollen Fehler: Er ließ sich von seinem Gegner, Ptolemaios II., dazu verleiten, dessen Tochter Berenike zu heiraten und seine orientalische Gemahlin Laodike zu verstoßen. Eine hohe Mitgift bzw. Kriegsentschädigung des Ptolemaios hatte ihm diesen Schritt schmackhaft gemacht. Als er sich gegen Ende seiner Regierungszeit doch wieder für Laodike entschied und seine Residenz ins zeitweilig wiedergewonnene Ephesos, also ganz in den Westen verlegte, löste er eine Staatskrise und einen neuen Krieg aus, der das Reich in seinen Grundfesten erschütterte, den sogenannten Laodikekrieg. Denn Laodike ließ unmittelbar nach seinem Tod ihren Sohn Seleukos in Ephesos zum König ausrufen und Berenike, die in Antiocheia geblieben war und ihren Bruder, Ptolemaios III. zu Hilfe gerufen hatte, samt ihrem Sohn von Mittelsmännern vergiften. Der Angriff des Ptolemaios (Dritter Syrischer Krieg, 246–241 v. Chr.) hätte das führerlose Reich beinahe auf die westkleinasiatischen Gebiete reduziert. Nordsyrien,

Kilikien und sogar Mesopotamien gingen vorübergehend verloren. Zwar musste sich Ptolemaios wegen eines Aufstandes in Ägypten bald wieder zurückziehen, aber Ephesos und selbst Antiocheia Pieria, die Hafenstadt von Antiocheia, blieben in ptolemaiischem Besitz.

Als Seleukos II. (246–226 v. Chr.) wegen seiner Kämpfe im Osten seinem jüngeren Bruder Antiochos Hierax (dem „Falken“) vorübergehend die kleinasiatischen Reichsteile anvertraut hatte, machte dieser sich prompt unabhängig und besiegte ihn zusammen mit den Galatern in einer Schlacht bei Ankyra. Später wurde der „Falke“ von Galatern und Attalos I. von Pergamon verscheucht, versuchte dann vergeblich, sich in Mesopotamien festzusetzen, flüchtete nach Ägypten und von dort nach Thrakien, wo er einen unrühmlichen Untergang fand, angeblich durch Räuber. Die militärische Schlagkraft „barbarischer“ Völker im Osten nahm zu. Seleukos III. (225–223 v. Chr.) kämpfte vergeblich gegen die Parther und wurde bei einem Feldzug in Kleinasien von einem seiner Offiziere, einem Galater, ermordet. Es war schon zum Verzweifeln. Sein Nachfolger war Antiochos III., ein junger König voller Tatendrang, der sich aufmachte, noch einmal Südsyrien von den Ptolemaiern zurückzugewinnen und darüber hinaus das Seleukidenreich in seiner ganzen Größe wiederherzustellen.

Eine Folge der Schwäche der Seleukiden in Kleinasien war die Entstehung des pergamenischen Reiches. Sein Gründer war nicht einmal ein Kriegsheld, sondern ein Eunuch namens Philhetairos (281–263 v. Chr.), der ursprünglich hoch auf der Burg von Pergamon im Auftrag des Lysimachos einen großen Silberschatz hütete, den sein Herr nach seinem Sieg bei Ipsos über Antigonos Monophthalmos erbeutet hatte. Als es dann zum Krieg zwischen Seleukos und Lysimachos kam, wechselte Philhetairos opportunistisch auf die seleukidische Seite, kaufte nach der Ermordung des Seleukos dessen Leiche, ließ sie feierlich einäschern und schickte die Urne an dessen Sohn Antiochos I. Soweit handelte er als eifriger seleukidischer Vasall. Als aber die seleukidische Herrschaft in Kleinasien durch die Galater empfindlich geschwächt wurde, konnte Philhetairos bald als faktisch unabhängiger Potentat regieren. Sein Schatz erlaubte es ihm, in zahlreichen griechischen Städten mit großzügigen Spenden um Sympathien zu werben, auch in zentralen Heiligtümern wie Delphi und Delos. Sein Neffe und Nachfolger Eumenes I. (263–241 v. Chr.) war es, der 262/261 v. Chr. bei Sardeis Antiochos I. sogar in einer offenen Feldschlacht besiegen und sein Herrschaftsgebiet zu einem kleinen Reich erweitern konnte. Aber auch er musste sich den Frieden mit den Galatern noch durch Tribute erkaufen. Erst seinem Nachfolger Attalos I. gelang ein entscheidender Sieg über die Galater, woraufhin er den Königstitel und das Diadem annahm. Dann durfte auch ein mythischer Ahnherr nicht fehlen. Da Herakles schon von den großen Königen in Beschlag genommen war (s. u.), wählten sich die Attaliden wenigstens einen Sohn des Heros namens Telephos.

Ägypten war leichter zu verteidigen als das Seleukidenreich. Auch brachte das Land, vor auswärtigen Angreifern geographisch geschützt, so viel Ertrag, dass die Ptolemaier die reichste der drei Dynastien wurden. Aber es gab dort weder Holz für den Flottenbau noch Eisen. Folglich musste es das wichtigste außenpolitische Ziel der Könige sein, so weit wie möglich Syrien mit seinen phoinikischen Hafenstädten, ferner waldreiche Regionen Kleinasiens und die Insel Zypern unter ihre Kontrolle zu bringen. Dabei gerieten die Ptolemaier unweigerlich in Konflikt mit den Seleukiden. Doch haben sie bis zum Anfang des zweiten Jahrhunderts Südsyrien und Palästina erfolgreich verteidigen können. Das zweite Ziel der Ptolemaier, eine Einflusszone in Griechenland zu gewinnen, machte sie zwangsläufig zu Dauergegnern der Antigoniden. Ptolemaios II., seit 285 v. Chr. Mitkönig seines Vaters, seit 283/282 v. Chr. Alleinherrscher, verdankte sein Königtum seiner Mutter, Berenike I., die die vorherige Gattin Ptolemaios' I., Eurydike, aus ihrer Stellung verdrängt und, wie schon erwähnt, ihren Sohn Ptolemaios Keraunos in die Fremde getrieben hatte, der dann vorübergehend König von Makedonien wurde. Tatkräftige Unterstützung holte Ptolemaios sich 278 v. Chr. von seiner älteren Schwester Arsinoe, die, wie berichtet, von ihrem Halbbruder Ptolemaios Keraunos in Makedonien hintergangen und politisch kaltgestellt worden war. Sie folgte gern seiner Einladung nach Ägypten, schob dort die Königin Arsinoe I. beiseite und etablierte sich – als Schwestergemahlin des Königs. Das war ein Skandal.

Zwar waren Geschwisterehen im ägyptischen wie auch im persischen Königshaus üblich gewesen und nicht als anstößig empfunden worden. Aber für Griechen war so etwas eigentlich unmöglich. Dennoch setzte Arsinoe sich über alle Kritik und obszönes Lästern des Dichters Sotades[122] hinweg und begründete mit ihrer neuen Form der Ehe sogar eine ptolemaiische Tradition. Magas, der Statthalter der Kyrenaia, ein Halbbruder des Königs, machte sich – wie einst Ophellas gegenüber Ptolemaios I., – von Ägypten unabhängig, nahm 276 v. Chr. den Königstitel an und verbündete sich mit Antiochos I., dessen Tochter Apame er heiratete. Ptolemaios konnte den geplanten Doppelangriff vom Norden und Süden mit einigem Glück abwehren (Erster Syrischer Krieg 274–271 v. Chr.), jedoch nicht die Kyrenaia zurückerobern.

In der Ägäis hatte das Scheitern des Demetrios Poliorketes, der wie kein anderer das Meer beherrscht hatte, den Weg für die Ptolemaier freigemacht. Ptolemaios I. hatte dort einen Bund griechischer Städte mit dem Zentrum Delos, den sogenannten Nesiotenbund (Bund der Inselbewohner) organisiert. Von dieser Position aus konnte Ptolemaios II. weit ausgreifen und die strategisch wichtigen Städte an den Passagen zum Schwarzen Meer, u. a. Byzanz, und sogar Herakleia an der südlichen Schwarzmeerküste als Verbündete gewinnen. Hinzu kamen als Bundesgenossen die Königreiche Bithynien, Pontos und Kappadokien in Frage. Sie alle hatten ein Interesse daran, sich mit Hilfe des Ptolemaios dem seleukidischen Zugriff zu entziehen. Ptolemaios konnte, wie gesagt, den Ersten Syrischen Krieg siegreich beenden. Von seinem Siegesfest (279/278 oder 275/274) wird an anderer Stelle zu sprechen sein.

Dann folgte wieder einmal der „Umschlag des Schicksals“. Ptolemaios’ Versuch, in Griechenland Fuß zu fassen, schlug fehl. Der Chremonideische Krieg endete erfolglos; davon später. Und im Zweiten Syrischen Krieg, der sich unmittelbar anschloss, verlor Ptolemaios nach einer verlorenen Seeschlacht bei Ephesos gegen die Rhodier, Antiochos II. und Antigonos Gonatas und einer zweiten Niederlage zur See gegen Antigonos Gonatas bei Kos (255 v. Chr.) seine Herrschaft über die Ägäis wieder. Nur Südsyrien konnte er behaupten und obendrein gegen Zahlung einer gewaltigen Mitgift die schon erwähnte Heirat seiner Tochter Berenike mit Antiochos II. zustande bringen. Aber er gab nicht auf. 250/249 v. Chr. rüstete er wieder eine Flotte aus und bemächtigte sich der „Inselbewohner“ in der Ägäis aufs Neue. Ptolemaios III. (246–222 v. Chr.) gewann nach dem Tod des Magas die Kyrenaia ohne einen Schwertstreich zurück, weil Magas es so verfügt und ihm schon als Kronprinz seine Tochter Berenike zur Gemahlin gegeben hatte. Sein schon erwähnter Vorstoß bis Mesopotamien im Laodikekrieg, das er offensichtlich glaubte permanent halten zu können, war von vornherein zum Scheitern verurteilt, auch wenn er in einem ägyptischen Monument später prahlte, seinen Herrschaftsbereich bis Baktrien ausgedehnt zu haben. Aber Kriegsruhm und Kriegsbeute genügten schon, um das Unternehmen als großen Erfolg zu feiern. Diese Episode lässt erkennen, dass der Wunschtraum, doch noch den größten Teil des Alexanderreiches in die Hand zu bekommen, selbst bei den Ptolemaiern im Hintergrund immer noch glomm. Die Wirklichkeit sah anders aus.

Eine Niederlage zur See gegen Antigonos Gonatas bei der Insel Andros (246 oder 245 v. Chr.) beendete endgültig die Ambitionen der Ptolemaier im Norden der Ägäis, doch konnten sie zahlreiche Stützpunkte an den Küsten Kleinasiens und Syriens halten, u. a. Seleukeia Pieria. 227 v. Chr. ging auch Karien an Antiochos Hierax verloren. Nur in dem Raum, den sie machtpolitisch wirklich füllen konnten, in verschiedenen Stützpunkten an den kleinasiatischen und den syrischen Küsten und auf Zypern blieb die Herrschaft Ägyptens erhalten, auf Kreta lediglich die Dominanz über einzelne Städte. Schon vom ausgehenden dritten Jahrhundert an verlor das Ptolemaierreich seine innere Stabilität. Die Thronfolge Ptolemaios’ IV. (221–204) war umstritten. Seine Mutter, Berenike II., bevorzugte wohl nicht ohne Grund seinen jüngeren Bruder Magas und gewann dafür die Unterstützung des Heeres. Aber den zu allem entschlossenen Anhängern des Ptolemaios gelang es, den Machtkampf für ihn zu entscheiden.

Maßgeblichen Anteil daran hatten Sosibios und der Aitoler Theodotos, ein ebenso wendiger wie kuragierter Haudegen, dem es gelang, Magas und die Königin zu töten. Auch ein Onkel des Ptolemaios musste sterben. Sosibios aus Alexandreia hatte als Priester des Königskultes eine Spitzenposition am Hof inne, war wegen der Siege seiner Gespanne bei den wichtigsten griechischen Wettkämpfen weithin berühmt und von dem Dichter Kallimachos in einem Siegeslied gepriesen worden. Ihr Schützling Ptolemaios IV. galt bei den Griechen als vergnügungssüchtiger Schwächling, was aber wohl etwas übertrieben war, wie sich bald herausstellte. Er ging eine Geschwisterehe mit Arsinoe (III.) ein. Jedenfalls lag die ägyptische Politik bei Sosibios und Agathokles in sicheren Händen.

Das Schicksal dieses Agathokles ist ein Musterbeispiel für den unbekümmerten Personenaustausch zwischen den hellenistischen Herrscherdynastien. Er war nämlich kein anderer als der Sohn jenes Agathokles, den sein Vater Lysimachos auf Anstiften jener Arsinoe hatte ermorden lassen, die später Königin und Schwestergemahlin Ptolemaios' II. wurde. Am Hof Ptolemaios' III. war Agathokles in den engeren Kreis um den König gelangt und stieg unter Ptolemaios IV. zu einem der einflussreichsten Politiker auf, nicht zuletzt, weil ihn ein intimes Verhältnis mit dem König verband, dem auch seine Schwester Agathokleia als Konkubine diente. Theodotos wurde Statthalter von Südsyrien und hat den Angriff Antiochos' III. am Beginn des vierten Syrischen Krieges (219–217 v. Chr.) durch seine umsichtige Strategie abgewehrt. Als er aber trotz seiner Verdienste sein Leben von Intrigen am Hof bedroht sah, flüchtete er sich in den Verrat, ging zu Antiochos über und lieferte ihm die Städte Ptolemais und Tyros aus. Daraufhin erhielt er während der vorübergehenden Abwesenheit des Antiochos den Oberbefehl über die seleukidischen Truppen in Südsyrien, d. h., er konnte seine Karriere, wie es in dieser Epoche nicht selten war, beim Gegner nahtlos fortsetzen.

Ägypten war zunächst für eine Entscheidungsschlacht nicht ausreichend gerüstet und lief Gefahr, den Krieg zu verlieren. Die Rettung war dem diplomatischen und organisatorischen Geschick von Agathokles und Sosibios zu verdanken, die die Entscheidung zwei Jahre lang mit Scheinverhandlungen hinauszögern konnten, während sie im Geheimen fieberhaft militärische Aufrüstung betrieben. Die Lage war so bedrohlich, dass zum ersten Mal auch 20 000 Ägypter in das Heer einbezogen wurden. Erst 217 v. Chr., nach dem Abschluss der Rüstungen, stellte Ägypten sich der militärischen Konfrontation mit Antiochos. Ptolemaios IV., der angebliche Schwächling, zeigte Energie. Er hatte persönlich das Oberkommando über sein Heer übernommen und präsentierte sich zusammen mit seiner Schwestergemahlin im Feldlager. Kurz vor der Entscheidungsschlacht geriet er noch einmal in Lebensgefahr, denn Theodotos hatte sich einen tollkühnen Streich ausgedacht, um sich zu rächen.

Er schlich sich mit wenigen Begleitern gegen Ende der Nacht heimlich in das ptolemaiische Lager und drang bis in das Zelt des Königs vor, um ihn zu ermorden, traf ihn jedoch nicht an, brachte statt dessen den Leibarzt um und kehrte unbemerkt zurück. In der Schlacht bei Raphia kommandierte er eine makedonische Elitetruppe. Auch dieses Mal war jedes der beiden Heere größer als das Heer Alexanders am Beginn seines Perserkrieges: Den 70 000 Infanteristen des Ptolemaios standen 62 000 des Antiochos gegenüber, auch das Aufgebot an Kavallerie war mit 5000 zu 6000 einigermaßen gleich. Nur mit seinen 102 indischen Kriegselefanten war Antiochos den 73 afrikanischen des Ptolemaios überlegen.

Beide Heere bestanden aus einem bunt zusammengewürfelten Gemisch verschiedener Völkerschaften, griechischen, thrakischen und keltischen Söldnern sowie orientalischen Truppen von Libyen bis Kleinasien, Medien und Persien, die zum Teil nach makedonischer Art bewaffnet waren. Antiochos, der den rechten Flügel seines Heeres befehligte, besiegte gleich am Beginn der Schlacht die gegnerische Reiterei, und seine Söldner brachten daraufhin auch den linken Flügel der ptolemaiischen Infanterie ins Wanken. Die afrikanischen Elefanten hatte schon das bloße seleukidische Trompetensignal in die Flucht getrieben. Ptolemaios selbst war es, der sich in dieser kritischen Lage vor die Front seines Zentrums stellte, seine Phalangiten zur Standfestigkeit aufrief und so seine Schlacht rettete, während Antiochos weiter die flüchtende ptolemaiische Reiterei verfolgte. Gleichzeitig errang das ptolemaiische Heer auf dem rechten Flügel den Sieg. Als Antiochos von seiner Verfolgungsjagd zurückkehrte, war alles schon vorbei. (Den gleichen Fehler sollte er später in einer entscheidenden Schlacht noch einmal machen.) Im Friedensvertrag verlor das Ptolemaierreich zwar die Exklave Seleukeia Pieria, die Antiochos schon zuvor erobert hatte. Aber sonst blieb wieder einmal alles wie vor dem Krieg. Der Angriff des Antiochos auf Südsyrien war abgewehrt. Doch im Innern verwandelte sich der Sieg ins Gegenteil, weil die Ägypter entdeckten, dass auch sie sich mit Makedonen und Griechen militärisch messen konnten. Ihr Respekt vor den Eroberern ging allmählich verloren. Die Folge war, dass zehn Jahre später in Oberägypten ein indigenes Königreich entstand, das die Regierungszeit Ptolemaios' IV. überdauerte und erst 186 v. Chr. unterworfen werden konnte.

Dass Ägypten die nötige Zeit für die Aufrüstung erhalten hatte, war zweifellos auch durch die Zwangslage des Antiochos bedingt, der mitten im Krieg eilig den syrischen Kriegsschauplatz hatte verlassen und im Osten eingreifen müssen. Dort hatte ein gewisser Molon, den er erst 223 v. Chr. zum obersten Statthalter über alle östlichen Satrapien befördert hatte, schon ein Jahr darauf seine Unabhängigkeit proklamiert, den Königstitel angenommen und ein seleukidisches Heer vernichtend geschlagen. Angeblich richtete sich seine Usurpation im Grunde nur indirekt gegen den König. Sein Feind war vielmehr der mächtige Minister Hermeias, von dem er sich bedroht fühlte. Dieser hatte während des Feldzuges Seleukos' III. in Kleinasien die Reichsverwaltung in Syrien innegehabt. Nach dem Regierungsantritt Antiochos' III. kam es zu einem heftigen Machtgerangel in dessen Umgebung. Jeder versuchte den jungen Herrscher in seinem Sinn zu beeinflussen und ihm Ratschläge zu erteilen, die weniger den Interessen des Reiches als dem eigenen Machterhalt dienten. Zwischen Hermeias und dem General Epigenes kam es zu lautstarken Auseinandersetzungen in Gegenwart des Königs und hinter seinem Rücken zu einem erbitterten Tauziehen mit allen Mitteln der Intrige.

221 v. Chr. gelang es Hermeias, Epigenes unter falschen Anschuldigungen zu stürzen und töten zu lassen. 220 v. Chr. besiegte Antiochos Molon, der mitsamt seinen beiden Brüdern und ihren Familien Selbstmord beging. Im selben Jahr schmiedete er mit einigen Freunden ein Komplott gegen Hermeias und ließ ihn beseitigen, weil dessen Machtstellung für ihn immer gefährlicher geworden war,

woraufhin der Mob in Apameia auch dessen Gattin und Söhne massakrierte. Nach seiner Niederlage bei Raphia widmete sich Antiochos dem Krisenherd in Kleinasien. Dort hatte sein Vetter Achaios, den er als Vizekönig eingesetzt hatte, erfolgreich gegen Pergamon gekämpft, dann aber, wie vor ihm Antiochos Hierax, sein Herrschaftsgebiet für unabhängig erklärt und ebenfalls den Königstitel angenommen, weil er glaubte, als Rächer der Ermordung des Seleukos (III.) einen Anspruch darauf zu haben. Um ihn zu besiegen, war Antiochos gezwungen, sich mit Pergamon zu verbünden, das Achaios gerade in seinem Auftrag bekämpft hatte. Achaios verschanzte sich in Sardeis, das als beinahe uneinnehmbar galt. Nach einer Belagerung von immerhin mehr als einem Jahr bekam Antiochos die Stadt 213 v. Chr. durch einen kühnen Handstreich einiger seiner Soldaten in seine Gewalt. Das Ende des Usurpators, der sich in die Burg geflüchtet hatte, war schrecklich. Von einem Kreter, der ihm vortäuschte, ihm im Auftrag des Sosibios auf geheimem Weg im Schutz der Nacht zur Flucht zu verhelfen, wurde er herausgelockt und landete in Fesseln zu Füßen des Königs. Einen Moment lang herrschte Schweigen, weil dem König vor Erschütterung über den Umschlag der Tychē, die den verratenen Verräter zu Fall gebracht hatte, die Tränen in die Augen stiegen, so dass er unfähig war, etwas zu sagen. Solche schicksalhaften Momente haben die Griechen immer wieder tief berührt, weil sie ein immer wiederkehrender Teil ihrer Geschichte waren. Antiochos mag sich bewusst gewesen sein, dass ein Damoklesschwert auch über ihm hing. Am nächsten Tag fällte er zusammen mit seinem Kronrat das Urteil: Der Usurpator wurde nach persischer Art an Ohren, Nase, Zunge, Lippen, Händen und Füßen verstümmelt. Dann wurde ihm der Kopf abgeschlagen, der Rumpf in eine Eselshaut eingenäht und am Kreuz ausgestellt.

Anschließend unternahm Antiochos einen siebenjährigen Feldzug in die östlichen Gebiete bis ins damalige Indien, wo er Stück für Stück die seleukidische Oberhoheit wieder herstellte, jedoch keine Satrapien mehr einrichten konnte, sondern trotz seiner Siege die einheimischen Könige anerkennen musste Er schloss mit ihnen einen Kompromiss, indem er sie zu seinen Vasallen degradierte. So sehr hatten sich die Verhältnisse schon geändert.

Auch die Ptolemaier waren im Osten expansiv, in ihrem Osten. Ihre Zielrichtung war das Rote Meer, auf dem sich der Import von afrikanischen Kriegselefanten bewerkstelligen ließ, und im Süden Nubien, wo es Goldminen gab. Dadurch hatten sie auch die Möglichkeit, neue Handelskontakte anzubahnen. Im Westen knüpften sie diplomatische Beziehungen zu Karthago, Syrakus und Rom an, behielten die dortige politische Entwicklung im Auge, ließen sich aber in keine der militärischen Konflikte hineinziehen, sondern steuerten bewusst einen politisch neutralen Kurs.

In gewisser Hinsicht waren die Könige des Ostens trotz aller Schwierigkeiten tatsächlich so etwas wie Götter: denn sie schufen ihre Reiche aus sich selbst heraus. Die Könige waren die Basis von allem, viel mehr als der absolute Sonnenkönig Ludwig XIV., dem man den Ausspruch „L'État, c'est moi" zugeschrieben hat.

Sie konnten sich nicht auf ein Staatsvolk stützen wie die persischen Großkönige auf die Perser und Meder, und sie hatten keine religiöse Legitimierung wie Dareios I. mit dem Ahura-Mazda-Kult. Ihr Ursprung war ein militärischer Sieg, der auch, wie bei Ptolemaios I., ein Abwehrsieg sein konnte, mit einem Heer von Söldnern, die nur so lange zu ihrem König hielten, wie er sie bezahlen konnte und siegreich war. Ihr Herrschaftsgebiet war ihr persönliches Eigentum, nicht anders als ein Stück Land, das einem Privatmann gehört. Folgerichtig wurden ihre Reiche in Dokumenten griechischer Städte nicht als Staaten, sondern einfach als „Königsherrschaft", „Herrschaft" oder „Angelegenheiten des Königs" bezeichnet. Es waren Herrschaftsgebiete, deren Umfang von der Kriegstüchtigkeit oder vom Kriegsglück des jeweiligen Königs abhing. Mit der Zeit versuchten die Seleukiden ihrer Herrschaft eine gewisse religiöse Legitimation zu verschaffen, indem sie ihren Ahnherrn, Seleukos I., zum Sohn des Apollon erhoben und auch eine Verbindung der Könige zu orientalischen Gottheiten wie dem babylonischen Marduk herstellten. Bezüglich der Verwaltung, insbesondere der Besteuerung konnten sie sich auf der unteren Ebene zwar zunächst der vorgefundenen altorientalischen Strukturen bedienen, aber auf höherer Ebene waren sie auf die Anwerbung von Griechen angewiesen, die ihre militärische, administrative und politisch-diplomatische Befähigung in ihren Städten erworben hatten und mitbrachten. Denn da es kein Staatsvolk gab, gab es auch keinen Adel, zu dessen Aufgaben das Kriegs- und Verwaltungswesen gehört hätte. Dieses Königtum war die extremste Form der Alleinherrschaft, die die makedonisch-griechische Geschichte hervorgebracht hat, weit extremer als die Tyrannis. Denn Tyrannen stützten sich stets auf ihre Anhänger in ihrer jeweiligen Polis und ließen die Verfassung meistens pro forma bestehen. Viele Tyrannen haben ihre Laufbahn gerade als Inhaber städtischer Ämter begonnen und sich erst später an die Alleinherrschaft geputscht. Und einige von ihnen haben neben ihrer Söldnertruppe gelegentlich auch Aufgebote von Bürgersoldaten für ihre auswärtigen Kriege einsetzen können. Dagegen hatte die Herrschaft der göttlichen Könige längere Zeit hindurch immer noch einen provisorischen Charakter. Sie mussten ihre Herrschaftsorganisation und die spezifischen Konturen ihres Königtums erst allmählich hervorbringen. Ohne auf die Einzelheiten einzugehen, lässt sich sagen, dass sie die grobmaschige persische Reichsverwaltung nach und nach zu einer differenzierteren Reichsadministration ausbauten.

Da Reichtum für ihre Herrschaft konstitutiv war, kam es darauf an, den Schein unerschöpflicher Glücksgüter zu erwecken, um diejenigen anzulocken, die sie für den Aufbau und die Zementierung ihrer Herrschaft benötigten. Eine prunkvolle Repräsentation war unerlässlich, auch, um in den Augen der Orientalen als echte Könige akzeptiert zu werden. Daraus entsprang im Osten eine Umwertung jener ethischen Grundsätze, die die griechischen Moralisten hochhielten und als genuin griechisch propagierten. Erkennbar wurde diese Umwandlung besonders an der Neuinterpretation von *tryphḗ*. Der Begriff *tryphḗ* war, wie schon an früherer Stelle gesagt, im ausgehenden fünften Jahrhundert als Reaktion auf den zunehmenden Hedonismus der Athener aufgekommen, als Bezeichnung für das Gegenteil von Disziplin und Selbstdisziplin, von nüchternem Verstand, von Genügsamkeit und Sparsamkeit. Er wurde dann ganz allgemein, unabhängig von Athen, übertragen auf Maßlosigkeit Einzelner, einzelner Gruppen innerhalb der Bürgerschaft oder ganzer Völker, für das Bedürfnis nach einem bequemen Leben im Luxus und allem, was man damit verband: Genusssucht, Schlaffheit, Faulheit, Weichlichkeit, Unersättlichkeit bei Essen, Trinken und Sex, ungehemmte emotionale Expressivität, das Bedürfnis nach schwelgerischer Musik aus dem Orient, warmen Bädern und anderen Annehmlichkeiten. Die *tryphḗ* galt als unmännlich und typisch weiblich, ja als barbarisch.

Politisch wurde sie sowohl mit der angeblich zügellosen Freiheit der Demokratie als auch mit der Unfreiheit der Tyrannis in Verbindung gebracht, d. h. mit den beiden extremen Staatsformen; mit der Tyrannis deshalb, weil nach dieser Überzeugung die *tryphḗ* auch mit dem Streben nach unbegrenzter Macht verbunden war. Erzeugte die *tryphḗ* in den Städten nicht eine schädliche Konkurrenz zwischen den Politikern um kostspielige Gefälligkeiten gegenüber den Wählern, weil jeder den anderen übertrumpfen wollte? Und waren die Folgen nicht Verschwendung, Verschuldung und Korruption? Steigerte dieser Wettkampf nicht Neid und Missgunst innerhalb der Führungsschicht? Und wenn in einer Monarchie ein König gegenüber den Adligen mit übertriebenem Prunk allzu sehr seine herausgehobene Stellung betonte, fühlten sich diese nicht gedemütigt und von ihrem König entfremdet, was sogar seine Sicherheit gefährden konnte?

Bei den Einzelnen bewirkte die *tryphḗ* gemäß dieser Vorstellung körperliche und seelische Krankheit, bei ganzen Staaten leitete sie den Niedergang ein und riss sie schließlich in den Untergang, wie es schon die Pythagoreer gelehrt hatten. Aber die göttlichen Könige des Ostens demonstrierten das Gegenteil. Ihre „barocke“ *tryphḗ* war kein Zeichen von schlapper Verweichlichung, sondern dynamisch, offenbarte paradiesischen Überfluss, kraftvolle Opulenz und Energiegeladenheit, die die *aretḗ* nicht schwächen, sondern vielmehr zur vollen Entfaltung bringen sollte. Sie war ein Machtinstrument, das ihre einzigartige Stellung stützte. Das Regime der göttlichen Könige war nach der vom Orient inspirierten Adelskultur des sechsten Jahrhunderts und dem Hedonismus der Demokratie des späten fünften Jahrhunderts v. Chr. die dritte hedonistische Phase der griechischen Geschichte, üppiger als je zuvor. Ganz bewusst grenzten die Könige ihre Paläste in den Residenzstädten vom übrigen Stadtgebiet ab. Der Palast war gewissermaßen eine Stadt für sich, eine höhere Sphäre. In Alexandreia nahm er ca. ein Viertel des Stadtgebiets ein.

Diese Voraussetzungen waren es, unter denen die *tryphḗ* eine positive Bedeutung gewinnen konnte. Schon Isokrates hatte Nikokles, dem König von Salamis auf Zypern geraten, zwar privat ein einfaches bürgerliches Leben zu führen, aber nach außen ein bestimmtes Maß an *tryphḗ* zur Schau zu tragen, um seine königliche Autorität zur Geltung zu bringen. Die göttlichen Könige knüpften an diese Auffassung an, gingen aber noch weit darüber hinaus, selbstverständlich auch in ihrem Privatleben. Sie wollten das Großzügige ins Gigantische, ins Kolossale, ins Unbegrenzte steigern. Dazu dienten u. a. die glanzvollen öffentlichen Feste, die in der ganzen griechischen Welt ein Gesprächsstoff waren. Zum Gedenken an seinen verstorbenen Vater rief Ptolemaios II. 282 v. Chr. die Ptolemaia ins Leben, ein Fest, dem er von 279 v. Chr. an panhellenischen Rang gab. Auf diplomatischem Weg erreichte er, dass die Ptolemaia in der griechischen Welt die gleiche Bedeutung erhielten wie die olympischen und die anderen bekannten panhellenischen Spiele. Besonders bekannt geworden ist auch sein Siegesfest nach dem Ersten Syrischen Krieg, das noch Jahrhunderte später antike Autoren zu fabulösen Schilderungen anregte, ferner das Flussschiff Ptolemaios' IV., ein 100 Meter langer luxuriös ausgestatteter schwimmender Palast, der von 4000 Ruderern angetrieben wurde und allein der Repräsentation diente.

Neben seinem vergöttlichten Vater verschaffte Ptolemaios II. dem Dionysos besondere Geltung, dem gefährlichen mystischen Gott des Irrationalen. Dem Mythos zufolge war der Gott einst mit seinem lärmenden Gefolge von Satyrn und Silenen, trunkenen und immer geilen Mischwesen aus Mensch und Tier, nach Indien gezogen; um die dortigen „Barbaren“ mit seinem friedlichen Triumphzug zur griechischen Kultur zu bekehren. Bedrohte er bei den Griechen die zivilisatorische Ordnung, so trat er in Indien völlig verwandelt als Stifter der städtischen Zivilisation auf. Er habe die bis dahin nomadischen Inder gelehrt, Ackerbau zu betreiben und in Städten nach Recht und Gesetz zu leben. Auch ein geordnetes Militär habe er ihnen beigebracht.

Der große Alexander hatte diesem Mythos so viel Bedeutung beigemessen, dass er die nordöstliche Grenze seines Herrschaftsgebiets nördlich des Jaxartes (Syrdarja) mit Dionysosaltären hatte markieren lassen. Und bei seiner gnadenlosen Vernichtungskampagne gegen Einheimische 327 v. Chr. im afghanisch-pakistanischen Grenzgebiet hatte er einzig und allein die Stadt Nysa verschont, weil er sie für eine Gründung des Dionysos hielt. Der Berg Nysa, von dem niemand wusste, wo er eigentlich lag, galt nämlich als Geburtsort des Gottes. Deshalb nahm Alexander den Namen dieser Stadt als Beleg dafür, dass Dionysos dort vorbeigezogen war, und veranstaltete dort ein großes Fest, bei dem er selbst als Dionysos auftrat. Auch zu den Festlichkeiten zum Abschluss seines Ostfeldzugs 324 v. Chr. in Ekbatana gehörte ein Dionysosfest. Aber auch von Herakles, dem Stammvater des makedonischen Königshauses, hieß es, er habe sich, wenn auch später als Dionysos, in Indien als Städte- und Festungsgründer hervorgetan. Ptolemaios I. hatte Herakles als Stammvater für sich in Anspruch genommen, weil er von seiner Mutter her mit dem makedonischen Königshaus verwandt war. Und da Herakles als unehelicher Sohn des Zeus galt, hatte er auch gleich Zeus zu seinem Urahnen gemacht. Höher ging es nicht mehr. So konnte Ptolemaios II. vor der Öffentlichkeit Dionysos, Herakles, Alexander und seinen Vater in einer zusammenhängenden Folge als Vertreter von Macht, Kultur (Künsten) und überschäumender euphorischer Energie in Erscheinung treten lassen. Spätestens unter Ptolemaios IV. wurde Dionysos zum Identifikationsgott des Königs. Die häufigen Festveranstaltungen am Hof, mit denen der Gott gefeiert wurde, waren kultische Feste, zu denen auch entsprechende Tänze gehörten, göttliches Ritual und Herrscherkult in einem. Jedes Mitglied des Hofstaates war verpflichtet, daran teilzunehmen, auch die Philosophen. Dagegen gaben sich die Seleukidenkönige etwas bescheidener. Sie vergöttlichten nur ihre Vorgänger und führten ihren Stammbaum auf Apollon zurück.

Doch blieb es nicht beim Herrscherkult. Als besonderen Schutzgott für die ptolemaiische Herrschaft in Ägypten hatte Ptolemaios I. Serapis geschaffen, wobei er an den altägyptischen Osirapis-Kult anknüpfte, einen Kult für die verstorbenen heiligen Apisstiere, die nach ägyptischer Vorstellung mit dem Totengott Osiris verschmolzen. Die makedonisch-griechischen Eroberer verehrten Serapis im Serapeion in Memphis in der Gestalt des Zeus gemeinsam mit seiner Gemahlin Isis, einer geheimnisvollen allumfassenden Göttin mit „10 000 Namen“, auch sie gleichermaßen in der irdischen Welt und im Totenreich wirksam. Sie fungierte als Schutzgöttin schlechthin. Jeder, der sich in Schwierigkeiten befand, konnte sie anrufen. Man schrieb ihr magische Kräfte zu. In der Hafenstadt Alexandreia hatte ihre Funktion als Beschützerin der Seefahrer natürlich eine besondere Bedeutung. Darüber hinaus schufen sich die Könige auch eine individuelle Göttlichkeit. Ptolemaios II. stiftete einen Kult für Ptolemaios I. in der Gestalt eines „rettenden Gottes“ *(theòs Sotḗr)*. 272/271 v. Chr. ging er noch einen beachtlichen Schritt weiter und erhob sich selbst und Arsinoe II. als „Geschwistergötter“ *(theoì Adelphoí)* zu lebenden Gottheiten, deren gemeinsames Portrait auch auf Münzen in Erscheinung trat (die Königin mit einem Schleier, der aber das Gesicht freilässt).

Abb. 38: Goldmünze mit Ptolemaios II. und Arsinoe II.

Arsinoe wurde mit Isis gleichgesetzt. Postum erhielt die Königin noch einen eigenen Kult als „bruderliebende Göttin“ *(theà Philadelphós)*. Auf der Rückseite ihrer Münzen prangte das Füllhorn in doppelter Gestalt. Ptolemaios III. ließ sich und seine Gemahlin Berenike als „göttliche Wohltäter“ *(theoì Euergétai)* kultisch verehren. Der Titel „Wohltäter“ war eine Auszeichnung, mit der griechische Städte sich für großzügige Spenden bedankten. Auch die ägyptischen Priester verwendeten diesen Titel im Rahmen des Königskults. Ptolemaios IV. wählte sich „Philopator“ („der Vaterliebende“) und „Geliebter der Isis“ als Kulttitel. Die Könige wollten mit dieser ausufernden Selbsterhebung in religiöse Dimensionen ihr Übermenschentum verkünden, zeigen, dass göttliche Kraft in ihnen wirkte, die ihnen übermenschliche Fähigkeiten verlieh. Das war im Prinzip nicht neu, sondern entsprach Vorstellungen, die in der griechischen Mentalität schon immer angelegt waren. Wer Außergewöhnliches zustande brachte, in dem musste eine Gottheit wirken, die ihm solche Leistungen verlieh.

Im Lauf der Zeit gewann die ptolemaiische Herrschaft eine immer größere Selbstverständlichkeit, so dass auch der Kult der königlichen Ahnen eine immer größere Rolle bei der Herrschaftslegitimierung spielen konnte. Zu diesem Zweck ließ Ptolemaios IV. einen imposanten Grabbau errichten, in den auch der Leichnam Alexanders miteinbezogen wurde. Die Könige, Ptolemaier wie Seleukiden, machten schließlich auch Alexander zu ihrem Ahnherrn und waren bemüht, seinem Erscheinungsbild äußerlich nahezukommen, z. B. durch die Bartlosigkeit, die er eingeführt hatte. Die Beschwörung Alexanders ging, wie bei anderen Diadochen auch, gelegentlich bis in die Körpersprache, wenn Könige seine etwas nach rechts geneigte Kopfhaltung und seinen nach oben gerichteten Blick nachzuahmen versuchten.

In der Nachfolge Alexanders ließen sich die ptolemaiischen Könige auch mit der Doppelkrone von Ober- und Unterägypten zu Pharaonen krönen und nahmen die ägyptische Königstitulatur an. Als solche förderten sie die ägyptischen Kulte durch Geldzuweisungen, den Bau neuer Kultstätten sowie die Verleihung von Privilegien, vollzogen auch selbst Kulthandlungen und warben damit um die Gunst der ägyptischen Oberschicht und der mächtigen ägyptischen Priesterschaft. Doch hat sich keiner der Könige dazu herabgelassen, die ägyptische Sprache zu lernen – außer Kleopatra VII., der letzten ptolemaiischen Königin.

Am Königshof ging es weniger steif zu als bei den persischen Großkönigen. Der jeweilige König umgab sich mit „Freunden“, die er selbst auswählte. Das entsprach griechischer Tradition. Ein Grieche traf keine einsamen Entschlüsse, sondern pflegte sich mit Freunden zu beraten. An der königlichen Tafel herrschte eine eher gelöste Atmosphäre, in der Geist und Witz gefragt waren. Die aristokratische Kultur des griechischen Symposions fand hier eine Fortsetzung, erhielt aber zugleich durch die Allmacht des Königs auch orientalische Züge. Etliche der königlichen „Freunde“ hatten schon zum engeren Kreis um den Vorgänger des jeweiligen Königs gehört und genossen ein gewisses Prestige. Aber eine eigene Machtbasis hatten sie nicht. Alles hing von der Gunst des Königs ab, die auch in prächtigen Geschenken ihren Ausdruck finden konnte. Doch es gab keine vorgeschriebene Laufbahn. Unbekannte konnten aus dem Nichts zu großem Einfluss gelangen und ebenso schnell wieder verstoßen werden bzw. höfischen Intrigen zum Opfer fallen. Selbst große Meriten boten nicht immer Schutz. Die „Freunde“ lebten gefährlich. Sie mussten die Befähigung haben, sich in dieser „Schlangengrube“ zu behaupten.

Im Laufe des dritten Jahrhunderts bauten die Könige nach und nach einen geregelten Verwaltungsapparat auf höherer Ebene auf, der ihnen eine strikte staatliche Kontrolle auch über die Wirtschaft ermöglichte. Daraus entwickelte sich beinahe zwangsläufig eine elaborierte Hierarchie der Verwaltungsbeamten, die seit dem zweiten Jahrhundert in einem differenzierten Titelwesen ihren Ausdruck fand. In Ägypten entstand ein dirigistisches System, das schon in der pharaonischen Tradition angelegt war. Damit verbunden waren zahlreiche Maßnahmen zur Ertragssteigerung auf allen Gebieten, in der Landwirtschaft durch Vergrößerung der Anbauflächen, durch Geld- und Zollregulierungen und staatliche Warenmonopole. Die Könige versuchten auch Missstände, Unrecht und Korruption zu bekämpfen, indem sie u. a. verfügten, dass jedermann sich mit Bittschriften an sie wenden konnte. Bei der Einziehung der Steuern bevorzugten die Könige allerdings das griechische System privater Steuerpächter, die der königlichen Kasse auf eigenes Risiko den geschätzten Ertrag eines Jahres mit ihrem eigenen Vermögen garantierten. Was sie darüber hinaus einziehen konnten, war ihr Gewinn, der Verdienst für ihre Tätigkeit.

Um sich eine jederzeit verfügbare militärische Basis zu verschaffen und nicht ausschließlich auf die Anwerbung von Söldnern angewiesen zu sein, verpachteten die Könige an solche Söldner, die es wünschten, Bauernhöfe und machten sie zu Militärkolonisten. Die Vorteile lagen auf der Hand: Die Könige brauchten kein großes stehendes Heer zu besolden und hatten trotzdem immer ein bestimmtes Reservoir an Wehrfähigen zur Verfügung, das sie im Bedarfsfall durch die Anwerbung zusätzlicher Söldner aufstocken konnten. Sie konnten von den Angesiedelten sogar Steuern erheben. Und durch die Zerstreuung auf dem Land verminderten sie den Einfluss des Heeres auf die Politik.

Das Streben nach unvergänglichem Ruhm und grenzenloser Größe sowie die Verfügbarkeit über die Schätze des Orients brachten auch gigantische technologische und kulturelle Projekte hervor. Es war ein Energieschub, der die achaimenidische Vergangenheit wie eine bleierne Zeit erscheinen ließ. Ein technisches Wunderwerk völlig neuer Art war der dreistöckige, über 100 Meter hohe Leuchtturm auf der kleinen Insel Pharos vor Alexandreia, der in einer ca. 20-jährigen Bauzeit entstand und bis zum 19. Jahrhundert der höchste Leuchtturm auf der Welt war. Sein Leuchtfeuer war ungefähr 50 Kilometer weit zu sehen. Auf seiner Spitze grüßte *Zeùs Sotḗr* („der Retter“) die einfahrenden Schiffe. Der Leuchtturm half den Seefahrern, die gefährlichen Riffe vor der Küste und in der Einfahrt zum Osthafen, dem Großen Hafen, zu umgehen. (Daneben hatte Alexandreia noch einen kleineren Westhafen mit einer Verbindung zum Nil.) Er ist ein Beweis für den regen Seehandel zwischen Ägypten und der übrigen Mittelmeerwelt bei Tag und Nacht. Man zählte ihn zu den sieben Weltwundern.

Noch viel bedeutender war das kulturelle Großprojekt, das Ptolemaios I. ins Werk setzte und Ptolemaios II. noch intensivierte: das Museion, eine umfassende Lehr- und Forschungsstätte. Sein Motiv war neben dem Interesse an Erkenntnis und technologischem Fortschritt zweifellos auch, den kulturellen Glanz einzelner Tyrannenhöfe und der Residenz der makedonischen Könige, auch des zeitgenössischen Athen, zu übertreffen, sowohl was die Dimension als auch was die Vielfalt betraf. An der Konzeption hat wahrscheinlich der ehemalige athenische Tyrann Demetrios von Phaleron mitgewirkt. Es ging um nichts weniger, als möglichst das gesamte Wissen der damaligen Welt zusammenzutragen, es zu erweitern, zu durchdenken und mit Vorträgen und Diskussionen einen geistigen Austausch zu ermöglichen. Es war gewissermaßen die geistige Fortsetzung von Alexanders Welteroberungsplan. Der Feldzug Alexanders und der Reichtum Ägyptens hatten Möglichkeiten geschaffen, die Aristoteles noch verschlossen gewesen waren. Auch dies war eine Form der *tryphḗ* im positiven Sinn.

Dem Namen nach handelte es sich beim Museion um ein Heiligtum der Musen. Die religiöse Einbettung war nichts Besonderes in einer Welt, in der jeder Verein, jede berufliche Tätigkeit und beinahe jede menschliche Handlung, jede psychische Regung einen Bezug zum Göttlichen hatte oder wenigstens haben konnte. Seit Hesiod galten die Musen, neun an der Zahl, als Töchter der Mnemosyne (Göttin der Erinnerung) und des Zeus. Später hatte man den einzelnen Musen spezielle Bereiche zugewiesen: Klio war die Muse der Geschichtsschreibung, Euterpe der Lyrik und des Flötenspiels, Melpomene der Tragödie, Erato der Liebesdichtung, Terpsichore der Chorlyrik und des Tanzes, Urania der Astronomie, Thalia der Komödie, Polyhymnia des Gesangs mit Leierbegleitung und Kalliope der epischen Dichtung, der Rhetorik, der Philosophie und der Wissenschaft. Kunst und Wissenschaft bildeten – anders als heute – ein Ensemble. Für den Kult gab es einen Priester und außerdem einen besonderen Amtsträger für die kultischen Obliegenheiten, für den finanziellen Bereich einen Verwaltungsbeamten. Mit den Geldern wurden u. a. die Dichter und Forscher besoldet. Der König und seine Nachfolger versuchten mit dem finanziellen Anreiz und einer optimalen Ausstattung die Koryphäen aus Geistes- und Naturwissenschaften sowie technische Erfinder anzulocken. Dabei ging es natürlich auch um Militärtechnologie. Von überall her wurden Bücher angekauft oder kopiert, und so entstand mit der Zeit die größte Bibliothek der Alten Welt. Zusätzlich gab es noch eine zweite, kleinere Bibliothek im Serapeion. Darüber hinaus stellten die Könige technische Geräte, botanische und zoologische Gartenanlagen und eine Sternwarte zur Verfügung.

Nicht alle, aber viele folgten der Einladung der Könige, einige blieben nur eine Zeitlang, andere lebenslänglich. An dieser Stelle muss ein kurzer Überblick genügen. Ptolemaios I. selbst trat als Autor hervor und verfasste ein Werk über den Alexanderfeldzug. Es ist zwar bis auf einige Fragmente verlorengegangen.

Seine hohe Qualität ist aber daran erkennbar, dass es als die wichtigste Vorlage für die beste antike Alexandergeschichte diente, die des Griechen (in römischen Diensten) Arrian (zweites Jahrhundert n. Chr.). Unter den Intellektuellen am Museion stammten auffallend viele aus Kyrene, so die Kyrenaiker, die Philosophen der Schule des Aristippos von Kyrene, den wir als Hofphilosophen des Tyrannen Dionysios von Syrakus schon kennengelernt haben. Die enge Verbindung der Kyrenaia mit Ägypten dürfte dafür ausschlaggebend gewesen sein. Menander, den Ptolemaios I. gern ans Museion gezogen hätte, lehnte ab und blieb in Athen, stand aber mit dem König in Briefkontakt. Typisch für dieses Intellektuellentum war, dass sich viele zugleich als Philosophen, Wissenschaftler und Dichter betätigten. Wie es sich beim Umgang mit einer derartigen Bibliothek ergab, lag ein Schwerpunkt der Forschung auf der Bewahrung und wissenschaftlichen Durchdringung des literarischen Erbes der Griechen.

Der erste Vorsteher des Museion war der Dichter Philetas von Kos. Sein Schüler Zenodotos von Ephesos legte den Grundstein für die philologische Textkritik. Er stellte u. a. aus verschiedenen Handschriften der Epen Homers, die im Umlauf waren und die stellenweise voneinander abwichen, eine kritische Ausgabe her, die alle Varianten aufführte, und brachte ein homerisches Wörterbuch heraus. Sein Nachfolger als Leiter der Bibliothek war der Dichter Apollonios (Rhodios), der ein Epos über die Argonautensage verfasste und sich später auf Rhodos niederließ. Theokrit von Syrakus wurde mit seinen Eidyllia der Begründer einer variationsreichen Bukolik, romantisierender Darstellungen des einfachen Land- und Hirtenlebens, wie es sich literarisch gebildete Stadtmenschen gern ausmalten. Der Epigrammatiker Poseidippos verherrlichte die Siege der Gespanne ptolemaiischer Königinnen in Olympia. Kallimachos, der seine Herkunft aus dem Geschlecht des ersten Königs von Kyrene herleitete, verschrieb sich der dichterischen Kleinkunst. Er goss die mythologische und sagenhafte Überlieferung von Ursachen und Ursprung verschiedener Dinge und Bräuche – ein echt griechisches Thema – in eine originelle, künstlerisch verspielte Form, die dem Geschmack seiner Zeit entsprach.

Natürlich flocht er als Hofdichter auch das Königshaus mit ein. In seinem Gedicht „Die Locke der Berenike“ erzählt er, wie die Königin Berenike II. anlässlich des Syrienfeldzuges ihres Gatten Ptolemaios' III. gelobt habe, den Göttern eine Haarlocke zu weihen, wenn er heil wiederkäme. Nach seiner glücklichen Heimkehr erfüllte sie ihr Gelübde. Aber der Zephyros, der milde Westwind, wehte die Locke zum Heiligtum der vergöttlichten Arsinoe (II.) am Kap Zephyrion und von dort unter die Sterne.

Als Bibliothekar hat Kallimachos ein gewaltiges Verzeichnis aller Autoren der alexandrinischen Bibliothek einschließlich ihrer Viten geschaffen. Der Philologe Aristophanes von Byzanz verfasste ausführliche Untersuchungen über die griechische Sprache. Geradezu Sensationelles wurde in den Naturwissenschaften geleistet. Der Astronom und Mathematiker Aristarchos von Samos vertrat als erster die These, dass die Erde sich um die Sonne drehe. Leider fand er nur bei einem Kollegen namens Seleukos im Seleukidenreich Zustimmung, ermutigte jedoch ca. 1750 Jahre später Nikolaus Kopernikus bei der Konstruktion seines heliozentrischen Weltbildes. Eratosthenes von Kyrene, als Leiter der Bibliothek der Nachfolger des Apollonios Rhodios, berechnete, ausgehend von der Kugelgestalt der Erde, die schon Platon und Aristoteles angenommen hatten, erstaunlich genau den Erdumfang und trieb umfangreiche geographische, astronomische und mathematische Studien. Nebenbei gehörte es auch zu seinen Pflichten, dem Kronprinzen, dem zukünftigen König Ptolemaios IV. Unterricht zu erteilen, wie es bei allen Leitern der Bibliothek der Fall war. Die ptolemaiischen Könige dürften die gebildetsten Monarchen der damaligen Welt gewesen sein. Auch der Mathematiker Eukleides (Euklid) hat wahrscheinlich in Alexandreia seine geometrischen und arithmetischen Forschungen betrieben, der Mathematiker Apollonios von Perge seine Bücher über die Kegelschnitte verfasst, Aristomachos von Soloi widmete sich der Erforschung der Bienen, und die Ärzte Herophilos von Chalkedon und Erasistratos stellten die Anatomie auf eine völlig neue Grundlage, wobei sie Obduktionen auch an zum Tode verurteilten Verbrechern und lebenden Tieren durchgeführt haben sollen. Selbstverständlich waren den Königen auch Fortschritte in der Kriegstechnik ein besonderes Anliegen. Der Ingenieur Ktesibios entdeckte komprimierte Luft als Antriebskraft für Katapulte, eine Neuerung, an der später Philon von Byzanz weiterarbeitete.

Der griechische Intellekt berührte auch die orientalischen Eliten. Die bekanntesten Beispiele sind Berossos und Manetho, die Begründer der Geschichtsschreibung des Vorderen Orients. Berossos war ein Priester des Bel-Marduk in Babylon. Als solcher war er nicht nur ein kenntnisreicher Astronom und Astrologe, sondern hatte auch Zugang zu historischen Aufzeichnungen. Daraus schuf er eine recht zuverlässige babylonische Geschichte bis zum Tod Alexanders des Großen in griechischer Sprache, die er Antiochos I. widmete. Der ägyptische Priester Manetho stellte verstreute Urkunden aus Tempelarchiven und Inschriften zu einer chronologisch geordneten Darstellung der ägyptischen Geschichte in 30 Dynastien bis zur Eroberung Alexanders in ägyptischer und griechischer Sprache zusammen. Zwar war es eine reine Faktengeschichte, die nicht das Niveau Herodots erreichte, aber dennoch eine gewaltige Leistung. Obwohl der ursprüngliche Text nicht erhalten ist, wirkte sie über verschiedene griechischsprachige Historiographen bis ins byzantinische Mittelalter fort und ist noch heute trotz mancher Zweifel der Ägyptologen eine unverzichtbare Quelle.

Auch die Juden Alexandreias wurden von der kulturellen Hellenisierung des Orients erfasst. Ab ca. 250 v. Chr. begannen sie das Alte Testament vom Hebräischen ins Griechische zu übertragen. Der Legende nach sollen 72 Gelehrte, die, jeder für sich, parallel an dem gleichen Text arbeiteten, die Tora in 72 Tagen übersetzt haben. Anschließend hätten sie die Texte verglichen und festgestellt, dass sie alle wörtlich übereinstimmten, was als Beweis für die göttliche Eingebung verstanden wurde. Die Übersetzung des gesamten Alten Testaments zog sich bis zum Ende des ersten Jahrhunderts n. Chr. hin. Um das Werk in die jüdische Tradition zu stellen, wurde die Zahl 72 auf 70 reduziert, gemäß den 70 Auserwählten, die auf Jahwes Geheiß Moses bei der Rechtsprechung geholfen haben sollen. Und so ist die griechische Version des Alten Testaments unter dem lateinischen Namen Septuaginta („Buch der Siebzig") in die Geschichte eingegangen. Das Griechisch, dessen sie sich bedienten, war die *koinḗ*, die „Allgemeine Sprache", eine Vermischung verschiedener griechischer Dialekte auf der Basis des Attischen, die im dritten Jahrhundert zur lingua franca der griechisch gebildeten Oberschicht in den Städten geworden war.

Das Riesenprojekt der Seleukiden war die Gründung von mehr als 120 Städten und Siedlungen im ganzen Reich, schwerpunktmäßig in Syrien und am mittleren Tigris. Sie wurden mit Makedonen und Griechen besiedelt, bei Bedarf auch mit Juden und Iranern. Wo indigene Siedlungen im Weg standen, wurden sie zerstört, die Bewohner von ihrem Land vertrieben oder in eine abhängige Stellung hinabgedrückt. Diese teilweise brutale Kolonisierung diente nicht nur der Konsolidierung der Fremdherrschaft, sondern schien auf Grund des kulturellen Überlegenheitsgefühls der Griechen gegenüber den „Barbaren" durchaus ethisch gerechtfertigt. In der Tat entwickelten sich diese Städte zu Trägern griechischer Kultur, deren Ausstrahlung sich bis in die Kunst der Völker des Fernen Ostens nachweisen lässt. In etlichen Städten ließen sich die Könige Paläste – separat, wie bei den Ptolemaiern in Alexandreia – bauen und erhoben sie damit zu Residenzstädten. Denn die Größe des Reiches und die absolute Fixierung auf die Monarchen machten es notwendig, dass die Könige ständig in ihrem Reich umherreisen und Präsenz zeigen mussten, bot doch die symbolische Anwesenheit des Königs durch die Gründung von Städten und Stützpunkten an sich noch keine Garantie für Loyalität. Man konnte sich auch für einen Gegenkönig entscheiden, wenn der König Anlass zu Zweifeln an seiner Macht gab. Die Makedonisierungs- und Hellenisierungsversuche der Könige konnten das Fehlen eines makedonischen Volksstammes letztendlich nicht ersetzen. Und die betonte Abgrenzung der Siedler, die sich gegenüber den Orientalen als eine höhere Spezies empfanden, verhinderte erst recht deren Integration, zumindest, was die Landbevölkerung betraf. Also mussten die Könige Stärke demonstrieren. Wie vor ihnen die Achaimeniden versuchten sie den Untertanen mit der Errichtung von eindrucksvollen Monumenten ihre vermeintlich unüberwindliche Macht vor Augen zu führen, indem sie an den Stätten siegreicher Schlachten Siegesdenkmäler errichten ließen, eine pompösere Fortsetzung der griechischen Tradition der schlichten Siegeszeichen an Orten, wo man einen Gegner überwunden hatte.

Den Geist des östlichen Königtums bringt auch eine Statue des Herakles in Bisotun, unweit der achaimenidischen Königsreliefs, zum Ausdruck, die 1957 zufällig bei Straßenbauarbeiten freigelegt wurde. Der nackte Heros wird nicht, wie üblich, in voller Aktion bei einer seiner übermenschlichen Taten dargestellt, sondern im Schatten eines Olivenbaums, entspannt auf seinem Löwenfell zurückgelehnt sitzend, einen Becher Wein in der linken Hand. Seine Waffen, ein

Abb. 39: Herakles tryphôn; in den Fels geschlagenes Hochrelief, der Kopf eine Kopie. Das Original wird aus Sicherheitsgründen unter Verschluss gehalten.

Köcher voller Pfeile und die Keule, sind zu seiner Rechten abgelegt. Falls nötig, wird er seine Muße sofort abbrechen und zu den Waffen greifen können. Doch weil er stark ist, kann er auf souveräne Art Lebensgenuss und Heldentum miteinander verbinden. Dieser Herakles *tryphôn* ist der östliche Widerpart zu jenem asketischen Herakles, den der Sophist Prodikos von Keos propagiert hatte. Die griechische Inschrift auf dem Rücken der Figur beinhaltet einen Segenswunsch für einen Statthalter der östlichen Satrapien namens Kleomenes aus dem Jahr 148 v. Chr. (Der Kopf wurde zweimal gestohlen, der Penis nach der islamischen Revolution von muslimischen Eiferern abgeschlagen.)

Die *tryphḗ* war neben der bloßen Gewalt das zweite Instrument zur Befestigung der Herrschaft. Durch sie wurden die Könige zu „Wohltätern" *(euergétai)*. Gelegenheit dazu gaben ihnen ihre unablässigen Reisen. Einerseits brachte die Versorgung des königlichen Gefolges für die Untertanen kostspielige Belastungen mit sich, andererseits bot ein königlicher Besuch auch die Möglichkeit, dauerhafte Privilegien und andere Vorteile zu erlangen. Der feierliche Einzug eines Königs in eine Stadt hatte gleichsam kultische Züge. Die Bürgerschaft empfing ihren Herrn festlich gekleidet und bekränzt und jubelte ihm unter den Klängen von Musik zu. Sie präsentierte ihm Geschenke und hoffte auf Gegengaben. Die königlichen Wohltaten umfassten ein breites Spektrum: Steuererleichterungen, Erweiterung der Selbstverwaltung, Spenden für Bauten und architektonische Verschönerungen, Verbesserung der Wasserversorgung, das Münzrecht mit dem Bild des Königs auf der Vorder- und einem Motiv der Stadt auf der Rückseite, die Begründung von „internationalen" Wettkämpfen, wobei der König die

Bemühungen um Anerkennung durch andere Staaten diplomatisch unterstützte, und dergleichen. Mit reichlichen Spenden bedachten die Könige auch Städte und Heiligtümer außerhalb ihres Reiches und vergrößerten damit ihren Einfluss (mehr davon s. u.). Der Geist der *tryphḗ* beschränkte sich nicht auf Materielles. In den Städten Kleinasiens brachte er den sogenannten Asianismus hervor, eine pompöse Rhetorik, die mit ihrem schwülstigen, auf Effekte abzielenden Stil die Hörer in ihren Bann schlagen wollte.

Der Glanz des ptolemaiischen Königtums wurde auch zum Vorbild für einige Herrscher in Europa. Ein Beispiel für den Versuch einer Symbiose von östlicher Monarchie und republikanischer Tradition ist die Tyrannis des Agathokles von Syrakus (Lebenszeit 361/360–289 v. Chr.). Er stammte nicht aus einer der führenden Familien, sondern war Sohn eines Töpfers, aber wohl von Haus aus nicht unvermögend. Ebenso wenig gehörte er zu den Alteingesessenen. Sein Vater war einer jener Zugezogenen gewesen, die dem Ruf Timoleons gefolgt waren, als dieser nach dem Ende seiner Kämpfe die dezimierte Bürgerschaft wieder auffüllen wollte. Agathokles und seinem Bruder Antandros stand Größeres im Sinn, als die Töpferei ihres Vaters zu übernehmen. Beide hatten wahrscheinlich eine gründliche rhetorische und militärische Ausbildung genossen und verstanden es, sich ins Rampenlicht zu stellen. Brennend vor Ehrgeiz zeichnete sich Agathokles bei einem Feldzug gegen Akragas aus und gewann die Aufmerksamkeit des Heerführers Damas, der ihn zum Truppenkommandeur beförderte. Nach dessen Tod konnte er sogar dessen Witwe und damit ein stattliches Vermögen heiraten.

Als nach dem Tod Timoleons (337 v. Chr.) der alte Gegensatz zwischen Oligarchen und Demokraten wieder aufflammte, passte sich Antandros zunächst weiterhin an das halboligarchische politische System an, das Timoleon den Syrakusanern verordnet hatte, und wurde zum Strategen gewählt. Dagegen schloss sich Agathokles denjenigen an, die mehr Demokratie und die Kompetenzen des „Rates der Sechshundert" einschränken wollten, und agitierte in diesem Sinn in der Volksversammlung. Im Grunde war seine Karriere als Demagoge und Krieger eine der häufigen Wiederholungen, an denen die griechische Geschichte reich ist, und soll deshalb hier nur in groben Zügen verfolgt werden. Zunächst musste er aus Syrakus flüchten und schlug sich einige Jahre als Söldnerführer in Unteritalien durch, kam bei dem Versuch, in Kroton die Macht an sich zu reißen, fast ums Leben und fand schließlich Aufnahme im demokratischen Rhegion, wohl auch deshalb, weil sein Vater von dort stammte. Dort gelang es ihm, einen Angriff der syrakusanischen Oligarchen abzuwehren. Die Wirkung dieses Sieges war so gewaltig, dass es in Syrakus zu einem demokratischen Umsturz kam und Agathokles zurückkehren konnte.

Die aus Syrakus vertriebenen Oligarchen riefen die Karthager zu Hilfe. Auch das war nichts Neues. Schon 510 v. Chr. hatte der von Theron von Akragas aus Himera vertriebene Tyrann Terillos das Gleiche getan, und ebenso exakt 100 Jahre später, 410, die Stadt Segesta bei ihrem Konflikt mit Selinus. Nicht die Karthager waren die Angreifer, etwa, weil sie sich vielleicht ganz Sizilien hätten unterwerfen wollen, sondern stets hatten Griechen sie gerufen. Dem Agathokles kam dieser Krieg gerade recht, und er stürzte sich voll und ganz hinein. Doch die Bürgerschaft von Syrakus wollte keinen neuen Tyrannen und begegnete ihm mit Misstrauen. Zu seiner Enttäuschung übertrug sie ihm den Oberbefehl nicht, sondern erbat wieder einen Friedensstifter aus Korinth. Die Korinther schickten einen gewissen Akestoridas, der ganz im Sinne Timoleons die gemäßigte Oligarchie wieder an die Macht brachte und so die Oligarchen von ihrem Bündnis mit den Karthagern abzog, woraufhin auch die Karthager Frieden schlossen. Um seine Friedensmission abzusichern, versuchte Akestoridas, den Unruhestifter Agathokles ermorden zu lassen, was jedoch nicht gelang. Dieser flüchtete erneut, stellte aus eigenen Mitteln eine Truppe auf und hetzte diejenigen Städte, die nur widerwillig die Vorherrschaft von Syrakus ertrugen, zur Rebellion auf. Von Leontinoi aus stieß er gegen Syrakus vor. Die Oligarchen sahen sich gezwungen, wieder die Karthager zu Hilfe zu rufen. Aber Agathokles gelang es, den karthagischen Feldherrn Hamilkar für sich zu gewinnen. Die Syrakusaner beruhigte er mit einem Eid, niemals nach der Tyrannis greifen zu wollen, und wurde im Gegenzug zum Strategen gewählt, mit dem Auftrag, über den Frieden zu wachen (319/318 v. Chr.). Nur gegenüber den Städten im Herrschaftsgebiet von Syrakus hatte er als *strategòs autokrátōr* unbeschränkte Vollmacht.

Dass dieser Kompromiss nicht lange halten würde, hätte man voraussehen können. Schon drei Jahre später brach Agathokles in seiner Auseinandersetzung mit den Oligarchen eine blutige *stásis* vom Zaun, der im Rausch der Gewalt einige tausend Syrakusaner zum Opfer gefallen sein sollen. Es folgte eine politische Farce, die ebenfalls nicht neu war. Agathokles trat als Retter der Demokratie auf, bot zum Schein den Rücktritt von seinem Amt an und ließ sich von seinen Anhängern zum höchsten Feldherrn (*strategòs autokrátōr*) in Syrakus wählen. Begleitet war diese Machtergreifung, wie es häufig der Fall war, mit der Ankündigung eines Schuldenerlasses und einer Verteilung des Landbesitzes der Getöteten oder Geflüchteten. Zur Verbreiterung seiner Machtbasis verlieh er auch zahlreichen Söldnern das syrakusanische Bürgerrecht. Gleichwohl behielt er die demokratische Verfassung bei und vermied auch in seinem Habitus jegliche tyrannische Attitüde. Die von Timoleon geschleifte Mauer vor der Ortygia ließ er nicht wieder aufbauen, ließ sich in der Öffentlichkeit auch nicht von einer Leibgarde begleiten und schloss Verträge nicht im eigenen Namen, sondern immer im Namen der Syrakusaner.

Anschließend führte er ca. zehn Jahre lang Krieg, um alle griechischen Städte Siziliens außerhalb des karthagischen Machtbereichs zu unterwerfen. Seine Gegner waren die vertriebenen Oligarchen. Deren stärkste Bastion war Akragas. Und sie konnten mit der Unterstützung durch die Karthager rechnen, weil es in deren Interesse lag, Syrakus nicht so mächtig werden zu lassen, dass es vielleicht später den karthagischen Herrschaftsbereich auf der Insel hätte bedrohen können. Sie brachten Agathokles 310 v. Chr. am Fluss Himeras eine schwere Niederlage bei. Er wurde auf Syrakus zurückgeworfen und dort belagert. Gleichsam mit dem Rücken zur Wand leistete er sein verwegenstes Bravourstück. Er brach mit einem Heer von 14 000 Söldnern auf 60 Schiffen aus der belagerten Stadt aus, entkam der überlegenen karthagischen Flotte im Dunkel der Nacht und landete in Nordafrika, unweit von Karthago. So etwas hatte noch keiner seiner Vorgänger zustande gebracht. Mit einigem Glück hätte es gelingen können, das ahnungslose Karthago zu stürmen, während ein karthagisches Heer noch Syrakus belagerte. Vielleicht hätte Agathokles ein Reich gründen können, das sich von Nordafrika bis nach Unteritalien erstreckt hätte. Aber trotz beträchtlicher militärischer Erfolge gelang der entscheidende Schlag nicht. Und obwohl Antandros 309 v. Chr. die Syrakusaner zu einem glänzenden Sieg über die Karthager und die Oligarchen führte, konnte auch er keine wirkliche Änderung der Kriegslage auf Sizilien herbeiführen. Indessen kam es zu einer Meuterei im Heer des Agathokles, der er beinahe erlegen wäre. Sein Sohn Archagathos hatte einen bei den Söldnern beliebten Offizier im Streit getötet. Daraufhin wurde Agathokles von der Heeresversammlung abgesetzt, verhaftet und vor die Wahl gestellt, entweder sich selbst oder seinen Sohn zu opfern. Ihn rettete seine rhetorische Befähigung, doch ihm wurde klar, dass die zahlenmäßige Stärke seines Heeres für eine erfolgreiche Fortsetzung des Krieges nicht ausreichte. Da er gleich nach der Landung in Afrika seine Schiffe hatte verbrennen lassen müssen, konnte er weder Nachschub aus Sizilien erwarten noch mit seinem Heer dorthin zurückkehren. Er saß erneut in der Falle.

In dieser Lage hatte er den Einfall, Ophellas, der sich, wie erwähnt, von Ptolemaios I. von Ägypten unabhängig und zum Herrscher der Kyrenaia gemacht hatte, herbeizulocken, indem er ihm nach dem erhofften Sieg über die Karthager deren Territorium zu überlassen versprach. Ophellas wäre dann der König von fast ganz Nordafrika geworden. Welch eine Perspektive! Kein Wunder, dass er diesem großzügigen Angebot nicht widerstehen konnte. Nach einem mühsamen Marsch durch Wüstengebiet erreichte er das Lager des Agathokles. Dort geriet er jedoch bald mit ihm in Streit, woraufhin Agathokles ihn töten ließ und auch gleich sein Heer übernahm. Ob das von vornherein seine Absicht gewesen war oder nicht, ist umstritten. Schlechte Nachrichten aus Sizilien zwangen ihn, mit einem kleinen Teil seiner Truppen vorübergehend dorthin zurückzukehren. Es hatte sich gezeigt, dass es mit dem Afrikafeldzug nicht gelungen war, den Druck der Karthager von Syrakus abzuwehren. Das kühne Unternehmen war vergeblich gewesen, auch wenn Agathokles sich dieser Einsicht noch verschloss. Während er im Bund mit den Etruskern die Kriegslage auf Sizilien wieder stabilisierte, geriet sein Heer in Afrika unter der Führung seines Sohnes Archagathos in immer größere Schwierigkeiten. Das Ende war abzusehen.

Schleunigst eilte Agathokles wieder auf den afrikanischen Kriegsschauplatz zurück, um zu retten, was noch zu retten war, gewann dort jedoch keinen Handlungsspielraum mehr. Wieder hetzte er zurück nach Sizilien, um wenigsten Schiffe für den Rücktransport des restlichen Heeres aus Afrika aufzutreiben.

Doch es war schon zu spät. Seine Söldner witterten Verrat, brachten seine beiden Söhne um und kapitulierten, zumal die Karthager ihnen günstige Bedingungen anboten. Nach erneuten militärischen Rückschlägen auf Sizilien gab auch Agathokles den Krieg gegen die Karthager auf (306 v. Chr.). Das Ergebnis war in der griechischen Welt auch nichts Neues: Alles blieb wie vor dem Krieg. Aber wenigstens *einen* beträchtlichen Erfolg erzielte er doch. Nach einem entscheidenden Sieg über die Oligarchen und der Versöhnung mit deren Führer beherrschte er fortan alle griechischen Städte Siziliens, soweit sie nicht zum karthagischen Machtbereich gehörten – ausgenommen Akragas. Diese bedeutende Stadt blieb unabhängig, so wie auf der Peloponnes Argos immer seine Unabhängigkeit gegenüber Sparta bewahren konnte. Auch das ist typisch für die griechische Geschichte: Es gab selten ein vollständiges Ergebnis.

Schon 304 v. Chr. stürzte sich Agathokles, wie zwei Generationen vor ihm Dionysios I., einem Hilferuf von Tarent gegen italische Stämme folgend, in einen Eroberungskrieg in Italien, nahm Kroton ein, trug keine Scheu, sich mit dem Diadochen Kassandros anzulegen und annektierte nach einem Sieg über dessen Flotte Korkyra (Korfu) (299 v. Chr.). Die Insel wurde die Mitgift seiner Tochter Lanassa, die er mit Pyrrhos verheiratete. Dass Lanassa sich später von Pyrrhos trennte und sich Demetrios Poliorketes anbot, wurde in anderem Zusammenhang schon gesagt.

305/304 v. Chr., gleichzeitig mit den Diadochen, proklamierte auch er sich zum König, was kein Tyrann vor ihm gewagt hatte. Erst die Selbsterhöhung der Generäle im Osten eröffnete diese Möglichkeit. Seine Bewunderung für die ägyptische Monarchie ist deutlich daran zu erkennen, dass er mit Ptolemaios I. Kontakt aufnahm und 295 v. Chr. eine junge Verwandte des ägyptischen Makedonen heiratete. Und wie bei den Königen des Ostens wurde auch seine Biographie mit verschiedenen Wundererzählungen ausgeschmückt, die seine übernatürliche Berufung zum König von frühester Jugend an beweisen sollten. Dennoch blieb sein Königtum von dem des Ostens weit entfernt. Auch als mächtiger Tyrann konnte Agathokles seine Herrschaft nicht völlig nach seinem Willen formen, sondern nur auf den traditionellen Strukturen aufbauen. Heraus kam dabei eine recht eigentümliche facettenreiche Monarchie. In Syrakus, seiner Hauptstadt, war seine Königswürde nicht mehr als ein Titel. Der Verfassung nach blieb er weiterhin republikanischer *strategòs autokrátōr*. Bei festlichen Anlässen trug er kein Diadem, sondern nur einen Kranz, er hatte keinen Palast, es gab keinen Königshof und erst recht keinen Herrscherkult. Auf Münzen ließ er zwar den Königstitel prägen, aber nicht sein Portrait. Nur außerhalb von Syrakus, in seinen eroberten, sozusagen speergewonnenen Gebieten, herrschte er als absoluter König, und bei diplomatischen Kontakten mit anderen Königen stellte er einen angemessenen königlichen Prunk zur Schau.

Die Gründung einer Dynastie scheiterte am Zwist unter seinen Nachkommen. Als er erlebte, dass sein gleichnamiger Sohn, den er als Nachfolger vorgesehen hatte, von seinem Enkel, dem Sohn des in Afrika umgekommenen Archagathos, der ebenfalls Archagathos hieß, ermordet wurde, resignierte er. Es siegte die politische Vernunft. Er schickte seine ptolemaiische Gattin mitsamt ihrer Mitgift nach Ägypten zurück und verfügte für die Zeit nach seinem Tod die Rückkehr zur Republik. Nach diesem Tod fiel alles in Scherben. Er wurde zur Unperson, seine Statuen vom Sockel gestürzt und sein Vermögen konfisziert. Die Städte, die er unter die Herrschaft von Syrakus gezwungen hatte, holten sich ihre Unabhängigkeit zurück. Trotz allem erlosch der monarchische Geist, den Agathokles auf Sizilien eingeführt hatte, nicht, sondern erfuhr unter den folgenden Tyrannen immer wieder eine Auferstehung. Der herausragendste dieser Tyrannenkönige war Hieron II. von Syrakus (König von 269–215 v. Chr.), von dem noch die Rede sein wird. Anders als Agathokles war er nicht nur in den von Syrakus abhängigen Städten, sondern auch in Syrakus selbst absoluter König, trug demonstrativ ein Diadem und ließ in der Altstadt Ortygia für sich und seinen Hofstaat einen Palast bauen. Im Zentrum von Syrakus ließ er sein Andenken durch einen Zeustempel und einen großen Altar sowie durch den Ausbau des Theaters verewigen.

In Sparta ahmte König Aeus I. (König 309–265 v. Chr.) den Hof der Ptolemaier nach. Wahrscheinlich sah er darin ein Mittel, die Macht von den Ephoren auf das Königtum zu verlagern. Davon wird an späterer Stelle noch zu sprechen sein.

10 Der *bios sṓphrōn* (die Lebensform des vernünftigen Maßes) als Quelle königlicher *aretḗ*

Die makedonischen und molossischen Könige hielten sich bei ihrer Herrschaftsauffassung und ihrer Selbstdarstellung bewusst in den Grenzen ihrer Stammestradition, teils, weil sie von ihrem Umfeld dazu gezwungen wurden, teils aus Überzeugung. Die Könige traten gegenüber dem Adel nicht als Despoten auf, sondern als Erste unter Gleichen. Daraus machten sie auch in propagandistischer Hinsicht eine Tugend. Ihr Herakles blieb derjenige, der aus seiner kargen Lebensweise und seinem Verzicht auf Üppigkeit und äußeren Glanz seine unüberwindliche Stärke, seinen Sinn für Gerechtigkeit und seine Menschenfreundlichkeit bezog.

Als ein solcher König galt Pyrrhos. Das molossische Königtum war ihm ebenso wenig in die Wiege gelegt worden wie dem großen Alexander das makedonische. Denn trotz der Erbmonarchie war die Nachfolge eines Kronprinzen in dieser Welt des permanenten Kampfes nur dann gesichert, wenn er beim Tod seines Vaters in der Lage war, den kriegerischen Anforderungen gerecht zu werden, die auf ihn warteten. War er noch zu jung oder offensichtlich unfähig, ging die Fortsetzung der Dynastie an einen befähigten Verwandten über, der dann den eigentlichen Thronfolger im Abseits beließ und einen seiner eigenen Söhne zum Nachfolger bestimmte. So hatte Philipp II. von Makedonien seinen Neffen Amyntas IV. beiseite geschoben, nachdem dessen Vater Perdikkas III. auf dem Schlachtfeld geblieben war. Nur deshalb hatte aus dem jungen Alexandros Alexander der Große werden können. Wäre Amyntas König geworden, wäre ein wesentlicher Teil der antiken Geschichte wohl anders verlaufen. Und so geschah es auch im molossischen Königshaus, als Alexandros I., der Gatte der Kleopatra, während seines Italienfeldzuges ermordet worden und sein Sohn Neoptolemos II. noch zu jung zum Regieren war. Statt seiner wurde Aiakides, ein Vetter des Alexandros und Vater des Pyrrhos und der Dedameia, König. Das Schicksal der Dedameia haben wir schon kennengelernt.

Doch als Aiakides, ein Anhänger der Olympias und des Polyperchon, in den Wirren der Diadochenkämpfe 313 v. Chr. fiel, ging das molossische Königtum an seinen älteren Bruder Alketas II. über, den sein Vater zugunsten des jüngeren der beiden Söhne benachteiligt hatte. Dieser änderte die außenpolitische Orientierung zu Gunsten des Kassandros und gab seinen Söhnen den Vorzug vor Pyrrhos. Den fünfjährigen Pyrrhos brachten treue Gefolgsleute seines Vaters auf geheimen Wegen nach Illyrien zum König der Taulantier in Sicherheit, der die Auslieferung des Knaben an Kassandros verweigerte und ihn sogar adoptierte.

Einige Jahre darauf, nach der vollständigen Ausrottung des makedonischen Königshauses, war Pyrrhos der Einzige, der als Großneffe der Olympias später einmal einen Anspruch auf die makedonische Königswürde auf Grund des Erbrechts würde erheben können. Noch hatte er keine Machtmittel. Doch 306 v. Chr. änderte sich die politische Lage.

Demetrios Poliorketes, der Rivale des Kassandros, war in Griechenland gelandet. Damit bekamen bei den Molossern die Gegner des Alketas Gelegenheit, ihn und seine Söhne zu vernichten, und der König der Taulantier nutzte die Chance, um den ca. zwölfjährigen Pyrrhos als König einzusetzen. Wie zu erwarten, konnte sich der Kindkönig aus eigener Kraft nicht halten, sondern nur als Vasall des Demetrios. In diesen Zusammenhang gehört die Verheiratung seiner Schwester Dedameia mit Demetrios als dessen dritte gleichzeitige Gemahlin. Doch auch diese Allianz erwies sich als unzureichend. Schon eine kurze Abwesenheit des Pyrrhos genügte, damit sich die Anhänger des Kassandros wieder erhoben und Neoptolemos II. zum König machten. Pyrrhos war plötzlich ein König ohne Land, der nur noch als Gefolgsmann des Demetrios überleben konnte. Als solcher nahm er an der Schlacht bei Ipsos teil, wo er sich mit herausragender Tapferkeit einen Namen zu machen versuchte. Weiter kam er dadurch aber nicht. Als Demetrios 289/288 v. Chr. mit Ptolemaios II. Frieden schloss, schickte er Pyrrhos als Geisel für die Einhaltung des Friedens nach Ägypten.

Dort saß dieser erst einmal auf unbestimmte Zeit fest, verstand es aber, sich bei einflussreichen Leuten am Hof einzuschmeicheln und besonders die Gunst der energischen Königin Berenike I. zu gewinnen, die ihre Vorgängerin Eurydike vom Thron verdrängt hatte. Er durfte eine Tochter aus ihrer ersten Ehe heiraten. Zum Glück für Pyrrhos ging Ptolemaios wieder auf Konfrontationskurs zu Demetrios, um dessen Eroberungspläne in Griechenland zu durchkreuzen. Er ließ Pyrrhos frei und unterstützte ihn bei der Wiedergewinnung seines molossischen Königtums mit Geld und Söldnern. Neoptolemos II. wurde nach einer kurzen Zeit der gemeinsamen Herrschaft umgebracht, und Pyrrhos blieb 25 Jahre lang, bis zu seinem Tod, König der Molosser. Dort schuf er sich eine angemessene Residenzstadt, indem er Ambrakia groß ausbauen ließ. Seine Stellung als König blieb in Epeiros allerdings immer von der epeirotischen Bundesversammlung eingeschränkt. Das Weitere kennen wir schon: Pyrrhos wurde der gefährlichste Rivale seines ehemaligen Schutzherrn Demetrios Poliorketes im Kampf um die Herrschaft über Makedonien. Als entfernter Verwandter Alexanders hatte er ja einen höheren Anspruch auf dieses Land. Und militärisch war er, wie sich herausstellte, dem Demetrios mindestens ebenbürtig.

Pyrrhos war ein leidenschaftlicher Kämpfer, ein Bewunderer Spartas, dem Kunst und Wissenschaft wenig bedeuteten. Er liebte den Krieg noch mehr als seine Rivalen. In der Öffentlichkeit wusste er sich geschickt als zweiter Alexander zu stilisieren, und zwar als der ursprüngliche Alexander, ehe dieser, wie die Makedonen und Griechen es sahen, vom Orient verdorben wurde. Hinzu kam seine ideologische Überlegenheit. Gegen das östliche Gottkönigtum, mit dem

Demetrios seine Höherrangigkeit gegenüber seinen Rivalen zum Ausdruck bringen wollte, propagierte er ganz bewusst das traditionelle „Heerkönigtum" des Westens, eine volksnahe Monarchie ohne übertriebenen Pomp und ohne Herrscherkult. Damit hatte er einen durchschlagenden Erfolg, wie wir bereits gesehen haben. Am Ende schaffte es Demetrios nicht einmal mehr, dem Pyrrhos eine Schlacht zu liefern, weil seine Soldaten zu ihm überliefen. Aber auch das wissen wir schon: Obwohl Pyrrhos zeitweilig einige Regionen Makedoniens unter seine Kontrolle bringen konnte, ist es ihm nie gelungen, König von ganz Makedonien zu werden. Dabei hätte er durchaus gute Aussichten gehabt, sein Ziel zu erreichen, wäre er in Makedonien zur Stelle gewesen, als das Land während des Keltensturms sein militärisches Talent dringend benötigt hätte. Aber er entschied sich anders. Die „maßvolle" Lebensführung führte noch lange nicht zu einer Politik mit Augenmaß.

Was Pyrrhos in der Nachwelt bis heute zum bekanntesten aller Diadochen gemacht hat, war sein Krieg gegen die Römer. Zu seinem Nachruhm haben die Römer selbst am meisten beigetragen. Pyrrhos folgte einem Hilfegesuch aus Tarent. Die Griechenstädte Unteritaliens hatten schon seit dem späten vierten Jahrhundert immer größere Mühe gehabt, sich gegen die kriegerischen italischen Stämme zu behaupten, die allmählich festere Stammesstrukturen gebildet und so mehr militärische Schlagkraft gewonnen hatten. Immer öfter sahen sich die Städte gezwungen, Hilfe von auswärts zu erbitten. Diese wurde natürlich nicht umsonst gewährt, sondern die Helfer und Retter erhoben für ihre Hilfe einen Herrschaftsanspruch über diejenigen, denen sie geholfen hatten. Da die Städte sich aber dagegen sträubten, waren Konflikte unausweichlich.

Die Bekämpfung der italischen Stämme erwies sich als eine harte Aufgabe, an der die meisten Zuhilfegerufenen kläglich scheiterten. 344/343 bis 338 v. Chr. hatte der Spartanerkönig Archidamos III., ein auf den griechischen Kriegsschauplätzen erprobter Haudegen, ohne durchschlagenden Erfolg gegen die Lukaner und Messapier gekämpft und schließlich den Tod auf dem Schlachtfeld gefunden. Der Molosserkönig Alexandros I., der Schwager Alexanders des Großen, von dem man vermutete, dass er im Westen ein Großer werden wollte, erlitt nach einem fast vierjährigen Krieg (334–331/330 v. Chr.) eine vernichtende Niederlage und wurde ermordet. 304 v. Chr. hatte der Tyrann Agathokles einen Hilferuf Tarents zum Vorwand für seinen Expansionskrieg nach Nordosten genommen. Für Tarent hat er nicht viel erreicht, wie ein wenig später erfolgter Hilferuf der Stadt an den spartanischen Prinzen Kleonymos zeigt. Bald kam jedoch heraus, dass dieser nur darauf aus war, möglichst viel Kriegsbeute zu machen und sich ein eigenes Herrschaftsgebiet zu erobern. Von den erbosten Tarentinern in einem nächtlichen Überraschungsangriff überfallen und von den Römern zum Rückzug aus Unteritalien gezwungen, begab er sich auf einen Raubzug in die nördliche Adria, wurde dort aber von den Bürgern von Padua vernichtend geschlagen und zog sich wieder nach Griechenland zurück (303/302 v. Chr.).

Dann kam Pyrrhos. Anlass für den Hilferuf Tarents war das Eingreifen der Römer in Unteritalien. Aus römischer Sicht handelte es sich um die Abwehr der Samniten, die zugleich Feinde der Römer wie der Griechen waren. Die Römer waren Thurioi, das von den Samniten belagert worden war, zu Hilfe gekommen und hatten anschließend eine Truppe zum Schutz der Stadt hinterlassen. Die Ausdehnung der römischen Herrschaft auf Unteritalien zeichnete sich ab. Die Tarentiner fühlten sich eingekreist und bedroht. Angeblich waren es vor allem die Demokraten, die fürchteten, unter römische Herrschaft zu geraten, während die Aristokraten mit römischer Unterstützung an die Macht kommen wollten. Als 282 v. Chr. zehn römische Schiffe – widerrechtlich? – in den Golf von Tarent einliefen, griffen die Tarentiner sie an. Die Einzelheiten sind umstritten.

Aus Furcht vor der römischen Reaktion wandten die Tarentiner sich Ende 281 v. Chr. an Pyrrhos. Die Römer bekamen Tarent vorübergehend in die Hand, zogen jedoch wieder ab, in dem Glauben, die Stadt auf ihre Seite gebracht zu haben. Nachdem Pyrrhos vom Zeusorakel in Dodona, das nördlich seiner Residenzstadt Ambrakia lag, eine günstige Antwort erhalten hatte, erschien er nach einer schwierigen Überfahrt bei rauer See in Italien wie ein Gesandter des gesamten Ostens. Ptolemaios II. hatte ihm aus Ägypten Soldaten zu Fuß, Reiter und Kriegselefanten zukommen lassen und den Schutz seines molossischen Königtums während seiner Abwesenheit übernommen. Damit sicherte er sich seinen Einfluss in Griechenland. Ptolemaios Keraunos stellte ihm eine makedonische Truppe und Antigonos Gonatas Schiffe für die Überfahrt nach Italien zur Verfügung. Beide waren sicher froh, den gefährlichen Rivalen im Westen beschäftigt zu sehen. Sogar der Seleukide Antiochos I. steuerte Geldmittel bei. Ob diese gemeinsame Hilfsbereitschaft der Könige auch einer Solidarität mit den Griechen Unteritaliens gegenüber den Römern entsprang, wie manche Gelehrte gemeint haben, dürfte zu bezweifeln sein.

Jedenfalls stellte Pyrrhos den Krieg als panhellenisches Unternehmen gegen Barbaren dar und zugleich als Rachefeldzug für den Tod seines Onkels Alexandros' I. Er landete in Italien mit einem Heer von 20 000 Infanteristen, 3000 Reitern, 2000 Bogenschützen, 500 Schleuderern und 20 Kriegselefanten, was größenmäßig weit unter den Heeren des Ostens lag. Doch hatte er vor, sein Heer in Italien zu verstärken. Gleich in Tarent zog er mit harter Hand die Wehrtauglichen heran, was etliche von ihnen zur Flucht trieb. Gegenüber den Römern versuchte er durch Scheinverhandlungen Zeit für weitere Aufrüstung zu gewinnen, indem er sich als Vermittler zwischen ihnen und den Griechen und Italikern anbot. Aber der mit seinem Heer in Lukanien stehende Konsul Publius Valerius Laevinus fiel darauf nicht herein, sondern entschied sich für den sofortigen Angriff, obwohl die erwarteten römischen Bundesgenossen noch nicht eingetroffen waren.

Die Schlacht fand bei Herakleia am Fluss Siris südwestlich von Metapont statt. Vergeblich versuchte Pyrrhos, den Übergang der Römer über den Fluss zu verhindern. Nach einem langen verbissenen Kampf führte der König die Entscheidung mit seinen Elefanten herbei, vor denen die Pferde der Römer scheuten. Beide Seiten hatten hohe Verluste zu verzeichnen. Angeblich soll Pyrrhos, als ihm jemand zum Sieg gratulierte, gesagt haben: „Noch ein solcher Sieg, und wir sind verloren". Nach anderer Überlieferung soll es aber erst später, nach der Schlacht bei Ausculum, geschehen sein. Jedenfalls sprechen wir noch heute von einem „Pyrrhossieg", wenn wir einen nutzlosen Sieg meinen.

Trotzdem machte der Sieg des Pyrrhos einen so großen Eindruck, dass die Lukaner, Samniten, Bruttier und sogar die griechischen Städte Lokroi und Kroton auf seine Seite traten. Und Pyrrhos wagte immerhin den Vorstoß ins Zentrum des Gegners. Er kam bis auf knapp 60 Kilometer vor Rom. Dort wurde er jedoch durch das Heer des zweiten römischen Konsuls Tiberius Coruncanius, der eilends aus dem Krieg gegen die Etrusker zurückgekehrt war, am Angriff auf die Stadt gehindert. Entscheidend war, dass die römischen Bundesgenossen in Mittelitalien den Römern treu blieben. Sie traten nicht auf die Seite des Siegers, wie es im Osten häufig der Fall war. Damit hatte Pyrrhos nicht gerechnet. Es folgte eine Pattsituation, in der beide Seiten eine neue Schlacht vermieden und verhandelten. In der Pose des Siegers forderte Pyrrhos die Auflösung der römischen Vormachtstellung in Italien und die Anerkennung seiner Herrschaft im Süden. Für den römischen Senat unannehmbar! Der Krieg ging weiter.

279 v. Chr. besiegte Pyrrhos die Römer bei Ausculum in Apulien noch einmal in einer Schlacht, die ganze zwei Tage dauerte, bis die Entscheidung fiel – trotzdem wieder ein Pyrrhossieg, weil er nicht in der Lage war, seine beträchtlichen Verluste mit derselben Geschwindigkeit zu ersetzen wie die Römer, zumal die weiteren Hilfsleistungen, die die Könige des Ostens ihm versprochen hatten, ausblieben. Das römische Potential an Wehrpflichtigen, das damals schon einige hunderttausend Mann betrug, schien im Vergleich zu seinem zahlenmäßig begrenzten Heer unerschöpflich. Mit jedem Sieg wurde das Heer des Pyrrhus schwächer. Er lief Gefahr, sich zu Tode zu siegen. Es nützte ihm nicht, dass er ein besserer Feldherr war als die römischen Konsuln, die ihm mit ihren Heeren entgegentraten; ebenso wenig, dass seine Söldner professionellere Soldaten waren als die römischen Wehrpflichtigen. Er musste erfahren, dass die Völkerschaften Italiens, auch die Römer, nicht weniger kriegerisch waren als jene Griechenlands, Makedoniens und Thrakiens. Außerdem hatte Rom indessen ein Bündnis mit Karthago geschlossen und von dort Hilfsleistungen erhalten.

Pyrrhos wollte nun einen Frieden auf der Basis des Status quo schließen, wie er es aus der Welt des Ostens gewohnt war. Wenn man dort mit seinen Kriegszielen nicht weiterkam, schloss man eben einen Interimsfrieden, behielt sich insgeheim vor, bei günstigerer Gelegenheit den Krieg wieder aufzunehmen, und suchte sich indessen einen anderen Kriegsschauplatz. Den Römern war eine solche politische Volatilität fremd. Sie ließen sich durch ihre Niederlagen nicht entmutigen, sondern verfolgten beharrlich weiter ihr Ziel. Pyrrhos dürfte einigermaßen irritiert gewesen sein. Seine Reaktion war typisch: Er ließ alles in der

Schwebe und plante, einem Hilferuf von Syrakus, Leontinoi und Akragas folgend, einen Krieg gegen die Karthager auf Sizilien. Zur gleichen Zeit traf die Nachricht ein, dass Ptolemaios Keraunos, der König von Makedonien, im Kampf gegen die Kelten seinen Untergang gefunden hatte. Die Versuchung, alle Pläne im Westen fallen zu lassen und sofort auf den Balkan zurückzukehren, war für Pyrrhos zweifellos groß. Hätte er es nur getan, wäre er vielleicht der Retter Griechenlands vor den Kelten und König von Makedonien geworden. Aber nach einigem Schwanken entschied er sich doch für Sizilien, in der Illusion, sich im Kampf gegen Römer und Karthager ein viel mächtigeres Reich verschaffen zu können. Wahrscheinlich hoffte er, seinen Sohn Alexandros, den Enkel des Tyrannenkönigs Agathokles, in Syrakus als Herrscher einsetzen zu können.

Wäre Pyrrhos 20 Jahre früher in Italien gelandet, hätte er günstigere Aussichten gehabt, mit den Römern einen Kompromissfrieden zu vereinbaren. Damals waren sie noch in schwere Kämpfe gegen Etrusker und Kelten im Norden und vor allem gegen ihre Erzfeinde, die Samniten im Süden verstrickt gewesen; Kämpfe, die ihnen das Äußerste abverlangt hatten. Als Pyrrhos auf dem italischen Kriegsschauplatz erschien, waren diese Kämpfe zwar noch nicht völlig vorüber, aber im Wesentlichen war die Entscheidung zugunsten der Römer schon gefallen. Auch der innere Entwicklungsprozess der Republik war nach einem ca. 200-jährigen mühsamen Ringen, das den römischen Staat fast zerrissen hätte, gerade sieben Jahre zuvor endgültig abgeschlossen worden. Mit der römischen Republik traf der epeirotische König auf ein völlig wesensverschiedenes Gebilde, das er wahrscheinlich überhaupt nicht verstand. Auch viele Generationen später haben die Mächte des Ostens die Römer nicht verstanden und ihre Reaktionen falsch eingeschätzt, obwohl sie dann schon einen viel engeren Kontakt mit ihnen hatten.

An dieser Stelle benötigen wir einen kleinen Exkurs in die frühe römische Geschichte: Denn die Wurzeln der römischen Widerstandsfähigkeit reichten bis in die Frühzeit der Stadt zurück. Ursprünglich war Rom ein einfaches Mitglied des Latinischen Städtebundes gewesen, der sich gegen die Plünderungszüge der umliegenden Bergstämme, der Aequer und Volsker, zur Wehr setzten musste. Wenn dieser Latinische Bund Land von seinen Feinden erobert hatte, legte er dort befestigte Siedlungen *(coloniae)* an, wo er bedürftige Bürger mit Ackerland versorgte und damit gleichzeitig die Zahl seiner Schwerbewaffneten erhöhte. Auch mit den etruskischen Städten gab es immer wieder Krieg, wie sich etruskische Städte auch gegenseitig bekämpften.

Um 396 v. Chr. gelang den Römern ein entscheidender Schlag. Sie eroberten das etwa gleichstarke etruskische Veji nördlich des Tiber, töteten, versklavten oder vertrieben die Einwohner und annektierten und besiedelten das Territorium. Damit wurde Rom auf einen Schlag doppelt so groß. Der Vergleich mit Kroton, das 510 v. Chr. Sybaris zerstört hatte, drängt sich auf. Aber während Kroton das eroberte sybaritische Territorium offenbar nicht besiedelte und die spätere

Gründung von Neusybaris bzw. Thurioi nicht verhindern konnte, blieb das ehemalige Territorium von Veji für immer ein Teil Roms. Der Einbruch keltischer Stämme in Oberitalien, der die Etrusker dauerhaft schwächte, traf Rom 387 v. Chr. zwar nur kurz, aber heftig. Roms Existenz stand auf dem Spiel. Doch konnten die Römer den Abzug der Kelten erkaufen. Diese Beinahekatastrophe hat sich den Römern tief ins historische Gedächtnis eingegraben und auch ihre späteren Beziehungen zu anderen Staaten geprägt.

Die Kelten setzten sich in Oberitalien fest. Gegenüber den latinischen Städten gewannen die Römer allmählich eine hegemoniale Stellung. Als die Latiner dagegen rebellierten, wurden sie in einem zweijährigen Krieg (340–338 v. Chr.) besiegt. Damit konnten die Römer über ganz Latium verfügen. Doch sie vernichteten die Latiner nicht physisch, wie sie es mit den Einwohnern von Veji getan hatten, sondern nahmen ihnen nur ihre politische Eigenständigkeit, indem sie ihre Städte in das römische Stadtgebiet inkorporierten, so dass Rom auf eine Ausdehnung von 5300–6100 Quadratkilometer anwuchs. Nur ein gewisses Maß an Selbstverwaltung gewährten die Römer ihnen aus praktischen Gründen. Rein äußerlich veränderte sich nichts. Die Siedlungen der Latiner blieben bestehen wie zuvor. Jenen Städten, die sich am Aufstand nicht beteiligt hatten, wie Tibur und Praeneste, beließen die Römer ihre eigene Staatlichkeit. Sie wurden nicht annektiert, sondern blieben lediglich Verbündete Roms.

Zwischen 326 und 291 v. Chr. folgten erbitterte Kämpfe gegen die Samniten. Wahrscheinlich waren es diese beinahe permanenten Kriege, der gemeinsame Kampf in denselben Einheiten Schulter an Schulter, der die römischen Altbürger und Neubürger zusammenschweißte. Auch hier war, wenn wir den Ausspruch Heraklits wörtlich nehmen wollen, der Krieg der Vater aller Dinge. Zug um Zug erweiterten die Römer ihre Herrschaft. Größere Stammesgebiete der Samniten zerteilten sie in kleinere Einheiten, eine Methode, die sie später auch im Osten angewendet haben. Einen Teil des Territoriums der Besiegten annektierten sie und gliederten seine Bewohner zwangsweise in den römischen Staat ein. Doch anders als den ehemaligen Latinern gewährten sie ihnen keinen Zugang zum vollen römischen Bürgerrecht. Sie blieben eine Art Halbbürger, „Bürger ohne Stimmrecht" (*cives sine suffragio*), deren Status im Einzelnen variieren konnte. In einigen Regionen gründeten die Römer Wehrkolonien, die keine direkte Verbindung zum römischen Staatsgebiet hatten, sondern vom Gebiet der Besiegten umgeben waren. Die Integration von einstmals Besiegten war nur deshalb möglich, weil die römischen Eroberungen nicht in einem einzigen plötzlichen Ansturm erfolgt waren, wie die Eroberung des Perserreiches durch Alexander den Großen, sondern in einem längeren Zeitraum Schritt für Schritt, und weil die Römer die anderen Italiker nicht als minderwertige „Barbaren" verachteten, mit denen es keine Gemeinsamkeit hätte geben können. Hätte Rom einen Alexander den Großen gehabt, der in einem Ritt ganz Italien und wer weiß was noch erobert hätte, wäre das römische Herrschaftsgebiet ebenso zerbrechlich gewesen wie die Großmächte des Ostens.

Die meisten der Wehrkolonien erhielten zunächst nur das latinische Recht *(nomen Latinum).* Die Kolonisten hatten jedoch das Privileg, ihr Vollbürgerrecht wiederaufleben zu lassen, wenn sie sich vorübergehend in Rom aufhielten oder irgendwann dorthin zurückkehrten. Gerade weil diese Kolonisten keine römischen Bürger waren, konnten sie weitgehend eigenständig und zeitnah agieren, ohne erst Weisungen von Rom abwarten zu müssen, und auf diese Weise die Italiker in ihrer Region leichter überwachen. Mit solchen Kolonien schlugen die Römer gleichsam Pflöcke in das Gebiet der besiegten italischen Stämme oder kreisten es ein. Erst im Laufe der Zeit erlangten immer mehr Kolonien latinischen Rechts das volle römische Bürgerrecht. Durch die ständigen Annexionen von Land verwandelte sich der einstige Stadtstaat Rom in einen Flächenstaat. Ähnliches haben die mächtigen Tyrannen von Syrakus nie erreicht, obwohl sie zeitweilig die meisten griechischen Städte außerhalb des karthagischen Machtbereichs beherrschten. Ihre Herrschaftsmittel waren Besatzungstruppen, gelegentlich Zwangsumsiedlungen, der Verkauf von Teilen der Besiegten in die Sklaverei und die Einbürgerung von Söldnern. Aber jede Stadt behielt ihr eigenes Bürgerrecht. Eine Ausdehnung des Bürgerrechts von Syrakus auf andere Städte kam nicht in Frage. So zerfielen die Reichsgebilde der Tyrannen immer zugleich mit dem Ende ihrer Herrschaft.

Die römische Methode, das eigene Territorium mittels Zwangsintegration zu vergrößern, spiegelt sich im Mythos vom Raub der Sabinerinnen wider, einem der vielen antiken Mythen, bei denen es um Frauenraub geht. Als Romulus sah, so heißt es, dass es den Römern nach der Gründung ihrer Stadt an Frauen fehlte, lud er die Bürger benachbarter Städte, vor allem Sabiner, zu einem Neptunsfest ein. Dann stürzten sich die jungen Römer auf die ahnungslosen Gäste und raubten ihre unverheirateten Töchter. Anschließend überredete Romulus die empörten Mädchen, der Verheiratung mit ihren Räubern zuzustimmen – mit Erfolg. Als schließlich die Sabiner einen Krieg gegen die Römer begannen, um ihre Töchter zu befreien, da hatten die Römer das Spiel schon gewonnen. Die geraubten Sabinerinnen traten zwischen die beiden kampfbereiten Heere, erklärten ihren Landsleuten, dass sie bei ihren römischen Ehemännern bleiben wollten und brachten sie dazu, Frieden zu schließen. Aber es kam noch besser: Römer und Sabiner schlossen sich zu einem gemeinsamen Staat unter dem Doppelkönigtum des Romulus und des Titus Tatius zusammen. Soweit die Legende.

Kehren wir zur historischen Realität zurück. Jene unterworfenen Stämme, die zu integrieren die Römer überfordert hätte, erhielten den Status von Föderierten, waren zur Heeresfolge verpflichtet und wurden von den Wehrkolonien im eisernen Griff gehalten. Ein zusätzliches Herrschaftsmittel war die Vereinzelung dieser Bundesgenossen. Sie waren nicht miteinander verbündet, sondern nur einzeln mit Rom. Nicht einmal Heirats- und Handelsverträge durften sie miteinander schließen. Die Römer erhoben von den Föderierten keine Steuern, während sie selbst bis 167 v. Chr. Steuern zahlen mussten. Aber der militärische Beitrag der Bundesgenossen dürfte sich angesichts der fast permanenten Kriege wie eine indirekte Steuer ausgewirkt haben. Mit diesem System gewann Rom ein Reservoir an Kriegstüchtigen wie kein anderer Staat im Mittelmeerraum.

Zwar gab es auch in den Reichen der göttlichen Könige des Orients genügend Menschen, von denen sicher viele kriegstüchtig gewesen wären, doch die dünne Schicht der Eroberer war nicht in der Lage, die unterworfenen Völker politisch an sich zu binden. Sie konnte sie zwar – wie es schon die Perser getan hatten – zwangsweise zum Kriegsdienst heranziehen, aber die meisten nicht dazu motivieren, sich ernsthaft für sie einzusetzen, wenn es in einer Schlacht hart auf hart kam. Sobald ihre Beherrscher die Kontrolle verloren, ergriffen sie die Flucht, oftmals sogar, ohne überhaupt zum Einsatz gekommen zu sein. Nur deshalb hatte Alexander der Große das riesige Perserreich erobern können, und an der gleichen Schwäche krankten auch die Nachfolgereiche des Ostens. Sie mussten ihre Herrschaft auf Söldner stützen.

Gelenkt wurde die geschickte römische Integrationspolitik von einem kleinen Kreis politisch und militärisch erfahrener Senatoren. Wie weit die römischen Eroberungen aus einer eher defensiven Grundhaltung heraus erfolgten, und wann die römische Politik expansive Züge annahm, lässt sich wegen des Fehlens zeitgenössischer Quellen nicht mit Sicherheit sagen. Aus rückwärtiger Perspektive könnte der Eindruck entstehen, dass die Römer eine planmäßige Eroberungsstrategie verfolgt und von vornherein die Herrschaft über Mittel- und Unteritalien angestrebt hätten. (Das weitgehend keltische Oberitalien zählte damals noch nicht eigentlich zu Italien.) Doch dass es eine solche weitsichtige Zielsetzung gegeben hätte, ist unwahrscheinlich. Auch waren die Römer nicht kriegerischer als andere italische Stämme oder als die Etrusker. Eher im Gegenteil: Sie hegten schon seit der frühen Zeit die religiös fundierte Vorstellung, dass ein Krieg nur dann gerechtfertigt sei, wenn der Gegner ein Unrecht begangen hatte und die Wiedergutmachung verweigerte. Deshalb ging einer Kriegserklärung ein eigentümliches Verfahren voraus: Sie schickten einen Priester ins gegnerische Land, der mit rituellem Gestus die römische Forderung nach Wiedergutmachung eines Unrechts vortrug und den Gegnern eine Frist von 30 Tagen setzte. Diese Forderung wiederholte er alle zehn Tage. Erst wenn die Gegner das Ultimatum verstreichen ließen, fühlten die Römer die Gewissheit, dass ihre Götter den Krieg billigten und ihrem Heer Beistand leisteten.

Noch der Kaiser Augustus betonte in seinem Tatenbericht, dass er mit keinem Volk einen unrechtmäßigen Krieg geführt habe. Natürlich wäre es naiv zu glauben, dass die Römer nur „gerechte" Kriege geführt hätten. Bei einem Kriegsausbruch fühlt sich bekanntlich jeder der beiden Kontrahenten im Recht. Und dass die Römer durchaus dazu neigten, Rechtmäßigkeit oft ziemlich einseitig von ihrer Warte aus zu interpretieren, ist aus späterer Zeit belegt. Aber an das bedingungslose Recht des Stärkeren glaubten sie nicht. Ihre Siege führten sie darauf zurück, dass sie im Recht waren; anders die Griechen, die ihre Siege eher als eine Bestätigung dafür nahmen, dass sie besser waren als die Besiegten. Die Vorstellung der Römer vom gerechten Krieg *(bellum iustum)* hat später über die

Vermittlung von Cicero und den Kirchenlehrer Augustin eine reichhaltige Nachwirkung in Mittelalter und Neuzeit gefunden und führt bis heute zu immer neuen Konzeptionen.

Innere Geschlossenheit gewann Rom durch seine extrem patriarchalische Gesellschaft. War die griechische Kultur – mit Ausnahme Spartas – eine Kultur der Söhne, so war die römische eine Kultur der Väter. Der *pater familias*, das Oberhaupt einer Großfamilie, zu der auch die Sklaven gehörten, hatte die absolute Verfügungsgewalt *(patria potestas)* über alle Familienmitglieder bis zu seinem Tod. Er verheiratete seine Töchter nach eigenem Ermessen. Selbst seine erwachsenen Söhne waren ihm zu Gehorsam verpflichtet. Hatten griechische Väter Furcht vor starken Söhnen, so standen römische Söhne ganz unter der Fuchtel des übermächtigen Vaters. So lernte der Römer von früher Jugend an Gehorsam und Disziplin. *Disciplina* ist ein römisches Wort! Im Extremfall konnte der *pater familias* Mitglieder seiner Familie sogar töten oder in die Sklaverei verkaufen. In solchen seltenen Fällen entschied er allerdings meistens nicht allein, sondern zog einen Rat aus Angehörigen hinzu. Das Wort des Vaters war für alle Familienmitglieder gleichsam Gesetz, absolut verbindlich, die Kinder schuldeten ihren Eltern *pietas*, eine pflichtbewusste Ergebenheit. Es war z. B. undenkbar, dass ein Sohn gegen seinen Vater prozessierte. Dennoch hatten – gemäß etruskischer Sitte – die römischen Frauen eine größere Bewegungsfreiheit als die meisten Griechinnen.

Ließ der *pater familias* einen seiner Sklaven frei, blieb dieser dennoch weiterhin ein Mitglied der *familia* und seiner Hausgewalt unterworfen. Er wurde nicht Ausländer mit festem Wohnsitz (Metoike), wie in griechischen Städten, sondern erhielt mit der Freilassung das römische Bürgerrecht. Auch hier zeigte sich die integrative Mentalität der Römer. Natürlich hatte ein Freigelassener nicht sofort das gleiche gesellschaftliche Ansehen wie ein Freigeborener. Aber seine Nachkommen konnten es nach und nach erreichen. Sie wurden nicht als niedrigere Rasse angesehen. Die innere Ordnung der ganzen römischen Gesellschaft wurde von einem strengen Codex moralischer Werte bestimmt, dessen Basis die „Sitte der Vorfahren" *(mos maiorum)* war. Herausragende Personen, vor allem Amtsträger und Senatoren, konnten für sich *dignitas* beanspruchen, d. h., dass man ihnen mit dem gebotenen Respekt begegnete, und *auctoritas*, d. h., sie konnten erwarten, dass ihr Wort ein besonderes Gewicht hatte. Bei der Abwägung von Argumenten hatte die Beurteilung *ex auctoritate* meistens den Vorrang vor der rein sachlichen Begründung (*e re*). Jene Meinung, die sich auf Erfahrung stützen konnte, war für Römer überzeugender als theoretische Logik. Als echt römische Eigenschaften galten *gravitas*, ein strenger Ernst – das Gegenteil war *levitas*, Leichtfertigkeit und Volatilität, die die Römer an den Griechen kritisierten –, *parsimonia* (Sparsamkeit), d. h. die Ablehnung einer luxuriösen Lebensführung, *constantia* (Beharrungsvermögen), *labor*, d. h. die Bereitschaft, Anstrengungen und Mühen auf sich zu nehmen, *fides*, d. h. dass man ehrlich und loyal zu seinen Verpflichtungen steht, und vor allem *virtus*, die Tapferkeit im Krieg ebenso wie die zivile Courage. Einige dieser Tugendbegriffe nahmen auch eine göttliche Gestalt an, erhielten eigene Tempel aber erst seit der zweiten Hälfte des dritten Jahrhunderts. Der sportliche Wettkampf zwischen Einzelnen war den Römern ebenso fremd wie die spielerische aristokratische Frivolität der Griechen. Und statt Überlegenheit durch List und schlaue Winkelzüge stand Zuverlässigkeit hoch im Kurs. *Perfidia*, Bruch der *fides*, war einer der schlimmsten Vorwürfe, den ein Römer machen konnte. Athletische Körperkultur oder gar gleichgeschlechtliche „Schönheit" war ihnen zuwider. Ihr Ehrgeiz richtete sich auf Verdienste um die *res publica*, die sich in einer steilen politischen Karriere und glänzenden Siegen über Feinde des römischen Volkes manifestieren sollte. Auf diesem Gebiet spielte sich die durchaus vorhandene Rivalität zwischen den führenden Familien ab. Das Abbild eines Römers wurde nicht der idealisierte ganze Körper, sondern – angeregt von den etruskischen Totenmasken – das Porträt mit realistischen Gesichtszügen als Ausdruck der Persönlichkeit. Grundsätzlich war man sich darüber einig, dass die Interessen des Staates, der *res publica*, allen privaten Einzelinteressen übergeordnet waren. Bezeichnenderweise gab es für den abstrakten Begriff *res publica* im Griechischen kein Äquivalent.

Der Habitus der römischen Oberschicht war eher bäuerlich als aristokratisch. Er hat in der Legende von Cincinnatus seinen farbigsten Ausdruck gefunden. Lucius Quinctius Cincinnatus, ein Patrizier, soll in der Frühzeit der Republik um die Mitte des fünften Jahrhunderts die höchsten Ämter, das Konsulat und zweimal die Diktatur, innegehabt, aber wie ein einfacher Bauer persönlich seinen Acker bestellt haben. Als Rom bei einem Einfall der Aequer, Sabiner und Volsker in äußerste Gefahr geriet, sei er der Einzige gewesen, von dem sich der Senat noch Rettung erhofft habe. Livius (59 v. Chr. – 17 n. Chr.) hat die vage Überlieferung zu einer moralistischen Verklärung der bäuerlichen Einfachheit gestaltet, die als ein Wesenskern der römischen Bürgertugend galt. Er hält seinen Lesern vor Augen:

> Es ist der Mühe wert, daß die aufmerksam zuhören, die alles Menschliche dem Reichtum gegenüber verachten und die glauben, daß für große Ehre und für Tüchtigkeit nur da Platz sei, wo die Mittel reichlich fließen. Die einzige Hoffnung für die Herrschaft des römischen Volkes, L. Quinctius, bestellte jenseits des Tiber, genau gegenüber der Stelle, wo jetzt die Schiffswerften sind, einen Acker von vier Morgen, der „Wiesen des Quinctius" genannt wird. Dort trafen ihn die Gesandten – entweder beim Ausheben eines Grabens, auf den Spaten gestützt, oder beim Pflügen, auf jeden Fall, wie feststeht, mit einer Arbeit auf dem Feld beschäftigt. Nachdem man sich gegenseitig begrüßt hatte, baten sie ihn, er solle, was ihm selbst und dem Staat Glück bringen möge, in der Toga die Aufträge des Senates anhören. Er wunderte sich und fragte nachdrücklich: „Ist alles in Ordnung?", dann forderte er seine Frau Racilia auf, eilends die Toga aus der Hütte zu bringen. Sobald er sich den Staub und den Schweiß abgewischt hatte und mit der Toga bekleidet vortrat, wünschten die Gesandten ihm Glück und begrüßten ihn als Diktator, riefen ihn in die Stadt und teilten ihm mit, was für ein Schrecken im Heer herrsche. Ein Schiff war vom Staat für Quinctius bereitgestellt, und als er hinübergefahren war, kamen ihm seine drei Söhne aus der Stadt entgegen und nahmen ihn in die Mitte, darauf seine anderen Verwandten und seine

> Freunde, dann der größte Teil des Senats. Von dieser Menge umgeben, wurde er nach Hause geleitet, wobei die Liktoren voranschritten (Livius 3, 26,7–11).[123]

Cincinnatus, der als Diktator absolute Macht hat, zwingt die Feinde schon am übernächsten Tag zur Kapitulation und befreit das eingekreiste römische Heer. Am 16. Tag legt er sein Amt nieder, obwohl die Amtszeit eines Diktators ein halbes Jahr dauerte, und kehrt auf seinen Acker zurück. Zwar ist diese pseudohistorische Geschichte in Wirklichkeit ein Teil der offiziellen Rückbesinnung auf altrömische Werte, mit der Kaiser Augustus seine Alleinherrschaft moralisch untermauern wollte, nachdem die römische Republik in Chaos und Bürgerkriegen versunken war. Augustus selbst legte Wert darauf, so einfach wie ein römischer Bauer zu leben, obwohl er zweifellos der reichste Römer war. Nicht auf die finanziellen Verhältnisse, sondern auf die Gesinnung und die Lebensweise kam es an. Das Ideal der einfachen Bäuerlichkeit war keine Erfindung der Kaiserzeit, sondern ging mit Sicherheit auf die republikanische Oberschicht zurück.

Für Machiavelli waren Armut und Gleichheit, die er im frühen Rom verwirklicht sah, geradezu das Fundament jeder tugendhaften Republik.

Das schlichte Republikanertum, das in der Legende von Cincinnatus zum Ausdruck kommt, hat auch die Gründer der amerikanischen Republik begeistert. Es entstand eine Society of the Cincinnati, nach der auch die gleichnamige Stadt in Ohio benannt ist. Der erste Präsident dieser Society war George Washington. Doch wie es mit der Projizierung vergangener Ideale auf die eigene Zeit so ist – es will nicht recht zusammenpassen. Cincinnatus soll nämlich der Überlieferung nach ein knallharter Patrizier gewesen sein, der den Plebejern jegliche politischen Rechte vorenthalten wollte. Und Washington pflügte seinen Acker nicht selbst, sondern überließ diese Arbeit seinen Sklaven, von denen er mehrere hundert besaß. (In seinem Testament verfügte er ihre Freilassung nach seinem Tod.)

Die Religion bot den Römern eine viel solidere mentale Stütze als den Griechen. Hegten diese, weil sie sich gegenseitig misstrauten, gegenüber ihren Göttern stets Zweifel, ob Gutes oder Böses von ihnen zu erwarten sei, und entschuldigten sie ihre eigenen Untaten nur allzu gern mit der Gemeinheit von Göttern, so waren die Römer davon überzeugt, dass die Götter immer Gutes bewirkten, dass sie sogar verpflichtet waren, den Menschen beizustehen – vorausgesetzt, der Mensch machte im Umgang mit ihnen keine Fehler. In ihrer Religion flossen italische, etruskische und in ersten Ansätzen auch schon griechische Vorstellungen zusammen. Ihr oberster Gott war Iupiter oder, wie er damals noch hieß, Diespiter („Himmelsvater"), der sich gegenüber den Menschen häufig mit Blitz und Donner schreckeinflößend äußerte. Sein Tempel auf dem Südgipfel des Kapitols war das zentrale römische Heiligtum. Jeder Konsul begann dort seine Amtszeit mit einer Opferzeremonie, und jeder siegreich heimgekehrte Feldherr legte ihm vom Feind erbeutete Waffen zu Füßen. Rechts und links von ihm hatten zwei Göttinnen ihre Heiligtümer: seine Gemahlin Iuno, die Göttin der weiblichen Lebensbereiche, und Minerva, die Schutzgöttin von Handwerk und Gewerbe. Zusammen bildeten sie die kapitolinische Trias. Ursprünglich hatten der altitalische Kriegs- und Ackerbaugott Mars und der sabinische Kriegsgott Quirinus zusammen mit Iupiter die kapitolinische Trias gebildet. Mars behielt weiterhin eine herausragende Stellung und dominierte mit der Zeit den Quirinus, dessen Name jedoch noch im Quirinal des heutigen Roms fortlebt.

317 v. Chr. sicherten sich die Römer auch die Unterstützung des Herakles und stifteten ihm einen Kult. Herakles – in welcher Form auch immer – war überall unumgänglich. Und die äußerst harten Samnitenkriege hinterließen ihre kultischen Spuren in zwei speziellen Varianten des Iupiter, des Iupiter Stator (des Fluchthemmers) und des siegreichen Iupiter Victor. Daneben gab es, wie bei den Griechen, eine unübersehbare Zahl von Gottheiten. Und mit jedem siegreichen Krieg brachten römische Feldherren neue ausländische Götter nach Rom. Sie pflegten nämlich bei Belagerungen von Städten die Belagerten ihres göttlichen Schutzes zu berauben, indem sie deren Gottheit „herausriefen", d. h. sie aufforderten, auf die Seite der Römer zu treten, und ihr zur Belohnung einen besseren Tempel in Rom gelobten. Diese *evocatio* (Herausrufung) war das kultische Pendant zur politischen Zwangsintegrierung.

Ursprünglich waren die römischen Götter, wie die der Griechen auch, gestaltlose Gewalten. Ihre menschliche Gestalt erhielten sie erst von etruskischen Künstlern. Allerdings war der Umgang mit den Göttern nicht ganz einfach. Denn sie ließen sich nur mit sehr spezifischen Formeln und Riten ansprechen, nicht anders. Es kam auf das kleinste Detail an. Dass dabei Fehler unterlaufen könnten, machte den Römern stets große Sorgen. Und so entwickelten sie penible, ja geradezu pedantische Ritualformen, um bloß nichts falsch zu machen. Wenn das Ritual gestört wurde, z. B. dadurch, dass der Opfernde sich bei der Rezitation der Formel versprach, die Opferhandlung falsch ausführte oder störende Nebengeräusche auftraten, musste die ganze Prozedur wiederholt werden, oft mehrere Male. Mit diesem extremen Formalismus glaubten die Römer ein Mittel zu haben, die Götter gleichsam in die Pflicht zu nehmen. Die Priester, die vom Volk gewählt wurden, stellten mit ihrer Kenntnis der Riten die Verbindung zu den Göttern her. Die Deutung des Götterwillens blieb jedoch den politischen Amtsträgern vorbehalten. Rom stand ebenso wenig unter der Herrschaft einer Priesterkaste wie die griechischen Poleis. Alle ihre militärischen Erfolge führten die Römer auf ihre Art der Götterverehrung zurück. Der Formalismus war ein fester Bestandteil römischen Wesens. Er hat auch das römische Recht geprägt, das aus den Formeln der Priester hervorgegangen ist. Gleichzeitig hatten die Römer auch das urmenschliche Bedürfnis, mit Hilfe der Deutung göttlicher Vorzeichen ein Stück in die Zukunft zu schauen. Dazu dienten ihnen vor allem die etruskische Leberschau bei geopferten Tieren, die *haruspicina*, und die Beobachtung des Vogelflugs durch Auguren. In besonders kritischen Situationen ordnete der Senat die Einsicht in die Oracula Sibyllina an, eine in griechischen Hexametern verfasste Sammlung von Orakelsprüchen, die die Römer aus der unteritalischen

Griechenstadt Kyme erworben hatten, und deren Inhalt auf Orakelsammlungen im griechischen Osten zurückging. Sie wurde auf dem Kapitol aufbewahrt. Um den Inhalt zu verstehen, benötigten die Römer damals noch griechische Übersetzer.

Die Lehrmeister der Römer waren die Etrusker, jenes für die heutige Wissenschaft im Grunde immer noch rätselhafte Volk. Sie brachten den Römern und zahlreichen anderen mittelitalischen dörflichen Siedlungen die Stadtkultur, die sie selbst von den Griechen gelernt hatten. Dort, wo die griechische Kolonisation nicht weiter nach Norden reichte, entstanden etruskisch geprägte Städte, aber dennoch kein etruskisches Machtzentrum. Die Etrusker errichteten Häuser und Tempel aus Ziegeln und Stein, legten Straßen an und Sümpfe trocken. Ihre Bau- und Feldmesskunst hinterließen sie den Römern als bleibendes Erbe. Der Name „Roma“ stammt vermutlich von einem etruskischen Adelsgeschlecht namens Romulier, nicht von dem angeblichen Stadtgründer Romulus, wie uns die Legende weismachen will.

Bei ihren Stadtgründungen bezog die dünne etruskische Herrenschicht die führenden lokalen italischen Familienoberhäupter mit ein. Wie dieser Prozess verlief, entzieht sich völlig unserer Kenntnis. Wüssten wir darüber mehr, könnten wir die politischen Anfänge Roms, die wohl im ausgehenden siebenten Jahrhundert v. Chr. anzusetzen sind, besser verstehen. An der Spitze der Stadt stand ein etruskischer König *(lucumo)*. Die „Väter“ *(patres)* der mächtigsten Familien bildeten einen Adelsrat, ihre Hörigen *(clientes)*, eine nach Verwandtschaftsverbänden geordnete Versammlung, die sich im Kriegsfall als Heer formierte. Als die „Väter“ – vermutlich in der ersten Hälfte des fünften Jahrhunderts v. Chr. – den letzten König vertrieben, blieben zahlreiche monarchische Relikte in der Verfassung der römischen Republik erhalten, darunter auch etliche bizarre Züge. Der Adelsrat der „Väter“, d. h. der Senat der Patrizier *(patricii)*, gründete seine Macht auf das *auspicium*, die Befähigung, bei politischen und militärischen Vorhaben die Zustimmung der Götter einzuholen. Einige auswärtige Adelsgeschlechter, die freiwillig nach Rom übersiedelten, wurden als Verstärkung begrüßt und fanden bereitwillige Aufnahme. Als oberster Amtsträger fungierte in der Regel ein *praetor maximus*, zeitweilig übten jedoch mehrere Militärtribunen diese Funktion aus. Die sakralen Pflichten des vertriebenen Königs wurden einem Priester übertragen, dem man ganz bewusst den Titel „Opferkönig“ *(rex sacrorum)* gab, ähnlich wie der „Königsarchon“ *(árchōn basileús)* in Athen an seinen monarchischen Ursprung erinnerte. So wurden die Götter besänftigt, weil ja weiterhin ein „König“ die Opfer vollzog. Und es gab natürlich eine Volksversammlung.

Trotz der Anspannung aller Kräfte für den Kampf gegen Etrusker, Kelten und Italiker wurde die römische Innenpolitik über viele Generationen von einem Problem belastet, dessen Ursache uns für immer verborgen bleiben wird: der Streit zwischen Patriziern und Plebejern. Diese Plebejer waren ein Teil der Bevölkerung, der sich nicht in einem persönlichen Abhängigkeitsverhältnis von den Patriziern befand. Plebejer, d. h. Leute aus der Menge, der Masse, dem „Volk“, waren eigentlich alle, die nicht zur Führungsschicht der Patrizier gehörten: Demnach waren auch die *clientes* der Patrizier Plebejer. Aber wer waren jene Plebejer, die keinen patrizischen Schutzpatron hatten? Und wie groß war ihre Zahl im Verhältnis zu den Klienten der Patrizier? Wir können lediglich erschließen, dass die Mehrheit dieser freien Plebejer, wie die übrige Bevölkerung auch, aus Bauern bestanden haben muss. Einige könnten Handwerker oder Händler gewesen sein, vielleicht auch eingewanderte Fremde. Sie gehörten jedenfalls ursprünglich nicht vollständig zum Gemeinwesen. Vielleicht hatten sie eine ähnliche Stellung wie die Perioiken in Sparta.

Jedenfalls hatten sie eine weitgehende Selbstverwaltung mit einer eigenen Volksversammlung, dem *concilium plebis,* und einem zentralen Heiligtum auf dem Aventinhügel mit der Trias der Ackerbaugötter Ceres, Liber und Libera. Die Außenpolitik und Kriegführung blieb in der Hand der Patrizier. In ihrer Volksversammlung wählten die Plebejer Volkstribunen und für Verwaltungsaufgaben Aedilen, die ursprünglich Tempelwächter gewesen waren. Den Volkstribunen, die u. a. die Aufgabe hatten, einzelne Plebejer vor willkürlichen Verhaftungen patrizischer Amtsträger zu schützen, verlieh das *concilium plebis* einen sakralen Schutz, indem es einen Eid schwor, jeden zu lynchen, der sich an einem Volkstribunen vergriff. Es konnte also zu Gewalttätigkeiten kommen, aber es hat nie einen regelrechten Bürgerkrieg gegeben wie in zahlreichen griechischen Poleis. Patrizier und Plebejer fielen nicht mörderisch übereinander her, keine Gruppe versuchte die andere zu vertreiben, keine Gruppe verbündete sich mit auswärtigen Feinden gegen die eigene Stadt, es gab keinen Verrat. Der Druck von außen schweißte Patrizier und Plebejer zusammen.

Um die Mitte des fünften Jahrhunderts ließ Rom sich von griechischen Städten Unteritaliens anregen, auf zwölf Bronzetafeln eine Rechtssammlung zu veröffentlichen. Es handelte sich jedoch nicht um eine Verfassung, sondern hauptsächlich um ein Zivilprozessrecht. Und der Charakter dieses Rechts war im Wesentlichen nicht griechisch, sondern italisch. Das darin noch enthaltene Eheverbot zwischen Patriziern und Plebejern lässt erkennen, dass es einzelne Plebejer gegeben hat, die reicher waren als manche Patrizier, so dass der eine oder andere Patrizier einen wirtschaftlichen Vorteil darin gesehen haben muss, sich mit einem reichen Plebejer zu verschwägern. Wir haben eine ähnliche Situation im Griechenland des sechsten Jahrhunderts schon kennengelernt. Bezeichnenderweise wurde das Eheverbot wenige Jahre später wieder aufgehoben. Kein Adelsstolz hält längerfristig den Verlockungen des Reichtums stand. Dagegen basierte die römische „Verfassung“ zum größten Teil gerade nicht auf schriftlichen Gesetzen, sondern galt als ungeschriebener *mos,* „Brauch, Sitte“, d. h. Gewohnheitsrecht, das gelegentlich durch bestimmte Gesetze *(leges)* ergänzt und verändert wurde. Der größte Teil der „Verfassung“ war somit eigentlich nichts Anderes als ein Teil der oben angeführten moralischen Werteordnung, des *mos maiorum.*

Eine entscheidende Konzession mussten die Patrizier den Plebejern aus militärischer Notwendigkeit machen: Die Einführung der Phalanx, die die Etrusker von den Griechen übernommen und an die Römer weitergegeben hatten, löste den Reiterkampf des Adels ab und zwang zur Gründung einer Heeresversammlung, in der vor allem jene Plebejer benötigt wurden, die hinreichend vermögend waren, um sich als Schwerbewaffnete auszurüsten. Diese Heeresversammlung, die *comitia centuriata*, wurde die wichtigste Volksversammlung. Sie wählte jährlich die wichtigsten Amtsträger, sie erließ Gesetze, sie entschied über Kriege, Friedenschlüsse und Bündnisverträge. Damit bekamen die freien Plebejer das aktive Wahlrecht. Mit ihrem Beitrag zum Kriegsdienst bekamen die Plebejer auch ein wirksames Machtinstrument in die Hände, um ihren weiteren Forderungen Nachdruck zu verleihen: den Wehrstreik. Immer wieder weigerten sich die Plebejer, sich rekrutieren zu lassen, wenn sie als Soldaten dringend gebraucht wurden, und erhielten dabei Rückendeckung von den Volkstribunen. Dabei ging es auch um soziale Forderungen.

Wir hören, dass viele Plebejer unter drückenden Schulden und einem harten Schuldrecht litten, ohne dass wir etwas über die näheren Umstände wüssten. Besser informiert sind wir über die politische Entwicklung. Nach und nach erlangten die Reichen unter den Plebejern, die sich eine politische Karriere leisten konnten, das passive Wahlrecht. Zunächst wurden sie nur zum untersten Amt zugelassen, der Quaestur, die für die Verwaltung der Staatskasse zuständig war. Dann folgte ein gewaltiger Sprung nach vorn, bei dem die gesamte oberste Exekutive ihre endgültige Form erhielt. Mit der Verfassungsreform der leges Liciniae Sextiae wurde 367/366 v. Chr. die Praetur durch das zweistellige Konsulat ersetzt, wobei einer der beiden Konsuln ein Plebejer sein durfte (aber nicht musste). Gleichzeitig wurden nach dem Vorbild der plebejischen Aedilen zwei neue Aedilstellen geschaffen, die sogenannten kurulischen Aedilen, die polizeiliche Aufgaben wahrnahmen und nur für Patrizier zugänglich waren. Dennoch ging das zähe Ringen um die Öffnung der übrigen Ämter, der Praetur, die nach der Einführung des Konsulats nur noch das zweithöchste Amt war, der Censur und der Priesterämter noch jahrzehntelang weiter. Bei den Priesterämtern einigte man sich auf einen Kompromiss, indem man sie einfach verdoppelte, so dass den Patriziern die gleiche Anzahl wie zuvor zur Verfügung stand.

Zum Abschluss kamen diese „Ständekämpfe“, wie die moderne Forschung diese Phase genannt hat, erst 287/286 v. Chr. mit der lex Hortensia. Die Volkstribune wurden ordentliche Amtsträger des Staates und verloren damit ihre Oppositionsrolle; mehr als das: Die Beschlüsse, die sie im *concilium plebis* einbrachten, sollten fortan die Gültigkeit von Gesetzen für den ganzen Staat haben. Kurioserweise blieb daneben die in 35 Bezirke gegliederte Bürgerversammlung *(comitia tributa)*, die neben der Heeresversammlung schon lange existierte, weiterhin erhalten, so dass es von da an zwei Bürgerversammlungen gab. Der Grund dafür lag darin, dass weiterhin Patrizier am *concilium plebis* nicht teilnehmen durften. Daran hielt man fest, obwohl die Aufrechterhaltung dieses Hindernisses mit dem

Ende der „Ständekämpfe" eigentlich überholt war. Denn die Führungsschicht aus Patriziern und reichen Plebejern war schon während der zweiten Hälfte des vierten Jahrhunderts zusammengewachsen, und auch die führenden plebejischen Familien hatten sich eine Klientel aus schutzbedürftigen ärmeren Plebejern geschaffen. Aus dem patrizischen Erbadel war eine Elite geworden, die ihren Führungsanspruch mit besonderen Leistungen für den Staat rechtfertigen musste. Das Urteil fällten die Wähler, indem sie die ihrer Meinung nach Leistungsstärksten mit den obersten Ämtern betrauten. Die moderne Forschung hat jene Familien, deren Mitglieder oder unmittelbare Vorfahren Konsuln oder Censoren waren, in Anlehnung an den lateinischen Begriff *nobilitas* (Berühmtheit) Nobilität genannt. Diese Führungsschicht war für aufstrebende Neulinge grundsätzlich offen, doch war es in der Praxis nicht leicht, hineinzugelangen.

Die römische Republik nannte sich *„senatus populusque Romanus"* (Senat und Volk von Rom), was die eigenständige Bedeutung des Senats gegenüber dem Volk hervorhebt. Der Kern Roms war das *pomerium*, in der Frühzeit das Stadtgebiet innerhalb des Mauerrings, dann nur noch eine sakral geschützte zivile Zone, über die selbst der Stadtkern schon lange hinausgewachsen war. Wie sah die römische Verfassung am Beginn des Pyrrhoskrieges aus und wie waren die wirklichen Machtverhältnisse? Zwischen beiden bestand eine riesige Diskrepanz: Denn die Römer hielten an althergebrachten Formen fest, handhabten sie in der politischen Praxis aber völlig anders. Die lebenslänglichen Mitglieder des Senats aus Patriziern und „dazugeschriebenen" *(conscripti)* Plebejern waren bis auf wenige Ausnahmen ehemalige Amtsträger, die aus ihrer Amtszeit politische und militärische Erfahrung mitbrachten.

Trotzdem war der Senat formal das Verfassungsorgan mit den geringsten Kompetenzen. Er hatte zwar das Haushaltsrecht, durfte aber nicht aus eigener Initiative zusammentreten, sondern musste von einem Konsul oder Praetor einberufen werden, und zwar an einem Ort, den der Einberufende bestimmte, in der Regel in der *curia Hostilia* auf dem Forum. Während der Senatssitzungen durfte ein Senator nicht einmal das Wort ergreifen, sondern er hatte zu warten, bis der Einberufende ihn befragte. Die Befragung erfolgte gemäß einer festen Rangordnung, je nachdem, welches Amt der betreffende Senator zuvor bekleidet hatte, und immer hatten die Patrizier derselben Rangklasse den Vorrang vor den Plebejern. Diese Prozedur lässt erkennen, dass der Senat ursprünglich ein Beratungsgremium des Königs gewesen war, das nur auf seinen Befehl zusammentrat und in dem der einzelne Senator nur dann sprechen durfte, wenn der König ihm das Wort erteilte. Wir haben diese Sitte schon in den orientalischen Monarchien kennengelernt. Dass die Republik an solchen monarchischen Formen aus der Frühzeit starr festhielt, mag uns heute verwundern. Aber sie waren durch ihr bloßes Alter geheiligt. Nach dem Ende der Befragung erfolgte eine Abstimmung, wobei jeder Senator eine Stimme hatte. Das Ergebnis war ein Senatsbeschluss *(senatūs consultum)*, der offiziell nur ein Ratschlag an die Volksversammlung war, nicht mehr. Der Senat besaß jedoch, wie schon gesagt, das allumfassende *auspicium*, und jeder Senator war durch besondere Abzeichen seiner Würde erkennbar, den Purpurstreifen *(latus clavus)* an der Tunika und den Goldring. Für jeden sichtbar war hier die politische Elite Roms versammelt, die aber pro forma so tat, als basierte ihre Macht einzig und allein auf ihrem gesellschaftlichen Ansehen.

Die Heeresversammlung, das mächtigste Verfassungsorgan des Volkes, wählte die wichtigsten Amtsträger, die Konsuln, Praetoren und Censoren. Sie entschied auch, ob ein Senatsbeschluss zum Gesetz erhoben oder abgelehnt wurde. Allerdings konnte sie keine eigenen Vorschläge einbringen, sondern nur über Senatsbeschlüsse abstimmen. In Wirklichkeit waren diese *comitia centuriata* keine echte Heeresversammlung, sondern lediglich eine Versammlung der Wehrpflichtigen, die nicht nach militärischen Formationen, sondern nach Stimmeinheiten *(centuriae)* gegliedert war. Nicht die Zahl der Köpfe entschied über ein Abstimmungsergebnis, wie sonst bei Volksversammlungen üblich, sondern die Zahl der Stimmeinheiten, deren Mitgliederzahl sehr unterschiedlich war. Ohne hier auf die Einzelheiten einzugehen, lässt sich feststellen, dass diese Stimmeinheiten so konzipiert waren, dass sie das Übergewicht der Reicheren gegenüber den Ärmeren und der Älteren gegenüber den Jüngeren sicherstellten. Da es sich um eine – wenn auch nur fiktive – Heeresversammlung handelte, tagte sie stets unter Kriegsrecht und musste außerhalb des *pomerium*, auf dem Marsfeld, zusammentreten. Das aktive Wahlrecht war bis um 300 v. Chr. noch auf die in der Stadt Rom ansässigen Bürger beschränkt.

Die *comitia tributa* wählten die kurulischen Aedilen und Quaestoren, die damals nach ihrer Amtszeit noch nicht in den Senat gelangten. Diese Bürgerversammlung war im Vergleich mit dem *concilium plebis* unbedeutend.

Der Schwerpunkt der Macht schien auf den ersten Blick bei den Konsuln und Praetoren zu liegen. Sie hatten ihre Amtsgewalt, das *imperium*, von der Heeresversammlung verliehen bekommen. Dazu gehörte außer der militärischen Befehlsgewalt das *auspicium*, das jedoch nicht allumfassend war, wie das des Senats, sondern nur für ihren Amtsbereich galt, und die *coercitio*, die unbegrenzte Strafgewalt, die drastisch von ihren Liktoren mit ihren Rutenbündeln und Beilen, den *fasces*, symbolisiert wurde. Militärische Befehlsgewalt, sakrale Befugnisse, Polizeigewalt und Rechtsprechung waren in einem Bündel vereinigt. Die Rangabzeichen der Imperiumsträger waren die mit Purpurstreifen gesäumte Toga *(toga praetexta)* und die *sella curulis*, der ehemalige Thron des Königs. Auch die kurulischen Aedilen hatten Anspruch auf diesen Sitz (die plebejischen Aedilen nicht). Den Konsuln standen zwölf Liktoren zu, den Praetoren maximal sechs. In der Praxis ging die Entwicklung dahin, dass die Konsuln die Rechtsprechung dem Praetor überließen. In dieser Funktion musste sich der Praetor mit nur zwei Liktoren begnügen. Doch konnte er jederzeit auch ein militärisches Kommando erhalten. Innerhalb des *pomerium* erlosch jedes *imperium* automatisch.

Den höchsten Rang hatten die Censoren, obwohl sie rein zivile Amtsträger waren. Nur ehemalige Konsuln gelangten in dieses Amt. Sie wurden von der Heeresversammlung in jedem fünften Jahr für eine Amtszeit von lediglich eineinhalb Jahren gewählt und hatten grundlegende administrative Aufgaben. Sie nahmen die Zählung der männlichen Bürger und die Einschätzung ihres Vermögens vor und wiesen ihnen die entsprechenden Stimmeinheiten in der fiktiven Heeresversammlung und ihre Stadtbezirke *(tribus)* zu, unabhängig von ihrem tatsächlichen Wohnort. Sie verpachteten die Steuereinziehung und die Ausführung öffentlicher Baumaßnahmen. Seit 312 v. Chr. übernahmen sie anstelle der Konsuln auch die Führung der Senatsliste, d. h., sie ernannten die Senatoren. Am Ende ihrer Amtszeit führten sie eine rituelle Reinigungszeremonie für die Bürgerschaft *(lustratio)* durch. Im Senat rangierten die ehemaligen Censoren noch vor den ehemaligen Konsuln.

Die obersten Ziele der Republik waren eine effiziente militärische Führung im Krieg und zugleich die Verhinderung einer Machtkonzentration bei einem Einzelnen im Inneren. Ein mentaler Schutz der Republik war es schon, dass das Wort „König" *(rex)* in Bezug auf Rom nur als politisches Unwort gebraucht wurde. Doch das *imperium* verlieh den Konsuln und Praetoren außerhalb Roms eine geradezu absolute, eine königliche Macht. Selbst im Falle von Amtsmissbrauch konnten sie nicht während ihrer Amtszeit, sondern erst nach deren Ende zur Rechenschaft gezogen werden. Die Begrenzung der Amtszeit auf ein Jahr war in den Republiken der Antike allgemein üblich, also keine römische Besonderheit. Wenn aus militärischen Gründen eine Verlängerung des Kommandos über ein Jahr hinaus nötig oder zumindest sinnvoll erschien, half der Senat sich mit der eigentümlichen Konstruktion der *prorogatio*, einer Verlängerung der Amtsgewalt, die jedoch keine Verlängerung der Amtszeit war. Dann agierte ein Konsul oder Praetor nur noch als ehemaliger Amtsträger anstelle eines Konsuls oder Praetors, aber mit denselben Befugnissen. Er war dann kein Magistrat (Amtsträger) mehr, sondern ein Promagistrat, während die Nachfolger schon ihr Amt antraten. Das Prinzip der einjährigen Amtsdauer blieb damit formal gewahrt. Aber die Möglichkeit einer Trennung von Amt und Amtsgewalt sollte später noch eine große politische Bedeutung gewinnen.

Im Innern hatte die Republik einer eventuellen Machtkonzentration bei ehrgeizigen Einzelnen eine Reihe von schweren Hindernissen in den Weg gelegt: Niemand durfte unmittelbar nach Ablauf seines Amtsjahres sofort ein neues Amt bekleiden, also Amt an Amt reihen; sondern jeder war nach dem Ende seiner Amtszeit wieder ein einfacher Bürger, ein *privatus*. Erst danach konnte er sich, wenn er wollte, um ein neues Amt bewerben. Niemand durfte mehrere Ämter gleichzeitig bekleiden. Und außerdem gab es die für Rom so charakteristische Kollegialität. Die beiden Konsuln, die ihr Amt am damaligen römischen Jahresanfang, dem ersten März, begannen, und nach denen das Jahr benannt wurde, wechselten sich monatlich in der Geschäftsführung ab. Jeder der beiden Kollegen hatte das Recht, Amtshandlungen des anderen mit einem Veto zu verhindern. Und jeder der beiden Konsuln konnte ebenso eine Amtshandlung eines Praetors verhindern. Auch die Censoren amtierten zu zweit und hatten ein Vetorecht gegeneinander. Außerdem hatte jeder Volkstribun ein Vetorecht gegenüber allen Imperiumsträgern, und die Volkstribunen hatten wiederum ein Vetorecht untereinander. Die Konsuln und Praetoren hatten ihrerseits aber kein Vetorecht gegenüber Volkstribunen, was diesen im zivilen Bereich eine einzigartige Stellung verlieh, zumal sie ohne vorherige Beratung durch den Senat und sogar ohne die Götter zu befragen durch die Plebsversammlung Gesetze erlassen konnten. Die Volkstribunen übten ihren aus den „Ständekämpfen" hervorgegangenen Schutz der römischen Bürger vor dem Zugriff von Amtsträgern weiterhin aus, indem sie Fälle, bei denen es sich um eine politische Angelegenheit handelte, der Gerichtsbarkeit der Konsuln oder des Praetors entzogen und sie an die Gerichtsbarkeit der *comitia centuriata* überwiesen. Ein Praetor fungierte nicht selbst als Richter, sondern ordnete den betreffenden Fall nur juristisch ein und leitete das Verfahren, überließ aber das Urteil einem oder mehreren Geschworenen. Die Ablehnung der Königsherrschaft und den Schutz des Bürgers im zivilen Bereich vor den gleichsam königlichen Machtbefugnissen der Amtsträger mit *imperium* haben die Römer als Freiheit *(libertas)* verstanden. Den Begriff der politischen Freiheit hatten sie von den Griechen Unteritaliens gelernt, verstanden ihn aber rein innenpolitisch. Den Kampf gegen äußere Feinde um ihre eigene Existenz haben sie nie als Freiheitskampf bezeichnet.

Wie war der römische Staat überhaupt funktionsfähig, wenn es so viele verfassungsmäßige Möglichkeiten gab, die Tätigkeit der Amtsträger zu blockieren? Nur durch die immense *auctoritas* des Senats, obwohl dieses Gremium formal die geringsten Kompetenzen hatte. Im Senat waren Männer versammelt, die durch ihre Leistungen während ihrer Amtszeit das Volk überzeugt hatten. Der Kern des Senats bestand aus schätzungsweise 20 bis 30 ehemaligen Konsuln und Censoren. Diese Gruppe fällte die wichtigsten Entscheidungen der Außen- und Innenpolitik. Auf widerspenstige Amtsträger konnte sie meistens einen so großen politischen Druck ausüben, dass ihnen ihre Amtsbefugnisse wenig nützten. Denn die römische Verfassung war weniger von Gesetzen geprägt, sondern vom allumfassenden *mos maiorum*, einem ungeschriebenen Verhaltenskodex. Verfassung und Lebensform waren eins. Für einzelne Politiker und Kommandeure mochte das Bedürfnis nach Kriegsruhm gelegentlich ein wichtiges Motiv für ihr Handeln sein – aber nicht für die Politik des Senats.

Die Kriege gegen Samniten und Kelten (326–291 v. Chr.) bereiteten den Römern immense Schwierigkeiten. Zweimal erlitten sie schwere Niederlagen: 321 v. Chr. wurde ein römisches Heer von den Samniten in den Caudinischen Pässen eingeschlossen und ohne einen Schwertstreich zur Kapitulation gezwungen, 295 v. Chr. war die Lage gegenüber den vereinigten Etruskern und Kelten so kritisch, dass der Konsul Publius Decius Mus sich rituell den Göttern als Opfer darbot und in einem Sturmangriff sein Heer zum Sieg führte, indem er den Tod auf dem

Schlachtfeld suchte. 284 v. Chr. wurde ein römisches Heer bei Arretium vernichtet, doch besiegten die Römer die Kelten im Jahr darauf.

Die Römer reagierten auf diese enorme Anspannung ihrer Kräfte mit einigen Reformen. Um in Notfällen durch die Vereinigung beider Heere der Konsuln unter einem einzigen Kommando eine größere Schlagkraft zu erreichen, schufen sie ein außerordentliches Amt, die Diktatur. Dass ihnen dieser Schritt schwer gefallen ist, kann man schon daran erkennen, dass sie die Dauer eines solchen gefährlichen Amtes auf ein halbes Jahr, d. h. einen Sommerfeldzug, begrenzten. Auch eine taktische Neuerung war nötig. Da sich die Phalanx bei den Kämpfen gegen die kleinen Trupps der Bergsamniten als zu unbeweglich erwies, lockerten die Römer die geschlossene Formation ihres Heeres in kleinere Untereinheiten (Manipel) auf, die bei Bedarf auch einzeln an geeigneten Stellen eingesetzt werden konnten. 312 v. Chr. erhielt Rom auf Initiative des Censors Appius Claudius die erste Trinkwasserleitung. Er initiierte auch den Bau der ersten Heerstraße von Rom nach Capua, die in den folgenden Jahren fertiggestellt und nach ihm benannt wurde *(Via Appia)*. Die römischen Feldzüge in Unteritalien brachten die Römer dazu, neben den signierten Bronzebarren, die als Zahlungsmittel dienten, zum ersten Mal Bronze- und Silbermünzen nach griechischem Muster zu verwenden, die jedoch noch nicht in Rom, sondern in den griechischen Städten Italiens geprägt wurden. Auf Appius gehen auch die Anfänge der römischen Jurisprudenz und eine Vorstufe der römischen Geschichtsschreibung zurück. Ursprünglich hatten die Priester, die den Kalender des Staates führten, dort die obersten Amtsträger eines jeden Jahres und stichwortartig die wichtigsten Ereignisse verzeichnet. Um 300 v. Chr. machte ein gewisser Gnaeus Flavius, der Schreiber des Appius Claudius, sicher auf die Anregung seines Patrons hin, aus diesen dürren Notizen eine Art Annalen (Jahresberichte in Textform), die er veröffentlichte. Dieses Rom war es, auf dessen zähen Widerstand Pyrrhos stieß.

Auf Sizilien waren nach dem Ende der Tyrannis des Agathokles wieder die gleichen blutigen Wirren ausgebrochen, wie es sie nach dem Sturz der Tyrannen im fünften und im vierten Jahrhundert gegeben hatte. Die Probleme, die die Tyrannen hinterließen, waren immer die gleichen: Wie konnte die Bürgerschaft die ehemaligen Söldner der Tyrannen wieder loswerden, die während der Tyrannis das Bürgerrecht erhalten hatten? Wie sollte man mit den zurückgekehrten Verbannten verfahren, die ihr Eigentum zurückforderten? Und wie sollte die neue Verfassung aussehen?

Die Griechen blieben weiterhin unfähig, solche Krisen in geordneter Form zu lösen. Sie hatten aus ihrer langen bitteren Erfahrung nichts hinzugelernt. Die Demokraten fielen immer wieder auf Volksführer herein, die in Wahrheit nichts anderes im Schilde führten, als sich zu einem neuen Tyrannen aufzuschwingen; vertriebene Oligarchen und Söldnerführer ohne Land riefen die Karthager zu Hilfe, zu deren Abwehr die Bürgerschaft erneut eines Retters bedurfte, der dann die Macht nicht wieder aus der Hand geben wollte. Die Tyrannis wurde sogar stärker als je zuvor, weil es den neuen Tyrannen seit dem Beispiel des Agathokles leichter fiel, sich nach einer gewonnenen Schlacht zu Königen ausrufen zu lassen und so die Gewaltherrschaft mit der Aura der Legitimität zu umhüllen. Als es einem exilierten Syrakusaner namens Sostratos, der sich zum Tyrannen von Akragas aufgeworfen hatte, gelang, auch in seiner Heimatstadt Syrakus Fuß zu fassen mit dem Ziel, die Macht beider Städte zu vereinen, waren die Karthager alarmiert und griffen Syrakus an.

Einstweilen waren die Städte auf Sizilien von den inneren Machtkämpfen noch so geschwächt, dass sie in Pyrrhos einen willkommenen Retter erblickten. Dieser glaubte ohnehin, im Namen seines Sohnes Alexandros, den Lanassa, die Tochter des Agathokles, ihm geboren hatte, einen Anspruch auf Syrakus zu haben. Auf Sizilien erwarb er sich anfangs immensen persönlichen Kriegsruhm. Sein Feldzug nahm einen heroischen Anfang. Der König exponierte sich ohne Schonung seiner Person, wie die Helden der Ilias, wie der große Alexander. Bei der Eroberung der karthagischen Festung auf dem Berg Eryx erstieg er als Erster die Mauer und erledigte die Verteidiger, die sich auf ihn stürzten, einen nach dem anderen, ohne selbst auch nur verwundet zu werden. Als er sich zum König von Sizilien ausrufen ließ, schien er sein Ziel erreicht zu haben: Herrscher über Großgriechenland zu werden, wie man das Gebiet des italisch-sizilischen Westgriechentums nannte. Die Karthager glaubte er hinreichend eingeschüchtert zu haben, um mit ihnen einen günstigen Frieden auszuhandeln. Und anschließend glaubte er auch mit den Römern fertig werden zu können. Doch seine griechischen Verbündeten forderten von ihm nicht weniger als die völlige Vertreibung der Karthager aus Sizilien. Unter ihrem Druck führte er den Krieg weiter.

Aber da traf ihn der Umschlag des Schicksals. Sein Angriff auf Lilybaion, das karthagische Eingangstor an der Westspitze der Insel, blieb stecken. Als Pyrrhos Gelder für den Bau einer Flotte eintreiben wollte, um die Stadt von der Seeseite her einzuschließen, war es mit der Kriegsbegeisterung seiner Verbündeten vorbei. Seine Zwangsmaßnahmen verstärkten nur ihren Widerstand. Er wurde vom Hoffnungsträger zum Unterdrücker. Bald führten sie hinter seinem Rücken geheime Friedensverhandlungen mit Karthago. Ein erneuter Hilferuf der Tarentiner und Samniten, die indessen von den Römern bedrängt wurden, kam ihm gerade recht, um Sizilien verlassen zu können. Sein Rückzug geriet unter dem Angriff der Karthager zur See und der Mamertiner, italischer Söldner aus Messana, zu einer verlustreichen Flucht. Zurück auf dem italischen Kriegsschauplatz stellte er sich den Römern bei Maleventum (später Beneventum) auf halber Strecke zwischen Süditalien und Rom zum dritten Mal entgegen. Noch einmal drängten seine Elefanten das römische Heer zurück, bis vor das befestigte römische Lager. Dort kam sein Angriff zum Stehen und das Blatt wendete sich. Mit Wurfgeschossen und Feuerbränden versetzten die Römer die Elefanten in Panik, so dass diese in Richtung der eigenen Reihen flüchteten, und so gewann der (plebejische) Konsul Manius Curius Dentatus doch noch die Schlacht (275 v. Chr.).

Pyrrhos stationierte eine Besatzung in Tarent und setzte nach Epeiros über, sicher in der Absicht, den Krieg gegen die Römer an einem späteren Zeitpunkt wieder aufzunehmen. Erst einmal wandte er sich der Eroberung Makedoniens zu. Trotz aller Rückschläge, die er im Westen erlitten hatte, war sein Ruf als Feldherr noch immer so groß, dass Soldaten des Antigonos Gonatas scharenweise zu ihm überliefen. Durch allerlei Wundergeschichten, die über ihn kursierten, haftete ihm etwas Übernatürliches an. So soll er u. a. Menschen aus allen sozialen Schichten von der Milchsucht (Hypochondrie) geheilt haben, indem er einen weißen Hahn opferte und dem Kranken mit dem rechten Fuß sanft auf die Milz drückte. Wie wir schon gesehen haben, errang er zwei Siege über den Antigoniden und drängte ihn in die Randgebiete am Meer ab. Schon schien sich das Schicksal des Demetrios Poliorketes an seinem Sohn zu wiederholen. Als Pyrrhos jedoch nicht verhindern konnte, dass seine keltischen Söldner makedonische Königsgräber plünderten, verlor er in Makedonien jegliche Sympathie. Wieder blieb er gleichsam auf halber Strecke stehen.

Statt die Eroberung Makedoniens zu vollenden, wandte er sich 273 v. Chr. nach Süden, um die Peloponnes zu unterwerfen, besiegte die Spartaner, Argiver und Messenier, konnte Sparta aber nicht einnehmen und drang in Argos ein. Wie immer exponierte er sich an vorderster Front. In den engen Gassen der Stadt gerieten die Kämpfe ins Stocken. Eine der Frauen, die von den Dächern aus die Kämpfe verfolgten, ergriff die günstige Gelegenheit und warf einen Ziegelstein auf ihn herab. Er stürzte vom Pferd. Bewusstlos geriet er in Feindeshand und wurde von einem Soldaten des Antigonos mit zitternder Hand und zahlreichen Säbelhieben mühsam geköpft. Als der Kopf dem Antigonos gebracht wurde, triumphierte dieser nicht, sondern tadelte die Tat, sorgte für eine ehrenhafte Brandbestattung der Leiche und entließ den jüngsten Sohn des Königs, Helenos – der ältere, der Thronfolger Ptolemaios, war kurz zuvor im Kampf mit den Spartanern gefallen – nach Epeiros, wo sein Stiefbruder Alexandros (II.), der Sohn der Lanassa, der eigentlich König von Syrakus hatte werden sollen, die Nachfolge seines Vaters angetreten hatte.

Den größten Nachruhm haben später die Römer dem Pyrrhos beschert, doch nur, um sich selbst noch mehr zu rühmen. Sie erhoben ihn zum zweiten Alexander und meinten darin einen Beweis dafür gefunden zu haben, dass auch dessen Genie an der römischen *virtus* gescheitert wäre, dass nicht Alexander, sondern in Wahrheit die Römer als Einzige auf der Welt unbesiegbar seien. Im Osten wurde das natürlich bestritten, und dieser verbale Kampf um den größten Ruhm fand nie ein Ende.

Antigonos Gonatas (König 277–239 v. Chr.) hat aus dem Scheitern seines Vaters Demetrios Poliorketes Lehren gezogen. Hatte jener den *bios tryphḗ̄n* im Westen einführen wollen, so wurde der Sohn der markanteste Vertreter des *bíos sṓphrōn*. Anfangs noch ein Verbündeter Nikomedes' I. von Bithynien gegen Antiochos I. von Syrien, schaffte er 278 v. Chr., wie wir schon gesehen haben, den Streit mit dem Seleukiden aus der Welt, indem er ihm die kleinasiatischen Städte abtrat und dafür die Anerkennung seines Anspruchs auf Makedonien einhandelte. An dieser Vereinbarung hat er stets festgehalten und nie wieder Krieg gegen das Seleukidenreich geführt, zeitweilig sich mit ihm sogar gegen das Ptolemaierreich verbündet. Das hauptsächliche Ziel der Antigoniden blieb die Herrschaft über Griechenland. Diese pragmatische Politik, die eine ergebnisorientierte Vernunft über den Anspruch auf Ruhm stellte, ermöglichte es ihm, sich auf den Schutz der makedonischen Nordgrenze und den Ausbau der makedonischen Herrschaft über Griechenland zu konzentrieren. Auch im Innern sagte er sich von den hochgesteckten Ambitionen seines Vaters los und kehrte in Übereinstimmung mit dem makedonischen Adel zum traditionellen Königtum zurück. Anders als die Könige des Ostens legte er in seiner Residenz Pella keine separate Königsstadt an, sondern sein Palast war ein Teil der Stadt. Er trug kein Diadem wie seine seleukidischen, attalidischen und ptolemaiischen Kollegen und ließ sich im Allgemeinen auch nicht kultisch verehren (Opfer für den König in Verbindung mit der Göttin Nemesis, der Bestraferin der Hybris, sind bisher nur in der attischen Festung Rhamnus belegt). Den Argeaden, dem alten makedonischen Königsgeschlecht, erwies er seine Reverenz, indem er in Aigai, dem Ort der Königsgräber, einen Palast erbauen ließ. Um die Einigkeit innerhalb der Königsfamilie zu fördern, bediente er sich philosophischer Unterstützung. In Athen hatte er Vorträge Zenons, des Gründers der Stoa, gehört, die bei ihm einen bleibenden Eindruck hinterließen. Schon 277 v. Chr. versuchte er Zenon an seinen Hof zu ziehen. Der Meister lehnte ab, entließ jedoch seinen Schüler Persaios nach Pella. Nach Zenons Tod sorgte Antigonos dafür, dass Zenon von den Athenern wenigstens postum mit besonderen Ehren bedacht wurde.

Antigonos Gonatas übertrug dem Persaios die Erziehung der Söhne des Königshauses. Aus dieser Tätigkeit heraus entstand später in der Stoa so etwas wie ein literarischer „Fürstenspiegel“, ein Kanon von Eigenschaften, die einen Herrscher auszeichnen sollten. Etwas Ähnliches hatte schon, wie wir gesehen haben, Isokrates hervorgebracht, als er die Vorteile der Monarchie gegenüber den stadtstaatlichen Republiken entdeckte. Bei den Stoikern wurde das Ideal des weisen Königs geradezu eine Inkarnation der guten Staatsordnung *(nómos émpsychos)*. Antigonos Gonatas hat sich bei seiner Herrschaftsauffassung von stoischen Grundsätzen leiten lassen. Er stellte seine Aufgabe höher als sein Ego und nannte die Königsherrschaft eine „ehrenvolle Dienerschaft“ *(éndoxos duleía)*. Später haben sich Kaiser Marc Aurel und im Sinne der europäischen Aufklärung Friedrich der Große diese Auffassung zu eigen gemacht. So wurde die Stoa auf dem Weg über eine Pflichtenethik politisiert. Im Grunde handelte es sich um eine Steigerung der Vorstellungen Platons und Aristoteles' vom guten Tyrannen.

Persaios war nicht der einzige Vertreter des griechischen Geistes in Pella, denn Antigonos wetteiferte durchaus mit den Königen des Ostens darum, seinen Hof als Hort der Musen erscheinen zu lassen. Auch die Stoiker Philonides und Aratos von Soloi aus Kilikien gehörten zum Kreis um den König. Letzterer trat auch als Dichter hervor, der die Hochzeit des Antigonos mit Phila in einem Gedicht feierte und ein Lehrgedicht über Himmelserscheinungen verfasste. Der Philosoph Menedemos fand Zuflucht und großen Einfluss in Pella, als er aus Eretria, wo er als Politiker gewirkt hatte, vertrieben worden war. Ein alter Anhänger der Antigoniden war der Geschichtsschreiber Hieronymos von Kardia (an den Dardanellen), der die Diadochenkämpfe als Diplomat und Offizier mitgemacht, im Kampf auch Wunden davongetragen und ein leider verlorenes Geschichtswerk über die Ereignisse vom Tode Alexanders bis zum Untergang des Pyrrhos verfasst hat. Für die Könige waren diese Intellektuellen als politische Berater, Diplomaten, Administratoren und Militärs nicht nur vielseitig verwendbar, sondern auch zuverlässiger als manche königliche Verwandte, weil sie kein politisches Eigengewicht hatten.

In Griechenland besaß Antigonos zu Beginn seiner Herrschaft die drei wichtigsten Festungen, Demetrias, Chalkis sowie Korinth (mit der hochgelegenen Burg Akrokorinth) und dehnte nach dem Tod des Pyrrhos seine Herrschaft auf immer mehr Städte der Peloponnes aus, wo er in den wichtigsten Tyrannen an die Macht brachte, zuverlässige Vasallen, die sich ohne seine militärische und finanzielle Rückendeckung nicht hätten halten können. Außerdem hatte er den Piräus und einige Festungen in Attika – aber nicht die Stadt Athen – von seinem Vater geerbt. Die Reaktion aus Alexandreia auf den makedonischen Machtzuwachs war die gleiche wie 20 Jahre zuvor. Hatte damals Ptolemaios I. im Bund mit Athen und Sparta Demetrios Poliorketes aus Südgriechenland zurückdrängen wollen, so trat jetzt sein Sohn Ptolemaios II. mit annähernd denselben Verbündeten gegen Antigonos II. Gonatas an. Wieder einmal eines der Déjà-vus, an denen die griechische Geschichte so reich ist. Ptolemaios schloss also Bündnisse mit Athen und Sparta. In Griechenland war der aktivste Befürworter des Krieges der Athener Chremonides, auch er ein Schüler des Stoikers Zenon. Unter seinem Namen ist dieser Krieg in die Geschichte eingegangen: der Chremonideische Krieg. Auf Betreiben des Chremonides ging Athen zusätzlich Extrabündnisse mit Sparta und anderen Staaten auf der Peloponnes ein, so dass der Krieg ideologisch als großer griechischer Freiheitskampf proklamiert werden konnte, vergleichbar mit der Abwehr der Perser im fünften Jahrhundert.

Wer diesmal die Perser waren, verschwieg man in diesem (inschriftlich erhaltenen) Dokument diplomatisch, aber jeder wusste Bescheid. Ganz Griechenland sollte mit Unterstützung durch König Ptolemaios, den neuen Protagonisten der Freiheit der Griechen, von makedonischer Herrschaft befreit werden. Athen, das schon 280/279 v. Chr. den einst auf makedonischen Druck hin geächteten Demosthenes rehabilitiert hatte, hoffte in erster Linie die Unabhängigkeit ganz Attikas wiederzugewinnen, Sparta strebte unter Areus I. (König 309–265 v. Chr.), der, wie schon gesagt wurde, sein Königtum am ptolemaiischen Vorbild orientierte, nach dem Wiederaufstieg zur beherrschenden Macht auf der Peloponnes. Von Areus wird später noch die Rede sein.

Die militärischen Operationen begannen 267 v. Chr. Antigonos beherrschte den Piräus und belagerte Athen. Ptolemaiische Truppen landeten in Attika und legten dort mehrere Stützpunkte an, waren aber allein nicht stark genug, um die Belagerung zu sprengen, sondern warteten das Eintreffen der Spartaner ab. 266 v. Chr. feierten die belagerten Athener noch guten Mutes die Großen Panathenäen. Doch Antigonos hielt den Spartanerkönig Areus in der Nähe des Isthmos auf und besiegte ihn schließlich 265/264 v. Chr. bei Korinth. Areus fand den ehrenhaften Tod auf dem Schlachtfeld. Von Norden griffen die Kelten das makedonische Königreich an, im Süden glaubte Alexandros II. von Epeiros, der Sohn des Pyrrhos und der Lanassa, die Stunde sei gekommen, doch noch König von Makedonien zu werden, und marschierte in Thessalien und Makedonien ein. Dennoch bekam Antigonos die Lage in den Griff. Es gelang ihm, Athen von der Getreideversorgung abzuschneiden. 263 v. Chr. wurde Alexandros II. von Epeiros besiegt. Im Jahr darauf musste Athen kapitulieren und blieb über 30 Jahre, bis 229 v. Chr., unter makedonischer Herrschaft.

Die Langen Mauern, die die Stadt mit dem Piräus verbanden, wurden zerstört wie einst nach dem Peloponnesischen Krieg, diesmal jedoch nie wieder aufgebaut. Chremonides flüchtete nach Alexandreia, erhielt später das Kommando über eine ptolemaiische Flotte und erlitt in dieser Funktion die oben erwähnte Niederlage bei Ephesos. Aber sein Ruf als griechischer Freiheitskämpfer blieb ungebrochen: In Plataiai, wo einst Pausanias den entscheidenden Sieg über die Perser errungen hatten, wurden er und seine Mitkämpfer mit einer Statue geehrt. Die Athener waren jetzt verpflichtet, vor Beginn jeder staatlichen Versammlung zu den Göttern für das Wohl des Königs und seiner Familie zu beten. Andererseits hielt der König es 255 v. Chr., nach seinem Seesieg über die ptolemaiische Flotte bei der Insel Kos, für ratsam, die makedonische Besatzung wenigstens aus dem Stadtgebiet abzuziehen, eine Freiheitsgewährung im kleinen Stil. Die kurzzeitige Wiederaufrichtung der ptolemaiischen Herrschaft in der Ägäis (250 v. Chr., s. o.) brachte noch einmal die makedonische Herrschaft in Griechenland ins Wanken. Der Vizekönig von Korinth, Alexandros, glaubte sich auf Grund dieser Lage und des Erstarkens des Achaiischen Bundes auf der Peloponnes den Traum etlicher Vizekönige erfüllen und unabhängiger König in Südgriechenland werden zu können. Wieder eine Rebellion unter Verwandten: denn er war der Sohn des Krateros, des Halbbruders des Antigonos.

Nachdem Antigonos die Ptolemaier endgültig aus der Ägäis vertrieben hatte (Seesieg bei Andros 246 oder 245 v. Chr., s. o.), starb Alexandros unvermutet, wie man munkelte, durch makedonisches Gift. Jedenfalls gewann Antigonos 245 v. Chr. die wichtigen Festungen Korinth und Chalkis zurück, indem er der Witwe, Nikaia, die Ehe mit Demetrios, seinem Sohn und Thronfolger anbot. Zur gleichen Zeit versuchte er einen Familienstreit in der Kyrenaia, der natürlich zugleich ein Streit um die zukünftige außenpolitische Richtung des Landes war, zu einem Schlag gegen die Ptolemaier zu nutzen. Wir erinnern uns, dass Magas, der sich von Ägypten losgesagt hatte, für die Zeit nach seinem Tod die Wiedervereinigung mit Ägypten verfügt und seine Tochter Berenike mit dem Kronprinzen, dem zukünftigen Ptolemaios III. verlobt hatte (s. o.). Doch seine Witwe Apameia war anderer Meinung, löste die Verlobung und rief Demetrios, genannt „der Schöne", aus Makedonien als Bräutigam für ihre Tochter ins Land.

Er war ein Sohn des Demetrios Poliorketes aus seiner Ehe mit einer Tochter Ptolemaios' I. und somit ein älterer Halbbruder des Antigonos Gonatas. Die Braut fand jedoch an dem Schönen weniger Geschmack als die Mutter und ließ ihn im Jahr darauf umbringen. Angeblich hatte man ihn im Schlafzimmer der Apameia erwischt. Berenike und die Kyrenaia fielen an Ägypten zurück. Antigonos hatte weiterhin beträchtliche Schwierigkeiten, sich in Griechenland zu behaupten, auch nachdem er durch den Seesieg bei der Insel Andros die Ptolemaier abermals aus der Ägäis vertrieben hatte. Das ptolemaiische Geld tat bei den Griechen nach wie vor seine Wirkung, wie früher das Geld der persischen Großkönige. Schon 243 v. Chr. verlor Antigonos Korinth an den Achaiischen Bund. Auch durch ein Einvernehmen mit den Aitolern konnte er die Expansion des Achaiischen Bundes nicht verhindern. Sein bedeutendster Stützpunkt auf der Peloponnes blieb Argos. Als er mit fast 80 Jahren 239 v. Chr. starb, hatte er zwar Makedonien konsolidiert, aber seine Herrschaft über Griechenland blieb nach wie vor gefährdet. Die Tage Philipps II. kamen nicht zurück.

Makedonien war im Norden durch die Existenz des Keltenreiches schwächer, und im Süden war Griechenland wieder stärker geworden. Die Könige von Makedonien waren keine Herren Griechenlands mehr, sondern gezwungen, das komplizierte Spiel der stets wechselnden Koalitionen in Griechenland mitzumachen. Als sich der Aitolische Städtebund gleich zu Beginn der Regierung Demetrios' II. (König 239–229 v. Chr.) von Makedonien ab- und dem Achaiischen Städtebund zuwandte (s. u.), bildete diese Koalition für Makedonien einen unüberwindlichen Block. Zum Glück für Demetrios griffen die Aitoler Epeiros an, so dass sich die dortige Königin Olympias nach dem Tod ihres Gatten, eines Halbbruders Alexandros' II., mit ihren minderjährigen Söhnen in eine Koalition mit Makedonien flüchtete und ihre Tochter Phthia mit Demetrios verheiratete. Aber obwohl der König noch andere Verbündete gewinnen konnte und militärische Erfolge gegen die Aitoler und Achaier errang, blieb er in der Defensive.

Es hätte noch schlimmer kommen können. Denn der König starb nach nur zehnjähriger Herrschaft während eines Feldzuges gegen die Dardaner im Norden und hinterließ einen unmündigen Sohn, den späteren Philipp V. Aber die sonst üblichen Machtkämpfe in der Königsfamilie blieben aus. Adel und Heer sicherten die Kontinuität, indem sie den Vetter des Demetrios namens Antigonos, einen Sohn Demetrios' des Schönen, einstweilen die Regierungsgeschäfte führen ließen. Doch außenpolitisch löste der Tod des Demetrios sofort eine Welle antimakedonischer Bewegungen aus, so dass der neue Regent sein Land erst einmal rundum verteidigen musste, so gut er konnte. Unmittelbar nach dem Tod des Demetrios brach die mühsam gewonnene makedonische Herrschaft über Athen zusammen. Es bedurfte nicht einmal eines Aufstandes der Athener, sondern der Kommandeur der Besatzungstruppen ließ sich gegen Zahlung einer riesigen Summe dazu „überreden", seine Söldner abzuziehen. Mit Hilfe von auswärtigen Spenden – hauptsächlich aus ptolemaiischer Quelle – bekamen die Athener dieses Geld erstaunlich schnell zusammen. Die führenden athenischen Politiker waren die Brüder Eurykleides und Mikion, die Athen in den folgenden Jahren auf einen außenpolitischen Kurs der Nichteinmischung lenkten und die guten Beziehungen zum ptolemaiischen Ägypten weiter pflegten.

Hatte ein Jahrhundert zuvor Lykurg seine neue Demokratie mit dem Kult der *Demokratía* kultisch überhöht, so verlangte die neu gewonnene Unabhängigkeit ebenfalls eine kultische Ausprägung: Auf Antrag des Eurykleides schaffte sich das Volk von Athen mit einem Kult des Demos und der Chariten, der Töchter des Zeus, gleichsam eine göttliche Weihe. Im Norden musste Antigonos einen Angriff der Dardaner abwehren, im Süden versuchten die Thessalier mit Hilfe der mit Ptolemaios III. verbündeten Aitoler aus der Union mit Makedonien auszubrechen, ein Zeichen, dass es den makedonischen Königen in den über 100 Jahren seit Philipp II. nicht gelungen war, das Land wirklich zu integrieren. Auf der Peloponnes fiel Argos, der wichtigste makedonische Stützpunkt, an den Achaiischen Bund. Antigonos gelang es, die Aitoler abzuwehren und im Osten auch die Ägäisflanke Makedoniens weiterhin gegen die Ptolemaier zu sichern, indem er – die antigonidisch-seleukidische Interessengleichheit gegenüber den Ptolemaiern nutzend – im Bund mit Antiochos Hierax dem König Ptolemaios III. einige Städte in Karien (an der südlichen Westküste Kleinasiens) entriss.

In Anerkennung dieser Verdienste erhoben ihn die Makedonen 227 v. Chr. zum König, unter der Bedingung, dass er die Witwe des Demetrios II., Chryseis, heiratete und Philipp adoptierte. Als solcher ist er in die Geschichte als Antigonos Doson („der die Herrschaft übergeben wird", natürlich an Philipp) eingegangen. Seine leiblichen Söhne blieben, was sie waren, und haben nie Ansprüche auf die Herrschaft gestellt. Die stoische Erziehung der Mitglieder des Königshauses hat vielleicht dazu beigetragen, dass sie diese Lösung akzeptierten.

Seinen größten Erfolg bescherte dem Antigonos ein politischer Umschwung auf der Peloponnes, auf dessen Zustandekommen er keinen Einfluss gehabt hatte: ein Wiedererstarken Spartas, das den Achaiischen Bund dermaßen in die Enge trieb, dass er ausgerechnet Makedonien um Hilfe bitten musste, obwohl er dessen Machtposition auf der Peloponnes doch von Anfang an bekämpft hatte. Dazu mehr an späterer Stelle. Diesem Bündnis schlossen sich die Boioter und andere Stämme Mittelgriechenlands an, was Antigonos dazu verhalf, 224 v. Chr. offiziell die Anerkennung als Hegemon der Hellenen zu erlangen, wie 337 v. Chr. Philipp II. und 302 v. Chr. Demetrios Poliorketes. Doch während Philipp diese Position dank seiner politischen und militärischen Überlegenheit gewonnen hatte, auch Demetrios Poliorketes durch seine Eroberungen, fiel sie Antigonos nur auf Grund einer für ihn günstigen politischen Konstellation zu. Aus dieser Stellung heraus gewann er Korinth und Argos zurück, siegte 222 v. Chr. in der

Schlacht bei Sellasia über den spartanischen König Kleomenes und marschierte in Sparta ein, was vor ihm noch keinem gelungen war. Die Herrschaft über Athen wiederzugewinnen hat er jedoch nicht einmal versucht, errang also trotz allem in Griechenland kein vollständiges Ergebnis. Im folgenden Jahr starb er überraschend während oder kurz nach einer Schlacht gegen die Illyrer, nicht durch Feindeshand, sondern an einem Blutsturz.

11 Freiheit, Demokratie, Gleichheit und Ruhm im Zeitalter der „Wohltäter“

Die Zeiten, als einzelne griechische Städte Großmächte sein konnten – in der modernen Forschung manchmal „das Zeitalter der Polis“ genannt – waren endgültig vorbei. Die letzten, die noch vorgaben, es mit Großmächten aufnehmen zu können, waren Sparta gegenüber Makedonien und Syrakus gegenüber Karthago. Dennoch blieben zahlreiche Städte weiterhin militärisch zumindest als Festungen, wirtschaftlich als Handelsplätze und kulturell als Träger der hellenischen Identität die Basis der gesamten griechischen Welt. Und sie blieben politische Wesen, jede mit einer eigenen Verfassung, einem eigenen Bürgerrecht und einem eigenen politischen Willen. Letzteres traf selbst auf diejenigen Städte zu, die ihre Existenz der Gründung eines Königs verdankten.

Die Könige mochten Städte unterdrücken, mochten in ihre Rechtsordnung und Innenpolitik eingreifen, konnten jedoch ihr Streben nach Eigenständigkeit nicht auslöschen. Sie mochten einzelne Städte gelegentlich sogar zerstören und ihre Bürger versklaven, mussten sie jedoch bald wieder aufbauen und neu bevölkern. Sie kamen ohne die Städte nicht aus. Gelegentlich haben Monarchen der Gesetzgebung einer Stadt sogar den Vorrang vor königlichen Erlassen eingeräumt. Im Vergleich mit den fragilen Monarchien waren die Städte trotz ihrer Machtlosigkeit und trotz mancher inneren Konflikte ein politisch stabiles Element und haben nicht zufällig den Untergang aller Königreiche lange überlebt. Schon seit dem vierten Jahrhundert drang die Verstädterung in bis dahin ländlich geprägte Randgebiete vor, nach Thrakien, Illyrien, Epeiros und in das Zentrum der Peloponnes.

Dort entstanden in Arkadien zwei neue gegen Sparta gerichtete Machtzentren: zunächst bereits um 460 v. Chr. Mantineia aus fünf Gemeinden. Die Spartaner zwangen die Stadt 387 v. Chr. zur Wiederauflösung – vergeblich. 370 v. Chr. entstand sie wieder. 367 v. Chr. gründeten die Einwohner von ca. 40 Gemeinden Megalopolis („die große Stadt“) und schufen dadurch ein noch stärkeres Machtzentrum. Megalopolis wurde später der Mittelpunkt des westarkadischen Bundes, übte aber keine Hegemonie über den Bund aus, sondern alle Bundesstädte waren gleichberechtigt. Dieses Modell war etwas Neues und sollte Schule machen. Auch bei Stämmen in Mittelgriechenland (den Akarnanen, Ainianen, Dolopern, Phokern und anderen) entwickelten sich Städte, ohne dass der Stammeszusammenhalt dadurch zerstört wurde. Auf der Insel Rhodos schlossen sich 408/407 v. Chr. die Bürger dreier Städte zu einer einzigen Stadt zusammen und schufen damit die Voraussetzungen für die spätere Seemacht des Inselstaates. Rhodos gewann nach dem Tod Alexanders des Großen die Unabhängigkeit. Die erste Stadt, die Alexander der Große gründete, lag nicht in Asien, sondern in Europa: Alexandropolis, ein Bollwerk gegen die thrakischen Maider. Die antike Alexanderlegende machte den Eroberer später zum Gründer von 70 Städten, womit er – gleichsam auf den Spuren des Dionysos und Herakles – die griechische Poliskultur zu den „Barbaren" gebracht habe. Aber 70 war bei den Griechen eine rhetorische Zahl und ist deshalb nicht wörtlich zu nehmen. In Wirklichkeit hatte er im Verlauf seines Feldzuges in großer Eile lediglich die Gründung von etwa einem Dutzend Städten befohlen, die meisten unter strategischen Gesichtspunkten weit im dünnbesiedelten Osten, einige unter handelspolitischen Aspekten, in Ägypten Alexandreia, das noch heute das Tor Ägyptens zur westlichen Welt ist. Kassandros gründete Thessalonike, ließ Poteidaia als Kassandreia neu erstehen und baute das von Alexander zerstörte Theben wieder auf, Demetrios Poliorketes gründete Demetrias. Aber, wie schon gesagt wurde, es war nicht Alexander, sondern es waren die Seleukiden, die den Osten mit einem Netz von griechischen und hellenisierten indigenen Städten überzogen, wobei sie den Schwerpunkt auf Mesopotamien und Nordsyrien legten. Damit deutete sich schon ein allmählicher Rückzug aus dem ferneren Osten an.

Der Ruf nach Freiheit im Sinne von Unabhängigkeit kam sofort nach dem Tod Alexanders des Großen wieder auf. Im Lamischen Krieg (323/322 v. Chr.), der explizit als Freiheitskrieg geführt wurde, unterlagen die Griechen erneut den Makedonen. Dennoch mussten die Könige immer wieder auf das Freiheitsbedürfnis der Städte reagieren, versuchten aber natürlich, es gemäß ihren Interessen zu manipulieren. Dabei kam ihnen entgegen, dass der politische Freiheitsbegriff schon seit der zweiten Hälfte des fünften Jahrhunderts, d. h. schon kurz nach seiner Entstehung, bereits wieder depraviert worden war.

Erinnern wir uns: Sparta hatte 479 v. Chr. nach der Schlacht bei Plataiai den Kult des *Zeùs Sotḗr* (des „Erretters") in dieser Stadt in den Kult des *Zeùs Eleuthérios* (des „Befreiers") umgewandelt. Doch hatte dieser Akt noch keine weiteren Auswirkungen gehabt. Erst Athen hatte in der zweiten Hälfte des fünften Jahrhunderts die Perserkriege nachträglich zu Freiheitskriegen erklärt und den Ersten Attischen Seebund als einen Bund freier griechischer Städte propagiert. So weit, so gut. Aber die Sache hatte einen Haken: Die Athener hatten von vornherein ihre eigene Freiheit als höherrangig als die ihrer Bundesgenossen angesehen und den Bund, der eigentlich eine Symmachie Gleicher hätte sein sollen, Schritt für Schritt in ein athenisches Reich umgewandelt. Aus ihrer Stellung als Herrscher über die „freien" Bundesgenossen machten sie keinen Hehl. Der Widerstand der Bundesgenossen artikulierte sich unter dem Begriff *autonomía*, was mehr bedeutete als unsere heutige Autonomie, sondern vielleicht mit „Selbstbestimmung" übersetzt werden könnte. Sparta unterstützte diese Forderung, musste jedoch in Verhandlungen mit Athen konzedieren, dass *autonomía* in einzelnen Fällen auch mit einer Tributpflicht gegenüber Athen vereinbar sein konnte. Eine solche Konzession an die Realpolitik leitete die Relativierung auch von *autonomía* ein. Als Sparta am Beginn des Peloponnesischen Krieges die Auflösung des Attischen Seebundes forderte, geschah das noch einmal unter der Parole *eleuthería.*

Die inhaltliche Entwertung von *eleuthería* und *autonomía* hatte zur Folge, dass schon während des Peloponnesischen Krieges in jedem Einzelfall die Befreiung von Tributen oder das Recht auf eine eigene Verfassung ausdrücklich der jeweiligen Verkündung von *eleuthería* und *autonomía* hinzugefügt werden musste, um Missverständnisse auszuschließen. Im vierten Jahrhundert hat Sparta unter dem Schlagwort *autonomía* die Auflösung aller Städtebünde gefordert, um seine Vorherrschaft in Griechenland zu sichern. Philipp II. deklarierte nach seinem Sieg über die Griechen deren Vasallenstellung in dem von ihm beherrschten Korinthischen Bund als *eleuthería* und *autonomía*, als einen Bund formal freier Staaten. Alexander der Große hat die Befreiung der Griechenstädte Kleinasiens von der Perserherrschaft mit der Einrichtung von Demokratien verbunden, weil die Oligarchen zu den Persern gehalten hatten. Die Diadochen Perdikkas und Polyperchon haben dann den Griechen die echte Freiheit versprochen, um sie im Kampf gegen ihre jeweiligen Rivalen auf ihre Seite zu ziehen. Antigonos Monophthalmos hat bei seiner Freiheitserklärung von 314 v. Chr. ausdrücklich die Freiheit von militärischen Besatzungen hinzugefügt, konnte dieses Versprechen jedoch nicht immer halten. Sein Rivale Ptolemaios I. erklärte die Griechen daraufhin seinerseits für frei. Demetrios Poliorketes verband, wie wir gesehen haben, 307 v. Chr. mit seiner Befreiung Athens von der Herrschaft des Kassandros die Besatzungsfreiheit und die Wiederherstellung der uneingeschränkten Demokratie, entließ Athen aber dennoch nicht aus seinem Herrschaftsbereich und genoss dort einen Winter lang seine Allmacht wie ein kapriziöser Sultan. Nach der Schlacht bei Ipsos (301 v. Chr.) kam keine Freiheitserklärung für alle Griechen mehr zustande, sondern nur noch hin und wieder für einzelne Städte bzw. Städtebünde. Noch einmal ergriffen die Griechen die Initiative. Der vergebliche Versuch Athens und anderer Staaten im Chremonideischen Krieg, die Makedonen aus Griechenland hinauszuwerfen, wurde, wie oben erwähnt, explizit als Freiheitskrieg geführt.

Wie im Athen des fünften Jahrhunderts wurde Freiheit weiterhin mit Demokratie verbunden, während Aristoteles die Demokratie zusammen mit der Tyrannis und der Oligarchie zu den drei schlechten Verfassungen eines Staates gezählt hatte. Als Grundwerte der Demokratie galten nach wie vor die Gleichheit der politischen Rechte und des gleichen Rechts für alle Bürger *(isonomía)* sowie die Redefreiheit *(parrhesía)*. Das Bürgerrecht und somit das Stimmrecht in der Volksversammlung war in der Regel nicht an den Nachweis eines bestimmten Vermögens gebunden, so dass auch die Ärmsten teilnehmen konnten. Eigentlich bedeutete Demokratie die Herrschaft oder zumindest Dominanz der Volksversammlung, weil sie die Versammlung aller Bürger sein sollte. In der Praxis waren jedoch, wie schon im fünften Jahrhundert, in den größeren Städten die häufigsten Teilnehmer an Volksversammlungen Einwohner des urbanen Stadtgebiets:

Handwerker, Händler und Gewerbetreibende. Die Bauern aus dem weiter entfernten ländlichen Stadtgebiet nahmen seltener an Volksversammlungen teil, obwohl sie immer noch das größte wirtschaftliche Gewicht von allen hatten. Außerdem ging die Tendenz dahin, das Losverfahren bei der Besetzung von Ämtern, das für die klassische Demokratie typisch gewesen war, durch das Wahlverfahren zu ersetzen und diesen gewählten Amtsträgern größere Kompetenzen gegenüber der Volksversammlung einzuräumen.

Wie schon gesagt wurde, vergrößerte sich seit dem vierten Jahrhundert wegen der zunehmenden Professionalisierung im Militär- und Finanzwesen die Bedeutung besonders befähigter Einzelner. Ihre herausgehobene Stellung manifestierte sich in besonderen Ehrungen durch die Volksversammlung. Darüber hinaus zeigte die Polis ohnehin eine größere Bereitschaft, Leistungen Einzelner mit Ehrungen auszuzeichnen, auch wenn es sich nicht um Prominente handelte und ihre Leistungen eher dem alltäglichen Bereich angehörten. Diese großzügigere Haltung gehörte zur angestrebten moralischen Erneuerung und sollte die Leistungsbereitschaft aller für das Gemeinwesen fördern. Man veranstaltete gleichsam Wettbewerbe um die beste Leistung für die Vaterstadt *(patrís)*.

Die häufigen Kriege belasteten die Städte oft schwer: Kontributionen wurden ihnen auferlegt, ihre Äcker verwüstetet, und obendrein entstand ein grassierendes Piratenunwesen, das Meere und Küsten unsicher machte. Hinzu kamen Raubzüge keltischer und thrakischer Invasoren. Die Städte waren also gezwungen, mehr Geld in ihre Verteidigungsanlagen zu investieren, Tribute und Schutzgelder zu entrichten und hin und wieder auch in Gefangenschaft geratene oder gekidnappte Bürger freizukaufen. Umso erstaunlicher ist der kulturelle Glanz, der die Städte in den Phasen des zeitweiligen Friedens auszeichnete. Die Festkultur feierte neue Triumphe. Das kulturelle Zentrum einer Stadt war das Gymnasion. Einst eine Sportstätte für adlige Ringkämpfer, war es jetzt eine umfassende Bildungsstätte für breite Teile der Bürgerschaft, in der unter der Schirmherrschaft von Hermes und Herakles mit einer ausgewogenen Verbindung von körperlicher, geistiger, musischer und charakterlicher Schulung echte Hellenen geprägt werden sollten. Im orientalischen Osten wurden die Gymnasien zu Trägern der sich überlegen fühlenden griechischen Kultur, die auch Teile der indigenen Oberschicht in ihren Bann zog. Die Leitung hatte ein Gymnasiarch, der von der Volksversammlung gewählt wurde und dessen Amt ein besonderes Ansehen genoss.

Hatten im fünften Jahrhundert viele Demokraten die Intellektuellen als potentielle Feinde der Demokratie misstrauisch beäugt, so war die neue Demokratie stolz auf ihre Bildung und brachte das auch mit einer aufwendigen Architektur und Ausstattung ihrer Gymnasien zum Ausdruck. Für Kinder der oberen und mittleren sozialen Schichten, Knaben und Mädchen, gab es einen städtischen Schulunterricht, in dem neben einem Basiswissen auch gutes Betragen *(eukosmía)* gelehrt wurde. Der wichtigste Autor war und blieb Homer, dessen Helden jedoch im Sinn des neuen Zeitgeistes eher als Vorbilder für Einfachheit und

Selbstbeherrschung verstanden wurden. Aus den regulären städtischen Einnahmen – einer Vermögenssteuer und bei Bedarf Sonderauflagen für die Begüterten, Zöllen, Marktgebühren und der Verpachtung von Staatsland – ließen sich solche Ausgaben nur zum Teil bestreiten. Den größten Teil ihrer Einnahmen gewannen die Städte mit einem ganz neuen System, das sich vom späten vierten Jahrhundert an herausgebildet hatte: mehr oder weniger freiwilligen Beiträgen von denen, die dazu in der Lage waren, darunter auch von vermögenden Metoiken und ansässigen Ausländern, die ihr Geld im Seehandel verdienten. Es handelte sich in erster Linie um Geldspenden und günstige Kredite Einzelner oder ganzer Spendergemeinschaften. Dieses System erwies sich als praktikabler und einträglicher als die frühere schematische Vermögenssteuer, mit der das wirkliche Vermögen ohnehin nur ungenau erfasst werden konnte. Sie wurde abgeschafft.

Das neue Finanzierungssystem verlieh den Reichen eine stärkere Position gegenüber der Volksversammlung als ihren Vorgängern im fünften Jahrhundert. Hatten diese – meistens gestützt auf ihre vornehme Herkunft – ihre herausragende politische Stellung in erster Linie mit Hilfe ihres rhetorischen Talents gewonnen, gelegentlich auch, indem sie ihre Verpflichtungen gegenüber der Stadt (Liturgien, Choregien) freiwillig erweiterten, so gründete die neue Oberschicht ihre moralische Höherwertigkeit in erster Linie auf ihre Freigebigkeit, auf ihr „Wohlwollen gegenüber dem Demos“, wie es hieß. Die Spender und Stifter, die für das Wohl des Volkes sorgten, auf Gesandtschaftsreisen zu auswärtigen Geldgebern auch Kosten, Mühen und Gefahren auf sich nahmen, schienen erbliche Tugenden zu haben. Ihre Familien förderten dieses Image, indem sie sich einen Stammbaum zurechtlegten, der bis auf die Heroen der griechischen Mythen zurückreichte. Das hatten die Aristokraten des siebenten und sechsten Jahrhunderts zwar auch schon getan, daraus aber das Recht abgeleitet, ihre eigenen Interessen in oft rücksichtsloser Weise über die der Gemeinschaft zu stellen. Solon, der dagegen ankämpfte, ist dafür der bekannteste Zeuge. Noch im fünften Jahrhundert gab es oligarchische Hetairien, deren Mitglieder sogar einen Eid schworen, dem Demos nach Kräften Schaden zuzufügen. In Sparta und im Athen des fünften Jahrhunderts hatten dann zumindest alle, die sich auf eigene Kosten als Schwerbewaffnete ausrüsten konnten, die adligen Tugenden auch für sich reklamiert.

Infolge dieser Kollektivierung der Tugenden hatte sich die Polis schwergetan, herausragende Einzelne anzuerkennen. Die Bürgerschaft als ganze hatte alle Meriten für sich beansprucht und dem Einzelnen seinen individuellen Ruhm geneidet. Wenn Einzelne allzu penetrant besonderen Ruhm auf Grund ihrer „Taten“ für sich in Anspruch nahmen, liefen sie Gefahr, aus der Bürgerschaft ausgestoßen zu werden. Themistokles ist das bekannteste Beispiel. Leonidas, der sich an den Thermopylen für seine Vaterstadt geopfert hatte, erhielt in Sparta erst im vierten Jahrhundert besondere Ehrungen, als die Tendenz wieder in die andere Richtung lief. Seit der Mitte des vierten Jahrhunderts traten die „Wenigen“

wieder spektakulärer hervor. Doch gab es einen wesentliche Unterschied zur archaischen Epoche: Die besonderen Tugenden der reichen Spender wurden von der Bürgerschaft mit besonderen Ehrungen anerkannt, weil sie der ganzen Stadt dienten. *Aretḗ* wurde jetzt am Nutzen für die ganze Bürgerschaft gemessen. Als Motiv für die Großzügigkeit der Spender wird immer wieder das Streben nach Ruhm genannt, das für Griechen das Edelste war, was sie sich vorstellen konnten. Wenn jemand Zurückhaltung übte, weil ihm dieser Ruhm zu teuer war, konnte es vorkommen, dass er von der Volksversammlung regelrecht aufgefordert wurde, seinen Teil beizutragen. In dringenden Fällen erging ein Spendenaufruf an die gesamte Bürgerschaft und sogar an ansässige Ausländer. Jeder sollte sich nach seinen Möglichkeiten solidarisch zeigen.

Die in Stein gehauenen Ehrenbeschlüsse beziehen häufig die Vorfahren des Geehrten mit ein, was die Erblichkeit der Tugenden unterstreichen sollte. Der Geehrte erhielt einen goldenen Kranz, das Anrecht auf lebenslängliche Speisung im Prytaneion (Rathaus), einen Ehrenplatz im Theater und manchmal eine Bronzestatue verliehen. Es kam auch vor, dass er die Inschrift und die Statue selbst bezahlte. In den Tempeln gab es allmählich mehr Statuen von Spendern als Götterstatuen. Eine Vergöttlichung der Spender war das jedoch nicht. Denn auch die Götterstatuen waren nur Abbilder eines Gottes, aber nicht von göttlicher Natur. Selbstverständlich hatten großzügige Spender höhere Chancen als andere, vom Volk zu den prestigeträchtigsten Ämtern und Priestertümern gewählt zu werden. Die Inschriften zeigen deutlich, dass einzelne Familien besonders häufig bestimmte Ämter bekleideten. Aber von den Amtsinhabern erwartete die Bürgerschaft auch, dass sie die mit dem Amt verbundenen Kosten – beispielsweise für Spiele und Festivitäten – teilweise oder völlig aus eigenen Mitteln bestritten. Bei solchen Gelegenheiten stellten die Amtsträger auch schon einmal ihre minderjährigen Söhne dem Publikum vor, die zukünftigen Spender und Amtsträger. Oft wurde bereits der Amtsantritt mit einer öffentlichen Feier inszeniert und selbst private Familienfeiern, wie Hochzeiten, mit einer öffentlichen Bewirtung verbunden, in die auch Sklaven einbezogen werden konnten.

Dies waren zweifellos oligarchische Züge, aber noch keine Oligarchie. Ob man diesen Zustand als Honoratiorenregime im Sinne von Max Weber bezeichnen kann, ist in der Forschung umstritten. Man könnte von einer antiken Form des Wohlfahrtsstaates sprechen. Woher die Spender die Mittel für ihre Wohltaten bezogen und wie sie ihre Ausgaben wieder hereinholten, wird in den einzelnen Städten unterschiedlich gewesen sein. Die antike Überlieferung schweigt darüber weitgehend. Einigermaßen sicher ist jedoch, dass die Spender die Ämter, die sie sich von den Wählern mit ihren Wohltaten erkauften, auch dazu benutzten, um sich zu bereichern. Die Korruption dürfte in dieser Zeit größere Ausmaße angenommen haben als zur Zeit der perikleischen Demokratie. Außerdem hatten Mitglieder der Oberschicht durch verwandtschaftliche Beziehungen oft auch Grundbesitz in mehreren Städten, so dass sie weniger betroffen waren und ihren Mitbürgern helfen konnten, wenn ihre Heimatstädte vorübergehend in Not gerieten. Jedenfalls fuhren die Städte mit diesem System anscheinend nicht schlecht.

Als „Wohltäter“ *(euergétēs)* im engeren Sinn galt ein Einzelner, der einer Stadt oder einem Heiligtum eine ganz außergewöhnliche Leistung zukommen ließ, die die Spenden anderer übertraf. Dabei ging es in erster Linie um finanzielle oder materielle Leistungen. Der Wohltäter musste viel reicher sein als andere und/oder Zugang zu auswärtigen Reichtümern haben, vielleicht sogar im Dienst eines Königs stehen. Der Erste, der in die griechische Literatur als „Wohltäter“ eingegangen ist, war ein König, der Makedonenkönig Alexandros I. (König 498/497 – ca. 454 v. Chr.). Er war Proxenos (Staatsgastfreund) Athens. Wahrscheinlich hatte seine Wohltat in der Lieferung von Holz für den Bau der athenischen Flotte in den 480er Jahren bestanden, jener Flotte, mit der die Griechen die Perser besiegten.

Pindar nannte den volksfreundlichen Tyrannen Theron von Akragas wegen seiner Freigebigkeit „Wohltäter“. Auch Gelon galt als Wohltäter. In der Zeit nach Alexander dem Großen wurde „Wohltäter“ ein fester Begriff in der Außen- und Innenpolitik und „Wohltaten“ ein Mittel der politischen Strategie. Wie nach der Legende einst der Lyderkönig Kroisos dem Athener Alkmaion gestattet haben soll, sich aus seiner Schatzkammer voller unermesslicher Goldschätze mitzunehmen, soviel er tragen konnte, so schütteten die Könige von Zeit zu Zeit ihr Füllhorn über einzelne Städte und Heiligtümer aus und verschafften sich auf diese Weise politische Geltung und Einfluss. Sie förderten oder bestachen damit auch ganz bewusst einzelne städtische Politiker und deren Familien, um sie möglichst über Generationen hinweg zu ihren gleichsam erblichen Parteigängern zu machen. Allerdings provozierten sie damit auch häufig eine Gegen-„Partei“ und somit die Basis für einen politischen Seitenwechsel der betreffenden Stadt, wenn sich die Gelegenheit bot.

Dass die königlichen „Wohltäter“ sich vor allem herausragende Städte und Heiligtümer aussuchten, versteht sich. Wenn es z. B. in einer Stadt wieder einmal Versorgungsschwierigkeiten gab, konnte eine königliche Getreideflotte die Rettung in der Not sein. Und großzügige Geldspenden ermöglichten manchen Städten und Heiligtümern Prestigebauten, die sie sich sonst nicht hätten leisten können, vor allem den Bau von Theatern und Gymnasien, die ein Markenzeichen dieser Epoche waren. Die Empfänger bedankten sich, indem sie den betreffenden Königen mit Statuen und in Stein gemeißelten Ehrenbeschlüssen eine dauerhafte öffentliche Präsenz versprachen oder ihnen sogar eine göttliche Verehrung antrugen. Die Könige waren ihrerseits geradezu versessen darauf, in möglichst vielen bedeutenden Städten Ehrenstatuen zu erhalten, die ihren Ruhm sichtbar machten. Dadurch hatten die Städte gegenüber den Königen ein Lockmittel in den Händen. Die Kehrseite der Medaille war freilich, dass sie sich damit gleichzeitig dem „Wohltäter“ moralisch verpflichteten und sich in politische Abhängigkeit von ihm begaben.

Gleichsam königliche Wohltaten brachten manchmal auch einzelne Stadtbürger zustande. Einige wenige Beispiele sollen hier genügen. Der athenische Komödiendichter Philippides, den wir als Spötter über Demetrios Poliorketes schon kennengelernt haben, ist eines. Als Günstling des Königs Lysimachos in Thrakien konnte er 299 v. Chr. den hungernden Athenern eine große Getreidespende zukommen lassen. 284/283 v. Chr. stiftete er einen Agon zu Ehren der Göttin Demeter und ihrer Tochter Kore anlässlich der wiedergewonnenen Freiheit der Stadt. Er wurde mit einer Statue und lebenslänglicher Speisung für sich und seinen jeweils ältesten männlichen Nachkommen auf Kosten der Stadt geehrt.

Ein noch größeres Andenken bewahrte Athen dem Diogenes, dem ehemaligen Kommandeur der makedonischen Truppen in Attika, der 229 v. Chr. den Athenern durch den Abzug seiner Söldner auf friedlichem Weg die Unabhängigkeit ermöglicht hatte. Er wird in den Ehreninschriften der Stadt ausdrücklich *euergétēs* genannt. Über die üblichen Ehrungen hinaus baute man ihm zu Ehren ein neues Gymnasion, Diogeneion genannt, wo die Epheben jedes Jahr zu seinem Andenken eine kultische Festveranstaltung abhielten.

Auf der Insel Thera stiftete die Bürgerschaft postum einen Kult für den Wohltäter Artemidoros, nachdem sie die Zustimmung aus Delphi eingeholt hatte. Ein gewisser Eirenias, der sowohl zu König Eumenes II. von Pergamon als auch zum Seleukidenkönig Antiochos IV. gute Beziehungen pflegte, konnte von Eumenes eine beträchtliche Spende für den Bau eines Gymnasions in seiner Vaterstadt Milet lockermachen und bei Antiochos auf dem geschickten Weg über dessen Gattin, der er anscheinend imponierte, erreichen, dass Milet seine Produkte zollfrei in das Seleukidenreich einführen durfte. In Kyme stellte eine reiche Bürgerin namens Archippe ihrer Stadt aus eigenen Mitteln ein Rathaus hin und beging dessen Einweihung mit einem großen Fest für alle. Und in Olbia am Schwarzen Meer bewahrte der schwerreiche Protogenes das Territorium seiner Vaterstadt vor Plünderungen und Verwüstungen, indem er den raubgierigen Skythenkönig Saitaphernes mehrmals mit Geldzahlungen beschwichtigte, gleichzeitig aber die Verstärkung der Stadtmauer finanzierte, sich gegenüber Schuldnern großzügig zeigte und der Stadt mit Getreide aus eigenen Beständen aushalf.

Wurde das Engagement Einzelner für das öffentliche Wohl und Prestige ihrer Stadt mit großen Ehrungen gefördert, so galt für deren private Selbstdarstellung das Gegenteil. Die Reichen bauten sich zwar großzügigere Häuser als ihre Vorgänger in klassischer Zeit; und sie genossen ihr geselliges Privatleben in zahlreichen Vereinen, die für diese Zeit typisch waren. Doch das äußere Erscheinungsbild der Bürgerschaft sollte trotz aller sozialen Unterschiede möglichst gleich sein, wenn auch nicht ganz so gleich wie einst in Sparta. Das war keine demokratische Gleichheit, sondern, wie wir schon gesehen haben, typisch für eine gemäßigte Oligarchie, die ein gewisses Maß an Selbstdisziplin und Homogenität innerhalb ihrer eigenen Schicht förderte und gegenüber der gesamten Bürgerschaft als Erste unter Gleichen in Erscheinung treten wollte.

Nicht nur in Europa, sondern auch in den Städten Kleinasiens gab es neue Gesetze, die eine spektakuläre Selbstdarstellung Einzelner bei kultischen Veranstaltungen und Bestattungen einschränken sollten. Beispielsweise enthielt ein Gesetz in Gambreion (in der Nähe von Pergamon) aus dem dritten Jahrhundert v. Chr. genaue Vorschriften für die Kleidung bei Frauen, Männern und Knaben während einer Bestattungszeremonie. Die üblichen Trauerriten wurden auf drei Monate beschränkt, die Trauerzeit für Männer auf drei, für Frauen auf vier Monate. Der Gynaikonom, der vom Volk für die rituelle Reinigung gewählt wurde, sollte für das Glück und das Wohlergehen derer beten, die sich an das Gesetz hielten, und für das Gegenteil für jene, die das Gesetz nicht beachteten. Frauen, die das Gesetz missachteten, sollten von allen Opfern für die Götter zehn Jahre lang ausgeschlossen werden.

In einem Kultgesetz aus Achaia (zweites Jahrhundert v. Chr.) wird den Teilnehmerinnen an einem Fest zu Ehren der Demeter unter Androhung einer Geldstrafe Goldschmuck von mehr als einer Obole Gewicht, das Tragen eines buntbestickten oder purpurfarbenen Gewandes und das Schminken mit Bleifarbe verboten. Andere Kultgesetze enthielten geradezu pedantisch genaue Kleidervorschriften für Frauen, ihre Töchter und Sklavinnen, in denen jedes Detail geregelt war, untersagten die Begleitung von mehr als einer Sklavin, d. h. einen pompösen Auftritt mit einem großen und herausgeputzten Gefolge, beschränkten bei kultischen Feiern den Weingenuss und legten Art und Menge der Speisen fest. Ein Gesetz für Hochzeiten und andere Gastmähler beschränkte nicht nur die Zahl der Teilnehmer und die Dauer des Festes, sondern enthielt auch Speisevorschriften und regelte die Kleidung, den Schmuck und die Kosmetik der Braut. In Massilia wurden die Mitgift und die Brautgabe gesetzlich beschränkt.

Solche Gesetze sollten zweifellos als Richtschnur für alle Lebensbereiche dienen, die man nicht reglementieren wollte oder konnte. Die neue Demokratie machte es also umgekehrt wie die perikleische. Diese hatte der Lebensweise und öffentlichen Selbstdarstellung des Einzelnen einen breiten Spielraum eingeräumt. Sie konnte es auch, weil die Macht bei der Volksversammlung lag und der Einzelne von ihr abhängig war. Nach Reichtum zu streben, den Reichtum zu genießen und auch öffentlich zur Schau zu tragen hatte nicht als Schande gegolten. Deshalb waren auch aufwendige Grabmäler wieder erlaubt worden, die seit ca. 500 v. Chr. verpönt gewesen waren. Das Volk hatte es genossen, wenn die Reichen die Choregien, zu denen sie verpflichtet waren, freiwillig noch prächtiger ausgestalteten und sich damit Sympathie erwarben. Aber die Stadt hatte dafür keine besonderen Ehrungen verliehen, die dem Geehrten Ruhm eingetragen hätten. Anspruch auf Ruhm hatte nur das Volk in seiner Gesamtheit, nicht der Einzelne. In dieser Hinsicht hatten die athenischen Demokraten die gleiche Auffassung wie die Spartiaten. Deshalb hatte die Volksversammlung nie geduldet, dass ein Reicher auf eigene Kosten öffentliche Bauwerke stiftete, die ihm unvergänglichen Ruhm eingetragen hätten. So etwas hätte die Demokraten an die Prunkbauten der Tyrannen erinnert.

Dagegen verlieh die neue Demokratie, in der sich die Macht wieder etwas stärker von der Volksversammlung auf die Führungsschicht verlagert hatte, dem Einzelnen bereitwillig Ruhm, wenn er der Stadt diente, schränkte aber die Zurschaustellung persönlicher Opulenz per Gesetz ein. Auch die Ruhmreichen sollten durch ihren Habitus zu erkennen geben, dass sie sich als Bürger fühlten wie jeder andere auch. Gerade wegen ihres Zuwachses an Macht glaubte die Führungsschicht darauf achten zu müssen, dass sie nicht auseinanderdriftete, sondern dass eine relative Homogenität in ihren Reihen gewahrt blieb. Diese Maßnahmen waren auch Ausdruck eines Zeitgeistes, der zahlreiche moralphilosophische Abhandlungen über den richtigen und falschen Gebrauch des Weins, über den Reichtum, über die *tryphḗ* und die Sinnenlust, kurz gesagt über die Lebensführung hervorbrachte. In allen Lebensbereichen sollte das Natürliche und Nützliche der Maßstab sein. Von daher ergab sich bei manchen radikalen Autoren auch eine kritische Haltung gegenüber der Kunst, hatte es doch im alten Sparta keine Prunkbauten gegeben. Doch in der Komödie waren Schilderungen von verschwenderischem Prassen, prahlerischen Köchen und rivalisierenden Kochschulen ein beliebtes Thema. Ein gewisser Lynkeus schrieb mit seinen „Bankettbriefen" einen Bestseller, ein untrügliches Zeichen für die weitverbreitete Neugier auf kulinarischen Überfluss. Und der Komödiendichter Apollodor von Karystos (drittes Jahrhundert v. Chr.) pries das Genussleben als Heilmittel gegen die häufigen Kriege. Den Frauen gestanden die Moralisten immerhin ein gewisses Maß an Parfüm zu, weil manche Männer, so wurde behauptet, es sonst abgelehnt hätten, mit ihren Frauen zu schlafen. Doch der Einsatz von Liebestränken und Liebeszauber ging den Sittenreformern dann doch zu weit.

An den traditionellen Göttern der Staatsreligion hielt man unverändert fest und feierte sie mit großem Pomp. Zwar schwappten aus dem Orient verschiedene nichtgriechische Gottheiten herein, wie Isis und Sarapis, und es stand jedem frei, auch diese zu verehren. Aber zur Staatsreligion erhielten sie wenigstens im griechischen Mutterland keinen Zutritt, und selbst in den Städten Kleinasiens spielten sie im Staatskult nur eine Nebenrolle. Auch die Kulte für die göttlichen Könige wurden meistens wieder ausgeschieden, wenn man sie aus politischen Gründen nicht mehr brauchte. Manche Städte versuchten die Unberechenbarkeit des Schicksals, der *týchē*, zu bannen, indem sie ihr einen Kult einrichteten und sie so in eine Glücks- und Schutzgöttin verwandelten. Am bekanntesten war die Tychē der seleukidischen Hauptstadt Antiocheia.

Doch der Wesenskern der Polis blieb davon unberührt. Die Städte pflegten untereinander und mit den Königen einen regen diplomatischen Verkehr. Dabei spielte die Theaterkultur, das Reich des Gottes Dionysos, eine besondere Rolle. Den Anfang machte Athen. Dort schlossen sich im frühen dritten Jahrhundert professionelle Schauspieler, Musiker, Sänger, Tänzer und andere Festkünstler

Abb. 40: Die Tychē als Stadtgöttin von Antiocheia, mit Mauerkrone und zwei Ähren, einer Mohnkapsel und einer Traube in der rechten Hand auf einem Felsen sitzend, den rechten Fuß auf der Schulter des Flusses Orontes (römische Kopie, Anfang des 2. Jh. n. Chr., einer Skulptur des Eutychides, eines Schülers Lysipps, aus dem 3. Jh. v. Chr.; Kopf nicht zugehörig, rechte Hand mit Unterarm u. a. ergänzt).

einschließlich ihrer finanziellen Förderer zu einem Verein *(koinón)* der Techniten (Künstler, wörtlich „Handwerker“, d. h. diejenigen, die ein bestimmtes Metier ausüben) zusammen. Der Vorstand war ein Dionysospriester, der das Recht der Chrysophorie hatte, d. h. einen Kranz und Goldschmuck zu tragen. Bald fanden sie Nachahmer, die sich jedoch nicht auf jeweils eine Stadt beschränkten, sondern sich regional organisierten. Auf der Peloponnes entstand ein isthmischer, am ägäischen Meer ein kleinasiatischer Verein. Diese Festkünstler reisten mit ihrem Programm von alten und neuen Tragödien und Komödien zu Festveranstaltungen in verschiedenen Städten und auch zu den Höfen der Könige. Diese ließen sich davon anregen, und so entstand auch ein ägyptischer und ein pergamenischer Festkünstlerverein. Die große Bedeutung dieser Vereine wird an ihrer Eigenständigkeit gegenüber ihren Städten erkennbar. Sie gehörten einerseits dazu, aber andererseits auch nicht. In ihren Heimatstädten gewährte man ihren Mitgliedern Steuerfreiheit und Befreiung vom Kriegsdienst, „international" standen sie unter einem besonderen Schutz, der sogenannten *asylía* und *aspháleia*, die ihnen persönliche Unverletzlichkeit und die Sicherheit ihres Eigentums garantierte. Die Sonderstellung dieser politischen Zwitterwesen ging so weit, dass sie eine gleichsam staatliche Souveränität für sich in Anspruch nehmen und so mit Staaten auf beinahe gleicher Ebene verkehren konnten. Und so wurden sie auch ein wesentlicher Faktor in der Diplomatie. Diese Mischung aus Kultur, Kult und Politik war ein Wesenszug der sogenannten hellenistischen Epoche.

Eine Sonderstellung unter den Städten nahm Rhodos ein. Es löste Athen als Handelszentrum und Seemacht ab und konnte sich als respektable Mittelmacht etablieren. Aus ihren reichen Einkünften konnte sich die Stadt eine große Flotte leisten, ihre maritimen Handelswege bis zu einem gewissen Grad schützen und sich den für die Insel lebenswichtigen Import von Getreide und Schiffbauholz sichern. Das rhodische Seerecht wirkte bis in das byzantinische Reich fort und fand von dort im Mittelalter Eingang in das Seerecht der Republik Venedig.

Der Verfassung nach war Rhodos eine für diese Epoche typische Demokratie, die von einer Elite geführt wurde. Nach außen verfolgte die Stadt eine Politik der Unabhängigkeit und, so weit wie möglich, der guten Beziehungen nach allen Seiten, schloss sich in Kriegen meistens denjenigen an, die gegen die Dominanz einer einzigen Macht in der Ägäis kämpften, und trat öfter als Friedensvermittlerin auf. Dennoch verstand sich Rhodos keineswegs als reine Handelsmacht. Eine Händlermentalität, wie sie für die Hanse im Mittelalter bezeichnend war, hätte der traditionellen antiken Ideologie des Kriegerstaates widersprochen. Wie die Ehreninschriften für rhodische Admiräle beweisen, waren diese ebenso stolz auf ihren Kriegsruhm wie die Strategen anderer Staaten. Wenn sich der nötige Freiraum eröffnete, betrieb Rhodos durchaus eine expansive Politik. Das große Ansehen, das der Inselstaat gewonnen hatte, zahlte sich 227 v. Chr. aus, als Rhodos nach einem schweren Erdbeben von zahlreichen Staaten materielle Hilfe erfuhr, auch von solchen, gegen die es manchmal Krieg geführt hatte.

Ein anderes Handelszentrum wurde Delos. An sich war die Insel nichts als ein ödes Felseneiland, aber als Geburtsstätte des Apollon und der Artemis, wie wir schon gesehen haben, bereits in archaischer Zeit ein wichtiges religiöses Zentrum mit kultischen Spielen und einem Orakel, seit dem vierten Jahrhundert auch mit einem großen Apollontempel ausgestattet. Nach der Freiheitserklärung des Antigonos Monophthalmos von 314 v. Chr. für alle Griechen wurde auch Delos frei, später jedoch zeitweise das Zentrum des ptolemaiischen Nesiotenbundes. Zu den zahlreichen Festbesuchern, die auch kostbare Weihgaben stifteten, kamen seit der wirtschaftlichen Öffnung des Orients viele orientalische Händler hinzu, die ihre einheimischen Gottheiten mitbrachten, sich in kultischen Berufsvereinen organisierten und auch Geld deponierten, weil das Heiligtum eine relative Sicherheit bot. Hier formierte sich die echt hellenistische griechisch-orientalische Mischkultur, die es in Griechenland nicht gab. Feierliche religiöse Feste sowie Markt, Tempel und Bank gingen eine Symbiose ein. Hier fanden auch die Menschenjäger der Meere einen reißenden Absatz für ihre Sklaven. Seit dem zweiten Jahrhundert kamen römische und italische Geschäftsleute dazu. Auch in anderen Städten, wie Ephesos, Rhodos, Chios und Byzanz, blühte der Sklavenhandel.

Selbstverständlich setzten auch die kleineren Poleis ihre Jahrhunderte alten Kleinkriege gegeneinander fort. Einige dieser Kriege kennen wir. Aber es hat sicher viele mehr gegeben, als uns die antiken Autoren überliefert haben. Andererseits gab es Bestrebungen, durch die Vernetzung mehrerer Städte größere Machtzentren zu schaffen, so dass innerhalb eines solchen Verbundes zwischen den Städten Frieden herrschte. Ein erster Versuch war die Isopolitie zwischen Korinth und Argos 392 v. Chr., zweier auf der Peloponnes mächtiger Städte, die zusammen ein Gegengewicht gegenüber Sparta bilden wollten. Isopolitie bedeutete eigentlich, dass die Bürger von Korinth in Argos die gleichen Rechte haben sollten wie die Bürger von Argos und umgekehrt. Wie weit dieser Austausch im Einzelnen ging, wissen wir nicht. Immerhin traten 390 v. Chr. die Wettkämpfer beider Städte bei den Isthmischen Spielen nicht getrennt, sondern als Vertreter einer gemeinsamen Stadt auf. Doch Sparta gelang es, diese Gemeinsamkeit rückgängig zu machen.

Isopolitie konnte aber auch nur auf einzelne Bürger einer anderen Stadt beschränkt sein, d. h. ein individuelles Privileg für bestimmte Personen, die eine Stadt umwerben wollte. Im dritten Jahrhundert fanden noch engere Zusammenschlüsse von Städten statt, teils durch Verschmolzung zweier benachbarter Städte zu einer einzigen (Synoikismos), teils durch einen politischen Zusammenschluss, bei dem jedoch die getrennten Siedlungen erhalten blieben (Sympolitie). Sie gingen teils von den Städten selbst, teils von Königen aus.

Ein neues Phänomen waren Städtebünde auf der Grundlage der Gleichberechtigung aller Mitglieder, deren Basis ein Stammesgebiet war, die sich jedoch weit darüber hinaus erstreckten konnten. Der mächtigste dieser Bünde war das *koinón* („das Gemeinsame") der Aitoler. Obwohl das aitolische Stammesgebiet von zahlreichen Gebirgszügen durchzogen und in schwer zugängliche einzelne Kantone getrennt war, besaßen die Aitoler doch schon seit dem siebenten Jahrhundert ein gemeinsames Zentralheiligtum, den Apollontempel in Thermon, wo man in jedem Herbst zur Zeit der Tages- und Nachtgleiche zu kultischen Feiern, den Thermiká, zusammenkam, Wahlen von Amtsträgern und Priestern abhielt und gemeinsame Aufgaben besprach.

Thermon war keine Polis. Es gab überhaupt keine Hauptstadt, was typisch für den Charakter des Bundes war. Bei den meisten Griechen galten die Aitoler als ein kulturell zurückgebliebenes halbbarbarisches Volk, dessen liebste Beschäftigungen Raubzüge zu Lande und zur See waren – sowohl staatliche Raubkriege als auch private Beutezüge –, das jedoch für eine expansive Politik zu uneinig und schwach war. Seit dem späten vierten Jahrhundert gewann der lockere

Bund einen festeren Zusammenhalt. Dennoch blieb seine ausgeprägte regionalistische Struktur nicht nur bestehen, sondern wurde ganz bewusst aufrechterhalten. Von diesem Stadium an gewannen die Aitoler allmählich genügend Schlagkraft, um angrenzende Gebiete erobern zu können. Der geballten Kraft Makedoniens unter Philipp II. und Alexander mussten sie sich noch beugen. Aber am Lamischen Krieg von 323/324 v. Chr. nahmen sie teil und konnten trotz der Niederlage der Griechen ihre Unabhängigkeit behaupten. Sie sind nie wieder unter makedonische Herrschaft geraten.

Ihre große Stunde schlug, als Makedonien 280 v. Chr. unter dem Ansturm der Kelten zusammenbrach. Als die Kelten weiter nach Süden voranstürmten, gierig, das Heiligtum in Delphi zu plündern, verschanzten sich die Aitoler nicht furchtsam in ihren Bergen, sondern traten ihnen zusammen mit den Truppen anderer griechischer Staaten mutig entgegen und errangen in mehreren Gefechten 279 v. Chr. einen großartigen Sieg. Aus dem verachteten Räubervolk wurden die ruhmreichen Retter vor den Barbaren. Von 277 v. Chr. an beherrschten die Aitoler das delphische Heiligtum und gewannen so einen beträchtlichen politischen Einfluss in Griechenland und darüber hinaus. In den 270er Jahren setzte auch die Münzprägung des Bundes ein.

30 Jahre später bekräftigten die Aitoler noch einmal ihren Ruf als Retter Griechenlands, indem sie in Delphi das Fest der *sōtería* („Rettungsfest"), das alljährlich zum Andenken an den Sieg über die Kelten abgehalten wurde, in den Rang der großen pangriechischen Feste erhoben – ein weiteres Beispiel für die große politische Bedeutung der Feste. Militärisch waren sie seit den 260er Jahren stark genug, um einen expansiven Kurs einschlagen zu können und gewannen die Kontrolle über ganz Mittelgriechenland. Ihr Herrschaftsbereich bildete einen regelrechten Sperrriegel zwischen Makedonien und dem Süden. Dabei legten sie eine politische Klugheit an den Tag, die ihnen wohl niemand zugetraut hätte: Statt die Einwohner der Unterworfenen zu massakrieren, zu versklaven oder wenigstens auszubeuten, integrierten sie sie in das *koinón* und verliehen ihnen gleiche politische Rechte (Isopolitie). Gerade die föderalistische Struktur ihres Stammesgebietes erwies sich als geeignet, das *koinón* auch über das Stammesgebiet hinaus auszudehnen. Deshalb schlossen sich manche Stämme sogar freiwillig den Aitolern an.

Die verfassungsmäßige Basis war die Versammlung der Bürger aller Bundesstädte, an der jedoch schon aus praktischen Gründen die meisten nicht teilnehmen konnten. Sie trat nur zu außerordentlich wichtigen Abstimmungen zusammen. Immerhin schufen die Aitoler etwa seit den 260er Jahren neben den Thermiká ein zweites Fest, die Panaitolika, die im Frühjahr stattfanden und nicht ortsgebunden waren, so dass die Versammlung aller Aitoler mal hier mal dort stattfinden konnte, was den dezentralen Charakter des Bundes betonte. Die eigentliche Macht lag jedoch nicht bei der Volksversammlung, sondern bei einem großen Ratsgremium, in dem die gewählten Vertreter aller Verwaltungsbezirke Sitz und Stimme hatten. Diese Machtverschiebung von der Volksversammlung zu einem Repräsentativorgan hatte eine fundamentale Bedeutung, auch wenn dieser große Rat ebenfalls nicht ständig tagte. Die alltägliche Geschäftsführung hatte ein kleineres Gremium, das auch die zivilen und militärischen Amtsträger überwachte. Deren Kompetenzen waren durchaus begrenzt. Man wollte keine Machtfülle Einzelner. Bei der Weiterentwicklung ihrer Bundesorganisation zeigten sich die Aitoler flexibel, denn nach jeder neuen Annexion mussten die Repräsentativorgane entsprechend angepasst werden. Obwohl die meisten Delegierten und Amtsträger sicher der sozialen Oberschicht angehörten, dürfen wir annehmen, dass das aitolische *koinón* sich als Demokratie verstand, weil seine Basis eine Volksversammlung war. Im Verhältnis zu ihrer Umwelt waren die Aitoler nach wie vor zwiespältig. Einerseits blieben sie ihrer alten Gewohnheit der staatlichen und individuellen Raubzüge treu und verbreiteten Furcht und Schrecken. Andererseits förderten sie den Handel. Beide waren Quellen ihres Reichtums, mit dem sie sich bald zu brüsteten begannen. Der Bund prägte Gold- und Silbermünzen. Außenpolitisch pflegten sie trotz ihrer Raubzüge gute Beziehungen zu etlichen Staaten und mächtigen Einzelnen im ägäischen Raum, denen sie *asylía* und *aspháleia*, gewährten, d. h. Sicherheit in ihrem Bundesgebiet, und einzelnen Personen gelegentlich die Proxenie, den Status eines Staatsgastfreundes, oder gar die Isopolitie.

Der Hauptgegner des Aitolischen Bundes blieb Makedonien. Um so erstaunlicher war es, dass die Aitoler sich nicht am Chremonideischen Krieg (268–261 v. Chr.) beteiligten und so die Gelegenheit verpassten, ganz Griechenland von makedonischer Herrschaft zu befreien: in den Augen des heutigen Betrachters ein schwerwiegendes Versäumnis. Aber die Aitoler schätzten ihre Lage anders ein. Anscheinend hielten sie eine Verständigung mit Antigonos Gonatas im Sinne ihrer eigenen Interessen für vorteilhafter. Jedenfalls zündete die athenische Parole „Freiheit für Griechenland" bei ihnen nicht. Sie hat es nie geschafft, alle Griechen zusammenzuführen. Eher werteten die Aitoler ihren Sieg über die Boioter bei Chaironeia (245 v. Chr.) als besonderes Ruhmesblatt, wo einst Philipp II. die Thebaner und Athener geschlagen hatte. Denn dieser Sieg weitete ihr Herrschaftsgebiet noch einmal beträchtlich aus. Das war ihnen wichtiger, als für die Freiheit aller Griechen zu kämpfen. Als sich während der Regierung Demetrios' II. das Verhältnis zu Makedonien wieder verschlechterte, gingen die Aitoler 239 v. Chr. ein Bündnis mit ihrem südlichen Antipoden, dem Achaiischen Bund auf der Peloponnes, ein. Doch für die Aitoler brachte dieser Krieg, der sich bis 228 v. Chr. hinzog, so gut wie nichts. Ihre Versuche, sich in Thessalien festzusetzen, hat Antigonos Doson vereitelt.

Eine andere Entstehungsgeschichte und Struktur hatte der Achaiische Bund. Seine Basis war die abgelegene Stammesregion Achaia im äußersten Norden der Peloponnes. Schon im fünften Jahrhundert hatte sich dort ein locker gefügter Bund von zwölf Städten um das Heiligtum des Zeus Homarios bzw. Homagyrios (des Zeus als Wächters über Versammlungen) gebildet. Ähnlich wie sein aitolisches Gegenstück war dieser Bund in keiner Weise prädestiniert, irgendwann einmal eine bedeutende politische Rolle zu spielen. Aber wie beim Aitolischen Koinon war es der Widerstand gegen die makedonische Herrschaft, die den Bund zu einer respektablen Mittelmacht anwachsen ließ. Unter der Führung der Städte Dyme und Patrai schlossen sich die Achaier fester zusammen. 276 v. Chr., als Antigonos Gonatas noch dabei war, seine Herrschaft im Norden zu etablieren, gelang es den Achaiern, die makedonische Besatzung aus Aigion am Korinthischen Golf zu vertreiben. Aigion wurde die Hauptstadt einer zentralistisch organisierten Union. Anders als der Aitolische Bund nahmen die Achaier an der Seite Athens und Spartas am Chremonideischen Krieg teil, gerieten aber trotz der Niederlage ebenso wenig wie Sparta oder die Aitoler unter makedonische Herrschaft.

Größere politische Bedeutung erlangte der Achaiische Bund erst ein Vierteljahrhundert später, als er sich über sein Stammesgebiet hinaus ausdehnte. Das geschah 251 v. Chr. in aufsehenerregender Weise mit dem Beitritt von Sikyon, der Nachbarstadt Korinths. Sikyon war jahrzehntelang von politischen Wirren geschüttelt worden. Gewählte Regierungen und verschiedene Tyrannenregimes wechselten mehrfach einander ab. Die Machtkämpfe wurden mit Mord und Totschlag unter der zu einem großen Teil verwandten und verschwägerten Oberschicht ausgetragen. Immer wieder rissen Einzelne, getrieben von Ehrgeiz und Habgier, die Macht an sich und jagten ihre Gegner, soweit sie überlebten, in die Fremde, konnten sich aber nie lange halten, weil die Schar ihrer Kumpane, auf die sie sich stützten, zu klein war.

264 v. Chr. kam bei dem Putsch eines gewissen Abantidas der Oberbeamte Kleinias ums Leben. Sein siebenjähriger Sohn namens Aratos wurde jedoch von der Schwester des neuen Tyrannen, die mit dem Bruder des ermordeten Kleinias verheiratet war, bei Nacht nach Argos in Sicherheit gebracht. Dort nahmen Freunde seines Vaters den Jungen in ihre Obhut und sorgten für eine angemessene Erziehung. Als Jugendlicher trainierte er sich als Ringkämpfer und gewann im Pentathlon öfter Preise. Dennoch wurde aus ihm nie ein großer Krieger. Er liebte den Krieg um des Krieges willen nicht. Sein Leben lang scheute er das Risiko der offenen Feldschlacht, was ihm viel Spott einbrachte, der ihm noch über seinen Tod hinaus anhing. Seine Spezialität auf militärischem Gebiet war vielmehr der gewagte nächtliche Überfall auf Städte, wobei er das jeweilige Unternehmen gern von Verrätern und Meuchelmördern vorbereiten ließ, ehe er zuschlug und sein Leben entschlossen aufs Spiel setzte. Er wurde ein Politiker, der sich durch klare langfristige Konzeptionen auszeichnete, der seine jeweiligen Pläne rhetorisch überzeugend zu vertreten verstand, der das Talent hatte, Freunde und Bündnispartner zu gewinnen und die Geheimdiplomatie geschickt zu handhaben wusste. 16-mal ist er im Laufe seiner Karriere zum Strategen gewählt worden. Er wurde der einflussreichste Politiker des Achaiischen Bundes.

Schon als 20-Jähriger plante er seine gewaltsame Rückkehr nach Sikyon. Indessen war dort ein neuer Tyrann namens Nikokles, vermutlich ein makedonischer Parteigänger, an der Macht. Ein Zufall kam Aratos zu Hilfe. Ein aus dem

Gefängnis des Tyrannen Entflohener machte ihn auf eine leicht zu übersteigende Stelle der Stadtmauer aufmerksam. Aratos schickte mit diesem Mann zwei seiner treuen Sklaven zur Überprüfung dorthin und fand die Nachricht bestätigt. Unter den sikyonischen Verbannten, deren Zahl infolge der häufigen Regimewechsel auf 580 angewachsen war, fand er nur wenige Mitstreiter. Eine kleine zusammengewürfelte Mannschaft, die ihm Freunde zur Verfügung stellten, 30 seiner Sklaven und eine Schar angeworbener Banditen, denen er einen Beutezug vortäuschte, dazu heimlich beschaffte Waffen und in Einzelteile zerlegbare Sturmleitern – das war alles, was er zur Verfügung hatte. Schließlich hing alles davon ab, dass das Vorhaben geheim blieb. Mit diesem bunten Haufen erstieg Aratos im Dunkel der Nacht die Stadtmauer von Sikyon, gelangte trotz lauten Hundegebells unbemerkt von der Nachtwache in die Stadt und überrumpelte die schläfrigen Söldner des Tyrannen, ohne auch nur einen einzigen zu töten. Am nächsten Morgen ließ er die Bürger aus ihren Häusern herausrufen und sich im Theater versammeln, wo ihnen ein Herold in seinem Namen die Freiheit verkündete. Die Menge setzte anschließend das Haus des Tyrannen in Brand. Nikokles entkam durch unterirdische Gänge, sein Hab und Gut wurde geplündert. So einfach war es, einen Tyrannen zu stürzen.

Aratos rief die Verbannten zurück. Sie forderten natürlich die Rückgabe ihres Besitzes, der längst in andere Hände übergegangen war, und schon drohte ein neuer Konflikt die Bürgerschaft zu zerreißen. Aratos löste das Problem, indem er sich unter persönlichen Gefahren nach Ägypten durchschlug und von Ptolemaios II. eine ansehnliche Summe Geldes erbat. Nach seiner Rückkehr setzte er eine 15-köpfige Kommission ein, mit der er dafür sorgte, dass die Zurückgekehrten ihre Häuser und Ländereien zurückkaufen konnten. Um die Lage in Sikyon weiter zu stabilisieren, beschloss die neue Bürgerschaft den Anschluss an den Achaiischen Bund. Damit kam sie zugleich dem ptolemaiischen Bestreben entgegen, die antimakedonischen Kräfte in Griechenland zu stärken. Propagandistisch wurde die weitere Expansion des Achaiischen Bundes von da an als Freiheitskrieg gegen die von Antigonos Gonatas auf der Peloponnes eingesetzten Tyrannen geführt. Erste Erfolge traten bald ein, was natürlich Krieg mit Makedonien bedeutete. Von den Erfolgen der Achaier wurde sogar Alexandros, der als makedonischer Vizekönig von Korinth aus Teile Südgriechenlands regierte, ermutigt, sich, wie schon gesagt, von Antigonos Gonatas unabhängig zu machen. In der Folgezeit diente sich Aratos in der achaiischen Reiterei hoch und wurde 245 v. Chr. zum Strategen gewählt. In diesem Jahr versuchte der Bund auch die aitolische Expansion nach Süden aufzuhalten und den bedrängten Boiotern zu Hilfe zu kommen, doch traf das achaiische Heer einen Tag zu spät in Boiotien ein, als die Aitoler den entscheidenden Sieg schon errungen hatten. Die Rivalität mit den Aitolern, die sich mit Makedonien verständigt hatten und auch auf der Peloponnes auf nicht wenige Sympathisanten zählen konnten, blieb einstweilen bestehen.

Nach dem Tod des Vizekönigs Alexandros gelang es Antigonos Gonatas, wie wir schon gesehen haben, dessen Witwe mit seinem Sohn und Thronfolger Demetrios zu verheiraten und so Korinth wieder in seine Hand zu bekommen. Dieser Rückschlag ließ Aratos nicht ruhen, zumal sich der Achaiische Bund noch im Krieg mit dem König befand. Doch Korinth war nicht so einfach einzunehmen wie Sikyon. Die hoch auf einem Felsen gelegene Burg Akrokorinth galt als uneinnehmbar. Wieder kam Aratos ein Zufall zu Hilfe. Er kam mit einigen Söldnern des Königs, die aus dem königlichen Schatz Gold stahlen, in Kontakt. Einer von ihnen berichtete ihm von einem Seitenweg zur Burg, der zu einer Stelle führe, wo die Mauer niedrig sei. Mit dem Versprechen hoher Belohnungen gewann Aratos diese Männer – es handelte sich um Syrer – für seinen Plan und ließ sich die Schwachstelle an der Burgmauer von einem seiner Sklaven bestätigen.

Mit einer Truppe von 400 Soldaten aus Sikyon, von denen den meisten nicht einmal mitgeteilt wurde, wozu sie ausrückten, näherte sich Aratos bei Nacht seinem Ziel. Er schickte ein paar seiner Leute zum Stadttor, die als Reisende verkleidet um Einlass baten und dann die Torwachen niedermachten. Er selbst stieg mit 100 Mann über die Stadtmauer, wurde jedoch entdeckt, so dass in der Stadt Alarm geschlagen wurde. Indessen war jedoch schon seine Nachhut durch das offene Stadttor eingedrungen, die in der Dunkelheit zahlreicher erschien als sie war, und hatte mit einer Attacke aus dem Hinterhalt die Soldaten des Königs in Panik versetzt. Indessen stieg Aratos mit seinen Leuten auf steilen Pfaden bis in die Nähe der Burg hinauf, und es gelang ihm, von seiner Nachhut unterstützt, die Burgbesatzung in hartem Kampf zu überwältigen. Als es wieder hell wurde, trafen weitere Truppen aus Sikyon ein. Den im Theater versammelten Korinthern wurde „empfohlen", dem Achaiischen Bund beizutreten. Mit der Eroberung von Korinth war Aratos sein Meisterstück gelungen (243 v. Chr.)

Dagegen scheiterten mehrere seiner Versuche, durch Angriffe auf Attika und Salamis Athen zu gewinnen, obwohl Antigonos Gonatas schon 255 v. Chr. seine Besatzung aus der Stadt abgezogen hatte. 241/240 v. Chr. kam ein Friedensschluss zwischen den Achaiern, Makedonien und den Aitolern zustande. Aber schon 239 v. Chr. hatten sich die Beziehungen zwischen dem neuen König Demetrios II. und den Aitolern so verschlechtert, dass diese, wie erwähnt, bereit waren, ihre Rivalität mit den Achaiern zu vergessen und ein Bündnis mit ihnen zu schließen. Bei dieser Kehrtwende war der Achaiische Bund der Gewinner. Megara und etliche andere Städte verjagten ihre makedonischen Tyrannen und schlossen sich dem Bund an. Doch alle Anstrengungen, Argos in den Bund zu zwingen, schlugen zunächst fehl.

Es lohnt sich, hier etwas ins Detail zu gehen. Da die Stadt seit längerer Zeit unter der Tyrannis einer makedonenfreundlichen Familie stand, glaubte Aratos anfangs, mit seiner Befreiungspropaganda große Teile der argivischen Bürgerschaft zu sich herüberziehen zu können. Er wurde jedoch enttäuscht. Wie sich herausstellte, hatten die Tyrannen in der Bürgerschaft einen großen Rückhalt. Tyrannis wurde eben nicht immer als Tyrannei empfunden. Ein Versuch des

Aratos, den Tyrannen Aristomachos von gedungenen Meuchelmördern beseitigen zu lassen, schlug fehl, weil die Verschwörer sich zerstritten. Zwar wurde der Tyrann 240 v. Chr. von einigen seiner Sklaven ermordet, aber die Herrschaft ging nahtlos an Aristippos, den älteren seiner Söhne, über. Als Aratos die Gunst der Stunde nutzen zu können glaubte und mit einem achaiischen Heer vor der Stadt erschien, traf er auf kein freudiges Echo. Stattdessen verklagte ihn Aristippos wegen des Angriffs mitten im Frieden und bekam vor einem Schiedsgericht in Mantineia Recht. Auch ein zweiter Angriff auf Argos, bei dem Aratos verwundet wurde, schlug fehl. Als Aratos daraufhin die Felder zu verwüsten begann, stellte sich Aristippos ihm in einer offenen Schlacht und trug den Sieg davon. Zwar unterlag Aristippos 235 v. Chr. einem von Aratos geführten achaiischen Heer und wurde auf der Flucht getötet, aber die Tyrannis in Argos wurde davon nicht erschüttert, sondern ging an Aristomachos, den jüngeren Bruder des Aristippos über. Aratos musste einsehen, dass er gegenüber Argos mit Gewalt nicht weiterkam. Er verlegte sich auf Verlockungen.

234 v. Chr. gelang es ihm, den Tyrannen von Megalopolis, Lydiadas, zur Aufgabe zu bewegen, indem er ihm eine Karriere im Achaiischen Bund anbot. Das Gleiche gelang ihm 229 v. Chr. mit Aristomachos von Argos, obwohl er 233 v. Chr. eine Niederlage gegen ein makedonisches Heer hatte einstecken müssen. Aber 229 war Makedonien nach dem Tod Demetrios' II. vorübergehend schwach, so dass sich nicht nur Athen von makedonischer Herrschaft befreien konnte, sondern eben auch Aristomachos es für geraten hielt, die makedonische Oberhoheit mit der achaiischen zu vertauschen. Beide Extyrannen wurden mit einem Mal respektable Persönlichkeiten und häufig zu Strategen des Achaiischen Bundes gewählt. Als solche waren sie auch politische Rivalen des Aratos. Der Bund befand sich auf dem Höhepunkt seiner Macht. Nur Athen konnte er nach wie vor nicht gewinnen, obwohl er zur Befreiung der Stadt von makedonischer Herrschaft diplomatisch und finanziell beigetragen hatte.

Der Achaiische Bund war nicht nur zentralistischer, sondern auch oligarchischer geprägt als der Aitolische. Die Bundesversammlung war keine Vollversammlung der Bürger aller Städte, sondern eine Versammlung von Delegierten aus den einzelnen Städten, also ein Repräsentativorgan. Nur bei den Tagungen des Bundesrates durften alle Bürger über 30 Jahren zusammenkommen und auch ihre Meinung notfalls lautstark zu erkennen geben, um politischen Druck auszuüben. Doch das Stimmrecht war allein den Mitgliedern des Rates vorbehalten. An der Spitze der Exekutive stand ein Stratege, dem ein Reiterführer und einige Unterstrategen zur Seite standen. Für administrative Aufgaben gab es einen Leiter der Kanzlei und zehn zivile Amtsträger. Für den Arkader Polybios, einen leidenschaftlichen Vertreter des Achaiischen Bundes, der zugleich einer der bedeutendsten Historiographen der Antike war, war diese Verfassung eine „echte Demokratie", weil sie Gleichheit *(isótes)* und Redefreiheit *(parrhesía)* garantiere. Auf den Vorzügen dieser Verfassung habe die Erfolgsgeschichte des

Bundes beruht. Das oberste Ziel des Achaiischen Bundes, lässt er seine Leser wissen, sei immer die Freiheit der Bundesstaaten, der Kampf gegen Tyrannen und die Eintracht aller Peloponnesier, d. h. *philanthropía*, gewesen. Sein Hass richtete sich gegen die Aitoler, die für ihn nichts anderes waren als eine große Räuberbande.

Sparta war in Südgriechenland noch immer ein Machtfaktor, den zumindest die Ptolemaier bei ihren Versuchen, die makedonischen Könige aus Griechenland zurückzudrängen, in ihr Kalkül miteinbezogen. Sparta war jedoch weit davon entfernt, sich dauerhaft mit der Rolle eines Juniorpartners der Ptolemaier zu begnügen. Sein Stolz und seine Hoffnung, wieder zu einer Großmacht aufsteigen zu können, waren ebenso anachronistisch wie unauslöschlich. Ein herausragender Führer dieser Politik war König Areus I., der eine ungewöhnlich lange Regierungszeit hatte (309–265 v. Chr.). Dass seine Auffassung vom Königtum eher hellenistisch als spartanisch war, wurde in anderem Zusammenhang schon gesagt.

Er strebte nichts Geringeres als die Befreiung des Heiligtums von Delphi von den Aitolern sowie die Rückeroberung Messeniens an und brachte im Chremonideischen Krieg gegen Makedonien eine beachtliche Koalition peloponnesischer Staaten zustande. Diese Koalition sollte auch zu einer Erneuerung des Peloponnesischen Bundes unter spartanischer Hegemonie führen. Doch waren gerade seine überaus ehrgeizigen Ziele die Ursache für seinen Misserfolg. Seine antiaitolische Politik dürfte nämlich dazu beigetragen haben, dass der Aitolische Bund sich nicht am Chremonideischen Krieg beteiligte und der Freiheitskrieg scheiterte. Die Zeit für Großmachtambitionen Spartas war nicht nur vorbei, sondern Sparta entging mehrfach nur durch glückliche Umstände der Eroberung durch Stärkere.

Wie wir schon gesehen haben, war für Demetrios Poliorketes, als er das spartanische Heer unter König Archidamos geschlagen hatte, das Eingreifen in Makedonien wichtiger als Sparta. Pyrrhos traf zwar vor Sparta auf unerwarteten Widerstand, doch wurde die Stadt vor allem dadurch gerettet, dass er von Parteigängern nach Argos gerufen wurde. Und der von allen Seiten bedrängte Antigonos Gonatas hatte auch keine Zeit, sich Sparta vorzunehmen, nachdem er König Areus und sein Heer bei Korinth besiegt hatte. Sparta blieb nicht deshalb verschont, weil es unbesiegbar gewesen wäre, sondern weil es für Eroberer längst verlockendere Ziele gab. Areus starb, wie viele spartanische Könige vor ihm, den Heldentod auf dem Schlachtfeld. Was ihm blieb, war sein Ruhm. Die Eleer ehrten ihn in Olympia mit zwei Standbildern und einer Reiterstatue. Und er war der einzige spartanische König, der später in Delphi eine Ehreninschrift erhielt, wohl deshalb, weil er vorgehabt hatte, das Heiligtum von der Herrschaft der Aitoler zu befreien. Aber die Hoffnung – sie blieb in Sparta trotz allem bestehen.

21 Jahre später kam es zu einem Versuch, Sparta durch eine ziemlich radikale Reform von Grund auf zu erneuern. Eine Rückkehr zur Gleichheit sollte die

Basis für Spartas Wiederaufstieg schaffen. Es begann mit einem erbitterten Streit zwischen den beiden Königen, der die ganze spartanische Gesellschaft in zwei Lager spaltete. Leonidas II. (König 254–235 v. Chr.) aus dem Haus der Agiaden hatte, bevor er König wurde, lange im Exil am Hof Seleukos' I. gelebt und von dort den Habitus der östlichen Könige nach Sparta mitgebracht. Dagegen revoltierte sein junger Mitkönig, Agis IV. (König 244–241 v. Chr.) aus dem Haus der Eurypontiden. Er empörte sich darüber, dass Sparta so gut wie nichts mehr von dem hatte, was man einst mit dem klassischen Sparta verband. Aus dem Staat der „Gleichartigen" war eine extreme Oligarchie geworden. (Auf den Niedergang Spartas seit dem späten fünften Jahrhundert wurde schon an früherer Stelle hingewiesen.)

Lakonien war im Besitz einer dünnen Schicht von Großgrundbesitzern, darunter zahlreichen Frauen, in deren Abhängigkeit sich eine Menge von Schuldnern befand. Wie diese Konzentration des Landbesitzes bei Wenigen zustande gekommen war, wissen wir nicht. In Athen hat es eine solche extreme Entwicklung jedenfalls nicht gegeben. Die Forderung nach „Neuverteilung des Landes" und „Schuldenstreichung", die in der zeitgenössischen Literatur gelegentlich erhoben wurde, könnte darauf schließen lassen, dass es ähnliche Zustände wie in Sparta auch in anderen griechischen Staaten gab, doch bei der Beschreibung realer Maßnahmen finden sich sowohl bei antiken Autoren als auch in der inschriftlichen Überlieferung nur Beispiele für Schuldenstreichungen, keine Beispiele von Neuverteilung des Landbesitzes der gesamten Bürgerschaft – außer in Sparta. Das Projekt des Agis sah sowohl eine allgemeine Schuldenstreichung als auch eine teilweise Umverteilung von Land vor, wobei 4500 Landstücke an Spartiaten verteilt werden sollten und 15 000 an kriegstüchtige Perioiken. In die Gruppe der Spartiaten sollten sogar besonders robuste Perioiken und Ausländer aufgenommen werden. Das Motiv dürfte kaum die Herstellung von so etwas wie sozialer Gerechtigkeit gewesen sein, sondern in erster Linie die Erhöhung der militärischen Schlagkraft.

Dieser Plan überzeugte keineswegs alle Mitglieder der Oligarchie. Sie stützten die militärische Schlagkraft Spartas anscheinend eher auf die Anwerbung von verarmten Spartanern und Söldnern, deren Ausrüstung sie wahrscheinlich bezahlten und die nach dem Ende eines Krieges wieder entlassen werden konnten. Für die verarmten Spartaner, die sich anwerben ließen, bot ein Krieg die Aussicht, ihre schlechte soziale Lage durch Kriegsbeute zu verbessern. Nach den Vorstellungen des Agis sollten die beiden Könige und die Oberschicht wieder auf eine herausgehobene Selbstdarstellung verzichten, so dass alle Spartiaten wieder als „Gleichartige" in Erscheinung treten würden. Auch die Wiedereinführung von Essensgemeinschaften (Syssitien) war geplant, um durch die Reglementierung von Speise und Trank die Bürger wieder zur Bedürfnislosigkeit zu erziehen. Damit sollte mental das echte Spartiatentum wieder zum Leben erweckt werden. Agis gelang es, einige einflussreiche Männer und Frauen für seine Reform zu gewinnen, unter anderen seine Mutter und seinen Onkel Agesilaos, der zwar viel Landbesitz hatte, aber trotzdem verschuldet war. Mit Hilfe eines gleichgesinnten Ephors gewann er die Zustimmung der Volksversammlung. Doch die Gerusie lehnte das Gesetz ab, wenn auch mit einer Mehrheit von nur einer Stimme. Diese Stimme war die des Königs Leonidas. Daraufhin griffen die Reformer zu trickreichen Mitteln. Unter verschiedenen Vorwänden bestritt der Ephor Lysandros die Legitimität der Königswürde des Leonidas und setzte dessen Schwiegersohn Kleombrotos an dessen Stelle. Nach einem erneuten Gerangel zwischen den beiden Parteiungen wurde die Schuldenstreichung vollzogen. Doch die Landverteilung wusste Agesilaos, der seine Schulden losgeworden war, zu verschieben, in der heimlichen Absicht, sie zu verhindern.

Zum Glück für die Gegner der Landreform wurde Agis von Aratos im Namen der Bündnisverpflichtung, die Sparta gegenüber dem Achaiischen Koinon hatte, zu militärischer Unterstützung gegen die Aitoler gerufen, die einen Raubzug in die Peloponnes vorhatten. Kriegsruhm konnte Agis dort nicht erwerben, weil Aratos, der den Oberbefehl innehatte, das Risiko einer Schlacht scheute. Nach seiner Rückkehr fand Agis eine veränderte Lage vor. Die Gegner der Reform hatten die Oberhand gewonnen, und Leonidas war aus seinem Exil zurückgekehrt. Beide Könige, Agis und Kleombrotos, verloren alle Macht und mussten Schutz in Tempeln suchen. Den Kleombrotos ließ Leonidas ins Exil entkommen. Doch Agis wurde auf dem Rückweg vom Bad von Verrätern außerhalb des Tempels überfallen, ins Gefängnis geschleppt, von den Ephoren zum Tode verurteilt und gehenkt, ebenso seine Mutter und Großmutter.

Die „Partei“ der Reformer bestand im Untergrund weiter. In Anbetracht des oft schwierigen Vater-Sohn-Verhältnisses bei den Griechen war es vielleicht kein Zufall, dass gerade der Sohn und Nachfolger Leonidas’ II., Kleomenes III., das Programm des Agis wieder aufgriff. Sein Vater hatte ihn mit der Witwe des Agis, Agiatis, zwangsweise verheiratet, um ihr großes Vermögen für seine Familie zu ergattern. Dass diese Verbindung gegen das Gesetz verstieß, das die Heirat zwischen den beiden Königsfamilien verbot, scherte ihn nicht. Und dass auch die Ephoren ihn nicht daran hinderten, wirft ein bezeichnendes Licht auf den inneren Zustand des damaligen Sparta. Doch der Streich des Leonidas sollte Folgen haben, die ihm ganz und gar nicht gefallen hätten. Agiatis war erheblich älter als Kleomenes. Angeblich soll der junge Mann von ihr nähere Kenntnis über die Pläne des Agis erfahren und sich dafür begeistert haben.

Am Anfang seiner Regierung (235 v. Chr.) stand er noch unter der Kontrolle der Ephoren. Sie waren es, die ihn auf einen Feldzug gegen den Achaiischen Bund schickten, der unter der Führung des Aratos Einfälle in die Einflusszone Spartas unternahm. Diese Einfälle waren keine Plünderungszüge, sondern ein Teil der achaiischen Expansionsstrategie, die Aratos damals erfolgreich betrieb. Dass Aratos 234 v. Chr. Argos zum Anschluss an den Bund bewegen konnte, muss in Sparta Besorgnis ausgelöst haben. Zu Recht: Denn das Fernziel des Aratos war die Einbindung auch Spartas in den Achaiischen Bund. Da sich die Kriegszüge des Kleomenes, wenn auch mit Unterbrechungen, sieben Jahre lang ohne entscheidendes Ergebnis hinzogen, riefen die Ephoren den König zurück. Kleomenes, der indessen als Feldherr viel Selbstbewusstsein erworben hatte, war verärgert und strebte von da an nach einer fundamentalen Veränderung der Machtverhältnisse in Sparta. Die Institution des Ephorats, die ihn stets bevormundete, wollte er ein für allemal abschaffen.

Als sein Mitkönig aus dem Haus der Eurypontiden, Eudamidas III., starb, ließ er 227 v. Chr. den Bruder des Agis, Archidamos V., aus dem Exil zurückkehren. Und als dieser kurze Zeit darauf, wahrscheinlich von Gegnern des Agis, die seine Rache fürchteten, ermordet wurde, herrschte Kleomenes als alleiniger König. 226 v. Chr. errang er einen großen Sieg über die Achaier in der Nähe von Megalopolis. In dieser Schlacht fiel Lydiadas, der ehemalige Tyrann der Stadt, der achaiischer Stratege geworden war. Trotzdem erwies Kleomenes ihm Ehre, indem er seinen Leichnam bekränzte und ihn in einem Purpurmantel seiner Heimatstadt übergab. Bei einem weiteren kleinen Kriegszug befahl er dem spartanischen Bürgeraufgebot, in der Nähe von Mantineia stehenzubleiben, und zog nur mit seinen Söldnern nach Sparta zurück. Noch bevor er ankam, ließ er von einigen seiner Freunde die Ephoren beim Abendessen mit Schwertern niederhauen. Vier von ihnen wurden getötet; einer konnte sich verwundet in ein Heiligtum retten, das er von innen abschloss. Als er das Heiligtum am nächsten Tag verließ, tat man ihm nichts mehr zuleide. Das Blutvergießen sollte so gering wie möglich bleiben.

Vor der Volksversammlung rechtfertigte Kleomenes seinen Putsch. 80 reiche Spartiaten wurden ins Exil geschickt. Dann führte er sein Programm durch: die Schuldenstreichung und die Landverteilung, wobei er auch die vertriebenen 80 berücksichtigte und ihnen die baldige Rückkehr versprach. Durch die Aufnahme von geeigneten Perioiken in die Bürgerschaft schuf er ein Heer von 4000 Schwerbewaffneten, die er nach makedonischer Art bewaffnete und trainierte. Auch die staatliche Erziehung, die *agogé*, führte er wieder ein, wobei ihn der Stoiker Sphairos beraten haben soll. Er selbst passte seine Lebensweise ebenfalls an die verordnete Bedürfnislosigkeit an und kehrte auch gegenüber ausländischen Diplomaten den genuin spartanischen König propagandistisch heraus. Pro forma machte er seinen Bruder Eukleidas zum Mitkönig, so dass entgegen dem spartanischen „Grundgesetz“ beide Könige aus derselben Familie stammten. In Wirklichkeit herrschte Kleomenes allein und absolut. Und er trug ein Diadem. Das alte Sparta wurde nicht wieder erweckt. Das Regime des Kleomenes war eine Tyrannis mit einer Mischung aus spartanischen Elementen und hellenistischem Königtum, eine Tyrannis, die eine Oligarchie beseitigt hatte.

Kleomenes nahm den Krieg gegen den Achaiischen Bund wieder auf und errang bei Dyme einen entscheidenden Sieg. Daraufhin forderte er den Oberbefehl über den Bund. Die Reaktionen bei den Achaiern waren geteilt. Es gab Stimmen, die darauf eingehen und mit ihm verhandeln wollten. Aratos stemmte sich dagegen, wohl nicht zu Unrecht: Denn es stand zu befürchten, dass Kleomenes letztendlich auf die völlige Auflösung des Achaiischen Bundes abzielte, um den alten Peloponnesischen Bund wieder ins Leben zu rufen. Das hätte die Zerlegung des Achaiischen Koinon in einzelne Städte und die Wiederaufrichtung der Hegemonie Spartas bedeutet.

Die Achaier befanden sich in einer verzweifelten Lage. Unterstützung aus Ägypten konnten sie nicht mehr erwarten, denn Ptolemaios III. hatte sich nach mehreren Niederlagen des Bundes umentschieden und setzte auf den siegreichen Spartaner als Bundesgenossen gegen Makedonien. Für die Zusage konkreter Hilfe verlangte er allerdings später von Kleomenes die Auslieferung seiner Mutter und seiner Kinder als Geiseln. Die Aitoler, die doch bis 228 v. Chr. mit den Achaiern verbündet gewesen waren, lehnten ein Hilfegesuch des Aratos ab. Wie im Chremonideischen Krieg machten sie noch einmal den gleichen Fehler, indem sie durch ihre Passivität Makedonien zur Hegemonie über Griechenland verhalfen. Und Athen, das erst 229 v. Chr. seine Unabhängigkeit von Makedonien wiedergewonnen hatte, beharrte auf seiner Neutralität. So blieb Aratos nichts Anderes übrig, als sich an Makedonien zu wenden, obwohl dieser Schritt zur politischen Ausrichtung des Achaiischen Bundes von Anfang an in grundsätzlichem Widerspruch stand und sein Lebenswerk zerstörte. Für ihn muss diese Entscheidung tragisch gewesen sein. Der Stein des Sisyphos war wieder hinabgerollt.

Aratos wagte es nicht, sich direkt und öffentlich an Antigonos Doson zu wenden, sondern hatte nur heimlich über die Vermittlung von Politikern aus Megalopolis einige Zeit zuvor Kontakt zu Antigonos aufgenommen. Megalopolis verfügte nämlich von alters her über gute Beziehungen zu Makedonien und litt besonders schwer unter den Angriffen des Kleomenes. Die Gesandten kehrten mit dem Hilfeversprechen des Antigonos für Megalopolis zurück. Der König machte allerdings das offizielle Einverständnis der Achaier zur Bedingung. Die achaiische Bundesversammlung stimmte notgedrungen zu. Bis dahin hatte sie Kleomenes mit Scheinverhandlungen hinzuhalten versucht, woraufhin dieser den Krieg erklärt hatte. Stadt auf Stadt fiel ihm mühelos zu; denn viele waren über das Hilfegesuch an Makedonien empört. Andere hofften auf Schuldenstreichungen oder gar die Umverteilung von Land, wieder andere waren von Kleomenes ganz einfach bestochen worden. Aratos griff zu harten Gegenmaßnahmen. In Sikyon ließ er Verräter hinrichten. Als er in Korinth, wo man mit der von den Achaiern oktroyierten Verfassung schon lange unzufrieden war, das Gleiche versuchte, wurde er beinahe gefangengenommen und musste Hals über Kopf flüchten. Indessen gelang Kleomenes die Besetzung von Argos, was vor ihm noch keinem spartanischen König gelungen war. Die „Umkehr des Schicksals“ war schon dramatisch: Nur ein gutes Jahrzehnt, nachdem der Bund Argos gewonnen hatte, begann er sich unter dem unerwarteten Druck eines neu erwachten Sparta aufzulösen. Doch Aratos blieb fest. Er lehnte ein lukratives Geldangebot des Kleomenes ab und hielt in Sikyon drei Monate lang der spartanischen Belagerung stand. Da sich Korinth indessen Kleomenes angeschlossen hatte, fiel es ihm weniger schwer, die Akrokorinth, die noch von einer achaiischen Besatzung gehalten wurde, den Makedonen anzubieten, sowie seinen Sohn und andere Geiseln als Garanten an Antigonos Doson auszuliefern. Auf der Bundesversammlung in Aigion, zu der er auf gefahrvollen Schleichwegen durchgekommen war, wurde beschlossen, alle Forderungen des Makedonenkönigs zu erfüllen und ihm den Oberbefehl über alle Streitkräfte zu Wasser und zu Land zu übertragen.

König Antigonos rückte 224 v. Chr. mit einem Heer von 20 000 Infanteristen und 1400 Reitern heran, musste allerdings den Seeweg über Euboia nehmen, weil die Aitoler ihm den Landweg durch ihr Gebiet verboten. In Pegai auf dem Gebiet von Megara wurde von beiden Seiten der Bündnisvertrag beschworen. Aratos gelang es, zu Antigonos auch ein gutes persönliches Verhältnis herzustellen, obwohl er es gewesen war, der den Makedonen einst Korinth entrissen hatte. Kleomenes versperrte den Isthmos. Er hätte den Vormarsch der Makedonen vielleicht verhindern können, wenn es den Achaiern in seinem Rücken nicht gelungen wäre, Argos zurückzugewinnen. Kleomenes, der auf diese Nachricht hin fürchtete, dass ihm von den Achaiern der Rückweg nach Sparta abgeschnitten würde, sah sich zum Rückzug nach Mantineia gezwungen. Der Weg für Antigonos Doson in die Peloponnes war frei. Auf der Bundesversammlung der Achaier in Aigion wurde er zum Oberbefehlshaber aller Truppen der Koalition ernannt.

Verhandlungsangebote des Antigonos Doson an Ptolemaios III. sowie des Achaiischen Bundes an Kleomenes zerschlugen sich. Die meisten Städte traten ebenso schnell auf die Seite der Koalition über, wie sie vorher Kleomenes aufgenommen hatten. Kleomenes versuchte noch in einem nächtlichen Überfall Megalopolis für sich zu gewinnen. Es gelang ihm, in die Stadt einzudringen, doch die meisten Bürger konnten sich rechtzeitig nach Messene in Sicherheit bringen. Eine Ausnahme machte Mantineia. Die Stadt hatte sich schon vor dem Eingreifen der Makedonen dem Kleomenes angeschlossen und die achaiische Besatzung niedergemetzelt, hatte also keine Gnade zu erwarten. Sie wurde erobert und regelrecht ausgelöscht. Die Männer der Führungsschicht wurden getötet, die Frauen und Kinder in die Sklaverei verkauft, ebenso ein Teil der übrigen Männer, Ein anderer Teil wurde als Sklaven nach Makedonien verfrachtet. Zwei Drittel des Gewinns erhielt Antigonos Doson, ein Drittel die Achaier. Der König vergab die Stadt an Argos. Sie wurde neu bevölkert und erstand als Antigoneia neu. Der ehemals promakedonische Tyrann von Argos, Aristomachos, der sich 229 v. Chr. den Achaiern angeschlossen hatte und einer ihrer Bundesstrategen geworden war, dann aber Argos dem Kleomenes ausgeliefert hatte, wurde gefasst und als Verräter gefoltert und im Meer ertränkt.

Die Entscheidung fiel 222 v. Chr. nördlich von Sparta in der Schlacht bei dem Dorf Sellasia. Da Kleomenes wusste, dass er mit seinen 20 000 Mann seinen Gegnern zahlenmäßig unterlegen war, hatte er eine Defensivstellung auf zwei Hügeln bezogen, die er an den Seiten mit Gräben und Erdwällen geschützt hatte. Den rechten Flügel befehligte er selbst, die Reiterei postierte er in der Mitte, und der linke Flügel unter dem Befehl seines Bruders Eukleidas stand auf dem anderen Hügel. Die Koalition seiner Gegner konnte 28 000 Infanteristen und 1200 Reiter ins Feld führen.

Als die Schlacht begann, beging Eukleidas einen entscheidenden Fehler, weil er den Vorteil, dass die Gegner bergan kämpfen mussten, nicht ausnutzte, sondern wartete, bis sie den Hügel erstiegen hatten. Dort wurde er geschlagen und fiel im Kampf. Kleomenes drängte die Makedonen anfangs zurück, erlag aber dann dem wuchtigen Vorstoß der makedonischen Phalanx. Weit entfernt davon, den Heldentod zu suchen, verließ er mit einigen Begleitern das Schlachtfeld, galoppierte nach Sparta und von dort zum Hafen von Gytheion, wo er schon vorher Schiffe bereitgestellt hatte, um sich nach Ägypten abzusetzen. So wurde Antigonos der erste Sieger über Sparta, der tatsächlich in Sparta einzog. Aber wie seine Vorgänger, die spartanische Könige besiegt hatten, hatte auch er keine Zeit. Denn kurz nach der Schlacht wurde ihm ein Einfall von Illyrern in Makedonien gemeldet. Er ließ in Sparta Milde walten und die Ephorenregierung wieder einsetzen. Daraufhin erklärte ihn die Volksversammlung zum Wohltäter. Dann zog er eilig ab. Kleomenes blieb weiterhin König, wenn auch in Abwesenheit. Hätte Antigonos die Nachricht vom Einfall der Illyrer ein wenig früher erhalten, und wäre sie bekannt geworden, hätte Kleomenes wahrscheinlich die Entscheidung auf dem Schlachtfeld bis zum Abzug der Makedonen vermeiden können. Ob es ihm längerfristig genützt hätte, darf bezweifelt werden.

Bald nach dem Eintreffen des Kleomenes in Ägypten starb Ptolemaios III., und Kleomenes wurde in den Konflikt um die Nachfolge verwickelt. Durch einige unbedachte Äußerungen brachte er sich bei Sosibios in Verdacht, möglicherweise mit peloponnesischen Söldnern in ptolemaiischen Diensten einen Putsch gegen Ptolemaios IV. anzuzetteln. Der Ausbruch des Bundesgenossenkrieges (220 v. Chr.) in Griechenland ließ in ihm neue Hoffnung aufkeimen, mit ptolemaiischer Unterstützung den Krieg gegen die Achaier neu aufzunehmen. Stattdessen wurde er festgesetzt. Ägypten konnte keinen Krieg in Griechenland führen, sondern musste sich auf den Krieg gegen Antiochos III. vorbereiten. Eine kurze Abwesenheit des Ptolemaios nutzte Kleomenes zur Flucht aus seinem Gewahrsam und versuchte verzweifelt, in den Straßen von Alexandreia einen Aufruhr zu erregen. Als das misslang, beging er zusammen mit seinen Freunden und Begleitern Selbstmord. Ptolemaios ließ seine Leiche in eine Tierhaut nähen und ans Kreuz schlagen. Auch die Mutter und die Söhne des Kleomenes wurden hingerichtet (219 v. Chr.). So endete ein Kriegsheld, den seine Erfolge auf dem Schlachtfeld zu einer unrealistischen Politik verführt hatten.

Den sogenannten Bundesgenossenkrieg (220–217 v. Chr.) begannen die Aitoler. Sie hatten die Schwäche der Achaier im Krieg gegen Kleomenes aufmerksam registriert und unterschätzten nach dem Tod des Antigonos Doson auch Makedonien, weil der neue König Philipp V. erst 17 Jahre alt war. Also nahmen sie ihre alten Gewohnheiten wieder auf und begannen Plünderungszüge zu Land und zur

See. Besonders hatten sie es auf Messenien abgesehen, verschonten aber beiläufig auch achaiische Städte nicht. Unter der Führung des Aratos beschloss der Achaiische Bund Gegenmaßnahmen und berief die Wehrpflichtigen nach Megalopolis ein. Die Messenier baten in ihrer bedrängten Lage um Aufnahme in den Achaiischen Bund. Doch hatte der Bund, der nach dem Kleomeneskrieg Mitglied des Hellenenbundes geworden war, darüber keine freie Entscheidung mehr, sondern ein solcher Beschluss konnte nur noch vom gesamten Hellenenbund gefasst werden. Das Achaiische Koinon war nicht mehr souverän. Aratos versprach dennoch, ihnen zu helfen und forderte die Stellung von Geiseln als Garantie, dass die Messenier nicht doch wieder anderen Sinnes würden und Frieden mit den Aitolern schlössen. Bei Kaphyai erlitten die Achaier jedoch eine Niederlage. Und so riefen sie wieder Makedonien zu Hilfe.

Sehr schlimm erging es der Stadt Kynaitha in Arkadien, wenn auch nicht unverschuldet. Nach langen blutigen Auseinandersetzungen zwischen der achaiischen und der aitolischen „Partei" hatte sich die achaiische „Partei" durchgesetzt. Später war auf Bitten der Stadt unter achaiischer Vermittlung den Verbannten die Rückkehr gestattet worden. Der innere Frieden hielt jedoch nicht lange. Die Rückkehrer lieferten die Stadt bald den Aitolern aus, die dort mordeten und gründlich plünderten und dabei nicht einmal ihre Sympathisanten verschonten.

Auch in Sparta, das schon heimlich mit den Aitolern konspiriert hatte, fanden heftige Auseinandersetzungen zwischen der promakedonischen und der proaitolischen „Partei" statt, in die sich Philipp, der mit einem Heer in die Peloponnes vorgedrungen war, nicht einmischte, sondern so tat, als ob er der Stadt, die ihm gegenüber ihre Loyalität beteuerte, glaubte. In Korinth beschloss der Hellenenbund unter dem Vorsitz Philipps den Krieg gegen die Aitoler. Wieder einmal kam die Freiheit als Kriegsziel ins Spiel. Alle Staaten, die zwangsweise Mitglieder des Aitolischen Bundes geworden seien, sollten ihre Freiheit einschließlich der Freiheit von Besatzungen und Tributen zurückerhalten. Auch Delphi sollte von der Hegemonie der Aitoler befreit werden. Messenien wurde in den Achaiischen Bund und damit zugleich in den Hellenenbund aufgenommen.

In Sparta wartete man zunächst auf die Rückkehr des Kleomenes. Dass er Sparta in eine Katastrophe geführt hatte, hat seinem Nimbus als großer Krieger offensichtlich keinen Abbruch getan. Erst auf die Nachricht von seinem Tod hin setzten die Ephoren zwei neue Könige ein, schlossen ein Bündnis mit den Aitolern und Elis und begannen wieder einen Krieg gegen die Achaier. Etwas später versuchte ein gewisser Cheilon aus Enttäuschung darüber, dass die Ephoren nicht ihn zum König gemacht hatten, sich unter Berufung auf die Reformen des Kleomenes an die Macht zu putschen, erreichte aber außer der Ermordung der Ephoren nichts und flüchtete.

Im Krieg zwischen König Philipp und den Aitolern kam es zu keiner entscheidenden Schlacht. Beide Seiten beschränkten sich auf die Einnahme, Ausplünderung und Zerstörung von Städten und Heiligtümern. Nichts war mehr heilig. Tiefpunkte waren die Zerstörung des makedonischen Zentralheiligtums Dion und des Heiligtums in Dodona durch die Aitoler und die anschließende Ausraubung und Zertrümmerung des aitolischen Zentralheiligtums Thermon, wo der Staatsschatz der Aitoler gelagert war, durch Philipp. Dennoch gewann der junge König mit seinen energisch und geschickt vorangetriebenen militärischen Operationen eine beträchtliche Reputation, zumal er sich nicht scheute, sich auch persönlich Gefahren auszusetzen. In seinem Auftreten achtunggebietend und zugleich liebenswürdig, erschien er als ein jugendlicher Held, dem man eine ruhmreiche Zukunft voraussagte. Im Inneren musste er sich Schritt für Schritt von seinen älteren „Ratgebern", ihren eigenmächtigen Handlungen und Intrigen befreien, ehe er wirklich König sein konnte. Eher bediente er sich des Rates des Aratos, der einen gewissen Einfluss auf seine strategischen Entscheidungen gewann. Eine Friedensvermittlung von Rhodos und Chios (218 v. Chr.) scheiterte einstweilen. Philipp eroberte noch das phthiotische Theben in Thessalien, verkaufte die Einwohner in die Sklaverei, besiedelte die Stadt mit Makedonen und gab ihr zu seinem Ruhm den Namen Philippopolis.

Nach einer erneuten Friedensinitiative von Chios, Rhodos, Byzanz und Ptolemaios' IV. sowie Direktverhandlungen zwischen Philipp und den Aitolern kam in Naupaktos 217 v. Chr. ein Friedensschluss auf der Grundlage des Status quo zustande. Nicht aus reiner Friedensliebe – denn Philipp, der sich indessen von den Römern in Illyrien bedroht fühlte, hatte Nachricht von den ersten Siegen Hannibals in Italien erhalten und wandte seine Aufmerksamkeit nach Westen. Wenn wir dem Geschichtsschreiber Polybios glauben dürfen, hat der aitolische Stratege Agelaos bei den Friedensverhandlungen eine Rede gehalten, die von ungewöhnlicher politischer Weitsicht zeugt:

> Die Griechen täten am besten daran, überhaupt niemals miteinander Krieg zu führen, sie sollten vielmehr den Göttern zutiefst dankbar sein, wenn sie, eines Sinnes und einander fest die Hände reichend, wie man beim Durchschreiten eines Flusses tut, die Einfälle der Barbaren abzuwehren und sich selbst und ihre Städte zu schützen vermöchten. Wenn jedoch jener Wunsch eine Utopie sei, dann sei es jedenfalls im Augenblick das Gebot der Stunde, zusammenzustehen und auf der Hut zu sein, angesichts der Größe des im Westen von gewaltigen Heeren geführten Krieges. Es müsse doch einem jeden, der sich auch nur einigermaßen um die große Politik kümmere, auch jetzt schon klar sein, ob nun die Karthager über die Römer oder diese über jene die Oberhand gewännen, daß sich die Sieger mit der Herrschaft über Italien und Sizilien nicht begnügen würden, ihr Machterweiterungsdrang vielmehr alle gebotenen Grenzen überschreiten werde. Daher sollten alle vor der Gefahr auf der Hut sein, vor allem aber Philipp. Das bedeute, daß er aufhöre, die Griechen zugrunde zu richten und sie zu einer leichten Beute für jeden Angreifer zu machen, sie im Gegenteil als Blut von seinem Blute betrachte und überhaupt für alle Teile Griechenlands Sorge trage, als gehörten sie ihm zu eigen. Wenn er so handle, werde er sich die Zuneigung aller Griechen erwerben und an ihnen zuverlässige Verbündete bei allen Unternehmungen haben, von außen her aber in seiner Herrschaft weniger bedroht sein,

> da die Treue der Griechen seine Feinde abschrecken werde. Wenn ihm aber der Tatendrang keine Ruhe lasse, dann solle er nach Westen schauen und den Krieg in Italien aufmerksam verfolgen, sich klug in der Reserve halten, wenn aber der Augenblick gekommen sei, seine Hand nach der Herrschaft über die Welt ausstrecken. Und der gegenwärtige Augenblick sei einer solchen Hoffnung nicht ungünstig. Die Differenzen mit den Griechen aber und die Kriege gegen sie solle er bis auf die Zeiten der Muße zurückstellen und vor allem darauf bedacht sein, daß er immer die Freiheit behalte, sich mit ihnen zu vertragen oder Krieg zu führen. Denn wenn er es erst einmal dahin kommen lasse, daß die jetzt drohend im Westen stehende Wolke über Griechenland heraufzieht, dann, sagte er, bin ich in schwerer Sorge, daß die Waffenstillstände, die Kriege und all die Kinderspiele, die wir jetzt miteinander spielen, uns so gründlich ausgetrieben werden, daß wir dann die Götter auf den Knien anflehen werden, uns die Freiheit wiederzugeben, Krieg zu führen miteinander und Frieden zu schließen, wann wir wollen, überhaupt die eigene Entscheidung in allen Streitigkeiten zwischen uns zurückzuerhalten (Polybios 5, 104).[124]

Diese Vorstellung von der Rolle der makedonischen Könige als Schutzpatrone der Griechen und Führer gegen die Barbaren war nicht neu. Wie wir gesehen haben, hatte schon Isokrates ca. 130 Jahre früher Philipp II. diese Stellung angetragen. Und auch er hatte dem Makedonenkönig die Dankbarkeit und unverbrüchliche Treue der Griechen versichert. Ein leeres Wort. Hätten die Aitoler und Achaier langfristig zusammengearbeitet, hätten sie wahrscheinlich Griechenland dauerhaft von makedonischer Herrschaft befreien können. So aber drehte sich alles wieder im Kreis. Man entwickelte keine neue Konzeption. Man lernte nichts aus der Vergangenheit. Die Aitoler waren zwar zunächst froh, aus dem erfolglosen Krieg herausgekommen zu sein. Aber nicht lange. Bald machten sie Agelaos Vorwürfe, dass er, anstatt nur mit einigen, mit allen Staaten Frieden geschlossen habe. Keine neuen Beutezüge mehr? Musste man es mit der Friedensliebe derart übertreiben?

Aratos starb 213 v. Chr. in der Bundeshauptstadt Aigion. Persönlich war er einer der einflussreichsten Politiker Griechenlands gewesen, hatte 16-mal das Strategenamt bekleidet, und – auch das war wichtig – sein Gespann hatte 232 v. Chr. bei den Olympischen Spielen den Sieg im Wagenrennen davongetragen. Er wurde in seiner Heimatstadt Sikyon, wo seine politische Laufbahn als ganz junger Mann so ruhmreich begonnen hatte, mit großem Gepränge bestattet, und an seinem Grab fanden jedes Jahr kultische Zeremonien statt. Sein ehrgeiziges politisches Lebensziel, die Ausdehnung eines unabhängigen Achaiischen Bundes über die gesamte Peloponnes, hat er nicht erreicht. Vielmehr hatte es sich gezeigt, dass der Bund dafür einfach zu schwach war. Das Ergebnis seiner Politik war der Wiederaufstieg Makedoniens.

Auf Sizilien blieb den Städten nach dem Abzug des Pyrrhos nichts Anderes übrig, als den mühsamen Krieg gegen die Karthager selbst zu organisieren. In dieser Lage trat der Syrakusier Hieron (Lebenszeit ca. 306–215 v. Chr.) auf den Plan, dessen militärisches Talent schon Pyrrhos erkannt und belohnt hatte. Er schob die erfolglosen Führer der aus Bürgern und Söldnern bestehenden Truppen beiseite und machte das Heer zu seinem persönlichen Instrument (275/274

v. Chr.). Dann marschierte er in Syrakus ein, ließ sich von der Volksversammlung zum Feldherrn mit unbeschränkter Vollmacht *(strategòs autokrátōr)* wählen und verbreiterte seine Machtbasis, indem er die Tochter eines führenden Oligarchen heiratete. So weit agierte er nach einem altbekannten Muster.

Die Karthager konnte er ebenso wenig wie seine Vorgänger aus Sizilien vertreiben; er war vielmehr gezwungen, mit ihnen Frieden zu schließen. Denn indessen war ein anderer Feind auf dem Kriegsschauplatz erschienen: die Mamertiner, was in ihrer oskischen Sprache „Söhne des Mars" bedeutete, ehemalige Söldner des Agathokles aus dem italischen Kampanien. Sie waren nach ihrer Entlassung nicht wieder in ihre Heimat zurückgekehrt, sondern hatten sich in Messana festgesetzt. Angeblich sollen sie alle Männer in der Stadt umgebracht und ihre Frauen, Kinder und ihren Besitz übernommen haben. Von dort aus überzogen sie weite Teile Siziliens mit Raubzügen, auch syrakusanisches Gebiet. 271 v. Chr. brachten sie Hieron eine bittere Niederlage bei. Im Jahr darauf unterstützte er die Römer bei der Belagerung von Rhegion an der Südspitze Italiens, das ebenfalls von Mamertinern okkupiert war, mit Getreidelieferungen.

Mit der Einnahme von Rhegion fiel ganz Süditalien in römische Hand (270 v. Chr.). Und 269 v. Chr. gelang Hieron der entscheidende Sieg über die Mamertiner bei Mylai am Longanosfluss. Nach diesem Triumph ließ er sich von seinem Heer zum König ausrufen. Die Einnahme von Messana schien zum Greifen nahe. Doch überraschenderweise hinderte ihn ein in der Nähe befindlicher karthagischer Admiral daran, der, von den Mamertinern herbeigerufen, die Stadt vorübergehend mit einer karthagischen Besatzung schützte. 264 v. Chr., nach dem Abzug der Karthager, versuchte es Hieron noch einmal. Die Mamertiner riefen wieder nach den Karthagern.

Was dann folgte, war schon bei den antiken Autoren so umstritten, dass es auch der umfangreichen modernen Geschichtsforschung nicht gelungen ist, ein eindeutiges Bild zu gewinnen. Es könnte so gewesen sein: Die Reaktion der Karthager zog sich anscheinend eine Weile hin, so dass die „Marssöhne" in Panik gerieten und sich an Rom wandten. Im römischen Senat löste das Hilfegesuch eine Kontroverse aus. Viele Senatoren hatten offenbar Bedenken, sich in die komplexen Verhältnisse auf Sizilien einzumischen. In dieser Situation führte der Konsul Appius Claudius Caudex die Kriegsentscheidung durch die Volksversammlung herbei, die er für die Annahme des Hilferufs gewann, indem er die Versammelten mit der Aussicht auf reiche Kriegsbeute köderte. Ihm selbst ging es anscheinend auch darum, einen Kriegsschauplatz für sich zu gewinnen, um hinter seinem Mitkonsul nicht zurückzustehen, der im Auftrag des Senats Krieg in Etrurien führte. Aus römischer Sicht handelte es sich wahrscheinlich nur um eine Konfrontation mit Hieron, nicht mit Karthago. Und der hatte 269 v. Chr. schon gegenüber den Karthagern nachgegeben, würde es gegenüber den Römern also auch tun, ohne einen Krieg zu riskieren.

In der Zwischenzeit hatten jedoch die Karthager den Hilferuf der Mamertiner angenommen, wieder eine kleine Besatzungstruppe in der Stadt stationiert und den Mamertinern aufgetragen, das Hilfegesuch an Rom zurückzuziehen. Dafür war es jetzt freilich schon zu spät. Eine römische Vorhut bedrohte den karthagischen Kommandanten derart, dass er „freiwillig" abzog. Trotz ihres massiven Auftretens darf mit ziemlicher Sicherheit angenommen werden, dass die Römer nicht die Absicht hatten, Sizilien zu erobern. Der Besitz von Messana, mit dem sie ihre Eroberung Süditaliens noch besser absichern und die Straße von Messina, wie diese Passage heute heißt, kontrollieren konnten, hätte ihnen wahrscheinlich genügt. Möglicherweise ging es ihnen nur darum, zukünftigen Angriffen syrakusanischer Tyrannen auf Unteritalien, die es in der Vergangenheit mehrfach gegeben hatte, einen Riegel vorzuschieben. Doch die Karthager und Hieron mussten den Eindruck gewinnen, dass die Römer ihre Expansion auf ganz Sizilien ausdehnen wollten. Ihr Schock war so groß, dass die beiden Gegner sich eilig gegen die Römer verbündeten.

Die Karthager forderten von den Römern ultimativ den Rückzug aus Messana, und die beiden Verbündeten erschienen mit ihren Heeren drohend vor der Stadt. Indessen war schon der römische Konsul Appius Claudius mit zwei Legionen auf Sizilien gelandet und warf sowohl Hieron als auch die karthagischen Truppen zurück. Damit begann aus einem kleinen Anlass ein 23-jähriger erbitterter Krieg zwischen Rom und Karthago, den man aus römischer Perspektive den Ersten Punischen Krieg nennt. Hätten die Römer geahnt, was dieser Krieg ihnen abfordern würde, auch wenn sie am Ende siegten, hätten sie vermutlich nie sizilischen Boden betreten, sondern sich mit der Herrschaft über Italien begnügt. Man kann noch weiter gehen: Die Folge des Eintritts der Römer in den Ersten Punischen Krieg war letztendlich der Untergang der römischen Republik – auch wenn dieser erst 237 Jahre später erfolgte.

Die Kämpfe gingen einstweilen noch kurze Zeit hin und her, die Römer verdoppelten ihre Heeresstärke, und Hieron musste einsehen, dass er Gefahr lief, alles zu verlieren. Er schloss mit den Römern Frieden, sogar um den Preis einer hohen Kriegsentschädigung, und behielt die Herrschaft über Syrakus und sechs weitere Städte. Sein Auftreten als absoluter Monarch wurde bereits in anderem Zusammenhang beschrieben. In seinem Königreich organisierte er eine straffe Verwaltung, die den Polisverfassungen nur noch ein Schattendasein beließ. Seine Macht stützte er hauptsächlich auf eine Söldnertruppe, daneben aber auch auf die Zustimmung eines oligarchischen Ratsgremiums und dazu auf das Wohlwollen der Römer, die in ihm einen Stabilitätsfaktor für ihre Herrschaft auf Sizilien sahen. Dennoch scheint es in Syrakus gelegentlich innere Krisen gegeben zu haben, in denen zum Vorschein kam, dass die republikanische Tradition doch noch nicht völlig erloschen war. In solchen Situationen soll Hieron sogar pro forma seinen Rücktritt angeboten haben, um sich gleich darauf von einer wie immer organisierten Volksversammlung wieder bestätigen zu lassen. Im Hintergrund gab es anscheinend auch Kreise, die ihre oppositionelle Haltung gegen seine Alleinherrschaft mit Sympathien für Karthago verbanden und vielleicht von dort eines Tages Unterstützung erhofften.

Gegenüber der griechischen Welt tat Hieron viel, um seine faktische Vasallenstellung gegenüber Rom hinter einer Fassade von Reichtum und Großzügigkeit zu kaschieren, und wetteiferte mit den östlichen Mächten um Prestige. Griechischen Städten, die in Not geraten waren, half er mit Getreidelieferungen, unterstützte Rhodos nach dem Erdbeben von 227 v. Chr., glänzte mit mehrfachen Siegen seiner Gespanne in Olympia und erregte mit einem riesigen Palastschiff allgemeine Bewunderung, das er „Syrakusia" taufte und Ptolemaios III. zum Geschenk machte. Und er genoss die zahlreichen Ehrungen, die er von überall her erfuhr. Wie die Könige des Ostens unterhielt er nicht nur eine Kriegsflotte, sondern ließ durch den genialen Mathematiker und Konstrukteur Archimedes auch neue Geschütze entwickeln. Syrakus wurde stark befestigt. Außenpolitisch verstand er es, den Freiraum, den Rom ihm ließ, voll auszuschöpfen. Als die Karthager unmittelbar nach ihrer Niederlage im Ersten Punischen Krieg drei Jahre lang einen Söldneraufstand im eigenen Land zu bekämpfen hatten (241–238 v. Chr.), war es Hieron, der ihnen Getreidelieferungen zukommen ließ. Seinen Sohn und Mitregenten Gelon verheiratete er mit einer molossischen Prinzessin. Da die molossische Monarchie jedoch wenig später (234/233 v. Chr.) beseitigt und von einem Bund gleichberechtigter Städte ersetzt wurde, brachte diese Verbindung nicht den erhofften politischen Gewinn.

Dieser Sohn war es, der sich im Zweiten Punischen Krieg, nach der verheerenden Niederlage der Römer bei Cannae gegen Hannibal (216 v. Chr.), offen gegen seinen Vater an die Spitze der prokarthagischen „Partei" stellte. Wieder einmal einer dieser Vater-Sohn-Konflikte! Auf dieses Signal hatten anscheinend viele gewartet. Bezeichnend ist es, dass diese politische Richtung trotz des plötzlichen Todes Gelons stark blieb und nach dem wenig später eingetretenen Tod Hierons (215 v. Chr.) die Oberhand gewann. Der von Hieron testamentarisch zum Nachfolger bestimmte, erst 15-jährige Hieronymos, der von seinem Onkel Adranodoros gelenkt wurde, beseitigte die romfreundlichen Ratgeber seines Großvaters und trat in den Krieg gegen Rom ein. Die Gegenseite wehrte sich mit einer Verschwörung, der Hieronymos schon im Jahr darauf zum Opfer fiel. Adranodoros versuchte noch kurze Zeit zwischen den verschiedenen Parteiungen zu lavieren und insgeheim durch einen Putsch die Nachfolge seines Neffen anzutreten, bis auch er ermordet wurde.

Die allgemeine Wut richtete sich in diesem Stadium gegen jegliche Alleinherrschaft. Die Bürgerschaft wollte wieder frei sein. Die Königsfamilie sollte ausgerottet werden, es sollte keinen neuen Anwärter auf das Königtum geben. Alle weiblichen Mitglieder der Königsfamilie wurden massakriert. Die jüngeren Brüder des Hieronymos überlebten nur deshalb, weil er sie politisch ausgeschaltet und nach Alexandreia geschickt hatte. Die wiederentstandene Republik blieb auf karthagischer Seite, bis Syrakus nach einer dreijährigen Belagerung, bei der die Verteidigungsmaschinen des Archimedes den Belagerten gute Dienste leisteten, vom Heer des römischen Konsuls Marcus Claudius Marcellus 212 v. Chr. erobert wurde. Dabei kam auch Archimedes ums Leben, der von einem plündernden römischen Soldaten getötet wurde. Angeblich sei er ungerührt von dem, was in der Stadt vor sich ging, in seine geometrischen Studien vertieft gewesen und habe dem eindringenden Plünderer zugerufen, seine Kreise nicht zu stören. Doch dürfte es sich wohl um eine der vielen Legenden handeln, die sich in der Antike um berühmte Leute rankten.

Kehren wir zurück zur römischen Präsenz auf Sizilien nach dem Ende des Ersten Punischen Krieges. Man hätte erwarten können, dass die Römer ihr italisches Bündnissystem einfach auf die Insel ausgedehnt und mit den griechischen Städten, die sich während des Krieges auf ihre Seite geschlagen hatten oder von ihnen erobert worden waren, zweiseitig beschworene Bündnisverträge geschlossen hätten. Aber ein solches Bündnis *(foedus)* schlossen sie nur mit Messana, was vielleicht darauf schließen lässt, dass sie auf Sizilien ursprünglich nur diese eine Stadt hatten erobern wollen. Das übrige Sizilien war für sie offensichtlich etwas Fremdes, das nicht an Italien angeschlossen werden konnte und wo man keine Kolonisten ansiedeln wollte. Vielleicht wären die Römer nach dem Friedensvertrag mit Karthago gern wieder aus Sizilien abgezogen, wie sie es einige Jahrzehnte später nach ihren Siegen in Griechenland und Kleinasien getan haben. Aber die gesamte Insel an Syrakus übergeben? Dann hätte immer die Gefahr bestanden, dass eines Tages das alte Spiel wieder von Neuem begonnen hätte, dass einige Städte gegen die syrakusanische Herrschaft rebelliert und wieder Karthago zu Hilfe gerufen hätten.

Das eigentliche Problem war, dass die Position eines Provinzstatthalters in der römischen Verfassung nicht vorgesehen war. Da der Befehlshaber eines römischen Heeres, auch wenn es sich nur um Besatzungstruppen handelte, ein Imperiumsträger, also mindestens ein Praetor sein musste, hätte man in Rom eine zusätzliche Praetur schaffen müssen. Eben das wollte der Senat jedoch vermeiden, weil das jährliche Reservoir an geeigneten Kandidaten aus der patrizisch-plebejischen Führungsschicht begrenzt und der Senat nicht bereit war, einer immer größeren Schar von Neulingen den Zugang zu den höheren Ämtern zu eröffnen und anschließend in seinen Kreis aufzunehmen. Auch das ist ein Indiz dafür, dass die Römer eigentlich nicht vorgehabt hatten, ihre direkte Herrschaft auf Sizilien auszudehnen.

Einstweilen begnügte sich Rom damit, den unter ihre Herrschaft geratenen einzelnen Städten eine vertraglose einseitig erklärte Bündnerschaft *(amicitia et societas)* zu oktroyieren, die den Städten in der Praxis viel von dem beließ, was sie als Freiheit empfanden: ihr eigenes Bürgerrecht, ihre eigene Verfassung und ihre eigene Rechtsprechung. Diplomatische Beziehungen zu anderen Städten, auch zu solchen im Osten, waren ihnen erlaubt, sofern sie sich nicht gegen Rom richteten. Und die Römer schützten sie in gewisser Hinsicht vor sich selbst, vor neuer Tyrannis und den damit verbundenen blutigen Wirren. In diesem Rahmen waren die griechischen Städte „frei“. Deshalb haben die Römer alle von ihnen beherrschten Städte auch nie als Untertanen bezeichnet, sondern immer von ihren „Freunden und Bundesgenossen" *(amici et socii)* gesprochen und sie als frei bezeichnet.

Die Kosten für die permanente Stationierung von Besatzungstruppen machten die Erhebung von Tributen und Zöllen erforderlich. Die Römer scheinen in diesem Punkt das karthagische System übernommen zu haben. Der Posten des „Statthalters" wurde zunächst anscheinend nur provisorisch besetzt, vielleicht, indem man die einjährige Amtszeit eines Praetors in Rom durch Prorogation auf ein zweites Jahr erweiterte, so dass er anschließend an seine Praetur in Rom ein zweites Jahr auf Sizilien „anstelle eines Praetors" *(pro praetore)* amtieren konnte. Es hat im Senat anscheinend jahrelange Diskussionen gegeben, bis man sich zur Schaffung einer regulären Praetur für Sizilien durchrang. Der erste reguläre Praetor auf Sizilien trat sein Amt erst 227 v. Chr. an. Für die Finanzangelegenheiten wurde ihm ein Quaestor zur Seite gestellt. Im selben Jahr schufen die Römer noch eine zweite Praetur für Sardinien und Korsika, d. h. eine einzige Statthalterschaft für beide Inseln, ein weiteres Zeichen dafür, wie schwer sich Rom mit der Einrichtung von Provinzen tat. Da ein solcher „Statthalter" kraft seines *imperium* gegenüber den Untertanen beinahe unbegrenzte Macht hatte und von Rom aus schwer zu kontrollieren war, lag für ihn die Versuchung zu Amtsmissbrauch und Korruption natürlich nahe. Diese Schwachstelle der römischen Provinzialverwaltung hat der Senat nie völlig reparieren können, obwohl er immer wieder Gesetze zum Schutz der Untertanen erließ. Denn eigentlich war die römische Republik, die ja ein Stadtstaat war, für die Gründung eines Reiches, das über Italien hinausging, nicht gemacht.

Trotz der wiederholten Invasionen von Glücksrittern aus dem Osten in Unteritalien seit der zweiten Hälfte des vierten Jahrhunderts hatten die Römer keine Notwendigkeit gesehen, sich gleichsam im Gegenzug in den Regionen östlich der Adria zu engagieren. Auch wären sie bis zum Ende des Ersten Punischen Krieges dazu überhaupt nicht in der Lage gewesen. Das änderte sich erst 229 v. Chr., als sich an der östlichen Gegenküste Süditaliens eine bedrohliche Großmacht zusammenzubrauen schien: die Illyrer.

Einem ihrer Fürsten namens Agron war es gelungen, mehrere illyrische Stämme unter seine Herrschaft zu zwingen und mit ihrer vereinten Kraft nach Süden vorzustoßen, um griechische Städte zu unterwerfen. Neben dem Landheer schuf er auch eine Flotte von 100 sogenannten Lemboi, kleinen wendigen Ruderschiffen, die die langsameren griechischen Trieren ausmanövrieren konnten. In der südlichen Adria begannen die Illyrer eine lebhafte Piraterie, unter der auch die griechischen Untertanen der Römer litten. Nach dem Tod Agrons ließ dessen Witwe Teuta ihre Heerscharen noch weiter nach Süden ziehen, in Richtung Epeiros, das nach dem Untergang der molossischen Monarchie (234/233 v. Chr.) geschwächt war. Die Illyrer nahmen Phoinike ein, die Hauptstadt des epeirotischen Bundes. Selbst ein Aufgebot der damals verbündeten Aitoler und Achaier zeigte sich den Illyrern nicht gewachsen. Sie waren beinahe so schreckenerregend, wie es die 280 v. Chr. in Makedonien und Griechenland einbrechenden Kelten gewesen waren.

Nach langem Bitten griechischer Städte in Unteritalien schickte der römische Senat 230 v. Chr. eine Gesandtschaft zu Teuta, die sich über die Überfälle auf italische Schiffe beschwerte. Die Königin erklärte sich bereit, italische Schiffe in Zukunft nicht anzugreifen, doch könne sie die private Piraterie nicht verbieten, was zweifellos der Wahrheit entsprach – denn die Illyrer betrachteten die private Piraterie als ihr gutes Recht. Auf der Rückfahrt wurde einer der beiden römischen Gesandten bei einem Überfall getötet. Die Römer legten den Überfall der Königin zur Last und beschlossen den Krieg. Indessen hatten die Illyrer weitere spektakuläre militärische Erfolge, besiegten zur See ein achaiisches Geschwader und legten eine Besatzung nach Korkyra (Korfu). Wie ernst man in Rom die Lage nahm, ist daran zu erkennen, dass beide Konsuln des Jahres 229 v. Chr. auf den Kriegsschauplatz geschickt wurden, wobei der eine 200 Schiffe, der andere 20 000 Infanteristen und 2000 Reiter kommandierte.

Zur Überraschung der Römer wagten die Illyrer keine einzige Schlacht. Die griechischen Städte fielen der Reihe nach kampflos in römische Hand und das illyrische Heer zerstreute sich in verschiedene Richtungen. Etwas schwieriger waren für die Römer die Kämpfe im Hinterland. Die meisten der eroberten illyrischen Gebiete verschenkten sie an Demetrios von Pharos, weil er ihnen als Kommandant von Korkyra die Insel kampflos übergeben hatte. Am Ende des Sommers kehrten die römischen Truppen heim, bis auf 40 Schiffe, die in Korkyra blieben. Im nächsten Jahr war Teuta genötigt, mit den Römern Frieden zu schließen, weil ihre Herrschaft über die illyrischen Stämme zu zerfallen drohte. Der machtvolle römische Schlag hatte den Zusammenhalt ihres locker gefügten Reiches erschüttert. Die Römer lösten das großillyrische Reich auf und beließen ihr nur ein kleineres Königtum, verboten die Einfahrt illyrischer Kriegsschiffe über Illyrien hinaus und verlangten Reparationen. Sie nahmen die griechischen Städte in ihre „Freundschaft“ *(amicitia)* auf, d. h., sie schlossen mit ihnen keine Verträge, verpflichteten sie aber moralisch, keine gegen römische Interessen gerichtete Politik zu betreiben. Ansonsten blieben sie frei. Das heißt, die Römer gingen ihrerseits keine Verpflichtungen ein, sondern behielten sich für die Zukunft alles vor. Anschließend schickten sie eine Gesandtschaft an den Aitolischen und Achaiischen Bund, die ihnen den Inhalt des Friedensvertrages bekannt gab, und eine andere nach Athen und Korinth. Die Korinther waren so begeistert, dass sie beschlossen, römische Sportler an den Isthmischen Spielen teilnehmen zu lassen – eine ungewöhnliche Ehre für „Barbaren.

Doch auf dem Balkan konnte sich die Konstellation der Mächte schnell ändern. Und die Römer schienen wieder weit weg. Demetrios von Pharos, der doch den Römern sein Fürstentum verdankte, nahm an dem oben beschriebenen Krieg der Aitoler gegen den Achaiischen Bund teil und rüstete zusammen mit dem Illyrerfürsten Skerdilaidas eine Flotte von 90 Lemboi aus, mit der er achaiisches Gebiet angriff und dann einen Plünderungszug bis in die Ägäis unternahm.

Als er auf der Rückfahrt in Schwierigkeiten geriet, nahm er Hilfe von Philipp V. von Makedonien an und blieb seitdem dessen loyaler Verbündeter. Die Römer sahen im Erscheinen illyrischer Kriegsschiffe in der südlichen Adria eine Verletzung ihres Verbots von 228 v. Chr. und griffen 219 v. Chr. erneut in Illyrien ein. In einem kurzen Feldzug verjagten sie ihren ehemaligen Schützling Demetrios aus seinem Fürstentum. Der flüchtete zu Philipp nach Makedonien. Wenn Philipp nicht mit dem Bundesgenossenkrieg gegen die Aitoler beschäftigt gewesen wäre, hätte er möglicherweise sofort von den Römern die Wiedereinsetzung des Demetrios gefordert, und es wäre schon damals zu einer Konfrontation zwischen den beiden Großmächten gekommen.

Ob die Römer mit einer solchen Reaktion Philipps gerechnet und sie bewusst in Kauf genommen haben, weiß man nicht. Jedenfalls hatten sie keine andere Wahl, als Demetrios zu vertreiben, wenn sie das Ergebnis des Ersten Illyrischen Krieges aufrechterhalten wollten. Indessen brach der Zweite Punische Krieg aus, Hannibal überstieg mit seinem Heer die Alpen und wurde der Schrecken Roms.

Trotzdem verloren die Römer Illyrien nicht aus den Augen. Als Pinnes, der Stiefsohn der Teuta, der indessen König geworden war, die Reparationszahlungen an Rom einstellen zu können glaubte, wurde er unverzüglich von einer römischen Gesandtschaft daran erinnert. Der Nachfolger des Pinnes wurde 218 v. Chr. Skerdilaidas, der ehemalige Verbündete des Demetrios von Pharos. Dieser hatte, um Kriegsbeute zu machen, einmal mit den Aitolern gegen Philipp, ein andermal mit Philipp gegen die Aitoler gekämpft und dann wieder einen Raubzug in makedonisches Gebiet unternommen, weil Philipp ihm den vereinbarten Lohn vorenthalten hatte. Philipp beendete, wie wir schon wissen, daraufhin 217 v. Chr. den Bundesgenossenkrieg und eröffnete den Krieg gegen Skerdilaidas. Er ließ eine Flotte von 100 Lemboi bauen, mit der er schon ab 216 v. Chr. in der Adria aktiv wurde. Skerdilaidas geriet von der Land- und Seeseite her in die Klemme und wandte sich hilfesuchend an die Römer. Diese schickten gerade einmal zehn Penteren (Fünfruderer). Philipp wich ganz bewusst einem Zusammenstoß zur See aus.

Als jedoch die Römer 216 v. Chr. die verheerende Niederlage bei Cannae erlitten, schloss er – nicht zuletzt auf den Rat des Demetrios von Pharos hin – im Jahr darauf ein Bündnis mit Hannibal. In einem, wie die Vertragspartner hofften, bald zu erwartenden Friedensvertrag sollten die Römer verpflichtet werden, auf jegliche Einmischung in Illyrien zu verzichten sowie keinen Krieg gegen Makedonien zu führen, und Demetrios von Pharos sollte sein Fürstentum zurückerhalten. Philipp hatte also kein Interesse an Italien, sondern forderte nur freie Hand in Illyrien. Militärisch unterstützt hat er Hannibal nicht. Die Römer schalteten mit ihrer maritimen Überlegenheit schnell die makedonische Flotte aus. Um Philipp V. von Illyrien fernzuhalten, sahen sie sich 212 v. Chr., nach der Einnahme von Syrakus, nach Bundesgenossen östlich Illyriens um und fanden sie in den Aitolern. Vielleicht ging die Initiative sogar von den Aitolern aus. Im Bündnisvertrag wurde festgelegt, dass aller territoriale Gewinn den Aitolern zustehen sollte, den Römer nur die bewegliche Kriegsbeute. Und wirklich haben die Römer alle Städte, die sie einnahmen, den Aitolern übergeben. Sie hatten nicht vor, dauerhaft im Osten präsent zu bleiben. Zusammen mit der Flotte des Königs von Pergamon gewannen sie in der Ägäis die Oberhand zur See. Doch konnte sich Philipp, obwohl er 209 v. Chr. einen Einfall der Dardaner an seiner Nordgrenze abzuwehren hatte, im Landkrieg gegenüber den Aitolern behaupten, weil die Römer ihre Landstreitkräfte stark reduzierten.

Schließlich gaben die Aitoler 206 v. Chr. aus Enttäuschung über die unzureichende römische Unterstützung auf, und 205 v. Chr. kam zwischen allen Kriegsteilnehmern der Friede von Phoinike zustande, der Philipp immerhin im Besitz von Lissos in Südillyrien ließ. Dieser Friedenschluss hätte das Ende des römischen Eingreifens östlich der Adria sein können. Ost und West wären wieder getrennte Wege gegangen.

205 oder 204 v. Chr. starb in Ägypten mit nicht einmal 35 Jahren Ptolemaios IV. Sein Tod löste, ähnlich wie damals der Tod seines Vaters, mörderische Turbulenzen aus. Seine Witwe Arsinoe (III.), die schon vorher in Arrest genommen worden war, wurde das erste Opfer. Sie kam wenig später unter ungeklärten Umständen ums Leben.

Da Ptolemaios V. erst fünf Jahre alt war, entspann sich in seiner Umgebung ein heftiger Kampf um die Vormundschaft. Zunächst hatten Sosibios und Agathokles noch die Zügel in der Hand und hielten den Tod des Königs eine Weile geheim, um das Reich nach außen nicht geschwächt erscheinen zu lassen und um sich nach potentiellen Verbündeten umzusehen. Doch später wurde Agathokles des Mordes an Arsinoe beschuldigt und vom empörten alexandrinischen „Volk" mitsamt seiner Schwester und anderen Verwandten massakriert. Sosibios starb bald darauf. Sein wichtigster Nachfolger war der Akarnane Aristomenes, ein befähigter Politiker, der etwa ein Jahrzehnt lang die beherrschende Figur am Hof blieb.

Die unsichere Lage in Alexandreia erweckte bei Philipp V. und Antiochos III. sofort Begehrlichkeiten. Man munkelte gar von einem Geheimvertrag zwischen den beiden über die Aufteilung des gesamten Ptolemaierreiches. Aber in Wirklichkeit wollten sie nur die ptolemaiischen Außenbesitzungen an sich reißen. Damit wurde die interne Krise in Alexandreia zur Initialzündung für eine internationale Krise größten Ausmaßes und zum Beginn des rapiden Niedergangs der hellenistischen Königreiche. Philipp nahm die Gelegenheit zum Anlass für eine generelle Expansion im ägäischen Raum und rüstete seine Flotte auf. 202 v. Chr. versuchte er die strategisch und wirtschaftlich wichtigen Dardanellen und verschiedene Städte an der thrakischen Küste zu erobern. Als er auch Städte angriff, in denen aitolische Besatzungen lagen, bemühte sich der Aitolische Bund um eine Erneuerung des Bündnisses von 212 v. Chr. mit den Römern, wenn auch ohne Erfolg.

Die Römer hatten andere Sorgen. Sie standen damals kurz vor der Entscheidungsschlacht gegen die Karthager in Nordafrika. Aber es bleibt festzuhalten, dass sie schon drei Jahre nach dem Friedensschluss von Phoinike wieder in den Osten gerufen wurden. Die militärischen Operationen Philipps an den Zugängen zum Schwarzen Meer beunruhigten die Rhodier, die ihre merkantilen Interessen gefährdet sahen. Als Philipp 201 v. Chr. eine Offensive gegen kleinasiatische Städte begann und den ptolemaiischen Flottenstützpunkt Samos eroberte, erhob sich ernsthafter Widerstand. Die Rhodier brachten eine Koalition mit einigen Seestädten und Pergamon zustande. Nachdem Philipp zwar erfolglos die Stadt Pergamon angegriffen, aber ihr Landgebiet gründlich verwüstet hatte, wurde seine Flotte von der Armada der Koalition bei Chios in eine grimmige Seeschlacht verwickelt. Philipp gelang es, das Schiff des pergamenischen Königs Attalos I. zu kapern, doch konnte sich dieser durch die Flucht an Land retten. Der rhodische Admiral Theophiliskos, der das Bündnis mit Pergamon vermittelt hatte, starb einen Tag nach der Schlacht an seinen Verwundungen, nachdem er noch seinen Bericht über die Schlacht an den rhodischen Rat diktiert hatte. Der makedonische Admiral Demokrates konnte nichts mehr berichten. Er ging mitsamt seinem Schiff unter. Die Schlacht blieb unentschieden, doch die höheren Verluste der Makedonen machten sie zu einem Sieg der Koalition. Philipp hatte 101 Schiffe mit 12 000 Soldaten und Schiffsmannschaften verloren, von denen 2000 in Gefangenschaft geraten waren. Philipps Kriegswut blieb dennoch ungebrochen. Er begann eine neue Offensive im südlichen Kleinasien, in Karien. Als er wegen des nahenden Winters nach Makedonien zurückkehren wollte, blockierte die Flotte der Koalition seine Rückfahrt, und sein Heer litt unter Versorgungsschwierigkeiten.

Indessen wurde die Koalition diplomatisch aktiv. Da der übliche Bündnispartner der beiden Mittelmächte, das Ptolemaierreich, ausfiel, schickten der König von Pergamon und die Republik Rhodos eine Gesandtschaft nach Rom und baten dort um militärische Unterstützung. Was hätten sie auch anderes tun sollen? Das Gleichgewicht der drei östlichen Großmächte war wegen der Wirren in Alexandreia gestört. Die ägyptische Übergangsregierung blickte selbst hilfesuchend nach Rom. Wahrscheinlich war es die pergamenisch-rhodische Gesandtschaft, die vor dem römischen Senat die Geschichte von dem angeblichen Geheimvertrag zwischen Philipp und Antiochos in dramatischen Worten schilderte. Die Antwort des Senats war ausweichend: Man werde sich darum kümmern.

Der chronologische Ablauf der Ereignisse vor dem Beginn des Krieges ist unklar, nicht zuletzt wegen zahlreicher Verfälschungen römischer Historiographen, die das römische Vorgehen als moralisch einwandfrei im Sinne eines „gerechten Krieges“ erscheinen lassen wollten. Skepsis ist also angebracht. Wir wissen nicht, warum und wann eine Mehrheit im Senat zum Krieg bereit war, auch wenn Rom den Krieg noch nicht offiziell beschlossen hatte. Vermutlich erblickte der Senat in dem Krieg im Osten eine günstige Gelegenheit, um Makedonien nachhaltig zu schwächen und die illyrische Frage im römischen Sinne zu lösen. Aber ohne den Hilferuf der beiden Mittelmächte aus Kleinasien hätten die Römer den Krieg gegen Makedonien wahrscheinlich nicht begonnen, jedenfalls nicht an diesem Zeitpunkt. Der Senat schickte zunächst einmal eine Gesandtschaft in den Osten. Sie fand eine verschärfte Lage vor, denn der Krieg hatte sich indessen auf Griechenland ausgeweitet.

Der Anlass war einigermaßen zufällig. Zwei Akarnanen hatten, ohne es zu wissen, ein Sakrileg begangen, indem sie bei den Eleusinischen Mysterien Kulthandlungen beigewohnt hatten, die nur für Eingeweihte bestimmt waren. Sie wurden erwischt und in Athen hingerichtet. Daraufhin verlangte der Akarnanische Bund von Athen eine Wiedergutmachung. Als Athen sich weigerte, baten die Akarnanen Philipp, mit dem sie verbündet waren, um Hilfe und unternahmen mit makedonischer Unterstützung einen Straf- und Plünderungszug nach Attika. Philipp war es indessen gelungen, mit einem Teil seines Heeres nach Makedonien zurückzukehren, während der Rest seiner Truppen Karien besetzt hielt. Er belagerte die Stadt Abydos am asiatischen Ufer der Dardanellen. Der akarnanisch-makedonische Einfall trieb Athen ins Lager seiner Gegner, und so wuchs der kleinasiatische Krieg mit dem griechischen zusammen.

Als die römische Gesandtschaft nach Athen kam, traf sie dort auf König Attalos und rhodische Gesandte, die um den Beitritt Athens zum Bündnis gegen Philipp warben. Attalos, der in Athen mit großem Gepränge empfangen worden war, ließ in der athenischen Volksversammlung ein Schreiben verlesen, in dem er die Athener aufforderte, an der Seite von Pergamon, Rhodos und Rom in den Krieg einzutreten. Die römischen Gesandten dementierten zumindest nicht. Sie wussten schon, dass der Senat entschlossen war, der Aggression Philipps Einhalt zu gebieten. Daraufhin trauten sich die Athener, Philipp den Krieg zu erklären (200 v. Chr.). Anschließend schickten sie eine Gesandtschaft nach Rom. Alle früheren Ehrenbeschlüsse für makedonische Könige wurden eilig kassiert, ihre Statuen niedergerissen und Ehrungen für König Attalos beschlossen. So schnell und radikal konnte sich die Gunst einer Stadt drehen. Nach diesem Erfolg reisten König Attalos und die rhodischen Gesandten ab und bemühten sich um weitere Verbündete, während die römischen Gesandten noch in Athen blieben.

Als Reaktion auf die athenische Kriegserklärung ließ Philipp zwei seiner Generäle mit 2000 Infanteristen und 200 Reitern gegen Athen vorrücken. Ihnen übergaben die römischen Gesandten ein Schreiben mit römischen Forderungen, das sie an ihren König weiterleiten sollten: Philipp solle keinen griechischen Staat angreifen und sich wegen des Unrechts, das er dem König Attalos zugefügt habe, vor einem unparteiischen Schiedsgericht verantworten. Daraufhin zogen die Generäle aus Attika ab und die römischen Gesandten reisten nach Rhodos weiter. Inzwischen hatten sie die Nachricht vom Kriegsbeschluss aus Rom empfangen. Daraufhin wurde der jüngste der römischen Gesandten zum Feldlager Philipps vor Abydos geschickt. Dort wiederholte er die römischen Forderungen und fügte noch hinzu, der König solle auch die ptolemaiischen Außenbesitzungen nicht antasten. Die Römer traten also nicht als Friedensvermittler auf, wie es im Osten üblich war, sondern versuchten dem Makedonenkönig einen Diktatfrieden zu oktroyieren. Dass er sich das nicht bieten lassen würde, nicht bieten lassen konnte, war ihnen zweifellos bewusst. Deshalb war der Beschluss zum Krieg in Rom ja auch schon gefallen.

Philipp wies darauf hin, dass nicht er Pergamon und Rhodos angegriffen habe, sondern sie ihn. Von Illyrien war auf beiden Seiten keine Rede. Im Gegenteil: Philipp warnte die Römer, den Friedenvertrag von Phoinike zu verletzen. Im Übrigen verzeihe er dem Gesandten sein überhebliches Auftreten, weil er noch jung und unerfahren, der schönste Mann und außerdem Römer sei. Im Falle eines Krieges wolle er sich mit Hilfe der Götter tapfer verteidigen. Eine Gesandtschaft des Achaiischen Bundes, die auf Rhodos einen Kompromissfrieden anregen wollte, traf auf entschiedene Ablehnung der römischen Gesandten.

Anschließend reisten die römischen Gesandten weiter in den Osten. Die ptolemaiische Regierung wünschte sich eine Vermittlung in ihrem Konflikt mit Antiochos. Doch den Römern ging es zunächst nur darum, sicherzustellen, dass sich der Seleukidenkönig nicht in ihren Krieg gegen Makedonien einmischte.

In Rom hatte es Komplikationen gegeben. Als der Konsul Publius Sulpicius Galba im Frühjahr 200 v. Chr. den Auftrag erhalten hatte, den Kriegsbeschluss des Senats in den *comitia centuriata* zur Abstimmung zu bringen, hatten fast alle Zenturien den Antrag abgelehnt. So etwas kam sehr selten vor. Aber die Bürger waren nach dem langen zermürbenden Zweiten Punischen Krieg ganz einfach kriegsmüde; und ein heftig agitierender Volkstribun unterstützte sie in ihrer Haltung. Im Senat war man empört. Führende Senatoren drangen in den Konsul, den Antrag ausnahmsweise noch einmal zur Abstimmung zu bringen und vorher besser zu erklären. Vor der zweiten Abstimmung schüchterte Galba die Volksversammlung ein, indem er Philipp den Plan einer Landung in Italien unterstellte, auf dessen Bündnis mit Hannibal verwies und an Pyrrhos erinnerte. Dieses Mal hatte er Erfolg. Die *comitia centuriata* stimmten für den Krieg. Wann die förmliche Kriegserklärung *(belli indictio)* an Philipp erfolgte, wissen wir nicht.

Nach umfangreichen Vorbereitungen landete Galba erst im Oktober/November 200 v. Chr. mit der römischen Hauptstreitmacht von ca. 20 000 Mann in Apollonia in Epeiros. Da der Winter unmittelbar bevorstand, war die Kriegssaison des Jahres schon vorüber, aber wenigstens die Landung auf dem Balkan war gesichert. Die geplante Offensive gegen Makedonien musste er bis ins nächste Frühjahr verschieben. Als eine athenische Gesandtschaft bei ihm eintraf und dringend um römischen Schutz bat, schickte er 20 Schiffe und 1000 Soldaten zur Sicherung des Piräus voraus. Deren Kommandeur nutzte eine sich bietende Gelegenheit zu einem ersten kühnen Streich. Auf Informationen von Verbannten aus Chalkis auf Euboia hin, einer der drei wichtigsten Festungen Philipps in Griechenland, unternahm er einen nächtlichen Überfall, ließ Vorräte aller Art zerstören, befreite Gefangene und zog sich dann schnell wieder zurück. Der makedonische Kommandant fiel im Kampf.

Die Antwort Philipps, der sich in Demetrias befand, war ein überraschender Angriff auf Athen. Die Athener stellten sich zusammen mit ihren und pergamenischen Söldnern zum Kampf vor dem Dipylon, dem großen Doppeltor, wurden aber vom heftigen Vorstoß der makedonischen Reiterei, die der König selbst anführte, in das Tor zurückgeworfen. Schon drangen die Makedonen ein. Dahinter befand sich jedoch eine Art Schleuse mit gewaltigen Maueranlagen, in der die Angreifer den Geschossen der Verteidiger von allen Seiten ausgesetzt waren, so dass sie sich wieder zurückziehen mussten. Dieser Rückzug war der Anfang einer Reihe von Misserfolgen für den König. Es gelang ihm nicht, den Achaiischen Bund zum Eintritt in den Krieg zu bewegen, und auch seine Angriffe auf Eleusis, den Piräus und abermals auf Athen scheiterten. Nach gründlicher Verwüstung des attischen Landes und der Heiligtümer außerhalb der Stadtmauern zog er sich nach Boiotien zurück und kam nie wieder.

Die folgenden eineinhalb Jahre brachten keine militärische Entscheidung. Die Römer erstürmten zwar die wichtige Grenzfestung Antipatreia, konnten aber trotzdem keinen Durchbruch in das von Gebirgen und Festungen geschützte Makedonien erzielen. Es blieb bei kleineren Gefechten. Die römische Terrorwaffe, die spanische Sichel, die die Körper der Gegner regelrecht zerfetzte, erzeugte unter den Makedonen Schrecken, war jedoch nicht kriegsentscheidend. Philipp führte einen zähen Defensivkrieg und setzte auf die Ermattung seiner Feinde. Und wirklich entstand Unzufriedenheit im römischen Heer. Die Märsche in gebirgigem Gelände waren mühsam und es gab wenig Kriegsbeute.

Auf dem diplomatischen Feld machten die Römer langsam Fortschritte. Zunächst gewannen sie einige Stammesfürsten in Illyrien und Epeiros, alte Feinde der Makedonen. Die Aitoler zögerten anfangs, traten aber im August 199 v. Chr. der Koalition bei. König Attalos traf mit den Römern die gleiche Abmachung wie die Aitoler im Ersten Makedonischen Krieg: Alle bewegliche Kriegsbeute sollte den Römern gehören, ihm aber alle Territorien, auf die er Anspruch erhob. Das Amtsjahr Galbas war zu Ende. Ohne kriegerische *gloria* musste er das Kommando seinem Nachfolger Publius Villius Tappulus übergeben. Diesen empfing eine regelrechte Meuterei im römischen Heer. 2000 Soldaten, die in Afrika gegen Karthago im Einsatz gewesen waren, forderten ihre Entlassung, weil sie unter Zwang von Sizilien aus auf die Schiffe geladen und zum Kriegsdienst gepresst worden seien, als ob sie Freiwillige wären. Offensichtlich hatte man nicht genügend Freiwillige gefunden. Dieser Krieg war unpopulär. Der Konsul erkannte ihre Forderungen an und versprach ihnen, an den Senat zu schreiben, ermahnte sie aber dringend, bis zur Entscheidung bei ihren Formationen zu bleiben. Da die Kriegssaison wieder vorbei war, gingen die Römer erstmal wieder ins Winterlager. Villius verbrachte den Winter auf Korkyra. Indessen hatte Philipp zwei stark befestigte Lager im Aoostal in der Nähe von Antigoneia errichtet. An dieser Barriere scheiterte Villius, so dass auch er am Ende seiner Amtszeit ohne kriegerische Lorbeeren heimkehren musste. Dieser unpopuläre Krieg war alles andere als einfach.

Sein Nachfolger Titus Quinctius Flamininus, der im Mai 198 das Kommando übernahm, war ein politischer Überflieger. Er hatte, kaum 30 Jahre alt, den

Sprung von der Quaestur ohne Zwischenämter zum Konsulat geschafft. Dabei war er nicht einmal ein bedeutender Militär. Aber er hatte Charme und die Gabe, Menschen für sich zu gewinnen. Sein Feld war in erster Linie die Diplomatie. Obendrein halfen ihm seine griechischen Sprachkenntnisse dabei, sich gegenüber den Griechen das Image eines wohlmeinenden Philhellenen zu verschaffen, während er in Wirklichkeit die römischen Interessen ebenso konsequent verfolgte wie seine Vorgänger. Nach einem gescheiterten Durchbruchsversuch am Aoos verlegte er sich zunächst auf Friedenverhandlungen mit Philipp, die aber hauptsächlich einen propagandistischen Zweck hatten. Denn er schraubte die Forderungen, die die römischen Gesandten am Beginn des Krieges gestellt hatten, noch höher: Philipp müsse ganz Griechenland räumen, d. h. auch Thessalien aufgeben. Philipp brach die Verhandlungen ab.

Dann hatte Flamininus Fortune. Ein epeirotischer Fürst bot ihm an, den römischen Truppen mit Hilfe einiger seiner Hirten einen unbewachten Pfad über das Gebirge zu zeigen, auf dem sich in drei Tagesmärschen die makedonische Stellung umgehen ließ. Es war wie bei Xerxes vor den Thermopylen. In mühsamen Nachtmärschen bei Vollmond gelang es 4000 römischen Soldaten, in den Rücken der makedonischen Stellung zu gelangen. Als die Makedonen von vorn und im Rücken angegriffen wurden, flohen sie, und Philipp musste einen Teil Thessaliens aufgeben. Er bezog eine neue Verteidigungsstellung im Norden, im Tempetal. Trotzdem war man von einer Entscheidungsschlacht noch weit entfernt. Philipp hatte große Teile Thessaliens verwüstet, so dass Flamininus sich aus versorgungstechnischen Gründen nach Mittelgriechenland zurückziehen musste. Sein nächstes Ziel war es, den Achaiischen Bund für die Koalition zu gewinnen, was nach langen kontroversen Debatten auf der Bundesversammlung in Sikyon – denn eigentlich wollte sich der Bund aus dem Krieg heraushalten – auch gelang. Der Führer der prorömischen Richtung war Aristainos aus Megalopolis, der auch später immer wieder für ein unbedingtes Zusammengehen des Bundes mit Rom eintrat. Ein wesentliches Moment für die Entscheidung zugunsten der Römer war die Aussicht auf die Wiedergewinnung Korinths, das noch in makedonischer Hand war.

Nach dem Ende der Kriegssaison 198 v. Chr. ergriff Philipp die Initiative zu neuen Verhandlungen. Sie fanden bei Nikaia in Lokris direkt an der Küste statt, wobei Philipp aus Sicherheitsgründen auf seinem Schiff blieb. Da die Verhandlungen, bei denen auch die griechischen Verbündeten der Römer zahlreiche Forderungen vorbrachten, zu keinem Ergebnis führten, schlug Philipp vor, die Entscheidung dem Senat in Rom zu übertragen. Flamininus stimmte nach einigem Zögern zu und gewährte einen Waffenstillstand von zwei Monaten, machte aber den Abzug aller makedonischen Besatzungen in Phokis und Lokris zur Bedingung. Im römischen Senat war man wegen der Kriege mit den Kelten in Norditalien nicht von vornherein abgeneigt, den Krieg auf dem Balkan zu beenden. Schließlich wollte der Senat nur die Macht Makedoniens eindämmen, aber nicht das Königreich vernichten, wie die Römer ja auch Karthago nicht zerstört hatten. Flamininus ließ seine Mittelsmänner allerdings gegen den Abbruch des Krieges agitieren. Denn er wollte nicht mit einem halben Erfolg, sondern als strahlender Sieger heimkehren. Und die Gesandtschaften der Griechen forderten unbedingt die Auslieferung der drei wichtigsten Festungen Demetrias, Chalkis und Korinth. Als die makedonischen Gesandten erklärten, dafür keine Instruktionen zu haben, brach der Senat die Verhandlungen ab, verlängerte das Kommando des Flamininus und schickte ihm militärische Verstärkung. Beide Gegner versuchten nun weitere Verbündete zu gewinnen. Philipp warb um Nabis von Sparta, dem er Argos anbot, das noch unter makedonischer Besatzung stand. Seine Absicht war es, die Streitkräfte des Achaiischen Bundes, der mit Nabis in einem ständigen Konflikt lag, auf der Peloponnes zu binden.

Nabis war als absolut herrschender König ein politischer Nachfolger sowohl Areus' I. und Leonidas' II. als auch Kleomenes' III. Wie Areus und Leonidas ahmte er die hellenistische Monarchie nach. Er trug ein Diadem und residierte in einem Palast. Und wie Kleomenes verstand er sich als radikaler Reformer, der das politische und militärische Gewicht Spartas durch die Wiederherstellung von mehr Gleichheit, die Schaffung einer gleichen Kriegerschar, zu heben versuchte. Seine politischen Gegner aus der Oberschicht trieb er ins Exil und steigerte die Wehrkraft, indem er die Zahl der Spartiaten durch die Einbürgerung lakonischer Heloten und Söldner erhöhte. Ideologisch berief er sich auf die lykurgische Ordnung, aber von der Agogé und den Syssitien, die einst die Spartiaten geprägt hatten, hören wir nichts mehr. Und er ließ – ganz unspartanisch – als erster Sparta mit einer Stadtmauer schützen. Die konstitutive Einteilung in Spartiaten, Perioiken und Heloten, soweit sie nicht eingebürgert worden waren, blieb auch unter seinem Regime bestehen. Auch in Argos erhöhte er die Zahl der Wehrfähigen durch eine Schuldenstreichung und eine Landreform. Aber er war kein Kommunist, und Sozialreformer nur so weit, wie die Reformen seinen militärischen Zwecken dienten. In Argos gab es auch nach seiner Reform noch Reiche, denen er Kriegsabgaben auferlegen konnte. Das wird in Sparta ebenso gewesen sein. Kaum hatte er Argos in der Hand, beging er Verrat an Philipp und bot sich den Römern als Bundesgenosse an. Flamininus nahm an und forderte die Einstellung seines Krieges gegen die Achaier sowie spartanische Hilfstruppen.

Im Frühjahr 197 v. Chr. gelang es Flamininus, den an sich makedonenfreundlichen Boiotischen Bund durch eine Mischung aus Überredung und Druck auf seine Seite zu ziehen, indem er auf der boiotischen Bundesversammlung in Theben zunächst König Attalos und Aristainos als Redner auftreten ließ, ehe er selbst als dritter in gutem Griechisch das Wort ergriff. Gleichzeitig schleuste er heimlich 2000 römische Soldaten, getarnt als Gäste, in die Stadt ein. Attalos legte sich so sehr ins Zeug, dass er mitten in seiner Rede einen Schlaganfall erlitt und kurz nach seiner Rückkehr nach Pergamon starb.

Nach diesen Ereignissen konzentrierten sich beide Seiten auf die Fortsetzung des Krieges. Deutlich zeigten sich die begrenzten Ressourcen Makedoniens.

Philipp war gezwungen, sowohl 16-Jährige als auch Veteranen zu den Waffen zu rufen. Mit diesen äußersten Anstrengungen bekam er ein Heer von über 25 000 Mann zusammen, darunter 16 000 Phalangiten, 2000 Peltasten und 2000 makedonische und thessalische Reiter. Der Rest bestand aus thrakischen und illyrischen Truppen und Söldnern. Auf römischer Seite standen über 32 000 Mann: 22 000 römische Legionäre, 2000 römische Reiter, 6000 aitolische Infanteristen und 400 aitolische Reiter sowie einige andere griechische Einheiten, dazu 20 Elefanten. Die militärische Lage lief nun auf eine Entscheidungsschlacht in Thessalien zu. Aber die Schlacht, die im Mai 197 v. Chr. bei der Hügelkette Kynoskephalai („Hundsköpfe") in der Nähe von Pherai stattfand, war weder an diesem Ort noch an diesem Tag geplant, sondern ergab sich für beide Seiten überraschend und entwickelte sich erst sukzessive. Da es damals natürlich keine Luftaufklärung gab, waren die beiden Heere zwei Tage lang nördlich und südlich der Hügelkette parallel zueinander in dieselbe Richtung marschiert, ohne es zu bemerken. (Ähnlich wie das makedonische und das persische Heer vor der Schlacht bei Issos aneinander vorbeigezogen waren, allerdings in entgegengesetzte Richtungen.)

Die Römer bezogen, wie es bei ihnen üblich war, ein befestigtes Lager. Die mühevolle Schanzarbeit, die mit dessen Errichtung verbunden war, beweist die besondere Disziplin römischer Soldaten. Griechische und makedonische Heere vermieden diese Anstrengung, indem sie nach Möglichkeit einen Lagerplatz wählten, der durch die Beschaffenheit des Geländes einen natürlichen Schutz bot. Das römische Lager hatte den Vorteil, dass es immer nach dem gleichen festen Schema geordnet und deshalb übersichtlich war. Kein Soldat, der ins Lager zurückkehrte, musste seine Einheit erst suchen, sondern wusste genau, wo sie zu finden war. Dagegen wechselte bei natürlichen Lagern der Platz der einzelnen Truppenteile von Lager zu Lager. Im Fall eines notwendigen Rückzugs vom Schlachtfeld lief ein römisches Heer nicht in alle Richtungen auseinander, sondern konnte sich vor den Verfolgern in das befestigte Lager retten und sich schnell wieder ordnen. Man kann das römische Lager, ebenso wie die Wehrkolonien in Italien, wohl auch als einen Ausdruck des eher defensiven, stets auf Absicherung bedachten Verhaltens der Römer verstehen, der aus einem Grundzug ihres Wesens hervorging. Römische Soldaten trugen auf ihren Märschen auch schwereres Gepäck als es griechischen Soldaten zugemutet wurde bzw. zuzumuten war, wie der achaiische Historiograph Polybios ausdrücklich bezeugt.

Am Tag der Schlacht herrschte Nebel über den Hügeln, der sich erst langsam lichtete. Beide Heere schickten kleine Abteilungen zur Erkundung aus. Als diese unvermutet aufeinandertrafen, entspann sich sofort ein erstes Gefecht. Die Makedonen hatten den Vorteil, hügelabwärts kämpfen zu können. Beide Seiten erhielten Verstärkung, wobei sich auf römischer Seite die aitolische Reiterei auszeichnete. Zweimal gingen diese Kämpfe den Abhang hinauf und hinunter. Flamininus führte das römische Heer aus dem Lager, ließ den rechten Flügel in Schlachtordnung stehen und führte den linken Flügel zur Unterstützung seiner bedrohten Vorhut den Hügel hinan. Als Philipp sah, wie seine eben noch siegreichen Leichtbewaffneten in Bedrängnis gerieten und zurückwichen, hatte er keine andere Wahl mehr, als die Schlacht zu wagen, obwohl nur die Hälfte seines Heeres, der rechte Flügel, kampfbereit war. Die andere Hälfte hatte er, weil er nicht mit einer Schlacht gerechnet hatte, ins Hinterland zum Furagieren geschickt. Sie erhielt von ihm den Befehl, so schnell wie möglich zurückzukehren.

Die Wucht des Angriffs der makedonischen Phalanx mit ihren langen Sarissen drängte den linken römischen Flügel bis fast vor das Lager zurück. Philipp dürfte sich schon als Sieger gefühlt haben. Aber als Flamininus die ersten noch ungeordneten Truppen des linken makedonischen Flügels auf dem Kamm des Hügels erblickte, wusste er, was er zu tun hatte. Anstatt sich weiter um den wankenden linken Flügel seines Heeres zu kümmern, führte er seinen rechten Flügel, voraus die Elefanten, den Hügel hinan und attackierte die Makedonen, ehe sie ihre Schlachtordnung herstellen konnten. Die meisten flüchteten Hals über Kopf. Während dieses Gefechts erkannte ein umsichtiger Kriegstribun die alles entscheidende Gelegenheit. Er zog 20 Manipel aus der römischen Schlachtordnung heraus, ließ sie kehrtmachen, führte sie den Hügel hinab in den Rücken des rechten makedonischen Flügels und rollte die Phalanx auf. Die flexible römische Manipularordnung machte ein solches Manöver möglich. Dagegen war die makedonische Phalanx, so furchterregend ihr Frontalangriff auch war, nicht in der Lage, nach rückwärts umzuschwenken.

Das gesamte makedonische Heer geriet in Auflösung. Panik brach aus. Viele warfen ihre Waffen weg und rannten um ihr Leben. Doch die Leichtbewaffneten und Reiter, von denen sie verfolgt wurden, machten viele von ihnen nieder. Nicht während des Kampfes, sondern erst in diesem Stadium erlitten die Makedonen hohe Verluste: 8000 Gefallene und 5000 Gefangene, während auf römischer Seite nur 700 gefallen waren. Philipp hatte Pech gehabt. Wäre sein linker Heeresflügel einsatzbereit gewesen, hätte er die Schlacht trotz der taktischen Überlegenheit des römischen Heeres durchaus gewinnen können. Das wirklich Entscheidende war jedoch, dass Philipp schon nach einer einzigen Niederlage den Krieg verloren hatte; und dass er den Krieg auch dann nicht gewonnen hatte, wenn seine Phalangiten dem römischen Heer an einem anderen Tag in vollständiger Schlachtordnung begegnet wären und vielleicht gesiegt hätten. Der römische Senat hätte nicht aufgegeben, sondern neue Heere geschickt. Rom hatte das ungleich größere Reservoir an Soldaten.

Doch auch die Römer hatten Schwierigkeiten in Kauf zu nehmen. Denn aus versorgungstechnischen Gründen konnten sie nur Heere von begrenzter Größe in den Osten schicken und waren stets auf den Zuzug griechischer Bundesgenossen angewiesen. Die numerische Überlegenheit ihrer Truppen konnten sie nur in Italien zur Geltung bringen. Das hatten sie gegenüber Pyrrhos auch erfolgreich getan, später gegenüber Hannibal wieder versucht und bei Cannae die schlimmste Niederlage ihrer Geschichte erlitten. Hätten sich die östlichen Staaten zu einer gemeinsamen Abwehr gegen die Eindringlinge aus Italien zusammengefunden, wären sie wohl nie unter römische Herrschaft geraten.

Wir haben die Schlacht bei Kynoskephalai so ausführlich behandelt, weil sie eine Zäsur in der griechischen Geschichte markiert, nämlich das Ende der makedonischen Herrschaft bzw. Vorherrschaft über Griechenland, die unter einem anderen König Philipp, dem Vater Alexanders des Großen, mit der Schlacht bei Chaironeia 338 v. Chr. begonnen hatte. Dieser Zustand hatte also gut 140 Jahre gedauert und war zahlreichen Schwankungen und Wechselfällen ausgesetzt gewesen. Fest im Griff hatte Makedonien ganz Griechenland nur selten gehabt. Dazu hatten die Kräfte dieses Landes nicht ausgereicht, zumal es stets im Norden und Westen von Thrakern, Illyrern und später auch Kelten bedroht war. Die makedonischen Könige hatten es versäumt, ihre Expansion in Griechenland auf ein Gebiet zu beschränken, das sie machtpolitisch dauerhaft ausfüllen konnten, ohne in ständige Kämpfe verwickelt zu werden. Auf den Nebenkriegsschauplätzen war indessen auch weiter gekämpft worden, auf der Peloponnes zwischen achaiischen Truppen und der starken makedonischen Besatzung in Korinth, und in Karien zwischen rhodischen und achaiischen Truppen und den Besatzungstruppen Philipps. Überall erlitten die Makedonen Rückschläge.

Wenige Tage nach der Schlacht bei Kynoskephalai schickte Philipp eine dreiköpfige Gesandtschaft an Flamininus zwecks Friedensverhandlungen. Der römische Feldherr empfing sie freundlich und gewährte die erbetene 15-tägige Waffenruhe. Dann berief er eine Versammlung aller römischen Bundesgenossen am Eingang des Tempetals ein, um über die Friedensbedingungen zu beraten. Dabei traten sofort tiefe Gegensätze in der Koalition zutage. Die Aitoler forderten die Fortsetzung des Krieges bis zur völligen Unterwerfung Makedoniens. Dagegen erklärte Flamininus kategorisch, die Vernichtung des makedonischen Königreiches sei zu keinem Zeitpunkt das römische Kriegsziel gewesen und läge auch nicht im wohlverstandenen Interesse der Griechen. Denn Makedonien erfülle eine wichtige Funktion, nämlich Griechenland vor den Thrakern und Kelten zu schützen.

Den Griechen dürfte ein solches Kalkül einigermaßen unverständlich gewesen sein. Es war immer üblich gewesen, dass man alles nahm, was man konnte. Die Unstimmigkeiten zwischen den Aitolern und den Römern hatten schon unmittelbar nach dem Sieg bei Kynoskephalai begonnen, als die Aitoler beim Plündern des makedonischen Lagers den Römern zuvorgekommen waren und für die römischen Soldaten nichts mehr übriggeblieben war. Außerdem verärgerten die Aitoler den römischen Feldherrn mit der prahlerischen Behauptung, der Sieg bei Kynoskephalai sei hauptsächlich ihnen zu verdanken, während Flamininus während der Schlacht nur gebetet habe. Prahlsucht war schon immer eine Schwäche der Griechen gewesen. Philipp erklärte sich bereit, alle Auflagen des Senats zu erfüllen. Ihm ging es jetzt um die Rettung des makedonischen Stammlandes. Er erhielt einen viermonatigen Waffenstillstand und musste dafür die hohe Geldsumme von 200 Talenten bei Flamininus hinterlegen sowie seinen jüngeren Sohn Demetrios und einige vornehme Makedonen als Geiseln stellen. Die Friedenskonferenz fand im Herbst 197 v. Chr. in Rom statt, wohin alle, die am Krieg beteiligt gewesen waren, Gesandte schickten. Die Aitoler versuchten das Zustandekommen eines Friedensschlusses zu verhindern und fanden einen Verbündeten in dem designierten Konsul Marcus Claudius Marcellus, der alles daransetzte, den Krieg fortzusetzen, um selbst militärische Lorbeeren ernten zu können. Doch dem Senat war an einem raschen Friedensschluss gelegen, weil er ein eventuelles Zusammengehen Philipps mit Antiochos III. fürchtete. Vergeblich agitierte Marcellus in der Volksversammlung für sein Ziel. Die *comitia centuriata* stimmten für den Frieden. Es wurde eine zehnköpfige Kommission ernannt, die die Neuordnung an Ort und Stelle überwachen und Probleme, die sich aus Gebietsansprüchen einzelner Staaten ergaben, lösen sollte.

Zunächst geriet Flamininus, der sein Winterlager in Elateia in Boiotien aufgeschlagen hatte, in die Fallstricke griechischer Politik. Eigentlich wollte er dem Boiotischen Bund einen Gefallen tun, indem er von Philipp erwirkte, dass dieser das in seinen Diensten stehende boiotische Truppenkontingent in die Heimat entließ. Doch kaum waren diese Boioter zurückgekehrt, entbrannte ein heftiger Konflikt zwischen der promakedonischen und der prorömischen Gruppe. Diese Episode ist weit über ihre lokale Bedeutung hinaus wichtig, weil sich in den nächsten Generationen ein solcher politischer Graben durch die meisten griechischen Staaten ziehen sollte. Die promakedonische Gruppe in Boiotien setzte sich durch, was bei der damaligen Lage schon etwas heißen soll, und ihr Protagonist, der aus Makedonien zurückgekehrte Brachylles, wurde zum Boiotarchen gewählt. Schon sein Vater war ein makedonischer Parteigänger gewesen und dadurch zu großem Reichtum gelangt. Da Kontroversen dieser Art in griechischen Städten oft bis aufs Messer ausgetragen wurden, fürchteten die Anführer der prorömischen Gruppe, Zeuxippos und Peisistratos, dass sie nach dem Abzug der Römer in die Verbannung getrieben würden. Sie schmiedeten ein Mordkomplott gegen Brachylles und holten sich dazu heimlich die Erlaubnis des Flamininus, der sich nicht anders zu helfen wusste. Als Mittelsmann fungierte der aitolische Stratege Alexamenos, der sechs Killer, drei Aitoler und drei Italiker, zur Verfügung stellte. Brachylles wurde auf dem Heimweg von einem öffentlichen Bankett ermordet. Der Mord bewirkte das Gegenteil dessen, was sich die Auftraggeber erhofft hatten. Die antirömische Stimmung in Boiotien kochte hoch. Zeuxippos konnte sich durch Flucht retten, Peisistratos wurde hingerichtet. Römische Soldaten – es sollen 500 gewesen sein – wurden überfallen, getötet und ihre Leichen in den Kopaissee geworfen. Flamininus erlegte den Boiotern eine Geldbuße auf, deren Zahlung er aber nur mit militärischem Druck durchsetzen konnte.

Im Frühjahr 196 v. Chr. kam die zehnköpfige römische Senatskommission im Lager des Flamininus an. Sie brachte folgenden Senatsbeschluss mit: Alle

Griechen, sowohl in Europa als auch in Asien, die ihre Freiheit bewahrt hatten, sollten weiterhin frei bleiben und ihre eigenen Verfassungen haben. Philipp sollte jene griechischen Städte, die er noch besaß, aus seiner Herrschaft entlassen. Von diesen sollten alle, die in Asien lagen, sofort frei werden, aber bezüglich jener in Europa hieß es nur, er sollte sie den Römern noch vor den Isthmischen Spielen übergeben. Ferner sollte Philipp alle Gefangenen und Überläufer ausliefern und alle Kriegsschiffe bis auf fünf, außerdem 1000 Talente Kriegsentschädigung zahlen, 500 sofort, die andere Hälfte in zehn Jahren. Die Unklarheit bezüglich der europäischen Städte nutzten die Aitoler, deren Gebietsansprüche von Flamininus zurückgewiesen worden waren, um sich zu Wächtern der griechischen Freiheit aufzuwerfen und gegen die Römer Stimmung zu machen. Sie behaupteten, die Griechen in Europa würden nicht frei werden, sondern lediglich von der makedonischen in die römische Herrschaft geraten.

Diese Vorwürfe waren nicht ganz unbegründet. Denn die Senatskommission hatte eigentlich vor, auf unbestimmte Zeit römische Besatzungen in den drei wichtigsten Festungen Demetrias, Chalkis und Korinth zu stationieren, allerdings nicht, um Griechenland dauerhaft zu beherrschen, sondern aus Sorge, Antiochos III. könnte in Versuchung geraten, ein von Philipp und den Römern geräumtes Griechenland seinem Reich anzugliedern. Flamininus hielt mit dem Argument dagegen, die Stationierung römischer Besatzungen würde die Glaubwürdigkeit der Römer als Befreier Griechenlands zunichtemachen (und viele griechische Städte erst recht in die Arme des Antiochos treiben). Da der Senat der Kommission in dieser Hinsicht die freie Entscheidung gelassen hatte, konnte Flamininus seinen riskanteren Kurs durchsetzen, wenn auch mit Mühe. Die Absprache blieb zunächst geheim. Lediglich Korinth wurde unverzüglich dem Achaiischen Bund übergeben, mit Ausnahme der Festung Akrokorinth, die noch, wie auch Demetrias und Chalkis, in römischer Hand blieb. Bei den Isthmischen Spielen setzte Flamininus seinen Beschluss vor der aufs Äußerste gespannten griechischen Öffentlichkeit wirkungsvoll in Szene. Überlassen wir die Schilderung einem Griechen, dem Historiographen Polybios: Als sich die Menschenmenge im Stadion versammelt hatte,

> trat der Herold vor, gebot durch einen Posaunenstoß Schweigen und verlas dann die Botschaft: „Der römische Senat und der Prokonsul und Imperator T. Quinctius verkünden, nachdem sie Philipp und die Makedonen besiegt haben: Wir geben die Freiheit und Selbstverwaltung, ohne Besatzungen hineinzulegen, ohne Tributzahlungen zu fordern, den Korinthern, Phokern, Lokrern, Euboeern, phthiotischen Achaeern, Magneten, Thessalern, Perrhaebern." Schon gleich nach diesen Worten erhob sich ein gewaltiger Beifallslärm; aber manche hatten die Botschaft nicht gehört, manche wollten sie noch einmal hören, die meisten aber mochten ihren Ohren nicht trauen und meinten, sie hätten geträumt: so unglaubhaft schienen ihnen die Worte. Ein neues Geschrei setzte ein aus allen Kehlen: der Herold mit dem Posaunenbläser solle noch einmal in die Mitte des Stadions treten und die Bekanntgabe wiederholen, mir scheint, weil die Menschen den Vorleser nicht nur hören, sondern auch sehen wollten, denn der Klang der Worte genügte nicht, sie von der Wahrheit zu überzeugen. Als der Herold aber zum zweiten Mal erschien, wieder durch

> den Posaunenstoß den Lärm zum Schweigen brachte, und genau dasselbe wie zuvor in genau der gleichen Weise verkündete, da brach ein derartig ohrenbetäubender Lärm los, daß es unmöglich ist, dem heutigen Leser eine Vorstellung davon zu geben. Als der Lärm endlich zur Ruhe kam, schenkte den Athleten niemand mehr auch nur die geringste Aufmerksamkeit, alle redeten durcheinander, mit dem Nachbarn, für sich, wie trunken vor Begeisterung. Und nach den Spielen hätten sie im Übermaß der Freude Titus mit ihren Dankesbezeugungen beinahe umgebracht. Sie wollten ihm unmittelbar ins Auge sehen, um ihn als ihren Retter zu begrüßen, oder seine Hand fassen oder Kränze und Binden ihm aufs Haupt werfen und hätten den Mann dabei fast in Stücke gerissen.

Und er fügt euphorisch hinzu:

> So überschwenglich aber auch der Dank schien, so kann man doch ruhig sagen, daß er noch weit zurückblieb hinter der Größe dessen, was da geschah. Es war wie ein Wunder, daß die Römer und ihr Feldherr zu dem edelmütigen Entschluß gekommen waren, alle Kosten, jede Gefahr auf sich zu nehmen, um den Griechen die Freiheit zu bringen; etwas Großes, daß sie eine Streitmacht ins Feld geführt hatten, die imstande war, den Entschluß zu verwirklichen; das Größte von allem aber, daß die Tyche den Plan in keiner Weise durchkreuzt, sondern daß sich einfach alles vereinigt hatte, um diesen einmaligen Augenblick herbeizuführen, daß durch eine einzige Botschaft alle Griechen in Europa wie in Asien Freiheit und Selbstverwaltung ohne Besatzung, ohne Tribute erhielten (Polybios 18, 46).[125]

Die überragende Bedeutung, die Polybios der Tychē zuschreibt, entspricht wieder ganz griechischem Empfinden. Und was die Freiheit betrifft: In Wirklichkeit ging die Idee, die politischen Ziele der Römer mit der griechischen Freiheitstradition zu verknüpfen, nicht von Flamininus, sondern wahrscheinlich von dem schon erwähnten achaiischen proromischen Politiker Aristainos aus, der mit dieser Parole im Winter 198/197 v. Chr. den Achaiischen Bund zum Eintritt in den Krieg überredet hatte. Flamininus hatte diese Formel lediglich übernommen, um noch möglichst viele andere griechische Staaten zum Anschluss an die römische Seite zu locken.

Was bedeutet die römische Freiheitsproklamation von 196 v. Chr.? Sie war kein Rechtsakt, nicht einmal eine programmatische Erklärung und erst recht keine politische Doktrin. Aber sie gab den Griechen ein Versprechen, an dem sich die römische Politik fortan messen lassen musste. Und das erwies sich in der politischen Praxis, wie sich schnell herausstellen sollte, als nicht einfach. Einerseits lag es im römischen Interesse, bestimmte Gebietsansprüche von Verbündeten zu erfüllen, um sich deren Wohlwollen zu erhalten. Deshalb konnte Freiheit nicht in jedem Fall die völlige Unabhängigkeit bedeuten. Korinth wurde nur als Mitglied des Achaiischen Bundes frei, andere Städte wurden dem Thessalischen und wieder andere dem Aitolischen Bund zugeschlagen. Andererseits sorgte Flamininus dafür, dass die römische Kommission dem König von Pergamon Eretria und Oreos, zwei Städte auf der Insel Euboia, nicht auslieferte, denn die Unterstellung unter einen König hätte sich mit Freiheit auf keinen Fall vertragen. Der Thessalische Bund feierte seine Unabhängigkeit von Makedonien mit Freiheitsspielen (Eleutherien), die zu einer festen Institution wurden.

Nachdem die Neuordnung in Griechenland und in Teilen Kleinasiens abgeschlossen war, hätte das römische Heer eigentlich aus Griechenland abziehen müssen. Aber indessen hatte sich die politische Lage im Osten so verändert, dass es den Römern geraten schien, erst einmal zu bleiben und abzuwarten. Denn 205 v. Chr. war Antiochos III. von seinem siebenjährigen Feldzug in den Osten seines Reiches zurückgekehrt, wo er versucht hatte, die im Verfallen begriffene Macht der Seleukiden wiederherzustellen. Diese Unternehmung auf den Spuren Alexanders des Großen trug auch ihm den Beinahmen „der Große“ ein. Dass seine militärischen Erfolge in Wirklichkeit eher oberflächlich waren, dass er dort zwar vorübergehend seine Autorität zur Geltung gebracht, jedoch seine Macht nicht dauerhaft befestigt hatte, war im Westen kaum bekannt. Für die griechische Öffentlichkeit war er ruhmbedeckt zurückgekehrt, wurde bewundert und überschätzt.

Er überschätzte sich auch selbst. Als erster seleukidischer König griff er nach der Göttlichkeit zu Lebzeiten, während seine Vorfahren immer erst nach ihrem Tod vergöttlicht worden waren. Ab 204/203 v. Chr. ging er daran, auch im Westen die alten seleukidischen territorialen Ansprüche wieder durchzusetzen. Dabei kam er im südwestlichen Kleinasien sowohl Rhodos als auch makedonischen Ambitionen gefährlich nahe. 202 v. Chr. marschierte er wieder in Südsyrien ein, um die Niederlage bei Raphia wieder wettzumachen. Damit begann der Fünfte Syrische Krieg. Die ptolemaiische Regierung wandte sich mit der Bitte um Vermittlung an Rom, aber die römische Gesandtschaft hatte sich, wie erwähnt, lediglich der Neutralität des Antiochos im römisch-makedonischen Krieg versichert. Der militärische Gegner des Antiochos war der Aitoler Skopas, der einst ein führender Politiker des Aitolischen Bundes gewesen und nach seinem Scheitern in die Dienste Ptolemaios’ IV. getreten war. Während des Angriffs des Antiochos und Philipps auf ptolemaiische Besitzungen rekrutierte er aitolische Söldner und eroberte u. a. Samos zurück, unterlag jedoch 200 v. Chr. dem Antiochos in der Schlacht am Paneion an den Jordanquellen. Doch ging der zähe Festungskrieg in Südsyrien noch bis 198 v. Chr. weiter.

Anschließend rückte Antiochos nicht gegen Ägypten vor, sondern wandte sich wieder nach Nordwesten, um die ptolemaiischen Außenbesitzungen in Kleinasien und darüber hinaus ehemals seleukidische Gebiete seinem Reich einzugliedern. Mit Rhodos, das sich bedroht fühlte, einigte er sich auf diplomatischem Weg. Die meisten Städte unterwarfen sich dem König, außer Smyrna und Lampsakos. Sein Angebot, die Freiheit von ihm zu empfangen, wiesen beide Städte ab. Antiochos ließ sie belagern, ohne sich bei seinem weiteren Vormarsch aufhalten zu lassen. Die beiden Städte wandten sich an die Römer. Bei diesem Anlass entstand auch schon der erste Versuch, eine ideologische Bindung an die neue Schutzmacht herzustellen. Smyrna stiftete einen Kult für die Göttin Roma, die es in Rom überhaupt nicht gab. Lampsakos begründete wegen seiner Nähe zu Troja seinen Hilferuf mit einer angeblichen Verwandtschaft mit den Römern als Abkömmlingen des Aineias. Auch Flamininus griff in propagandistischer Absicht diese Sage auf und bezeichnete sich auf Weihgeschenken in Delphi als Abkömmling des Aineias. Die Kunde, dass der Trojaner Aineias bei der Einnahme der Stadt durch die Achaier aus dem brennenden Troja entkommen und nach langen Irrfahrten nach Italien verschlagen worden sei, gab es in Griechenland schon seit dem späten fünften Jahrhundert v. Chr. Von dort brachten Griechen sie zu den Etruskern, die sie an die Latiner und Römer weitergaben. Im dritten und zweiten Jahrhundert v. Chr. ging sie, wieder unter der Federführung griechischer Autoren, eine Symbiose mit der jüngeren italischen Romulus-und-Remus-Sage ein, so dass die Zwillingsgründer Roms schließlich zu Nachfahren des Aineias wurden.

Antiochos rückte gegen den Hellespont vor und besetzte auch Städte, die vorher in der Gewalt Philipps gewesen und dann von den Römern für frei erklärt worden waren. Mit den Römern glaubte er sich einigen zu können. 196 v. Chr. schickte er zwei Gesandte zu Flamininus nach Korinth, die den Römern zum Sieg gratulieren und zugleich seinen Übergang nach Thrakien erklären sollten, damit die Römer diesen Schritt nicht als Unterstützung Philipps missverstünden. Vielmehr wolle auch er in dieser Region griechische Städte befreien, ebenso wie es die Römer in Griechenland getan hätten. Aber Flamininus und die Zehnmännerkommission ließen diesen Vergleich nicht zu. Sie forderten von ihm, die freien griechischen Städte in Ruhe zu lassen, vor allem aber, nicht nach Europa überzusetzen. Diesen Standpunkt ließen sie wenig später von drei Gesandten vor dem König selbst bekräftigen, der sich an den Dardanellen befand, wo er das von den Thrakern zerstörte Lysimacheia wieder aufbauen lassen wollte.

Der König wies die römischen Forderungen unter Hinweis auf sein dynastisches Erbrecht zurück, weil diese Städte einst seinem Vorfahren Seleukos I. gehört hätten. Bezüglich der Städte Lampsakos und Smyrna wolle er ein rhodisches Schiedsgericht akzeptieren. Ansonsten hätten die Römer kein Recht, sich in die Verhältnisse in Kleinasien einzumischen. Die dortigen Städte würden die Freiheit von ihm empfangen, aber nicht von Roms Gnaden. An diesem Punkt zeigte sich bereits, dass die römische Freiheitserklärung für die Griechen nicht vollständig mit den politischen Interessen Roms in Übereinstimmung zu bringen war. Denn sie schloss zwar die griechischen Städte an der thrakischen Küste mit ein, enthielt aber keine allgemeine Freiheitsgarantie für Europa. Und wie wollten die Römer diese Städte permanent gegen Angriffe der Thraker schützen? Bei der Neuordnung Griechenlands gab es weitere Schwierigkeiten. Die Aitoler waren mit ihrem Territorialgewinn unzufrieden. Und auch die Achaier, die Korinth erhalten hatten, wollten mehr. Zunächst ging es um Argos, das Philipp an Nabis von Sparta abgetreten hatte. Die römische Kommission war bereit, Argos dem Achaiischen Bund zuzugestehen, doch Nabis lehnte ab und ließ es sogar auf einen Krieg ankommen. Für Flamininus bot dieser Krieg einen willkommenen Grund, den Abzug des römischen Heeres angesichts des ungeklärten Verhältnisses zu Antiochos zu verzögern. Und das umso mehr, als Antiochos 195

v. Chr. Hannibal an seinem Hof aufnahm, der von seinen politischen Gegnern in Karthago vertrieben worden war. Dessen Name klang in römischen Ohren wie ein Peitschenhieb.

Flamininus holte die Erlaubnis zum Krieg aus Rom ein und machte propagandistisch das Bestmögliche daraus. Er berief eine Versammlung aller mit Rom verbündeten griechischen Staaten nach Korinth ein und übertrug ihr die Entscheidung: Sollte Argos weiter unter der Herrschaft eines Tyrannen bleiben oder frei werden? Selbstverständlich stimmte die Mehrheit für den Krieg und versprach auch militärische Beteiligung, und die Römer bekamen eine moralische Legitimation, erst einmal länger in Griechenland zu bleiben. Nur die Aitoler plädierten für den sofortigen Abzug der Römer. Der Krieg könne den Griechen allein überlassen werden. Dabei kam es zu einem heftigen verbalen Schlagabtausch zwischen den Achaiern und den Aitolern. Die Achaier bezeichneten die Aitoler, mit denen sie immerhin zeitweilig verbündet gewesen waren, als eine Art Untermenschen, die nur äußerlich das Aussehen von Menschen hätten. Flüchtlinge aus Argos hatten berichtet, dass es in der Stadt einen Aufstand gegen die Besatzungstruppen des Nabis geben würde, sobald das Heer der neuen Koalition vor den Mauern erschiene.

Doch zur Überraschung der Befreier trat das nicht ein, und die Stadt wurde von Pythagoras, der zugleich der Schwager und Schwiegersohn des Nabis war, umsichtig verteidigt. Da man sich nicht auf eine langwierige Belagerung einlassen wollte, zog das Heer direkt gegen Nabis nach Sparta. Nach einigen Gefechten in Lakonien erklärte sich Nabis bereit, Argos zu räumen. Aber jetzt schraubten die Achaier ihre Forderungen höher, verlangten den Sturz des Nabis und die Eingliederung Spartas in ihren Bund. Dazu waren die Römer nicht bereit. Schließlich war Nabis ihr Verbündeter gegen Philipp gewesen. Vielleicht wollten sie auch den Achaiischen Bund auf der Peloponnes nicht zu groß werden lassen. Das Herrschaftsgebiet des Nabis sollte jedoch auf Sparta selbst begrenzt werden. Es war Nabis, der sich widersetzte, ein tollkühner politischer Zwerg gegen die größte Macht der damaligen Welt. Es kam zu Straßenkämpfen in Sparta. Die Verteidiger griffen zu allen Mitteln, setzten Häuser in Brand und konnten tatsächlich die Römer zum Rückzug zwingen – ein letzter heroischer Kampf, der Spartas würdig war. Letztendlich musste Nabis die römischen Bedingungen akzeptieren und obendrein acht Jahre lang Reparationen zahlen. Aber er und sein Regime überlebten. Und besonders die Aitoler beschimpften die Römer als Helfershelfer eines Tyrannen.

Flamininus begründete seine Entscheidung damit, dass Nabis nur um den Preis der Zerstörung Spartas hätte gestürzt werden können. Das aber habe er dieser hochberühmten Stadt nicht antun wollen. Den zwiespältigen Eindruck versuchte er mit einer neuen Show zu überspielen. Bei den Nemeischen Spielen in Argos ließ er als Festspielleiter von einem Herold die Befreiung von Argos verkünden. 194 v. Chr. berief er noch einmal eine Versammlung der Vertreter aller griechischen Staaten nach Korinth ein und gab feierlich den Abzug des römischen Heeres aus Griechenland bekannt. Es war eine sehr emotionale Szene. Er ermahnte die Griechen, ihre Freiheit mit Besonnenheit zu gebrauchen und im Inneren Eintracht zu halten.

> Die Freiheit, die mit fremden Waffen errungen und ihnen durch die Redlichkeit einer auswärtigen Macht zurückgegeben worden sei, sollten sie durch eigene Sorgfalt behüten und bewahren, damit das römische Volk wisse, daß es Menschen die Freiheit gegeben habe, die ihrer würdig seien, und daß sein Geschenk gut angelegt sei. Als sie diese Worte hörten, die wie von einem Vater waren, kamen allen vor Freude die Tränen, so daß sie auch ihn selbst beim Sprechen verwirrten. Eine Weile dauerte der Lärm des Beifalls zu seinen Worten und der Ermahnungen, die einer dem anderen gab, sie sollten sich diese Worte, als kämen sie von einem Orakel, tief in ihr Herz und ihr Gemüt einprägen (Livius 34, 49,11–50,2).[126]

Nüchterner ausgedrückt bedeuteten die Worte des Flamininus, dass die Römer als Dank für die Befreiung Griechenlands erwarteten, dass die Griechen die von den Römern festgelegte Ordnung beibehielten und nicht wieder umstießen. Die Römer hofften, Griechenland gleichsam ruhigstellen zu können. Zum Schluss bat Flamininus darum, dass die einzelnen Staaten versklavte Römer, die im Zweiten Punischen Krieg in die Gefangenschaft der Karthager geraten und von diesen nach Griechenland verkauft worden seien, ihren Besitzern abkaufen und ihm binnen zwei Monaten nach Thessalien schicken sollten.

> Denn es sei für sie nicht ehrenvoll, wenn in dem befreiten Land dessen Befreier als Sklaven dienten (Livius 34, 50,3).[127]

Offensichtlich galt diese Bitte als außergewöhnlich: denn die Auslösung von Bürgern, die in Kriegsgefangenschaft geraten waren, war nicht die Sache des Staates, sondern ihrer Verwandten. Indessen versuchte Antiochos mit Ägypten zu einem dauerhaften Arrangement zu kommen. Auch auf ägyptischer Seite war die Regierung daran interessiert. Schon 198 v. Chr. hatte der schon genannte Aristomenes, der die ptolemaiische Politik bestimmte, den Söldnerführer Skopas, der immerhin für Ägypten Samos zurückerobert, aber die Schlacht am Paneion verloren hatte, verhaften und von einem Gericht verurteilen lassen. 193/192 v. Chr. verheiratete Antiochos seine Tochter Kleopatra mit dem indessen 18-jährigen Ptolemaios V., der 197/196 zum König gekrönt worden war. Als Mitgift erhielt sie die Einkünfte aus Südsyrien, das Antiochos 200 v. Chr. den Ptolemaiern abgenommen hatte. Im Gegenzug trat ihm Ptolemaios seine Außenbesitzungen in Kleinasien und in der Ägäis ab. Damit hatte Antiochos jeglicher römischen Einmischung den Boden entzogen. In das Krönungsjahr des Ptolemaios gehörten die Niederschlagung eines Aufstandes im Nildelta und die Hinrichtung der Rebellenführer sowie Wohltaten, mit denen sich der König die Unterstützung seiner Herrschaft erkaufte bzw. erkaufen musste: Geschenke an das Heer, einen Erlass von Steuerschulden, eine Amnestie von Gefangenen und Angeklagten sowie von Deserteuren, neue Privilegien für ägyptische Priester und die finanzielle Förderung von Tempeln und kultischen Riten. Gleichzeitig legten die Priester die komplexen Formen der zahlreichen Ehrungen für den König in den Tempeln fest, die von der politisch und kultisch korrekten Darstellung seiner Bildnisse bis zur Gestaltung der verschiedenen kultischen Feste und Zeremonien reichten. Erhalten sind uns diese Ereignisse und Maßnahmen in dem berühmten „Stein von Rosette", dem in Stein gemeißelten Fragment eines Beschlusses der ägyptischen Priester. Der Stein wurde 1799 von einem französischen Offizier, einem Teilnehmer des Ägyptenfeldzuges Napoleons, zufällig entdeckt, gelangte nach der Kapitulation des französischen Heeres vor den Briten 1801 in Britischen Besitz und steht seit 1802 im Britischen Museum in London. Was diese Inschrift weit über ihren Inhalt hinaus bedeutend gemacht hat, war, dass die Priester das Dekret in drei verschiedenen Schriften bzw. Sprachen veröffentlicht hatten: in Hieroglyphen, der Schrift der Priester, in der demotischen Alltagsschrift der Verwaltungsbeamten und in Griechisch. Damit gewann die Wissenschaft, vom griechischen Text ausgehend, zum ersten Mal eine Basis für die Entzifferung der ägyptischen Schrift. Den wichtigsten Beitrag leistete 1822 zunächst der Franzose Jean-Francois Champollion. Weitere Forschungen folgten, so dass 1926–1931 das unter der Leitung des Deutschen Adolf Erman entstandene Wörterbuch der ägyptischen Sprache ediert werden konnte.

Auch mit den Römern glaubte Antiochos zu einer definitiven Einigung zu kommen, selbstverständlich auf der Grundlage seiner Verhandlungsposition. Als der Senat 193 v. Chr. über die von Flamininus und der Zehnmännerkommission geschaffene Ordnung im Osten beriet und aus diesem Anlass alle beteiligten Staaten Gesandtschaften nach Rom geschickt hatten, ließ auch er sich durch zwei Gesandte, Menippos und Hegesianax, vertreten und dem römischen Volk Freundschaft und ein Bündnis anbieten. Diesen Gesandten machte Flamininus hinter verschlossenen Türen folgendes Angebot: Die Römer seien bereit, dem König die griechischen Städte in Kleinasien, die sie für frei erklärt hatten, zu überlassen, wenn er aus Europa abzöge. Sie hätten also einen partiellen Gesichtsverlust in Kauf genommen, um Antiochos zum Abzug aus Thrakien zu bewegen. Als die Gesandten erklärten, nichts vereinbaren zu dürfen, was die Macht ihres Königs schmälere, lud Flamininus am nächsten Tag die Gesandten der griechischen Städte in den Senat ein und verkündete, dass das römische Volk ihre Freiheit gegenüber Antiochos ebenso schützen werde, wie es gegenüber Philipp geschehen sei. Die Würfel waren gefallen. Die Gesandten des Antiochos baten um Bedenkzeit für den König.

Bei dem Angebot des Flamininus, die römische Interessenssphäre auf Europa zu begrenzen und Asien dem Seleukidenkönig zu überlassen, dürfte das Bewusstsein der kulturellen Verschiedenartigkeit zwischen den beiden Kontinenten mitgespielt haben, das die Griechen schon seit der archaischen Zeit empfanden. Eigentlich wollten die Römer mit Asien nichts zu tun haben. Hätte Antiochos dieses Angebot angenommen, wäre der weitere Verlauf der antiken Geschichte wohl anders gewesen. Aber in verblendeter Selbstüberschätzung hat er die Chance, die sich ihm bot, nicht erkannt. Kurz nach dieser Konferenz kamen Gesandte aus Karthago, politische Gegner Hannibals, nach Rom und berichteten von angeblichen Kriegsplänen des Antiochos und ihren Befürchtungen, dass Hannibal auch Karthago in diesen Krieg auf die Seite des Königs ziehen könnte.

Auf dem Rückweg kontaktierten die Gesandten des Antiochos die Aitoler. Diese waren sofort bereit, eine Koalition gegen die Römer zu schmieden, der auch Nabis von Sparta und sogar König Philipp angehören sollten, dessen Vernichtung sie doch noch vier Jahre zuvor vergeblich gefordert hatten. Nabis ließ sich diese Gelegenheit nicht entgehen, sondern schlug sofort los, um die lakonischen Küstenstädte zurückzuerobern, die Flamininus ihm weggenommen hatte. Und so begann schon ein Jahr nach dem Abzug der Römer aus Griechenland ein neuer Krieg auf der Peloponnes. Doch Philipp hielt sich zurück, und auch Antiochos zögerte, weil er seine Ziele auch ohne das Risiko eines Krieges gegen Rom erreichen zu können glaubte. Er spielte auf Zeit. Deshalb versuchten die Aitoler mit allen Mitteln, den zögernden König zu einem Krieg gegen die Römer zu drängen. Sie schickten den Politiker Thoas in sein Hauptquartier, der die militärischen Rüstungen der Aitoler gewaltig übertrieb und schon einen fertigen Kriegsplan vorlegte.

Die Römer, die begreiflicherweise beunruhigt waren, schickten noch 193 v. Chr. eine Gesandtschaft zu Eumenes II. von Pergamon und zu Antiochos. Dahinter stand wohl die Befürchtung, dass Eumenes sich mit Antiochos einigen könnte. In der Tat versuchte der Seleukide seinen Einfluss in Kleinasien mit der üblichen dynastischen Heiratspolitik zu festigen. Er hatte eine Tochter mit dem König von Kappadokien verheiratet und eine andere dem Eumenes angeboten. Doch Eumenes hatte abgelehnt. Er fühlte sich von Antiochos eingekreist und fürchtete, die Römer könnten sich mit ihm einigen und ihn im Stich lassen. Die römische Gesandtschaft fand ihn *cupidus belli,* scharf auf einen Krieg, in dem er die einzige Rettung für sein kleines Königreich sah.

Es waren auf beiden Seiten also die Mittelmächte, die aus unterschiedlichen Gründen den Krieg forcierten, während die beiden Großmächte noch versuchten, ihre Differenzen auf dem Verhandlungsweg zu lösen. So kam es zur Konferenz zwischen den römischen Gesandten und Antiochos in Apameia in Phrygien. Schon die ersten Unterredungen zeigten, dass man über den Stand der Konferenz in Rom nicht hinauskam. Als Antiochos, der gleichnamige Sohn und Thronfolger des Königs, überraschend in Syrien starb, unterbrach der König die Verhandlungen, weil seine Anwesenheit in Syrien dringend erforderlich war. Auf diesem Kronprinzen, der sich in der Schlacht am Paneion ausgezeichnet hatte, hatten große Hoffnungen geruht. Sein Tod war für den König zweifellos ein herber Schlag. Die weiteren Verhandlungen ließ König Antiochos dann von Minnion, einem seiner engsten Ratgeber, in Ephesos fortsetzen. Dieser bestritt den Römern das Recht, für die Freiheit der Städte in Kleinasien einzutreten, während sie doch die Griechen Unteritaliens und Siziliens unter ihrer Herrschaft hielten. Als auf römischen Vorschlag hin Gesandte griechischer Städte zu den Verhandlungen zugelassen wurden, um deren Standpunkt zu Wort kommen zu lassen, entstand ein konfuses Gezänk, und die Konferenz wurde ohne Ergebnis abgebrochen.

In Rom war der Senat so besorgt, dass er Sicherheitsmaßnahmen zum Schutz der Ostküste Siziliens und der umliegenden Inseln durchführen ließ, um einen eventuellen Flottenangriff des Antiochos von Aitolien aus abwehren zu können. Außerdem schickten die Römer einen Flottenverband unter dem Befehl eines Praetors nach der Peloponnes, um den Achaiischen Bund gegen Nabis zu unterstützen. Auf achaiischer Seite führte der Stratege Philopoimen den Krieg gegen Sparta, ein begabter Feldherr, der zwar prinzipiell einen prorömischen Kurs verfolgte, aber im Einzelnen auch gegenüber den Römern eine eigenständige Politik betrieb. Von ihm wird noch zu sprechen sein. Er brachte Nabis eine so schwere Niederlage bei, dass dieser kaum ein Viertel seines Heeres retten konnte. Doch noch einmal half ihm Flamininus, den der Senat zusammen mit anderen Gesandten in diplomatischer Mission auf die Peloponnes geschickt hatte. Die römischen Gesandten mussten zur Kenntnis nehmen, dass die Stimmung in Griechenland durchaus nicht überall prorömisch war. Es ging das Gerücht um, die Römer planten, sich mit König Philipp zu verbünden und ihm wieder Teile Griechenlands auszuliefern. Aber auch grundsätzlich waren die Griechen nicht mit dem einverstanden, was die Römer unter „Freiheit für die Griechen" verstanden. Die territoriale Ordnung, die der Senat in der großen Konferenz in Rom festgelegt hatte, empfanden sie eher als eine Zwangsjacke. Denn sie ließ große Veränderungen nicht mehr zu.

Die Römer wollten Griechenland befrieden, weil das in ihrem politischen Interesse lag und weil sie glaubten, den von vielen Kriegen geplagten Griechen damit einen Gefallen zu tun, für den sie Dankbarkeit erwarten konnten. Die Griechen wollten jedoch weiterhin ihre Konflikte selbständig lösen, auch mit kriegerischen Mitteln, und sie wollten niemandem zu Dank verpflichtet sein. Bei der Bundesversammlung der Magnesier in Demetrias geriet Flamininus in Verlegenheit, weil er das Gerücht, die Römer hätten in Geheimverhandlungen König Philipp die Rückgabe dieser Stadt als Lohn für Unterstützung in einem eventuellen Krieg gegen Antiochos versprochen, nicht entkräften konnte. Wahrscheinlich liefen diese Verhandlungen noch, und Flamininus konnte sich nicht öffentlich eindeutig gegen den König aussprechen. In einem emotionalen Appell hob er die Hände zum Himmel und rief die Götter als Zeugen der „undankbaren" und „perfiden" Gesinnung der Magnesier an. *Perfidus* war, wie wir schon gesehen haben, für die Römer ein sehr starkes Wort. Menschen, die *perfidi* waren, würden jederzeit bereit sein, einen Vertrag oder einen Eid zu brechen. Und sie würden keine Dankbarkeit kennen. Mit seiner pathetischen Geste erreichte Flamininus mit Mühe, dass die Mehrheit der Magnesier sich zur Freundschaft mit den Römern bekannte. Aber wie lange?

In den meisten griechischen Städten gab es zwei Parteiungen, eine prorömische und eine proseleukidische. Sogar in Athen gab es lautstarke Sympathisanten des Antiochos. Etwas Neues war das nicht, sondern es war, wie wir bereits wissen, in solchen Situationen schon immer so gewesen. Und es blieb auch so. Immer, wenn eine Stadt in ein großes außenpolitisches Spannungsfeld geriet und sich zwischen zwei Großmächten entscheiden musste, entstand für sie die Gefahr einer innenpolitischen Spaltung.

Inzwischen trieben die Aitoler die politischen Kriegsvorbereitungen eifrig voran. Thoas kam in Begleitung des Menippos, den wir schon als einen der beiden Gesandten des Antiochos in Rom kennengelernt haben, von Antiochos zurück. Sowohl die Römer als auch Antiochos bereiteten sich politisch auf den Krieg vor, den sie eigentlich nicht wollten. Die Römer hatten nicht vor, das Seleukidenreich zu zerstören, sondern wollten nur erreichen, dass Antiochos sich aus Europa zurückzog. Antiochos wollte das Seleukidenreich seines Vorfahren Seleukos I. im Westen wiederherstellen, wie er es im Osten auch getan hatte. Er hatte nicht vor, Griechenland zu erobern, noch dachte er daran, Italien oder Sizilien anzugreifen; sondern er wollte lediglich seinen Einfluss in Griechenland so verstärken, dass er den Römern die Anerkennung seines politischen Ziels doch noch würde abringen können. Menippos rühmte bei den Aitolern die Macht und die schier unbegrenzten finanziellen Ressourcen seines Königs, die angeblich ausreichten, um ganz Rom zu kaufen. Thoas und Menippos sprachen vor der aitolischen Bundesversammlung. Der Tenor ihrer Reden war, dass der König zusammen mit den Aitolern Griechenland von der Bedrückung durch die Römer befreien werde. Die Parole war also wieder: Freiheit für die Griechen. Menippos versprach, sein König werde Griechenland seine frühere Würde zurückgeben. Diese habe eine Freiheit zur Voraussetzung, die auf eigenen Füßen stehe und nicht von fremden Entscheidungen abhänge. Von einer Herrschaft des Antiochos über Griechenland war also keine Rede. Und diese hätten die Aitoler auch nicht geduldet. Flamininus gelang es nur schwer, überhaupt ein Rederecht vor der aitolischen Bundesversammlung zu bekommen. Sein Vorschlag, die Aitoler sollten eine Gesandtschaft an den Senat in Rom schicken, stieß auf heftige Ablehnung. Stattdessen fasste die Bundesversammlung in Anwesenheit der römischen Gesandtschaft einen Beschluss, durch den Antiochos herbeigerufen wurde, um Griechenland zu befreien und zwischen den Römern und den Aitolern Schiedsrichter zu sein. Als Flamininus eine schriftliche Fassung verlangte, antwortete ihm der Stratege Damokritos, er werde sie ihm in Kürze in seinem Feldlager am Ufer des Tiber überreichen. Ernst nehmen sollte man diese beleidigende Prahlerei nicht. Auch die Aitoler planten keinen Feldzug nach Italien. Alles, was sie erreichen wollten, war ein Gleichgewicht zwischen dem römischen und dem seleukidischen Einfluss in Griechenland, was ihnen und anderen griechischen Staaten mehr politischen Spielraum ermöglicht hätte.

Um Antiochos aus seiner zögernden Haltung herauszulocken, mussten die Aitoler ihm eine möglichst günstige Ausgangslage präsentieren. Sie versuchten

Demetrias und Chalkis, zwei der drei wichtigsten Festungen Griechenlands, sowie Sparta zum Anschluss zu überreden. In Demetrias hatten sie Erfolg, in Chalkis nicht. Vielmehr nahm die Stadt eine pergamenische Besatzung auf. Nabis wollte anfangs mitmachen, ließ sich von aitolischen Truppen unterstützen, vereinbarte dann auf römisches Betreiben doch wieder einen Waffenstillstand und wurde deshalb von einem Aitoler ermordet. Die Nutznießer waren die Achaier, die in dieser Lage ihr altes Ziel verwirklichen und Sparta ihrem Bund anschließen konnten.

Das Angebot der Aitoler an Antiochos, ihm Demetrias auszuliefern, brachte den König in eine Zwangslage. Hätte er es abgelehnt, hätte er sich als Papiertiger entpuppt und sein Prestige bei den Griechen verloren. Und so entschloss er sich zu handeln, obwohl es schon Herbst und die Kriegssaison des Jahres 192 v. Chr. vorbei war. Von Ephesos aus setzte er mit 10 000 Infanteristen, 300 Reitern und sechs Elefanten zu Schiff nach Griechenland über. Er wurde von den Aitolern stürmisch begrüßt. Als er vor der Bundesversammlung das Wort erhielt, gab es die erste Ernüchterung. Der König entschuldigte sich, dass er so wenige Truppen mitgebracht hatte. Er sei noch nicht ausreichend gerüstet gewesen, werde jedoch im nächsten Jahr zu Lande und zur See stark auftreten, Griechenland befreien und die Aitoler zu den Ersten unter den Griechen machen. Bis dahin forderte er von ihnen die Versorgung seiner Soldaten.

Die Aitoler waren sich nach dieser Enttäuschung über das weitere Vorgehen uneinig, zumal auch sie viel weniger für einen Krieg gerüstet waren, als sie dem König vorgespiegelt hatten. Die eine Gruppe um den Strategen Phaineas wünschte keinen sofortigen Krieg gegen die Römer, sondern wollte versuchen, mit der Rückendeckung des Antiochos auf dem Verhandlungsweg die Erfüllung der aitolischen territorialen Forderungen zu erreichen. Ein Krieg sollte nur das äußerste Mittel sein. Die andere Gruppe um Thoas plädierte für den sofortigen Krieg. Man müsse die militärischen Operationen möglichst schnell nach Westen verlegen, um den Römern keine Zeit für Rüstungen zu lassen. Durch Verhandlungen sei, wie man immer wieder erfahren habe, von den Römern nichts zu erwarten. Mit dieser Auffassung setzte sich diese Gruppe in der Bundesversammlung durch. Antiochos wurde zum *strategòs autokrátōr* ernannt, doch waren seine Befugnisse keineswegs unbegrenzt, sondern die Aitoler stellten ihm ein 30-köpfiges Gremium an die Seite. Dann versuchten sie neue Bundesgenossen zu gewinnen, sogar den Achaiischen Bund. Dieser Versuch schlug gründlich fehl. Nach einigem Schwanken erklärten die Achaier sowohl den Aitolern als auch Antiochos den Krieg.

Das war der offizielle Beginn des Krieges, noch bevor die Römer den Krieg erklärt hatten. Die Achaier schickten Truppenkontingente nach Chalkis und in den Piräus. Wenig später griffen sie Elis und Messene an, um diese Regionen in ihren Bund zu zwingen. Im Gegenzug unterstützte Antiochos Elis. Der erste Zusammenstoß zwischen seleukidischen und römischen Truppen ereignete sich in der Nähe von Chalkis. Als Menippos im Auftrag seines Königs mit 3000 Mann einen Angriff auf die Stadt unternahm, traf er zufällig auf eine 500 Mann starke römische Truppe. Sie zog sich in das Apollonheiligtum in Delion zurück und wurde dort von Menippos fast völlig vernichtet, obwohl zwischen Antiochos und Rom noch kein Krieg herrschte. Flamininus, der sich in Korinth befand, versäumte nicht, diesen Vorfall öffentlichkeitswirksam anzuprangern. Als Antiochos mit 6000 Mann und aitolischen Truppen vor Chalkis erschien, kapitulierte die Stadt, so dass von da an zwei der drei wichtigsten Festungen Griechenlands in seiner Hand waren. Der König schlug in Chalkis sein Winterquartier auf.

Bald darauf erfolgte die römische Kriegserklärung. Das römische Heer unter dem Befehl des Konsuls Manius Acilius Glabrio hatte eine Stärke von 20 000 Legionären, 2000 Reitern und 15 Elefanten, also etwa die gleiche Stärke wie das römische Heer im Zweiten Makedonischen Krieg. Antiochos unternahm einige Streifzüge durch Thessalien und musste erfahren, dass nur wenige griechische Staaten bereit waren, ihn militärisch zu unterstützen. Beide Kriegsparteien warben um Philipp von Makedonien. Er entschied sich nach einiger Überlegung für ein Zusammengehen mit den Römern, die ihm zusicherten, dass er alle Städte behalten könne, die er von den Aitolern und ihren Verbündeten erobern würde. Antiochos heiratete während des Winters die Tochter eines vornehmen Bürgers aus Chalkis, die daraufhin den Namen der ganzen Insel, Euboia, erhielt. Diese Hochzeit, die mit königlichem Gepränge gefeiert wurde, trug ihm im zuvor prorömischen Chalkis große Sympathien ein. Als die Kriegssaison des Jahres 191 v. Chr. begann, stellte sich heraus, dass der von ihm erwartete militärische Nachschub aus Kleinasien auf sich warten ließ, während das Heer des Glabrio bereits anrückte. Der König sah sich gezwungen, eine Defensivstellung zu suchen, wo er das römische Heer so lange aufhalten könnte, bis seine Truppen eintreffen würden. Er wählte die Thermopylen. Dort wiederholten sich gleichsam die Ereignisse von 480 v. Chr. Einer römischen Abteilung unter der Führung des Marcus Porcius Cato gelang der nächtliche Durchbruch auf einem Umgehungspfad, wo sie die dort postierten aitolischen Soldaten im Schlaf überraschte. Als dieses Umgehungsmanöver bekannt wurde, lief das Heer des Antiochos in panischer Flucht auseinander und erlitt durch die verfolgenden Römer große Verluste. Mit nur 500 Mann erreichte der König schließlich das rettende Chalkis. Von dort setzte er sich nach Ephesos ab, während die Römer und ihre pergamenischen und rhodischen Verbündeten schon seine Seeverbindung nach Griechenland zu stören begannen. Es war für den König wirklich ein Debakel.

Ein anderes Ereignis verdient nicht weniger unsere Aufmerksamkeit: Glabrio wollte Chalkis wegen seiner Sympathien für Antiochos hart bestrafen. Doch Flamininus schaltete sich ein und konnte die Schonung der Stadt erreichen. Zum Dank bedachte die Stadt ihn mit kultischen Ehrungen in Kombination mit der Göttin Roma. Es war das erste Mal, dass einem Römer kultische Ehrungen angetragen wurden, wie es bis dahin nur bei hellenistischen Königen geschehen war.

Die Aitoler waren nach der Flucht des Antiochos auf sich selbst gestellt – nur vorübergehend, wie sie hofften. Da sie sich einer offenen Feldschlacht nicht gewachsen fühlten, blieb ihnen nur die Verteidigung hinter den Mauern ihrer Städte. Glabrio und König Philipp begannen, jeder für sich, Stadt für Stadt zu belagern. Als der römische Konsul schon nach einem Monat Herakleia einnahm, waren die Aitoler so verschreckt, dass sie Friedensverhandlungen mit den Römern anknüpften. Dort erwartete sie der nächste Schock. Der Konsul empfing ihre dreiköpfige Gesandtschaft nicht einmal selbst, sondern ließ ihr sagen, er sei mit der Verteilung der Kriegsbeute beschäftigt, und verwies sie ins nahe gelegene Hypata an den Kriegstribunen Lucius Valerius Flaccus. Als sie dort mit ihren Verhandlungen beginnen wollten, schnitt ihnen der Tribun das Wort ab und riet ihnen, beim Konsul um Verzeihung zu bitten und sich in die – wie es ihnen ins Griechische übersetzt wurde – *pistis* der Römer zu begeben. *Pistis* bezeichnete im Griechischen eine Art Vertrauensverhältnis. Der Kriegstribun hatte jedoch das lateinische Wort *deditio* benutzt, das sie nicht verstanden.

Als der aitolische Stratege Phaineas bei Glabrio vorgelassen wurde und die Einwilligung des Aitolischen Koinons in die *pistis* der Römer anbot, war der Konsul im ersten Augenblick überrascht. Dann stellte er Forderungen, die mit Friedensverhandlungen nichts zu tun hatten, sondern erkennen ließen, dass der Konsul die Aitoler nicht als Verhandlungspartner, sondern als Befehlsempfänger behandelte: Sie hätten jede Verbindung zu Antiochos abzubrechen und romfeindliche griechische Politiker auszuliefern, die sich zu den Aitolern geflüchtet hatten. Als Phaineas solche Vorbedingungen ablehnte, schrie ihn der Konsul als Wortbrüchigen an und ließ ihm Eisenketten anlegen. Denn nach römischer Auffassung hatte Phaineas den Aitolischen Bund mit seinem Angebot von *pistis* in die römische *deditio* begeben. *Deditio* (Übergabe) bedeutete bei den Römern die bedingungslose Kapitulation. Staaten, die formal noch souverän waren, aber einen aussichtslos gewordenen Kampf gegen die Römer aufgeben wollten, bevor sie vollständig unterworfen wurden, hatten die Möglichkeit, die *deditio* zu vollziehen. Damit begaben sie sich und alle ihre Habe bedingungslos in die Gewalt der Römer, verloren also ihre Freiheit zunächst vollständig. Die Römer vollzogen dann in solchen Fällen die „Wiederherstellung“ *(restitutio)*, d. h., sie vernichteten oder versklavten die Dedierten nicht, sondern gaben ihnen einen neuen Rechtsstatus, den sie nach eigenem Ermessen festsetzten und der ein wie immer ausgestaltetes Abhängigkeitsverhältnis war. Durch die *restitutio* gewannen die Abhängigen einen Teil ihrer Freiheit zurück.

Der in Ketten gelegte Phaineas war über die – wie er es sah – Verletzung des Gesandtenrechts entsetzt. Den umstehenden römischen Kriegstribunen ging das rüde Vorgehen des Konsuls auch zu weit, und sie bewogen ihn, dem Phaineas die Ketten wieder abzunehmen. Phaineas versprach, sich vor der aitolischen Bundesversammlung für einen Friedensschluss einzusetzen, und Glabrio gewährte den Aitolern zehn Tage Waffenstillstand. Die Aitoler waren über die schmähliche

Behandlung ihres Strategen so empört, dass nicht einmal eine Bundesversammlung zustande kam. Bald trafen hoffnungsvolle Nachrichten von Antiochos ein. Noch vor der Einnahme von Herakleia hatten die Aitoler Thoas und einen gewissen Nikandros zum König nach Asien geschickt und ihn dringend um Unterstützung gebeten. Thoas war auf Wunsch des Antiochos am Königshof geblieben. Den Nikandros schickte Antiochos mit einer ansehnlichen Geldsumme und dem Versprechen baldiger Hilfe zurück. Für ihn hatten die Aitoler die Funktion, die Römer in Griechenland fest- und von einer Landung in Kleinasien abzuhalten. Auf dem Rückweg geriet Nikandros in die Hände König Philipps. Dieser führte mit ihm ein nächtliches Gespräch unter vier Augen, in dem er auf eine langfristige Einigung mit den Aitolern abzielte: auf der Basis, in Zukunft nie mehr außergriechische Mächte, weder die Römer noch Antiochos, nach Griechenland zu rufen. Zu spät. Denn in der Konferenz von Rom hatte der Senat 193 v. Chr. Griechenland bereits eine Neuordnung oktroyiert, deren Revision er nicht zulassen würde. Philipp ließ Nikandros frei und ermahnte ihn, diese „Wohltat" nie zu vergessen. Von Stund an wurde Nikandros ein promakedonischer Parteigänger, was später sein Unglück werden sollte.

Indessen hatten die Achaier nicht nur Sparta, sondern auch Messene und schließlich Elis an ihren Bund zwangsangeschlossen. Den Römer gefiel das nicht, aber sie ließen es durchgehen, um ihre Verbündeten nicht zu verprellen. Als aber die Achaier immer mehr Appetit auf Annexionen bekamen und auch auf die Insel Zakynthos Anspruch erhoben, waren die Römer nicht mehr zu Konzessionen bereit, sondern bestanden darauf, dass die Insel frei im Sinne von unabhängig wurde.

Auch gegenüber Philipp mussten die Römer Konzessionen machen. Sie erließen ihm nicht nur einen Teil seiner Reparationen und gaben seinen Sohn und andere makedonische Geiseln frei, sondern ließen es auch zu, dass sich die Schlüsselfestung Demetrias dem König ohne Widerstand ergab.

Der Krieg zwischen den Römern und den Aitolern ging weiter. Bei der Belagerung der Stadt Naupaktos an der nördlichen Küste des Golfs von Korinth kam Glabrio nicht voran. Da König Philipp indessen immer mehr griechische Städte eroberte, überredete Flamininus den Konsul, die Belagerung abzubrechen und stattdessen andere griechische Städte in die Gewalt der Römer zu bringen, bevor sie sich Philipp ergaben. Denn Makedonien sollte nicht wieder zu groß werden. Mit den Aitolern vermittelte er einen Waffenstillstand, um ihnen die Möglichkeit einer Gesandtschaft nach Rom zu geben.

Das nächste Ziel des Antiochos war es, den Übergang der Römer nach Kleinasien zu verhindern, zu Land durch die Verstärkung der Befestigungen von Sestos und Abydos an den Dardanellen, zur See durch die Vergrößerung seiner Flotte. Als Admiral hatte er den Rhodier Polyxenidas eingestellt, von dessen nautischer Erfahrung er sich viel versprach. Außerdem zog er aus allen Teilen seines Reiches Truppen zusammen. Eile war geboten. Auf den Rat des Polyxenidas hin strebte Antiochos eine möglichst schnelle Entscheidung zu See an, ehe sich die römische Flotte mit den Seestreitkräften der östlichen Verbündeten, vor allem der rhodischen würden vereinigen und eine zahlenmäßige Überlegenheit herstellen können. In der Seeschlacht bei Korykos (in der Nähe von Chios) im September 191 v. Chr. zeigte es sich jedoch, dass schon die vereinigten römischen und pergamenischen Flotten, auch ohne rhodische Unterstützung, der Flotte des Antiochos überlegen waren. Polyxenidas musste sich nach Ephesos zurückziehen. Den Winter 191/190 v. Chr. verbrachten die ersten römischen Truppen bereits auf pergamenischem Gebiet.

In dieser Zeit fanden in Rom die Verhandlungen mit den Aitolern statt. Der Senat stellte harte Bedingungen, weil er in den Aitolern die eigentlichen Schuldigen für den Krieg sah. Die Alternative, die er den Aitolern anbot, lautete: entweder die *deditio* zu vollziehen oder die Zahlung der enormen Summe von 1000 Talenten und den Abschluss eines *foedus,* d. h. eines eidlich beschworenen permanenten Bündnisses. Im ersten Fall hätten die Aitoler überhaupt nicht gewusst, was auf sie zukommen würde, im zweiten Fall wären sie staatsrechtlich ein römischer Vasallenstaat geworden. Die Aitoler lehnten beide Angebote ab und der Krieg wurde fortgeführt. Zur Verstärkung der römischen Truppen wurde ein zusätzliches Heer von 13 000 Infanteristen und 500 Reitern aufgestellt. Der Nachfolger des Glabrio war der Konsul Lucius Cornelius Scipio, der jüngere Bruder des Scipio Africanus, der Hannibal 202 v. Chr. bei Zama besiegt und damit den Zweiten Punischen Krieg entschieden hatte. Scipio Africanus wurde seinem jüngeren Bruder als Legat (General) an die Seite gestellt. Das war die Antwort Roms auf die Beratertätigkeit Hannibals am Hof des Antiochos. Im Frühjahr 190 v. Chr. setzte dieses Heer nach Griechenland über. Die beiden Scipionen wollten so schnell wie möglich nach Kleinasien gelangen, weil sie sich darüber im Klaren waren, dass der Krieg nicht in Griechenland, sondern dort entschieden werden würde. Deshalb hielten sie sich mit den Aitolern nicht länger auf, sondern gewährten ihnen einen sechsmonatigen Waffenstillstand.

Das römische Heer zog in Richtung Hellespont (Dardanellen). Auf diesem schwierigen und wegen der kriegerischen thrakischen Stämme gefahrvollen Marsch bedurfte es der Hilfe Philipps, dem als Gegenleistung der Rest der Reparationen erlassen wurde. Antiochos versuchte die Koalition seiner Gegner zu schwächen, indem er Pergamon belagern ließ. Da die Versorgungslage der Koalition schwierig war, hielt er den Zeitpunkt für geeignet, über den römischen Flottenpraetor bei Pergamon ein Friedensangebot zu machen. Rhodos war nicht abgeneigt, doch Eumenes lehnte strikt ab. Die Antwort lautete, man müsse erst die Ankunft des Konsuls Scipio abwarten.

Auf seleukidischer Seite rüstete Polyxenidas weiter seine Flotte auf und im syrisch-phoinikisch-kilikischen Raum stellte Hannibal eine zusätzliche Flotte zusammen. Doch der Erfolg dieser beachtlichen Rüstungsanstrengungen blieb aus. 190 v. Chr. wurde der Held des Zweiten Punischen Krieges, der einst Rom hatte erzittern lassen, auf der Fahrt in die Ägäis von einer zahlenmäßig unterlegenen rhodischen Flotte geschlagen. Im selben Jahr errangen die Römer und

Pergamener in der Seeschlacht bei Myonessos endgültig die Oberhand zur See. Die nautische Erfahrung der Pergamener und Rhodier konnte eben selbst ein rhodischer Admiral in den Diensten des Antiochos nicht wettmachen. Ein Teil der römisch-pergamenischen Flotte segelte zum Hellespont, um den Übergang des römischen Heeres nach Kleinasien zu sichern. Sestos kapitulierte kampflos, während Abydos belagert werden musste. Eine Schlüsselrolle kam vorübergehend dem König von Bithynien, Prusias I., zu, dessen Reich sich an der südwestlichen Schwarzmeerküste bis zum Bosporos erstreckte. Er hätte mit seinem Heer zum Hellespont marschieren und den Übergang des römischen Heeres nach Kleinasien behindern, wenn nicht überhaupt verhindern können. Deshalb warben sowohl Antiochos als auch die Römer um seine Gunst. Von seinen politischen Interessen her neigte er eher zu Antiochos. Er war ein alter Feind des Königs von Pergamon und fürchtete außerdem, die Römer könnten auch die unter seiner Herrschaft stehenden griechischen Städte für frei erklären. Andererseits machte ihm die militärische Stärke der Römer Angst. Er hielt es für das Beste, sich aus dem großen Krieg herauszuhalten. Um seine Bedenken zu zerstreuen, legten ihm die Scipionen in einem Schreiben dar, dass die römische Politik noch nie auf die Vernichtung von Königreichen abgezielt hätte, und führten zum Beweis einige Beispiele aus Spanien und Afrika während des Zweiten Punischen Krieges an. Ein römischer Gesandter überbrachte dem König diesen Brief und versicherte, alles, was die Römer von ihm erwarteten, sei Neutralität. Das gab den Ausschlag. Prusias legte dem römischen Heer keine Hindernisse in den Weg und erhielt dafür eine Garantie für den Erhalt seines Reiches.

Ende 190 v. Chr. erreichte das römische Heer kleinasiatischen Boden. Antiochos wiederholte sein Friedensangebot und konkretisierte es. Er erklärte sich bereit, auf seine Gebietsansprüche in Thrakien, d. h. in Europa zu verzichten, ferner auf die Städte Lampsakos, Alexandreia Troas und Smyrna sowie auf alle Städte in Kleinasien, die sich den Römern angeschlossen hatten, außerdem die Hälfte der Kriegskosten zu zahlen. Ja, er ließ obendrein den Sohn des Scipio Africanus, der in seine Gefangenschaft geraten war, mit reichen Geschenken ausgestattet frei. Der „Große" bat schon fast flehentlich um Frieden. Offensichtlich hatte er wenig Vertrauen in seine Landstreitkräfte. Dabei hätte er sich eigentlich in dieser Phase des Krieges überlegen fühlen, hätte die Römer in aller Ruhe kommen lassen müssen, um sie möglichst tief im Innern Kleinasiens mit einem weitaus stärkeren Heer zu vernichten. Doch es war umgekehrt. Es waren die Römer, die einer Schlacht so optimistisch entgegensahen, dass sie in provokanter Weise ihre Forderungen erhöhten und von Antiochos den Verzicht auf Kleinasien bis zum Taurosgebirge und die Zahlung der gesamten Kriegskosten verlangten. Ein Hilfsangebot der ptolemaiischen Regierung hatten sie nicht angenommen, so sicher fühlten sie sich. Die Scipionen wollten die Schlacht, nicht nur, um Siegesruhm mit nach Hause zu tragen, sondern wohl auch von König Eumenes dazu gedrängt. Antiochos brach die Verhandlungen ab und setzte seinerseits auf die militärische Entscheidung.

Auf dem Weitermarsch vereinigte sich das römische Heer mit dem pergamenischen. Antiochos zog sich nach Magnesia am (Berg) Sipylos (nordöstlich von Smyrna) zurück und wählte dort das Schlachtfeld. Die Heere trafen an einem diesigen Wintertag Ende 190 oder Anfang 189 v. Chr. aufeinander. Es wäre ein pikantes Déjà-vu der Geschichte gewesen, wenn in der bevorstehenden Schlacht noch einmal, wie 202 v. Chr. bei Zama in Nordafrika, Scipio Africanus und Hannibal gegeneinander angetreten wären. Aber es kam anders. Den großen Scipio mussten die Römer auf dem Krankenbett im Hafen von Pergamon zurücklassen, und Hannibal befand sich noch immer bei seiner angeschlagenen Flotte in Pamphylien an der Südküste Kleinasiens.

Das Heer des Antiochos bestand aus 60 000 bis 70 000 Mann. Die Elitetruppe waren 1600 makedonische Söldner, die einen Phalanxblock von 50 Mann Breite und 32 Mann Tiefe bildeten. Die übrige Infanterie war, wie immer bei den asiatischen Königen, ein Gemenge aus verschiedenen hauptsächlich aus Kleinasien stammenden Völkerschaften. Klar überlegen war der König seinen Gegnern mit seinen 12 000 Reitern und seinen indischen Kriegselefanten. Hinzu kamen noch Streitwagen mit Sicheln an den Rädern, wie die Perser sie auch benutzt hatten.

Die Heeresstärke auf römischer Seite wird von den antiken Autoren mit 30 000 Mann angegeben. Es gibt jedoch moderne Schätzungen, die mehr als 50 000 Mann vermuten, so dass beide Heere etwa zahlenmäßig gleich stark gewesen wären. Der harte Kern waren römische und italische Legionäre. Hinzu kamen pergamenische und achaiische Truppen. An Reitern hatte die Koalition nur 3000 zu bieten, darunter 800 pergamenische. Die afrikanischen Elefanten wurden gar nicht erst eingesetzt, weil sie, wie wir schon am Beispiel der Schlacht bei Raphia gesehen haben, ihren indischen Verwandten nicht gewachsen waren. Die Unterlegenheit an Reiterei versuchten die Römer dadurch auszugleichen, dass sie den linken Flügel ihres Heeres so aufstellten, dass er an das Steilufer des Flusses Hermos heranreichte und nicht umgangen werden konnte. Ihnen gegenüber stand der rechte Flügel des seleukidischen Heeres, der aus Reiterei unter dem Kommando des Königs selbst bestand. Auf dem rechten römischen Flügel hatte König Eumenes das Kommando über die Reiterei. Wer vermutet hatte, dass die Schlacht wieder durch die schwer bewaffnete Infanterie, also die römischen Legionäre und die makedonischen Phalangiten entschieden werden würde, sah sich getäuscht. Der Krieg war, wie immer, unberechenbar. Die Schlacht wurde diesmal von der Reiterei und den Bogenschützen entschieden.

Antiochos griff mit seiner Reiterei die römische Reiterei und die Legionäre an und fegte sie durch seinen kräftigen Ansturm zurück bis an ihr Lager. Dort sammelten sie sich wieder und es kam zu hinhaltenden Gefechten ohne Ergebnis. Im Zentrum vermieden die Römer die direkte Konfrontation mit der Phalanx, indem sie diese und die Elefanten mit einem Hagel von Speerwürfen und Pfeilen von sich fernhielten und immer mehr schwächten. Die Entscheidung fiel auf dem rechten römischen Flügel. Die Führer der seleukidischen Sichelwagen machten unter dem intensiven Pfeilbeschuss der Pergamener kehrt und richteten ein Chaos in der eigenen Reiterei an. Diesen Augenblick erkannte Eumenes als seine Chance, stürmte an der Spitze seiner Reiterei in die aufgerissene Front der Gegner, schlug die seleukidische Reiterei in die Flucht, wendete sich dann nach links und rollte die seleukidische Infanterie auf. Das Gros des seleukidischen Heeres flüchtete. Der auf seinem rechten Flügel siegreiche Antiochos merkte davon nichts. Erst später machte er kehrt, um an anderer Stelle einzugreifen und musste erkennen, dass alles schon verloren war. Den gleichen Fehler hatte er, wie wir uns erinnern werden, schon in der Schlacht bei Raphia begangen. Ein Teil der seleukidischen Truppen versuchte noch ihr Lager zu verteidigen, konnte sich aber auch dort nicht halten. Wie immer werden die Verluste auf der Seite der Verlierer sehr hoch gewesen sein. Die genauen Zahlen kennen wir nicht. Allein 11 000 Soldaten sollen in Gefangenschaft geraten sein. Auf römisch-pergamenischer Seite waren 300 Infanteristen gefallen und ca. 50 Reiter. Der Sieger in der Schlacht bei Magnesia am Sipylos war König Eumenes von Pergamon. Indem er mit seiner Reiterei blitzartig in eine Schwachstelle der Gegner stieß, hat er eine geradezu klassische Alexanderschlacht geschlagen.

Die Weiterführung des Krieges war für Antiochos nicht mehr möglich. Er hatte keine militärischen Reserven mehr. Die griechischen Städte ergaben sich den Siegern. So musste er sich von den Römern den Frieden diktieren lassen. Aufschlussreich ist, dass seine Unterhändler zunächst nicht Lucius Cornelius Scipio, sondern Eumenes aufsuchten, der den Krieg vorangetrieben und während des Krieges einen Friedensschluss verhindert hatte. Erst als sie den König in bester Stimmung und zum Frieden bereit vorfanden, wandten sie sich an die Römer. Diese blieben im Kern bei den Forderungen, die sie nach ihrem Übergang nach Kleinasien vor der Schlacht gestellt hatten: Abtretung allen Gebiets westlich des Taurosgebirges. Hinzu kamen die Zahlung von 500 Talenten, die Auslieferung prominenter Römerfeinde und die Stellung von 20 Geiseln. Antiochos lieferte Hannibal nicht aus, sondern ließ ihn entkommen. Er flüchtete nach Kreta, dann nach Armenien und schließlich nach Bithynien und trat dort in die Dienste des Königs Prusias. Als die Römer auch von diesem seine Auslieferung forderten, beging er Selbstmord.

Die weiteren Regelungen zur Neuordnung des Ostens fanden im Sommer 189 v. Chr. in Rom statt. Wie vier Jahre zuvor drängten sich die Gesandten zahlreicher östlicher Staaten im Zentrum der römischen Macht. Der prominenteste Vertreter des Ostens war König Eumenes, der gekommen war, um sich seinen Kriegsgewinn abzuholen. Ihm wurde ein triumphaler Empfang bereitet. Als er im Senat nach seinen Wünschen gefragt wurde, gab er sich aus taktischen Gründen anfangs völlig bescheiden und uneigennützig. Erst auf weiteres Drängen der Senatoren offenbarte er seine Ansprüche. Darunter waren durchaus Städte, die gemäß der römischen Freiheitserklärung von 196 v. Chr. hoffen konnten, unabhängig zu bleiben. Für die Freiheit dieser Städte setzten sich die Rhodier ein, nur vordergründig aus ethischen Gründen, sondern in Wahrheit, um einen allzu großen Machtzuwachs ihres ungeliebten Nachbarstaates Pergamon zu verhindern. Der Vortrag ihrer Gesandten war das letzte große Freiheitsplädoyer der hellenistischen Welt.

Eumenes begründete seinen Anspruch auf diverse griechische Städte damit, dass sie sich gegenüber Antiochos loyal verhalten hätten. Dieses Argument überzeugte die Senatoren, nicht nur wegen der herausragenden militärischen Verdienste des Königs, sondern weil dieser Maßstab auch dem ethischen Empfinden der Römer entsprach. Auf Freiheit sollte eigentlich keine Stadt nur deshalb einen Anspruch haben, weil sie griechisch war, sondern sie sollte sich auch vor der Entscheidungsschlacht für die „richtige" Seite entschieden haben. Der Anspruch der griechischen Städte auf Freiheit wurde also dahingehend relativiert, dass das Verhalten der einzelnen Städte während des Krieges als zusätzliches Kriterium gelten sollte. Nichtgriechische Städte hatten von vornherein keinen Anspruch auf Freiheit, auch dann nicht, wenn sie weitgehend hellenisiert waren. Beim Friedenschluss von Apameia (188 v. Chr.) wurde wahrscheinlich die Freiheit auf jene Städte begrenzt, die vor und während des Krieges ihre Unabhängigkeit bewahrt hatten. Ausnahmen wurden nur einigen wenigen gewährt, die, wie Ilion, die angebliche Mutterstadt der Römer, ein besonderes Ansehen genossen. Alle anderen Städte wurden dem pergamenischen Reich oder Rhodos zugeteilt, wobei einigen von ihnen, die vor der Schlacht bei Magnesia von Antiochos abgefallen und sich den Römern angeschlossen hatten, wenigstens das Privileg der Steuerfreiheit gewährt wurde. Der größte Teil des ehemals seleukidischen Kleinasiens wurde Eumenes zugesprochen, dessen Reich von da an von der thrakischen Halbinsel, d. h. von einem Zipfel Europas bis Zentral- und Südanatolien reichte. Auch Rhodos erhielt eine stattliche territoriale Erweiterung von Karien bis Lykien.

Noch während der Verhandlungen in Rom ging der Krieg der Römer in Kleinasien weiter, nicht gegen Antiochos, sondern als Strafexpedition gegen seine ehemaligen Verbündeten, Könige, Dynasten und Völkerschaften. Der Nachfolger des Lucius Cornelius Scipio, der Konsul Gnaeus Manlius Vulso, machte daraus einen Plünderungs- und Erpressungsraubzug, was für die Betroffenen allerdings den einen Vorteil hatte, dass sie mit reichlichen Zahlungen ihre Vernichtung abwenden konnten. Zu Kämpfen kam es nur mit den noch immer gefürchteten Galatern, die jegliche Zahlungen ablehnten. Vulso wurde schnell mit ihnen fertig, plünderte ihr Gebiet gründlich aus und machte viele zu Sklaven. Von den griechischen Städten, die lange unter den Raubzügen der Galater gelitten hatten, wurde dieser römische Sieg mit Erleichterung und Freude aufgenommen, und sie überschütteten Vulso geradezu mit goldenen Kränzen als Zeichen ihrer Dankbarkeit.

Die wichtigste Aufgabe des Vulso war der endgültige Friedensschluss mit Antiochos in Apameia (188 v. Chr.). Auch diesmal hatte der Senat dem Konsul eine zehnköpfige Kommission beigegeben. Zusätzlich zu den Abmachungen, die im Jahr davor im Vorfrieden von Sardeis getroffen worden waren, musste Antiochos alle Kriegselefanten und seine Flotte bis auf zehn Schiffe ausliefern. In Zukunft durfte er nach Westen nur noch Defensivkriege führen, kein Bündnis mit Staaten westlich seines Reiches schließen und keine Söldner im Westen anwerben. Ferner durften seine Kriegsschiffe nach Westen nicht über die Mündung des Kalykadnos in Kilikien hinausfahren, d. h., die Ägäis blieb ihnen verschlossen. Das Seleukidenreich wurde ein für allemal vom griechischen Bereich Kleinasiens getrennt und nach Osten verschoben. Außerdem wurde ihm die Zahlung von 2500 Talenten auferlegt, dazu zwölf Jahre lang Reparationen von 1000 Talenten pro Jahr. Und er musste seinen jüngsten Sohn Antiochos (den späteren Antiochos IV.) nach Rom als Geisel ausliefern. Infolge der hohen Reparationen geriet Antiochos in finanzielle Schwierigkeiten. Die Konfiszierung von Tempelschätzen schien ihm zunächst einmal die effektivste Lösung. Sie kostete ihn das Leben. Als er sich 187 v. Chr. an den Schätzen des Bel-(Marduk-)Tempels in der Elymais (im südwestlichen Iran) vergreifen wollte, erregte er einen Aufruhr und wurde erschlagen. Noch ein anderer, der große Schätze heimführen wollte, hatte Pech. Das beutebeladene Heer des Vulso wurde auf dem Rückmarsch von thrakischen Stämmen überfallen und verlor einen großen Teil dessen, was es in Kleinasien geraubt hatte.

In Griechenland führte der Konsul Marcus Fulvius Nobilior den Krieg gegen die Aitoler weiter. Er belagerte Ambrakia, während das aitolische Gebiet von allen Seiten von Verbündeten der Römer angegriffen wurde. Nach längeren Versuchen erlangten die Aitoler unter athenischer und rhodischer Vermittlung und durch Fürsprache eines römischen Offiziers einen Friedensschluss. Sie verloren alle Eroberungen, die sie in den vergangenen 90 Jahren gemacht hatten, auch die Dominanz über Delphi, und wurden auf ihr Stammesgebiet reduziert. Ihre Macht war ein für allemal gebrochen. Delphi bedankte sich für seine wiedergewonnene Freiheit mit der Einführung eines Kultes der Göttin Roma. Die Aitoler mussten mit Rom ein „ungleiches Bündnis“ *(foedus iniquum)* schließen, das sie zu einem römischen Vasallenstaat degradierte. Hinzu kamen an Reparationen 200 Talente sofort und 300 in sechs Jahresraten sowie die Stellung von 40 Geiseln im Alter von zwölf bis 40 Jahren. Thoas, der Hauptschuldige am Krieg, den Antiochos nach Rom hatte ausliefern müssen, erhielt dort Pardon, konnte nach Aitolien zurückkehren und war dort weiterhin politisch aktiv, doch fortan als Römerfreund. Infolge der Niederlage brachen schwere innere Unruhen in Aitolien aus. Zahlreiche Aitoler wanderten aus.

Der Krieg zwischen Rom und Antiochos III. war politisch wie militärisch weitgehend von den Mittelmächten bestimmt worden. Selbst der römische Sieg bei Magnesia am Sipylos war in Wirklichkeit ein pergamenischer Sieg gewesen. Der Ruhm gebührte nicht Lucius Cornelius Scipio, der seinem Namen später den Siegertitel „Asiaticus“ anfügte, sondern Eumenes II. Vordergründig waren vor allem Pergamon und Rhodos die Sieger, in zweiter Linie auch der Achaiische Bund. Aber es waren nicht sie, sondern hauptsächlich die Verlierer, die Aitoler, die das eigentliche Ergebnis des Krieges herbeigeführt hatten, wenn auch wider Willen: Die Römer waren mit einem Mal die einzige Weltmacht.

In ihrer maßlosen Selbstüberschätzung sind die Aitoler die Totengräber der Freiheit Griechenlands geworden. Sie haben alle ihre historischen Chancen verspielt. Wahrscheinlich hätten sie Griechenland schon 267 v. Chr. von der makedonischen Herrschaft befreien können, wenn sie im Chremonideischen Krieg ihr Gewicht an der Seite Athens in die Waagschale geworfen hätten. 40 Jahre später hätten sie noch einmal diese Gelegenheit gehabt, wenn sie Aratos und den Achaiischen Bund im Krieg gegen Kleomenes III. von Sparta unterstützt hätten. Aber stattdessen riefen sie die Römer nach Griechenland und schließlich Antiochos III. Die Tatsache, dass seit 187 v. Chr. kein römischer Soldat mehr östlich der Adria stand, darf nicht darüber hinwegtäuschen, dass faktisch im Jahr 188 v. Chr. die römische Weltherrschaft begann – Weltherrschaft in dem Sinn, dass es im ganzen Mittelmeerraum keinen Staat mehr gab, der den Römern mit Aussicht auf Erfolg hätte Widerstand entgegensetzen können. Rein militärisch hätte es den Römern freigestanden, von Kleinasien aus in Syrien, Palästina und Ägypten einzumarschieren. Das römische Reich, wie es dann erst seit Augustus bestand, wäre im Osten bereits 187 oder 186 v. Chr. entstanden, wenn die Römer es gewollt hätten. Die Römer hätten in den eroberten Gebieten Tribute erheben und sich die Schätze Ägyptens aneignen können. Welcher hellenistische König, wäre er in der gleichen Lage gewesen, hätte darauf verzichtet?

Über die Gründe des römischen Verzichts, der in der Weltgeschichte eine wirkliche Ausnahmeerscheinung ist, wird noch zu sprechen sein. Allerdings waren sich weder die Römer noch die Mittelmächte voll bewusst, dass nach der Schlacht bei Magnesia eine neue Epoche begann. Ursprünglich, d. h. 229 v. Chr., hatten die Römer nur verhindern wollen, dass sich in Illyrien, gegenüber von Unteritalien, eine Großmacht etablierte, die das Potential gehabt hätte, die Adria zu beherrschen oder gar einen Krieg nach Unteritalien zu tragen. Sie hatten nicht geahnt, dass sich das Illyrien-Problem bis nach Kleinasien ausdehnen würde. Und sie hatten auch nicht angenommen, dass die Macht des Seleukidenreiches derartig schnell zu brechen war. Die Kriege gegen Makedonien und das Seleukidenreich hatten sie unvergleichlich leichter bewältigt als die zwei Kriege gegen Karthago, in denen sie an die Grenzen ihrer Kräfte gekommen waren. Wären die Römer östlich der Adria auf eine geschlossene Abwehr gestoßen, wäre es anders gewesen. Doch sie wurden ja immer wieder gerufen und als neue Teilnehmer im Machtspiel der östlichen Staaten einmal von der einen, ein andermal von der anderen Seite willkommen geheißen.

Wenn die Römer schon auf die direkte Herrschaft über den Osten verzichteten – gab es eine vertraglich festgelegte römische Suprematie und wenn ja, welche Formen nahm sie an? Regelrechte Bündnisverträge *(foedera)* schloss Rom nur in wenigen Fällen: Den Aitolern wurde, wie gesagt, 189 v. Chr. ein *foedus* aufgezwungen, um ihnen unmissverständlich ihren Vasallenstatus klarzumachen. Dagegen kam das etwa gleichzeitige *foedus* mit dem Achaiischen Bund auf Wunsch der Achaier zustande, die damit ihre politische Stellung gegenüber anderen griechischen Staaten stärken wollten. Für Athen, dessen Bündnis mit den Römern anscheinend noch während des Krieges gegen Antiochos geschlossen wurde, bedeutete es einen besonderen Schutz. Damit wird erkennbar, dass zumindest diese beiden griechischen Staaten eine permanente Rückendeckung durch die Römer, d. h. deren weitere Einbeziehung in die griechische Politik wünschten.

Grundsätzlich scheuten sich die Römer, sich außerhalb Italiens vertraglich festzulegen. Sie bevorzugten, wie bei den Städten in Illyrien, die vertraglose „Freundschaft“ *(amicitia)*, die dadurch zustande kam, dass sie die betreffende Stadt wahrscheinlich in ein Verzeichnis ihrer „Freunde“ einschrieben. Eine solche *amicitia* konnte alles und nichts bedeuten. Es würde in Zukunft immer darauf ankommen, wie die Römer in einer bestimmten politischen Lage die Verpflichtungen der „Freunde“ auslegten. Wenn sie aktive Unterstützung forderten, dann wurde aus der „Freundschaft“ zeitweilig eine vertraglose „Bündnerschaft“ *(societas)*, die nach dem Ende der besonderen Lage wieder erlosch. Wie viele Städte in diese *amicitia* aufgenommen wurden, wissen wir nicht. Allgemein erwarteten die Römer von den Griechen Dankbarkeit für das Geschenk der Freiheit, d. h. den status quo nicht wesentlich zu verändern. Und die Griechen heuchelten pflichtschuldig Dankbarkeit. Analog zum Kult für hellenistische Könige gründeten fast alle von 196 v. Chr. an den Kult der „Göttin Roma“, manchmal in Verbindung mit dem Kult des „Zeus des Befreiers“, und erhoben die Römer zu „allgemeinen Wohltätern“ *(koinoì euergétai)*, wie es auf Inschriften bezeugt ist. Doch die neuen „Wohltäter“ brachten keine Geschenke. Im Gegenteil: Sie begannen bereits griechische Kunstwerke zu rauben. Ihr Geschenk bestand einzig und allein in einer für die Griechen ambivalenten Freiheit.

Trotz der römischen Dominanz kam der Osten auch nach dem Frieden von Apameia nicht zur Ruhe. In Kleinasien bekämpften sich die Königreiche Pergamon, Bithynien, Kappadokien und Pontos in wechselnden Koalitionen. Und Griechenland wurde von Gebietsstreitigkeiten und inneren Wirren ständig aufgewühlt.

Das am ausführlichsten überlieferte Beispiel, das uns hier als pars pro toto dienen soll, ist das Achaiische Koinon. Es hatte an der Seite der Römer zwar das Ziel erreicht, an dem Aratos gescheitert war: die gesamte Peloponnes in seinem Bund zu vereinigen. Aber der Preis dafür war die Instabilität des Bundes. In Sparta führte die Rückkehr der von Nabis Verbannten, die ihr Eigentum zurückforderten, und anderer, die schon bei früheren Umwälzungen vertrieben worden waren, zu beinahe unlösbaren Problemen. Diejenigen, die mit der Streitschlichtung der Achaiischen Bundesregierung nicht einverstanden waren, wandten sich immer wieder an den römischen Senat oder an durchreisende römische Gesandte. Die Unzufriedenen strebten wieder die Unabhängigkeit Spartas an und hofften dabei auf römische Unterstützung. Eine andere Unabhängigkeitsbewegung entstand in Messenien. Die Römer waren Jahr für Jahr damit beschäftigt, sich eher widerwillig mit den laufenden Streitfragen zu beschäftigen.

Die achaiische Bundesregierung war natürlich bestrebt, römische Interventionen abzuwehren, ohne die Römer offen zu brüskieren.

Der führende Kopf dieser politischen Strategie des „Sichentgegenstemmens“ war Philopoimen, ein Landbesitzer aus der Führungsschicht von Megalopolis. Eigentlich hatte er den Achaiischen Bund aus dem Krieg der Römer gegen Philipp V. von Makedonien heraushalten wollen, aber – wie wir schon wissen – Aristainos gewann den Bund für den Kriegseintritt und ein enges Zusammengehen mit Flamininus. Als Philopoimen 189 v. Chr. als Bundesstratege eine Verfassungsreform durchführte, gemäß der die Bundesversammlungen nicht mehr ausschließlich in Aigion, sondern (wie bei den Aitolern) reihum in den Städten des Bundes stattfinden sollten, versuchten Aigion und Sparta prompt den Konsul Marcus Fulvius Nobilior, der den Krieg gegen die Aitoler führte, zum Eingreifen zu bewegen, um die Reform zu verhindern. Philopoimen konnte dieses Vorhaben abwehren. Er verstand sich jedoch weniger als Politiker, sondern in erster Linie als Krieger und war schon durch sein jähzorniges und ruhmsüchtiges Wesen für diplomatische Zwecke wenig geeignet. Schon von früher Jugend an galt ihm Kriegsruhm als das im Leben Erstrebenswerteste. Gehen wir für seine Biographie noch einmal einige Jahre zurück.

222 v. Chr. hatte er sich die ersten Meriten erworben. Als König Kleomenes III., wie erwähnt, im Krieg gegen Antigonos Doson und die Achaier den nächtlichen Überfall auf Megalopolis unternahm, verzögerte er durch seinen persönlichen Einsatz die Einnahme der Stadt und ermöglichte dadurch den Einwohnern die Flucht nach Messenien. Im selben Jahr profilierte er sich an der Seite der Makedonen unter Antigonos Doson in der Schlacht bei Sellasia, wo er durch einen Speerwurf durch beide Beine verwundet wurde, es aber trotzdem schaffte weiterzukämpfen. Anschließend gewann er weitere militärische Erfahrung (und sicher auch viel Geld und Kriegsbeute) als begehrter Söldnerführer während eines zehnjährigen Aufenthalts auf Kreta, wo er die Stadt Gortyn in ihren Kriegen gegen Knossos unterstützte. Nach seiner Rückkehr wurde er Reiterführer des Achaiischen Bundes, dann Stratege, ein Amt, das er in seinem Leben achtmal innehatte. 208 v. Chr. errang er einen glänzenden Sieg über die Reiterei der Eleier und Aitoler.

Im Jahr darauf setzte er bei den Achaiern umfangreiche militärische Reformen durch. Er trainierte die Reiterei zu einer beweglichen und schlagkräftigen Truppe, und bei der Infanterie führte er nach makedonischem Vorbild die Phalanx ein. Getragen wurde diese Heeresreform von einem feurigen militärischen Enthusiasmus, den er in der ganzen Bürgerschaft zu wecken verstand. Sie fand ihren Ausdruck in der Einführung eines prächtigen Schmucks für die Rüstungen und Waffen, an dessen Herstellung auch die Frauen begeistert mitarbeiteten. Dagegen wurde der private Luxus geächtet, was ganz der Lebensführung Philopoimens entsprach. Als seine größte persönliche Heldentat galt die Tötung des spartanischen Tyrannen Machanidas, der 207 v. Chr. mit einem Söldnerheer in achaiisches Gebiet eingefallen war. Philopoimen schlug sein Heer bei Mantineia und erwischte den fliehenden Machanidas, den er seitlich mit einem mächtigen Speerstoß vom Pferd stieß und tötete. Später ließen ihm die Achaier in Delphi ein ehernes Denkmal errichten, das ihn in diesem triumphalen Augenblick darstellte. 201/200 v. Chr. unterlag er Nabis in einem Seegefecht. Zwischen 199 und 194 v. Chr. kämpfte er wieder auf Kreta in Diensten der Stadt Gortyn, was ihm seine Vaterstadt Megalopolis, die von Nabis hart bedrängt wurde, so sehr verübelte, dass sie ihm das Bürgerrecht entziehen wollte. Philipp V. soll Philopoimen ein so großes militärisches Gewicht beigemessen haben, dass er versucht haben soll, ihn in Argos von Meuchelmördern beseitigen zu lassen. 193 errang er einen totalen Sieg über Nabis.

Nachdem Nabis von den Aitolern ermordet worden war, trat Sparta 193/192 v. Chr. in den Achaiischen Bund ein. Zwischen 189 und 183 v. Chr. bestimmte Philopoimen maßgeblich die Politik des Bundes. Die separatistischen Bewegungen in Sparta unterdrückte er 188 v. Chr. mit aller Härte, ließ die von Nabis errichteten Stadtmauern niederreißen und beseitigte die spartanische Verfassung bzw. das, was davon noch übrig war. Diplomatische Interventionen von römischer Seite ignorierte er und kam damit durch. 184/183 v. Chr. versuchte der messenische Politiker Deinokrates beim Senat in Rom die Unabhängigkeit Messenes vom Achaiischen Bund zu erwirken und diente sich im Sommer darauf Flamininus an, der als Gesandter nach Bithynien unterwegs war. Philopoimen verweigerte Flamininus, der als Schlichter auftreten wollte, glatt die Einberufung einer Bundesversammlung. Bald darauf erklärte Messene seine Unabhängigkeit, was Sparta zu dem gleichen Schritt ermutigte. 183 v. Chr. beschloss die achaiische Bundesversammlung den Krieg gegen die Messenier, obwohl der anwesende römische Gesandte Quintus Marcius Philippus dringend diesen Beschluss zu verhindern suchte. Die Achaier hörten nicht auf ihn. Sie baten sogar den römischen Senat auf Grund des Bündnisvertrages um Unterstützung. Die Führung des Krieges unternahm Philopoimen, der als fast 70-Jähriger zum achten Mal zum Strategen gewählt worden war. Doch dieses Mal verließ ihn das Kriegsglück, wohl weil er sich allzu selbstsicher fühlte und mit zu wenigen Truppen zu schnell vorpreschte. Er stürzte vom Pferd und wurde von den Messeniern gefangen genommen. Ein messenisches Gericht verurteilte ihn zum Tod und zwang ihn, den Giftbecher zu trinken. Wenig später unterwarf der Stratege Lykortas die Messenier. Deinokrates beging Selbstmord, und alle anderen, die für die Hinrichtung Philopoimens gestimmt hatten, wurden zum Selbstmord gezwungen. Diejenigen, die dafür gestimmt hatten, Philopoimen vor der Hinrichtung noch zu foltern, wurden verhaftet und abgeführt. Mit einer pompösen Bestattungszeremonie und allem militärischen Gepränge wurde die Urne Philopoimens in Megalopolis beigesetzt. Die verhafteten Messenier wurden an seinem Grabmal gesteinigt. Es war beinahe wie in der Ilias, als Achill zwölf trojanische Gefangene am Grab des Patroklos opferte. Später soll ein Römer einmal Philopoimen den letzten Griechen genannt haben. Für die Achaier war er der letzte überragende griechische

Feldherr, der für die Freiheit gekämpft hatte, Freiheit von Tyrannen und Freiheit von römischer Einflussnahme. Nach seinem Tod setzten Lykortas, der Vater des Polybios, und andere seinen politischen Kurs fort, konnten sich aber nicht in gleichem Maß gegen die vorsichtigere Gruppe um Kallikrates durchsetzen, die im Wohlwollen des römischen Senats die sicherste Stütze für den Bund sah.

Die Beziehungen zwischen Makedonien und den Römern blieben angespannt. Philipp war im Innern damit beschäftigt, das Königreich nach den schweren Kriegsverlusten wieder zu konsolidieren. Außenpolitisch unterstützte er in den angrenzenden Städten die promakedonische „Partei". Es kam dort immer wieder zu blutigen Auseinandersetzungen, was dazu führte, dass die antimakedonischen Gruppen sich häufig bei den Römern beschwerten und den König dazu zwangen, sich gegenüber dem römischen Senat oder römischen Gesandten zu rechtfertigen und die Römer als Schiedsrichter anzuerkennen. Die Feindschaft zwischen Makedonien und Pergamon setzte sich fort. Eumenes versuchte die Städte Ainos und Maroneia an der thrakischen Küste für sich zu gewinnen, auf die es auch Philipp abgesehen hatte. Die Römer fällten ein salomonisches Urteil und erklärten die beiden Städte für frei. Philipps militärische Unternehmungen richteten sich gegen thrakische Stämme. In dieser Region hatte er weitgehend freie Hand und konnte auch Byzanz schützen. Auch diese Aktionen wurden von den Römern stets misstrauisch beobachtet. 184 v. Chr. war Philipp sogar genötigt, seinen jüngeren Sohn Demetrios in diplomatischer Mission nach Rom zu schicken. Er hatte sechs Jahre in Rom als Geisel verbracht und sich in senatorischen Kreisen beliebt gemacht. So konnte er seinen Vater vor dem Senat erfolgreich gegen die Anklagen des Eumenes und verschiedener Städte verteidigen. Angeblich soll man ihm in Rom zu erkennen gegeben haben, dass man ihn gern als zukünftigen König von Makedonien sähe, woraufhin er nach seiner Rückkehr versucht haben soll, mit römischer Rückendeckung seinen älteren Halbbruder Perseus von der Thronfolge zu verdrängen. Doch er verlor das gefährliche Spiel und wurde hingerichtet (181 v. Chr.).

179 v. Chr. trat Perseus die Nachfolge seines Vaters als König von Makedonien an. Er erneuerte unverzüglich das *amicitia*-Verhältnis seines Vaters mit Rom. Der nächste Schritt war eine Amnestie und ein Schuldenerlass für jene Makedonen, die während der Herrschaft seines Vaters ins Ausland geflüchtet waren. Seine persönliche Erscheinung und seine maßvolle Lebensart erweckten Respekt und Sympathie. Sichtbarer als sein Vater strebte er den Wiedereintritt seines Königreiches in das Konzert der östlichen Großmächte an. Dabei ging er nicht militärisch vor, was zu einer Konfrontation mit Rom geführt hätte, sondern er versuchte die Restriktionen, die seinem Vater von den Römern auferlegt worden waren, auf diplomatischem Weg zu unterlaufen. Zum Seleukidenreich knüpfte er eine dynastische Verbindung an, indem er 177 v. Chr. Laodike, eine Tochter Seleukos' IV., heiratete. Da es den Seleukiden von den Römern verboten worden war, mit Kriegsschiffen in die Ägäis einzufahren, und auch Makedonien keine nennenswerte Flotte haben durfte, übernahmen es die Rhodier, die Braut

in einem festlichen Geleitzug nach Makedonien zu bringen. Perseus belohnte sie dafür großzügig. Seine Schwester Apame verheiratete Perseus mit König Prusias II. von Bithynien.

Das waren aufsehenerregende Ereignisse, die der östlichen Welt den Wiederaufstieg Makedoniens vor Augen führen sollten. Diese Botschaft wurde von vielen Griechen begrüßt, die sich von dem mit der Zeit immer herrischeren Auftreten römischer Gesandter kontrolliert, behindert und gedemütigt fühlten. Nicht, dass die Griechen jeglichen römischen Einfluss hätten beseitigen wollen. Viele wollten durchaus die Möglichkeit offen halten, sich bei Bedarf römischer Unterstützung für ihre Interessen zu bedienen. Man wollte die römische Republik in die Machtspiele des Ostens einbinden, so wie die Ostgriechen seit dem Peloponnesischen Krieg das Perserreich eingebunden hatten und die Griechen auf Sizilien Karthago. Die Römer sollten nützliche „Barbaren" bleiben. Alles, was man sich wünschte, war ein Gegengewicht zur einseitigen Abhängigkeit von Rom, so wie es die Aitoler mit Hilfe des Antiochos hatten herstellen wollen. Man begriff nicht, dass es auf Grund der militärischen Stärke, die Rom nach dem Ende des Zweiten Punischen Krieges gewonnen hatte, und angesichts der Teilung des östlichen Mittelmeerraums in drei rivalisierende Königreiche ein solches Gleichgewicht nicht mehr geben konnte. Perseus nutzte die illusorische Stimmung der Griechen geschickt, um in Griechenland politischen Einfluss zu gewinnen. Auf der anderen Seite wurden dadurch die proromischen Gruppen herausgefordert, immer wieder bei den Römern Anschuldigungen zu erheben.

174 v. Chr. wagte Perseus einen aufsehenerregenden Schritt, indem er nicht mit einem Heer, aber selbstverständlich unter militärischer Bedeckung in Delphi auftrat. In Rom war der Senat beunruhigt, zumal auch bekannt wurde, dass Perseus eine Annäherung an den Achaiischen Bund anstrebte. 173 v. Chr., als Perseus einen Vertrag mit Boiotien schloss, schien den Römern die Kontrolle über wichtige Regionen Griechenlands zu entgleiten. In Aitolien war – vermutlich infolge der territorialen Verluste – ein regelrechter Bürgerkrieg ausgebrochen, der auch durch die Vermittlung römischer Gesandter nicht beendet werden konnte. Als die Gesandten nach Makedonien weiterreisten, wurden sie dort vom König nicht empfangen. Es hieß, der König sei krank und nicht anwesend. Wenig später wurde berichtet, dass Perseus massiv promakedonischen Kräften in Boiotien dabei helfe, ihre politischen Gegner umzubringen.

In Asien nutzte Eumenes II. von Pergamon die Rivalität zwischen Seleukos IV. und seinem Bruder Antiochos, der 180 oder 179 v. Chr. aus zehnjähriger Geiselhaft in Rom entlassen worden war und als Privatmann in Athen lebte. Um die sich anbahnende Allianz zwischen Perseus und Seleukos zu sprengen, verhalf Eumenes dem römerfreundlichen Antiochos dazu, nach Syrien zurückzukehren, um seinen Bruder vom Thron zu stoßen. Bevor es zur militärischen Entscheidung kam, wurde Seleukos 175 v. Chr. von seinem Minister Heliodoros ermordet und Antiochos als König anerkannt. Dieser ließ den Mörder seines Bruders hinrichten, später aber auch den minderjährigen Thronfolger, den Sohn des Seleukos, beseitigen. 173 v. Chr. erneuerte er das *amicitia*-Verhältnis mit Rom und bezahlte die restlichen Reparationen, was ihm das Wohlwollen des Senats eintrug.

Sein Prestigeprojekt war die Weiterführung des Baus des Olympieions, des riesigen Zeustempels in Athen, den 350 Jahre zuvor der Tyrann Peisistratos begonnen hatte, und der als ein Mahnmal tyrannischer Hybris von den Athenern nicht fortgesetzt worden war. Antiochos beauftragte damit einen römischen Architekten, Decimus Cossutius, der dem Bau mit originellen Plänen seine Handschrift verlieh. Aber die politischen Wirren in Syrien nach dem Tod des Antiochos machten dem Vorhaben ein Ende und ließen das gewaltige Bauwerk weitere ca. 300 Jahre unvollendet – bis Kaiser Hadrian im zweiten nachchristlichen Jahrhundert es nach den Plänen des Cossutius fertigstellen ließ.

172 v. Chr. trat Eumenes im römischen Senat auf und warnte die Römer vor Perseus. Die Vorwürfe, die er gegen den makedonischen König erhob, waren weitgehend haltlos oder zumindest schwer zu überprüfen, machten jedoch im Senat Eindruck. Dagegen hatte die Gesandtschaft des Perseus, die wenig später in Rom eintraf, einen schweren Stand, und auch die Anklagen rhodischer Gesandter gegen Eumenes verhallten in Rom ungehört. Auf seinem Heimweg wurde auf Eumenes in Delphi ein Attentatsversuch unternommen, den man Perseus zur Last legte. Daraufhin beauftragte der Senat die designierten Konsuln für das Jahr 171 v. Chr. mit der Kriegführung gegen Makedonien und schickte ein Vorauskommando nach Epeiros, um die Landung des römischen Heeres zu sichern. Außerdem wurden Gesandte zu fast allen relevanten Staaten des Ostens geschickt, um ihr Verhalten in einem potentiellen Krieg zwischen Rom und Perseus in Erfahrung zu bringen. In Boiotien gelang es den Römern, die promakedonischen Elemente zu isolieren und den ganzen Bund zur Auflösung zu bringen. An Perseus stellten die römischen Gesandten die vor einem Krieg übliche Forderung nach „Wiedergutmachung".

Der König ließ sie lange warten, ehe er ihnen eine Audienz gewährte. Er forderte von Rom neue Abmachungen, die ihm ein Verhältnis auf Augenhöhe ermöglichen sollten. Darauf kündigten die Gesandten das *amicitia*-Verhältnis auf, und der König befahl ihnen, Makedonien binnen drei Tagen zu verlassen. Fast alle Staaten des Ostens erklärten sich für Rom, Prusias von Bithynien für neutral. Perseus schickte einen Boten zu den römischen Gesandten in Griechenland und ließ fragen, warum die Römer Truppen nach Griechenland schickten. Die Antwort: um griechische Städte zu schützen. Aber keine griechische Stadt hatte um Schutz gebeten. Die Römer konnten die Freiheitsparole nicht mehr für ihre Interessen verwenden. Um den Krieg zu rechtfertigen, mussten sie dem makedonischen König allerlei angebliche Verstöße gegen den mit Philipp geschlossenen Friedenvertrag unterstellen. Das Ziel der römischen Politik trat diesmal ohne propagandistische Verhüllung offen zutage: unter allen Umständen die Entstehung einer Großmacht auf dem Balkan zu verhindern. Der König bat den einflussreichen Senator Quintus Marcius Philippus um eine Unterredung in Thessalien. Philippus wiederholte die römischen Vorwürfe, doch in freundlichem Ton, und schlug vor, dass der König sich noch einmal durch Gesandte vor dem Senat rechtfertigen solle. Er, Philippus, würde sie dabei unterstützen. In Wirklichkeit handelte es sich um ein Täuschungsmanöver, wie Philippus später zugab und dessen er sich sogar noch rühmte. Die Absicht war, Perseus von militärischen Vorbereitungen in Griechenland abzuhalten. Als die Gesandten des Perseus in Rom eintrafen, erteilte der Senat ihnen den Befehl, Italien binnen 30 Tagen zu verlassen. Rom war zum Krieg entschlossen, nicht, weil es bedroht war, sondern weil es einen Präventivkrieg für notwendig hielt, um seine Hegemonie über den Osten zu bewahren.

Wie schon bei Philipp vor Kynoskephalai bestand die Strategie des Perseus darin, sich hinter den geographischen und künstlichen Hindernissen, die sein Land umgaben, zu verschanzen und einer Schlacht aus dem Weg zu gehen. Dennoch kam es gleich im ersten Kriegsjahr zu einem aufsehenerregenden Gefecht, einem Sieg der makedonischen und thrakischen Reiterei. Die Nachricht darüber löste bei vielen Griechen Begeisterung aus. Perseus machte den Römern ein Friedensangebot, doch der römische Konsul Publius Licinius Crassus lehnte es in provokanter Weise ab und forderte die bedingungslose Kapitulation. Der Krieg zog sich dann noch bis 168 v. Chr. hin.

Erst dem vierten römischen Feldherrn, Lucius Aemilius Paullus, gelang es, Perseus zu einer Feldschlacht zu zwingen. Sie fand bei Pydna in Südmakedonien statt. Beide Heere waren annähernd gleich stark. Perseus war besser gerüstet als einst sein Vater bei Kynoskephalai. Er konnte 44 000 Mann ins Feld stellen, darunter 25 000 Phalangiten und 4000 Reiter. Ihm gegenüber standen die Römer mit 38 000 Infanteristen einschließlich der griechischen Bundesgenossen, 4000 Reitern und zwölf Elefanten. Der Ansturm der makedonischen Phalanx versetzte die römischen Truppen in Schrecken, auch den römischen Feldherrn. Die römische Vorhut wurde hinweggefegt und die Legionen bis vor ihr Lager zurückgedrängt, das sich auf einer kleinen Anhöhe befand. Dort kam der Vorstoß der Phalanx zum Stehen. Frontal waren die römischen Legionäre gegen die langen Lanzen der Phalangiten auch dann noch machtlos.

Aber Paullus bemerkte, dass während des schnellen Anlaufs der Phalangiten Lücken in der vorher einheitlichen makedonischen Front entstanden waren, die weder von Leichtbewaffneten oder Bogenschützen noch von Reitern gefüllt wurden. In diese Lücken schickte Paullus seine Manipel, die die unbeweglichen Phalangiten von der Seite und von hinten angriffen. Der Kampf verwandelte sich dadurch in ein echt römisches Gefecht, stehenden Fußes Mann gegen Mann. Dafür waren die Phalangiten mit ihren kürzeren Schwertern und leichteren Schilden nicht ausgerüstet. Die römischen Legionäre schlachteten sie massenhaft ab, mehr als 20 000 Makedonen in gut einer Stunde. 11 000 gerieten in Gefangenschaft. Die Verluste der Römer betrugen nur 200 Mann. Auf dem rechten römischen Flügel hatte die römische Reiterei gesiegt, aber das Gros der makedonischen Reiterei stand, vom König selbst angeführt, völlig unversehrt auf dem rechten makedonischen Flügel, sah sich jedoch nicht in der Lage, in das chaotische Gemetzel einzugreifen, das sich vor ihren Augen abspielte. Vielleicht wurde es von den römischen Elefanten daran gehindert. Der König gab die Schlacht verloren und verließ mit seiner Reiterei das Schlachtfeld. Nie wieder ist in einem Krieg eine Phalanx gegen ein römisches Heer angetreten.

Die Städte und Festungen Makedoniens ergaben sich den Römern widerstandslos. Perseus versuchte zunächst nach Norden zu flüchten, musste sich aber schließlich doch in römische Gefangenschaft begeben und die Schande über sich ergehen lassen, in Rom zusammen mit seiner Familie und 250 makedonischen Adligen im Triumphzug des Aemilius Paullus der Öffentlichkeit in Rom vorgeführt zu werden. Der beutebeladene Triumphzug dauerte ganze drei Tage. Schon zwei Jahre später starb Perseus. In die antike Literatur ist er als Feigling eingegangen, weil er nicht den Mut gefunden hat, sich durch Selbstmord der Gefangennahme durch die Römer zu entziehen. Von seinen drei Kindern starben der ehemalige Thronfolger Philipp und die Tochter früh. Der jüngere Sohn Alexandros lernte Latein und verdiente seinen Lebensunterhalt später als Schreiber in Rom.

Die Römer hatten nicht nur während der Schlacht brutal gewütet. Auch nach dem Sieg setzten sie die neue politische Ordnung, die sie dem Osten gaben, mit ungewöhnlich brutalen Mitteln durch. Denn sie hatten feststellen müssen, dass die zahlreichen Loyalitätsbekundungen, die griechische Staaten ihnen gegenüber kurz vor dem Beginn des Krieges abgegeben hatten, reine Lippenbekenntnisse gewesen waren; dass die Griechen in Wirklichkeit den römischen Sieg über Perseus nicht gewünscht hatten. Also griffen sie zu schärferen Maßnahmen. Aber immer noch richteten sie auf dem Balkan keine Provinz ein.

Stattdessen wurde nach dem Prinzip *divide et impera* das makedonische Königreich in vier voneinander getrennte Republiken aufgeteilt, zwischen deren Bürgern, wie bei den römischen Bundesgenossen in Italien, keine Handelsverträge und Heiratsverträge geschlossen werden durften. Analog dazu erfolgte die Aufteilung Illyriens in drei Republiken. Das makedonische Militär wurde so reduziert, dass es nur noch zur Verteidigung gegen äußere Feinde taugte. Zur Verhinderung einer Wiederaufrüstung wurden die Gold- und Silberbergwerke geschlossen (allerdings 158 v. Chr. wieder geöffnet), und Holz durfte nicht mehr zum Bau von Kriegsschiffen geschlagen werden. Die Inseln Lemnos, Imbros und Skyros gaben die Römer an Athen. Um die makedonischen Republiken dauerhaft zu schwächen, erlegten ihnen die Römer nicht mehr, wie dem Seleukidenreich oder Karthago, zeitlich begrenzte Reparationen auf, sondern permanente Tribute. Es war das erste Mal, dass die römische Republik im Osten Steuern erhob.

Dennoch galten die Makedonen nach römischer Vorstellung als frei, weil sie keinem König mehr gehorchen mussten, sondern im Rahmen ihrer republikanischen Verfassung lebten. Denn darin bestand der Kern des römischen Freiheitsbegriffs. Die Ruhigstellung der Staaten in Griechenland versuchten die Römer durch eine beispiellose Aktion zu erreichen. Mit einem Schlag sollten alle antirömischen politischen Kräfte ausgeschaltet werden. Von denen, die als makedonische Parteigänger bekannt waren, begingen viele Selbstmord, einige wurden hingerichtet. Andere, die auch nur im Verdacht einer romkritischen Haltung standen, wurden von prorömischen Griechen denunziert, von den Römern verhaftet und auf unbestimmte Zeit nach Italien deportiert, ohne weitere Untersuchung und ohne zeitliche Begrenzung. Manchen Städten, die im Ruf einer antirömischen Haltung standen, wurden zumindest zeitweilig Bestimmungen oktroyiert, die die Stellung der prorömischen „Partei" festigten, die dort offensichtlich in der Minderheit war. Der illyrische König Genthios, der während des Krieges eine schwankende Haltung eingenommen und sich schließlich für Perseus entschieden hatte, wurde 168 v. Chr. von dem römischen Praetor Lucius Anicius Gallus besiegt, gefangen genommen und ein Jahr später in dessen Triumphzug in Rom vorgeführt. Und Epeiros, das ursprünglich auf römischer Seite gestanden hatte, aber 170 v. Chr. zu Perseus übergegangen war, ließ Lucius Aemilius Paullus auf dem Rückmarsch nach Italien gründlich plündern, zerstören und einen Teil der Bevölkerung versklaven. Dabei spielte zweifellos eine Rolle, dass er seinen Soldaten vor der Rückkehr in die Heimat noch einmal eine Gelegenheit geben wollte, sich zu bereichern, damit sich der Krieg für sie auch materiell gelohnt hatte.

Auf Rhodos hatten während des Krieges die promakedonischen und die prorömischen Kräfte miteinander im Streit gelegen. Als 168 v. Chr. der Krieg unentschieden zu bleiben schien, gewann die promakedonische Gruppe die Oberhand und führte die Stadt auf den Weg einer Friedensvermittlung. Das war an sich nichts Ungewöhnliches. Eine solche Aufgabe hatten Rhodos und andere unabhängige Städte wie Byzanz, Chios, Kyzikos und Mytilene auf Lesbos schon häufig unternommen und waren sogar von den Großmächten darum gebeten worden. Perseus hatte schon vor Ausbruch des Krieges die Rhodier dafür gewinnen wollen, und 168 v. Chr. waren selbst aus dem römischen Hauptquartier wohlwollende Signale für eine rhodische Vermittlung gesendet worden. Aber als die rhodische Gesandtschaft vor dem Senat in Rom auftrat, war die Kriegsentscheidung bei Pydna gerade gefallen. Die Gratulation zum Sieg nützte den rhodischen Gesandten nun nichts mehr. Sie wurden beschuldigt, mit ihrer Friedensvermittlung lediglich die Absicht verfolgt zu haben, Perseus aus seiner schwierigen Lage zu verhelfen. Für die Senatoren war die Haltung der Rhodier, die von den Römern nach dem Sieg über Antiochos mit großen Territorialgewinnen belohnt worden waren, ganz einfach Undankbarkeit, ja Verrat.

Für die Rhodier begann eine bedrückende Phase des Wartens darauf, wie Rom mit ihnen verfahren würde. Eine neue rhodische Gesandtschaft trat in Rom in Trauergewändern auf. Sie erreichte immerhin, dass Marcus Porcius Cato im Senat um Verständnis für die rhodische Haltung während des Krieges warb. Sein

Wort hatte Gewicht. Als die Nachricht in Rhodos eintraf, dass die Römer von militärischen Maßnahmen gegen die Insel absehen würden, bedankten sich die Rhodier mit einem goldenen Kranz. Doch der Strafe entgingen sie nicht. Auf die Kunde, dass die Rhodier in Rom in Ungnade gefallen waren, sagten sich die Karer und Lykier von der rhodischen Herrschaft los und wurden vom römischen Senat für frei erklärt. Die Freiheitserklärung blieb für die Römer nach wie vor ein geeignetes Instrument, um Staaten zu schwächen, die sich in die Rolle von römischen Vasallen nicht fügen wollten. Dabei konnten sich die Römer darauf berufen, dass die Karer und Lykier die Unabhängigkeit von Rhodos wollten, dass es den Rhodiern nicht gelungen war, ihre Untertanen von den Vorteilen einer Union mit Rhodos zu überzeugen, sondern dass sie für Rhodos nichts weiter als Ausbeutungsobjekte gewesen waren.

Zusätzlich erfolgte ein wirtschaftlicher Schlag gegen Rhodos. Die Römer erklärten Delos zum Freihafen und unterstellten die Insel Athen, wodurch der Handel von Rhodos weggelenkt wurde und die Insel den größten Teil ihrer Zolleinnahmen und damit auch ihre Seemacht verlor. Erst 164 v. Chr. erließen die Römer eine staatsrechtliche Neuregelung ihres Verhältnisses zu Rhodos. Ähnlich wie sie es mit den Aitolern getan hatten, schlossen sie mit dem Inselstaat einen Bündnisvertrag *(foedus)*, der ihre Bindung an Rom fixierte. Dafür und für die Gewährung einiger kleinerer Zugeständnisse durch den Senat bedankten sich die Rhodier überschwänglich mit einer goldenen Kolossalstatue, die in personifizierter Form das römische Volk darstellte, im Tempel der Athena.

Während die Römer in Griechenland gegen Perseus kämpften, war in Ägypten wieder einmal eine Krise ausgebrochen, in die auch das Seleukidenreich hineingezogen wurde. 180 v. Chr. war Ptolemaios V. gestorben, vier Jahre später auch seine Gattin Kleopatra I., die Tochter Antiochos' III. Die beiden Söhne des Königspaares waren minderjährig. Die Vormundschaftsregierung, der ehemalige Sklave Lenaios und der Eunuch Eulaios, plante einen Krieg gegen das Seleukidenreich, um Südsyrien zurückzuerobern, dessen Einkünfte nach dem Tod der Kleopatra anscheinend nicht mehr in die ägyptische Staatskasse flossen. 169 v. Chr. wurde der ältere der beiden Brüder, Ptolemaios VI., für volljährig erklärt, nachdem er schon 175 v. Chr. mit seiner Schwester Kleopatra II. verheiratet worden war. Etwas Neues war es, dass auch der jüngere Bruder, der spätere Ptolemaios VIII. Euergetes II., pro forma an der Regierung beteiligt wurde.

Der Krieg, den Ägypten 169 v. Chr. begann, verlief für das Land von Anfang an schlecht. Antiochos IV., der versucht hatte, sich in Rom Rückendeckung für seinen Gegenschlag zu holen, siegte, drang in Ägypten ein und wurde von Ptolemaios VI. als Vormund akzeptiert. (Lenaios und Eulaios waren nach der Niederlage des ptolemaiischen Heeres umgebracht worden.) Doch die Bevölkerung von Alexandreia, schon immer antiseleukidisch gestimmt, opponierte dagegen im Namen des jüngeren Ptolemaios. Antiochos begann die Stadt zu belagern, konnte sie aber nicht einnehmen. Beide Seiten schickten Gesandte nach Rom, aber der Senat verschob wegen des Perseuskrieges die Entscheidung. Wie schon im Krieg gegen Philipp V. fürchtete er eine Allianz zwischen Perseus und Antiochos. Unberechtigte Sorge: Die östlichen Mächte haben – wie vor ihnen die griechischen Stadtstaaten auch – niemals geschlossen gegen einen äußeren Gegner zusammengestanden. Gesandte aus Rhodos und anderen Städten, u. a. aus Athen sowie vom Achaiischen Bund, versuchten eine Friedensvermittlung.

Im Jahr darauf ging Antiochos aufs Ganze. Er führte sein Heer bis Memphis, wohl in der Absicht, sich zum Pharao krönen zu lassen, und ließ auch das ptolemaiische Zypern angreifen. Als er wieder vor Alexandreia stand, fiel die Entscheidung im Perseuskrieg bei Pydna und die Römer bekamen freie Hand. Eine römische Gesandtschaft unter Gaius Popillius Laenas suchte den König in Eleusis vor Alexandreia auf und überbrachte ihm ein Schreiben des Senats, in dem ultimativ sein Abzug aus Ägypten gefordert wurde. Als Antiochos erklärte, mit seinen Beratern darüber sprechen zu wollen, zog Popillius Laenas schnell mit einem Weinrebenstock einen Kreis im Sand um ihn herum und forderte seine Entscheidung, bevor er diesen Kreis verlassen habe. Antiochos, der glaubte, auf das Wohlwollen der Römer zählen zu können, war schockiert. Ihm blieb nichts anderes übrig, als sich diese Unverschämtheit gefallen zu lassen und zu gehorchen. Anschließend sorgten die Römer auch für den Abzug der seleukidischen Truppen aus Zypern und teilten die Insel wieder den Ptolemaiern zu.

Indessen unternahm Aemilius Paullus nach seinem Sieg bei Pydna eine Griechenlandreise, die eigentlich als private Bildungsreise geplant war. Als er in Delphi einen halbfertigen Pfeiler sah, der einmal ein goldenes Standbild des Perseus hätte tragen sollen, befahl er, nach seiner Fertigstellung sein eigenes Standbild darauf zu stellen. Der *imperator* als Nachfolger der makedonischen Könige! Darüber hinaus veranstaltete er in Amphipolis wahrhaft königliche Spiele, zu denen er die Vertreter aller Städte Griechenlands und Kleinasiens einlud. Antiochos glaubte, dagegenhalten zu müssen. Wenn er schon gegen die römische Kriegsmacht nicht ankämpfen konnte, so konnte er doch wenigstens gegen sie anprunken und auf diese Weise vor der griechischen Öffentlichkeit demonstrieren, dass die Seleukiden trotz allem noch den Anspruch erhoben, eine Großmacht zu sein. Zum Anlass nahm er seinen Sieg über Ägypten und versuchte vor den Augen der Gesandten aus zahlreichen griechischen Staaten den römischen Sieger mit einem bombastischen Fest einschließlich einer prächtigen Parade noch zu übertrumpfen.

In der Folgezeit blieb der römische Senat gegenüber den östlichen Mächten weiterhin äußerst misstrauisch und ließ sie immer wieder durch Gesandtschaften überwachen, um etwaige militärische Aufrüstung frühzeitig zu erkennen und zu verhindern. Antiochos überbot sich gegenüber römischen Gesandten mit geheuchelter Liebenswürdigkeit, so dass sie in Rom absolut nichts Negatives über ihn berichten konnten. Ebenso hielt es Eumenes von Pergamon, den die Römer verdächtigten, mit Perseus in der letzten Phase des Krieges konspiriert zu haben. Der Senat war von seiner Unschuld nicht überzeugt und scheute nicht einmal davor zurück, den ehemaligen Verbündeten öffentlich zu brüskieren. Als er 167/166 v. Chr. vor dem Senat auftreten wollte und schon in Brundisium gelandet war, wurde er unter dem Vorwand abgewiesen, es sei ein Senatsbeschluss ergangen, dass kein König nach Rom kommen solle. Einen Versuch des Senats, dessen jüngeren Bruder Attalos, als er sich im Auftrage des Eumenes als Gesandter in Rom aufhielt, dazu zu verleiten, einen Teil des pergamenischen Reiches für sich zu erbitten, konnte Eumenes vereiteln. Das pergamenische Reich blieb ungeteilt. Und in Griechenland wurde Eumenes so beliebt wie nie zuvor. Mochte er vom römischen Senat gedemütigt worden sein – in seinem Reich schuf er mit dem Pergamonaltar ein einzigartiges Monument seines Ruhmes (Abb. 41). Wenigstens auf diesem Denkmal erschien die pergamenische Löwin stärker als die römische Wölfin. Und in Athen blieb mit der Stiftung einer Säulenhalle am Dionysostheater sein Name präsent.

Einer von denen, die im Verdacht standen, insgeheim die Dominanz der Römer über Griechenland abzulehnen, war Polybios (ca. 200–120 v. Chr.). Sein Vater Lykortas aus Megalopolis war ein Anhänger Philopoimens gewesen und hatte dazu beigetragen, als Bundesstratege seine Politik fortzusetzen. Polybios wuchs in dieser Tradition auf und wurde ein patriotischer Achaier (sowie ein Feind und Verächter der Aitoler). Wie sein Vater schlug auch er die politisch-militärische Laufbahn ein und brachte es 170/169 v. Chr. zum Hipparchen (Reiterführer), dem zweithöchsten Amt. Mit der Deportation nach Rom wurde seine Karriere schlagartig beendet. Sein Glück im Unglück war, dass er schon damals mit einer (nicht erhaltenen) Schrift über die optimale Heeresführung auf sich aufmerksam gemacht und das Interesse einflussreicher Römer geweckt hatte. Polybios wurde nicht, wie die meisten anderen Deportierten, in einer langweiligen italischen Landstadt interniert, sondern kam an die erste Adresse in Rom, in das Haus des Perseus-Besiegers Lucius Aemilius Paullus, und wurde der Lehrer von dessen zwei Söhnen. Daraus entwickelte sich eine langjährige Freundschaft mit dem jüngeren der beiden, der als junger Mann von dem ältesten Sohn des Hannibal-Besiegers Publius Cornelius Scipio Africanus adoptiert wurde und sich dann Publius Cornelius Scipio Aemilianus nannte. Als er über 20 Jahre später als Feldherr in den sogenannten Dritten Punischen Krieg zog und 146 v. Chr. Karthago zerstörte, gehörte Polybios zu seinen Beratern

Der Zwangsaufenthalt in Rom und der enge Kontakt zur römischen Führungsschicht boten Polybios die Möglichkeit, die neue Weltmacht aus unmittelbarer Nähe zu studieren. Deshalb glaubte er besser als seine griechischen Zeitgenossen erklären zu können, weshalb es den Römern gelungen war, in gut einem halben Jahrhundert, zwischen dem Ausbruch des Zweiten Punischen Krieges und der Vernichtung des makedonischen Königreiches, die Weltherrschaft zu erringen. Denn für ihn begann die römische Weltherrschaft erst 168 v. Chr.

Aus dieser Fragestellung heraus entstand ein Geschichtswerk mit einer neuen methodischen Konzeption. Für ihn war von vornherein klar, dass sich wegen des Zusammenwachsens der östlichen mit der westlichen Mittelmeerwelt das politische Geschehen nicht mehr in der Form einer Monographie, sondern

Abb. 41: Rekonstruktion des Pergamonaltars im Pergamonmuseum in Berlin. Das imposante Bauwerk wird in den antiken Quellen kaum erwähnt: Weder kennt man die Gottheit, der der Alter gewidmet war, noch den Anlass für seine Errichtung. Datiert wird es auf die Zeitspanne zwischen 170 und 159 v. Chr. Der Fries am Sockel zeigt den Kampf zwischen den Göttern und den Giganten, den Kinder der Erdgöttin Gaia, bei dem die Götter auch von den Halbgöttern Herakles und Dionysos unterstützt werden. Der Fries an den Hofwänden stellt die Legende von Télephos, dem Sohn des Herakles und Stammvater der Attaliden, bildlich dar. Télephos wurde von seinem Großvater, dem König Aleós von Tegéa in Arkadien, ausgesetzt und dem Tod preisgegeben, weil das Orakel in Delphi prophezeit hatte, dass, wenn seine Tochter Aúge einen Sohn gebären würde, dieser die Brüder Aúges töten würde. Doch wird Télephos im Fries von einer Löwin gesäugt und gerettet (in der Legende war es nur eine Hirschkuh).

nur als Universalgeschichte verständlich darstellen ließ. Diese Vorstellung war nicht völlig neu. Einen universalgeschichtlichen Ansatz hatte schon der Historiograph Ephoros (ca. 400–330 v. Chr.) mit seinem umfassenden Geschichtswerk von der sagenumwobenen peloponnesischen Frühzeit bis ins vierte Jahrhundert vertreten, wobei allerdings die griechische Geschichte noch im Mittelpunkt stand.

Die Darstellung des Polybios behandelte jedoch die westliche und die östliche Geschichte gleichermaßen und richtete sich sowohl an griechische als auch an römische Leser. Für die Datierung der einzelnen Ereignisse verwendete er die Zählung nach Olympiaden. Er verachtete die Schreibstubengelehrten, denen, ohne jede Erfahrung in Politik und Kriegswesen, jedes Urteilsvermögen fehle, und die mehr auf Unterhaltsamkeit ihrer Darstellungen als auf Wahrheit setzten. Seine „pragmatische Geschichtsschreibung" sollte sich an den nüchternen Fakten orientieren und frei von Parteilichkeit sein. In seinem Streben nach Wahrheit und Genauigkeit knüpfte er an das Niveau des Thukydides an. Aber anders als dieser schwelgte er bei seiner kritischen Auseinandersetzung mit früheren Autoren in bissiger Polemik, was ihm offensichtlich Freude bereitete.

Für die Ereignisse seiner eigenen Zeit versuchte er möglichst viele Augenzeugen zu befragen, sich die nötigen geographischen und topographischen Kenntnisse mittels eigener Besichtigung der Schauplätze anzueignen und – sehr wichtig – seine politische und militärische Sachkenntnis und Erfahrung einzubringen. Göttliches Eingreifen, Orakel und abergläubische Vorstellungen hielt er aus seiner Darstellung fern. Reden versuchte er wenigstens inhaltlich genau wiederzugeben, und er berief sich auf Ohrenzeugen. Grundlegend für seine Beurteilung geschichtlicher Ereignisse ist die Unterscheidung von Ursachen und Anlässen. Als Ursachen bezeichnet er die Motive, die politischen Ziele und langfristigen Pläne, als Anlässe die Vorwände und günstigen Gelegenheiten zur Ausführung. Die unberechenbaren Faktoren in Politik und Krieg nennt Polybios die *týchē*. Sie ist für ihn keine göttliche Gestalt. Aber sie kann bewirken, dass über Unschuldige eine plötzliche Katastrophe hereinbricht, so dass sie Mitleid verdienen. Sie kann aber ebenso ein von vornherein falsches Vorhaben oder eine schlechte Planung evident machen, so dass sie die Betroffenen zu Recht straft. Manchmal wirkt sie auch mit ihrer Verteilung von Glück und Unglück wie eine ausgleichende Gerechtigkeit. Die Griechen mit ihrer wechselhaften Geschichte fürchteten sie und misstrauten dem Glück. Umso mehr ist Polybios davon beeindruckt, dass die *týchē* den Römern in entscheidenden Momenten immer nur Glück brachte, beinahe so, als habe sie die römische Weltherrschaft gewollt. Dennoch sei es nicht allein, ja nicht einmal in erster Linie die *týchē*, der die Römer ihre Siege über die Karthager und die östlichen Mächte zu verdanken hätten.

Den Grund für die Sieghaftigkeit der Römer will Polybios in der römischen Verfassung und in der taktischen Flexibilität der römischen Streitkräfte erkennen. Bezüglich letzterer hat er zweifellos Recht. Doch weiß er über die Loyalität der italischen Bundesgenossen, die im Krieg gegen Pyrrhos und Hannibal entscheidend war, nicht mehr zu sagen, als dass sie aus Respekt vor den Römern nicht abgefallen wären. Gab es wirklich nicht noch andere Gründe? Über dieses entscheidende Faktum, das den Sieg Roms über Pyrrhos und Hannibal erklärt, hätten wir gern Näheres gewusst.

Bei seiner Beurteilung des römischen Staates verwandelt sich der sonst so nüchterne und kritische Beobachter Polybios, der praktische Politiker, überraschend in einen griechischen Theoretiker. Ein instruktives Beispiel dafür, wie jemand – vielleicht wir alle – in den Denkmustern gefangen bleibt, die er mit seiner Bildung in sich aufgenommen hat. Polybios erkennt nicht die beherrschende gesellschaftliche Rolle der römischen Senatsaristokratie, die den ganzen römischen Staat durchdrang, sondern interpretiert den römischen Staat nach dem Muster der griechischen Staatstheorie. Es sei die römische Verfassung gewesen, die dem römischen Staat seine innere Stabilität gegeben und die Römer zur Weltherrschaft geführt habe. Diese Verfassung versteht er als gemischte Verfassung aus Königtum, Aristokratie und Demokratie. Das königliche Element habe in der großen Amtsgewalt der Konsuln, das aristokratische in der Stellung des Senats und das demokratische in den Volksversammlungen bestanden. In dieser gemischten Verfassung glaubt Polybios den Grund für die Überlegenheit Roms gegenüber den meisten griechischen Poleis zu erkennen, die von dem jahrhundertelangen Wechsel zwischen Oligarchie, Demokratie und Tyrannis erschüttert wurden.

Diesen Wechsel versteht er als Kreislauf der Verfassungen, der unvermeidlich sei, weil jede der drei Verfassungen im Lauf der Zeit an ihren immanenten Schwächen in Verfall gerate und deshalb in eine andere umschlagen müsse. Den Vorgang beschreibt er folgendermaßen: Der ursprüngliche Zustand am Beginn eines Staatsgebildes sei die Willkürherrschaft eines einzelnen Mannes, der anderen an physischer Stärke und Mut überlegen sei, ganz so, wie in der Tierwelt. Mit zunehmender Zivilisierung trete an die Stelle von Willkür die Vernunft und Gerechtigkeit, und es entstehe ein echtes Königtum, das von allen Bürgern freiwillig anerkannt werde. Ein guter König unterscheide sich in seiner Lebensweise, seiner Kleidung, seinen Ess- und Trinkgewohnheiten, nicht von den übrigen Bürgern und sondere sich nicht von der Menge ab.

Wenn aber seine Nachfolger, vom Wohlstand verwöhnt, in Sittenlosigkeit verfallen, verwandele sich das Königtum in eine Tyrannis. Diese rufe den Widerstand der besten Bürger hervor, bis die Tyrannis eines Tages gestürzt und von einer Aristokratie, der Herrschaft der Besten, abgelöst werde.

Wenn diese Aristokratie mit der Zeit aus den gleichen Ursachen zu einer bloßen Oligarchie verkomme und die herrschende Schicht statt des Gemeinwohls nur noch ihren eigenen Vorteil im Auge habe, werde das Volk selbst den Staat übernehmen und eine Demokratie herstellen. Das Kennzeichen dieser Demokratie sei anfangs die Rede- und Meinungsfreiheit. Aber irgendwann, wenn die Reichen die Menge mit Wahlbestechungen köderten, um in die Ämter gewählt zu werden, und nicht mehr die Tüchtigsten, sondern nur die Reichsten zu Amt und Würden gelangten, gewöhne sich das Volk daran, auf Kosten anderer zu leben und stelle immer höhere Ansprüche.

In diesem Stadium gleite die Demokratie in eine Ochlokratie ab, eine Herrschaft des Pöbels. Wenn die Forderungen dieses Pöbels nicht erfüllt würden, wähle er sich einen Führer, der wegen seiner Armut nicht zur Elite gehört und ihnen eine Revolution, d. h. die Ermordung oder Vertreibung der Reichen und eine Neuverteilung des Landes verspreche. Wenn dieser an die Macht komme, verwandele sich die Demokratie in eine Tyrannis, und der Kreis habe sich geschlossen.

Der einzige Ausweg aus diesem Kreislauf der Verfassungen sei eine gemischte Verfassung wie die römische und die karthagische oder die lykurgische Verfassung Spartas. Die demokratischen Verfassungen Athens und Thebens sind Polybios keine Analyse wert. Beide Staaten hätten nur durch die überragende Befähigung des Themistokles bzw. des Epameinondas und Pelopidas für wenige Jahrzehnte Bedeutung erlangt, aber nicht durch die Qualität ihrer Verfassung. Ihre kurze Dauer als Großmacht ist ihm ein Beweis für ihre Minderwertigkeit. Perikles erwähnt er mit keinem Wort. Allerdings garantiere auch die gemischte Verfassung per se keine dauerhafte Stabilität, wenn die sittlichen Maßstäbe und die Lebensführung der Bürger nicht mehr mit der Verfassung übereinstimmten. So habe Karthago den Zweiten Punischen Krieg verloren, weil innerhalb seiner gemischten Verfassung das demokratische Element zu stark geworden sei. Richtig ist daran, dass es wegen der eigenständigen Machtbasis der Barkiden, der Familie Hannibals, zu keiner koordinierten Kriegführung zwischen der karthagischen Regierung und Hannibal gekommen ist. Polybios erweist sich auch darin als echter Grieche, dass er der Musik einen hohen Wert für die Charakterbildung zumisst.

Die zweite griechische Vorstellung, die Polybios auf Rom – übrigens auch auf Karthago – projiziert, ist das Streben nach Weltherrschaft. Eigentlich würde jeder Staat, der die Möglichkeit dazu hat, danach streben. Angeblich gab Demetrios von Pharos auf die Kunde von der verheerenden Niederlage der Römer gegen Hannibal bei Cannae dem 22-jährigen Philipp V. den Rat, möglichst schnell in Italien zu landen und nach der Weltherrschaft zu streben. Denn Griechenland gehorche ihm ja jetzt schon. Er wäre dann so etwas wie ein zweiter Alexander geworden. Aber während die Verfassung Spartas zur Beherrschung anderer Völker, selbst zur Beherrschung Messeniens, ungeeignet gewesen sei, habe Rom das Potential dazu gehabt. Auf Polybios machte diese Stärke einen tiefen Eindruck.

Die naheliegende Frage, warum die Römer nach dem Sieg über Philipp V. von Makedonien nicht, wie auf Sizilien, Sardinien, Korsika und in Spanien, eine Provinz in Griechenland eingerichtet, sondern die Griechen für frei erklärt haben, stellt er nicht. Für ihn ist die römische Freiheitserklärung für Griechenland von 196 v. Chr. ein Zeichen für die Großherzigkeit der Römer. Er bewundert die altrömischen Tugenden: die Förderung von Patriotismus und Tapferkeit, die römische Genügsamkeit und Unbestechlichkeit und den ausgeprägten Sinn für Gerechtigkeit. Feldherren, die eine Niederlage erlitten hatten, wurden bei ihnen nicht, wie bei den Griechen, bestraft, sondern erhielten sogar oftmals eine neue Chance. Die häufigen politischen Prozesse, mit denen die Rivalität unter den führenden römischen Familien ausgetragen wurde, die hohen Kosten der Gladiatorenspiele und das pompöse Auftreten der Witwe des Scipio Africanus in der Öffentlichkeit, deren prunkvolle Ausstattung später die Mutter des jüngeren Scipio übernahm, beurteilt er eher neutral, ebenso den Brauch römischer Soldaten, in eroberten Städten Menschen und sogar Hunde in Stücke zu zerhacken, um Schrecken zu verbreiten. 151 v. Chr., als die Römer die Internierten, soweit sie noch lebten, in ihre Heimat entließen, kehrte auch Polybios vorübergehend nach Griechenland zurück. Ob die Zurückgekehrten ihren früheren Besitz wiederbekamen, ist nicht überliefert.

Hatten die Römer geglaubt, mit der Umwandlung des makedonischen Königreiches in vier Republiken den Balkan endgültig in ihrem Sinne befriedet zu haben, so wurden sie keine 20 Jahre später vom Gegenteil überrascht. Gleichsam aus dem Nichts erschien ein Thronprätendent auf dem Plan, ein gewisser Andriskos, der behauptete, Philipp, der älteste Sohn des Perseus zu sein. Es soll sich um einen Gerber aus Adramyttion (im nordwestlichen Kleinasien) gehandelt haben, der eine Zeitlang Söldner gewesen war und dem man eine äußere Ähnlichkeit mit dem Sohn des Perseus nachsagte. Im Seleukidenreich gewann er Anhänger im „Volk“ von Antiocheia, versuchte jedoch vergeblich die Unterstützung des Königs Demetrios I. zu gewinnen. In Milet wurde er eingesperrt, kam jedoch mit römischer Erlaubnis wieder frei, weil man ihn für harmlos hielt.

Nach einem ersten gescheiterten Versuch 151 v. Chr. sah Andriskos 149 v. Chr. eine Chance, seinen abenteuerlichen Plan in die Tat umzusetzen, weil die Römer im sogenannten Dritten Punischen Krieg (149–146 v. Chr.) in Afrika militärisch gebunden waren und gleichzeitig in Spanien schwere Kämpfe zu bestehen hatten. Die *týchē* schien auf seiner Seite. Es war fast wie in einem Märchen. Beim Übergang nach Europa gewährte ihm Byzanz einen offiziellen Empfang wie einem König. Dann gewann er die Unterstützung thrakischer Fürsten, besiegte zwei makedonische Heere und auch griechische Truppen unter dem Befehl des römischen Legaten Publius Scipio Nasica. Daraufhin ließ er sich in Pella zum makedonischen König krönen und ist als Pseudophilippos in die Geschichte eingegangen. Als solcher erfocht er den letzten makedonischen Sieg über ein römisches Heer, als er die Legion des Praetors Publius Iuventius Thalna überwand.

Dann verwandelte sich das Märchen in raue Wirklichkeit. Intern geriet er bald in Konflikt mit einigen seiner Unterführer und soll ein tyrannisches Regiment ausgeübt haben. Als der Praetor Quintus Caecilius Metellus 148 v. Chr. mit einem neuen römischen Heer anrückte, ließ sich einer der Unterführer verlocken, Verrat zu begehen und mit seiner Reiterei zu den Römern überzuwechseln.

Andriskos wurde von Metellus leicht besiegt, gefangengenommen und nach seiner Vorführung im Triumphzug in Rom hingerichtet. Dieser an sich nicht besonders wichtige Aufstand gewann dadurch eine grundsätzliche Bedeutung, dass der römische Senat einsehen musste, dass sein Konzept der indirekten Beherrschung des Balkans gescheitert war. Die Einrichtung einer Provinz erwies sich als unumgänglich, was auch dadurch bestätigt wurde, dass sogar danach noch mehrmals falsche Perseussöhne ihr Glück versuchten.

Auch in Griechenland brachen Unruhen aus. Der Achaiische Bund hatte es nach wie vor nicht geschafft, die separatistischen Kräfte, insbesondere jene in Sparta, zur Ruhe zu bringen und in den Bund einzubinden. Sogar in Korinth regte sich Widerstand. Der Bund ging, wie immer, mit Gewalt gegen die Separatisten vor. 24 Spartaner, die in Rom den Senat angerufen hatten, wurden in Abwesenheit zum Tod verurteilt (149/148 v. Chr.). Der römische Senat muss allmählich zu der Einsicht gekommen sein, dass der Bund die ihm zugedachte Aufgabe, auf der Peloponnes für Ruhe und Stabilität zu sorgen, nicht erfüllen konnte, ließ sich aber wegen des Krieges in Makedonien mit seiner Entscheidung Zeit.

Indessen zwang der Achaiische Bund Sparta zum Einlenken. Sein Ziel schien erreicht. Doch 147 v. Chr. traf eine römische Gesandtschaft unter dem Konsular Lucius Aurelius Orestes ein und stellte – zur großen Überraschung der Achaier – die Reduzierung des Achaiischen Koinons auf sein Stammesgebiet, d. h. den Verzicht auf Sparta, Korinth, Argos, Herakleis am Oita und Orchomenos in Arkadien zumindest in Aussicht, ob nur als Drohung oder schon als definitive Entscheidung des Senats, ist nicht ganz klar. Die Empörung in der Bundesversammlung schlug hohe Wellen. Die römische Gesandtschaft wurde beschimpft und beleidigt. Ob die zweite römische Gesandtschaft, die unter dem Konsular Sextus Iulius Caesar noch im selben Jahr eintraf und lediglich die Bestrafung der an den Krawallen Schuldigen forderte, ein bloßes Hinhaltemanöver war, ist umstritten. Einen Versuch des Konsulars, zwischen den Spartanern und den Achaiern in Tegea, ohne die Bundesversammlung, eine vorläufige Einigung zu erzielen, ließen die Achaier ins Leere laufen. Stattdessen beschloss der Achaiische Bund den Krieg gegen Sparta.

Im folgenden Jahr, 146 v. Chr., schickte Metellus, der Statthalter von Makedonien, eine Gesandtschaft zu den Achaiern, um sie vor einem Bruch mit Rom zu warnen. Auch diese Gesandtschaft stieß auf eine wütende Reaktion der Volksmenge. Die Führer der achaiischen „Falken" waren Kritolaos und Diaios, die die meisten der versammelten Achaier hinter sich wussten, während Mitglieder des Bundesrates vergeblich versuchten, Kritolaos am Reden zu hindern. Kritolaos erklärte, er wolle zwar ein Freund der Römer sein, sei aber nicht bereit, sie als Herren anzuerkennen. Auf diese Nachricht hin erteilte der Senat dem Statthalter Metellus den Auftrag, die römischen Forderungen mit Gewalt durchzusetzen. Metellus kam dem vom Bund abtrünnigen Herakleia am Oita zu Hilfe und besiegte das achaiische Heer, das die Stadt wieder in den Bund zurückzwingen sollte, mitsamt den Bundesgenossen aus Theben und Chalkis. Kritolaos kam um, ob auf dem Schlachtfeld oder durch Selbstmord, ist ungewiss.

In Rom überließ der Senat die Fortführung des Krieges nicht mehr dem Praetor Metellus, sondern schickte eigens einen Konsul, Lucius Mummius, mit einem größeren Heer, was darauf schließen ließ, dass der Senat eine grundsätzliche territoriale Neuordnung vorhatte. Auf achaiischer Seite übernahm Diaios die Weiterführung des Krieges. Er erließ sofort Notstandsmaßnahmen: ein Schuldenmoratorium für die Dauer des Krieges, die Freilassung und Bewaffnung von 12 000 in Achaia geborenen und aufgewachsenen Sklaven sowie eine Kriegssteuer für die Reichen. Eine Gesandtschaft kompromissbereiter achaiischer Politiker, die sich zu Metellus begaben, um in letzter Minute das Schlimmste zu verhindern, wurde nach ihrer Rückkehr des Verrats bezichtigt, verhaftet und misshandelt.

Die Entscheidungsschlacht fand nach dem Eintreffen des römischen Heeres unter Mummius bei Korinth statt. Mit überlegener Stärke siegten die Römer über das Heer der Achaier, deren Front immerhin eine Weile standhielt, vollständig. Diaios tötete seine Frau, zündete sein Haus an und beging Selbstmord. Korinth wurde nicht einmal verteidigt. Mummius zerstörte trotzdem die berühmte Stadt weitgehend und handelte sich damit den Ruf eines brutalen Barbaren ein, obwohl er nur im ausdrücklichen Auftrag des Senats handelte, der damit ein Zeichen setzen wollte. (Die in der Forschung des 19. Jahrhunderts geäußerte Vermutung, der römische Senat habe Korinth zerstören lassen, um sich einer Handelskonkurrentin zu entledigen, ist eine unzulässige Rückprojektion moderner Vorstellungen auf die Antike.)

Es folgte eine römische Strafaktion gegen alle, die auf der falschen Seite gestanden hatten, was den Römern nicht schwerfiel, denn wie 168 v. Chr. blühte unter den Griechen das Denunziantentum. Etliche Beschuldigte begingen Selbstmord, und die Denunzianten haben sich wahrscheinlich an ihrem Besitz bereichert. Eine römische Senatskommission ordnete die Auflösung aller Bundesstaaten an, die am Krieg gegen Rom teilgenommen hatten. (Sie wurden jedoch nach einigen Jahren wiederhergestellt, wobei der Achaiische Bund auf sein Stammesgebiet beschränkt blieb.) In dieser desaströsen Lage schaltete sich Polybios ein und konnte dank seiner guten Beziehungen zu den Römern manche Strafmaßnahmen mildern, u. a. auch das Andenken an Philopoimen, dessen Denkmäler die Römer stürzen wollten, retten. Alle Städte Griechenlands, die sich am Krieg gegen die Römer beteiligt hatten, wurden dauerhaft tributpflichtig und unter die Aufsicht des Statthalters von Makedonien gestellt, aber dennoch kein Teil der Provinz Macedonia. Sie galten weiterhin als frei, wie eine Inschrift ausdrücklich bezeugt.

Die Römer ordneten eine Reform der städtischen Verfassungen an, bei der auch Polybios mitgewirkt hat. Für die Bekleidung wichtiger Ämter wurde der Nachweis eines bestimmten Vermögens zur Voraussetzung gemacht, was auf den ersten Blick einigermaßen merkwürdig anmutet, waren doch solche Ämter in der Praxis ohnehin nur von Reichen bekleidet worden. Möglicherweise richtete sich diese Maßnahme gegen Verschuldete aus der Oberschicht und sollte sie daran hindern, eine allgemeine Schuldenstreichung zu propagieren. Doch die griechischen Städte blieben Demokratien im damaligen Sinn. Auch wenn die Römer diese Demokratien nicht mochten, ließen sie sie bestehen. Anders als viele moderne Historiker glaubten bzw. immer noch glauben, oktroyierten sie ihnen keine Oligarchien nach römischem Vorbild, d. h., sie wandelten den städtischen Rat mit der einjährigen Amtszeit der Ratsherren nicht in einen Senat um, dessen Mitglieder, wie in Rom, lebenslänglich amtiert hätten. Offensichtlich wollten die Römer vermeiden, dass die Herrschaft der griechischen Oberschicht als römisches Marionettenregime angesehen worden wäre. Diese lockere Haltung konnten sie sich auf Grund ihrer militärischen Überlegenheit leisten. Im Gegensatz zu etlichen hellenistischen Königen hatten sie es nicht nötig, die Städte von innen heraus, durch militärische Besatzungen und die Oktroyierung bestimmter Verfassungen, zu beherrschen. Das zerstörte Korinth wurde nicht wieder aufgebaut, sondern blieb als abschreckendes Mahnmal bestehen. Doch jene Staaten, die sich während des Krieges neutral verhalten hatten, blieben weiterhin formal unabhängig. Bei ihnen fand überhaupt keine Verfassungsreform statt.

Auch nach dem Untergang des Antigonidenreiches setzten die verbliebenen Königreiche ihre Kriege und Bürgerkriege fort und schwächten einander oder sich selbst noch weiter – aber immer unter römischer Aufsicht. Die Seleukiden waren zunächst wegen der jahrelangen Reparationen, die sie an Rom zahlen mussten, finanziell schwer belastet. Eines ihrer Mittel, Geld aufzutreiben, waren neben Steuererhöhungen ihre Versuche, die Schätze großer nicht-griechischer Tempel zu konfiszieren. Doch die Heiligtümer wehrten sich.

Wie schon gesagt wurde, kam Antiochos III. ums Leben, als er kurz nach dem Friedensvertrag mit Rom das Bel-Heiligtum in der Elymais (im westlichen Iran) plündern wollte (187 v. Chr.). Sein Sohn und Nachfolger Seleukos IV. (187–175 v. Chr.) hatte es auf den Tempel der Juden in Jerusalem abgesehen, offenbar ohne vollen Erfolg zu haben; Antiochos IV. (175–164 v. Chr.) wurde vom Artemis-Heiligtum in der Elymais abgewehrt, konnte aber Zwangsanleihen beim Tempel in Jerusalem machen.

Folgenschwerer waren die Einmischungen der benachbarten Könige in die inneren Verhältnisse des Seleukidenreiches. Wie bereits erwähnt ist Antiochos IV. nur deshalb König geworden, weil Eumenes II. von Pergamon ihn anstifte, seinen Bruder Seleukos IV. vom Thron zu stoßen. Und so ging es weiter. Die meisten der folgenden seleukidischen Könige nahmen ein gewaltsames Ende. Immerhin gelang es Demetrios I., dem Sohn Seleukos' IV., sich mit einem kühnen Unternehmen gegen den Willen des römischen Senats durchzusetzen und dafür zu sorgen, dass nicht die Nachkommen Antiochos' IV., sondern gemäß der dynastischen Erbfolge jene des Seleukos Könige wurden. Sein Vater hatte ihn im Alter von sieben oder acht Jahren im Austausch für seinen Bruder Antiochos an Rom als Geisel ausliefern müssen. Als Antiochos 164 v. Chr. starb und seinen noch unmündigen Sohn unter der Vormundschaft eines hohen Funktionärs als König hinterließ, begehrte der indessen 23-jährige Demetrios dagegen auf und forderte vom Senat seine Entlassung aus der Geiselhaft, um in Syrien sein rechtmäßiges Erbe antreten zu können. Der Senat lehnte zweimal ab, hatte er doch Antiochos nach seinem Putsch gegen Seleukos als König anerkannt. Und der neue Kindkönig in Syrien würde wenigstens lange Zeit keine Schwierigkeiten bereiten. Vorsichtshalber hatte der Senat anlässlich des Herrscherwechsels den Konsular Gnaeus Octavius nach Syrien geschickt, um die Einhaltung der von den Römern auferlegten Rüstungsbeschränkungen zu überprüfen. Als dieser in Laodikeia alle Schiffe mit Verdeck hatte verbrennen und den Elefanten die Sehnen durchschneiden lassen, war er umgebracht worden.

Demetrios hielt es nicht länger in Rom. Er schmiedete einen raffinierten nächtlichen Fluchtplan, wobei Polybios, mit dem er bei gemeinsamen Eberjagden Freundschaft geschlossen hatte, ihn beriet. Als man im Senat seine Flucht bemerkte, war er zu Schiff schon östlich der Straße von Messina. Der Senat verzichtete auf eine Verfolgung. Demetrios gelang es schnell, den Kindkönig Antiochos (V.) zu beseitigen, und eine neue römische Inspektionsgesandtschaft ließ ihn gewähren. Als König war Demetrios ein Jahrzehnt lang erfolgreich, unterdrückte Sezessionsbewegungen in Babylon und Judäa, machte sich aber – angeblich wegen seiner römischen Sitten – auch unbeliebt. Die Gegenkräfte, Attalos II. von Pergamon, der König von Kappadokien und Ptolemaios VI. von Ägypten, nutzten ihre Chance und bauten einen Betrüger namens Alexandros Balas als angeblichen Sohn von Antiochos IV. auf. 153 v. Chr. holte er sich in Rom die Unterstützung des Senats, und Ptolemaios VI. gab ihm seine Tochter Kleopatra Thea zur Gemahlin. Ihm ist Demetrios 150 v. Chr. in einer Feldschlacht erlegen.

Fünf Jahre später änderte Ptolemaios VI. seine Haltung und verheiratete seine Tochter mit Demetrios II., der mit Söldnern aus Kreta gekommen war, um das Erbe seines Vaters zurückzuerobern. Zusammen besiegten sie den Usurpator. Ptolemaios starb kurz nach der Schlacht an seinen Verletzungen, Balas flüchtete zu einem arabischen Fürsten und wurde von diesem getötet. Bald wurde Demetrios II. jedoch von einem neuen Usurpator bis Nordsyrien zurück geschlagen. Schlimmer noch: Er geriet in Mesopotamien in die Gefangenschaft der westwärts drängenden Parther. Seine Gemahlin heiratete daraufhin seinen Bruder Antiochos VII. Sidetes (König 138–129 v. Chr.), der nach dem Sieg über den neuen Usurpator den Partherkrieg fortsetzte, anfangs mit beachtlichem Erfolg. Die Parther entließen Demetrios aus der Gefangenschaft, in der Hoffnung, damit im Seleukidenreich einen Bruderkrieg auszulösen. Eine verfrühte Entscheidung, wie sich herausstellte. Denn kurze Zeit später besiegten sie Antiochos, der im Kampf fiel, und der freigelassene Demetrios nahm seine Stellung als König wieder ein (129–125 v. Chr.). Doch Mesopotamien blieb endgültig verloren, ein nicht wieder gut zu machender Verlust für das Seleukidenreich, das von da an im Wesentlichen auf den syrischen Raum beschränkt war.

Demetrios ließ sich 128 v. Chr. in den Streit zwischen der ptolemaiischen Königin Kleopatra II. und ihrem Gemahl Ptolemaios VIII. hineinziehen, worauf Ptolemaios einen neuen syrischen Usurpator ins Spiel brachte, einen gewissen Alexandros Zabinas, der Demetrios besiegte. Für Kleopatra Thea war diese Niederlage der Anlass, um selbst nach der Macht zu greifen. Sie half ihrem Exgatten Demetrios nicht, sondern sorgte dafür, dass er den Tod fand, indem sie ihm die Zuflucht in die Städte Ptolemais und Tyros versperrte. Es gelang der resoluten Königin, sich gegen Zabinas in einem Teil Syriens zu behaupten. Sie verachtete offensichtlich diese Ehemänner, die eine Schlacht nach der anderen verloren. Nie wieder wollte sie die Macht abgeben. Als ihr ältester Sohn Seleukos V. sie von der Herrschaft verdrängen und selbst die Zügel in die Hand nehmen wollte, ließ sie ihn umbringen (125 v. Chr.). Doch vier Jahre später erlitt sie selbst dieses Schicksal, als sie von ihrem jüngeren Sohn Antiochos VIII. (Grypos) zum Selbstmord gezwungen wurde, weil sie seinen Halbbruder Antiochos IX. favorisiert hatte. Antiochos besiegte Zabinas, den Ptolemaios VIII. indessen fallengelassen hatte, und heiratete Tryphaina, eine Tochter des Ptolemaios. 116 v. Chr. forderte sein Halbbruder Antiochos IX. (Kyzikenos) ihn heraus, der mit einer anderen Tochter des Ptolemaios namens Kleopatra verheiratet war. Im Verlauf dieses Bruderkrieges räumte Tryphaina ihre Schwester Kleopatra aus dem Weg und wurde dafür einige Zeit später von Antiochos IX. getötet. Nach einem 20-jährigen Bruderkrieg taten sich Antiochos VIII. und Antiochos IX. 96 v. Chr. zu einer gemeinsamen Herrschaft zusammen. Doch im selben Jahr wurde Antiochos VIII. von seinem Minister Herakleon ermordet und Antiochos IX. von Seleukos VI., dem Sohn Antiochos' VIII., besiegt und zum Selbstmord gezwungen. Was dann folgte, waren nicht abreißende Familienkriege bis zum Ende der Dynastie. Das Herrschaftsgebiet wurde immer kleiner und die Zahl der gegeneinander kämpfenden Thronprätendenten immer größer.

Auch das Ptolemaierreich in Ägypten wurde von ständigen Konflikten innerhalb der Königsfamilie geplagt, die wir hier nur in aller Kürze beschreiben können. Während der Invasion Antiochos' IV. hatte die Bevölkerung von Alexandreia den jüngeren Ptolemaios, den späteren Ptolemaios VIII., zum alleinigen König erhoben, weil Ptolemaios VI. mit dem Seleukiden paktiert hatte. Nach dessen Rückkehr einigten sich die Brüder 164 v. Chr. dahingehend, dass Ptolemaios VI. wieder König von Ägypten und der jüngere Ptolemaios König der Kyrenaia wurde. Doch bis zum Tod Ptolemaios' VI. stritten sich beide um den Besitz von Zypern. Der eine wie der andere versuchte mehrfach, den römischen Senat für sich zu gewinnen. Als der Senat Zypern dem jüngeren Ptolemaios zusprach, ignorierte Ptolemaios VI. diese Entscheidung ganz einfach.

Der jüngere Ptolemaios wurde militärisch aktiv. In seinem Eifer, Zypern zu erobern, hätte er beinahe die Kyrenaia verloren, wo sein Statthalter seine Abwesenheit zu einer Rebellion nutzte (163/162 v. Chr.). 155 v. Chr., nachdem er einen Mordanschlag, den er seinem Bruder anlastete, nur knapp überlebt hatte, veröffentlichte er einen Auszug aus seinem Testament auf einer Marmorstele im

Apollontempel in Kyrene, in dem er für den Fall seines Todes die Römer zu Erben der Kyrenaia erklärte, um alle, die ihm nach dem Leben trachteten, zu demotivieren. Dieses Testament betrachtete er sozusagen als seine Lebensversicherung. Er reiste eigens nach Rom, wo er dem Senat die Narben seiner Verwundungen vorführte, die er bei dem Attentatsversuch erhalten hatte.

Ptolemaios VI. betrieb indessen eine energische Politik, die zum Teil durchaus erfolgreich war. Abgesehen von seinem Eingreifen in Syrien gewann er drei wichtige militärische Stützpunkte in der Ägäis (Thera, Itanos, Methana) und eroberte Teile Nubiens zurück. Und Zypern behielt er fest im Griff. Im Inneren versuchte er mittels der Ansiedlung von neuen Pächtern auf Königsland, darunter auch jüdischen Flüchtlingen aus Palästina, sowie mittels einer verbesserten Finanzverwaltung die agrarischen Erträge zu steigern. Als der jüngere Ptolemaios nach dem Tod seines Bruders in Syrien 145 v. Chr. als Ptolemaios VIII. Euergetes („Wohltäter") II. König von Ägypten wurde, hatte sich sein Testament zugunsten Roms erledigt.

Als König zelebrierte er seine Fettleibigkeit bewusst als ein Merkmal königlichen Überflusses. Er war gewissermaßen die *tryphḗ* in Person. Der Volksmund verspottete ihn als „Physkon" (Fettwanst). Gegen die Bevölkerung von Alexandreia ging er hart vor, weshalb viele seinen Beinamen „Euergetes" in „Kakergetes" (Übeltäter) umwandelten. Den kulturellen Glanz des Museions löschte er aus, indem er viele Gelehrte vertrieb, weil sie zu seinem Bruder gehalten hatten. Etliche von ihnen fanden in Pergamon und anderen Städten bereitwillige Aufnahme. Wie alle Ptolemaier hofierte er die ägyptische Priesterschaft als wichtige Stütze seiner Herrschaft und Bollwerk gegen immer wiederkehrende Aufstände von Ägyptern.

Seine über 30-jährige Herrschaft war von schrecklichen Wirren geprägt. Er heiratete Kleopatra II., die Witwe seines Vorgängers, nahm sich jedoch 141 v. Chr. zusätzlich auch deren Tochter aus erster Ehe, Kleopatra III., zur Gemahlin, und löste dadurch einen 17-jährigen Familienstreit aus, in den das gesamte Land verwickelt wurde. 132 v. Chr. zettelte Kleopatra II. einen Aufstand an. Die stets leicht reizbare Bevölkerung von Alexandreia, die für sie Partei ergriff, stürmte den Palast und setzte ihn in Brand. Hals über Kopf musste Ptolemaios mit Kleopatra III. nach Zypern flüchten. Dort ermordete er den zwölfjährigen Sohn, Ptolemaios Memphites, den Thronfolger, den ihm Kleopatra II. geboren hatte, und schickte ihr aus der Ferne die zerstückelte Leiche.

Dennoch gelang Ptolemaios seit 130 v. Chr. nach und nach die Rückeroberung Ägyptens. Kleopatra II., die nur noch Alexandreia halten konnte, rief den Seleukiden Demetrios II. herbei (s. o.). Nach dessen Niederlage flüchtete sie 128 v. Chr. mit dem Staatsschatz nach Syrien. 124 v. Chr. versöhnte sie sich wieder mit Ptolemaios und kehrte als Königin nach Ägypten zurück. Dass eine solche Versöhnung nach allem, was geschehen war, überhaupt zustande kam, zeigt ein weiteres Mal, dass Mord aus politischen Gründen etwas war, das man bis zu einem gewissen Grade verschmerzen konnte. 118 v. Chr. erließ das Herrschertrio eine allgemeine Amnestie und eine Reform des Gerichtswesens. Es kehrte Frieden ein – aber nicht lange.

An das Ende dieser Regierungszeit fällt immerhin eine zukunftsweisende Initiative. Ptolemaios sandte eine Expedition unter Führung des Seefahrers Eudoxos aus Kyzikos nach Indien, was später rege Handelbeziehungen und die Einfuhr von Luxuswaren (Gewürzen und Elfenbein aus Indien, Seide aus China) ermöglichte. Für die Zeit nach seinem Tod (116 v. Chr.) hatte Ptolemaios VIII. verfügt, dass Kleopatra III. sich nach Belieben einen der Söhne zum Mitregenten aussuchen dürfe. Sie entschied sich für den jüngeren, den späteren Ptolemaios X. Alexandros I., aber ihre Mutter Kleopatra II. setzte sich darüber hinweg und schaffte es mit Unterstützung des Heeres, dass der ältere Sohn, Ptolemaios IX., König wurde. Daraus entsprang ein erbitterter Machtkampf, der nach dem Tode Kleopatras II. (115 v. Chr.) von 107 v. Chr. an zu einem regelrechten Bürgerkrieg eskalierte, an dem nicht nur die Bevölkerung von Alexandreia, sondern auch weite Teile Ägyptens, Zypern, der jüdische Staat der Hasmonaier und das Seleukidenreich teilnahmen.

Im Verlauf dieser Auseinandersetzungen kam es schließlich sogar zum Streit zwischen Kleopatra III. und ihrem Lieblingssohn und Verbündeten Ptolemaios X., der sie 101 v. Chr. ermordete. 88 v. Chr. riefen die Alexandriner Ptolemaios IX. aus seinem Exil auf Zypern zurück. Ptolemaios X. musste weichen und fiel kurz darauf bei dem Versuch, Zypern für sich zu erobern, in einer Seeschlacht. Nach dem Tod Ptolemaios' IX. (81 v. Chr.) und einem kurzen Intermezzo beriefen die Alexandriner 80 v. Chr. Ptolemaios XII., einen Sohn Ptolemaios' IX., aus dem Exil in Rom zum König. Ab 65 v. Chr. begann in Rom aus innenpolitischen Gründen eine kontroverse Diskussion über die Provinzialisierung Ägyptens, wobei sich die Befürworter auf ein angebliches Testament Ptolemaios' X. oder Ptolemaios' XI. beriefen, der angeblich das Land den Römern vermacht hätte. Von da an sah sich Ptolemaios XII. genötigt, die Fortsetzung seiner Herrschaft immer wieder mit riesigen Bestechungssummen an römische Politiker zu erkaufen, deren Zahlung Ägypten schließlich fast in den Staatsbankrott trieb und zugleich den Desintegrationsprozess in der Führungsschicht Roms verschärfte.

Als die Römer auf Anstiftung des Clodius Pulcher 58 v. Chr. Zypern einzogen und Ptolemaios tatenlos zusehen musste, wurde er von den empörten Alexandrinern verjagt. Drei Jahre später gelang es ihm, sich auf Betreiben des Pompeius von Aulus Gabinius, dem Statthalter von Syrien, zurückführen zu lassen. Zu seinem Schutz stationierten die Römer eine Truppe keltischer und germanischer Söldner. Und zwecks Abzahlung seiner Schulden war der König gezwungen, dem römischen Bankier Gaius Rabirius Postumus die Aufsicht über die ägyptischen Staatsfinanzen zu übertragen, bis dieser durch seine rücksichtslose Ausbeutung des Landes so viel Empörung bei der Bevölkerung erregte, dass er das Land fluchtartig verlassen musste. Die Nachfolgerin Ptolemaios' XII. wurde 51 v. Chr. die heute bekannteste Ptolemaierin, Kleopatra VII.

Das Beispiel Ptolemaios' VIII., die Römer zu Erben der Kyrenaia einzusetzen, um Rivalen mit Mordabsichten zu demotivieren, machte Schule. Der nächste Fall war das pergamenische Reich. Nach dem Tod Eumenes' II. 153 v. Chr. hatte sein Bruder Attalos die Herrschaft in Pergamon angetreten und seine Witwe, Stratonike, geheiratet. Zugleich war er der Vormund seines Neffen, des späteren Attalos III., den er auch an Regierungsgeschäften beteiligte, und der als Nachfolger vorgesehen war. Die Attaliden hatten sich immer dadurch ausgezeichnet, dass es bei ihnen keinen mörderischen Kampf um die Macht gab. Da Attalos II. in Rom so beliebt war, dass der Senat ihm schon nach dem Dritten Makedonischen Krieg die Hälfte des pergamenischen Königreiches hatte zuteilen wollen, entspannte sich das Verhältnis zwischen Rom und Pergamon wieder. In Athen setzte sich Attalos mit einer 116 Meter langen zweistöckigen Säulenhalle an der Agora ein Denkmal, das als „Stoa des Attalos" in die Geschichte eingegangen ist. (Das Bauwerk wurde 1952–1956 unter amerikanischer Leitung rekonstruiert.)

138 v. Chr. trat Attalos III. die Regierung an. Nach dem Tod seiner Mutter Stratonike und seiner Verlobten Berenike soll er sich aus der Öffentlichkeit zurückgezogen und sich ganz mit seinen botanischen Studien getröstet haben. Eine gehässige antike Überlieferung hat ihn zu einem finsteren Giftmischer gemacht. Aber er war ein ernsthafter Forscher und hat ein Standardwerk der Botanik geschrieben, das noch Jahrhunderte später in Gebrauch war. Da er keinen Sohn hatte und es anscheinend ablehnte, Aristonikos, den Sohn des Eumenes mit einer Konkubine, oder einen anderen Verwandten zum Nachfolger zu wählen, kam es am Hof zu Spannungen, so dass der König wahrscheinlich Verschwörungen befürchtete. Dagegen sicherte er sich ab, indem er testamentarisch sein Reich der Republik Rom vermachte. Sein Tod würde potentiellen Attentätern also keine Vorteile bringen. Doch als Attalos III. schon 133 v. Chr. im Alter von nur 36 Jahren starb, trat der Erbfall tatsächlich ein und versetzte die Römer in eine Lage, mit der sie nicht gerechnet hatten. Im Übrigen hatte der König sein Reich nicht pauschal den Römern vermacht, sondern in seinem Testament eine Reihe von einzelnen Bestimmungen getroffen, Privilegien verliehen und Strafen verhängt. Letzteres deutet auf vorausgegangene Konflikte hin. Konkret kennen wir aus einer Inschrift nur die Privilegierung seiner Hauptstadt Pergamon, der er die Freiheit verlieh und ihr Land zuteilte. Wahrscheinlich hat er auch andere Städte, wie Ephesos, für frei erklärt, aber die meisten Städte wohl nicht.

In Rom entstand eine Kontroverse darüber, wie man mit dem Erbe umgehen sollte. Einflussreiche Senatoren rieten von der Einrichtung einer neuen Provinz ab. Es war anscheinend der Volkstribun Tiberius Gracchus, der für die Annahme des Testaments eintrat, weil er die zu erwartenden Einkünfte für seine Agrarreform hätte gut gebrauchen können (s. u.). Aber schnell wurde den Römern das Heft des Handelns aus der Hand genommen. Aristonikos ergriff die Initiative, benannte sich in Eumenes um und versuchte das ehemalige Königreich unter seine Kontrolle zu bringen. Dabei wurde er anscheinend zumindest von Teilen des ehemaligen Königshofes und des Heeres unterstützt, die unter einer römischen Verwaltung keine Zukunft für sich sahen, dazu von verschiedenen Teilen der Bevölkerung und sicher von jenen, über die der König Strafen verhängt hatte. Auch in vielen Städten dürften sich, wie üblich, Parteiungen für die eine oder andere Seite gebildet haben.

Die Stadt Pergamon ergriff eilig Vorkehrungen, um ihre Verteidigungsfähigkeit mit umfangreichen Integrationsmaßnahmen zu stärken. Sie verlieh u. a. ehemaligen Soldaten des Königs das Bürgerrecht und ehemals königlichen sowie öffentlichen Sklaven den Paroikenstand, d. h. eine Art Halbbürgerstatus. Den Aufstand des Aristonikos konnten die Römer nicht hinnehmen. Ihre Autorität im gesamten Osten stand auf dem Spiel. Aristonikos wusste das und setzte von vornherein auf alles oder nichts. Er begnügte sich nicht mit dem ehemaligen Königreich, sondern griff auch unabhängige Städte an der kleinasiatischen Küste an, eroberte auch einige von ihnen, bis er von Ephesos, das wahrscheinlich die ehemals königliche Flotte beherbergte, in einem Seegefecht besiegt wurde.

Die Römer setzten zunächst die umliegenden kleinasiatischen Vasallenkönige gegen ihn in Marsch, die jedoch keinen Erfolg hatten. Aristonikos zog sich ins schwerer zugängliche Binnenland zurück und musste zunehmend Benachteiligte, Leute aus der indigenen Landbevölkerung und Sklaven anwerben. Diese Schar taufte er „Heliopoliten" (Sonnenbürger) und versprach ihnen goldene Berge. Da der stoische Philosoph Blossios von Kymai zu seinen Beratern gehörte, hat man vermutet, dass dem Sonnenbürgerstaat ein utopisches staatstheoretisches Konzept zugrunde gelegen haben könnte, zumal Blossius kurz zuvor die Agrarreform des Tiberius Gracchus in Rom unterstützt hatte (s. u.). Mit diesem zusammengewürfelten Haufen leistete er einen erstaunlich zähen Widerstand, besiegte 130 v. Chr. sogar das Heer des Konsuls Publius Licinius Crassus Mucianus und nahm den Konsul gefangen, wurde aber noch im selben Jahr von dessen Nachfolger Marcus Perperna geschlagen, belagert und zur Kapitulation gezwungen. Trotzdem musste noch der Nachfolger des Perperna im folgenden Jahr, Manius Aquilius, die letzten Stützpunkte der Rebellen bekämpfen. Der größte Teil des pergamenischen Reiches wurde zur römischen Provinz Asia. Nur die weniger urbanisierten Gebiete bezogen die Römer nicht ein, sondern verschenkten sie an umliegende Vasallenkönige.

96 v. Chr. vererbte Ptolemaios Apion, ein Sohn Ptolemaios' VIII. mit einer Konkubine, den sein Vater testamentarisch zum König der Kyrenaia eingesetzt hatte, sein Reich den Römern. Über seine Motive ist nichts bekannt. Der Senat dachte zunächst nicht daran, dort eine römische Provinz einzurichten, sondern zog nur die ehemals königlichen Güter ein und verpachtete sie. Dagegen erklärte er die Städte für frei. Erst 74 v. Chr. wurde im Rahmen der Seeräuberbekämpfung die Einrichtung einer Provinz unumgänglich.

Vom 19. Jahrhundert bis in die zweite Hälfte des 20. Jahrhunderts hinein glaubten etliche Althistoriker den eigentlichen Grund für den Verlust der Freiheit Griechenlands in den sozialen Problemen, ja in einer Art Klassenkampf in den Städten gefunden zu haben. Die Masse der unzufriedenen Armen habe die Herrschaft der Elite derart bedroht, dass diese sich und ihre Städte den Römern ausgeliefert und von ihnen als Gegenleistung die Sicherung ihrer Stellung empfangen habe. Davon kann in Wirklichkeit keine Rede sein. Die Trennung zwischen der pro- und der antirömischen „Partei" verlief mitten durch die Elite. Wenn der ärmere Teil der Bürgerschaft oftmals mehr Sympathien für die hellenistischen Könige als für die römische Republik hegte, so deshalb, weil er von den Königen materielle „Wohltaten" erwarten konnte, von den Römern in dieser Zeit aber noch nicht. Das kam erst viel später. Die Position der griechischen Elite ist in den Städten nie in Frage gestellt worden. Wir haben gesehen, warum nicht. Auch die These des großen Sozial- und Wirtschaftshistorikers Michael Rostovtzeff (1870–1952), dass das Ptolemaierreich nicht an den internen Machtkämpfen, sondern an den inneren Widersprüchen seiner Wirtschaftsordnung in Verfall geraten sei, wird heute nicht mehr vertreten.

Abb. 42: Römische Kopie aus dem 1. Jh. v. Chr./1. Jh. n. Chr. der Marmorskulptur der rhodischen Bildhauer Hegesandros, Athenodoros und Polydoros aus dem 2./1. Jh. v. Chr. Beispiel für den „bewegten" Stil der hellenistischen Kunst.

Der Mythos vom Tod des trojanischen Priesters Laokoon ist schon seit dem siebten Jahrhundert belegt. Die ausführlichste erhaltene Variante stammt aus der Aeneis Vergils, der zufolge die Göttin Athene den Priester und seine Söhne auf diese Weise bestraft habe, weil er – wie Kassandra – die Trojaner vor dem hölzernen Pferd habe schützen wollen und sich damit gegen den Willen der Götter gestellt habe, die den Untergang Trojas beschlossen hatten. Die Skulptur wurde 1506 zufällig bei Grabungen in einem Weinberg gefunden, der damals einen Teil des antiken Roms bedeckte, und hat ihre bekannteste Interpretation in Lessings „Laokoon oder über die Grenzen der Malerei und Poesie“ (1766) erfahren. Auf heutige Betrachter wirkt die Darstellung wie eine Allegorie auf den politischen Untergang der hellenistischen Welt in der immer engeren Umklammerung Roms.

12 Fassen wir einmal zusammen

Zunächst das Wichtigste: Athen war nur 75 Jahre lang (479–404 v. Chr.) eine Großmacht, die die griechischen Städte Kleinasiens vor den Persern schützen konnte. Als die Stadt daran ging, sich zur ersten Macht in der griechischen Welt aufzuschwingen, zerbrach ihre Seeherrschaft.

Sparta behielt seine Stellung als unabhängige Großmacht nur so lange, wie es seine militärischen Aktivitäten im Wesentlichen auf die Peloponnes beschränkte. Im Peloponnesischen Krieg geriet es in finanzielle Abhängigkeit vom Perserreich. Und als es nach dem Krieg ganz Griechenland beherrschen zu können glaubte (404–371 v. Chr.), stürzte es zu einer peloponnesischen Mittelmacht ab.

Thebens Streben nach der Hegemonie über Griechenland (371–362 v. Chr.) war nur eine Episode, von Argos ganz zu schweigen. Alle Versuche Athens und Spartas, ihre verlorene Machtstellung wenigstens teilweise zurückzugewinnen, scheiterten immer wieder. Neue politische Zielsetzungen entwickelten sie nicht.

Und Syrakus ist es trotz massiver Anstrengungen seiner Tyrannen nie gelungen, die Karthager aus Sizilien zu vertreiben, obwohl sie es immer aufs Neue versuchten. Denn es gab unter den Griechen auf Sizilien stets andere, die die Karthager im Kampf gegen die Tyrannis oder gegeneinander benötigten.

Nach dem Sieg Philipps II. von Makedonien bei Chaironeia (338 v. Chr.) waren die Griechen des Ostens nur noch ein Objekt, um dessen Beherrschung sich ab 279 v. Chr. drei makedonische Dynastien, die Antigoniden, die Seleukiden und die Ptolemaier bis zum Eintreffen der Römer stritten. Widerstand der Griechen gab es schon. Nach dem Tod Alexanders der Großen, im Lamischen Krieg, schien die Unabhängigkeit Griechenlands kurze Zeit zum Greifen nahe. Da sich aber nicht alle griechischen Staaten am Krieg beteiligten, blieb der Befreiungsversuch erfolglos. Und wieder gab es Hoffnung.

Im dritten Jahrhundert entstand eine neue Art von regionalen Städtebünden, deren vereintes militärisches Potential ausgereicht hätte, um die Unabhängigkeit Griechenlands wieder zu erringen. Aber auch sie haben die historischen Gelegenheiten zu einem gemeinsamen Handeln vertan. Die griechische Geschichte ist eine Geschichte der verpassten Chancen. Und so waren die Griechen politisch und militärisch immer viel schwächer, als sie es hätten sein können. Der Grund dafür lag in erster Linie in ihrer Mentalität, nicht etwa in ihrer geographischen Zersplitterung.

Die Wertvorstellungen, die ihr Handeln zu einem großen Teil bestimmten, wurden schon sehr früh, vor der Gründung von Städten, vom Ethos herausragender – uns unbekannter – Krieger geprägt, die eine individuelle Sonderstellung für sich beanspruchten und auch als Beschützer („Vorkämpfer“) und Organisatoren der Verteidigung ihrer Gemeinwesen eine führende Position eingenommen haben müssen. Bei Homer treten sie als „Könige" in Erscheinung, die sich – schon damals – als Fortsetzer einer heroischen Tradition aus sagenumwobener früher Zeit empfanden. Wir haben gesehen, wie sich diese Herrscher von ihrer Geburt her als höherwertige Wesen fühlten, die für sich beanspruchten, mit den Göttern verwandt zu sein. Allerdings mussten sie diese Überlegenheit vor aller Augen immer wieder unter Beweis stellen. Das war der permanente Zwang, unter dem sie standen: Sie durften sich niemals auf ihrer ererbten Position „ausruhen". Deshalb war es für jede Generation die oberste Pflicht, sich durch spektakuläre Taten auszuzeichnen und damit ihre Leistungsfähigkeit und die Ehre ihrer Vorfahren immer wieder zu demonstrieren. Rache für erlittene Ehrverletzung zu nehmen war ehrenvoll, ja notwendig. Nicht das Leben an sich war wertvoll, sondern nur das ruhmreiche Leben. Ruhm und Nachruhm zu gewinnen – das war es, was ihrem Leben einen Sinn gab und wofür sie ihr Leben riskierten.

Zugleich galt es, Reichtum durch Beute zu erwerben, Beute durch Krieg und Piraterie auf waghalsigen Unternehmungen. Der Reichtum durfte jedoch kein Selbstzweck sein, wie bei Händlern, sondern sollte der vollen Entfaltung ihres aristokratischen Lebensstils dienen. Freundschaftliche Beziehungen zu einander erforderten den Austausch kostbarer Geschenke, und auch die Verheiratung einer Tochter ließ sich ein „Edler" von seinem zukünftigen Schwiegersohn angemessen bezahlen. Nicht die Weisheit des Alters, sondern die kraftvolle Jugend stand in höchstem Ansehen, auch wenn gelegentlich der Ratschlag eines erfahrenen Greises als nützlich akzeptiert wurde. Die „Edlen" wetteiferten mit einander um sportlichen und kriegerischen Ruhm. Sie liebten den Kampf, vor allem den Zweikampf, weniger einen langen Krieg mit all seiner Mühsal. Der Kampf, vor allem der Kampf gegen Gleichrangige, hatte einen ethischen Wert, unabhängig vom Kriegsziel, denn der Sieg im Kampf war ein Beweis für die eigene Überlegenheit.

Der Schweizer Kulturhistoriker Jacob Burckhardt (1818–1897) hat den Griechen eine agonale Grundeinstellung, ein unstillbares Bedürfnis nach Wettstreit auf allen Gebieten zugeschrieben, das in dieser extremen Ausprägung unter den Völkern der Welt einzigartig gewesen sei. Erkennbar ist die gelegentlich triumphale Genugtuung, die die blutige Vernichtung eines Gegners bereitete, andererseits auch der Respekt vor dem gleichrangigen Gegner, selbst wenn er unterlegen war. Nach unserem heutigen Empfinden wurde dieser Wettstreit keineswegs immer fair ausgetragen, abgesehen von den festen Regeln bei sportlichen Wettkämpfen. Listige Schläue war als Kampfmittel nicht verpönt, sondern wurde bewundert. Die Zurschaustellung heftiger Affekte – großmäuliger Prahlsucht, rasender Wut und tränenseliger Trauer – galt als ein Zeichen von ungebändigter psychischer Stärke. Das Lebensgefühl war ganz auf das Diesseits ausgerichtet – und dennoch nicht ohne eine gewisse Bitterkeit. Denn was das Wesen der Götter betraf, plagten die „Edlen" tiefe Zweifel. Alle menschlichen Erfahrungen deuteten darauf hin, dass man trotz aller Verwandtschaft mit ihnen auf ihre Gunst und Zuverlässigkeit – sagen wir einmal – nicht immer bauen konnte, dass sie den „Edlen" nur allzu ähnlich waren. Daher die Klagen über die Tücken des Lebens und die Wendungen des Schicksals, was darauf schließen lässt, dass die herausragenden Krieger schon immer mit Misserfolgen und Rückschlägen zu kämpfen hatten. Auch waren die Vorstellungen der „Edlen" vom Jenseits alles andere als tröstlich. Es schien ihnen schattenhaft und schal. So war alles, was ihnen letztendlich blieb, der Ruhm, der durch Erzählungen und Gesänge über den Tod hinaus unvergänglich werden sollte. Sie haben in den Epen, die wir unter dem Namen Homers kennen, mit der Schilderung eines tragischen Kriegertums ihren großartigsten Ausdruck gefunden. Das Schlimmste, das einem Aristokraten passieren konnte, war von der Nachwelt vergessen zu werden. Darin erblickte er den eigentlichen Tod. Dagegen konnte der Durchschnittsgrieche auf Ruhm und Nachruhm nur indirekt als Teil seiner Gemeinschaft hoffen. Gegenstimmen blieben nicht aus. Für den dichtenden Bauern Hesiod waren die Götter in erster Linie Spender des Guten. Schuld am moralischen Niedergang waren allein die Menschen. Er ließ nur den friedlichen Wettstreit gelten und forderte Gerechtigkeit. Auch diese Position wurde ein Bestandteil des ethischen Bewusstseins späterer Zeiten.

Die Polis brachte eine rationale republikanische Staats- und Gesetzordnung hervor, die das Zusammenleben der Bürger regelte, – von einfachen Ansätzen ausgehend – im Verlauf der Zeit immer differenzierter wurde und die Eigenmacht der Familien einschränkte. Die Gesetze wurden nicht von den Göttern gegeben, sondern kamen ganz prosaisch durch Volksbeschluss zustande, auch wenn die spätere Mythologie manchen Gesetzen einen göttlichen Ursprung zuschrieb. Sie galten den Griechen als ein fester Anker menschlicher Zivilisation. Einzelne Gesetzgeber genossen großen Nachruhm. Doch auch die Verehrung der Götter mit rituellen Handlungen und Festen hatte für die Bürgerschaft eine existenzielle Bedeutung. Die Götterburlesken, die im Umlauf waren, verminderten nicht die Bedeutung der Kulthandlungen. Dennoch hörten die heftigen Machtkämpfe der Aristokraten gegeneinander nicht auf und bedrohten oft den inneren Frieden. Das Ratsgremium, in dem die Aristokraten zu Beratungen zusammenkamen, schweißte sie keineswegs zu einer Art Adelsstand zusammen, sondern die einzelnen Aristokraten blieben weiterhin ihrem individuellen Selbstverständnis verhaftet, zumal das Verhältnis mancher Aristokraten zur eigenen Polis durchaus ambivalent war: Im Krieg für ihre Stadt konnten sie zwar als Kämpfer Ruhm gewinnen, andererseits durch enge Beziehungen zu Aristokraten anderer Städte, beispielsweise Heiratsverbindungen, ihren Status gegenüber Rivalen in ihrer eigenen Stadt erhöhen.

Den gleichen ambivalenten Charakter hatten Siege einzelner Aristokraten bei pangriechischen Spielen. Sie hoben den Sieger über die anderen Aristokraten seiner Stadt empor, erhöhten aber zugleich das Ansehen seiner Stadt. Die Rivalität begann oft schon in der Familie zwischen Vätern und Söhnen und zwischen Brüdern. Neben kriegerischen und sportlichen Leistungen konnte außergewöhnliche Schönheit unsterblichen Ruhm und kultische Verehrung nach dem Tod einbringen. Die Denkmäler der nackten Jünglinge *(kûroi)* und bekleideten jungen Frauen *(kórai)* an Stätten des sportlichen Wettkampfs, Grabstätten und Heiligtümern sowie Grabreliefs mit Bankettszenen sind ein Ausdruck dieses Bedürfnisses nach Ruhm über den Tod hinaus, ebenso Spenden wertvoller Weihgaben an angesehene Heiligtümer. Einigen Adligen gelang der Griff nach der Alleinherrschaft, der Tyrannis, manchmal mit Hilfe einer Gefolgschaft in der eigenen Stadt, manchmal mit Unterstützung von mächtigen auswärtigen „Freunden“. Diese Tyrannen wurden bewundert und zugleich tödlich gehasst. Ein Tyrann lebte meistens gefährlich, was aber keine abschreckende Wirkung hatte, obwohl den meisten Tyrannen keine lang andauernde Dynastiegründung gelang. Es gab immer wieder neue Versuche, die immer wieder scheiterten, auch wenn manche Tyrannen nicht als Gewaltherrscher erscheinen wollten, sondern sich um den Anschein einer legalen Herrschaft bemühten. Das Lebensgefühl schwankte zwischen den Extremen: Einerseits war ausschweifender Lebensgenuss, den orientalischer Luxus, Erotik und Sexualität boten, und seine Demonstration nach außen das Merkmal eines hohen gesellschaftlichen Ranges und die Knabenliebe ein Teil des aristokratischen Ethos, andererseits war die Haltung gegenüber dem menschlichen Leben zutiefst pessimistisch. Der einzige Trost war die Hoffnung, die die Griechen trotz allen Scheiterns nie verließ.

Gleichzeitig sorgten soziale Spannungen und wirtschaftliche Nöte für Unruhe. Das Problem der Verschuldung von kleineren und gelegentlich auch größeren Landbesitzern blieb während der gesamten griechischen Geschichte virulent. Bezeichnenderweise begann Solon seine Reform mit einer Schuldenstreichung und dem Verbot der Schuldsklaverei. Gemäß den Gesetzen von Gortyn auf Kreta konnte Verschuldung zum Verlust des Bürgerrechts oder sogar der Freiheit führen. Mancher Schuldner scheute sich nicht, die chaotische Situation während innerer Wirren auszunutzen, um seinen Gläubiger zu ermorden.

Verschuldung war zweifellos einer von mehreren Gründen für Auswanderung und die Gründung von Kolonien in entfernten Regionen. Philipp II. verbot in seinem Hellenenbund den Städten nicht nur jegliche Änderung ihrer Verfassungen, sondern auch Schuldenstreichungen und eine Neuverteilung des Grund und Bodens. Eine ähnliche Klausel ist in einem Ephebeneid auf Kreta im dritten Jahrhundert v. Chr. überliefert. Eine immer weiter um sich greifende Verschuldung dürfte in Sparta ein wesentlicher Grund für die drastische Verringerung der Zahl der spartanischen Vollbürger und die Konzentration des Landbesitzes bei wenigen Familien zwischen dem fünften und dem dritten Jahrhundert gewesen sein. In allen Jahrhunderten begannen Tyrannen und später auch Könige ihre Herrschaft häufig mit einer Streichung von Schulden aller Art, um Sympathien zu gewinnen. In Boiotien banden in der ersten Hälfte des zweiten Jahrhunderts einige Politiker verschuldete Wähler an sich, indem sie sie auf Staatskosten versorgten und fast 25 Jahre lang verhinderten, dass sie vor einem Gericht zu erscheinen brauchten. Umverteilungen von Grundbesitz erfolgten zwar nicht selten, aber immer im Verlauf eines Umsturzes aus politischen und militärischen, nicht aus sozialen Gründen.

Neben den Aristokraten erhoben Dichter und Philosophen Anspruch auf Ruhm und traten ebenfalls in einen Wettstreit mit einander. Wenn sie zu allgemeiner Anerkennung gelangten, verhalfen sie auch ihrer jeweiligen Heimatstadt zu größerem Ansehen. Manche verschafften den Höfen von Tyrannen und später den hellenistischen Königen kulturellen Glanz, andere waren Gegner der Tyrannis, insbesondere der Tyrannis orientalischer Prägung in Kleinasien mit ihren lydisch-persischen Sitten. Für diese Dichter hatte die kleine stadtbürgerliche Polis einen höheren Wert als die prachtvollen Residenzstädte des Orients. Unter ihnen gewannen die Pythagoreer in Unteritalien die größte politische Bedeutung, die eine moralische Erneuerung predigten und zum Sieg Krotons über die Tyrannis in Sybaris beitrugen. Durch die Philosophen erfuhr auch das Alter eine etwas größere Wertschätzung. Das Bewusstsein der Zunahme an Wissen erzeugte eine optimistischere Grundeinstellung (Xenophanes). Der geistige Wettstreit in Dichtung, Kunst und im Streben nach Erkenntnis hat sich als ungeheuer fruchtbar erwiesen und lebt noch heute fort. Aber wenigstens ansatzweise brach sich ebenso schon das Bewusstsein Bahn, dass auch Ruhm postum in Frage gestellt werden kann, auch aus Neid. Denn der weitverbreitete Neid steigerte zwar einerseits den Ruhm der Erfolgreichen, brachte andererseits auch üble Nachrede hervor.

Der Mangel an Einigkeit („Freundschaft") in der Bürgerschaft war für die Griechen ein gravierendes Dauerproblem. Die Lösung glaubten sie in einer geeigneten Verfassung im Einklang mit einer Moral zu finden, die diese Verfassung stützen sollte. Diejenigen, die sich um den inneren Frieden bemühten, propagierten die Abkehr vom extremen Individualismus und vom ausschweifenden Lebensgenuss orientalischer, d. h. monarchischer Couleur durch Sittenpredigten (Solon, Pythagoras u. a.). Darüber hinaus gab es Ansätze zu einer gesetzlichen Einschränkung von Luxusdemonstrationen in der Öffentlichkeit, wobei man an kultische Vorschriften anknüpfte. Denn es war eine Grundüberzeugung der Griechen, dass Luxus und Hedonismus unmittelbar mit extremer Machtgier verknüpft waren (was in der Praxis aber nicht immer der Fall war). Ein gewisses Maß an Selbstdisziplin und bürgerlicher Gleichheit wurde zum Ausweis republikanischer Gesinnung.

In diesem Zusammenhang wurde das Verhältnis zum Reichtum als politisches Problem empfunden. Reichtum an sich war ein Gut. Die Führungsschicht heiratete von Reich zu Reich. Reichtum stärkte die Tugenden der „Edlen". Soziale Ungleichheit galt nicht als etwas Schädliches, wohl aber allzu große Ungleichheit innerhalb der Führungsschicht, die deren relative Homogenität beeinträchtigen konnte.

Die Kopplung des passiven Wahlrechts für wichtige Ämter an den Nachweis eines bestimmten Vermögens hatte seit dem sechsten Jahrhundert in zunehmendem Maß den politischen und sozialen Abstieg mancher Aristokraten („Edler“) und den Aufstieg von Neureichen („Schlechten“) zur Folge. Entscheidend für die weitere Entwicklung war jedoch, dass diese politischen Neulinge keine eigenen Wertvorstellungen hervorbrachten, sondern sich an die aristokratischen Werte anpassten. Die Einführung der Phalanx im 6./5. Jahrhundert machte alle schwerbewaffneten Kämpfer auf dem Schlachtfeld gleich. Folglich wuchs die Bürgerschaft auch in ihrem zivilen Erscheinungsbild enger zusammen. *Kûroi* und *kórai*, die Denkmäler des individuellen Ruhms, wurden nicht mehr errichtet, obwohl wir kein Gesetz kennen, das sie verboten hätte.

Wohl aber gab es neue Gesetze, die den Aufwand Einzelner bei kultischen Veranstaltungen und Bestattungen einschränkten. Beide Anlässe waren für die Griechen extrem wichtig. Dem Wettstreit der Reichen um prunkvolles Auftreten in der Öffentlichkeit, der auch zur Verschuldung führen konnte, sowie dem ungehemmten Ausleben von Affekten sollten Grenzen gesetzt werden. Stattdessen sollten die kultischen Feste, bei denen man die Götter mit großem Pomp ehrte, Demonstrationen der Einigkeit der Bürgerschaft sein. Die Reichen vertauschten in der ersten Hälfte des fünften Jahrhunderts die in der archaischen Zeit üblichen farbigen Gewänder mit dem schlichten Bürgergewand. Mit dem Scherbengericht schufen sich Athen und andere Städte ein Verfahren, herausragende Bürger, die nach Meinung der Mehrheit eine Gefahr für die bürgerliche Gleichheit darstellten, zeitweise zu entfernen. Die Vollbürger Spartas erreichten eine einzigartige „Gleichartigkeit“, indem sie sich ein militärisches Dauertraining als Lebensform verordneten. Die politischen Kompetenzen waren in Sparta sorgfältig auf verschiedene Institutionen verteilt, um eine Machtkonzentration bei Einzelnen oder einzelnen Institutionen zu verhindern. In Athen fand mit der Verfassung des Kleisthenes eine Reformierung des ganzen Staates statt, die den überkommenen Regionalismus in Attika durch eine zentrale Verwaltung ersetzte und mit dem Rat der Fünfhundert ein Gegengewicht der Hopliten zum Rat der Reichsten, dem Areopag, schuf.

Die Phalanx und die damit verbundene neue politische Ordnung zwang die Oberschicht aus Adligen und Neureichen, sich stärker mit ihrer Stadt zu identifizieren. Aus den einstigen adligen Einzelkämpfern mit ihren Gefolgsleuten wurden Heerführer des geordneten Bürgeraufgebots, das auf Beschluss der Volksversammlung in den Krieg zog. Das elitäre und agonistische Ethos des Adels blieb zwar durchaus lebendig, doch spielten sich die Rivalitätskämpfe im Wesentlichen im Rahmen der Polisverfassung ab. Bis zu einem gewissen Grad wurden die adligen Wertvorstellungen sogar von allen Schwerbewaffneten übernommen.

Erst recht konnte sich ein Spartiate, der für seinen Lebensunterhalt nicht zu arbeiten brauchte, als kleiner Aristokrat fühlen. Doch wenn er verarmte, verlor er sein Vollbürgerrecht und schied aus dem Kreis der „Gleichartigen" aus.

Der innere Zusammenhalt in Athen und Sparta wurde nicht zuletzt dadurch gefördert, dass beide Städte imperiale Mächte waren, die über zahlreiche andere Griechen herrschten, Sparta über die Halbbürger und Heloten in Lakonien und vor allem über die Heloten in Messenien, Athen über den Attischen Seebund, seitdem es die Perser aus den Küstenregionen Kleinasiens vertrieben hatte. Vor allem daraus bezogen die Athener und Spartaner ihr elitäres Selbstverständnis. Sie fühlten sich besser als andere Griechen. Mit dem Aufstieg Athens zur größten Seemacht gewannen auch die ärmsten Bürger, die sich keine schwere Rüstung leisten konnten, eine entscheidende militärische Bedeutung, weil sie es waren, die als Ruderer die Flotte in Gang hielten. Es entstand ein Gemeinwesen, das zumindest zeitweilig vom Konsens fast aller Athener getragen wurde. Der Schwerpunkt der Macht verlagerte sich auf die Volksversammlung.

In der zweiten Hälfte des fünften Jahrhunderts v. Chr. kam für diesen Staat der Begriff „Demokratie" auf. Die politische Gleichheit aller Bürger bestand darin, dass sich jeder beliebige Bürger in der Volksversammlung zu Wort melden durfte („Redefreiheit") und dass die meisten Ämter nicht durch eine Wahl, sondern durch ein Losverfahren besetzt wurden, so dass sich fast alle Bürger an der Verwaltung und Rechtsprechung ihrer Stadt beteiligten. Allerdings musste man für die Strategenämter, bei denen die politische und militärische Führung lag, die freie Wahl zulassen, weil ihre Ausübung spezifische Befähigungen erforderte. In der Praxis wurden von der Volksversammlung nur Adlige und Neureiche in diese Positionen gewählt. Sie rivalisierten nach wie vor miteinander, aber die allmächtige Volksversammlung hielt sie unter Kontrolle. Alle griechischen Staaten, sowohl die Demokratien als auch Sparta, wurden hinter den Kulissen von einer etablierten Führungsschicht gelenkt, ganz zu schweigen von Oligarchien, wo die Elite ihre Macht ganz unverschleiert ausübte. Aber den öffentlichen Ruhm gönnte weder die Demokratie noch Sparta den überragenden Einzelnen, sondern das Volk als Ganzes beanspruchte allen Ruhm für sich.

Gegenüber den ansässigen Nichtbürgern schloss sich die demokratische Bürgerschaft Athens strenger ab als zuvor. Nur wer von väterlicher und mütterlicher Seite von Athenern abstammte (die Mutter indirekt über ihren Vater, denn Frauen hatten kein eigenes Bürgerrecht), wurde als athenischer Bürger anerkannt. Das Gleiche galt für andere Demokratien. Die Demokratie war nicht weniger exklusiv als Sparta. Athen wich davon auch im vierten Jahrhundert nicht ab, als sich die Zahl seiner Bürger erheblich vermindert hatte. Die Zahl der Vollbürger in Sparta nahm schon seit dem fünften Jahrhundert v. Chr. in dramatischer Weise ab. Einige Gegenmaßnahmen seit dem ausgehenden dritten Jahrhundert brachten keine dauerhafte Lösung. Offener gegenüber Ausländern waren Oligarchien, weil ihre Führungsschicht gern verwandtschaftliche Beziehungen zu ihresgleichen in anderen Städten einging. Und besonders Tyrannen nahmen häufig Fremde in die Bürgerschaft auf, um ihre Anhängerschaft zu vergrößern. Der Begriff „Demokratie“ wurde mit dem Begriff „Freiheit“ verbunden, Freiheit in der Bedeutung von äußerer Unabhängigkeit und Freiheit im Inneren, die den Demokraten einen größeren Spielraum bei der individuellen Gestaltung ihrer Lebensführung erlaubte. Die Demokraten waren davon überzeugt, sich diese innere Freiheit leisten zu können, ohne die Einigkeit der Bürgerschaft zu gefährden. Der Begriff „Freiheit“ wurde seit der Mitte des fünften Jahrhunderts v. Chr. identitätsstiftend für alle Griechen. Nur wer unter einer Tyrannis leben musste, galt als unfrei, und selbstverständlich alle Untertanen der Könige des Orients. Daraus entstand die Vorstellung vom Gegensatz zwischen dem freien Europa und dem unfreien Asien der orientalischen „Barbaren“, die Herodot fälschlich bis ins sechste Jahrhundert v. Chr. zurückprojizierte und die bis heute nachwirkt. In diesem freien Europa verstand sich Athen als die allerfreieste Stadt.

Die innere Stabilität Athens und Spartas war atypisch. In vielen anderen Städten war die innere Ordnung häufig instabil. Es gehörte zum „Berufsrisiko“ eines griechischen Spitzenpolitikers, zu einer hohen Geldstrafe, zur Verbannung oder zum Tode verurteilt zu werden, auf dem Schlachtfeld zu sterben oder einem Mordanschlag zum Opfer zu fallen. Besonders der Peloponnesische Krieg forcierte die Spaltung in ein demokratisches und ein oligarchisches Lager und hatte verheerende Auswirkungen. Die Demokraten hielten zu Athen, die Oligarchen zu Sparta. Welche „Partei“ gerade die Oberhand hatte, richtete sich nach der jeweiligen Kriegslage. Diese blutigen Wirren waren weniger ideologisch als machtpolitisch bestimmt. Auch nach dem Ende des Krieges schwebte die Gefahr des politischen Umsturzes und des Bürgerkrieges *(stásis)* weiter über zahlreichen Städten. Der Ausbruch innerer Spannungen konnte sich jederzeit plötzlich und unverhofft entladen. Denn in zahlreichen Städten gab es Gruppen, die, aus welchen Gründen immer, in Opposition zur herrschenden Ordnung standen und Klüngel von Verschwörern bildeten.

Die bürgerkriegsartigen Unruhen wurden sogar noch heftiger, weil größere Teile der Bürgerschaft in die Machtkämpfe der Oberschicht hineingezogen wurden als zuvor, gelegentlich auch Frauen und Sklaven. Jene, die bei solchen Aufständen mit dem Leben davonkamen, fanden oft Aufnahme in anderen Städten, denn die Gewährung von Asyl brachte einer Stadt Ehre ein. Dort planten die Verbannten ihre Rückkehr und Rache. Als Reaktion auf den Verfassungsstreit und den Machtverlust Athens und Spartas entstand seit dem vierten Jahrhundert v. Chr. eine Reformbewegung, die einen Ausgleich zwischen Demokratie und Oligarchie anstrebte. Die Verfassungstheorie, die seit dem fünften Jahrhundert v. Chr. entstanden war, erreichte im vierten Jahrhundert mit Platon und Aristoteles ihren Höhepunkt. Ihr Ziel war überirdisch hoch: eine ideale Verfassung und die dazu gehörige Erziehung sollten die Bürger zum höchsten Glück (zur *eudaimonía*) führen. Dahinter stand die Vorstellung, dass man einen idealen Zustand erreichen könne, wenn der theoretische Entwurf gründlich durchdacht wäre. Dabei überschätzten die Philosophen die Möglichkeiten einer staatlichen Erziehung, besonders auch der Musik als Erziehungsmittel, bei weitem. Die Sehnsucht nach einer unveränderlichen inneren Ordnung war schon seit Solon lebendig gewesen. Im zweiten Jahrhundert entstand die Theorie von der „gemischten Verfassung", die den verhängnisvollen „Kreislauf der Verfassungen" zwischen Oligarchie, Demokratie und Tyrannis beenden und in den Städten Einigkeit herbeiführen sollte. Das Streben nach dem Idealen und Ultimativen war ein wesentliches Merkmal der griechischen Kultur, sowohl in ihrer mythischen Vorstellungswelt als auch in der Realität. Beispielsweise konnte Orpheus mit seiner Musik die Naturgesetze bezwingen. Und Narkissos war so schön, dass er sich nur noch selbst bespiegeln konnte. Platon steigerte das Ideale ins Metaphysische. Alexander der Große wollte den alten griechischen Traum von der Weltherrschaft in die Tat umsetzen, während Diogenes gleichzeitig die Reduktion der menschlichen Bedürfnisse auf ein Minimum anstrebte.

Die Anfänge der politischen Reformbewegung begannen mit der moralischen Kritik einer Minderheit an der Mentalität und Lebensform der athenischen Demokraten im ausgehenden fünften Jahrhundert und erweiterten sich bald darauf auch zu einer Kritik an Teilen der athenischen Verfassung. Damals prunkte Athen mit der bekannten imperialen Architektur, die ihren großartigsten Ausdruck in der Akropolis gefunden hat, während Sparta bewusst auf Ähnliches verzichtete und daraus einen Anspruch auf moralische Überlegenheit ableitete. Die architektonische Verschönerung Athens galt als Leistung des ganzen Volkes. Keinem noch so reichen Mäzen wäre es erlaubt worden, als Spender daran teilzuhaben und sich damit ein persönliches Denkmal zu setzen. Wohl aber gestattete die Demokratie den Vermögenden wieder aufwendige Grabmäler, und so wurden wieder künstlerisch gestaltete Denkmäler des persönlichen Nachruhms geschaffen. Auch im Alltagsleben gewährte die Demokratie dem Einzelnen mehr Freiheit. Statt des schlichten Bürgergewands kamen farbige Gewänder wieder in Mode. Ganz allgemein öffnete sich die athenische Gesellschaft wieder kulturellen Einflüssen aus dem Orient. Die Kritiker glaubten darin einen moralischen Niedergang und Anzeichen für einen Zerfall der Bürgerschaft zu erkennen. Als ein Indiz dafür diente ihnen u. a. die Zunahme der Gerichtsprozesse, angefeuert von gewerbsmäßigen Anklägern, die als ein Zeichen von Zerstrittenheit angeprangert wurde. Bei diesen Kritikern kam eine regelrechte Nostalgie nach der Generation der Perserkriege auf. Im vierten Jahrhundert propagierten die Moralisten die genügsame Lebensform („Armut") der „Mittleren" als Garantie für die Einheit der Bürgerschaft, für Unbestechlichkeit und als Mittel zur Förderung der militärischen Wehrtüchtigkeit. „Nichts im Übermaß" war die neue Maxime. Damit wurde auch die Kritik aus dem sechsten und fünften Jahrhundert an den angeblich verderbten Sitten des Orients wieder aufgenommen und ideologisch verschärft.

Mit Alexander dem Großen und seinen Nachfolgern in Asien setzte eine gegenläufige Bewegung ein, die eine Mischung zwischen griechischer und orientalischer Kultur – in der modernen Forschung seit Johann Gustav Droysen (1808–1884) Hellenismus genannt – hervorbrachte und deren Ausläufer bis nach Griechenland und Sizilien reichten. Dagegen folgte besonders die Monarchie der Antigoniden in Makedonien europäischen Traditionen, gemäß derer der König kein übermenschliches Wesen, sondern nur der Erste unter Gleichen war, und entwickelte unter dem geistigen Einfluss der Stoa eine monarchische Pflichtenethik. Auch die Städte hielten im Kern an ihrer traditionellen inneren Ordnung fest.

Vom Ende des vierten Jahrhunderts v. Chr. an formierte sich eine neue Art der Demokratie, in der die Reichen mit ihren mehr oder weniger freiwilligen Abgaben die Bürgerschaft versorgten, auch öffentliche Bauwerke und ein öffentliches Bildungswesen stifteten und dafür von der Bürgerschaft öffentlichen Ruhm zugesprochen bekamen. Im Gegenzug versagten sich die öffentlichen „Wohltäter" den privaten Ruhm, indem sie auf kostspielige Grabmäler verzichteten und sich bezüglich ihres Auftretens bei kultischen Veranstaltungen stärkeren Restriktionen unterwarfen – eine bewusste Anknüpfung an die bürgerliche Gleichheit des frühen fünften Jahrhunderts und für rund 200 Jahre das Ende der kunstvollen Grabmonumente in Athen.

In Wirklichkeit verschob sich die Macht mehr und mehr von der Volksversammlung auf die Führungsschicht. Was dabei nach einigen Schwankungen herauskam, war – auch infolge der zunehmenden Professionalisierung des Finanz- und Militärwesens – eine oligarchisch moderierte Demokratie, in der die Volksversammlung aber immer noch wichtig blieb. Die zunehmende Einstellung von Söldnern verminderte die militärische Bedeutung der Bürgerheere, und in Athen hatte der Verlust der Flotte im Lamischen Krieg die politische Ausgrenzung der Ärmsten zur Folge. Hatte Solon seine Reform *eunomía* (gute gesetzliche Ordnung) genannt, so war die Tugend dieser neuen Demokratie *eukosmía*, das sittliche „Wohlverhalten". Doch weder das Ende des Verfassungsstreits noch die Bemühungen um eine moralische Erneuerung haben etwas an der stets drohenden und bei bestimmten Anlässen immer wieder ausbrechenden Zwietracht in den griechischen Städten geändert. Die zahlreichen Ehrungen für auswärtige Schiedsrichter bezeugen die häufigen inneren Konflikte, mit denen Städte aus eigener Kraft nicht fertig wurden. Noch schwieriger war die Bewältigung der Rückkehr von Verbannten. Gelegentlich mussten sie schwören, „sich nicht an Böses zu erinnern", d. h. auf Rache und Klagen vor Gericht zu verzichten. (Ebenso gab es in anderen Zusammenhängen die eidliche Verpflichtung, bestimmte Gegner zu hassen.) Ein drastisches Beispiel ist Syrakus, das den immer wiederkehrenden Wechsel zwischen einer verfassungsmäßigen Ordnung und einer Tyrannis trotz mancher Stabilisierungsversuche nie überwand. Immer wieder waren Einzelnen, einzelnen Familien oder einzelnen Gruppierungen der eigene Vorteil wichtiger als das Gesamtwohl, wobei sie sich durchaus der Unterstützung auswärtiger Mächte bedienten.

Jede griechische Stadt und jedes Königreich strebte im Rahmen der eigenen Möglichkeiten nach Macht, materiellem Gewinn und Ansehen, wollte andere in irgendeiner Weise überragen, wollte edler, stärker, tapferer und schöner sein als andere. Schon ihre bloße Existenz schrieben die Städte einem übermenschlichen Wesen zu, einem Gott, einer Göttin oder einem mythischen Gründer. Reputation verschafften auch eindrucksvolle Bauwerke, die in hellenistischer Zeit durch Spenden von Königen und reichen Bürgern entstanden, und üppige kultische Feste, zu denen man Vertreter anderer Staaten einzuladen pflegte, was auch als Mittel zur Anknüpfung und Aufrechterhaltung diplomatischer Kontakte diente. Noch größeres Prestige verlieh die Ausrichtung eines pangriechischen Festes oder Siege der eigenen Athleten bei einem der großen pangriechischen Wettkämpfe. Besonderes Ansehen verschaffte einer Stadt die Mitgliedschaft in einem Bund zum Schutz eines gemeinsamen Heiligtums oder die Stiftung kostbarer Weihgaben in berühmten Heiligtümern. Die pangriechischen Wettkämpfe waren Ausdruck einer kulturellen Gemeinsamkeit, die die Griechen von allen anderen Völkern, den „Barbaren", abhob, aber auch ein Ausdruck des Kampfes um Prestige gegeneinander.

Eine wichtige Seite der Beziehungen der griechischen Staaten zueinander war der Krieg. Er trennte die Griechen keineswegs voneinander und schuf meistens auch keine dauerhaften Feindschaften. Der Gegner von heute konnte der Verbündete von morgen sein. Die Koalitionen wechselten schnell. Der Krieg war keine Ausnahme, sondern potentiell allgegenwärtig, etwas, womit man immer rechnen musste, etwas, das sich plötzlich aus heiterem Himmel oder aus kleinen Anlässen heraus wie ein Feuer entfachen konnte. Der Krieg war etwas existentiell Fundamentales, das die antike Vorstellungswelt weit über das rein Militärische hinaus prägte. Er wurde gleichsam als sportlicher Wettkampf angesehen, der den wahren Wert eines Mannes oder einer ganzen Stadt zum Vorschein brachte – oder auch nicht.

Nicht von ungefähr vergleicht Polybios den Krieg mit einem harten Faustkampf, bei dem gelegentlich die *tychē* als Schiedsrichterin die Entscheidung über Sieg oder Niederlage fällt. Nach Ansicht des Thukydides liegt der Krieg in der Natur des Menschen und wird sich deshalb mit noch so einleuchtenden Argumenten für den Frieden nie abschaffen lassen. Das wichtigste Argument gegen den Krieg war, wie Thukydides und Polybios sehr wohl wussten, das Wesen des Krieges selbst, seine Unberechenbarkeit und die Risiken des Zufalls. Kriegführung wurde von den Griechen als ein Teil ihrer Freiheit empfunden, lange bevor es den politischen Freiheitsbegriff gab. Und am Anfang eines Krieges stand immer die Hoffnung, die die Griechen nie verließ. Die Entscheidung über Krieg und Frieden war eine reine Kosten-Nutzen-Rechnung. Dass Sparta Kriege zwischen den Mitgliedern des Peloponnesischen Bundes zuließ, sofern kein gemeinsamer Krieg des Bundes gegen andere auf der Tagesordnung stand, dürfte ebenso zur Stabilität des Bundes beigetragen haben wie der Verzicht auf Tribute von den

Bundesgenossen. Umgekehrt empfanden es die Mitglieder des Attischen Seebundes als Unterdrückung, dass sie ihre Konflikte untereinander nicht kriegerisch austragen durften, sondern sich einem athenischen Schiedsspruch zu unterwerfen hatten.

Die simpelste Form des Krieges war der kurze Raubkrieg zur Erntezeit, wenn man versuchte, das Territorium einer anderen Polis zu überfallen, um Getreide und Vieh zu stehlen. Auch an anderen Gründen für einen Krieg hat es nie gefehlt: Grenzkonflikte, deren Ursache gelegentlich bis in die mythologische Vergangenheit zurückgeführt wurde und die oft Jahrhunderte lang andauerten, Handelskriege, Heilige Kriege wegen der Verletzung eines Heiligtums, Rachekriege, Kriege zur Wiederherstellung der Ehre usw. und natürlich Eroberungs- und Verteidigungskriege. Während der gesamten Antike war Kriegsbeute ein kaum zu unterschätzendes Mittel zur Bereicherung für Bürgersoldaten und Söldner und erst recht für Heerführer. Außerdem war der Krieg als Quelle des Ruhms durch nichts zu ersetzen. Zeugnisse des Ruhms waren schon die schmucklosen steinernen Siegeszeichen, die man auch nach kleineren erfolgreichen Gefechten errichtete. Für einige Heerführer war der Krieg ein geradezu rauschhaftes Vergnügen. Zwar gab es im Hintergrund durchaus das Empfinden, dass Griechen nicht gegeneinander kämpfen, nicht einander versklaven, sondern ihre Konflikte durch Schiedsgerichte beilegen sollten, wenn auch nicht aus humanitären, sondern aus Gründen der kulturellen Gemeinsamkeit. Und mit Hilfe auswärtiger Schiedsgerichte konnten zahlreiche innerstaatliche und zwischenstaatliche Konflikte zumindest zeitweilig beigelegt werden.

Andererseits fürchtete man die eigene militärische Schlagkraft einzubüßen, sich nicht mehr hinreichend verteidigen zu können, wenn man lange Zeit die Waffen ruhen ließ. Die Vernichtung ganzer Städte, wie die von Sybaris, kam wenigstens in archaischer Zeit selten vor. Aber immerhin forderten Korinth und Theben am Ende des Peloponnesischen Krieges die Zerstörung Athens. Es gäbe heute wahrscheinlich keine Akropolis, wenn Sparta seine unterlegenen Kriegsgegner nicht gerettet hätte, um zu verhindern, dass Theben sich anstelle Athens zur Großmacht erhob. Später wollte Theben Sparta vernichten, konnte dieses Ziel aber nicht erreichen. Langandauernde Schäden anzurichten, wie das Fällen von Ölbäumen, war ebenso ein Mittel der Kriegführung wie die Zerstörung von Bauwerken, wobei deren Schönheit kein Hinderungsgrund war, im Gegenteil. Man beraubte damit den Gegner seiner Schönheit. Vom dritten Jahrhundert v. Chr. an machten die Aitoler eine bis dahin unübertroffene Zerstörungswut zu ihrem Markenzeichen, was Philipp V. von Makedonien dann übernahm.

Nach Aristoteles hatten von allen Völkern allein die Griechen die erforderliche Kombination von Tapferkeit und Intelligenz, um die Weltherrschaft zu erringen – wenn sie einig wären. Sie waren es aber nicht. Als Alexander der Große daran ging, die Weltherrschaft zu verwirklichen, erntete er bei den Griechen keinen Beifall, sondern stieß auf Ablehnung. Gefangen in ihren aristokratischen Wertvorstellungen kämpften sie viel lieber gegeneinander. Die mentale Prägung war allzu oft mächtiger als politische Vernunft. Das zeigte sich schon daran, dass der sportliche Wettkampf eine so große Bedeutung für den Ruhm des Einzelnen hatte wie bei keinem anderen antiken Volk. Der Sport war gleichsam der friedliche Bruder des Krieges. Der Ehrgeiz ließ die einzelnen Staaten nicht selten die Grenzen ihrer Kapazität überschätzen. Als einen Teil ihrer Freiheit empfanden die Griechen es auch, nicht nur Krieg zu führen, sondern sowohl Griechen als auch „Barbaren" unterwerfen und beherrschen zu können. Über andere zu herrschen war „schön", am schönsten, wenn eine Minorität von Herrschenden über eine zahlenmäßige Mehrheit von Beherrschten gebot. Denn gerade daran zeigte sich die vermeintliche Überlegenheit der Herrschenden, die sie mit Stolz erfüllte.

Die Herrschaft musste hart und drückend ausgeübt werden. Sie war, wie Thukydides sagt, immer eine Tyrannis. Jede Milde würde von den Beherrschten als Schwäche ausgelegt werden und sie zur Rebellion ermutigen. Denn es gehörte zur Ehre von Griechen, ihre Freiheit und Unabhängigkeit zu verteidigen bzw. wiederzugewinnen. Sie würden ihre Untertänigkeit nie akzeptieren, sondern immer auf eine Gelegenheit zum Aufstand hoffen. (Dagegen waren nach allgemeiner Auffassung die „Barbaren" von Natur aus zur Knechtschaft geboren. Über sie zu herrschen sei leichter.)

Es mag überraschen: Der erste Krieg, der von Anfang an explizit als Freiheitskrieg ausgerufen wurde, war nicht, wie viele heute immer noch glauben, die Abwehr der persischen Invasion von 490 (Marathon) oder der von 480/479 v. Chr. (Salamis, Plataiai). Nein, erst *nach* dem Sieg bei Plataiai verwandelten die Spartaner den „rettenden Zeus" in dieser Stadt in den „Befreier", ohne dass daraus schon Freiheit als herausragender Wertbegriff hervorgegangen wäre. Auch die Athener bezeichneten die erfolgreiche Abwehr der Perser lange Zeit nur als Abwehr von drohender „Knechtschaft", erst viel später rückwirkend als Freiheitskrieg.

Der erste ausdrückliche Freiheitskrieg der griechischen Geschichte war vielmehr ein Krieg von Griechen gegen Griechen: der Krieg Spartas gegen Athen am Beginn des Peloponnesischen Krieges, der die Städte des Attischen Seebundes von der Herrschaft Athens befreien sollte. Trotz ihrer Verachtung der „Barbaren" hatten die Griechen keine Bedenken, bei ihren Kämpfen gegeneinander Bündnisse mit ihnen einzugehen, ja sie luden sie geradezu ein, sich in ihre außen- und innenpolitischen Kämpfe einzumischen. Die Perser hätten wahrscheinlich nie versucht, ihre Herrschaft über den thrakisch-makedonischen Raum und die kleinasiatische Küste hinaus weiter nach Westen auszudehnen, hätte der Tyrann Aristagoras von Milet sie nicht dazu gedrängt, und hätten Athen und Eretria sie nicht provoziert, indem sie den von Aristagoras entfachten Ionischen Aufstand unterstützten.

Ebenso wenig waren die Griechen Siziliens von Karthago bedroht. Die Karthager hatten nie vor, die ganze Insel zu erobern, sondern wurden von den Griechen bei ihren Kämpfen gegeneinander herbeigerufen. Manche griechischen

Städte waren sogar bereit, die persische Herrschaft zu akzeptieren, um mit persischer Rückendeckung Vorteile gegenüber ihren griechischen Gegnern zu gewinnen. Einzelne Griechen stellten sich auch allzu gern in den Dienst „barbarischer“ Staaten, wenn diese sie gut bezahlten. Vom Peloponnesischen Krieg an bis zur Eroberung Griechenlands durch Philipp II. machten Sparta, Athen und Theben in ihrem Bestreben, mit persischer Hilfe die erste Stelle in Griechenland einzunehmen, den persischen Großkönig praktisch zum Schiedsrichter über die griechische Politik.

Analytische Reflexionen über außenpolitische Konzeptionen sind nie entworfen worden. Solche Überlegungen wurden der politischen Praxis überlassen. In vielen Fällen gab es offenbar keine klaren politischen Zielvorstellungen. Man trieb die Expansion einfach so weit voran, bis man nicht mehr weiter kam. Nicht zufällig war *pleonexía* (grenzenlose Habsucht, die auch eine Herrschsucht sein konnte) ein stereotyper Begriff. Kriegsbeschlüsse wurden bei vielen Städten nicht selten aus der Erregung des Augenblicks heraus gefällt, und günstige Orakel spielten eine verführerische Rolle. Oft war die Wahrung der Ehre, besonders für Sparta, wichtiger als realpolitische und strategische Überlegungen.

Etliche große Expansionsvorhaben wie die athenischen Feldzüge nach Ägypten und später nach Sizilien sowie der Versuch Spartas, nach dem Sieg im Peloponnesischen Krieg ganz Griechenland zu beherrschen, entsprangen einer fatalen Selbstüberschätzung. Anscheinend lernte man wenig aus Misserfolgen, sondern schrieb sie nicht einer politischen Fehlkalkulation, sondern eher der *týchē* zu. Wie beim sportlichen Wettkampf verlor man nie die Hoffnung, dass man beim nächsten Mal mehr Kraft entfalten und mehr Glück haben könnte. Bei den hellenistischen Monarchien lastete auf jedem neuen Herrscher ein Druck, sich als Kriegsherr nach innen und außen beweisen zu müssen, ein würdiger Nachfolger des großen Alexander zu sein. Daher die häufigen Wiederholungen des annähernd Gleichen in der griechischen Geschichte, und die Hinnahme des Wechsels von Erfolg und Misserfolg. Man empfand den Kreislauf der Verfassungen als Problem, aber fand es durchaus normal, dass sich auch die außenpolitischen Konstellationen und Ereignisse im Kreis drehten. Diese Vorstellung hatte sogar etwas Beruhigendes, fürchtete man doch den dauernden Erfolg als Vorzeichen eines großen Unglücks. Und so galt ein Krieg, der fette Kriegsbeute und großen Kriegsruhm eingebracht hatte, durchaus als Erfolg, auch wenn sein politisches Ergebnis vielleicht mager oder völlig nichtig war. Nur allzu oft wurden nachhaltige Zerstörungen angerichtet, und am Ende einigten sich die kriegführenden Parteien wieder auf denselben politischen Zustand, wie er vor dem Krieg bestanden hatte.

Mit dem Sieg Philipps bei Chaironeia trat Makedonien endgültig in die griechische Geschichte ein. Das Ziel seines geplanten Perserkrieges kennen wir nicht. Möglicherweise wollte er nur die griechischen Städte an der kleinasiatischen Küste befreien, was Sparta nicht geschafft hatte. Der Plan Alexanders des Großen, ein von Makedonen und Persern gemeinsam regiertes Großreich zu gründen, seine erzwungene Massenhochzeit in Susa war von vornherein ebenso unrealistisch wie sein Befehl an die griechischen Städte, die Verbannten wieder aufzunehmen. Das Ergebnis war wieder das „Normale“: ein kriegerisches Ringen der Nachfolgereiche gegeneinander, wie die Poleis im fünften und vierten Jahrhundert gegeneinander gerungen hatten. Ihre Politik bewegte sich in einem Kreis, aus dem sie nicht herausfanden. Dabei verbrauchten sie ihre Energien.

Die Reiche der Seleukiden und Ptolemaier waren im Grunde Kolosse auf tönernen Füßen, vom ständigen Nachschub an Menschen aus Griechenland abhängig und von dynastischen Konflikten geschwächt. Das Seleukidenreich, das immer Schwierigkeiten hatte, seine ausgedehnten heterogenen Gebiete zusammenzuhalten, konnte trotz mancher Rückschläge ca. 120 Jahre als Weltmacht gelten (312–190 v. Chr.), bevor es in Abhängigkeit von Rom geriet. Das Ptolemaierreich krankte schon nach ca. 100 Jahren (323–222 v. Chr.) an innerem Zerfall und begab sich freiwillig in die Abhängigkeit von den Römern, das Antigonidenreich in Makedonien war stets von Norden und Nordwesten her bedroht und in ständige Kämpfe um die Hegemonie über Griechenland verstrickt, ohne Griechenland vollständig unterwerfen zu können, bis die Römer in dieses Hin und Her hineingezogen wurden und Makedonien auf einen römischen Vasallenstaat reduzierten (280–197 v. Chr.). (Zum Vergleich: Das Perserreich hatte trotz einiger innerer Krisen immerhin über 200 Jahre als unabhängige Großmacht bestanden und hätte, wäre es nicht mit dem Genie Alexanders des Großen konfrontiert worden, wahrscheinlich noch lange weiterexistiert.)

Die letzte Hoffnung Griechenlands wären die nicht-hegemonialen Städtebünde gewesen, die sich im dritten Jahrhundert v. Chr. als Gegengewicht gegen die makedonische Herrschaft gebildet hatten, allen voran der Achaiische und der Aitolische Bund. Sie entwickelten ein beachtliches Maß an Integrationsfähigkeit. Der Achaiische Bund scheiterte, weil Athen und Sparta sich ihm verweigerten. Dennoch: Hätten die Aitoler die Freiheitskämpfe der anderen Griechen unterstützt und sich aus dem Konflikt zwischen Makedonien und Rom wegen der Illyrienfrage herausgehalten, hätte für Griechenland zumindest die Aussicht bestanden, seine Unabhängigkeit wiederzugewinnen und zu behaupten. Dass es anders kam, lag hauptsächlich an der Selbstüberschätzung der Aitoler, die es ablehnten, am Chremonideischen Krieg teilzunehmen (267 v. Chr.) und den Achaiischen Bund gegen Sparta zu unterstützen (228 v. Chr.). Stattdessen setzten sie auf eine eigenständige Politik, die ihnen die Gelegenheit zu weiteren Raubzügen offen ließ, luden die Römer ein, sich am Karussell der östlichen Politik zu beteiligen, und glaubten, alle zum eigenen Vorteil gegeneinander ausspielen zu können.

Die Griechen verstanden nicht, dass sie mit der römischen Republik nicht so umgehen konnten, wie sie es mit den Persern, den Karthagern und den hellenistischen Königreichen gemacht hatten. Dass die römische Politik anderen Leitlinien folgte und andere Maßstäbe hatte, dass es nach einem siegreichen Krieg ihr oberstes Ziel war, den geschlagenen Feind nie wieder zu seiner vorherigen

Stärke anwachsen zu lassen, dass das militärische Reservoir Roms viel größer war als das der einzelnen Großmächte des Ostens, begriffen die Griechen viel zu spät. Aber selbst wenn sie Rom besser verstanden hätten – wären sie so, wie sie nun einmal waren, in der Lage gewesen, sich erfolgreich zu verteidigen?

Im Kampf um die Macht erfuhren die politischen Wertbegriffe, die die Griechen hervorgebracht hatten, eine derartige Relativierung, dass sie der jeweiligen politischen Lage angepasst werden konnten und zu propagandistischen Schlagworten absanken. Das geschah schon vom fünften Jahrhundert v. Chr. an, wie gezeigt wurde, mit dem Freiheitsbegriff, so dass ihn schließlich sogar die Römer zur Bemäntelung ihrer Hegemonie über Griechenland verwenden konnten, ebenso ihr Gegner Antiochos III. In ähnlicher Weise war die mehrfache Ausrufung einer allgemeinen Friedensordnung *(koinḕ eirḗnē)* auf der Basis der Selbstbestimmung *(autonomía)* aller griechischen Staaten im vierten Jahrhundert zwar der Ausdruck eines weitverbreiteten Bedürfnisses nach einem Ende der fast permanenten Kämpfe in Griechenland, scheiterte in der Praxis jedoch immer wieder kläglich und gewann wirkliche Bedeutung nur als Instrument der Zementierung der Hegemonie Spartas (386 v. Chr. im Königsfrieden) und später Makedoniens (338 v. Chr.).

Und wie Sparta, Athen und Theben in ihrem Kampf gegeneinander einst den persischen Großkönig zum Schiedsrichter gemacht hatten, so machten von 196 v. Chr. an viele griechische Staaten Rom zur Schiedsrichterin in ihren Konflikten, auch in ihren inneren Angelegenheiten. Im letzten Akt dieses Dramas setzten verschiedene Könige des Orients im Streit mit ihren Verwandten sogar die römische Republik testamentarisch zur Erbin ein und nötigten dadurch die fremde Macht, entgegen ihren Plänen ihre Herrschaft über Europa hinaus auszudehnen.

13 Die *tryphḗ* verdirbt den *mos maiorum* oder: Das Übermaß zerstört die römische Republik

13.1 *Die Provinzialherrschaft überfordert die innere republikanische Ordnung*

Wir haben gesehen, wie schwer es für den römischen Senat nach dem Sieg im Ersten Punischen Krieg gewesen war, eine Lösung für die Verwaltung des annektierten Teils Siziliens zu finden. Denn in der römischen Verfassung gab es so etwas wie einen Statthalter nicht. Ein wirklicher Statthalter wäre ein Beauftragter der Zentralregierung ohne eine eigenständige Machtbasis gewesen, ohne ein eigenständiges militärisches Kommando, ein reines Ausführungsorgan. Aber nach römischer Anschauung musste der Kommandeur von einer oder mehreren Legionen ein vom Volk verliehenes eigenes *imperium* haben, zu dem auch die religiösen Kompetenzen gehörten. Ein solcher Imperiumsträger war kein Beauftragter, sondern ein Mitglied der römischen Regierung, nicht anders als seine Kollegen in Rom. Wenn hier weiterhin die Bezeichnung „Statthalter" verwendet wird, dann nur in diesem Sinn.

Es dauerte fast eineinhalb Jahrzehnte, von 241 bis 227 v. Chr., bis der Senat sich anlässlich der Annektierung von Sardinien und Korsika dazu durchrang, zwei neue reguläre Praeturen zu schaffen, eine für Sizilien und nur eine weitere für die beiden Inseln zusammen, d. h. so wenige neue Praeturen wie möglich. Nach dem Zweiten Punischen Krieg stellte sich das Problem in Spanien wieder. Zunächst behalf man sich mit provisorischen Maßnahmen: Die Volksversammlung verlieh ehemaligen Konsuln ein prokonsularisches *imperium*, so dass sie wie Konsuln amtieren konnten, obwohl sie keine Konsuln mehr waren. So glaubte der Senat die Schaffung neuer regulärer Ämter vermeiden zu können, die eine weitere Veränderung der republikanischen Ämterlaufbahn bedeutet hätten. Erst 198/197 v. Chr. sah man sich genötigt, zwei neue Praeturen einzurichten, eine für Nord- und eine für Südspanien. Denn Spanien war zu groß und seine kriegerischen keltiberischen Stämme zu widerspenstig, als dass man es als eine einzige Provinz hätte zusammenfassen können. Der Grund dafür, dass der Senat überhaupt die direkte Herrschaft in diesen vier Regionen übernahm, lag nicht in wirtschaftlichen Motiven, sondern es war die Furcht vor einem Wiedererstarken Karthagos, hatte doch Hannibal seinen Kriegszug gegen Rom von Spanien aus begonnen. Die Einsetzung von Praetoren bedeutete zugleich, dass der Senat nach und nach rechtliche Strukturen schaffen und von der willkürlichen Ausraubung zur geregelten Ausbeutung der gewonnenen Gebiete übergehen musste.

146 v. Chr. zerstörten die Römer Karthago, um ihre Furcht vor einem Wiederaufstieg der mächtigen Stadt ein für allemal loszuwerden. Folglich mussten sie im heutigen Tunesien eine neue Provinz einrichten, die Provinz Africa. Im Osten hatten die Römer 80 Jahre lang, zwischen 228 und 148 v. Chr., vergeblich versucht, die Übernahme der direkten Herrschaft zu vermeiden und sich mit einer bloßen Suprematie zu begnügen. Sie hatten von den besiegten Staaten hohe Reparationen gefordert, was auch ein Mittel gewesen war, um sie zu schwächen. Aber permanente Steuern hatten sie nur Makedonien nach dem Perseuskrieg auferlegt. Als es dennoch nicht gelang, die Lage auf dem Balkan im römischen Sinn zu stabilisieren, hatten sie 148 v. Chr. eine Statthalterschaft für die Provinz Macedonia geschaffen, doch 146 v. Chr. eine zweite Statthalterschaft für den besiegten Teil Griechenlands vermieden. Griechenland blieb lediglich unter der lockeren Aufsicht des Statthalters von Macedonia. Als 129 v. Chr. eine weitere Statthalterschaft für die neue Provinz Asia notwendig wurde, waren zwischen 227 und 129 v. Chr. insgesamt sieben Statthalterposten entstanden.

Aufschlussreich ist, dass für Macedonia, Africa und Asia keine neuen Praeturen mehr geschaffen wurden, sondern dass Rom sich mit Promagistraten behalf, wie in Spanien vor 197 v. Chr. So konnte man solche Politiker, die schon vorher in Rom ein Amt mit *imperium* bekleidet hatten, wiederverwenden. Offensichtlich war das Reservoir an geeigneten Anwärtern innerhalb der römischen Führungsschicht zu begrenzt, als dass man die Schaffung von drei neuen Praeturen verkraftet hätte. Die Statthalter hatten in ihrer Provinz so große Machtbefugnisse wie kein Amtsträger in Rom. Sie konnten weitgehend schalten und walten, wie sie wollten, sie hatten kein Veto eines Kollegen oder eines Volkstribuns zu befürchten, und die weite Entfernung ihres Amtsbereichs von Rom entzog sie der genauen Aufsicht durch den Senat. Das stand im Widerspruch zum Prinzip der römischen Verfassung mit ihrer ausbalancierten Begrenzung der Befugnisse der einzelnen Amtsträger. Die Machtfülle, die die Provinzstatthalter hatten, und der Kontakt mit den monarchischen Traditionen des Ostens blieben zweifellos nicht ohne Auswirkungen auf die Mentalität der römischen Oberschicht. Die Statthalter zogen als republikanische Amtsträger aus und kamen als kleine Könige zurück. Die Provinzstatthalterschaften waren der Anfang des Kontrollverlusts des Senats, der sich auch in anderen Bereichen Schritt für Schritt fortsetzen sollte, bis von der römischen Republik nur noch eine Fassade übrigblieb.

Außerdem hatte die römische Republik kein stehendes Heer. Die römische Armee bestand aus Wehrpflichtigen, die im Kriegsfall mobilisiert und nach dem Ende eines Krieges wieder entlassen wurden und ins Zivilleben zurückkehrten. Für die Herrschaft über außeritalische Gebiete benötigte man jedoch Besatzungstruppen. Folglich war man auf Freiwillige angewiesen, die sich für eine längere Dienstzeit verpflichteten. Die numerische Stärke dieser Besatzungstruppen wurde möglichst gering gehalten. Schon aus innenpolitischen Gründen sollte kein Statthalter ein größeres Heer zu seiner Verfügung haben, als es für seine Aufgabe unbedingt nötig war.

Die Römer brachten kein Konzept einer Provinzialverwaltung mit. Das Wort *provincia* bedeutete nichts weiter als der Aufgabenbereich eines Amtsträgers. In Rom waren die Politik, Verwaltung und Rechtsprechung der Konsuln und Praetoren ihre *provincia*, im Krieg der jeweilige Kriegsschauplatz, der sich im Verlauf eines Krieges verändern konnte. Wenn ein Statthalter mit einem kleinen Heer für ein Jahr z. B. nach Macedonia geschickt wurde, dann wurde diese Region sein Aufgabenbereich, seine *provincia*. Im Kern handelte es sich um ein militärisches Kommando in einem geographisch begrenzten Raum. Der Statthalter durfte dessen Grenzen nicht eigenmächtig erweitern, wohl aber überschreiten, wenn es zur Verteidigung seiner *provincia* nötig war.

Bezüglich der Verwaltung und Besteuerung übernahmen die Römer einfach das System ihrer Vorgänger. Es konnte also von Provinz zu Provinz variieren. Gegenüber den Untertanen in seiner Provinz war der Statthalter beinahe allmächtig. Lediglich Senatsbeschlüsse konnten seine Befugnisse einschränken. Beispielsweise legte der Senat fest, dass die Statthalter der Provinz Asia die Bestimmungen des Testaments des verstorbenen Königs Attalos nicht ändern durften. Und selbstverständlich durften sie in die inneren Verhältnisse derjenigen Städte, die unabhängig geblieben oder vom Senat für frei erklärt worden waren, nicht eingreifen.

Die Administration des Statthalters hatte ziemlich provisorische Züge. Für Verwaltungsaufgaben hatte er nur einen kleinen Stab von Offizieren und Sklaven zur Verfügung, außerdem einige persönliche Freunde, die ihn freiwillig unterstützten. Ein Autokrat oder eine Demokratie hätte einen differenzierten Verwaltungsapparat geschaffen, aber einer Aristokratie wie Rom wäre so etwas wesensfremd gewesen. Sie begnügte sich mit einem dünnen Herrschaftsnetz, das sie über die vorhandenen Strukturen legte. Da die Anzahl der Truppen, über die ein Statthalter verfügte, meistens recht begrenzt war, beruhte seine Autorität eher darauf, dass das militärische Potenzial Italiens als ständige Drohung hinter ihm stand. Das bedeutete, dass der jeweilige Statthalter seine Provinz trotz seiner Allmacht nicht zentralistisch regieren konnte, sondern dass die Städte einen weiten Freiraum an Selbstverwaltung hatten. Die Römer waren auf die Selbstverwaltung der Städte geradezu angewiesen. Die Städte behielten nicht nur ihre Selbstverwaltung, sondern auch ihr eigenes Bürgerrecht, so dass die Städte einer und derselben Provinz weiterhin zueinander Ausland waren. Auch pflegten sie nach wie vor lebendige diplomatische Beziehungen sowohl zueinander als auch zu Städten und Königen außerhalb ihrer Provinz. Sie waren eben nicht nur autonome Gemeinden, sondern blieben regelrechte Staaten.

Auch gegenüber Rom waren sie Ausland. Wenn ein Römer seinen Wohnsitz in einer griechischen Stadt wählte, konnte er das Bürgerrecht dieser Stadt nicht erwerben, weil das römische Bürgerrecht mit einem anderen Bürgerrecht nicht vereinbar war. Der allmächtige Statthalter konnte hier und da von Fall zu Fall energisch durchgreifen, um Missstände zu beheben, er konnte im Kriegsfall von der gesamten Provinz Unterstützung verlangen, aber in der Regel war er für die meisten Untertanen weit weg. Die Städte blieben politische Wesen. Die griechische Geschichte war mit dem Beginn der direkten römischen Herrschaft nicht zu Ende, sondern ging unter römischer Herrschaft weiter und verflocht sich mehr und mehr mit der Innenpolitik in Rom.

Die Machtverhältnisse in den griechischen Städten verschoben sich langsam weiter in eine oligarchische Richtung. Ehrungen für einzelne besonders reiche Bürger nahmen gelegentlich beinahe königliche Formen an. Die Mitglieder der Führungsschicht verstanden sich zunehmend nicht mehr als Erste unter Gleichen, sondern als abgehobene Elite. Auch dieses System setzte, wenn es funktionieren sollte, eine relative Gleichheit innerhalb dieser Elite voraus. Trotzdem hatten die Volksversammlungen nach wie vor ein nicht zu unterschätzendes politisches Gewicht. Deshalb wurde die schleichende Oligarchisierung nicht einmal als solche empfunden. Jedenfalls im Bewusstsein der Bürger blieb die traditionelle Verfassung im Wesentlichen bestehen. Besonders die nicht zu einer Provinz gehörigen Freistädte waren, wie wir aus Inschriften wissen, stolz auf die Fortdauer der Verfassung ihrer Vorfahren (*pátrios politeía*). Und es gab hin und wieder talentierte Einzelne, denen wegen ihrer herausragenden Befähigung der soziale und politische Aufstieg aus ärmlichen Verhältnissen bis nach ganz oben gelang.

Der Wettstreit der einzelnen Städte um Ansehen und Bedeutung blieb ungebrochen und fand u. a. seinen Ausdruck in rühmenden Beinamen wie „die Erste", „die Größte", „die Beste" einer Region, mit denen sich einige Städte schmückten. Von den Römern versuchten einzelne Städte Privilegien zu erwerben, wie z. B. die Reduzierung finanzieller Verpflichtungen, die Erweiterung des städtischen Territoriums, das Recht auf Befestigung bestimmter Plätze, die Prägung autonomer Münzen oder die Anerkennung der Asylie eines Heiligtums, wenn nicht gar die Vergrößerung des heiligen Bezirks. In den Provinzen herrschte keineswegs „Friedhofsruhe", wie manche moderne Historiker behauptet haben. Die Lust an Streit und Zwietracht hörte unter der römischen Herrschaft nicht auf, wenn sie auch nicht mehr mit gewaltsamen Mitteln ausgelebt werden konnte. Jahrhunderte alte Grenzkonflikte zwischen benachbarten Städten wurden immer noch verbissen fortgesetzt. Im Innern stritten die führenden Familien um Ruhm und Ehre. Und immer wieder führten betrügerische Machenschaften einzelner Politiker, meistens die Unterschlagung von Geld, zu heftigen Auseinandersetzungen. Hinzu kamen Konflikte verschiedener Technitenvereine teils mit einzelnen

Städten, teils untereinander. Gelegentlich holte man sich auswärtige Schiedsrichter zur Lösung von solchen Konflikten. Nicht selten wurden auch die Statthalter damit belästigt oder gar der römische Senat.

Zugang zum Senat zu finden, war allerdings nicht einfach. Dazu brauchten die Städte einflussreiche Senatoren als Fürsprecher. Diese gewannen sie, indem sie sich um ein gutes Verhältnis zu Statthaltern oder durchreisenden römischen Politikern in diplomatischer Mission bemühten, das auch nach dem Ende von deren Tätigkeit weiter gepflegt wurde. Daraus konnte sich ein gleichsam erbliches Patronatsverhältnis mancher römischen Adelsfamilien zu bestimmten Städten ergeben. Einem solchen Patron schuldete die Stadt Loyalität, aber ein festes Gefolgschaftsverhältnis nach Art der römischen *clientela* war es nicht. Manche Städte hatten sogar mehrere *patroni*. Auch hier durfte die kultische Komponente nicht fehlen. Wenn ein Statthalter einer Stadt einen großen Dienst erwiesen hatte, dann konnte sie sich mit einem Kult für ihn bedanken. Solche Statthalterkulte, die erst in der ausgehenden Republik häufiger wurden, waren gleichrangig mit denen für verdiente Bürger. Mehr aber nicht. Denn einen Königskult für einen Statthalter hätte der römische Senat nicht geduldet. Athen und Rhodos hatten ein besonderes Ansehen in Rom, so dass sie für den Kontakt zum Senat keine *patroni* benötigten. Die Kehrseite der Beziehungen der Städte zu Rom war die häufig notwendige Abwehr von Übergriffen. Denn nicht selten sahen Statthalter in ihrer Provinz ein Ausbeutungsobjekt zur eigenen Bereicherung, zumal eine politische Karriere in Rom immer teurer wurde. Die Kosten für prächtige Spiele für das „Volk“ in Rom und für Wahlbestechung musste ein römischer Politiker während seiner Statthalterschaft wieder hereinholen. Das fiel umso leichter, weil oft die Grenze zwischen erlaubten und unerlaubten materiellen Forderungen eines Statthalters nicht klar definiert war.

13.2 Der zwiespältige Sieg der griechisch-hellenistischen Kultur

Das Vordringen der Römer nach Unteritalien, Sizilien und erst recht in den östlichen Mittelmeerraum veränderte die römische Kultur. Schon im dritten Jahrhundert legte Livius Andronicus, ein Sklave und späterer Freigelassener aus Tarent, mit seiner lateinischen Odusia die Basis für die Schullektüre Homers in Griechisch und verfasste lateinische Tragödien und Komödien nach griechischen Vorbildern. Sein Zeitgenosse Naevius aus Karthago schrieb neben Dramen ein Epos auf den Ersten Punischen Krieg. Besser erhalten sind die lateinischen Komödien des Plautus (gest. 184 v. Chr.) und Terenz (gest. 159/158 v. Chr.) nach dem Vorbild Menanders. Ennius (239–169 v. Chr.) schuf ein römisches Epos vom

Untergang Trojas bis 184 v. Chr., dem Jahr, in dem sein Förderer Cato das Zensorenamt innehatte (s. u.). Als sein Schüler galt in gewisser Pacuvius aus Tarent. Accius hatte großen Erfolg als lateinischer Tragödiendichter und Maler. Auch der scharfzüngige Satiriker Gaius Lucilius (ca. 180–130 v. Chr.), ein reicher Großgrundbesitzer und Freund des Scipio Aemilianus, war mit der griechischen Literatur gut vertraut.

Griechische Intellektuelle erschlossen sich in Rom neue Einnahmequellen. Manche traten als Ärzte auf. Andere brachten als Hauslehrer ihren römischen Schülern Griechisch bei. Bereits gegen Ende des dritten Jahrhunderts beherrschten viele römische Senatoren die griechische Sprache. Aemilius Paullus schenkte die erbeutete Bibliothek des Perseus seinen Söhnen. Griechische Philosophen versuchten in Rom Anhänger zu finden. Der prominenteste unter ihnen war der Stoiker Panaitios aus Rhodos (ca. 180–110 v. Chr.), der einige Jahre zum Umkreis des Scipio Aemilianus gehörte. Wie Persaios am Hof des Antigonos Gonatas aus der Stoa eine Pflichtenlehre für einen König abgeleitet hatte, so stellte Panaitios eine Verbindung von stoischen Grundsätzen mit der römischen Staatsethik her. Die eigentlich unpolitische Stoa erwies sich als durchaus anpassungsfähig.

Dass der Einfluss der griechischen Kultur auf Rom auch Gefahren mit sich brachte, weil er altrömische moralische Werte unterminierte, vor allem Unbestechlichkeit und den Sinn für Gerechtigkeit, erkannte Polybios durchaus, trotz seiner Bewunderung für die neue Supermacht und die Tugenden einzelner römischen Feldherren. Langsam begannen sich Skrupellosigkeit, Geldgier und Korruption einzuschleichen, nicht zuletzt durch die Übernahme der griechisch-hellenistischen Geldwirtschaft. Polybios tadelt auch den römischen Kunstraub in griechischen Städten, der schon mit der Eroberung von Syrakus begann. Der Geschmack für Kunst war, wie schon gesagt, auch bei rigorosen griechischen Moralisten verpönt. In Rom gehörte eine gewisse heuchlerische Verachtung für griechische Kunst noch Generationen später zum Image des echten Römers, obwohl er gern sein Haus mit griechischen Statuen schmückte.

Aber im Wesentlichen glaubte Polybios gemäß seiner Verfassungstheorie den Beginn der „Wende zum Schlechten" im Verlust des Gleichgewichts zwischen den drei Komponenten der „gemischten Verfassung" zu erkennen, und zwar in Richtung Demokratie. Für ihn war es Gaius Flaminius, der diese negative Entwicklung in Gang gebracht habe, weil er als Volkstribun 232 v. Chr. gegen den Willen der Mehrheit des Senats ein Ackergesetz einbrachte, mit dem er ein 50 Jahre zuvor von den keltischen Senonen in Oberitalien erobertes Gebiet an römische Kolonisten verteilte. Mit Demokratie hatte das in Wirklichkeit nichts zu tun. Aber wahrscheinlich war die Zahl dieser Kolonisten erheblich größer als bei den einzelnen römischen Wehrkolonien. Flaminius gewann damit eine beträchtliche Klientel und gegenüber dem Senat ein dementsprechendes politisches Eigengewicht. Das gefährdete den römischen *mos maiorum*. 227 v. Chr. wurde er zum ersten Praetor für Sizilien gewählt. Er dürfte einer von denjenigen Politikern gewesen sein, auf deren Initiative die Schaffung der Praeturen für Sizilien und Sardinien/Korsika zurückging.

Flaminius setzte trotz vieler Gegner, die er sicher unter den Senatoren hatte, seine Karriere fort, wurde 223 v. Chr. Konsul und besiegte die keltischen Insubrer, wurde 220 sogar Censor. Als solcher schuf er sich mit dem Bau des Circus Flaminius auf dem Marsfeld und der Via Flaminia von Rom nach Ariminum (Rimini) ein unvergängliches Andenken. Möglicherweise stand er auch hinter dem Beschluss des *concilium plebis*, den der Volkstribun Quintus Claudius 218 v. Chr. einbrachte, und der den Senatoren den Besitz von Schiffen mit einem größeren Fassungsvermögen als 300 Amphoren verbot, d. h. die Senatoren vom Seehandel ausschloss. Doch dann wandte sich das Schicksal gegen ihn. 217 v. Chr., während seines zweiten Konsulats, wurde er von Hannibal in der Schlacht am Trasimenischen See in Oberitalien besiegt, mit dem größten Teil seines Heeres in den See getrieben und fand bei dem Versuch, die Linien des karthagischen Heeres zu durchbrechen, den Tod. Sein Ruf war für alle Zeiten ruiniert. Fortan galt er nur noch als einer, der dem römischen Staat Schaden zugefügt hatte.

Unter den Senatoren waren die Meinungen bezüglich des Nutzens bzw. der Schädlichkeit der griechisch-hellenistischen Kultur geteilt. Die einen begrüßten den kulturellen Zustrom aus dem Osten, bei manchen löste er eine regelrechte Gräkomanie aus. Senatoren fanden Geschmack an griechischer Gymnastik und Musik und versuchten sich als Dichter. Und die griechische Päderastie kam in Mode, hatte aber keinen ethischen Gehalt mehr wie einst im sechsten Jahrhundert, sondern war längst eine rein sexuelle Angelegenheit. Andere waren besorgt und hielten Beschränkungen für notwendig. Ihnen erschien die griechisch-hellenistische Kultur in Rom wie ein zweischneidiges Schwert.

Als der markanteste Kritiker der Gräkophilen ist ausgerechnet ein politischer Neuling *(homo novus)* in die Geschichte eingegangen, Marcus Porcius Cato aus dem Städtchen Tusculum in Latium. Er stammte aus dem sogenannten Ritterstand, einer Schicht von mittleren Landbesitzern, Geschäftsleuten, Bauunternehmern und Heereslieferanten. So einer kam in dieser Zeit in Rom normalerweise für eine politische Laufbahn nicht in Betracht, jedenfalls nicht bis zu den höchsten Ämtern. Eine Ausnahme machten jene Ritter, die Senatorensöhne waren. Ihnen wurde leichter der Weg zu den politischen Ämtern geebnet, wenn sie sich militärisch und administrativ bewährten. Aber Leistungen mussten sie auf jeden Fall erbringen. Sie erhielten dazu lediglich mehr Gelegenheit als andere. Selbst unter den Mitgliedern des römischen Establishments waren die Aussichten, zum Konsulat zu gelangen, sehr unterschiedlich. Die 200 Konsuln zwischen 233 und 133 v. Chr. stammten aus 58 Familien, davon gingen 113 Konsulate an nur 13 Familien, und ganze fünf Familien konnten 62 Konsulate für ihre Mitglieder erreichen!

Dass Cato der Aufstieg in diesen exklusiven Kreis der Führungsschicht gelang, verdankte er der Förderung des Patriziers Lucius Valerius Flaccus, der zu den Kritikern der Gräkomanie gehörte. Er wurde auf den Rotschopf aus Tusculum aufmerksam und erkannte in ihm einen lautstarken Gehilfen. Schon als Halbwüchsiger machte Cato in der näheren Umgebung von sich reden. Als 17-Jähriger nahm er am Krieg gegen Hannibal teil. Im Gefecht Mann gegen Mann soll er seinen jeweiligen Gegner schon durch sein Gebrüll eingeschüchtert haben, vielleicht auch, um sich selber Mut zu machen, und wurde Militärtribun. 204 v. Chr. gelang ihm der Sprung in die Politik. Mit Unterstützung des Flaccus wurde er zum Quaestor auf Sizilien gewählt. Dort blickte er missvergnügt auf den erst 32-jährigen Konsul Publius Cornelius Scipio, einen Patrizier, der sich im Zweiten Punischen Krieg von Anfang an ausgezeichnet, die Karthager aus Spanien vertrieben hatte und auf Sizilien ein Heer für seinen geplanten Feldzug nach Afrika sammelte. Er war es, der 202 v. Chr. Hannibal bei Zama besiegte und den Zweiten Punischen Krieg beendete. Scipio hatte mit Unterstützung der Volksversammlung eine Blitzkarriere hingelegt und im Senat viele Neider und Feinde, zu denen auch Flaccus gehörte. Da Flaccus wusste, dass Cato ein gewitzter und bissiger Kritiker war, benutzte er ihn als Zeugen, um Scipios großzügige Verteilung von Geldern an seine Soldaten als Verstoß gegen die römische „Sparsamkeit" *(parsimonia)* anzuprangern und auch seine Besuche von griechischen Theatern und Fechtschulen zu tadeln. Der Senat ließ die Vorwürfe von mehreren Volkstribunen untersuchen, doch konnte sich Scipio rechtfertigen.

Während seiner Praetur auf Sardinien (198 v. Chr.) vermied es Cato im Gegensatz zu seinen Vorgängern bewusst, sich bei seiner Rundreise durch die Provinz von den lokalen Würdenträgern üppig bewirten zu lassen, sondern gab ein Beispiel römischer Anspruchslosigkeit, setzte jedoch die Anordnungen des römischen Staates mit unnachsichtiger Härte durch. Auf Sardinien traf er auch Ennius, brachte ihn mit nach Rom und wurde sein Förderer. Politisch war Cato noch immer auf die Unterstützung durch seinen Gönner Flaccus angewiesen. Mit ihm zusammen wurde er 195 v. Chr. Konsul, ohne ihn hätte er als *homo novus* das Konsulat wohl nie erreicht; denn unter den 108 Konsuln zwischen 200 und 146 v. Chr. waren nur acht *homines novi*. Als Aufgabenbereich wurde ihm per Losverfahren die Kriegführung in Nordspanien zugewiesen. Dort bewährte er sich als Feldherr auch in schwieriger Lage und reorganisierte die Ausbeutung der Bergwerke. Seinen Soldaten gewährte er reiche Kriegsbeute und pro Mann zusätzlich ein Pfund Silber, duldete aber nicht, dass jemand sich auf Kosten des römischen Staates bereicherte. Für sich selbst, behauptete er später, habe er nicht mehr als Speise und Trank genommen. Das gehörte zu seiner Imagepflege in Rom, bei der er laut und vernehmlich mit Selbstlob nicht sparte. Der Senat gewährte ihm wegen seiner militärischen Erfolge in Spanien einen Triumphzug.

191 v. Chr. diente er unter Lucius Cornelius Scipio, dem Bruder des indessen großen Scipio Africanus, im Krieg gegen Antiochos III. und erzwang, wie erwähnt, den römischen Durchbruch an den Thermopylen mit einem kühnen nächtlichen Umgehungsmanöver. Anlässlich dieses Feldzugs besuchte er auch Athen. Anschließend schickten ihn die Scipionen zurück nach Rom, um dort, wie

es hieß, den Sieg zu verkünden, vielleicht aber auch, um den lästigen Kritiker loszuwerden. Doch 187 v. Chr., ein Jahr nach dem Ende des Krieges, unterstützte Cato zwei Volkstribune, die den Sieger im Antiochoskrieg, Lucius Cornelius Scipio, der indessen einen Triumphzug erhalten und sich den Titel „Asiaticus" zugelegt hatte, und seinen Bruder Scipio Africanus anklagten, Gelder unterschlagen zu haben, die sie von König Antiochos angenommen hätten. Für beide bedeutete diese Affäre das Ende ihres politischen Einflusses. Nicht anders erging es Manius Acilius Glabrio, der den Krieg gegen die Aitoler geführt hatte, und Gnaeus Manlius Vulso, dem Sieger über die Galater in Kleinasien. Sie alle waren mehr oder weniger gezwungen, sich aus der Politik zurückzuziehen. Hätten sie im Athen des fünften Jahrhunderts gelebt, wären sie wahrscheinlich durch ein Scherbengericht gezwungen worden, die Stadt zu verlassen. Später brachte Seneca, der Philosoph und Politiker am Hof Kaiser Neros, das Problem des Senats auf den Punkt: Die überragende Stellung des Scipio Africanus habe die republikanische *libertas* bedroht, d. h. die Ausgewogenheit der Machtverhältnisse.

184 v. Chr. erreichte Cato den Höhepunkt seiner Karriere, als Flaccus und er vom Volk zu Censoren gewählt wurden. Das Censorenamt war ihm ein echtes Anliegen, denn zu den Aufgaben gehörte die „Sittenaufsicht" *(cura morum)*. Ursprünglich hatten, wie erwähnt, die Censoren nur administrative und sakrale Aufgaben gehabt. Von 312 v. Chr. an wurde ihnen auch die Aufgabe zugewiesen, den Senat mit neuen Mitgliedern zu ergänzen. Daraus entwickelte sich im dritten Jahrhundert das Recht, Senatoren, die sich eines unwürdigen Verhaltens schuldig gemacht hatten, wieder aus dem Senat zu verweisen, und schließlich eine allgemeine Sittenaufsicht.

Hier war Cato in seinem Element. Schon während des Wahlkampfes hatte er angekündigt, mit allerlei Unsitten, die eingerissen waren, gründlich aufzuräumen. Die Rückkehr zur traditionellen römischen Lebensweise sollte die Homogenität der Senatorenschicht und somit die Stabilität des römischen Staates wiederherstellen. Sieben Senatoren stießen die beiden Censoren wegen unwürdigen Verhaltens aus dem Senat, Luxusgegenstände aller Art ließen sie bei der Festlegung der Vermögenssteuer zehnfach über ihrem Wert ansetzen, Wasserleitungen aus öffentlichen Kanälen in Privathäuser kappen und Gebäude, die auf Staatsland errichtet worden waren, abreißen. Für die Vergabe der Steuerpacht verlangten sie von den Steuerpächtern aus dem Ritterstand eine extrem hohe Summe und schmälerten damit deren Gewinn, während sie bei der Ausschreibung der Staatsaufträge den Unternehmern einen möglichst geringen Betrag zur Verfügung stellten, mit dem diese dann auskommen mussten. Cato vergaß auch nicht, für sein eigenes Andenken zu sorgen, indem er eine öffentliche Basilika bauen ließ, die später allgemein Basilica Porcia genannt wurde. Flaccus wurde Ehrenvorsitzender des Senats *(princeps senatus)*. Ganz im Sinne Catos war sicher auch die von einem Volkstribunen namens Lucius Villius eingebrachte lex Villia annalis vom Jahre 180 v. Chr., die die bis dahin gewohnheitsrechtliche politische Ämterlaufbahn in ein festes System brachte und das Mindestalter, die

Reihenfolge und das zeitliche Intervall zwischen den Ämtern festlegte. Danach betrug das Mindestalter für das Konsulat 43 Jahre. Die Blitzkarrieren eines Scipio Africanus oder Flamininus sollten sich nicht wiederholen.

Auch nach dem Censorenamt hatte Catos Stimme im Senat Gewicht. 171 v. Chr. war er Mitglied einer Kommission, die die Klage von Städten und Völkerschaften in Spanien gegen erpresserische und korrupte römische Statthalter untersuchte. Nach dem Dritten Makedonischen Krieg verhinderte er die Kriegserklärung an Rhodos (s. o.), weil ihm Kriege zuwider waren, die lediglich deshalb vom Zaun gebrochen wurden, um römischen Konsuln die Gelegenheit zu Triumph und Kriegsbeute zu verschaffen. Seine letzte politische Aufgabe war die Führung einer römischen Gesandtschaft nach Nordafrika, die im Konflikt zwischen Karthago und dem Numiderkönig Massinissa eine Entscheidung treffen sollte. Sie endete mit einem Misserfolg, weil die Karthager nicht bereit waren, sich ohne weiteres einem römischen Schiedsspruch zu unterwerfen. Nach seiner Rückkehr plädierte Cato, der ein Wiedererstarken Karthagos befürchtete, im Senat für den Krieg, dessen Anfang er aber nicht mehr erlebte.

Seine kompromisslose Art und sein beißender Spott trugen Cato viel Feindschaft ein. Angeblich soll er 44-mal angeklagt, aber immer freigesprochen worden sein. Seine rigorosen Prinzipien versuchte er auch als Erzieher umzusetzen und überforderte damit seinen ältesten Sohn Marcus Porcius Cato Licinianus, der nicht aus dem gleichen Holz geschnitzt war wie sein Vater. Der Versuch, ihn zu einem eisenharten Kerl zu schmieden, misslang. Immerhin tat Licinianus sein Bestes, um sich in der Schlacht bei Pydna zu bewähren, und so konnte Cato ihn mit einer Tochter des Aemilius Paullus verheiraten. Licinianus starb als designierter Praetor noch zu Lebzeiten seines Vaters. Bei der Bewirtschaftung seines Privatbesitzes erwies sich Cato als cleverer Unternehmer, der das bescheidene Erbe, das ihm sein Vater hinterlassen hatte, um ein Vielfaches vermehrte. Die Grundlage war eine auf Oliven- und Weinanbau spezialisierte Gutswirtschaft mit einem zahlenmäßig begrenzten Stammpersonal von Sklaven. Fielen vorübergehend größere Arbeiten an, wurden freie Arbeitskräfte angeworben. Alles war darauf ausgerichtet, bei möglichst geringen Kosten eine möglichst hohe Rendite zu erzielen, Die Güter wurden von einem Aufseher, der Sklave oder Freigelassener war, verwaltet. Daneben betrieb Cato auch andere Geschäfte. Z. B. kaufte er versklavte Kinder, die er ausbilden ließ und dann mit Gewinn weiterverkaufte, gestattete dieses Geschäft auch einigen seiner Sklaven und investierte in den maritimen Handel.

Cato hat nicht erst im Alter, wie eine Legende besagt, sondern schon in mittleren Jahren Griechisch gelernt und dabei auch Kenntnisse in griechischer Literatur und Geschichte erworben. Seine Wertschätzung der griechischen Kultur war selektiv. Das für die Römer Brauchbare sollte man sich aneignen, aber alles fernhalten, was mit römischen Werten nicht vereinbar war. Als ausgesprochen schädlich bewertete er die griechische Philosophie und ganz allgemein den Hang der Griechen zum Theoretischen. Sokrates war für ihn ein gefährlicher Schwätzer, der die gesetzliche Ordnung Athens untergraben habe, um selbst Herrscher zu werden. Wahrscheinlich gingen die Ausweisungen von Philosophen und Lehrern der lateinischen Rhetorik, die zwischen 181 und 161 v. Chr. durch Praetoren erfolgten, auf ihn zurück. Umso mehr ärgerte er sich über eine Gesandtschaft von drei athenischen Philosophen, die 155 v. Chr. in politischer Mission in Rom auftraten. Es handelte sich um Karneades von Kyrene, den Leiter der platonischen Schule (Akademie), Diogenes von Seleukeia, den Leiter der Stoa, und Kritolaos von Phaselis, der der Schule des Aristoteles, dem Peripatos, vorstand. Ihr Auftrag war, um einen Senatsbeschluss zugunsten Athens in einem kleinen Lokalkonflikt zu bitten, wie sie zwischen griechischen Städten an der Tagesordnung waren. Da sich die Verhandlungen im Senat länger hinzogen, nutzte Karneades die Zeit, um in Rom öffentliche philosophische Vorträge zu halten. Er war ein Vertreter des Skeptizismus, der damals die platonische Schule prägte, und gab vor jungen Römern, die Griechisch verstanden, ein Beispiel, indem er nachzuweisen versuchte, dass es keine zweifelsfreie Definition von Gerechtigkeit geben könne. Die jungen Römer waren beeindruckt. Nicht so Cato. Für ihn war das ein subversives Geschwätz, dazu angetan, die römischen Werte zu untergraben. Und so drängte er im Senat darauf, die Verhandlungen zügig abzuschließen, damit man diese Philosophen möglichst schnell wieder loswürde.

Eine Abwehrmaßname gegen das Eindringen griechischer Sitten, die Cato unterstützt haben mag, war das 151 v. Chr. erlassene Verbot, ein steinernes Theater zu errichten. Theaterbühnen sollten provisorisch bleiben, und die Zuschauer sollten das Schauspiel ursprünglich nicht einmal im Sitzen, sondern nur im Stehen genießen dürfen. Alles andere galt als griechische Verweichlichung. Später konzedierte man immerhin hölzerne Sitzbänke.

Cato verfasste auch ein originelles Geschichtswerk, in dem er einen energischen Kontrapunkt zur frühen römischen Historiographie setzte, die mit Quintus Fabius Pictor seit dem ausgehenden dritten Jahrhundert begonnen hatte. Pictor und seine Nachfolger aus der Senatorenschicht hatten ihre Werke in Griechisch verfasst, nicht aus Gräkomanie, sondern um vor der griechischen Öffentlichkeit das militärische Eingreifen der Römer zu rechtfertigen. Für sie war die römische Geschichte in erster Linie das Werk der Konsuln, nach deren Namen ja auch die Jahre benannt wurden, wobei sie durchaus die Gelegenheit wahrnahmen, den Anteil ihrer eigenen Familien herauszustreichen. Für Cato war die „Entstehungsgeschichte" *(Origines)* Roms und der italischen Völkerschaften nicht die Geschichte einzelner senatorischer Politiker und Feldherren und ihrer Familien, nicht der Heldentaten Einzelner, sondern allein die Sache des ganzen römischen Volkes, aus der Praxis entstanden, nicht aus den Verordnungen einzelner Gesetzgeber, Philosophen und Staatstheoretiker, von denen die Griechen ihre Staatsordnung herleiteten. Diese Geschichte konnte nach seiner Auffassung nur in Latein geschrieben werden. So wurde er wahrscheinlich der erste Autor lateinischer Prosa. Die jahrhundertealte Frage der Griechen, wie viel Macht und wie viel Bedeutung man in einem republikanischen Gemeinwesen den herausragenden Einzelnen im Verhältnis zur Gemeinschaft der Durchschnittsbürger einräumen solle, wurde jetzt auch in Rom gestellt.

Zur Abwehr von unrömischer kultureller Unterwanderung gehörte auch folgende Begebenheit. 186 v. Chr. wurde Rom von einer angeblichen Verschwörung aufgeschreckt. Der römische Konsul Spurius Postumius Albinus wurde auf das Treiben eines obskuren dionysischen Kultvereins von Männern und Frauen aufmerksam gemacht, zu dessen nächtlichen Riten in einem heiligen Hain sexuelle Promiskuität und zahlreiche Verbrechen gehören sollten, und der sich eines immer größeren Zulaufs, auch von Frauen aus der Oberschicht, erfreute. Wie immer es sich damit verhielt – typisch für dionysische Feste waren solche Exzesse nicht. In Athen hatten die vier Dionysien einen festen Platz im kultischen Leben der Stadt. Suspekt waren manchen Griechen nur die Riten von Frauen, die an verborgenen Orten weit außerhalb der Öffentlichkeit begangen wurden und auf frühzeitliche Bräuche zurückgingen. Aber selbst der strenge Euripides stufte sie als harmlos ein und gab in seiner Tragödie den König Pentheus, der sie verbieten wollte, der Rache des Gottes preis. Doch der römische Senat griff scharf durch. Im sogenannten Bacchanalienprozess wurde ein Teil der Betroffenen zum Tode verurteilt und beschlossen, alle bacchischen Kultstätten in Rom und Italien zu zerstören, mit Ausnahme einiger altehrwürdiger. Bacchusfeste waren nur noch in Ausnahmefällen und mit Zustimmung des Senats erlaubt. Den Teilnehmern wurde die Gründung eines Kultvereins untersagt, Zuwiderhandelnden die Todesstrafe angedroht.

Vermutlich hatten die meisten antiken Stadtstaaten, soweit sie Republiken waren, ein systemimmanentes Problem mit der Ungleichheit des Besitzes und des politischen Gewichts zwischen den einzelnen Familien der Oberschicht. Wenn eine bestimmte Familie alle anderen überragte und dadurch mehr Gefolgsleute und Anhänger hatte, bestand die Gefahr, dass sie eine Sonderstellung einnahm und ihr Familienoberhaupt sich vielleicht irgendwann zum Alleinherrscher aufschwang. Mit Bedacht nannte Aristoteles das Vermögen Kimons ein „tyrannisches Vermögen". Ein Mittel, die Ungleichheit wenigstens in der Öffentlichkeit weniger in Erscheinung treten zu lassen und die gesamte Oberschicht auf die Einhaltung gleicher Werte und einer gleichen Lebensführung zu verpflichten, waren in Rom neben den Maßnahmen der Censoren Gesetze, die Senat und Volk gegen den Luxus erließen *(leges sumptuariae)*. Kein Einzelner sollte mit einem spektakulären Auftreten in der Öffentlichkeit politische Werbung betreiben und seine „Standesgenossen" in den Schatten stellen. Bestimmungen gegen Bestattungsluxus hatten schon die Patrizier im Zwölftafelrecht, also um die Mitte des fünften Jahrhunderts, erlassen, ein Zeichen dafür, dass bereits in diesen noch begrenzten Verhältnissen einzelne patrizische Familien viel reicher gewesen sein müssen als andere. Die Gesetze untersagten im Fall der Brandbestattung einen großen Aufwand für den Scheiterhaufen, die Beigabe von Goldschmuck und kostbaren Essenzen, regelten den Aufwand für die Leichentücher und die Zahl der Flötenspieler und verboten öffentliche Trinkgelage beim Leichenmahl. Ähnlich wie in griechischen Bestattungsgesetzen war das Verbot von Klageweibern.

Anders in späterer Zeit. Vom dritten Jahrhundert an galten pompöse Bestattungszeremonien für prominente Mitglieder der Oberschicht, die Polybios mit Begeisterung schildert, als etwas Positives, weil sie angeblich als Ansporn für die folgenden Generationen dienen sollten, ähnliche Verdienste um den Staat zu erwerben. Bei einer solchen *pompa funebris* wurde der Leichnam in einer Totenbahre aus Elfenbein oder zumindest mit elfenbeinernen Füßen in senkrechter Haltung zum Forum getragen. Auf Wagen saßen Darsteller mit den Totenmasken und den Insignien seiner Vorfahren, so als ob diese an der Bestattung ihres Nachfahren teilnähmen. Beschriftete Schilder erinnerten an ihre wirklichen oder erfundenen Großtaten. Begleitet wurde der Trauerzug von Liktoren mit gesenkten Rutenbündeln, Flötenspielern, Verwandten, Freunden und Klienten. Auf dem Forum hielt der Sohn oder ein anderer Verwandter des Verstorbenen auf der Rednertribüne eine Lobrede *(laudatio funebris)*, in der er dessen Tugenden und Taten pries. Außerhalb der Stadt wurde der Leichnam einem prächtigen Scheiterhaufen übergeben. Anschließend konnte es Gladiatorenspiele geben. Weil diese mit der Zeit immer aufwendiger wurden, erließ der Senat 177/176 v. Chr. ein Gesetz, dass die Ausgaben für solche Darbietungen begrenzte.

Die Totenmasken mit der Aufzeichnung der Ämter und Taten des Verstorbenen wurden in den Häusern der betreffenden Familien in einem Schrein sorgfältig aufbewahrt. Daraus entstanden Familienchroniken, die neben den Kalenderaufzeichnungen der Priester die Grundlage der späteren römischen Geschichtsschreibung bildeten. Nichts verdeutlicht besser, dass Rom eine Aristokratie war. Galt der Bestattungsluxus als etwas Nützliches für den Staat, so war es mit dem alltäglichen Luxus umgekehrt. Noch während des Zweiten Punischen Krieges erließ der Senat Gesetze gegen Kleider- und Schmuckluxus. Von der ersten Hälfte des zweiten Jahrhunderts v. Chr. an richteten sich die Antiluxusgesetze vor allem gegen die Tafelfreuden. Die raffinierten Künste der hellenistischen Kochschulen brachten die Reichen unter den Römern erst richtig auf den Geschmack. Dazu gehörte auch das passende Ambiente an kostbarem Geschirr und dekorativ ausgestatteten Räumen. Cato, der die Feinschmecker und Schlemmer hasste, soll geäußert haben, dass ein Staat kaum überdauern könne, in dem ein Fisch mehr koste als ein Ochse. Es gab dabei auch einen politischen Aspekt. Üppige Gastmahler dienten nämlich dazu, politische Seilschaften zu knüpfen. Und der Senat wünschte bei solchen Zusammenkünften keinen Überbietungswettbewerb. Andere Gesetze verboten überhöhte Ausgaben für privat finanzierte öffentliche Spiele. Zensorische Maßnahmen und Gesetze dieser Art gab es bis zum Ausgang der Republik immer wieder. Ihr Effekt war gering. Am Beginn der Kaiserzeit stellte Livius, der bedeutendste Geschichtsschreiber der Republik, in der Einleitung zu seinem Werk ernüchtert fest, dass infolge des Nachlassens der *disciplina* die *mores* immer weiter heruntergekommen seien, so dass man schließlich weder die eigenen Fehler noch die Heilmittel dagegen ertragen könne.

13.3 *Die hundertjährige römische* stásis

Die scheinbare Unbesiegbarkeit ihrer Heere steigerte das Überlegenheitsbewusstsein der römischen Führungsschicht, und der kulturelle Einfluss des griechisch-hellenistischen Ostens verdarb ihre Moral. Gleichzeitig sank die römische Wehrkraft, deren Rückgrat ein kräftiger Bauernstand gewesen war, in einem besorgniserregenden Ausmaß infolge der empfindlichen Verluste im Zweiten Punischen Krieg und vor allem in den mörderischen Kriegen in Spanien (154–133 v. Chr.). Einsichtige Politiker machten sich Gedanken, wie man Rom wieder zu seiner alten Stärke zurückführen könnte. Aber die Verhältnisse hatten sich so weit verändert, dass gerade daraus der unaufhaltsame Todeskampf der römischen Republik entsprang. Da dieser Prozess nicht unser Thema ist, werden wir nur in vereinfachter Form und so kurz wie möglich darauf eingehen.

133 v. Chr. wurde in Rom zum ersten Mal ein politischer Streit mit tödlicher Gewalt ausgetragen. Die griechische *stásis* zog in Rom ein. Der Anlass war ein Gesetz, mit dem der Volkstribun Tiberius Sempronius Gracchus einer uns nicht bekannten Anzahl von armen Bürgern Ackerland in Erbpacht zuweisen wollte, und zwar auf Flächen, die sich im Staatsbesitz befanden. Dieses Land wurde vielfach von reichen Herdenbesitzern als Weideland genutzt. Ihnen sollte das Gesetz Beschränkungen bezüglich der Nutzbarkeit von Staatsland auferlegen. Nicht, dass eine Revolte von unten stattgefunden hätte; die Betroffenen hatten keine Führer aus ihren eigenen Reihen, sondern die Kontroverse um das Gesetz wurde zwischen einflussreichen senatorischen Familien ausgetragen. Die Einzelheiten des Gesetzes können wir hier beiseitelassen. Jedenfalls war dieses Thema schon seit einiger Zeit ein politisch heißes Eisen gewesen.

Schon 140 v. Chr. hatte der Konsul Gaius Laelius, ein Freund des Scipio Aemilianus, versucht, ein Ackergesetz zu verabschieden, war aber am Widerstand der Mehrheit im Senat gescheitert. Gracchus gehörte einer der führenden Familien Roms an. Seine Mutter war die Tochter des Scipio Africanus, des Besiegers Hannibals, sein Schwiegervater war Appius Claudius Pulcher, der 137 v. Chr. Censor gewesen und einer von jenen war, die für eine moralische Erneuerung der Senatorenschicht eintraten. Und sein Schwager war Scipio Aemilianus. Bereits als 15-Jähriger hatte Gracchus am Dritten Punischen Krieg teilgenommen und sich beim Sturm auf Karthago ausgezeichnet, war jedoch im Krieg gegen Aufständische in Spanien als Quaestor des Konsuls Gaius Hostilius Mancinus ins Zwielicht geraten, als sein Chef vor den Rebellen kapitulieren musste. Wenn er weiterhin Aussicht auf eine Karriere bis an die Spitze haben wollte, durfte er als Volkstribun nicht noch einmal in den Ruf eines Versagers kommen. Das erklärt seinen rücksichtslosen Einsatz für sein Vorhaben.

Unterstützt wurde er zunächst von einflussreichen Senatoren und seinen Klienten aus italischen Landstädten, die er nach Rom zitierte. Der Senat wandte die übliche Methode an, wenn er ein Gesetz verhindern wollte. Er gewann einen der zehn Volkstribunen, Marcus Octavius, dafür, ein Veto gegen die Abstimmung im *concilium plebis* einzulegen. Gracchus konterte, indem er mit seinem Veto die Tätigkeit aller Amtsträger blockierte und die Staatskasse versiegelte. Seine Gegner im Senat legten demonstrativ Trauergewänder an, gaben aber nicht nach. Als Octavius in einer zweiten Volksversammlung abermals sein Veto einlegte, kam es zu Tumulten. Nach einem vergeblichen Versuch, mit dem Senat zu einer Einigung zu gelangen, ließ Gracchus den widerspenstigen Volkstribunen von einer dritten Volksversammlung absetzen und vom Platz verjagen.

Nach dieser eklatanten Verletzung der Rechte eines Volkstribuns verlor Gracchus die Unterstützung seiner senatorischen Sympathisanten. Dennoch begann die dreiköpfige Ackerkommission, der auch sein jüngerer Bruder Gaius angehörte, mit ihrer Arbeit. Diese Kommission hatte auch das Recht, Streitigkeiten bezüglich der Abgrenzung zwischen privatem und Staatsland zu entscheiden. Inmitten dieser Vorgänge platzte die Nachricht herein, dass König Attalos von Pergamon sein Reich den Römern vermacht hatte. Während der Senat noch beriet, ob er das Erbe annehmen sollte, bestritt Gracchus dem Senat das Recht, darüber zu entscheiden, und kündigte an, die Entscheidung der Volksversammlung zu übertragen. Sein Plan war, die Einkünfte aus diesem Erbe zur Finanzierung seines Ackergesetzes zu verwenden. Gracchus war dabei, die Machtverhältnisse in Rom fundamental zu verändern. Die Außenpolitik war immer die Domäne des Senats gewesen. Zum ersten Mal geschah etwas, das sich in den folgenden Jahrzehnten wiederholen sollte: Die Expansion des römischen Reiches wurde von mächtigen Einzelnen aus innenpolitischen Gründen gegen den Willen der Mehrheit des Senats vorangetrieben.

Um einer Anklage nach dem Auslaufen seines Volkstribunats zu entgehen, kündigte Gracchus an, sich für das folgende Jahr abermals zum Volkstribunen wählen zu lassen, obwohl eine solche unmittelbare Wiederwahl zumindest gegen den Geist der römischen Verfassung verstieß. Bei der Versammlung, die seine Wiederwahl beschließen sollte, kam es zwischen den Anhängern und den Gegnern zu Handgreiflichkeiten, sodass die Abstimmung nicht stattfinden konnte. Der Senat, der seinen Tagungsort in die Nähe der Versammlung verlegt hatte, beobachtete das Geschehen. Der Senator Publius Cornelius Scipio Nasica, immerhin ein Vetter des Gracchus, forderte den anwesenden Konsul Publius Mucius Scaevola auf, mit seiner Amtsgewalt einzuschreiten. (Der andere Konsul befand sich nicht in Rom, sondern bekämpfte einen Sklavenaufstand auf Sizilien.)

Als der Konsul ablehnte und auf den Rechtsweg verwies, drang Nasica auf eigene Faust mit einer Schar von Senatoren und Gefolge in die Versammlung ein. Mit Stöcken und abgebrochenen Stuhlbeinen bahnten sie sich prügelnd ihren Weg und erschlugen Gracchus in aller Öffentlichkeit. Die beiden Konsuln des folgenden Jahres erhielten den Auftrag, die namhaften Anhänger des Gracchus, die seine illegalen Aktionen unterstützt hatten, zu verfolgen. Dagegen wurde Scipio Nasica, der Anstifter zum Mord an Tiberius Gracchus, geschützt, indem man ihn in die neue Provinz Asia schickte. Er ist bald darauf in Pergamon gestorben. Drei Jahre nach dem Tod des Tiberius Gracchus verärgerte die Ackerkommission bei ihrer Grenzziehung zwischen privatem Grundbesitz und Staatsland nicht nur römische Senatoren, sondern auch Italiker. Damit entzündete sich aus der Landverteilung neuer politischer Sprengstoff, der große Teile der römischen Bundesgenossen betraf. Scipio Aemilianus machte sich zum Anwalt der Italiker und sorgte dafür, dass die Entscheidungsbefugnis der Kommission entzogen und den Konsuln übertragen wurde. Da sich beide Konsuln nicht in Rom, sondern im Krieg befanden, kam die Ackerkommission erst einmal nicht weiter. Scipio, der sich über heftige Anfeindungen beklagte, starb plötzlich, zwar in seinem Schlafgemach – aber es kursierten Gerüchte.

Die Gewalt als Mittel der politischen Auseinandersetzung wurde zum Merkmal der späten Republik. Sie zog immer weitere Kreise, wurde immer brutaler und fraß sich schließlich bis in den Kern des römischen Staates hinein. Zu der Skrupellosigkeit, die die mächtigen Akteure an den Tag legten, hat die geistige „Aufklärung" aus der griechisch-hellenistischen Welt sicher ein erhebliches Stück beigetragen. Wir werden den weiteren Fortgang nur in aller Kürze verfolgen.

Der Senat begann seinerseits mit Ansiedlungen von Bauern, jedoch nicht in der Form von Kolonien, sondern von Dörfern am Rand neuer Straßen. Die Bewohner dieser Dörfer hatten die Auflage, für die Instandhaltung der Straßen zu sorgen. Aber diese Maßnahmen reichten nicht für eine umfangreiche Agrarreform.

Zehn Jahre nach dem Tod des Tiberius Gracchus ging sein jüngerer Bruder Gaius daran, in seine Fußstapfen zu treten. Das forderte schon seine Familienehre von ihm. Sein Volkstribunat (123 v. Chr.) wurde zu einer Zäsur in der römischen Geschichte, denn es erzeugte eine dauerhafte Spaltung der römischen Führungsschicht.

Gaius hatte einen mächtigen Verbündeten, Marcus Fulvius Flaccus, einen ehemaligen Konsul und Triumphator. Er hatte bereits 130 v. Chr. der Ackerkommission angehört und den Vorschlag gemacht, den von der Landverteilung betroffenen italischen Städten als Kompensation für den Verlust von Staatsland das römische Bürgerrecht zu verleihen. Damit drang er zwar nicht durch, aber bei den Italikern waren Hoffnungen geweckt worden, die im Untergrund weiter schwelten, bis sich diese Kontroverse 40 Jahre später explosionsartig entladen und die in Jahrhunderten errungene Herrschaft der Römer über Italien in Frage stellen sollte. Gracchus stand von Anfang an auf Kriegsfuß mit der Mehrheit des Senats, die versucht hatte, seine Laufbahn zu behindern. Seine Agenda war neben der Wiedereinsetzung der Ackerkommission ein ganzes Bündel von gesetzlichen Maßnahmen, darunter ein monatliches preisgünstiges Angebot von Getreide an alle Bürger in Rom durch den Staat und die Erleichterung der militärischen Dienstpflichten. Den Senatoren versetzte er einen empfindlichen Schlag, indem er die Ritter gegen sie in Stellung brachte. Er entzog den Senatoren die

Gerichtsbarkeit als Geschworene in den Repetundengerichtshöfen, die es seit 149 v. Chr. gab, und wies sie den Rittern zu. Diese Gerichte waren für Anklagen wegen Amtsmissbrauch und Korruption von Statthaltern zuständig. Da der Senat natürlich später versuchte, die Geschworenensitze zurückzugewinnen, wurde diese Frage zu einem permanenten Zankapfel zwischen Senatoren und Rittern. Ferner übertrug Gaius Gracchus den Steuerpächtern aus dem Ritterstand die Steuereinziehung in der reichen Provinz Asia, eine verhängnisvolle Maßnahme, wie sich bald herausstellen sollte. Denn in ihrem Streben nach einem möglichst großen Gewinn pressten diese Steuerpachtgesellschaften diese Provinz regelrecht aus. Der Hass, den sie hervorriefen, entlud sich drei Jahrzehnte später im Ersten Mithridatischen Krieg.

Die Wiederwahl des Gracchus zum Volkstribunen für 122 v. Chr. konnte der Senat nicht verhindern. Doch gelang es ihm mit Hilfe des Konsuls Gaius Fannius, dass der Plan des Gracchus, allen Bürgern latinischer Gemeinden das römische Bürgerrecht und allen Italikern das Stimmrecht in Rom zu verleihen, von der Volksversammlung abgelehnt wurde. Außerdem wurde ein gewisser Marcus Livius Drusus zu einem der Volkstribunen gewählt, ein verdeckter Anhänger der Senatsmehrheit. Gracchus verlegte den Schwerpunkt seiner Politik auf Koloniegründungen, die seit 177 v. Chr. nicht mehr stattgefunden hatten, weil die Römer sie zur militärischen Sicherung ihrer Herrschaft nicht mehr benötigten. Da er in Italien nur noch Raum für zwei Kolonien finden konnte, unternahm er einen kühnen Schritt und plante die erste Kolonie außerhalb Italiens, in Nordafrika, an der Stelle des zerstörten Karthago, mit dem Namen Iunonia. Dies war eine neue Art von Expansionismus, denn die geplante Koloniegründung bedeutete die Ausweitung von einem Stück Rom über Italien hinaus. Zur Vorbereitung reiste er zusammen mit Flaccus nach Africa.

Die Abwesenheit der beiden, die nicht länger als 70 Tage dauerte, nutzte Livius Drusus, um anstelle der Kolonie in Afrika zwölf Kolonien in Italien zu propagieren, ohne zu sagen, wo sie gegründet werden sollten. Und während Gracchus Italiker miteinbeziehen wollte, beschränkte Livius Drusus sein Programm nur auf Römer. Das kam an. Das stadtrömische Proletariat wollte seine Privilegien nicht mit Italikern teilen. Und es wollte nicht in eine ferne Provinz abgeschoben werden, die es als unheimlich empfand. Es wollte Italien nicht verlassen. So gelang es Drusus, im *concilium plebis* eine Mehrheit gegen Gracchus und Flaccus zu gewinnen. Die beiden wurden nicht wiedergewählt, blieben jedoch weiterhin Mitglieder der Kommission. Am Tag der Abstimmung über die römische Kolonie in Afrika herrschte in Rom eine explosive Stimmung. Es kam zu Krawallen, bei denen ein Liktor des Konsuls Lucius Opimius erschlagen wurde. Der Konsul berief eine Senatssitzung ein und ließ vor aller Augen die Leiche des Liktors hineintragen. Der empörte Senat lud Gracchus und Flaccus vor. Als diese ablehnten, veranlasste der Konsul einen „äußersten Senatsbeschluss" *(senatūs consultum ultimum)*, den Staatsnotstand. Dies war ein staatsrechtliches Novum, das jedoch seit diesem Tag ein Kampfinstrument des Senats wurde. Es sollte in den folgenden Jahrzehnten noch öfter benötigt werden, blieb aber immer umstritten.

Flaccus und seine Söhne, die verhandeln wollten, kamen mit vielen anderen in einer Massenschlägerei ums Leben, Gracchus beging Selbstmord. Aus dem Kolonisationsprojekt, das Livius Drusus versprochen hatte, ist nichts geworden. Nach dieser Konfrontation entstanden in der Folgezeit zwei Parteiungen, von denen die eine ihre Politik im Einvernehmen mit dem Senat betrieb. Ihre Anhänger nannten sich in der ausgehenden Republik Optimaten, die Anhänger der Besten. Die andere versuchte sich gegen den Senat durchzusetzen. Ihre Anhänger wurden als Popularen bezeichnet, die Anhänger des Volkes. Die römische Bürgerschaft blieb dauerhaft gespalten. Der Landverteilung in Italien auf legalem Weg wurde nach und nach ein Ende bereitet. Fast alles Staatsland wurde in Privatland umgewandelt. Damit ging auch das von Tiberius Gracchus verteilte Pachtland an die Pächter als Eigentum über. Etliche von ihnen sollen ihr Land wieder verkauft haben. Ob sie das Leben in Rom wegen der staatlichen Getreideversorgung als angenehmer empfanden oder schon bald wieder verschuldet waren und von angrenzenden größeren Landbesitzern zum Verkauf genötigt wurden, ist nicht überliefert. Die Versorgung mit Land in Italien kam später in der Form von gewaltsamen Konfiskationen wieder auf die Tagesordnung.

Zu der verworrenen Lage im Innern kamen schwere Kriege mit äußeren Feinden hinzu. Von den 130er Jahren bis 88 v. Chr. hatten die Römer harte Kämpfe gegen illyrische, thrakische und keltische Stämme an der makedonischen Nordgrenze und im westlichen Alpenraum zu bestehen, um ihre Herrschaft über Oberitalien, das damals noch das „Diesseitige Gallien" (Gallia Cisalpina) war, und über Makedonien-Griechenland zu behaupten. Zwischen 117 und 114 v. Chr. drangen die thrakisch-keltischen Skordisker sogar bis Delphi vor. Gleichzeitig nahmen die Römer den Hilferuf von Massalia, das von keltischen Stämmen bedroht wurde, zum Anlass, Südgallien bis zu den Pyrenäen zu unterwerfen und so eine Landverbindung zwischen Italien und Spanien herzustellen. Das Zentrum der neuen Provinz Gallia Transalpina wurde die 118 v. Chr. gegründete römische Kolonie Narbo Martius. Sie erfolgte gegen den Willen der Senatsmehrheit, nur fünf Jahre, nachdem der Senat die nordafrikanische Kolonie Iunonia verhindert hatte!

Wenige Jahre darauf ließ der Einfall der germanischen Kimbern und Teutonen in Gallien das sieggewohnte Rom erzittern. Es handelte sich um einen Treck von mehreren hunderttausend Menschen, darunter auch keltischen Stämmen, alle auf der Suche nach neuem Siedlungsland. Sie brachten den Römern vier Niederlagen bei, die schlimmste 105 v. Chr. bei Arausio (Orange). In Rom brach Panik aus. Ein Retter musste her. Gegen den Widerstand des Senats entschieden sich Ritterschaft und Volksversammlung für Gaius Marius, einen Aufsteiger aus dem Ritterstand, der als Konsul den langwierigen afrikanischen Krieg gegen den Numiderkönig Jugurtha (111–105 v. Chr.) siegreich beendet und einen Triumph gefeiert hatte. Er wurde zum zweiten Mal Konsul und bis 100 v. Chr. gegen alle

Regeln jedes Jahr wiedergewählt, so dass er der Einzige war, der es auf sechs, später sogar auf sieben Konsulate brachte.

Da die Eindringlinge zunächst nicht Italien angriffen, sondern sich nach Gallien und Spanien wandten, hatte Marius genügend Zeit, ein Heer aufzustellen und es nach seinem Ermessen zu formen. Wie schon im Jugurthinischen Krieg warb er Männer aus den unteren sozialen Schichten an, denen er nach dem Ende ihres militärischen Dienstes eine Abfindung in Land oder Geld versprach. Ein solches Heer war kein Senatsheer im traditionellen Sinn mehr, sondern weitgehend eine Schöpfung des Heerführers, der seinen Freiwilligen fette Beute versprach und nach dem Ende des Feldzuges für ihre Versorgung verantwortlich war. Diese Soldaten fühlten sich mehr ihrem Heerführer als dem Senat verbunden. Langfristig noch schwererwiegend war, dass sie auch nach ihrer Versorgung mit Land als Veteranen in der Klientel ihres ehemaligen Feldherrn blieben und ihm eine politische Sonderstellung verschafften.

Marius änderte die taktische Gliederung seines Heeres, indem er den Schwerpunkt von den Manipeln zu ca. 160 Mann – wir würden sagen: den Kompanien – auf Kohorten – Bataillone – zu je drei Manipeln verlegte, die dem wilden Ansturm der Germanen besser standhalten konnten. Zehn Kohorten zu je ca. 480 Mann bildeten eine Legion. Dabei knüpfte er zweifellos an seine militärischen Erfahrungen während seines Dienstes unter Scipio Aemilianus in Spanien und unter Quintus Caecilius Metellus im Jugurthinischen Krieg an sowie an seine eigenen als Nachfolger des Metellus im Oberbefehl gegen Jugurtha. Die Legionäre erhielten eine einheitliche Bewaffnung und eine sorgfältige Ausbildung als Einzelkämpfer nach dem Vorbild der Gladiatoren. Außerdem machte Marius den Heereszug beweglicher, indem er den Tross verkleinerte. Es entstand also das Paradox, dass das römische Heer professioneller und schlagkräftiger wurde, während es mit der römischen Republik weiter bergab ging.

Zur Überquerung der Alpen trennten sich die Teutonen und Ambronen von den Kimbern, mit dem Ziel, sich in Oberitalien wieder zu vereinen. Marius verhielt sich anfangs defensiv und verschanzte sich in seinem gut befestigten Lager, zog dann hinter den Teutonen und Ambronen her und wagte nach einigem Zögern bei Aquae Sextiae (Aix-en-Provence) die umsichtig geplante Schlacht, in der er 102 v. Chr. einen vollständigen Sieg errang. Die Kimbern erreichten Oberitalien und zwangen den Konsul Quintus Lutatius Catulus mit seinem Heer zum Rückzug. Dort warteten sie vergeblich auf die Teutonen, während Catulus das Eintreffen des Marius herbeisehnte. Bei Vercellae vernichteten die beiden Konsuln gemeinsam die Kimbern (101 v. Chr.). Rom atmete auf. Marius wurde als dritter Gründer Roms (nach Romulus und dem *dictator* Camillus, der die Kelten aus Rom vertrieben haben soll) und *pater patriae* gefeiert. Er stand auf dem Zenit seiner Laufbahn.

Seit längerer Zeit herrschte in Rom eine Mischung aus Furcht und Gereiztheit. Beispielsweise wurden 115 v. Chr. von den Censoren auf einen Schlag 32 Senatoren aus dem Senat ausgestoßen, und es wurden zwei Vestalinnen verurteilt. Man holte sich eine Weisung aus den Sibyllinischen Büchern, was sonst nur in äußersten Notlagen geschah, und erhielt den Rat, zwei Gallier lebendig zu begraben. Der Kampf zwischen Senatoren und Rittern um die Geschworenensitze in den Repetundengerichtshöfen ging weiter. Bezüglich der Versorgung seiner Veteranen mit Land erhielt Marius Unterstützung von dem Volkstribunen Lucius Appuleius Saturninus, dem es aber weniger um die Sache ging als vielmehr um seine Karriere, und der sich daran machte, die Veteranen des Marius auf seine Seite zu ziehen. Er entwarf ein riesiges Siedlungsprogramm außerhalb Italiens mit Schwerpunkt in Afrika und volksfreundliche Maßnahmen in Rom. Saturninus fand in dem Praetor Gaius Servilius Glaucia einen Mitstreiter. Zusammen setzten sie das sechste Konsulat für Marius durch und missachteten auch für ihre eigene Laufbahn die Regeln der Verfassung: Saturninus wollte zum dritten Mal hintereinander Volkstribun werden, Glaucia gleich im Anschluss an seine Praetur das Konsulat erreichen. Mit Hilfe von Schlägertrupps räumten sie Gegner aus dem Weg, wobei der Gegenkandidat des Glaucia um das Konsulat, Lucius Memmius, ums Leben kam. Der Senat rief den Notstand aus und beauftragte Marius mit der Durchführung.

Marius saß gewissermaßen zwischen allen Stühlen. Er sah sich gezwungen, die Bewerbung Glaucias um das Konsulat für ungültig zu erklären. Daraufhin besetzte Saturninus mit seinen Anhängern das Kapitol. Marius ließ Saturninus und etliche seiner Mitstreiter ins Rathaus, die *Curia Hostilia*, bringen, um ein Gerichtsverfahren gegen sie vorzubereiten. Doch einige Anhänger des Senats wählten den kürzeren Weg. Sie bestiegen das Dach des Gebäudes, entfernten die Dachziegel und erschlugen von oben die Gefangenen. Glaucia flüchtete in sein Haus und beging Selbstmord (100 v. Chr.). Nach diesem Ausgang war Marius bei allen politischen Lagern diskreditiert. In solchen Fällen war es üblich geworden, eine Weile aus der stadtrömischen Arena auszusteigen, bis die Affäre von anderen Ereignissen überlagert und etwas Gras darüber gewachsen war. Marius begab sich unter religiösen Vorwänden nach Kleinasien und kehrte erst 97 v. Chr. nach Rom zurück.

Angesichts der fortbestehenden politischen Spannungen kamen auch manche Anhänger der Senatsherrschaft zu der Überzeugung, dass man nicht um einige Reformen herumkam, wenn man der Gegenseite den Wind aus den Segeln nehmen und eine neue Krise verhindern wollte. Diese Aufgabe nahm sich 91 v. Chr. der Volkstribun Livius Drusus vor. Er war der Sohn des gleichnamigen Volkstribuns, der 122 v. Chr. im Auftrag des Senats Gaius Gracchus politisch ins Abseits gedrängt hatte. Sein Vater hatte in den Jahren danach eine beachtliche Karriere gemacht, hatte als Konsul auf dem Balkan die Thraker und Skordisker besiegt, in Rom einen Triumphzug gehalten und war kurz vor seinem Tod noch Censor geworden. Folglich fühlte sich auch der Sohn verpflichtet, es dem Vater nachzutun. Er war von Haus aus als besonders reich bekannt, machte sich durch Freigiebigkeit bei vielen beliebt, stieß jedoch Andere durch sein arrogantes Auftreten ab. Zu seinen Verbündeten im Senat gehörten Marcus Aemilius Scaurus, der Ehrenvorsitzende des Senats *(princeps senatūs)*, sowie Lucius Licinius Crassus, der als bester Redner seiner Zeit galt und eine politische Karriere bis zum Censor durchlaufen hatte.

Strategisch liefen die Pläne des Drusus auf ein Bündnis des Senats mit den unteren sozialen Schichten in Rom und den Italikern sowie auf eine Spaltung der Ritterschaft hinaus, was dem Senat die Kontrolle über die römische Politik zurückgeben sollte. Für die unteren Schichten in Rom knüpfte er an die Politik des Saturninus an und beantragte weitere verbilligte staatliche Getreideverteilungen, zu deren Finanzierung er eine Reduzierung des Silbergehalts des Denars in Kauf nahm. Für jene, die eigenes Ackerland anstrebten, rief er ein großes Landverteilungsprojekt in Italien und auf Sizilien ins Leben, dessen Einzelheiten nicht bekannt sind. Und den Gegensatz zwischen Senatoren und Rittern versuchte er angeblich dadurch zu beenden, dass er den 300 Reichsten unter den Rittern Senatorenrang geben und dann allen Mitgliedern dieses vergrößerten Senats die Geschworenensitze in den Repetundengerichtshöfen zuweisen wollte. Den Italikern wollte er das römische Bürgerrecht verleihen. Diese Gesetze brachte er in der Heeresversammlung mit massiver Einschüchterung durch seine Anhänger, unter denen sich auch viele Italiker befanden, durch. Wie immer seine Pläne im Einzelnen aussahen – er scheiterte damit ebenso wie andere vor ihm. Die Mehrheit im Senat lehnte sie ab, und auch die Getreideempfänger aus den unteren Schichten in Rom wollten ihre Privilegien als römische Bürger nicht mit italischen Neubürgern teilen. Der Senat hob alle Gesetze des Drusus auf und seine römischen Mitstreiter fielen bei den nächsten Wahlen für das Volkstribunat durch. Am Ende wurde Drusus Opfer eines mysteriösen Attentats, das nie aufgeklärt wurde. Hätte er seine Reformen durchgesetzt, hätte er so viele neue Klienten gewonnen, dass er beinahe zum Herrscher Roms geworden wäre – mit den Machtverhältnissen in einer Aristokratie unvereinbar. Sie hätte ein derart großes Reformprogramm auf einen Schlag nicht verkraften können.

Drusus hatte über seine Kontakte zu Italikern von einem geplanten Mordanschlag auf die römischen Konsuln beim Latinerfest auf dem Albanerberg erfahren und diese Nachricht in guter Absicht dem Konsul Marcius Philippus, einem seiner Gegner, zukommen lassen. Der Senat witterte eine Verschwörung und leitete nach dem Tod des Volkstribuns eine Untersuchung gegen seine Anhänger unter den Römern und Italikern ein. In einigen italischen Städten breitete sich Panik aus. Daraus entzündete sich in rasender Geschwindigkeit ein großer Aufstand, hauptsächlich bei den Marsern in Mittelitalien und den Samniten im Süden. Die Aufständischen gründeten einen Bund mit der Hauptstadt Corfinium nordöstlich von Rom, das in Italia umbenannt wurde. Italien schien sich in zwei Teile zu spalten, in Rom und ein Gegenrom. Dagegen blieb es in Etrurien im Norden und in den griechischen Städten im Süditalien ruhig.

Es folgte ein zweijähriger harter Krieg, der sogenannte Bundesgenossenkrieg (91–89 v. Chr.), in dem sich Marius besonders hervortat. Am Ende musste Rom nachgeben und allen Italikern südlich des Po das römische Bürgerrecht verleihen. Der Stadtstaat Rom schluckte fast ganz Italien – gegen den Willen der Mehrheit im Senat und auch nicht zur Freude der unteritalischen Griechenstädte, die keine Römer werden wollten. Tibur und Praeneste behielten ihre Eigenstaatlichkeit aus dem vierten Jahrhundert. Und die Samniten, die alten Feinde der Römer, hatten wahrscheinlich eher für ihre Unabhängigkeit als für die Integration in den römischen Bürgerverband gekämpft. Latein war noch lange nicht die Muttersprache aller dieser Neubürger. Die Griechen sprachen weiterhin ihre Sprache und die Samniten weiterhin Oskisch. Die Mehrheit des römischen Senats hatte weder die Ausdehnung des römischen Stadtgebiets auf ganz Italien südlich des Pos angestrebt noch die Provinzialisierung des Mittelmeerraums, sondern lediglich eine hegemoniale Kontrolle, die mittels häufiger römischer Gesandtschaften überwacht werden sollte. Diese politische Konzeption war endgültig gescheitert.

Zur Ruhe kam Rom auch nach Kriegsende noch nicht. Wieder war es ein Volkstribun, der die politische Szene beherrschte: Publius Sulpicius Rufus, der ursprünglich ein Mitstreiter des Livius Drusus gewesen war. Der neue Streit entfachte sich, als Sulpicius durchsetzen wollte, dass Neubürger und in der Folgezeit auch Freigelassene auf alle Stimmeinheiten *(tribūs)* gleichmäßig verteilt werden sollten, während die Mehrheit des Senats vorhatte, sie nur in wenige Stimmeinheiten einzuschreiben, um ihr politisches Gewicht bei Abstimmungen gering zu halten. Denn, wie schon erwähnt: Abgestimmt wurde nicht nach der Zahl der Köpfe, sondern nach Stimmeinheiten. Die politische Lage spitzte sich derart zu, dass Lucius Cornelius Sulla, ein Anhänger der Senatsherrschaft, der für das Jahr 88 v. Chr. zu einem der beiden Konsuln gewählt worden war, Rom fluchtartig verlassen musste. Sulla hatte sich als Quaestor des Marius im Jugurthinischen Krieg einen Namen gemacht, weil er als Führer der Reiterei in der Entscheidungsschlacht bei Cirta Marius vor einer Niederlage bewahrt und es außerdem fertiggebracht hatte, Jugurtha in eine Falle zu locken und gefangen zu nehmen. Daraufhin hatte er sich zum eigentlichen Sieger erklärt und Marius die Schau gestohlen. Seitdem waren die beiden verfeindet. Da er als Konsul durch das Los den Oberbefehl im bevorstehenden Krieg im Osten erhalten hatte, fand er bei seinem Heer, das schon in Nola (südlich von Capua) bereitstand, Zuflucht.

Auf die Nachricht, dass Sulpicius ihm das Kommando entzogen und Marius übertragen hatte, marschierte er, zum Äußersten entschlossen, mit seinem Heer nach Rom. In Straßenkämpfen eroberte er die Hauptstadt. Sulpicius wurde ermordet, Marius konnte sich mit Mühe und Not nach Afrika in den Schutz seiner Kolonisten retten. Zum ersten Mal in der römischen Geschichte war ein römisches Heer gegen Rom ins Feld gezogen. Nach der Spaltung der römischen Führungsschicht durch Gaius Gracchus, der Gefährdung Roms durch die Kimbern und Teutonen, dem drohenden Zerfall Italiens in zwei feindliche Staaten im Bundesgenossenkrieg war die vierte Stufe einer existenziellen Bedrohung erreicht: der Bürgerkrieg. Sulla ließ hastig Konsulwahlen für 87 v. Chr. durchführen und zog dann ab. Einer der beiden Konsuln, Gnaeus Octavius, war ein Parteigänger des Senats, der andere, Lucius Cornelius Cinna, ein Parteigänger der Ritter und Italiker. Über der Frage, in wie viele Stimmeinheiten die italischen Neurömer eingeschrieben werden sollten, kam es zu gewaltsamen Auseinandersetzungen. Octavius vertrieb Cinna und ließ ihn ächten. Dieser kehrte mit einer Legion und Italikern von Süden her zurück. Marius landete in Etrurien und marschierte mit einem Heer, angeblich aus Sklaven, von Norden her nach Rom. Dort ließen sie den Konsul Octavius umbringen und seinen abgeschlagenen Kopf öffentlich ausstellen. Es war das erste Mal, dass einem römischen Konsul so etwas widerfuhr. Marius wurde zum siebenten Mal Konsul, starb aber noch während seiner Amtszeit. Cinna ließ sich Jahr für Jahr bis 84 v. Chr. zum Konsul wählen und bestimmte seinen jeweiligen Kollegen selbst. Seine faktische Alleinherrschaft, der etliche Senatoren zum Opfer fielen, ist bei den Optimaten als Terrorregime in Erinnerung geblieben. Doch die italischen Neurömer, die er in alle Stimmeinheiten einschreiben ließ, werden ihn in besserer Erinnerung behalten haben. Für den Krieg im Osten stellte er ein Heer von zwei Legionen auf und übertrug dem Konsul Lucius Valerius Flaccus den Oberbefehl, während er Sulla, der mit seinen fünf Legionen schon unterwegs in den Osten war, ächten ließ. Flaccus stand eine schwierige Aufgabe bevor.

Nachdem der Volkstribun Gaius Gracchus 123 v. Chr. die Einziehung der Steuern in der Provinz Asia Steuerpächtern *(publicani)* aus dem römischen Ritterstand übertragen hatte, Geschäftsleuten, die auf einen maximalen Gewinn erpicht waren, sahen sich die Städte immer öfter genötigt, über die Vermittlung durch ihre *patroni* in Rom Prozesse wegen unrechtmäßiger Besteuerung zu führen. Der Senat versuchte Abhilfe zu schaffen, schränkte die Befugnisse der Statthalter und Steuerpächter nach und nach ein und schützte die Privilegien einzelner Städte und die Stellung der Freistädte *(civitates liberae)*. Ein Meilenstein auf diesem Weg war die Statthalterschaft des Prokonsuls Quintus Mucius Scaevola in Asia (94 v. Chr.), eines herausragenden Juristen, der sich bei seinen Reformen gehörig mit den Steuerpächtern anlegte. Die Städte schufen ihm ein permanentes Andenken, indem sie Spiele mit seinem Namen ins Leben riefen, die Mucia. Die Steuerpächter wagten ihn wegen des großen Einflusses seiner Familie in Rom nicht anzutasten, rächten sich jedoch an seinem Mitarbeiter, dem Legaten Publius Rutilius Rufus, der in einem skandalösen Prozess in Rom wegen Amtsmissbrauchs verurteilt wurde. Rufus ging ins Exil, und zwar demonstrativ nach Smyrna, d. h. in die Provinz Asia, wo er angeblich seine Untaten verübt haben sollte. Später wurde er rehabilitiert.

89 v. Chr., während der Endphase des Bundesgenossenkrieges in Italien, brach die römische Herrschaft im Osten wie ein Kartenhaus zusammen. Der Feind, der mit orkanartiger Gewalt über das westliche Kleinasien und Griechenland hinwegfegte, war kein großmächtiger Monarch vom Schlage eines Philipps V. oder Antiochos' III., sondern ein römischer Vasallenkönig im nordöstlichen Kleinasien, von dem niemand eine solche Schlagkraft erwartet hätte:

Mithridates VI. Die Dynastie, der er angehörte, war iranischen Ursprungs, aber seit langem kulturell weitgehend griechisch geprägt, ihr griechisch-iranisch-anatolisches Herrschaftsgebiet nicht homogen, sondern nur durch die Macht der Könige zusammengehalten. Dieses Königreich war in der ersten Hälfte des dritten Jahrhunderts v. Chr. als eines der Nachfolgereiche Alexanders des Großen entstanden. An seiner Küste lagen bedeutende griechische Städte, wie Sinope und Amisos. Aber der Kern war das bergige und bewaldete Hinterland, wo es kaum Städte gab, sondern neben einigen Tempelterritorien nur Burgen des Adels und Dörfer. Die Residenz der Könige war ursprünglich Amaseia, eine der wenigen Städte des Binnenlandes, seit der ersten Hälfte des zweiten Jahrhunderts Sinope. Das Land war für seine reiche Viehzucht bekannt und es hatte Bodenschätze wie Eisen, Kupfer und Silber.

Die Könige gingen mehrfach verwandtschaftliche Beziehungen mit den Seleukiden ein und suchten anschließend die Nähe Roms. Mithridates II. wurde in die römische *amicitia* aufgenommen, und Mithridates V. unterstützte die Römer im Dritten Punischen Krieg und gegen Aristonikos. Zur Belohnung teilte ihm der Konsul Manius Aquillius nach seinem Sieg über die letzten Anhänger des Usurpators das ehemals pergamenische Gebiet Großphrygien zu. Nachdem Mithridates V. ermordet worden war, musste sich sein gleichnamiger Sohn, der spätere Mithridates VI., erst in einem längeren Familienstreit gegen seine Mutter durchsetzen, ehe er die Herrschaft übernehmen konnte. Seine erste enttäuschende Erfahrung mit den Römern machte er 116 v. Chr., als der römische Senat die Entscheidung des Konsuls Aquillius rückgängig machte und ihm Phrygien wieder entzog. Stets darauf bedacht, einen Konflikt mit den Römern zu vermeiden, nahm der König diese Entscheidung hin und konzentrierte seine Expansionspolitik auf Gebiete, die außerhalb des römischen Hegemonialbereichs lagen. Einen Hilferuf der griechischen Städte auf der Krim, die von Sarmaten und Skythen bedroht wurden, nahm er zum Anlass, sein Reich über das Schwarze Meer nach Norden auszudehnen. Auch das östlich der Krim gelegene Bosporanische Reich, das sich ebenfalls in Gefahr befand, fiel ihm zu. Mit einem Vorstoß nach Osten bis in den Kaukasus und in die westlichen Gebiete der nördlichen Schwarzmeerküste rundete er seine Expansion ab. Später nannte man dieses Königreich, das sich in einem Halbkreis um das östliche Schwarze Meer erstreckte, Pontos (das Meerkönigreich).

Diese beträchtlichen Erfolge machten Mithridates Mut, sein Reich nach Süden und Westen in das Hinterland der römischen Provinz Asia zu erweitern, nach Paphlagonien, Kappadokien und Galatien. Damit geriet er in Gegensatz zu Nikomedes III. von Bithynien, der es ebenfalls auf Kappadokien abgesehen hatte. Zugleich verletzten beide Könige römische Sicherheitsinteressen. Es kam zu einem jahrelangen Verwirrspiel, mit dem die beiden Könige einander auszutricksen und den römischen Senat zu täuschen versuchten. Mithridates gelang es, Unterstützung vom damals mächtigen Großarmenien zu gewinnen, und die Römer knüpften im Gegenzug erstmals eine Verbindung zu dem aufstrebenden

Partherreich an. Somit bekam der Konflikt eine völlig neue Dimension. Schließlich verjagte Mithridates Nikomedes IV. von Bithynien aus seinem Reich, und der Armenierkönig Tigranes vertrieb Ariobarzanes I. von Kappadokien.

Der Senat schickte 89 v. Chr. eine Gesandtschaft unter der Führung des Konsulars Manius Aquillius, des gleichnamigen Sohnes jenes Konsuls, der den Aristonikoskrieg beendet hatte, nach Kleinasien, die die beiden vertriebenen Könige in ihre Reiche zurückführte. Dieser Manius Aquillius hatte bereits eine beachtliche politische und militärische Karriere hinter sich, wegen seiner Habgier aber auch einen zwielichtigen Ruf. 104 v. Chr. hatte er unter Marius, im Jahr darauf als alleiniger Befehlshaber im Krieg gegen die Kimbern und Teutonen in Südgallien gestanden und war 101 v. Chr. als Konsul zur Unterdrückung eines großen Sklavenaufstandes nach Sizilien geschickt worden. Dort hatte er den Anführer der Sklaven in einem Zweikampf getötet und war dabei schwer verwundet worden. Bei der Niederwerfung der restlichen Aufständischen hatte er so viel Reichtum zusammengeraubt, dass er 98 v. Chr. in Rom wegen Erpressung angeklagt, aber von seinem Verteidiger Marcus Antonius, dem besten damaligen Redner, herausgepaukt worden war. Als Gesandter in Kleinasien sah er eine neue Möglichkeit, in großem Stil Geld zu erpressen. Er forderte von Mithridates eine hohe Entschädigung für den Schaden, den er in den beiden Königreichen angerichtet hatte. Davon sollte anscheinend ein großer Teil in seine private Schatulle fließen. Als der König sich weigerte, drängte er Nikomedes IV. zu Plünderungszügen in das pontische Reich, wies alle Beschwerden des Mithridates ab und verbot ihm obendrein, Nikomedes zu bekämpfen. Mithridates fiel in Kappadokien ein und vertrieb Ariobarzanes. Auf den Protest des Aquillius reagierte er mit hinhaltenden Verhandlungsangeboten, woraufhin seine Unterhändler aus Asia ausgewiesen wurden. Das bedeutete Krieg mit den Römern. Und die griechischen Städte gerieten gleichsam zwischen zwei Mühlsteine.

Mithridates VI. war eine Persönlichkeit, die seinen Zeitgenossen Respekt einflößte. Einen großen Eindruck machte schon seine hünenhafte Gestalt und seine außergewöhnliche körperliche und psychische Robustheit. Weder Strapazen noch Verwundungen noch Misserfolge konnten seinen eisernen Willen brechen, den er mit brutaler Energie seinen Gegnern aufzuzwingen versuchte. Gleichzeitig beherrschte er das Feld der diplomatischen Raffinesse, war mit allen orientalischen Rankünen wohlvertraut. Auch sagte man ihm nach, dass er sich gegen alle Gifte immun gemacht habe, um Giftanschlägen vorzubeugen. Die Römer verglichen ihn später mit einer Hydra, der immer mehrere Köpfe nachwuchsen, wenn man ihr einen abschlug.

Mithridates war, wie sich herausstellte, ein Unhold, aber kulturell kein Barbar. Er versammelte Dichter und Gelehrte an seinem Hof und konnte sich in mehreren Sprachen unterhalten. Nur eines fehlte ihm trotz seiner vielen Feldzüge: überragendes Feldherrntalent. Zu den bedeutenden Feldherren der Antike zählt er nicht. Trotzdem hielt er seine Aussichten, die Römer besiegen zu können, wegen des Bundesgenossenkrieges in Italien für günstiger als je zuvor. In der Provinz Asia war nur eine einzige Legion stationiert, weil die Römer sich sicher fühlten. In der Regel genügte ein Machtwort des Senats, um die umliegenden Könige zum Gehorsam zu zwingen. Die Drohung mit militärischer Gewalt war normalerweise so wirksam, dass die Römer sie gar nicht mehr anzuwenden brauchten.

Die römische Legion stand unter dem Befehl des Statthalters von Asia, Cassius. Außerdem gab es in Kilikien einige römische Truppen, wo ein gewisser Quintus Oppius den Auftrag hatte, Piratennester auszuheben. So blieb den Römern nur noch die hastige Rekrutierung von einheimischen Bauern und Handwerkern, deren militärische Ausrüstung und Ausbildung ebenso mangelhaft war wie ihre Motivation. Nikomedes IV. wurde von Mithridates vernichtend geschlagen, alle Städte Bithyniens kapitulierten ohne Gegenwehr, ebenso die Flotte, die aus Schiffen des Nikomedes und griechischer Städte bestand und unter dem Befehl von zwei römischen Kommandeuren in Byzanz lag, um die Meerengen zu sperren. Die Strategie der drei römischen Feldherren war dilettantisch. Ihre Heere standen in viel zu großer Entfernung voneinander, um effektiv kooperieren zu können. So wurden sie nacheinander von Mithridates in die Flucht geschlagen. Aquillius erlitt eine schwere Niederlage, während sich die anderen beiden gar nicht erst zu einer Schlacht stellten, sondern den Rückzug antraten, wobei ihre Heere auseinanderliefen.

Die Reaktion der griechischen Städte war, wie immer, im Einzelnen unterschiedlich und nicht voraussehbar. Wie bei ähnlichen Ereignissen in früherer Zeit bildeten sich in den meisten Städten sofort Parteiungen für die eine oder andere Seite. Die Entscheidung der jeweiligen Stadt hing davon ab, welche Partei die Oberhand gewann. Das traf für die untertänigen Städte ebenso zu wie für die privilegierten Freistädte. Ausgerechnet Pergamon, das während des Aristonikoskrieges von Anfang an eine prorömische Haltung eingenommen hatte, ging ohne Widerstand zu Mithridates über und wurde seine Residenz, wobei Mithridates wahrscheinlich bewusst an die attalidische Tradition anknüpfte. Manius Aquillius hatte zunächst dort Schutz gesucht, flüchtete dann aber noch rechtzeitig nach Mytilene auf Lesbos. Mit dieser Entscheidung irrte er sich ebenfalls. Die Stadt öffnete Mithridates ihre Tore und lieferte ihm Aquillius aus. Dieser statuierte an ihm ein grausames Exempel: Er ließ ihm geschmolzenes Gold in den Rachen gießen und ausrufen, Aquillius sei der erste Römer, dessen Golddurst gestillt sei.

Zwei Spitzenpolitiker der Stadt avancierten zu Günstlingen des Königs. Auch Oppius, der sich mit seinen Söldnern in Laodikeia am Lykos verschanzt hatte, wurde an Mithridates ausgeliefert, aber einige Jahre später vom König freigelassen. Die meisten Städte der Provinz schlossen sich dem Eroberer an, viele jubelten ihm als Befreier von der römischen Herrschaft zu und verehrten ihn als neuen Dionysos. Zweifellos entlud sich dabei viel Hass auf die Römer, auch Schadenfreude über ihre schmähliche Niederlage. Bei anderen war es eher simpler Opportunismus. Zur großen Überraschung der Römer trat Athen auf die Seite des Königs, obwohl es als föderierte Stadt privilegiert war, bei den Römern in hohem Ansehen stand und durch den Besitz von Delos seit Langem prosperierte. In der Mitte der 90er Jahre waren die Römer in athenischen Inschriften noch „Wohltäter des Volkes" genannt worden.

Der Auslöser für den Abfall von Rom war ein innerer Konflikt, von dem wir nur unzureichende Kenntnis haben. Jedenfalls hatte ein prorömischer Politiker namens Medeios so viel Macht an sich gezogen, dass seine Stellung einer Tyrannis gleichkam. Um jegliche Opposition auszuschalten, hatte er das öffentliche Leben lahmgelegt, die kultischen Feste, die Gymnasien, die Volksversammlung, die Gerichtshöfe und die Philosophenschulen. Anscheinend bat er den römischen Senat um eine Entscheidung, die dieser aber wegen des Krieges gegen die italischen Bundesgenossen verschob. 89/88 v. Chr. erschien noch die Göttin Roma auf den Silbermünzen Athens.

Doch dann bekamen die Gegner des Medeios die Oberhand und schickten Anfang 88 v. Chr. einen Philosophen der peripatetischen Schule namens Athenion zu Mithridates. Er sandte aus dem Hauptquartier des Königs Briefe, in denen er die geplanten königlichen Wohltaten für Athen in verlockender Weise ausmalte: Eine Schuldenstreichung, die Wiederherstellung der Demokratie und ein Leben in Eintracht sollte es geben, außerdem reiche Geschenke an Einzelne und die gesamte Stadt. Bei seiner Rückkehr nach Athen wurde Athenion mit erwartungsvoller Spannung empfangen und zum Militärstrategen gewählt. Aber noch vollzog die Stadt nicht offiziell den Bruch mit Rom. Dennoch sagte sich die athenische Außenbesitzung Delos, wo sich viele römische Kaufleute niedergelassen hatten, von Athen los. Die Athener entsandten eine Truppe unter dem peripatetischen Philosophen Apellikon, um die Insel zurückzuerobern. Sie wurde von in der Nähe befindlichen römischen Streitkräften auf der Insel im Schlaf überrascht und vernichtet. Spätestens seit diesem Ereignis befand sich Athen mit Rom im Krieg.

Im Herbst desselben Jahres eroberte Archelaos, ein Feldherr des Mithridates, Delos. Er schickte die Tempelschätze nach Athen – aber zusammen mit 2000 Soldaten unter dem Befehl des Atheners Aristion, eines Anhängers der Schule Epikurs, der mit Hilfe dieser Truppe eine Tyrannis etablierte. 87/86 v. Chr. wurde der Name des Mithridates zusammen mit dem des Aristion auf athenische Münzen geprägt. Auch die Dionysischen Techniten, die doch von den Römern immer gefördert worden waren, bekannten sich zu Mithridates.

Archelaos eroberte fast ganz Griechenland und wählte den Piräus zu seinem Hauptquartier. Ähnlich wie in Athen ließ Mithridates auch etliche Städte in Asia von einzelnen Sympathisanten kontrollieren. Mit einem Steuererlass auf fünf Jahre warb er um Anhänger. Aber er traute den Städten offensichtlich nicht. So kam er auf den Gedanken, sie zusätzlich durch ein riesiges Verbrechen an sich zu binden. 88 v. Chr. erließ er in Ephesos ein Gebot, alle Römer und Italiker, deren man habhaft werden konnte, zu massakrieren. Nach solchen Untaten, so glaubte er, würde es für die Städte kein Zurück zu den Römern mehr geben. In zahlreichen Städten wurde das Gebot befolgt und die Römer, Italiker und griechischen Römerfreunde auf unterschiedliche Weise umgebracht. In einigen Städten wurden sie vom „Volk“ gelyncht, in anderen durch planmäßige Aktionen der Stadtregierung getötet. In Ephesos, wo man alle Statuen für Römer gestürzt und die schutzsuchenden Römer aus dem Artemis-Heiligtum gezerrt und ermordet hatte, trat Mithridates anschließend publikumswirksam auf und setzte mit einem Pfeilschuss vom Dach des Tempels die Grenzen des Heiligtums neu fest. Angeblich sollen 80 000 Römer und Italiker bei dem Blutbad im Osten umgekommen sein. Doch es gab auch Städte, die ihren Römern zur Flucht verhalfen. Aktiven Widerstand gegen Mithridates leisteten nur wenige Städte, unter ihnen Rhodos, das die Belagerung durch pontische Truppen zu Wasser und zu Land tapfer überstand, und der Lykische Bund. Auch in Makedonien und Nordgriechenland drangen die Truppen des Mithridates ein. Der König konnte auf die Unterstützung thrakischer Fürsten zählen, die noch einmal einen Thronprätendenten für Makedonien präsentierten, doch damit bei den Makedonen wenig Anklang fanden. Um die Loyalität Makedoniens zu erzwingen, ließ Mithridates Frauen und Kinder makedonischer Adelsfamilien nach Asien deportieren. Nordwestgriechenland und Thessalien blieben fest auf römischer Seite, nicht zuletzt wegen der geschickten Kriegführung des Praetors von Macedonia, Gaius Sentius, und seines Legaten Quintus Braetius Sura, die sich trotz der zahlenmäßigen Unterlegenheit ihrer Truppen militärisch behaupteten.

87 v. Chr. schlugen die Römer zurück. Der von Cinna geächtete Sulla, der sich nach dem Ablauf seines Konsulats Prokonsul nannte, landete mit fünf Legionen auf dem Balkan. Sein erstes Ziel war Athen. Die Stadt wurde eingeschlossen; der Piräus blieb unter dem Feldherrn Archelaos in pontischer Hand und zum Meer hin offen, weil Sulla keine Flotte hatte. Die Athener hofften auf Entsatz durch ein Heer des Mithridates, das auf dem Landweg von Norden her unterwegs war, aber nur langsam vorankam. Am ersten März 86 v. Chr. gelang den Römern die nächtliche Erstürmung der Stadt. Die plündernden römischen Soldaten richteten ein fürchterliches Gemetzel unter den Einwohnern und zahlreiche Zerstörungen an. Etliche Kunstwerke ließ Sulla später nach Rom mitgehen. Der Tyrann Aristion leistete auf der Akropolis weiterhin Widerstand, bis er wegen Wassermangels kapitulieren musste und hingerichtet wurde. Dennoch behielt Athen seine privilegierte Stellung als föderierte Stadt. Später feierten die Athener diese „Befreiung von der Tyrannis“ mit Spielen zu Ehren Sullas und errichteten eine Statue für den Eroberer.

Sulla gewann indessen den Piräus. Archelaos setzte sich über das Meer ab und vereinigte seine Truppen mit dem pontischen Heer aus dem Norden. Bei Chaironeia errang das Heer Sullas trotz zahlenmäßiger Unterlegenheit einen glänzenden Sieg. Kurze Zeit danach kam der Konsul Lucius Valerius Flaccus im Auftrage Cinnas mit seinen beiden Legionen in Boiotien an. Es entstand eine brenzlige Situation. Flaccus versuchte, anscheinend auf Grund seines höheren Ranges, das Heer Sullas zum Anschluss zu bewegen, musste jedoch erleben, dass einige seiner Soldaten zum Heer des Siegers Sulla desertierten. Daraufhin zog er eilig nach Norden ab, um Mithridates von dort her zu bekämpfen. Zwei miteinander verfeindete römische Feldherren führten also Krieg gegen denselben Feind!

Mithridates gab sich nicht geschlagen, sondern entsandte ein neues Heer über die Ägäis. Diesmal wurde es für die Römer gefährlicher. In der Schlacht bei Orchomenos in Boiotien stand das Schicksal Sullas auf Messers Schneide. Nur durch seine außerordentliche Tatkraft rettete er die Lage und führte seine wankenden Truppen zum Sieg. Anschließend tat sich ein weiteres Problem auf. Sulla hatte, wie gesagt, keine Flotte. Mithridates beherrschte immer noch das Meer. Sulla übertrug Lucius Licinius Lucullus, der zu in seinem Stab gehörte, die Aufgabe, Schiffe von verbündeten und abhängigen Staaten zu besorgen – kein leichtes Unterfangen. Aber Lucullus wich den überall lauernden Piraten geschickt aus und brachte tatsächlich eine Flotte von Schiffen aus dem gesamten östlichen Mittelmeerraum zusammen, mit der Sulla 85 v. Chr. nach Kleinasien übersetzen konnte.

Angesichts der Niederlagen der Feldherren des Mithridates schlug die Stimmung in den Städten Kleinasiens um. Überall stellte man insgeheim Überlegungen an, wie man die Rückkehr zu den Römern in die Wege leiten könnte, und zwar – das war wichtig – bevor die römischen Heere landeten. Es sollte wie eine eigene Initiative aussehen. Dem Mithridates blieb diese Stimmung nicht verborgen, und er versuchte, Gegenmaßnahmen zu ergreifen. Einen besonderen Verdacht hegte er gegenüber Chios, dessen Bürger er samt ihren Frauen und Kindern auf Schiffe laden und nach Kolchis, zur Ostküste des Schwarzen Meeres, verschleppen ließ. Dieses Ereignis löste in den anderen Städten Panik aus und trieb sie in einen verzweifelten Widerstand. Als Zenobios, der Beauftragte des Mithridates, mit seinen Truppen in Ephesos einmarschieren wollte, baten ihn die Beamten der Stadt, sein Heer vor der Stadt zu lassen und nur mit wenigen Begleitern hineinzukommen. In Vertrauen auf den vom König eingesetzten „Aufseher" der Stadt ging Zenobios darauf ein, wurde jedoch in der folgenden Nacht verhaftet und hingerichtet. Dann ergriff die Stadt weitreichende Notmaßnahmen. Alle Metoiken, Fremde, Tempeldiener und Freigelassene, die sich zur Verteidigung der Stadt meldeten, sollten das Bürgerrecht erhalten, alle Staatssklaven die Freiheit und den Status eines Metoiken. Gleichzeitig fand eine weitreichende Schuldenstreichung statt.

Die offizielle Version für den Anschluss an Mithridates im Jahr 88 v. Chr. lautete jetzt, Mithridates habe sich mit List der stets römerfreundlichen Stadt bemächtigt und sie durch einen überraschenden Angriff mit der großen Masse seiner Streitkräfte in Schrecken versetzt. Das römerfreundliche Volk von Ephesos habe daher jetzt, wo sich die Möglichkeit biete, den Krieg gegen Mithridates und für die Römer und für die „allgemeine Freiheit" beschlossen. Andere Städte folgten dem ephesischen Beispiel, sofern sie nicht mit Gewalt daran gehindert wurden. Besondere Bedeutung hatte eine Verschwörung führender Griechen aus mehreren Städten in der nächsten Umgebung des Königs, die aber verraten wurde. Mithridates reagierte unverzüglich. Eine „Säuberungswelle“ brach über Kleinasien herein, der 1600 wirkliche oder vermeintliche Gegner des Königs zum Opfer fielen. Dabei bediente sich Mithridates seiner Anhänger aus der Oberschicht, die es immer noch gab, und sandte sie in ihre Heimatstädte, um die „Schuldigen“ ausfindig zu machen. Wie zu erwarten, benutzten sie diese Gelegenheit dazu, ihre persönlichen Gegner zu denunzieren. Andere Städte eroberte Mithridates zurück. Gleichzeitig erließ er eine Freiheitserklärung für alle Städte.

Doch wen interessierte das noch? Bei der Ankunft Lukulls an der kleinasiatischen Küste im Frühjahr 85 v. Chr. kehrten wahrscheinlich die meisten Städte im Süden auf die römische Seite zurück. Aus Chios vertrieb Lukull die pontische Besatzung. Von Norden rückte das Heer der römischen Popularen heran. Der Konsul Flaccus war in der Zwischenzeit durch ein Komplott seines Legaten Gaius Flavius Fimbria ermordet worden. Daraufhin hatte Fimbria das Kommando über das Heer übernommen, den Übergang nach Kleinasien ohne Schwierigkeiten bewältigt und anschließend ein Heer unter dem Befehl eines Sohnes des Mithridates besiegt. Es gelang ihm sogar, Mithridates im Hafen von Pergamon von der Landseite her einzuschließen. Er sandte eine Nachricht an Lukull mit der Aufforderung, den Hafen zu blockieren. Mithridates hätte dann in der Falle gesessen.

Doch Lukull lehnte jedes Zusammengehen mit Fimbria ab. Die Feindschaft zwischen Optimaten und Popularen war wichtiger als die Bekämpfung des gemeinsamen Feindes. So entkam Mithridates. Die Folge war, dass es die Römer noch über 20 Jahre mit diesem gefährlichen Gegner zu tun hatten. Mithridates knüpfte Friedensverhandlungen mit Sulla an. Und Sulla ging darauf ein, weil er so schnell wie möglich nach Italien zurückkehren wollte, um den Bürgerkrieg gegen die Popularen fortzusetzen. Der Frieden von Dardanos (85 v. Chr.) war nichts weiter als eine mündliche Vereinbarung. Mithridates versprach, alle seine Eroberungen in Kleinasien zu räumen, alle Gefangenen, Verschleppten und Überläufer auszuliefern, eine Kriegsentschädigung von 2000 Talenten zu zahlen und 70 Kriegsschiffe den Römern zu übergeben. Aber er blieb König von Pontos. Die Truppen Fimbrias unterstellten sich Sulla. Fimbria flüchtete in das Asklepiosheiligtum von Pergamon und beging dort Selbstmord. Seine zwei Legionen ließ Sulla in Asia als Besatzungstruppen zurück, für deren Unterhalt die Städte aufzukommen hatten.

Über diejenigen Städte, die Mithridates besonders willkommen geheißen hatten, verhängte Sulla ein hartes Strafgericht. Exzesse von Gewalt gab es erst recht bei solchen Städten, die von den Römern erobert werden mussten, und bei der Rückführung von Sklaven, die Mithridates als letztes Mittel freigelassen hatte, in die Sklaverei. Immerhin behielt die Hälfte der Freistädte ihre privilegierte Stellung. In ihren Mauern waren offensichtlich keine Römer oder Italiker umgebracht worden. Und einige andere Städte konnten sich von Sulla die Stellung als Freistadt erkaufen. Denn für seine Rückkehr nach Italien brauchte er viel Geld. Er presste aus den griechischen Städten Zahlungen heraus, die sie nicht leisten konnten. Daher waren sie gezwungen, bei römischen Geschäftsleuten und Bankiers hohe Kredite aufzunehmen, und zwar zu einem Zinssatz von 48 Prozent. Das bedeutete, dass die Städte ein Jahrzehnt lang tief verschuldet waren.

Ende 85 v. Chr. machte Sulla ein Angebot an seine Gegner in Rom, in dem er versprach, nach seiner Rückkehr an der von Cinna vorgenommenen Einschreibung der römischen Neubürger in alle Stimmeinheiten *(tribūs)* nichts zu ändern. Eine Einigung wäre also möglich gewesen, wenn beide Seiten bereit gewesen wären, alle vorherigen Untaten zu vergessen, um neues Blutvergießen zu vermeiden. Doch Misstrauen und persönliche Feindschaft machten eine solche Einigung unmöglich. Und so stürzte Rom in einen neuen Bürgerkrieg.

Cinnas Versuch, Sulla gar nicht erst in Italien landen zu lassen, sondern ihm schon auf dem Balkan entgegenzutreten, schlug fehl. Bei einer Meuterei seiner Soldaten wurde er getötet. Die Führung übernahmen drei ehemalige Mitstreiter Cinnas, der Prokonsul Gnaeus Papirius Carbo und die beiden Konsuln des Jahres 83 v. Chr., Gaius Norbanus und Lucius Cornelius Scipio Asiaticus. Ihre Streitkräfte sollen 100 000 Mann umfasst haben, waren denen Sullas also zahlenmäßig überlegen. Carbo postierte sich im Norden, in Gallia Cisalpina, die beiden Konsuln bezogen eine Defensivstellung südlich von Rom, in Kampanien. Aber Sullas Siege im Osten gaben vielen das Gefühl, dass er auch in Italien siegen würde, und so erhielt er nicht nur Unterstützung von politisch Gleichgesinnten, sondern darüber hinaus auch von zahlreichen Opportunisten und Überläufern. Einige stellten aus ihren Klienten regelrechte Privatarmeen zusammen, so der 22-jährige Gnaeus Pompeius, der seine Position als regionaler Warlord in der Landschaft Picenum an der mittelitalischen Adriaküste von seinem Vater geerbt hatte.

Zu den Sullanern der ersten Stunde gehörten auch Marcus Licinius Crassus und dazu einige andere, die durch die überlieferten Reden Ciceros bis heute viel bedeutender erscheinen, als sie waren. Sulla im Süden und Pompeius im Norden errangen Sieg auf Sieg. Die Entscheidungsschlacht fand am ersten November 82 v. Chr. am Collinischen Tor vor Rom im Kampf mit den Samniten und Lukanern, die zu den Popularen hielten, statt und zog sich bis tief in die Nacht hin. Sulla, der den linken Flügel seines Heeres kommandierte, wurde geschlagen, während Crassus auf dem rechten Flügel den Sieg erfocht. 3000 samnitische Gefangene, denen Sulla Schonung versprochen hatte, ließ er am dritten November auf dem Marsfeld niedermetzeln.

Zunächst oktroyierte Sulla dem Senat seine Anerkennung als Prokonsul und die Ratifizierung seines Friedenschlusses mit Mithridates. Die Wahl von neuen Konsuln lehnte er wegen der prekären Lage ab. Ihm war klar, dass der zerrüttete Staat erst einer Neuordnung bedurfte, bevor man wieder zur Tagesordnung übergehen konnte. Dazu brauchte er eine Stellung, die ihm unbegrenzte Macht verleihen, jedoch zugleich republikanisch aussehen sollte. Er griff auf die römische Diktatur zurück, die, wie schon erwähnt, in einer militärischen Notlage alle Befehlsgewalt bei einem Einzelnen konzentrierte und auf ein halbes Jahr begrenzt war. Seit dem Zweiten Punischen Krieg hatte es keine Diktatur mehr gegeben.

Sullas Diktatur, die er sich von der Volksversammlung beschließen ließ, sollte ausschließlich einer Verfassungsreform dienen *(legibus scribundis et rei publicae constituendae)*, um dem Staat wieder eine solide Grundlage (im Sinne der Senatsherrschaft) zu verschaffen. Diese Diktatur wurde zeitlich nicht limitiert, denn sie sollte ja bis zur Erfüllung dieser Aufgabe dauern. Sulla wurde zum einzigen römischen Gesetzgeber im griechischen Sinn. Über die außergewöhnlichen Ehrungen, die sich Sulla in Rom verleihen ließ, können wir hier hinweg gehen. Nur der Beiname „Felix" ist aufschlussreich für sein Selbstverständnis. Er, dessen Schicksal mehrmals am seidenen Faden gehangen hatte, betrachtete sich als Schützling der Glücksgöttin Fortuna.

Die Voraussetzung für den Bestand seiner Reform sah Sulla in der Beseitigung aller potentiellen Gegner. Während die von den Popularen vertriebenen Optimaten nach Rom zurückkehrten, schuf er eine gesetzliche Grundlage für die Vernichtung der bekanntesten Popularen und ihrer Familien, d. h., er ging vom unkontrollierten Terror zu einer geregelten Verfolgung durch sogenannte Proskriptionen (öffentliche Bekanntmachungen) über, die ungefähr sieben Monate dauerte. Der Besitz der Geächteten wurde zu Spottpreisen von seinen Anhängern erworben. Den herrenlosen Sklaven der Getöteten schenkte er die Freiheit und nahm sie in den römischen Bürgerverband sowie in seine Klientel auf. Die Verfolgung der Cinnaner wurde auch auf Sardinien, Sizilien und Afrika ausgedehnt. Diese Aufgabe übertrug Sulla dem Pompeius, der sich mit seinen „Säuberungen" den schrecklichen Ruf eines *adulescentulus carnifex*, eines „jungen Henkers" einhandelte. Zur Wiederherstellung der Senatsherrschaft reduzierte er die Kompetenzen des Volkstribunats auf ein Minimum, nämlich auf den Schutz vor willkürlicher Bestrafung eines Bürgers durch einen Amtsträger, was die ursprüngliche Aufgabe der Volkstribunen gewesen war. Die politische Waffe des Volkstribunats, das allumfassende Vetorecht, wurde abgeschafft. Darüber hinaus bedurften alle Anträge von Gesetzen durch Volkstribunen der vorherigen Zustimmung des Senats. Und jeder gewesene Volkstribun wurde von der Bekleidung anderer Ämter ausgeschlossen. Das Volkstribunat wurde damit unattraktiv und politisch bedeutungslos.

Das war keine Kleinigkeit. Schließlich gehörten die Kompetenzen der Volkstribunen seit dem Ende der Ständekämpfe im Jahr 287/286 v. Chr. zum Kern der römischen *libertas*. Die Entmachtung des Volkstribunats war nichts Geringeres als das Eingeständnis Sullas, dass die römische Verfassung der klassischen Republik nicht mehr funktionierte. Den Senat, dessen Mitgliederzahl in den Wirren auf die Hälfte, 150, abgesunken war, brachte er auf eine Stärke von 600 Senatoren, unter ihnen viele reiche Ritter und reiche Italiker, ein kolossaler Pairsschub, der das Gesicht dieser Institution gehörig verändert haben muss. Der weiteren

Stärkung dieses Senats diente die vorläufige Abschaffung des Censorenamts. Ehemalige Amtsträger erhielten von da an ohne zensorische Ernennung ihren Senatssitz, und zwar vom Ex-Quaestor an. Damit hörte der Missbrauch des Censorenamts als politische Waffe auf.

Ein besonderes Anliegen war Sulla die Rechtsprechung, weil auch sie immer wieder für politische Zwecke missbraucht worden war. Er schuf acht Gerichtshöfe, jeder zuständig für ein bestimmtes Delikt, mit Geschworenen ausschließlich aus der Gruppe der Senatoren und je einem Praetor als Vorsitzenden. Das bedeutete, dass alle acht Praetoren während ihrer Amtszeit Rom nicht verlassen durften und für die Verwaltung der Provinzen erst im Jahr darauf als Propraetoren zur Verfügung standen. Fortan war jeder Statthalter ein Prokonsul oder ein Propraetor, dessen Amtszeit vom Senat auch über ein Jahr hinaus verlängert werden konnte. Seine Veteranen versorgte Sulla mit Land, das er von Gegnern konfisziert hatte. Bei allen Schichten der römisch-italischen Gesellschaft fand also eine gewaltige Umverteilung von Eigentum statt.

Zur weiteren Stabilisierung der Führungsschicht versuchte Sulla, die Gleichheit ihrer Lebensführung wiederherzustellen, indem er 81 v. Chr. ein Preisedikt für Delikatessen erließ. Um in Zukunft in guter Erinnerung zu bleiben, veranstaltete er am Ende desselben Jahres bombastische Spiele für das Volk und verfügte, diese alljährlich zwischen dem 26. Oktober und dem 1. November zu wiederholen. 79 v. Chr. ließ er sich alle seine Maßnahmen von der Volksversammlung bestätigen, legte seine Diktatur nieder und zog sich, geschützt von seinen Veteranen, auf sein Gut bei Puteoli in Kampanien zurück, wo er u. a. seine Memoiren schrieb, aber schon im folgenden Jahr verstarb. Er erhielt das erste Staatsbegräbnis der römischen Republik. Anders als die griechischen Tyrannen ist er nie ein überzeugter Autokrat gewesen. Eigentlich war alles, was er ursprünglich in der Politik angestrebt hatte, nichts anderes gewesen, als was jeder tüchtige römische Aristokrat vorhatte: das Konsulat erreichen, militärische Lorbeeren ernten und dabei üppige Kriegsbeute einfahren, einen Triumph feiern und den Grundstein für den Aufstieg der Nachkommen innerhalb der Senatsaristokratie legen. Mehr hat er wohl nie gewollt. Aber die politischen Umstände haben ihm eine andere Rolle zugewiesen.

Hat Sulla sein Ziel, die Herstellung des inneren Friedens unter einer reinen Senatsherrschaft, erreicht? Keineswegs. Noch im Jahr seines Todes fand schon der erste Anschlag auf seine Staatsordnung statt. Er ging von einem der beiden Konsuln dieses Jahres aus, Marcus Aemilius Lepidus. Dieser machte sich zum Anwalt der geschlagenen Marianer und Cinnaner und forderte eine Amnestie für die Verbannten, eine Entschädigung für ihren verlorenen Landbesitz und in Rom die Wiedereinführung der vom Staat subventionierten Getreideverteilung, die Sulla gestrichen hatte. Was anfangs wie ein Ausgleich und innere Versöhnung aussah, ging in kürzester Zeit in Gewalt und Verrat über. In Etrurien gingen enteignete Grundbesitzer auf eigene Faust gegen die angesiedelten Veteranen Sullas vor. Die Lage war so schlimm, dass der Senat beide Konsuln, Lepidus und

Quintus Lutatius Catulus, mit Truppen schickte, um die Ordnung wiederherzustellen – ohne Erfolg. Lepidus verhinderte Konsulwahlen für das folgende Jahr und marschierte als Prokonsul mit Truppen aus den beiden gallischen Provinzen auf Rom zu. Der Senat rief den Notstand aus, beauftragte Catulus, der jetzt ebenfalls Prokonsul war, mit der Abwehr und verlieh zusätzlich Pompeius ein propraetorisches *imperium*. Die beiden wurden erstaunlich schnell mit Lepidus fertig. Lepidus flüchtete nach Sardinien, wo er bald darauf starb. Die Reste seines Heeres zogen unter der Führung des Marcus Perperna nach Spanien, um sich dem Cinnaner Sertorius anzuschließen.

Da Pompeius sich ganz einfach weigerte, sein Privatheer zu entlassen, legalisierte der Senat widerwillig die illegale Position des jungen Warlords, indem er ihm ein prokonsularisches *imperium* verlieh und ihn nach Spanien schickte, wo er den Prokonsul Quintus Caecilius Metellus Pius in seinem Kampf gegen Sertorius unterstützen sollte. Dort fand der Bürgerkrieg, der sich schon unter Sulla auf Spanien ausgedehnt hatte, eine langjährige Fortsetzung. Quintus Sertorius stammte aus dem römischen Ritterstand, hatte sich in den Kämpfen gegen die Kimbern und Teutonen militärisch bewährt und strebte, wie vor ihm Marius, eine politische Laufbahn an, ohne eigentlich inhaltlich ein bestimmtes politisches Ziel im Auge zu haben. Aber die Zeitumstände waren nun einmal so, dass aus dem ehrgeizigen, aber sich durchaus im „normalen" Rahmen bewegenden Ritter ein Abenteurer wurde, so wie man es bis dahin nur aus dem griechisch-hellenistischen Osten gewohnt war.

Als Sulla 88 v. Chr. während seines Konsulats dafür sorgte, dass Sertorius bei der Bewerbung um das Volkstribunat durchfiel, schloss dieser sich nach dem Abmarsch Sullas in den Osten Cinna und Marius an. Im Bürgerkrieg kämpfte er als Praetor unkoordiniert gegen die Sullaner, so dass die Popularen ihn als Statthalter nach Spanien abschoben. Dort schuf er sich eine eigene Machtbasis. Nach dem Sieg Sullas geächtet und verfolgt, flüchtete er nach Mauretanien (Marokko), wo er sich als Söldnerführer durchschlug, bis ihm lusitanische Stämme, die gegen die römische Herrschaft rebellierten, wegen seiner indessen bekannten militärischen Befähigung die Führerschaft anboten.

Er stattete seinen buntgemischten Haufen aus Römern, Libyern und Lusitaniern mit römischen Waffen aus, ließ sie von römischen Offizieren in römischer Taktik ausbilden und errang eine Reihe von spektakulären Siegen über verschiedene römische Heere, so dass Metellus Verstärkung aus Gallien beorderte. Das Eintreffen des Perperna und seiner Truppen machte die Lage komplizierter. Denn dieser verweigerte auf Grund seiner senatorischen Herkunft zunächst die Kooperation mit dem ritterbürtigen Sertorius, wurde jedoch nach der Ankunft des Pompeius auf dem Kriegsschauplatz von seinen Soldaten dazu gezwungen. Der gemeinsamen Kriegführung des Metellus und Pompeius waren die beiden Rebellen in offener Feldschlacht schließlich nicht mehr gewachsen. Sertorius verlegte sich auf einen Guerillakrieg, den er so geschickt führte, dass Pompeius dringend Verstärkung aus Italien anforderte. Erst dann konnten sich die vereinigten Feldherren Festung für Festung voranarbeiten. Mit der Verschlechterung ihrer Lage verschärften sich die Spannungen zwischen Sertorius und Perperna. Perperna ließ Sertorius ermorden. Er selbst fiel in die Hände des Pompeius und wurde hingerichtet (72 v. Chr.). Während Metellus nach Italien zurückkehrte, hat Pompeius die Reorganisation der spanischen Provinzen übernommen, zahlreichen Einheimischen, die ihn unterstützt hatten, das römische Bürgerrecht verliehen und sich eine große Klientel erworben.

Während der Krieg in Spanien seine Endphase erreichte, veränderte sich die Lage im Osten noch einmal dramatisch. König Nikomedes IV. von Bithynien war nach seiner Niederlage gegen Mithridates nach Rom geflüchtet, wo er Kontakte zu einflussreichen römischen Politikern suchte. 84 v. Chr. erhielt er sein Königreich zurück. Er vermachte es der römischen Republik, und so entstand nach seinem Tod die Provinz Bithynia (74 v. Chr.). Mithridates VI. fühlte sich bedroht. Wann würde sein Königreich an der Reihe sein? Und so stürzte er sich noch einmal in einen Krieg gegen die übermächtige Weltmacht. Noch im selben Jahr begann der Dritte Mithridatische Krieg. (Den Zweiten Mithridatischen Krieg hatte schon 83 v. Chr. der von Sulla eingesetzte Statthalter von Asia, Lucius Licinius Murena, mutwillig angefangen, wobei es ihm nur darum gegangen war, militärische Lorbeeren zu ernten, um in Rom einen Triumph feiern zu können. Mithridates brachte ihm eine vernichtende Niederlage bei, zog sich aber auf ein Machtwort Sullas wieder zurück. Den Murena berief Sulla von seinem Posten ab, gewährte ihm jedoch in Rom den von ihm ersehnten Triumph.)

Wie beim ersten Mal begann Mithridates auch den dritten Krieg gegen Rom mit einem großen Paukenschlag. Seine Truppen überrannten Bithynien im Sturm und besiegten das Heer und die Flotte des Konsuls Marcus Aurelius Cotta, der sich an den Bosporos zurückgezogen hatte, vor Chalkedon. Es war der zweite Konsul, Lukull, der zusammen mit seinen tüchtigen Unterführern die Wende zugunsten der Römer herbeiführte und den griechischen Städten eine nochmalige gefährliche Entscheidung für die eine oder andere Seite ersparte.

Heutzutage ist Lukull einer breiteren Öffentlichkeit nur noch als Verfasser eines Kochbuchs bekannt, und wenn eine Speise köstlich ist, dann nennt man sie manchmal auch lukullisch. Aber er war nicht nur ein Genießer. Und dekadent war er schon gar nicht, sondern er war ein sehr talentierter und zugleich ein relativ humaner Stratege. Den nach dem Ersten Mithridatischen Krieg finanziell schwer belasteten Städten in Asia half er durch mehrere Neuregelungen aus der Klemme, so dass sie ihre von Sulla auferlegten Kontributionen in vier Jahren abtragen konnten – sehr zum Ärger römischer Geldverleiher.

Anfangs vermied Lukull den Kampf mit den numerisch überlegenen Heeren des Königs, sondern verlegte ihnen die Nachschubwege und verwandelte so die Stärke seines Gegners in Schwäche. Lukull drang in Pontos ein, wohin vor ihm noch kein Römer gelangt war, unterwarf jene Städte, in denen noch Besatzungstruppen des Königs lagen, und nahm die kampflose Kapitulation von anderen entgegen, bis er schließlich Mithridates bei der Festung Kabeira am nördlichen Oberlauf des Halys stellte und besiegte. Die römischen Soldaten beklagten sich, weil er zu viele Städte kampflos auf seine Seite zog und dort das Plündern verbot. Der König verlor sein letztes Heer, das sich auf der Flucht in alle Richtungen zerstreute. Mithridates musste ganz Pontos aufgeben. Es wurde von Cotta besetzt, der u. a. die mächtige Stadt Herakleia Pontike plündern ließ und zerstörte. 67 v. Chr. wurde er in Rom wegen Unterschlagung eines Teils der Kriegsbeute verurteilt und verlor seinen Sitz im Senat. Der letzte Befehl des Mithridates betraf seine Haremsfrauen, die er allesamt töten ließ, damit sie nicht in die Hände der Römer fielen. Damit hatte er in seinen Augen wenigstens die Ehre gerettet. Dann flüchtete er nach Armenien zu seinem Schwiegersohn Tigranes. Dieser hatte sein Königreich in eine Großmacht verwandelt und hielt damals den größten Teil Syriens besetzt.

Lukull ließ sich auch von diesem orientalischen Großmogul, der sich über die geringe Stärke des römischen Heeres lustig machte, nicht abschrecken, obwohl er sich von seiner Basis, der Provinz Asia, immer weiter entfernte. Trotz der zahlenmäßigen Unterlegenheit seines Heeres besiegte er die beiden Könige in der Nähe der armenischen Hauptstadt Tigranocerta (69 v. Chr.). Die Könige zogen sich ins Hochland von Armenien zurück. Auch dahin folgte ihnen Lukull und besiegte sie ein zweites Mal, bei Artaxata. Wieder wichen die Könige aus. Lukull hätte sie weiter verfolgt, wenn er nicht von einer Meuterei seines erschöpften Heeres zur Umkehr gezwungen worden wäre. Der Rückzug war auch deswegen notwendig, weil Mithridates indessen wieder nach Pontos zurückgekehrt war, neue Truppen gesammelt und 67 v. Chr. den römische Legaten Triarius besiegt hatte. Der Krieg schien kein Ende zu nehmen. Der Senat in Rom war besorgt. Er wünschte keinen römischen Alexander, der, von Ehrgeiz getrieben, immer weiter nach Osten vordrang. Lukull wurde abberufen. Sein Nachfolger wurde Pompeius.

73 v. Chr. brach ein gefährlicher Sklavenaufstand aus. Er war nicht der erste, sondern der dritte große Sklavenaufstand innerhalb von gut 60 Jahren. Gemeinsam war diesen drei Aufständen, dass sie sich zu regelrechten Kriegen auswuchsen. Aber Anlass und Ziele waren verschieden.

Der erste fand auf Sizilien statt und ging von Hirtensklaven aus. Die Mehrheit von ihnen stammte anscheinend aus Kleinasien sowie Syrien und konnte deshalb nicht von den Römern versklavt worden sein. Ihr Anführer Eunūs gab vor, mit der syrischen Göttin Atargatis in Verbindung zu stehen, und hatte offenbar die Illusion, auf Sizilien ein Königtum nach dem Vorbild der Seleukiden gründen zu können. Auf Münzen in seinem Namen nannte er sich „König Antiochos" und schuf sich wohl auch eine Art Königsresidenz. Jedenfalls hielt er sich im Hintergrund und ließ die Kämpfe von seinen Unterführern bestreiten. Die Aufständischen eroberten ganze Städte und siegten zwischen 136 und 133 v. Chr. über sechs römische Heere, bevor sie 132 v. Chr. von dem Konsul Publius Rupilius geschlagen wurden. Kleinere Sklavenaufstände gab es 134 v. Chr. in Attika

(Bergwerkssklaven in Laureion) und auf Delos. Sie wurden von den örtlichen Behörden unterdrückt.

Der zweite Sklavenaufstand fand wieder auf Sizilien statt. Als Marius für den Krieg gegen die Kimbern und Teutonen u. a. Hilfstruppen vom König Nikomedes III. von Bithynien anforderte, soll der König seine Ablehnung damit begründet haben, dass die meisten waffenfähigen Bithynier von römischen Steuerpächtern versklavt worden seien. Abgesehen davon, dass der König sicher stark übertrieb – wie war eine solche Versklavung zustande gekommen, wo der König gegenüber Rom doch nicht steuerpflichtig war? Eine Vermutung ist, dass er sich bei römischen Steuerpächtern viel Geld geliehen und durch den Verkauf bestimmter Gruppen seiner Untertanen seine Schulden abgezahlt haben könnte. Der römische Senat verbot daraufhin, Untertanen römischer Vasallenkönige in römischen Provinzen als Sklaven zu halten. Es erging ein Befehl an den Statthalter von Sizilien, die bithynischen Sklaven zu befreien und als Rekruten an Marius zu überstellen. Der Statthalter ließ 800 Sklaven frei, brach aber auf die energischen Proteste der Sklavenbesitzer hin die Aktion wieder ab. Diese Enttäuschung war es, die die Sklaven zum Aufstand trieb, der drei Jahre (104–101 v. Chr.) dauerte und von dem Konsul Manius Aquilius niedergeschlagen wurde, der später, wie erwähnt, in Kleinasien in die Hände des Mithridates fiel. Auch in Attika scheint es um 100 v. Chr. wieder eine Sklavenrebellion gegeben zu haben.

Gefährlicher war der große Sklavenaufstand von 73 v. Chr., weil er in Italien stattfand. Er ging von nicht mehr als etwa 70 Gladiatoren in Capua aus. Der Anführer war ein Thraker namens Spartacus. Die geflüchteten Gladiatoren verbargen sich zunächst in unwegsamem Gelände am Vesuv, erhielten jedoch bei ihren Plünderungszügen weiteren Zulauf, vor allem von germanischen und keltischen Sklaven. Im Gefolge der Geldwirtschaft und des Agrarkapitalismus war seit dem zweiten Jahrhundert die Zahl der Sklaven stark angestiegen. Aber auch Freie, die durch den Bürgerkrieg ihre Existenz verloren hatten, stießen zu den aufständischen Sklaven. Nach einigen Siegen über kleinere römische Heere schwoll ihre Zahl immer mehr an. Es formierten sich weitere Scharen mit eigenen Führern, Krixos und Oinomaos, die sich aber Spartacus unterstellten.

Der Senat erkannte endlich die Gefahr und schickte 72 v. Chr. die beiden Konsuln des Jahres mit je zwei Legionen ins Feld. Doch auch sie brachten nur einen halben Sieg zustande, bei dem Krixos fiel. Spartacus hatte vor, Italien so schnell wie möglich zu verlassen. Er zog nach Norden und besiegte den Statthalter von Gallia Cisalpina, der ihm den Weg verlegen wollte, wurde dann aber von seinen Anhängern, die anscheinend den Übergang über die Alpen scheuten, gezwungen, wieder in den Süden zurückzukehren. Der Senat wandte sich an den schwerreichen Crassus, der, mit einem prokonsularischen *imperium* ausgestattet, ein Heer von sechs bis acht Legionen auf eigene Kosten auf die Beine stellte. Spartacus gelang es nicht mehr, aus Italien wegzukommen. Der aus den Reden Ciceros berüchtigte Statthalter Verres versperrte ihm das Übersetzen nach Sizilien. Der Prokonsul von Macedonia, Marcus Licinius Lucullus, der jüngere Bruder des Besiegers des Mithridates, verhinderte seine Landung auf dem Balkan. Um Spartacus in Bruttium, der „Stiefelspitze" Italiens, einzuschließen, ließ Crassus einen Erdwall von der Adria bis zum Tyrrhenischen Meer ausheben – ohne Erfolg. Spartacus überwand mit seinen Leuten den Wall ohne Schwierigkeiten. Aber letztendlich gab es für ihn kein Entkommen. Nach und nach wurden Teile seines Heeres von Crassus besiegt, schließlich auch die Hauptstreitmacht unter Spartacus selbst in Lukanien. 6000 Überlebende ließ Crassus längs der Via Appia kreuzigen. 5000 andere, die davongekommen waren und wieder nach Norden zogen, wurden vom Heer des aus Spanien zurückkehrenden Pompeius vernichtet. Trotz ihrer bedrohlichen Größe blieben diese Sklavenaufstände eine Episode ohne weitere Folgen für Rom.

Im Jahr 70 v. Chr. hätte man in Rom eigentlich aufatmen können. In Spanien war der Sertoriuskrieg beendet, auf dem Balkan hatten die Römer die Bedrohung durch die Thraker abgewehrt und sogar eine Reihe von Vasallenstaaten nördlich der makedonischen Grenze geschaffen, in Kleinasien hatte Lukull Mithridates aus seinem Reich in Pontos vertrieben und in Italien waren die Schrecken des Spartacusaufstandes vorüber. Doch gerade in diesem Moment wurde die innere Krise der römischen Republik wieder akut und führte zum Sturz der von Sulla verordneten reinen Senatsherrschaft. Das Volkstribunat als politische Institution war seit dem Ende der sogenannten Ständekämpfe ein viel zu fester Bestandteil der römischen Verfassung geworden, als dass man es politisch hätte dauerhaft mundtot machen können. Im militärischen Bereich hatten die 70er Jahre gezeigt, dass immer wieder die Vergabe von großen speziellen Kampfaufträgen unumgänglich war, aber zugleich für die Republik gefährlich.

Es zeichnete sich ab, dass herausragende Einzelne, gestützt auf solche längerfristigen außerordentlichen Kommandos, dazu im Besitz eines riesigen Vermögens und eines Heeres aus Freiwilligen, eine permanente Sonderrolle außerhalb des verfassungsmäßigen Rahmens für sich in Anspruch nehmen würden. Der Erste dieser Art war Pompeius. Wie vor dem Sertoriuskrieg weigerte er sich, sein Heer zu entlassen und forderte vom Senat die Zustimmung, sich für das Jahr 70 v. Chr. um das Konsulat bewerben zu können, obwohl er noch nie ein Amt bekleidet hatte und außerdem für das Konsulat sechs Jahre zu jung war. Der Senat musste nachgeben. Auch Crassus entließ sein Heer zunächst nicht. Seine Bewerbung um das Konsulat geschah allerdings im Rahmen der Verfassung, denn er war schon Praetor gewesen. Erst im Verlauf ihres gemeinsamen Konsulats entließen, sich gegenseitig misstrauisch belauernd, beide ihre Heere. Das Volkstribunat und die Censoren erhielten ihre traditionellen Kompetenzen zurück und die Senatoren verloren das exklusive Anrecht auf die Geschworenensitze in den Gerichtshöfen. Die Anzahl der Geschworenen wurde auf 900 erhöht und zu je einem Drittel auf Senatoren, Ritter und Aerartribunen, die ein Vermögen unterhalb des Rittercensus hatten, verteilt. Auf diese Weise erhoffte man sich ein höheres Maß an Objektivität bei der Urteilsfindung.

Ein markantes Beispiel für die Untauglichkeit des Systems der römischen Provinzialverwaltung ist die Statthalterschaft des bereits erwähnten Gaius Verres auf Sizilien. Er hatte im römischen Bürgerkrieg ursprünglich auf der Seite der Popularen gestanden, aber dann rechtzeitig den Übertritt zu Sulla geschafft und war 74 v. Chr. zum *praetor urbanus* gewählt worden. Im Jahr darauf erhielt er die Propraetur für Sizilien, die der Senat um ein zweites Jahr verlängerte. Wie viele andere Statthalter nutzte er sein Amt zur persönlichen Bereicherung, indem er u. a. von reichen Provinzialen durch manipulierte Gerichtsverfahren hohe Geldzahlungen erpresste, Kunstgegenstände durch Scheinkauf in seinen Besitz brachte und sich von korrupten griechischen Politikern bestechen ließ. Von alledem merkte der Senat in Rom nichts. Am Ende seiner Amtszeit ließ Verres sich mit einem Monument in Syrakus und Statuen in anderen Städten als *patronus* und *sotḗr* (Retter) der Insel verehren, weil er die Landung des Spartacus mit seinen aufständischen Sklaven auf Sizilien verhindert hatte. Sein Pech war, dass Einige von denen, die er geschädigt und bedroht hatte, nach Rom flüchteten und sich bei ihren *patroni* beschwerten. Dort mussten sie bis zum Ende seiner Statthalterschaft warten, weil ein römischer Amtsträger während seiner Amtszeit nicht zur Rechenschaft gezogen werden konnte. Die *patroni* gewannen nach der Rückkehr des Verres Cicero als Ankläger, der nach ausgiebigen Recherchen auf der Insel erdrückende Beweise lieferte.

Obwohl Verres sich Hortensius, den neben Cicero glänzendsten Redner, zu seinem Verteidiger nahm, musste er sich geschlagen geben, ging noch vor Prozessende ins Exil und wurde zu einer hohen Geldstrafe verurteilt. Aber auch als Verbannter war er noch reich. 43 v. Chr. zog er sich aus unbekannten Gründen die Feindschaft des Marcus Antonius zu und wurde, wie Cicero auch, ein Opfer von dessen „Säuberungen“ (s. u.).

Nach dem Ende ihres gemeinsamen Konsulats hätten Pompeius und Crassus gemäß der sullanischen Ordnung eigentlich als Prokonsuln Provinzen verwalten sollen. Doch beide zogen es vor, in Rom zu bleiben, um das Heft der römischen Politik weiterhin in den Händen zu behalten. Bald ergab sich für Pompeius ein neues Spezialkommando: die Bekämpfung der Piraterie. Das Piratenunwesen hatte sich im ganzen Mittelmeer derart ausgebreitet, dass sogar die Getreidetransporte von Sizilien nach Rom gefährdet waren und dort der Getreidepreis anstieg. Das Seeräuberproblem gab es im östlichen Mittelmeer schon seit der zweiten Hälfte des zweiten Jahrhunderts, seit Rhodos nach dem Dritten Makedonischen Krieg seine Kriegsflotte nicht mehr finanzieren konnte, und die Römer nach der Einrichtung der Provinz Asia anscheinend die pergamenische Flotte aufgelöst hatten. Eine ständige römische Kriegsflotte im ägäischen Raum gab es nicht. Gelegentliche Verfolgungen von Piraten durch römische Statthalter mit Schiffen aus griechischen Städten blieben unzureichend.

101/100 v. Chr. hatte der römische Senat eine gemeinsame Großaktion römischer Statthalter und Kommandeure mit Unterstützung aller Staaten des östlichen Mittelmeerraums organisiert. Dann hatte der Erste Mithridatische Krieg der Piraterie wieder Auftrieb gegeben. 78–74 v. Chr. bekämpfte der Prokonsul Publius Servilius Vatia die Piraten an der südlichen Küste Kleinasiens. Aber das genügte nicht. Die Piraten lauerten überall. Also betraute der Senat den Praetor Marcus Antonius, den Vater des bekannten Marcus Antonius, mit der Piratenbekämpfung im ganzen Mittelmeer. Auch dies war ein Spezialkommando. Antonius operierte zunächst im Westen, ehe er sich das östliche Mittelmeer vornahm, vor allem Kreta. Gerade die kretischen Städte waren wegen ihrer Piraterie berüchtigt. Kaperfahrten hielten sie für ihr gutes Recht, für einen Teil ihrer Freiheit. Entschlossen, diese Freiheit mit aller Kraft zu verteidigen, brachten sie dem Praetor, der sie unterschätzte, 71 v. Chr. eine katastrophale Niederlage zur See bei. Allerdings war ihnen durchaus bewusst, dass dieser Sieg der Anfang von ihrem Untergang sein konnte. Eilig bemühten sie sich in Rom um eine Verständigung. Beinahe wäre sie ihnen sogar gelungen, denn im Senat war man sich unschlüssig.

Doch schließlich stellte der Senat den Kretern ein Ultimatum, in dem er die Auslieferung aller Kriegsschiffe und der für den Sieg verantwortlichen Feldherren, die Stellung von 300 Geiseln und eine Entschädigung von 4000 Talenten Silber forderte. Aber noch hatte der Senat nicht vor, Kreta zu einer römischen Provinz zu machen. Trotzdem lehnten die Kreter ab. Das bedeutete Krieg und wieder die Einrichtung einer neuen Provinz, wenn Rom die kretische Piraterie ein für allemal unterbinden wollte. Der letzte größere Freiheitskampf griechischer Städte gegen Rom war ein Kampf für die Freiheit der Piraterie! Einer der beiden Konsuln des Jahres 69 v. Chr., Quintus Caecilius Metellus – wieder einer der zahlreichen Meteller –, erhielt vom Senat den Kampfauftrag. Er hat die Insel unterworfen. Aber ein leichter Krieg wurde es nicht. Die kretischen Städte leisteten erbitterten Widerstand und errangen sogar noch einmal einen Seesieg.

Dann wurde dieser Krieg von einem viel größeren Unternehmen des Pompeius überlagert. 67 v. Chr. stellte der Volkstribun Aulus Gabinius den Antrag für ein dreijähriges Spezialkommando zur Seeräuberbekämpfung, das zunächst allgemein formuliert war. Doch jeder wusste, dass Pompeius dahintersteckte. Der Umfang übertraf alles bis dahin Übliche: die Befehlsgewalt nicht nur über das Meer, sondern über alle Küstenstreifen bis zu 50 Meilen landeinwärts und eine finanzielle Ausstattung, die es Pompeius ermöglichte, 500 Kriegsschiffe, 5000 Reiter und 120 000 Infanteristen zu rekrutieren. Der Senat lehnte eine derartige Machtkonzentration bei einem Einzelnen ab, und so kam der Beschluss nur unter heftigen Tumulten zustande. Aber augenblicklich sank der Getreidepreis in Rom.

Pompeius vollbrachte eine organisatorische Meisterleistung. Statt, wie Antonius es getan hatte, die Piraten in den einzelnen Regionen nacheinander zu bekämpfen, teilte er den gesamten Mittelmeerraum in 13 Bereiche ein, so dass die Piraten von seinen Legaten überall gleichzeitig auf See und in ihren Stützpunkten an Land bekriegt werden und nicht ausweichen konnten. Schließlich wurden sie bei Korakesion vor der Küste des südlichen Kleinasiens gestellt und in einer Seeschlacht besiegt. Die ganze Aktion war in weniger als drei Monaten beendet. Die gefangenen 20 000 Seeräuber siedelte Pompeius in Soloi in Kilikien als Bauern an und benannte die Stadt – in Nachahmung hellenistischer Könige! – in Pompeiopolis um. Der Dichter Vergil schildert in seinen Georgica einen dieser ehemaligen Seeräuber, der seinen Lebensabend als friedlicher Bienenzüchter verbringt. Anschließend kam es noch zu einem Schlagabtausch zwischen Pompeius und Metellus; denn die Kreter, die ihre Niederlage vor Augen sahen und wenigstens das Schlimmste abwenden wollten, wandten sich an Pompeius und baten ihn, den Metellus abzuziehen und an seiner Statt das Kommando zu übernehmen. Pompeius ging tatsächlich darauf ein und schickte zwei seiner Legaten, die Metellus ablösen sollten. Doch Metellus ließ sich seine Aussicht auf einen Triumph nicht nehmen. Obwohl einer dieser Legaten so weit ging, dass er zwei der von Metellus belagerten Städte persönlich unterstützte, setzte er den Krieg mit aller Energie fort und zwang die Kreter zu Kapitulation. Er hat auch die Provinzialordnung auf der Insel geschaffen.

Indessen erhielt Pompeius schon ein neues Spezialkommando, mit dem er den Krieg gegen Mithridates und den Armenierkönig Tigranes nach der Abberufung Lukulls zum siegreichen Ende führen sollte. Der Initiator dieses Gesetzes war ein Volkstribun namens Gaius Manilius. Im Senat waren die Meinungen geteilt. Die beiden besten Redner ihrer Zeit, Cicero und Hortensius, engagierten sich auf höchstem rhetorischem Niveau; Cicero plädierte dafür, Hortensius dagegen. Ciceros erhaltene Rede *De imperio Gnaei Pompeii* ist bis heute ein Stück lateinischer Literatur.

66 v. Chr. stieß Pompeius mit einem Heer von 50 000 Mann von Kilikien aus nach Pontos vor, also mit einem viel stärkeren Heer, als es dem Lukull zur Verfügung gestanden hatte. Und er profitierte von den Siegen Lukulls. Weder Mithridates noch Tigranes haben es gewagt, sich zu einer Schlacht zu stellen. Den Partherkönig Phraates III., den Feind des Tigranes, gewann er für sich, indem er mit ihm den Euphrat als Grenze zwischen dem römischen Machtbereich und dem Partherreich vereinbarte. Diese Grenzziehung hat bis auf kurze Unterbrechungen bis in die Spätantike gehalten. Mithridates entkam den Römern nur knapp und flüchtete nach Kolchis. Tigranes, der indessen mit seinem Sohn zerstritten war, unterwarf sich den Römern. Pompeius zerschlug die armenische Großmacht und teilte sein Reich zwischen ihm und seinem Sohn auf, eine echt römische Lösung. Bei einem Abstecher in den Kaukasus kam es 65 v. Chr. zu harten Kämpfen.

Anschließend marschierte Pompeius in Syrien ein. Der Feldzug war eher ein „militärischer Spaziergang“, ohne eine einzige große Feldschlacht: So schwach war der hellenistische Osten geworden. In Syrien herrschte seit langem politisches Chaos. Von Rachedurst und vagen Hoffnungen getrieben kämpften Brüder und Vettern aus dem Seleukidenhaus wie die Helden der großen Tragödien schon ein halbes Jahrhundert gegeneinander, unter reger Beteiligung der

Parther, arabischer Stämme, des jüdischen Staats der Hasmonaier und der Ptolemaier. Daneben stritten sich diverse kleine Potentaten und Räuberhauptleute um die letzten Reste des Seleukidenreichs, und an den Küsten hatten sich Seeräuber eingenistet. Lukull hatte noch versucht, den Seleukidenkönig Antiochos XIII. zu stützen und ihn zu einem Garanten der römischen Herrschaft in Syrien zu machen. Für den römischen Senat wäre ein auf Syrien begrenztes Seleukidenreich, das die Armenier und Parther ferngehalten hätte, eine perfekte Lösung gewesen. Doch indessen hatte Antiochos schon wieder einen Rivalen, Philipp II., und herrschte nur noch über die Hauptstadt Antiocheia. Die Selbstzerstörung der Seleukiden dauerte bis zu ihrem bitteren Ende.

Pompeius beseitigte das Königtum der Seleukiden, befreite etliche griechische Städte von lokalen Häuptlingen und von der Unterdrückung durch die Hasmonaier, erstürmte Jerusalem und ersetzte das Königtum der Hasmonaier durch eine Theokratie mit einem Hohepriester als Oberhaupt. Die Einrichtung einer römischen Provinz Syria war nicht mehr zu vermeiden, doch musste Pompeius sie hauptsächlich auf regionale Vasallenkönigtümer stützen, weil es in Syrien nicht genügend Städte gab. Unterwegs wurde ihm der Tod des Mithridates gemeldet, der auf der Krim von seinem Sohn Pharnakes gestürzt und in den Selbstmord getrieben worden war. Auf dem Rückweg in den Westen ordnete Pompeius 63 v. Chr. die Verhältnisse in Pontos. Er fasste das ehemalige Königreich mit Bithynien zu einer gemeinsamen Großprovinz zusammen. Ganz einfach war diese Aufgabe nicht. Denn er konnte dort nicht mehr als die Ansätze zu einer Infrastruktur für die römische Herrschaft schaffen. Wie es die Römer nach 129 v. Chr. im ehemaligen pergamenischen Reich getan hatten, versuchte er die zentrale Verwaltung der Könige durch die Selbstverwaltung der Städte zu ersetzen. Er teilte das Gebiet in elf Stadtbezirke. Nur vier oder fünf davon waren Städte. Der Rest waren einheimische Siedlungen und Festungen, die sich erst zu Städten entwickeln sollten. Damit setzte Pompeius die Urbanisierungspolitik der Diadochenkönige fort. Die schwer zugänglichen Gebiete des Hinterlandes vergab er an einheimische Dynasten. Anders als in anderen Provinzen erhielten diese neu konstituierten Stadtstaaten Verfassungen, die römischen Vorstellungen entsprachen. Anstelle eines städtischen Rates mit einer jährlichen Rotation der Mitglieder wurde nach römischem Vorbild ein Senat eingeführt, dessen Mitglieder von Zensoren auf Lebenszeit berufen wurden und im Fall unwürdigen Verhaltens wieder ausgestoßen werden konnten. Dieser Senat sollte gegenüber den Amtsträgern und der Volksversammlung die führende Institution werden. Doch es gab Ausnahmen: Die Freistädte behielten ihre herkömmliche Verfassung. Es spricht für diese Provinzialordnung, dass sie noch in der Kaiserzeit gültig war.

Schon nach dem Ende des Ersten Mithridatischen Krieges strömten wieder römische und italische Geschäftsleute in den Osten. Die verlockenden Erwerbsmöglichkeiten waren stärker als die Erinnerung an das Massaker von 88 v. Chr. Die Zugezogenen nahmen am kulturellen und kultischen Leben ihrer jeweiligen Stadt teil und erwiesen ihr auch Wohltaten, z. B. durch Gewährung günstiger

Kredite. Auch wuchs das Interesse reicher Römer an der griechischen Kultur und Geschichte; es entstand zudem das Bedürfnis, die Zeugnisse griechischer Architektur auf Bildungsreisen mit eigenen Augen zu sehen. Der bekannteste römische Bildungsreisende ist für die Nachwelt Cicero geworden. Manche Römer erlangten in ihrer Wahlheimat das Recht auf Landerwerb, das eigentlich griechischen Bürgern vorbehalten war. In der ausgehenden Republik nahmen einige Römer sogar das Bürgerrecht ihrer griechischen Stadt an und bekleideten städtische Ämter, ohne das römische Bürgerrecht aufzugeben. Die Unvereinbarkeit des römischen mit einem anderen Bürgerrecht wurde zwar nicht formell aufgehoben, aber immer weniger beachtet. Doch einen bestimmenden politischen Einfluss bekamen diese Römer in griechischen Städten nicht.

In Rom hatte Crassus die Abwesenheit des Pompeius genutzt, um seine Machtposition weiter auszubauen und zwei ebenso ehrgeizige wie skrupellose Nachwuchspolitiker in seine Dienste genommen: einen gewissen Gaius Iulius Caesar, der aus einer der ärmeren patrizischen Familien stammte, und einen gewissen Lucius Sergius Catilina, der sich in der gleichen Lage befand. Caesar stand durch seine verwandtschaftlichen Beziehungen mit Marius und Cinna auf der Seite der Popularen und war während der Diktatur Sullas vorübergehend in Gefahr geraten. Im Dritten Mithridatischen Krieg hatte er sich militärische Meriten erworben. Catilina hatte sich Sulla angeschlossen und im Zuge von dessen „Säuberungen“ selbst enge Verwandte umgebracht.

Trotz der Geldmacht des Crassus konnte sich der Senat in wichtigen Punkten durchsetzen. Er verhinderte den Plan, Ägypten zu einer Provinz zu machen, wohlwissend, dass die Statthalterschaft von Ägypten einem Statthalter eine eigene Machtbasis gegenüber Rom verschafft hätte. Außerdem konnte der Senat unter Ausrufung des Notstandes und der Mobilisierung von Truppen den Putsch des Catilina abwehren. Catilina hatte es zwar bis zum Praetor und anschließend zum Statthalter von Africa gebracht, war aber bei den Konsulwahlen zweimal durchgefallen und wollte sich daraufhin das Konsulat mit Gewalt verschaffen. Während seiner Wahlkampagne hatte er eine erneute Verteilung von Ackerland sowie eine allgemeine Schuldenstreichung versprochen und nach seinem politischen Aus eine buntgemischte Truppe in Etrurien um sich geschart, die aus wirtschaftlichen Verlierern und in ihren politischen Ambitionen Zukurzgekommenen bestand, bereit, einen neuen Bürgerkrieg zu entfachen. Doch fanden er und seine Anhänger bei einem Gefecht mit den Senatstruppen einen schnellen Untergang.

In Rom war der Vollstrecker des Notstandes Marcus Tullius Cicero, ein *homo novus* aus der Ritterschaft, der als Kandidat der Ritter und der Anhänger des Pompeius 63 v. Chr. Konsul geworden war. Seinen Aufstieg in der Politik hatte er sich nicht auf dem Schlachtfeld, sondern als herausragender Redner und Rechtskundiger in zahlreichen politischen Prozessen verdient. Ihm fiel die juristisch umstrittene Aufgabe zu, jene Anhänger des Catilina, die sich noch in Rom befanden, hinrichten zu lassen. Außerdem brachte der Senat – abermals unter

Ausrufung des Notstandes – den Mut auf, einen gewalttätigen Volkstribunen daran zu hindern, per Volksbeschluss Pompeius die Bewerbung um das Konsulat für 62 v. Chr. vom Osten aus zu gestatten. Der Senat bestand darauf, dass für die Bewerbung um ein Konsulat die Anwesenheit in Rom erforderlich war.

Der markanteste Protagonist der Senatsherrschaft war Marcus Porcius Cato, ein Urenkel des berühmten Cato, der bereit war, die Werte, für die sein Vorfahr gekämpft hatte, auch unter Lebensgefahr durchzusetzen, obwohl er unter den damaligen Umständen etwas aus der Zeit gefallen wirkte und das Konsulat nie erreichte, sondern nur bis zur Praetur kam. Crassus, der reichste Mann Roms, signalisierte wenigstens durch seine gemäßigte Lebensführung und seinen bescheidenen Habitus, dass er sich dem *mos maiorum* verbunden fühlte. Im selben Jahr schaffte es Caesar kraft seiner rhetorischen Begabung, zum (lebenslänglichen) *pontifex maximus* gewählt zu werden, was auch ein beachtlicher politischer Erfolg war. Aber als Pompeius 62 v. Chr. mit einem ihm ergebenen Heer und ungeheurer Kriegsbeute nach Italien zurückkehrte, war er der mächtigste Mann in Rom. Zusätzlich zu seinen zahlreichen Klienten in Italien und Spanien hatte er auch in Kleinasien und Syrien eine Klientel gewonnen. Alle Welt schien seinem Wink zu gehorchen. Im Senat hielt man den Atem an. Wie würde er sich verhalten? Würde er mit seinem Heer nach Rom marschieren und sich, wie Sulla, zum Diktator ernennen lassen? Wäre das Ende der Republik gekommen?

Aber entgegen allen Befürchtungen entließ Pompeius sein Heer und begnügte sich damit, seine einzigartige Stellung mit einem noch nie dagewesenen Pomp zu markieren, u. a. mit einem Monument, das ihn als Bezwinger von 14 Potentaten und Völkern feierte – so, wie sich einst Pausanias und Lysander mit ihrer Selbstdarstellung in Delphi über das republikanische Maß hinaus erhoben hatten. Nach dem Vorbild des Theaters in Mytilene auf Lesbos ließ er das erste steinerne Theater in Rom bauen. Nicht mehr das römische Volk schien im Mittelpunkt zu stehen, wie 100 Jahre zuvor Cato gefordert hatte, sondern der große Einzelne. Der Senat versuchte dagegenzuhalten: Nach der Entlassung des Heeres von aller Furcht befreit, unterzog er die Maßnahmen des Pompeius im Osten einer genauen Überprüfung und verweigerte den Veteranen des Pompeius die Versorgung mit Land.

Der Gegenschlag der mächtigen Einzelnen ließ nicht lange auf sich warten. Caesar, der sich für seine politische Laufbahn hoch verschuldet hatte, aber als Praetor in Südspanien durch Kriegsbeute zu Geld gekommen war, wurde mit Unterstützung des Pompeius und Crassus 59 v. Chr. Konsul. Seine beiden Förderer, die im Hintergrund ihre Macht ausübten, trafen mit ihm die Absprache, gemeinsam dafür zu sorgen, dass in der römischen Politik nichts geschehe, was den Interessen eines der drei zuwiderliefe. Dieses politische Bündnis, das den Senat praktisch lahmlegte, ist in die Geschichte als Erstes Triumvirat (Dreimännerbund) eingegangen.

Caesar war trotz seiner politischen Erfolge noch immer der Schwächste der drei und musste für die beiden anderen gleichsam die Kohlen aus dem Feuer holen, während diese sich bequem im Hintergrund hielten. Unter Missachtung des Vetos seines Mitkonsuls Marcus Calpurnius Bibulus und durch den Terror der Straße setzte er u. a. die Abfindung der Veteranen des Pompeius mit Land und die Ratifizierung seiner Maßnahmen im Osten durch. Ferner beschränkte er die Befugnisse der Statthalter in den Provinzen. Die Verbesserung der Provinzialverwaltung ist ihm immer ein Anliegen gewesen. Pompeius versuchte er an sich zu binden, indem er ihm seine ca. 30 Jahre jüngere Tochter Iulia zur Ehe andiente. Doch wegen der zahlreichen Gewalttaten, die der Volkstribun Publius Vatinius mit Schlägerbanden in seinem Auftrag organisiert hatte, musste er zu Recht befürchten, dass seine Gegner ihn nach dem Ende seines Konsulats mit Prozessen fertigmachen würden. Fortan war er nicht nur ein vom Ehrgeiz Besessener, sondern zugleich ein Getriebener. Die einzige Lösung für ihn war, nie wieder ohne ein Amt dazustehen, denn ein Amtsträger konnte nicht strafrechtlich verfolgt werden.

Es gelang ihm, in seiner Eigenschaft als Konsul den Aufgabenbereich *(provincia)* Gallia Cisalpina und Illyricum zu erhalten, der auf Antrag des Pompeius noch auf Gallia Narbonensis erweitert wurde. Entscheidend war, dass er diese *provincia* bis zum 1. März 55 v. Chr. behalten durfte, so dass sein Konsulat unmittelbar in eine mehrjährige Statthalterschaft als Prokonsul überging. Vatinius schützte er, indem er ihn nach dem Ende seines Volkstribunats als Legat in Gallien einstellte. Crassus und Pompeius benötigten also einen neuen Demagogen, der die Straße mobilisieren und Druck auf den Senat ausüben konnte. Sie fanden ihn in Publius Claudius Pulcher, obwohl er von Haus aus Patrizier war. Er hatte die Eigenschaft, überall, wo er sich aufhielt, Skandale und Aufruhr zu erregen, wobei er durchaus in Kauf nahm, dass er dabei gelegentlich in Lebensgefahr geriet. Nachdem er sich in den Plebejerstand hatte versetzen lassen, wurde er 58 v. Chr. Volkstribun und unter dem Namen Clodius bald ein Abgott der unteren sozialen Schichten, der Rom in einen Hexenkessel verwandeln konnte, in dem sich niemand mehr sicher fühlte.

Bald emanzipierte er sich von seinen mächtigen Hintermännern. Er gründete eine neue Organisation zur Mobilisierung der Massen, erweiterte die staatlichen Getreidesubventionen, schwächte die Befugnisse der Censoren und zwang Cicero wegen der umstrittenen Hinrichtung der Anhänger Catilinas vorübergehend ins Exil. Auf Veranlassung des Pompeius stellte der Senat eine Truppe aus Schlägern und Gladiatoren unter Führung des Volkstribuns (57 v. Chr.) Titus Annius Milo auf, die dem Pöbel des Clodius Paroli bieten sollte. Daraufhin konnte Pompeius die Rückberufung Ciceros durchsetzen, den die Triumvirn bald darauf zu ihrem politischen Erfüllungsgehilfen degradierten. 56 v. Chr. kam es auf Initiative Caesars, der von Gallien aus die Ereignisse in Rom aufmerksam verfolgte, zu einer Erneuerung des Triumvirats, woraufhin im Jahr darauf Pompeius und Crassus abermals zusammen Konsuln wurden, mit der Perspektive, anschließend fünfjährige Spezialkommandos zu erhalten, Pompeius in Spanien, Crassus in Syrien.

Während Pompeius weiteren Kriegsruhm nicht mehr benötigte, so dass er nach seinem Konsulat in Rom bleiben und seine Statthalterschaft in Spanien von seinen Legaten verwalten lassen konnte, und Caesar die römische Öffentlichkeit mit immer neuen Siegesmeldungen aus Gallien fütterte, brauchte Crassus einen ähnlich spektakulären militärischen Triumph, um mithalten zu können. Da er Ägypten nicht haben konnte, hatte er sich die Eroberung von Mesopotamien ausgesucht. So kam ein völlig unprovozierter Angriffskrieg gegen das Partherreich aus rein innenpolitischen Machtkämpfen zustande.

Im Verhältnis zum aufstrebenden Partherreich hatten die Römer seit dem Feldzug des Pompeius im Osten die Oberhand. Der Partherkönig Phraates III. hatte mehrere Vertragsverletzungen des Pompeius kampflos hingenommen, was Crassus wahrscheinlich als Schwäche auslegte. Nach einem kurzen Vorstoß ins Zweistromland 54 v. Chr., wo die dortigen griechischen Städte die Römer bereitwillig aufnahmen und sich von römischen Garnisonen sichern ließen, erfolgte der eigentliche Angriff des Crassus nach umfangreicher Rüstung erst im Jahr darauf. Er endete mit einer Katastrophe bei Karrhai in Nordmesopotamien. Die Römer, die nur über eine völlig unzureichende Reiterei verfügten und in dem Wüstengelände kein befestigtes Lager errichten konnten, wurden von der parthischen Reiterei mit einem nicht enden wollenden Pfeilhagel überschüttet und regelrecht dezimiert. Der jüngere Sohn des Crassus, der sich unter Caesar im Krieg in Gallien ausgezeichnet und mit 1000 keltischen Reitern seinen Vater in Mesopotamien unterstützt hatte, fiel im Kampf. Auf dem Rückzug wurde Crassus von einheimischen Führern in eine Falle gelockt und von seinem demoralisierten Heer zu Kapitulationsverhandlungen genötigt. Als er einen Entführungsversuch durch die parthischen Unterhändler befürchtete und sich wehren wollte, wurde er im Handgemenge getötet. Sein Kopf wurde an den Partherkönig geschickt. Die römischen Gefangenen siedelte Phraates in Merv, südlich des Aralsees, an. Erst 20 v. Chr. erreichte Augustus auf dem Verhandlungsweg, dass die Überlebenden ins römische Reich zurückkehren konnten und die Parther die erbeuteten römischen Feldzeichen zurückgaben.

Der Tod des Crassus veränderte die politische Lage in Rom. Es gab nicht nur kein Triumvirat mehr, sondern auch das Verhältnis zwischen Pompeius und Caesar verschlechterte sich. Als Milo 53 v. Chr. für das Konsulat im folgenden Jahr kandidierte, stiftete Clodius derartige Unruhen an, dass keine Konsulwahlen stattfinden konnten. Die chaotischen Zustände steigerten sich noch, als sich Clodius Anfang 52 v. Chr. um die Praetur bewarb und bei einer zufälligen Begegnung seiner Schlägerbanden mit denen Milos außerhalb Roms schwer verwundet wurde und kurz darauf starb. Der stadtrömische Mob war außer sich. Man verbrannte die Leiche des Clodius in der *Curia Hostilia,* dem Versammlungsort des Senats, und setzte das ehrwürdige Gebäude anschließend gleich mit in Brand, als sollte der Senat mit Clodius zusammen untergehen.

Das war endgültig zu viel. Der Senat rief den Notstand aus und konnte Pompeius an sich binden, so dass die Jahre 51 bis 49 v. Chr. im Zeichen der Optimaten standen. Zur Bekämpfung des Chaos wurde Pompeius 52 v. Chr. einige Monate lang alleiniger Konsul *(consul sine collega)*, mit dem Auftrag, Truppen auszuheben und Rom von den politischen Banden zu befreien. Andererseits duldete Pompeius keine optimatische Klüngelwirtschaft. Das zeigte der Prozess gegen Milo wegen der Tötung des Clodius, der unter starken militärischen Sicherheitsvorkehrungen stattfand. Obwohl viele Optimaten Milo zu retten versuchten und Cicero ihn verteidigte, wurde Milo verurteilt und musste ins Exil in die föderierte Stadt Massalia gehen, das heutige Marseille. Überhaupt war das Verhältnis zwischen den Optimaten und Pompeius nicht frei von Spannungen und ist selbst bei der gemeinsamen Abwehr gegen Caesar im Bürgerkrieg so geblieben. Für die Optimaten war Pompeius im Vergleich zu Caesar lediglich das geringere Übel.

Für Caesar kam es darauf an, auf dem Weg über sein Provinzkommando eine Machtstellung zu gewinnen, die ihm nach dem Ablauf seiner Statthalterschaften eine sichere Rückkehr nach Rom ermöglichen würde. Vom Senat hatte er keineswegs den Auftrag erhalten, die direkte römische Herrschaft über die Provinz Gallia Narbonensis hinaus zu erweitern. Er sollte lediglich das Vorfeld der römischen Provinz überwachen, um mit diplomatischen und notfalls auch militärischen Mitteln Machtkonstellationen zu verhindern, die sich zu einer Bedrohung für die römische Provinz zusammenbrauen könnten.

Das freie Gallien, nach der Haartracht seiner Bewohner Gallia Comata (das „langhaarige Gallien") genannt, hatte ca. fünf Millionen keltische Einwohner, in über 100 Stämme geteilt, von denen die meisten von einer Aristokratie beherrscht wurden. Eine privilegierte Stellung nahm die Priesterschaft der Druiden ein, die als einzige schriftliche Aufzeichnungen machte und dabei die griechischen Buchstaben verwendete, die aus Massalia zu den Kelten gelangt waren. Die verschiedenen Stämme führten häufig Kriege gegeneinander und waren durchaus bereit, sich dabei militärischer Unterstützung von außerhalb Galliens zu bedienen. So riefen die Sequaner in ihrem Krieg gegen die Haeduer, den größten Stamm in Gallien, den Germanenkönig Ariovist zu Hilfe. Vergeblich bemühten sich die Haeduer um römische Unterstützung. Als sich Ariovist jedoch nach dem gemeinsamen Sieg (61 v. Chr.) im Gebiet der Sequaner festsetzte, schlossen diese ein Bündnis mit ihren besiegten Feinden, um ihn zu vertreiben.

In Rom sah man in Ariovist keine Gefahr. Im Gegenteil: Der römische Senat erkannte seine Herrschaft auf gallischem Boden an und verlieh ihm 59 v. Chr., im Konsulatsjahr Caesars, den Titel *rex et amicus populi Romani*. Als Statthalter nahm Caesar eine andere Haltung ein. Ihm ging es darum, Krieg zu führen, um durch neue Siege seine Machtbasis in Rom zu erweitern. Nachdem er den Helvetiern, die in Gallien eingedrungen waren, den Weg durch die römische Provinz verlegt hatte, griff er sie außerhalb seiner Provinz an, was römischen Statthaltern eigentlich verboten war, und besiegte sie. Dann forderte er den König Ariovist schroff zum Abzug aus Gallien auf. Als er sich erwartungsgemäß weigerte, griff Caesar ihn an – gegen die Bedenken seiner Offiziere, die diesen Krieg nicht als „gerecht" im römischen Sinn empfanden.

Caesar hat diesen Krieg sowie alle seine weiteren Kriegszüge in Gallien in seinen *Commentarii de bello Gallico* natürlich als notwendige Verteidigungsmaßnahmen dargestellt und mit dieser verlogenen Rechtfertigungsschrift ganz nebenbei eines der brillantesten Stücke lateinischer Literatur geschaffen, dessen nüchterner und klarer Stil etwas von seinem genialen Talent erkennen lässt, Dinge in den Griff zu bekommen. (Dass er nebenbei mit keltischen Frauen Scharen von unehelichen Kindern zeugte, und seine Offiziere und Soldaten es wahrscheinlich ebenso trieben, verschweigt er natürlich diskret.) Trotz seiner militärischen Begabung: Seinen Sieg über Ariovist hatte Caesar vor allem Publius Licinius Crassus zu verdanken, der in einem entscheidenden Augenblick die Initiative ergriff und mit Truppen aus der Reserve den Durchbruch erzielte. Er war jener Sohn des Triumvirn Crassus, der fünf Jahre später in der Schlacht bei Karrhai gefallen ist. Ariovist flüchtete über den Rhein, und Caesar beschloss, ein für allemal dafür zu sorgen, dass keine Germanen mehr den Rhein überschreiten würden. Dieser Beschluss bedeutete eigentlich schon eine wie immer geartete Vorherrschaft zumindest über große Teile der Gallia Comata. Caesar betrieb also eine offensive Politik, die zu der defensiven Ausrichtung der Senatspolitik im Widerspruch stand. Der römische Expansionismus war kein Teil der Außenpolitik mehr, sondern durch innenpolitische Auseinandersetzungen verursacht.

Als er nicht in seine Provinz zurückkehrte, sondern sein Heer im Gebiet der Sequaner überwintern ließ, erhob sich im darauffolgenden Jahr heftiger Widerstand. Die Nervier, ein Stamm der kriegerischen Belger, bei denen noch das Königtum erhalten geblieben war, entschlossen sich zu einem Überraschungsangriff und hätten Caesar beinahe besiegt, wäre er nicht von seinen tüchtigen Legaten gerettet worden. Danach schien ganz Gallien in nur zwei Jahren unterworfen.

Die beabsichtigte Wirkung auf die öffentliche Meinung in Rom blieb nicht aus. Sogar der Senat beschloss ein 15-tägiges Dankesfest, was zuvor noch nie geschehen war. Caesars militärischer Ruhm überstrahlte mit einem Mal den des Pompeius. Doch die Nachricht vom kompletten Sieg erwies sich als falsch. Seine Legaten hatten weiter harte Kämpfe in der Bretagne und in Aquitanien zu führen, an denen er sich selbst nur teilweise beteiligen konnte, weil er von Gallia Cisalpina aus seine politischen Interessen in Rom wahrnehmen musste. In diesen Fällen fungierte der Legat Titus Labienus als sein Stellvertreter.

In der Bretagne ließ Caesar 56 v. Chr. den Stamm der Veneter ausrotten, d. h. alle Mitglieder des Rates hinrichten und die Bevölkerung in die Sklaverei verkaufen. 55 v. Chr. überlistete er die Germanenstämme der Usipeter und Tenkterer, die in Gallien eingedrungen waren und um Zuweisung von Siedlungsland baten, indem er sie während der Verhandlung mit ihren Führern plötzlich angreifen und niedermetzeln ließ. Der Eindruck in Rom war so miserabel, dass Cato im Senat die Auslieferung Caesars an die übrig gebliebenen Germanen verlangte und der Senat eine Untersuchungskommission bildete.

Um andere Germanen abzuschrecken, führte Caesar seine Truppen auf einer eilig gebauten Pontonbrücke über den Rhein, was er 53 v. Chr. wiederholte: eine Drohgeste und Demonstration technischer Überlegenheit. Ebenso dienten seine beiden Landungen in Britannien (55 und 54 v. Chr.) lediglich der Abschreckung, weil zwischen den Kelten zu beiden Seiten des Ärmelkanals enge Beziehungen bestanden. Auch danach war Caesars Herrschaft in Gallien noch nicht gefestigt. Noch 54 v. Chr. erlitten die Römer eine schwere Niederlage durch die Eburonen. 52 v. Chr. stand noch einmal alles auf des Messers Schneide, als eine breite Koalition keltischer Stämme unter der Führung des Fürsten Vercingetorix zum Angriff auf die Provinz Gallia Narbonensis überging.

In dieser schwierigen Lage entfaltete Caesar seine überragende Befähigung als Feldherr, womit er sich in der Geschichte einen gleichen Rang wie Alexander der Große, Hannibal und Scipio Africanus erwarb. Mit eisernen Nerven und der verblüffenden Geschwindigkeit seiner Heeresbewegungen riss er die Offensive an sich und düpierte die numerische Übermacht seiner Gegner. Diese ließen sich nicht auf eine Feldschlacht mit der überlegenen römischen Infanterie ein, sondern versuchten mit ihrer Reiterei und der Taktik der „verbrannten Erde" den Römern den Nachschub abzuschneiden. Der anfängliche Erfolg schien ihnen Recht zu geben. Caesar musste die Belagerung der von Vercingetorix verteidigten Festung Gergovia aufgeben und steckte eine herbe Niederlage ein. Daraufhin warb er germanische Reiter an, deren Überlegenheit über die keltischen er beobachtet hatte und deren Einsatz sich wenig später bewährte.

Die schwierigste Lage entstand, als Caesar 52 v. Chr. die Festung Alesia belagerte, die wieder von Vercingetorix verteidigt wurde, und kurz darauf ein gallisches Entsatzheer im Anmarsch war. Die Römer, die die Festung mit einem Wall eingeschlossen und gleichzeitig ihr Lager hinter einem äußeren Wall weitgehend verschanzt hatten, waren Belagerer und Belagerte zugleich, bis das gallische Belagerungsheer durch zahlreiche Gefechte am Wall und außerhalb der Befestigung ermattet war und abzog. Bei diesen Kämpfen exponierte sich Caesar mehrfach an vorderster Front. Vercingetorix, dem der Ausbruch aus der Festung nicht gelungen war, musste kapitulieren. 46 v. Chr. wurde er in Rom hingerichtet. Die letzten Kämpfe in Gallien fanden noch 51/50 v. Chr. statt. In seiner Provinzialordnung hat Caesar nicht alle unterworfenen Gallier zu tributpflichtigen Untertanen degradiert, sondern einer erstaunlich hohen Zahl von Stämmen einen privilegierten Status in der Form von Föderierten gewährt. Divide et impera?

Caesar hatte sich durch seinen Krieg in Gallien eine Hausmacht geschaffen wie kein anderer. Er gebot über ein kampferprobtes Heer von nicht weniger als zehn Legionen. Er hatte einen immensen Reichtum zusammengeraubt und seine

Soldaten mit doppeltem Sold und fetter Kriegsbeute an sich gebunden. Und seine Streitmacht stand sozusagen unmittelbar vor der Haustür Italiens. Außerdem hatte er sich mit den in Gallien geraubten Schätzen das Wohlwollen nicht nur vieler Leute in Rom, sondern auch zahlreicher Potentaten und Städte im ganzen Reich erkauft, denen er großzügige Geschenke zukommen ließ, um die Klientel des Pompeius zu unterminieren. Trotz allem war ihm nur allzu bewusst, dass es seine Gegner in Rom kaum erwarten konnten, ihn nach dem Ende seiner Statthalterschaft vor Gericht zu ziehen.

Also strebte er ein neues Konsulat an, das sich unmittelbar an seine Statthalterschaft anschließen und ihn seinen Anklägern entziehen sollte. Dabei berief er sich auf seine persönliche *dignitas*, aus der er einen Anspruch auf eine Sonderstellung ableitete. In griechischer Terminologie war das nichts anderes als Hybris, auch wenn Caesar ein Getriebener war. Mit seiner Auffassung, dass ihm Ruhm und Ehre mehr wert seien als sein Leben, unterschied er sich nicht von vielen anderen römischen Aristokraten. Doch darin, dass ihm der persönliche Ruhm mehr wert war als die römische Republik – darin stand er vielen griechischen Aristokraten näher.

Sein Sachwalter in Rom war ein Volkstribun des Jahres 50 v. Chr., Gaius Scribonius Curio, dessen Schulden er übernahm. Die Verhandlungen, die auch durch etliche juristische Probleme erschwert wurden, führten zu keinem Ergebnis. Alle Vermittlungsversuche schlugen fehl. Der Senat wurde von einer kleinen Gruppe von Caesargegnern, wohl kaum mehr als 20, die ganz auf den Schutz durch Pompeius setzten, zu einer unnachgiebigen Haltung bestimmt. Unter ihnen war Cato. Die beiden Volkstribunen, die sich 49 v. Chr. für Caesar einsetzten, Quintus Cassius Longinus und Marcus Antonius, mussten als Sklaven verkleidet aus Rom flüchten, um ihr Leben zu retten. Der Senat rief den Notstand aus.

Um seinen Gegnern keine Zeit zur Rüstung zu lassen, ergriff Caesar sofort die Initiative. Mit einem Zitat aus einer Komödie des Menander, „Der Würfel sei geworfen" (nicht: „Der Würfel ist gefallen", wie oft gesagt wird) – einer reichlich frivolen Geste angesichts eines bevorstehenden Bürgerkriegs – überschritt er mit seinem Heer den Grenzfluss Rubicon und eröffnete die Kampfhandlungen.

Die Stadt Corfinium, wo entgegen dem ausdrücklichen Befehl des Pompeius an die 50 Optimaten aus dem Senatoren- und Ritterstand mit Senatstruppen Widerstand leisten wollten, zwang Caesar nach gut einer Woche zur Aufgabe. Die Kapitulanten ließ er ihrer Wege gehen, die erste Geste seiner später viel zitierten *clementia*, mit der er sich von der radikalen Grausamkeit Sullas unterscheiden und seine Gegner, die er verachtete, zur inneren Kapitulation nötigen wollte. Dementsprechend versuchte er während des ganzen Bürgerkrieges immer wieder zu verhandeln. Caesars Truppen überrannten Italien in zwei Monaten. Pompeius konnte sich mit seinem Heer mit Mühe und Not noch in den Osten absetzen. Die meisten Senatoren schlossen sich ihm an und versammelten sich in Thessalonike.

Cicero schwankte eine Zeitlang. Caesar hätte ihn aus propagandistischen Gründen gern in Rom gehalten. Aber schließlich entschied sich der Konsular, der noch an die römische Republik glaubte, doch dafür, dem Exilsenat zu folgen. Die Republik befand sich auf ihrem absoluten Tiefpunkt: Der Senat, das Machtzentrum des römischen Staates, war aus Rom und Italien vertrieben! Er hatte nicht einmal die Staatskasse mitnehmen können. Auf dem Balkan hatte Pompeius genügend Zeit für umfangreiche Rüstungen, zu denen die östlichen Provinzen und Vasallenstaaten viel beitragen mussten. Der Reichtum des hellenistischen Ostens sollte herhalten, um die römische Republik zu retten. Caesar musste erst nach Spanien eilen, um zu verhindern, dass die dortigen Streitkräfte des Pompeius ihm in den Rücken fielen, wenn er sich nach Osten wenden würde. Es gelang ihm, diese Truppen ohne eine Schlacht zur Übergabe zu zwingen. Curio vertrieb mit seinen Truppen Cato aus Sizilien, wurde jedoch bald darauf in Afrika von König Juba I. besiegt und fiel.

Um einen Rest von Verfassungsmäßigkeit vorzutäuschen, ließ Caesar sich zunächst von dem Praetor Marcus Aemilius Lepidus, der später noch eine wichtige Rolle spielen sollte, zum *dictator* ernennen. Dann hielt er in dieser Funktion Konsulwahlen ab und ließ sich zusammen mit Publius Servilius Isauricus zu einem der beiden Konsuln des Jahres 48 v. Chr. wählen. Das war es, was er eigentlich in den Verhandlungen vor Beginn des Bürgerkrieges angestrebt hatte. Eine verkehrte Welt: Die Konsuln in Thessalonike konnten keine Konsulwahlen für das nächste Jahr abhalten, weil Konsulwahlen nur in Rom stattfinden durften.

Als Pompeius seine Streitkräfte als ausreichend gerüstet ansah, führte er sie an die adriatische Küste, um im folgenden Jahr den Krieg nach Italien zu tragen. Eine Flotte von mehr als 300 Schiffen stand ihm zur Verfügung. Eigentlich hätte Caesar in aller Ruhe abwarten können. Doch auch dieses Mal entschied er sich für die Offensive und überquerte mit kaum mehr als der Hälfte seines Heeres die winterlich-stürmische Adria. Die psychologische Wirkung auf seine Gegner war beträchtlich. Dennoch: Bibulus, sein ehemaliger Mitkonsul von 59 v. Chr., den er damals vom Platz gejagt hatte, unterbrach als Kommandeur der Flotte seine Verbindung nach Italien. Der Tag seiner Rache schien gekommen. Und Pompeius kreiste die Stellungen Caesars ein und schnitt ihm die Versorgung ab. Auch als es Caesar im Frühjahr gelang, den Rest seines Heeres nachzuholen, war er mit ca. 35 000 Mann den etwa 50 000 des Pompeius zahlenmäßig unterlegen. In einem zähen Stellungskrieg blieb Pompeius Sieger. Caesar musste sich nach Thessalien zurückziehen.

Für die meisten Senatoren war der Krieg damit entschieden, und sie handelten unter sich schon die Ämterverteilung für das kommende Jahr und die Aneignung der Güter der Caesar-Anhänger aus. Caesar hat später gesagt, dass Pompeius den Krieg gewonnen hätte, wenn er sofort nachgestoßen wäre. Doch Pompeius glaubte das Risiko einer Schlacht vermeiden und Caesar allein durch die Blockade des Nachschubs zur Aufgabe zwingen zu können. Dass er sich dann doch zu einer Feldschlacht entschloss, lag am Drängen zahlreicher Senatoren, denen die Geduld ausging. So begann Pompeius am 9. August 48 v. Chr. die Schlacht bei Pharsalos in Thessalien. Er setzte voll und ganz auf die Reiterei seines linken Flügels. Sie wurde von Titus Labienus geführt, der noch wenige Jahre zuvor Caesars bester Legat in Gallien gewesen, dann aber zu den Optimaten übergelaufen war. Caesar überraschte die anstürmenden Reiter mit leichtbewaffnetem Fußvolk, das den Reitern mit zu Piken umfunktionierten Wurfspießen wie ein Lanzenwald entgegentrat und so schockierte, dass sie die Flucht ergriffen. Als Pompeius das sah, gab er die Schlacht schon verloren, zog sich in sein Lager zurück und flüchtete dann mit wenigen Begleitern, während sich der größte Teil seines Heeres unter der Führung Catos nach Dyrrhachion zurückzog, wo der Stellungskrieg stattgefunden hatte. Eigentlich wäre es die Aufgabe Ciceros als des ältesten Konsulars gewesen, die Führung zu übernehmen. Doch der lehnte ab und begab sich zurück nach Italien. Das Heer hatte noch die Flotte zur Verfügung und setzte Segel in Richtung Nordafrika, wo Cato wieder auf Pompeius treffen wollte.

Pompeius begab sich über Makedonien zu Schiff nach Mytilene auf Lesbos, von wo er seine Gattin Cornelia mitnahm, und kam auf dem Weg über Zypern in Sichtweite der Stadt Pelusion, der Grenzfestung Ägyptens. Dort wurde gerade wieder einer der ptolemaiischen Familienkriege ausgetragen, diesmal zwischen Ptolemaios XIII. und seiner Schwester, Kleopatra VII.; denn die gemeinsame Regierung des beim Tod Ptolemaios' XII. Zehnjährigen mit seiner 18-jährigen Schwester, die der König verfügt hatte, hatte nicht lange gehalten. Kleopatra hatte versucht, die ganze Macht an sich zu reißen. Aber Ptolemaios stand unter der Vormundschaft eines Dreierrats, der ihn beschützte: zweier Eunuchen, des Finanzministers Potheinos und des Generals Achillas, und eines griechischen Lehrers, Theodotos von Chios. Sie hatten Kleopatra außer Landes getrieben.

Diese war, mit Schätzen ausgestattet, nach Syrien geflüchtet, hatte ein Söldnerheer angeworben und befand sich schon auf dem Rückweg vor Pelusion. Dort verlegte ihr das Heer des Ptolemaios den Weg. Pompeius ließ in einiger Entfernung ankern und bat über einen Boten um Aufnahme. Nach einer Beratung fällte der Dreierrat auf Betreiben des Theodotos den Beschluss, Pompeius zu töten, um Ägypten aus dem römischen Bürgerkrieg herauszuhalten. Dieser Beschluss entsprach einer grundsätzlichen Linie der ptolemaiischen Politik. Man wandte sich an die Römer, wenn man ihrer Unterstützung gegen Rivalen aus der eigenen Familie bedurfte, aber man hütete sich davor, in die Kriege der Römer mit ihren auswärtigen Feinden oder in innerrömische Machtkämpfe hineingezogen zu werden. (Zwei Beispiele: Als Mithridates in seinem Krieg gegen die Römer von Ptolemaios X. Unterstützung zur See verlangt hatte, hatte er eine Absage erhalten, obwohl er zwei ptolemaiische Prinzen in seiner Gewalt hatte. Und ebenso war es wenig später Lukull ergangen, als er im Auftrag Sullas auf der Suche nach Schiffen in Ägypten landete. Ptolemaios IX. hatte ihm einen prächtigen Empfang bereitet und ihn reich beschenkt, aber ohne Schiffe wieder gehen lassen.) Achillas und zwei römische Militärs, die in Ägypten stationiert waren, baten Pompeius, in ihr Fischerboot einzusteigen, da sein Schiff wegen der Sandbänke vor der Küste nicht näherkommen könne, und erstachen ihn während der Überfahrt.

Caesar nahm die Verfolgung des Pompeius sofort auf. Sein Ziel war, ihn gefangen zu nehmen, ehe er neuen Widerstand hätte organisieren können. Er ließ sein Heer in Griechenland zurück und eilte mit der Reiterei zum Bosporos. Beim Übersetzen nach Kleinasien begegneten der Truppe Kriegsschiffe des Pompeius, die sie hätten abfangen können. Doch Caesar überredete den Kommandeur, sich ihm anzuschließen, und kam in den Besitz der Schiffe. Auf der Fahrt durch die Ägäis erhielt er noch Verstärkung von Schiffen griechischer Städte, und so gelangte er mit verblüffender Geschwindigkeit nach Ägypten, nur zwei Tage nach der Ankunft des Pompeius. Dort überreichte ihm Theodotos dessen Kopf und Siegelring.

Caesar soll erschüttert gewesen sein. Er quartierte sich im Königspalast ein und maßte sich gleich die Rolle des Herrn über Ägypten an, forderte eine große Summe Geld, die ihm Ptolemaios XII. für seine damalige Wiedereinsetzung als König mit römischer Hilfe angeblich noch geschuldet hätte, und die Wiedereinsetzung von Kleopatra als Königin. Schließlich hatte Ptolemaios XII. testamentarisch Rom zum Garanten seiner Nachfolgeregelung gemacht. Als er Potheinos und Ptolemaios XIII. zu sich beschied, ließ Potheinos Achillas vorsichtshalber beim Heer zurück. Kleopatra, noch immer außerhalb Ägyptens, witterte ihre Chance. Sie nahm heimlich Kontakt zu Caesar auf und ließ sich bei Nacht in den Palast schmuggeln. Bald ging sie mit Caesar eine Liebesbeziehung ein, aus der ein Sohn, Ptolemaios Kaisar, hervorging, der von den Alexandrinern Kaisarion genannt wurde.

Ob sie wirklich eine Schönheit war, ist umstritten. Auf jeden Fall war die indessen 21-jährige Ptolemaierin eine gerissene Politikerin, ehrgeizig, mutig, skrupellos und hart bis zur Grausamkeit. Dass sie mit diesen Eigenschaften keine Ausnahme war, sondern etliche Vorgängerinnen ähnlicher Art hatte, haben wir schon gesehen. Aber sie ist durch ihre Verbindung mit Caesar und Marcus Antonius für die Nachwelt zur bekanntesten Ptolemaierkönigin geworden. Eine Ausnahme war sie nur darin, dass sie nicht nur Griechisch, sondern auch die ägyptische Sprache beherrschte.

Als Caesar sie wieder in ihre königlichen Rechte einsetzte, löste er heftige Unruhen in Alexandreia aus, die ihn vorübergehend in eine sehr kritische Lage brachten, denn Kleopatra war den Alexandrinern verhasst. Ptolemaios XIII. floh aus dem Palast und fand in der Öffentlichkeit lebhafte Unterstützung. Caesar versuchte die Menge in einer Volksversammlung zu beruhigen, wo er die Wiedereinsetzung Kleopatras als Mitherrscherin rechtfertigte. Ptolemaios kehrte in den Palast zurück. Doch sein Beschützer Potheinos gab nicht auf. Er sandte heimlich Boten zu Achillas und rief dessen Heer heran. Als seine geheimen Verbindungen entdeckt wurden, ließ Caesar ihn hinrichten. Er war das erste prominente Opfer des sogenannten Alexandrinischen Krieges.

Auch alle anderen, die darin verwickelt waren, sollten früher oder später eines gewaltsamen Todes sterben. Arsinoe, die Schwester Kleopatras, entwich zusammen mit ihrem Betreuer Ganymedes, einem Eunuchen, aus dem Palast und schwang sich zur Gegenkönigin und Oberbefehlshaberin des ptolemaiischen Heeres auf, das Achillas in die Stadt geführt hatte. Es handelte sich um 20 000 Infanteristen und 2000 Reiter. Militärisch war es den 4000 Mann Caesars weit überlegen und drängte ihn in die Position eines Belagerten. Während die Ägypter zusätzlich aus dem ganzen Land Mitkämpfer heranzogen, rief Caesar mit heimlichen Boten Unterstützung aus den nächstliegenden Provinzen und Vasallenstaaten zu Hilfe. Es gelang ihm, die ägyptische Flotte in Brand zu setzen und über den Leuchtturm von Pharos eine Verbindung zum Meer herzustellen. Arsinoe ließ Achillas, dem sie diese Schlappe anlastete, beseitigen.

Ihr Betreuer Ganymedes übernahm das Kommando und erwies sich als erstaunlich geschickter Stratege. Umgehend ließ er neue Schiffe herstellen und versuchte den Römern im Palastviertel die Trinkwasserzufuhr abzuschneiden. Bei Bootsgefechten um die Pharosinsel erlitten die Römer empfindliche Verluste. Selbst Caesar geriet in Lebensgefahr und konnte sich nur noch schwimmend retten. Um die Alexandriner zu beruhigen, entsprach er ihren Bitten und ließ Ptolemaios XIII. frei. Dieser übernahm jedoch sofort den Oberbefehl über das ägyptische Heer und bekämpfte Caesar nach Kräften. Befreit wurde Caesar aus dieser gefährlichen Lage von einem Entsatzheer aus Kleinasien, das u. a. mit 3000 Juden verstärkt worden war.

Der Befehlshaber dieses heterogenen Haufens war ein gewisser Mithridates aus Pergamon, der Spross einer Familie, die zu den Anhängern Mithridates' VI. gehört hatte. Er besiegte die Ägypter in einer Feldschlacht. Ganymedes kam auf der Flucht um. Arsinoe geriet in Gefangenschaft. Caesar selbst besiegte die Truppen des Ptolemaios, der auf der Flucht im Nil ertrank. Seine Stelle als Mitkönig Kleopatras wurde seinem jüngeren Bruder übertragen, der als Ptolemaios XIV. ein Schattendasein führte. Mit Kleopatra genoss Caesar nächtliche Gelage bis zum Morgengrauen, obwohl er kein großer Trinker war. Aber in der Ferne ging der Bürgerkrieg weiter. Es war höchste Zeit, von Ägypten aufzubrechen. Um das Land weiterhin im Griff zu behalten, stationierte er dort drei Legionen. Auf dem Rückweg nach Italien musste er sich erst einmal um die Lage in Kleinasien kümmern. Dort versuchte Pharnakes II., der Sohn Mithridates' VI., Pontos zurückzuerobern und hatte schon den römischen Statthalter besiegt. Es sah so aus, als stünde den Römern ein vierter Mithridatischer Krieg bevor. Caesar verstärkte die eine Legion, die er mit sich führte, schnell mit den Resten des geschlagenen römischen Heeres und Truppen des galatischen Vasallenfürsten Deiotaros und besiegte Pharnakes bei Zela. Seine berühmt gewordene Alliteration „*veni, vidi, vici*" (ich kam, sah und siegte), die er nach Rom schickte und später bei seinem

Triumphzug auf einer der mitgeführten Tafeln wiederholen ließ, war etwas übertrieben. Immerhin dauerte die Schlacht vier Stunden. Pharnakes zog sich wieder auf die Krim zurück, wurde dort aber von einem rebellischen General beseitigt, und Caesar vergab sein Reich an Mithridates von Pergamon, als Dank für dessen militärische Hilfe in Ägypten. Ein zweifelhaftes Geschenk, wie sich herausstellte. Mithridates ist wenig später dort gefallen.

Rom versank im politischen Chaos. Es war kein Streit zwischen Optimaten und Popularen, sondern zwischen Gläubigern und Schuldnern, und zwar Schuldnern aus allen sozialen Schichten, weil die Geldwirtschaft durch den Krieg schwer beeinträchtigt worden war. Die Unruhen waren so heftig, dass der (Rest-) Senat in Rom wieder einmal den Notstand ausrief. Bei diesen Unruhen kam auch Milo, der eigenmächtig aus dem Exil in Massalia zurückgekehrt war, ums Leben. In Abwesenheit Caesars wollte man keine neuen Konsuln wählen. Der Konsul Publius Servilius Isauricus ernannte Caesar zum *dictator* für ein Jahr. Sein *magister equitum* wurde Marcus Antonius, der nach der Schlacht bei Pharsalos mit dem größten Teil des Heeres nach Italien zurückgekehrt war. Er hätte der eigentliche Machthaber in Italien sein sollen, war jedoch nicht in der Lage, Ordnung herzustellen. Publius Cornelius Dolabella, der ehemalige Schwiegersohn Ciceros, entfachte als Volkstribun wegen der Schuldenfrage Krawalle, so dass der Senat abermals den Notstand ausrief.

Nach seiner Rückkehr setzte Caesar in der Schuldenfrage einen Kompromiss durch und begnadigte einige Senatoren, die auf der Seite des Pompeius gestanden, aber nach Pharsalos aufgegeben hatten, wie Cicero. Für das Jahr 46 v. Chr. ließ er sich zum Konsul sowie Marcus Aemilius Lepidus zum Mitkonsul wählen und stellte Marcus Antonius wegen seines Versagens politisch kalt. Als es höchste Zeit war, in den Krieg gegen die Pompeianer in Africa aufzubrechen, wurde er mit einer Meuterei seiner Soldaten konfrontiert. Sie hatten einfach keine Lust auf einen neuen Krieg. Mit einer Rede auf dem Marsfeld, wo er ihnen ihre Entlassung anbot, bekam er sie wieder in die Hand. In den afrikanischen Krieg nahm er jedoch nicht sein gesamtes Heer mit, sondern setzte auf Schnelligkeit und vertraute mehr seinem taktischen Talent als numerischer Stärke.

In der Provinz Africa stand ihm eine indessen wieder gut organisierte römische Armee gegenüber, die von dem numidischen König Juba I. unterstützt wurde, der 49 v. Chr. den Caesarianer Curio vernichtend geschlagen hatte. Den Oberbefehl hatte der Ranghöchste, der Konsular Quintus Metellus Scipio, die wirkliche Führung lag jedoch bei Titus Labienus, der Caesars bester Offizier in Gallien gewesen war, aber als Führer der Reiterei des Pompeius bei Pharsalos versagt hatte. Anwesend war auch der älteste Sohn des Pompeius gleichen Namens, während der jüngere Sohn, Sextus, schon dabei war, die Caesarianer aus Spanien zu vertreiben. Die Pompeianer hatten durchaus eine realistische Chance, und in der Tat hätten sie Caesar mit einem Überraschungsangriff beinahe besiegt. In der Entscheidungsschlacht bei Thapsus (6. April 46 v. Chr.) bewies er aber wieder seine taktische Überlegenheit. Cato, der die Verteidigung der Stadt Utica übernommen hatte, tötete sich selbst, weil er nicht in die Gefangenschaft Caesars geraten und schon gar nicht etwa von ihm begnadigt werden wollte. Spätestens durch diesen Freitod wurde er bis in die Neuzeit zu einer historischen Legende. Auch König Juba beging Selbstmord. Labienus und Gnaeus Pompeius entkamen mit dem Rest des geschlagenen Heeres nach Spanien. Der Widerstand der Pompeianer war zäh. Am anderen Ende des Mittelmeeres, in Syrien, zog er Kreise, die sogar über das römische Reich hinausgingen. Dort brachte der römische Ritter Quintus Caecilius Bassus den von Caesar eingesetzten Statthalter zu Fall und wurde von den Parthern unterstützt. Caesar plante daraufhin einen Partherfeldzug.

Nach seiner Rückkehr herrschte Caesar in Rom als *dictator*. Und zwar sollte diese Einjahresdiktatur zehn Jahre lang jährlich erneuert werden, damit das Ganze noch irgendwie republikanisch aussah. In diesem Jahrzehnt sollte er, so hieß es, die römische Republik reformieren, wie es knapp 40 Jahre zuvor Sulla getan hatte. Er feierte einen vierfachen Triumph (über die Gallier, Ägypter, den König Pharnakes in Pontos und den König Juba in Nordafrika), um seine überragenden militärischen Leistungen der Öffentlichkeit noch einmal vor Augen führen. Auch Arsinoe IV., die Schwester Kleopatras, wurde dabei als Besiegte vorgeführt, dann aber freigelassen. (Caesars Siege über Pompeius und die Optimaten mussten unerwähnt bleiben, denn es wäre als Skandal empfunden worden, über römische Bürger zu triumphieren.) Und er warb um die Akzeptanz seiner Gegner, indem er wieder etliche gegnerische Senatoren begnadigte. Einige von ihnen ließ er von Cicero als Anwalt mit großem rhetorischen Aufwand verteidigen. Mit dieser demonstrativen *clementia* wollte er sich noch einmal von der rigorosen Grausamkeit Sullas positiv abheben.

Gleichzeitig ließ er Kleopatra nach Rom kommen, offiziell, um Ägypten in die römische *amicitia et societas* aufzunehmen, d. h. einen formlosen Bündnisvertrag zu schließen. Ägypten sollte nicht zu einer römischen Provinz werden, sondern ein Vasallenstaat bleiben. Caesar wollte das reiche Land keinem Statthalter überlassen, sondern ganz unter seiner Kontrolle haben. Kleopatra, die mit großem Gefolge und östlichem Prunk in Rom auftrat, entfaltete in einer Villa Caesars am gegenüberliegenden Tiberufer eine königliche Hofhaltung mit materiellem und intellektuellem Glanz. Cicero ärgerte sich über ihren „Hochmut" *(superbia)*. Caesar erkannte den Sohn, den sie ihm geboren hatte, als Ptolemaios Kaisar an, verlieh ihm aber nicht das römische Bürgerrecht und hat ihn, wie sich später herausstellte, in seinem Testament nicht berücksichtigt. Vielleicht hätte er sie gern geheiratet und wäre König von Rom geworden, aber so weit konnte selbst er nicht gehen – oder noch nicht gehen. Wer weiß, was geschehen wäre, wenn er länger gelebt hätte? Hatten Antiochos III. und der numidische König Jugurtha geprahlt, Rom kaufen zu können – Kleopatra war nahe daran, es zu verwirklichen.

Noch im selben Jahr musste Caesar zum Krieg gegen die Pompeianer in Spanien aufbrechen, wo die beiden Söhne des Pompeius und Labienus ein Heer von

13 Legionen auf die Beine gestellt hatten. Caesar besiegte sie nach einem langen hin und her wogenden Kampf 45 v. Chr. bei Munda in Südspanien. Es war kein leichter Sieg. Die Lage war zeitweilig für Caesar so verzweifelt gewesen, dass er an Selbstmord gedacht hatte. Labienus fiel, Gnaeus Pompeius wurde später gefangengenommen und hingerichtet, aber Sextus Pompeius entkam und blieb noch über Caesars Tod hinaus ein militärischer und politischer Faktor auf Sizilien. Nebenbei fand Caesar noch genügend Zeit für eine Liebesaffäre mit der Gattin eines mauretanischen Königs.

Nach seiner Rückkehr ließ sich Caesar vom Senat zum *dictator perpetuus* designieren und ab 44 Münzen mit dem Titel *dictator perpetuo* prägen. Damit war unmissverständlich klar, dass er eine Herrschaft auf Lebenszeit beanspruchte. Alle wichtigen politischen Entscheidungen traf er allein mit seinen Beratern, ließ sie aber formal als Senatsbeschlüsse veröffentlichen. Die politische Bedeutung des Senats als Forum politischer Diskussion höhlte er weiter aus, indem er die Mitgliederzahl auf 900 anhob. Die Senatssitzungen wurden zu einer Massenveranstaltung, die nichts Wesentliches mehr zu entscheiden hatte. Den Titel eines siegreichen Feldherrn, *imperator*, machte Caesar zu einem festen Bestandteil seines Namens. Über Sulla soll er sich verächtlich geäußert haben, weil sich dieser nach seiner Staatsreform ins Privatleben zurückgezogen hatte. Da die Bedeutung üppiger Gastmähler für eine politische Karriere gerade in der ausgehenden Republik noch einmal erheblich zugenommen hatte, ergriff er – ausgerechtet er! – die Gelegenheit, als oberster Sittenwächter *(praefectus morum)* den Hüter des *mos maiorum* zu spielen, indem er z. B. eine Höchstzahl von Teilnehmern bei Gastmählern festsetzte und auf die Einhaltung der Gesetze gegen Speiseluxus penibel achtete. Gelegentlich schickte er seine Späher sogar in Privathäuser, wo sie verbotene Delikatessen konfiszierten.

Bei den unteren Bevölkerungsschichten verbreitete sich zunehmend das Bedürfnis, ihm göttliche Eigenschaften anzudichten und ihm kultische Verehrung entgegenzubringen. Auch er selbst rückte sich in eine halbgöttliche Sphäre, als er das *forum Iulium* anlegen ließ, in dessen Zentrum ein Tempel der *Venus Genetrix* auf die göttliche Abstammung seiner Familie, der Iullii, hinwies. Auf diesem Forum gewährte er auch Kleopatra eine vergoldete Statue als Isis, die mit Venus gleichgesetzt werden konnte: eine mystische Symbiose von römisch-aristokratischem Mythos und ptolemaiischer Monarchie. Andere Darstellungen im kultischen Bereich ließen ihn in einem geradezu göttlichen Licht erscheinen. Die Frage nach seiner endgültigen Stellung ließ er bewusst in der Schwebe, wies in der Öffentlichkeit das königliche Diadem zurück, umgab sich aber mit Insignien des altrömischen Königtums, verbunden mit hellenistischen Elementen.

In den östlichen Provinzen hätte man ihn ohnehin am liebsten als König und Wohltäter gesehen. Schon nach seinem Sieg über Pompeius fasste der Provinziallandtag von Asia einen Ehrenbeschluss, in dem er Caesar als auf Erden erschienenen Gott und Retter des Menschengeschlechts apostrophierte. Anlässlich seiner Kalenderreform, an der der Astronom Sosigenes aus Alexandreia mitwirkte, ließ er den Monat Quinctilis in Iulius umbenennen, so dass dieser Monat noch heute Juli heißt. Bei seiner Staatsreform, die hier nur kurz zur Sprache kommen kann, hatte Caesar nicht nur Italien, sondern das ganze römische Reich im Blick und leitete damit schon die von der Forschung so genannte Kaiserzeit ein. Manche Reformen bezweckten eine größere Effizienz und eine Stabilisierung der politischen Verhältnisse in Rom: Die Praetoren- und Quaestorenämter verdoppelte er, verbot Spezialkommandos von über zwei Jahren und schuf die Vorstufe zum ersten stehenden römischen Heer. Damit beendete er die provisorische Handhabung des Senats, die Zahl der aktiven Truppen möglichst klein zu halten und sie nur im Fall eines Krieges durch Aushebungen und Anwerbung von Freiwilligen aufzustocken. Dieses Heer war natürlich auch der stabilste Garant seiner Alleinherrschaft.

Einen besonderen Rang nahmen seine umfangreichen Integrationsmaßnahmen ein: Gallische Adlige mit römischem Bürgerrecht berief er in den Senat, was bei den römisch-italischen Senatoren gar nicht gut ankam. Auf der anderen Seite schickte er zahlreiche Römer, vor allem Freigelassene, als Kolonisten in die Provinzen und verringerte dadurch zugleich die große Zahl der Empfänger von kostenlosem Getreide in Rom, die die Staatskasse belastete. Die Bewohner Oberitaliens, die schon Latiner geworden waren, erhielten das römische Bürgerrecht. Auch in den Provinzen verlieh er Städten, die schon hinreichend romanisiert waren, das römische oder latinische Bürgerrecht. Und etlichen griechischen Städten, die für eine Romanisierung selbstverständlich nicht in Frage kamen, verlieh er Privilegien in der Form von Freistädten *(civitates liberae)*. Die drückende Steuereinziehung durch römische Steuerpächter *(publicani)* schaffte er ab und übertrug dieses Geschäft den Amtsträgern der Städte, so dass die Steuerlast um ein Drittel gesenkt werden konnte. Auf kulturellem Gebiet hatte er vor, Rom zu einem westlichen Alexandreia zu machen, indem er eine große Bibliothek für griechische und lateinische Literatur plante und griechische Ärzte, Gelehrte und Rhetoren mit der Verleihung des römischen Bürgerrechts anlockte, wenn sie Rom als ihren festen Wohnsitz wählten.

Als unmissverständlich klar war, dass Caesar Alleinherrscher auf Lebenszeit bleiben wollte, braute sich in Senatskreisen eine bedrückte Stimmung zusammen. Ein Ausdruck der republikanischen Sehnsüchte war schon die Lobschrift auf den toten Cato gewesen, die Cicero 46 v. Chr. verfasst hatte. Caesar hatte sich davon so getroffen gefühlt, dass er höchstpersönlich einen „Anticato" geschrieben und Cicero zu einer Lobschrift auf sich zu animieren versucht hatte. Doch es blieb nicht bei versteckten literarischen Angriffen und bösartigen Gerüchten. Es bildete sich eine Verschwörung von 60 Senatoren, die in der Ermordung Caesars den einzigen Ausweg sahen. Der Organisator war Gaius Cassius Longinus, der ehemalige Quaestor des Crassus im Partherkrieg. Doch im Mittelpunkt stand Marcus Iunius Brutus wegen seiner Familientradition. Er führte nämlich sein Geschlecht auf jenen legendären Brutus zurück, der angeblich 510 v. Chr. den letzten etruskischen König Tarquinius Superbus vertrieben und die Republik herbeigeführt haben sollte. Brutus und Cassius hatten bei Pharsalos auf der Seite der Optimaten gekämpft, waren aber später von Caesar begnadigt und sogar politisch gefördert worden. Enttäuschte Karrierehoffnungen waren also nicht der Grund für die Entscheidung dieser Männer. Etliche Teilnehmer an der Verschwörung hatten im Bürgerkrieg sogar auf Seiten Caesars gestanden. Die idealistische Einstellung des Brutus kam auch darin zum Ausdruck, dass er die Ermordung des Marcus Antonius ablehnte, um auf die Befreiung Roms keinen Makel fallen zu lassen. Die Zeit drängte, weil Caesar seinen Abmarsch in den Partherkrieg für den 18. März 44 v. Chr. angekündigt hatte. Deshalb musste das geplante Attentat in der letzten Senatssitzung am 15., an den Iden des März, ausgeführt werden. So geschah es. Kleopatra verließ fluchtartig Rom.

Die Attentäter hatten erwartet, als Befreier von der Tyrannis auf dem Forum mit Jubel begrüßt zu werden. Aber nichts davon geschah. Das „Volk" verhielt sich teilnahmslos. Und von einer Gruppe von Veteranen Caesars, die nach Rom gekommen waren, um ihre Abfindung mit Land zu erhalten, ging für sie eher eine Gefahr aus. Mit einem Dankopfer auf dem Kapitol wollten sie ein Zeichen setzen, blieben dort aber unter sich. Sie waren ziemlich ratlos. Die Führer der Caesarianer, der Konsul Marcus Antonius und der *magister equitum* des Diktators Caesar, Lepidus, standen unter Schock und schlossen sich in ihren Häusern ein. Lepidus war als der Einzige, der Truppen in unmittelbarer Nähe zur Verfügung hatte. Aber Antonius verhinderte, dass er gegen die Caesarmörder vorging,

Schnell setzte sich die Erkenntnis durch, dass man die von Caesar getroffenen Entscheidungen beibehalten musste, wenn man ein Chaos vermeiden wollte. Bezeichnend für die Lage war, dass der Senat auf Antrag Ciceros beschloss, dass alle Maßnahmen Caesars gültig bleiben, die Caesarmörder aber gleichzeitig Amnestie erhalten sollten. Antonius wurde geehrt, weil er einen Bürgerkrieg verhindert habe. Publius Cornelius Dolabella, der von Caesar für das nächste Jahr designierte Konsul, trat als dessen Nachfolger sein Amt an und wurde der Kollege des Antonius, denn Caesar war zugleich Diktator und Konsul gewesen.

Am 19. März gab Antonius das Testament Caesars der Öffentlichkeit bekannt. Zu seiner Überraschung musste er feststellen, dass nicht er der Erbe war, sondern dass Caesar drei Viertel seines Vermögens seinem 18-jährigen Großneffen Gaius Octavius vermacht und diesen adoptiert hatte. Ob dieses Testament eine politische Bedeutung haben würde, blieb offen. Immerhin verpflichtete es den Erben, Caesars Vermächtnis an das Volk auszuzahlen. Octavius hielt sich bei dem Heer auf dem Balkan auf, das dort für den geplanten Partherkrieg bereitstand. Einen Tag später hielt Antonius eine Leichenrede *(laudatio funebris)* auf Caesar, die traditionsgemäß eine Lobrede war. Obwohl er es vermied, die Caesarmörder, die vom Ermordeten zu Praetoren des nächsten Jahres designiert worden waren, anzugreifen, blieb ihnen nichts anderes übrig, als Rom zu verlassen. Es war ihnen nicht mehr möglich, ihre Ämter anzutreten. Als Ersatz erhielten sie den Auftrag, auf Sizilien und in Asia Getreide zu beschaffen.

Im Mai 44 v. Chr. kam Octavius in Rom an und forderte von Antonius die Herausgabe seines Erbes. Er hatte ein klares Ziel: die Ermordung Caesars zu rächen, wie es die *pietas* eines Sohnes gegenüber seinem Vater erforderte. Brutus und Cassius erhielten vom Senat pro forma weitere Aufträge, die sie aus Rom fernhielten. Sie haben Rom nie wiedergesehen. Im Juni stellte sich heraus, dass Octavius durchaus in der Politik mitmischen wollte. Geschickt setzte er sich in Szene, als er pompöse Spiele zur Erinnerung an Caesars Siege *(ludi Victoriae Caesaris)* veranstaltete. Zugleich begann er die Führungsrolle des Antonius in Frage zu stellen. Ausschlaggebend wurde in diesem Stadium das Militär. Es kam darauf an, wer von beiden mehr Soldaten für sich gewinnen würde, der erfahrene draufgängerische General oder der unerfahrene junge Mann, der den Namen Gaius Iulius Caesar Octavianus angenommen hatte.

Es stellte sich heraus, dass die meisten Soldaten den Adoptivsohn Caesars favorisierten, zumal er sie am besten bezahlte. Cicero und der Senat glaubten, die Rivalität zwischen den Caesarianern für ihre Zwecke nutzen zu können. Auch sie entschieden sich für den neuen Caesar, den Cicero für den ungefährlicheren der beiden hielt. Im Senat hielt er nicht weniger als 14 Reden, mit denen er Antonius scharf angriff. Er nannte sie nach den Reden, die einst Demosthenes gegen Philipp II. von Makedonien gehalten hatte, Philippische Reden, ohne zu ahnen, dass ihm ein ähnliches Schicksal wie seinem Vorbild bevorstand. Er vermittelte eine Allianz zwischen dem Senat und Octavian, die notgedrungen mit der Legalisierung von Octavians Führung über seine Privatarmee verbunden war.

Antonius versuchte hastig, sich in Gallien eine neue Machtbasis zu verschaffen. Als der Statthalter von Gallia Cisalpina, Decimus Iunius Brutus, der zu den Caesarmördern gehört hatte, sich weigerte, seine Provinz vorzeitig an Antonius zu übergeben, kam es im Dezember 44 v. Chr. doch noch zum Bürgerkrieg, den Alle hatten vermeiden wollen. Decimus Brutus verteidigte erfolgreich die Stadt Mutina gegen Antonius. Der Senat schickte beide Konsuln, Aulus Hirtius und Gaius Vibius Pansa Caetronianus, ins Feld, die von Truppen des neuen Caesar unterstützt wurden. Beide Konsuln fielen im Kampf, aber Antonius wurde schließlich geschlagen und zog sich, von Decimus Brutus verfolgt, nach Südgallien zurück. Rom befand sich im Siegestaumel. Die Republik schien gerettet. Antonius wurde zum Staatsfeind erklärt. Doch bald darauf konnte er in Gallien die Truppen des Lepidus und schließlich die Truppen aller anderen Statthalter für sich gewinnen.

Auch in Italien wandte sich das Blatt. Als der Senat Octavian aufforderte, sein Heer dem Decimus Brutus zu unterstellen, weigerte er sich. Man musste feststellen, dass man ihn unterschätzt hatte. Der junge Mann und seine Berater im Hintergrund waren durchaus gewitzt. Cicero verließ vorsichtshalber Rom; der neue Caesar zog mit einem starken Heer in die Stadt ein, ließ sich zu einem der beiden Konsuln wählen – sein Kollege im Konsulat wurde sein unbedeutender Vetter – und schuf die gesetzlichen Grundlagen für die Verfolgung der Caesarmörder. Decimus Brutus wurde geächtet, geriet bei dem Versuch, sich nach dem Balkan durchzuschlagen, in die Gefangenschaft eines Keltenhäuptlings und wurde auf Befehl des Antonius hingerichtet. Die Ächtung des Antonius und Lepidus wurde aufgehoben.

Im November 43 v. Chr. schlossen der neue Caesar, Antonius und Lepidus in Bononia (Bologna) eine Übereinkunft, fünf Jahre lang die oberste Gewalt im Staat auszuüben, und teilten die westlichen Provinzen unter sich auf. Dieser Bund der „Dreimänner, um den Staat wiederherzustellen" *(tresviri rei publicae constituendae)*, ist in die Geschichte als das Zweite Triumvirat eingegangen. Formal hielten sie sich allerdings so weit an die Verfassung, als sie ihre Beschlüsse nicht im eigenen Namen verkündeten, sondern stets von den zuständigen Amtsträgern und der Volksversammlung beschließen ließen. Da die „Dreimänner" überzeugt waren, den Staat nur dann wiederherstellen zu können, wenn sie möglichst alle Anhänger der Senatsherrschaft ausgerottet hätten, beschlossen sie eine große „Säuberung", der 300 Senatoren und 2000 Ritter zum Opfer fielen. Unter ihnen waren Cicero, sein Bruder und dessen Sohn.

Ciceros Sohn Marcus entging dem Gemetzel, weil er sich zu Studienzwecken in Athen aufhielt. Ciceros Kopf und Hände ließen die Machthaber auf der Rednertribüne des Forum Romanum ausstellen, dem Ort seiner rhetorischen Triumphe. Die Vermögen der Ermordeten dienten den Machthabern für ihre eilige Kriegsrüstung, denn im Osten waren Brutus und Cassius nicht untätig geblieben. Die Triumvirn führten außerdem für alle Bürger und Nicht-Bürger eine hohe Vermögenssteuer ein. Als sie feststellen mussten, dass immer noch nicht genügend Geld zusammengekommen war, kamen sie auf die Idee, eine Liste der 1400 reichsten Frauen zu erstellen, um auch sie mit einer Sondersteuer zu belasten. Aber die Frauen wehrten sich. Als Fulvia, die Gattin des Antonius, sie abwies, versammelten sie sich auf dem Forum Romanum, wo sich Hortensia, die Tochter des berühmten Redners Quintus Hortensius, in einer Rede an die Öffentlichkeit wandte. Tatsächlich hatten sie Erfolg. Statt 1400 wurden nur noch 400 Frauen mit der Sondersteuer belastet. Der restliche Senat spielte eine klägliche Rolle, als er die Triumvirn mit Bürgerkränzen *(coronae civicae)* ehrte – Auszeichnungen, die normalerweise einzelnen Bürgern verliehen wurden, wenn sie einen Mitbürger aus Lebensgefahr gerettet hatten – und sie als „Retter" und „Wohltäter" feierte. Den bevorstehenden Krieg wollten Antonius und Octavian führen, während Lepidus die Stellung in Rom halten sollte.

Brutus und Cassius hatten sich indessen im Osten unter schwerer Belastung der Untertanen Streitkräfte von rund 80 000 Infanteristen und 20 000 Reitern verschafft, bunt gewürfelte Scharen aus den dort stationierten römischen Besatzungstruppen, verstreuten Deserteuren des ehemaligen Heeres des Pompeius, Truppen von Vasallenstaaten, Kelten, Lusitanern, Thrakern, Illyrern, Griechen und Orientalen. Das Aufgebot sah den Heeren der Seleukiden und Ptolemaier schon recht ähnlich. Nur die Elefanten fehlten. In Athen hatte Brutus römische Studenten für seine Sache begeistert, unter ihnen den jungen Horaz, der über Nacht zum Kriegstribun aufstieg. Dort erfuhren die Caesarmörder auch jene Anerkennung, die sie in Rom nicht gefunden hatten. Ihre Statuen wurden neben denen der Tyrannenbefreier Harmodios und Aristogeiton aufgestellt. Theodotos von Chios, der für die Ermordung des Pompeius mitverantwortlich gewesen war und Caesar dessen Kopf überreicht hatte, ließen sie in der Provinz Asia verhaften und hinrichten.

Brutus beherrschte den Balkan, Cassius Syrien, das er von seiner Teilnahme am Partherfeldzug des Crassus her kannte. Nach dem Sieg der Senatsheere über Antonius in Italien hatte der Senat auf Antrag Ciceros ihr illegales Treiben legalisiert und sie mit einem Oberbefehl, einem *imperium maius*, über die ganze Osthälfte des römischen Reiches ausgestattet, ihnen nach der Gründung des Zweiten Triumvirats aber auf Betreiben des Antonius alle Rechte wieder entzogen und sie geächtet. Auf die Nachricht von den Proskriptionen in Rom hin hatte Brutus Gaius Antonius, einen Bruder des Antonius, der auf dem Weg zu seiner Statthalterschaft in Makedonien in seine Hand gefallen war, umbringen lassen. Dolabella hatte sich als Prokonsul mühsam in die ihm zugewiesene Provinz Syria durchgeschlagen, war aber dort von Cassius besiegt worden und hatte Selbstmord begangen.

Die griechischen Städte verhielten sich wie immer. Der Bürgerkrieg der Römer war nicht ihre Sache. Etliche versuchten sich durchzulavieren, so gut es ging, andere nahmen die Gelegenheit wahr, um unter dem Vorwand der Parteinahme für die eine oder andere römische Seite Konflikte untereinander auszufechten, und in manchen Städten brachen innere Gegensätze wieder auf. In Syrien setzte Cassius einige Tyrannen als Platzhalter ein, wie es einst die Antigoniden auf der Peloponnes getan hatten. Größeren Widerstand leisteten nur Rhodos gegen Cassius und der Lykische Bund gegen Brutus, doch wurden sie schnell besiegt.

Mitte 42 v. Chr. veranstalteten Brutus und Cassius eine gemeinsame Heerschau in Sardeis, im Juli führten sie ihre Streitkräfte ins nordöstliche Makedonien, in die Nähe von Philippoi. Die Landung der Caesarianer auf dem Balkan im Spätsommer kam nur unter Verzögerung zustande, weil die Flotte der Republikaner sie behinderte. Kleopatra hatte den Caesarianern Unterstützung mit ihren Schiffen versprochen. Doch ein Sturm hatte ihr Eingreifen verhindert. Das Heer der Caesarianer zählte etwa 100 000 Infanteristen und 13 000 Reiter und war dem Heer der Caesarmörder an Kampfkraft überlegen. Die militärische Führung der Caesarianer hatte Antonius. Er strebte eine schnelle Entscheidungsschlacht an, während Brutus und Cassius, gut verschanzt in zwei Lagern, von Bergen und Sümpfen geschützt, durch ihre Nachschubverbindungen nach Asia ausreichend versorgt, Versorgungsengpässe ihrer Gegner abwarten wollten. Antonius gelang es schließlich, Cassius eine Schlacht aufzuzwingen und ihn zu besiegen. Cassius, der irrtümlich glaubte, auch Brutus sei besiegt, beging Selbstmord. Doch die

Truppen des Brutus stürmten das Lager Octavians, trafen ihn dort aber nicht mehr an. Hätten sie ihn erwischt, wäre Antonius der Beherrscher des römischen Reiches geworden. Zur Entscheidungsschlacht kam es, weil die von den langen Grabenkämpfen erschöpften Soldaten des Brutus ihn nötigten, endlich eine Feldschlacht zu wagen. Die beiden Heere der Caesarianer siegten. Der von dem größten Teil seiner Soldaten verlassene Brutus beging Selbstmord. Antonius gewährte ihm, dem Mörder seines Bruders, eine ehrenvolle Brandbestattung.

Während die römische Republik zugrunde ging, erlebte die römische Literatur den Anfang ihrer höchsten Blüte. An erster Stelle ist Marcus Tullius Cicero (106–43 v. Chr.) zu nennen. Er hatte in den Jahren 79 und 77 v. Chr. in Athen und vor allem auf Rhodos bei Poseidonios Philosophie und bei Apollonios Molon Rhetorik studiert. (Wenige Jahre später ließ sich auch Caesar von Molon rhetorischen Schliff verpassen.) Cicero hat wie kein anderer die lateinische Prosa geformt und terminologisch für die Rezeption der griechischen Philosophie geöffnet.

Die gleiche Aufgabe hat sich Lukrez (Titus Lucretius Carus, 90er Jahre – 55/53 v. Chr.) mit seinem in Hexametern verfassten umfangreichen Lehrgedicht *De rerum natura* gestellt, das auf der Lehre Epikurs basierte. Ein Epikureer war auch Catull (Gaius Valerius Catullus, ca. 84–54 v. Chr.), der sich für seine Liebesgedichte Sappho und Kallimachos zum Vorbild nahm.

Caesars Beitrag zur lateinischen Stilistik wurde schon erwähnt. Sallust (86–35 v. Chr.), ein zwielichtiger Caesarianer, schrieb, nachdem er sich als Statthalter von Africa Nova ein stattliches Vermögen zusammengeraubt und damit ein parkartiges Domizil in Rom erworben hatte, nach dem Vorbild des Thukydides u. a. zwei Monographien, eine über den Jugurthinischen Krieg und eine andere über die Catilinarische Verschwörung, die trotz ihres moralisierenden künstlich-archaischen Stils eine beachtliche Nachwirkung erzielten. Die Ursache für den Niedergang der römischen Republik, der mit dem Streit um die Reformen der Gracchen begonnen hatte, war für Sallust die Zerstörung Karthagos im Jahr 146 v. Chr., weil mit dem Ende des letzten potentiellen starken Gegners der äußere Druck weggefallen sei, der die Römer zur Einigkeit im Innern gezwungen hätte. Mit diesem Ansatz folgte er dem Stoiker Poseidonios (135–51 v. Chr.), dem Fortsetzer des Geschichtswerks des Polybios. Doch widersprach er ihm darin, dass er die Schuldigen nicht bei den Popularen, sondern bei den Optimaten sah und besonders Sulla für den Untergang der Republik verantwortlich machte.

Asinius Pollio (76 v. Chr. – 5 n. Chr.), der als geschickter politischer Jongleur alle Wechselfälle seiner Epoche überlebte, verfasste eine Darstellung des Krieges zwischen Caesar und Pompeius, die leider größtenteils verlorengegangen ist, aber nach dem Zeugnis späterer Autoren ein hohes Niveau gehabt haben muss. Er förderte Vergil und stiftete in Rom eine Bibliothek. Das Verlangen nach mehr Wissen und der Ehrgeiz, es den Griechen gleichzutun, brachte den größten Gelehrten Roms hervor, Marcus Terentius Varro (116–27 v. Chr.). Auch er hat in Athen studiert und dann den Wechsel der politischen Konstellationen nur knapp überlebt: Als Pompejaner wurde er von Caesar begnadigt, aber von Antonius geächtet und schließlich von Augustus wieder begnadigt. Sein gewaltiges universales Werk war eine Fundgrube an Wissen bis in die Spätantike.

Nach dem Sieg über die Caesarmörder blieb Antonius mit dem größten Teil des Heeres im Osten. Im Westen war seine Stellung schon vor dem Krieg gefestigt. Nun kam noch die gesamte Osthälfte des römischen Reiches hinzu. Seine Position erschien haushoch über der seiner beiden Kollegen. Seine Legaten regierten für ihn Gallien, und sein Bruder Lucius und seine energische Gattin Fulvia vertraten seine Interessen in Italien, wo er die gleichen Rechte hatte wie Octavian. An Provinzen hatte Octavian nur Spanien, Lepidus Africa.

In Griechenland trat Antonius als philhellenischer Wohltäter auf. Den Athenern nahm er ihre Ehrung für Brutus und Cassius nicht weiter übel, sondern gab sich ganz als Bewunderer griechischer Lebensart und Kultur. Er erhöhte sogar die Einkünfte der Stadt, indem er ihr einige Inseln zuwies. In Delphi ließ er Restaurierungsarbeiten am Apollontempel vornehmen. Da er aber für die Belohnung seines Heeres dringend Geld brauchte und sah, dass auf dem Balkan nicht viel zu holen war, zog er nach Kleinasien und bestellte die Vertreter der Städte und Stämme nach Ephesos. Dort zeigte er sich von einer ganz anderen Seite. Er hielt ihnen eine moralische Standpauke, weil sie die Caesarmörder unterstützt hätten, und verlangte von den Ausgeplünderten die gleiche Unterstützung für sich. Nur gegenüber denen, die gegen die Caesarmörder Widerstand geleistet und dabei Schaden genommen hatten, versuchte er eine Wiedergutmachung, verlieh ihnen Privilegien und Vergrößerungen ihres Territoriums. Die Stadt Ephesos trug ihm göttliche Verehrung als „Neuer Dionysos“ an, was Antonius nicht nur akzeptierte, sondern daraufhin vom gesamten Osten forderte. Offensichtlich glaubte er seine Stellung als Beherrscher des Orients solider festigen zu können, wenn er gleichsam als hellenistischer Ersatzkönig in Erscheinung trat. Herakles, der mythische Stammvater seiner Familie, und Dionysos waren fortan in seiner Person zu einer Symbiose vereint.

Sein nächstes großes Projekt war der von Caesar geplante Krieg gegen die Parther, zu dessen Finanzierung er die Geldquellen Ägyptens heranziehen wollte. Deshalb zitierte er Kleopatra nach Tarsos in der Nähe der Nahtstelle zwischen Kleinasien und Syrien. Er hatte vor, sie unter dem Vorwand, sie hätte Cassius unterstützt, zu einer hohen Geldbuße zu verurteilen. Tatsächlich hatte Cassius von Kleopatra Unterstützung gefordert, doch war die geschickte Königin seinen Forderungen mehr oder weniger ausgewichen. Die Ankunft der königlichen Flotte in Tarsos gestaltete Kleopatra als leibhaftige Aphrodite-Isis zu einem Schauspiel märchenhafter *tryphḗ*, die Antonius und seine Entourage simpel erscheinen ließ. Plutarch schildert die Szene folgendermaßen:

> Unterwegs erhielt sie von Antonius wie auch von dessen Freunden mehrere Briefe, daß sie ihre Fahrt beschleunigen solle, aber sie kehrte sich wenig daran und verlachte den Mann so sehr, daß sie auf einem am Heck vergoldeten Schiff mit ausgespannten purpurnen Segeln und unter dem Schall von Zithern, Flöten und Schalmeien, nach welchen die

> silbernen Ruder bewegt wurden, den Fluß Kydnos hinauffuhr. Sie selbst lag unter einem reich mit Gold verzierten Baldachin ebenso geschmückt und gekleidet, wie man die Aphrodite zu malen pflegt. Knaben, die den Liebesgöttern auf Gemälden ähnlich sahen, standen ihr zu beiden Seiten und fächelten ihr Kühlung zu. Ebenso standen Sklavinnen von ungemeiner Schönheit, wie Nereiden und Grazien gekleidet, teils an den Steuerrudern, teils an den Schifftauen. Von dem vielen angezündeten Räucherwerk verbreiteten sich an beiden Ufern die köstlichsten Wohlgerüche. Die Einwohner begleiteten nicht nur das Schiff zu beiden Seiten des Flusses gleich von der Mündung an, sondern kamen auch aus der Stadt heraus, um diesen Anblick zu genießen (Plutarch, Antonius 26).[128]

Bei den Verhandlungen war sie Antonius, der mehr Soldat als Politiker war, anscheinend diplomatisch überlegen. Jedenfalls kehrte sie nach Ägypten in der Gewissheit zurück, ihn für sich eingenommen zu haben. Auf ihre Bitte hin befahl er die Ermordung ihrer feindlichen Schwester Arsinoe IV., die nach ihrer Freilassung aus Rom im Artemis-Tempel in Ephesos eine Bleibe gefunden hatte. Dann ordnete Antonius die Verhältnisse in Syrien, wobei es auch zur Verfolgung von ehemaligen Helfern des Cassius und zu Vermögenskonfiskationen kam, die in den Städten dieser Region auf Jahre hinaus beträchtliche Unruhen erzeugten. Die reiche Wüstenstadt Palmyra auf halbem Weg zwischen Syrien und Mesopotamien versuchte er vergeblich in einem Handstreich zu plündern. Den Winter 41/40 v. Chr. verbrachte er an der Seite der Kleopatra in Alexandreia, wo es mit allerlei Späßen und Spielchen lustig herging.

In Italien ging es weniger entspannt zu. Lepidus war von Antonius und Octavian nach Africa abgeschoben worden. Octavian hatte die schwierige Aufgabe, die Veteranen mit den versprochenen Landzuweisungen zu versorgen. Ähnlich wie zuvor bei der Landverteilung an Sullas Veteranen war dies nur durch Enteignungen im großen Stil möglich. Octavian zog 18 Städte zu Landabtretungen heran. Daraus entspann sich ein Machtkampf mit Lucius Antonius, der 41 v. Chr. Konsul war, und Fulvia, die Octavian zu behindern versuchten. Es kam zu einem regelrechten Krieg. Octavian, dem es an militärischer Befähigung mangelte, fand einen begabten Feldherrn in Marcus Vipsanius Agrippa, einem Freund aus dem Ritterstand. Agrippa belagerte Lucius Antonius in Perusia, das sich heftig gegen die Landabtretung gewehrt hatte, weshalb dieser Krieg der Perusinische Krieg genannt wurde. Vergeblich hofften die Belagerten auf Entsatz durch starke Truppenverbände aus Gallien. Agrippa verlegte ihnen den Weg nach Italien und zwang Antonius durch Aushungerung zu Kapitulation. Mit Rücksicht auf seinen mächtigen Bruder wurde er am Leben gelassen und als Prokonsul nach Spanien geschickt, wo er bald darauf starb. Aber sämtliche Mitglieder des Rates von Perusia verurteilte Octavian zum Tod. Wie immer war er bei der Bekämpfung seiner Gegner unerbittlich. Fulvia, die als eigentliche Anstifterin des Krieges galt, musste Italien verlassen. Wichtiger war, dass es Octavian gelang, die Truppen des Antonius in Gallien an sich zu ziehen. Damit hatte sich die Position des Marcus Antonius im Westen grundlegend verschlechtert.

Im Frühjahr 40 v. Chr. brach er nach Italien auf, um noch zu retten, was zu retten war. Es begann ein beinahe zehnjähriger Machtkampf, der denen der früheren hellenistischen Machthaber sehr ähnlich sah. In Athen fand eine peinliche Begegnung des Antonius mit Fulvia statt, in der er die Schuldige für seine Niederlage im Westen sah. Sie ist wenig später in Sikyon gestorben. Octavian versperrte Antonius, der zur See überlegen war, zwar die Landung im Hafen von Brundisium, konnte aber nicht verhindern, dass er Teile Unteritaliens und Sardinien besetzte. Da die Soldaten beider Heere nicht gegeneinander kämpfen wollten, kam es zu Verhandlungen, die auf Seiten des Antonius Asinius Pollio und auf Seiten Octavians Maecenas führte, der seine Abkunft von etruskischen Königen herleitete und später ein Förderer von Dichtern wie Vergil und Horaz wurde. Das Ergebnis war die Bestätigung der Erfolge Octavians im Westen. Octavian erreichte die Anerkennung seiner Herrschaft über die meisten Westprovinzen, Antonius erhielt die Truppen, die er in Gallien stationiert hatte, zurück und wurde von Octavian als Herrscher über den Osten anerkannt, Italien blieb wenigstens formal der Herrschaftsbereich beider Triumvirn. Als Beweis für die angebliche Versöhnung gab ihm Octavian seine gerade verwitwete Schwester zur Gemahlin. Die Hochzeit wurde Ende 40 v. Chr. in Rom mit großem Aufwand gefeiert. Allerdings gab es ein kräftiges Störfeuer von Seiten des Sextus Pompeius, der von Sizilien aus die Getreidezufuhr blockierte, woraufhin es in Rom zu schweren Unruhen kam, die Octavian wahrscheinlich das Leben gekostet hätten, wäre er nicht von Antonius mit militärischem Einsatz gerettet worden.

Sextus Pompeius war ursprünglich von Antonius und Cicero gefördert worden. Erst nachdem Antonius von Octavian auf den caesarianischen Kurs genötigt worden war, hatte Antonius darin eingewilligt, dass Sextus geächtet wurde. Darauf hatte Sextus 42 v. Chr. Sizilien, Sardinien und Korsika erobert und nach der Schlacht von Philippoi zahlreiche geflüchtete Republikaner aufgenommen. 39 v. Chr. hatten die Triumvirn ihn im Besitz dieser Inseln bestätigen müssen und das Ende der Proskriptionen verkündet – mit Ausnahme für die Caesarmörder. Etlichen Republikanern, die sich nach der Niederlage des Brutus und Cassius zu Pompeius geflüchtet hatten, wurde die Rückkehr nach Italien und die Fortsetzung ihrer politischen Karriere gestattet.

Für Octavian konnte diese Vereinbarung nur eine Interimslösung sein. Mit seiner üblichen Konsequenz arbeitete er weiter auf die Beseitigung der Sonderstellung des Sextus Pompeius hin. 38 v. Chr. konnte er Sardinien und Korsika einnehmen, weil der dortige Kommandeur des Sextus zu ihm überlief. Antonius konzentrierte sich indessen auf den Osten. Ende 39 v. Chr. begab er sich mit seiner neuen Gemahlin Octavia, die ihm indessen eine Tochter geboren hatte, nach Griechenland, und beide verbrachten den Winter 39/38 v. Chr. in Athen, wo sie als „rettende Götter" und mit zwei Kolossalstatuen geehrt wurden, die zuvor der Ehrung der Könige Attalos und Eumenes von Pergamon gedient hatten und jetzt hastig umgewidmet wurden.

Noch während seines Aufenthaltes in Rom hatten die Parther Kleinasien und Syrien überrannt. In ihrer Begleitung befand sich Quintus Labienus, der Sohn von Caesars abtrünnigem General Titus Labienus, der bei Munda 45 v. Chr. gefallen war. Viele in Syrien stationierte ehemalige Soldaten der Caesarmörder, die Antonius in sein Heer aufgenommen hatte, liefen zu Labienus über. Der römische Statthalter wurde besiegt und auf der Flucht getötet. Anhänger des Cassius, die vor Antonius geflüchtet waren, kehrten in ihre Städte zurück. Die Parther waren ein Teil des römischen Bürgerkrieges geworden. Antonius schickte seinen im Perusinischen Krieg glücklos gewesenen General Publius Ventidius Bassus mit neuen Truppen nach Syrien, der über die Parther einen glänzenden Sieg errang. 38 v. Chr. übernahm Antonius die Führung des Krieges gegen die Parther selbst, erreichte jedoch weniger als Bassus, der später in Rom einen Triumph feierte. Im folgenden Winter gönnte sich Antonius in Athen wieder eine Auszeit von der Politik, wo er sich zum Gymnasiarchen wählen und als neuen Dionysos verehren ließ. Ganz bewusst spielte er für die Griechen den hellenistischen Monarchen, der König, aber auch ein Stück weit griechischer Polisbürger war.

Dann holte ihn wieder der Ernst der Politik ein. Für seinen geplanten Rachefeldzug gegen das Partherreich benötigte er zusätzliche Truppen. Zum letzten Mal reiste er 37 v. Chr. in den Westen und traf mit Octavian in Tarent ein Abkommen, in dem das Triumvirat um weitere fünf Jahre verlängert wurde. Ein Teil dieses Abkommens war, dass Antonius seine neutrale Haltung gegenüber Sextus Pompeius aufgab und Octavian 120 Schiffe für den Kampf gegen ihn zur Verfügung stellte, im Austausch gegen den Anspruch auf 20 000 Soldaten aus Italien. Octavian sorgte dafür, dass er diese Soldaten nie erhielt. Nach schweren Kämpfen, auch gegen heftige Stürme, gelang Agrippa 36 v. Chr. in der Seeschlacht bei Naulochos der entscheidende Sieg über Sextus Pompeius. Lepidus, der verabredungsgemäß von Africa Octavian zu Hilfe gekommen war und nach dem Sieg Sizilien für sich beanspruchte, wurde ausgeschaltet. Seine Truppen liefen zu Octavian über, der daraufhin Herr des gesamten Westens des römischen Reiches war. Lepidus verlor seine Stellung als Triumvir, überlebte aber als *pontifex maximus*. Jene Senatoren und Ritter, die im Heer des Sextus Pompeius Dienst getan hatten, bestrafte Octavian, wie es sein Prinzip war.

Für Antonius trat nach dem Abkommen von Tarent wieder der Orient in den Vordergrund. Octavia, die erneut schwanger war, nahm er nur bis Korkyra (Korfu) mit und schickte sie dann nach Rom zurück, wo sie seine Interessen wahrnehmen sollte, wie sie es schon mehrfach getan hatte. Sein nächstes großes Projekt war ein Krieg gegen das Partherreich. Seine Motive für diesen Krieg können vielfältig gewesen sein. Die offizielle Version lautete: „Rache für Crassus", einigermaßen merkwürdig, war der Partherkrieg des Crassus doch ein unprovozierter Angriffskrieg gewesen. Oder wollte Antonius die Erfolge des Ventidius Bassus übertreffen und sein eigenes Versagen gegenüber den Parthern im Jahr 38 v. Chr. vergessen machen? Handelte es sich um die letzte Phase des Krieges gegen die Caesarmörder? Denn Cassius hatte 43 v. Chr., als er sich Syriens bemächtigt hatte, Quintus Labienus in das Partherreich geschickt und um Unterstützung gegen die Triumvirn gebeten – obwohl er als Quaestor des Crassus an dessen Partherkrieg teilgenommen und anschließend die Parther aus Syrien vertrieben hatte. Tatsächlich hatte bei Philippoi ein parthisches Kontingent auf Seiten der Caesarmörder gekämpft. Oder hatte Antonius eine Expansion des römischen Reiches nach Osten vor?

Jedenfalls benötigte er für seinen Partherkrieg die Unterstützung Ägyptens. Er bestellte Kleopatra nach Antiocheia und verbrachte mit ihr dort den Winter 37/36 v. Chr. Seine 40 v. Chr. von ihr geborenen Zwillinge, Alexandros Helios und Kleopatra Selene, erkannte er als seine Kinder an und zeugte mit ihr noch ein neues Kind, Ptolemaios Philadelphos. Im Rahmen seiner Neuordnung des Orients schanzte er ihr etliche lukrative Territorien zu. Teile des waldreichen Kilikiens hatte sie schon 38 v. Chr. erhalten, verbunden mit dem Auftrag, den Bau von Schiffen voranzutreiben. Jetzt kamen einige Städte Kretas, andere an der phoinikischen Küste, außerdem arabische Gebiete in Südsyrien und die Verwaltung der Kyrenaia hinzu. Militärische Bedeutung hatten diese Geschenke für Kleopatra nicht, sie waren aber so große wirtschaftliche Pfründe, dass die Königin neben der traditionellen Zählung ihrer Regierungsjahre eine neue Ära einführte, die mit dem Jahr 37/36 v. Chr. begann.

In Kleinasien, das Labienus als *Parthicus Imperator* – ein merkwürdiger Titel für einen Römer – 40 v. Chr. zusammen mit den Parthern kurzzeitig erobert hatte, schuf er starke Bollwerke in Form von Vasallenstaaten, an deren Spitze er zuverlässige und befähigte Vertrauensleute als Könige einsetzte. In Palästina war es der aus dem Neuen Testament bekannte Herodes aus dem Stamm der Idumaier, der König von Judaia wurde.

36 v. Chr. begann die Offensive des Antonius gegen das Partherreich. Er glaubte, aus dem Desaster des Crassus gelernt zu haben, zog nicht durch das offene Gelände in Mesopotamien, sondern wählte die Route über Armenien in Richtung Medien und belagerte die Stadt Phraata, die Hauptstadt von Media Atropatene. Um schneller voranzukommen, ließ er das Heer vorausmarschieren und den Train nachkommen. Das erwies sich als entscheidender Fehler. Obwohl die Parther in dieser Region nicht ihre Reiterei in vollem Ausmaß einsetzen konnten, gelang es ihnen, die Nachhut zu vernichten und den Train zu kapern. Antonius, der dadurch alle Belagerungsmaschinen verloren hatte, musste unter großen Verlusten den Rückzug antreten.

Im selben Jahr kam der von Octavian aus Sizilien vertriebene Sextus Pompeius in Kleinasien an. Er bat zunächst Antonius um Aufnahme, und Antonius hätte sie ihm wahrscheinlich auch gewährt, zumal Kleopatra sich für ihn einsetzte. Als er jedoch den gescheiterten Partherfeldzug des Antonius für sich nutzen und mit Unterstützung der Parther ein eigenes Herrschaftsgebiet in Bithynien erobern wollte, wurde er 35 v. Chr. besiegt und hingerichtet – ein Schicksal wie in den Diadochen- und Epigonenkriegen. Als Octavia 35 v. Chr. nach Athen reiste, um wie abgemacht wieder mit Antonius zusammenzutreffen, schickte er sie zurück. Als Grund dürfte er angegeben haben, mit dem Krieg im Osten noch nicht fertig zu sein. Und wirklich unternahm er 34 v. Chr. einen Straffeldzug gegen den Armenierkönig Artavasdes, den er für den Verlust des Trains verantwortlich machte. Er nahm ihn gefangen und führte ihn in Alexandreia in seinem „Triumphzug" vor. In römischen Augen war es aber kein echter Triumph, weil ein Triumph nur in Rom gefeiert werden konnte. Später ließ Kleopatra ihn umbringen. Antonius schloss zum Schutz des römischen Reiches in dieser Region ein Bündnis mit dem König Artavasdes von Medien, der von den Parthern abgefallen war.

Dann folgte ein politischer Paukenschlag. Im Gymnasion von Alexandreia verkündete Antonius vor einem großen Publikum feierlich eine fundamentale Entscheidung: Er erhob Kleopatra zu Königin der Könige, d. h. zur ranghöchsten Königin aller römischen Vasallenkönige des Ostens, und Kaisarion, ihren Sohn von Caesar, zum Mitherrscher. Die Anerkennung Kaisarions als Caesars Sohn konnte als Unterminierung der Stellung Octavians verstanden werden. In militärischer Hinsicht änderte diese Proklamation an der römischen Reichsverwaltung im Osten nichts. Kleopatras und Antonius' Tochter Kleopatra sollte später einmal Königin der Kyrenaia werden. Ihrem Zwillingsbruder Alexandros wurde die Anwartschaft auf Armenien und Parthien versprochen, wenn die Römer diese Gebiete erobert haben würden. Denn Antonius hatte nach wie vor die Absicht, das römische Reich weiter nach Osten in den parthischen Raum hinein zu erweitern. Diesem Reich wollte er eine Struktur geben, die an das Partherreich bzw. an diejenige Ordnung angelehnt war, die Antiochos III. bei seinem großen Ostfeldzug eingerichtet hatte: ein hierarchisches System von Vasallenstaaten mit über- und untergeordneten Königen. Vielleicht fühlte sich Antonius schon auf den Spuren Alexanders des Großen. Gleichzeitig enthielt diese Proklamation auch eine Botschaft in Richtung Westen: Antonius war fest entschlossen, seine Herrschaft über den Osten auf unbestimmte Zeit nicht wieder aus der Hand zu geben. Denn er hatte noch viel vor. Aber das Triumvirat, das seit der Ausschaltung des Lepidus nur noch ein Duumvirat war, würde gemäß der Vereinbarung von Tarent Ende 33 v. Chr. auslaufen. Was dann geschehen sollte, war offen.

Octavian geriet nach seinem Sieg über Sextus Pompeius unter Druck. Im Senat erwartete man das Ende des Duumvirats; und seine Soldaten forderten energisch ihre Entlassung nebst Abfindung mit Land oder Geld. Alles sollte wieder „normal" werden. Er versprach, mit Antonius nach dem Ende von dessen Partherkrieg Verhandlungen aufzunehmen. Einstweilen führte er mit einem Teil seines Heeres einen Krieg in Illyrien, in dem er sich persönlich exponierte und mehrfach verwundet wurde. Offensichtlich benötigte er einen solchen Beweis kriegerischer Tapferkeit zu seiner politischen Profilierung.

32 v. Chr. fand der entscheidende Machtkampf zwischen den immer noch zahlreichen Anhängern des Antonius in Rom und Octavian statt. Beide Konsuln dieses Jahres waren Antonianer. Sie agitierten gegen Octavian, weil er nach dem

Auslaufen des Duumvirats im Vorjahr seine faktische Machtstellung nicht aufgegeben hatte. Als Octavian eine drohende Haltung einnahm, kam es zum endgültigen Bruch. Die Konsuln und mit ihnen 300 Senatoren verließen Italien und bildeten in Ephesos, wo Antonius indessen zusammen mit Kleopatra eingetroffen war, einen Gegensenat. In der Realität war der Krieg ein römischer Diadochenkrieg zwischen zwei Machthabern, die sich beide auf Caesar beriefen. Jeder von ihnen gab zwar vor, zur „normalen" Republik zurückkehren zu wollen. Aber in Wirklichkeit wollte jeder der beiden Alleinherrscher werden wie Caesar.

Die Anwesenheit der Königin spaltete die Anhängerschaft des Antonius. Die meisten Senatoren waren der Meinung, dass sie nach Ägypten zurückgeschickt werden sollte. Sie akzeptierten ihre logistische Unterstützung – schließlich hatte sie die Kosten für die Versorgung des Heeres übernommen – wollten aber auf jeden Fall verhindern, dass sie zu einem Faktor in der römischen Innenpolitik aufstieg. Kleopatra wiederum bestand darauf, am Feldzug teilzunehmen, weil sie eine eventuelle Einigung des Antonius mit Octavian zu ihren Ungunsten befürchtete. Sie gewann Publius Canidius Crassus für sich, einen General, der zuvor die Truppen des Antonius in Armenien kommandiert hatte und danach zum Führer des Landheeres des Antonius befördert worden war. Er argumentierte, dass man die Schätze, die die Königin mit sich führte, nicht aus der Hand geben dürfe. Kleopatra setzte sich durch. Viele Antonianer waren enttäuscht.

Hier lag bereits der Keim des Misserfolgs des Antonius. Die römische Republik und die hellenistische Monarchie passten einfach nicht zusammen. Auf Samos trumpften Antonius und Kleopatra noch einmal mit verschwenderischen Festivitäten auf, um ihren Reichtum und ihre Macht zu demonstrieren. Die nächste Station für ihr Hauptquartier war Athen. Auch dort fand das Paar neben den militärischen Planungen anscheinend reichlich Zeit für Muße. Ein weiterer Erfolg für Kleopatra: Antonius schickte Octavia den Scheidebrief, mit der Anweisung, sein Haus in Rom zu verlassen. Bevor es zur militärischen Auseinandersetzung kam, wurde Octavian eine höchst brisante Information zugespielt. Zwei Überläufer aus der Gruppe jener Antonianer, die die Teilnahme der Kleopatra an dem Feldzug ablehnten, Marcus Titius und sein Onkel Lucius Munatius Plancus, verrieten ihm, dass Antonius sein Testament bei den Vestalinnen in Rom hinterlegt hatte. Octavian scheute sich nicht, ein Sakrileg zu begehen, indem er die Vestalinnen zur Herausgabe des Dokuments zwang.

Der Inhalt, den er veröffentlichte, schlug ein wie eine Bombe: Antonius hatte den Kindern der Kleopatra riesige Geldsummen vermacht und verfügt, selbst einst in Alexandreia an der Seite der Königin bestattet zu werden. Es schien, als hätte ein vom Liebeswahn Betörter als neuer Alexander die Hauptstadt des römischen Reiches in die ptolemaiische Metropole verlegen wollen. Manche Forscher halten dieses angebliche Testament für eine Fälschung Octavians. Ausgeschlossen ist das nicht. Aber es ist wahrscheinlich, dass Kleopatra, wenn Antonius gesiegt hätte, auf ein Mitspracherecht in der römischen Reichspolitik gepocht hätte, nachdem sie so viel zum Feldzug beigetragen hatte. Da sie kaum ihre permanente Residenz in Rom hätte aufschlagen können, ist es durchaus denkbar, dass Antonius sich nach der Wiederherstellung der Senatsherrschaft ein dauerhaftes Spezialkommando über den Osten hätte übertragen lassen und seinen Regierungssitz in Alexandreia genommen hätte, zumal die Ressourcen Ägyptens seine persönliche Machtbasis waren. Eine solche Lösung wäre auch im Hinblick auf seine geplante Erweiterung des römischen Reiches nach Mesopotamien (und vielleicht doch darüber hinaus) sinnvoll gewesen.

Trotz seiner Anschuldigungen vermied es Octavian, Antonius zum Staatsfeind erklären zu lassen. Der unvermeidliche Krieg wurde stattdessen Kleopatra erklärt, weil sie Antonius durch Zauberei in ihre Gewalt gebracht hätte. Zwischen Antonius und Kleopatra gab es in der Tat ein Liebesverhältnis. Ob es ihre Schönheit war, die ihn fesselte, ist anhand von Münzbildern bezweifelt worden, auf denen sie angeblich eine zu lange Nase hat. Aber eine markante Persönlichkeit, die andere in ihren Bann ziehen konnte, ist sie sicherlich gewesen. Der Zauber, den sie verkörperte, war ein viel größerer: der Zauber der ptolemaiischen „Barockmonarchie". Es war der Zauber der *tryphḗ*, der „soft power" des Orients, in der die westlichen Moralisten schon seit dem sechsten Jahrhundert v. Chr. eine Gefahr für die „Gleichheit" in der Führungsschicht ihrer Städte gesehen hatten: die Gefahr des Bürgerkrieges, des Putsches und der Tyrannis. Es war jener Zauber, der Solon Sorgen bereitet hatte, jener Zauber, der den Spartaner Pausanias kurz nach seinem Sieg über die Perser verleitet hatte, den Besiegten nachzueifern, jener Zauber, der in Athen Alkibiades hervorgebracht und gleichzeitig Sparta korrumpiert hatte, der Alexander den Großen zum „König von Asien" und nach seinem Tod seine Generäle zu Königen hatte werden lassen, der hellenistische Tyrannen zu Königen gemacht hatte, der die römische Republik moralisch hatte herunterkommen lassen und der auch Caesar in seinen Bann gezogen hatte.

Octavian mobilisierte den ganzen Westen. Er forderte von Italien und allen seinen Provinzen einen Treueid. In seinem Tatenbericht, den er später veröffentlichte, behauptete er, alle hätten auf eigene Initiative ihn zum Führer des Krieges gefordert und ihm Treue geschworen. In Wirklichkeit hat er nur den üblichen Feldherrneid, den Soldaten auf ihren obersten Kommandeur schworen, auf die (männliche) Zivilbevölkerung erweitert. Die finanzielle Belastung für die Rüstungen war so exorbitant, dass sie nicht nur in den Provinzen, sondern auch in Italien Unruhen erregten. Die Heeresstärken der Landstreitkräfte waren zahlenmäßig auf beiden Seiten annähernd gleich: Antonius hatte 100 000 Infanteristen und 12 000 Reiter aufgeboten, Octavian 80 000 Infanteristen und ebenfalls 12 000 Reiter. Allerdings waren über die Hälfte der Soldaten des Antonius Orientalen, meistens Aufgebote von Vasallenkönigen. Ihr militärischer Wert dürfte geringer gewesen sein als der ihrer italischen Gegner. Anders war es bei den Seestreitkräften. Mit seinen 600 Kampfschiffen und 200 ägyptischen Versorgungsschiffen war Antonius den 120 Schiffen der Gegenseite klar überlegen.

Die Niederlage des Antonius vollzog sich innerhalb eines Jahres Stück für Stück. Weil Octavian die süditalischen Häfen, vor allem Brundisium und Tarent, besetzt hatte, musste Antonius den Plan einer Landung in Italien aufgeben und sich auf die Defensive beschränken. Entscheidend war für Octavian wieder das überragende Feldherrntalent des Agrippa. Er brach die weit hingezogene Verteidigungslinie der Antonianer an der Ostküste der Adria und den vorgelagerten Inseln nach und nach auf, eroberte schließlich sogar Patrai und Korinth und blockierte die Versorgung der Streitkräfte des Antonius zur See. Octavian konnte mit seinem Heer in Epeiros landen, wo er sich in einem befestigten Lager verschanzte. Sein Plan war, eine große Feldschlacht zu vermeiden und die Gegner aus Versorgungsmangel zum Rückzug zu zwingen.

Diese Strategie ist aufgegangen. Zwar versuchte Antonius, den Spieß umzudrehen. Er verlegte sein Lager in die Nähe Octavians und schickte seine Reiterei um dessen Lager herum. Aber seine Reiterei wurde geschlagen und Antonius musste sein Lager wieder zurücknehmen. Seine Versorgungsschwierigkeiten wurden so gravierend, dass er nicht mehr genügend Leute zur Bemannung seiner Schiffe fand. Im Kriegsrat plädierte Canidius Crassus für eine Landschlacht. Aber darauf hätte sich Octavian wohl nicht eingelassen. Kleopatra setzte sich mit ihrem Vorschlag durch, die Seeblockade vor Ambrakia zu durchbrechen, nach Ägypten zurückzusegeln und das Landheer nach Kleinasien zurückzunehmen. Quintus Dellius, der früher der Verbindungsmann des Antonius zu Kleopatra gewesen war, aber sich bei diesem Feldzug gegen Kleopatra ausgesprochen hatte, flüchtete und verriet den Octavianern den Schlachtplan.

Am 2. September 31 v. Chr. kam es zur Seeschlacht bei Actium. Antonius hatte nur noch 170 Schiffe bemannen können, Kleopatra 60. Die übrigen Schiffe hatten sie vor der Schlacht verbrennen lassen. Dagegen hatte Agrippa seine Flotte indessen auf 400 Schiffe aufgerüstet. Antonius hatte vor, sich nicht auf das Meer hinauszubegeben, sondern vor der Bucht den Angriff des Agrippa abzuwarten, wo seine schwereren Schiffe mit ihrer Artillerie den leichteren Octavians überlegen sein würden. Doch Agrippa griff nicht an, sondern wartete, bis ein Wind die Schiffe des Antonius weiter hinaustrieb. Dort kreiste er sie ein. Kleopatra nutzte eine Lücke zwischen den kämpfenden Schiffen, um mit ihren Versorgungsschiffen, auf denen sich noch ein erheblicher Teil ihrer Schätze befand, heil hindurchzusegeln.

Als Antonius sah, dass die Seeschlacht verloren war, stieg er auf einen Fünfruderer um und flüchtete nach Süden, konnte aber noch ein Viertel seiner Schiffe retten. Sein Landheer wartete einige Tage auf seine Rückkehr, bevor es unter dem Befehl des Canidius Crassus den Rückzug in Richtung Hellespont (Bosporos) antrat. Doch Octavian gelang es, dem Heer den Rückzug abzuschneiden. Canidius ließ das Heer im Stich und machte sich heimlich davon.

Dieser unblutige Sieg Octavians entschied endgültig den Krieg. Alle Vasallenfürsten des Orients wechselten hastig die Seiten, sogar der römische Statthalter in der Kyrenaia mit vier Legionen. Die Herrschaft des Antonius im Osten brach schlagartig zusammen. Zunächst blieb ihm und Kleopatra noch eine Frist von fast einem Jahr. Octavian, der indessen auf Samos angekommen war, musste eilig nach Italien zurückkehren, um die dort meuternden Veteranen mit den versprochenen Abfindungen in Land oder Geld zu versorgen. Das Geld presste er aus den schon vorher mehrfach gebeutelten Städten in Asia heraus, das benötigte Land gewann er durch Enteignungen italischer Landbesitzer. Im Frühjahr 30 v. Chr. marschierte er auf Ägypten zu. Kleopatra nahm Kontakt mit ihm auf und bot an, zugunsten ihrer Kinder abzudanken. Octavian antwortete ihr freundlich, ließ sie aber bezüglich seiner Pläne im Ungewissen. Die Königin ahnte sehr wohl, dass er sie unbedingt in seinem Triumphzug in Rom vorführen wollte. Antonius soll angeboten haben, sich ins Privatleben nach Athen zurückzuziehen.

Die Offensive Octavians von Osten wurde durch eine gleichzeitige Offensive seines Vertrauten Gaius Cornelius Gallus vom Westen her unterstützt. Der Kommandant der Grenzfestung Pelusion kapitulierte ohne Widerstand, woraufhin Antonius seine Familie, die er als Geiseln in seiner Gewalt hielt, umbringen ließ. Vor Alexandreia siegte Antonius in einem Reiterkampf. Wenig später kapitulierten jedoch seine Reiterei und seine Flotte. Kleopatra hatte sich in ihr Grabmal zurückgezogen. Auf eine Nachricht von ihrem Tod stürzte sich Antonius in sein Schwert, auf die folgende Nachricht, dass sie noch lebe, ließ er sich schwerverwundet in ihr Grabmal transportieren, wo er kurz darauf starb.

Kleopatra geriet in die Gefangenschaft des Siegers und beging nach weiteren ergebnislosen Verhandlungen mit Octavian Selbstmord. Octavian gewährte den beiden eine gemeinsame Bestattung im Mausoleum der Königin. Kaisarion, den Sohn Kleopatras mit Caesar, und Canidius Crassus ließ Octavian hinrichten, später auch Antonius, den ältesten Sohn des Antonius mit Fulvia. Alexandros Helios, Ptolemaios Philadelphos und Kleopatra Selene blieben am Leben, nachdem sie in Rom im Triumphzug vorgeführt worden waren. Letztere heiratete den König Juba II. von Mauretanien. Die zwei Töchter des Antonius mit Octavia sollten noch nach dem Tod Octavians eine wichtige politische Rolle spielen.

14 Die republikanische und die monarchische Tyrannis und das Ende der letzten Freiheit Griechenlands

Octavian hatte nach dem Sieg über seinen letzten Rivalen nicht die Absicht, seine Alleinherrschaft wieder aufzugeben. Aber das durfte er nicht öffentlich sagen, sondern musste den Eindruck bestehen lassen, dass er die Republik *(libera res publica)* wiederherstellen würde, sobald er die Verhältnisse geordnet hätte. Wann das sein würde, ließ er offen. Auch die Skeptiker mussten zugeben, dass es einstweilen noch eine Menge zu tun gab. Zwei Dinge waren ihm klar: Die Stellung eines Triumvirn musste er aufgeben und er durfte sich nicht, wie Caesar, zum lebenslänglichen *dictator* ernennen lassen.

Zunächst schlug er folgenden Weg ein, der mit seinen wichtigsten Vertrauten natürlich vorher abgesprochen war: Er gab am 13. Januar 27 v. Chr. feierlich seine außerordentlichen Vollmachten an den Senat zurück. Im Gegenzug stattete ihn der Senat am 16. Januar mit einem auf zehn Jahre begrenzten *imperium proconsulare* aus, d. h., er übertrug ihm den Oberbefehl über die meisten Truppen in den Provinzen und gleichzeitig die Verwaltung derjenigen Provinzen, in denen diese Truppen stationiert waren. Mit der Verwaltung dieser Provinzen beauftragte Octavian Legaten (Generäle), die im Gegensatz zu den senatorischen Statthaltern kein eigenes *imperium* und keine festgelegte Amtszeit hatten, sondern ihm direkt verantwortlich waren und die er nach Belieben einsetzen und abberufen konnte. Denn ihre Befehlsgewalt erhielten sie nicht von der Volksversammlung, sondern sie war lediglich von jener Octavians abgeleitet. In denjenigen Provinzen, die weiterhin dem Senat unterstanden, amtierten, wie zuvor, Statthalter mit einem eigenen *imperium*. Das römische Reich war somit administrativ zweigeteilt.

In Rom ließ Octavian sich zwischen 27 und 23 v. Chr. jedes Jahr zum Konsul wählen. Sein jeweiliger Kollege im Konsulat war formal mit ihm gleichrangig, hätte es aber nie gewagt, gegen seine Entscheidungen ein Veto einzulegen. In seinem Tatenbericht formulierte Octavian/Augustus dieses ungleiche Verhältnis trotz formaler Gleichrangigkeit später so: Er habe keine größere Amtsgewalt innegehabt als die republikanischen Amtsträger, sondern nur eine größere *auctoritas*. Diese *auctoritas*, die er auf Grund seiner besonderen Verdienste um den Staat für sich in Anspruch nahm, war juristisch nicht fassbar, aber politisch wirksam. Schon am 16. Januar 27 v. Chr. hatte ihm der Senat diese *auctoritas* zuerkannt, indem er ihm den Ehrentitel *Augustus* (der Erhabene) verliehen hatte. Den Titel *imperator* legte sich Octavian selbst als Bestandteil seines Namens zu, so dass sein offizieller Name *imperator Caesar divi filius Augustus* (etwa: der siegreiche Caesar, der Sohn des vergöttlichten Caesars, der Erhabene) lautete.

8 v. Chr. wurde ihm zu Ehren der Monat Sextilis in Augustus umbenannt, der sich an Caesars Ehrenmonat Iulius anschloss, und so ist es bis heute geblieben.

23 v. Chr., nach dem Ende seines Konsulats, ließ er sich auf Lebenszeit die Amtsbefugnisse eines Volkstribuns (die *tribunicia potestas*) verleihen, ohne Volkstribun zu sein. Damit konnte er jederzeit den Senat oder eine Volksversammlung einberufen, Gesetze beantragen und die Vorhaben anderer Amtsträger durch ein Veto verbieten. Diese tribunizische Gewalt hielt er für fundamental und wählte sie zum Ausgangspunkt für die Zählung seiner Regierungsjahre. Welche konsularische Amtsgewalt er zusätzlich speziell in Rom hatte, ist in der Forschung umstritten. Wahrscheinlich ließ er ab 23 v. Chr. das *imperium proconsulare* zu einem *imperium proconsulare maius* erweitern, das ihn auch zum Vorgesetzten der senatorischen Statthalter machte. Wichtig ist an dieser Stelle lediglich, dass er seine faktische diktatorische Stellung juristisch auf eine Kombination von Befugnissen stützte, die von denen verschiedener republikanischer Amtsträger abgeleitet war. So etwas war mit römischen Vorstellungen vereinbar, hatte es doch wenigstens ein *imperium proconsulare*, die Amtsgewalt eines Konsuls, ohne Konsul zu sein, schon immer gegeben. Mit Hilfe dieser Konstruktion wollte sich Octavian das Image eines *princeps* geben, eines Ersten unter Gleichen.

Als *princeps* war er kein Amtsträger, sondern ein privatus (was nicht mit „Privatmann“, sondern lediglich mit „Mann ohne Amt“ zu übersetzen ist), dem der Staat einige Sondervollmachten übertragen hatte. Als solcher stand er formal neben dem Staat, aber faktisch über ihm. Als einen besonderen Schlag musste es die senatorische Führungsschicht empfinden, dass es Augustus nach 19 v. Chr. nur noch Mitgliedern seiner Familie gestattete, ihre militärischen Siege mit einem Triumphzug in Rom zu krönen. Der kriegerische Ruhm, die höchste Form des Ruhmes, wurde ein Monopol der Julier. Dennoch gab der Prinzeps sich große Mühe, im Umgang mit dem Senat und einzelnen Senatoren von Gleich zu Gleich aufzutreten und das Machtgefälle äußerlich nicht in Erscheinung treten zu lassen. Nach Ablauf der zehn Jahre ließ er sich das *imperium proconsulare maius* immer wieder verlängern. Diese Verlängerungen musste er natürlich jedes Mal mit Hinweis auf die jeweilige politische Lage neu begründen. Es war ein langer Weg, bis seine lebenslängliche Alleinherrschaft akzeptiert wurde, es gab Verschwörungen gegen ihn und es gab Situationen, in denen er besondere Sicherheitsmaßnahmen zum Schutz vor Attentaten nötig fand. Nicht zuletzt trug auch sein langes Leben – er wurde trotz seiner Kränklichkeit fast 76 Jahre alt – dazu bei, den Prinzipat, wie die moderne Wissenschaft diese Form der Herrschaft nennt, zu etablieren.

Den Senat, dessen Mitgliederzahl unter Caesar ausgeufert war, reduzierte Augustus auf 600 Senatoren, darunter viele von ihm ernannte Neulinge, und machte die Mitgliedschaft erblich. Nur noch Söhne von Senatoren hatten das Recht, die senatorische Laufbahn einzuschlagen. Gleichzeitig behielt er sich jedoch vor, jemanden in den Senat zu befördern und ihm eine bestimmte Rangklasse zuzuweisen. Ohne die Gunst oder zumindest die Duldung des Prinzeps war eine politische Karriere kaum möglich, auch wenn die angesehensten aristokratischen Familien noch ein politisches Eigengewicht besaßen, auf das der Prinzeps Rücksicht zu nehmen hatte. Die Zahl der Aristokraten war allerdings in den Bürgerkriegen sehr dezimiert worden, und schon seit den „Säuberungen" Sullas war der römische Senat eher eine Versammlung von Oligarchen aus dem Ritterstand als von Aristokraten geworden. Wesentlich war, dass die politisch-ethischen Wertvorstellungen der alten patrizisch-plebejischen Aristokratie von den Neu-Senatoren übernommen wurden. Die politische Diskussion und Entscheidungsfindung fand in einem Kreis von ca. 30 Senatoren statt, über die der Rest abstimmte.

Noch stärker als der Senatorenstand geriet der Ritterstand in Abhängigkeit vom Prinzeps. Anders als bei den Senatoren war die Zugehörigkeit zum Ritterstand nicht erblich. Der Prinzeps allein bestimmte, wer in den Ritterstand aufgenommen wurde. Voraussetzung war ein Mindestvermögen von 400 000 Sesterzen, das der Prinzeps einem Günstling natürlich auch schenken konnte. Mit Rittern besetzte der Prinzeps in erster Linie solche Administratorenstellen, die für Senatoren nicht prestigeträchtig genug waren oder die aus Sicherheitsgründen nur solchen Männern anvertraut werden konnten, die von Haus aus kein politisches Eigengewicht mitbrachten. Aber an politischem Einfluss konnte mancher Ritter, der eine besonders enge Beziehung zum Prinzeps hatte, die meisten Senatoren weit übertreffen. Und wenn ein solcher Ritter sich besonders bewährt hatte, konnte der Prinzeps ihn auch in den Senatorenstand versetzen.

Die unteren sozialen Schichten gewann der Prinzeps, indem er für eine geregelte Zufuhr an Nahrungsmitteln sorgte *(cura annonae)*. Der antike Wohlfahrtsstaat, der in Athen im ausgehenden vierten Jahrhundert mit Demetrios von Phaleron und in Rom in Ansätzen mit Gaius Gracchus begonnen hatte, fand unter dem Prinzipat seine größte Ausprägung. Der Prinzeps wurde der Wohltäter der *plebs urbana*. Brot und Spiele *(panis et circenses)* waren es, die den *princeps* populär machten. *Libertas*, die republikanische Freiheit, deren Definition im Verhältnis zwischen *princeps* und Senat ein diffiziles Politikum war, bestand für die einfache, entpolitisierte Bevölkerung eher in der *liberalitas* (Freigebigkeit) des *princeps*.

In den griechischen Städten nannte sich diese Art von Wohlfahrtsstaat weiterhin Demokratie, weil es nicht mit der Alleinherrschaft eines Einzelnen verbunden war, in Rom – trotz der Alleinherrschaft eines Einzelnen – nach wie vor *senatus populusque Romanus*. Die Heere in den Provinzen und die Veteranen in Italien und in den Provinzen waren die wichtigste Klientel des Prinzeps und seine eigentliche Machtbasis. Die Soldaten waren auf Augustus eingeschworen. Es war die Fortsetzung der Heeresklientel, die mit Marius begonnen hatte. In Rom schuf Augustus die Prätorianergarde zu seinem Schutz, und er begann mit dem Aufbau eines differenzierten Verwaltungsapparates in Rom und in den Provinzen.

Dieser Verwaltungsapparat, der unter seinen Nachfolgern immer weiter ausgebaut wurde, war die Voraussetzung für die politische und gesellschaftliche Integration der Führungsschicht des gesamten Reiches seit dem zweiten Jahrhundert n. Chr. Von der Bevölkerung in den Provinzen sagt der Geschichtsschreiber Tacitus, dass sie das neue Regiment der senatorischen Verwaltung allemal vorzogen. Es war für sie das geringere Übel. Kein Wunder: Unter der Aufsicht des Prinzeps war die römische Provinzialverwaltung effektiver und weniger korrupt als die vorherige. Außerdem war der Prinzeps für Gesandtschaften aus den Provinzen leichter zugänglich, als es der Senat gewesen war. Die Privilegien der Freistädte und föderierten Städte blieben im Allgemeinen gewahrt, wurden jedoch auch schnell entzogen, wenn in einer solchen Stadt wegen anhaltender Streitigkeiten die innere Ordnung zusammenbrach – das unauslöschliche Leiden der griechischen Poleis. Wenn sich die innere Lage wieder beruhigt hatte, hatten solche Städte jedoch gute Aussichten, ihre Privilegien einige Jahre später wiederzugewinnen. Beispielsweise nutzte die Insel Samos, die nach dem Ersten Mithridatischen Krieg ihren Status als Freistadt verloren hatte, den zweimaligen längeren Aufenthalt Octavians zur Wiedererlangung ihrer Privilegien. Octavian lehnte zunächst ab, weil die Samier keine neuen Verdienste um Rom vorzuweisen hatten. Aber die Samier gewannen die Gunst seiner Gemahlin Livia, und Octavian gab nach. Die Insel erhielt den Status einer freien und steuerfreien Stadt zurück.

Zur Legitimation seiner Sonderstellung musste Augustus versuchen, sie propagandistisch mit den Wertvorstellungen der römischen Republik in Einklang zu bringen. In seinem Tatenbericht behauptete er, dem römischen Staat, der von einer Clique unterdrückt worden sei, die Freiheit *(libertas)* zurückgegeben zu haben. Auf einem Ehrenschild, der ihm 27 v. Chr. verliehen wurde, waren die Namen der Tugenden *virtus*, *clementia*, *iustitia* und *pietas* eingraviert. Der Dichter Horaz, der als Student in Athen im Heer des Brutus Offizier gewesen war, brachte anlässlich der 17 v. Chr. mit großem Aufwand begangenen *ludi saeculares* die zurückgekehrte *virtus* mit *fides*, *pax* (in der Bedeutung von Frieden im Inneren), *honos* (Ehrgefühl) und *pudor* (menschlichen Anstand) in Verbindung. Augustus wollte mit diesen Spielen ein neues glückliches Zeitalter ausrufen, ein neues *saeculum*.

Schon 19 v. Chr. hatte er sich die Sittenaufsicht *(cura morum)* übertragen lassen, um die moralische Erneuerung Roms voranzutreiben. Die Wiedererweckung des *mos maiorum* war ihm ein wirkliches Anliegen. Römer zu sein, sollte wieder etwas Besonderes sein. Deshalb schränkte er die üblich gewordene leichtfertige Vergabe des römischen Bürgerrechts wieder ein und reglementierte den Habitus römischer Bürger in der Öffentlichkeit. Bei der Sitzeinteilung im Theater achtete er darauf, dass sie die gesellschaftliche Rangordnung genau widerspiegelte. Darüber hinaus schritt er unermüdlich gegen Missstände auf zahlreichen Gebieten ein, und setzte auch die Höchstkosten für private Gastmähler gesetzlich fest. Ein weiteres Zeugnis waren seine umfangreichen Ehegesetze, mit denen er Ehelosigkeit, Kinderlosigkeit und eine laxe Sexualmoral von Verheirateten bekämpfen wollte. 2 v. Chr. statuierte er ein Exempel an seiner eigenen Familie, als er seine widerspenstige Tochter, deren Lebenswandel er skandalös fand, und seine Enkelin zur Verbannung verurteilen ließ. Andere gesetzliche Maßnahmen stellten Wahlbestechung unter Strafe.

Bezüglich der privaten Lebensführung ging Augustus mit gutem Beispiel voran. Seine Behausungen in Rom und auf dem Land waren bescheiden, in seinem Haushalt gab es keine luxuriöse Ausstattung, und auch im Essen und Trinken war er maßvoll, obwohl er der reichste Mann seiner Zeit war. Die Anstrengungen des Augustus zur moralischen Erneuerung Roms waren also strenger und umfangreicher als die in Griechenland seit dem vierten Jahrhundert. Beide hatten sie ihren Ursprung in einem vorausgegangenen politischen Zusammenbruch.

Die Frage, in welcher Form die einzigartige Machtposition des Augustus auch religiös zum Ausdruck gebracht werden könnte, ergab sich nach antiker Mentalität von selbst. Allerdings musste der Prinzeps alles vermeiden, was als Anknüpfung an die Formen östlicher Könige verstanden werden konnte. Deshalb gestattete er in Italien lediglich eine indirekte Vergöttlichung seiner Person in Gestalt seiner Schutzgottheit, seines Genius, dem man Opfer darbringen konnte und der auch als Schwurgottheit diente. Für die griechischen Städte wäre eine direkte Vergöttlichung kein Problem gewesen. Sie wünschten sich einen Nachfolger der hellenistischen Könige, einen königlichen Wohltäter. Schon 29 v. Chr. traten die Städte der Provinz Asia an Octavian mit der Bitte heran, einen Kult für ihn einrichten zu dürfen. Er reagierte salomonisch: nur in Verbindung mit der Göttin Roma, der griechischen Schöpfung des zweiten Jahrhunderts v. Chr., die es in Italien nicht gab. Römische Bürger, die sich in der Provinz Asia aufhielten, nahmen an diesem Kult nicht teil, sondern konnten nur Roma und den vergöttlichten Caesar *(divus Iulius)* verehren. Ägypten blieb etwas Besonderes, denn es war wegen seines Reichtums nach wie vor gefährlich. Es wurde nicht von einem Legaten, sondern von einem Präfekten verwaltet. Solche Präfekten gab es sonst nur in Rom für spezielle Aufgabenbereiche. Kein Senator durfte Ägypten ohne Erlaubnis des Prinzeps betreten. Dort duldete er zwar, dass er als Pharao dargestellt, wurde, doch hütete er sich, sich zum Pharao krönen zu lassen.

Die Außenpolitik des Augustus war durchaus auf Expansion ausgerichtet. Ihre Ziele waren von der Geographie vorgegeben. Die Eroberung Nordspaniens war der Abschluss der Eroberung der iberischen Halbinsel, die nach dem Zweiten Punischen Krieg begonnen hatte, in den Alpen wurden die letzten freien Stämme unterworfen, in Germanien war das Ziel wahrscheinlich die Elbgrenze, südöstlich davon erreichten die Römer mit der Einrichtung der Provinzen Raetia, Noricum, Pannonia, Illyricum und Moesia die Donaugrenze. Die *pax Romana*, im Innern gleichbedeutend mit Frieden, war nach außen gleichbedeutend mit Weltherrschaft. Umso mehr schockierte Augustus die vernichtende Niederlage von drei Legionen 9 n. Chr. in der Varusschlacht. Als Siegel für Dokumente und Briefe benutzte er zeitweilig das Bild Alexanders des Großen, später sein eigenes.

Was wir heute Prinzipat nennen, war nach griechischer Terminologie eine Tyrannis. Auch etliche griechische Tyrannen hatten die republikanische Verfassung in ihren Städten unangetastet gelassen, gelegentlich zum Schein ihren Rücktritt angeboten und sich gleich darauf wieder legitimieren lassen. Das war ein uraltes Spiel, in das auch der Prinzipat hineingehört. Diese römische Tyrannis war wegen der komplizierten römischen Verfassung lediglich differenzierter. Und sie war dauerhaft, weil die Alternative nicht Freiheit gewesen wäre, sondern die Rückkehr zu den blutigen politischen Wirren und Bürgerkriegen der vorherigen 100 Jahre der römischen Republik. Ein so großes Reich bedurfte einer zentralen Kontrolle. Platon, der zwischen guter und schlechter Tyrannis einen Unterschied machte, hätte Augustus wahrscheinlich zu den guten Tyrannen gezählt.

Wie griechische Tyrannen und hellenistische Könige, insbesondere die Ptolemaier, war auch Augustus darauf bedacht, seine Herrschaft mit kulturellem Glanz zu vergolden. Sein Interesse an Kultur war übrigens durchaus echt. In seiner Schriftsprache vermied er alles Gekünstelte, sondern bediente sich eines einfachen, aber eleganten Stils, den er auch anderen empfahl. Er verfasste mehrere (nicht erhaltene) literarische Werke. Wie Dionysos I. von Syrakus, der einige Tragödien geschrieben hatte, wagte auch er sich an eine Tragödie namens Ajax heran, hatte aber genügend Selbstkritik, um einzusehen, dass er diesem Stoff nicht gewachsen war. Auch schaffte er es nie, fließend Griechisch zu sprechen, obwohl er eine gute Erziehung in griechischer Literatur genossen hatte.

Er hatte das Glück, dass Rom gerade in seiner Regierungszeit Talente hervorbrachte, die Weltrang erlangen sollten. Die griechische Kultur erfuhr in Rom und in der lateinischen Sprache ihre großartigste Nachwirkung. Deshalb spricht man noch heute vom Augusteischen Zeitalter. War sein Jugendfreund Agrippa auf militärischem Gebiet seine rechte Hand, so war es ein anderer Jugendfreund, Gaius Clinius Maecenas (70–8 v. Chr.) im Bereich der Diplomatie und Kultur. Er zog Dichter wie Vergil, Horaz und Properz mit großzügiger Förderung in seinen Kreis. Und so ist „Mäzen“ noch heute die Bezeichnung für einen Kunstförderer.

Vergil (Publius Vergilius Maro, 70–19 v. Chr.), der Sohn eines kleinen Grundbesitzers unterhalb des Ritterstandes, besang, wie einst Theokrit, in seinen Bucolica das ins Romantische verklärte Hirtendasein, pries in seinen Georgica das wunderbare Leben auf dem Land und schuf mit seinem Epos Aeneis nach dem Vorbild Homers und des Ennius die mythische Vorgeschichte Roms. Mit diesem Epos wurde zu *dem* römischen Nationaldichter. Auf unbedingte Perfektion bedacht, verfügte er testamentarisch, das unvollendete Werk zu vernichten, doch wurde es auf Anweisung des Augustus gerettet und von zwei Dichtern aus dem Kreis des Maecenas sorgfältig ediert.

Die Karriere des Horaz (65–8 v. Chr.) ist ein noch eindrucksvolleres Beispiel für einen sozialen Aufstieg. Sein Vater war ein Freigelassener, der als Organisator von Versteigerungen zu einem kleinen Vermögen gekommen war. Er ließ seinen Sohn in Rom und Athen studieren. In Athen gewann Horaz Freunde unter den Söhnen einflussreicher Familien und wurde, wie schon erwähnt, Offizier im Heer des Brutus. Nach dem Krieg wurde er begnadigt, blieb aber besitzlos, verdiente seinen Lebensunterhalt als Schreiber eines Quaestors und begann zu dichten. Seine Frustration und Trauer über die Wirren der ausgehenden Republik brachte er, angeregt von Archilochos und Lucilius, in Form von Satiren zum Ausdruck. Sein Talent wurde von Vergil und Varius (Lucius Varius Rufus, ca. 75/70–15 v. Chr.) erkannt, die ihn an Maecenas vermittelten. Dieser nahm ihn unter seine Fittiche und schenkte ihm ein Landgut. Eine neue Art der Literatur fand Horaz in seinen Episteln, Reflexionen in Briefform. In seiner Liebesdichtung griff er auf Sappho und Alkaios zurück und legte Wert darauf, als erster deren Versmaß in die römische Poesie eingeführt zu haben. In seinen Oden, Chorgesängen zu Ehren des erneuerten Roms und des Augustus, zu denen der Prinzeps ihn verpflichtete, griff er auf Pindar zurück. Erst diese Oden waren es, die ihn berühmt machten, auch wenn er die Popularität Vergils nie erreichte. Sein dichterisches Werk, rühmte er sich zu Recht, habe ihn unsterblich gemacht, es sei dauerhafter als Erz, von königlichem Format und höher als die Pyramiden.

Die römische Liebeselegie begann mit Gaius Cornelius Gallus (70/69–27 v. Chr.). Obwohl von einfacher Herkunft, hatte er einen glühenden Ehrgeiz, studierte zusammen mit Vergil in Rom, erlangte Aufmerksamkeit als Dichter und gewann die Freundschaft Octavians, wurde, wie wir schon gesehen haben, einer seiner Heerführer bei der Eroberung Ägyptens und stieg zum Präfekten Ägyptens auf: eine schwindelerregende Karriere, die zeigt, wie sehr sich die römische Gesellschaft trotz ihrer ständischen Unterschiede indessen für begabte junge Männer geöffnet hatte. Der Traumposten in Ägypten muss ihm zu Kopf gestiegen sein. Was immer er angestellt haben mag – jedenfalls fiel er wenige Jahre später ins Nichts. Octavian kündigte ihm 27 v. Chr. öffentlich die Freundschaft auf, wir wissen nicht, warum. Gallus wurde seines Postens enthoben, wenn auch von Octavian nicht gerichtlich angeklagt. Doch weil er den Schutz des Prinzeps verlor, wurde er eine Beute seiner Neider und Feinde im Senat, die ihm so viele Prozesse anhängten, dass er sich zum Selbstmord gezwungen sah. Von seinem literarischen Werk ist so gut wie nichts erhalten. Aber seinen Ruf als Wegweiser hat er behalten.

Einer seiner Nachfolger war Properz (Sextus Aurelius Propertius, ca. 50/47–2 v. Chr.), der sich den römischen Kallimachos nannte. Wie Vergil und Horaz hatte er bei den Landenteignungen, die Octavian zur Versorgung seiner Veteranen vorgenommen hatte, seinen Besitz verloren. Maecenas entschädigte ihn.

Ein dichterischer Rivale des Properz war Tibull (Albius Tibullus, ca. 55–19/18 v. Chr.), ein römischer Ritter, der in dem schwerreichen Messalla seinen Förderer fand. Mit Ovid und Horaz war er befreundet. Marcus Valerius Messalla

Corvinus (64 v. Chr. – 8 n. Chr.) war ein Republikaner senatorischer Herkunft, der sich in den Kämpfen am Ende der Republik immer rechtzeitig ins jeweils siegreiche Lager zu retten gewusst und dabei noch Karriere gemacht hatte. Beim Ausbruch des Krieges zwischen den Caesarmördern und den Caesarianern hatte er, wie Horaz und der Sohn Ciceros, in Athen studiert, war, von den Caesarianern geächtet, zum Heer des Brutus geflüchtet, aber nach der Niederlage von Antonius aufgenommen worden, hatte an den Kämpfen Octavians gegen Sextus Pompeius teilgenommen und, als der Konflikt zwischen Antonius und Octavian sich zuspitzte, eindeutig für Octavian Partei ergriffen. 31 v. Chr. war er sogar anstelle des Antonius Konsul geworden. Auch an der Schlacht bei Actium hatte er Anteil, war wenig später Statthalter von Gallien geworden und hatte nach seinem Sieg über Aufständische in Südwestgallien in Rom einen Triumph feiern können. In senatorischen Kreisen zeigte er sich stolz darauf, ein echter Republikaner im Heer des Brutus gewesen zu sein. So ein Mann war Augustus gerade recht, denn er schien ein lebender Beweis für seine Behauptung, die Republik wiederhergestellt zu haben. Er war auch literarisch tätig, und zwar in Latein und Griechisch, und sein Stil fand über seinen Tod hinaus Bewunderer.

Auch Ovid (Publius Ovidius Naso, 43 v. Chr. – 17 n. Chr.) gehörte zum Kreis um Messalla. Wie Tibull stammte er aus dem Ritterstand, hatte in Rom und Athen studiert und wollte, wie Horaz, eigentlich die politische Laufbahn einschlagen. Finanzielle Förderung hatte er nicht nötig, denn er war von Haus aus reich. In seinem umfangreichen Werk befasste er sich nicht nur mit der Liebe in allen ihren Facetten einschließlich erotischer Lehrgedichte; sondern er schuf in den *Metamorphoses* (Verwandlungen) auch ein großes mythisch-historisches Epos in Hexametern, das die Entwicklung und ständige Verwandlung der Welt vom ursprünglichen Chaos bis zur politischen Ordnung des Augustus zum Thema hatte. Die *Fasti*, ein Werk über den mythologischen und sagenhaften Ursprung von römischen Feiertagen und Festen, konnte er nicht zu Ende führen, denn 8 v. Chr. traf ihn unerwartet ein Unglück. Augustus verfügte seine Verbannung an die äußerste Grenze des römischen Reiches, nach Tomis (Constanza in Rumänien). Der Grund ist bis heute unbekannt. In welche Skandalgeschichte war er verwickelt? Von dort schickte er nur noch Trauergedichte *(Tristia)* nach Rom, in der vergeblichen Hoffnung, eines Tages wieder zurückkehren zu können. Aber auch Tiberius, der Nachfolger des Augustus, hob seine Verbannung nicht auf.

Hatten die Römer von Scipio Aemilianus bis Cicero die Stoa als philosophische Grundlage der römischen Staatsethik bevorzugt, so entdeckten die „Neuen Dichter" *(Neoteroi)* das Private, ihre Gefühlswelt und die Muße als Lebensinhalt und waren in diesem Sinn Epikureer. Zur gleichen Zeit entstand aber auch – in annähernd 40-jähriger Arbeit – das geradezu titanische Geschichtswerk des Titus Livius (ca. 59 v. Chr. – 17 n. Chr.) von der Gründung Roms *(ab urbe condita)* bis 9 v. Chr., als Drusus, ein Adoptivsohn des Augustus, bei einem Germanienfeldzug an den Folgen eines Sturzes vom Pferd starb. Livius entwarf im ciceronisch-caesarischem Stil ein idealisiertes Gemälde vom Rom der guten alten Zeit und führte den Niedergang der Republik einseitig auf den Sittenverfall zurück. Schon die Veröffentlichung der ersten Abschnitte erregte bewunderndes Staunen und machte ihn über Italien hinaus im Westen bekannt. Für die römische Ostpolitik bis 146 v. Chr. basierte er im Wesentlichen auf Polybios, dem er als Analytiker unterlegen, aber als Stilist überlegen war. Obwohl er Pompeius gegenüber Caesar bevorzugte, engagierte Augustus ihn als Lehrer für den späteren Prinzeps Claudius. Der Kampf zwischen Caesarianern und Republikanern war auch auf emotionaler Ebene vorbei.

Augustus betonte demonstrativ die Einheit von Republik und Prinzipat, als er inschriftlich eine Liste aller römischen Konsuln und Triumphatoren von 483 v. Chr. bis 13 n. Chr. veröffentlichen ließ. Zu den Autoren, die in der Renaissance ein bedeutendes Nachleben hatten, gehörte der Architekt und Ingenieur Vitruv (ca. 80–15 v. Chr., vollständiger Name unsicher). Er hatte im Bürgerkrieg für Caesar und später für Octavian Kriegsmaschinen konstruiert und sich im Frieden mit dem Bau von zivilen Maschinen und der Wasserversorgung in Rom beschäftigt. In der Stadt Fanum Fortunae an der Adriaküste war eine Basilika sein Werk. Da Augustus ihm im Alter eine Pension gewährte, hatte er die Möglichkeit, ein zehnbändiges Opus über das Architektur- und Ingenieurswesen zu verfassen, das auf dem Werk Hermogenes' von Priene, eines griechischen Architekten des zweiten Jahrhunderts v. Chr. fußte, und in dem er neben eigenen Forschungen die Erkenntnisse zahlreicher griechischer Philosophen und Forscher verarbeitet hat. Dieses Werk, das in seiner Art einzigartig war, hat er Augustus gewidmet. Im Osten nahm man von alldem keine Notiz. Die Griechen hätten es unter ihrer Würde gefunden, Latein zu lernen.

Die Regelung seiner Nachfolge erwies sich für Augustus als schwierig. Da er keinen Sohn hatte, designierte er zwei der drei Söhne seiner einzigen Tochter Iulia aus ihrer Ehe mit Agrippa durch Adoption zu Kandidaten. Weil sie aber noch zu jung waren, um die unmittelbare Nachfolge anzutreten, griff er auf Tiberius und Drusus, die zwei Söhne seiner Gattin Livia aus ihrer Ehe mit Tiberius Claudius Nero zurück. Claudius Nero war ein Republikaner gewesen und hatte im Bürgerkrieg zusammen mit Livia vor Octavian nach Griechenland flüchten müssen, um sein Leben zu retten. Später war er von ihm gezwungen worden, ihm Livia abzutreten. Von diesen beiden Söhnen bevorzugte Augustus Drusus (I.). Doch der kam, wie erwähnt, 9 v. Chr. bei einem Reitunfall in Germanien ums Leben. Auch die beiden Söhne der Iulia starben, der dritte, Agrippa Postumus, wurde zwar für den Notfall adoptiert, galt von vornherein jedoch als aus persönlichen Gründen ungeeignet. Genaueres wissen wir nicht. Augustus hatte also keine andere Wahl mehr als Tiberius, obwohl er diese Entscheidung trotz dessen großen militärischen Meriten für problematisch hielt.

Zu Recht, wie sich herausstellte. Die julisch-claudische Dynastie hat bis zu ihrem Ende 68 n. Chr. keinen einzigen wirklich geeigneten Prinzeps hervorgebracht. Zum Nachfolger des Tiberius hatte Augustus nicht einmal dessen Sohn Drusus (II.), sondern Germanicus, einen der beiden Söhne des Drusus (I.) bestimmt. Am Beginn seiner Herrschaft hatte Tiberius die *tribunicia potestas* und das – immer noch zeitlich begrenzte – *imperium proconsulare*, und die beiden Konsuln leisteten ihm den Treueid. Agrippa Postumus wurde ermordet, auf wessen Befehl, blieb ungeklärt. Aber die Heere an der Rhein- und an der Donaugrenze meuterten und forderten für ihre Zustimmung Solderhöhung und kürzere Dienstzeiten. Germanicus, der das Kommando über die Rheinlegionen hatte, akzeptierte notgedrungen diese Forderungen, und Tiberius musste sie nachträglich bestätigen.

Innenpolitisch wich Tiberius von der Linie des Augustus ab und strebte offenbar eine gemeinsame Herrschaft mit den Amtsträgern und dem Senat an, wobei er sich selbst im Hintergrund hielt, die meisten Ehrungen, die man ihm antrug, ablehnte und Redefreiheit gewährte. Hätte er den Vorschlag angenommen, den September nach ihm und den Oktober nach Livia zu benennen, würden wahrscheinlich diese beiden Monate noch heute nach ihnen benannt sein. Sparsamkeit *(parsimonia)* und strenge Sitten, wichtige Elemente des *mos maiorum*, standen bei ihm hoch im Kurs. Er bestrafte unsittlichen Lebenswandel von Ehefrauen und Männern, die sich mit Ehefrauen anderer einließen, mit Verbannung und setzte überhöhte Gagen für Gladiatoren und Preise für Luxusgüter herab. Sein Lebensstil war in jeder Hinsicht betont schlicht. Aber als der Senat die Frage an ihn herantrug, ob er eine Gesetzesinitiative gegen Luxus aller Art ergreifen wolle, lehnte er ab. Er wusste nur zu gut, dass ein solcher Schritt in der römischen Führungsschicht umstritten war und ihm wenig Erfolg, dafür aber umso mehr Feindseligkeit eingetragen hätte. Allerdings stellte er es den Amtsträgern frei, solche Gesetze im Senat zu beantragen, wenn sie sich genügend Tatkraft zutrauten, um ihre Einhaltung durchzusetzen. Doch keiner traute sich.

Den ägyptischen Isiskult und den jüdischen Kult verbannte er als unrömisch weitgehend aus Italien. Er ließ keine Prestigebauten errichten und veranstaltete keine aufwendigen Spiele. Letzteres machte ihn beim „Volk" unbeliebt. Seine Politik der Haushaltskonsolidierung ließ den Staatsschatz gehörig anwachsen, zumal er eine defensive Außenpolitik betrieb. Fürsorglich und hilfsbereit zeigte er sich, wenn es darum ging, Notlagen in den Provinzen zu beheben. In Rom hat er trotz allem einen düsteren Nachruf behalten.

Die hauptsächliche Ursache dafür waren die sogenannten Majestätsprozesse, die schon 15 n. Chr. begannen. Der Begriff *maiestas* (Würde, Hoheit) hatte sich in republikanischer Zeit auf das römische Volk bezogen. Er brachte den Anspruch des gesamten Volkes auf eine höhere Autorität gegenüber dem Einzelnen zum Ausdruck. Im außenpolitischen Bereich konnte *maiestas* den höheren Rang des römischen Volkes gegenüber abhängigen Staaten bezeichnen und auch als eine Klausel in sogenannten ungleichen Bündnisverträgen in Erscheinung treten. Eine genaue Definition von *maiestas* gab es nicht. Der erste Fall, in dem die Verletzung der *maiestas* strafrechtlich geahndet wurde, ist zum Jahr 246 v. Chr., also für die Zeit des Ersten Punischen Krieges, überliefert, und bezog sich auf eine Frau: Claudia, die Schwester des Publius Claudius Pulcher, der drei Jahre zuvor eine Seeschlacht gegen die Karthager verloren hatte. Auf dem Heimweg von einer Theaterveranstaltung war sie in den engen belebten Straßen Roms mit ihrem Wagen von einer Menschenmenge behindert worden und hatte laut den Wunsch geäußert, dass ihr verstorbener Bruder wiederauferstehen und noch einmal eine Flotte verlieren möge, damit das Menschengewimmel in Rom abnähme. Sie wurde wegen Beleidigung des römischen Volkes zu einer hohen Geldstrafe verurteilt.

Spätestens 100 v. Chr. wurde die „Verletzung der *maiestas* des römischen Volkes" ein Delikt, das vor einem speziellen Gerichtshof verhandelt wurde. Und es ging vor allem um schwere Straftaten wie Hoch- und Landesverrat oder Amtsmissbrauch. Auf Verbrechen dieser Art stand die Todesstrafe oder das Exil. Sulla und Caesar haben die Gültigkeit dieses Gesetzes ausgedehnt. Augustus erhob den Anspruch, dass auch er die *maiestas* des römischen Volkes vertrete und erweiterte den Geltungsbereich schrittweise auf Schmähschriften gegen seine Person oder seine Familie. Aus dem Verbrechen gegen die „Würde des römischen Volkes" wurde nach und nach ein Majestätsverbrechen.

Tiberius versuchte zunächst, mündliche oder schriftliche Anfeindungen gegen seine Person nicht verfolgen zu lassen. Es waren vor allem Senatoren, die in dem *Maiestas*-Verfahren ein Mittel entdeckten, um Konkurrenten im Kampf um Ämter und Würden oder persönliche Gegner auszuschalten. Und weil Tiberius sich möglichst wenig in die Verfahren, die vor dem Senat stattfanden, einmischen wollte, konnte er diese gefährliche Entwicklung nicht eindämmen. Der Freiraum, den er den Amtsträgern und dem Senat lassen wollte, führte eben nicht zu einer fruchtbaren Zusammenarbeit, sondern auf Seiten des Senats zu Verunsicherung. Wer wollte schon das Risiko einer Entscheidung auf sich nehmen und sich anschließend vielleicht den Unwillen des Prinzeps zuziehen? Der Prinzipat ließ keine wirkliche gemeinsame Herrschaft zwischen Prinzeps und Senat zu.

Nach dem Tod des Germanicus in Syrien (19 n. Chr.) war die Nachfolgefrage wieder offen und trieb einen Keil zwischen die verschiedenen Zweige der Dynastie. Tiberius sah den Weg für seinen Sohn Drusus (II.) frei, während für die Witwe des Germanicus, Vipsania Agrippina, nur einer ihrer drei Söhne, Nero, Drusus (III.) und Gaius (der spätere Caligula) in Frage kam. Als Drusus (II.) 23 n. Chr. starb, trat seine Witwe Livilla, die Schwester des Germanicus, auf den Plan und kämpfte für ihren Sohn, Tiberius Gemellus. Daraus entstand ein erbittertes Ringen zwischen den beiden Frauen, von denen jede bestimmte Gruppen von Senatoren hinter sich hatte, die bei der Planung ihrer Karrieren auf die eine oder andere Seite setzten. Da Tiberius es aus taktischen Gründen vermied, sich festzulegen, erregte die Nachfolgefrage in Rom ein Klima gefährlicher Spannungen. Sowohl nach dem Tod des Germanicus als auch nach dem Tod des Drusus (II.) kursierten Gerüchte über Giftmord. Denunzianten benutzten Majestätsprozesse als Kampfinstrumente.

26 n. Chr. war Tiberius die Auseinandersetzungen in seiner Familie leid, ebenso die Einmischungsversuche seiner Mutter Livia, die von Anfang an versucht hatte, sich de facto als Mitherrscherin zu etablieren. Er zog sich auf die Insel Capri zurück und betrat Rom nie wieder. Böse Zungen hängten ihm ein fantasiereiches Repertoire an sexuellen Perversionen an, die er dort im Geheimen betrieben haben soll. Sein wichtigster Stellvertreter in Rom war der Prätorianerpräfekt Lucius Aelius Seianus. Er war ein Mann aus dem Ritterstand und hatte seit langem eine vielseitige Befähigung unter Beweis gestellt. Er wäre vielleicht der richtige Prinzeps gewesen. 14 n. Chr. hatte er zusammen mit dem Tiberius-Sohn Drusus (II.) die meuternden Legionen an der Donaugrenze schnell beruhigt, hatte sein Organisationstalent bei der Bekämpfung eines Brandes im Theater des Pompeius in Rom bewiesen und dem Prinzeps als kluger Ratgeber zur Seite gestanden. Nach und nach schuf er sich ein breites Netzwerk unter den Senatoren, nahm zahlreiche Ehrungen entgegen und knüpfte sogar Kontakte zu den Befehlshabern der Rheinlegionen. Nach dem Tod des Drusus (II.) strebte er die Ehe mit dessen Witwe Livilla an. Er wäre dann nach dem Tod des Tiberius der Vormund des Tiberius Gemellus und bis zu dessen Volljährigkeit Regent geworden.

29 n. Chr. starb Livia, die Witwe des Augustus, gegen deren Machtposition Seianus immer machtlos gewesen war. Der Tod der alten Dame erweiterte seinen politischen Spielraum. Wahrscheinlich hatte er bei der Ausschaltung der Vipsania Agrippina und ihrer beiden ältesten Söhne, die im selben Jahr erfolgte, seine Hände im Spiel. 31 v. Chr. schien Seianus sein Ziel erreicht zu haben. Er wurde Kollege des Tiberius im Konsulat, erhielt das *imperium proconsulare* und durfte sich mit Livilla verloben. Dann passierte etwas völlig Unerwartetes, der Umschlag des Schicksals, wie die Griechen gesagt hätten. Anlässlich einer Einladung in den Senat, wo er damit rechnete, auch die *tribunicia potestas* zu erhalten und mit Tiberius auf eine Stufe gestellt zu werden, wurde von einem der Konsuln ein Brief des Prinzeps verlesen, in dem er zunächst für seine Verdienste gelobt und anschließend als Hochverräter beschuldigt wurde. Das Todesurteil über den völlig Überraschten folgte noch am selben Tag. Angeblich war Tiberius von Antonia, der Witwe seines Bruders Drusus (I.), in deren Obhut sich Gaius, der jüngste Sohn der Agrippina befand, gewarnt worden. Auch Livilla wurde zum Tod verurteilt. Es folgte eine Welle von Verhaftungen von Anhängern Seianus' unter dem Majestätsgesetz. Als Tiberius 37 n. Chr. starb, war er allgemein verhasst. Eine Volksmenge in den Straßen Roms rief: „In den Tiber mit Tiberius".

Sein Nachfolger, Gaius Caesar Augustus Germanicus, ist bekanntlich unter dem Spitznamen Caligula („Soldatenstiefelchen") als monströser Wüterich in die Geschichte eingegangen. Unter ihm lief der Prinzipat völlig aus dem Ruder. Dabei hatte alles so gut angefangen. Sein Vater, der allseits beliebte Germanicus, hatte als Kommandeur der Rheinlegionen seine Familie mitgebracht, und seine Gemahlin Agrippina hatte die Gelegenheit wahrgenommen, um bei den Soldaten ihre Söhne als zukünftige Herrscher vorzustellen – sehr zum Unwillen des Tiberius. Die Soldaten mochten besonders den kleinen Gaius, dem seine Mutter Soldatenstiefelchen *(caligulae)* angepasst hatte, und gaben ihm diesen Namen. Später erlebte er den mysteriösen Tod seines Vaters in Syrien und den Untergang seiner Mutter und seiner beiden älteren Brüder im Machtkampf mit Tiberius und Livilla. Er selbst überlebte im Schutz seiner Urgroßmutter Livia und anschließend seiner Großmutter Antonia und entwickelte ein inniges Verhältnis zu seinen drei Schwestern, besonders zu Drusilla, mit der ihn möglicherweise sogar eine inzestuöse Beziehung verband. Dann wurde er nach Capri unter die Aufsicht des Tiberius geschickt. Misstrauisch und vorsichtig geworden, ließ er sich von niemandem zu kritischen Äußerungen über den Prinzeps verleiten – und überlebte.

Bei seinem Regierungsantritt herrschte in der Führungsschicht Roms eine gespannte Unruhe. Nicht wenige waren in das Netzwerk Seianus' verstrickt gewesen, und einige Majestätsprozesse liefen noch. Der 25-jährige Caligula tat alles, um als ein Prinzeps im Sinne des Augustus zu erscheinen. Er setzte die Majestätsprozesse aus und amnestierte unter Tiberius Verurteilte, er adoptierte seinen 18-jährigen Vetter Tiberius Gemellus und wählte seinen Onkel Claudius zu seinem Kollegen im Konsulat. Und er verkündete Steuersenkungen. Dass er sich der Treue der Prätorianer durch ein Geldgeschenk versichern zu müssen glaubte, war allerdings ein Novum, bis dahin nur von den Ptolemaiern bekannt, das unter seinen Nachfolgern aber üblich wurde.

Doch nach kurzer Zeit änderte sich alles. Während Caligula 37/38 n. Chr. krank daniederlag, wandten sich anscheinend viele, die mit seinem Ableben rechneten, dem Gemellus zu. Ob es wirklich eine Verschwörung gab oder ob er nur eine solche vermutete – jedenfalls fühlte er sich nicht mehr sicher, solange Gemellus am Leben war. Er ließ ihn umbringen und nahm die Majestätsprozesse wieder auf. Somit war er in kürzester Zeit ebenso gescheitert wie Tiberius. Um ein erfolgreicher Prinzeps zu sein, gehörte eben weit mehr dazu, als nur gute Intentionen zu haben. Seine drei Schwestern Drusilla, Iulia Agrippina und Iulia Livilla ließ er auf Münzen als Göttinnen *Securitas* (Sicherheit), *Concordia* (Eintracht) und *Fortuna* feiern, um wenigstens die familiäre Eintracht zu demonstrieren. Ob er zeitweilig eine Eheschließung mit Drusilla nach ptolemaiischem Vorbild erwogen hat, wissen wir nicht. Jedenfalls machte er sie allein zur Erbin seines Vermögens, was zugleich die Anwartschaft ihres Gatten Marcus Aemilius Lepidus auf den Prinzipat bedeutete. Ihr früher Tod war für ihn ein schwerer Schlag. Er heiratete seine Geliebte Milonia Caesonia, die ein Kind von ihm erwartete und ihm eine Tochter gebar. Irgendwann würde sie ihm vielleicht einen Sohn gebären, der sein Nachfolger sein würde. Als er die Forderung seiner

Schwester Iulia Agrippina abwies, ihren Sohn Lucius Domitius Ahenobarbus, den späteren Prinzeps Nero, zum Nachfolger zu designieren, war die familiäre Eintracht dahin. Beide Schwestern wechselten ins politische Gegenlager.

Schon 38 n. Chr. wurde eine weitverzweigte Verschwörung entdeckt, in die u. a. seine beiden Schwestern, Lepidus und der Kommandeur des Heeres am oberen Rhein verwickelt waren. Mit einer kurzentschlossenen geheimen Blitzreise an den Rhein, zu der er auch seine beiden Schwestern und Lepidus mitnahm, bekam Caligula die Lage in den Griff. Die Legionen blieben auf seiner Seite. Die Zahl der Verschwörer war so groß, dass er auf der Rückreise seine Zusammenarbeit mit dem Senat aufkündigte. Lepidus wurde hingerichtet, seine beiden Schwestern verbannt. Von da an strebte Caligula ein Alleinherrschertum nach hellenistischem Muster an und ließ diesen Kurs auch an seiner luxuriösen Hofhaltung und seinem hellenistischen Habitus offen erkennen. Er besorgte sich den vermeintlichen Panzer Alexanders des Großen und forderte göttliche Verehrung für sich. Man vermutete, dass er vorhatte, die Hauptstadt nach Alexandreia zu verlegen, denn in Rom konnte selbst er nicht den Königstitel annehmen, obwohl die Griechen ihn gern König genannt hätten. Und „Kaiser" war er schon gar nicht. Einen Kaiser gab es damals noch nicht. Aus dem Namen Caesar (griechisch *Kaisar*) wurde erst im Mittelalter ein Kaiser.

Den Staatsschatz, den Tiberius ihm hinterlassen hatte, verschleuderte Caligula mit bombastischen Spielen und architektonischen Großprojekten in kurzer Zeit. Immer noch schien die monarchische *tryphḗ* des Ptolemaierreiches, die schon Caesar und Marcus Antonius in ihren Bann gezogen hatte, eine Alternative zum Prinzipat. Der alte Gegensatz zwischen dem *bios tryphôn*, dem ungebundenen Leben und Herrschen im Überfluss, und dem *bios sṓphrōn*, dem Leben und Herrschen in traditionellen Grenzen, lebte wieder auf. Caligula blieb zwar in Rom, mutierte aber zum launischen, zynischen und unberechenbaren Despoten, der ganz bewusst eine regelrechte Terrorherrschaft ausübte. Bei den Massen der einfachen Bürger war er als spendabler Wohltäter, der gelegentlich Geld und andere Geschenke wahllos in die Menschenmenge werfen ließ, durchaus beliebt, aber im Kreis der Senatoren und Ritter war niemand mehr vor ihm sicher. Er wurde unerträglich. Die Reaktionen waren geradezu zwangsläufig. Allein im Jahr 40 n. Chr. gab es drei Verschwörungen. Ein Jahr darauf, unter der Parole *libertas*, gelang die geplante Tat.

Der Versuch des Senats, den Prinzipat abzuschaffen, wurde von den Prätorianern und vom „Volk" auf der Straße verhindert. Die Prätorianer hoben Claudius, den Bruder des strahlenden Helden Germanicus, auf den Schild, obwohl er das Gegenteil seines Bruders war. Sie hatten keine andere Wahl. Claudius, mit vollem Namen Tiberius Claudius Nero Germanicus (geb. 10 v. Chr.) war wegen schwerer körperlicher Behinderungen von seiner Familie von allen politischen und militärischen Ämtern ausgeschlossen und vor der Öffentlichkeit nach Möglichkeit verborgen worden. Geistig behindert war er jedoch nicht. Er verfasste historische Werke und beherrschte Griechisch. Dass seine Arbeiten über die

Etrusker und über Karthago verlorengegangen sind, bedauern angesichts unserer mageren Kenntnisse über diese beiden Völker die Historiker noch heute.

Caligula hatte ihn zweimal zum Konsul gemacht, jedoch immer seine Verachtung spüren lassen. Andererseits hatte er nur durch seine Behinderung überlebt. Er schien für Caligula nicht bedrohlich. Nach seiner Anerkennung durch den Senat nannte er sich Tiberius Claudius Caesar Augustus Germanicus. Wie seine beiden Vorgänger wollte auch er gegenüber dem Senat ein neuer Augustus werden, bestrafte nur den engsten Kreis der Verschwörer gegen Caligula und hob alle dessen Verfügungen auf. Die Vergöttlichung seiner Person lehnte er ab. Doch die fortschreitende Entwicklung verlief beinahe von selbst eher in die hellenistisch-monarchische Richtung. Hatte Augustus für seine eigene Administration Senatoren durch Ritter ersetzt, so bevorzugte Claudius anstelle von Rittern Freigelassene aus den östlichen Provinzen, die griechische Namen trugen, und von denen einer ein Eunuch war. Sie wurden die einflussreichsten Ratgeber des entscheidungsschwachen Prinzeps und kamen zu einer Fülle von Macht und Reichtum, von der mancher Senator nur träumen konnte.

Das Gegengewicht am Hof waren bestimmte Frauen, die ihn zu dominieren wussten, allen voran seine dritte Gemahlin Messalina. An der griechischen Knabenliebe fand er keinen Gefallen und war damit in seiner Zeit eine Ausnahme. Seine Nichten Iulia Agrippina und Iulia Livilla rief er aus der Verbannung zurück. Sie beteiligten sich umgehend an der höfischen Intrigenwirtschaft. Messalina sorgte dafür, dass Livilla bald wieder in die Verbannung geschickt wurde, angeblich wegen Ehebruchs mit dem Philosophen Seneca, der ebenfalls ins Exil gehen musste. Sieben Jahre später plante sie mit ihrem Liebhaber anscheinend einen Putsch, der verraten wurde und ihr Ende besiegelte.

Ihre Nachfolgerin wurde Iulia Agrippina, die 50 n. Chr. Claudius dazu brachte, was sie bei Caligula nicht erreicht hatte: ihren Sohn zu adoptieren und damit zum Nachfolger zu designieren, den späteren Prinzeps Nero. Dessen Anspruch auf die Nachfolge des Claudius sicherte sie gleich zweifach ab, indem sie ihn mit Octavia, der Tochter des Claudius verheiratete, so dass der Prinzeps sein Adoptivvater und zugleich sein Schiegervater war. Auch in der Öffentlichkeit war sie präsent. Sie erhielt den Titel „Augusta“ und ihr Porträt prangte auf Münzen. Das heutige Köln, ihr Geburtsort, erhielt von ihr seinen Namen: *Colonia Claudia Ara Agrippinensium*.

Das alles war von ptolemaiischen Verhältnissen nicht mehr weit entfernt. Obwohl Claudius ein gutes Verhältnis zum Senat anstrebte, lebte er permanent in Angst vor Attentaten und Verschwörungen. Immer wieder fanden „Säuberungen“ unter Senatoren und Rittern statt. Die traditionell römische Seite seines Regiments war sein Bemühen um die Rechtsprechung und seine Integrationspolitik, d. h. die Aufnahme von gallischen Adligen in den römischen Senat und die großzügige Vergabe des römischen Bürgerrechts an romanisierte Provinziale. Zahlreiche Infrastrukturmaßnahmen wie der Bau von Aquaedukten, Straßen und Kanälen wurden in Angriff genommen sowie die Getreideversorgung Roms sichergestellt. Um seinen Namen auch mit dem Ruhm eines Eroberers zu bekränzen, begann der unmilitärische Claudius mit der Eroberung Britanniens, setzte persönlich auf die Insel über und hielt sich dort einige Tage auf. Den Siegertitel Britannicus lehnte er für sich ab, erlaubte aber, dass der Senat ihn seinem Sohn verlieh. In der Antike und noch heute hält sich zäh das Gerücht, dass Agrippina ihn vergiftet habe, um die Bahn für ihren Sohn und sich noch schneller freizumachen. Das ist zu Recht bezweifelt worden. Wahrscheinlich starb er mit 64 Jahren eines natürlichen Todes.

Auf den – für antike Verhältnisse – alten Mann folgte ein 16-Jähriger aus der Familie der Domitii Ahenobarbi, einem alteingesessenen Adelsgeschlecht. Schon sein Großvater hatte in die Familie des Augustus eingeheiratet und Antonia (die Ältere), die Tochter des Marcus Antonius und der Augustus-Schwester Octavia, zur Frau genommen. Der Vater Neros war von Tiberius mit Iulia Agrippina, einer der drei Schwestern des Caligula, verheiratet, 37 n. Chr. jedoch eines Majestätsverbrechens angeklagt worden und nur infolge des Todes des Tiberius davongekommen.

Mit dem Beginn seiner Herrschaft wurde aus dem jungen Lucius Domitius Ahenobarbus der Prinzeps Nero Claudius Caesar Augustus Germanicus. Seine Stellung war von vornherein durch den Neid anderer Adelsfamilien belastet, die ebenfalls Töchter aus der Augustusfamilie geheiratet hatten und durchaus die gleiche Anwartschaft auf den Prinzipat gehabt hätten wie Nero. Sie fühlten sich durch den Coup der Agrippina zurückgesetzt und verletzt. Agrippina ging daran, sie zu verfolgen und auszuschalten. Es gab also wieder Tote und Verbannte. Ihrem Sohn Nero hatte sie eine umfassende Bildung zukommen lassen, vor allem durch Lucius Annaeus Seneca.

Er stammte aus Corduba in Spanien und war von seinem Vater, dem Verfasser eines umfangreichen Werkes über Rhetorik, nach Rom geholt und ausgebildet worden. Zwei Philosophen, Sotion und Attalos, führten ihn in die stoische Lehre ein. Als er wegen asthmatischer Beschwerden Ägypten aufsuchte, lernte er dort seine Tante, die Ehefrau des Präfekten kennen. Sie war ihm über ihr Beziehungsnetzwerk bei seinen ersten Schritten in die höfische Gesellschaft in Rom behilflich. Nach seiner Rückkehr zog er als wendiger Anwalt und Autor philosophischer Schriften so viel Aufmerksamkeit auf sich, dass er in den inneren Zirkel der Macht gelangte, obwohl Caligula seinen Stil nicht mochte. Als Stoiker war er im praktischen Leben eher Salonphilosoph als Asket. Sein Spiel auf dem glatten Parkett der Intrigen am Hof büßte er, wie erwähnt, auf Betreiben der Messalina mit einer achtjährigen Verbannung nach Korsika und konnte noch froh sein, dass Claudius ein Todesurteil verhinderte und ihm sein Vermögen beließ. Erst Agrippina rief ihn zurück, weil sie ihn brauchbar für die Erziehung Neros fand. Sein umfassendes Wissen trug bei seinem Zögling reiche Früchte.

Nero begeisterte sich für Dichtung, Musik, Rhetorik, Philosophie, bildende Kunst, Architektur und Mathematik und förderte auch später die Wissenschaft. Wie seine beiden Vorgänger ließ er verlauten, dass er seinen Prinzipat nach dem

Vorbild des Augustus ausüben und dem Senat einen großen innenpolitischen Spielraum belassen wolle. Das war kein leeres Versprechen. Er verzichtete ausdrücklich auf die Ehrung seiner Person durch Statuen, schaffte die Majestätsprozesse ab und überließ auch später die Bestrafung der Verfasser von Schmähschriften dem Senat. Die Prozesswut in der Oberschicht versuchte er einzudämmen. Verarmten Senatoren gewährte er finanzielle Unterstützung, damit sie ihren Sitz im Senat nicht verloren. Und um sein Bekenntnis zum *mos maiorum* zu unterstreichen, erließ er ein Gesetz gegen Speiseluxus bei öffentlichen Veranstaltungen. Gleichzeitig warb er mit einer Senkung des Getreidepreises und öffentlichen Spielen um die Sympathie der kleinen Leute, ließ auch, wie Caligula, wahllos Geschenke unter die Menge streuen.

Als hauptsächliche Ratgeber standen ihm der Prätorianerpräfekt Sextus Afranius Burrus, der der augusteischen Familie jahrelang als vertrauenswürdiger Vermögensverwalter gedient hatte, und Seneca zur Seite. Die Beiden bestimmten fünf Jahre lang die Richtlinien seiner Politik und wurden durch seine Geschenke in kurzer Zeit schwerreich. Nebenbei betätigte sich der stoische Philosoph als Kreditgeber und knallharter Geldeintreiber. Er verfasste die lobende Leichenrede, die Nero auf seinen Vorgänger im Senat zu halten hatte, und veröffentlichte wenig später eine boshafte Satire auf Claudius, in der er die offizielle Vergöttlichung des toten Prinzeps als *Apocolocynthosis* („Verkürbissung") verspottete.

Der plötzliche Tod des Claudius-Sohnes Britannicus, der an Epilepsie litt, mitten an der Tafel des Prinzeps brachte Nero in den Verdacht des Giftmordes, aber wahrscheinlich zu Unrecht. Burrus und Seneca arbeiteten offenbar auf einen friedlichen Ausgleich mit den mächtigsten Adelsgeschlechtern hin. In diesem Zusammenhang steht Senecas Schrift *De clementia* (Von der nachsichtigen Milde), die er dem jungen Herrscher widmete. Mit dieser Leitlinie gerieten Nero, Burrus und Seneca in einen Gegensatz zu Agrippina, die den Anspruch erhob, die eigentliche Herrscherin zu sein, und in dem mächtigen Freigelassenen Pallas einen Verbündeten fand. Die heftigen Auseinandersetzungen zwischen Mutter und Sohn erreichten schließlich ein Stadium, in dem Nero sich bedroht fühlte und ihre Beseitigung beschloss. Das geplante Attentat sollte wie ein Schiffsunglück aussehen, doch Agrippina konnte sich retten und musste, da sie nun wirklich zu einer Gefahr wurde, eilends von einem Mordkommando aus dem Weg geräumt werden (59 n. Chr.). Der Muttermord war nicht mehr zu vertuschen.

Anschließend rief Nero einige Männer und Frauen, die sie ins Exil getrieben hatte, zurück. Im selben Jahr verliebte er sich in die attraktive Poppaea Sabina, die Gattin eines leichtlebigen Höflings namens Marcus Salvius Otho, der schon zwei Statthalterschaften absolviert hatte und über seine Beziehung zu der Freigelassenen Acte, einer Konkubine Neros, in die unmittelbare Nähe des Prinzeps gelangt war. Nero zwang ihn, ihm Poppaea Sabina abzutreten und versetzte ihn als Statthalter ans Ende der westlichen Welt, nach Lusitanien (Portugal), wo er gute Arbeit geleistet haben soll.

Tonangebend in der Entourage Neros war jahrelang der Senator Titus Petronius, der „Schiedsrichter des raffinierten Geschmacks“ *(arbiter elegantiae)*, der der Nachwelt den Roman Satyricon hinterlassen hat, eine Satire auf einen protzigen neureichen Freigelassenen, dem jeder gute Geschmack abgeht.

62 n. Chr., nach dem (natürlichen) Tod des Burrus, verstieß Nero seine ungeliebte Gemahlin Claudia Octavia, die Tochter des Claudius. Auf die Empörung in der Öffentlichkeit hin – denn sie war als Nichte des Germanicus beliebt – rief er sie kurzzeitig aus der Verbannung zurück, schickte sie dann wieder ins Exil und ließ sie dort umbringen, denn in den Händen eines Verschwörers hätte sie ihm gefährlich werden können. Auch in diesen Machtkämpfen ähnelte der Hof in Rom immer mehr den einstmaligen Höfen der hellenistischen Könige.

Der Nachfolger des Burrus wurde Ofonius Tigellinus, auch einer von denen, die Caligula in die Verbannung geschickt, aber Claudius zurückgerufen hatte. Er hatte das Interesse Neros als Züchter von Rennpferden gewonnen, denn Nero trainierte sich als Wagenlenker von Viergespannen und trat auch im Circus Maximus als solcher auf. Kurze Zeit darauf verdrängte Tigellinus Seneca, der seiner Entlassung mit einem freiwilligen Rücktrittsgesuch zuvorkam. Tigellinus betrachtete es als seine wichtigste Aufgabe, alle potentiellen Feinde Neros ausfindig zu machen und sie schon prophylaktisch zu vernichten, ohne dass sie sich schuldig gemacht hatten. Wer auf Grund seiner gesellschaftlichen Stellung im Fokus öffentlicher Aufmerksamkeit stand, tat gut daran, nichts zu tun, was ihn irgendwie verdächtig machen konnte. Indem Tigellinus Nero ständig vor angeblich gefährlichen Personen warnte, flößte er ihm Furcht ein und festigte seine eigene Stellung. Er wurde die am meisten gehasste Figur in Rom.

Die Folge war eine Reihe von Verschwörungen, die zu Neros Glück verraten wurden und die die „Wachsamkeit“ des Tigellinus zu rechtfertigen schienen. Bei den anschließenden „Säuberungen“ wurden auch Unbeteiligte zum Selbstmord gezwungen, wenn sie ins Fadenkreuz des Verdachts gerieten. Für Nero traten seine politischen Aufgaben immer mehr zugunsten seiner Begeisterung für Dichtung, Gesang und Theater in den Hintergrund. Ruhm und Anerkennung auf diesem Gebiet zu erwerben, bedeutete ihm mehr als alles andere.

59 n. Chr. begründete er die Iuvenalia, ein Fest anlässlich seiner ersten Bartabnahme, bei dem er auch Senatoren und Ritter auftreten ließ und am Ende selbst auftrat. Ganz ungewöhnlich war diese Veranstaltung nicht, weil sie in einem nach außen abgeschlossenen Rahmen stattfand. Schon Neros Großvater hatte römische Ritter und vornehme Damen eingeladen, bei einer Mimenaufführung mitzuwirken. Doch mit der Gründung der Neroniana im Jahr darauf und seinem öffentlichen Bühnenauftritt in Neapel, wo Griechisch noch Amtssprache war, wurde Nero in den Augen vieler Senatoren zum Gräkomanen.

Die Neroniana sollten wie die großen pangriechischen Wettkämpfe alle vier Jahre stattfinden, und zwar in Rom. 64 n. Chr. mussten sie ausfallen. Ein verheerender Brand verwüstete große Teile der Stadt. Wie selbstverständlich hielten viele Nero für den Brandstifter. Aber er war es nicht. Vielmehr leistete er ein umsichtiges und tatkräftiges Krisenmanagement. Andere beschuldigten die Christen, von denen sich einige angeblich als Schuldige bekannten. Nero ließ sie grausam bestrafen, obwohl die Pogrome nicht von ihm angestiftet worden waren. Den durch den Brand freigewordenen Platz nutzte er für den Bau eines riesigen Palastes, des „Goldenen Hauses" *(Domus Aurea)*. Damit rückte Rom ein weiteres Mal ein Stück näher an Alexandreia.

Die Ankündigung der Neroniana in Rom (65 n. Chr.) löste beim Senat große Besorgnis aus. Es formierte sich eine Gruppe von Verschwörern, die Nero während der Veranstaltungen ermorden und durch den Senator Gaius Calpurnius Piso ersetzen wollten. Sogar der Kollege des Tigellinus, der Prätorianerpräfekt Lucius Faenius Rufus, war mit von der Partie. Der Plan wurde von einem Freigelassenen, der Verdacht schöpfte, verraten. Eine Welle von Verhaftungen brach über die römische Führungsschicht herein. Bei den Verhören wurde – wohl zu Unrecht – auch der Name Senecas genannt. Der zelebrierte den befohlenen Selbstmord nach Art des Sokrates. Auch Petronius, der an der Verschwörung nicht beteiligt war, ging betont lässig in den befohlenen Tod und hinterließ in seinem Testament einige verächtliche Auslassungen über den Prinzeps.

Im Verlauf dieser „Säuberungen" stiftete Tigellinus seinen Schwiegersohn an, den Stoiker Publius Clodius Thrasea Paetus im Senat anzuklagen, obwohl er nicht zu den Verschwörern gehört hatte. Er war seit vielen Jahren der profilierteste Vertreter des stoischen Republikanertums unter den Senatoren gewesen und hatte Lobschriften auf Cato (den Jüngeren) verfasst, der bis zu seinem Selbstmord in Utica Widerstand gegen Caesar geleistet hatte. Der Senat sah sich in dieser aufgeheizten Atmosphäre gezwungen, ihn zum Selbstmord zu verurteilen. Um den zu erwartenden unrömischen und eines Prinzeps unwürdigen peinlichen Auftritt Neros bei den Neroniana zu verhindern, beschloss der Senat, ihm die Siegesauszeichnung schon vor Beginn der Veranstaltung anzubieten. Doch Nero ließ sich nicht beirren. Er trat persönlich auf. Nachdem er ein Gedicht rezitiert hatte, forderte die Zuschauermenge – viele waren in griechischer Tracht erschienen – ihn auf, doch alle seine Künste zu zeigen, worauf er sich als Sänger mit der Kithara produzierte und den tosenden Beifall genoss. Er bedankte sich nach Schauspielerart mit Kniefall und Kusshand. Den Antrag eines Konsuls, Nero als Gott einen Tempel zu errichten, verhinderte er allerdings mit seinem tribunizischen Veto.

Die Gründung der Neroniana in Rom brachte einige pfiffige griechische Politiker auf den Gedanken, den Prinzeps nach Griechenland einzuladen und ihm die Teilnahme an den panhellenischen Spielen anzubieten. Jene Städte, in denen musische Agone stattfanden, beschlossen, alle Siegeskränze für Kitharoeden an Nero zu schicken. Er empfing die griechische Gesandtschaft vor allen anderen Gesandten und lud sie an seine Tafel ein. Bei Tisch bat einer der Gesandten den Prinzeps, doch einmal zu singen. Der Beifall bestärkte Nero in seiner Auffassung, dass nur Griechen in der Lage wären, sein Talent zu schätzen.

Er brach nach Griechenland auf und begann gleich nach der Landung, in Kassiope auf Korfu am Altar des Iuppiter Kassios seinen Gesang ertönen zu lassen. Alle musischen Wettkämpfe Griechenlands wurden eilig in die Zeit seiner Anwesenheit verlegt, so dass er überall auftreten konnte. Sonderprägungen von Münzen feierten seine Anwesenheit. Auch in Olympia, wo es bis dahin keine musischen Agone gegeben hatte, bekam er Gelegenheit für einen Auftritt. In mehreren Städten trat er als Schauspieler vor das Publikum, auch in Frauenrollen. Vor seinen Auftritten zeigte er jedes Mal große Nervosität, ja Angst vor seinen griechischen Mitbewerbern und den Kampfrichtern. Während seiner Darbietungen sorgten seine Wachmannschaften dafür, dass niemand das Theater verließ. Und wenn die Schiedsrichter ihm den Sieg zusprachen, der von vornherein feststand, ließ er ihn durch einen eigenen Herold verkünden.

Beim Rennen der Zehngespanne in Olympia gab es eine Panne: Nero wurde aus dem Wagen geschleudert. Man hob ihn wieder hinein, er hielt dennoch nicht bis zum Ende durch, aber der Siegeskranz gehörte ihm. Die Büsten aller früheren Sieger ließ er vernichten. Zwischendurch erreichten ihn unerfreuliche Nachrichten. Die politische Lage in Rom, wo die Verhaftungen immer noch weitergingen, spitzte sich zu. Der Freigelassene Helios, dem Nero die Führung der Staatsgeschäfte während seiner Abwesenheit übertragen hatte, bat ihn mehrfach flehentlich, sofort zurückzukehren. Nero blieb gelassen. Nur als ruhmbedeckter Sieger in allen Wettkämpfen wollte er heimkehren.

Doch nachdem die Verschwörung des Annius Vinicianus in Benevent entdeckt worden war, wähnte sich Nero in großer Gefahr, weil Gnaeus Domitius Corbulo, sein bester Heerführer im Krieg gegen die Parther, dessen Schwiegervater und bei den Legionen im Osten beliebt war. Er zitierte ihn nach Griechenland und ließ ihm durch einen Boten den Selbstmord befehlen. Fast nebenbei nahm er das Großprojekt eines Kanalbaus durch den Isthmos von Korinth in Angriff, zog 6000 jüdische Arbeiter zusammen und tat den ersten Spatenstich, angeblich mit einem vergoldeten Spaten. Er war nicht der Erste, der diesen Plan hatte; und er scheiterte daran, wie etliche Machthaber vor ihm.

Am Ende dieser Tournee überraschte er die Griechen mit einem Geschenk, das alle Erwartungen übertraf: Nach den Isthmischen Spielen im Stadion von Korinth, das unter Caesar, mit östlichen Freigelassenen aus Rom besiedelt, als Kolonie mit römischem Bürgerrecht neu entstanden war, ließ er die Freiheit Griechenlands verkünden, wie es 262 Jahre zuvor unter ganz anderen Umständen Flamininus getan hatte. Griechenland sollte keine römische Provinz mehr sein, keine Steuern mehr an Rom zahlen. Lesen wir seine Ansprache am 28. November 67 n. Chr., denn sie ist in Stein gehauen überliefert:

> Ein für euch unerwartetes Geschenk, ihr hellenischen Männer, auch wenn von meiner Hochherzigkeit nichts unerwartet kommt, gebe ich so groß, wie ihr es zu erbitten nicht gewagt hättet. Ihr alle, ihr Griechen, die ihr Achaia und die bis jetzt so benannte Peloponnes bewohnt, empfanget Freiheit und Steuerfreiheit, die ihr nicht einmal in euren glücklichsten Zeiten alle gehabt habt; denn entweder dientet ihr Fremden oder einander. O

> hätte ich doch zu einer Zeit, als Griechenland in seiner Blüte stand, dieses Geschenk gewähren können, damit mehr Leute meine Gnade genießen könnten! Deshalb mache ich der Zeit Vorwürfe, da sie die Größe meiner Gnade verringert hat. Und jetzt erweise ich euch diese Wohltat, nicht aus Mitleid, sondern wegen meiner Zuneigung, und danke euren Göttern, deren Schutz ich zu Lande und zu Wasser stets erfahren habe, weil sie mir erlaubten, so große Wohltaten zu erweisen. Städten nämlich haben auch andere Fürsten die Freiheit gewährt, Nero allein aber einer ganzen Provinz (Inschrift von Akrephiai).[129]

Auch die anschließende Danksagung des Erzpriesters Epameinondas ist erhalten. Er nennt Nero die neue Sonne, die den Hellenen aufgegangen sei. Die Amtsträger, der Rat und das Volk sollten einen Altar in der Nähe des Altars des Zeus des Erretters mit der Aufschrift: „Dem befreienden Zeus Nero, in Ewigkeit" errichten, ferner Statuen für den befreienden Zeus und seine Gattin Messalina Augusta neben den einheimischen Gottheiten im Tempel des Apollon Ptoios, verbunden mit der Einrichtung eines Kults. Den Kampfrichtern verlieh Nero das römische Bürgerrecht und beschenkte sie reich. Zweifellos empfand Nero diesen Augenblick als den Höhepunkt seines Lebens.

Dann ereilte auch ihn der Umschlag des Schicksals. Es waren nicht nur die laufenden Verdächtigungen und Verhaftungen, die seine Gegner dringend nach einem Ausweg suchen ließen; auch die Finanzen des Staates hatte Nero so ruiniert, dass der Sold für die Soldaten und die Pensionen für die Veteranen nicht mehr pünktlich ausgezahlt werden konnten. Wie die Verschwörer ihre Fäden zogen, kann heute im Einzelnen nicht mehr geklärt werden. Vieles Überlieferte bleibt rätselhaft.

Jedenfalls war ausgerechnet ein gallischer Adliger, Gaius Iulius Vindex, Mitglied des römischen Senats und Statthalter von Gallia Lugdundensis (Mittelfrankeich), der erste, der zum Sturz Neros aufrief und mit seinen Statthalterkollegen in den westlichen Provinzen in Verbindung trat. Der Mann hatte Mut. Denn er befehligte keine Legionen, sondern hatte nur schlecht ausgerüstete gallische Milizen zu seiner Verfügung. Er fand so gut wie keine Zustimmung. Nicht einmal alle gallischen Stämme schlossen sich ihm an. Die Statthalter meldeten pflichtgemäß seinen Aufruf nach Rom – ausgenommen Lucius Servius Galba, den 70-jährigen Statthalter von Nordspanien. Warum er die Nachricht von Vindex nicht nach Rom meldete, weiß man nicht.

Nero, der indessen, überschüttet mit Siegeskränzen, in Neapel eingezogen war, nahm den Aufstand des Vindex nicht besonders ernst. Die Legionen in Germanien würden diese Rebellion rasch niederschlagen. In der Tat marschierten nach einiger Verzögerung die Legionen des obergermanischen Heeres nach Gallien und besiegten die gallischen Truppen des Vindex bei Vesontio (Besançon), obwohl es zuvor zu einer persönlichen Begegnung zwischen Verginius Rufus, ihrem Kommandeur, und Vindex gekommen war. Vindex beging Selbstmord.

Doch unmittelbar danach, da eigentlich alles ordnungsgemäß verlaufen war, fing die Rebellion erst an. Statt an den Rhein zurückzukehren, boten die siegreichen Legionen Verginius Rufus an, ihn zum Prinzeps zu machen. Nero, der sich nie bei seinen Truppen an den Grenzen des römischen Reiches hatte blicken lassen, bedeutete ihnen nichts. In der richtigen Einschätzung, dass er, ein Aufsteiger aus dem Ritterstand, für den Senat als Prinzeps nicht akzeptabel war, lehnte Verginius Rufus ab und schlug Galba vor, der aus einer alten senatorischen Familie stammte. Vorsichtigerweise ließ sich Galba nicht vom Heer zum Prinzeps ausrufen, sondern überließ die Entscheidung dem Senat und Volk von Rom und nahm Kontakt zum Senat auf. Otho, der noch immer in Portugal als Statthalter amtierte, schloss sich ihm an. Nero, gerade unter dem Jubel der Bevölkerung in Rom eingezogen, war als Prinzeps nicht mehr zu halten. Führende Senatoren brachten den Prätorianerpräfekten Gaius Nymphidius Sabinus heimlich auf ihre Seite. Ein eilig in Italien ausgehobenes Heer unter dem Befehl des Publius Petronius Turpilianus, das Nero den heranmarschierenden Legionen entgegenstellen wollte, lief zu diesen über oder zerstreute sich. Seine letzte Zuflucht sah Nero in Alexandreia. Wenn er nur dort König gewesen wäre statt Prinzeps in Rom! Als er auf dem Weg zum Hafen Ostia in einem Landgut übernachte, zog Nymphidius Sabinus heimlich seine Leibwache ab. Für Nero ein böses Erwachen. Ihm blieb nichts anderes mehr übrig, als sich auf dem Anwesen eines Freigelassenen seinen herannahenden Verfolgern durch Selbstmord zu entziehen. Auf Münzen feierte der Staat Hercules und Mars als „Wiederhersteller der Freiheit". Gleichwohl wurde Nero in der Grabstätte seiner Familie, der Domitier, feierlich beigesetzt. Und sein Grab wurde später von Verehrern oft mit Blumen geschmückt. In den östlichen Provinzen traten noch lange nach seinem Tod Betrüger auf, die sich als Nero ausgaben und Anhänger fanden.

Was fingen die Griechen mit ihrer neu gewonnenen Freiheit an? Sie stifteten sofort wieder Unruhen, nicht nur in Griechenland, sondern auch in den Freistädten Rhodos, Samos, Byzanz und in Lykien. Es kam, was kommen musste. Als in Rom nach einem Bürgerkrieg, bei dem drei Prinzipes nacheinander gescheitert waren, wieder Ruhe und Ordnung eingekehrt war, entzog Vespasian, der Sieger, den genannten Städten in Kleinasien ihren privilegierten Status und machte auch die Freiheitserklärung Neros für Griechenland rückgängig; mit der nüchternen Bemerkung, das griechische Volk habe verlernt, frei zu sein.

In Rom begann er damit, die Verwendung von Freigelassenen in einflussreichen Positionen der kaiserlichen Zentralverwaltung zu reduzieren. Die römische Tyrannis, die als Kaisertum oder Prinzipat in die moderne Geschichtsschreibung eingegangen ist, kehrte im Wesentlichen wieder in die Bahnen des Augustus zurück. Was sie zu bieten hatte, war nicht Freiheit, sondern lange Friedenszeiten und Prosperität und für die Provinzialen die Möglichkeit zur Integration mittels der immer großzügigeren Verleihung des römischen Bürgerrechts. Von der Regierung Vespasians an (69 n. Chr.) bekam die Tyrannis stärkere dynastische, unter Domitian (81–96 n. Chr.) sogar zunehmend autokratische Züge. Umso wichtiger war es, dass der jeweilige Machthaber im Umgang mit den Senatoren einen Gestus entwickelte, der sie ihre Machtlosigkeit nicht spüren ließ. Trajan (98–117 n. Chr.) fand in dem Stoiker Dion von Prusa einen Propagandisten, der seine

Herrschaft im Sinne des stoischen idealen Königtums interpretierte, das mit Antigonos Gonatas seinen Anfang genommen hatte.

Trotz des weiteren Ausbaus der römischen Administration war die Selbstverwaltung der Städte die unverzichtbare Grundlage der Reichsverwaltung, und die Kaiser trieben die Urbanisierung des Reiches weiter voran. Die historisch gewachsene Individualität der Städte blieb erhalten und bestimmte auch ihr Verhältnis zu den Römern und zueinander. Die griechischen Städte waren weniger entpolitisiert als der *populus Romanus* in der Hauptstadt. Wichtige Entscheidungen, z. B. darüber, welche Gruppen unter den freien Einwohnern in die Bürgerschaft aufgenommen werden sollten und welche nicht, oder welche Ausländer man mit dem Bürgerrecht der eigenen Stadt auszeichnen wollte, wurden in den Volksversammlungen leidenschaftlich diskutiert. Allerdings hatten einzelne Politiker bzw. einzelne Gruppen, wie schon seit dem zweiten Jahrhundert v. Chr., immer wieder die fatale Neigung, bei Auseinandersetzungen mit ihren lokalen Gegnern römische Statthalter mit innerstädtischen Angelegenheiten zu behelligen und damit den Entscheidungsspielraum ihrer Stadt unnötig einzuschränken; während sich das römische Interesse im Wesentlichen auf die Aufrechterhaltung von Ruhe und Ordnung sowie auf Eingriffe gegen Missmanagement und Korruption beschränkte. Ließ sich ein Statthalter in die städtischen Querelen allzu sehr hineinziehen, musste er damit rechnen, dass diejenigen, die mit seiner Entscheidung unzufrieden waren, sich beim Kaiser beschwerten. Allen Städten gemeinsam war der Stolz auf ihre als ruhmreich empfundene Vergangenheit und das Bestreben, mit imposanten Bauten, Schmuck- und Prunkstücken sowie Festivitäten zu glänzen. Da solche ehrgeizigen Vorhaben oft die finanziellen Mittel der lokalen Wohltäter und selbst einer ganzen Stadt überstiegen, bemühten sich die Städte mit häufigen Gesandtschaften um die Aufmerksamkeit und Spendenbereitschaft der Kaiser und anderer reicher Römer; mit unterschiedlichem Erfolg. Denn die Bereitschaft zu Wohltaten für die Untertanen in den Provinzen war keineswegs so permanent und selbstverständlich wie in Rom, sondern hing weitgehend von der persönlichen Einstellung der einzelnen Kaiser zu einer bestimmten Stadt und deren Vertretern ab. Gelegentlich sah sich die römische Regierung sogar genötigt, ehrgeizige Bauvorhaben einzelner Städte zu verbieten, wenn die Gefahr bestand, dass sie die städtischen Finanzen überforderten.

Wenigstens im ersten Jahrhundert n. Chr. wurde der römische Einfluss in den griechischen Städten noch erheblich von den lokalen geographischen, sozialen und wirtschaftlichen Gegebenheiten bestimmt. Ein besonderer Anziehungspunkt für römische Kaufleute war die Hafenstadt Ephesos, die zugleich der Sitz des römischen Statthalters von Asia und der römischen Steuereintreiber *(publicani)* war (deren Aufgaben aber seit der Reform Caesars auf indirekte Steuern beschränkt waren). Diese engagierten sich häufig für ihre Wahlheimat, unter ihnen auch reiche Freigelassene, die ihre verachtete Herkunft sicher gern mit der Reputation eines Wohltäters zu kompensieren versuchten. Auf diese

Weise gelangten auch römische architektonische Elemente, die sie aus dem Westen mitbrachten, in das Erscheinungsbild der griechischen Stadt. Ein solcher griechisch-römischer Bau war auch das Markttor von Milet aus dem zweiten Jahrhundert n. Chr., dessen Rekonstruktion sich im Pergamonmuseum in Berlin befindet. Im Zuge dieser Entwicklung wurden auch griechisch-römische Ehen geschlossen, nicht nur in den Metropolen. Der zufällige Fund einer Inschrift mit dem Teil des Testaments eines vermögenden griechischen Grundbesitzers nahe einer Kleinstadt in der Provinz Asia belegt eine griechisch-römische Familie über mindestens zwei Generationen hinweg, deren Söhne griechische, die Töchter römische Namen trugen. Dagegen hielt die reiche Oberschicht von Großgrundbesitzern in Pergamon wenigstens im ersten Jahrhundert n. Chr. an ihrer attalidischen Tradition fest und jeglichen architektonischen römischen Einfluss fern. Sie brauchte keine römische Unterstützung. In zahlreichen Städten des Lykischen Bundes wurde der reiche Opramoas aus Rhodiapolis, ein Bundespriester und aktiver Bundespolitiker, ohne römische Mithilfe als Stifter tätig, führte dort nach römischem Vorbild auch Gladiatorenspiele und Tierhetzen ein und unterstützte die Städte beim Wiederaufbau nach einem Erdbeben im Jahre 141 n. Chr. Ein anderer lykischer Bundespriester, Gaius Iulius Demosthenes aus Oinoanda, hatte im Rang eines römischen Ritters mehrere zivile und militärische Ämter in römischen Diensten bekleidet, seine Heimatstadt mit Getreidespenden unterstützt und drei Marktgebäude errichtet. Als über 80-Jähriger stiftete er seiner Stadt einen großen musischen Agon. Die lange Friedenszeit hatte offenbar eine zunehmende Konzentration von Landbesitz bei Einzelnen bzw. einzelnen Familien innerhalb der griechischen Oberschicht herbeigeführt, die sich mit ihren Wohltaten bombastische Denkmäler ihres Ruhmes schufen.

Griechen in verschiedenen römischen Diensten gab es schon seit der Zeit des Augustus, als Lehrer, Übersetzer von Dokumenten, Dichter und Verwalter. Seit dem ersten und zweiten Jahrhundert erhielten sie häufiger das römische Bürgerrecht und einige, die aufgrund ihres großen Vermögens die Voraussetzungen erfüllten, stiegen in den römischen Ritterstand auf, bekleideten römische Ämter und militärische Kommandos und gelangten sogar in den römischen Senat. Eine solche Karriere machte Tiberius Iulius Celsus Polemaeanus, nach dessen Tod sein Sohn ihm zu Ehren in Ephesos eine Bibliothek bauen ließ, die zugleich als sein Mausoleum diente. Sie ist heute als Celsus-Bibliothek ein Anziehungspunkt für Touristen. Sein Zeitgenosse Caius Vibius Salutaris war römischer Ritter und Prokurator in mehreren Provinzen. Eine lange Theaterinschrift (104 n. Chr.) hat uns die Kenntnis von seiner umfangreichen Stiftung für den Kult der ephesischen Stadtgöttin Artemis erhalten. Aufschlussreich ist es, dass er größten Wert darauf legte, seine Stiftung von den römischen Behörden gegen einen eventuellen Missbrauch durch die Stadt nach seinem Tod garantieren zu lassen. Er kannte wohl seine Mitbürger allzu gut. Eine römische Karriere machte auch der Pergamener Aulus Iulius Quadratus, der 73/74 n. Chr. römischer Senator wurde, später das Konsulat erreichte und mehrfach Statthalter verschiedener Provinzen war. Während dieser Zeit, unter der Herrschaft Trajans, erhielt Pergamon mit einer Neustadt ein völlig anderes architektonisches Gesicht. Der bekannteste dieser Aufsteiger ist der schwerreiche Athener Herodes Atticus, weil er 161 n. Chr. das Odeon am Südhang der Akropolis gestiftet hat, in dem noch heute kulturelle Veranstaltungen stattfinden. Auch Delphi, Olympia, Korinth und Alexandreia Troas hat er mit Stiftungen bedacht. Er war der Lehrer der späteren Kaiser Marcus Aurelius und Lucius Verus sowie 143 n. Chr. römischer Konsul. 212/213 n. Chr. erhielten fast alle freien Bewohner des Reiches von Kaiser Caracalla das römische Bürgerrecht.

Der größte Wohltäter Athens war Kaiser Hadrian (117–138 n. Chr.). Er hat es geschafft, das riesige Olympieion, das der Tyrann Peisistratos im sechsten Jahrhundert v. Chr. begonnen und Antiochos IV. vergeblich fertigzustellen versucht hatte, zu vollenden. Darüber hinaus hat er in Athen einen neuen Stadtteil anlegen lassen, in den man durch das heute noch erhaltene Hadrianstor eintrat, ferner die römische Agora des Augustus erweitert und der Stadt eine Bibliothek geschenkt. Doch Hadrian wollte mehr. Athen sollte zur Kulturhauptstadt der ganzen griechischen Welt erhoben werden. Wenn die dürftige Überlieferungslage uns nicht täuscht, war es diese Absicht, die ihn das Panhellenion ins Leben rufen ließ, eine kulturelle Vereinigung der Städte der östlichen griechischen Welt, deren Vertreter sich regelmäßig in Athen zu gemeinsamen Wettkämpfen einfinden sollten. Aber die Metropolen Kleinasiens wie Pergamon, Smyrna, Ephesos und Milet machten nicht mit. Vermutlich verbot ihnen ihr Stolz, sich Athen zu unterstellen, und sei es auch nur in einer kulturellen Organisation. Die griechische Welt war nicht zu vereinigen.

Anmerkungen

1 Mann, G., Heuß, A., u. Lynar, E. W. v., Summa Historica. Die Grundzüge der welthistorischen Epochen, Berlin u. a. 1965, S. 71.
2 Übersetzungen der Homerzitate von Hampe, R., Homer, Ilias und Odyssee, Stuttgart 1979.
3 Gorgo: lat. Medusa.
4 Deimos und Phobos: Furchteinflößende Dämonen.
5 Kassandra, Darmstadt/Neuwied 1983.
6 Übers. Schirnding, A. v., Hesiod, Theogonie, Werke und Tage, Düsseldorf [4]2007, S. 83.
7 Schirnding (wie Anm. 6), S. 23.
8 Schirnding (wie Anm. 6), S. 83 u. 85.
9 Schirnding (wie Anm. 6), S. 97 u. 99.
10 Schirnding (wie Anm. 6), S. 103.
11 Schirnding (wie Anm. 6), S. 111.
12 Übers. Wirth, G. (Hrsg.), Griechische Lyrik. Von den Anfängen bis zu Pindar, Hamburg 1963, S. 84.
13 Wirth (wie Anm. 12), S. 48–50.
14 Wirth (wie Anm. 12), S. 55.
15 Übers. Kaltwasser, F., Floerke, H., u. Kröner, L., Plutarch, Lebensbeschreibungen, Bd. 1, München o. J., S. 197 f.
16 Übers. Braun, T., Herodot, Das Geschichtswerk, überarb. v. Barth, H., Berlin u. Weimar 1967, Bd. 2, S. 118 f. Griechische Termini von mir hinzugefügt.
17 Übers. Veh, O., Diodoros, Griechische Weltgeschichte, Buch XII–XIII, Stuttgart 1998, S. 268.
18 Übers. Treu, M., Sappho, München [5]1976, S. 23.
19 Wirth (wie Anm. 12), S. 103.
20 Wirth (wie Anm. 12), S. 143.
21 Wirth (wie Anm. 12), S. 85.
22 Wirth (wie Anm. 12), S. 142.
23 Wirth (wie Anm. 12), S. 33.
24 Wirth (wie Anm. 12), S. 34.
25 Wirth (wie Anm. 12), S. 64.
26 Wirth (wie Anm. 12), S. 143.
27 Wirth (wie Anm. 12), S. 203.
28 Wirth (wie Anm. 12), S. 159.
29 Wirth (wie Anm. 12), S. 22.
30 Wirth (wie Anm. 12), S. 65.
31 Wirth (wie Anm. 12), S. 66.
32 Braun (wie Anm. 16), Bd. 2, S. 219 f.
33 Braun (wie Anm. 16), Bd. 2, S. 220 f.
34 Braun (wie Anm. 16), Bd. 2, S. 258–260.
35 Wirth (wie Anm. 12), S. 47.
36 Wirth (wie Anm. 12), S. 85.
37 Wirth (wie Anm. 12), S. 202.
38 Wirth (wie Anm. 12), S. 112.
39 Wirth (wie Anm. 12), S. 162.
40 Wirth (wie Anm. 12), S. 98.

41 Wirth (wie Anm. 12), S. 98.
42 Wirth (wie Anm. 12), S. 28.
43 Wirth (wie Anm. 12), S. 26.
44 Braun (wie Anm. 16), Bd. 2, S. 87.
45 Braun (wie Anm. 16), Bd. 2, S. 223.
46 Veh (wie Anm. 17), S. 23.
47 Braun (wie Anm. 16), Bd. 2, S. 219.
48 Braun (wie Anm. 16), Bd. 2, S. 220.
49 Plutarch, Moralia 225 B.
50 Herodot 7, 226.
51 Plutarch, Moralia 225 D.
52 Schiller, F., Der Spaziergang, in: Schiller-Handbuch, hrsg. v. Luserke-Jaqui, M., Stuttgart 2005, S. 269–271.
53 Herder, J. G., Ideen zur Philosophie der Geschichte der Menschheit, hrsg. v. Suphan, B., 13. Buch, Kap. 4, Nachdr. Darmstadt 1966, S. 346.
54 Übers. Gschnitzer, F., Griechische Sozialgeschichte von den Anfängen bis zum Ausgang der klassischen Zeit, Stuttgart [2]2013, S. 82.
55 Übers. Nestle, W., Griechische Geistesgeschichte von Homer bis Lukian, Stuttgart [2]1944, S. 100
56 Übers. Berve, H., Die Tyrannis bei den Griechen, Bd. 1, München 1967, S. 97 f.
57 Pythien 11, 52.53 (474 v. Chr.).
58 Kaltwasser et al. (wie Anm. 15), Bd. 1, S. 187.
59 Übers. Werner, O., Aischylos, Tragödien und Fragmente, München 1966, S. 19.
60 Werner (wie Anm. 59), S. 119.
61 Werner (wie Anm. 59), S. 29.
62 Sieben gegen Theben 256.
63 Braun (wie Anm. 16), Bd. 1, S. 4 f.
64 Braun (wie Anm. 16), Bd. 2, S. 76.
65 Braun (wie Anm. 16), Bd. 2, S. 80.
66 Braun (wie Anm. 16), Bd. 2, S. 181.
67 Braun (wie Anm. 16), Bd. 1, S. 7.
68 Braun (wie Anm. 16), Bd. 1, S. 15 (griechische Termini von mir hinzugefügt).
69 Braun (wie Anm. 16), Bd. 1, S. 15 f.
70 Braun (wie Anm. 16), Bd. 1, S. 16–18.
71 Braun (wie Anm. 16), Bd. 1, S. 218 f.
72 Braun (wie Anm. 16), Bd. 1, S. 289.
73 Braun (wie Anm. 16), Bd. 2, S. 151.
74 Braun (wie Anm. 16), Bd. 2, S. 204.
75 Braun (wie Anm. 16), Bd. 2, S. 8.
76 Braun (wie Anm. 16), Bd. 2, S. 8.
77 Braun (wie Anm. 16), Bd. 1, S. 304.
78 Braun (wie Anm. 16), Bd. 1, S. 303 f.
79 Braun (wie Anm. 16), Bd. 1, S. 46.
80 Kaltwasser et al. (wie Anm. 15), Bd. 1, S. 324.
81 Braun (wie Anm. 16), Bd. 2, S. 116 f.
82 Übers. Weinstock, H., Sophokles, Tragödien, Stuttgart [5]1967, S. 441 f.
83 Weinstock (wie Anm. 82), S. 71.
84 Weinstock (wie Anm. 82), S. 72.
85 Weinstock (wie Anm. 82), S. 104.
86 Weinstock (wie Anm. 82), S. 108.

87 So weit nimmt die Handlung ihren logischen Verlauf. Aber auf dem Weg zu ihrer Todesstätte rechtfertigt Antigone ihre Tat überraschenderweise ausschließlich mit der Blutsverwandschaft mit ihrem Bruder. Für einen Ehemann oder sogar für ihre Kinder hätte sie es nicht getan. Gehorsam gegenüber den Göttern nur im Rahmen der engsten Blutsverwandtschaft? Diese Erklärung hat neuzeitliche Leser, unter ihnen Goethe, irritiert, scheint sie doch die ganze Problematik des Stückes in Frage zu stellen. Die besondere Beziehung einer Frau zu ihrem Bruder findet sich auch bei Herodot (3, 119) anlässlich der Schilderung einer angeblichen Begebenheit im Perserreich. Als König Dareios einen Hochverräter mit seinen Söhnen und allen seinen männlichen Verwandten um Tode verurteilt hatte, bat ihn die Gemahlin des Verurteilten um die Freilassung ihres Bruders. Der König sei darüber so erfreut gewesen, dass er nicht nur ihre Bitte gewährte, sondern zusätzlich noch ihren ältesten Sohn freiließ.

88 Übers. Seeger, L., Aristophanes, Komödien. Dichtung der Antike, bearb. v. Kleinstück, H., Wiesbaden u. Berlin o. J., S. 220.

89 Übers. Droysen, J. G., Aristophanes, Komödien, bearb. v. Lehmann, E. R., Wiesbaden u. Berlin o. J., S. 17.

90 Übers. Horneffer, A., Thukydides. Der Peloponnesische Krieg, Essen 1984, S. 629.

91 Thukydides 1, 122; Übers. Horneffer (wie Anm. 90), S. 19.

92 Horneffer (wie Anm. 90), S. 235 f.

93 Übers. Strasburger, G., in: Müri, W. (Hrsg.), Xenophon, Wiesbaden o. J., S. 300.

94 Veh (wie Anm. 17), S. 268.

95 Übers. Buschor, E., Euripides. Sämtliche Tragödien und Fragmente, Bd. 3, S. 185.

96 Buschor (wie Anm. 95), Bd. 3, S. 187.

97 Buschor (wie Anm. 95), Bd. 1, S. 97 (Hervorh. R. B.).

98 Drastische Schilderung des Ehebruchs einer listigen Frau mit ihrem Liebhaber bei Aristophanes, Thesmophoria 479–489 (vgl. dazu Dover, K. J., Homosexualität in der griechischen Antike, dt. v. Worcester, S., München 1983, S. 94).

99 Iphigenie bei den Taurern (ca. 412 v. Chr.), 380–391; Übers. Buschor (wie Anm. 95), Bd. 4, S. 33.

100 Buschor (wie Anm. 95), Bd. 1, S. 225.

101 Hippolytos 627–668; Übers. Buschor, Bd. 1 (wie Anm. 95), S. 225–227.

102 Buschor (wie Anm. 95), Bd. 1, S. 105.

103 Buschor (wie Anm. 95), Bd. 1, S. 107.

104 Buschor (wie Anm. 95), Bd. 3, S. 35.

105 Buschor (wie Anm. 95), Bd. 3, S. 37–39.

106 Buschor (wie Anm. 95), Bd. 4, S. 377 (griech. Terminus von mir hinzugefügt).

107 Buschor (wie Anm. 95), Bd. 3, S. 41.

108 Buschor (wie Anm. 95), Bd. 3, S. 67.

109 Buschor (wie Anm. 95), Bd. 3, S. 67.

110 Buschor (wie Anm. 95), Bd. 3, S. 23.

111 Buschor (wie Anm. 95), Bd. 5, S. 287.

112 Buschor (wie Anm. 95), Bd. 5, S. 271.

113 Übers. Irmscher, J., Platon, Briefe, Berlin 1960, S. 53 f.

114 Übers. Gigon, O., Aristoteles, Politik und Staat der Athener, Zürich 1955, S. 311.

115 Gigon (wie Anm. 114), S. 312.

116 Kaltwasser at al. (wie Anm. 15), Bd. 5, S. 125.

117 Übers. Wirth, G., Diodors Weltgeschichte, Buch I–X, Erster Teil, Stuttgart 1992, S. 159.

118 Athenaios, Deipnosophistai 12, 528–529.

119 Wirth (wie Anm. 117), S. 160.

120 Byron, G. G., The Poetical Works, London 1859, S. 254 ff.

121 Kaltwasser et al. (wie Anm. 15), Bd. 6, S. 52 f.
122 „Er stieß den Stachel in das unheilige Loch" (Athenaios, Deipnosophistai 14, 621a). Sotades soll deswegen gefangengesetzt oder hingerichtet worden sein.
123 Übers. Hillen, H. J., T. Livius, Römische Geschichte, Berlin [4]2014, S. 377 u. 379.
124 Übers. Drexler, H., Polybios, Geschichte, 2 Bde., Zürich u. Stuttgart 1953/1961, Bd. 1, S. 516 f.
125 Drexler (wie Anm. 124), Bd. 2, S. 982 f.
126 Hillen (wie Anm. 123), S. 421 u. 423.
127 Hillen (wie Anm. 123), S. 423.
128 Kaltwasser et al. (wie Anm. 15), Bd. 6, S. 126.
129 Übers. Freis, H., Historische Inschriften der römischen Kaiserzeit von Augustus bis Konstantin, Darmstadt [2]1994, Nr. 12, S. 14.

Karten

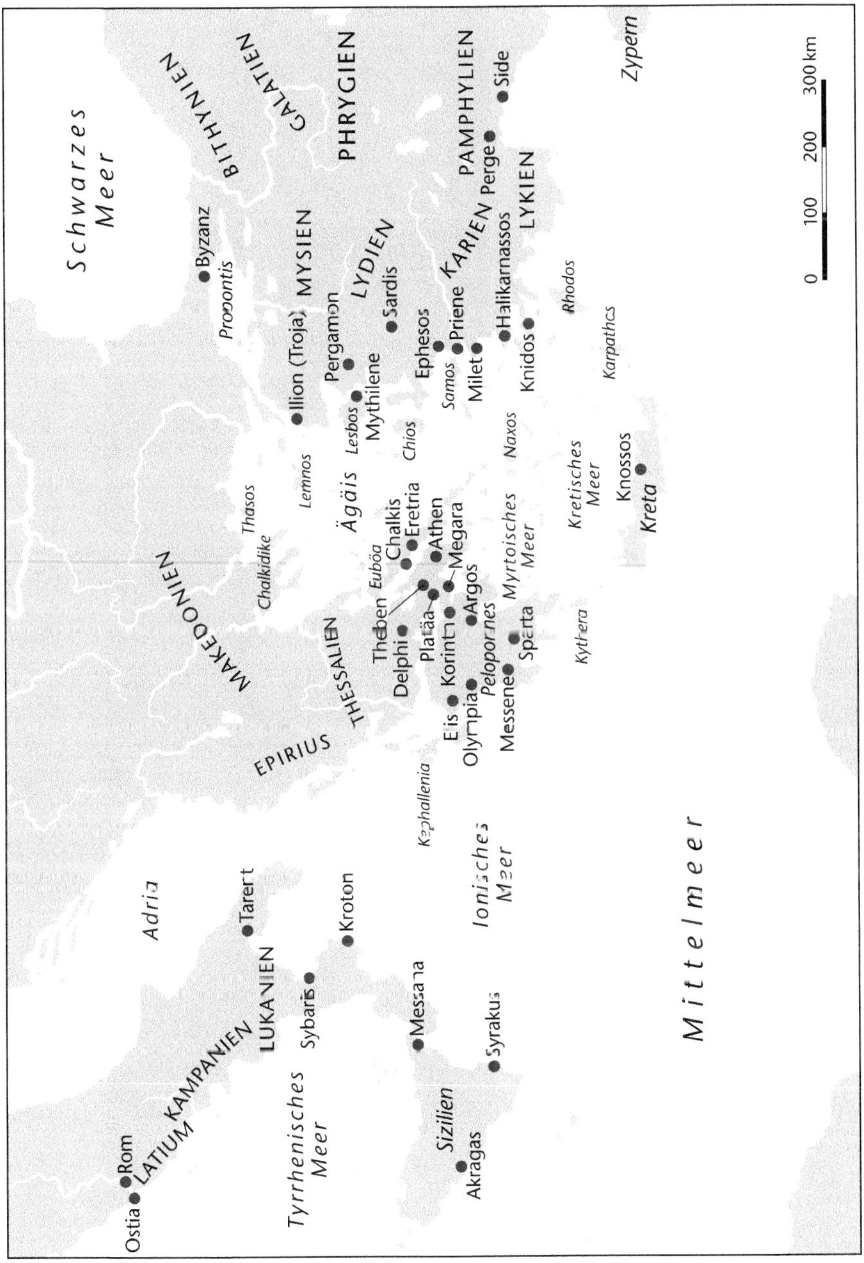

Karte 1: Die griechische Welt von Sizilien bis Kleinasien.

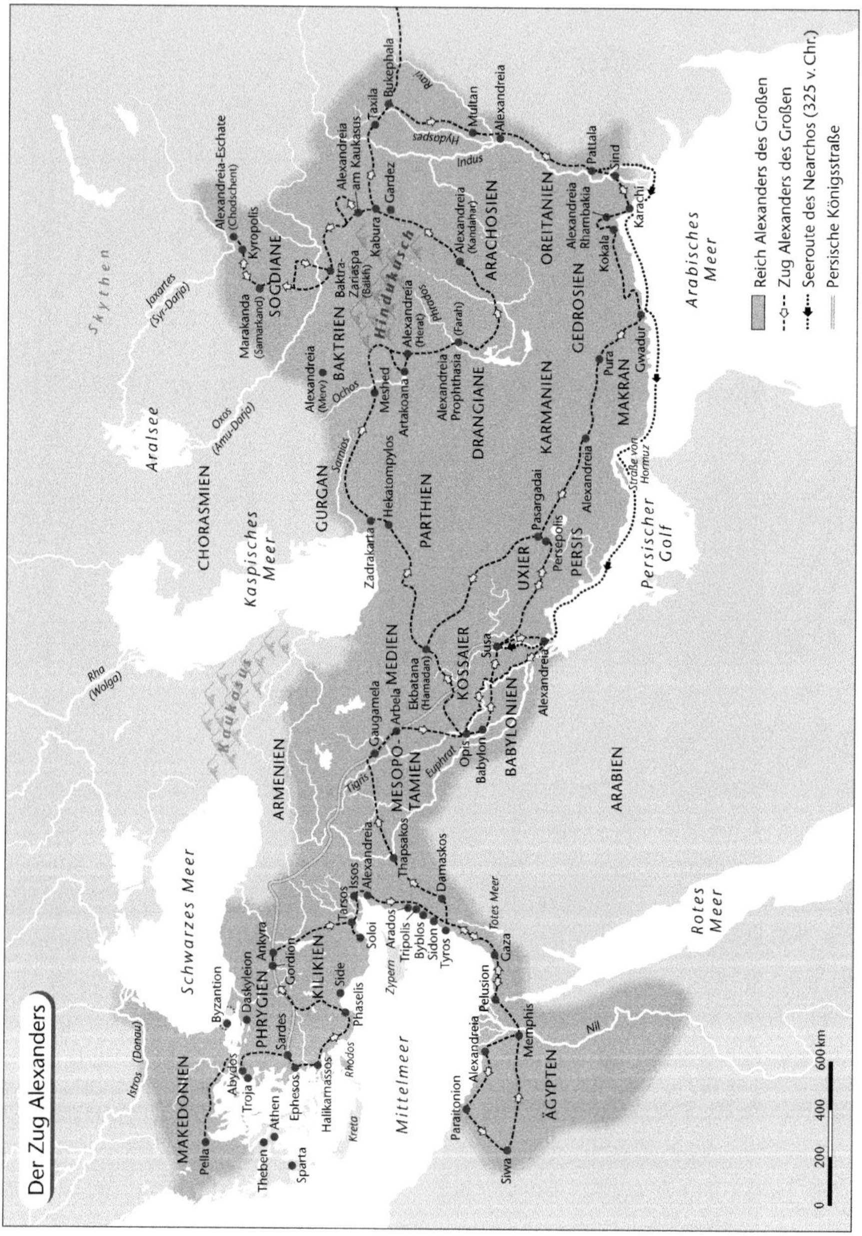

Karte 2: Der Zug des Alexander und das Alexanderreich.

Zeittafel

seit ca. 1400	kriegerische mykenische Palastkultur
ca. 1200	Zusammenbruch der mykenischen Palastkultur; sogenannte „Dorische Wanderung“ (sukzessives Eindringen dorischer Stämme in Griechenland)
8./7. Jh.	sogenannte Epen Homers
ca. 700	Hesiod
8. Jh.	Entstehung Spartas und Athens durch Synoikismos
8. bis Mitte 7. Jh.	Unterwerfung Messeniens durch Sparta
594/593	Gesetze Solons in Athen *(eunomía)*
ab ca. 550	Sparta entwickelt sich zu einem einzigartigen Kriegerstaat; gleiche Lebensform *(homoiótes).*
547	Der Perserkönig Kyros II. zerstört das Lyderreich und unterwirft die Griechenstädte an der kleinasiatischen Küste. Die Perser setzen in diesen Städten Tyrannen als Vasallen ein.
ca. 522	Die Perser beenden die unabhängige Piraten-Tyrannis des Polykrates von Samos.
561–510	Tyrannis der Peisistratiden in Athen
511/510	Kroton besiegt den Tyrannen Telys von Sybaris und zerstört die Stadt vollständig; politischer Einfluss des Pythagoras und seiner Schule in Unteritalien und Sizilien.
507	grundlegende Neuordnung des athenischen Staates durch Kleisthenes
500–494	Die Griechen Kleinasiens vertreiben ihre Tyrannen und revoltieren gegen die Herrschaft der Perser. Sieg der Perser, aber trotzdem Ende der Tyrannis
nach 500	Beginn der Tyrannis in verschiedenen Städten Siziliens
frühes 5. Jh.	Ende der individuellen monumentalen Grab- und Weihdenkmäler
490	Sieg der Athener über ein persisches Heer bei Marathon

483	Themistokles setzt in Athen den Bau einer Kriegsflotte durch.
480	Niederlage der Spartaner gegen die Perser an den Thermopylen. Tod des Leonidas; Sieg der Athener über die Perser in der Seeschlacht bei Salamis; Sieg der Tyrannen Gelon von Syrakus und Theron von Akragas über die Karthager bei Himera
479	Sieg der Spartaner über die Perser bei Plataiai
478/477	Gründung des Ersten Attischen Seebundes; Kriegszüge gegen die Perser bis 449 (Kalliasfriede); „gleiche Lebensform" in Athen
474	entscheidender Sieg des Tyrannen Hieron von Syrakus über die Etrusker in der Seeschlacht bei Kyme
466	Sturz der Tyrannis in Syrakus
462	Verfassungsreform des Ephialtes in Athen
460	Kriegszüge Athens in Griechenland bis 446 (Friedensschluss mit Sparta auf 30 Jahre)
446–431	„Perikleisches Zeitalter": Demokratie und Freiheit („leben, wie man will")
431–404	Peloponnesischer Krieg; heftige Kämpfe zwischen Demokraten und Oligarchen
421	50-jähriger Friedenschluss des Nikias, der nur sieben Jahre hält
415–413	Feldzug der Athener nach Sizilien, Kapitulation des athenischen Heeres
411/410	Sturz und Wiedereinführung der Demokratie in Athen
406	Zerstörung von Akragas durch die Karthager
405–367	Tyrannis Dionysios' I. in Syrakus
405	Überfall des Spartaners Lysandros auf die athenische Flotte bei Aigospotamoi
404	Kapitulation Athens
403/402	Terrorregime der sogenannten „30 Tyrannen" in Athen
403	Wiederherstellung der Demokratie in Athen

400–394	Krieg zwischen Sparta und dem Perserreich
395–386	Korinthischer Krieg: Korinth, Argos, Athen und Theben gegen Sparta. Das Perserreich auf Seiten Spartas
386	Königs- oder Antialkidasfriede: Griechenland unter der Aufsicht Spartas und des Perserkönigs
382–369	Dominanz Spartas über Griechenland, die Griechenstädte Kleinasiens unter persischer Herrschaft
378/377	Zweiter Attischer Seebund
371	Sieg der Thebaner über die Spartaner bei Leuktra (Epameinondas)
369	Sparta verliert die Herrschaft über Messenien; Ende der Großmacht Sparta
371–362	Thebens kurze Großmachtstellung
367–357	Dionysios II. Tyrann von Syrakus
362	unentschiedene Schlacht bei Mantineia; Epameinondas gefallen, Sparta gerettet
362/361	„Allgemeiner Friede“ *(koinè eirḗnē)* in Griechenland ohne Sparta
357–355	Athen verliert den Zweiten Attischen Seebund.
341	Sieg Timoleons über die Karthager am Krimisos; demokratisch-oligarchische Verfassung in Syrakus
338	Sieg des Makedonenkönigs Philipps II. über die Athener und Thebaner bei Chaironeia; Gründung des Korinthischen Bundes, Griechenland unter makedonischer Herrschaft, mit Ausnahme Spartas; Beschluss eines Krieges gegen die Perser
338–324	Demokratie Lykurgs in Athen, Einführung der Ephebie
337	Tod Timoleons; Kämpfe zwischen Oligarchen und Demokraten in Syrakus. Die Oligarchen rufen die Karthager zu Hilfe. Aufstieg des Agathokles
336	Beginn des Perserkrieges; Philipp II. ermordet; Alexander beseitigt alle potentiellen Rivalen und wird König von Makedonien.
335	Zerstörung Thebens

334	Sieg Alexanders über die Perser im Gefecht am Granikos; Einführung der Demokratie in den Griechenstädten Kleinasiens; der Molosserkönig Alexandros I. versucht vergeblich, seine Herrschaft auf Unteritalien auszudehnen (334–331/330).
333	erster Sieg Alexanders über Dareios III. bei Issos
331	Gründung von Alexandreia; endgültiger Sieg Alexanders über Dareios III. bei Gaugamela; Alexander „König von Asien"
330	Persepolis in Flammen; Ermordung Dareios' III.
330–326	Alexanders Feldzug nach Indien; Sieg über den indischen König Poros
330	Niederlage und Tod des spartanischen Königs Agis' III. gegen Antipatros, den Statthalter Alexanders in Makedonien
325	schwieriger Rückmarsch Alexanders
324	Massenhochzeit in Susa; Dekret zur Rückkehr von Verbannten; Meuterei in Opis
323	plötzlicher Tod Alexanders; Nachfolgeregelung in Babylon
323/322	Niederlage der Griechen im Lamischen Krieg gegen Makedonien
321/320	1. Diadochenkrieg: Niederlage und Tod des Perdikkas im Kampf gegen Ptolemaios I., Eumenes besiegt Krateros.
320	Konferenz von Triparadeisos: Antipatros Reichverweser, Antigonos Monophthalmos Stratege in Asien
319	Tod des Antipatros; Polyperchon Reichsverweser; 2. Diadochenkrieg: in Europa Kassandros und Eurydike gegen Polyperchon, Olympias und Roxane, in Asien Antigonos gegen Eumenes; Polyperchon verspricht den Griechen die Freiheit.
317–307	Athen unter der Herrschaft des Kassandros; „verbesserte" Demokratie des Demetrios von Phaleron; Einführung der Gynaikonomie *(eukosmía)*, Ende der monumentalen Familiengräber
316	Untergang des Eumenes im Kampf gegen Antigonos, Olympias von Kassandros getötet

316/315	Beginn der Tyrannis des Agathokles in Syrakus
314–311	3. Diadochenkrieg: Kassandros, Lysimachos, Ptolemaios und Seleukos gegen Antigonos Monophthalmos; Antigonos verspricht den Griechen die Freiheit (314), wenig später auch Ptolemaios I.
310	Vorstoß des Agathokles gegen Karthago in Afrika
307	Demetrios Poliorketes erobert Athen; Wiederherstellung der Demokratie
306	Sieg des Demetrios Poliorketes über die Flotte Ptolemaios' I. bei Salamis auf Zypern; Antigonos Monophthalmos und Demetrios proklamieren sich zu Königen.
305	Ptolemaios, Kassandros, Lysimachos und Seleukos nehmen den Königstitel an.
305/304	Agathokles legt sich den Königstitel zu.
302	Hellenenbund des Antigonos und Demetrios
303–301	4. Diadochenkrieg: Niederlage und Tod des Antigonos Monophthalmos in der Schlacht bei Ipsos
294	Demetrios Poliorketes erobert Athen und wird König von Makedonien.
287	Demetrios von Pyrrhos und Lysimachos aus Makedonien vertrieben
286	Demetrios gerät in die Gefangenschaft Seleukos' I.
281	Niederlage und Tod des Lysimachos gegen Seleukos I. in der Schlacht bei Kurupedion; Seleukos von Ptolemaios Keraunos ermordet
280	Pyrrhos landet in Unteritalien. Sieg über die Römer bei Herakleia am Siris; in Griechenland Gründung des Achaiischen Bundes
279	Antiochos I. behauptet sich gegen Ptolemaios II., Ptolemaios Keraunos und Antigonos Gonatas; Keltensturm in Makedonien und Griechenland; Tod des Ptolemaios Keraunos; Sieg des Pyrrhos über die Römer bei Ausculum
278	Übereinkunft zwischen Antiochos I. und Antigonos Gonatas; Krieg des Pyrrhos gegen die Karthager auf Sizilien

277	Sieg des Antigonos Gonatas über eine Keltenschar; der Aitolische Bund gewinnt nach der Abwehr der Kelten die Hoheit über Delphi.
276	Antigonos Gonatas König von Makedonien; vom dritten Jahrhundert an „gemischte" Demokratie der „Wohltäter" in griechischen Städten
275	Rückzug des Pyrrhos aus Sizilien; Niederlage gegen die Römer bei Malevent
275/274–271	1. Syrischer Krieg (Antiochos I. gegen Ptolemaios II.)
274–272	Krieg des Pyrrhos gegen Antigonos Gonatas; Tod des Pyrrhos in Argos; die Römer erobern Tarent.
273	Freundschaftsvertrag zwischen Ptolemaios II. und Rom
271/270	aufsehenerregendes Siegesfest Ptolemaios' II. in Alexandreia
270	Rhegion fällt als letzte griechische Stadt Italiens unter die Herrschaft der Römer.
269	Hieron II. von Syrakus lässt sich nach dem Sieg über die Mamertiner von seinem Heer zum König ausrufen.
268–261	Chremonideischer Freiheitskrieg (Ptolemaios II., Areus von Sparta und Athen gegen Antigonos Gonatas)
263	Bündnis zwischen Rom und Hieron II.
263/262	Athen wird von Antigonos Gonatas zur Kapitulation gezwungen.
262/261	Niederlage Antiochos' I. gegen Eumenes I. von Pergamon
260–253	2. Syrischer Krieg (Antiochos II., Rhodos und Antigonos Gonatas gegen Ptolemaios II.)
255	Sieg über die ptolemaiische Flotte bei Kos
251	Aratos stürzt die Tyrannis in Sikyon.
250–245	Der makedonische Vizekönig Alexandros in Korinth macht sich von Antigonos Gonatas unabhängig.
246–241	3. Syrischer Krieg bzw. Laodikekrieg (Ptolemaios III. gegen Seleukos II.)
245	Sieg des Antigonos Gonatas über die ptolemaiische Flotte bei Andros

243	Aratos erobert Korinth
242–228	Antiochos Hierax unabhängiger Herrscher in Kleinasien
241	gescheiterter Reformversuch Agis' IV. in Sparta; Ende des 1. Punischen Krieges
239	Krieg zwischen Demetrios II. von Makedonien und den miteinander verbündeten Achaiern und Aitolern (sog. Demetrioskrieg)
229	Athen gewinnt nach dem Tod Demetrios' II. seine Freiheit zurück.
229/228	1. Illyrischer Krieg (Rom gegen Teuta)
227	Neuordnung Spartas durch Kleomenes III.; Krieg gegen den Achaiischen Bund; Einrichtung römischer Provinzen auf Sizilien, Sardinien und Korsika
224	Hellenenbund des Antigonos Doson
225–223	erfolgloser Feldzug Seleukos' III. gegen die Parther
222	vernichtende Niederlage Kleomenes' III. gegen Antigonos Doson und die Achaier bei Sellasia
221–217	4. Syrischer Krieg (Antigonos III. gegen Ptolemaios IV.)
220–217	Bundesgenossenkrieg (Philipp V. gegen die Aitoler)
219	2. Illyrischer Krieg (Rom gegen Demetrios von Pharos)
215	1. Makedonischer Krieg (Bündnis Philipps V. mit Hannibal gegen die Römer)
212	Bündnis der Aitoler mit Rom; Kriegszug Antiochos' III. in den Osten; die Römer erobern Syrakus.
205	Friede von Phoinike zwischen Philipp V. und Rom
202	Beginn des 5. Syrischen Krieges (Antiochos III. und Philipp V. gegen Ägypten)
201	Attalos I. von Pergamon und die Republik Rhodos bitten Rom um Hilfe.
200–197	2. Makedonischer Krieg (Rom, Pergamon, Rhodos und Athen gegen Philipp V.)
197	römischer Sieg über Philipp V. bei Kynoskephalai

196	Freiheitserklärung Roms für die Griechen in Griechenland und Kleinasien (Titus Quinctius Flamininus)
195	Krieg Roms und seiner griechischen Verbündeten gegen Nabis von Sparta
194	nach der Befreiung von Argos aus der Oberhoheit Spartas Abzug der Römer aus Griechenland
192–188	Krieg Roms gegen Antiochos III. und die Aitoler
189	römischer Sieg über Antiochos III. bei Magnesia am Sipylos; Friedensschluss mit den Aitolern
188	Friede zwischen Rom und Antiochos in Apameia
186	Bacchanalienprozess in Rom
171–168	3. Makedonischer Krieg (Rom gegen Perseus), römischer Sieg bei Pydna; Makedonien in vier Republiken geteilt
170–168	6. Syrischer Krieg (Antiochos IV. gegen Ägypten; Rom befiehlt Antiochos den Rückzug)
168/167	Massenverschleppung antirömischer bzw. verdächtiger Griechen nach Italien
149/148	Aristonikos (Pseudophilippos) ernennt sich zum König von Makedonien; Makedonien wird römische Provinz.
146	Krieg Roms gegen die Achaier; Zerstörung Korinths;
145–116	krisenreiche Regierungszeit Ptolemaios' VIII. Euergetes II. in Ägypten
141	Vorstoß der Parther nach Mesopotamien
136–132	Sklavenstaat des Eunūs auf Sizilien nach seleukidischem Vorbild
133	nach dem Tod Attalos' III. von Pergamon Bekanntgabe seines Testaments zugunsten Roms
132–129	Krieg Roms gegen den Usurpator Aristonikos; Einrichtung der Provinz Asia
130	Die Parther erobern Mesopotamien.
123/122	Einführung des Steuerpachtsystems der *publicani* in der Provinz Asia
107	Heeresreform des Marius

100	römisches Gesetz zur Bekämpfung der Seeräuber *(lex de piratis persequendis)*
96	Die Kyrenaia geht in den Besitz Roms über (Testament des Königs Ptolemaios Apion); Rom verpachtet nur die königlichen Domänen, lässt aber die Städte frei.
89–85	1. Mithridatischer Krieg
86	Sulla erobert Athen.
74	Die Kyrenaia wird römische Provinz; Bithynien wird römische Provinz (Testament des Königs Nikomedes IV.).
74–64	3. Mithridatischer Krieg (Lukull, Pompeius)
66–62	Seeräuberkrieg des Pompeius; Armenien römischer Vasallenstaat
64	Ende der seleukidischen Herrschaft; Einrichtung der römischen Provinz Syria durch Pompeius; Vereinbarung der Euphratgrenze mit dem Partherreich
63	Einrichtung der römischen Provinz Bithynia et Pontos durch Pompeius
53	Niederlage und Tod des Crassus im Krieg gegen die Parther bei Karrhai
48	römischer Bürgerkrieg zwischen Caesar und Pompeius in Griechenland (Sieg Caesars bei Pharsalos)
48/47	Caesar in Ägypten
47	Sieg Caesars über Pharnakes bei Zela (*„veni, vidi, vici“*)
42	Sieg des Antonius und Octavian über Brutus und Cassius bei Philippoi
41–31	Antonius beherrscht den Osten.
31	Sieg Octavians über Antonius und Kleopatra bei Aktion
30	Annektierung Ägyptens durch Octavian
29	Kult Octavians und der Dea Roma im Osten
66	Freiheitserklärung Neros für Griechenland ...
72	... von Vespasian rückgängig gemacht

1./2. Jh.	Integration der griechischen Führungsschicht in den römischen Staat; gleichzeitige Blüte des griechischen Städtewesens

Kurzgefasste Bibliographie

Antike allgemein

Price, Simon, u. Thonemann, Peter, Die Geburt des klassischen Europa. Eine Geschichte der Antike von Troja bis Augustinus, Darmstadt 2018.

Griechische Geschichte allgemein

Fox, Robin Lane, Die klassische Welt. Eine Weltgeschichte von Homer bis Hadrian, Stuttgart ^{2}2006

Murray, Oswyn, Davies, John K., u. Walbank, Frank W., Die Geschichte des antiken Griechenland, Düsseldorf 2006.

Schmitz, Winfried, Haus und Familie im antiken Griechenland, München 2010.

Schulz, Raimund, u. Walter, Uwe, Griechische Geschichte 800–322 v. Chr. Bd. 1: Darstellung; Bd. 2: Forschung und Literatur, Berlin u. Boston, Mass., 2022.

Szlezák, Thomas A., Was Europa den Griechen verdankt. Von den Grundlagen unserer Kultur in der griechischen Antike, Tübingen 2010.

Welwei, Karl-Wilhelm, Griechische Geschichte. Von den Anfängen bis zum Beginn des Hellenismus, Paderborn 2011.

Einzelne Regionen und Staaten

Chaniotis, Angelos, Das antike Kreta, München 2004.

Dreher, Martin, Das antike Sizilien, München 2008.

Finley, Moses I., Das antike Sizilien. Von der Vorgeschichte bis zur arabischen Eroberung, München 1979.

Meier, Mischa, Aristokraten und Damoden. Untersuchungen zur inneren Entwicklung Spartas im 7. Jahrhundert v. Chr. und zur politischen Funktion des Tyrtaios, Stuttgart 1998.

Seelentag, Gunnar, Das archaische Kreta. Institutionalisierung im frühen Griechenland, Berlin u. Boston, Mass., 2015.

Thommen, Lukas, Sparta. Verfassungs- und Sozialgeschichte einer griechischen Polis, Stuttgart u. Weimar ^{2}2017.

Waters, Matt, Ancient Persia. A Concise History of the Achaemenid Empire, 550–330 B. C., Cambridge 2014.

Welwei, Karl-Wilhelm, Sparta. Aufstieg und Niedergang einer antiken Großmacht, Stuttgart ^{2}2007.

Wiesehöfer, Joseph, Das frühe Persien. Geschichte eines Weltreiches, München ^{2}2002.

8./7. – 6./5. Jahrhundert v. Chr.

Patzek, Barbara, Homer und die frühen Griechen, Berlin u. Boston, Mass., 2017.
Stein-Hölkeskamp, Elke, Adelskultur und Polisgesellschaft. Studien um griechischen Adel in archaischer und klassischer Zeit, Stuttgart 1989.
Stein-Hölkeskamp, Elke, Das archaische Griechenland. Die Stadt und das Meer, München 2015.
Hölkeskamp, Karl-Joachim, Schiedsrichter, Gesetzgeber und Gesetzgebung im archaischen Griechenland, Stuttgart 1999.
Ruschenbusch, Eberhard, Solon: Das Gesetzeswerk – Fragmente. Übersetzung und Kommentar. Hrsg. v. Klaus Bringmann, Stuttgart [2]2014.

5./4. Jahrhundert v. Chr.

Beck, Hans, Polis und Koinon. Untersuchungen zur Geschichte und Struktur der griechischen Bundesstaaten im 4. Jahrhundert v. Chr., Stuttgart 1997.
Bleicken, Jochen, Die athenische Demokratie, Paderborn [4]1999.
Heftner, Herbert, Alkibiades. Staatsmann und Feldherr, Darmstadt 2011.
Lehmann, Gustav Adolf, Perikles. Staatsmann und Stratege im klassischen Athen. Eine Biographie, München 2008.
Schmidt-Hofner, Sebastian, Das klassische Griechenland. Der Krieg und die Freiheit, München 2016.
Veligianni-Terzi, Chryssoula, Wertbegriffe in den attischen Ehrendekreten der klassischen Zeit, Stuttgart 1997.
Welwei, Karl-Wilhelm, Das klassische Athen, Darmstadt 1999.

Hellenismus

Allen, Edgar Reginald, The Attalid Kingdom. A Constitutional History, Oxford 1983.
Bringmann, Klaus, u. Steuben, Hans v., Schenkungen hellenistischer Herrscher an griechische Städte und Heiligtümer, Berlin 1995.
Caneva, Stefano G., From Alexander to the Theoi Adelphoi. Foundation and legitimation of a dynasty, Löwen 2016.
Chaniotis, Angelos, Die Öffnung der Welt. Eine Globalgeschichte des Hellenismus, Darmstadt 2019.
Christoph, Eva, Das Glück der Stadt. Die Tyche von Antiochia und andere Stadttychen, Frankfurt am Main 2004.
Domingo Gygax, Marc, Benefactions and Rewards in the ancient Greek City: the Origins of Euergetism, Cambridge 2016.
Egetenmeier, Philip, Zwischen zwei Welten. Die Königsfreunde im Dialog zwischen Städten und Monarchen. Vom Jahr der Könige bis zum Frieden von Apameia (306–188 v. Chr.), Stuttgart 2021.

Errington, R. Malcolm, A History of the Hellenistic World 323–30 B. C., Malden, Mass., u. Oxford 2008.
Forster, Florian Rudolf, Die Polis im Wandel. Ehrendekrete für eigene Bürger im Kontext der hellenistischen Polisgemeinschaft, Göttingen 2018.
Gehrke, Hans-Joachim, Geschichte des Hellenismus, München [4]2008.
Habicht, Christian, Gottmenschentum und griechische Städte, München [2]1970.
Habicht, Christian, Athen. Die Geschichte der Stadt in hellenistischer Zeit, München 1995.
Huß, Werner, Ägypten in hellenistischer Zeit 332–30 v. Chr., München 2001.
Huß, Werner, Das Geld der Ptolemaier, München 2019.
Koehn, Clemens, Krieg – Diplomatie – Ideologie. Zur Außenpolitik hellenistischer Mittelstaaten, Stuttgart 2007.
Kosmin, Paul J., The Land of the Elephant Kings. Space, Territory, and Ideology in the Seleucid Empire, Cambridge, Mass., 2014.
Lauffer, Siegfried, Alexander der Große, München [5]2005.
Lehmler, Caroline, Syrakus unter Agathokles und Hieron II. Die Verbindung von Kultur und Macht in einer hellenistischen Metropole, Frankfurt am Main 2005.
Meißner, Burkhard, Hellenismus, Darmstadt [2]2016.
Miller, Julia, Euergetism, Agonism, and Democracy. The Hortatory Intention in the Late Classical Greek World, 2016.
Mittag, Peter Franz, Geschichte des Hellenismus, Berlin u. Boston, Mass., 2005.
Orth, W., Königlicher Machtanspruch und städtische Freiheit, München 1977.
Pazdera, Martin, Getreide für Griechenland. Untersuchungen der Versorgungskrisen im Zeitalter Alexanders des Großen und der Diadochen, Berlin 2006.
Quaß, Friedemann, Die Honoratiorenschicht in den Städten des griechischen Ostens. Untersuchungen zur politischen und sozialen Entwicklung in hellenistischer und römischer Zeit, Stuttgart 1993.
Scholten, Joseph B., The Politics of Plunder. Aitolians and their koinon in the Early Hellenistic Era, 279–217 B. C., Berkeley, Calif., u. a. 2000.
Scholz, Peter, Der Hellenismus. Der Hof und die Welt, München 2015.
Pfeiffer, Stefan, Die Ptolemäer. Im Reich der Kleopatra, Stuttgart 2017.
Schäfer, Christoph, Kleopatra, Darmstadt 2006.
Urban, Ralf, Wachstum und Krise des Achäischen Bundes, Stuttgart 1979.
Vössing, Konrad, Mensa regia. Das Bankett beim hellenistischen König und beim römischen Kaiser, München 2011.
Walbank, Frank, Die hellenistische Welt, München 1983.
Wiemer, Hans Ulrich, Krieg, Handel und Piraterie. Untersuchungen zur Geschichte des hellenistischen Rhodos, Berlin 2002.
Will, Édouard, Histoire politique du monde hellénistique (323–30 av. J.-C.), 2 Bde., Nancy 1979 u. 1982.

Besondere Themen

Gewalt

Albertz, Anuschka, Exemplarisches Heldentum. Die Rezeptionsgeschichte der Schlacht an den Thermopylen von der Antike bis zur Gegenwart, München 2006.
Berve, Helmut, Die Tyrannis bei den Griechen, 2 Bde., München 1967.

Börm, Henning, Mordende Mitbürger. Stasis und Bürgerkrieg in den griechischen Poleis des Hellenismus, Stuttgart 2019.
Gehrke, Hans-Joachim, Stasis. Untersuchungen zu den inneren Kriegen in den griechischen Staaten des 5. und 4. Jahrhunderts v. Chr., München 1995.
Pritchett, William Kendrick, The Greek State at War, 5 Bde., Berkeley, Calif., u. a., 1971–1981.
Sears, Matthew A., Understanding Greek Warfare, London 2019.
Sidebottom, Harry, Der Krieg in der antiken Welt, Stuttgart 2008.

Sportlicher Wettkampf

Decker, Wolfgang, Sport in der griechischen Antike. Vom minoischen Wettkampf bis zu den Olympischen Spielen, Hildesheim ²2012.
Sinn, Ulrich, Olympia. Kult, Sport und Fest in der Antike, München 1996.

Religion

Mikalson, Jon D., Ancient Greek Religion, Oxford 2005.

Freiheit

Raaflaub, Kurt Arnold, Die Entdeckung der Freiheit. Zur historischen Semantik und Gesellschaftsgeschichte eines politischen Grundbegriffs der Griechen, München 1974.

Streit um die richtige Lebensform

Bernhardt, Rainer, Luxuskritik und Aufwandsbeschränkungen in der griechischen Welt, Stuttgart, 2003.

Liebe und Sexualität

Dover, Kenneth J., Homosexualität in der griechischen Antike, München 1983.
Reinsberg, Carola, Ehe, Hetärentum und Knabenliebe im antiken Griechenland, München 1989.

Die römische Republik

Bleicken, Jochen, Geschichte der römischen Republik, München ⁶2004.
—, Die Verfassung der römischen Republik. Grundlagen und Entwicklung, Paderborn ⁸2008.
Bringmann, Klaus, Geschichte der römischen Republik. Von den Anfängen bis Augustus, München ³2017.
Christ, Karl, Krise und Untergang der römischen Republik, Darmstadt ⁶2008.
Jehne, Martin, Die römische Republik. Von der Gründung bis Caesar, München ²2008.

Die römische Republik und der griechisch-makedonische Osten

Badian, Ernst, Publicans and Sinners, Ithaca, N.Y., ²1983.
Baronowski, Donald Walter, The Status of the Greek Cities of Asia Minor after 190 B. C., in: Hermes 119 (1991), S. 450–463.
Bernhardt, Rainer, Polis und römische Herrschaft in der späten Republik, Berlin u. New York 1985.
—, Rom und die Städte des hellenistischen Ostens (3.–1. Jahrhundert v. Chr.), Literaturbericht 1965–1995, München 1998.
—, Entstehung, *immunitas* und *munera* der Freistädte. Ein kritischer Überblick, in: Mediterraneo Antico 2 (1999), S. 49–68.
Dahlheim, Werner, Gewalt und Herrschaft. Das provinziale Herrschaftssystem der römischen Republik, Berlin u. New York 1977.
Errington, Malcolm, Philopoemen, Oxford 1969.
Ferrary, Jean-Louis, Philhellénisme et impérialisme. Aspects idéologiques de la conquète romaine du monde hellénistique, de la seconde guerre de Macédoine à la guerre contre Mithridate, Rom 1988.
—, La liberté des cités et ses limites à l'époque républicaine, in: Mediterraneo Antico 2 (1999), S. 69–84.
Gruen, Erich-Stephen, The Hellenistic World and the Coming of Rome, 2 Bde., Berkeley, Calif., u. Los Angeles 1984.
Kallet-Marx, Robert Morstein, Hegemony to Empire. The Development of the Roman *Imperium* in the East from 148 to 62 B. C., Berkeley, Calif., u. a. 1995.
McGing, Brian C., The Foreign Policy of Mithridates VI Eupator King of Pontus, Leiden 1986.
Quaß, Friedemann, Die Honoratiorenschicht in den Städten des griechischen Ostens. Untersuchungen zur politischen und sozialen Entwicklung in hellenistischer und römischer Zeit, Stuttgart 1993.

Römische Kaiserzeit

Barrett, Anthony A., Rom brennt! Nero und das Ende einer Epoche, Darmstadt 2021.
Bleicken, Jochen, Augustus. Eine Biographie, Berlin 1998.
Christ, Karl, Geschichte der römischen Kaiserzeit, München ³2003.
Dahlheim, Werner, Geschichte der römischen Kaiserzeit, München ⁶2010.
Halfmann, Helmut, Städtebau und Bauherren im römischen Kleinasien. Ein Vergleich zwischen Pergamon und Ephesos (Istanbuler Mitteilungen Beih. 43), Tübingen 2001.

Verzeichnis der Abbildungen

Abb. 24:	Nike (Akropolismuseum Athen; Foto: Marsyas via Wikimedia Commons, CC BY-SA 2.5)
Abb. 25:	Sokrates (Altes Museum Berlin; Foto: Osama Shukir Muhammed Amin, CC BY-SA 4.0)
Abb. 26:	Platon (Vatikanische Museen, Museo Pio-Clementino; Foto: Marie-Lan Nguyen, gemeinfrei)
Abb. 27:	Aristoteles (Römisches Nationalmuseum Altemps, Foto: Jastrow via Wikimedia Commons, gemeinfrei)
Abb. 28:	Aphrodite von Knidos (Römisches Nationalmuseum Altemps, Foto: Marie-Lan Nguyen, gemeinfrei)
Abb. 29:	Eugène Delacroix, „La Mort de Sardanapale“, 1827 (Louvre, Paris; Foto: Angèle Dequier)
Abb. 30:	Relief Dareios und Xerxes, Persepolis (Iranisches Nationalmuseum Teheran; Foto: A. Davey, CC BY 2.0)
Abb. 31:	Relief Apadana, Persepolis (Foto: Taranis-iuppiter via Wikimedia Commons, CC BY-SA 3.0)
Abb. 32:	Relief der „Lügenkönige“, Bisotun (Foto: Hara1603 via Wikimedia Commons, gemeinfrei)
Abb. 33:	Alexandermosaik (Nationalmuseum Neapel, Foto: Magrippa via Wikimedia Commons, GNU FDL)
Abb. 34:	Alexanderportrait von Lysipp (Ny Carlsberg Glyptotek, Kopenhagen; Foto: Carole Raddato, CC BY-SA 2.0)
Abb. 35:	Ammonmünze Alexanders mit Widderhorn (British Museum London; Foto: unbekannt, vermutl. gemeinfrei)
Abb. 36:	Ptolemaios' I. (Louvre, Paris; Foto: Marie-Lan Nguyen, gemeinfrei)
Abb. 37:	Demetrios Poliorketes (Nationalmuseum Neapel, Foto: Saddhiyama via Wikimedia Commons, CC BY-SA 3.0)
Abb. 38:	Münze Ptolemaios' II. und der Arsinoe (Münzkabinett, Staatliche Museen zu Berlin; Foto: Dirk Sonnenwald, gemeinfrei)
Abb. 39:	Heraklesrelief, Bisotun (Foto: Rahil.mir via Wikimedia Commons, CC BY-SA 4.0)
Abb. 40:	Tychē von Antiocheia (Vatikanische Museen, Galleria die Candelabri; Foto: Jastrow via Wikimedia Commons, gemeinfrei)
Abb. 41:	Pergamonaltar (Pergamonmuseum Berlin, Foto: Jan Mehlich, CC BY-SA 3.0)
Abb. 42:	Laokoongruppe (Vatikanische Museen, Museo Pio-Clementino; Foto: Marie-Lan Nguyen, gemeinfrei)
Karte 1:	Karte: © Peter Palm
Karte 2:	Karte: © Peter Palm

Sachverzeichnis